国家哲学社会科学成果文库
NATIONAL ACHIEVEMENTS LIBRARY
OF PHILOSOPHY AND SOCIAL SCIENCES

近现代佛教入世转型研究

洪修平　等著

中国社会科学出版社

图书在版编目(CIP)数据

近现代佛教入世转型研究/洪修平等著．—北京：中国社会科学出版社，2024.5

（国家哲学社会科学成果文库）

ISBN 978-7-5227-1868-2

Ⅰ.①近… Ⅱ.①洪… Ⅲ.①佛教—研究—中国—近现代 Ⅳ.①B949.2

中国国家版本馆 CIP 数据核字（2023）第 242299 号

出 版 人	赵剑英
责任编辑	孙　萍
责任校对	李　莉
责任印制	戴　宽

出　　版	中国社会科学出版社
社　　址	北京鼓楼西大街甲 158 号
邮　　编	100720
网　　址	http://www.csspw.cn
发 行 部	010-84083685
门 市 部	010-84029450
经　　销	新华书店及其他书店
印刷装订	北京君升印刷有限公司
版　　次	2024 年 5 月第 1 版
印　　次	2024 年 5 月第 1 次印刷
开　　本	710×1000　1/16
印　　张	71
字　　数	989 千字
定　　价	499.00 元

凡购买中国社会科学出版社图书，如有质量问题请与本社营销中心联系调换
电话：010-84083683
版权所有　侵权必究

《国家哲学社会科学成果文库》
出版说明

  为充分发挥哲学社会科学优秀成果和优秀人才的示范引领作用，促进我国哲学社会科学繁荣发展，自 2010 年始设立《国家哲学社会科学成果文库》。入选成果经同行专家严格评审，反映新时代中国特色社会主义理论和实践创新，代表当前相关学科领域前沿水平。按照"统一标识、统一风格、统一版式、统一标准"的总体要求组织出版。

全国哲学社会科学工作办公室
2023 年 3 月

目　录

绪论　历史与现代的双重解读：近现代佛教入世转型　/ 001

上编　历史与现代的双重变奏

第一章　近现代佛教入世转型的历史渊源与曲折进程

　　第一节　入世转型的历史渊源与时代境遇　/ 033

　　第二节　清末民初佛教入世转型的兴起　/ 058

　　第三节　民国时期佛教入世转型的探索　/ 066

　　第四节　中华人民共和国成立后两岸佛教入世转型的
　　　　　　曲折发展　/ 091

　　第五节　新时期两岸佛教入世实践的全面展开　/ 105

　　结语　在转型的曲折历史中走向现代　/ 127

第二章　近现代佛教入世转型对佛教中国化的承续与创新

　　第一节　实现方式及路径的相续与开新　/ 133

　　第二节　思想观念的继承与发展　/ 145

第三节　组织制度的革新与承续 / 157

第四节　实践方式的延续与创新 / 171

结语　近现代佛教入世转型的未来趋势 / 182

第三章　现代性视域下的近现代佛学观转型

第一节　近现代中国佛学的困境与转型 / 187

第二节　近现代佛学转型与理性主义 / 209

第三节　近现代佛学转型与人文主义 / 224

第四节　近现代佛学转型与历史主义 / 236

第五节　近现代佛学观转型的特点与意义 / 250

结语　古今中西之争与中国佛学的未来 / 255

第四章　西风东渐背景下佛教的定位与转型

第一节　科学时代里佛学与科学的双向互动 / 258

第二节　民主社会中佛学的贡献和参与 / 290

第三节　宗教与哲学之间的近代佛学转型 / 324

结语　佛教在回应科学与民主中走向新发展 / 366

第五章　多元信仰格局下的文化判教与佛教入世转型

第一节　世俗时代的来临与宗教多元语境的形成 / 369

第二节　文化判教与近现代佛教入世转型的双向互动 / 381

第三节　佛教判教的三种路径与作为判教的人间佛教 / 394

第四节　儒学的宗教化建构与佛教的人间化趋势 / 410

结语　"文化判教"的问题域与佛教入世转型的内在理路 / 428

中编　入世转型的多向度发展

第六章　中国佛教僧教育的入世转型

第一节　僧教育问题的凸显及早期模式的产生　/ 434

第二节　僧教育办学理念的入世转型　/ 449

第三节　僧教育办学实践的入世转型　/ 464

第四节　当代中国佛教教育的新发展　/ 481

结语　中国佛教僧教育入世转型的当代意义　/ 494

第七章　中国佛教制度的入世转型

第一节　佛教制度的中国化建构及入世面向　/ 497

第二节　佛教制度入世精神的衰落与近现代转型　/ 510

第三节　近代中国佛教制度入世转型的实际开展　/ 532

第四节　近代佛教制度入世转型的特点与意义　/ 565

结语　佛教制度在转化与开新中不断完善和发展　/ 570

第八章　佛教义理之学的入世转型

第一节　佛教的学科定位　/ 575

第二节　佛教与其他学科之交涉　/ 591

第三节　基于佛教义理的现实关照　/ 612

第四节　人间佛教论辩与入世转型　/ 631

结语　佛教在义理与学术的交涉中走向现代　/ 648

第九章　禅净修习方式的近现代入世转型

第一节　禅净修习方式的演变与合流　/ 651

第二节　近代禅净双修与入世转型的开启　/ 665

第三节　禅宗定位的转换与适应社会　/ 675

第四节　净土宗的多元发展和与时俱进　/ 690

第五节　禅净关系下的他宗入世转型　/ 704

结语　禅净修习方式入世转型的意义　/ 721

第十章　近现代居士佛教的入世转型

第一节　近现代居士佛教入世转型的因缘　/ 726

第二节　近现代居士的身份转型与身份认同　/ 741

第三节　近现代居士佛教入世转型的理论探索　/ 755

第四节　近现代居士佛教入世转型的信仰实践　/ 771

结语　近现代居士佛教入世转型的历史意义　/ 791

下编　入世转型视域下的佛教与社会文化

第十一章　近现代佛教入世转型中的政教关系

第一节　晚清佛教文化复兴的洋务派背景　/ 801

第二节　清末民主革命的佛教因缘　/ 809

第三节　"庙产兴学"与民国宗教治理　/ 820

结语　政教关系与近现代佛教入世转型之路的曲折　/ 832

第十二章　儒佛关系与近现代佛教入世转型

第一节　近现代儒佛之辨与佛教入世转型　/ 834

第二节　以佛摄儒与佛教入世转型：以欧阳竟无为例 / 850
第三节　儒佛并弘与佛教入世转型：以王恩洋为例 / 862
结语　近现代佛教入世转型需以儒家为助缘 / 879

第十三章　近现代基督宗教在华传播与佛教入世转型
第一节　近现代基督宗教在华的传播与发展 / 882
第二节　佛教对基督宗教入世经验的借鉴 / 897
第三节　基督宗教对佛教入世转型的思考 / 912
结语　近现代佛耶相遇的社会意义与文化启示 / 923

第十四章　入世转型中近代中国佛教对男女平等思潮的调适
第一节　近代中国佛教女性问题的兴起 / 929
第二节　近代中国佛教对男女平等思潮的顺应 / 950
第三节　近代中国佛教对男女平等思潮的反思 / 962
结语　近代佛教对男女平等思潮调适的多元影响 / 981

第十五章　支那内学院与近现代佛教入世转型
第一节　支那内学院的起源与性质 / 985
第二节　支那内学院与佛学研究 / 1025
第三节　支那内学院与佛教文献学 / 1071
结语　支那内学院的佛学研究与近现代佛教入世转型 / 1100

主要参考文献 / 1102

后记 / 1116

CONTENTS

INTRODUCTION DUAL ELUCIDATIONS OF HISTORY AND MODERNITY: THE THIS-WORLDLY TRANSFORMATION OF MODERN BUDDHISM / 001

PART 1 DUAL VARIATIONS OF HISTORY AND MODERNITY

CHAPTER 1 HISTORICAL ORIGIN AND CIRCUITOUS PROGRESS OF THE THIS-WORLDLY TRANSFORMATION OF MODERN BUDDHISM

1.1 Historical Origin and Contemporary Circumstance of the This-Worldly Transformation of Modern Buddhism / 033

1.2 The Rise of the This-Worldly Transformation of Buddhism in the Late Qing Dynasty and Early Republic of China / 058

1.3 The Exploration of the This-Worldly Transformation of Buddhism during the Republic of China / 066

1.4 Circuitous Development of the This-Worldly Transformation of Buddhism in Mainland and Taiwan after the Founding of People's Republic of China / 091

1. 5   Flourishing Practice of This-Worldly Buddhism in the New Era in Mainland and Taiwan / 105

Conclusion   Towards Modernity in the Tortuous History of This-Worldly Transformation / 127

CHAPTER 2   SUCCESSION AND INNOVATION OF THE SINICIZATION OF BUDDHISM IN THE THIS-WORLDLY TRANSFORMATION OF MODERN BUDDHISM

2. 1   Succession and Innovation of Methods and Approaches / 133

2. 2   Inheritance and Development of Ideologies / 145

2. 3   Succession and Innovation of the Regulations of Buddhist Organizations / 157

2. 4   Succession and Innovation of Practice Methods / 171

Conclusion   Future Trends of the This-Worldly Transformation of Modern Buddhism / 182

CHAPTER 3   THE TRANSFORMATION OF MODERN VIEW OF BUDDHISM IN THE SIGHT OF MODERNITY

3. 1   Predicament and Transformation of Studies of Buddhism in Modern China / 187

3. 2   Transformation of Studies of Buddhism in Modern China and Rationalism / 209

3. 3   Transformation of Studies of Buddhism in Modern China and Humanism / 224

3. 4   Transformation of Studies of Buddhism in Modern China and Historicism / 236

3. 5   Characteristics and Significance of Transformation of Studies of Buddhism in Modern China / 250

Conclusion   Dispute between China and the West in Ancient and Modern Times and the Future of Chinese Buddhism / 255

CHAPTER 4   ORIENTATION AND TRANSFORMATION OF BUDDHISM DURING THE EASTWARD PROPAGATION OF WESTERN LEARNINGS

4. 1   Interaction between Buddhism and Science during Scientific Era / 258

4. 2   Participation and Contribution of Buddhism in Democratic Society / 290

4. 3   Buddhist Studies Transformation between Religion and Philosophy in Modern China / 324

Conclusion   Buddhism Towards the Future while Responding to Science and Democracy / 366

CHAPTER 5   CULTURAL CLASSIFICATION AND THIS-WORLDLY TRANSFORMATION OF BUDDHISM IN THE BACKGROUND OF MULTIPLE BELIEFS

5. 1   The Approaching of a This-Worldly Age and the Forming of a Multi-Religious Context / 369

5. 2   Interactions between Cultural Classification and This-Worldly Transformation of Modern Buddhism / 381

5. 3   Three Approaches of Classification of Buddhist Doctrines and the Humanistic Buddhism as a Classification / 394

5. 4   Religious Construction of Confucianism and This-Worldly Trend of Buddhism / 410

Conclusion   Problem Domain of "Cultural Classification" and Inner Logic of the This-Worldly Transformation of Buddhism / 428

PART 2 Multi-Dimensional Development of the This-Worldly Transformation

CHAPTER 6 THIS-WORLDLY TRANSFORMATION OF THE EDUCATION OF CHINESE BUDDHISTS

6.1　Exposure of the Problems with the Education of Chinese Buddhists and the Early Methods of Solutions ／ 434

6.2　This-Worldly Transformation of the Educational Philosophy of Buddhist Education ／ 449

6.3　This-Worldly Transformation of the Practice of Buddhist Education ／ 464

6.4　New Development of Buddhist Education in Contemporary China ／ 481

Conclusion　Contemporary Significance of This-Worldly Transformation of Chinese Buddhist Education ／ 494

CHAPTER 7 THIS-WORLDLY TRANSFORMATION OF CHINESE BUDDHIST SYSTEM

7.1　Sinicization of Buddhist System and This-Worldly Orientation ／ 497

7.2　Decline of This-Worldly Spirit of Buddhist System and the Modern Transformation ／ 510

7.3　The Actual Development of This-Worldly Transformation of Chinese Buddhist System in Modern Times ／ 532

7.4 Characteristics and Significance of This-Worldly Transformation of Modern Buddhist Systems / 565

Conclusion Improvement and Development of Buddhist Systems in Transformation and Innovation / 570

CHAPTER 8 THIS-WORLDLY TRANSFORMATION OF BUDDHIST PRINCIPLE STUDY

8.1 Subject Orientation of Buddhism / 575

8.2 Communications between Buddhism and Other Disciplines / 591

8.3 Realistic Care Based on Buddhist Principles / 612

8.4 Debate on Humanistic Buddhism and the This-Worldly Transformation / 631

Conclusion Buddhism Towards Modernity in the Communication of Principle and Academy / 648

CHAPTER 9 THIS-WORLDLY TRANSFORMATION OF PRACTICE APPROACHES OF ZEN AND PURE-LAND SECTS IN MODERN TIMES

9.1 Evolvement and Confluence of Practice Approaches of Zen and Pure-Land Sects / 651

9.2 Launching of the Dual-Practice and the This-Worldly Transformation in Modern Times / 665

9.3 Transformation of Zen's Orientation and Adaption to the Society / 675

9.4 Diversified Development of Pure-Land Sects in Changing Times / 690

9.5 This-Worldly Transformation of Other Sects under the Background of the Relationship between Zen and Pure-Land / 704

Conclusion　Significance of This-Worldly Transformation of Dual-Practice of Zen and Pure-Land / 721

CHAPTER 10　THIS-WORLDLY TRANSFORMATION OF LAY BUDDHISM IN MODERN TIMES

10.1　Cause of This-Worldly Transformation of Lay Buddhism in Modern Times / 726

10.2　Identity Transformation and Recognition of Lay Buddhism in Modern Times / 741

10.3　Theoretical Exploration of This-Worldly Transformation of Lay Buddhism in Modern Times / 755

10.4　Belief Practice of This-Worldly Transformation of Lay Buddhism in Modern Times / 771

Conclusion　Historical Significance of This-Worldly Transformation of Lay Buddhism in Modern Times / 791

PART 3　BUDDHISM AND SOCIAL CULTURE IN THE PERSPECTIVE OF THIS-WORLDLY TRANSFORMATION

CHAPTER 11　RELATIONSHIP BETWEEN POLITICS AND RELIGION IN THE THIS-WORLDLY TRANSFORMATION IN MODERN TIMES

11.1　Revival of Buddhist Culture in Late Qing Dynasty under the Influence of Westernization Group / 801

11.2　Buddhist Cause and Effect of Democratic Revolution in the Late Qing Dynasty / 809

11.3 "Using the Temple Property for Schools" and
　　　 Religious Governance / 820
Conclusion　Twists and Turns of Relationship between Politics
　　　 and Religion and This-Worldly Transformation of
　　　 Buddhism in Modern Times / 832

CHAPTER 12　THE RELATIONSHIP BETWEEN CONFUCIANISM AND BUDDHISM AND THIS-WORLDLY TRANSFORMATION OF BUDDHISM IN MODERN TIMES

12.1　Differentiation of Confucianism and Buddhism and Buddhism
　　　 This-Worldly Transformation in Modern Times / 834

12.2　Buddhism Doninating Confucianism and This-Worldly
　　　 Transformation of Buddhism: Taking Ouyang Jingwu
　　　 as an Example / 850

12.3　Promotion of Both Confucianism and Buddhism and
　　　 This-Worldly Transformation of Buddhism: Taking
　　　 Wang Enyang as an Example / 862

Conclusion　This-Worldly Transformation of Buddhism in Modern
　　　 Times in Virtue of Confucianism / 879

CHAPTER 13　CHRISTIANITY'S SPREAD IN CHINA AND THIS-WORLDLY TRANSFORMATION OF BUDDHISM IN MODERN TIMES

13.1　Christianity's Spread and Development in Modern China / 882

13.2　Buddhism Referring to the Experience of
　　　 Christianity's Entering the Society / 897

13.3　Christianity's Reflection on This-Worldly
　　　 Transformation of Buddhism / 912

Conclusion　Social Significance and Cultural Enlightenment of the Encounter of Buddhism with Christianity in Modern China ／ 923

CHAPTER 14　ADJUSTMENT OF THE TREND OF THOUGHT ABOUT GENDER EQUALITY OF MODERN CHINESE BUDDHISM IN ITS THIS-WORLDLY TRANSFORMATION

14.1　The Rise of Women's Issues in Modern Chinese Buddhism ／ 929

14.2　Adaptation to the Trend of Thought about Gender Equality of Modern Chinese Buddhism ／ 950

14.3　Introspection on the Trend of Thought about Gender Equality of Modern Chinese Buddhism ／ 962

Conclusion　Multiple Influences on Adjustment of the Thought Trend about Gender Equality of Modern Buddhism ／ 981

CHAPTER 15　THE CHINESE METAPHYSICAL INSTITUTE AND THIS-WORLDLY TRANSFORMATION OF MODERN BUDDHISM

15.1　Origins and Nature of the Chinese Metaphysical Institute ／ 985

15.2　The Chinese Metaphysical Institute and Buddhism Studies ／ 1025

15.3　The Chinese Metaphysical Institute and Buddhist Philology ／ 1071

Conclusion　Buddhism Studies of the Chinese Metaphysical Institute and This-Worldly Transformation of Modern Buddhism ／ 1100

Bibliography ／ 1102

Epilogue ／ 1116

绪 论
历史与现代的双重解读：
近现代佛教入世转型

近现代是一个中西冲突、新旧交替的时代，世界局势和中国社会都发生了翻天覆地的巨大变化，面对西学东渐、中西文化的碰撞和传统社会向现代社会的转型，作为传统文化重要组成部分的中国佛教也面临着前所未有的多重挑战和机遇，同时也相应地做出了一系列或主动或被动的转变，其中特别令人瞩目并对其后中国佛教的发展产生重大而深远影响的，是佛教更多地面向新时代、新社会、新文化，更多地关注并参与到现实的社会和人生中，我们将其称为入世转型。这里的"入世"有其鲜明的时代特色和内涵，并非是说近现代之前的佛教只有"出世"而没有"入世"的面向。

近现代佛教的入世转型，既是对佛教中国化的继承，更是对大变革时代社会和文化的回应，也是中国佛教自我反思、自我革新的结果，它对中国佛教的发展产生了重要影响，推动了近现代佛教文化的复兴，并一直影响到现当代海峡两岸暨香港、澳门"人间佛教"的推展。因此，从历史与现代的双重解读中，从近现代佛教的演变发展及其与社会和文化思潮的互动关系中，来展开对近现代佛教的入世转型的研究是非常有必要的。如何在现代视域下，通过对近现代佛教入世转型的历史与现代的双重解读，来探讨总结近现代佛教入世转型的正负效应，推进对中国佛教史和中国佛教特点的学术研究，并为佛教在今天和未来的发展提供历史借鉴和启示，使佛教在现代更好地与社会主义社会相适应，更好地发挥其精神性文化资源的作用，为当代精神文明建设做贡献，是我们面临的重要任务。

一　佛教的中国化与佛教的入世转型

总体上说，近现代佛教的入世转型，是佛教在传统社会向现代转型的新的历史条件下对佛教中国化的承续与创新，是佛教为了在新的社会文化环境中生存发展并更好地展示其独特价值、发挥其独特作用的努力与开拓，佛教通过与新时代的政治、经济、宗教、科学、社会思潮、思想文化等各方面的协调互动，实现了自身在政教关系、组织管理、思想观念、佛法义理、僧伽教育、宗教实践等方面的转型和变革。

入世的面向，这本来就是大乘佛教基本精神的体现。创立于印度的佛教虽然本质上以出世解脱为根本追求，但大乘佛教自度度他、自觉觉他的根本情怀和上求菩提下化众生的菩萨精神，更强调入世救度众生。同时，虽然佛教认为人生是苦海，其根本宗旨就是要把人从苦海中解脱出来，但离苦得乐的终极理想，体现的是对永超苦海之极乐的向往，而佛教"自作自受"的业报轮回的教义，更透露出了靠每个人自己为善去恶的实际努力来实现人生永恒幸福的追求，只是这种对幸福快乐人生的向往和追求，在印度佛教中并没有得到充分的彰显，但它传入中国后，在具有浓厚人文精神的中国传统文化氛围中却获得了新的生命力，并得到了充分的拓展。佛教的中国化，在很大程度上就表现为对中国传统文化重视人和人生的人文精神的融合与吸收，从而发展了印度佛教蕴涵却未能充分彰显的对现实社会人生的肯定。近现代佛教的入世转型，即渊源于大乘佛教的根本精神和佛教的中国化过程之中，佛教的入世面向与佛教的中国化可谓是相依相助。

佛教的中国化和近现代佛教的入世转型，都是佛教在中国传播发展过程中契理和契机的具体体现。契理，即契合佛法的根本精神，合乎佛法的根本道理；契机，即随顺社会文化的变迁、时代的变化和大众的不同需要而不断地更新和发展，并应机接物，方便施教。从中国佛教的发展历史来看，契理契机始终是佛教中国化的根本原则。就具体内容而言，佛教的中国化则呈现出多面向的丰富多彩性，它不仅表现在宗教信仰、哲学理论等方面，而且还表现在礼仪制度、组织形式和修行实践等许多方面。就佛教中国化的途径与方法而言，也可以从佛典的翻译、注疏和佛教经论的讲习等不同的方面来理解。在思想理论层面，汉地佛教的中国化主要通过了方术灵神化、儒学化和老庄玄学化[1]。其中，就中国佛教的入世化、人生化倾向而言，佛教的儒学化特别值得重视。

儒家思想是中国传统思想文化的主流和基础，儒学鲜明的人文精神引领着中国传统文化的主要特点和精神，也对佛教的中国化和入世转型产生了重要影响。以儒家为主要代表的"中国传统思想文化的一个重要特点，就是具有很强烈的关注现实社会和人生的人文精神"[2]，这种精神在儒家思想中的突出表现之一，就是强调人的价值，重视对人的本质和人性的探讨，强调主体道德上的自觉完善，形成了以性善论为主流的人性学说和反身而诚的道德修养论，并提倡积极入世，有着"为天地立心，为生民立命，为往圣继绝学，为万世开太平"[3] 的豪迈气概和社会人生担当，其倡导的"先天下之忧而忧，后天下之乐而乐"的崇高精神，与大乘佛教入世救度众生的菩萨精神，根本精神非常一致。儒家修齐治平的抱负和理想，成为大乘入世精神在中土生根发展的重要文化土壤，佛教的儒学化则是大乘佛教在汉文化圈广为传播、大

---

[1] 参见洪修平《佛教思想理论的中国化与三教关系》，载氏著《中国儒佛道三教关系研究》，中国社会科学出版社，2011，第154—166页。

[2] 洪修平：《论中国佛教人文特色形成的哲学基础——兼论儒佛道人生哲学的互补》，中国社会科学出版社，2011，第143—153页。

[3] 张载：《近思录拾遗》，《宋元学案》第1册，中华书局，1986，第769页。

乘入世精神在中土发扬光大的重要路径。正是在儒家的仁爱孝亲和"修齐治平"积极入世的现实主义精神影响和引发下，中国佛教充分拓展了印度佛教本身蕴涵的却又被整个思想体系窒息着的对人和人生的肯定，并以此为契机而与儒道为主要代表的中华文化融合互补，最终成为中华传统文化的重要组成部分，入世发挥着其独特的作用。我们看到，外来佛教作为一种追求出世解脱的宗教，在儒家重人事、重心性和重视主体及其修养的思想影响下，将抽象的佛性与具体的人心人性结合在一起，极大地发展了中国化的佛性论和心性学说，并通过对主体自我的肯定而一步步走向了对人的生活的肯定，由此而确立了中国佛教"出世不离入世""入世以求出世"的基本特色。

从佛教中国化的实际历程来看，中国佛教的入世化、人生化倾向由来已久，它构成了印度佛教中国化的重要内容，也成为中国佛教的重要特色之一。在汉魏佛教的译经中就有讲"恻隐心""仁义心"，主张"治国以仁"，提倡"孝顺父母"，歌颂"至孝之行"[1]，表现出对现世社会政治和道德生活的关注。隋唐佛教宗派的创立，特别是禅宗的出现，是佛教中国化初步完成的重要标志。《坛经》提出的"佛法在世间，不离世间觉；离世觅菩提，恰如求兔角"[2]，既奠基了禅宗入世化倾向的基本特色，也为近现代以来的佛教入世转型和人间佛教运动提供了重要的理论资源和思想基础。宋代以后，中国佛教的入世化、人生化倾向表现得更加充分，大慧宗杲的"世间法则佛法，佛法则世间法"[3]几乎成为佛教界的普遍共识，憨山德清更是提出了"舍人道无以立佛法"，其"所言人道者，乃君臣、父子、夫妇之间，民生日用之常也"[4]。主张"出世"的佛教通过中国化终于"入世"面向人生，依"人道"而立"佛法"了。佛教的中国化和入世化这两个有所不同的面向在历史的长

---

1 以上引文见《六度集经》，《大正藏》第 3 册，第 27 页下、第 6 页上、第 49 页上、第 25 页上。
2 《六祖坛经·般若品》，洪修平解读，《坛经》，国家图书馆出版社，2020，第 89 页。
3 《大慧普觉禅师语录》卷 27，《大正藏》第 47 册，第 929 页下。
4 《憨山大师梦游全集》卷 45，《卍新纂续藏经》第 73 卷，第 769 页上。

河中逐渐汇同而合流。中国佛教的入世化、人生化倾向，从佛教自身的发展来说，是大乘佛教的入世精神在中国社会文化历史条件下的进一步发展。大乘佛教的"世间与出世间不二"等思想为佛法与世间法的沟通提供了可能，而中国佛教则在传统文化的影响下使这种可能成为现实。换一个角度看，中国佛教所倡导的"出世不离入世"实际上也是印度佛教的"出世精神"在中国文化中的一种特殊表现。

由此可见，就历史而论，中国佛教的近现代入世转型，其实是对佛教中国化的承续，是对唐宋以来佛教入世化倾向的进一步发展，而并不意味着近代之前的中国佛教仍然完全是出世的，也不意味着近代之前的佛教没有入世的向度和精神，而只是意味着近代之前的佛教存在着种种不合理的、落后的、甚至是扭曲的"出世"面向，脱离现实的社会和文化，疏离于政治体制之外，正是基于如此"出世"的宗教之现实，太虚等许多有识之士大声疾呼革新佛教，并结合时代的需要而为改革佛教做出了不懈的努力。

但就现实而言，中国近现代佛教的入世转型，又有着与历史上的"入世"非常不同的时代境遇、丰富内涵、新的特点及历史效应。就其历史境遇而言，它是在明清佛教衰落腐败、大乘精神失落而又遇国家民族危机、西方科学民主思潮冲击的多重压力下寻求的自救，比起佛教初传遭遇儒道的抵制而求生存发展，情况更为艰难复杂。就其内涵而言，入世不仅是与社会文化和民众生活的结合，更需在回应转型中的现代社会、科学理性、民主政治、学术研究等提出的一系列挑战中寻找到自己的定位与发展空间，在继承发展传统佛教入世精神的同时寻求新时代的拓展和创新。由此，我们看到近现代中国佛教的入世转型，呈现出曲折的历程和多向度的路径，表现出区别于传统佛教入世的新面貌、新特点，并对中国佛教的发展产生重要影响，推动中国佛教走上人间佛教的道路。

因此，研究近现代佛教的入世转型，与研究历史上中国佛教的入世化、人生化倾向既有重要的关联性，又有着很大的不同。传统佛教从总体上讲，它毕竟是与中国封建社会相适应的传统宗教，其所面对的是与近现代完全不同的古代社会和文化。在西学东渐、中国社会由传统向现代转型之际，近现代佛教的入世转型与历史上中国佛教的入世化、人生化倾向有什么区别和联系？近现代佛教的入世转型对中国传统佛教的现代转型具有怎样的意义？对两千年的中国传统佛教的发展具有怎样的影响？它如何推动传统佛教顺应社会的变革而走上了现代化之路？通过对这些问题的研究，将有助于中国佛教在今天更好地面向现代、走向世界。由于近现代中国佛教的入世转型问题涉及面广，几乎包括了近现代佛教发展的各方面内容，为了突出"入世"转型的重点，我们选取了十五个专题，以期从一些侧面以小见大地来呈现近现代佛教的入世及其发展图景，并根据内容分为上、中、下三编共十五章来展开论述。

二 历史与现代的双重变奏

近现代佛教入世转型，有着深厚的历史渊源、特殊的时代境遇和艰难的曲折进程，既有生死存亡的自救，又有新机遇下的探索，既有古今碰撞中的观念调适，又有西风东渐下的自我定位，而多元信仰格局下的文化判教则成为近现代佛教入世转型的内在动力和外在助缘，在一定程度上推动了佛教入世转型的发展。

就历史渊源和时代境遇看，佛教在历史与现代的双重变奏中实现的入世转型，一方面是对大乘佛教入世精神和传统中国化佛教的继承和进一步发展，上千年佛教中国化的历史进程及其方式和途径、经验与教训，都为近现代佛教的入世转型提供了历史借鉴，特别是中国化佛教的入世化、人生化、人间化倾向和人文主义精神，为近现代佛教入世转型提供了重要的思想基础，成为近现代人间佛教的重要思想来源。而另一方面，清末民初传统社会转型，佛教自身流弊丛生、远离世间和现实人生而成为鬼神佛教、死人佛教、经忏佛教，以及西方列强的入侵、基督教的传播、戊戌变法、辛亥革命、新文化运动、"庙产兴学"风潮等种种时代境况，则构成了近现代佛教入世转型的现实内因和外缘。就某种意义上说，近现代佛教入世转型，是对传统佛教优良传统的继承和对传统佛教在发展中出现的各种流弊的纠偏和反正。由于时代的不同，近现代佛教的入世转型，有着与历史上传统佛教中国化不一样的路径、方法与表现形态，但传统社会、传统文化和传统佛教主体的历史承继性，又决定了近现代佛教入世转型与传统佛教中国化之间具有一定的历史延续性，例如政教关系都没有宗教至上或政教合一，经济和管理方面都具有寺院自养、自我管理的特征，宗教理论与实践方面，近现代人间佛教就是在传统中国化佛教人生化、人间化基础上形成并发展起来的。具体来看，近现代佛教的入世转型对佛教中国化的承继与创新，表现在许多不同的方面。例如在方式与路径方面，表现为从儒学化、老庄玄学化到现代学术化，从宗门丛林化到组织民主化，以及从方术灵神化到祛魅理性化、社会人生化；在宗教思想和观念方面，表现为从强调"自性自悟""不离世间"到突出人格完善和服务社会、从"触事而真""随缘任运"到"人菩萨行""为众生服务"、从"运水搬柴、穿衣吃饭"的平常日用到"入世化俗"改良社会；在组织制度方面，表现为从依附王权到依法管理、从宗门丛林管理到民主组织方式、居士组织从僧团外护到自主活动；而在实践方式上，则表现为从偏重顿悟心性到强调学修结合、从传统丛林教育到现代佛学院教育、从地方性的济贫赈灾和恤孤养老等传统慈善到社会性的跨地区的包括扶贫助学和生态环保广泛内容的现代慈善；等等。

近现代佛教的入世转型并非一蹴而就，而是经历了上百年复杂而曲折的发展，大致经历了清末民初的初启、民国时期的艰难探索、新中国成立后两岸的曲折推进，以及改革开放后入世转型实践的全面展开等不同阶段。在清末民初，有鉴于传统佛教的衰落，一批有识之士大声疾呼改革佛教，发起了佛教改革运动，他们结合时代的需要为振兴佛教做出了不懈的努力，并初启了近现代佛教的入世转型。主要活动包括清末杨文会创办金陵刻经处和祇洹精舍，维新思想家研究佛学、倡导新学，佛教界为应对"庙产兴学"的风潮而兴办僧教育、创建全国性佛教统一组织，以及太虚法师提出佛教"三大革命"的主张等。到了民国时期，民国政府的"庙产兴学"政策导向，迫使佛教界积极组织"中国佛教会"等全国性的佛教统一组织以维护自身的权益，并探索对僧制的改革以振兴佛教。宗教信仰自由和公民结社自由等的提倡，则推进了传统居士组织的现代化。伴随着近现代西方文化的传入，佛教的传播弘法方式也发生变化，佛教图书大量印刷流通，上百种佛教刊物纷纷出版发行，各类佛学院先后创办，新式教育和现代佛教学术研究逐步开展，现代慈善事业也有很大发展，广播电台、灌制唱片等新兴方式和手段也开始被佛教界利用。太虚倡导的"教理、教制、教产"三大革命的佛教革新运动虽然没有取得完全的成功，但以其为代表的佛教革新派从佛学观念、佛教僧制、新式教育、弘化方式等方面进行的艰难探索，却对近现代佛教的入世转型产生了深刻影响，许多方面也都为之后海峡两岸佛教所继承和发展，特别是面向现实社会人生的"人间佛教"思想和实践，逐渐成为近现代佛教的主流。值得一提的是，抗日战争爆发，在救亡图存、民族危机的关键时刻，中国佛教界积极投身抗日救国运动，客观上有力促进了整个佛教的入世转型。

新中国成立后，中国佛教的入世转型进入了新的发展阶段。虽然其间也波折众多，特别是"文革"十年一度受到严重挫折，但改革开放以后，中国汉传、藏传和南传三大系佛教适应社会主义新时代的发展，出现了欣欣向荣的大好局面。20世纪50年代，巨赞法师重提佛教的"生产化"和"学术化"，推进了新时代佛教的建设。全国统一的"中国佛教协会"和各省、市、自治区地方佛教协会在政府支持和佛教界的共同努力下顺利成立，在推进佛教制度改革、组织佛教徒参加各项活动、促进佛教文化教育事业的发展和国际友好交流等方面发挥了重要作用。中国佛教与社会主义社会相适应，在搞好自身建设的同时，积极参与各项国家文化建设、慈善事业，成为中国佛教入世转型的重要方面。当前，中国佛教正在继续坚持佛教中国化方向，努力在新时代通过推进人间佛教的理论和实践而自利利他，实现人间净土。入世转型的中国佛教成为社会主义现代化建设的重要力量。在中国台湾地区，1949年以后的佛教界，先是在戒严体制下致力于消除日本佛教对中国台湾的影响，在中国台湾恢复和重建传统中国佛教，后来随着台湾经济的起飞，佛光山和慈济功德会等新兴佛教团体逐渐发展起来。在这过程中，人间佛教的思想和实践逐渐成为台湾佛教发展的主流。当前，海峡两岸的佛教文化交流与互鉴，则成为中国佛教发展的重要助力，并对促进祖国统一具有积极意义。

在近现代佛教入世转型过程中，佛学观的转型是一个非常重要的方面。面对传统佛教自身发展的困境和汹涌而来的西方宗教和文化，包括理性主义、人文主义和历史主义等现代性思潮，中国佛学在感受巨大压力的同时，也通过种种方式予以应对，开始了艰辛的现代性转型，并逐渐形成了以理性主义为方法的佛学学术研究、突出主体性的佛学人文主义以及强调在"进步"中革新的佛学历史主义等不同的趋向。中国佛学的现代性转型既是佛教入世转型的思想理论先导，其本身也构成了佛教入世转型的重要内容。在近代早期，中国佛教对现代性的回应主要有康有为、谭嗣同、梁启超等维新派人士为代表的基于现实政治立场的政治佛学和以杨文会为代表的基于佛教立场的居士佛学。后者主要通过刊刻佛典、创办僧才教育和佛学研究机构来推进佛学的现代化，前者则通过挖掘佛学中的思想资源，一方面接引西方思想，另一方面也力图从佛学中寻找政治变法或社会革命的思想武器，寻求救国救民之道和变革社会的精神动力。他们都从不同的角度推动了中国佛学的现代化转型，并为佛教的入世转型开拓了道路。如果说杨文会和康有为等是近现代佛学思想家回应现代性的先驱,那么章太炎则是一位真正意义上的佛学现代性的践行者,他以理性主义为方法,以无神论来诠释佛教,以诸子学、佛学以及西方哲学为理论基础,提出了建立新宗教的构想。而胡适等人则在近现代科学理性主义思潮的影响下,运用考据学、实证主义和进化论等方法对佛学和佛教史进行科学研究,促成了此后对中国佛教史的"科学"化书写。随着理性主义传播和影响的日渐深入,在近现代中国开始出现了以理性为方法对佛教的学术研究,内容包括佛教史学、佛教史料学、佛教哲学和佛教心理学等,这些研究既是近现代佛学转型的重要内容,也从学术的角度为佛教进入社会提供了通道。熊十力在回应以欧阳竟无为代表的支那内学院以理性为研究方法的唯识学时,建构了体现"人文主义"精神、凸显人之本心"主体性"的"新唯识论"佛学思想体系,这可视为是在人文主义思潮影响下近现代佛教转型的一种重要探索,其本身也成为中国佛教现代性转型的重要内容之一,并为佛教的入世转型提供了重要的思想理论资源。熊十力与吕澂围绕着"性寂"与"性觉"展开的佛学根本问题的辩论,则从一个侧面反映了近现代佛学转型进路中关于人文主义还是理性主义的方法之争。历史主义也是影响近现代佛学现代性转型的一个重要观念。在进化论的影响下,历史主义表现为一种新的前后相继的进步的线性时间观,以及应用于社会的对社会发展规律进行总结的历史哲学,这种观念对近现代中国佛学的转型也产生重要影响。例如以太虚为代表的佛教改革派就认为,宗教的历史发展进程是普遍的和具有方向性的,他们通过对过去与现在的佛教状况、国内佛教与国外宗教的对比,得出对过去、现在的认识和对未来的设想,探寻未来"发展"之路。太虚的僧伽制度改革、僧教育改革、佛学研究方法,以及建立世界性佛教组织的探索、倡导人间佛教等方面,都表现出了其对历史道路的探寻和以进步为方向的改革。

在中国佛教的近现代发展中,佛教与科学、民主、宗教的关系,也是透视其入世转型的重要视角。在西风东渐的大背景下，科学、民主不断深入人心，佛教却常被视为是"迷信"和"落后"，在传统儒佛道"三教"语境中佛教所占有的地位在"宗教""哲学"等新的语境中也有被边缘化的危机。如何回应科学与民主，如何在社会和文化转型中给自己定位以重建自己的价值，这成为佛教必须面对和回应的时代课题。就佛教与科学的关系而言，晚清时就曾出现一些思想家自发地以佛学来理解科学和格义科学，认为"近日格致之学多暗合佛理"[1]，甚至有"西学皆源于佛学"[2]之说。到了民国时期，随着对科学认识的深入，佛教界开始更自觉地以佛学融通科学，尝试以科学重塑佛学，还有人期待"佛教乃得成科学之宗教"[3]，科学界也出现了一些会通佛教和科学的奉佛人士，宣称佛学"很少和科学矛盾的地方，并且有许多地方和科学不谋而合"[4]。这种观点虽未被社会所广泛接受，但却开启了佛教与现代科学对话的通道。就佛教与民主的关系而言，佛教也表现出了与现代民主社会的调适，具体体现在近代以来许多思想家高度重视并大力阐发佛学义理中蕴涵的平等观念及其对冲决封建纲常罗网的意义、传统佛教的宗法性组织和相关社团为适应现代社会管理而进行民主化改造等许多方面。民国时期中华佛教协进会、中华佛教总会等佛教团体的相继出现，标志着佛教界积极主动地参与到了近代社会民主化转型的进程中去。1949年以后，佛教界实现了根本性的民主改革，并投身到国家民主建设事业中，做出了佛教界应有的贡献。就佛教的自我定位而言，传统被视为与儒、道一样有助于教化的佛教，在现代学科的语境中，面临着如何在宗教与哲学之间抉择和转型的问题。就宗教的维度视之，一方面三教语境中的佛教需要向近现代宗教之教转变，

---

1 孙宝瑄：《日益斋日记》（佚），见丁文江、赵丰田编《梁启超年谱长编》，上海人民出版社，2009，第38页。
2 谭嗣同：《仁学》，中州古籍出版社，1998，第126页。
3 范古农：《经济学与佛学序》，《海潮音》第12卷第2期。
4 王季同：《劝全世界学者研究佛学书》，《佛法省要》，大法轮书局，1944，第57页。

另一方面为了避免社会上的反宗教思潮波及佛教，也出现了佛法非宗教的主张。而就哲学的维度视之，自清代就有龚自珍、俞樾等人以学术的路径研究佛学，至晚清和民国，以哲学为取向的佛学研究成为一种风气，甚至对佛教界也产生了重要影响。例如太虚法师到法国弘法时曾提出要"以哲学的科学的方法，洗除佛教流行各时代方土所附杂之伪习，而显出佛学真相"[1]。当然也存在着不同的看法，例如杨文会就明确表示过不赞同"佛法与哲学相提并论"，认为"出世妙道，与世俗知见大相悬殊"，"非哲学家所能企及也"[2]。弘一法师也曾明确说："或有人疑佛法为一种哲学，此说不然。"[3] 欧阳竟无则提出了"佛法非宗教非哲学"的著名观点。由此也从一个侧面反映了近现代佛教转型的曲折与艰难。科学、民主、宗教、哲学这些问题虽然都能在佛教思想中找到与之相应的内容，但这些问题毕竟并非以现代这种形式出现于传统佛教之中。因此，对这些新问题的回应，便推动着佛教向新时代的前进，也推动着佛教从传统向现代形态的转型，并推动佛教走进现实的社会。

近现代佛教入世转型的历史与现代双重变奏还通过多元信仰格局下的"文化判教"表现出来。判教在印度佛教典籍中就有，在中国佛教的发展中，特别是佛教学派向佛教宗派的演进中，还发挥了非常重要的作用。但传统的判教在新时代无论是形式还是内容都发生了重大的变化。在近现代佛教入世转型中，佛教面临着古今中西各种文化思潮交汇、与历史上判教完全不同的时代境况，但也存在着一个如何在近现代多元宗教与文化系统并存的格局下对佛教思想体系进行整合与判摄，在多元文化思潮中给佛教自身重新定位的问题，对此可借用历史上的判教观念和方法来加以讨论，且以"文化判教"

---

[1] 太虚：《西来讲佛学之意趣》，《太虚大师全书》第33卷，宗教文化出版社，2005，第63页。
[2] 杨文会：《等不等观杂录》卷1《佛法大旨》，《杨仁山居士文集》，黄山书社，2006，第260—261页。
[3] 弘一法师：《佛法十疑略释》，《李叔同全集》第1册，哈尔滨出版社，2014，第71页。

名之。这种文化判教超越了传统佛教内部对自身的判教，它是整个社会各种不同立场、不同身份的群体对佛教的合法性以及多元文化思潮中佛教的定位的重新判摄。在这种判教中，我们可以看到佛教在神圣与世俗、知识与信仰、出世与入世的多重变奏中的摇摆。通过这种判教，近现代佛教在入世转型中不仅在观念上熔铸了理性，而且在实践上重塑了佛教的神圣秩序。佛教在这种判教中如太虚法师所说的，"是以中国二千年来传演流变的佛法为根据，在适应中国目前及将来的需要上，去吸收采择各时代各方域佛教的特长，以成为复兴中国民族中的中国新佛教，以适应中国目前及将来趋势上的需求"[1]，具有"新与融贯"的特色，它在儒、佛、耶、科学与民主等多元宗教和文化系统并立格局中，以佛教为本位对各种思潮做出了融摄与抉择。就佛教内部而言，近现代佛教中观、唯识、如来藏"三系判教"则展示了转型时期佛教思想的和而不同，这种不同又在"菩萨行"的入世观念和实践中得到了某种整合。太虚、印顺和欧阳竟无、王恩洋等都十分重视"菩萨行"，前者注重"从完成人生以发达人生而走上菩萨行的大乘觉路……以佛法建立起人生道德"[2]，主张"人生正行即是菩萨法门"[3]，从而推动了人生佛教和人间佛教，后者则强调"当以儒者入世之精神行菩萨普度有情之愿力"[4]，其入世精神更多地表现在对儒家人学的融摄和佛法与世间关系的重新定位上。由此可见，近现代佛教的文化判教，包含了知识界人士和居士参与的新主体、现代性的新观念、人间佛教的新路径和多元信仰的新融合，文化判教与近现代佛教的入世转型双向互动，文化判教推动着佛教的入世转型，而佛教的入世转型也使文化判教的思想不断做出调整和变化。

---

1 太虚：《新与融贯》，《太虚大师全书》第 1 卷，宗教文化出版社，2005，第 382 页。
2 《我怎样判摄一切佛法》，见黄夏年主编《太虚集》，中国社会科学出版社，1995，第 47 页。
3 印顺：《人间佛教要略》，见黄夏年主编《印顺集》，中国社会科学出版社，1995，第 158 页。
4 王恩洋：《儒学中兴论》，《王恩洋先生论著集》第 8 卷，四川人民出版社，2001，第 154—155 页。

三 近现代佛教入世转型的多向度发展

近现代佛教的入世转型，有着多向度的发展。这里从中国佛教僧教育的入世转型、中国佛教制度的入世转型、佛教义理之学的入世转型、禅净修习方式的入世转型，以及近现代居士佛教的入世转型五个方面来略做探讨。

中国佛教的僧教育，近代以来发生的一大变化就是从传统的"丛林制"逐步走向了"学院制"，呈现出入世化转型的特征。清末民初的"庙产兴学"运动，催生了僧教育早期模式的产生，由早期"佛教公所"改组而来的"僧教育会"虽然组织分散，办学类型兼顾僧俗而成效有限，但为后来的兴办僧教育开拓了道路。民国时期，在佛教复兴与改革的呼声下，佛教界开始意识到"如欲希佛教发达，莫先于育人才，莫先于学内兴；欲人人学内典，则在乎兴学校焉"[1]，"发展僧教育，培养僧才"逐步成为佛教界的共识。据不完全统计，辛亥革命至新中国成立，各地兴办的僧教育机构至少有55所（详见本书第六章第二节）。同时，佛教界也开始思考僧教育如何平衡现代教育体系与佛教信仰知识体系，如何协调内学与外学之间的关系。在中西古今碰撞的大背景下，当时既有坚守传统、回归传统的主张，也出现"凡一事一物只问其新否，是外国传来否，如是新或是外国传来皆崇拜之，珍视之，并不探其原来是非得失，浮躁之气大作"[2] 的情形，但内学为主、内外学兼修基本成为僧教育的共识。僧教育办学在保持自身独特性、宗教性的同时，也意识到"要去接受现代新的知识和研究超人的学问，以作我们传弘佛法的基础的思想，使知识分子和社会每个角落里的分子，都能领略了我们佛理的好处和知识，……必定要有新颖和敏锐的思想，去学习现代的各种与我们佛法有相互

---

[1] 寄尘：《佛教之育才说》，《新僧》1925 年第 2—3 期。
[2] 袁烈成：《中国二十年来之教育观》，《佛化新青年》1923 年第 1 卷第 7 号，第 8 页。

参证的学说，去指导人类，归于究竟，以提高我们的僧格和地位"[1]。在此理念的带动下，僧教育的办学形式逐渐由丛林宗派式教育进入学校化之僧教育："从民国三年至民国三十三年，三十年之间，各省丛林寺院相继兴办僧教育，如同雨后春笋一般，全国不下三四十所，遍及江浙闽鄂湘皖秦冀川等省，已使佛教教育由丛林宗派式教育，进入学校化之僧教育，这是我国佛教史上一大转捩点。"[2] 在僧教育的内容、课程设置、学制、师资等诸多具体举措上，也都体现出了僧教育的入世化转型。例如在内容上，各佛学院都逐步将佛学教育和人文社科、自然科学、艺术等普通学堂的课程结合起来。虽然这一时期的僧教育并不令佛教界满意，批评意见也不少，例如愚敏曾撰文指出僧教育中存在的制度、经济、教授、学僧四大问题[3]，但这一时期的僧教育为后来的僧教育发展积累了宝贵的经验。特别是新中国成立后，中国佛教的僧教育事业得到了长足的发展，随着中国佛教协会的成立和中国佛学院的建成，僧教育的发展进入规范化、学院化、国际化的新阶段，并取得了令人瞩目的办学成就，为佛教入世与社会主义社会相适应培养了大量僧才。

在中国佛教制度方面，近代佛教制度的入世转型，在组织结构的层面，主要表现为大力提倡弘扬在家居士的地位和作用，并在组织化开展与组织结构的调整中着力推动居士佛教组织的创设；在制度理论的层面，则主要表现为在对传统佛教制度批判继承的基础上，契合于近代社会世俗化、人间化的趋向，创新佛教制度理念，并以此指导佛教的制度设计与入世建构。这既是对明清以来丛林制的宗法化和子孙庙的传法制对于传统以戒律为代表的佛教制度的神圣性信仰的破坏和律纲废弛等现象的对治和纠偏，也是对大乘佛教律仪制度入世精神的弘扬。这突出地体现在太虚法师推动的僧制改革和居士

---

[1] 瑞今：《青年学僧应具的态度——在佛教养正院开学典礼讲》，《佛教公论》1946年复刊号，第11页。
[2] 东初：《中国佛教近代史》上册，台湾中华佛教文化馆，1974，第204页。
[3] 愚敏：《僧教育的四大问题：制度、经济、教授、学僧》，《正信》1946年第10期。

佛教的组织化开展等活动中。面对近代以来的社会大变革，对于僧制改革也出现了不同的声音，一种是趋向于保守，例如"提出了恢复佛陀时代居兰若、修头陀行的制度，僧众出家，持守戒律，政教分离，僧尼不参与世俗事务，包括政治及经济生产活动等"[1]；另一种则是主张僧制改革必须面向现实生活和人间，要以"入世为人宏法为家务，利生为事业"[2]，"主张与一般国民同尽国家之义务，同享国家之权利，同受国法之制裁，同得国法之保护"[3]。后者在僧制改革的实践方面做出了不少探索，例如"中国佛学会""中国佛教会""世界佛教居士林"等教内教外具有入世性的佛教组织的创设、对这些组织构架与活动的入世性构想等。特别是太虚法师积极创设或参与创立包含在家居士在内的具有全国统一性质的佛教组织，将出家众和在家众集合到统一的佛教组织下，倡导建立僧俗混合组织，推动了佛教组织形态的入世转型。太虚的《整理僧伽制度论》对佛教制度的入世理念多有理论创新，期望能"对出家僧伽的集团生活，加以严密的修整，使其适应时势所宜，成为合理化的现代组织，建立真正主持佛教的僧团"[4]，从而使"僧无废人，而可大有裨益于国家社会之化"[5]。太虚僧制改革的许多设想在当时并未能得到实现，但其中所体现的佛教制度"随方毗尼"的律制精神，却为后来的中国佛教所继承，特别是新中国成立以后，全国性的中国佛教协会得以成立，入世色彩鲜明的人间佛教也成为现代中国佛教组织制度开展的基本指导思想和具体实践，中国佛教制度由此而在转化与开新中不断完善和发展。

在佛教制度探索入世转型的同时，佛教义理之学在面临西学东渐和现代性挑战之时，为了在时代大潮中占有一席之地并发挥自身独特的作用，也走

---

[1] 王永会：《中国佛教僧团发展及其管理研究》，巴蜀书社，2003，第218页。
[2] 太虚：《僧格之养成》，《太虚大师全书》第18卷，宗教文化出版社，2005，第170页。
[3] 太虚：《佛教之僧自治》，《太虚大师全书》第18卷，宗教文化出版社，2005，第295页。
[4] 太虚：《我的佛教改进运动略史》，《太虚大师全书》第31卷，宗教文化出版社，2005，第75页。
[5] 太虚：《建设现代中国佛教谈》，《太虚大师全书》第18卷，宗教文化出版社，2005，第232页。

上了入世转型之路。佛教义理之学的入世转型，首先表现在传统佛教义学向现代哲学的、历史学的、文献学的学术研究的转型，而这必然会涉及佛学与现代学科的关系及其在现代学科分类体系中如何定位的问题。由于这关系到如何开展佛学研究、佛学如何参与到中西文化交流中去等问题，因而成为当时教内教外讨论的热点。基于不同的立场和目的，对这些问题的回答也各不相同。例如章太炎认为"佛法只与哲学家为同聚，不与宗教家为同聚"，但又认为哲学纯靠理论，而佛教还强调实践，释迦牟尼发明最高的哲理出来以后，还要亲证，因此"不如称为'哲学之实证者'"[1]。欧阳竟无则认为："宗教、哲学二字，原系西洋名词，译过中国来，勉强比附在佛法上面。但彼二者，意义既各殊，范围又极隘，如何能包含得此最广大的佛法？正名定辞，所以宗教、哲学二名都用不着，佛法就是佛法，佛法就称佛法。"[2] 他与章太炎一样，认为佛教并不能用西方语境中的宗教或哲学来简单界定。太虚也曾认为，"就根本上说，佛法既不是宗教，也不是哲学"，佛法可包括一切宗教和哲学，"而却又超出一切宗教、哲学之上"[3]，但当他着眼于佛教的世界性发展时，又曾表示"从广义的宗教来说，如基督教、犹太教……而佛教也还是宗教之一"[4]。由此可见，如果佛教与现代学科不相类，将难以参与到现代文明的对话中，但如果将佛教简单归之于某一学科，又将难以彰显佛教的独特性和优越性。正是在这样的探讨佛教学科定位的背景之下，梁漱溟、牟宗三等学者展开了对佛教有无本体等学术性问题的研究，梁启超、太虚、王季同等教内教外一大批佛教研究者也就佛学与西方哲学、科学、心理学等现代学科之间的联系与差别展开了讨论。这种具有现代学术意义的探讨研究在推

---

1 章太炎：《论佛法与宗教、哲学以及现实之关系》，《中国哲学》第6辑，生活·读书·新知三联书店，1981，第300页。
2 欧阳竟无：《欧阳竟无内外学》，商务印书馆，2015，第572页。
3 太虚：《佛陀学纲》，《太虚大师全书》第1卷，宗教文化出版社，2005，第186页。
4 太虚：《人群政制与佛教僧制》，《太虚大师全书》第24卷，宗教文化出版社，2005，第46页。

动传统佛教义理现代诠释的同时,也推动着佛教义理对现实的关照,乃至出现了章太炎的"佛与老庄和合"是"救时应务的第一良法"[1]、谭嗣同的"欲将科学哲学宗教冶为一炉,而更使适于人生之用"[2] 而对佛学"平等"和"变"等观念大力阐发、强调"心力"作用以作为社会变革思想武器的应用佛学[3],并在围绕出世入世、人生佛教、人间佛教所进行的教义论辩中,逐渐形成了强调契理契机的人间佛教为主流的现代佛学思潮,实现了传统佛教义理之学的现代转型。

佛教号称有"八万四千法门",大致可归为教理行果四大类,相应地也可归纳为信解行证四个要素,由此形成了佛教对"解行相扶"的特别强调,宗教理论必须落实到宗教实践,因此,佛教的修习方式一向受到高度重视。中国佛教发展到唐宋以后,禅净合流、禅净双修逐渐成为佛教的主流。到了近现代,随着佛教入世转型的趋势,禅净修习方式也发生了变化,并出现了虚云的以禅摄净、圆瑛的禅净兼摄和印光的以净统禅等不同的探索,他们的实践一方面坚持传统佛教的禅净圆融与互补,同时又力求适应时代之变,以探索一种新型的禅净格局,孕育并开启了佛教修行方式的入世转型。在禅宗方面,以太虚为代表的高僧在坚持禅宗主体性的前提下,顺时适机地调整修习目标与手段,强调禅的生活性、净土的人间性,提倡建设人间佛教和人间净土,以适应时代的转换和人们的需求;在净土宗方面,净土宗在僧人和居士的共同努力下,既坚持传统,又充分吸收近现代社会的新元素,在平衡宗教神圣性与世俗性的基础上,通过简易化、本愿化、人间化以及与科学的调适等多种路径,使净土修习呈现了相对平稳的、多元化的入世转型。在天台、华严、律宗等其他各宗方面,天台宗的教观统一行归净土、华严宗的禅净相

---

[1] 章太炎:《论佛法与宗教、哲学以及现实之关系》,《中国哲学》第6辑,生活·读书·新知三联书店,1981,第310页。
[2] 梁启超:《清代学术概论》,上海古籍出版社,1998,第91页。
[3] "应用佛学"乃梁启超语,见《梁启超全集》第2册,北京出版社,1999,第908页。

资贤净融合，以及律宗的律禅互补律净一如，都显示出禅净的融合已超出禅净二宗的范围而成为全体佛法框架下的诸宗圆融，其他佛教宗派也藉由对禅净的借鉴与融合，从多个层面实现着自身的入世转型。

在中国佛教整体中，居士佛教是重要的组成部分。在中国佛教的发展中，居士佛教一直占有重要地位。在近现代佛教的入世转型中，居士群体更是发挥了重要的作用。近代以来，中国佛教发展的一个显著特点就是居士成为弘扬佛教文化的重要力量，居士组织大量出现，这些组织在佛学研究、创办佛教刊物、从事社会慈善事业等方面做了大量的工作，既推动了近代佛教文化的复兴，也促进了佛教的入世转型，而居士佛教的入世转型本身也构成了整个中国佛教入世转型的重要内容。居士群体作为在家的佛教信众，由于其特殊的身份，在古代就存在着入世的倾向。到了近现代，自杨文会始，居士佛教不仅在价值取向上向人间和入世倾斜，更从理论上展开了入世化的探索，并在实践上以社会化的组织形式开展多种入世活动。就理论探索而言，居士以建立现代佛学为目标，对传统内学与外学的关系做出了一系列契机的调整，使传统佛学在内涵、范围、结构等方面都发生了变化，逐渐被纳入现代学术体系，能够作为一种"世俗学问"而走进公共空间，支那内学院培养的一大批学有成就的佛学大家对近代佛学的复兴产生了极大的影响，曾在内学院学习过的梁启超、汤用彤、梁漱溟等著名学者对佛学走进社会发挥了极为重要的作用；同时，在复兴佛教文化的过程中对传统"僧尊俗卑"的僧俗关系做出平等化的调整和定位，使居士佛教和佛学获得独立的价值，居士佛教逐渐走上了一条脱离依附寺僧佛教而相对独立发展的道路。就信仰实践而言，许多居士将佛理应用于社会活动和社会服务，成立了许多由居士主导而并不依附寺院的独立的居士团体和组织，既为居士们过宗教生活提供方便，例如世界佛教居士林内就设有莲社、禅定室、祈禳会等，同时也积极开展刻经流通、佛学研究、佛教教育、佛教文化传播和慈善事业等活动，促进了佛教文化的复兴和佛教文化与世俗文化的调适和融合，支那内学院和三时学会等在此过程中都发挥了积极的作用。正是在居士佛教的努力下，中国佛教走出了传统的封闭格局而融入了现实社会中，成为社会和文化的一部分，由此实现了近现代居士佛教的入世转型。

四 入世转型视域下的佛教与社会文化

近现代佛教的入世转型，必然与现实的社会和文化产生多方面的交涉和互动，正是在这种交涉互动中，呈现出佛教入世转型的全方位图景，也显示出佛教入世转型内容的丰富性和过程的复杂性。这里从政教关系、儒佛关系、佛教与外来基督教的关系、佛教对男女平等社会思潮的调适以及支那内学院的独特性等几个侧面来略加论述。

从政教关系看，近现代佛教入世转型经历了十分艰难而曲折的过程。由于西风东渐、社会转型和佛教自身的腐败衰落，进入近代以来佛教在社会政治和文化中基本处于边缘地带，晚清政府对佛教采取的是比较严厉的限制措施，清末以来由于政府支持的一系列"庙产兴学"运动更使佛教与政府的关系处于紧张之中。"中国近现代发生的'庙产兴学'运动不论其社会效果如何，都应当属于一种利用政治权力侵夺教产的政治事件"[1]，它一方面打击并阻碍了佛教的发展，另一方面也刺激佛教界奋起自救，成为近代佛教复兴和入世转型的反面推动。随着清末民初维新思潮和革命思潮的先后兴起，康有为、梁启超、谭嗣同、严复、章太炎等一大批思想家为了政治的需要而都转向对佛教的研究和援用，佛教开始进入社会政治和思想文化领域，而杨文会借助洋务派群体的现实力量创办金陵刻经处积极开展佛教文化事业，也有力

---

[1] 张践：《中西政教关系史比较研究》，人民出版社，2021，第426页。

推动了佛教文化的复兴和佛教的社会化发展,由此,政府也开始试图通过立法来规范佛教的活动。民国时期,佛教界通过自身的努力,例如创立统一的全国性佛教组织和积极参与抗战等政治社会活动,佛教在政治生活中的地位有所提升,影响也不断扩大,佛教自身的政治主体意识也不断加强。但从总体上看,这一时期国家对佛教的治理和立法都落后于实际的需要,佛教的社会活动和组织发展都缺乏相应的制度保障,佛教与政府的关系缺乏法理和制度基础。新中国成立后,随着国家政策法规的完善和中国佛教协会的成立以及爱国爱教的佛教界人士的参政议政,佛教与政治的关系进入了全新阶段,佛教在与社会主义社会的相适应中不断发挥积极的作用。

就儒佛关系言,这是佛教传入中土伊始就一直面对的一个重大社会文化问题。佛教要入世,就会与在世间占主导地位的儒家思想碰撞交涉,并在碰撞中发现差异而冲突,又在辨异中寻找相似相通而融合,最后实现和而不同,各美其美。近现代佛教的入世转型,也始终与儒佛关系交织在一起。儒佛之间的辨异,由于时代的变迁,也有了与历史上儒佛之辨不同的内容和形式。随着近代法相唯识学的复兴,儒佛之辨的论辩主体和论辩主题也多少都与唯识学有关。例如儒家天道论与阿赖耶缘起论之辨、佛教种性论与儒家心性论之辨等。从其历史进程而言,先有新学与佛教的交涉,如梁启超所言,"晚清所谓新学家者,殆无一不与佛学有关系"[1];后又有新儒家与佛学家围绕《大乘起信论》和《新唯识论》等展开更深层次的学理上的争辩与探讨,并在争辩探讨中大致形成了"以佛摄儒"和"以儒摄佛"两种不同的模式。"以儒摄佛"以现代新儒家为主要代表,从梁漱溟、熊十力到方东美、唐君毅、牟宗三,他们以各具特色的方式援佛入儒,构建了现代新儒学,以佛学为契机和思想资源促进了儒学的转型,这种以儒摄佛的新儒家模式虽并不属于佛教

---

[1] 梁启超:《清代学术概论》,上海古籍出版社,1998,第99页。

入世转型的范畴，但也从一个侧面反映了近现代佛教儒学化、世俗化的一种路径，故有学者把现代新儒家称作"陆王派的唯识论新儒家"[1]。而"以佛摄儒"则可以支那内学院一系为典型代表，他们以佛教义理为体、以融摄儒学为用，采取儒佛并弘、以佛摄儒的方式，推动了佛教在知识精英层面的传播和入世转型，促进了佛教在知识界文化界的深度入世，并不断激发佛教内部对于什么是佛教和佛教如何入世等问题的辨析和澄清，成为近代佛教入世转型的一个重要典型。例如欧阳竟无既批判传统儒学和传统佛学，又以研读儒佛经论原典为据，认为"孔孟与释迦不异"[2]"孔佛理义同一"[3]，最终以唯识学融摄儒学，形成了他独特的孔佛一如、以儒学为佛学应世之学的佛教入世转型模式和应世方法，借儒佛的互摄而实现了佛教的现代入世转型。同为支那内学院系的王恩洋则由儒学而入唯识学，通过会通唯识种性说与儒家人性论、佛教缘起论和儒家天道论而为佛教的入世转型做出了理论上的探索，最后通过儒佛合释、儒佛并弘，用唯识学诠释儒家的性与天道，借助经世的儒学而推动了佛教的入世转型。从总体上看，在近现代儒佛关系中，唯识学者与现代新儒家之间展开的儒佛之辨最令人瞩目。佛教学者在努力推动佛教的入世转型，儒家学者也在积极理解佛教，力图重新建构更加符合儒家和佛教基本特质的儒佛关系。儒佛之辨重构了儒学，也促进了佛教的入世转型，儒学成为佛教入世的桥梁和载体。

近现代佛教与外来基督宗教的关系，也是入世转型的佛教与社会文化交涉的重要内容，而且近现代基督宗教在华传播的方式和途径对佛教的入世转型也提供了诸多可资借鉴的经验。19世纪中叶以后，随着鸦片战争及其随后签订的一系列不平等条约，天主教和新教在华的传播都进入了快速发展时期。

---

1 陈荣捷：《现代中国的宗教趋势》，廖世德译，台湾文殊出版社，1987，第35页。
2 欧阳竟无：《与陶闿士书二》，《欧阳竟无佛学文选》，武汉大学出版社，2009，第342页。
3 欧阳竟无：《覆蒙文通书》，《欧阳竟无佛学文选》，武汉大学出版社，2009，第375页。

基督宗教在中国社会的迅速传播引起了佛教界的高度关注，杨文会、虚云、圆瑛和太虚等许多有识之士在反思佛教衰落、探求振兴佛法之路的同时，也对基督宗教的发展及其入世活动进行了观察和思考，并借鉴基督宗教的入世经验来推动佛教自身的入世转型。例如杨文会针对"庙产兴学"的风潮就曾提议向基督宗教学习，主张"因彼教之资，以兴彼教之学，而兼习新法，如耶稣天主教之设学课徒。……如西人堂内兼习耶稣教之例"[1]。他创办祇洹精舍、他的学生欧阳竟无在此基础上创办支那内学院，其办学和教学模式都有受到基督宗教的启发。太虚法师一生积极倡导佛教改革，他曾明确地说："我二三十年来，所有改进佛教的努力，一部分也是由于基督教传入中国的启发。因为，基督教对于中国近代文化事业，社会公益，信仰精神，都有很大的影响。而中国的佛教，虽历史很久，普及人心，并且有高深的教理；但是在近来，对于国家社会，竟没有何种优长的贡献。因此，觉得有借镜于基督教而改进佛教的必要。"[2] 他认为"借镜基督教，改良佛教，振作佛教精神，影响民间，以共同的团体精神生活，培养组织能力，是中国整个民族所需要的"[3]。即使是被视为佛教界保守派的圆瑛法师，也曾提出要学习基督宗教在社会服务各项公共事业上的经验，以推动佛教的入世救世事业，他说："天主耶稣各教，流入中国在后，而能得多数人民之信仰者，因积极创办慈善教育各事业，故得政府之拥护，人民之信仰。我佛教徒未有救世事业所以不生信仰。圆瑛有鉴于此，故三十年来大力提倡大乘佛教，有欲实现救世精神，唤醒世界。组织机关，在浙闽两省开办国民小学，创办宁波佛教孤儿院、泉州开元慈儿院、龙山职业学校。……由创办入世事业，社会诟病佛教之人，渐渐减少。"[4] 由此可见近现代佛教入世转型对基督宗教的借鉴。与此同时，佛

---

[1] 杨文会：《杨仁山卷》，武汉大学出版社，2008，第236页。
[2] 黄夏年主编：《太虚集》，中国社会科学出版社，1995，第437页。
[3] 黄夏年主编：《太虚集》，中国社会科学出版社，1995，第439页。
[4] 明旸主编：《圆瑛法师年谱》，宗教文化出版社，1996，第128页。

教的入世转型也受到了基督宗教的特别关注和模仿学习。由于基督宗教在中国的传播发展经常遭遇挫折，时时受到中国文化的抵制和各种"教案"及"非基督教运动"的冲击，这促使基督教会进行自我反思，意识到适应中国社会和文化的重要性，许多人便把目光转向了在中国社会广泛传播的佛教，试图借鉴佛教的中国化经验来推动基督宗教的本色化实践。典型的例子如挪威来华的传教士艾香德，他"来到中国后，受佛教影响，积极学习佛经，深入寺庙与佛教徒进行交流，参访南京支那内学院，撰写了有关中国佛教的著作，并依照佛教寺院制度，先在南京和平门外创办景风山基督教丛林，后又在香港建立道风山基督教丛林"[1]。由此可见，近现代中国佛教与基督宗教相遇，既推动佛教入世转型走上了现代化道路，也促使基督宗教走上了本色化的道路，两者相互影响，共同促进了中国社会和文化的现代转型。

在近现代佛教入世转型与社会文化的交涉互动中，佛教对现代社会男女平等思潮的调适也是一个重要的方面。传统佛教既有佛法平等、佛性无差别的教义学说，同时也有专门针对女性的八敬法、女身五障说等内容，面对社会上汹涌而至的男女平等思潮，如何做出回应成为传统佛教走向现代的重要课题，也是佛教入世转型必须回答的问题。从总体上看，近代中国佛教对男女平等思潮的调适，既有因认同而兴起的顺应，也有因异议而做出的辩解和反思。在对男女平等思潮的顺应中，佛教努力挖掘自身的理论资源，对传统佛教经典和思想做出顺应时代的诠释和解读，例如从缘起性空的角度破除男女相的差异，从佛性平等来说明男女平等。在佛教女众中则出现了女性性别意识的觉醒，认为"现在是解放的时代，我们也要随着不停的在演进着的时代并进，男女本来是一样的，为什么女子偏偏该落伍呢？"[2] 强调女众也有平

---

[1] 孙亦平：《艾香德牧师与中国佛教：民国时期宗教对话的一个案例》，《世界宗教研究》2010年第6期。
[2] 常超：《现代女子佛教》，见黄夏年主编《民国佛教期刊文献集成》第87卷，全国图书馆文献缩微复制中心，2006，第58—59页。

等的受教育权利,并应担负起护国卫教的责任:"佛教女众也是一样,决不依赖,决不以少数僧众护国卫教而自安。佛教女众和僧众是平等的,都有着分担教务的使命,毫不逃避自己应有的责任。国危了,女众应该起来共同扶助。"[1] 近代中国佛教对男女平等思潮的调适,在顺应的同时,也对教内外的种种异议和质疑做出了自我辩解和反思。例如针对佛教中的八敬法,就有人辩解说,这并非是对女性的轻视和贬低,而是佛陀在当时特定的社会环境中随缘说法的一种方便法门,不能以现时代男女平等价值观对佛教做任意主观评判,"昧者不当据此为轻视女性之铁案也"[2]。而且佛教对男女平等有其独特的见解与表达,例如太虚法师认为,男女是业报果相的必然差别,但这种差别并不包含性别的歧视:"佛法不许言天生,但言业报。同在人中,先业善者报为男身,先业恶者报为女身,故有清浊;然造业由心,皆可自主,故复平等。"[3] "佛法当依同一真如、同具佛性而观平等,若业果相则自万有不同等也。……从不平等之业果执平等,而不明其真平等之所在,复昧佛说此之所因,洵乎其难通也。"[4] 在对质疑做出辩解的同时,佛教界对因男女平等思潮而引发的诸如女性参政、自由恋爱等既表达了某种程度的认同,也对由此而引发的一些不利影响做出了批判和反思。例如印光法师认为女性参政、男女自由恋爱等都与传统的社会伦理道德相悖,但他并不是贬低女性的地位和价值,而是从男女身体的不同和责任的差异强调女性对家庭国家社会特殊的重要性。他认为"现在大家提倡男女平权,谓为抬高女人的人格。不知男女之身体既不同,则责任亦各异。圣人所谓男正位乎外,女正位乎内。正位乎内者,即实行烹饪纺织,相夫教子之事也。今令女人任男人之事,则女人正

---

[1] 摩尼:《全国佛教的女众们起来吧》,见黄夏年主编《民国佛教期刊文献集成·补编》第45卷,中国书店,2008,第22页。
[2] 智严:《女子在佛法中之地位》,见黄夏年主编《民国佛教期刊文献集成》第46卷,全国图书馆文献缩微复制中心,2006,第236页。
[3] 太虚:《答觉非问(十三则)》,《太虚大师全书》第29卷,宗教文化出版社,2005,第358页。
[4] 太虚:《答朱中翰问(三次十则)》,《太虚大师全书》第29卷,宗教文化出版社,2005,第332页。

位之事荒废矣。名虽为抬高女人的人格，实则为推倒女人的人格。"他甚至认为，因缺少贤妻贤母，"此吾国所以弄得国不成国、民不成民之根源"。若"以其克尽妇道，相夫教子，于家于国，利在不知不觉中"[1]。这种对社会男女平等思潮给出的不同意见，既反映出传统女性观在佛教中的深刻影响，也表现了佛教在入世转型中与社会思潮调适的多元路向。从总体上看，近代以来中国佛教对男女平等思潮的调适，一方面给佛教的发展带来了时代性的新变化，不但在思想观念方面推动了佛教的现代转型和入世化进程，也实际推动了女众佛学院创办、女性书刊出版发行等佛教事业的积极开展，另一方面也表现出传统相夫教子的社会伦理观和包括八敬法在内的传统佛教女性观的影响力依然巨大，这也从一个侧面反映出近现代佛教的入世化转型及其与现代社会文化思潮的调适，道路漫长而曲折。

在近现代佛教的入世转型与社会文化的关系中，支那内学院是一个非常独特而又典型的个案，它既是一个佛学研究机构，也是一所以佛教居士为骨干的现代佛教学院；既是一个社会文化团体，也是一个佛教居士组织，它似乎处于佛教与世俗社会之间，实际上却为佛教的入世转型做出了特殊的贡献。支那内学院与太虚一系的佛教改革派致力于推动佛教入世转型的实践理性路线不同，佛学观上相对保守的它开启的是20世纪中国佛教入世转型的理论理性路线，不但为中国佛教的入世转型提供了思想理论资源，其本身也成为近现代佛教转型的一个侧面。支那内学院体现了近现代佛教转型中佛教学院的现代化探索，也体现了如何将佛教文化资源对接现代知识体系以有效与现代中国社会变革相结合的探索，并凸显了学者、思想家和居士群体在近现代佛教入世转型中的重要作用。支那内学院通过课程设置与现代教育联结，通过儒佛之辨、佛教经典真伪之辨等，既展开了与世间现代学术的交流，又引发

---

[1] 以上引文见张育英校注《印光法师文钞》上册，宗教文化出版社，2000，第1707、564、540页。

了佛教界何为真佛教等一系列讨论，它以特有的方式推动了佛教的现代化和入世转型，对佛学走进学术界、教育界和思想界，对中国近现代思想文化发展中佛学的始终在场，都做出了重要的贡献。

五 入世转型与走向现代和未来

近现代佛教的入世转型，推动中国佛教由传统走向了现代。孕育于佛教中国化进程中的人间佛教的理论与实践，也在海峡两岸得到了充分拓展，取得了丰硕的成果，中华优秀佛教文化在推动社会文化发展、丰富大众生活、开展国际文化交流等各个方面都发挥了积极作用。

当然，近现代佛教的入世转型也存在着一些值得关注的问题。例如人间佛教的理论与实践在现代和未来的推展中如何既适应时代的需要、跟上时代的步伐不断与时俱进，又能始终保持自己独特的精神，彰显自身独特的价值？如何始终坚持契机契理的原则，在入世发挥作用与坚守出世精神之间保持适当的张力？如何与现代科技和学术交流并参与到世界文明互鉴中，又继续坚持佛陀智慧解脱的本怀和佛教中国化方向？

"入世"并不等于"世俗化"。佛教"入世"是要发扬大乘精神，为现实的社会和人生贡献智慧，这就需要与世俗社会和世间文化相处，与之相适应，才能更好地发挥积极作用。化导世俗而不是自身世俗化，这需要不断总结经验和教训。近现代以来的佛教入世转型，为了适应社会文化的急剧变化而图生存、谋发展，因而出现了清末民初附会近现代自然科学和人文社会科学，论证佛学不违背现代科学和自由民主思想，面对"庙产兴学"风潮，又学习基督教办学，同时积极探索僧伽制度改革，开展各项社会公益活动，一直到市场经济时代，一度出现了过度的商业化现象，这些都表明，如何在适应社会文化环境中推进佛教自身的理论和实践，如何入世而不世俗化，始终是佛教入世转型需要关注和反思的重要课题。目前,海峡两岸或多或少都存在着两种倾向,一是过分强调顺应现代社会文化环境而大力发展文化、教育、慈善等世俗事业乃至商业化活动,如此则易将佛法混同于一般的世间法而难以彰显其独特的价值;二是认为只有传统佛教才是真正的佛教而趋向与社会保持距离,这两种倾向其实都并不利于佛教的发展并发挥其在当代社会的作用。

回望历史,中国特色的佛教在中国化进程中形成发展,佛教的入世转型在社会发展和大众的需求中不断推进;展望未来,中国特色的佛教、人间佛教的理论与实践也将在坚持佛教中国化方向中走向新的辉煌,并将进一步推进佛教的中国化。在中国佛教的未来发展中,入世转型、推进人间佛教的理论与实践,与佛教的中国化将是相辅相成、相互促进的。

坚持佛教的中国化方向,继续推进并深化佛教的中国化,必须持续加强对中国文化的认同和对中华民族的认同。历史表明,佛教的中国化、佛教的入世转型和人间佛教的理论与实践,是文明交流互鉴的成果,因此,中国佛教在未来的发展中,也需要继续在文明交流互鉴中吸收世界人类文明的成果,以不断丰富中国特色的佛教文化。中国特色的佛教在历史上是对儒道等中国固有文化的融合中形成的,也将在对中华文化的认同及与其他文明交流互鉴中进一步繁荣,并对世界佛教和人类文明做出新的贡献。

在坚持中国化方向的未来发展中,也需要加强对佛教入世转型和人间佛教的研究,并通过这种研究深化对中国特色佛教文化的研究,通过对佛教中国化历史经验的总结和对中国佛教文化特色的把握,来坚持佛教的中国化方向,增强文化自觉、文化自信,从而为佛教的入世转型、入世发挥积极作用提供坚实的思想理论基础。同时,佛教的入世转型和人间佛教自身的理论与实践也需在坚持佛教的中国化方向中不断得到加强和完善。由于佛教既是一种宗教,又是一种文化。宗教对信众有绝对的意义,文化则对所有大众,包括非佛教信徒,都有普遍价值。因此,中国佛教在当代社会及其在未来的发展，也就有两个基本向度：一是作为宗教，承担起延续佛陀慧命的责任和使命，二是作为文化，为全体社会大众提供精神文化资粮。作为宗教的佛教，要坚守它的宗教性、神圣性、超越性，这是延续佛陀慧命的根本；作为文化的佛教，则要通过创造性转化和创新性发展，使之成为全民族、全人类共享的文化资源。[1]

中国佛教文化虽然是一种宗教文化，但作为人类文明的重要成果，是一种重要而宝贵的精神性文化资源，它能够也应该为人类的精神文明建设提供滋养，在人类的精神世界发挥更大的作用[2]。例如，在自然环境恶化、社会道德失范、人的精神空虚等各种社会和人生问题层出不穷的现实面前，佛教所提倡的不执着、去贪欲和自净其心、智慧解脱等，能在人们的日常生活中发挥更大的积极作用。而有些哪怕是宗教教义，例如，万法无常和业报轮回说，如果经过"创造性转化"和"创新性发展"，其中所蕴含的发展变化的观念和每个人都必须对自己的行为负责，要承担道德责任和法律后果，也能对每个人产生积极的意义。但佛教的文化资源要转化成社会普通大众喜闻乐见、对社会和人生真正产生正能量的作用，这还有待于学界和教界、研佛者和修佛者的共同努力。当然，作为宗教的佛教和作为文化的佛教，其实是一体两面，不可分割的，但两者各有所侧重，它们可以相辅相成，互相促进。因此，教界、学界和政界携手合作，更好地传承发展中华优秀佛教文化，这是中国佛教在当代和未来发展的重要路径和方向。

---

[1] 参见洪修平《重提佛教既是宗教，又是文化——兼论传承发展中国佛教文化的两个向度》，《世界宗教文化》2018年第2期。

[2] 参见洪修平《发挥中国佛教精神性资源的积极作用》，《中国宗教》2015年第8期。

上编　历史与现代的双重变奏

本编主要是从历史与现代的双重变奏中对近现代佛教入世转型的历史渊源、时代境遇、曲折进程以及思想观念、实践路径等各方面进行考察和分析，全编共分五章。第一章主要是考察分析"近现代佛教入世转型的历史渊源和曲折进程"。首先分析了近现代佛教入世转型的历史渊源与时代境遇，其次分别梳理了"清末民初佛教入世转型的兴起""民国时期佛教入世转型的探索""中华人民共和国成立后两岸佛教入世转型的曲折发展"以及"新时期两岸佛教入世实践的全面展开"。第二章"近现代佛教入世转型对佛教中国化的承续与创新"，主要从近现代佛教入世转型的"实现方式及路径的相续与开新""思想观念的继承与发展""组织制度的革新与承续"以及"实践方式的延续与创新"四个方面，就近现代佛教入世转型与传统佛教之间的继承与创新做了比较和分析研究。第三章"现代性视域下的近现代佛学观转型"是以佛学观为中心，首先研究"近现代中国佛学的困境与转型"，接着从"近现代佛学转型与理性主义""近现代佛学转型与人文主义""近现代佛学转型与历史主义"这三个维度，探讨分析了现代思潮对近现代佛教入世转型的深刻影响。最后分析了"近现代佛学观转型的特点与意义"。第四章"西风东渐背景下佛教的定位与转型"，首先分析了"科学时代里佛学与科学的双向互动"，其次研究了"民主社会中佛学的贡献和参与"，再次探讨了在"宗教与哲学之间的近代佛学转型"问题，最后对"佛教在回应科学与民主中走向新发展"的问题做了分析评论。第五章"多元信仰格局下的文化判教与佛教入世转型"以历史上的传统判教为参照，主要探讨了近现代以来佛教的文化判教与入世转型的关系。首先研究"世俗时代的来临与宗教多元语境的形成"，其次研究"文化判教与近现代佛教入世转型的双向互动"，再次研究"佛教判教的三种路径与作为判教的人间佛教"，最后对"儒学的宗教化建构与佛教的人间化趋势"进行了比较和分析。

第一章
近现代佛教入世转型的历史渊源与曲折进程

中国近现代佛教入世转型，有其深厚的文化背景和漫长的历史渊源，也有其特殊的时代境遇和曲折进程。要研究近现代佛教入世转型，有必要首先梳理并探讨其历史渊源、时代境遇、发展阶段，以及不同时期的社会环境对佛教入世转型的影响、佛教主体对入世转型的探索、不同时期佛教入世转型的表现和特征等。本章拟在阐述近现代佛教入世转型的历史渊源与时代境遇的基础上，将近现代佛教入世转型分为清末民初佛教入世转型的兴起、民国时期佛教入世转型的探索、新中国成立后两岸佛教入世转型的曲折发展，以及新时期两岸佛教入世实践的全面开展四个阶段，对不同时期的社会环境、佛教的探索、佛教的思想、佛教的组织管理、佛教实践的不同体现等，作初步的探讨和分析。

第一节 入世转型的历史渊源与时代境遇

近现代佛教入世转型，是在传统中国化佛教基础上进行的，是对传统中国化佛教的延续与发展。近现代佛教的入世转型与传统佛教的中国化都是在适应中国不同时期社会文化环境过程中实现的，传统佛教中国化的过程、方式途径、思想观念等，都从多方面为近现代佛教中国化提供了历史借鉴。

清末民初伴随西方列强对中国的殖民扩展而来的基督教传播、戊戌变法、辛亥革命、新文化运动等，构成了近现代佛教入世转型的时代境遇，清末民初社会文化环境的变革，不仅改变了佛教生存的社会文化环境，而且对佛教适应时代社会文化环境提出了变革的要求。

一 近现代佛教入世转型的历史渊源

传统佛教的中国化是近现代佛教入世转型的重要历史和思想渊源。关于佛教中国化，有学者将其界定为佛教的民族化、本土化和时代化，注重从佛教与中国世俗政治的协调、与传统思想文化的磨合，以及中国佛教的创新三方面阐释佛教中国化的实现。就民族化而言，又包括了佛教汉化、藏化和傣化等不同的内容[1]。这里，我们主要从传统佛教中国化历程、佛教与儒道关系、中国化佛教的人生化及人间化倾向三方面，来阐述佛教中国化的相关内容，探讨近现代佛教入世转型的历史渊源及其对近现代佛教入世转型的思想影响。

1. 传统佛教中国化历程

从思想理论的角度，可将佛教的中国化过程大致分为三个阶段，即从佛教初传到两晋时期，是佛教中国化的开始阶段；从南北朝到隋唐五代，是中国佛教走向相对独立发展与鼎盛的时期；从北宋到近代，是中国佛教的发展由盛而衰的阶段。[2]

首先，佛教初传到两晋时期，这是佛教中国化的开始阶段。这一时期，封建王权对佛教基本持支持态度。如汉桓帝信奉佛教，之后外国僧人大量涌入，佛教经典翻译走向兴盛。东晋帝王贵族信奉佛教成为风尚，北朝统治者

---

[1] 方立天：《佛教中国化的界说与前提——以汉传佛教为中心》，见方立天、〔日〕末木文美士主编《东亚佛教研究2》，宗教文化出版社，2014，第2页。

[2] 洪修平：《佛教的中国化与僧肇的哲学思想》，《复旦学报》1988年第4期。

同样信仰、支持佛教。不过，政教关系受统治者个人态度影响较大，尚未形成稳定的佛教管理制度。两晋时期还形成了中国早期僧团，如鸠摩罗什僧团、道安僧团、慧远庐山僧团。佛教传入初期曾坚持印度佛教乞食传统，之后因乞食不适应中土社会文化环境，贵族阶层布施佛教钱财及土地，东晋寺院经济开始萌芽并逐渐壮大。这一时期，佛教注重依附传统思想文化在中土生存发展，例如早期佛教注重迎合当时社会上流行的神灵崇拜、黄老道术，因而佛教刚传入时，往往被社会各阶层视作黄老道术之一种。为了在中土社会生存发展，佛教也有意迎合人们的这种观念。如早期汉译佛典《四十二章经》和牟子《理惑论》等都将佛陀、罗汉描述为类似神仙道术中"轻举能飞""蹈火不烧，履刃不伤"的"神人""真人"；来华僧人也注重借助道术、医术扩大佛教影响，等等。佛经翻译、经义讲习是早期佛教传播活动的重要方面，这一时期佛教经典翻译，注重与儒家伦理纲常相协调，如删节佛经中与儒家伦理纲常不一致的内容，增加佛经中没有的"君仁臣忠，父义子孝，夫信妇贞"等内容；经义讲习，注重以道家"清静无为"来阐释佛教对涅槃解脱的追求等。这一时期的佛教相关著述也注重佛教思想与传统思想观念的融合，如东晋佛教注重以魏晋玄学相关思想阐释般若性空观念，形成了六家七宗等不同的学说；慧远作《沙门不敬王者论》《明报应论》等，阐述佛教道德与儒家伦理纲常一致，将佛教因果报应说与传统祸福报应观念相融合，以薪火之喻论证人死形尽而神不灭，以与传统灵魂观念相协调，等等。

总体而言，这一时期佛教为了能够在中土社会文化环境中生存发展，注重依附传统思想文化，以传统思想文化阐释佛教，带有较强的依附性。

其次，南北朝到隋唐五代，这是中国佛教走向相对独立发展与鼎盛时期。南北朝时期，由于贵族阶层秉持特权私自认可僧尼出家，僧众数量急剧增加，佛教社会势力增强，封建王朝开始有意识建立僧官管理制度。由僧官制度、寺院自身组织管理共同构成的佛教管理制度及体系逐步形成。到唐代，僧官制度、度牒制度，以及寺院自身组织管理制度等逐渐完备，大体确立了"政主教从"的政教关系格局。这一时期，封建王朝以及士族大户为寺院供给大量财费，寺院经济日益壮大。由于寺院消耗大量财费，占据大量土地，众多民众为躲避赋税徭役而投奔寺院，这也酿成了北魏太武帝及北周武帝的灭佛运动。同时，随着僧尼人数的膨胀，官方供给及民间捐助供不应求，南北朝时期也出现僧尼自力耕种的情形。这种情况发展到唐代，禅宗四祖道信时已开始形成农禅并重的禅风，之后，"马祖建丛林，百丈立清规"，中国化"农禅并重"的寺院经济模式逐渐确立。南北朝时期，伴随寺院经济的壮大，佛教开始走上相对独立发展的道路，佛教与儒家、道教的矛盾冲突也日益显露出来。北方三教矛盾冲突往往借助政权的力量，北魏太武帝、北周武帝的灭佛事件都与佛道之争有一定的关联。南朝帝王多崇尚佛教，因此佛教与儒道之争相对缓和，大都通过思想论辩的方式体现。儒家、道教对佛教的批判一般从伦理纲常、夷夏之辨出发，如批判佛教出家与中土忠君孝亲的伦理纲常相悖，基于文化本位立场反对"用夷变夏"，等等。佛教则一般从佛教利益众生、度化父母是大孝，从夷夏地域的变动性、人心的相似性进行回应。佛教中国化的思想方面，南北朝时期，经论讲习之风盛行，围绕不同经论讲习逐渐形成涅槃、成论、摄论、地论等诸学派。至隋唐时期，又相继形成天台、华严、禅宗等汉传八大宗派，各宗派都建构了中国化佛教理论体系。禅宗自性自悟、平常心是道、即世间求解脱等观念，农禅并重的生产生活方式，以及丛林制度的建立，则成为中国化佛教的代表。

总体而言，这一时期佛教在寺院经济、组织管理、思想观念等方面，均走上了相对独立发展的道路，是佛教中国化的黄金时期。

再次，从北宋到近代，这是中国佛教民俗化蓬勃发展时期。这一时期，佛教理论创新方面退失了隋唐时期的光彩，学界一般视之为中国佛教由盛而衰时期。不过，也有许多学者指出，入宋以后，受唐武宗、北周武帝灭佛影响，中国佛教的理论创造发展滞缓，但民俗佛教的发展则出现高扬的态势[1]，佛教进一步渗透到民间社会，成为我国传统文化重要的有机组成部分。宋代在唐代佛教管理制度的基础上，强化了度僧、建寺、寺职诸环节的管理。明代也从多方面加强佛教管理，如将僧官纳入朝廷正式官员，分离僧俗两众，限制佛教聚敛钱财，将佛寺分为禅、讲、教三类，要求僧众分别专业[2]。寺院经济及内部组织管理方面，这一时期，农禅生产依然是寺院经济基础。伴随寺院私有制、财产私有化趋势，寺院封建等级特征日益显著，寺院组织管理分工细致。这一时期的统治者大都肯定三教的劝善功能，不过偏重于将佛教社会功能定位于"修心"上。入宋以后，佛教的一些基本观点与方法为儒家所吸收，佛教自身的理论创造渐趋式微，佛教更多地将注意力放在心性问题上，较少关注现实社会和现实人生问题。在三教关系上，则强调佛教与儒道的调和与会通，大力倡导三教合一论。如永明延寿认为"儒道仙宗，皆是菩萨，示助扬化，同赞佛乘"[3]，将儒道思想融于佛教；明末四大高僧都倡导三教融合，云栖袾宏认为佛能"阴助王化之所不及"，儒则能"显助佛法之所不及"，"核实而论，则儒与佛，不相病而相资"[4]，肯定儒佛相资互补。值得关注的是，虽然这一时期佛教在理论创造上呈滞缓状态，但佛教向民间社会的渗透则进一步加深，例如净土信仰盛行，佛教内部出现禅净教融合趋势，佛教各宗派往往同时倡导念佛，影响到民间社会则是净土结社兴盛；佛教注重制定各类仪轨，佛事活动繁多，流风所及，民间社会注重以佛事仪轨超度荐亡，盂兰盆会、放生、施食等佛事活动流行。民俗佛教一方面以寺院为活动中心，举行各种佛教节庆活动，另一方面，佛事活动日益渗入家庭及社区

---

[1] 参见李四龙《民俗佛教的形成与特征》，《北京大学学报》1996年第4期；宇恒伟、李利安：《论唐宋时期的民俗佛教》，《广州社会主义学院学报》2013年第1期。
[2] 《释氏稽古略续集》卷2，《大正藏》第49卷，第936页上—下。
[3] 延寿：《万善同归集》，《大正藏》第48册，第988页上。
[4] 《云栖法汇（选录）》卷13，《嘉兴藏》第33册，第45页中。

生活中，与道教、民间信仰相混杂，成为民俗生活的重要方面。[1]

总体而言，这一时期无论是从倡导三教合一，还是更深入走向民间，都表明佛教已经全方位实现中国化，融入传统社会文化环境，成为中国思想文化的有机组成部分。

2. 佛教与儒道关系

从思想理论层面看，外来佛教中国化的过程主要是佛教与儒道相互冲突、相互融合的过程，是一部三教互动的关系史。佛教与儒道的关系，大致经历了一个从早期强调"三教一致"，到唐代突出"三教鼎立""三教融合"，进而发展为入宋以后强调"三教合一"的历史过程[2]。我们可以从上述佛教中国化的三个阶段来看一下佛教与儒道三教关系的历史演变。

首先，从佛教初传到两晋时期的佛教与儒道关系：佛教初传时期，如何在中土社会文化环境中生存发展是其面对的主要问题，在三教关系上，佛教注重依附儒道思想，论证佛教与儒道的一致性。例如汉魏佛经翻译就注重对儒道思想的吸收融合，删除一些与儒家孝道不一致的内容，加进子女应当孝养父母的教训，还运用道家"元气""无为"等概念来表达佛教的"四大"观念及对涅槃的追求，用"本无""自然"等概念来表达佛教的"缘起性空"思想。这一时期对佛教经义的阐释也往往借助传统的儒道思想，例如以儒家的"五常"比附佛教的"五戒"，以老庄玄学阐发般若性空学说从而形成了六家七宗之学。针对当时社会上对外来佛教的质疑或反对，佛教提出了三教一致论，如牟子《理惑论》认为佛陀与中国的三皇五帝、道家的"至人""真人"没有什么根本的不同，佛教与儒家、道家虽然形式上有异，但最终均有助于王化。三教一致论强调佛教与儒道一样都有助于社会教化和治理，目的在于获得社会各阶层的支持与接纳，促进佛教在中土社会文化环境中的

---

1 李四龙：《民俗佛教的形成与特征》，《北京大学学报》1996 年第 4 期。
2 洪修平：《儒佛道三教关系与中国佛教的发展》，《南京大学学报》2002 年第 3 期。

生存发展。

其次，南北朝到隋唐时期的佛教与儒道关系：南北朝是佛教力量不断增长的时期，佛教与儒道之间的矛盾斗争也因此凸显出来。隋唐则是佛教通过与传统思想文化互动形成中国化佛教宗派的时期，三教关系呈现出三教鼎立、三教融合之势。南北朝时，儒家常从社会经济、王道政治、伦理纲常等方面批评佛教，如范缜批评佛教流行给社会造成多方面危害："竭财以赴僧，破产以趋佛，而不恤亲戚，不怜穷匮……家家弃其亲爱，人人绝其嗣续，至使兵挫于行间，吏空于官府，粟罄于惰游，货殚于土木。"[1] 面对儒家的批评，佛教或将佛教与儒家思想相比附，或在佛教思想体系中加入忠孝仁义等儒家伦理纲常内容，更多的则是强调佛教具有社会教化作用，能够与儒家相互补充。也有一些佛教徒强调佛教高于儒家，如北周释道安强调"佛教者穷理尽性之格言，出世入真之轨辙"，佛儒有精粗、优劣之别，不能"同年而语其胜负"[2]。佛道之争相对于儒佛之争更为激烈。如针对道教的"老子化胡说"，佛教造伪经《清净法行经》提出"佛化震旦说"；针对顾欢《夷夏论》批评佛教是夷戎之教，有违孝道，托名张融的《三破论》贬斥佛教"入国而破国，入家而破家，入身而破身"[3]，佛教一方面强调华夷之辨毫无意义，强调佛教超度祖先，与儒家孝道并无二致，另一方面攻击道教炼丹服药、羽化成仙的荒谬性以及道教被农民起义利用的危害性。南北朝时期儒佛、佛道之争，体现了这一时期佛教力量及佛教独立发展意识的增强。隋唐时，统治者在确立儒家正统地位的同时，推行三教并用政策，佛教与儒道逐渐形成三教鼎立局面，不少佛教思想家在吸收传统儒道思想的同时，强调三教融合。如宗密认为"孔老释迦，皆是至圣，随时应物，设教殊途，内外相资，共利群

---

[1] 僧祐：《弘明集》卷9，《大正藏》第52册，第57页中。
[2] 道宣：《广弘明集》卷8，《大正藏》第52册，第137页上—中。
[3] 僧祐：《弘明集》卷8，《大正藏》第52册，第50页上—中。

庶"[1]，儒佛道都是圣人因时设教，本质上是相资互补的。中国佛教宗派的代表禅宗更站在佛教立场上，吸收融合儒家心性论、道家自然主义观念，形成了具有自身特色的中国化禅学理论及修行方式。这一时期三教之争依然存在，唐武宗灭佛即与其崇尚道教长生成仙思想及道士的煽动有直接关联。唐武宗灭佛给佛教带来沉重打击，宋代以后，三教关系逐渐进入以儒家为本位的三教合一新阶段。

最后，北宋到近代的佛教与儒道关系：入宋以后，统治者开始赋予儒佛道三教不同的定位，如宋孝宗提出"以佛修心，以道养生，以儒治世"[2]。三教关系也逐渐形成了以儒为主、以佛道为辅的组合方式。这一时期，佛教在内注重禅净教融合，在外强调三教合一。受统治者三教定位观念影响，佛教非常注意认同三教各自的价值，吸收融合儒道思想的合理内容。如天台宗孤山智圆提出"修身以儒，治心以释"，认为儒家所说的"中庸"就是佛教所说的"中道"，反对儒道相互排斥，主张兼融儒佛，晚年甚至宣称"宗儒为本"。明清时期，佛教延续唐宋以来内外融合趋势，"三教合一"成为佛教僧人的共同主张。如憨山德清谓"不知《春秋》，不能涉世；不精《老》《庄》，不能忘世；不参禅，不能出世"[3]，肯定三教经典和思想对于人生各自不同的价值。明末清初元贤禅师亦说："人皆知释迦是出世底圣人，而不知正入世底圣人，不入世不能出世也；人皆知孔子是入世底圣人，而不知正出世底圣人，不出世不能入世也。"[4] 认为佛教、儒家均具出世入世两方面，强调儒佛两教并不矛盾。

三教关系是佛教中国化的重要方面，佛教正是在与儒道的互动过程中，吸收融合传统思想文化的合理方面，争取中土社会知识阶层的接纳与支持，

1　宗密：《原人论》卷1，《大正藏》第45册，第708页上。
2　志磐：《佛祖统纪》卷47，《大正藏》第49册，第430页上。
3　德清：《憨山老人梦游集》卷39，《卍新纂续藏经》第73卷，第746页中。
4　《永觉元贤禅师广录》卷29，《卍新纂续藏经》第72卷，第561页中。

最终形成中国化佛教，成为传统思想文化的有机组成部分。

3. 中国化佛教的人生化、人间化倾向

中国传统思想文化始终是围绕"人"展开的，传统儒道思想虽然观点各异，但均具有强烈的关注现实社会、现实人生的人文精神。外来佛教在与传统思想文化互动过程中，也逐渐转向现实人生、现实世间，而具有了现实性品格。中国化佛教人生化、人间化倾向主要体现在与传统宗法社会政治、伦理纲常的协调，对现实人心、现实人生的关注，对传统儒道心性论、人生观等的吸收融合等方面。

其一，与传统宗法社会政治、伦理纲常的协调。中国传统社会无论是宗教事务还是世俗事务均受王权制约，王权利用宗教辅佐朝政，教化社会，处于社会主导地位。外来佛教最初是在王室及贵族上层流传发展起来的，历代王朝从自身统治出发亦大多扶植、利用佛教，同时将佛教发展置于自身有效控制之下，一旦佛教发展触及世俗政治经济根本利益，就会沙汰佛教乃至强制性毁灭佛教。也正因此，中国化佛教亦注重与王权政治的协调，东晋道安即提出"不依国主，则法事难立"[1]，要求徒众争取王权的支持。佛教在与儒道论争时，也非常注重强调佛教辅助王化的功用，如东晋慧远的《沙门不敬王者论》强调佛教"重资生，助王化于治道"[2]。一些僧人为了弘扬佛法，甚至直接参与现实社会政治活动，如佛图澄获得石勒石虎的信任，为后赵政权服务，促进了佛教在北方广大地区的传播。隋唐许多佛教宗派都是在帝王支持下创立，佛教徒也自觉配合帝王的政治需要。在与伦理纲常协调方面，由于忠君孝亲的儒家伦理纲常是传统宗法社会的立国之本，因此外来佛教传入中土之始即注重与儒家伦理纲常相协调。如针对当时社会批评佛教与儒家孝道相悖，牟子《理惑论》辩称"苟见其大，不拘于小"，若成就佛道"父母

---

[1] 慧皎：《高僧传》卷5，《大正藏》第50册，第352页上。
[2] 僧祐：《弘明集》卷5，《大正藏》第52册，第30页中。

兄弟皆得度世",此即是"仁孝"[1],与儒家并不相违。惠能禅宗更将儒家道德伦理要求纳入佛教修行实践,强调"恩则孝养父母,义则上下相怜。让则尊卑和睦,忍则众恶无喧"[2]。大慧宗杲甚至将佛教"菩提心"与儒家"忠义心"等同,认为"菩提心则忠义心也,名异而体同"[3]。

其二,对现实人心、现实人生的关注。中国化佛教对现实人心的关注,主要体现在以"人心"阐释"佛性",在修行上强调"自性自悟"。印度佛教多从缘起性空、无我论出发讨论人的心性问题,佛性、如来藏观念在印度佛教中并未得到充分发展。中国佛教受儒家心性学说影响,注重对佛性、如来藏思想的阐发。如竺道生将般若实相与众生本性相会通,将成佛从对般若实相的体认转化为对内在本性的证悟,认为"无我本无生死中我,非不有佛性我也"[4],肯定"佛性我"的存在。南北朝时期佛性论的主流倾向于将佛性与"神识""真神"联系起来,表达业报轮回的主体和解脱之因。隋唐佛教各宗派对佛性的阐释,无论是天台宗的"实相",华严宗的"如来藏清净心",还是禅宗的"自心",相对于印度佛教而言,均体现了转向"心""觉心""本心"的特征。禅宗主张"自心是佛""明心见性",将"佛性"与"自性"等同起来,将佛性落实到人心、人性层面。在修行观上则强调"自性自悟",如惠能强调"三世诸佛,十二部经,在人性中本自具有,不能自悟,须求善知识,指示方见。若自悟者,不假外求"[5]。中国化佛教对现实人生的关注,则主要体现在平常日用修行的观念中。例如禅宗主张将修行融入现实的日常生产和生活当中,认为"神通并妙用,运水与搬柴"[6],"只如今行住坐卧,

---

[1] 僧祐:《弘明集》卷1,《大正藏》第52册,第4页上。
[2] 《六祖大师法宝坛经》,《大正藏》第48册,第352页中—下。
[3] 《大慧普觉禅师语录》卷24,《大正藏》第47册,第912页下。
[4] 《注维摩诘经》卷3,《大正藏》第38册,第354页中。
[5] 《六祖大师法宝坛经》,《大正藏》第48册,第351页上。
[6] 《庞居士语录》卷1,《卍新纂续藏经》第69卷,第131页上。

应机接物，尽是道"[1]。这种观念还体现在"农禅并重"的传统中，注重在农业生产生活中领悟禅机。中国化佛教对现实人生的关注，还突出体现在对儒家积极入世观念的吸收融合上。例如道安吸收融合儒家"开物成务""盛德大业"的思想观念，将大乘佛教普度众生的追求拓展为社会教化、成就事业的理想；大慧宗杲强调为官应将"为君上尽诚，而下安百姓"与佛教修行相结合[2]。

其三，对儒道心性论、人生观的吸收融合。中国化佛教的人生化、人间化倾向还体现在对儒家心性论、道家自然主义人生观等的吸收融合上。如中国佛学强调"心性本觉"，与儒家性善论主张的"性知"密切相关；禅宗弘忍"守本真心"、神秀"常守真心"，与思孟学派所强调的"自诚明，谓之性；自明诚，谓之教""尽其心者，知其性也，知其性则知天也"，其中蕴含的由尽心守心达到心境一如境界的理念具有一致性；《坛经》所谓"心不住法即通流""念念时中，于一切法上无住"[3]，与《易传》中"生生之谓易"在哲学精神上也有相通之处。禅宗还吸收融合了道家境界观及自然主义人生观，其所追求的能所俱泯境界，与庄子物我两忘境界相近。道家自然主义人生观，在禅宗那里体现为达摩的安心无为、随缘而行，僧璨的"放之自然、任性逍遥"，道信的"直须任运"，神秀的"自然无碍解脱"，以及惠能南宗"随缘任运"，等等。胡适曾强调禅宗思想的道家自然主义思想渊源，认为"古来的自然主义的哲学（所谓'道家'哲学）与佛教的思想的精彩部分相结合，成为禅宗的运动"[4]。

中国化佛教的人生化、人间化倾向，是佛教在与传统思想文化互动过程中形成的，是对中国传统关注现实社会人生的人文精神的吸收融合，是中国

---

1 《景德传灯录》卷28，《大正藏》第51册，第440页上。
2 《大慧普觉禅师语录》卷30，《大正藏》第47册，第939页下。
3 敦煌本《坛经》第14节，第17节，郭朋校释，《坛经校释》，中华书局，1983，第28、32页。
4 胡适：《白话文学史》，中国和平出版社，2014，第209页。

化佛教的重要特征。中国化佛教的人生化、人间化倾向，也为中国近现代佛教入世转型提供了思想基础，是近现代人间佛教的重要思想来源。

二 近现代佛教入世转型的时代境遇

中国佛教近现代入世转型的发生，既是清末民初我国进入近现代社会，社会转型的时势使然，也是中国化佛教经历隋唐宗派佛学兴盛，宋代以后逐渐走向衰落的大势所趋。前者是中国近现代佛教入世转型的外因，后者则是中国近现代佛教入世转型的内因。清末民初是中国在西方列强殖民扩张背景下，被迫进行现代化转型的转折点，同时也是近现代佛教入世转型的起点。伴随西方殖民扩张而来的基督教传播、戊戌变法、辛亥革命、新文化运动，构成了近现代中国佛教入世转型的时代境遇。对于清末民初中国佛教面临的危机，释东初曾经总结为三个方面：一是地方官员侵夺庙产，二是耶稣教扩充、破坏佛教，三是新学党的废教主义[1]。这三个方面大体上相当于"庙产兴学"运动、基督教传播、新文化运动等对中国佛教的冲击和影响。

1. 西方列强殖民扩张与基督教传播

西方列强对中国的殖民扩张，清政府被迫与列强签订的不平等条约，为西方基督教在中国的传播创造了条件，也使有识之士认识到了中国自身的落后，意识到要摆脱被动挨打的局面，必须学习西方近现代文明，实现社会的现代化转型。

鸦片战争时期，清政府被迫与列强签订了一系列丧权辱国的条约。其中不少条约涉及为基督教在华传播争取"保教权"内容。如中英《南京条约》、中美《望厦条约》、中法《北京条约》等条约中即有西方天主教、基督教传

---

[1] 东初：《中国佛教之重建》，台湾大乘文化出版社，1978，第70—72页。

教士可在贸易港口租地建造礼拜堂，中国官员不得查禁中国信教人士等的规定。[1] 西方列强以坚船利炮威逼清政府解除教禁，天主教、基督教传教士可以自由深入到中国各地传教，享有治外法权和不平等条约赋予的各种权益，并肆意将这些权益延伸到中国信教群众。这一时期，天主教各修会和众差会相继来华，到19世纪末在中国已建成五大教区，发展信徒达70多万，新教来华传教士达1500多人，发展信徒达8万余人。

西方传教士凭借列强扩张势力及不平等条约的保护，强势传教，排斥佛教信仰、侵占佛教庙产的现象时有发生。如1844年，法籍天主教主教顾铎德在浙江定海传教，诱使教民将此地六处佛教寺院献给教会，改作教堂；1864年，直隶灵寿县教民曾劝积善寺住持放弃佛教，改信基督教，遭到拒绝后，先后两次到寺内毁坏佛像。晚清时期，基督教与佛教之间常发生冲突，基督教因为得到列强的保护，结果往往是反对基督教的僧人、民众受到惩罚，不得不向基督教会赔款、转让庙产。民国时期，政府受西方基督教观念影响，推行"庙产兴学"和"反迷信"运动，天主教、基督教通过报刊极力推崇破除迷信，不少基督教徒甚至直接参加或领导了地方上的"庙产兴学"与反迷信运动，这不仅直接影响了中国传统佛教信仰的权威，而且威胁到中国佛教的物质利益。清末民初基督教的广泛传播及其对佛教等本土宗教的挤压，从反面激发了佛教界有识之士倡导佛教革新，进而推动中国近代佛教入世转型。

近代基督教的传入与广泛传播不仅激发了中国近代佛教的革新愿望，而且近代基督教的传播方式，也启发了中国佛教近现代发展的方向。基督教本身经历了近代宗教革新，实现了自身的现代转型，其在华传教的一整套机构和制度，以及行之有效的传教方法，如创办报刊、创建教会学校和医院、兴办慈善事业等，一方面体现了与传统社会迥异的现代特征，另一方面对于中

---

[1] 王铁崖编：《中外旧约章汇编》第1册，生活·读书·新知三联书店，1957，第147页。

国佛教的现代化方向及入世转型具有多方面的引导作用。

其一，基督教有严密的组织系统。如基督新教在全国建有若干教区，不同差会又划出不同责任区，责任区下面划分布道区，建立布道站。一个布道站一般包括一座教堂、一座礼拜堂或讲道堂，一所或数所学校，一个诊所或一座小医院，形成配套的传教系统。[1]

其二，基督教注重创办报刊、出版图书以传播基督教。18、19世纪，西方社会报刊、图书各类印刷品迅速发展。在华传教士非常注重《圣经》的翻译出版及相关传教书刊的发行，到19世纪末，外国人在华创办的中外文报刊近170种，比较活跃的教会出版机构十余家。相关书刊的出版发行，极大地扩大了基督教在华的传播及影响，同时也启发了佛教通过创办期刊、出版图书的方式宣传自身。

其三，基督教针对中国广大民众知识水平低下，对基督教理解困难的现状，采取开办教会学校的方式传教。到1914年，天主教和新教共创办学校1.2万所，在校生25万余人。基督教的教育传教方式，不仅直接影响到中国政府的"庙产兴学"主张，而且也激发了中国佛教创办僧教育机构、关注社会教育的观念及实践。

其四，基督教注重通过创办医院、兴办慈善事业等改变中国人对基督教的抵制和偏见。据不完全统计，至1900年新教和天主教在中国48个城市中设立了73所教会医疗机构。基督教注重通过开设育婴堂、孤儿院、盲童学校、聋哑学校等方式开展慈善事业。到民国初年，天主教会在中国大约开设有近两百所孤儿院，共收容孩子近两万名。基督教还注重开展赈济灾民的慈善事业。基督教大型赈济灾民的活动始于19世纪70年代末持续四年的"丁戊奇荒"，这一时期，华北五省出现严重旱灾。天主教、基督教传教士、各国

---

[1] 汤清：《中国基督教百年史》，香港道声出版社，1987，第382页。

驻华外交官及外商等成立中华救灾基金委员会，不遗余力地向西方社会募集善款，募得善款白银20余万两，全部用于华北救灾工作。在这之后，凡遇重大灾荒，传教士们莫不伸出援助之手。[1] 基督教在华创办医院、兴办赈灾救孤等慈善事业，以及慈善传教的方式，对于促进中国佛教关注慈善事业，实现近现代佛教入世转型，发挥了重要作用。

基督教系统的传教模式以及教育传教、医疗传教、慈善传教方式，不仅改变了人们对基督教的排斥，赢得了越来越多的信教群众，而且也获得了越来越多知识阶层及民国政府的认同。如胡适、陈独秀等皆肯定基督教对于社会进步的意义，认同基督教模式的现代宗教，认为宗教应当积极参与公共事务，将对现实社会的关注落到现实社会实践当中；民国政府也逐渐认同基督教模式的现代宗教，孙中山、蒋介石等许多军政要员均信奉基督教，并设想通过"庙产兴学"、反迷信运动来摧毁或改造传统宗教，建设基督教式的现代宗教。也正是在这种大势所趋的态势下，佛教界的有识之士如太虚法师、圆瑛法师等，在肯定佛教现代意义、维护教产的同时，逐渐认同近现代宗教应参与社会、服务社会的公共性特征，积极推动佛教革命，学习西方基督教宗教教育，创办僧教育机构；学习基督教服务社会，医疗传教、慈善传教模式，积极兴办慈善事业，推进近现代佛教的入世转型。

2. 清末民初政治变革与"庙产兴学"运动

清末民初，面对帝国主义的殖民扩张，面对国家的积贫积弱，清政府及民国政府均意识到要改变这种落后挨打局面，必须进行变革，学习西方先进文明，汇入世界现代化潮流。也正是在这种背景下，清末民初相继进行了戊戌变法、新政变革、辛亥革命等政治变革。而与佛教命运密切相关的"庙产兴学"运动，也是清末民初政治变革的重要方面。

---

[1] 贺永田、吴赘：《晚清基督教慈善事业述论》，《江西师范大学学报》2014年第5期。

戊戌变法是1898年6月到9月，清末光绪皇帝在康有为、梁启超等维新派人士支持下开展的资产阶级改良运动，内容包括政治上精简机构、选用维新人士，经济上鼓励兴办近代工矿企业，文化教育方面开办新式学堂，翻译介绍西方现代思想文化等。戊戌变法因为封建保守派的反对而失败。庚子事变之后，光绪皇帝在慈禧太后等保守势力的默许下施行变革，史称新政变革。变革内容与戊戌变法大体相似，涉及范围更深更广。为对抗资产阶级革命运动，清政府在资产阶级改良派敦促下，派遣五大臣出洋考察，颁发《宣示预备立宪谕》，史称"预备立宪"。预备立宪试图在维护君权的基础上，进行资产阶级改良，带有较强的欺骗性。辛亥革命则是资产阶级革命派推翻清朝专制帝制、建立共和政体的资产阶级民主革命运动。1911年10月10日辛亥革命爆发，成功地推翻了统治中国数千年的君主专制制度，建立了资产阶级民主共和国。辛亥革命的成功在一定程度上促进了中国民族资本主义的发展，传播了自由、平等、民主等现代资产阶级思想。

清末民初"庙产兴学"是适应资产阶级政治变革而兴起的。国家要富强，必须发展现代教育，全方位提高整个国民素质。在全国范围内发展现代教育，需要巨额费用。而当时半殖民地半封建的中国内忧外患不断，根本无力投入大量财力办学。清末民初佛教寺院众多，经济雄厚。加之政府及现代有识之士将佛教视为迷信，因此多主张提拨寺产兴办学堂。

清末最早系统提出"庙产兴学"主张的是湖广总督张之洞。张之洞在《劝学篇下·设学第二》中指出，在天下设立数以万计的学堂，虽然可以将书院改为学堂，以"赛会演戏之款""祠堂之费"用作兴办学堂，但经费依然有限，因此可以将佛道寺观改作学堂，一方面可以为学堂提供必需的办学空间，另一方面还可以用其寺产解决办学所需经费。他设计的方案是，将每一寺观屋宇、田产的百分之七十供学堂使用，留下百分之三十安顿僧道。该论为朝廷所采纳，百日维新期间由军机处向各省督抚、学正颁发，督促实施。

1901年开始，清政府明令各省、府、州、县开设学堂，在"庙产兴学"主张的鼓动下，各地开始出现提取或侵占寺产事件。一些地方官绅甚至主张强令僧尼还俗，没收寺院屋舍、田产，用作办学经费，并因此出现毁寺、逐僧、没产等事件。在这种情势下，一些僧众违心地寻求外国僧人保护寺产。1905年，浙江龙兴寺住持在被驱逐后，求助于在杭传教的日本本愿寺僧伊藤贤道，并联合浙东36寺，盗用敬安法师名义寻求日僧保护[1]。日本僧人也乘机在各地设馆传教。浙江巡抚将浙东36寺接受日本真宗保护情形上报朝廷。敬安法师也上奏朝廷，力请保护寺产。清政府因此于1906年上谕准许各寺庙兴办僧学堂，保护寺产，杜绝外国势力干预。并要求僧学堂在传授经典之外，兴办普通教育。

　　清政府上谕颁布后，各地寺僧多据以维护自身利益，地方官绅则从对自己有利的方面解释上谕，如对以前提拨的寺产不予追回，之前认捐、具结的款项仍应认缴等，地方官绅与寺僧的讼争大为增多。同时，"庙产兴学"的潮流并没有止息，各省、府、州、县为系统地兴办新式学堂，纷纷成立由当地儒生、官绅主持的教育会，加紧对地方庙产的提取、利用，或全部没收，或零星抽提，或临时派捐，"庙产兴学"逐渐具有了全国性规模。不过，总体而言，辛亥革命之前，清政府的"庙产兴学"政策对佛教寺产影响尚不太大，属于"庙产兴学"初步阶段。

　　民国成立伊始，孙中山以临时大总统名义颁布《中华民国临时约法》，以宪法形式保护宗教信仰自由及寺院财产。但袁世凯北洋政府随即颁令调查各地庙产，规定凡属募捐购置的庙产，一律认定为公产加以没收。"庙产兴学"再度兴起。鉴于当时情形，敬安法师与虚云和尚赶赴北京请愿，要求政府下令禁止各地侵夺寺产，遭到内务部官员的拒绝，敬安法师因郁愤当晚病逝于

---

[1] 《详记日僧干预龙兴寺事》，《申报》1905年2月16日。

法源寺。敬安法师的病逝引起朝野震动，袁世凯政府不得已，于 1913 年 6 月颁布《寺院管理暂行规则》，拟保护寺产。但 1915 年拟定的《管理寺庙条例》中又规定，遇有公益事业之必要及得地方官之许可不在保护之限，若有寺庙住持违反管理或不遵守僧道清规，情节重大者，也不受条例保护[1]。这实际上为没收或提取庙产提供了便利条件。

"庙产兴学"是清末民初官方适应兴办现代教育的时代要求采取的举措，也是在当时社会条件下，由于中国社会内忧外患、积贫积弱，政府采取的无奈之举。从佛教角度言，清末民初佛教的衰败，无法适应近现代社会发展的需要，也必然会受到新时代社会建设的冲击。因此，从自身生存与发展而言，佛教也需要认清中国近现代社会发展大势，积极完成自身的近现代入世转型。

"庙产兴学"运动对佛教的冲击，客观上也刺激了传统佛教的现代转型。面对"庙产兴学"运动，佛教界一方面通过向上层呼吁，争取政要的支持，运用国民政府的宗教自由政策、《寺庙管理条例》[2] 等，争取生存的权利。另一方面，佛教界有识之士也开始积极反思自身的不足和缺陷，从时代需要出发，呼吁佛教变革，自觉兴办僧教育和社会教育，提高自身素质，服务社会。同时，"庙产兴学"的冲击，也促进了佛教界的联合。正是在"庙产兴学"运动过程中，佛教界成立了中国佛教会、中华佛教总会等全国性佛教组织。佛教组织的成立，僧教育及社会教育的兴办，对于促进近现代佛教的入世转型发挥了重要作用。

3. 新文化运动及其对佛教的批判

侯外庐曾将中国 19 世纪下半叶到 20 世纪二三十年代这一历史时期定

---

[1] 大醒：《十五年来僧事之检讨》，《海潮音》第 16 卷第 1 期。
[2] 《管理寺庙条例》和《寺庙管理条例》是两个不同的法规。《管理寺庙条例》31 条 1915 年由北洋政府颁布，后来在 1921 年修改为《修正管理寺庙条例》24 条。《寺庙管理条例》21 条则是 1921 年由南京国民政府颁布。

义为"近代启蒙思想阶段"[1]。近代启蒙思想强调人的理性认识思维能力，强调以批判精神反对和打破一切有悖人性的传统君权和神权的束缚。这一时期，新文化运动倡导民主与科学，最能体现近代启蒙思想的内涵及精神。而新文化运动对宗教的批判，关于科学与迷信的论争，以及以科学、美育、哲学等代替宗教的主张等，对佛教的冲击也最为突出。因此，这里主要以新文化运动对佛教的批判，来阐述中国近代佛教入世转型的思想境遇。

新文化运动是由胡适、陈独秀、蔡元培等一些受过西方教育的知识分子发起的思想解放运动。1915年9月《新青年》杂志的创刊，标志着新文化运动的兴起。新文化运动提倡资产阶级民主思想和民主政治，反对封建专制；宣扬近代自然科学法则和科学精神，反对封建迷信和愚昧。1917年俄国十月革命胜利后，新文化运动进而宣传马克思主义思想。新文化运动一方面在思想上打破了封建思想的统治地位，推动了西方近代科学精神，以及民主、自由思想的传播，实现了近代社会思想的空前解放，另一方面也为马克思主义在中国的传播开辟了道路。

新文化运动与近现代佛教入世转型最密切相关的是对佛教的批判。新文化运动从关注现实人生，以及民主、科学的现代精神出发，主要从以下方面对佛教进行批判：其一，新文化运动从关注现实社会的文化精神出发，批判佛教的虚无主义，认为佛教传入中国后，蒙蔽了我国既有的关注现实社会的人文精神，对社会流毒甚深，主张抵制乃至消灭佛教。如胡适曾激烈批判佛教，认为佛教是精神的鸦片，对人的毒害比真鸦片厉害得多。中国传统思想文化追求"正德""利用""厚生"，但以空寂为究竟的佛教传入中国后，流毒我国社会甚深，有识之士应当抵制佛教[2]。其二，新文化运动还从人权、民主思想出发批判佛教对佛像的崇拜。如陈独秀倡导破除对

---

[1] 侯外庐：《中国近代启蒙思想史》，人民出版社，1993，第416页。
[2] 胡适：《我们对新旧文化应取的途径》，《大公报》（长沙版）1932年12月16日。

君权、神权的崇拜，肯定人们追求幸福的权利，主张在国民心目中建立人权观念，完善其独立自主人格[1]。因此，反对佛教将自身的生死祸福、穷通偃达托付给佛菩萨，反对烧香磕头，崇拜佛菩萨。其三，新文化运动从近代科学及科学精神出发，批判佛教的迷信观念。新文化运动对宗教（包括佛教）的批判，主要是从科学立场批判宗教。如陈独秀曾称："要拥护那德先生，便不得不反对孔教，礼法，贞节，旧伦理，旧政治；要拥护那赛先生，便不得不反对旧艺术，旧宗教。"[2] 也正因为此，新文化运动对佛教的批判主要是从科学立场进行的，并提出了以科学、美育、哲学代替宗教的观念。以下对这几方面略做论述。

新文化运动对近代科学的倡导，是在鸦片战争以来西方科学的持续传入、近代科学对中国社会的广泛影响之基础上展开的。鸦片战争至戊戌变法前的四十年时间里，中国注重翻译出版西方自然科学著作，这一时期翻译出版的178部西方著作中，有157部属于自然科学[3]。不过，这一时期人们对西方科学的理解主要停留在技术层面。而维新人士关于西方科学的认识则开始从技术层面转向更为深层的思想和制度层面，并通过创办新式学堂、翻译西方著作、兴办报刊等形式，推动科学在中国的普及。西方近代科学的引进、普及，加之中国先进知识分子将中国落后原因归之于没有像西方那样发展出近代科学，这一时期，西方科学逐渐成为我国近代文化的主导方面。

近代科学的兴盛也带来了对佛教的批判，新文化运动的思想家从科学立场出发，对佛教进行了激烈的批判。陈独秀依据近代天文学、地质学、生物学、人类学等自然科学知识，肯定现实世界的发生发展遵循进化规律，否定造物主的存在，并以此批判宗教世界观。在他看来，与基督教相比，佛教不

1　任建树等编：《陈独秀著作选》第1卷，上海人民出版社，1984，第136—137页。
2　陈独秀：《〈新青年〉罪案之答辩书》，《新青年》1919年第6卷第1号，第17页。
3　〔美〕郭颖颐：《中国现代思想中的唯科学主义》，雷颐译，江苏人民出版社，1998，第3页。

仅在知识论上充满了鬼神迷信、因果报应等反科学的蒙昧学说，而且在人生观上宣扬世事如梦、人生如戏的空观及出世思想，因此毫无可取之处[1]。胡适《论毁除神佛》等文亦从科学理性视角阐述不应当迷信神佛、相信佛教因果报应观念。在他看来，人死后精神就消散了，不可能存在什么鬼魂、神佛；我们理应做一个堂堂正正的人，迷信、崇拜神佛是可耻的，烧香拜佛是愚昧的[2]。

新文化运动思想家还从科学思想出发，提出"以科学代宗教""以美育代宗教""以哲学代宗教"等观念。陈独秀明确提出"以科学代宗教"的主张。在他看来，宗教之所以应为科学所取代，是由宗教与科学的本质决定的。他认为，宗教起源于渔猎社会，是人的认识水平不足的产物。宗教是主观想象的产物，不能如实认识事物的客观性。科学则能以理性研究客观对象，能够正确认识自然和人类社会。随着人类社会的发展，科学必然取代宗教对自然的阐释功能，科学取代宗教是社会发展的必然趋势。陈独秀还从进化论出发论证科学取代宗教的必然趋势，认同孔德将社会发展史分为"宗教迷信时代""玄学幻想时代"和"科学实证时代"的理论，认为现代社会已经进入科学实证时代，这个时代一切政治、社会、道德、教育等，无不包含着"科学实证的精神"。因此主张将宗教抛到九霄云外，"以科学代宗教"。而以科学取代宗教，首先应将宗教置于科学的规范内进行检验，以科学取代宗教教义中与现代科学相冲突的方面，以及宗教教义中的迷信内容。"至于宗教之有益部分"，他则认为"美术哲学可以代之"[3]。

蔡元培关于宗教的代表性观点则是"以美育代宗教"说。1917年蔡

---

[1] 陈独秀：《克林德碑》，《新青年》1918年第5卷第5号，第18页。
[2] 欧阳哲生编：《胡适文集》第9册，北京大学出版社，1998，第512—514页。
[3] 参见任建树等编《陈独秀著作选》第1卷，上海人民出版社，1984，第134—135、253、324—325、308页。

元培首次提出"以美育代宗教":"宗教皆刺激感情之作用为之也……鉴于刺激感情之弊,而专尚陶养感情之术,则莫如舍宗教而易以纯粹之美育。"[1] 在他看来,之所以应以美育取代宗教,是因为宗教是未开化民族的信仰,具有强制性、保守性、有限性。而美育则代表文明的进步,具有普遍性和超越性。蔡元培所说的"美育"并不仅仅是"美术",还包含"图案、雕刻、建筑、文学、演剧、音乐"等方面[2]。在他看来,美育无宗教之流弊,且能陶冶情操,培养道德。

胡适1918年提出建立"新宗教"观念。胡适的新宗教观念实际上不过是借用宗教的名词,其实质内容是崇尚包含科学在内的近代人文思想。因此,从本质上说与陈独秀所说的"以科学代宗教"异曲同工。胡适将其新宗教的特色概括为"理智化""人化""社会化"三方面:其一,所谓"理智化",即依据科学、理性、进化的观念考察天人关系,否定上帝造人、神佛迷信、偶像崇拜等宗教观念。其二,所谓"人化",即高扬人的主体性,强调以科学提高人的各方面能力,相信、依靠人自己,而不再是相信天命、上帝或神佛。胡适具体表述"现代人化"宗教的内涵说:"信任天不如信任人,靠上帝不如靠自己。我们现在不妄想什么天堂天国了,我们要在这个世界上建造'人的乐园'。我们不妄想做不死的神仙了,我们要在这个世界上做个活泼健全的人。我们不妄想什么四禅定六神通了,我们要在这个世界上做个有聪明智慧可以戡天缩地的人。我们也许不轻易信仰上帝的万能了,我们却信仰科学的方法是万能的,人的将来是不可限量的。我们也许不信灵魂的不灭了,我们却信人格是神圣的,人权是神圣的。这是近世宗教的'人化'。"[3] 其三,所谓"社会化",主要体现在其"社会不朽论"当中。"社会不朽论"是对传

---

[1] 孙常炜:《蔡元培先生年谱传记》(中册),台北"国史馆",1986,第29页。

[2] 蔡元培:《教育界之恐慌及救济方法》,见马燕编《蔡元培讲演集》,河北人民出版社,2004,第35页。

[3] 欧阳哲生编:《胡适文集》第4册,北京大学出版社,1998,第9页。

统儒家立德、立功、立言"三不朽"观念的发挥。胡适认为，我们每个人的"小我"所做的一切事，都会对社会发生影响，并构成永恒社会"大我"的一部分。"小我"有生有死，但其所作所为，会留在社会"大我"身上，这就是"社会的不朽"。在胡适看来，"社会不朽论"能令人们考虑自身行为的后果，唤起人们对自身行为的社会责任感[1]。相对于陈独秀的"以科学代宗教"而言，"新宗教"保留了宗教的"虔诚"，体现了胡适试图在现代社会建立起对现代科学、现代思想的信仰的思想意向。

新文化运动及其对佛教的批判，从近代民主、科学精神出发，批判封建专制、封建迷信，在知识阶层营造了推崇民主、科学的近代社会文化氛围。新文化运动从科学角度对佛教及其出世观念的批判，提出的"以科学代宗教""以美育代宗教"等主张，一方面高扬了关注现实政治、社会、道德、教育的积极入世精神，注重人自身道德、情操熏陶的人本精神，客观研究自然现象、社会现象的科学和理性精神，另一方面也对佛教带来巨大冲击，迫使近代佛教认同近代文化的科学、民主精神，关注现实社会问题，转变给社会大众带来的迷信落后、消极没落的印象，对于促进近现代佛教入世转型具有积极作用。也正是面对新文化运动的冲击，太虚及其追随者、支那内学院佛学研究者等从多方面积极回应，或从佛教重视科学、佛教不违背科学、佛教与科学互补等方面论证佛教的科学、理性特征，或积极主动反思佛教迷信落后的弊端，或肯定佛教在现代社会的积极价值，肯定佛教能够适应时代需要进化为新佛教……并由此开启了近现代佛教改革和入世转型之路。

4. 清末民初佛教的积弊及衰象

中国佛教近现代入世转型的发生，还与明清时期佛教逐渐走向衰落，特

---

[1] 胡适：《我的信仰》，见曹伯言编《胡适自传》，黄山书社，1986，第97—98、100页。

别是清末民初佛教的积弊与衰象密切相关。正是因为此,所以佛教有必要因应时势,实现振兴,谋求自身的生存和发展。

从历史上看,外来佛教的中国化及其人生化、人间化倾向,一方面促进了佛教适应中土社会环境及在中土的传播与发展,另一方面也蕴含了宋代以后走向衰落的因素:

其一,汉地王权对教权的控制不利于中国化佛教的健康发展。封建社会主要通过僧官制和度牒制控制佛教的传播与发展。在传统社会,僧尼剃度、寺庙修建乃至大型法会等教务,均由政府设立的监福曹、昭玄寺、崇玄使、左右街功德使、宣政院、善世院、僧录司等机构管理[1]。历代政府还通过度牒的形式限制僧尼数量。但政府在严格度牒发放制度时,民间不可避免地出现"私度"现象,而当政府将度牒发放用作敛财手段,以支付庞大军费开支及基础设施建设,同样会导致僧尼规模的不良增长以及伪滥僧的增加。此外,明代的考试制度还促成了"应赴"僧队伍的扩大,佛教为求得民间供养,迎合民间鬼神信仰而走向迷信化。而明代中期禁止僧人游方问道、讲经说法,也限制了佛教与民众的交往,客观上导致了不关心世事的"山林佛教"的形成。[2]

其二,传统社会三教关系也限制了中国化佛教的发展。中国佛教在与儒道碰撞、冲突、交流、融合的过程中,逐渐将自身的社会角色固定在解决人们出世间的终极追求和心性解脱问题上。宋孝宗所谓"以佛治心、以儒治世、以道治身"大体体现了儒佛道三教在历史发展中的定位。中国佛教偏重于心性解脱的出世趋向,客观上不利于佛教关注现实社会、现实人群,因而不利于佛教自身的生存与发展。同时,儒学在与佛学长期对峙的过程中,也逐渐

---

1 陈兵、邓子美:《二十世纪中国佛教》,民族出版社,2000,第5—6页。
2 唐忠毛:《中国佛教近代转型的社会之维:民国上海居士佛教组织与慈善研究》,广西师范大学出版社,2013,第16—18页。

吸收融合了佛教思维方式及思想观念。宋明理学一方面吸收融合佛教相关思想，另一方面排斥限制佛教的发展，这也在一定程度上消解了佛教的主体地位，弱化了佛教的竞争优势。

其三，丛林宗法制度也不利于佛教的振兴。受传统社会宗法制度影响，汉地佛教也形成了根据门派和师徒传承继承庙产、法座的丛林宗法制度，丛林宗法制度容易导致同门法徒之间争权夺利，不同寺院之间宗派林立，不利于选贤与能和佛教持续发展。

传统社会政教关系、三教关系以及在此社会文化环境中形成的中国化佛教，客观上导致了中国佛教在封建社会逐渐走向没落的命运。唐代以后，三论宗、法相唯识宗、华严宗、天台宗等佛教义学宗派，因为失去统治者的支持，相继零落。南宋之后，隋唐时期形成的佛教宗派，仅有崇尚简约的禅宗和净土宗较为兴盛。而且，禅宗、净土宗在其发展过程中，也出现了种种弊端，如禅宗中真能明心见性者少，往往借口不立文字，不事修学，表演机锋棒喝形式，流于狂禅；净土则流入居士佛教与民间信仰，与民间习俗和迷信相混合。

至清末民初，中国佛教积弊深重，衰颓之象更为显著。这主要体现在以下一些方面：其一，僧尼队伍素质低下。据统计，民国时期汉地僧尼人数约70万众，但90%以上为贫苦农民出身，不识字者占80%以上。即如江南佛教丛林重镇镇江金山寺僧众三四百人中，居然没有一个人能写出三四百字像样的书信。其二，众多僧尼以自身生存为目的，极少以弘法利生为务。太虚法师曾将当时僧界"末流之陋习"概括为不问世事、隐遁清修的"清高流"、终日在禅堂打坐参禅的"坐香流"、只管讲经说法的"讲经流"和忙于赶经忏、做法事的"忏焰流"，大部分僧侣只管个人清修、生存及名利，不关心世事，不关心弘法利生。其三，众多僧人不守戒律，不事禅修，忙于赶经忏，乃至趋炎附势，争名夺利，参与赌博，喝茶看戏，形同俗人。其四，中国佛教历来以高僧、寺院为中心弘扬佛教，各教派之间、寺院之间、僧侣之间争夺徒众，缺乏凝聚力和团队精神。僧众在弘扬佛教上消极被动，整日坐在寺院里等待民众上门磕头、供养，僧侣与民众之间达成默契的"香火佛教"，也加速了传统佛教的没落态势。[1]

清末民初佛教的积弊及衰象，激起佛教界、思想界有识之士的批判反思，成为佛教入世转型的主观动因。除太虚法师总结佛教界四种"末流之陋习"外，苏曼殊、章太炎在《儆告十方佛弟子启》中也揭露了佛教界弊病："法门败坏，不在外缘而在内因。……或有裸居茶肆，拈赌骨牌，聚观优戏，钩牵母邑。碎杂小寺，时闻其风。丛林轨范虽存，已多弛缓，不事奢摩静虑，而惟终日安居。不闻说法讲经，而务为人礼忏。嘱累正法，则专计赀财。争取缕衣，则横生矛戟。驰情于供养，役形于利衰。为人轻贱，亦已宜矣。……若十方大德，恕其狂愚，加以采录，挽回末法，或在斯言。"[2] 在揭露佛门衰象的同时，明确指出佛法衰败，根源在于佛教自身的"内因"，期望引起佛门大德的重视，挽回佛法颓势。

第二节　清末民初佛教入世转型的兴起

清末民初佛教入世转型的兴起，是学术界、佛教界有识之士面对西方殖民扩张及近代社会变革进行的近代佛教复兴运动，面对清末民初"庙产兴学"压力及佛教衰败趋势，开始兴办僧教育，提出佛教革新主张。这一时期佛教入世转型的兴起，主要包括清末杨文会创办金陵刻经处、祇洹精舍，维新思想家研究佛教思想，以及针对"庙产兴学"风潮兴办僧教育、创建全国性佛教统一组织和太虚法师提出佛教"三大革命"主张等。

---

[1] 参见邓子美、陈卫华、毛勤勇《当代人间佛教思潮》，甘肃人民出版社，2009，第43—44页。
[2] 汪树东等编：《苏曼殊作品精选》，长江文艺出版社，2003，第205—211页。

一　佛教入世转型的资源人才和思想准备

清末杨文会创办金陵刻经处、祇洹精舍、佛教研究会，为近现代佛教思想研究、近现代佛教教育创造了条件，而谭嗣同、梁启超、章太炎等维新派思想家的佛学研究及思想，则从思想上开启了近现代佛教的入世转型。

1. 杨文会对近现代佛教的开创之功

杨文会是近代史上著名佛学家，笃信佛教，曾出使英法等国，较早接触西方近代科技及思想文化，受日本与欧美佛教研究影响，将振兴佛教与宗教救国联系起来，极力推行新式佛教教育。其在中国近现代佛教史上的贡献主要体现在创办金陵刻经处、祇洹精舍、佛教研究会，对中国近现代佛学复兴，以及近现代佛教教育的开创居功至伟。

杨文会因当时明刻《嘉兴藏》版毁于战火，搜觅佛经不易，因此舍住宅创办金陵刻经处，募款重刻方册藏经。他托日本学者南条文雄帮助，在日本广泛搜求唐代以来散失的佛教经论，择要刻印。杨文会发愿校刻《大藏辑要》一部，包括各宗派重要经论、注疏及历代重要著述。计划选刻460种，3300余卷。后因经济原因尚有五分之一未能刻齐。在他的带动下，郑学川在扬州创立江北刻经处，曹镜初在长沙创立长沙刻经处，他们统一刻经版式，相互分工合作。新刻经版采用方册本，阅读便利。杨文会一生刻经4万多片，流通佛教经论100余万卷，为近代思想文化界提供了丰厚的思想文化资源，也促进了近代思想家对佛教的研究。康有为、谭嗣同、梁启超、章太炎等正是通过研究佛教来阐发自身的近代启蒙思想的。

为复兴佛教，杨文会倡导僧教育，并于1908年创立祇洹精舍，培养僧俗人才。他借鉴日本佛教学校章程，将学堂分为内、外两班，外班是佛教兴办的社会教育，内班则为提高僧尼素质兴办的僧教育。他将内班分为初、中、高三等：初等的学习文理及浅近佛典，三年后学成受沙弥戒；中等的学习稍深经律论，三年后学成受比丘戒；高等的学深奥佛典及禅、律、净等专门之学，三年学成后受菩萨戒，天资聪慧者可作方丈，讲经说法。祇洹精舍所设普通课程包括本国文理、史地、算法、梵文、英文、日文等。因经费短缺，祇洹精舍仅维持了两年。1910 年，杨文会又发起成立佛学研究会，并自任会长，每周讲经一次，四方来学者众多。杨文会的佛教教育思想及实践，对之后太虚法师兴办佛学院、欧阳竟无兴办支那内学院，乃至新中国的中国佛学院建设均产生了深远的影响。从一定意义上说，可谓是中国近现代佛教教育的发端。

杨文会的佛教思想同样具有近现代特征。这突出体现在以近代科学阐释佛教世界观、从佛教立场评判西方哲学等方面。如用近代电学，以及极光、火山等地理学知识阐释佛经中所谓"风金相摩，故有火光"的说法，以近代天文学知识阐释佛教中所说三千大千世界等；杨文会反对当时人们将心理学与佛教相提并论的观念，认为心理学、哲学不过是"世俗知见"，佛教中所说的"三身四智，五眼六通，非哲学家所能企及"[1]。杨文会以佛教观念附会近代科学，以及从佛教立场臧否西方哲学、心理学的方式，对之后谭嗣同、梁启超、章太炎等维新思想家的佛学思想，乃至整个近代佛学思想观念影响深远。

2. 维新思想家的佛学研究和新学思想

受杨文会"佛教救国"思想的影响，清末形成了一股佛教复兴思潮。康有为、谭嗣同、梁启超、章太炎等维新思想家均注重从佛教中寻求思想资源，他们将日本明治维新的成功与倡导佛教联系起来，注重以佛学附会近代科学，从西方哲学、心理学阐释佛学思想，突出佛教中体现的自由、民主、个人主

---

[1] 杨文会：《佛法大旨》，参见唐文权《杨文会与清末佛教革新运动》，《中国文化》第 11 期（1995 年第 1 期）。

义等近代人文观念，期望通过佛学与近现代西方文化的嫁接，复兴佛教，振兴国家。维新思想家阐发的佛学思想，既是近现代佛教入世转型的发端，也为近现代佛教入世转型提供了思想资源及发展路径。

其一，维新思想家承续了杨文会以佛学附会近代科学的取向。如谭嗣同认为西方近代科学所谓地球属于行星，某行星公转一年多少天，以及一滴水中有多少微生物等，佛教经典中均有记载[1]。梁启超亦曾以达尔文的进化论阐释佛教因果思想，认为进化论中有关行为习性的遗传之说与佛教因果业报理论"若合符契"[2]。

其二，维新思想家注重从西方哲学、心理学来阐释佛教思想。如梁启超将康德哲学类比佛教思想，认为康德的"现象之我"类似于佛教的"无明"，康德的"真我"则类似于佛教的"真如"，认为"康氏哲学大近佛学"[3]。梁启超还非常注重以心理学阐释佛学相关思想，认为佛教中所说的七十五法、百法、五蕴、十二因缘、十二处、十八界等，关注的无非是人内在的心理现象，强调研究佛学应从心理学入手，研究心理学则应重视佛教思想资源[4]。章太炎同样以康德的"自在之物"比附佛教的"真如"，并将康德所说的"自在之物"译作"物如"[5]。他们还承续杨文会站在佛教立场臧否西方哲学的倾向，如梁启超认为古希腊及近代西方哲学，其"论理之圆满，远不及佛说十之一"[6]，康德哲学虽然"大近佛学"，但毕竟不能与精奥之佛学相提并论[7]。章太炎在其著作中亦从佛教因明逻辑和唯识学说出发，批评费希特、孔德、叔本华哲学及基督教神学。

1　谭嗣同：《仁学》，中州古籍出版社，1998，第126页。
2　梁启超：《国家运命说》，《饮冰室合集·文集之二十三》，中华书局，1989。
3　梁启超：《近世第一大哲康德之学说》，《饮冰室合集·文集之十三》，中华书局，1989。
4　梁启超：《佛学研究十八篇》，中华书局，1989，第369页。
5　章太炎：《建立宗教论》，《章太炎全集》（四），上海人民出版社，1985，第404页。
6　梁启超：《佛教与群治之关系》，《饮冰室合集·文集之九》，中华书局，1989。
7　梁启超：《近世第一大哲康德之学说》，《饮冰室合集·文集之十三》，中华书局，1989。

其三，维新思想家还从近代西方文化阐发佛教思想中蕴含的平等、自由及个人主义观念。如谭嗣同运用佛教中的种族平等、男女平等观念，抨击中国封建社会等级制度。梁启超也从"一切众生皆有佛性"肯定佛教平等观；关于佛教中的自由思想，梁启超认为佛教是"以求得最大之自由解放而达人生最高之目的者也"[1]。维新思想家均强调佛教中蕴含的大无畏精神，如谭嗣同从佛教超越生死的观念论证大无畏精神，在他看来，人的生死不过是躯壳的变化，人的灵魂是不死的，因此没有必要畏惧死亡，人能置生死于度外，就应当将自己的一生奉献给利人救人的正义事业[2]。也正是从佛教中吸取大无畏的精神，所以他具有冲决封建网罗的大无畏精神。受西方近代个人主义影响，维新思想家还注重佛教对于成就人格的意义，如梁启超强调宗教能够造就人物，认为豪杰之士之所以能无大惊，无大喜，无大苦，无大忧，正是因为明了佛教三界唯心的真理[3]。

其四，维新思想家还关注国家、民族命运，注重阐发佛教思想的入世内涵。如谭嗣同从佛教中挖掘大无畏精神，突出人的心力，提出"以心挽劫"主张，旨在从佛教中吸取力量，为维新变法服务，挽救民族危亡。梁启超认为佛教具有"入世而非厌世""无量而非有限""平等而非差别""自立而非他立"等六大优点，并将"入世而非厌世"放在首位。梁启超还认为佛教因果业报不仅适用于个人，而且适用于国家治理和民族命运，认为一个国家之所以腐败衰弱，根源于前人长期以来的所作所为，而要改变国家、民族的命运，则需要从现在做起。如果我们民族的每一个人都能摒除恶习，多造善因，那么民族就一定能够繁荣昌盛[4]。梁启超以因果业报观念阐释国家民族命运，体现了对国家民族命运的关注，体现了对佛教入世观念的阐发。

1　梁启超：《佛陀时代及原始佛教教理纲要》，《饮冰室合集·文集之三九》，中华书局，1989。
2　谭嗣同：《仁学》，中州古籍出版社，1998，第111、134页。
3　梁启超：《惟心》，《梁启超全集》第1册，北京出版社，1999，第362页。
4　梁启超：《国家运命说》，《饮冰室合集·文集之二十三》，中华书局，1989。

近现代佛教的入世转型本质上是佛教的现代化，维新思想家面对国家的积贫积弱，积极向往、热心学习近代西方科学技术、思想文化，力图以佛教会通近代自然科学、人文科学，试图从佛教中吸取精神力量，找到变革图强的思想武器，阐发佛教的入世内涵，从一定意义上说，是中国近现代佛教入世转型的开端，对之后一个世纪以来的佛教入世转型影响深远。

二 "庙产兴学"与佛教革命的提出

清末民初佛教入世改革是在清政府及民国政府"庙产兴学"的压力下进行的，是佛教界对"庙产兴学"的被迫应对。这一时期针对"庙产兴学"，佛教界的举措主要有兴办僧教育、创立佛教组织，以及太虚法师佛教"三大革命"的提出。

1. 僧教育的兴起

如前所述，因张之洞等倡导将佛道寺观改作学堂，1901年开始，清政府明令各省、府、州、县开设学堂，在"庙产兴学"主张的鼓动下，各地出现了提取或侵占寺产事件。面对此种情况，一些僧侣开始兴办新式僧教育，不过受到了佛教界内部保守势力的重重阻挠。如最早计划开设僧学堂的杭州寺僧松风，被哑羊僧谋害；扬州天宁寺文希和尚创立扬州僧立普通中学，后为守旧势力诬陷被捕入狱。这一时期，一些寺僧寻求日本僧人保护寺产，清政府因此于1906年上谕准许各寺庙自立学校，兴办僧教育，保护寺产，并要求在传授佛教经典之外，兴办普通教育。佛教界、学术界有识之士也因此倡导佛教主动兴办教育，振兴佛教。如章太炎等在《儆告十方佛弟子启》中呼吁佛教徒顺应历史潮流，自愿、主动地兴办教育；太虚法师起草《振兴佛教计划书》，提出振兴佛教的初步设想。[1]

自1906年清政府明令准许佛教寺院自办教育开始，各地新式僧学堂如雨后春笋般兴办起来。1907年，觉先在北京创设僧教育会，广设小学，僧俗兼收。1908年，敬安法师在宁波成立僧教育会，创办僧众小学和民众小学各一所。江苏也成立僧教育会，举办初级僧师范学校。

1912年全国佛教界在上海召开会议，在僧教育总会基础上成立中华民国佛教总会，大会通过的《中华佛教总会章程》规定，除保护寺产外，计划开设各宗专科大学、中学、师范小学，以及厉行慈善事业等。在这之后，佛教大学及各宗专科学院亦相继建立，如1914年，月霞在上海创办中国近代第一所佛教大学——华严大学；1918年，谛闲在宁波成立专研天台宗教义的观宗学舍。[2]

清末民初僧教育的兴起，虽由"庙产兴学"所迫，但也体现了近代社会转型的必然趋势。随着时代潮流的推进，佛教界有识之士认识到兴办僧教育、振兴佛教的重要性，开始自觉主动地兴办僧教育。僧教育的兴起，特别是普通教育的兴办，对于变革寺院封建经济，促进佛教近代入世转型发挥了重要作用。

2. 全国性佛教统一组织的建立

民国初年全国性佛教统一组织的建立，一方面是适应近代社会，对西方基督教统一教会的学习，另一方面也与当时"庙产兴学"密切相关，旨在掌握寺庙财产所有权，避免寺院财产被侵夺。

1912年，敬安法师在各地僧教育会基础上，筹建中华佛教总会，各省县僧教育会改组为分支部，中华佛教总会成为中国佛教史上首次出现的全国性

---

[1] 耿敬：《"庙产兴学"运动及佛教界的回应》，《五台山研究》2003年第2期。
[2] 耿敬：《中国近代佛教教育的兴起和发展》，《教育史研究》创刊二十周年暨中国教育史研究六十年学术研讨会论文集，2009年。

佛教统一组织。中华佛教总会注重在"庙产兴学"风潮中维护寺院财产，在其存在的五年中，围绕佛教寺产的所有权、佛教寺产的判断标准等问题，与民国政府展开了反复抗争，促使政府废止、修订相关管理条例，维护寺庙财产[1]。太虚法师还将成立全国性佛教统一组织视作改革僧伽制度、振兴佛教的重要方面，毕生致力于建设全国性佛教组织。

民国初年佛教组织建设的另一个现象是居士组织的蓬勃发展。由于民国宪法赋予公民结社自由，因此伴随各类政党社团的产生，各地居士也纷纷建立讲习社、念佛社、居士林等。一些大城市居士组织实力雄厚，更是积极出版佛学图书，发行佛教期刊。如狄葆贤等在上海创设佛学流通处，1912年创办《佛学丛报》；章太炎、王一亭1918年创办《觉社丛书》，次年改名为《海潮音》月刊等。

民国初年全国性佛教组织的成立是适应近现代社会文化环境，为维护佛教自身权益，在新的社会文化背景下振兴佛教而形成的。全国性佛教组织的成立，在维护佛教权益，特别是在"庙产兴学"背景下维护寺院财产中发挥了积极作用。这一时期全国性佛教组织的创立，以及民间居士组织的勃兴，也体现了近现代佛教主体意识的觉醒。

3. "三大革命"的提出

针对清末佛教自身的腐败堕落，许多有识之士大声疾呼革新佛教。1913年，太虚法师在上海佛教界举行的敬安追悼会上，正式提出了教理、教制、教产"三大革命"的口号。其后数年内又撰写《整顿僧伽制度论》等许多重要文章，补充和完善佛教革新思想，倡导建立新的僧团制度。

所谓佛教"三大革命"是指：（1）教理革命。即革除佛教中的鬼神祸福等落后思想，反对专作死后问题的探讨，主张多研究现世人生，以"五戒十

---

[1] 许效正：《社会巨变中的佛教与国家——中华佛教总会与民初政府关系述评》，《世界宗教研究》2015年第4期。

善"为人生的基本道德,提倡发扬大乘佛教自利利他精神,改善国家社会的政治经济,建设人类互敬互爱的社会制度。(2)教制革命。即改革僧众生活制度,革除佛教内部深受封建宗法制影响的宗派制和子孙制,建立适应时代发展的现代僧伽制度。改传承制为选贤制,提倡僧团之间的互助互爱,共弘佛法,提倡奉行"六和敬"。(3)教产革命。即把少数住持独占的佛教寺院财产变为十方僧众共同所有,革除深受封建宗法制影响的本山、本宗法脉继承寺院遗产的私有制,将佛教财产用于供养有德长老,培育青年僧侣以及兴办僧伽教育。

这一时期,太虚法师倡导的佛教革新运动,重点在整顿僧制,建立新僧团,由于社会的发展变化以及受到佛教内部保守派的强烈反对,改革难以实行,因此,太虚法师后来逐渐将佛教革新的重心放到兴办佛教教育方面。

虽然太虚法师革新佛教的主张比较激进,有些并不适合当时的社会环境及实际需要,但他提出并致力于推行的佛教革新运动在近代佛教史上影响巨大,对于推进近代佛教复兴及入世转型起到了非常重要的作用。

清末民初佛教入世转型的兴起,开辟了近现代佛教入世转型的道路,对兴办近现代佛教教育,开展近现代佛教学术研究,创立佛教组织,进行佛教教理、教制、教产变革等具有多方面的导向作用。不过,这一时期佛教入世转型,除了杨文会、维新思想家、太虚法师等具有复兴佛教、革新佛教的自觉意识外,佛教界兴办佛教教育、创建佛教组织,大多是迫于"庙产兴学"压力,杨文会、太虚法师等复兴佛教、革新佛教的活动阻力重重,维新思想家的佛教思想研究也带有浓厚的比附西方自然科学、人文社会科学的特征。

第三节 民国时期佛教入世转型的探索

民国时期,民国政府"庙产兴学"的政策导向,以及宗教信仰自由、公民结社自由的政策法规，对于佛教入世转型具有重要推动作用。"庙产兴学"迫使佛教界组织全国性佛教统一组织，以维护庙产及权益；适应现代社会潮流，改革僧制，振兴佛教。宗教信仰自由、公民结社自由不仅成为佛教界维护自身权益的政策法律保障，而且促进了包括居士组织在内的佛教组织建设。而西方近现代文化的传入，也促进了这一时期图书出版、期刊兴办、佛学院建设等佛教文化教育事业，以及佛教慈善事业的发展。下面在论述民国相关政策、历史事件与佛教入世转型关系的基础上，从人间佛教观念的提出、佛教改革实践的探索、居士组织的现代化、佛教文化教育形式的拓展四方面，对这一时期佛教入世转型的探索略做分析。

一 民国政策与佛教入世转型

民国时期政府推动的持续不断的"庙产兴学"风潮，迫使佛教界组织起来维护自身权益。这一时期影响较大的佛教组织建设是中国佛教会的产生及其改组；公民结社自由也推动了佛教组织及居士佛教的形成；抗日战争则促进了佛教入世救国运动，进一步推动了近代佛教的入世转型。

1. "庙产兴学"与佛教组织建设

民国时期的佛教组织建设，一方面与民国政府宗教信仰自由、公民结社自由提供的宽松环境相关，另一方面则与政府"庙产兴学"的政策导向密切相关，佛教界注重通过全国性佛教统一组织建设，保护庙产，维护佛教权益。

五四运动之后，各地自发形成了大量的佛教团体，大体可以分为四类，即各省或地区性的寺院间联络协调组织、讲经会与佛学研究团体、居士修行与弘法团体、救济与慈善团体。[1]

---

[1] 邓子美：《传统佛教与中国近代化》，华东师范大学出版社，1994，第198—199页。

这一时期，中国佛教会的成立与改组，始终与国民政府"庙产兴学"的政策导向直接相关。1928年3月，南京政府内政部长薛笃弼公然提出"庙产兴学"，南京中央大学教授邰爽秋进而提出具体实施方案。为保护庙产，太虚、圆瑛等在上海发起全国佛教徒代表会议，决议成立全国性佛教统一组织。1929年1月，南京政府内务部《寺庙管理条例》21条正式颁布，对"庙产兴学"风潮推波助澜。1929年4月，全国佛教徒代表会议在上海召开，成立中国佛教会，要求政府修正《寺庙管理条例》。经过努力，南京政府被迫废止《寺庙管理条例》。

伴随"庙产兴学"风潮的平息，中国佛教会内部矛盾激化，主张改革的太虚法师等要求推进佛教实质性的改革，中国佛教会掌握实权的保守派则安于现状，对改革呼声置之不理。1930年12月，邰爽秋等成立"庙产兴学"促进会，再次煽动在全国范围内没收寺院财产，各地相继发生驱逐僧尼、占据庙产事件。圆瑛法师为首的中国佛教会领导机构，积极维护庙产，但对于推动佛教改革依然态度消极。1931年，太虚法师为首的革新派一度接管中国佛教会（以下简称"中佛会"），但保守派对中国佛教会采取不合作态度，太虚法师被迫辞职。"庙产兴学"或变相的"庙产兴学"依然延续。

1936年，由于日本全面侵华战争日益迫近，国民党政府介入调解中佛会内部争端，意在通过中佛会加强对全体僧尼的教育，动员僧尼为抗战出力。1937年抗战全面爆发，中佛会号召全国佛教徒投入抗日救国。抗战时期，为团结各族佛教徒，国民政府社会部多次与太虚法师商量如何健全和扩大中佛会组织。太虚法师主张限期整顿健全中佛会各级组织，通过中佛会各级组织登记各地寺院财产、僧尼人数，以寺院财产的五分之一办佛教教育，五分之一办社会公益事业，政府负责依法维护寺院权益。但国民政府内政部从部门利益出发，仍同战前一样，主张没收寺院财产，1943年颁布的《寺院兴办公益慈善事业实施办法》，规定凡年收益在5万元以上的寺院，必须以收益的一半用于公益事业，本质上是"庙产兴学"的变种。

1945年抗战胜利以后，内政部与社会部一起发布训令，依法组织中国佛教整理委员会。太虚法师提出整理佛教设想，主张在政府方面，应平等对待各宗教，保障信仰自由，保护寺院财产；僧尼方面，一要兴办农场、工厂自养，并通过教育普遍提高文化和佛学知识；二要兴办社会教育、慈善等事业；三要弘扬佛法，化导人心，改良社会，促进和平。

民国时期各类佛教组织的兴起，以及全国性佛教统一组织中国佛教会的成立，体现了民国政府及近现代佛教对现代社会宗教组织、活动方式的理解，是佛教近代入世转型的重要体现。中国佛教会及各省、县佛教会的成立，起因于保护佛教庙产，体现了近代佛教维护自身权益的现代意识。中国佛教会内部以太虚法师为首的革新派整理佛教、振兴佛教的主张，以及太虚法师提出的僧尼兴办工厂、农场自养，兴办社会教育、慈善等事业，一方面体现了佛教界与政府的协调，另一方面也体现了佛教界有识之士适应现代社会环境整理佛教、振兴佛教的自觉意识，总体而言是符合近现代佛教入世转型趋势的。

2. 结社自由与居士佛教的兴起

民国时期居士佛教的兴起是与民国政府宗教信仰自由、公民结社自由的政策法规相关联的。这一时期，社会上形形色色的政党团体不断产生，与此相适应，各种不同类型的居士佛教组织亦蓬勃兴起。

民国时期居士佛教的兴起，还与这一时期佛教革新派转而倚重居士群体推动佛教革新有关。如太虚法师注重面向广大居士进行弘法活动，1920年，他在汉口、长沙讲经说法时，发起成立"汉口佛教正信会""长沙佛教正信会"居士佛教组织；又注重倚重佛教居士开展文化教育事业，其成立觉社，创办《海潮音》，创建武昌佛学院、汉藏教理院等，无不得力于居士的支持。

民国时期居士佛教的兴起，首先体现为这一时期相继出现的佛化新青年思潮、佛教东方文化论思潮、佛学与科学互证思潮、中国佛教革新思潮等佛教文化思潮的兴盛。佛化新青年思潮是20世纪20年代初，太虚法师的信众等针对当时以西方思想为本位的新文化思潮，倡导以东方文化的佛教思想为本位，吸收融合欧美文化来指导、教化青年。佛教东方文化论思潮是20世纪30年代，以东方集思社为主体的佛教界有识之士，对当时东西方文化大讨论的回应，在他们看来，西方文化中的残酷竞争、重物质轻精神、重利轻德等观念已经不适应时代的需要，佛教作为东方文化的权威，才能够拯救西方文化的没落。佛学与科学互证思潮从五四新文化运动开始到20世纪三四十年代非常兴盛，该思潮针对当时科学主义思潮，注重论证佛学与科学并不矛盾，强调佛学的真理性。中国佛教革新思潮则包括南京内学院的"复兴唯识学思潮"，以及太虚法师等为代表的"人生佛教思潮"。民国时期佛教文化思潮的兴盛，体现了佛教革新派及居士群体对时代文化思潮的关注，表明传统佛教已经走出自身的封闭空间，将佛学自身的诠释与现实社会问题相结合，因而成为近现代佛教入世转型的重要方面。

民国时期居士佛教的兴起，突出体现在各种类型居士佛教团体的兴盛上。据1930年的一个统计报告，佛教组织在长江流域、广东、北方、东北便多达571个，其中多数为居士佛教组织。代表性居士佛教组织，如汉口佛教正信会、杭州佛学会、华北佛教居士林，以及上海佛教居士林、上海省心莲社、功德林佛学会等。天津、长沙、宁波、重庆、成都等各大都市，乃至偏远的甘肃、青海、新疆、云南等地，也都先后成立许多大大小小的居士组织。[1]

民国居士佛教的兴起，有助于佛教关注现实社会问题及近现代文化，是近现代佛教入世转型的重要方面。民国居士佛教组织及其开展的佛教修行、佛学研究、书刊出版流通、公益慈善等活动，具有鲜明的近现代社会文化特征。

---

[1] 佛日：《近现代居士佛教》，《法音》1998年第5期。

3. 抗日战争与佛教抗日救亡运动

国民党政府在抗战伊始即注重通过中国佛教会发挥佛教界在抗战中的积极作用。中国佛教会积极响应政府号召，太虚法师、圆瑛法师等均注重倡导佛教信众积极参加抗战救亡运动。如七七事变后，太虚法师以中国佛学会名义发表《为国难电告全国佛徒》书，倡导各级佛教组织及出家在家信众，从佛教慈悲精神出发，修持佛法，止息凶暴，克保人类和平；遵从政府统一指挥，奋勇护国；积极训练，救护伤兵，收容难民，掩埋死亡，向民众宣传防空防毒知识等。[1]

太虚法师等还针对佛教徒要不要参加抗战，如何参加抗战的困惑，从佛教降魔杀贼、以杀止杀之方便、施无畏、报国土恩、护生等方面论述佛教徒参加抗战的合理性和必要性。如太虚法师在《降魔救世与抗战建国》中说到，中国抗战是抵抗外来侵略的自卫战争，目的是为了止息战争，是为保卫全国人民及全人类的正义幸福，这与佛为建立三宝降魔，阿罗汉为求解脱杀贼的精神相一致[2]。他在《出钱劳军与布施》中，还将抗战与佛教中所说的"布施"联系起来，认为抗战时期，"当以认清并宣扬国家至上、民族至上之义为最大法施；以抵抗侵略，驱逐暴寇，达到军事胜利为第一的无畏施；能将意志、力量集中于求国家民族抗战胜利上，为最扼要的财施"[3]。弘一法师则从报国土恩的角度激励青年僧侣参与抗战救国："吾人吃的是中华之粟，饮的是温陵之水，我们身为佛子，若不能共纾国难，为释迦如来张些体面，自揣不如一只狗子！"[4]

抗战期间，佛教界从组织僧伽救护队、抗日游击队、救济难民、掩埋尸体、举办护国息灾法会、南洋募捐、国际宣传等方面积极参与抗战救亡实践。

---

[1] 印顺：《太虚法师年谱》，宗教文化出版社，1995，第229页。
[2] 太虚：《降魔救世与抗战建国》，《太虚大师全书》第27卷，宗教文化出版社，2005，第355—361页。
[3] 太虚：《出钱劳军与布施》，《太虚大师全书》第27卷，宗教文化出版社，2005，第411页。
[4] 秦启明：《弘一大师李叔同书信集》，陕西人民出版社，1991，第506页。

卢沟桥事变之后，圆瑛法师在上海迅速成立僧伽救护队，奔赴淞沪前线，从事战地救护工作，共救护伤兵及难民 8273 人。继上海之后，汉口、宁波、广州、重庆、成都等地先后建立了僧伽救护队；一些僧侣不甘于在后方从事救护工作，甚至从军参战，上前线杀敌。如山西五台山僧侣队在敌后开展游击战争等。抗战期间，佛教界在安置救济难民方面做了大量工作。八一三事变次日，赵朴初迅即组织设立了十多处临时收容所安顿难民。上海佛教会成立了救济战区难民委员会，先后设立了 50 多个收容所，收容难民多达 50 万人次[1]；1938 年春，上海各寺庙僧侣还组织了掩埋队，在范成和慧开的带领下，从 2 月到 5 月，在上海、苏州等地共掩埋 1 万多具遗体[2]。抗战期间，佛教界多次启建护国息灾法会，如 1942 年底，国民政府主席林森等在重庆举行"护国息灾大悲法会道场"，虚云和尚主修法会。圆瑛法师赴新加坡、槟榔屿等地筹募捐款，募集经费 3.24 万元，分别汇给上海、浙江等地的慈善团体、难民收容所和佛教医院。1939 年 11 月至 1940 年 5 月，太虚法师率团先后访问了缅甸、印度、锡兰（今斯里兰卡）、新加坡、马来亚（今马来西亚）等国家，通过与各国佛教界人士、政府官员和各界民众的广泛接触和会谈，争取各国朝野对中国抗日战争的同情和支持[3]。

佛教界在抗日战争时期积极参加抗战救亡实践，对于改变近代社会佛教在民众心目中的消极形象具有积极作用。抗战期间，佛教抗战救亡实践受到媒体的普遍赞誉。抗战胜利后，太虚法师及革新派人士从重庆返回南京，受到国民政府和南京各界人士的热烈欢迎。

佛教界在抗日战争时期积极参加抗战救亡实践，也促进了中国近现代佛教的入世转型。抗战期间，太虚法师注重从抗战救国论述佛教出世与入世不

---

[1] 阮仁泽、高振农：《上海宗教史》，上海人民出版社，1992，第 321 页。
[2] 葛壮：《宗教和近代上海社会的变迁》，上海书店出版社，1999，第 237 页。
[3] 《佛教访问团总报告书》，《民国档案》1996 年第 3 期。

一不二的道理，引导僧众投身救国救民实践，强调僧众在国家、民族危急存亡关头，矫正散漫放逸、怯弱萎缩的旧习，培养自身刻苦耐劳、勤勇精进精神，鼓励僧侣服务国家，入世尽责，严格遵守佛教戒律，以佛教道德为内在精神，树立佛教正面形象[1]。抗日战争不仅促进了太虚法师等近现代佛教观念的入世转型，而且佛教界抗战救亡实践，也将佛教服务社会、报效国家民族的观念，陶铸为中国近现代佛教的内在精神的有机组成部分。

二 人间佛教观念的提出

民国时期佛教入世观念的探索，突出体现在太虚法师等为代表的佛教革新派提出的人生佛教、人间佛教观念上。太虚法师1913年提出的"三大革命"之"教理革命"中，即蕴含有"人生佛教"及"人间佛教"内涵。相对而言，太虚法师早期偏重于突出"人生佛教"，包括1928年所作的《人生佛学的说明》，提出"人生佛学"概念，并论述了人生佛学的基本内容。其"人间佛教"的具体论述，则是1933年10月在汉口所作的《怎样来建设人间佛教》演讲，更关注发扬大乘佛教救世度人精神，推动人类的进步和世界的改善，建设人间净土。抗战期间，适应抗战救国需要，太虚法师对佛教服务国家民族、入世尽责的入世精神更是重视。太虚法师"人生佛教""人间佛教"观念是相互关联的有机整体，以下从"发达人生的'人生佛教'"与"参与世间事业的'人间佛教'"两个方面，就其阐述的不同主题分别予以略述。

1. 发达人生的"人生佛教"

太虚法师的"人生佛教"是针对明清以来佛教不关心现实社会、现实人

---

[1] 杨孝容：《契理当机的"今菩萨行"理念及实践——太虚大师与抗战时期的重庆佛教》，《宗教学研究》2004年第1期。

生，已演变成一种"超亡送死"之教的弊端而提出来的。人生佛教的最大特点就在于强调以人为本，注重人生。太虚法师早年将人生佛教称为"人乘法"。它继承了传统佛教关于"人乘""天乘""声闻乘""缘觉乘"和"佛乘"的分判，而凸显"人乘"在佛教中的价值。太虚法师认为，"由人向下为一切有情众生，由人向上为天及三乘、菩萨、佛。上下总依人生为转移，可见人生之重要性"[1]，人生是人们趣向三恶道或修行成佛的"枢纽"，对于人而言，"人乘"才是最重要的。在他看来，"天乘""声闻乘""缘觉乘"是人没有认识佛教根本而走出的三种路径，人完全可以超越此三乘，"依人乘行果趋进修大乘行"[2]，通过完善人格进化成佛。

人生佛教将完善人格放在重要位置。在太虚法师看来，佛陀是"宇宙万有实事真理的觉悟者"，菩萨则是"改良社会的运动家"，认为佛教的佛、菩萨同儒家圣贤、君子一样，是道德人格的典范[3]。关于完善人格，太虚法师从佛教立场吸收融合了儒家道德伦理观念，认为所谓"完成人格"就是做一个"好人"，即在大乘的五戒十善和大乘有组织有纪律社会生活的指导下，完成人生应有的善行。太虚"完善人格"的思想一方面凸显社会伦理道德内容，另一方面又强调完善人格必须以觉悟人生的意义为前提，将进化成佛作为完善人格的最终目标。关于完善人格与成佛之间的关系，太虚有一首著名的偈语，叫"仰止唯佛陀，完成在人格；人圆佛即成，是名真现实"[4]。从中可以看出，太虚"人生佛教"的提出，旨在转变传统佛教与人生脱节的状态，将佛教的追求直接植根于现实人生，让人们认识到只有在现实生活中做一个完善的、有人格的人，然后再逐步向上，才有可能"进化成佛"。关于人格完善，太虚还提出了自身关于"菩萨"理想人格的认识。在他看来，菩

---

1 太虚：《人生的佛教》，《太虚大师全书》第 3 卷，宗教文化出版社，2005，第 210 页。
2 参见张曼涛主编《现代佛教学术丛刊》第 69 册，台湾大乘文化出版社，1979，第 364 页。
3 太虚：《怎样来建设人间佛教》，《太虚大师全书》第 25 卷，宗教文化出版社，2005，第 358、375 页。
4 太虚：《即人成佛的真现实论》，《太虚大师全书》第 25 卷，宗教文化出版社，2005，第 377 页。

萨是"今菩萨行"的实行者。所谓"今菩萨行",强调菩萨行的实行者应"能够适应今时今地今人的实际需要",养成高尚的道德、精博优良的佛学和科学知识,参加社会各部门的工作,即世间觉悟成佛,以菩萨人格努力成为"改良社会的道德运动家"。

太虚法师的人生佛教思想是适应时代需要提出来的,带有鲜明的时代特征。这一特征在其关于人生佛教"三大要义"的阐述中有具体体现:"佛法虽普为一切有情类,而以适应现代之文化故,当以'人类'为中心而施设契时机之佛学;佛法虽无间生死存亡,而以适应现代之现实的人生化故,当以'求人类生存发达'为中心而施设契时机之佛学,是为人生佛学之第一义。佛法虽亦容无我的个人解脱之小乘佛学,今以适应现代人生之组织的群众化故,当以大悲大智普为群众之大乘法为中心而施设契时机之佛学,是为人生佛学之第二义。大乘佛法,虽为令一切有情普皆成佛之究竟圆满法,然大乘法有圆渐、圆顿之别,今以适应重征验、重秩序、重证据之现代科学化故,当以圆渐的大乘法为中心而施设契时机之佛学,是为人生佛学之第三义。"[1]在太虚法师看来,现代文化是一种人本主义文化,是一种关注人类自身生存发展的文化;而现代社会,社会组织日益发达,人与人之间的群众化趋向日益明显;同时,西方现代文化是一种重科学、重实证的文化。因此,人生佛教要面向现实社会人生,就必须适应现代文化的这些特征,建设和弘扬以"人类"为中心,"求人类生存发达",利益群众,适应现代文化科学思维方式的圆渐的大乘佛教。而人生佛教对现代文化这些方面内容的关注,则必然使佛教趋向于全方位的入世转型。

2. 参与世间事业的"人间佛教"

太虚法师在倡导佛教革新、推动佛教复兴的过程中,曾写下许多文章并

---

[1] 太虚:《人生佛学的说明》,《太虚大师全书》第3卷,宗教文化出版社,2005,第183—184页。

发表了大量的讲话，积极提倡建设"人间佛教"。太虚法师认为，所谓"人间佛教"就是在人间发扬大乘佛教救世度人的精神，多关注现生问题，多研究宇宙人生的真相，致力于推动人类的进步和世界的改善，建设人间净土。主张革除旧佛教专言死后或鬼神之事、远离社会现实的弊端，以佛教的真精神面向社会，服务于人生。

在提倡人间佛教的时候，太虚特别强调了建设人间净土。他认为，当下的人世间确实是不完美的，从战祸频繁、穷滥无耻之徒苟生偷活等来看，甚至可以说"人道几希乎息矣"[1]。但这并不意味着必须离开这个恶浊之世而另求清净之世，相反，人们应该努力改造这个不完美的世界，致力于在人间创造净土。他在《建设人间净土论》中说："今此人间虽非良好庄严，然可凭各人一片清净之心，去修集许多净善的因缘，逐步进行，久之久之，此浊恶之人间便可一变而为庄严之净土，不必于人间之外另求净土，故名为人间净土。"[2] 强调借由人们清净之心，修集众多净善的因缘，逐渐将此世界建设成人间净土。

太虚法师倡导佛教弟子不仅应当在社会上做一个好人，而且要积极参与到社会生活的政治、经济、军事、教育等领域，将佛教的道德精神贯彻其中，以"从发扬佛学以昌明中国文化""适应时代趋向以改造人类思想""改正人类行为以转善国际形势""造成大同世界以安立中华民国"为佛教的目标[3]。太虚法师还从我们衣食住行的生活资料依靠众人的力量获得，国家为我们生命、生活提供保障，论证服务社会、建设国家的必要："这些资生的赠与，都是仗人类互助的能力——大众的力量而得到的。……你的生命完全倚靠社会大众的能力来维持、资养。所以，你要去服务社会，替社会谋利益，凡是社

---

[1] 太虚：《〈觉社丛书〉出版之宣言》，《太虚大师全书》第33卷，宗教文化出版社，2005，第31页。
[2] 太虚：《建设人间净土论》，《太虚大师全书》第25卷，宗教文化出版社，2005，第350—351页。
[3] 太虚：《建设现代中国佛教谈》，《太虚大师全书》第18卷，宗教文化出版社，2005，第207—209页。

会各种辛苦事业，你要耐劳地去做。""若无国家，不但外患无法抵御，国内人民的生命也没有保障，生活也没有安宁。……大家要以爱国心为前提，……一致奋起建设光荣的国家。"[1] 主张佛弟子应该对国家、对社会知恩报恩，积极参与到现实社会的事业当中，从事正当的职业。如在自由社会里，可从事农工、医药、教育、艺术等，在和平时期，则可为警察、律师、官吏、议员、商贾等，以这些作为成佛之因行。基于佛教的"入世"观点，太虚还强调居士在佛教中的重要性，认为出家僧人主要的工作是对内研修佛理和对外弘扬佛法，只有居士才能够将佛法渗透到社会生活的细胞中去，达到净化社会、"普度众生"的目的。也因此，太虚法师非常强调佛教居士的社会责任感和服务社会的实践。

太虚法师的人间佛教思想抛弃了传统佛教偏重于死后、追求来世福报的旧观念，转而关注现世社会人生，强调参与救国救世的现世事业。其人间佛教思想是对禅宗"即世间求解脱"之入世观念的进一步发展。这主要体现在两方面：其一，禅宗"即世间求解脱"的观念主要还是以解脱为目标，而太虚法师人间佛教思想则将参与救国救世事业作为其佛教思想的主题，以改良社会、利益人群、建设人间净土为目标。其二，禅宗所关注的世间主要还是运水搬柴、治生产业之平常日用，人间佛教关注的世间事业则是关乎救国救世的社会治理实践。因此，太虚法师的人间佛教思想所体现的入世关怀更旗帜鲜明，体现的是近现代文化的入世观念。

三 佛教改革实践的探索

民国时期的佛教改革主要是指太虚法师等对传统佛教丛林制度包括佛教

---

[1] 太虚：《学佛先从做人起》，《太虚大师全书》第3卷，宗教文化出版社，2005，第152—153页。

组织、丛林管理、丛林教育制度的改革。下面主要从"太虚法师僧制改革探索""太虚法师与新式僧教育"两方面进行论述。

1. 太虚法师僧制改革探索

太虚法师僧制改革探索包含思想与实践两个方面。太虚法师僧制改革思想大约分为三个阶段，具体体现在《整理僧伽制度论》《僧制今论》《建僧大纲》及《菩萨学处》当中。1915年，针对北洋政府制定的《管理寺庙条例》，太虚法师撰写了《整理僧伽制度论》，对全面整理中国佛教僧伽制度作了系统的论述，对于建僧规模、八宗修习、佛教组织方式、教产归属、僧制建设规划等作了细致的阐述，为之后僧制改革思想的进一步完善奠定了基础。该论发表后，在佛教界影响不大，太虚法师也深感僧制改革缺乏现实基础，因此在1927年、1930年又分别撰写了《僧制今论》和《建僧大纲》，进一步完善僧制改革思想。相较于《整理僧伽制度论》，《僧制今论》更注重建僧质量，《建僧大纲》倡导建设学僧、职僧、德僧三级僧制。1947年，太虚法师在宁波延庆寺讲述《菩萨学处》，旨在建设以僧众为主、容纳在家信众的现代僧团，强调化度大众，以佛法改良社会，体现了太虚法师建僧思想的入世取向。

太虚法师还积极进行僧制改革实践。《整理僧伽制度论》发表后，太虚法师感觉到难以在全国实施僧制改革，因此致力于寺院内部体制改革。1921年之后，太虚法师先后住持杭州净慈寺、沩山寺、南普陀寺，住持期间，均注重针对寺院不良风气，恢复传统丛林制度的合理方面，革除传统丛林制度的宗法弊端，对寺院管理进行现代民主制度革新。

综观太虚法师僧制改革思想与实践可以看出，其近代僧制改革主要集中在如下方面：

其一，借鉴基督教组织方式，对全国佛教建僧规模及整体组织方式作了设想，旨在对全国佛教进行整体管理。在建僧规模上，《整理僧伽制度论》

主张根据当时全国僧众数量（不包括蒙藏），维持在 80 万左右。之后在《建僧大纲》中则主张注重僧众质量，将建僧规模缩减到 3.5 万，强调培养具有传统佛教品格、适应现代社会弘法需要的僧才。关于全国佛教整体组织方式，《整理僧伽制度论》借鉴天主教的教区制，主张在国都设佛教本部总机关佛法僧园，省县各设分支机构，道区设各宗专修学处——八宗寺，并另设医院、慈儿院等公益机构[1]，旨在通过建立全国性统一组织对佛教进行自上而下的改革。太虚法师毕生关注全国性佛教组织建设，先后发起或参与建设中华佛教协进会、中华佛教总会、中国佛教会等全国性佛教组织。

其二，在寺院内部管理体制革新方面，太虚法师注重恢复传统丛林制度规范，整顿寺院不良风气。如住持净慈寺时，严肃寺规，禁止僧众吸食鸦片和私设荤腥小灶；住持汶山寺时，依照传统丛林制度，制定暂行共住规约，规定"无衣钵戒牒不具僧仪者不得容留共住；犯杀盗淫及大妄语之根本戒者不共住；勾串匪人扰乱破坏者摈出并送官究办；酒肉赌博者不共住；破口相骂交拳相打者不共住"[2]。通过恢复传统丛林规范，整肃寺院，保证了僧众队伍的纯洁性。

其三，太虚法师还注重革除传统丛林制度的弊端，建设适应现代社会环境的寺院管理制度。如住持汶山寺时，改革传统住持传承办法，规定住持应由两序大众推选贤能者担任，注重建立账目公开的财务管理制度。住持南普陀寺时，建立南普陀寺组织执行委员会作为负责对内对外事务的最高统理机关，加强寺院民主管理。太虚法师对寺院内部管理制度这些方面的革新，均体现了鲜明的现代组织管理体制特征，也成为之后寺院管理制度建设的雏形。

太虚法师的僧制改革思想与实践的探索，秉持振兴中国佛教强烈的责任感、使命感，热心学习国外宗教经验，从全国性佛教统一组织建设、寺院内在体制革新等方面进行了系统的探索。太虚法师借鉴天主教教区制，发起或

---

[1] 参见太虚《整理僧伽制度论》，《太虚大师全书》第 18 卷，宗教文化出版社，2005，第 44—58 页。
[2] 参见《太虚大师赴汶山详记》，《海潮音》第 3 卷第 12 期。

参与全国性佛教统一组织建设；注意革除传统丛林制度宗法制弊端，建设适应现代社会的寺院管理制度，其探索体现了适应现代社会的入世特征。太虚法师僧制改革的实践虽然遭遇重重困难，乃至失败，但因为其革新思想及实践符合现代社会发展趋势，体现了佛教现代化的入世方向，因而影响深远，其思想与实践的许多方面为现当代大陆及台湾佛教所继承和发展，因而在近现代佛教史上具有里程碑式的意义。

2. 太虚法师与新式僧教育

新式僧教育是区别于传统丛林师徒式教育的佛学院教育，肇始于清末杨文会创办的祇洹精舍。民国时期新式僧教育勃兴，据相关学者统计，民国21省市共建有157所佛学教育机构，其中数量最多的是江苏与浙江，分别有24所和14所[1]。民国时期新式僧教育的代表是太虚法师创建或主持的武昌佛学院、闽南佛学院、汉藏教理院，以及欧阳竟无创办的支那内学院。关于支那内学院，我们将在下文"居士组织的现代化"和本书第十五章"支那内学院与近现代佛教入世转型"中予以论述。

培养适应现代社会的佛教弘法人才，这一直是太虚法师僧制改革的重点。太虚法师早年到祇洹精舍深造，受过新式佛教教育，因此，创办新式佛学院是其毕生的追求。

1922年，太虚法师在李隐尘、陈元白等的支持下创办武昌佛学院。按照太虚法师的设想，第一期主要培养僧师范人才，学生毕业后，出家者从事教育及整理僧伽工作，在家者组织正信会，在社会上推广、宣传佛教。在学生管理方面，武昌佛学院注重将传统与现代相结合，一方面继承传统禅林规范，另一方面借鉴日本佛教教育的做法，如每天安排5—6小时的课堂学习，以及3—4小时的自习时间，规定学生每天必须早晚各诵经或坐禅一小时。所上的

---

[1] 参见李明《民国时期僧教育研究》附录二《民国僧教育机构地区分布及数量统计表》，硕士学位论文，山东师范大学，2009，第257页。

课程包括佛学、中印佛教史、哲学、国文、英文、日文等,相关教材采用翻译过来的日本佛学界研究成果如《小乘佛学概论》《印度佛教史》等。

1927年,太虚法师经常惺推荐,担任闽南佛学院院长。太虚法师接任院长后,集中精力办院务。学院设立了丰富的课程,其中包括佛学课程18门,以及数学、地理、科学、哲学、世界宗教等现代文化课程50门,还创办了主张佛教革新的学报《现代僧伽》。1930年,太虚选拔优秀学生10人,专设研究部,并根据学僧志愿,将研究课题分为法相唯识、法性般若、小乘俱舍、中国佛学、融通应用五个方向。太虚法师还借鉴国外基督教神学教育与牧师培养方式,主张适应现代社会,建设新中国的奠基于人间的僧伽制度。他要求学僧既要对佛法有深切的认识和信仰,也要对现代世界潮流的状况与新思潮的地位、价值有深刻的了解和体验;鼓励学僧在校期间以深沉的毅力读书求知,生活要劳动化、群众化,注重律仪,将来把闽院的精神推广到社会,使佛教革新的理想变为现实的人间净土。

这一时期,太虚法师在《建僧大纲》中还倡导建立学僧、职僧、德僧三级僧制:学僧应在律仪院、普通教理院、高等教理院、观行参学处四个学级,修学十二年;职僧是指在佛教相关事业单位或寺庙具体岗位任职;德僧则是指经历以上两阶段后的年长僧众,进一步选择在山林居住,专修选定法门,可作为参学丛林导师[1]。从中可见,太虚法师僧教育思想注重僧众应具有在现代社会弘扬佛法、改良社会的能力,关于僧教育的设想吸收融合了现代教育层级体制。

1932年,太虚法师在潘仲三、何北衡等的支持下成立汉藏教理院,太虚法师担任院长,并招此前赴藏学法的弟子法尊入川协同整理院规,筹划教务。自此以迄抗战胜利,太虚法师常驻汉院8年,其晚年诸多思想多在汉院期间

---

[1] 太虚:《建僧大纲》,《太虚大师全书》第18卷,宗教文化出版社,2005,第183—185页。

形成。他要求汉院学僧要在将来担当复兴中国佛教大任,要从修行、讲学、用人、办事四方面锻炼提升自己。强调每个人对内反躬自省,扬长避短,对外摄受各方人才。求学时,要警策自己,利用环境充实自己。毕业后,要透视现实,根据理想去改造现实。太虚在汉院还注重以专题研讨会形式,讨论诸如"佛教对于将来人类的任务""佛法能否改善现实社会"等富有现实性、前瞻性的主题。

在闽院、汉院期间,太虚法师还提出了建设世界佛学苑规划,将闽南佛学院、北平柏林佛学院、重庆汉藏教理院、西安巴利三藏院纳入世界佛学苑不同语系的教育体系中,又将武昌佛学院改设为世界佛学苑图书馆。因时运不济,太虚法师的世界佛学苑计划终未能真正实现,不过其所开创的佛学院教育则取得丰硕成果,据不完全统计,20到40年代,太虚法师及其弟子主持或任教育骨干的佛学院至少有四五十所。[1]

太虚法师对新式僧教育的探索注重传统丛林教育与现代学院教育相结合。一方面,在佛学院学习、生活及僧格培养方面,注重继承传统丛林教育重律仪、重修行、重信仰、重德性传统,另一方面,在课程设置方面开设现代文化课程,借鉴现代层级教育模式,倡导学僧、职僧、德僧三级僧制教育。太虚法师这些方面的探索,不仅有利于佛教适应现代社会文化环境,与现代社会教育接轨,而且重视现代文化课程开设,也有助于僧众了解现代社会文化,有助于佛教的现代入世转型。太虚法师新式僧教育的探索及举措,为之后佛学院建设在指导思想、办学模式,以及课程设置等方面均奠定了坚实的基础。

四 居士组织的现代化

居士组织的现代化是近现代佛教入世转型的重要方面。民国时期的居士

---

[1] 参见邓子美《20世纪中国佛教教育事业之回顾》,《佛教文化》1999年第6期。

组织主要分为两类，一类是由居士知识分子为主体创办的佛学研究会、佛教大学等，其中以欧阳竟无创办的支那内学院为代表；另一类是由近代工商业者创办的佛教居士林、净业社等，其中规模和影响最大的是上海佛教居士林。下面以支那内学院与上海佛教居士林为代表，略述其组织形式及所从事的事业，探析民国居士组织的现代化特征。

1. 支那内学院与居士办学

支那内学院是欧阳竟无在章太炎、蔡元培、梁启超、熊希龄等支持下，于1922年7月成立的居士佛教组织。支那内学院设学务、事务、编校流通三处，主要从事佛教讲学、研究，编印佛教著述。

1923年，内学院开办研究部试学班，采取导师制，采用讲演、讨论及指导研究的学习方式。1925年秋，开办法相大学特科，招生30人。大学部与研究部除教习各宗要义及其源流外，还开设因明学、律学、心学、印度及中国哲学、佛教史、中国古文学与梵、藏、英、日文等课程。1932年，内学院将自身定位为居士道场，每年4月及10月集众讲学。1937年，抗日战争爆发，支那内学院迁至四川江津，恢复讲学、刻经旧规。1939年建立院学[1]，分毗昙、戒律、瑜伽、般若、涅槃五科。

内学院注重校刻佛教著述。早期注重校刻唐代法相唯识学要籍，如《瑜伽伦记》《唯识述记义演》《俱舍光记》等。1928—1937年，集中人力搜集图书，编印《藏要》，前后编印三辑，50余种，400余卷。抗战期间，欧阳竟无发愿精刻大藏，选目五千余卷，拟结集彻底整理。后欧阳竟无因病去世，由吕澂主持编成《大藏目录》。

内学院注重佛教学术研究，主编有《内学》年刊，汇编内学院师生学术研究成果。内学院相关学者大多具有良好的西方哲学素养，在梵、藏、汉文

---

[1] "所谓院学者，乃内院自己组织之佛学。"（《吕澂佛学论著选集》第2卷，齐鲁书社，1991，第605页）

唯识、因明佛典和西藏佛教史方面的研究成果突出，为欧洲及日本学者所重[1]。内学院在佛学思想方面独树一帜，如强调佛学"非宗教非哲学"，注重唯识学研究，从唯识学出发，将《大乘起信论》《楞严经》判为伪经，以汉传佛教"本觉"为伪说，否定中国佛教传统等，当然，这些在后来也引起许多争议。

支那内学院在开办佛教大学、开展佛学研究，以及刊刻佛教典籍等方面，均具有鲜明的近现代意识。如办学方面，在学制的层级结构以及所开设课程方面借鉴了日本佛教大学办学方式；学术研究方面，注重吸收融合西方哲学研究方式，对传统佛教思想进行批判反思，体现了近代学术研究的理性特征；支那内学院创办者还具有鲜明的居士佛教自觉意识，如将内学院定位为居士道场，认定居士同僧侣一样能够住持佛法等，体现了近代社会居士队伍的成长与壮大。内学院注重现代文化课程教学，注重从现代哲学角度研究佛学，批判反思传统佛教思想，对于促进佛教关注现代人文思想，促进佛教在学术、文化层面的入世转型具有重要意义。

2. 上海佛教居士林及其现代佛教事业

民国时期，上海居士佛教组织逐渐进入独立发展阶段，并形成近代佛教居士组织全面系统的修行、弘法、文化教育及慈善实践方式。下面从上海佛教居士林及其后续世界佛教居士林、净业社、上海佛学书局的成立、演变、组织机构以及相关实践活动，来论述上海佛教居士组织及其现代佛教事业。

上海佛教居士林正式成立于1918年底，王与楫担任首任林长。上海佛教居士林成立之初，建有演法堂、放生会、莲社、弘法布教团、慈善布施团、图书流通等机构。1922年，上海佛教居士林分为世界佛教居士林与净业社两个居士佛教组织。他们不仅开展了形式多样的弘法活动，也进行各种公益慈

---

[1] 高山杉：《外国哲学家和宗教学家笔下的支那内学院》，《世界哲学》2006年第3期。

善活动，是民国时期全国规模及影响最大的佛教居士组织。

1926年，世界佛教居士林新林所建成后，发行《世界佛教居士林林刊》，出版佛典，开展通俗讲演，进行各种公益慈善活动。1930年后，世界佛教居士林创立上海佛学书局。上海佛学书局后来成为独立的佛教居士组织，在出版佛教书刊之外，还创新各种形式佛教弘法活动，成为集编辑、出版、流通、弘法于一身的综合性居士佛教组织。从1918年成立到1937年抗战爆发，世界佛教居士林在弘法、佛教文化传播，及各项社会慈善事业方面达于鼎盛。

上海佛教净业社1926年迁址到觉园，设立念佛堂、讲经堂、学教部、进修室、藏经室、经像保存处、流通部、蔬食部、放生会、功德堂等，净业社经常请印光、谛闲法师等来社讲经开示，注重社会慈善事业，除了传统社会诸如放生、施医、施药、施粥、施材等社区性慈善服务外，还先后多次组织难民收容所，抗战爆发后，净业社还成为当时上海慈善团体联合救济会的主要成员与组织者，1940年，净业社还成立了净业教养院，收养教育流浪儿童。

上海佛教居士林等作为民国时期规模最大的居士佛教组织，其机构设置、弘法方式及社会慈善活动，最能体现这一时期居士佛教组织的近代佛教入世特征。如在组织管理及慈善活动运作方面，吸收融合了近代工商业管理制度及运作模式；吸收融合西方近代社会办学、出版书刊、电台弘法、灌制佛化唱片等现代化方式，开展佛教文化教育事业，更有助于扩大佛教在广大民众中的影响；慈善事业方面，在承续传统佛教放生、施医、施药、施粥、施材等活动形式基础上，开展跨地域的临时性赈灾、战时难民救护以及慈善办学等慈善活动，体现了更鲜明的现代佛教入世特征。

五　佛教文化教育形式的拓展

近代佛教文化教育形式包括讲经、办学、佛学研究、书刊出版发行、唱片、电台弘法等方面，佛教办学在上文僧教育部分已经论述，在这里主要从讲经、佛学研究、现代弘法媒体的运用三个方面来看民国时期佛教文化教育形式的拓展。

1. 别开生面的讲经弘法

传统佛教在面向大众讲经弘法方面曾创造了唱导、俗讲、说经、宣卷等形式。民国时期别开生面的讲经弘法方式，亦是适应现代社会文化环境，对传统讲经弘法方式的承续与发展。民国佛教讲经弘法的拓展与创新主要体现在讲经对象、讲经形式、讲经内容三个方面。

其一，讲经对象、讲经场合的拓展。传统佛教讲经一般面向佛教信众或佛教同情者，局限于寺院内部讲经弘法。民国时期佛教革新派在讲经对象、讲经场合方面均有意识拓展。如太虚法师注重将不了解佛教，对佛教好奇者作为重点对象，甚至将误解佛教、参加会道门的人包括在内，还曾在燕京大学、东吴大学等基督教大学宣扬佛教[1]。在讲经场合方面，民国佛教革新派还将讲经场合拓展到十字街头、监狱、看守所、慈善机构、军队等地方。民国佛教讲经弘法还突破了传统地域界限，如太虚法师讲经说法足迹遍及大半个中国及欧美、南亚、东南亚国家。

其二，讲经弘法形式的创新。民国时期太虚法师等革新派讲经弘法形式也多有创新：一是在讲经形式上采用现代课堂教学方式。太虚法师1920年在武昌讲《大乘起信论》首先采用课堂讲演方式，讲正文之前，先提出大纲、说明背景、概括要旨。讲课时边讲边用黑板进行解释分析，遇到难懂的佛教词汇或理论就写在黑板上。这种讲课方式后来为常惺、持松法师等佛学院讲课时采用，逐渐流行。二是太虚法师等还将讲经弘法方式拓展为规模空前的纪念活动与街头演讲，如1923年释迦牟尼诞辰日，武汉各界举行了盛大纪念

---

[1] 陈兵、邓子美：《二十世纪中国佛教》，民族出版社，2000，第104页。

活动，武昌佛学院师生全体出动，到街头讲演，连续三天的纪念活动参加人数达 10 余万人，收到极佳宣传效果。[1]

其三，讲经弘法内容的现代化。太虚法师从其"人生佛教"的理念出发，倡导讲经弘法应结合现在世界的人心，注重人生问题，在此基础上昌明佛学，从人生发达到佛。由于现代社会接受佛法的信众各阶层都有，太虚法师主张讲经兼顾大小乘各宗义理，了解世界局势的变化，熟悉世俗学问。太虚法师在讲经时往往不限于经文章句的解释，而注重适应社会需要，围绕一定的主题进行发挥，如讲《维摩经》，注重突出维摩诘作为居士修持佛教的形象，强调在家居士应从自身奉行五戒十善做起，进而影响社会，改变社会风气。[2]

太虚法师等讲经说法，注重拓展讲经对象，走进十字街头、监狱、慈善机构、军队等社会各阶层，讲经说法时注重结合现实社会问题，围绕群众关心的主题，体现了近现代佛教贴近社会、贴近群众的入世转向。

2. 现代佛教学术研究

如果说清末民初佛学研究的突出特点是维新思想家以佛学思想附会近代自由、平等、民主等西方近代政治思想的话，民国时期佛学研究则呈现如下趋势：一是太虚法师为代表的革新派对人生佛教、人间佛教的提出，特别是抗战时期对佛教救国救世思想的阐发，体现了这一时期佛教关注现实社会、人生的入世特征；二是以支那内学院为主体的唯识学的研究，以及学术界关于中国佛教史的研究，承续了传统汉学对经典的训诂，借鉴了西方及日本学界的历史学、语言学研究方法，增强了这一时期佛学研究的学术性。

其一，太虚法师等的革新派佛学研究。太虚法师为代表的佛教革新派是民国时期影响较大的佛教群体，其适应近代社会提出的"教理、教制、教产"三大革命主张，结合对汉传佛教、藏传佛教、南传佛教的考察，对佛教

---

[1] 陈兵、邓子美：《二十世纪中国佛教》，民族出版社，2000，第 105 页。
[2] 陈兵、邓子美：《二十世纪中国佛教》，民族出版社，2000，第 103 页。

的系统判摄，提出的人生佛教、人间佛教理念，因为体现近现代佛教发展趋势，成为中国近现代佛教的重要方面。太虚法师等还积极参与到民国佛教学术研究及交流中，如太虚法师适应这一时期唯识学研究热潮，著有《唯识新论》，认为唯识学与近代唯物科学密切相关，能够"救唯物科学之穷"。又针对内学院一系提出的法相、唯识在印度为两宗，《大乘起信论》《楞严经》《圆觉经》为伪经等说法，进行严厉驳斥。

其二，支那内学院等居士佛学研究。民国时期，欧阳竟无在南京创立支那内学院，韩清净等在北平创立三时学会，居士佛学研究兴盛，成为近现代佛学研究的重要力量。支那内学院居士佛教群体注重法相唯识学研究，并主张回复到印度佛教原典，以法相唯识学等印度佛学简别、批评乃至否定《大乘起信论》《楞严经》《圆觉经》，以及天台、华严、禅宗等中国化佛教的合理性，在佛教界引起轩然大波。欧阳竟无、吕澂是支那内学院佛学研究的代表人物。欧阳竟无在佛学研究上曾提出一些独到见解，如提出"佛法非宗教非哲学"，肯定哲学对于破除迷信的价值，但认为哲学无法帮助人们发现真理。欧阳竟无还从复归印度佛教原典出发，批判中国佛学存在五大弊端。吕澂在治学方法上注重利用梵文、藏文、巴利文佛典资料，对勘汉译佛典，从中鉴别真伪，考订异乱。他运用梵文原本和藏文译本，认定"性寂"说是印度佛教真正的教义，是"佛说"，而"性觉"说则是中国化佛教的误解，属于"伪说"。

其三，民国时期的中国佛教史研究以陈寅恪、胡适、汤用彤最具代表性。陈寅恪初入清华国学研究院时对中古佛教史用力最多，注重佛教经典各种文字（梵文、巴利文、藏文、回纥文、中亚西亚文）译本的比较研究，对佛教中国化过程中佛教与本土文化关系、佛教传入路线、佛教与中土文学诸问题均有研究[1]。胡适早期研究时发现禅宗史料多为之后禅宗信徒改窜，因而注

---

[1] 荆竹：《陈寅恪与佛教史研究》，《朔方》2003年第11期。

重从巴黎、伦敦收藏的敦煌卷子发掘早期禅宗史料，编成《神会和尚遗集》，撰写《菏泽神会大师传》，试图还原禅宗史本来面目。《汉魏两晋南北朝佛教史》是汤用彤中国佛教史研究的代表作，该著条理清晰，资料宏富，论述必据事实，至今仍是研究中国佛教史、佛教哲学史的重要参考著作。可以看出，这一时期中国佛教史研究无不注重多方搜集资料，乃至多种文字文献对勘。

从上可以看出，民国时期不同群体的佛学研究均体现了适应近现代社会的特征，这主要体现在两个方面：一是回应现代社会生活的需要，关注社会治理、世界和平，关注现实人生、人心，体现了民国佛学研究的入世取向；二是借鉴、采用西方及日本近代学术研究方式，如注重佛教中与近现代哲学相应的唯识学、因明学研究，注重对佛教的文献、历史研究。实际上，注重佛教文献、历史的研究，也旨在廓清中古佛教偏重信仰的迷雾，注重从现实社会、人生视角考察佛教真相，这本身即是佛教入世转型的一方面体现。

3. 现代弘法媒体的运用

图书期刊的出版发行、佛教唱片的灌制、广播电台的运用等，是民国时期佛教文化教育形式拓展的重要方面。

其一，佛教图书的出版发行。古代社会，受佛教文化垄断及印刷技术等影响，传统佛教图书刻印数量有限，客观上限制了佛教典籍的传播与流通。清末金陵刻经处等系统搜集、刻印唐代唯识学要籍及《藏要》，并采用便于阅读的方册版，客观上有利于近代佛教典籍的传播与流通。随着近代印刷技术的发展，民国佛教界注重利用石印、铅印、影印等新的技术手段刊印各种版本的《大藏经》与佛教文献。商务印书馆、中华书局，以及佛教出版机构如上海佛学书局、大雄书局等刊印了不计其数的佛教图书。[1] 上海佛学书局非常注重对佛教亡佚经典、版本珍稀经典的搜集、整理和出版，到1937年，

---

[1] 邓子美：《传统佛教与中国近代化》，华东师范大学出版社，1994，第186—192、289—292页。

上海佛学书局出版书籍已达3319种，其中包括不少近代佛教著述。上海佛学书局还注重建设全国图书、期刊、唱片等的分销网络，书局成立五年，其分销处已有一百余家，分销网络覆盖全国主要大中城市。[1] 显然，佛教图书的大量刊印、出版发行，为这一时期佛教文化教育传播发挥了重要作用。

其二，佛教报刊的创办发行。1918年前，佛教界兴办的报刊有限，最早创办的期刊有狄楚青、濮一乘合办的《佛学丛报》，太虚法师主编的中华佛教总会刊物《佛教月报》。1918年开始，在《觉社》创办的带动下，各地相继创办有《佛报》《佛心丛报》《新佛教》《佛学旬刊》《智慧灯》《上海佛教居士林林刊》《内学》等大量期刊。[2] 到1949年，各类佛教报刊多达400余种。这些报刊中，坚持时间最长、影响最大的是太虚法师创办的《海潮音》，最具学术价值的是支那内学院欧阳竟无创办的《内学》。虽然多数报刊发行时间并不长，且存在相互模仿的情形，但是，近代佛教利用报刊弘扬佛法，对于将佛教普及到更多的民众发挥了重要作用。

其三，佛教唱片灌制发行。除了图书、报刊外，民国时期还以唱片形式弘扬佛教。据相关资料记载，上海佛学书局，1935—1936年先后两次发行佛教弘化唱片11张，供佛教寺院、佛教团体举行佛事仪式，及佛教信徒个人修行之用。这些佛教弘化唱片大多由正规公司出品，标有价格，进入市场流通。可见，佛教唱片的灌制发行，带有近代商业社会特征。

其四，广播电台弘法。通过广播电台弘扬佛法是民国时期佛教文化教育的新兴方式。上海佛学书局最早利用南京路永生电台每天早晨7：30—8：15播放佛学问答，念诵《金刚经》，鼓励对佛学有疑问的听众通过信函方式询问，然后通过无线电台解答，并邀请太虚法师等通过电台讲演佛学。在这之

---

[1] 潘炜：《近代上海佛教文化弘传模式研究——以上海佛学书局为中心》，硕士学位论文，上海社会科学院，2013，第26—27页。

[2] 单侠：《民国时期佛教改革研究（1919—1949）》，阳光出版社，2015，第212—215页。

后，多家电台竞相仿效。1936年上海还专门开辟了上海华光电台，全天候讲经，内容涉及《圆觉经》《法华经》《涅槃经》等。相对于图书报刊而言，广播电台有通俗、传播及时、受众广泛、方便易用等特点，因而在弘扬佛教文化方面，具有自身的优势。

民国时期太虚法师为代表的佛教革新派，以及内学院、上海佛教居士组织等，从观念、僧制、新式教育、佛学研究、弘化方式、佛教慈善事业等方面进行的佛教入世转型探索，是对传统佛教的革新与发展，也开创了近现代佛教入世转型的方式与途径，其中的许多方面为之后海峡两岸佛教所继承和发展。这一时期的佛教入世转型探索特别是僧制改革实践也遭遇了挫折与失败，这虽然与太虚法师个人性格及其改革实践比较激进有关，但传统佛教的惯性、宗法制寺庙经济的束缚才是更重要的社会历史根源。这也决定了近现代佛教入世转型必须在传统寺庙经济的民主革命基础上才能真正实现。

第四节　中华人民共和国成立后两岸佛教入世转型的曲折发展

中华人民共和国成立后，海峡两岸的佛教发展和入世转型受社会政治影响较大，但中国佛教的入世转型仍曲折地向前推进，并表现出不同的特色，特别是人间佛教的思想和实践都得到了进一步的发展。

一　新中国佛教政策与佛教入世转型

这里主要论述新中国成立到1979年间政府的佛教政策，以及佛教适应新中国社会政治环境，在生产自养、组织制度、佛教教育、佛学研究等方面所做的努力或建设，及其对佛教现代入世转型的意义。

1. 新中国佛教政策及对佛教的影响

中国佛教协会在 2003 年曾将新中国成立以来中国佛协的发展历程分为曲折发展、严重挫折、恢复振兴、平稳发展四个历史阶段[1]。其中 1949—1966 为曲折发展阶段，1966—1976 为严重挫折阶段；前一阶段主要对佛教进行了民主改革，后一阶段则因受"文革"影响，佛教活动被迫停止，各级佛教协会的工作也被迫停顿。

20 世纪 50 年代，党和政府一方面注重从意识形态角度强调宗教与马列主义的对立，另一方面也认识到宗教存在的群众性、民族性、国际性、长期性和复杂性，因此，在处理宗教问题上，主张将宗教问题与政治问题区分开来，不主张通过行政命令方式消灭宗教，并通过《宪法》确立了宗教信仰自由政策，注重与宗教界人士结成统一战线。

新中国成立初期，党和政府面临着废除旧宗教殖民性和封建性的任务。在传统社会，佛教寺院大多占有土地，雇佣佃农耕种，以地租和高利贷剥削佃农。寺院内部也存在封建等级制度。藏传佛教地区长期处于政教合一、僧侣和贵族专政的农奴制社会。少数贵族与上层僧侣占有几乎全部的耕地、牧场、森林、牲畜，农奴承租寺院土地，往往要付出一个人全年的无偿劳动。因此，传统佛教面临着废除封建性的民主改革任务。

佛教民主改革的内容主要包括：废除寺院生产资料所有制和高利贷、无偿劳役等剥削制度；寺院土地一律收归国有，寺院原有土地分配给无地的农民，因生活所困被迫出家的僧侣分得土地，还俗务农，愿意留在寺院的僧人，政府也分给他们土地耕种，自食其力，对年老体弱没有劳动能力的僧人则由国家给予补助，这样，"原来封建地主庄园式的寺观经济被改造为以寺观为单位的集体经济"[2]；废除寺院带有封建色彩的管家制度、等级制度、处罚制度

---

[1] 圣辉：《中国佛教协会五十年》，《法音》2003 年第 10 期。
[2] 林祥庚：《新中国宗教制度改革的历史回顾》，《中共福建省委党校学报》2004 年第 8 期。

和寺庙间的隶属关系，建立寺庙民主管理委员会或民主管理小组，管理寺院内部人事、财务、宗教活动。

藏传佛教方面，从1958年开始在青海、甘肃、四川等地陆续开展废除宗教封建特权和剥削制度的工作，西藏则在1959年3月平定少数人发动的叛乱后进行民主改革。改革保护和尊重藏族人民的佛教信仰。对于参加叛乱的寺庙，没收其财产分给贫苦寺僧和农牧民；对于未参加叛乱的寺庙，其土地和财产除自用外的剩余部分，由中央人民政府出钱赎买后，再分给贫苦农牧民。改革废除西藏政教合一制度，宗教和寺院不再干涉行政、司法、教育、婚姻，禁止寺院私自委派官吏，私设法庭、监狱、刑罚；废除农牧民对寺院的人身依附关系，废除寺院内部等级森严的封建管理制度，同汉族寺院一样建立寺院民主管理委员会，对寺庙经济和内部宗教事务进行民主管理。[1]

通过佛教民主改革，佛教适应人民民主政治，完成了自身封建宗法制改革，在佛教范围内实现了人民当家作主。佛教民主改革对新中国佛教经济基础、组织制度、思想观念等产生了重要影响。

"文革"期间，正常的宗教活动被禁止，宗教活动场所被破坏和关闭，佛教遭受严重挫折。这一时期，周恩来等老一辈无产阶级革命家，以及统战宗教工作部门的不少干部，出面保护了一批寺院和佛教界人士。"文革"后期，为恢复与日本佛教界的友好交往，在周恩来总理的直接过问下，洛阳白马寺、北京广济寺等一批著名寺院得以整修恢复。

2. 巨赞法师与佛教"生产化""学术化"

巨赞法师1940年在桂林创办《狮子吼》月刊，就提出了佛教"生产化""学术化"的主张。针对当时子孙丛林庙产私有的情形，巨赞法师主张恢复古代丛林制度，将寺产收归全体出家众公有，认为只有在寺产公有的基础之

---

[1] 参见林祥庚《新中国宗教制度改革的历史回顾》，《中共福建省委党校学报》2004年第8期。

上，才能实现佛教"生产化"，避免封建地租、高利贷放债、迷信买卖的生存方式，效法马祖、百丈时的自耕自食，实现各尽所能、生活自给的生产生活方式，同时也能改变佛教界长期以来形成的散漫慵懒的寄生生活及精神状态。所谓"学术化"则主张恢复原始僧伽制度，继承印度那烂陀寺、慧远法师东林寺的学术风气，提升出家人的文化素质。[1]

新中国成立之初，曾有一些激进人士借口佛教是封建迷信、僧人不劳而获，主张取缔佛教，巨赞法师为了维护佛教生存，保护佛教徒正当权益，在新的社会政治环境下，重新提出和阐释佛教"生产化""学术化"的口号，推进新佛教建设。

巨赞法师重新提出佛教"生产化""学术化"主张，目的是"为佛教在新国家新社会中，争取一个合理的立场与正当的工作岗位"，在他看来，佛教在新社会必须改变旧社会收取地租的封建剥削方式，"利用现在所获得的合理立场，与正当的工作岗位，及时努力，真正地发扬释迦牟尼的革命精神，真正从事生产，为社会为人民服务，我们才有前途，否则只有被淘汰"[2]。学术化则是通过僧教育，加强佛教徒对于佛教的认识与正信，以破除迷信。

正是在佛教"生产化""学术化"的指引下，巨赞法师在北京开办大雄麻袋厂，组织僧尼参加生产劳动；又组织僧尼学习党的政策，提高僧人政治觉悟，引导大家发扬佛教慈悲精神，积极为社会为人民服务。在巨赞法师的倡导和影响下，各地寺僧积极行动起来，集资办厂，走上生产自养道路，不到半年，全国各地佛教徒开办了纺织、颜料、化工厂数十家。

巨赞法师的佛教"生产化""学术化"主张及新佛教建设实践，对于促进佛教适应新中国社会政治环境，沟通佛教与社会联系，引导佛教在追求自

---

[1] 巨赞：《新佛教运动的回顾与前瞻》，《狮子吼》创刊号，1940年，第13—14页。
[2] 巨赞：《一年来工作的自白》（续），《现代佛学》第1卷第2期（1950年10月）。

身解脱的同时，承担社会责任，服务社会，实现佛教在新的社会政治环境下的入世转型，具有重要意义。

3. 中国佛教协会及佛教组织制度建设

中国佛教协会，各省、市、自治区及地方佛教协会是新中国成立后建立的佛教组织形式，各级佛教协会是适应新中国成立初期社会政治环境，为处理佛教自身面临的诸多问题而成立的。这一时期的佛教组织制度建设还包括成立各寺院民主管理委员会，以及戒律、传戒等僧伽制度建设等方面。

针对新中国成立初期佛教界思想混乱、组织涣散、颓靡不振的现状，虚云、喜饶嘉措、圆瑛、赵朴初等二十位佛教界著名人士共同发起成立了中国佛教协会。中国佛教协会于1953年5月30日正式成立。《中国佛教协会章程》中规定，中国佛教协会是中国佛教徒的联合组织，其宗旨是团结全国佛教徒，在人民政府领导下，参加爱护祖国及保卫世界和平运动；协助人民政府贯彻宗教信仰自由政策；联系各地佛教徒，发扬佛教优良传统。中国佛教协会成立后，许多省、自治区、直辖市和一些地方佛教协会也相继成立。

中国佛教协会成立以后，团结全国佛教徒加强爱国主义和社会主义的学习，积极参加各项爱国运动和世界和平运动，积极参加国家经济建设、民主建设和文化建设。发扬农禅并重优良传统，开展农业、手工业和文教卫生事业。

1953—1966年期间，中国佛教协会在佛教文化教育方面，创办了中国佛学院，完成了《房山石经》的调查、发掘、整理和拓印，完成了《中国佛教百科全书》英文版的撰写、编纂与翻译，恢复了南京金陵刻经处。在开展国际友好交流方面，中日佛教界开展多项友好交流活动，恢复了与东南亚国家之间的佛教联系，举办亚洲十一个国家和地区佛教会议，参加世界和平理事会、中国人民保卫世界和平委员会等。1966—1976年"文革"期间，佛教事业遭受严重挫折，中国佛教协会及各地佛教协会工作也被迫停顿。

新中国成立后的佛教组织制度建设还包括建立寺院民主管理委员会，以及戒律、传戒等僧伽制度建设。废除佛教封建性的民主改革，建立寺院民主管理委员会，是这一时期佛教组织制度建设的重要方面。同时，与戒律、传戒相关的问题，也是这一时期僧伽制度建设关注的重点，如在中国佛教协会第一届全国代表大会上，针对有人提议改革戒律，取消《四分律》《百丈清规》，法尊法师强调建立僧制，应以佛陀所制定的戒律为基础，不能借口时代、地域不同而随意改变。虚云和尚也作了严厉抵制，并在之后撰文批驳。针对1950年宁波观宗寺沿用旧法传授三坛大戒，《现代佛学》质疑滥传戒法对佛教的消极影响。1957年中国佛教协会第二届全国代表大会决定，在理事会下设立专门委员会对传戒、学戒办法进行研究，提出方案，以避免滥传戒法现象的发生[1]。佛教组织管理制度建设，坚持了佛教戒律根本，是佛教现代入世转型的前提。

中国佛教协会成立以后，团结全国佛教徒积极参加各项活动，不仅促进了我国佛教文化教育事业以及国际友好交流，有利于佛教在新中国的生存和发展，而且对于佛教入世转型具有导向作用，从此，与社会主义社会相适应，积极参与国家文化建设、慈善事业，成为中国佛教入世转型的重要方面。

4. 中国佛学院及佛教教育建设

中国佛学院的创办是这一时期我国佛教教育的重要方面。中国佛学院创办于1956年，其办学宗旨是培养能发挥佛教优良传统的僧伽人才，坚持爱国爱教的办学方针和学修并重的办学原则，担负起传承弘扬佛教、维护国家团结统一及促进国际友好往来的使命。

中国佛学院学制与课程设置方面，1956年佛学院首届招收学员118名，包括两个专修科班和一个本科班，1959年又招收第一期与第二期学习班，随

---

[1] 参见温金玉《新中国佛教制度建设七十年》，《佛学研究》2019年第2期。

后研究部和藏语佛学系也开始陆续招生。佛学院在教育体制和课程设置方面传承了近现代佛学院的教育经验，教学研究依照现代大学模式，同时坚持上殿、过堂、诵戒、参禅等传统丛林生活。本科课程涉及佛学通论、佛教历史、各宗大意、经论研究、戒律等科目。研究部分为"佛教史研究组"和"教理研究组"，教理组开设了瑜伽学、中观学、三论宗、上座部佛教及因明研究，教史组设有中国佛教美术和中国佛教史研究，研究部所学语言包括藏文、巴利文和日文。

中国佛学院继承发扬了中国佛教农禅并重、学术研究和国际友好交流三大优良传统。佛学院师生不仅在校内开荒种植，而且积极参与十三陵水库、人民大会堂修建等首都建设事业。在学术研究方面除了钻研教理，还翻译经论、编写教材讲义、搜集整理佛教史料，缔造了佛学院博研精思的学术传统。中国佛学院还承担了对外友好交流的责任，如1956年赴尼泊尔参加世界佛教徒联谊会大会，1963年举行亚洲十一个国家和地区佛教徒会议等，在促进国际友好交流、维护亚洲与世界和平方面发挥了积极作用。

中国佛学院在教育体制、课程设置、继承传统等方面继承发扬了近现代佛学院的教育经验。太虚法师、欧阳竟无等八宗并弘、三大语系兼备的教学体系，开设藏文、巴利文和日文等课程的世界眼光，注重佛教学术研究的办学特点，在中国佛学院均得到充分体现。这些方面也为之后中国现代化佛学院的建设奠定了基础。而佛学院师生参与首都建设事业，积极参与对外友好交流，则体现了佛教教育适应社会主义现代化建设的入世特征。

5.《现代佛学》与佛教学术研究

新中国成立后的前三十年，学术界发表的佛教学术研究成果有限。《现代佛学》（1950—1964）是这一时期佛学研究的主要阵地。该刊主要作者是当时佛教界知名的高僧大德和著名居士。此外，这一时期从事佛教学术研究的还有高校及学术研究机构的相关学者，如任继愈、陈寅恪、陈垣、侯外庐等。

在研究方法上，这一时期的佛教学术研究一方面延续了近代以来的历史与文献研究，另一方面，以马克思主义为指导研究佛教逐渐占据主导地位。

《现代佛学》创刊于 1950 年 9 月，中国佛教协会成立后成为中国佛教协会的机关刊物，先后发表了不少考据性的佛教研究论文，有些论文也体现了民国时期内学院佛学研究的"疑古"精神和方法。《现代佛学》刊发的论文没有局限于一宗一派，而是法相唯识、华严、天台、净土、律宗、禅宗、密宗等"八宗并秀"。相对而言，禅宗的论文较多，藏传佛教的研究也是一大热点。

我国学者为斯里兰卡《佛教百科全书》编撰的中国佛教相关词条，也是这一时期的重要学术成果。1955 年，斯里兰卡为纪念释迦牟尼佛涅槃两千五百年，发起编纂英文《佛教百科全书》。周恩来总理受斯里兰卡总理请托，将中国佛教部分的词条交给中国佛教协会组织编写。中国佛教协会成立中国佛教百科全书编纂委员会，聘请国内佛教学者担任撰述、编辑和英译工作。内容分为教史、宗派、人物、经籍、教理、仪轨制度、佛教胜迹、佛教文化、中外佛教文化交流九类。为适应百科全书的体例，该成果注重撰写的资料性，体现了当时专业佛教研究者所能达到的高水准[1]。该成果后来以《中国佛教》为书名，于 1980—1989 年分四册在国内正式出版了汉文版。

这一时期具有较大影响的佛教研究成果是吕澂的讲稿《印度佛学源流略讲》和《中国佛学源流略讲》。1961 年，吕澂受中国科学院哲学社会科学部委托培养佛学研究生，在南京开办佛教班，为国家培养了一批佛学研究人才。其授课讲义在改革开放后正式出版，书名《印度佛学源流略讲》和《中国佛学源流略讲》。这两部讲义代表了当时中国佛学研究的最高水准。较之民国时期，这两部讲义没有再将佛教史理解为单纯的宗派传承，而是注重从马克思

---

1 赵朴初：《中国佛教·前言》，知识出版社，1980。

主义哲学思想出发考察不同佛教流派的思想性质，如将部派佛教中的"有部"思想视为"唯实论"，将般若中观学派思想视为"唯名论"等。此外，这一时期，陈寅恪、汤用彤、周叔迦等也注重对佛教进行"史学"研究。如汤用彤所撰论文《中国佛教无"十宗"》《中国佛教宗派问题补论》等，沿用的是其一贯的"史学"研究方法。

这一时期，自觉以马克思主义思想方法对佛教进行学术研究的代表性学者有任继愈、侯外庐等。任继愈从1955年开始自觉以马克思主义经济基础与上层建筑关系、阶级分析方法，研究天台、华严、禅宗、净土、法相唯识宗等佛教宗派哲学，分析各宗派思想的经济基础和阶级性质，其发表的数篇论文受到毛泽东的肯定。侯外庐主编的《中国思想通史》中的佛教史部分，注重从唯物史观出发，从社会结构与思想结构之间的关系研究魏晋南北朝、隋唐时期佛教哲学思想及其特殊的社会功能，如说天台宗"定慧双开""禅义兼弘"体现了南北方佛教融会趋向，体现了国家走向统一趋势；禅宗代表的是社会中下层，其在武周时期的兴盛，与武则天在政治上起用庶族地主，推崇禅宗相关等。[1]

总体而言，这一时期佛教学术研究延续了近代以来重文献资料、重历史研究的特征，注重从现实社会历史考察佛教真相，将佛教拉回到现实人间。而以马克思主义指导佛教学术研究，对佛教与社会历史的内在联系更为关注，同样促进了现代佛学研究的入世转型。

新中国成立初期，宗教信仰自由政策维护了佛教的正常发展，而宗教民主改革则为佛教的现代入世转型创造了条件。这一时期，中国佛教协会、中国佛学院等在促进佛教自身建设的同时，均注重积极参加爱国运动与世界和平运动，积极参加社会主义经济、民主、文化建设，及国际友好交流，中国

---

[1] 参见吕大吉《中国现代宗教学术研究—百年的回顾与展望》，《江苏社会科学》2002年第3期。

佛教逐渐走上与社会主义社会相适应的入世转型之路。不过，1957年反右开始，由于过度强调宗教领域的阶级斗争，不少宗教界人士受到批判和斗争。"文革"期间，宗教活动场所被破坏和关闭，正常宗教活动被禁止，新中国佛教入世转型也遭受严重挫折。

二 台湾戒严时期佛教政策与佛教入世转型

这里主要论述战后1949—1987年台湾戒严时期的佛教政策及佛教入世转型。这一时期，在长达30余年的戒严体制下，台湾当局通过中国佛教会实现对台湾佛教的控制，白圣法师领导的中国佛教会致力于消除日本佛教在台湾的影响，在台湾重建大陆佛教。这一时期台湾佛教的发展，大致可分为前后两个阶段，前一阶段主要致力于理论建构与弘法推广，印顺法师在这一阶段形成自己的人间佛教理论；后一阶段，随着台湾经济的起飞，人间佛教发展加快，佛光山、慈济功德会逐渐发展起来，将人间佛教拓展到教育、文化和慈善等领域。

1. 戒严时期台湾政治经济对佛教的影响

戒严时期，台湾当局的戒严体制对佛教影响巨大，在政教关系方面，佛教处于从属地位，台湾当局通过中国佛教会控制佛教界，民国时期大陆革新派佛教在台湾得以延续。

1949年5月，台湾当局颁布"戒严令"，规定非经许可不准集会、结社，禁止游行请愿、罢工、罢课、罢市等一切活动；对新闻杂志图书等舆论界进行严厉控制。台湾由此进入长达30余年的戒严时期。

戒严时期，台湾当局一方面拉拢、利用佛教，另一方面对佛教实行严密管控。台湾当局通过扶植从大陆去台的僧侣白圣法师等重建"中国佛教会"，掌握佛教领导权。台湾"中国佛教会"成为台湾佛教界的最高组织，岛内所有佛教团体都必须服从其领导和管理。除"中国佛教会"外,"中华佛教居士会"也是由国民党掌控的佛教团体之一。对于佛教团体活动不符合其旨意的方面,国民党当局即凭借《戒严法》加以限制或禁止。

这一时期,台湾佛教在政治立场上必须与当局保持高度一致,许多上层僧侣加入国民党,甚至进入国民党权力机构。佛教界积极配合当局下乡宣传政令和佛法,在讲经法会、电视弘法节目中为国民党做宣传;在对外联络方面,配合台湾当局的反共政策,如1952年,作为台湾当局"反共外交"的工具,参加在日本召开的"第二届世界佛教徒联谊会"。

总体而言,戒严时期,台湾佛教基本处于配合台湾当局的从属地位,只有当佛教重大切身利益受到威胁时,才会进行一定限度的抗争,如为收回光复后遭国民党当局接收和占领的庙产,台湾佛教界进行了长期的抗争,最终迫使当局对相关寺庙管理办法作了修改和调整[1]。同时,"中国佛教会""中华佛教居士会"也在当局的支持下,举办传戒法会,讲经说法,在消除日本佛教对台湾的影响,复兴汉传佛教,促进台湾人间佛教的成长等方面做了许多工作。

20世纪60年代,台湾经济进入快速发展时期,年平均增长率达到10%,并在之后较长时期内保持高增长态势[2]。经济的快速发展,人们生活水平的大幅提高,为宗教复兴提供了物质基础。台湾在短时间内从传统落后的农业社会过渡到现代化的工业社会,社会结构的快速转型,对传统的社会关系和家庭模式造成强大冲击,人们也迫切需要宗教帮助调节、纾解心理、情感、精神的压力和不安[3]。正是在这样的社会背景下,从60年代末开始台湾兴起"新佛教运动",佛光山对佛教进行"入世"革新,通过成立佛教研究院、创

---

[1] 参见杨磊、刘佳雁《宗教复兴视阈下的台湾佛教发展》,《台湾研究》2017年第3期。
[2] 杨荣南、张雪莲:《台湾省产业结构演进与城市化初探》,《经济地理》1996年第3期。
[3] 杨磊、刘佳雁:《宗教复兴视阈下的台湾佛教发展》,《台湾研究》2017年第3期。

办佛教期刊、成立佛教医院、创建中学等方式,推动人间佛教事业的发展;慈济功德会也积极投入到人间佛教的慈善、医疗、教育、文化教育事业的建设中。在佛光山、慈济功德会的带动下,台湾人间佛教实践开始启动。

2. "中国佛教会"的传戒活动与人间佛教的承续

台湾光复之前曾经历 50 年的日据时期,这一时期的台湾佛教不仅在思想上受到殖民统治的毒害,而且在传统戒律方面,也逐渐为默许娶妻食肉的日本佛教所同化。

1949 年,大陆不少僧侣随国民党到台湾,以这批僧侣为主成立了白圣法师领导的"中国佛教会",并在国民党政权帮助下控制了整个台湾佛教的领导权。1953 年在台南大仙寺举行大规模传戒活动,只有受过三坛大戒的出家人才能得到"中国佛教会"的承认,开始以"中国佛教会"的权威清除日本佛教的影响。在这之后,"中国佛教会"每年举办一次大规模的传戒法会,从 1953—1989 年,一共举办了 38 场,台湾僧尼也从 1949 年的 3000 多人上升到 8905 人,佛教信众近 450 万人[1]。印顺法师肯定了戒严时期"中国佛教会"的传戒活动,认为"更革了原有日据佛教的弊端,重新延续了中国佛教的法脉,实践人间佛教的理念,并体现出人间佛教的新模式"[2]。

白圣法师领导的"中国佛教会"对复兴汉传佛教、承续大陆人间佛教的另一贡献是,1965 年 11 月在台北召开第一届"世界佛教华僧会",把抗战以来流落在菲律宾、中国香港、美国、泰国、新加坡、马来西亚等 11 个国家和地区的江浙沪僧人代表 230 余人召集在一起,结成国际华人圈复兴汉传佛教联盟。正如一诚法师所肯定:"'华僧会'在世界范围内积极开展各项弘法利生事业,保持与广大华人僧团的密切联系与友好合作,为在全世界弘扬中国大乘佛教文化,发扬佛教的优良传统,创立人间净土,推进和维护世界和平

---

[1] 王顺民:《当代台湾佛教变迁之考察》,台湾《中华佛学学报》1995 年第 8 期。
[2] 印顺:《〈台湾佛教丛书〉序》,见惠空主编《台湾佛教丛书》,台中太平慈光寺,2006 年。

事业作了许多功德，取得了重大成就。"[1]

3. 印顺法师的佛学研究及人间佛教思想

戒严时期，印顺法师无疑是在台湾从事佛学研究、弘扬人间佛教思想最得力的思想家。印顺法师对佛学进行了全面系统的研究，对中印佛教史全部重要领域进行了事无巨细的梳理，出版有《妙云集》《中国禅宗史》等著述41部。其佛学研究的主要贡献包括：对阿含学的研究，引发学术界对原始佛教及南传佛教的兴趣；对中观学的诠释，使中观大义成为台湾佛学界的显学；关于大乘佛学性空唯名、虚妄唯识、真常唯心的判摄，引发学界热烈讨论；提倡"人菩萨行"为基调的人间佛教产生重要影响等。[2]

印顺法师从其关于印度佛教的研究与判摄出发，对太虚法师人间佛教思想作了批判继承。在他看来，印度佛教初期大乘属于"性空唯名系"，而后期大乘则包括"虚妄唯识系"和"真常唯心系"。中国佛教中，唯识宗属于虚妄唯识系，而带有显著中国化佛教特征的天台、华严、禅宗等则基本属于真常唯心系。他认为，太虚法师的人间佛教思想过分肯定天台、华严、禅宗等中国化佛教的圆融精神，其思想倾向偏于印度晚期佛教的"天佛一如"。中国化佛教宗派及中国晚近佛教的"三教同源"观念，存在印度佛教末后为神教侵蚀而消灭的隐忧。[3] 印顺法师主张"立本于根本佛教之淳朴，宏扬中期佛教（指'初期大乘'）之行解，摄取后期佛教之确当者"[4]，以复兴、弘扬人间佛教。印顺法师还批判中国传统佛教推重的弥陀信仰和持名念佛，认为可能导致佛法的天化和神化，认为人间佛教应重视现世成佛的弥勒净土、

---

[1] 一诚：《在世界佛教华僧会第八届执行委员会第一次会议暨四十周年会庆开幕式上的讲话》，中国佛教协会《会务通讯》2005年第9期。
[2] 蓝吉富：《台湾佛教思想史上的后印顺时代》，《听雨僧庐佛学杂集》，现代禅出版社，2003，第269—270页。
[3] 印顺：《契理契机之人间佛教》，见黄夏年主编《印顺集》，中国社会科学出版社，1995，第130页。
[4] 印顺：《契理契机之人间佛教》，见黄夏年主编《印顺集》，中国社会科学出版社，1995，第110页。

人间净土。[1]

印顺法师是 20 世纪 50 年代以来台湾佛教学术研究影响最大的出家人，其佛学著作被许多佛学院校选作教材，也是佛教界广为流传的著作，其人间佛教思想对台湾之后人间佛教观念及实践影响深远。

4. 佛光山、慈济功德会等人间佛教的开启

佛光山、慈济功德会的人间佛教事业是伴随 1960 年代末台湾经济快速发展开启的，有学者将 1960 年代至 1987 年台湾"解严"这段时间的佛教发展称之为台湾佛教复兴的启动期[2]。这一时期，星云法师、证严法师相继成立佛光山、慈济功德会，台湾佛教发展呈复兴之势。

星云法师自 23 岁到台湾后，即身体力行，践行"人间佛教"。伴随 60 年代台湾经济快速发展，星云法师继续推动人间佛教事业，1967 年创立佛光山，并先后创办大慈幼院，成立中国佛教研究院，创办《佛光学报》，英语佛学中心，成立"寿山寺"佛光诊所及佛教普门医院，创建普门中学，筹建美国西来寺，举行佛教梵呗音乐会，创办《普门杂志》，利用台湾电视台弘法等。1983 年，星云法师获得"台湾教化有功奖"及"社会教育奖"，其人间佛教实践在一定程度上获得台湾社会认可。

除了星云法师的人间佛教实践之外，这一时期，证严法师、圣严法师等也参与到台湾人间佛教的建设当中。证严法师发扬印顺法师人间佛教理念，于 1966 年成立"慈济功德会"，之后积极投入到人间佛教的慈善、医疗、教育、文化事业的建设中，1986 年建成佛教慈济综合医院。圣严法师 1977 年继承东初法师人生佛教理念，开始在北投农禅寺弘法，经常举行针对大学生、一般社会人士与企业家的禅修活动，并于 1985 年创立中华佛教研究所培养高

---

[1] 陈进国：《台湾当代佛教的入世转向刍议》，《台湾研究集刊》1997 年第 2 期。
[2] 杨磊、刘佳雁：《宗教复兴视阈下的台湾佛教发展》，《台湾研究》2017 年第 3 期。

级僧俗弘法人才[1]。

这一时期,台湾人间佛教的开展在教育、文化方面亦有较大发展。如佛教教育事业方面,举办面向大专学佛青年的佛学讲座,热心创办佛学院,戒严时期创办的佛学院约有50所以上。另外还创办有慈航中学、智光商职等中学、技职学校。文化事业方面,战后台湾佛教创办佛教期刊80余种,代表性期刊如《海潮音》《台湾佛教》《人生》《中国佛教》等。这一时期,台湾佛教在延续民国时期电台弘法的同时,还开展电视弘法,如佛光山的"甘露"与"信心门",中佛会的"光明世界",等等。[2]

总体而言,戒严时期,台湾佛教通过"中国佛教会"的传戒活动,消除了日据时期佛教的弊端,确立了大陆传统佛教在台湾的主导地位;印顺法师在全面系统研究佛学的基础上建构人间佛教理论体系;佛光山、慈济功德会等在60年代之后开启人间佛教事业……在一定程度上延续了太虚法师等开创的人间佛教思想与实践。不过,这一时期台湾佛教整体上仍处于戒严体制下,难以有较大的发展,人间佛教的发展处于准备与启动阶段。

第五节 新时期两岸佛教入世实践的全面展开

20世纪70年代末至80年代,海峡两岸相继改革开放或解严,宗教管理政策走向宽松,这为佛教走上健康发展提供了良好的社会政治环境。新时期,两岸佛教相继走上人间佛教发展的道路,注重将人间佛教理念落实到佛教教育、文化建设、公益慈善实践当中,佛教入世实践全面展开。这一时期,两岸佛教注重交流互鉴,在人间佛教路径、佛教教育、学术研究、公益慈善事业、佛教交流等方面存在较强的交互性及相似性,因此,我们将新时期两岸

---

[1] 缪方明、于姝:《台湾人间佛教发展考察》,《宗教学研究》2009年第3期。
[2] 参见侯坤宏《战后台湾佛教寺院经济及其变革》,《西南民族大学学报》2012年第7期。

佛教入世转型作为一个整体进行论述。

一 宗教政策的调整与政教关系

新时期，海峡两岸宗教管理政策均改变了之前对宗教的禁止或限制，而注重制定相应的政策、法规，引导宗教从事文化教育、公益慈善事业，发挥宗教在经济社会发展中的积极作用。如大陆注重宗教管理法制化建设，提出坚持宗教中国化方向，引导宗教与社会主义社会相适应；台湾开放党禁、报禁，颁布《人民团体法》。因此，佛教自主性增强，逐渐走上积极入世、健康发展的道路。

1. 新时期宗教管理法制化建设

改革开放后，1982年，在对新中国30年来宗教工作系统分析、总结的基础上，党中央形成了宗教工作纲领性文件《关于我国社会主义时期宗教问题的基本观点和基本政策》（19号文件）。文件肯定宗教在我国社会主义阶段存在具有必然性，反对依靠行政命令或其他强制手段消灭宗教；强调宗教问题上的矛盾主要属于人民内部矛盾，处理宗教问题的根本出发点应是将信教群众与不信教群众联合起来，投入到建设现代化的社会主义强国的共同目标上来。文件指明，应按照法律程序制定切实可行的宗教法规。[1]

在这之后，相关宗教管理法规开始逐步建立。2004年，国务院颁布《宗教事务条例》，明确规定"公民有宗教信仰自由"，将宗教团体、宗教活动场所和信教公民在举行宗教活动、开办宗教院校、出版宗教书刊、管理宗教财产、开展对外交往活动等方面的诸多权利以法规的形式确定下来。2017年，《宗教事务条例》围绕宗教界反映强烈、社会普遍关注、工作中亟待解决的

---

[1] 《关于我国社会主义时期宗教问题的基本观点和基本政策》，《新时期宗教工作文献选编》，宗教文化出版社，1995，第54—73页。

问题，如宗教活动场所被承包、被经营、被上市，以及大型露天宗教造像等问题，做了进一步的修订和完善，为规范和管理宗教事务提供了坚实的法治保障。

2. 引导佛教中国化发展方向

2017年，习近平总书记在党的十九大报告中强调："全面贯彻党的宗教工作基本方针，坚持我国宗教的中国化方向，积极引导宗教与社会主义社会相适应。"[1] 坚持我国宗教中国化方向的提出，是对之前我党提出的宗教与社会主义社会相适应理论的继承和发展。

1993年，江泽民同志在全国统战工作会议上的讲话中明确提出，要积极引导宗教与社会主义社会相适应。并指出，这种适应，并不是要求宗教信徒放弃他们的有神论思想和宗教信仰，而是要求他们在政治上热爱祖国，拥护社会主义制度，拥护共产党的领导，同时改革不适应社会主义的宗教制度和宗教教条，并利用宗教中的一些积极因素为社会主义服务。

2007年，胡锦涛同志在党的十七大报告中强调"全面贯彻党的宗教工作基本方针，发挥宗教人士和信教群众在促进经济社会发展中的积极作用"。在这一思想指导下，宗教工作部门注重支持和鼓励宗教界在慈善救助、维护稳定、宽慰人心、缓和情绪、化解矛盾、增强诚信、造福社会等方面发挥积极作用；鼓励宗教界积极开展对外友好交往，在服务国家外交大局、增强软实力、与国际社会开展人权对话、促进祖国统一等方面开展活动。[2]

2017年，习近平总书记在党的十九大报告中提出"坚持我国宗教的中国化方向，积极引导宗教与社会主义社会相适应"之后，宗教工作部门注重加强对宗教界的政治引领，如在保持宗教基本信仰、核心教义、礼仪制度的同

---

[1] 习近平：《决胜全面建成小康社会 夺取新时代中国特色社会主义伟大胜利——在中国共产党十九次全国代表大会上的报告》，人民出版社，2017，第40页。

[2] 张化：《从关注意识形态分歧到注重社会功能发挥——建国以来宗教政策的微调和宗教工作的渐进》，《上海市社会主义学院学报》2012年第3期。

时，逐步形成具有中国特色、符合时代发展要求的宗教思想体系；鼓励宗教界履行社会责任，如推动宗教公益慈善向纵深发展，支持佛教建设生态寺观活动等。[1]

显然，我党关于坚持宗教中国化方向，积极引导宗教与社会主义社会相适应政策的形成，对于促使佛教界积极投身社会主义经济社会建设，发挥自身在建设社会主义和谐社会，以及对外友好交流中的积极作用，实现佛教在当代的入世转型具有积极的引导意义。

3. 解严后台湾佛教政教关系

伴随1979年中美建交，以及国民党之外的势力的兴起，台湾社会要求政治改革的呼声日益高涨，1986年民进党成立。在此政治形势下，1987年，台湾当局被迫解除长达38年的"紧急戒严令"，开放党禁、报禁，颁布《人民团体法》。随着戒严体制的解除，台湾佛教进入快速、多元发展的时期。一方面，原有"中国佛教会"一统天下的格局被打破，星云法师的佛光山、证严法师的慈济功德会空前发展，形成了佛光山、慈济功德会、法鼓山、中台山"四大道场"为主体的多元发展格局。另一方面，佛教迅速发展壮大，据2013年数据，台湾约有佛教活动场所3300多座，僧尼近3万人，佛教信众485万人。[2]

解严后台湾佛教与政治的关系，不仅体现在政治上的解严带来了佛教多元、快速的发展，还体现在佛教参与政治的趋势加强。这主要体现在：其一，一些新兴佛教团体参与政治的意识增强，如万佛会经常参与台北街头的各种示威游行，并在1990年创立"真理党"，试图通过政党运作方式，更广泛地参与政治活动。其二，一般的佛教徒虽然政治立场不像万佛会、佛青会那么

---

[1] 综研：《新中国宗教工作的非凡70年（四）党的十八大以来的宗教工作》，《中国宗教》2019年第12期。

[2] 郑堆、李德成：《台湾佛教发展现状及带给藏传佛教的思考》，《中国藏学》2015年第1期。

鲜明，但也比之前更加关注社会政治问题。如 1990 年 3 月，大批佛教徒走上街头，声援台大学生提出的实行政治改革的要求。其三，通过介入选举发挥影响力。解严后由于蓝绿政党竞争激烈，佛教团体成为各政党及政治势力竞相拉拢的对象。几乎每次重要选举之前，蓝绿阵营的参选人都会主动拜会星云法师、证严法师等佛教界领袖人物，以赢得更多佛教信众的支持。不过，也有不少佛教团体反对佛教参与政治，如证严法师一贯坚持"不介入政治的态度"，"慈济十戒"的最后一戒即"不参与政治活动"。

总体而言，经过几十年的摸索与互动，目前台湾佛教基本确立了温和型的政治参与方式，但也基本摆脱了"以教辅政"的弱势地位。与之前佛教对政治的消极回避态度及"戒严"时期处于政治高压管控下的艰困局面相比有本质的不同[1]。而佛教地位的提高也促进了佛教自主性发展，台湾佛教也开始朝着关注文化、教育、公益慈善事业的人间佛教道路推进。

二　人间佛教实践的多向度展开

新时期，海峡两岸佛教走上了人间佛教的发展道路，赵朴初、星云法师、证严法师等继承太虚法师、巨赞法师、印顺法师、慈航法师等人间佛教思想，并在佛教建设中，将人间佛教理念落实到促进文化教育、公益慈善，服务当下经济社会发展的实践当中。

1. 赵朴初人间佛教思想及与社会主义社会相适应

赵朴初于 1981 年首次明确提出发扬太虚法师人间佛教理念，1983 年在《中国佛教协会三十年》报告中，明确提出以人间佛教作为中国佛教发展的基本方向，将弘扬人间佛教置于整个中国佛教发展的指导地位，人间佛教因

1　本部分材料参见唐蕙敏《当代台湾佛教与政治的关系》，《台湾研究》1999 年第 2 期；杨磊、刘佳雁《宗教复兴视阈下的台湾佛教发展》，《台湾研究》2017 年第 3 期。

而成为新时期大陆佛教现代化的基本方向，极大地推动了人间佛教在大陆的发展。

赵朴初在《中国佛教协会三十年》中说："我们提倡人间佛教的思想，就要奉行五戒、十善以净化自己，广修四摄、六度以利益人群，就会自觉地以实现人间净土为己任，为社会主义现代化建设这一庄严国土、利乐有情的崇高事业贡献自己的光和热。"[1] 赵朴初将五戒、十善、四摄、六度作为人间佛教修行的重要内容，主张以五戒、十善净化自己，四摄、六度利益人群，强调"做好人"是学佛成佛的基础。但他也强调，修行不能满足于"做好人"，还应修学菩萨行，认为"果真人人能够学菩萨行，行菩萨道，……就是在当前使人们能够建立起高尚的道德品行，积极地建设起助人为乐的精神文明，也是有益于国家社会的，何况以此净化世间，建设人间净土！"[2] 赵朴初人间佛教思想强调佛教五戒、十善、四摄、六度等德行，以及人自身品德修养的方面，突出菩萨行、五戒十善对于精神文明建设，以及社会安定、国家繁荣的意义，突出了人间佛教的入世取向。

赵朴初还注重从佛教与社会主义社会相适应，来推进人间佛教实践。如注重从佛教"报国土恩""报众生恩"的角度倡导佛教信众参与国家建设，主张"既是重视国土因缘，就要报国土恩，参加社会主义建设，爱护祖国。既是重视众生因缘，就要全心全意为人民服务"[3]。认为践行人间佛教，就应当"依靠自己的劳动和工作实践，做到自食其力"，"引导有劳动和工作能力的僧尼积极参加适合寺庙特点和宗教习惯的生产劳动和文教、卫生以及其他为社会服务的工作"[4]。赵朴初肯定佛教"在教理学说方面、在学术文化方面、在农林生产方面、在弘教译经工作方面、在国际友好事业方面，我们有

---

[1] 赵朴初：《中国佛教协会三十年》，《法音》1983年第6期。
[2] 赵朴初：《佛教常识答问》，宗教文化出版社，2016，第215页。
[3] 赵朴初：《佛教徒应该坚决走社会主义道路》，《赵朴初文集》（上卷），华文出版社，2007，第271页。
[4] 赵朴初：《中国佛教协会三十年》，《法音》1983年第6期。

丰富的遗产可以整理发扬"[1]，主张从佛教思想文化中挖掘和弘扬有利于社会和谐、时代进步、健康文明的内容，为维护社会和谐乃至世界和平发挥积极作用。赵朴初从佛教与社会主义社会相适应，来阐发人间佛教内涵，赋予人间佛教新的意义，对于促进新时期佛教入世转型具有引导作用。

2. 台湾四大道场人间佛教开展的不同路径

解严后台湾佛教的发展也逐渐确立了人间佛教的主导地位。佛光山、慈济功德会、法鼓山等皆以"人间佛教"为旗帜。即使是以提倡传统禅修为重心的中台禅寺，其所倡导的佛教科学化、学术化、教育化、艺术化、生活化理念，也同样体现了人间佛教思想的影响。各佛教团体从不同方面投身于教育、文化、慈善事业，体现出各具特色的人间佛教开展路径。

星云法师人间佛教思想与实践继承了太虚、印顺法师的人间佛教传统。在思想观念上，同样批判传统佛教的消极遁世、死后超生、注重玄谈的倾向，主张佛教应关注现实社会人生。佛光山人间佛教注重参与社会，先后开展了青少年反毒系列运动、心灵净化运动、净化人生系列讲座、七戒新生活运动等，致力于促进社会发展和文化进步。星云法师将发展的重心放在以文化弘扬佛教的事业上，在教育和文化方面投入最多，如教育方面，设立佛光山丛林大学、都市佛学院，接办普门中学，创建佛光大学、美国西来大学；文化方面，率先开办电视弘法，编修《佛光大藏经》，创办《普门杂志》，成立佛光山文教基金会、中华佛光协会和国际佛光会等。[2]

证严法师人间佛教思想在继承印顺法师相关思想的同时，还融入了浓厚的台湾本土化气质。相对于印顺法师注重佛教学术研究而言，证严法师更强调以实际行动来弘扬佛教的根本精神。如教导信众在行善的身体力行中，去除我执，清净自心，证得究竟圆满的无漏智慧。证严法师的慈济功德会人间

---

1 赵朴初：《佛教徒应该坚决走社会主义道路》，《赵朴初文集》（上卷），华文出版社，2007，第273页。
2 陈进国：《台湾当代佛教的入世转向刍议》，《台湾研究集刊》1997年第2期。

佛教实践的重心在公益慈善事业，慈济功德会成立之初，就致力于慈善济贫，之后以"济贫教富"为宗旨，开展慈善、医疗、教育、人文四大志业，后来又陆续加入国际赈灾、骨髓捐赠、环保与社区志工等。

圣严法师承续了太虚法师的人间佛教思想，注重在传承传统佛教特别是禅宗思想的同时，适应当代社会作正向的改变。圣严法师以"提升人的品质，创建人间净土"作为法鼓山人间佛教理念，并以"心灵环保"为核心，发展以禅修为主、以念佛为辅的佛教修行方式。圣严法师将发展佛教高等教育与社会教育事业作为法鼓山人间佛教的重心。在他看来，慈善救济工作只是佛教救世救人的第一步，第二步则要以文化、宗教来澄清人们的思想，净化其感情，抚慰其心灵，提升其精神，更进一步教人修行。正是在此思想基础上，法鼓山形成了"一大使命、三大教育"发展蓝图，即以推动全面教育为使命，落实大学院教育、大关怀教育、大普化教育。[1] 圣严法师先后创建中华佛学研究所、筹备法鼓大学（现有法鼓文理学院）、创设法鼓山世界佛教教育园区等，推动了佛教文化和教育事业的发展。

惟觉禅师以弘扬禅法、举办禅七法会著称。他从自身体悟出发，适应现代社会创新参禅、修禅方法，结合数息观、参话头、中道实相观，形成了循序渐进、应病与药的中台禅修方式。惟觉禅师未明确提出人间佛教说法，但其倡导的佛教科学化、学术化、教育化、艺术化、生活化，其中蕴含的与现代社会文化相调适的理念，显然受到了人间佛教思潮的影响。

总体而言，新时期大陆及台湾佛教均走上了人间佛教发展的道路，注重从现代人本主义阐释佛教义理，在实践方面，注重投身文化、教育、公益慈善事业，发挥佛教在净化人心、增进道德、促进经济社会发展中的积极作用。但伴随人间佛教的发展，大陆、台湾佛教也出现了一些过度世俗化、庸俗化

---

[1] 朱健刚、梁家恩、胡俊峰：《人间佛教的慈善实践：对台湾慈济与法鼓山的比较研究》，《西北民族研究》2014年第2期。

的趋向，与传统佛教无欲无求、清苦修行的形象形成巨大反差，对传统佛教神圣性、超越性具有消解作用。也正因此，中国佛教协会制定《全国汉传佛教寺院共住规约通则》等，一直强调道风建设；台湾中台山倡导传统禅修，得到社会各阶层的响应。由此亦可见，人间佛教的入世转型并不意味着一味随顺世俗，而必须建立在坚持佛教自身根本之基础上。

三 佛教自身组织管理及制度建设

新时期大陆、台湾佛教组织管理制度，均适应现代社会环境，借鉴现代企业管理制度，形成了传统与现代相结合的组织管理方式。

1. 大陆佛教组织管理制度建设

改革开放以来，中国佛教协会适应政府宗教政策的调整，针对不同时期佛教自身存在的问题，先后制定了多项规章制度。1989年12月，中国佛教协会发布了《汉传佛教寺庙管理试行办法》和《汉传佛教寺庙共住规约通则》，要求汉传佛教寺庙照此试行。1993年10月，中国佛教协会通过了经过修改和充实的《全国汉传佛教寺院管理办法》和《全国汉传佛教寺院共住规约通则》。2019年7月24日，这两个文件经中国佛教协会第九届常务理事会第三次会议修订，其中明确提出了"坚持佛教中国化方向""抵制佛教商业化不良影响"等要求，自公布之日起施行。同时，中国佛教协会还先后制订了《藏传佛教寺庙主要教职任职办法》和《南传佛教寺院住持任职办法》等，2019年7月中国佛教协会第九届常务理事会第三次会议也进行了修订，并自公布之日起实施。

针对佛教界一度出现收徒、传戒滥收滥传现象，1994年，中国佛教协会公布《全国汉传佛教寺院传戒实施暂行办法》，汉传佛教寺院传戒工作纳入中国佛教协会统一管理。1997年，中国佛教协会通过《全国汉传佛教寺院传授三坛大戒管理办法》和《关于在全国汉传佛教寺院实行僧尼度牒僧籍制度的办法》等文件,要求传戒统一考核、统一审批、统一戒牒、统一编号、统一颁发,为建设如法如律的僧团队伍提供了保证。

新时期,中国佛教协会一直注重寺院管理工作,各地寺院积极响应中国佛教协会号召,根据寺院所处环境及自身情况,建立和完善寺院民主管理组织,建立健全了人员、财务、会计、文物保护、卫生防疫等管理制度,寺院管理更加制度化、规范化。

同时,中国佛教协会也一直注重道风建设。针对新时期佛教界出现的信仰淡化、戒律松弛等现象,中国佛教协会注重对汉传佛教寺院进行分期分批的道风整顿,要求对一些信仰淡化、有悖僧律的僧尼,应按戒律的规定进行忏悔乃至重新受戒;对确无悔改表现,以及严重违犯戒规、道风败坏、屡教不改者,给以收回戒牒、迁单离寺、摒出僧团等处分。道风建设是佛教建设的根本,也是佛教入世转型的重要前提。

新时期大陆佛教组织管理制度的建设,对于佛教形成如法如律的僧团生活,避免佛教入世转型过程中的世俗化、庸俗化趋向具有积极意义。

2. 台湾佛教组织管理的现代化

解严后,台湾佛教在佛教团体组织管理制度、公益慈善组织架构及运作方式等方面,也借鉴现代企业组织管理方式、慈善运作模式,具有了现代性特征。

台湾佛教团体组织管理制度大体上继承了传统丛林民主议事制与层级制。如佛光山寺院中僧众会议是最高权力机构,同时上有方丈或住持,下有各层级职事。寺院依循财产共有制,相对于传统丛林组织管理的宗法制度而言,当代台湾佛教团体组织管理制度带有现代资本所有制特征[1]。具体组织管理

---

1 麻尧宾:《当代台湾佛教寺院经济的社会资源述略》,《宗教学研究》2004年第1期。

方式方面，台湾佛教也借鉴了现代企业组织管理制度，例如佛光山创设道场职事轮调制和选举制度，宗长及宗务委员等重要职位都由选举产生，并实行任期制，各道场的职事不论职务高低，都实行定时轮调。

慈善公益事业是当代台湾人间佛教事业的重要方面，各佛教团体慈善组织架构及运作模式也是体现其现代化组织管理方式的重要方面。在这方面，慈济功德会最具代表性。一方面，慈济功德会形成了自身卓有成效的募捐系统。慈济募捐系统由会员、幕后委员、委员三层构成，形成了"会员（劝募）→幕后委员（访贫、查核、劝募）→委员"的运作模式[1]。另一方面，慈济功德会形成了系统的慈善志业开展模式。慈善志业的开展由会长证严法师领导的志业中心作决策，在中心之下，分慈善、文化、教育、医疗四个发展处，共同为组织制订计划。目标形成之后，制订一套策略，由志业中心到功德会到全世界的慈济人付诸行动。慈济功德会慈善组织管理也具有传统与现代相结合的特征，注重利用传统社会家庭、社区网络凝聚志工的向心力，如注重建构成员之间类似家庭的法亲关系，注重恢复传统社区的温情，带领社区居民关注公共事业等。[2]

新时期大陆、台湾佛教组织管理均具有传统与现代相结合的特征，佛教组织管理的现代化，以及适应现代佛教文化教育、公益慈善事业的组织管理方式，有利于佛教有效开展文化教育及公益慈善事业，也是佛教入世转型的重要方面。

四 佛教文化教育事业

佛教文化教育事业包括与僧教育和佛教社会教育相关的佛学院、佛教大

---

[1] 郭天红、王佳：《台湾佛教对社会慈善的积极作用——以佛光山和慈济为重点》，《黑龙江民族丛刊》2012年第3期。

[2] 以上内容参见朱健刚、梁家恩、胡俊峰《人间佛教的慈善实践：对台湾慈济与法鼓山的比较研究》，《西北民族研究》2014年第2期。

中小学建设，以及佛教学术研究、多种形式的佛教弘法方式等。在这里，先对海峡两岸佛教教育事业及佛教现代弘法方式略做阐述。

1. 海峡两岸佛教教育事业

大陆新时期佛教教育事业主要包括中国佛学院的恢复、各地佛学院的建立、汉传佛教初中高三级教育体系整体规划，以及"学修一体化"教学方式的形成等方面。

1980年，中国佛学院正式恢复并开始招生，9月招收预科班，1982年恢复四年制本科班，1986年恢复三年制研究班。佛学院课程设置较五六十年代更为丰富和现代。如本科佛学课程包括中国佛教史、印度佛教史、南传佛教史、印度学、戒律学，及各宗佛学，文化课包括中外历史、中西哲学、古代汉语、外语（英、日、梵、巴）、计算机、文献学等。中国佛学院恢复后，又先后在苏州、南京成立灵岩山分院、栖霞山分院。之后，许多地方的佛学院也相继成立。据不完全统计，全国汉传佛教院校迄今共有30余所。[1]

中国佛学院恢复及各地佛学院开办后，针对各地佛教院校在自身定位、培养目标、课程设置、师资队伍等方面缺乏层次分明、互相衔接的整体规划的状况，1983年，赵朴初在《中国佛教协会三十年》报告中，提出经过若干年努力，建设起高级、中级、初级既相衔接又各有侧重的三大语系佛教教育体系的设想。之后，在中国佛学院的引领带动下，中国佛教教育逐渐形成了低、中、高衔接、覆盖全国的佛教教育体系。

针对现代佛学院教育偏重于学，为避免学僧信仰淡化、戒律松弛等弊端，赵朴初提出佛学院教育"学修一体化，学僧生活丛林化"的要求。中国佛学院拟定了《关于中国佛学院实行院寺一体化的组织建设意见》，对学僧生活进行丛林化管理，坚持上殿、过堂、坐禅、念佛等传统宗教规制，以此严肃

---

[1] 宗性：《朴老与新中国佛教教育事业及其卓越贡献》，《佛学研究》2014年刊。

僧仪、僧纪。"学修一体化，学僧生活丛林化"逐渐成为全国汉语系佛教院校的普遍共识及要求。

台湾的佛教界在解严后，注重创办佛学院及佛学研究机构，先后成立的佛学院校有40余所，其中比较著名的有华严专宗学院、佛光山台北女子佛学院、佛光山福山佛学院、圆光佛学院、"中国佛教学院"、净土专宗学院、香光尼众佛学院等。不同佛学院设立的教学层次各不相同。如圆光佛学院设有初中部、专修部（禅修班）、高中部、大学部、研究生部。初中部以培养宗教情操、增强语文能力为主；高中部注重培养学生从生活、基础佛法两方面实践佛法，课程包括《金刚经》《坛经》等重要经典以及各宗要典，佛法概论、中国佛教史、古代汉语、禅修、梵呗、梵文、英文等；大学部以培养通达教理义解、具有健全僧格和服务僧众能力的人才为目的，功课包括重要经论和比较系统的佛学理论、佛教史、哲学史知识等。[1] 也有一些佛学院只设初级部、中级部或高级部。各道场还注重成立佛学研究机构，培养佛教学术研究人才。如法鼓山成立中华佛教研究所，法光寺成立法光佛教文化研究所等。

台湾佛教界还注重开展面向社会的初、中、高等不同层次教育。高等教育方面，如1990年晓云法师创办华梵工学院，后改名为华梵大学。之后，法鼓山创办法鼓大学（法鼓文理学院），佛光山开办南华大学、佛光大学、美国西来大学、澳大利亚南天大学，慈济功德会创办慈济医学院、慈济大学等。台湾佛教团体各地分部往往兼有社区教育功能，如佛光山的宜兰分院，设置了众多的儿童速算班、作文班、乐器班、舞蹈班以及成人的学佛班、读书班等；台北华严莲社也为有兴趣的人开设长期免费的佛学及健康类课程等。[2]

中国佛学院开设与现代社会文化相关的课程，培养具有面向现代社会的

1　陈景富：《问渠那得清如许，为有源头活水来——台湾佛教访问掠影》，《五台山研究》2000年第4期。
2　李海峰：《台湾佛教团体建设的现代性》，《法音》2009年第3期。

弘法人才，以及台湾佛教面向社会开办的初、中、高不同层次佛教教育，均体现了新时期佛教教育的入世面向。

2. 多种形式、多种媒体的弘法方式

现代图书出版、电视、网络的发展，为佛教文化传播提供了新的媒体。新时期大陆佛教注重运用图书馆、书刊出版、网站、梵乐等形式弘扬佛教文化。如苏州西园寺建设有佛学图书阅览室，编辑发行《人间世》杂志、《戒幢佛学论丛》和人生佛教小丛书，建设有戒幢佛学教育网；玉佛寺恢复完善弘一图书馆，编辑发行《觉群》杂志、《觉群学术论文集》、《觉群丛书》、《觉群译丛》，成立梵乐团，并经常举办各种类型的义演；广州大佛寺也创办了大佛寺网站，成立有"海螺梵乐艺术团"，面向大众进行佛教艺术和梵乐表演等。[1]

台湾地区的佛教同样注重以书刊、电台、电视、多媒体、图书馆、网络等多种形式、多种媒体弘扬佛法。如台湾佛教团体一般都办有自己的杂志，印行相关读物。一些佛教团体还办有面向社会的佛教图书馆，如佛陀教育基金会图书馆、文殊图书馆等。台湾各大道场均注重运用电台、电视台弘扬佛法，如购买广播时段、电视时段播放佛教内容。一些大型佛教团体则拥有自己的电台、电视台，如佛光山的佛光卫视、法界卫视，慈济的大爱电视台，台南妙法寺的佛教卫视等，每天 24 小时不间断播放与佛教相关的内容。[2] 各大道场均建有自己的佛教网站，如财团法人印顺文教基金会网站、佛光全球资讯网、慈济文化中心网站、法鼓山网站、法鼓山刊物网站等。台湾佛教团体还注重以丰富多彩的文化活动弘扬佛法，如佛光山注重通过举办书展、文物展、画展、佛教法器展，以及书法、茶道、佛教音乐等现代文化活动形式

---

[1] 参见王应贵《上海玉佛寺弘法育人事业成效斐然》，《法音》2007 年第 9 期；刘向明《弘法利生的新途径：广州大佛寺佛教文化建设侧记》，《中国宗教》2009 年第 12 期；廖乐根《当前弘法工作的几点思考》，《法音》2006 年第 4 期。

[2] 济群：《台湾佛教见闻记》，《法音》1998 年第 4 期。

弘扬佛法。[1]

从一定意义上说，运用电台、电视台、网络弘法，采取音乐会、书画展等方式弘法，也是传统佛教面向民众弘法方式的继承与发展。多种形式、多种媒体的弘法方式，扩大了受众范围，而采取现代化的弘法媒体及方式，也有助于佛教关注现实社会问题，方便与信众及民众的沟通交流，有利于佛教深入民众、深入社会。

五　佛教学术研究的多元化

新时期两岸佛教学术研究均存在多元化发展趋势。这主要体现在研究内容、研究方法等方面。研究内容方面，从近现代注重佛教文献、佛教哲学、佛教史研究，逐渐拓展到佛教与文化的关系、寺院经济、寺院组织管理制度，以及佛教考古、佛教文艺、佛教仪式等方面的研究。研究方法上，一方面，近代以来的史学研究、哲学研究、文献研究得到延续与深化，另一方面，田野调查、考古学、诠释学、社会学、学科综合等现代研究方法不断引入佛教学术研究。特别值得一提的是，佛教界和学术界经常共同主办学术研讨会，加强了教界与学界的互动了解，推进了佛教研究的深度和广度。

从研究内容言，这一时期佛教学术研究的多元化，主要体现在佛教史、佛教哲学、佛教文献、佛教考古、佛教文艺、佛教仪式等研究主题的多元性上。佛教史研究方面：大陆新时期佛教史研究是对近现代以来佛教史研究的延续与深化。改革开放以后，多部佛教通史、佛教断代史、佛教专题史先后出版，内容涵盖汉传、藏传和南传三大系佛教。同时，佛教史研究还进一步拓展到政教关系史、寺院组织制度史、佛教历史地理、佛教区域史等方面。

---

[1] 郑堆、李德成：《台湾佛教发展现状及带给藏传佛教的思考》，《中国藏学》2015年第1期。

这一时期，台湾佛教史研究主题也拓展到佛教社会经济史、政治史、艺术史、文学史、民俗佛教史等领域。佛教哲学、佛教思想研究方面：大陆新时期佛教哲学、佛教思想研究，大体体现在关于佛教哲学的系统研究、佛教哲学专题研究、佛教哲学思想史、宗派佛教哲学及佛教思想家哲学思想研究等方面。佛教考古、佛教文艺、佛教仪式、佛教文献整理与研究方面：中国石窟考古、藏传佛教寺院考古，以及佛教音乐、美术，佛教仪轨、制度等方面的研究，都取得重要成果。中国三大语系佛教藏经的编辑整理，敦煌佛教文献、黑水城佛教文献的整理与研究，以及西藏梵文贝叶经的编目与研究等，也都取得积极进展和重要成果。[1] 台湾佛教学术研究也将研究主题拓展到了佛教文学、佛教忏仪等许多方面。

新时期佛教研究方法的多元性主要体现在：一方面，近代以来的史学研究、哲学研究、文献研究得到延续与深化，另一方面，田野调查、考古、诠释学、学科综合等现代研究方法不断引入佛教研究。史学研究方法广泛运用于新时期佛教史研究方面：对佛教的史学研究又大体上受胡适实用主义史学观、20世纪上半叶"疑古"思潮、历史唯物主义方法论的影响，力图通过文献的历史研究还佛教以历史"本来面目"。以历史唯物主义研究佛教与社会环境的关系、佛教历史发展过程及规律方面取得许多重要成果。注重以哲学理论体系系统研究佛教哲学方面：改革开放以后，佛教思想研究注意避免之前的简单化分析和归类，注重对佛教进行深入细致的社会历史与思想文化研究。特别是注重运用历史唯物主义观点分析研究佛教思想的不同流派、理论特点、社会功能、发展规律，以及从佛教自身特质出发，从本体论、心性论、人生论、修行论、解脱论等不同的方面阐释佛教思想。其他诸如从逻辑学、心理学、美学、伦理学等不同方面研究佛教哲学思想，均体现了现代哲学研

---

[1] 参见张雪松《新中国成立70年来的佛教研究》，《中国宗教》2019年第9期。

究重理性思维的特征。新时期的佛教学术研究还注重吸收融合现代西方诠释学、综合研究、田野调查、运用碑刻史料等多种研究方法。如用诠释学方法，重新探讨由印度到中国的佛教知识论传统的演变，突出佛教知识论传统对于重拾佛教哲学本身的理性向度与批判精神的意义。台湾学者关于佛教艺术、民俗佛教的研究，也非常注重田野调查；佛教史的研究，则注重运用大量碑刻材料及民间史料的搜集[1]。

新时期佛教学术研究将佛教作为现实社会现象，注重在文献、史料基础上研究佛教与社会环境的互动，研究佛教社会发展史，注重从佛教与现实社会人生角度研究佛教哲学、佛教思想及佛教文化，其中蕴含的是人本主义的立场，体现的是肯定现实社会、现实人生的人间佛教精神。

六 佛教公益慈善事业的拓展

新时期，海峡两岸佛教秉持人间佛教理念，注重参加赈济救灾、扶贫养老医疗、环保等公益慈善事业。中国佛教协会倡导佛教界响应党和政府的号召，积极投身公益慈善事业，服务于社会主义经济社会建设，台湾佛教界也注重将公益慈善事业作为佛教入世事业的重要方面。两岸佛教的公益慈善事业都有新的拓展。

大陆佛教公益慈善事业方面：改革开放以来，伴随市场经济的发展，寺院经济条件得到极大提升，相应地促进了佛教慈善的多元发展。2012 年，国家宗教局下发了《关于鼓励和规范宗教界从事公益慈善活动的意见》，中国佛教协会倡导佛教界积极参与公益慈善事业，为全面建成小康社会贡献力量。

新时期佛教从事的公益慈善活动主要包括赈济救灾、扶贫养老、医疗环

---

[1] 江灿腾：《当代台湾佛教史学论述及其思想诠释冲突》，《世界宗教文化》2013 年第 2 期。

保等方面。如在地震、台风、洪水、海啸等自然灾害发生时，特别是在1998年大洪水、2003年"非典"、2008年地震和2020年新冠疫情等特大自然灾害面前，中国佛教界积极捐款捐物，组织救援。佛教界注重慈善助学，如湖北黄石东方山弘化禅寺发起成立"慈云助学服务中心"，上海成立"觉群慈善专项基金"，在捐建希望小学、资助失学儿童、设立助学助教金等方面积极投入人力、物力和财力。佛教界还注重对贫困山区的弱势群体、公共设施和社区服务以及贫困个人进行帮扶，扶持和改善其生产生活、健康条件，并提高其素质和能力，如重庆市佛协的"贫困母亲工程"、广东省佛教协会的"百寺扶千户"等活动。新时期，佛教还重视生态环保宣传、植树造林，倡导文明烧香、科学放生。如中国佛教协会每年组织工作人员到北京郊区植树，2000年在京郊房山云居寺周围植树2000株，又与香港佛教组织联合在河北赞皇县植树400亩。[1]

台湾佛教公益慈善事业方面：解严后，台湾佛教兴办的慈善事业包括急难救助及长期照顾，涉及贫困、老人、妇幼、失业者、疾病等弱势人群。除了重视物质钱财方面的捐助外，台湾佛教还注重心灵抚慰、临终关怀、身心康复等方面的心灵关怀。一些大型佛教团体致力于环境保护、国际赈灾、医疗卫生等公益慈善事业。

台湾佛教团体中，慈济功德会的公益慈善事业最引人注目。经过50余年的发展，慈济在全球30多个国家建有200多个分会与联络点，慈善事业也从传统的扶贫救困，逐渐拓展到教育、医疗、文化、骨髓捐赠、国际赈灾诸多领域。如国际援助方面，截至2005年底，慈济共向全球57个国家和地区伸出过援助之手，共有231个分支机构在开展慈善救助工作。医疗志业是慈济公益慈善事业的重心，1986年，慈济医院投入使用，随后又相继成立分院，

---

[1] 部分材料参见明生《中国佛教的慈善理念及在当代的实践和设想》，《法音》2014年第10期。

逐渐形成台东地区广泛的医疗网点。骨髓捐赠方面，慈济运营全球最大的骨髓捐献库。慈济还注重支持大陆希望工程，其项目遍及江苏、安徽、新疆等10个省份32所中小学。[1]

佛教公益慈善事业致力于赈济救灾、扶贫养老、医疗环保，是佛教入世转型的重要体现。新时期两岸佛教将参与公共慈善事业视作人间佛教的重要内容，佛教公益慈善事业呈广泛推展、多元化、现代化发展趋势。

七　中国佛教的对外交流活动

新时期，党和政府注重发挥佛教对外交流在树立我国佛教良好形象、促进祖国统一、维护世界和平当中的积极作用。对外交流也成为新时期中国佛教协会的重要工作。改革开放以来，中国佛教参加国际宗教和平组织、建构中韩日三国佛教"黄金纽带"、注重与南亚及东南亚国家的佛教交流、重视与港澳台佛教界的交流合作，进行了许多卓有成效的工作。

参加国际宗教和平组织。中国佛教自觉担负维护世界和平重任，改革开放以来先后积极参加各种国际宗教和平组织。1978年，赵朴初率领中国宗教代表团参加了在美国普林斯顿举行的"世宗和"（"世界宗教者和平会议"）第三届大会，并在大会上当选为"世宗和"副主席。1981年，中国佛教协会常务理事李荣熙率领中国宗教代表团参加了在印度新德里举行的"亚宗和"（"亚洲宗教者和平会议"）第二次大会。1984年，赵朴初率领中国佛教代表团出席在斯里兰卡科伦坡召开的"世佛联"（"世界佛教徒联谊会"）第十四届大会，并当选为"世佛联"副主席。参加这些国际宗教和平组织后，中国佛教协会多次参加相关组织会议，宣传我国宗教信仰自由政策，介绍中国佛

---

[1] 郭天红、王佳：《台湾佛教对社会慈善的积极作用——以佛光山和慈济为重点》，《黑龙江民族丛刊》2012年第3期。

教情况，表明维护祖国统一、维护世界和平的立场。除了参加"世宗和""亚宗和"活动外，中国佛教协会领导人还多次参加"宗教和精神领袖世界和平千年大会""世界宗教领导人和平峰会"等国际宗教和平会议，致力于维护世界和平。

建构中韩日三国佛教"黄金纽带"。佛教传入中国后，逐渐由中国传播到韩国、日本等周边国家，佛教也因此成为中韩日三国文化交流的重要桥梁和纽带。新时期，中韩日佛教友好交流逐渐开展，1980年，日本鉴真和尚像回国巡展，掀起中日佛教友好新的热潮。1986年开始，中国佛教文化研究所与日本佛教大学定期举行佛教学术交流会议。中国佛教协会相继派遣10余名留学人员到日本佛教大学、高野山真言宗、真宗大谷派大谷大学留学。1992年8月，中韩两国正式建交之后，两国佛教交流日益频繁。1993年赵朴初率团参加日本佛教界在京都举行的庆祝中国佛教协会成立40周年纪念活动，在讲话中赵朴初会长将中韩日三国自古以来的友好交流比喻为"黄金纽带"，与会代表提议定期召开三国佛教首脑会议，进一步推进中韩日三国友好关系。1995年，首届"中韩日佛教友好交流会议"在北京召开。之后，中韩日三国佛教交流大会轮流在中韩日三国举行，迄今已举办22次。根据中韩日佛教友好交流委员会会议的精神，三国佛教界互相派遣访问学者、留学生，举行学术交流会议，组团互访，朝拜佛教圣地。中韩日佛教"黄金纽带"的建构，对于推动三国人民友好交流，维护东亚稳定和平具有积极意义。

与南亚、东南亚国家的佛教交流。南亚、东南亚是佛教流传的重要地区。新时期，中国佛教协会注重同缅甸、斯里兰卡、孟加拉国、泰国、尼泊尔、越南等南亚及东南亚国家佛教界进行友好交流。例如，1994年、1996年，中国佛牙舍利应缅甸政府和佛教徒礼请先后两次赴缅巡礼；中国佛教协会多次组团参加斯里兰卡举行的上座部佛教国际大会。1986年开始，中国佛教协会多次选派中国佛学院、云南省佛协、闽南佛学院学僧赴斯里兰卡留学。1978

年 6 月，中国将在西藏保存的阿底峡尊者灵骨的一部分赠送孟加拉国，并共同举行了隆重法会，并于 1983 年派团参加了孟加拉国举办的阿底峡尊者诞辰一千周年国际研讨会。1993 年，泰国佛教最高领袖泰国僧王应邀来华访问，先后访问了北京、西安、昆明、西双版纳。1994 年，中国陕西法门寺佛指舍利应泰国政府礼请，赴泰国巡礼。2002 年，佛牙舍利赴泰国巡礼供奉。中国佛教协会于 1996 年开始在尼泊尔蓝毗尼园兴建中华寺，2000 年在蓝毗尼举行中华寺落成典礼。中国与南亚、东南亚国家佛教的友好交流活动，对于增进与周边国家友谊，促进区域和平具有重要意义。

大陆与港澳台佛教界的交流合作。在港澳回归之前，香港、澳门佛教界已与内地佛教进行了正式交往。1980 年，赵朴初率团访港，正式恢复了两地佛教界中断 30 年的友好往来。从此，两地佛教界交流不断。澳门回归之前，香港宝莲禅寺智慧法师、澳门菩提禅院健钊法师曾率港澳佛教界访京团拜访中国佛教协会。之后，内地佛教协会代表团多次访问澳门。新时期大陆与台湾佛教界的交流也日益频繁。台中慈光寺惠空法师从 1991 年开始举办两岸青年学佛运动、两岸僧伽教育交流访问活动，推动了与大陆佛教界的交流合作。2016 年，由 180 位佛教界人士组成的台湾佛教访问团到访大陆。2017 年，中国佛教协会代表团从北京到台湾开展为期六天的访问交流。

港澳台佛教界不仅积极参加世界佛教论坛、中韩日三国佛教友好交流会，而且在内地积极开展赈灾助学等慈善活动。1991 年华东五省遭遇严重洪灾，台湾慈济功德会排除万难，积极对大陆进行医疗防疫、经济支持和物资救援。此后，每遇大陆发生重大自然灾害，慈济功德会都会第一时间率团援助。2008 年汶川地震发生后，台湾佛光山第一时间向灾区赠送价值 1500 万元的物资。慈济功德会积极参与赈灾及救援，先后投入 1 万多人次的义工，援助资金近 5 亿元新台币。澳门佛教界也在内地积极开展赈灾、扶贫、助学公益慈善活动，澳门佛教界先后协助在内地贫困地区兴建希望小学 170 余所，希望医疗所 20 余间。内地与港澳台佛教界的交流合作，对于促进港澳回归及祖国统一，具有积极意义。

台湾佛教的全球化发展。解严后，伴随经济全球化、文化多样化发展趋势，台湾佛教注重适应各国社会文化环境，通过积极投入弘法、慈善、学术文化交流事业，扩大汉传佛教在西方社会的影响。全球弘法方面，星云法师的佛光山弘法最有代表性。1992 年星云法师在美国洛杉矶创立国际佛光会世界总会，斥资 2600 多万美元在洛杉矶修建西来寺。之后，国际佛光会先后在美洲的美国、加拿大、巴西、阿根廷，大洋洲的澳大利亚、新西兰，欧洲的法国、英国、德国，亚洲的菲律宾、马来西亚、日本，非洲的南非、刚果等 70 多个国家或地区成立分会，建立汉传佛教寺院，在当地弘扬汉传佛教，并使之本土化。[1] 到 2006 年，国际佛光会下属的协会已有 170 多个，分会 1000 余个，遍布 170 多个国家，全球会员人数超过 200 万。慈济功德会则注重将慈善救助拓展到全球许多国家和地区。到 2011 年，慈济功德会的组织已遍布全球 50 个国家地区，在全世界建立了 400 多个分支会或联络处。从 1991 年救助孟加拉国水灾开始，慈济功德会积极在海外许多国家和地区开展慈善赈济活动，其慈善救助工作已逐步遍及全球，包括蒙古、尼泊尔、泰国、柬埔寨、阿富汗、朝鲜、阿塞拜疆、土耳其、哥伦比亚、秘鲁、洪都拉斯等许多国家，得到国际社会的广泛认可。[2]

新时期佛教对外交流活动，对于促进我国与周边国家友好关系，促进港澳回归祖国、实现祖国统一，维护世界和平，都具有积极意义，是佛教入世转型的重要方面。

新时期佛教入世实践的许多方面如佛学院建设、佛教学术研究、现代化弘法方式、公益慈善实践等，是对民国时期太虚法师等佛教革新实践的继承

---

[1] 李尚全：《当代台湾社会转型与人间佛教运动》，《南京晓庄学院学报》2010 年第 4 期。
[2] 杨磊、刘佳雁：《宗教复兴视阈下的台湾佛教发展》，《台湾研究》2017 年第 3 期。

与发展。但是民国时期佛教入世实践尚处于探索阶段，随时随地会遭受佛教保守势力的阻碍，无法得到充分的开展。新时期佛教入世实践则得到政府的支持与鼓励，拥有宽松的社会政治环境及经济发展带来的强大物质基础。新时期两岸佛教自觉树立人间佛教旗帜，积极主动投身于文化、教育、慈善事业，并得到广大信众的支持，因此，佛教入世实践特别是佛教文化、教育、公益慈善事业得到全面开展。不过，市场经济的发展、佛教入世实践的全面开展，也带来佛教世俗化、庸俗化的隐忧，如何在积极入世的同时保持佛教的根本及佛教自身的独立性，成为佛教界、学术界关注的重要话题，佛教内部也出现强调以戒为师、禅修、道风建设的取向，也表明现代佛教入世转型前路依然漫长。

结语　在转型的曲折历史中走向现代

从上述可以看出，近现代佛教入世转型主要经历了兴起、探索、曲折发展与全面开展四个阶段。(1) 清末民初佛教入世转型兴起阶段：佛教入世转型主要表现在康有为、谭嗣同、梁启超、章太炎等维新思想家从近代科学、民主思想出发重新阐释佛学，杨文会创办金陵刻经处、祇洹精舍、佛教研究会，佛教界为应对清政府及民国政府"庙产兴学"压力，兴办新式僧学堂，创立佛教组织，以及太虚法师提出佛教"三大革命"主张等方面。(2) 民国时期佛教入世转型探索阶段：佛教入世转型主要体现为"庙产兴学"迫使佛教界成立中国佛教会等全国性佛教统一组织，支那内学院、上海佛教居士林等居士组织蓬勃发展，佛教现代弘法方式、佛教学术研究得到拓展，太虚法师提出人生佛教、人间佛教观念，并针对传统佛教丛林制度进行僧制改革、佛学院建设探索。(3) 新中国佛教入世转型的曲折发展阶段：废除佛教封建性的民主革命，佛教寺院成立民主管理委员会等，促进了佛教的现代性变革，巨赞法师佛教生产化、学术化的主张促进了佛教在社会主义制度下的入世转型，中国佛学院建设、佛学研究对前一阶段有进一步延续和发展，不过"文革"时期，佛教入世转型遭受重大挫折。台湾地区印顺法师进一步丰富了太虚法师人间佛教思想，佛光山、慈济功德会开启了人间佛教实践模式的探索。（4）新时期佛教入世实践的全面开展阶段：党和政府注重引导佛教制度化建设，佛教入世转型逐渐走上正轨，政教关系得到较好的协调。佛教注重与社会主义社会相适应，走上人间佛教发展道路，佛教寺院组织管理、佛学院建设、佛教弘法方式等均走上了现代化发展道路，佛教文化教育事业、公益慈善事业蓬勃发展。

总体而言，近现代佛教入世转型经历了最初为适应新的社会文化环境，为求生存而革新传统佛教，与传统佛教保守势力作斗争，探索佛教入世转型模式，到与现代社会、政治、文化环境相协调，理顺与政治、社会关系，融入现代社会文化环境进行全方位建设的过程。近现代佛教入世转型是在应对现代社会转型过程中政府、社会、文化多方面冲击的情况下，在思想观念、组织管理、文化教育及公益慈善等方面对传统佛教进行全方位革新与建设实现的。近现代佛教入世转型的实现，一方面是为适应近现代社会环境的变迁，不得不进行自身的革新与建设；另一方面也与不同时期佛教界有识之士顺应社会环境及趋势进行的积极探索密切相关。在这一过程中，近现代中国佛教僧俗两界继承发扬大乘佛教的入世精神，延续了中国佛教唐宋以来人生化、入世化的人间关怀，对佛教的转型做出了巨大的努力。

首先，从根本上说，近现代佛教入世转型的兴起、探索、曲折发展及全面展开，是由近现代社会不同时期社会、政治、文化环境决定的。其一，清末民初佛教入世转型的兴起，是因为西方殖民扩张带来中国社会向近现代社会的转型，在国家积贫积弱状态下，为了发展现代教育，清政府及民国政府不约而同打起"庙产兴学"的主意，直接威胁到佛教生存的根基；新文化运动从近代民主、科学精神出发，批判佛教迷信及神权，主张以科学、美育、哲学取代宗教，也在社会上营造了佛教的负面形象；近现代西方基督教的传入，特别是基督教的组织方式，以及创办报刊、出版图书，创办学校、医院，兴办慈善事业的近现代传教方式，与佛教疏离社会、走向衰落的趋势形成鲜明对照，直接威胁到传统佛教的生存与发展……正是在这样的社会政治文化环境下，一些有识之士意识到革新佛教的紧迫性，近现代佛教入世转型由是兴起。其二，民国时期，现代资产阶级政权确立，政府一方面有意识鼓励民间社团的成立，另一方面又企图利用佛教资产兴办近现代教育，"庙产兴学"暗潮涌动，这两方面均促使了全国性佛教组织的形成。新的时代环境也有利于太虚法师等进行僧制改革与新式僧教育的探索。同时，这一时期新式教育、近现代学术研究，及报刊、图书、广播等媒体的发展，也为佛教文化教育的发展提供了新的契机。其三，新中国成立后，对佛教进行废除封建制的民主革命，各寺院成立民主管理委员会，对于佛教的现代化具有革命性意义。"文革"时期，对马克思主义宗教思想的片面理解，导致以行政命令消灭宗教，佛教遭遇严重挫折。但从另一角度言，也较彻底地割断了佛教与封建社会的联系，有利于佛教适应社会主义现代化环境，实现佛教的现代化。其四，新时期是我国走向社会主义现代化的成熟时期，党和政府的佛教政策也更加开明、成熟，佛教也因此走上了健康发展的道路。这一时期佛教入世转型主要是与社会主义社会相适应，如中国佛教协会明确提出以人间佛教作为中国佛教发展的基本方向，主张从佛教思想文化中挖掘和弘扬有利于社会和谐、时代进步、健康文明的内容，为维护社会和谐乃至世界和平发挥积极作用。正是在这一思想指导下，佛教积极投身于文化教育、公益慈善、国际交流事业，为社会主义现代化建设事业作贡献。较之前面三阶段而言，佛教入世转型成为大势所趋，社会政治文化环境也有利于佛教的健康发展，佛教与社会政治文化环境总体协调，成为社会主义现代化建设的有机组成部分。

其次，近现代佛教入世转型也离不开佛教主体自身的努力，是不同时期佛教主体积极弘扬大乘精神、传承中国佛教优良传统以适应近现代社会文化环境的产物。近现代佛教入世转型的主体包括佛教僧侣、居士及佛教研究者，特别是不同阶段的有识之士、探索者、创新者。例如，近现代佛教入世转型兴起阶段，杨文会及维新思想家对佛教近代入世转型的发端之功，是与他们开阔的国际视野，对西方及日本近现代社会的了解，以及挽救民族危亡的责任感、使命感密切相关的；太虚法师在民国初年即提出教理、教制、教产"三大革命"主张，还先后提出人生佛教、人间佛教观念，强调以人为本，注重人生，将完善人格放在重要位置；新中国成立以后，巨赞法师注重从社会历史角度考察佛教中国化与近现代以来的新佛教运动，他在新中国佛教革新、定位等问题上的探索对于促进佛教的现代入世转型，促进佛教与社会主义社会相适应具有重要意义；新时期，赵朴初居士顺应我国改革开放的大环境，继承太虚法师人间佛教思想，将其与现代文明及其发展趋势相结合，对人间佛教进行了全新的诠释，将人间佛教置于新时期中国佛教建设的指导地位，并积极弘扬与实践，促进佛教与社会主义社会相适应，发挥佛教在当代社会的积极作用，将新时期佛教建设与我国社会主义建设有机融合，促进了这一时期佛教事业的恢复与稳步发展。

当前，中国佛教正继续坚持中国化方向，沿着爱国爱教、适应现实、服务人群、促进社会和世界和谐的道路不断健康发展。

第二章
近现代佛教入世转型对佛教中国化的承续与创新

　　近现代佛教入世转型，是佛教中国化在新的历史时期的承续与创新，是佛教为了在新的社会文化环境中生存与发展，通过与新环境中政治、经济、思想文化等方面的协调互动，实现了自身在政教关系、组织管理、思想观念、实践方式等方面的变革与创新。

　　近现代佛教的入世转型与传统佛教的中国化，都是由不同时期佛教所适应的社会文化环境，包括政治经济制度、宗教政策、社会组织管理方式、思想文化等方面决定的。

　　一方面，传统佛教的中国化适应的是封建宗法社会文化环境，而近现代佛教入世转型适应的则是现代社会。现代社会是对封建宗法社会的变革，两者存在着社会性质的根本不同。与此相应，官方的宗教政策、政教关系、社会组织管理方式、思想观念、宗教社会实践等方面也存在性质的不同。也因此，传统佛教中国化与近现代佛教入世转型过程中形成的佛教形态也存在着许多根本的不同。例如传统宗法社会将佛教纳入宗法社会政治管理体系当中，政教关系体现为政主教从的格局；早期寺院经济的来源是皇室、贵族等捐助的财费及土地，之后受自给自足小农经济影响，自力耕种成为寺院经济的重要模式；佛教传承、寺院管理也形成了类似于宗法社会的法统及封建等级秩序；在思想观念方面主要与传统儒道思想协调融合；社会实践方面，中国化佛教注重将修行融入封建伦理实践及小农生产生活方式中，慈善实践也带有传统宗法社会固有的局限。而近现代社会在佛教管理上则注重依法管理，赋予宗教民主参与政治的权利；寺院经济受现代经济影响巨大，如企业家捐助、寺院自身实业经营、资金及善款筹措方式等带有鲜明的现代社会特征；佛教自身管理方面，成立寺院民主管理委员会等方式进行自我管理，注重借鉴现代企业管理制度管理寺院、运营佛教慈善事业；在思想观念方面注重佛教现代学术研究，吸收融合现代人文思想观念；社会实践方面，注重佛教服务社会的文化、教育及慈善事业。正是因为近现代佛教入世转型与传统佛教中国化适应的社会性质及社会文化环境根本不同，所以两者形成的佛教形态也存在根本的差异，这也就决定了近现代佛教入世转型对传统佛教中国化的革新与创新。

另一方面，虽然近现代佛教入世转型与传统佛教中国化，两者适应的是不同历史时期的中国社会文化环境，但中国不同历史时期的社会文化环境必然具有延续性；同时，佛教作为协调与各方面社会力量关系的主体也具有自身的历史延续性。这些方面也就决定了近现代佛教入世转型与传统佛教中国化之间具有历史延续性，这种延续性同样体现在多个方面：例如近现代社会与传统社会在政教关系上均没有将宗教凌驾于政权之上，没有形成政教合一的政治模式；寺院经济、寺院管理均具有自养经济、自我管理特征；在思想观念方面，近现代人间佛教是在传统中国化佛教人生化、人间化基础上形成发展起来的；社会实践方面，近现代佛教服务社会的文化、教育及慈善事业，是建立在传统中国化佛教肯定现实社会实践价值、关注现实社会人生的思想观念基础上，是对传统佛教文化教育及慈善实践的延续与发展。

本章主要从传统佛教中国化与近现代佛教入世转型的实现方式及路径，以及两者的思想观念、组织制度、实践活动等方面，比较两者的异同，探讨近现代佛教入世转型对佛教中国化的延续与创新。

第一节　实现方式及路径的相续与开新

这里所说的实现方式及路径，是指印度佛教传入中国后如何适应新的社会文化环境，传统中国化佛教如何适应近现代社会文化环境，如何通过自身思想观念、组织管理、实践方式的改造与变革，让民众及所处的社会文化环境接纳与认同，融入新的社会文化环境中，焕发出自身的生命力，在新的社会文化环境中更好地生存与发展。需要指出的是，在传统佛教中国化和近现代佛教入世转型的过程中，由于时代变迁，佛教自身所处的地位不同，所面对的社会文化环境各异，而且为适应新的社会文化环境，可资利用的思想文化资源及社会政治力量也存在许多差异，这就决定了两者在实现方式及路径上存在着较大的差异。

从佛教自身的社会文化地位存在的差异来看，在传统佛教中国化过程中，佛教是作为外来宗教面对中土社会文化环境。而近现代佛教入世转型过程中，佛教则是作为中国传统思想文化的主体之一应对近现代文化的冲击及近现代社会的转型。外来佛教传入中土时，中土社会文化环境有自身的文化主体，佛教则是源于印度的外来宗教，而佛教的传入又并不像近现代史上基督教传入一样有自身依持的教团及政治军事势力，相反往往是西域僧人跟从商旅来到中土，或秉持个人对佛教的虔诚、弘法的热忱，寻求中土政治力量的支持，开展译经或弘法活动。因此，佛教在与中土社会文化环境的关系上，主要是作为外来者，"入乡随俗"地做出适应中土社会文化环境的努力。而在近现代入世转型过程中，佛教已经融入中华文化，成为中国传统思想文化的主体之一，在社会文化环境中有自身广泛的信仰者、支持者。相反近现代文化思潮如资产阶级自由、民主、平等思想，现代科学及无神论思潮，基督教现代慈善实践等，则更多地是作为外来的西方文化，冲击着包括佛教在内的传统思想文化。因此，近现代佛教与近现代社会文化环境的关系，主要是佛教作为传统思想文化的主体之一，应对近现代西方文化的冲击，以及由此导致的传统社会向近现代社会的转型。

从佛教所处的社会文化环境存在的差异来看，传统佛教的中国化所处的社会文化环境，主要是建立在血缘关系基础上的宗法社会文化环境，在思想观念、宗教组织形式、宗教实践等方面都具有自身的独特内涵。例如在思想观念方面，占据主导地位的是与宗法社会相适应的儒家思想，注重以忠君孝亲的世俗伦常维护宗法社会等级秩序。中国固有的传统思想文化相对于外来佛教而言，具有鲜明的关注现实社会和人生的入世精神。在宗教组织形式方面，佛教传入之前，传统社会并没有游离于宗法社会之外的宗教组织形式，统治阶级的天地祭祀、民间宗祠祭祀等宗教活动及组织，均从属于宗法社会，作为宗法社会体制的有机组成部分发挥作用。宗教实践方面，佛教传入之前，传统社会类似于佛教的实践活动，或属于个人的隐修实践（如神仙法术），或通过设立太学、地方官学，通过基层行政单位"里"等发挥社会教化功能[1]，并没有之后佛教、道教的教团修持或教化实践。而近现代佛教入世转型所处的社会文化环境，则是受近现代西方文化冲击而形成的现代社会文化环境，是正在进行的传统社会向现代社会转型。现代社会文化环境在思想观念、宗教组织形式、宗教实践方面均有自身的体现：思想观念方面，一是西方近现代思想文化不断传入，科学、民主思想逐渐深入人心；二是传统宗法观念逐渐消减、被替代，马克思主义在大陆居于意识形态的指导地位。宗教组织形式方面，现代社会特别是进入市场经济社会，宗教组织与世俗社会的互动日益频繁，受现代社会行政管理及现代企业管理方式影响，宗教组织管理形成与此相应的行政式、协会式、

---

[1] 参见张信通《汉代里的教化职能》，《东岳论丛》2016年第11期；曹影、李秋《汉代教化的缘起及其德育职能》，《北华大学学报》2002年第4期。

教会式、混合式等多种模式[1]。宗教实践方面，注重通过教育、文化、慈善实践彰显宗教价值，实现自身的弘传。在弘法媒介上，注重利用图书报刊、广播电视、网络等现代媒体弘扬宗教教理教义。

传统佛教中国化和近现代佛教入世转型过程中佛教所处地位的不同及其所面对的社会文化环境的根本差异，决定了两者在实现方式及路径方面的不同。我们曾将汉地佛教在思想理论层面的中国化方式与途径，归结为佛教的方术灵神化、儒学化、老庄玄学化三个方面[2]。若从佛教组织的中国化而言，传统佛教中国化的途径还可以加上"宗门丛林化"。与此相对应，近现代佛教入世转型则是通过祛魅理性化、现代学术化、组织民主化等方式及路径实现的。严格说来，佛教的中国化及近现代佛教入世转型，均应包括藏传佛教及南传佛教在内，本章主要以汉传佛教为主体进行相关论述。

一 方术灵神化与祛魅理性化的对开

方术灵神化是佛教中国化的方式与路径之一，是指外来佛教传入中国后，对中土黄老神仙方术的依附和对灵魂不死、鬼神崇拜等宗教观念和迷信思想的融合吸收。祛魅理性化则是近现代佛教入世转型采用的方式与路径之一，是指去除传统佛教过分关注死后及鬼神信仰的迷信倾向，吸收融合近现代思想文化中的科学和理性精神，关注现世人生，服务社会。可见，方术灵神化与祛魅理性化是佛教在适应不同社会文化环境过程中采取的完全不同的方式与路径。

佛教中国化过程中的方术灵神化有其历史必然性。佛教来华之时，正值

---

[1] 杨静：《现代社会的宗教组织及其特征——宗教社会学关于宗教组织的研究》，《上海大学学报》2004年第2期。

[2] 洪修平：《论汉地佛教的方术灵神化、儒学化与老庄玄学化》，《中国佛教与儒道思想》，宗教文化出版社，2004，第241—259页。

中土社会上各种方术迷信盛行之际，特别是黄老神仙方术更是盛极一时，到东汉末年，伴随佛教的传入，道教也逐渐形成。为了适应中土社会文化环境，获得更好的生存与发展，佛教注重迎合并依附中土的种种神仙方术。例如在《四十二章经》中，将佛陀描绘为"轻举能飞"的"神人"，将阿罗汉描述为能飞行变化、有旷劫寿命。早期来华传教的僧人也常借助于一些道术、医方拉拢信徒，扩大佛教的影响。同时，外来佛教也十分注意对灵魂不死、鬼神崇拜等中国传统宗教观念的吸收，如《阿含正行经》把佛教的轮回说与中土的灵魂观相结合，认为人死后，灵魂会依据所行善恶投生到三善道或三恶道。早期传入中土的小乘禅数之学与神仙方术颇多契合之处，因此一些禅师在译解禅经时，也有意使用一些道家神仙家的名词术语，如用道家的"守一"来表达佛教的禅定，把通过禅定而达到的境界描绘为犹如中国的所谓成仙得道等。早期佛教僧人所做出的这些努力，为佛教在中土生根发展提供了重要因缘。[1] 实际上，方术灵神化在中国民间佛教信仰中一直存在，如《冥祥记》（南朝）、《法华传记》（唐）、《宣验记》（宋）、《山堂肆考》（明）、《净土圣贤录》（清）、《观音灵异纪》（民国）等历代文献中记载的佛菩萨灵验故事，民间佛教中渲染的天堂地狱、善恶有报观念等，均体现了这一点。而明清以来佛教朝热衷于超亡度死方向发展，也助长了佛教灵神化的趋向。也正是中国化佛教的这一发展趋向，在一定程度上导致佛教的衰败，成为近现代佛教革新的内在根源。

近现代佛教入世转型过程中的祛魅理性化，从一定意义上说，正是对传统中国化佛教方术灵神化的反动。祛魅理性化是在适应近现代社会倡导民主与科学，反对封建迷信的社会文化环境中产生的。祛魅理性化主要体现在如下方面：一是对传统佛教消极方面的自我批判，如太虚法师主张运用西方科

---

[1] 以上参见洪修平《论汉地佛教的方术灵神化、儒学化与老庄玄学化》，《中国佛教与儒道思想》，宗教文化出版社，2004，第245—249页。

学知识研究佛教,清除其中的迷信成分,使佛教成为能够为现代社会接受的人生佛教。二是从科学角度阐释佛教,认为"佛教重视科学",如大乘佛教强调菩萨要普度众生,必须掌握包括"五明"在内的世俗知识和技能,"五明"中的因明、声明、医方明、工巧明都属于科学技术;认为"佛教与科学互补",如科学注重思考外在纷繁复杂的物质现象,佛教追索的则是能思维的意识之心背后的本性境界;太虚法师认为科学是求物质的进步,而佛教是求心理的进步,物质进步与心理进步只有同步,才能建设合理的社会秩序[1];认为"佛法高于科学",如王季同在《劝全世界学者研究佛学书》中说,佛法中的现量、比量比科学中的归纳演绎更严谨;科学发现原子,便将分子抛弃了,之后发现电子,又将原子抛弃,之后是质子……永远没有穷尽,而佛法说缘起,则仍是永恒不变的真理。近现代佛教还注重从哲学、心理学角度阐释佛教思想观念,如吕澂以认识论为佛教理论的根本,梁启超认为佛教关于色法为心识所变现的观念非常科学,其观察之细致、论证之精密高于现代心理学[2]。而近代以来佛教唯识学的勃兴,也因为近现代佛教思想家意识到唯识学严谨细密,体现了与近现代科学相契合的理性精神。三是倡导建立与科学、理性相契合的佛教。在太虚法师看来,应该"将佛学普遍注入现代思想中,更咀嚼现代思想界中各科学之成果以消化为佛学,使得成现代思想中之活佛学"[3]。他计划将佛学与现代西方各学科进行会通,如将佛学与经济学、政治学、数学、物理学等各学科结合研究,将佛学与世界各宗教进行比较研究等。清末新学家及维新思想家在佛学诠释中也大量援引近代西方自由、民主、平等思想附会佛教义理。

方术灵神化与祛魅理性化是适应不同社会文化环境的两种相反的趋向。前

---

[1] 太虚:《佛学与科学哲学及宗教之异同》,《太虚大师全书》第22卷,宗教文化出版社,2005,第20页。
[2] 参见费伟平《近代科学与佛教的关系研究》,《前沿》2013年第11期。
[3] 太虚:《征求汉文佛学分科研究编辑启》,《太虚大师全书》第33卷,宗教文化出版社,2005,第106页。

者是附会中土社会流行的方术迷信、神灵崇拜、灵魂不死观念,后者则主张去除明清佛教过分关注死后及鬼神信仰的迷信,倡导近现代文化中的科学、理性精神。两者的对立从根本上说是源于各自所适应的社会文化性质,方术灵神化适应的是中土宗法社会文化环境,祛魅理性化适应的是近现代社会文化环境,近现代社会对封建宗法社会的革命,决定了祛魅理性化对方术灵神化的反动。

不过,方术灵神化与祛魅理性化也体现了佛教适应不同社会文化环境的努力,体现了佛教内在一致的通过变革自身,追求与环境协调的精神,这种精神显然有别于某些文化过分强调文化矛盾、文化冲突的倾向。方术灵神化与祛魅理性化虽然在思想导向上迥异其趣,但在适应当时各自面对的社会文化环境,发挥自身观念中与社会文化环境中相一致的方面,以获得社会民众的接纳与认同,谋求自身在新的社会文化环境中的生存与发展上,则是前后一致的。应该说,方术灵神化、祛魅理性化并不能体现佛教自身的根本追求,如方术灵神化对神灵的崇拜,以及对中土社会灵魂观念的附会,本身与佛教的无我观念相对立。祛魅理性化对科学、理性的强调,也易遮蔽佛教对超越性、神圣性的追求。唯其如此,更显佛教适应不同社会文化环境的方便智慧及自我调适精神。

二 从儒学化、老庄玄学化到现代学术化

佛教的儒学化和老庄玄学化主要是精英文化层面的佛教思想理论的中国化,现代学术化则是佛教适应近现代社会文化环境,运用现代学术研究方法对佛教进行多元研究,结合现代思想建构适应时代需要的佛教理论。近现代佛教学术化从理论品格、入世精神方面继承和发展了传统佛教儒学化及老庄玄学化。

如果说方术灵神化主要是佛教从信仰与行证层面适应中土的传统宗教观

念和民间社会文化的话，那么儒学化、老庄玄学化则是佛教对士人阶层传统思想文化的适应与融合。儒学、老庄玄学是中国传统思想文化的主体部分，其中，儒学是适应宗法社会形成的主导思想，注重以忠君孝亲的世俗伦常维护宗法社会等级秩序。老庄玄学则体现了中国传统思想文化对超越性精神自由的追求。两者相互补充，共同构成中国传统思想文化的主体部分。也因此，佛教的儒学化、老庄玄学化成为佛教中国化的重要方面。

佛教的儒学化主要表现在对儒家伦理名教的妥协与调和，以及对儒家人文精神和心性学说的融合与吸收。例如《四十二章经》中提出"孝其二亲"，《理惑论》中提出"仁孝"；佛教徒还经常将佛教的"五戒"比同于儒家的"五常"，并在翻译佛经过程中加进孝养父母的内容，或在阐发佛理时做出迎合儒家伦理的引申发挥，乃至编撰《父母恩重经》等阐扬孝道；中国佛教还特别注重从劝善等社会作用的相同论证儒佛互补，强调两者殊途同归。佛教还在儒家重人事、重心性和重视主体及其修养的思想影响下，将抽象的佛性与具体的人心人性结合起来，发展了中国化的佛性论和心性学说，并通过对主体自我的肯定而进一步走向对人的生活的肯定，由此确立了中国佛教"出世不离入世"的观念，最终走上了人间佛教的道路。佛教的老庄玄学化也表现在许多方面，例如汉译佛经从一开始就借用了元气、无为等许多传统道家的术语，来表达佛教义理。魏晋时，玄学盛行，佛教般若学又依附玄学，并与玄学合流而形成了玄学化的六家七宗，正是通过与玄学的合流，佛教正式登上了中国学术思想的舞台。隋唐中国化的佛教各宗派的理论学说，也深受老庄玄学的影响。老庄玄学的"自然""有无"和"道"等概念，以及相对主义、得意忘言等方法，在中国化佛教各宗派思想体系中都起着巨大的作用。[1]

如果说祛魅理性化主要是从社会文化层面消除社会大众关于明清佛教的

---

[1] 洪修平：《论汉地佛教的方术灵神化、儒学化与老庄玄学化》，《中国佛教与儒道思想》，宗教文化出版社，2004，第250—258页。

负面认识，那么现代学术化则是从学术研究层面与社会科学理性的知识对接，以利于知识阶层接纳和认同佛学，并展开思想文化交流。佛教的现代学术化在学术界、佛教界发挥着越来越广泛的影响，是佛教近现代入世转型的重要方面。

现代学术化主要体现在两方面：一是从历史、文献、哲学、心理学、政治学等现代性学科对佛教、佛学进行研究。二是太虚法师、印顺法师、赵朴初居士等对人间佛教理论的提出与阐发。中国近现代佛教研究肇始于近代西方佛学研究活动，如杨文会两次出使欧洲，注意了解欧洲佛教研究情况，并通过结识南条文雄和向麦克斯·缪勒学习现代佛教学术研究方法而回国开展研佛和刻经事业[1]。梁启超的佛教学术研究注意吸取日本佛学家的研究方法与研究成果，开拓佛教史和经典的学术研究。早期维新思想家注重从科学、哲学、心理学、政治学研究佛教，论证佛学与现代科学、理性的契合，体现了明显的现代学术化取向。日本学者曾从三方面比较了近现代佛教学术研究与传统佛教的区别：一是利用的资料不同。传统佛学研究只凭汉译佛典及根据汉译佛典的日本撰述，近现代佛教则加上了梵文、巴利文原典及藏文译本。二是研究方法的差异。传统佛教以阐明各宗"宗义"为目的，近现代佛教摆脱了宗派性制约，注重以历史学、文献学或宗教哲学方法进行研究。三是研究意图不同。传统佛教是从内在的、宗教的层面求信仰、追求普遍的真理，近现代佛教研究则是从学术的、客观的角度追求真理。[2] 近现代佛教学术研究注重从历史学、哲学、心理学、政治学等学科研究佛教，旨在从现代人文社会科学理解、阐明佛教的本来面目，将佛教思想现代学术化，促进现代学术界、文化界对佛教思想的理解、接纳与认同，客观上对于促进近现代佛教

---

[1] 参见洪修平、孙亦平《19世纪欧洲宗教学家的佛经翻译和研究及其学术文化影响——以麦克斯·缪勒为代表》，《世界宗教研究》2018年第2期。

[2] 南条文雄：《怀旧录》，日本平凡社，1979，附录。

入世转型发挥了积极作用。

佛教的现代学术化，在人间佛教的提出与阐发方面有突出的表现。维新思想家从关注国家、民族命运出发，对佛教思想入世内涵的阐发，客观上促进了之后太虚法师人生佛教、人间佛教思想的提出。太虚法师针对明清以来佛教的流弊，继承禅宗的人本观念，提出"人生佛教"思想，后期还积极倡导建设"人间佛教"，主张积极参与到社会生活的政治、经济、教育等领域，以佛教的真精神面向社会，服务人生，建设人间净土。印顺法师在系统研究中印佛教史基础上，倡导"人菩萨行"为基调的人间佛教。改革开放后，赵朴初继承太虚法师人间佛教思想，明确提出以人间佛教为中国佛教发展的基本方向，并强调人间佛教思想与社会主义社会的相适应。应该说，近现代以来，人间佛教逐渐成为海峡两岸佛教发展的主流，也构成近现代佛教入世转型的重要体现。不过，我们也应该看到，传统的中国化佛教观念依然构成近现代佛教的重要方面。民国时期，虚云、印光、弘一、圆瑛、谛闲法师等注重传统佛教义理的传承。"后印顺时代"，对印顺法师人间佛教思想是否存在浅化大乘菩萨道趋向从而导致台湾人间佛教的俗化、浅化，以及如何充分肯定传统禅修的内在生命力等，也引发了争议和反思。这表明，人间佛教思想理论仍在探索中，如何保持世俗化与超越性的张力，是近现代佛教入世转型应当面对的理论主题。

佛教的现代学术化与传统佛教的儒学化、老庄玄学化相比较，两者在关注现实人生、人心方面一脉相承。如佛教吸收融合儒家心性学说，将抽象的佛性与现实人心、人性相结合，并在对人心肯定的基础上面向了现实的社会和人生。近现代佛教历史、文献研究试图恢复历史真实，旨在认识佛教所关注的人自身的问题，而佛教心理学研究则从现代心理学视角突出佛教对人心的关注，表明佛教现代学术化在关注现实人生、人心上，是与佛教的儒学化、老庄玄学化相一致的。

不过，佛教的现代学术化相对于传统的儒学化、老庄玄学化而言，其学术视野、思想主张有进一步拓展。一方面，佛教的现代学术化没有将眼界局限于个人的内心或人生，而是进一步拓展到社会历史领域，如佛教的历史、文献、哲学研究等将佛教放到社会历史当中考察，探讨佛教、佛学与不同社会文化环境的关系；另一方面，在社会参与方面，近现代人间佛教与传统佛教儒学化有较大不同，传统佛教儒学化强调对儒家代表的宗法伦理秩序的认同，肯定佛教对于促进社会和谐的积极作用，近现代人间佛教则更进一步强调参与现实的文化、教育、慈善事业，服务于国家经济建设，无论在参与社会的范围还是主动性方面均有较大拓展。而佛教的现代学术化也为佛教入世参与到社会文化各领域提供了重要的平台和基础。

三　组织民主化对宗门丛林化的革新

佛教的组织管理包含政府对佛教僧团的管理、佛教寺院自身的组织管理及传承等方面。传统佛教在政教关系方面，王权控制将佛教僧团纳入宗法社会体系中，佛教自身则形成了类似世俗社会组织管理的宗门传承方式与组织管理模式。近现代佛教在政教关系方面，政府对佛教采取政教分离政策，僧团独立管理内部事务，民主参与政治，佛教团体或寺院建立民主管理委员会等机构，民主管理寺院人事、财产、宗教活动等方方面面。从佛教宗门丛林化到组织民主化，体现出了现代社会制度对封建宗法制度的革新。

中国佛教的宗门丛林化是适应中国宗法社会而形成的，主要体现在政治上依附王权，政府注重对佛教寺院、僧尼数量质量、佛教慈善事业等的管理，佛教宗派以"法统""法嗣"方式传承，基层组织体系、管理制度带有明显宗法社会特征等方面。东晋时的道安即提出"不依国主，则法事难立"，要求僧团注重与当地政权相协调，争取朝廷及地方官府的支持。中国自北魏开始建立僧官制度，通过编制僧尼户籍、制定寺院建制、发放度牒限制僧尼数量等，将佛教纳入王权的有效控制之下。唐代对佛教的管理方式主要集中在寺院建造、僧尼隶属、试经制度、病坊管理等方面。其中，试经制度取法于科举取士，通过考核发放度牒，只有通过试经考核才能获得合法的僧尼身份，试经制度旨在控制僧尼数量，提升僧尼素质，净化僧侣队伍[1]。随着唐代佛教宗派及庞大的寺院经济的形成，中国佛教逐渐形成了类似于宗法制的寺院组织管理形式及传承方式。寺院内部也逐渐形成不同阶层及自上而下的管理方式。至宋代，随着土地私有制和财产私有化的发展，住持在寺院的权力和地位越来越高，住持、监寺僧、知事僧等掌握寺院共有财产，控制着寺院宗教权和政治权，寺院逐渐形成等级森严的组织管理制度。

组织民主化是指近现代佛教组织管理在政教关系、寺院组织管理等方面体现的独立自主、民主参政、采取现代行政及企业管理模式等特征。政教关系方面，近现代社会，政府逐渐走上依法管理佛教的道路，佛教自主性逐渐增强，民主参与政治的权利不断加强。如大陆各级政府注重采纳佛教界建议，制订并不断完善宗教管理法规条例，注重依法管理宗教事务等；台湾在解严后，佛教团体蓬勃发展，台湾政界为争取佛教选民，注重亲善佛教，在宗教事务方面注重征求佛教界意见等。

寺院管理模式方面，近现代佛教在很多方面承续了传统寺院组织体系和丛林清规，但也适应现代社会管理理念、管理模式，增设、改造了传统组织机构及管理体制，形成了传统组织制度与现代组织管理体制相结合的特征。新中国成立初期，经过废除封建性的民主改革运动，佛教寺院普遍建立起寺院民主管理委员会，对寺院经济和内部宗教事务进行民主管理。新时期，中国佛教协会制定了《全国汉传佛教寺院管理办法》等一系列规章制度。各地

1　卓越：《论唐代的佛教管理及对佛教中国化的影响——以〈唐会要〉为研究中心》，《求索》2008年第12期。

寺院积极响应中国佛教协会的号召，根据寺院所处环境及自身情况建立完善寺院民主管理组织。一些寺院特别是都市寺院在恢复传统寺院组织体系和丛林清规的同时，也开始吸收融合现代管理方式。台湾在解严后，佛教团体管理同样注意既继承传统佛教丛林中好的传统，又吸收融入了现代社会制度。例如佛光山，一方面保持了宗长在佛教团体中的权威，另一方面在民主选举、阶位晋升等方面又借鉴吸取了现代社会组织管理方式。

组织民主化是对宗门丛林化的革新。宗门丛林化是封建宗法制度的产物，是建立在土地私有制和财产私有化基础上的。寺院在宋代以后逐渐形成等级森严的管理制度，许多僧侣往往是为了生存而出家，在寺院为上层僧侣所役使。新中国成立以后，对佛教寺院进行民主改革，废除寺院带有封建色彩的管家制度、等级制度、处罚制度和寺院间的隶属关系，制定《寺庙民主管理试行章程》，建立寺庙民主管理委员会，管理寺院人事、财务及宗教活动，广大僧侣同寺院管理人员一样享有平等权利。由此可见，组织民主化与宗门丛林化存在根本性质的不同，是对宗门丛林化封建等级制度、剥削制度的变革。

不过，现代寺院组织管理仍在很多方面延续了传统寺院组织管理方式，传统寺院住持—知事僧—普通僧众的层级管理方式依然存在，住持在佛教寺院或团体中仍具有较强的权威。即便是像深圳弘法寺这样的都市寺院仍然保有东西两序、四大寮口，以及方丈、监院等传统僧职的设置及名称，继承传统佛教寺院组织形式。

从以上比较中可以看出，近现代佛教入世转型与传统佛教中国化实现方式及路径存在着共性的方面：一是佛教中国化与近现代佛教入世转型均强调适应当下社会文化环境，通过改变自身，与本土信仰、思想观念、组织管理相协调，获得接纳和认同，从而在新的社会文化环境中生存和发展；二是两者均具有关注现实社会、现实人生的入世特征，例如传统佛教对儒家道德伦理的吸收融合，近现代人间佛教强调服务社会，参与政治、经济、文化教育、慈善事业，与社会主义社会相适应等。两者共性的方面，体现了近现代佛教入世转型在注重与当下社会文化环境的协调、吸收传统思想文化关注现实社会人生的人文精神方面，对佛教中国化的承续。

同时，近现代佛教入世转型与传统佛教中国化所适应的社会文化环境又存在根本性质的不同，因此两者又存在本质的差别，从一定意义上说，近现代佛教入世转型是对佛教中国化的革新。这主要体现在：祛魅理性化对鬼神祸福之迷信的批判，本质上是对方术灵神化的反动。组织民主化是通过民主革命实现的，是对宗门丛林化的革新。虽然两者均具有入世特征，但佛教中国化偏重于强调对宗法社会道德伦理秩序的认同，近现代佛教入世转型则强调积极有为，参与现实文化、教育、慈善事业，服务精神文明建设与社会和谐，服务经济社会发展。

第二节　思想观念的继承与发展

佛教中国化是在适应中土社会、吸收融合中华传统思想文化过程中形成的。关于中国化的佛教思想观念，学术界论述颇多。如有学者曾以禅宗为例来论述中国化佛教的特征："与印度佛教相比，中国禅宗呈现出重人本、重平民、重自性、重现实、重顿悟、重简易等思想特色，这些特色就是佛教中国化的表现。"[1] 大体而言，突出内心的当下觉悟、在现实生活中求解脱是佛教中国化的重要方面。佛教中国化过程中形成的自性自悟、触事而真、"即世间求解脱"等观念，也为佛教近现代的入世转型提供了思想基础。中国近现代佛教的"人成即佛成"、人菩萨行、救世救国、建设人间净土等人生佛教、人间佛教观念，既是对佛教中国化思想的承续，也是对传统佛教偏重出世、

1　方立天：《慧能创立禅宗与佛教中国化》，《哲学研究》2007年第4期。

个体觉悟观念的进一步革新。以下分三个方面来略述近现代佛教观念对中国传统佛教观念的继承和发展。其中,从"自性自悟"到"人格完善"偏重于人自身精神修养;从"触事而真"到"人菩萨行"偏重于人生观;从"平常日用"到"改良社会"则是指现实社会实践的内容。

一 从"自性自悟"到"人格完善"

中国化佛教将印度佛教中的"佛性"理解为人心本觉的"自性",并将成佛阐释为自性觉悟;近现代佛教则将人自身的修养放在现实的人伦关系中考察,通过五戒十善、四摄六度的善行做一个"好人",突出人的社会责任,实现人格的完善。相对而言,"自性自悟"偏重于人的心性自身,"人格完善"则带有更明显的入世特征。

中国化佛教吸收融合传统儒家、道家自省内求倾向,从人心、人性阐释佛性论及修行观,强调"自性自悟"。儒家、道家历来有重自省内求的传统,如孔子有言"见贤思齐焉,见不贤而内自省也"(《论语·里仁》),孟子有所谓"万物皆备于我矣。反身而诚,乐莫大焉"(《孟子·尽心上》)。老子主张"致虚极,守静笃"(《老子》第16章),庄子有所谓"心斋""坐忘"。中国化佛教"自性自悟"思想,正是在吸收融合传统儒道相关思想基础上形成的。

中国化佛教将印度佛教对外在宇宙实相的体认拉回到对内在自心自性的证悟,从人心、人性层面阐释印度佛教中的法性、佛性观念。如慧远《法性论》谓"至极以不变为性,得性以体极为宗",强调通过对"至极"境界的体证认识法性;竺道生将"佛性"理解为众生缘起性空的本性,同样强调自心对缘起性空本性的体证。隋唐佛教各宗派对佛性的阐释,不管是天台宗的"实相",还是华严宗的"如来藏清净心",相对于印度佛教而言,均体现了转向"心""觉心""本心"的特征。禅宗更进一步主张"自心是佛""明心见性",将佛性落实到人心、人性层面,从而将佛性与人心、人性统一起来,最能体现中国化佛教思想观念。禅宗对自心、自性的肯定,蕴含三层内涵:一是在成佛的根据上,将"佛性"与"自性"等同起来。如惠能说"佛是自性作,莫向身外求"[1]。而将"佛性"与"自性"等同,则必然强调个人的自性自度。二是肯定现实人心,强调"于一切处,行住坐卧,常行一直心"[2]。这里所说的"直心",即当下不加修饰、没有造作的现实人心。三是对自心主体性、自信精神的强调,这突出体现在临济禅师对本心的自信上,如说"且要自信,莫向外觅……随处作主,立处皆真"[3]。

正是由于佛性即是人内在本有的觉悟"自性",因而修行成佛就应当从"自性自悟"着手。正如惠能所说:"不悟即佛是众生,一念悟时,众生是佛。"[4] "三世诸佛,十二部经,在人性中本自具有,不能自悟,须求善知识,指示方见。若自悟者,不假外求。"[5] 到后世临济禅师那里,自性自悟的观念进一步演变为一种对本心觉悟的自信。如说:"若如是见得,便与祖佛不别,但一切时中,更莫间断,触目皆是。"[6]

中国化佛教在强调"自性自悟"的同时,也适应传统社会文化环境,主张将顿悟自性与随顺世间结合起来,顺应世俗伦理,"即世间求解脱"。不过,从精神修养方面言,对世俗伦理的顺应带有被动特征,旨在将自身的宗教修行生活融入当下的社会文化环境中,从根本上说,并没有将世俗伦理修

---

[1] 敦煌本《坛经》第35节,郭朋《坛经校释》,中华书局,1983,第66页。原本缺"外"字,根据惠昕本《坛经》加。
[2] 宗宝本《坛经·定慧品》,石峻等编《中国佛教思想资料选编》第2卷第4册,中华书局,1983,第44页。
[3] 《临济慧照禅师语录》卷1,《大正藏》第47册,第499页上。
[4] 宗宝本《坛经·般若品》,石峻等编《中国佛教思想资料选编》第2卷第4册,中华书局,1983,第39页。
[5] 宗宝本《坛经·般若品》,石峻等编《中国佛教思想资料选编》第2卷第4册,中华书局,1983,第39页。
[6] 《临济慧照禅师语录》卷1,《大正藏》第47册,第497页中。

养作为宗教人格修养的重要方面。而近现代佛教入世转型则突出主体对社会的责任以及入世的道德和智慧，将其作为自身人格修养、完善的重要方面。

近现代佛教入世转型对人格完善的强调，是建立在中国化佛教"自性自悟"思想观念基础上的，如星云法师强调："现代化的佛教，应该从对自然图腾的崇拜、英雄式的神权信仰，走向净化身心、提升生命的层次；现代化的佛教，不可以如过去知识低落的时代迷信怪诞，以神奇蛊惑民众，而应该将人心导引至正信的领域。"[1] 针对民间过去的迷信怪诞神奇，强调中国化佛教应突出净化身心、导正人心的思想主旨。

在人自身修养方面，近现代人间佛教适应当下社会文化环境，突出完善人格对于学佛成佛的重要性。如太虚法师在武昌佛学院关于"学佛者应知行之要事"的讲演中，提出"学佛之道，即是完善人格之道"，认为真正学佛，应"尽职业""勤志业"[2]。从现代社会文化语境，将"学佛之道"等同于"完善人格之道"，突出尽好自身的社会职业责任，对于学佛、完善人格的重要性。只有在现实生活中做一个人格完善的好人，才有可能进一步向上"进化成佛"。

太虚法师关于完善人格的论述，还突出了近现代服务社会、利益社会的理念。这主要体现在其关于"菩萨"理想人格的阐释上，他特别强调菩萨行要"能够适应今时今地今人的实际需要"，要以菩萨人格努力改良社会，推动道德进步。可见，近现代佛教对人格完善的强调，是适应近现代社会文化环境提出的，带有鲜明的时代特征。

近现代佛教对"人格完善"的追求，是对传统佛教"自性自悟"思想的延续，一方面，"自性自悟""人格完善"均关注自心，将印度佛教关于"佛

---

[1] 星云：《佛教现代化》，《星云大师演讲集·人间与实践》，生活·读书·新知三联书店，2015，第129页。

[2] 太虚：《学佛者应知行之要事》，《太虚大师全书》第19卷，宗教文化出版社，2005，第219页。

性""实相"的观念拉回到人自心,体现了关注现实人心的入世精神。另一方面,近现代佛教对"人格完善"的追求是建立在传统佛教"自性自悟"观念基础上的,人格的完善必须建立在净化自心基础上,并以学佛成佛为最终目标。

近现代佛教对"人格完善"的追求,又具有不同于传统佛教"自性自悟"的内容及特征。一方面,两者分别吸收融合了不同时代的思想文化内容,"自性自悟"主要吸收融合了传统儒道反省内求的传统及心性论,近现代佛教"人格完善"则吸收融合了近现代思想中关注参与社会各部门工作,成为"改良社会的道德运动家"等内容。另一方面,"自性自悟"注重对超越心性的体证,"人格完善"则注重现世人格的养成。在入世精神方面,前者注重随顺世间,带有被动顺应特征。后者则主张积极入世,在参与现世事业中养成人格。可见,近现代佛教在精神修养上对传统佛教既有继承又有发展。

二 从"触事而真"到"人菩萨行"

"触事而真"是佛教中国化的思想观念,强调的是不脱离现实世间和事务追求修行证悟,是在当下现实生活中体悟事物现象的实相,体证修行解脱的境界。相对于印度佛教而言,中国化佛教"触事而真""即世间求解脱"的观念,将佛教修行拉回到现实生活中。"人菩萨行"是太虚法师提出的近现代人间佛教思想,强调佛教修行者应关注现代社会环境中人们生活的实际需要,尽好自身社会责任。相对于传统佛教菩萨行突出普度众生的观念而言,"人菩萨行"肯定了对众生现实福利的关注,突出了菩萨对众生、社会的现实责任。下面主要从"触事而真"与"人菩萨行"来阐述并比较传统中国化佛教与近现代佛教的人生观。相较而言,前者的人生态度注重随缘任运,带有被动应对的特征,后者则注重社会责任,体现了积极上进精神。

"触事而真"最早是僧肇在《不真空论》中提出来的:"不动真际,为诸法立处。非离真而立处,立处即真也。然则道远乎哉?触事而真。圣远乎哉?体之即神。"肯定道就存在于万事万物之中,万事万物并不在道之外,因此主张从事物现象当下悟道,体证涅槃解脱的境界。僧肇"触事而真"观念是对中国传统儒道思想文化的吸收融合。如柳田圣山即认为僧肇"立处即真""触事而真"的思想不是印度佛教的风格,而是接近于中国的思想。在他看来,中华民族所追求的真理,往往体现在具体的民生日用之中。这不仅贯通于儒家与老庄,而且也是佛教的走向。僧肇"立处即真""触事而真"观念是中国佛教之后发展的思想渊源。[1] 禅宗二祖慧可在教授方法上也注重"指事问义""就事而征",启发学人从事上领会。六祖惠能同样主张"法元在世间,于世出世间,勿离世间上,外求出世间",认为"若欲修行,在家亦得,不由在寺",肯定在世俗生活中即能修行解脱。之后,"触事而真""即世间求解脱"的观念逐渐成为禅宗思想的重要方面,"只如今行住坐卧,应机接物,尽是道"等体现的均是这一观念。

中国化佛教注重从体用本末、性具实相、理事无碍等思想论证"触事而真""随缘任运"的境界观及人生态度。如僧肇承续魏晋玄学体用论,以"即体即用"阐释《维摩诘经》"为无为不二""世出世间不二""生死涅槃不二"的精神境界、人生态度和生活方式,并在此基础上阐明"即万物之自虚""即动而求静"的观念,将本末、内外贯通一体。天台宗从"性具实相""一念三千"论证从众生当下心念及事物现象体证即空即假即中的实相,从众生当下"一念无明心"体证"十界互具""一念三千"的缘起整体。华严宗则以"理事无碍"阐明事与理相互融通,理是现象事物的共同本性、真如法性,事是真如法性的具体显现,并在此基础上,以"事事无碍"阐明千差

---

[1] 〔日〕柳田圣山:《禅与中国》,毛丹青译,生活·读书·新知三联书店,1988,第83、163页。

万别的事物现象相即相入、融通无碍。如果说"理事无碍"论证了人们可以在事物现象中体证真如法性的话,那么"事事无碍"则进一步克服将事物现象与真如法性截然相分的二分思维,从事物现象相即相入、融通无碍,阐明当下事物现象即真理或"触事而真"了。

相对而言,传统中国化佛教"即事而真""随缘任运"的观念,在人生观上强调世间本身的合理性,偏重于顺应世间、自然无为,在世间与出世间、世俗与超越上注重的是出世间的超越,所谓"即事而真""随缘任运"同样带有被动顺应特征。在传统中国化佛教中,道安、大慧宗杲等佛教思想家也强调儒家积极入世的观念,如道安吸收融合儒家"开物成务""盛德大业"的人文精神和思想观念,将大乘佛教普度众生的追求拓展为社会教化、成就事业的理想;大慧宗杲注重结合儒家道德伦常,突出"菩提心则忠义心"的社会人生理想,认为不管是入世还是出世,"忠义心"均是修行的根本。但总体而言,传统中国化佛教中占主导地位的还是"随缘任运"观念。而近现代佛教入世转型,受现代民主、自由观念影响,则偏重于强调人的自主性,突出主体对社会的责任。

近现代人间佛教突出"菩萨道""菩萨行",并将其与"人间正行""人生正行"相结合。如印顺法师将菩萨道视作佛法正道,将菩萨行视作人间正行,在他看来,人间佛教的核心即是从人而发心学菩萨行,由学菩萨行而成佛,人间佛教就是"从人间正行去修集菩萨行的大乘道","人生正行即是菩萨法门"[1],从而将佛法与人间善法密切结合起来。相对于传统佛教突出"菩萨行"度化众生的内涵而言,近现代佛教更突出菩萨行与现实人生的关系,注重"从完成人生以发达人生而走上菩萨行的大乘觉路……以佛法建立起人生道德"[2],注重积极参与现实社会和人生的建设与改造,

---

[1] 印顺:《人间佛教要略》,见黄夏年主编《印顺集》,中国社会科学出版社,1995,第158页。
[2] 太虚:《我怎样判摄一切佛法》,见黄夏年主编《太虚集》,中国社会科学出版社,1995,第47页。

注重整个人生的生活行为和生活环境的全面改造，使之庄严、清静、优美、良好。

近现代佛教"人菩萨行"的观念，在人生观方面体现为关注现实人生、关注佛法对人生的利益。民国时期，太虚法师佛化青年运动的追随者宁达蕴即强调，应当让人们感受到佛法在现实的真实受用，让人们意识到佛法修行不仅于己有益，而且于人与社会都有益，主张"既离不了世间，那么世界上的一切事务都应该去好好的作，作得好就是佛地"[1]。为适应拯救民族危亡的社会文化需要，近代佛教思想家还从传统佛教无我思想出发，引申出无我利他、为众生服务的人生观。如抗日战争时期，福善法师将释东初等阐发的无我利他的人生观，进一步发展为"为众生服务"的救国救民的人生观，认为佛法的人生观，从根本上讲就是"菩萨为众生服务的人生观"[2]。

近现代人间佛教将佛法修行融入现代生活中的人生观，在太虚法师、星云法师、净慧法师等不同时期佛教思想家那里均有体现。如太虚法师认为"佛教并不脱离世间一切因果法则及物质环境，所以不单是精神的……在整个人类社会中，改善人生的生活行为，使合理化、道德化，不断的向上进步，这才是佛教的真相"[3]，将改善人生、使人生不断向上进步视作佛教的本质。星云法师继承太虚法师、印顺法师人间佛教传统，追求"佛法的生活化"和"菩萨的人间化"，他说："所谓的人间的佛教，是希望用佛陀的开示教化，作为改善我们人生的准绳，用佛法来净化我们的思想，让佛法作为我们生活的依据，使我们过得更有意义，更有价值。""我所提倡的人间佛教，正如我为佛光山所订立的工作信条：'给人信心，给人欢喜，给人希望，给人方

---

[1] 宁达蕴:《佛教问题的总答辩》，《世界佛教居士林林刊》1927年第19期。
[2] 福善:《菩萨为众生服务的人生观》，《海潮音》1943年第24卷第4期。
[3] 太虚:《人生的佛教》，见黄夏年主编《太虚集》，中国社会科学出版社，1995，第248页。

便。'肯给人的,肯服务的,肯助人一臂之力的,肯跟人结缘的,肯给人欢喜的,那就是佛的教示,是佛在人间所给我们的教导。"[1] 同样将改善人生,使人生过得更有意义、更有价值作为人间佛教的根本,倡导"给人信心,给人欢喜,给人希望,给人方便"。新时期,净慧法师响应赵朴初以太虚法师人间佛教理念作为中国佛教发展方向的理念,倡导生活禅,提出"觉悟人生,奉献人生"的口号,并将之展开为"在尽责中求满足,在义务中求心安,在奉献中求幸福,在无我中求进取,在生活中透禅机,在保任中证解脱,将信仰落实于生活,将修行落实于当下,将佛法融化于世间,将个人融化于大众"[2] 等修行理念。在继承禅宗"即世间求解脱"观念的同时,突出了"尽责""义务""奉献""进取"等现代文化观念。

近现代佛教的"人菩萨行"思想是在传统中国化佛教"即事而真"观念基础上的进一步发展,近现代佛教关注现实社会和改善人类社会福利,注重服务和造福人类诸观念,与道安、大慧宗杲注重社会教化、利益天下万物,及救世救国思想也是一脉相承的。就此而言,传统佛教"即事而真"的观念本身具有向近现代改善人生、造福社会的人生观拓展的可能。

同时,近现代佛教入世转型与传统中国化佛教也存在很大的不同:正如印顺法师所说:"古德虽极力说明性空的不碍缘有,但实际是对于有发挥得太少了!大都依有明空,忽略反转身来,从空去建立正确合理的有——一切实际的思想行为。……使佛法不能得到健全的开展,泊没佛法的觉世大用。"[3] 意思是说,传统佛教"即事而真"的人生观偏重于"依有明空",从现实人生领悟空性,在对现实人生的态度上多强调主体内心的认同与顺应,而较少

---

[1] 星云:《人间佛教的思想》,《星云大师演讲集·人间与实践》,生活·读书·新知三联书店,2015,第109、106页。

[2] 净慧:《发扬佛教慈悲济世的精神　维护世界和平》,《中国佛教与生活禅》,宗教文化出版社,2010,第43页。

[3] 印顺:《性空学探源》,《中国佛教思想资料选编》第3卷第4册,中华书局,1990,第552页。

从事行上去作正向的改造和建设。而近现代人间佛教则吸收融合了现代文化的积极有为精神，关注现实社会主题，注重现实人生及生活环境的改造，突出了责任、义务、奉献、进取等现代意识。

三 从"平常日用"到"改良社会"

"平常日用"与"触事而真"密切相关，均强调在现实生活中证悟解脱，所不同的是，上文对"触事而真"的论述，主要突出传统中国化佛教在现实生活中求解脱的人生追求和"随缘任运"的人生态度，而这里以"平常日用"为主题，则突出传统中国化佛教所关注的现实生活内容，主要包括出家僧侣农禅并重、运水搬柴、衣食住行等日常生产生活，以及在家居士孝养父母、治国理政的社会伦理责任。同样，这里所说的"改良社会"与上文所述的"人菩萨行"，均强调佛教主体救国救民、改良社会的社会责任，不过上文主要是从佛教的人生追求角度言，这里关注的则是佛教参与的改良社会的现实实践，主要包括入世化俗的文化建设和解决现实社会问题的社会建设。

传统中国化佛教"平常日用"中修行的观念，突出体现在"农禅并重"的传统中。佛教传入中国后，受社会和文化诸多因素的影响，逐渐走向了"山林化"，出家僧侣因为难以得到足够的物质生活资料，只好自己开荒种地，从事农业生产。受禅宗思想影响，逐渐形成了"农作即修行"的"农禅并重"传统，注重在农业生产生活中领悟禅机，将禅修融入农业生产生活中，形成了中国化佛教特有的平民化道风。传统中国化佛教的"平常日用"也包括儒家伦理实践，如六祖惠能所言："恩则孝养父母，义则上下相怜。让则尊卑和睦，忍则众恶无喧。……日用常行饶益，成道非由施钱。"[1] 传统中国化

---

[1] 宗宝本《坛经·疑问品》，见石峻等编《中国佛教思想资料选编》第2卷第4册，中华书局，1983，第43页。

佛教的修行实践还包括各种公益慈善实践。不过，传统佛教的慈善事业受宗法社会文化诸因素影响，比较偏重从个人自身的解脱出发做功德而不是弘扬大乘的利他精神，寺院和僧人的自主性和能动性没有得到充分的发挥，缺乏对民众的广泛号召力和影响力。

相对于传统中国化佛教而言，近现代人间佛教更关注佛教对现实社会的责任和现世事业。在这方面，太虚法师关于建设人间佛教的阐述体现得非常充分。在他看来，建设人间佛教，首先，应破除人们对佛教的种种误解，使佛教发达人生、利益社会的真相呈现出来；其次，主张从国难救济中建设人间佛教，强调人们在国难中尽量不做损害他人的事情，尽力完成国民应尽的职责，有计划地开展生产和教育事业，复兴农村应注重勤劳俭朴，施政要立诚为公等；最后，主张从世运转变中建设人间佛教，强调充分认识国际形势，以佛教自利利他的精神救世救人，改良社会恶习，建设人类的新道德，将现实世间转变为太平世界等。[1] 这些论述体现了近现代佛教重视发达人生、利益社会的面向，体现了近现代佛教重视现世事业、入世化俗的现代文化特征。印顺法师也继承了太虚法师人间佛教重视佛教社会责任、在现实社会建设人间净土的主张，如在《游心法海六十年》中，强调自己拥护太虚法师净化社会、建设人间净土的目标，赞成太虚法师佛教应适应现代社会、关怀社会、进而提升社会的观念等。

赵朴初、净慧法师、证严法师、圣严法师等同样肯定佛教对于现实社会的积极意义，强调适应现代社会，建设人间佛教。如赵朴初注重对佛教和平理念的阐述和弘扬，认为佛教所强调的慈悲平等的精神，对于提高人类道德情操，促进人类和平友好具有现实意义[2]；佛教净化人心观念对于实现世界和平同样具有积极意义，因为"要彻底消灭战争、真正实现世界和平，必须

---

[1] 太虚法师 1933 年 10 月在汉口商会的专题演讲，参见《正信》第 2 卷第 18 期。
[2] 赵朴初：《佛教与和平：在接受庭野和平奖仪式上的讲话》，《法音》1985 年第 4 期。

从净化人心、改造人性入手……当每个人做到了心平气和，家庭才能平静，家庭平静了，国家才能平静，国家平静了，世界才能平静，才能和平"[1]。净慧法师也认为现代社会经济活动、政治结构、文化氛围与传统社会相比发生了极大变化，主张适应现代社会文化的变化，注重发扬人本的佛教、社会的佛教、世界的佛教，充实丰富人间佛教的内涵[2]。证严法师人间佛教思想强调佛教的民间教育，主张济贫教富，在现实世界建设人间净土[3]。圣严法师也强调将我们的生活环境，建设成为清净、和乐、平安、健康和丰富的世界[4]。

近现代人间佛教关注社会现实、改良社会的观念，还具体体现在抗战救亡及现代慈善实践当中。如赵朴初在抗战初期在上海发起成立佛教徒护国和平会，负责上海难民救济收容工作，之后积极进行抗日救亡宣传活动，动员和掩护青壮年及中青年难民奔赴前线参加抗战。太虚法师主张现代佛教应"多作社会有益事业，如赈灾、施药、创立医院、办中小学校等，皆佛法中之大乘行，……对社会事业必大有裨益"[5]。他自身也积极投身到佛教具体的慈善事业中。新中国成立后，特别是改革开放以后，我国佛教慈善事业的现代化进程得以接续，各地相继成立佛教慈善机构，适应现代社会发展，结合我国市场经济发展的需要，拓展慈善范围，如资助贫困学生、捐助希望工程、设立就业培训中心、成立大学生创业基金、参与贫困地区帮扶等。抗战救亡及现代慈善实践，表明现代佛教改变了传统佛教满足于随顺世俗伦理及日常生活的被动色彩，其思想重点逐渐转向挽救民族国家危亡、服务社会、奉献

---

1 赵朴初：《在首都佛教界纪念世界反法西斯战争和中国抗日战争胜利五十周年祈祷和平法会上的讲话》，《法音》1995年第9期。
2 净慧：《当代佛教契理契机的思考》，《法音》1995年第4期。
3 参见林宜璇《人间佛教与生活实践：慈济现象的社会学解析》，硕士学位论文，台湾清华大学社会学人类学研究所，1995。
4 林煌洲等：《圣严法师思想行谊》，台湾法鼓文化，2004，第260—262页。
5 太虚：《所希望于星洲佛教徒者》，《太虚大师全书》第27卷，宗教文化出版社，2005，第125页。

人群上，体现了佛教现代国民意识的觉醒。

近现代佛教实践观是对传统佛教实践观的继承和发展。一方面，近现代佛教继承了传统佛教实践观的基本方面，两者均强调关注现实社会和人生，体现了中国佛教一贯的入世精神。如传统佛教强调在家信众要尽好自身的伦理责任、社会职责的观念，依然是近现代佛教肯定的重要方面。传统佛教济贫赈灾、恤孤养老、施医赠药、植树护生等慈善实践，依然是今天佛教慈善实践的基本方面。另一方面，近现代佛教适应现代社会文化环境，对传统佛教实践观又有进一步发展，这主要体现在：近现代佛教强调发达人生、利益社会的现代文化理念，注重适应现代社会政治需要，积极投身救国救世或社会经济及文化建设。近现代慈善事业也突破传统慈善的宗族、地域限制，除了常规的济贫、恤孤养老、施医赠药等社区慈善外，还注重跨地域的大型灾难赈济。

综上可见，近现代佛教与传统佛教在思想观念方面体现了较强的承续性，是在传统佛教关注现实社会、人生、人心观念基础上的进一步发展。传统佛教对儒家注重社会教化、救世救国等思想的吸收融合，对尽好自身伦理责任、社会职责的强调，对济贫赈灾、恤孤养老等慈善义举的践行，均为近现代佛教人间佛教观念提供了思想来源。近现代佛教思想观念对传统佛教的发展，则主要体现在吸收融合了现代文化的有为精神及社会参与意识，注重在参与现世事业中养成人格，突出责任、义务、奉献、进取等现代意识，积极参与现实社会政治及文化教育事业等方面。

第三节　组织制度的革新与承续

佛教组织制度大体包括政府对佛教的管理、寺院基层组织、居士组织三方面。传统社会注重通过僧官制、度牒制实现王权对佛教的控制，佛教对政治处于依附地位。近现代社会，政府逐渐走上依法管理佛教的道路，佛教自主性、民主参与政治的权利不断加强。传统寺院在宗法制社会环境中逐渐形成了以"法统""法嗣"为标志的传承方式，其基层组织体系、管理制度具有鲜明的宗法社会特征。近现代佛教在很多方面承续了传统寺院组织体系和丛林清规，但也适应现代社会管理理念、管理模式，增设、改造了传统组织机构及管理体制，形成了传统组织制度与现代组织管理体制相结合的特征。传统居士组织的主体是官僚士人，近现代居士组织的主体则逐渐过渡为工商企业家和知识分子。传统社会的居士组织是寺僧主导的寺院外围组织，近现代居士组织独立性、主体性得到不断提高。总体而言，传统中国化佛教适应宗法社会环境，在政教关系、组织形式上带有浓厚的宗法性特征。近现代佛教转型则适应现代社会重社会、重民主的社会文化观念，体现出自主、民主、参与等现代性特征。从佛教入世转型的角度考察，近现代佛教组织管理方式更有利于佛教深入群众，关心、参与社会经济事业，积极与政府、民众互动，促进佛教入世转型。

一　从王权控制到依法管理

传统社会政府对佛教的王权控制与近现代社会政府对佛教的依法治理，是适应不同性质社会环境形成的管理方式。传统社会，王权通过僧官制及度牒制管理、控制佛教，将佛教纳入宗法社会政治管理体系中，佛教主要依靠王权进行弘化，注重发挥自身辅助王化的作用；近现代社会，政府逐渐采取政教分离政策，注重制定相关法律法规管理佛教，佛教依法管理内部事务，自主性及民主参与政治意识增强。

传统社会王权对佛教的干预和控制，源于中国传统社会政教关系的传统。在传统社会，无论是神圣事务还是世俗事务，都受最高统治者制约，王权处于社会主导地位，利用宗教辅佐朝政，教化社会。宗教要生存发展，则必须依赖王权的支持与扶助。

传统社会王权对佛教的干预与控制，本身经历了一个历史过程。佛教在传入初期基本上属于一种外国人的宗教，在社会上并未产生太大影响，因而保持方外之宾的地位，没有受到世俗政权的重视。到东晋南北朝时期，佛教僧团开始建立，佛教社会影响力加强，因而引起世俗政权的注意，王权对佛教的干预和控制开始形成，主要通过僧官制和度牒制来管理佛教活动，控制僧团质量、规模，甚至通过灭佛决定僧团的存在与否。

僧官制度开始于东晋时期。所谓僧官制，即由世俗政权委派僧侣担任各级僧官，以统摄、管理天下僧尼及佛教事务。东晋时设有全国性僧官，以维持僧团纲纪及戒规的执行。北魏也设立有专门管理佛教事务的机构昭玄寺，形成了较完备的僧官体制。在这之后，各朝沿袭，代有变革。隋唐时期，政治上的统一促进了政权对佛教的管理与控制。隋朝已经有僧官与俗官的分工，僧官具体管理僧团，俗官则负责管理僧尼的簿籍。唐代继承了前朝的宗教政策，注重利用佛教劝善教化，唐初由鸿胪寺负责管理佛教，后来经过太宗、武则天及玄宗朝的制度改革，逐渐确立为由崇玄署和尚书祠部共同管理寺额、僧籍、僧官铨选及剃度等事项，加强了对佛教的管理。[1] 明代加强对佛教的管理，包括行政上将僧官纳入朝廷正式官员。社会上集并寺庙，分离僧俗两众，经济上限制佛道聚敛钱财，文化上通过规范佛教经典，防止民间宗教借此编纂具有反政府倾向的宝卷、善书等。明代还将佛寺分为禅、讲、教三等。禅寺和讲寺的宗教活动被严格限制在寺院之中。[2] 不仅如此，官方还直接介入佛教寺院管理者的选拔或任免。如唐代官寺重要

---

[1] 参见何蓉《国家规制与宗教组织的发展——中国佛教的政教关系史的制度分析》，《社会》2008年第6期。

[2] 参见任婷婷《从政教关系看佛教的中国化与日本化》，《世界民族》2015年第6期。

僧职的任免，多由君主或官方主导，而一般寺院上座、寺主、维那"三纲"的更替，也需经州县都僧统的判定。宋代寺院住持的选拔或推举，同样需要各州县行政长官的选差或批准。通过僧官制，王权将佛教纳入传统社会行政管理体系中，纳入王权主导、宗教辅佐教化的总体格局中，佛教自身的独立性、超越性受到较大限制。

度牒是指国家为在籍僧尼所发的证明文件。度牒制是政府控制僧尼数量、裁汰伪劣僧侣的制度。度牒制至少在唐代已经正式使用。度牒在唐朝时亦称为祠部牒，持牒僧侣由此获得合法的身份，获得一定数量的田地，并且可以免除地税徭役。为了限制僧尼数量，禁止私自出家，唐代还效法科举取士，采取试经制。规定凡出家必须接受政府组织的试经考试，由相应的政府官员主持考核，有固定的考核科目，考试合格者方发给度牒；规定已经出家且年龄在60岁以下者，必须接受政府组织的试经考试，成绩不合格者勒令还俗。[1] 与度牒制直接相关的还有僧尼账籍的设立，即模仿世俗民众户籍制度登记僧尼账籍，内容包括僧尼名字、出家得度、所属寺院等。度牒制意味着出家不再仅仅出于个人的宗教信仰，还需接受国家的筛选。度牒制因而成为王权干预佛教的重要方式。

与王权对佛教的干预与控制相应，传统佛教对王权处于依附地位，只能通过王权弘传佛教，发挥辅助王化的作用。传统佛教对王权的依附也是在与王权的矛盾、斗争过程中形成的。佛教传入初期，道安、慧远等也曾试图建立王化之外的独立僧团，但儒家为代表的传统思想文化的诘难，"三武一宗"法难的冲击，不断提醒佛教主体正确认识自身的地位。经过不断的反复，传统佛教逐渐意识到依赖王权政治的必要性，也逐渐形成了以特定寺院为中心的传统佛教组织方式。这种组织方式，意味着佛教僧团被嵌入到中国传统宗

---

[1] 卓越：《论唐代的佛教管理及对佛教中国化的影响——以〈唐会要〉为研究中心》，《求索》2008年第12期。

第二章 近现代佛教入世转型对佛教中国化的承续与创新

法社会格局中,成为中国社会结构中的有机组成部分,也意味着传统佛教在政治、经济等方面对王权政治的依附。

传统佛教对王权政治的依附主要表现在:其一,传统佛教的弘扬,要依靠王权的支持。不同历史时期官方的佛教政策直接决定着佛教的生存和发展。如隋唐时期,天台、华严、法相唯识诸宗的兴盛,无不与皇室的推崇密切相关;历史上的"三武一宗"灭佛则给当时佛教以重大的打击。其二,佛教在与儒道论争时,非常注重论证佛教辅助王化的功用。佛教初传时,当人们质疑佛教与儒道等传统思想文化相悖时,《理惑论》的种种辩解,就旨在论证佛教与孔老之教的相契合。慧远《沙门不敬王者论》同样强调"道法之与名教"的一致性,认为佛教能"助王化于治道"。唐宋时期,三教融合成为时代潮流,佛教更加强调辅佐朝政、教化社会的功用,如宋代禅僧契嵩曾特别强调"儒佛者,圣人之教也。其所出虽不同,而同归乎治"[1]。明清时期,中国佛教趋于衰落,独立和自主性更为丧失,对王权政治的依附也就进一步加深[2]。

近现代佛教与政治关系的变化突出体现在政府对佛教的依法管理上。以民国时期为例,民国成立之初颁布的《中华民国临时约法》,就从宪法的高度规定了公民信教自由、宗教平等和结社自由。《中华民国临时约法》的这些规定,对之后佛教成立中华佛教总会等组织,维护佛教寺产,争取自身权益等,发挥了重要作用。民国政府围绕寺庙财产先后制定了20多项规定,经过多次废立,1929年12月最终通过并颁布了《监督寺庙条例》,明确了住持、教会和政府各自在寺庙财产权问题上的分工,体现了政府对寺庙财产的保护。

---

[1] 《镡津文集》卷8《寂子解》,《大正藏》第52册,第686页中。
[2] 参见何蓉《国家规制与宗教组织的发展——中国佛教的政教关系史的制度分析》,《社会》2008年第6期。

新中国成立后,第一部宪法就对"公民有信仰自由的权利"作了明文规定。但"文革"期间,党和国家的宗教工作基本方针和政策受到干扰,政府干预宗教内部事务,平调寺庙财产,强制僧人还俗,强占寺庙,将宗教活动当作"四旧"破除,禁止一切宗教活动[1]。十一届三中全会以后,我们党关于宗教问题的理论路线、方针和政策逐步得到恢复和落实。党的十六大报告将我国宗教工作方针政策概括为"贯彻党的宗教信仰自由政策,依法管理宗教事务,坚持独立自主自办的原则,积极引导宗教与社会主义社会相适应"四个方面[2]。党的十九大报告进一步提出要"全面贯彻党的宗教工作基本方针,坚持我国宗教的中国化方向,积极引导宗教与社会主义社会相适应"。国务院颁发的新修订的《宗教事务条例》也明确提出"保障公民宗教信仰自由,维护宗教和睦与社会和谐,规范宗教事务管理,提高宗教工作法治化水平","国家依法保护正常的宗教活动,积极引导宗教与社会主义社会相适应,维护宗教团体、宗教院校、宗教活动场所和信教公民的合法权益"[3]。

在台湾地区,1949—1987年,国民党当局对台湾实行了长达38年的戒严管制,尤其是在前20多年里,对台湾佛教采取了严格的压制措施。立法方面,沿袭民国时期的《监督寺庙条例》,对佛教主要以监督管理为主。在此期间,还通过"中国佛教会",加强对台湾佛教寺院组织的控制。自1987年解严后,政权对佛教的政治控制随之解体,宗教问题逐渐走上民主法治轨道。1996年以后,宗教立法开始朝功能性方向推进,强调通过立法解决宗教面临的一系列现实问题。例如出台"宗教团体法",解决诸如公有土地取得、都市道场登记、免税等现实问题。[4]

伴随近现代对佛教依法管理的趋势,佛教也相应地改变了传统佛教对王

---

1 庚荣:《建国六十年来国家宗教政策的发展与完善》,《陕西社会主义学院学报》2009年第3期。
2 《中共中央关于加强党的执政能力建设的决定》,《人民日报》2004年9月27日。
3 《宗教事务条例》(2017年修订),宗教文化出版社,2017。
4 张文彪:《台湾佛教与政治》,《中共福建省委党校学报》2004年第12期。

权的依附，体现出独立自主、民主参政的特征。主要体现在以下一些方面：其一，成立现代性佛教组织。如民国初期，佛教界仿照西方基督教会，成立了中华佛教总会等全国性佛教组织。该会成立后，在维护佛教寺庙财产等方面，积极抗争，促使政府废止、修订相关管理条例，推动民国政府对宗教信仰自由、宗教平等和结社自由等宪法权利的落实。近代佛教组织的成立，为之后佛教组织建设提供了雏形。新中国成立后，佛教界成立了中国佛教协会，各省、自治区、直辖市相继成立地方佛教协会，团结全国佛教徒，协助政府贯彻落实宗教信仰自由政策和法律法规规章。其二，在法律范围内自主管理教务。民国时期颁布的《监督寺庙条例》肯定庙产属于寺庙。住持行使管理权，处分权属于教会，监督权属于政府，赋予佛教组织、寺庙在寺庙财产上充分的管理权和自主权。该条例在台湾地区一直沿用至今。改革开放以后，大陆同样赋予佛教在宪法、法律和政策范围内自主办理教务，根据需要开办佛教学院，印发宗教经典，出版宗教刊物，举办社会公益服务事业等权利。其三，以公民身份参与当代社会物质与精神文明建设。改革开放以后，佛教组织及信众积极投身社会主义现代化建设事业，从佛教思想文化出发，协助政府进行思想道德和文化建设。佛教界人士也积极通过人大、政协等途径参政议政。台湾地区佛教界解严后参与政治意识增强，佛教组织内部有人主张深入介入政治生活，"参与政治"成为台湾佛教界的舆论风尚。不过佛教界、学术界一般认为，目前台湾佛教界参与政治的程度，主要还停留在支持特定政治人物或政党的阶段，参与层次相对较低。

　　传统中国化佛教与近现代佛教在政教关系上体现的"王权控制""依法管理"的不同情态，是与传统宗法社会与近现代民主社会相适应的，具有性质的不同，从一定意义上说，近现代社会政府对佛教的"依法管理"，是对传统社会"王权控制"的革命，体现了民主法治特征。与此相应，佛教在不同时期的社会地位、社会作用也有显著不同，在传统社会，佛教只能依靠王权弘扬佛法，发挥自身辅助王化的功用。在近现代社会，佛教拥有自身全国性组织，自主管理教务，民主参与政治，在独立性、自主性方面有了根本性提升。而佛教自主管理教务，民主参与政治，更有利于佛教发挥自身主动性，深入群众，关心社会政治、经济问题，积极与群众、政府互动，从事文化、教育及慈善等世间事业，促进佛教入世转型，发挥佛教在当代社会的积极作用。不过，近现代佛教与传统佛教在政教关系方面也存在一定的承续性，例如佛教始终是作为社会整体的有机组成部分存在并发挥作用，并没有凌驾于政治之上的特权。我们今天依然注重引导佛教发挥自身优良文化传统，协助政府进行社会道德与文化建设。

二　从宗门丛林到民主组织

本章第一节简要阐述了组织民主化对宗门丛林化的革新，这里再对佛教寺院组织管理从传统佛教的宗门丛林组织方式，向近现代佛教民主组织方式的变化发展做些具体分析。

传统佛教宗门丛林组织管理方式，是在适应中土社会文化环境过程中形成的，其本身经历了一个形成及发展过程。东晋时期，大部分寺院是志同道合的僧众一起修行的场所，"寺主仅是僧众推举出来协调宗教生活的办事人员，并无凌驾于寺众之上的政治权力，也无自己特殊的政治经济利益"[1]。南朝时开始有称寺主为纲领者，表明寺主具有领导、整合僧众的权力，除了带领僧众修行外，还需要担负寺院行政管理和维护戒律的责任[2]。

隋唐时期，随着僧团的扩大及寺院经济的发展，为了协调僧团与封建统治者之间的政治、经济矛盾，寺院开始自觉建构较完整的组织管理体系，形

1　参见谢重光、白文固《中国僧官制度史》，青海人民出版社，1990，第22页。
2　参见严耀中《江南佛教史》，上海人民出版社，2000，第261—262页。

成了以上座、寺主、维那为"三纲"的寺院管理阶层，以及典座、直岁、库司等"知事僧"构成的寺院管理体系。其中上座负责修行、教育等宗教事务；寺主代表寺院与政府及社会交往；维那负责掌管寺院内部各类具体事务。典座分担维那职务，负责寺中生活的管理与执行；直岁负责寺院生产事务，每年轮值；库司负责寺院财物管理。寺务运作依寺院阶层由上而下管理。其中，三纲具有指示知事僧行事的权利，知事僧的管理对象则包括寺院大众以及寺院童行、净人、寺户等。[1]

唐代中晚期开始，随着禅宗的发展，禅宗开山立寺，到百丈怀海时建立禅宗丛林管理制度，制定《百丈清规》，形成了以住持为核心，十务寮舍、维那为主要职掌的组织结构。之后随着禅宗五家七宗的分立，《百丈清规》不断增订改修，元代形成《敕修百丈清规》。《敕修百丈清规》所立"十务"被发展固定为"四知事""六头首"，形成了以住持为中心，以东西两序为辅弼的组织管理制度。这一制度自宋以后通行甚久。其中，住持为寺院管理的核心，执掌全寺的修持、寺务、戒律和清规、弘法、经济财务等事权。东序包括都监寺、维那、副寺、典座、直岁，负责寺院行政事务。如都监寺主管寺院经济，维那主管僧众威仪，副寺负责财物，典座职掌大众饮食，直岁负责生产劳动。西序包括首座、书记、知藏、知客、知浴，主管寺院修行、教育事务。首座作丛林表率，书记负责文字工作，知藏负责经藏，知客负责宾客接待，知浴负责僧众洗浴等。[2] 与隋唐时期"三纲制"相比较，宋元时期寺院住持的权威得以确立，三纲中的维那、上座的权力和地位大大下降，与知事僧同列，其职权范围限于分管寺院内部某一具体事务。知事僧多由住持任命，直接对住持负责。宋元时期寺院住持权威的确立，是与这一时期寺

---

[1] 参见林韵柔《唐代寺院职务及其运作》，见武汉大学中国三至九世纪研究所编《魏晋南北朝隋唐史资料》第 28 辑，武汉大学文科学报编辑部编辑出版（2012 年），第 178—186 页。

[2] 王永会：《禅宗清规与中国佛教寺院僧团管理制度》，《四川大学学报》2001 年第 1 期。

院私有制、财产私有化趋势密切相关的。[1]

明代寺院管理体制阶层化趋势更为明显，寺院管理制度更多强调管理制度的法律化。寺院管理的阶层化趋势在入浴顺序上有鲜明的体现。如宋代《禅苑清规》记载的入浴顺序是圣僧—僧众—行者—住持、知事，从宋至明，住持等有职位的僧人入浴顺序不断提前。明代《丛林两序须知》中记载的入浴顺序为住持—头首—居士—僧众，体现了儒家社会人伦关系及其人事管理模式对寺院管理制度的影响。明代寺院管理的法律化倾向，突出体现在寺院制度文献更加强调职事僧各司其职，更加注重僧众对制度的绝对性遵守，其中劝勉性内容较宋元时期明显减少。这一时期的制度性文献也更多地称为"规约"，而非之前的"清规"。[2]

伴随寺院宗法组织管理方式的形成，中国佛教还逐渐形成了类似于宗法制的传承方式，根据"法统""法嗣"即相关门派、师徒相传及辈分确立庙产、法座的继承等，形成以剃度、法门、受戒等宗教亲属关系为基础的复杂丛林网络社会。由此，本来倡导民主管理的佛教丛林逐渐异化为儒家宗法化的大大小小的子孙庙。[3]

进入近现代，适应近现代社会对传统社会的转型，佛教界也开始注重对传统佛教组织管理制度变革。特别是新中国成立以后，经过废除封建性的民主改革运动，佛教寺院普遍建立起寺院民主管理委员会，对寺院经济和内部宗教事务进行民主管理。进入新时期，大陆和台湾的佛教界均注重适应时代社会环境，继承传统寺院组织管理方式，吸取现代政治及企业组织管理方式，创新现代佛教组织管理模式。这里，我们以深圳弘法寺和台湾佛光山为例，略述我国佛教现代组织管理方式。

---

[1] 游彪：《宋代佛教寺院基层组织及其特征初探》，《佛学研究》2002年刊。
[2] 王大伟：《明代汉传佛教的制度文献与寺院职事制度》，《宗教学研究》2019年第3期。
[3] 唐忠毛：《中国佛教近代转型的社会之维：民国上海居士佛教组织与慈善研究》，广西师范大学出版社，2013，第19页。

深圳弘法寺为适应当代社会发展的需要，继承传统佛教禅林规约，制定了《弘法规约》及《深圳弘法寺管理制度》，在传统佛教寺院三级管理模式的基础上，确定了弘法寺"方丈室—当家师—执事委员会—对内、对外两个部门—若干基层机构"五级管理模式。弘法寺在东西两序、四大寮口，以及方丈、监院等传统僧职的设置及名称上，基本上继承了传统佛教寺院组织形式。每一个堂口（寮口）实行一把手负责制，由一把手确定班子成员，在任期内贯彻自身工作思路和计划。弘法寺组织管理方式的现代性内涵则体现在：适应现代社会文化环境，突出寺院在教育、文化、慈善公益等方面的社会文化功能。在寺院管理方面，借鉴现代企业管理理念，管理寺院财务；参照现代物业管理制度，在后勤服务方面全面引进社会化管理；按照现代公文处理要求，进行科学档案管理，等等。[1]

佛光山现代佛教组织管理建设方面，星云法师继承发展了传统十方丛林制、日本佛教大本山制、现代企业管理制度，于20世纪70年代初创立了佛光山宗务委员会组织体制。该体制继承传统寺院住持制度，宗务委员会设于佛光山，为最高权力机构，由7—11人组成，由僧众会员选举产生。宗务委员会内推选一人为宗长兼佛光山住持，对内综理一切事务，对外代表佛光山。宗务委员会下属的分院、别院也采用住持制。为防止权力集中造成腐败等弊端，分院、别院采取财权与管理权的分权制。为防止传统寺院常有的争权夺利现象，又采用职事轮换制。早期宗务委员会下设五堂二会，即宗务堂、教育堂、文化堂、慈善堂、福利堂，以及计划工作会、策进工作会。这一机构设置，同样突出了佛教教育、文化、慈善事业为重的近现代人间佛教理念。在宗务委员会制度的基础上又颁布了《徒众序列等级阶位办法》，促进徒众进取，有序晋升；制定完善的福利制度，对僧俗四众医疗、休假、留学、旅

---

[1] 释印顺：《构建"人文佛教"平台，努力探索和践行现代寺院管理模式》，《世界宗教研究》2008年第4期。

游、探亲等制定相关条文，保证佛光人无后顾之忧。[1]

现代佛教寺院组织管理方式是对传统佛教寺院组织管理方式的革新。传统佛教寺院组织管理方式是适应封建宗法社会的产物，寺院内部僧团上下、长幼、师徒关系，深受传统宗法社会伦理影响，在寺院组织管理方面形成了等级森严的管理制度。近现代佛教寺院在组织管理方面则走上了民主化、法制化道路。新中国成立以后，对佛教寺院进行民主改革，废除了寺院带有封建色彩的等级制度，建立寺院民主管理委员会，广大僧侣同寺院管理人员拥有平等权利。现代佛教寺院还适应现代社会环境，借鉴现代社会科层管理方式，基本建立了以寺务委员会或寺管会为决策机构、以方丈和各班首执事为执行机构的寺院民主管理机制以及完善的科层机构设置。从近现代佛教入世转型的角度看，寺院废除封建等级制度，民主管理寺院事务，注重选贤任能，选拔、培养年轻的管理人才，更能发挥青年僧人对社会人群的了解，创新与社会人群的互动方式，从而更好地弘扬佛法。

不过，现代寺院仍在许多方面延续了传统寺院组织管理方式，即便是在受现代科层制管理影响较大的都市寺院，传统寺院丛林制度中住持权威管理系统依然存在并发挥着重要作用；在组织管理模式方面，传统寺院的层级管理模式，演变为现代佛教寺院管委会下分设部门乃至基层僧职部门的管理模式，两者之间仍具有明显的承续性。

三　从僧团外护到自主活动

这里主要讨论近现代佛教居士组织对传统佛教居士组织的继承与发展。居士组织主要是指居士群体为佛教信仰、修行目的而成立的宗教组织，大都

---

[1] 邓子美、陈卫华、毛勤勇：《当代人间佛教思潮》，甘肃人民出版社，2009，第166—169页。

有自身的活动场所、组织方式及活动方式。传统佛教居士组织一般围绕有影响的僧侣组成，活动场所多依托寺院，活动形式包括念佛、造像、放生、慈善等，为寺院提供经济支持，本质上属于佛教僧团的外围组织。近现代佛教居士组织一方面承续了传统佛教居士组织的组织方式及活动方式，另一方面又适应现代社会文化环境有新的发展，主要体现在一些居士组织有自身独立的宗教活动场所，在组织方式上采取现代工商业组织管理形式，在活动形式方面，更注重佛教义理研究、讲经说法、佛教书刊出版等佛教文化教育事业，在慈善活动范围、组织方式上也具有现代社会特征。

我国佛教居士组织最早可以追溯到东晋时期慧远创立的莲社。当时刘遗民、雷次宗等一批居士聚集于慧远门下，建斋立誓，发愿求生西方极乐世界。莲社即是我国最早有居士群体参加的结社。东晋南北朝时期，民间还存在许多由在家佛教徒组成的以造像活动为中心的佛教团体，称为邑会、义会、会、菩萨因缘等。隋唐时期，居士佛教组织继承发展了这些邑会、义会的形式，并建立了以净土念佛为主的"法社"。其佛教活动也由过去造像、建斋、诵经，扩展到祈福、报恩、营办丧葬、周济贫病等其他方面。宋代净土法门流行，南宋时民间净土结社达到高潮。除了有僧侣与文人士夫结成的白莲社等外，民间还有净业会、药师会等居士组织。宋代居士结社除了参与寺院建塔、斋会、诵经等活动外，也从事赈济贫病、修桥铺路、操办婚嫁丧事等慈善实践。明清时期，民间净土结社不如南宋那样盛行，不过士夫与佛教僧侣之间的互动仍非常密切，如晚明四大高僧身边即聚集了庞大的居士群体，其结社活动以念佛、放生为主要内容。

进入近现代社会，随着都市的兴起、民族工业的发展和现代教育的开展，许多具有经济实力和社会活动能力以及有文化的居士，使得居士在佛教界的地位日益上升，居士佛教组织也逐渐兴起，出现了一些规模较大、功能综合的居士林、净业社等。近代居士佛教组织形成了不同于传统社会居士佛教组织的特征，例如从佛教僧团的外围护持力量逐渐演变为独立于僧团之外的佛教组织，在组织内部居士之间的关系具有权利与义务平等的现代性特征，现代化的管理方式及资本运作模式也被运用到组织管理和慈善事业中来，并积极开展佛学研究、佛教书刊的出版等文化事业。

改革开放以后，大陆居士佛教组织得以逐渐恢复与发展。当代大陆居士佛教组织大体上可以划分为独立于寺院之外的居士组织如居士林、依附寺院的居士组织包括义工团队，以及松散的学佛小组等。独立于寺院之外的居士组织如上海佛教居士林、北京佛教居士林、宁波善导念佛团、西安善导念佛团等，这些居士佛教组织是对民国时期居士林组织的承续。如北京居士林前身是1929年成立的华北居士林，北京居士林设有林员代表大会，为最高权力机构，下设理事会、监事会、法务、教务、图书资料流通等部门，定期举行法会、讲座、放生、赈灾等活动。依附寺院的居士组织，如依附庐山东林寺的"净宗学会东林莲社"，经常配合并参与寺院举办夏令营、弘法人才培训、企业家念佛禅修班、放生活动等。[1] 居士学佛小组，是指学佛居士根据方便和就近原则结成的松散型学佛群体。学佛小组一般每周聚会进行教义研讨、共同诵经、打坐，聚会场所也灵活多样，或在居士家进行，或在写字楼中举办。[2] 相对而言，目前大陆居士佛教组织总体上组织化程度不高，依附寺院的居士佛教组织主要继承了传统居士佛教组织的功能，一般为寺院提供服务，配合寺院举办夏令营、念佛禅修班、放生活动等，较少面向社会提供服务。不过独立于寺院之外的居士林在组织管理方式、开展服务社会的慈善活动方面，则承续了近代居士林组织活动方式，带有现代性特征。

台湾地区在解严之前最主要的居士佛教组织是中华佛教居士会，该组织

---

[1] 高宝平：《当代中国居士组织发展趋势研究——以居士企业为例》，硕士学位论文，西北大学，2017，第21—22页。

[2] 卢云峰、和园：《善巧方便：当代佛教团体在中国城市的发展》，《学海》2014年第2期。

带有浓郁的政治色彩及官方特点。不过，该组织成立以后举办了不少弘法、护法活动。台湾地区解严后，居士佛教组织走向兴盛，形成了中华佛教居士会、中华佛教居士林、台南居士林、基隆佛教居士林、清心佛教居士林等代表性居士佛教组织。此外，还形成了名目繁多的学佛会、念佛会、共修会等居士佛教组织。这些居士组织积极开展各种形式的活动，如举行世界佛教静坐日大会，举办青少年绘画比赛，组织禅学研究班，举办各种传统法会等。相对而言，台湾居士佛教组织有比较正规的组织和运作模式。

从目前而言，现代佛教居士组织在活动形式、活动场所、为寺院提供经济支持等方面，主要承续了传统佛教居士组织。许多居士组织依然是围绕有影响力的僧侣组成，依托当地寺院活动，为寺院提供经济支持，是僧团的重要外护力量。不过，现代居士组织适应现代社会文化环境又有新的发展，独立于寺院之外的居士林组织不断发展壮大。

从佛教入世转型角度言，近现代佛教在组织管理方式上相对于传统佛教具有更突出的入世特征。近现代社会，佛教自主管理教务，民主参与政治，更有利于佛教发挥自身主动性，深入群众，关心社会政治和经济问题，积极与群众和政府互动，促进佛教入世转型，发挥佛教在当代社会的积极作用。寺院废除封建等级制度，民主管理寺院事务，注重选贤任能，选拔培养年轻的管理人才，更能发挥青年僧人对社会人群的了解，创新与社会人群互动方式，从而更好地弘扬佛法。近现代社会居士组织自主性的提升，有助于居士之间生活和心理等方面的充分交流，更好地发挥佛教净化人心、协调家庭和社会关系的作用。居士组织生活于现实社会生活中，也更了解国家社会经济文化需要，能更好地发挥佛教在公益慈善方面的积极作用。

第四节　实践方式的延续与创新

佛教以修行解脱为目的，持戒、禅定的修持是其宗教实践活动的重要方面。大乘佛教以"利乐有情，庄严佛土"为己任，弘扬佛法和慈善活动也是佛教实践的重要方面。传统佛教在修持实践上强调顿悟心性，注重将修行与日常生产生活相结合；近现代佛教在禅修方法以及将修行与现实生产生活相结合的方面延续了传统佛教，并适应现代社会文化环境，强调学修结合，强调参与世间事业的菩萨行。传统佛教在弘扬佛法上注重翻译、注疏经典及讲经说法，并形成了面向大众的唱导、俗讲、说经、宣卷等弘法形式；近现代佛教注重建设佛学院、中学、大学等开展僧教育及佛教社会教育，并适应现代社会文化环境，形成了运用报刊、图书、电台、电视台、网络等多种弘法方式。传统佛教注重从事济贫赈灾、恤孤养老、施医赠药、植树护生、修桥补路等公益慈善活动；近现代佛教在延续传统公益慈善实践的基础上，还注重根据社会经济文化建设需要，开展扶贫、助学、生态环保等公益慈善事业。总体而言，近现代佛教在人间佛教思想指导下，一方面承续了传统佛教实践的基本方面，另一方面又适应现代社会文化环境，注重运用现代办学、现代媒体弘扬佛法，支持国家经济和文化建设。

一　从顿悟心性到学修结合

印度佛教传入中土，逐渐形成了区别于印度佛教，具有中国特色的修持实践，这主要体现在，相对于印度佛教注重经典的理论阐释与研究及渐修而言，中国佛教强调明心见性的顿悟；受传统儒道积极入世的人文精神影响，中国佛教还强调与现实生产生活相结合的修行实践；此外，中国化佛教还具有强调简易修行的特征，例如在中国佛教史上流行的禅宗、净土宗分别强调明心见性的顿悟法门和求生西方的念佛法门。

中国佛教强调的顿悟修行方式旨在超越印度佛教中关于义理的烦琐论证。佛教在与六师外道的论辩过程中形成了一套烦琐的理论，在一定程度上遮蔽了建立在宗教经验基础上的佛教本源。中国传统思想文化对烦琐的宗教理论缺乏兴趣，崇尚简单易行的修行实践，因此，佛教在中国化过程中，逐渐形成了直究心性的顿悟修行方式。如慧远"至极以不变为性，得性以体极为宗"的观念即强调对佛性本体或涅槃境界的体证，竺道生更明确提出了"以不二之悟，符不分之理"的顿悟修行观念。天台宗将一念无明法性心视作佛教的本体，将"观心为本"作为止观修行的切入点；禅宗更明确提出识心见性、自性自悟的主张。

将修行与日常生产生活相结合是中国佛教修持实践的另一重要方面，具体表现在"农禅并重"、将禅修融入运水搬柴和穿衣吃饭的行住坐卧之中，以及"恩则孝养父母，义则上下相怜"的伦理实践等方面。

中国化佛教重简易修行的特征则突出地体现在唐代以后禅宗与净土宗的流行上。禅宗修行的简易特征除了体现在超越佛教义理的烦琐论证，注重明心见性的顿悟外，还体现在其修行方法上，如后期禅宗采用的参公案、看话头的修行方式。净土宗的念佛法门则由一开始的观想念佛，逐渐简化为称名念佛，以适应普通民众的需要，为他们摆脱现实苦难提供理想诉求和精神寄托。不仅如此，中国化佛教还适应普通民众关注现世果报的需要，鼓励普通民众从事立寺造像、诵经写经、念佛放生、设斋布施等佛事活动，将其作为佛教修行的重要方面。

近现代佛教的修行实践继承了传统佛教修行实践的许多方面，禅宗、净土宗依然是当代汉传佛教的主要宗派，明心见性、称名念佛仍然是汉传佛教的重要修行方式。如虚云和尚承传禅宗五宗法脉，主张参话头，修习禅法，其所传禅宗法脉在当代汉传佛教中影响深远。印光法师弘扬净土宗，在近现代佛教中影响广泛。现代人间佛教还继承了传统佛教将修行与现实生产生活相结合的方式，并在此基础上突出服务社会、利益社会的菩萨行对于修行的意义。

近现代佛教实践也从多方面发展了传统佛教，主要表现在：其一，随顺社会的发展和需求，更注重佛教经典义理的研究，如适应近现代科学的理性精神，重视唯识学研究，在修行实践上强调学修并重。近现代佛教重视佛学院教学，佛教经典义理的教学、研究成为现代僧教育的主要方面，同时也改变了传统佛教偏重顿悟心性，不重经典义理的修行倾向。改革开放以后，赵朴初强调佛学院教育"学修一体化，学僧生活丛林化"，成为现代佛教修行的重要特色。其二，在继承传统佛教重视与生产生活相结合的修行方式基础上，更加突出了"人生正行"以及服务社会、利益社会的菩萨行对于修行的意义。如印顺法师肯定"人生正行即是菩萨法门"，提倡"从广修利他的菩萨行中去成佛"[1] 的大乘精神。净慧法师提倡"觉悟人生、奉献人生""在生活中修行，在修行中生活"的生活禅。其三，针对传统佛教念佛求生净土的修行观念，赋予净土观念以净化社会、重建社会秩序的救世情怀。如太虚法师主张以佛教的道理来改良社会、使人类进步、把世界改善，认为人们应该努力改造这个不完美的世界，致力于在人间创造净土。赵朴初也提出要"自觉地以实现人间净土为己任，为社会主义现代化建设这一庄严国土、利乐有情的崇高事业贡献自己的光和热"。

二 从丛林教育到佛学院教育

弘法实践主要是指佛教对出家及在家信众讲解、传播佛教的实践活动及方式。大体而言，佛教弘法方式包括面向出家人的僧教育和面向在家信众及民众的社会教育。在家信众及民众一般可分为知识阶层和普通民众。传统佛教弘法方式主要包括培养僧众的丛林教育、僧侣与士夫的交往、面向普通信

---

[1] 印顺：《佛在人间》，《妙云集》下编之一，台湾正闻出版社，1983，第22页。

众的俗讲等方面；近现代佛教弘法方式则主要包括培养僧众的佛学院教育和佛教学术研讨会、现代社会文化背景下佛教寺院面向大众的多种弘法途径，以及佛教书刊发行、广播、电视、互联网等多媒体弘法方式。以佛学院教育为主体的近现代佛教弘法实践，与传统社会以丛林教育为主体的弘法实践有很大的不同，两者各有自身的优势及局限。

佛教作为外来宗教，其弘法实践是建立在佛教经典翻译基础上的，同时，经典翻译本身也是佛教弘法的重要方式。例如鸠摩罗什所译经典对于般若中观学派思想在中土的传播发挥了重要作用，而其在译经过程中也培养了僧肇、僧叡、竺道生等对中国佛学产生重要影响的佛教思想家；玄奘法师从事佛教经论翻译20年，所译佛典几乎涵盖了大乘佛教的全部精髓，他也将经典翻译与讲经及培养后学结合起来，各地学僧乃至外国僧侣均有从他决疑求学。

讲经是传统丛林教育的重要方面。讲经活动最早是讲解佛经，后来才有对经、律、论的讲解。很多主讲者不仅讲佛经，也会讲一些儒道的经典，如四书和老庄。不同时期的讲经也呈现出不同的特色。例如汉魏时期讲解《般若经》《维摩经》比较流行，南北朝时期经论的讲习与毗昙、涅槃和三论等佛教学派的形成密切相关，而隋唐时的经论讲习一方面与中国化佛教宗派的创立结合在一起，另一方面则出现了在僧讲之外面向广大民众的俗讲这一讲经方式。丛林中的讲经有自身的仪式和程序。如佛图澄讲学时常令道安复讲。除了复讲外，有的讲经师还会让弟子代讲某些段落，天台慧思就曾命智𫖮代讲《大品般若》。复讲、代讲的教学方式不仅能加深听众的印象，而且有利于培养高才生。

传统丛林教育并不仅限于寺院的讲经说法，还包括师徒之间不同形式的交流，如禅宗师徒之间的参问、棒喝，也包括师徒之间随时随地的教育，如田间地头、厨房丈室、吃饭睡觉都会成为禅师开示学僧的场合。

佛教面向在家信众及民众的弘法活动具有阶层性，包括面向贵族、士夫的弘法活动,以及面向普通民众的弘法活动。一些法师会受到帝王将相等贵族阶层的召请,在皇宫、官宦宅邸开设讲席。佛教僧侣还非常注重与士夫阶层的交往,一些士夫也乐于请僧人到宅邸讲经说法,而名僧也往往欢迎士人到寺院清谈玄义。东晋慧远、支遁、北宋大慧宗杲、明末憨山德清、云栖袾宏等均与士夫阶层交往甚密。而王维、李白、杜甫、白居易、苏东坡等也都与僧人多有交往。

面向普通民众的俗讲,则是寺院为了吸引听众、增加布施而形成的一种开讲经文的形式。俗讲注重借助因缘、譬喻等佛教故事来解说佛经大意,宣讲人生苦短、因缘果报之类的思想,后来甚至发展成为借用历史、民间传说传达佛教思想的变文。俗讲是中唐以后流行的讲经方式,主要对象是世俗百姓,在讲说方式上有讲有唱,还配合有图画或壁画,对听众很有吸引力。明清时期还形成了宣卷的佛教化俗方式。宣卷即宣讲宝卷,其题材多为《目连救母出地狱升天宝卷》等佛教故事或劝世经文。明清时期,江浙一带宣卷极为盛行。南北朝时期的唱导、唐代的俗讲、宋代的说经、明清时期的宣卷,都是佛教教化大众的重要弘法方式。

近现代佛教弘法方式在佛教教育方面由传统社会占主导地位的丛林教育转变为带有现代高校特色的佛学院教育。近现代佛学院建设肇始于杨文会1908年创立的祇洹精舍。之后欧阳竟无创办支那内学院,继承杨文会开创的佛教教育事业。太虚法师倡导佛教革命,也非常注重探索佛学院建设,先后创办武昌佛学院、担任闽南佛学院院长、住持汉藏教理院。新中国成立后,1956年成立中国佛学院。1980年中国佛学院恢复。之后,中国佛学院灵岩山分院、栖霞山分院相继成立,其他各省市佛教协会与名山大寺也相继恢复与创办了许多佛学院。

相比较而言,传统丛林教育与近现代佛学院教育各有其特点及优势。其一,传统丛林师徒式教育方式,与现代研究生的导师制相仿。师父与徒弟在寺院共同生活，相互了解，便于对徒弟因材施教，也能在法堂、田间地头、厨房丈室等不同场所进行随时随地的教育；其二，传统丛林教育注重徒弟的德性修养，其所培养的僧才，可能缺乏文化知识，但多能尊师重道，淡泊名利，吃苦耐劳；传统丛林教育还形成了复讲、代讲、参学、答问、棒喝、行脚等灵活多样的教学方式，这也有助于培养能够接法弘法的高素质僧才。传统丛林教育的局限是：其一，师徒之间面对面的教育会受到规模的限制，因此禅师门下可能徒众众多，但往往得法弟子非常有限，因此不利于大面积培养僧才；其二，过于活泼的教学方式虽然可以拉近师徒之间的关系，但也容易形成放任自流的教学风气；其三，传统丛林教育注重学僧开悟心性，成佛了道，但是也因此造成轻视经教、不重视教理研讨的学风。即使重视讲经说法，也往往限于专宗专派，知识面狭窄。

近现代佛学院教育则针对传统丛林教育限于专宗专派的局限，强调八宗并弘，其课程极力融通佛教各宗，以使学僧对佛教有一个整体的认识。在教学内容方面，近现代佛学院注重培养适应现代社会要求的佛教人才，除了学习佛教经典、各宗义理、中印佛教史之外，还注重教学哲学、伦理学、心理学、宗教学、社会学等现代人文社会科学内容，以及英文、日文、梵文、藏文等语言工具。近现代佛学院教育还借鉴现代教育先进的学科分层制，如祇洹精舍将学僧教育分为初、中、高三等，中国佛学院开办有预科、本科、研究生班等。中国佛学院及地方佛学院还注重选拔优秀学僧到日本、斯里兰卡、泰国留学。近现代佛学院也注重继承传统丛林教育优长，如太虚法师创办武昌佛学院规定学生每天必须早晚各诵经或坐禅1小时，赵朴初提出"学修一体化，学僧生活丛林化"等。不过，总体而言，近现代佛学院受时代社会环境影响，仍体现出主要以才学及成绩作为评价标准的倾向，许多学僧毕业后看重文化事业的兴办，对丛林教育以德性为本的传统还需进一步加强继承和发扬。

佛学研究是近现代佛教弘法的重要方式之一，同时也是佛教界与知识界交流的重要途径。清末民初谭嗣同、梁启超、章太炎等维新思想家开始注重佛教的近现代研究。民国时期，欧阳竟无创办的支那内学院，韩清净创立的法相研究会、三时学会等，注重佛教唯识学研究。吕澂、陈寅恪、汤用彤等注重佛教历史和文献研究，也对佛教界的学术研究产生了重要影响。新时期佛教学术研究在承续近代佛教重历史、文献研究的基础上，进一步走向多元化。佛教藏经等文献搜集整理，以及佛教史、佛教哲学理论等方面研究成果蔚为壮观，佛教考古、佛教文艺、佛教仪式等研究，促进了佛教学术研究的多元化趋势。新时期台湾佛教学术研究同样呈现多元发展趋势。佛教史研究主题拓展到佛教社会经济史、政治史、艺术史、文学史、民俗佛教史等领域，佛教文学、佛教仪式、佛教教团等也被纳入佛教学术研究范围。

近现代佛教学术研究具有不同于传统佛教的特征。传统佛教注重经典的翻译与义理的注疏、讲解，重在弘扬和传承佛法。近现代佛学研究在弘扬传承佛法的同时，还具有现代理性特征，注重佛教的文献学研究、思想史研究、哲学研究，以及宗教学、社会学、人类学研究等。这些研究对于促进现代知识界对佛教思想的理解、接纳与认同，促进近现代佛教入世转型发挥了积极作用。

近现代社会佛教与知识界的交流也出现新的形式。一些寺院和佛学院成立了佛教学术研究机构，邀请相关学者作为研究人员；许多寺院召开全国性佛教学术研讨会，邀请学者参加，不仅繁荣了佛教学术研究，为当地僧众和信众提供佛教思想文化资粮，而且促进了佛教界与学术界的交流。此外，还有一些佛教寺院或团体为佛教学者提供出版博士论文或学术著作的经费和平台，推动了佛教文化的繁荣。近现代佛教在面向普通信众的弘法方式上具有多维并举特征，例如成立面向信众的学佛社，或提供佛学讲座、学佛沙龙之类的平台，方便在家信众了解、交流佛法。有的运用佛教图书馆、佛学书刊的出版，以及网站、梵乐等形式弘扬佛教文化。

总体而言，近现代佛教弘法实践对传统佛教弘法实践既有延续又有创新。例如，寺院生活在今天依然是绝大多数僧侣日常生活的主要方面，传统丛林教育依然是现代僧教育的重要形式，传统佛教讲经说法的形式、对经典的讲解方式也依然存在。但与传统佛教不同的是，现在讲经说法的音频、视频能够通过光盘、网络等方式广为传播，传统丛林教育中的答问、辩难，在今天能通过QQ、微信、微博、网络等平台进行。同样，传统佛教中僧人与知识分子的交流在今天依然延续，但更多的可以不再是通过纸质书信，而是通过电子邮箱、QQ、微信等方式。寺院主办佛教学术研讨会也为僧人与学界交流提供了新形式。再如，现代佛教依然注重以普通信众喜闻乐见的方式弘扬佛法，但除了注重顺应听众关心的话题、知识背景之外，还注重以图书、期刊的形式刊载信众喜闻乐见的内容，并采用在剧院演出梵呗、戏剧、音乐剧等现代文艺形式来弘扬佛教文化。

三　从传统慈善到现代慈善

佛教从其产生的时候起即关注社会公益慈善事业。如《佛说诸德福田经》中倡导的"广施七法"："一者兴立佛图，僧房堂阁；二者果园浴池，树木清凉；三者常施医药，疗救众病；四者作坚牢船，济渡人民；五者安设桥梁，过渡羸弱；六者近道作井，渴乏得饮；七者造作圊厕，施便利处"[1]，即对佛教应行公益慈善事业的基本内容作了较全面的教导。佛教传入中国后，佛教僧人及在家信众在济贫赈灾、恤孤养老、施医赠药、植树护生、兴修水利、修桥补路等方面积极从事社会公益慈善事业，形成了具有自身特色的慈善传统。

传统佛教慈善在封建社会形成发展过程中，受社会政治和文化等多种因

---

[1]《佛说诸德福田经》，《大正藏》第16册，第777页中。

素影响，无论在思想观念还是在组织实践方面都存在一定的局限。如在思想观念方面偏重于从个人自身的精神解脱、功德、福报、因果祸福出发从事慈善活动，佛教慈悲利他精神没有得到充分的发挥，缺乏从社会公正、社会责任感出发进行公益慈善事业的思想向度，使传统佛教慈善带有较强的个人性、随机性，对社会民众缺乏广泛的号召力和影响力。在组织实践方面，传统佛教慈善存在较强的政府主导特征。如我国古代社会佛教救济贫病的慈善活动及机构有许多属于政府主持而由僧人进行日常管理的情形。其建制地点虽然利用佛教寺院房舍或在其基础上扩建，但经费来源则主要来自政府拨款、官吏捐赠；在慈善管理方面，在任事僧人之上又设官方人士或能代表官方意愿的"僧官"。佛教传统慈善组织实践的这一特征不仅不利于发挥佛教主体从事社会公益慈善事业的自主性、能动性，而且往往会滋生贪腐行为。因此，要适应现代公益慈善事业发展的需要，佛教传统慈善有必要进一步实现自身的现代化转型。

近代佛教受基督教在华慈善事业的影响和民国时期"庙产兴学"风潮的冲击，开始走上佛教慈善的现代化道路。太虚法师对近代佛教慈善的现代化起了积极的倡导和引领作用。针对传统佛教与社会相疏离的现状，太虚法师主张佛教应"多作救世利人的事业，使佛教在社会每个角落都起了作用，方不致与民众疏远。……例如以一地的僧寺为教化的中心，改善人民的生活风俗习惯，提高民众一般的教育，增加农村的生产，协助工业的发达，兴办救济贫病的医院、教养院等慈善事业"[1]。太虚法师在其僧制改革思想中还对佛教公益慈善机构建制作了具体的构想。如在《整理僧伽制度论》一文中主张在道区设立佛教医病院和佛教仁婴院，在省区设立佛教慈儿院，并对这些机构的具体设施、人员配置、婴幼儿当来的安排等做了具体的规划。太虚法师

---

1 太虚：《从巴利语系佛教说到今菩萨行》，《太虚大师全书》第 19 卷，宗教文化出版社，2005，第 196 页。

不仅如是倡导、设想，而且还亲自参与到佛教具体的慈善事业当中，如先后在宁波、杭州、长沙、泉州等地领导组织成立佛教孤儿院，发起建立狮子山佛教中医慈济院、上海佛教医院等。与佛教传统慈善相比较，近现代佛教慈善体现了多方面的新特点，例如突出了服务国家，奉献社会，并呈现出开放性、社会性、跨地区性等特点。在运作方式上则采取了劝募宣传、街头演讲、组织义演义卖等多种形式来筹集善款，并向社会公布赈款的用途和去向，具有了不同于传统佛教的现代性特征。

近几十年来，中国佛教的慈善事业有了很大的发展。1994年我国第一家佛教慈善机构——厦门南普陀寺慈善事业基金会成立，随后，各地纷纷成立类似的佛教慈善组织。目前，在民政部门登记注册的佛教各级慈善团体约有70余家，其中影响较大的有河北佛教慈善功德会、天津佛教慈善功德基金会、南普陀寺慈善事业基金会、湖南省佛教慈善基金会、五台山佛教功德慈善总会、河南少林寺慈善基金会、无锡灵山慈善基金会等。

综观近现代佛教的宗教实践活动对传统佛教的延续与创新，可以看出，延续是其基本方面。入世是佛教中国化的重要方面，这也决定了近现代佛教入世实践必然是建立在传统佛教实践基础上。传统佛教注重将修行与生产生活相结合，这也为近现代佛教注重服务社会、奉献人群的菩萨行提供了基础。所不同的是，传统佛教强调在生产生活中悟道，近现代佛教则将服务社会、奉献人群的事业本身视作修行，视为"菩萨行"。近现代佛教寺院在讲经说法、师徒间参问教导等方面，依然很大程度上承续了传统丛林教育。即便是现代社会占主导地位的佛学院教育也依然强调将现代教学与传统丛林教育相结合。近现代佛教在入世化俗方面与传统佛教虽然采取的形式可能有所不同，如近现代佛教更多地运用了电影电视、音乐剧、戏剧等方式，但就其注重以民众喜闻乐见的方式而言，秉持的则是同样的方便精神。近现代佛教慈善也延续了济贫赈灾、恤孤养老、施医赠药等传统慈善方式。

近现代佛教实践对传统佛教实践也有创新，这是适应近现代社会环境变化而形成的，主要体现在近现代佛教没有局限于寺院及大众的日常生产生活，而是将修行实践拓展到服务社会、服务国家民族的文化、教育、慈善事业；纠正明清佛教忽视义理的偏向，注重运用现代自然科学、人文社会科学来阐释佛教思想，从历史、文献、哲学、文艺、宗教等现代学科对佛教进行学术研究；借鉴现代大学教育体制，普遍建立佛学院培养僧才；运用现代书刊、广播、电视、网络媒体，进行多种形式的佛教弘法；在慈善资金募集、慈善运作与管理方面借鉴现代社会组织管理方式，等等。

结语　近现代佛教入世转型的未来趋势

关于近现代佛教入世转型对佛教中国化的承续与创新，可以从近现代佛教入世转型与传统佛教中国化的关系、近现代佛教入世转型现状及存在的问题、近现代佛教入世转型趋势及努力方向等三个方面略作归纳。

其一，近现代佛教入世转型与传统佛教中国化的关系。这可从三方面看：（1）近现代佛教入世转型是对传统佛教发展出现弊端的反拨。中国化佛教发展到明清时期逐渐由盛而衰，至清末民初已弊端丛生，众多僧尼以自身生存为目的，极少以弘法利生为务，出家人或不问世事、隐遁清修，或忙于赶经忏、做法事。众多僧人不守戒律，不事禅修，乃至争名夺利、参与赌博、喝茶看戏，形同俗人。从这方面说，近现代佛教入世转型是适应现代社会环境，对走向衰朽的传统佛教的除旧创新、存亡继绝，是在新的社会文化环境中求得生存与发展。（2）近现代佛教入世转型是对大乘入世精神与佛教中国化入世思想及实践的延续与发展。相对而言，近现代佛教入世转型在思想观念、实践方式方面，更多地体现出对大乘精神和传统佛教中国化的继承、延续。而在组织管理方式方面，则更多地体现出对传统佛教中国化的革新或创新。

这是因为，近现代佛教与传统佛教所适应的社会环境具有性质的不同，传统佛教所适应的是封建宗法社会，近现代佛教所适应的是现代社会。现代社会是在对封建社会的革命基础上建立的，这也决定了两者在政教关系、寺院组织管理方面具有性质的不同。(3) 传统佛教中国化的经验教训，能够为近现代佛教入世转型提供借鉴。传统佛教是外来佛教与中土社会文化环境相互碰撞、交流、融合的产物，经过佛教初传到两晋的开始阶段、南北朝到隋唐五代的独立发展与鼎盛时期、北宋到近代由盛而衰阶段，经历了佛教中国化的完整发展演变过程，通过了方术灵神化、儒学化、老庄玄学化、宗门丛林化以及世俗化倾向等全方位的佛教中国化方式与途径，其中既有成功的经验，也有挫折与教训。近现代佛教是传统佛教在适应中国近现代社会转型过程中形成的，近现代佛教入世转型与佛教中国化同为佛教与异质文化碰撞、交流、融合的过程，传统佛教中国化的过程、经验与教训，能够为近现代佛教入世转型提供多方面镜鉴。

其二，近现代佛教入世转型现状及存在的问题。相对于传统佛教中国化历经一千八百多年历史，从初传开始—独立发展与鼎盛—由盛而衰的完整过程而言，近现代佛教入世转型从清末民初的兴起—民国时期的探索—新中国成立后的曲折发展—新时期入世实践的全面开展，前后不到两百年，至今仍处在进行时。一方面，人间佛教的理论与实践还有待于进一步深入推展和多元化展开，另一方面，近现代人间佛教理论与实践还面对着佛教中国化过程中古老而常新的问题，即如何在适应近现代社会文化环境的同时，保持佛教自身的独立性，或者说坚持佛教自身的基本立场、观点和方法。传统佛教中国化过程中，为了在中土社会文化环境中生存、发展，曾通过方术灵神化、儒学化、老庄玄学化等方式，实现与中土社会文化环境的协调，其中不乏与佛教自身理念不完全相一致的方面。经过南北朝隋唐时期佛教经典的诠释，佛教逐渐走上相对独立发展的道路，形成了中国化佛教理论体系。近现代佛教入世转型依然面对适应近现代社会以图生存发展的问题，包括清末民初附会近现代自然科学和人文社会科学，论证佛学不违背现代科学和自由民主思想；面对"庙产兴学"风潮，学习基督教办学；市场经济时代为求生存过分商业化，等等。如何在适应近现代社会文化环境中，反思并坚持佛教自身的立场、观点与方法，建构适应时代需求的人间佛教理论体系，依然是当代佛教入世转型亟待关注、反思的重要主题。而现实存在的情形是，海峡两岸均存在一些寺院坚守传统，消极适应现代社会文化环境，认为只有传统佛教才是真正的佛教；也有一些佛教寺院及团体走向另一极端，过分强调佛教文化、教育、慈善的世俗事业，一味顺应现代社会文化环境，而忘记佛教自身立场，不能发挥佛教在当代社会的独立价值。当前佛教界、学术界关注的佛教世俗化、庸俗化问题，佛教的超越性、神圣性问题，海峡两岸学术界、佛教界对印顺法师人间佛教的理论以及佛光山、慈济功德会人间佛教事业的反思等，均与近现代佛教入世转型所面对的这一问题密切相关，这也表明，近现代佛教入世转型还在进行中，前面的路还很长。

其三，近现代佛教入世转型的趋势及努力方向。如果说佛教中国化的整体趋势是形成中国化佛教理论体系、实践方式及组织管理方式，成为中国传统思想文化重要的有机组成部分的话，那么近现代佛教入世转型的未来趋势则是人间佛教理论体系的进一步完善，并以现代化管理方式、弘法模式，参与现代社会实践等方式，融入现代化社会文化环境中，为社会进步、文化发展做出新的贡献。从目前而言，近现代佛教入世转型需要从如下三方面做出努力：

一是进一步深化佛教中国化研究，为近现代佛教坚持中国化方向的入世转型提供借鉴。应该说，学术界、佛教界对佛教中国化做了多方面的研究，党和政府目前也非常注重引导宗教坚持中国化方向。不过，从近现代佛教入世转型角度言，佛教中国化还有许多论题值得进一步深入研究，如结合近现代佛教入世转型，分析佛教中国化有哪些经验和教训可供借鉴？佛教如何既适应本土社会文化环境，又保持自身独特的价值？近现代佛教入世转型过程中，应坚持哪些基本立场、观点与方法？等等。

二是促进人间佛教理论体系的多元阐释与建构。太虚法师、印顺法师、法舫法师、巨赞法师、赵朴初居士、净慧法师、星云法师等结合不同时期佛教革新或建设实践，对人间佛教思想做了不同程度的阐释与建构。可以想见，关于人间佛教理论体系的多元阐释与建构，还将随着人间佛教实践的探索不断进行下去。学术界对于太虚法师、印顺法师、法舫法师、巨赞法师等人间佛教思想做了基本的资料整理及相关研究，但除了太虚法师、印顺法师人间佛教思想的研究较多之外，其他人的相关研究成果还比较有限，有分量的专著还不多，仍有待于从近现代佛教入世转型、人间佛教理论体系建构的宏观视域进行系统深入的研究。

三是加强佛教与现代科学、人文社会科学的交流与对话，加强佛教视域下当代现实社会问题研究。近现代佛教的入世转型从本质上说，是佛教与现代社会思想文化的交流与融合，是佛教关注当代现实社会问题，发挥佛教在当代社会的积极作用。因此，加强佛教与现代科学、人文社会科学的交流与对话，加强佛教视域下当代现实社会问题的研究，是佛教入世转型的必由之路。现实的情况是，太虚法师等有识之士近代提出的加强佛教与现代科学、人文社会科学的交流与对话的设想，在当代社会并没有得到足够的重视，梁启超、章太炎等倡导的佛教心理学研究、佛教与西方哲学比较研究，在当代学术界也并没有得到充分展开。佛教界、学术界往往囿于自身研究领域，不能真正深入展开对话和交流，佛教与现代思想文化的沟通交流渠道有限；佛教能为当代社会存在的心理问题、伦理问题、生态环保等问题提供有益的思想资源和独特智慧，但佛教界、学术界真正关注现实问题的研究还相对较少。因此，佛教要真正融入现代社会和文化，加强佛教与现代科学、人文社会科学的交流与对话，加强佛教视域下当代现实社会问题研究，还有许多工作要做。

第三章
现代性视域下的近现代佛学观转型

本章拟在现代性视域下来研究近代及现代早期中国思想家对佛学转型的系列思考及实践。主要以理性主义、人文主义、历史主义这三个与近现代佛学转型关系最为密切的现代性要素为切入点来探讨近现代佛学观的转型，以期从一个侧面来展现近现代中国佛教的入世转型。

从中国近现代佛教的发展来看，面对对外战争的屡次失败和西方学说的滚滚东来，以及太平天国的"焚像毁庙"和晚清知识界与政界掀起的"庙产兴学"运动对佛学的毁灭性打击，使得此时的中国佛学遭遇着"三千年未有之大变局"[1]。在此变局过程中，现代性之"理性主义""人文主义"和"历史主义"不断形塑着包括中国佛学在内的东方文化。于是，近现代佛学出现了与以往不同的新特点。佛学研究者或者运用佛教接引西方学术，或者试图借助佛教振奋民族精神，或者借鉴基督教的模式更新佛教组织形式、创办新式僧才培养和佛学研究机构等。在其后的历史发展过程中，逐渐形成了以理

---

[1] "三千年未有之大变局"的表述可以说是来自李鸿章。李鸿章在《筹议制造轮船未可裁撤折》（同治十一年五月十五日）中云："臣窃维欧洲诸国百十年来，由印度而南洋由南洋而东北，闯入中国边界腹地，凡前史之所未载，亘古之所未通，无不款关而求互市，我皇上如天之度，概与立约通商以牢笼之，合地球东西南朔九万里之遥，胥聚于中国，此三千馀年一大变局也。"［《李鸿章全集》第5册（奏议五），安徽教育出版社，2008，第107页］。又在《筹议海防折》（同治十三年十一月初二日）中云："何以言之，历代备边多在西北，其强弱之势、客主之形皆适相埒，且犹有中外界限。今则东南海疆万馀里，各国通商传教来往自如，麇集京师及各省腹地，阳托和好之名，阴怀吞噬之计，一国生事，诸国构煽，实为数千年来未有之变局"［《李鸿章全集》第6册（奏议六），安徽教育出版社，2008，第159页］。后学者多以"三千年未有之大变局"来概括近代中国所处的局势。

性主义为方法的佛学学术研究、突出主体性的佛学人文主义以及强调在"进步"中革新的佛学历史主义。中国佛学的现代性转型既是佛教入世转型的思想理论先导，其本身也构成了佛教入世转型的重要内容。

第一节 近现代中国佛学的困境与转型

近现代中国佛学的困境，主要有佛教寺产被剥夺、僧才出现塌方性断层和西方话语模式开始影响中国佛学等。与中国佛学的危机相伴随的是，中国佛学开始了艰辛的现代性转型历程，如出现了以维新派人士为代表的政治佛学和以杨文会为代表的居士佛学。

一 近现代中国佛学的困境

关于晚清佛学的危机，《清朝续文献通考》中概括说："我朝顺治至乾隆最盛，嘉庆以后寖衰。咸丰时，洪杨扰攘，以耶稣教为号召，排斥异教，寺观为墟。然剥极则复，光绪年间又勃然兴起矣。"[1] 当然，中国佛教的衰败并非始于清代，而是自宋以后便逐渐趋于衰败之中。以至于在汉学家孔飞力教授（Philip Alden Kuhn，1933—2016）的《叫魂》中，佛道之士成为社会闲散人员和匪徒的代名词，从而遭到社会大众的鄙夷和引起社会的恐慌。至于清代佛教缘何呈现出这一现状，有学者指出："由于统治者的佛教政策、佛教义学研究的废弛、佛教僧才的缺乏以及丛林制度的流弊等历史原因，僧界死气沉沉，毫无生机。"[2] 具体而言，统治者的佛教政策指的是《大清律例》明文限制佛教的发展和乾隆年间废除度牒制度，并为后世统治者所继承。佛教

---

[1] 刘锦藻：《清朝续文献通考》卷89《选举六》。
[2] 单侠：《略论晚清佛教式微诸因》，《五台山研究》2011年第1期。

义学研究的废弛具体是指自宋以后译经的中断，清代统治者推行文字狱的文化政策，使得佛学的义学研究进一步废弛，而只在民间社会中留存着佛事仪式和在部分知识精英的诗文中聊表情怀之用。丛林制度的流弊在晚清时期呈现为绝大多数的丛林寺院从传统的"共有""共享"的"十方丛林"转变为"子孙丛林"。"子孙丛林"在寺院中的出现意味着传统的佛教寺院变相成为名利场，度牒制度的废除，使得僧人可以自行招收徒弟，进一步使僧侣阶层混乱。

表面上，清朝统治者对佛教奉行自由放任的政策，但是在《大清律例》中却明文规定："凡寺观庵院，除见在处所外，不许私自创建增置，违者，杖一百。……民间子弟，户内不及三丁或在十六以上而出家者，俱枷号一个月。"[1] 可见，与之前曾经灭佛的统治者的思维一样，由于无法从根本上消灭佛教，故而将其限制在一定的规模数量，如康熙年间全国的僧侣基本维持在11.8万。此外，"至乾隆初年，度牒之制遂废。盖以丁归地，则不须报牒免役也"[2]。这意味着绵延千余年的度牒制度在乾隆年间遭到废除。"度牒的本质是剃度批准书和身份凭证。度牒最根本的功能是管理僧众。"[3] 如此，度牒制度的废除便使得成为僧侣变得极为简单，这给本已处于衰落中的中国佛教带来了灾难性后果："度牒制的废除不但使得出家人可以无限制地招收徒众，大大降低了僧伽的素质；而且也使僧团之间的联系机制中断，寺院之间随之一盘散沙，毫无凝聚力可言。"[4] 因此，随着越来越多低素质的社会闲散人员加入佛教，导致绝大多数的中国佛教从业者除了为死者行经忏佛事外，再无穷究佛学义理之能，更别提中兴佛教了。

如果说专为死者行经忏佛事的晚清佛教是失去了精神核心的话，那么太

---

[1] 田涛、郑秦点校：《大清律例》卷8，法律出版社，1999，第176页。
[2] 俞正燮：《癸巳存稿·度牒寺庙》卷13，辽宁教育出版社，2003，第398页。
[3] 杨健：《乾隆朝废除度牒的原因新论》，《世界宗教研究》2008年第2期。
[4] 单侠：《略论晚清佛教式微诸因》，《五台山研究》2011年第1期。

平天国运动和"庙产兴学"运动对佛教的破坏更是具有毁灭性。如日本佛教学者野上俊静对此所总结的:"将有佛教花园之美的江南的杭州、苏州、南京,以及广东、广西、湖南、湖北、江苏、浙江、福建、云南、贵州等重要的中国各地,对于佛教作了根除的摧毁,凡其军队所过之处,寺院悉遭烧毁,佛教经卷,亦被破弃无遗。已经失去了精神核心的中国佛教,经此一来,佛教的外形也被消灭殆尽。"[1] 换言之,被曾国藩概括为"无庙不焚,无像不灭"的太平天国运动,其兵锋所指,当地的寺庙和寺庙所珍藏的佛教经卷无不遭到毁灭性的破坏,且太平天国所攻占之地多为禅宗名寺聚集之所,故而在战争的破坏下,化为灰烬者不计其数。例如,在安徽,"贼勒焚神像,藏匿者有罪";在南京,"贼遇庙宇悉谓之妖,无不焚毁。……间遇神像,无不斫弃";在镇江,"贼于神像无不毁坏";在苏州,"及贼入城,庙宇寺院神像,莫不铲毁";在绍兴,"贼最恶神佛,遇祠庙必毁,否则以刀砍塑像。或以粪污涂之,目为土妖";在海宁,"毁拆观庙无算";在南昌,诸寺庙"类不可胜数,皆焚毁殆尽";湖口,"乡下庙宇尽行拆毁";甚至未在太平天国核心控制区的山东临清,亦有毁庙拆寺的记载,"各庙神像皆毁,文庙大成殿焚,圣像及两庑木主无存者"[2]。伴随着佛教寺庙的毁坏,大量经卷或流失或遭战火毁坏;至于僧侣,或战死或逃亡;再有,据《人口与中国的现代化:1850年以来》估计,太平天国运动导致中国人口损失至少8700万[3]。因此,在漫长的历史时期内,中国佛教呈现出佛寺毁坏,经卷缺失和后续僧伽人才不足的困境,佛学更是一片凋零。

与太平天国运动对佛教所造成的损害一样,清末至民初的"庙产兴学"

---

1 〔日〕野上俊静等:《中国佛教史概说》,释圣严译,台湾商务印书馆,1993,第196页。
2 参见李文海《太平天国统治区社会风习素描》,《太平天国学刊》第3辑,中华书局,1987,第7—15页。
3 葛剑雄等:《人口与中国的现代化:1850年以来》,学林出版社,1999,第109页。关于太平天国所造成的人口损失,可详见华强、蔡宏俊《太平天国时期中国人口损失问题》,《晚清国家与社会》,社会科学文献出版社,2007,第64—75页。

在近代中国造成逐僧毁寺的汹涌狂潮，"传统佛教几乎奄奄一息"[1]。清末民初中国佛教经历了两次"庙产兴学"：其一以康有为和张之洞为代表，以光绪帝下诏在全国推行为高潮；其二以中央大学教授邰爽秋的"庙产兴学促进会"和内政部长薛笃弼主持制定的《寺庙管理条例》二十一条为标志，其大致在1926—1937年间推行。关于第一次"庙产兴学"兴起的原因，有学者分析："宗教政策的形成，不外两个因素，一为当时特定的状况必须如此；一为传统政策的延续。以清代的'庙产兴学'政策来说，正是上述双重因素的结合。"[2] 换言之，清末"庙产兴学"的兴起是内外双重政策叠加的产物，即将包括佛教财产在内的财务纳入现代国家体系中，以普及现代教育，推动"教育救国"。因此，这一将寺产用于兴学办教育的理念在晚清部分知识分子脑海中始终存在，而最终对社会产生巨大效用的便是康有为的《请饬各省改书院淫祠为学堂折》，其中说道：

> 我各直省及府州县，咸有书院，……而中学、小学直省无之。莫若因省府州县乡邑，公私现有之书院、义学、社学、学塾，皆改为兼习中西之学校。……并鼓动绅民，捐创学堂，……查中国民俗，惑于鬼神，淫祠遍于天下。以臣广东论之，乡必有数庙，庙必有公产。若改诸庙为学堂，以公产为工费，……则人人知学、学堂遍地。[3]

由此可见，康有为建议光绪皇帝将省府州县之庙宇改为学校的原因有二：第一，由于佛教是迷信，因此民众接触佛教则使他们深受迷信的影响而不利于"教育救国"；第二，中华民族危机的加剧，尤其是甲午战争的失败，有

---

1 洪修平：《中国佛教文化历程》（增订版），江苏教育出版社，2005，第274页。
2 江灿腾：《太虚大师前传》，台湾新文丰出版公司，1993，第38页。
3 汤志钧等编：《中国近代教育史资料汇编 戊戌时期教育》，上海教育出版社，2007，第113—115页。

识之士迫切渴望全民接受西方文明，故康有为建议改庙宇为"兼习中西之学校"。虽然康有为的这一建议随着戊戌政变的失败而沉寂，但是"庙产兴学"之真谛却由晚清名臣张之洞以《劝学篇》的形式再次提出：

> 今天下寺观，何止数万？都会百馀区，大县数十，小县十馀，皆有田产，其物业皆由布施而来，若改作学堂，则屋宇田产悉具，此亦权宜而简易之策也。方今西教日炽，二氏日微，其势不能久存，佛教已际末法中半之运，道家亦有其鬼不神之忧，若得儒风振起，中华又安，则二氏固亦蒙其保护矣。大率每一县之寺观，取什之七以改学堂，留什之三以处僧道，其改学堂之田产，学堂用其七，僧道仍食其三。计其田产所值，奏明朝廷旌奖。僧道不愿奖者，移奖其亲族以官职。如此，则万学可一朝而起也。[1]

由上可知，在"庙产兴学"的具体主张上，张之洞与康有为并无多大差异，无非张之洞更趋保守，即为僧道保留十分之三的田产和庙宇，而康有为并未有此主张。既然政治家和思想家之主张完全一致，那么"庙产兴学"便在一定程度上反映出时代的共识。不过，随着慈禧太后再次垂帘听政，包括"庙产兴学"在内的改革曾被废除。到1903年，慈禧太后推动了更为激烈的"庙产兴学"运动，颁布《奏定学堂章程》和《劝学所章程》，其中规定的地方学堂之经费便涉及"庙产兴学"。因此，包括依仗不平等条约庇护的基督教教会、土豪劣绅和官匪不分的强盗等各种集团打着"兴学"的旗号侵蚀着庙产。民国初年，"庙产兴学"之风再度兴起，如安徽蒙城县公署于1918年援引《管理寺庙条例》认为：一、有庙无僧之庙产全部征用。二、有僧而不

---

[1] 张之洞：《劝学篇》，广西师范大学出版社，2008，第75—76页。

通晓经典者，全部征用（仅将一少部分给与令之还俗）。三、有僧且深通经典，适宜酌量征用其大部分。后来更进一步，凡一僧兼为他庙住持者，则视为无住持之庙。如此则全县各村共有二百五十三所寺院，应被征用。[1]

最后，基督教在中国的广泛传播和西方话语模式对中国佛学的影响。据《剑桥中华民国史》记载："到1919年，中国关内和满洲共有1704个县，除106个县外，都报道有新教徒的传教活动。"[2] 无疑，基督教的快速传播对固有宗教造成巨大的冲击，进一步瓦解传统观念所维系的价值体系，并遭到知识分子的反对。如晚清名臣沈葆桢所指出的："通商罔利，情尚可容；邪说横行，神人公愤。"[3] 另一知识分子李东沅亦说道："通商则渐夺中国之利，传教则并欲夺华人之心。"[4] 从表面上看，基督教在华的大规模传播网罗了庞大的中国老百姓，这使得传统的价值体系在民间社会不断萎缩，乃至衰亡，即所谓争取"领地"的较量。然而，就实质而言，作为西方文明之重要代表的基督教，其目的在于变更"人心"，即改变传统的价值理念和行为范式。在基督教的"挤压"之下，佛教开始仿效基督教以塑造自身的"公共性""现代性"和"学术性"，如早期的杨文会仿效现代教育创办祇洹精舍，培养现代佛教人才，随后的梁启超和熊十力等人借助西方的批判方法对佛教进行再诠释，以及太虚、圆瑛和巨赞等法师创办孤儿院等公益事业。无论是国内政治势力的打压，还是外部基督教的"挤压"，导火索均可追溯至西学的东渐，在此境遇下，中国佛学之困境愈加凸显。

综上所述，无论是晚清佛教仅呈现出经忏佛事的面貌，还是太平天国运动对佛寺的毁灭和佛教经卷的破坏，抑或是两次"庙产兴学"运动对中国佛教的破坏与重构，或直接源于西学东渐的影响，如太平天国运动反对偶像崇

---

1 转引自东初《中国佛教近代史》上册，台湾中华佛教文化馆，1974，第106页。
2 费正清等编：《剑桥中华民国史（1912—1949）》上卷，中国社会科学出版社，1994，第159页。
3 沈葆桢：《船政大臣沈葆桢条说》，见王明伦选编《反洋教书文揭帖选》，齐鲁书社，1984，第325页。
4 李东沅：《论传教》，见王明伦选编《反洋教书文揭帖选》，齐鲁书社，1984，第37页。

拜的主张和第二次"庙产兴学"运动对佛教的现代性重构，或间接受西学东渐之结果的影响，如数次外敌的入侵使得中华民族危机加剧，从而使得政界和思想界迫切欲革新教育，试图借助现代教育的方式实现救国主张，而处于日渐衰落和作为"迷信""落后"与"愚昧"代名词的佛教正好为这一主张提供了部分教学场地和资金。因此，可以说，晚清民国时期的佛教现状很大程度上是西方"挤压"下的产物，其所呈现的特征具有鲜明的历史性，即西学形塑着晚清民国时期的中国佛教。

二 近现代中国佛学的转型

近代早期，中国佛教对现代性的回应主要呈现两种模式：一是基于佛教立场的以杨文会为代表的居士佛学模式，其方法是刊刻佛典、创办僧才教育和佛学研究机构，以推进佛学的现代化。二是基于现实政治立场的以维新派人士为代表的政治佛学模式，其方法是挖掘佛教中的思想资源，或接引西方思想，或希冀振奋民族精神，以实现救亡图存的目的。这两者从不同的角度推动了中国佛学的现代化转型，并为佛教的入世转型开拓了道路。

（一）回应现代性之尝试之一：佛教立场

梁启超在《清代学术概论》中曾讲道："晚清所谓新学家者，殆无一不与佛学有关系，而凡有真信仰者率归依文会。"[1] 在这一论述之前，梁启超简单梳理了在中国近代思想史上受杨文会佛学思想影响的巨擘，如与杨氏有师承关系的谭嗣同，维新派中枢性人物康有为和梁启超，以及革命派旗手章太炎。在《中国佛法兴衰沿革说略》中，梁启超对杨氏评价道："晚有杨文会

---

1 梁启超：《清代学术概论》，上海古籍出版社，1998，第99页。

者，得力于《华严》而教人以《净土》。流通经典，孜孜不倦。今代治佛学者，什九皆闻文会之风而兴也。"[1] 此外，美国哈佛大学东亚研究中心的霍姆斯·维慈教授将杨文会称作"中国佛教复兴之父"；太虚法师将杨文会称作"中国佛学重昌关系之最巨之一人"；印顺法师称杨文会为"最具世界眼光"的佛学居士；中国佛教协会会长赵朴初在谈到杨文会居士时也说"近代佛学昌明，义学振兴，居士之功居首"。由此可见，杨文会不仅是近代中国佛教的灵魂性人物，而且是中国近代佛学转型的关键性思想家。

概言之，于近代中国佛学之复兴，杨文会主要在如下四个方面回应了现代性和开启了中国佛学的现代性转型：一是从刊刻佛经到《藏要》的编撰与整理；二是创办新式佛教教育和佛学研究机构，培养新式僧才，如创办祇洹精舍；三是借助西学，以及将比较宗教学和比较语言学等方法引入佛学义理研究；四是创办面向世界的佛学研究会，推动佛学的世界化。

由于太平天国运动对佛教造成毁灭性的破坏，杨文会认为"末法世界，全赖流通经典，普济众生"[2]，因此他创办金陵刻经处，刊刻佛教经典以补充因破坏而损毁的佛典，并着手整理出版《藏要》（在其弟子欧阳竟无的努力下最终完成）。在杨文会创办金陵刻经处后，又有郑学川创办江北刻经处和曹镜初创办长沙刻经处，以及陆续出现了毗陵刻经处（常州）、北京刻经处和天津刻经处。"这几处刻经处以金陵刻经处为中心，根据统一的刻经版式和校点体例，互相分工合作，为近代佛教典籍的刊刻，作出了重要的贡献。"[3] 为了刻经，杨文会除了四处搜寻散佚在国内的佛教经典外，还在友人南条文雄的帮助下，从日本寻回多部在我国失传已久的隋唐古籍注疏，如《中论疏》《百论疏》《三论疏》《唯识述记》和《楞严策略》等。据不完全统计，在杨

---

1 梁启超：《佛学研究十八篇》，中华书局，1989，第14页。
2 杨文会：《杨仁山卷》，武汉大学出版社，2008，第393页。
3 刘梦溪：《中国现代学术经典：杨文会欧阳渐吕澂》，河北教育出版社，1996，第4页。

文会主持金陵刻经处的四十余年时间内，共刊刻经典百余万字，印刷佛像十多万张。在金陵刻经处成立之初，杨文会便订下了"三不刻"原则，即"凡有疑伪者不刻，文义浅俗者不刻，乩坛之书不刻"[1]，所刊刻的佛教经典都经过严格的筛选和审慎辨析，同时还对典籍做了精细的点校和句读。因此，杨文会领衔刊刻的佛教典籍并非简单的刊刻，而是一种被现代学术称作"目录学"的学术研究，具有现代学术的韵味。如有学者所指出："唯金陵刻经处一以近代视界精选，二在精研基础上作提要导读，三经精勘精校然后付印，此皆为难得。"[2] 换言之，无论是所刊刻佛典的原则，还是对佛典所做的导读，都是在近代视野下的产物。

就其编藏思想而言，亦具有现代目录学的韵味。毋庸置疑，杨文会的编藏思想，无论是取材标准，还是结构体系，都具有维护正法传统，沿袭传统编藏脉络的特质，如在结构体系上继承《开元释教录》和《阅藏知津》的体系，又受当时日本印行的《续藏》之新的编撰模式、现代印刷方法和传播手段的影响。正因如此，他曾坦言："似驳杂，特加以选择归于纯正，详订书目，编辑提要，以示门径"[3]，即既有对佛教传统藏要编撰学的继承，又有将现代目录学的方法纳入其所编辑的藏要中的尝试。在杨文会的编藏思想中，最能体现他对现代性回应的是在分类目录中将"净土部"和"法相部"从"方等部"分别出来。对此，有学者认为这"显然与杨文会本人的佛学思想以及晚清净土宗的流传与法相唯识学的兴起有密切关系"[4]。换言之，杨文会通过在编辑《藏要》中将净土与法相两宗的经典单列出来，以此来反映时代思想状况和借助唯识学回应现代性。由于杨文会认为净土宗是修行证悟最便易的法门，"求其至简至要者，无过此宗。他宗难而此宗易，他宗缓而此宗

---

[1] 杨文会：《杨仁山全集》，周继旨点校，黄山书社，2000，第467页。
[2] 邓子美：《佛教义学研究新局的启动——论杨文会之思想开创意义》，《法音》2016年第7期。
[3] 杨文会：《杨仁山卷》，武汉大学出版社，2008，第395页。
[4] 方广锠：《杨文会的编藏思想》，《中华佛学学报》2000年第13期。

速。曷不择其易而速者行之，而以一门摄一切法门耶"[1]，因此他格外关注净土文献，其第一部刊刻的佛教经典便是《净土四经》。

杨文会格外重视法相唯识学，并在《藏要》中将其单列，重要的原因在于，随着西学的传入，人们发现"唯识学跟近代西方传来的学术思想，有相当相似的关联，如科学观念、哲学系统，都是有体系，有组织的学问""在中国，甚至包括印度，能与西方哲学相匹敌，组织化、系统化，从一个观念，而引导出许多连锁观念、系统观念，在整个东方各家学说中，就唯有唯识最具此种精神"，以至于"几乎所有研究佛学的，莫不以唯识为第一研究步骤"[2]。正因为处于这样的时代思潮中，杨文会才在《藏要》编撰上对唯识学的经典格外重视。此举可视为杨文会借助编辑藏要的方式对现代性的回应。虽然此举只是工具性的，但所引发的后续结果是持久且绵长的。如张曼涛所说："在现代中国几个可数的思想家中，无不跟唯识学发生过关联。主要者如熊十力、梁漱溟、景昌极、梁启超、章太炎等莫不如是。即使深受西洋哲学影响，而不以东方哲学为意的，如金岳霖、张东荪等，亦对唯识学深表崇意。"[3] 也就是说，杨文会所践履的重视唯识学的风气不断在西学传入的大潮中得到士林的重视，从而作为一种对现代性的回应。

由于深感中国佛教僧才的素质低下，如杨文会所感慨的："盖自试经之例停，传戒之禁弛，以致释氏之徒，无论贤愚，概得度牒；于经、律、论毫无所知，居然作方丈开期传戒"[4]，再加上受到斯里兰卡居士达摩波罗欲请人赴印度宣传佛教和基督教在华传教士创办教会学校培养传教人才的刺激，杨文会在陈三立和沈曾植的支持下于1907年在南京创办祇洹精舍，致力于培养僧

---

    1   杨文会：《杨仁山卷》，武汉大学出版社，2008，第38页。
    2   张曼涛主编：《现代佛教学术丛刊》第23册《唯识学概论·编辑旨趣》，台湾大乘文化出版社，1978，第1—2页。
    3   张曼涛主编：《现代佛教学术丛刊》第23册《唯识学概论·编辑旨趣》，台湾大乘文化出版社，1978，第1页。
    4   杨文会：《杨仁山卷》，武汉大学出版社，2008，第237页。

才。祇洹精舍在学制和学习内容两方面都镌刻着时代特征，是对现代性冲击佛教之回应。在学制方面，杨文会曾在信中咨询过友人南条文雄，了解日本"佛教各宗大小学校种种章程"，以规划祇洹精舍的相关制度。在此基础上，他参照社会学校的体制，"仿照小学、中学、大学之例"各为三年，定为九年制的学制。在祇洹精舍的九年僧才教育中，"前三年学习基础经论，如《四十二章经》……学成为'初等'，可准受沙弥戒；后三年学稍深知经律论，学成可受比丘戒，为'中等'，并给度牒；最后三年研修教、律、禅、净等专门之学，学成能讲经说法者，为'高等'，可准受菩萨戒，并换牒"。九年学成后，方能作方丈，"开堂说法，升座讲经，登坛传戒"[1]。由此可见，祇洹精舍虽然不是世俗意义上的学校，但是在学制方面对之多有借鉴。

此外，祇洹精舍在教学内容上亦多有创新。甚至可以说，祇洹精舍所教授的内容基本是对现代性的回应。祇洹精舍借鉴基督教教会在华的办学经验，如将在教会学校入学的学生分为"教内班"和"教外班"，杨文会亦在祇洹精舍内如此行。面对不同种类的学生，杨文会制定了不同的教学内容。虽然在"教内班"以佛学教育为主，但亦学习"普通学"，如语文、算法、史学、地理、梵文、英文和日文等。若在"教外班"，则学生们所学习的内容偏重正好与"教内班"的学生相反。如此，祇洹精舍不仅成为中国现代僧才教育的基地，还成为普通国民教育的样本。值得注意的是，无论是教内班还是教外班，学生都需要研修佛学、汉文和英文三门课程。无论是佛学课程还是汉文课程，都是为了夯实中国僧才的佛教义理水准，且与传统的佛教精舍相类似，但英文课程的设置则使得祇洹精舍具有浓厚的时代特征。依照杨文会的设想，经祇洹精舍培养的僧才可以成为前往印度弘扬佛法和学习梵文的人才[2]。虽然由于经费的问题，祇洹精舍只坚持办学不足两年，但是其在近代

1　吕建福：《金陵刻经处与近代佛教教育》，《法音》1998 年第 5 期。
2　日后在中国佛教革新运动中扮演关键性角色的太虚法师即在此时入学祇洹精舍。

佛教史上和中国教育史上却有着极为深远的影响。无论是祇洹精舍的学制，还是其教学内容都可视作是杨文会在现代性大潮冲击中对佛教教育的探索，是对现代性的回应，即积极吸收现代性的相关内容。释东初在《中国佛教近代史》中对祇洹精舍评价是："为中国佛教种下革新的种子，无论于佛学发扬，或教育设施，以及世界佛化推进，无不导源于此。"[1] 印顺法师亦评价道："为佛教人才而兴学，且有世界眼光者，以杨氏为第一人！"[2]

杨文会两次出使欧洲，"考察英国政治、制造诸学，深明列强立国之源"，并发出西方国家的富强之源在于其宗教的感慨。因此，他回国后，就试图仿效欧洲诸国借助佛教以振兴国家。除刊刻佛典、兴办僧才教育和成立佛教团体外，还创办了中国近代第一个居士佛教组织"佛学研究会"，推动佛学研究。杨文会借助佛教振兴国家以应对现代性还表现在其佛学思想方面，"在思想上，他推崇《起信》；在践履上，他归心'净土'"[3]。杨文会缘何一方面推崇华严，另一方面归心净土？有学者分析："华严宗的《大乘起信论》被他称为'入道之门'，而净土宗的三经一论（《无量寿经》《十六观经》《阿弥陀经》和《往生论》）则被称之为学佛的'津梁'。学佛者只要精勤修习华严净土二宗的'深妙经论'，便能消去妄情，策励志气，勇锐直前，求得自他二力并生，'如车两轮，如鸟两翼'，保证顺利往生净土。"[4] 值得注意的是，晚年的杨文会转向唯识学。在近代思潮中，唯识学被视作是接引西方文化和最具科学理性精神的方式，而净土思想则是佛化人间最便捷的方式。因此，于杨文会而言，其无论是早期对华严宗的关注，还是晚年对唯识学的青睐，均可视作其借助佛教振兴中国和应对现代性的方法；而其对净土思想的青睐，既有传统佛学发展之惯性，又可视作是其佛化人间的目的，因为在他

---

[1] 东初：《中国佛教近代史》上册，台湾中华佛教文化馆，1974，第80页。
[2] 印顺：《太虚大师年谱》，中华书局，2011，第24页。
[3] 郭朋等：《中国近代佛学思想史稿》，巴蜀书社，1989，第6页。
[4] 唐文权：《杨文会与清末佛教革新运动》，《中国文化》第11期（1995年第1期）。

看来，明白唯识的道理，将有助于净土的实现，提倡唯识学和归心于净土在他那里是一致的。[1]

由此，我们便会发现杨文会的佛教思想具有如下两个面向：一是"看到了西方'政'与'教'相资为用的方面，工商文明的发达与宗教的繁荣并时而起"；二是"杨文会有见于讲求实利的世俗化社会给宗教带来的压力，所以他要'超克'这种现代性的精神疾病，用佛教的精神关怀来治愈现代社会的病态"[2]。由此可见，杨文会一方面发现了现代社会的弊病，即人文精神的缺失，并提出治愈这一弊病的良方在于佛教，从而期望净土思想成为"超克"现代性弊病的思想力量；另一方面，杨文会还发现宗教对现代社会的积极促进作用。因此，他不断地从佛学中挖掘接引现代文明的因素，具体表现在从早期青睐华严到晚年提倡唯识。无疑，杨文会有关现代社会弊病的观察和开出治愈现代社会弊病良方的探索都具有先知式的敏锐性。然而，问题的症结亦恰恰在此：在一个尚未进入现代社会的国家，甚至全社会依然笼罩在古典思维方式的视域下，思考现代社会之弊病和提出相应的应对方法虽然具有强大理论探索的勇气，但未免脱离了中国的现实国情。因此，这样的思考，不仅使得在未来的中国思想界始终弥漫着这一情节，还导致在现实中的现代性转型呈现为蹑手蹑脚和举步维艰的情状。今天来看，杨文会的佛教思想不仅是对现代性的回应，而且也具有如何面对后现代性社会的探索性。

另外，杨文会对西方自然科学知识也有借用，例如他为了诠释佛经中的"风金相摩，故有火光，为变化性。……林薮遇烧成土，因绞成水，交妄发生，递相为种"的说法，引入西方自然科学知识中有关极光、火山和电学等知识来加以诠释："此相摩而生之电气，遍于寰宇，激则现出火光。近北极处有时见半圆光彩照耀空中，名北方晓，最为奇观。变化性者，以电气最能变

---

[1] 详参洪修平《近代佛教文化的复兴与杨文会及金陵刻经处》，《佛学研究》2007年刊。
[2] 蒋海怒：《晚清政治与佛学》，上海古籍出版社，2012，第83页。

化物质故也。此非上蒸之火,盖上蒸之火在地内,有时地裂而出,则为火山,声震天地,烟灰漫空而下,热汁奋迅而流,埋没城市,毙人无算。古时发现者,火焰至今不熄,近时又有几处发现矣。"[1] 这里,他运用摩擦生电诠释"风金相摩,故有火光",运用火山爆发的情景附会式地诠释佛经中描绘的超自然现象等。此外,他还曾运用近代天文学的知识诠释佛经"三千大千世界无量无数":"近时天文学家所测者,可以比量而知,其说以日为宗,有多数行星绕日而转,地球其一也。自体无光,仅日光以为明照。即以此绕日之多数地球,作为一小千世界。空中之恒星与日相同,每一恒星有多数地球绕之,即是中千世界。推而至于大千世界,莫不皆然。凡地上之人目所能见者,通为娑婆大千世界。西人谓之一星林。用最大天文镜窥之,空中有无数星林。即是无数大千世界。"[2] 这里,杨文会运用地球、太阳与恒星之间的位置关系,并套用近代天文学知识中的星云学说来诠释佛教中的"小千世界""中千世界""大千世界"和"无数大千世界"。以上这些解释,都是杨文会借助佛教接引西方文化、以西方文化来诠释佛教的一种浅显而易于操作的格义行为。

(二)回应现代性之尝试之二:政治立场

晚清的佛学思想家多将佛学融合于公羊学中,如梁启超在《清代学术概论》中所说的"今文学家多兼治佛学"[3]。对此,从政治的立场来看,佛学成为论证政治改革的一剂辅料;但若从佛学的视角来看,则是使得佛学参与到包括政治在内的社会生活中,从而实现佛学的现代性转型。虽然在这一转型的过程中,以政论为目标的晚清今文学家们始终对这一转型持无意识的立场,

---

[1] 杨文会:《杨仁山卷》,武汉大学出版社,2008,第48页。
[2] 杨文会:《杨仁山卷》,武汉大学出版社,2008,第50页。
[3] 梁启超:《清代学术概论》,上海古籍出版社,1998,第99页。

但这一过渡却构成了中国佛教入世转型的重要组成部分,其中以康有为、谭嗣同和早期的梁启超为主要代表。关于晚清佛学的这一转变,孙宝瑄在日记中写道:"我国向来治佛学者,大抵穷愁郁抑不得志之徒,以此为派遣之计,故堕于空也。若能真治佛学者,其慈悲热力,不知增长若干度,救世之心愈切矣。救世之心切,则一切有益于群之事,无不慷慨担任,且能勘破生死一关,如谭浏阳其人者,谁谓佛学之空哉!且以经济著名如康梁辈,皆研治佛学之人,如谓习佛便空,则此一辈人皆当息影空山,为方外人,何必抢攘于庙堂之上,以图变法救国耶!"[1] 具体而言,有康有为将佛教出世的人生观转变为入世的社会理想,甚至在《大同书》中经康有为创造性的转化,传统佛教的"极乐世界"之超验世界的净土观转变为一种线性的"解脱历史观"[2];有谭嗣同主张杂糅着西学、佛学和公羊学的仁学体系,由此佛学成为接引西学的津梁;还有梁启超通过佛学阐发维新变法政治思想和借助佛教接引西学,从而使唯识学成为与康德哲学相媲美的显学以及佛学成为倡导平等与自由等现代政治概念的学说。

1. "三世"学说、"大同"理想与进化论

关于康有为的历史哲学,梁启超将其概括为"进化哲学":"先生之哲学,进化派哲学也。中国数千年学术之大体,大抵皆取保守主义,以为文明世界,在于古时,日趋而日下。先生独发明《春秋》三世之义,以为文明世界,在于他日,日近而日盛。盖中国自创意言进化学者,以此为嚆矢焉。先生于中国史学,用力最深,心得最多,故常以史学言进化之理……又以为世界既进步之后,则断无复行退步之理,即有时为外界别种阻力之所遏,亦不过停顿不进耳,更无复返其初。故孟子言'天下之生久矣,一治一乱',其说主于循环;《春秋》言据乱、升平、太平,其说主于进化。二义正相反对,

---

[1] 孙宝瑄:《忘山庐日记》(上),上海古籍出版社,1983,第392—393页。
[2] 成庆:《晚清士人的普世主义想象:以康有为〈大同书〉为例》,《知识分子论丛》2013年第11辑。

而先生则一主后说焉……先生于是推进化之运,以为必有极乐世界在于他日。而思想所极,遂衍为大同学说。"[1] 这里,"进化"是指社会的推陈出新,但是与达尔文之进化论并无关系,而是与公羊学之"三世"学说紧密相连,并与孟子之"一治一乱"的历史哲学相左。既如此,在康有为的历史哲学中,公羊学之"三世"学说与佛教有何关系?在康有为看来,不仅孔子有"三世",佛教亦有"三世":"孔子有三统、三世,儒与佛同。"[2] 为了论证孔子之"三世"说与佛教之"三世"说在本质上是相同的,康有为将佛教的"轮回"思想宽泛化,即从原指众生摆脱"六道"(天、人、阿修罗、地狱、饿鬼和畜生)的佛教专门术语转变为一般概念,具有"转动不停,无有止息"[3]之意。值得注意的是,如梁启超所总结的,康有为历史哲学的终极目的在于"大同",因此,这便意味着传统佛教之循环时间观转变成了一种线性的时间观,即在康有为的历史世界中,大同世界的理想能够借助"张三世"和"通三统"的方式达到,而非一种循环往复的世界理想。

那么,康有为的"三世"说有怎样的内涵呢?"三世"说源起于《春秋公羊传》,经董仲舒、何休等人的发挥,逐渐形成为一种中国古代的社会历史学说。至近代时,康有为以三世说为底本,勾勒出中国乃至世界历史演进的方向,即乱世—升平世—太平世,并以此来为其改革提供理论支撑,从而应对西学的挑战。据《南海康先生口说》记载,康有为认为:"《春秋》分三世,有乱世,有升平世,有太平世。乱世无可得言治。升平世分为三统:夏、商、周,治。太平世亦分三统:亲亲、仁民、爱物。中国称尧、舜,犹西国称英齐。中国称孟、荀,即婆罗门称马鸣、龙树也。"[4] 由此可见,在康有为

---

[1] 梁启超:《康南海之哲学》,《梁启超全集》第1册,北京出版社,1999,第489页。
[2] 康有为:《万木草堂讲义·七月初三夜讲源流》,《康有为全集》第2集,中国人民大学出版社,2007,第288页。
[3] 魏义霞:《佛学:康有为哲学的主要来源》,《哲学分析》2011年第2期。
[4] 康有为:《南海康先生口说》,中山大学出版社,1985,第15页。

看来，每一世中皆有三统，也即乱世、升平世和太平世中囊括着九统，且此三世在人类历史中依照顺序不断更迭，最后达到大同社会。正如他所言："所传闻世为据乱，所闻世托升平，所见世托太平。乱世者，文教未明也。升平者，渐有文教，小康也。太平者，大同之世，远近大小如一，文教全备也。大义多属小康，微言多属太平。为孔子学，当分二类，乃可得之。此为《春秋》第一大义"[1]，又说道："故立三统三世之法，据乱之后，易以升平、太平，小康之后，进以大同。"[2] 由此可见，在康有为的"三世"说中，乱世、小康和大同世界依照顺序呈现为一种线性式的发展。因此，康有为的这一历史哲学是一种线性式的历史哲学，其时间观是线性时间观。换言之，在康有为的"三世"说中，乱世、小康和大同世界并非如董仲舒所总结的依照顺序次第出现，而是沿着所谓"进步"的方向不断前进，并最终达到大同世界[3]，也即从一种对原始时期的复归的时间观转变为一种以过去为基础的延续的时间观。[4]

从表面上看，在"三世"历史哲学中，康有为借助了佛教的思想，例如以轮回诠释人类历史的进步，以三世诠释进化的轨迹和以未来诠释进化的目标，但究其实质而言，康有为所援引的佛教概念都经过了其创造性转化，也就是经社会进化论改造的佛教思想，因而它们甚至完全有别于在传统佛教中的意蕴。即便如此，在"庙产兴学"的历史处境中，康有为对佛教思想的重

---

[1] 康有为：《春秋董氏学》（卷2），《康有为全集》第2集，中国人民大学出版社，2007，第324页。
[2] 康有为：《康有为全集》第7集，中国人民大学出版社，2007，第6页。
[3] 据汤志钧考证，康有为的这种社会进化思想来源于今文经学，而非其后由严复所译的《天演论》（参见汤志钧《再论康有为与今文经学》，《历史研究》2000年第6期）。茅海建则在《再论康有为与进化论》（《中华文史论丛》2017年第2期）中认为："康有为在戊戌政变之前接触过严复所译、所写的《天演论》及其他著述，在戊戌政变之后又接触到日本传播的进化论思想。"但康有为虽然很早便接触到进化论思想，却对进化论思想并未真正理解，且在《大同书》中将"进化"与"天演"当作两个不同内涵的概念进行使用。据茅海建所做出的"几乎所有的先行研究都认定，康有为的学说在不同程度上受到了进化论的影响，并由此推导出各种结论来"的论断来看，其似乎并未参考汤志钧的相关研究。
[4] 有关康有为的历史哲学，可参见王汎森《近代中国的线性历史观——以社会进化论为中心的讨论》，《新史学》2008年第2期。

视使得佛教在"三千年未有之大变局"的危局中进入政治领域,并经康有为的创造性转化而生出现代"时间意识"之花,这对于此时的佛教而言乃莫大的鼓舞。当然,康有为的"三世"历史哲学并非孤立的,其形成乃是以儒家的"政治救世"为前提,以佛教的人生观与世界观为基础,以大乘佛教的"极乐世界"为终极目标,亦即"大同"的乌托邦理想。那么,康有为汲取了佛教的何种资源用于在面临西方文化颠覆传统的情势下建构其乌托邦理想呢?

康有为欲建构的乌托邦理想模型主要体现在其《大同书》中。透过他所阐释的世间之苦的原因和解决世间之苦的方法可发现,康有为将传统佛教认为的苦之源"贪瞋痴"置换为"九界",亦即从传统佛教所认为的个体性的和内在性的原因转变为一种社会性的和历史性的原因。因此,达至理想之境的途径与方法亦相差甚远,传统佛教认为是个体的内在修炼,而康有为则主张消除上述社会性和历史性的原因,因而前者是一种道德的和信仰的革新,而后者则是一种社会的和历史的变革。从康有为《大同书》的整体框架而言,其取法于佛教甚多,但在内容上却将大量的不合乎其社会变革理论的内容剔除,而置换为"破除九界",并援引佛教的"极乐世界"思想用于建构其大同社会。这主要反映在《大同书》的乙部至癸部,康有为阐释了种种"破除九界"的措施,其目的则不外乎实现"平等",而"人类既平等之后,大仁益益矣"[1]。最后,"去类界爱众生",实现众生之间的平等。这样,就能最终达至"去苦界至极乐",其对种种极乐的描绘,亦体现出了对佛教所主张的"极乐世界"的模仿。

综上所述,无论是康有为的"三世"历史哲学,还是"大同"世界的乌托邦理想,都浸透着佛教思想。关于前者,康有为将传统佛教的"轮回"学

---

[1] 康有为:《康有为全集》第7集,中国人民大学出版社,2007,第49页。

说融入儒家之"三世"说中,并在近代民族危机加剧的背景下创造性地建构了一种以线性时间观为脉络,以社会进步为方向,以实现大同社会为终极目标的历史哲学。关于后者,虽然沿着上述历史哲学的逻辑,大同社会是其前进的目标,但关于大同社会的具体刻画,康有为同样大量援引佛教思想,尤其是"世间法界"和"出世间法界"思想,以及净土之"极乐世界"的思想。与创造性地建构其历史哲学一样,康有为的"大同社会"同样大大区别于佛教的"极乐世界",其乃是一个具有历史普世主义特质的乌托邦[1]。虽然从表面上来看,无论是"极乐世界"还是"大同"社会都具有普世主义的特质,但前者之普世在于其彼岸特质,而后者之普世则在于现实世界,并借助"破除九界"的方式得以实现,故而具有历史的普世性。佛教思想被康有为创造性地加以运用,从而使得佛教在"庙产兴学"的时代不再是迷信和落后的代名词,而是堂而皇之地进入社会政治领域,并借助以康有为为代表的思想家的改造而逐步开始其现代性转型。

2. "仁"本体论与唯识学

就谭嗣同而言,其佛教思想主要体现在其《仁学》一书中。与康有为一样,在民族危机加剧和西学传入日盛的背景下,谭嗣同不只是借助佛教思想,还大量援引儒学和耶教思想,甚至有学者认为谭嗣同的《仁学》欲建立一套以"以太"和"心力"为基础,以"天地万物一体之仁"为核心的新孔教。由此可见,佛学思想在谭嗣同的思想框架中同样只扮演着一剂辅料的作用。具体而言,被谭嗣同用于建构新孔教的佛学思想主要包括如下三种:第一,借助法相唯识宗的"三界惟心"教义阐释以仁为本体的世界观。第二,以佛

---

[1] 关于康有为的历史普世主义产生的原因,葛兆光认为,康有为一方面要挣脱传统的天下中央和想象朝贡的观念,确立一种普遍的世界主义原则,另一方面要面临西洋文化对传统的颠覆,凸显自我的民族主义立场,因而要在民族主义和世界主义之间的夹缝中寻找近代性的新路(葛兆光:《西潮又东风:晚清民初思想、宗教与学术十讲》,上海古籍出版社,2006,第227—228页)。也就是说,葛兆光认为康有为历史普世主义的产生是在民族危机的背景下,康有为挖掘儒家之天下观念才形成的。显然,葛兆光是将康有为置于儒家思想的脉络中,而未探究康有为这一观念形成的佛教背景。

教"众生平等"的教义为津梁阐释人人平等的思想[1]。第三，借助唯识学接引西方科学，力图实现中国社会的启蒙。由此可见，对于佛教思想的运用，谭嗣同并非基于一种纯粹宗教意义上的探讨，而是一种类似于佛教传入初期时所采用的"格义"方法，即用佛教的思想观念去接引西方的自然科学知识（以太）、宗教（耶教）和政治思想（如平等）等，以建构一套世界观、人生观和价值观，从而达到为维新变法提供理论支撑的目的。因此，从本质上来看，《仁学》仍是一本政论性的著作[2]。但是，就客观结果而言，经谭嗣同这一创造性的驳杂诠释，不仅使得佛教融入谭嗣同的个人生活中，还使得以法相唯识宗和华严宗为代表的中国佛教宗派的思想不断融入近代中国社会思潮，成为中国文化现代性转型的重要组成部分。

为了建构其以"仁"为本体的世界观，谭嗣同在《仁学》中写道："仁以通为第一义；以太也，电也，心力也，皆指出所以通之具。以太也，电也，粗浅之具也，借其名以质心力。"又说："仁为天地万物之源，故唯心，故唯识。"[3] 由此可知，谭嗣同认为"仁"是世界的本体，但为了说明这一点，便援引了西学的"以太"和佛教的"故唯心，故唯识"，从而将儒家所强调的"仁"与西学和佛教的"心""识"联系了起来。为了进一步诠释作为世界之本体的"仁"，谭嗣同还援引佛教中的"性海"与"慈悲"来加以诠释。如他所说："凡为仁学者，于佛书当通《华严》及心宗、相宗之书。"[4] 由此我们可以得出如下结论：第一，基于模仿"以太"在西学中的本体论地位，谭嗣同建构了一套以"仁"为核心的本体论，但出于接引"以太"说的必要性，谭嗣同借助佛学中的"性海""慈悲"思想予以调和。第二，正是谭嗣同的这一创造性的"糅合"，方才使得佛学思想成为建构近代中国哲学本体

---

[1] 详见蔡双全《试论谭嗣同对佛学创造性的阐释》，《世界宗教文化》2016年第3期。
[2] 陈庆坤：《中国近代启蒙哲学》，吉林大学出版社，1988，第199页。
[3] 谭嗣同：《仁学》，中州古籍出版社，1998，第73页。
[4] 谭嗣同：《仁学》，中州古籍出版社，1998，第75页。

论的重要思想资源。

在《仁学》中，谭嗣同还一方面挖掘佛教的"众生平等"思想，另一方面援引卢梭等思想家所倡导的社会平等思想，以此作为其建构理想社会的重要思想资源。如梁启超所指出的，在某种意义上讲，谭嗣同的《仁学》是对康有为"大同"理想的发挥。因此，作为《大同书》中极为强调的"平等"精神，同样在《仁学》中得到了充分的体现。即便如此，谭嗣同所主张的"平等"并未只停留在社会之浅层次，而是立足于佛教思想，如有学者指出："他的平等，以佛学为根基"[1]，主要包括华严的宇宙观和生灭观两个方面。关于华严的宇宙观，谭嗣同在《仁学》中说道："恒河沙数世界种为一华藏世界。至华藏世界以上，始足为一元。而元之数，则巧历所不能稽，而终无有已时，而皆互相吸引不散去，曰惟以太。其间之声、光、热、电、风、云、露、霜、雪之所以然，曰惟以太。……更小之又小以至于无，其中莫不有微生物，浮寄于空气之中，曰惟以太。学者第一当认明以太之体与用，始可与言仁。"[2] 从表面上看，谭嗣同的上述阐释是为了揭示一个以"以太"为本体的世界，但若细究其阐释路径便会发现，这基本上脱胎于"一毛孔中有三千世界"的华严宇宙观和"宇宙万物由微尘所成"的早期佛教世界观。关于佛教的生灭观，强调的是万物在生灭面前皆为平等。对此，谭嗣同说道："不生与不灭平等，则生与灭平等，生灭与不生不灭亦平等。生近于新，灭近于逝；新与逝平等，故过去与未来平等。……无对待，然后平等。无无，然后平等。"[3] 如此，谭嗣同便将万物置于生灭的视角下考察，且这种生灭观浸透着佛教所主张的非有非空和涅槃的思想。换言之，若在佛教生灭观的视角下探究万物的"地位"，那么毫无疑问它们都是平等的，也就没有数量和质量的

---

[1] 罗光：《谭嗣同的哲学思想》，《辅仁大学哲学论集》，1981年，第20页。
[2] 谭嗣同：《仁学》，中州古籍出版社，1998，第82页。
[3] 谭嗣同：《仁学》，中州古籍出版社，1998，第73—74页。

差别。

正是以佛教宇宙观和生灭观为基础，谭嗣同在《仁学》的下卷提出其具有"平等"精神的政治思想。虽然谭嗣同在很大程度上曲解了佛教的平等观，但经他这么一"歪曲"，使得佛教的平等思想从宗教道德修持领域进入社会政治领域，并成为促进近代中国社会现代性转型的重要思想资源之一。

梁启超的佛学思想与康有为、谭嗣同的一样，虽然大体而言是在"佛学是为政治服务"这一宗旨下完成的，但若从佛教的角度而言，则是佛学思想融入了梁启超的治国理念，从而构成佛学近代转型的组成部分。

梁启超的佛学思想，主要散见于其《论支那宗教改革》（1899）、《论佛教与群治之关系》（1902）、《论中国学术思想变迁之大势》（1902）、《佛学时代》（1902）、《论宗教家与哲学家之长短得失》（1902）、《近世第一大哲康得之学说》（1903）和《余之生死观》（1904）等。梁启超早期的佛学思想大致可分为两个部分：第一，以佛学接引西方自然科学，从而一方面接受西学，另一方面借助佛学与西方科学和哲学对抗。第二，借助佛教在自由方面的形上学讨论，将佛教思想融入现当代自由主义思想与实践。以梁启超为代表的中国自由主义思想家所阐释的自由多半是形上学层面的，甚至借助中国传统文化对自由主义思想进行"误读"，但这却使佛学有机会成为诠释西方自由主义思想的桥梁，使佛学进入了政治领域（自由主义），成为建构近代中国自由主义思想的重要思想力量。

综上可见，正是康有为的创造性诠释，使得佛教的"轮回"说和"极乐世界"思想具有了现代性的韵味；正是借助谭嗣同的创造性阐发，使得佛教思想成为建构中国近代哲学本体论和价值观等的思想资源，并因着谭嗣同以唯识学为桥梁接引西学，使得唯识学在近代出现了复兴；正是早年梁启超对佛教中有关自由的形上学开拓，使得佛学进入了政治领域。从总体上看，在康梁谭的理论框架中，就地位而言，佛教思想是工具性的；就目的而言，佛教思想是应用式的。但正是经康梁谭等维新派人士的创造性诠释，使得佛学思想不仅进入政治建构领域，如在康有为大同社会中的"极乐世界"思想、在梁启超自由主义框架中的"真如"思想和谭嗣同所建构的理想社会中的"众生平等"原则，还进入历史哲学领域，尤为典型的便是经康有为创造性转化的佛教六道"轮回"思想，从一种以度化世人、断诸烦恼和永离生死的世界观转变为一种历史哲学。此外，就佛教宗派而言，虽然表面上维新派人士对佛教各宗派思想采取了实用主义的原则，但是他们亦有所侧重，特别是具有严密逻辑、深奥理论和细密分析的唯识学和契合近代中国民族危机加剧历史背景的净土宗，前者成为接引西学的津梁，后者所暗含的对现实世界的批判均在近代大放异彩。概言之，经维新派人士的努力，佛学从山林转向了社会诸领域，从以信仰和道德为主的佛学转变为以世俗政治为本怀的佛学。

第二节　近现代佛学转型与理性主义

"理性"作为一种认识工具，虽然一直存在于传统文化中，但并未成为佛学研究的工具。在近现代转型过程中佛学被纳入"科学"这一观念之下进行论述，运用实证主义和进化论等"科学"方法进行"近现代佛学"的研究，不仅丰富了传统理性的内容，而且改变了传统佛学的书写方式，从而使得传统中国思想界作为工具的"理性"被"科学化"了。如此，"近现代佛学"不再是一种教义的诠释和教理的思辨，而是一种对象性和客观化的研究，结果则表现为对传统佛学的创造性转换以及佛学学术范式的重建。具体而言，近现代中国佛学之理性的"科学化"表现在如下几个方面：第一，借助"科学"化后的理性实现对传统佛教的新认识；第二，通过对象性的研究改变了中国佛学史的书写方式；第三，借助实证主义和进化论等"科学"方法开启了中国佛学学术研究。以下分别予以论述。

一 基于理性对传统佛教的新认识

如果说杨文会和康有为等是近现代佛学思想家回应现代性的先驱,那么章太炎则是一位真正意义上的佛学现代性的践行者。在"三千年未有之大变局"的历史处境中,章太炎既非盲目崇拜西方文化,又非因循守旧,而是广泛涉猎中西书籍,汲取了康德等思想家的批判精神,以诸子学、佛学以及西方哲学作为理论基础,建构了以理性主义为方法的文化体系。就其基于理性而对传统佛教的新认识,主要体现在以下三个方面:一是关于佛教是什么的问题,二是对于佛教宗派的取舍问题,三是建立新宗教的构想。

首先,关于佛教是什么的问题。有关佛教的定位,即到底是宗教还是哲学的问题,是当时甚至现如今一直讨论的关键性问题。章太炎在《论佛法与宗教、哲学以及现实之关系》中提出:"佛法只与哲学家为同聚,不与宗教家为同聚。在他印度本土,与胜论数论为同聚,不与梵教为同聚。"无论是佛陀之"觉者"意,还是般若的"智慧"意,均表明对真理的追寻与觉悟,且在这一过程中需要经过实证的检验。这既不同于劝人信仰的宗教,亦弥补了哲学玄理之不足,是故佛法又被章太炎称作"哲学之实证者"[1]。至于佛教与现实的关系,章太炎认为:"佛法应务,即同老庄"[2],即佛法的"平等"观念等同于老庄的"齐物"之说。在此,章太炎取"平等"之意并不是人人平等、众生平等,而是从打破善恶是非的评判标准、即观念上的人为固有思维而言的。如果说康、梁以佛教"平等"表达政治诉求,那么章太炎则从道德层面希冀以佛教来"增进国民道德"。不同诉求所展现的对佛教义理的解释

---

[1] 章太炎:《论佛法与宗教、哲学以及现实之关系》,《中国哲学》第6辑,生活·读书·新知三联书店,1981,第300页。

[2] 章太炎:《论佛法与宗教、哲学以及现实之关系》,《中国哲学》第6辑,生活·读书·新知三联书店,1981,第307页。

向度是不同的，因此，在章太炎看来，佛教不仅是兼具理论与实证的最高哲理，而且有利于树立超越善恶强弱的道德观。值得注意的是，在与现代性的接引过程中，近现代学者不约而同地选择了佛教之"平等"的不同含义作为自身理论建构与社会实践的武器。如有学者所言："康有为等人并非在抽象地探论佛理，即并非只是捡拾佛教的'话头'，泛论佛法平等或佛性平等。而是借诠释佛性而表达以权利平等为中心的现代平等诉求。"[1]

其次，对于佛教宗派的取舍。章太炎明确表示，在佛教诸宗中，他取禅宗与唯识，不取净土与密宗。他的主要理由是："佛教行于中国，宗派十数，独禅宗为盛者，即以自贵其心，不援鬼神，与中国心理相合。故仆于佛教，独净土、秘密二宗有所不取。以其近于祈祷，猥自卑屈，与勇猛无畏之心相左耳。"[2] 又说："然简机说法，亦自分途，其好湛思冥想者，则法相在所必用。"[3] 可见，在章太炎看来，禅宗直截了当，能够直指人心，不援鬼神，而唯识精深的理论能弥补禅宗末流之弊端。至于净土和密宗，章太炎则认为，二者均有妄求神明的功利心态，这类似于基督教的祈祷天神而依靠他者。因此，净土与密宗是不可取的。

章太炎还进一步分析道：无论是直指人心的禅宗还是具有精深理论的唯识，都是"反观于内"以求"自证"的过程，这与寻求外在最高存在的基督教是不同的。章太炎对净土思想显然有所误解，他将净土的往生西方极乐等同于基督教的死后重回天国。其实，净土宗的念佛也是发菩提心的见性过程，因其"极顿极圆，至简至易，直捷稳当"，因而在民国时出现了诸宗归净的情形，这是章太炎所未料到的。然而，不管章太炎对佛教各派理论的理解程度如何，我们可以见到的是，他取舍的标准为是否论及鬼神。换言之，凡是

---

[1] 高瑞泉：《"平等"在现代嬗变中的佛教诠释》，《杭州师范大学学报》2011年第3期。
[2] 章太炎：《章太炎全集·太炎文录初编》，上海人民出版社，2014，第386—387页。
[3] 章太炎：《章太炎全集·太炎文录初编》，上海人民出版社，2014，第387页。

涉及鬼神的佛教宗派，均被章太炎舍弃，反之则尽入章太炎所选宗派的范围。由于禅宗是佛教中"无神"理论的典型代表，因此成为章太炎建立自己宗教理论的根底。有学者认为："章太炎宗教观之实际内容首先是对禅宗'明心见性、直指人心'思想的积极摄取。"[1] 关于章太炎对唯识的选择，其原因在于：一方面唯识之逻辑补蔽禅宗，另一方面更重要的是唯识之思辨特质与西方科学相契，如章太炎所言"盖近代学术，渐趋实事求是之途，自汉学诸公分条析理，远非明儒所能企及。逮科学萌芽，而用心益复缜密矣。是故法相之学，于明代则不宜，于近代则甚适，由学术所趋然也"。[2] 可见，章太炎对唯识的阅读与研究主要限于对唯识宗概念和理论之"用"，即以唯识作为建立其理论的外在形式，而不是真正热衷于弘扬唯识宗。对于章太炎佛学思想，侯外庐称之为"理性主义的宗教思想"[3]，即以人的有限理性的视角对纷繁的佛学思想进行取舍，以建构一套契合理性精神和无鬼神"迷信"的佛学。

最后，建立新宗教的构想。所谓"新"即是既不同于康有为的孔教、亦不同于西方基督教的无神宗教。众所周知，在近现代早期，杨文会通过观察西方世界得出西方因基督教而发展，因而希望通过佛教振兴中国，而康有为亦试图建立尊孔子为教主的孔教，他们都希冀通过建构与基督教类似的宗教模式来回应现代性。至章太炎之时，以科学拒斥神学和迷信成为思潮，以近代自然科学为依据反对宗教神学，这成为章太炎新宗教构想的思想背景。做出此种努力的，章太炎并非首创，类似的有谭嗣同的"如西人将种种虚妄一扫而空"[4]、梁启超的"科学昌明后，第一个致命伤，便是宗教"[5] 等，但章太炎不仅否定有神宗教，而且作《无神论》一文，这较之于之前的康、谭等

---

[1] 吴言生：《禅宗思想对章太炎宗教观的影响》，《西南民族大学学报》2013年第4期。
[2] 章太炎：《章太炎全集·太炎文录初编》，上海人民出版社，2014，第387页。
[3] 侯外庐：《近代中国思想学说史》，生活书店，1947，第821页。
[4] 谭嗣同：《谭嗣同全集》，中华书局，1981，第217页。
[5] 梁启超：《东南大学课毕告别辞》，《梁启超全集》第7册，北京出版社，1999，第4159页。

人仅通过运用自然科学作为武器表现出的无神思想来讲更为明确。

在《无神论》中，章太炎首先对宗教和哲学作了界定："世之立宗教、谈哲学者，其始不出三端：曰惟神、惟物、惟我而已。"[1] 这里，章太炎无意于区分宗教与哲学之概念上的区别，仅想说明无论是哪一种宗教或者哲学形式都是以对神、物、我三者的界定为基础的。其中，章太炎最为反感的是"惟神"，并对以"神"为中心思想的基督教以及吠檀多教进行了猛烈批评。但这并不意味着章太炎反对宗教，他又说道："咒法鬼神之容式，葱漠不思之观念，一切皆为宗教。无宗教意识者，非人也。"[2] 对于崇拜鬼神等宗教形式或与之相关的宗教观念，章太炎并不感兴趣，但他认为宗教意识是人性不可缺少的一部分。可见，章太炎并未被西方"宗教"概念与形式所裹挟，而是从宗教产生的根源出发，认清宗教与人性之间的联系，因而就要正视宗教的合理方面，让它从神回归到人的领域并发挥作用，而不是一味地否定。也正因为如此，章太炎从人的理智与道德两方面对"新宗教"提出要求："宗教之高下，不容先论，要以上不失其真，下有益于生民之道德。"[3]

如何达到"不失其真"？章太炎指出要以"自识"为宗，以"三性"为判摄标准。具体而言：

> 今之立教，唯以自识为宗。识者云何？真如即是唯识实性，所谓圆成实也。[4]
>
> ……
>
> 然则以何因缘而立宗教？曰：由三性。三性不为宗教说也……云何

---

[1] 章太炎：《章太炎全集·太炎文录初编》，上海人民出版社，2014，第414页。
[2] 章太炎：《章太炎全集》（三）《原教》（上），上海人民出版社，1984，第285页。
[3] 章太炎：《章太炎全集·太炎文录初编》，上海人民出版社，2014，第429页。
[4] 章太炎：《章太炎全集·太炎文录初编》，上海人民出版社，2014，第436页。

>　　三性？一曰：遍计所执自性；二曰：依他起自性；三曰：圆成实自性。[1]
>
>　　……
>
>　　我为幻有，而阿赖耶识为真。即此阿赖耶识，亦名为如来藏。[2]

在章太炎看来，佛教唯识学的"三性"虽不是"宗教"的内涵，但却能够成为厘清虚妄真实的标准。今之诸神皆由于"烦恼障""所知障"所发生的"倒见"，从而产生以"惟我"为本体或以"物质"为本体，或以"神"为本体的颠倒认识，这些都是由意识、观念或者依他之缘起而产生的幻相，只有"阿赖耶识"也即"如来藏"才是真实不二的。确立了立宗之根据以及判教之标准，也就使章太炎建立无神宗教成为可能。

据此，章太炎依据"三性"的标准对各大宗教及西方学说进行了批判："吠陀、基督、天方诸教，执其所谓大梵、耶和瓦者，以为道在是，神祇在是，则亦限于一实，欲取一实以概无量无边之实，终不离于遍计矣。"[3] 章太炎认为，吠陀教、基督教以及天方教等都是误将梵天、耶和华等所崇拜之物当作本体，而诸神之所以产生则是"不能退而观其心"而求之于外的结果，也即把遍计所执自性当作圆成实性。在此基础上，章太炎进一步指出："欲建立宗教者，不得于万有之中，而横计其一为神，亦不得于万有之上，而虚拟其一为神。"[4] 这里，章太炎所言"万有之中"其实是批评费希特等人的泛神论；"万有之上"则是批评神之至高无上。在章太炎看来，泛神论和"神至高无上"的观点都不过是人心之概念而已："转而谓此神者，冒世界万有而为言，然则此所谓有，特人心之概念耳。"[5] 也就是说，泛神论和至高神论实

1　章太炎：《章太炎全集·太炎文录初编》，上海人民出版社，2014，第423页。
2　章太炎：《章太炎全集·太炎文录初编》，上海人民出版社，2014，第450页。
3　章太炎：《章太炎全集·太炎文录初编》，上海人民出版社，2014，第429—430页。
4　章太炎：《章太炎全集·太炎文录初编》，上海人民出版社，2014，第430页。
5　章太炎：《章太炎全集·太炎文录初编》，上海人民出版社，2014，第430页。

则由人心之假立，从而造出与之相应的外在之物，并匹配相应的形状与仪式，称之为神。章太炎进一步分析此种信仰的实质，认为此乃依他起性与遍计所执性，非为实有，而产生此概念的阿赖耶识才是唯一实有。

由上可见，章太炎虽然选用名相繁多的唯识学作为新宗教的理论内容，但却在不断破除名相之执，试图建构一个不为概念所牵引、所障蔽的无神宗教。至此，"宗教"不再是由基督教裹挟而来的具有教主的"宗教"，而是成为没有"神"的宗教。这一转换过程，在中国佛学现代转型过程中具有话语权转变的开创性标志。对此，有学者曾评价道："在中国，自觉用无神论诠释佛教的，章太炎当首屈一指。"[1] 值得注意的是，在章太炎看来，虽然佛教不是宗教，仅仅是作为建立新宗教的内容，但从佛教的角度而言，佛教获得了进入宗教领域的合法性。这既为章太炎的宗教史铺平了道路，也为章太炎之后的宗教史写作做出了贡献。在此之后的学者纷纷将佛教纳入与有神基督教相对的宗教领域进行阐释，从而开启了建构中国宗教史的历程。

二 "佛教史"的"科学"化

在近现代科学思潮的影响下，胡适等人在考据学的基础上，吸收西方实证主义和进化论等进行佛学研究，提出"祖孙的方法""层累地造成的古史的方法"等对佛学进行科学研究的方法，促成了此后学术思维观念的形成以及中国佛学史的系统书写。如有学者曾指出，近代中国佛学研究，"把佛学视为知识的对象，并还原为历史而作科学的研究，这一研究纲领几乎成了学界铁定的法则"[2]。

---

[1] 杜继文：《从〈无神论〉到〈建立宗教论〉——兼论章太炎对佛教的选择》，《哲学与宗教》第1辑，上海古籍出版社，2007，第118页。
[2] 龚隽：《禅史钩沉：以问题为中心的思想史论述》，生活·读书·新知三联书店，2006，第427页。

对中国佛教史的书写是近现代佛教的一大特色，这既是历史时代发展的需要，也是近代佛学自身转型的必经之路。以理性方法来撰写佛教史理论的，主要有梁启超的《佛学研究十八篇》（1920—1925）[1]、胡适的《关于禅宗史相关问题的考证》[2]、蒋维乔的《中国佛教史》（1929）、汤用彤的《汉魏两晋南北朝佛教史》（1938）、黄忏华的《中国佛教史》（1940）、印顺的《中国佛教史略》（1947）和《中国禅宗史》（1971）等。上述佛教史著作与以往的佛教史不同，均具有了科学化、系统化的特点——近现代的佛教史是在"科学"方法的影响下，运用考据学、实证主义和进化论相结合的现代方法写就的。

历史上，传统佛教史书主要有梁慧皎的《高僧传》、唐道宣的《续高僧传》和宋赞宁的《宋高僧传》，这些佛教史书写主要为僧人事件的记载，缺少对社会历史的关注。还有一种以僧人讲述自己传法的"传灯录"，主要是僧人之间的对话，例如由五部灯录汇编而成的《五灯会元》。以上两种佛教史书皆仅关注僧人内部，未将历史背景纳入佛教史的书写中。宋代的《隆兴编年通论》虽然按年代对从东汉明帝至五代之间的历史事件、人物以及社会发展状况都有了记载，但却脱落了一些重要的佛教人物，如三论宗的吉藏、三阶教的信行、净土宗的善导等。[3] 至于有关中国古代居士的史书，直到清代彭绍升的《居士传》才填补了这一空白，但其依然沿袭传统佛教史书的撰写方式，未将历史背景材料纳入佛教史中，因而依然不是一种对象性和客观化的佛教史书写。

1　梁启超的《佛学研究十八篇》虽是论文集，但据梁启超自述，其实是其《中国佛教史》的未定稿。陈士强在校读《佛学研究十八篇》时也得出此结论（详见陈士强《梁启超〈佛学研究十八篇〉校读记》，《法音》2001年第5期）。其中收录的大部分文章也被编为《中国佛教研究史》而出版发行。

2　胡适并未写有一本叫作佛教史的著作，但他在书写哲学史的过程中感觉佛教部分疑窦重重，因而对相关问题进行了考证和研究，特别是他对禅宗史有关问题的考证和研究，为禅宗史乃至中国佛教史的研究奠定了重要基础。

3　参见陈士强《佛典精解》，上海古籍出版社，1992，第215页。

及至近现代，中国佛教史的写作较之以前有了质的差别。蒋维乔在其著《中国佛教史》凡例的第一条就指出："中国佛教，向乏有系统之通史。是书为适应此需要而作。"[1] 他的《中国佛教史》以历史发展为线索，在日本学者境野哲所著《支那佛教史纲》的基础上进行了修改与补充而成为第一部中国佛教史著作。此书系统讲述了从东汉明帝至晚清的中国佛教史，论及天台宗、三论宗、禅与净土以及佛教与道教的关系等，由此可见他为开创佛教通史所做的努力。黄忏华在蒋维乔的基础上又进一步细化，在佛教史实之外兼叙佛教教理与佛教宗派。在历史层面，他首将佛教历史分为"肇始""进展""光大""保守"四个时间段，在朝代划分的基础上根据佛教发展的兴盛情况进行分类，这显然是受进化论影响，体现出从因开始，进而随着历史不断向前的连续性过程。在教理层面，相较于之前蒋维乔的笼统叙述，他以重要佛教人物为线索来梳理佛教中国化之源流，可以清楚地看出佛教进入中国之后的传承过程，有很强烈的历史自觉意识。在宗派层面，黄忏华所论述的宗派涉及南北朝时期的毗昙宗、成实宗、涅槃宗、地论宗、摄论宗以及三论学、禅学与禅宗等，对隋唐时期的三论宗、天台宗、华严宗、法相宗、律宗、净土宗、禅宗、密宗八大宗派都分章详细论述，此皆为后世学者所沿袭。在史料的运用上，无论是蒋维乔还是黄忏华，皆结合佛教正藏、续藏以及其他关于纪传之著述进行一字一句竭蹶搜爬。

如果说蒋维乔更多的是对日本学者《支那佛教史纲》的增补，那么黄忏华则更侧重对年代、事迹等混淆处的考证校订，如关于菩提达摩部分的书写，他用了"关于菩提达摩之疑义"这样的标题，由此即可看出他的怀疑精神。虽然他的考证辨析亦有不足之处，但其以客观化、对象化的态度看待佛教，以历史的方法、科学的方法研究佛学，实为近现代佛学研究的普遍路径。而

---

[1] 蒋维乔：《中国佛教史·序言》，商务印书馆，2015，第2页。

在此路径上具有开辟之功与做出典范的即是胡适的禅宗史研究。

虽然梁启超的佛教史研究早于胡适,也采用了考据学的方法,如《佛教之初输入》中通过对佛教目录的考察辨正,推断典籍年代,又如《佛典之翻译》中通过汉唐七百多年的大量佛教翻译文献梳理佛教传译之源流,且梁启超亦接受了西方进化论思潮,认为"佛教二千年来,循进化之公例,常为不断的发展,其最显著之迹,则由小乘而进为大乘也"[1],但相较于胡适的纯粹文化需要的角度而言,梁启超对佛学的研究依然具有强烈的经世向度,且未如胡适般受到系统的实证主义训练,并将实证主义的方法贯穿一生。因此,胡适的佛学研究更具有划时代意义。如蔡元培曾评价:"此真是古人所见不到的"[2],此虽是蔡元培对胡适作哲学史的评价,但蔡元培所总结的胡适哲学研究的几个特点(证明的方法、扼要的手段、平等的眼光、系统的研究)也都应用到了对佛学的研究之中。胡适以这一思路贯穿的佛教史研究主要涉及三个方面。一是禅宗源起,二是禅宗传承,三是禅宗经典。禅宗源起方面,主要是关于"菩提达摩"的考察,以及印度二十八祖等禅宗祖师以及之前的考察。关于禅宗传承,胡适一改以往佛教史平行论述佛教人物的叙述方法,从禅宗师承上追寻佛教发展变迁之轨迹。在禅宗的祖师传承中,最让胡适感到困惑的是神会的地位,并以此开始了一系列关于神会的研究。关于禅宗经典,胡适主要是通过《坛经》版本对《坛经》演变史的考察。这些都是非常有意义的工作。

这也正是胡适对自己书写哲学史"明变、求因和评判"之任务在佛学史上的实践。虽然胡适的所作论断多有不合理之处,但正是有胡适对禅宗的祖师、思想源流以及经典的梳理和考察,提出了初期禅宗史上很多重要的历史事实,从而引起了国内外学者的重视,促进了佛学历史真面目的显现,为后

---

[1] 梁启超:《佛学研究十八篇》,中华书局,1989,第251页。
[2] 蔡元培:《蔡元培全集》第3卷,中华书局,1984,第189页。

世佛学史研究提供了新的研究典范。

三 现代佛教学术研究的开展

随着理性主义在近代中国思想界传播的日渐深入，作为一种方法的理性被运用于佛教研究中，社会环境发生的巨变，使得晚清时期的经世致用的佛学逐渐失去了它适宜的生存土壤，因而在近现代中国开始出现了佛教学术研究，内容包括佛教史学、佛教史料学、佛教哲学和佛教心理学等。这种研究为佛教界进入社会学术界搭建了桥梁。这里主要以佛教史料学和佛教哲学的研究为例略作分析。

1. 佛教史料学的研究

何谓史料学？冯友兰在《中国哲学史史料学初稿》中说："史料学是历史科学中的一个部门，为历史学的研究作准备工作，是关于史料的方法论"[1]，并对史料学的任务做了规定，即"收集史料、审查史料、了解史料和运用史料"，以达到"全、真、透和活"的目标。可见，"史料学"是一种收集、审查、了解和运用史料的方法之学，其涵盖史实的勘误、材料的分类和研究史料学发展的规律。那么，佛教史料学也就包括了分类与编排佛教文献、考订佛教史实和探讨佛教史料学发展的规律等。近代中国佛教史料学的两位大家——梁启超和陈垣，他们均致力于分类与编排佛教文献和考订佛教史实，由此开启了中国佛教史料学的研究。梁启超的佛教史料学研究主要包括佛教目录研究、佛教人物考订和佛教经典辨伪；陈垣的佛教史料学研究则具体表现在被陈寅恪评价为"庶几可以不负此历劫仅存之国宝，外有以襄进世界之学术于将来"[2] 的《敦煌劫余录》和被誉为"是在目录学方面有创造性的一

---

[1] 冯友兰：《三松堂全集》第 6 卷，河南人民出版社，2000，第 295 页。
[2] 陈寅恪：《陈寅恪文集·金明馆丛稿二编》，上海古籍出版社，1980，第 236 页。

部著作"[1] 的《中国佛教史籍概论》上。

关于梁启超的佛教目录研究，大体包括如下内容：第一，以朝代为基本线索，清理历代佛教文献的基本内容，如书名、卷数、著者、年代、存佚、省称和备考等信息。第二，对于中国佛教经录的上限，梁启超将东晋道安之《综理众经目录》视作中国佛教目录之始，认为"安公之作前无所承"[2]。第三，采用点面相结合的形式对历代佛教目录做或详或略的论述，如重点论述《综理众经目录》《出三藏记集》与《大隋众经目录》等和略微次要地论述《聂道真录》等。透过对佛教目录的研究，梁启超将佛经目录之优点总结为"历史观念甚发达""辨别真伪极严""比较甚审""搜采遗逸甚勤"和"分类极复杂而周备"[3]，从而主张目录的编撰应当秉持详尽、严谨和准确的科学性原则，也即求全、求精和求真的原则。正因为如此，梁启超还提出目录学的一个重要原则，即"抱残守缺，确是目录学家应有之态度"[4]。换言之，梁启超认为佛教经典编目时不应当为了追求"全"，而失其"真"，故而在编目时应坚持"抱残守缺"的原则，即为亡佚的佛教经卷设置"存目"或"有目阙本"之录。除"抱残守缺"的原则之外，梁启超还认为目录编排应当坚持"著书足以备学者顾问，实目录学家最重要之职务也"[5]。由此可见，无论是梁启超的佛教目录学的研究内容，还是其认为应当坚持的原则，均表明他的佛教目录研究是将佛教文献纳入认识理性的视域下进行考察，从而得出相应的结论。因此，梁启超的弟子姚名达在《中国目录学史》中对其师在中国目录学研究方面的贡献评价道："自尔以还，恍如敦煌洞之发露，殷墟卜辞之出

1　白寿彝：《要继承好这份遗产》，《纪念陈垣诞辰百周年史学论文集》，北京师范大学出版社，1981，第8页。
2　梁启超：《佛学研究十八篇》，中华书局，1989，第309页。
3　梁启超：《佛学研究十八篇》，中华书局，1989，第303页。
4　梁启超：《佛学研究十八篇》，中华书局，1989，第325页。
5　梁启超：《佛学研究十八篇》，中华书局，1989，第326页。

土焉，目录学黑暗之一角，重幕骤揭而大放光明。"[1]

与佛教目录学研究一样，梁启超的佛教人物考订和佛教经典辨伪亦坚持将现有的佛教史料纳入认识理性的范畴，即通过分类法和类比法等进行研究，例如对佛教初次传入中国的时间进行考订和对牟子《理惑论》与《大乘起信论》进行辨伪。

陈垣的佛教史料学研究，就其方法而言，主要是遵循了宗教史籍"恒与历朝史事有关"的原则，如他在《中国佛教史籍概论》一书的"缘起"中就提出："中国佛教史籍，恒与历朝史事有关，不参稽而旁考之，则每有窒碍难通之史迹。此论即将六朝以来史学必须参考之佛教史籍，分类述其大意，以为史学研究之助。"[2] 也就是说，在陈垣看来，应当将宗教史籍的研究置于其相对应时代的历史处境中，从而对相关史实进行考订。另外，陈垣的《敦煌劫余录》所公布的馆藏敦煌汉文文书目录，是世界上公布的第一个敦煌汉文文书的分类目录。稍具备目录学知识的人都知道，只有对敦煌文献进行分类编目，才能称作真正的图书馆目录。对此白化文认为，"这正是《敦煌劫余录》在敦煌学发展史和敦煌学目录工作发展史上的最大贡献"。其方法是既沿用了原来财产账的流水号，又大致采用了佛藏的分类方法，虽然使用起来有所不便，但相对于原馆藏流水号财产账来说，"《敦煌劫余录》所作的工作，可决不是低水平的重复，而是在原有基础上作了一次质变性的飞跃"[3]。值得一提的是，《敦煌劫余录》为每个卷子都做了概述，简略介绍该卷子的原号、起止、纸数和行数。纵观陈垣的佛教史料学的方法，其实质乃是一种将佛教文献纳入认识理性的方法。因此，《敦煌劫余录》被胡适评价为"其考订之详，检查之便利，已远在巴黎、伦敦诸目之上"[4]。

1　姚名达：《中国目录学史》，商务印书馆，2014，第171页。
2　陈垣：《中国佛教史籍概论》，上海书店出版社，2005，"缘起"第1页。
3　白化文：《简评〈敦煌劫余录〉和〈敦煌遗书总目索引〉》，《社会科学战线》1989年第1期。
4　胡适：《胡适全集》第13册，安徽教育出版社，2003，第185页。

2. 佛教哲学的研究

所谓佛教哲学，有学者曾有个概括性的诠释："佛教哲学是佛教全部教义的思想基础。换句话说，就是佛教教义中的人生观、世界观和方法论的部分。"[1] 这就是说，凡是对关于佛教教义中的人生观、世界观和方法论的研究均属于佛教哲学的研究。具体于梁启超的佛教哲学研究而言，其不仅对佛教教义中有关人生观和世界观的概念进行再诠释，如对真如、八识、因缘、无常与无我、解脱与涅槃等概念再诠释，还"将西方认识论概念与佛教认识论概念相比附，使佛教认识论出现了语用学转向"，而这是"在西方认识论的影响下"[2] 实现的。有别于传统佛教教义对上述概念的诠释，梁启超的佛教哲学研究是在西方现代性的成果——西方近现代哲学的基础上，尤其是借助康德哲学的自由及自然学说、"直悟的性格"及"经验的性格"和认识论等对佛教概念进行了再诠释。梁启超的佛教哲学研究是现代性的产物。例如，"理性"作为康德哲学的方法，其同样被梁启超运用于诠释佛教哲学概念，典型代表即为《近世第一大哲康德之学说》。

就方法而言，梁启超欲借助佛学格义康德哲学，以佛学概念接引康德哲学，正如其所言："案康氏哲学，大近佛学。此论即与佛教唯识之义相印证者也。"[3] 作为这一方法的结果，佛学相应的概念就被康德哲学化了。具体而言，"以佛家真如、无明之说，格义康德的自由及自然说"和"以佛家真谛、俗谛之辨，格义康德对'直悟的性格'与'经验的性格'之区分"[4]。例如就前者而言，梁启超说道：

> 佛说有所谓"真如"，真如者即康德所谓真我，有自由性者也；有所

---

[1] 方立天：《佛教哲学》，中国人民大学出版社，2012，第3页。
[2] 林晓辉：《传统哲学新说》，中山大学出版社，2016，第388页。
[3] 梁启超：《饮冰室合集》第5册，中华书局，2015，第1169页。
[4] 程恭让：《以佛学契接康德：梁启超的康德学格义》，《哲学研究》2001年第2期。

谓"无明",无明者即康德所谓现象之我,为不可避之理所束缚,无自由性者也。佛说以为吾人无始以来,即有真如无明之两种子,含于性海识藏之中而互相熏。凡夫以无明熏真如,故迷智为识,学道者以真如熏无明,故转识成智。[1]

也就是说,经过梁启超将"真如"与"无明"的康德哲学化,两个传统佛学的关涉心性的概念被转变为涉及政治的概念。这是梁启超对佛学概念内涵的拓展。

值得注意的是,与梁启超差不多同时,另一位在佛教哲学研究方面极有建树的思想家章太炎,由于文字晦涩的缘故,使得其有关佛教哲学的研究并未得到足够重视。与梁启超的佛教哲学研究一样,章太炎同样借助康德哲学格义佛学概念,这方面的代表作有《建立宗教论》(1906)、《无神论》(1906)和《〈齐物论〉释》(1910)等。他"继续了以佛学格义康德学的理路。章氏对此一格义的发展,主要表现在两个方面:一是以佛教的真如观念格义康德的物自身,一是以佛教阿赖耶识种子观念格义康德的先验图型学说"[2]。无论是梁启超以康德哲学格义佛学概念的佛教哲学研究,还是章太炎借助格义方法所进行的佛教哲学研究,其不仅在方法上,还是在内涵上,都是现代性的产物。

由上观之,无论是佛教史料学研究,还是佛教哲学研究,其本质上均为一种对象性的研究,其目的在于客观地呈现佛教史料的真实或借助西方哲学拓展传统佛学教义所界定的内涵,这种客观化和对象性的研究,在一定程度上忽视了佛学的信仰维度,成为现代意义上的佛教学术研究。

---

[1] 梁启超:《饮冰室合集》第5册,中华书局,2015,第1178页。
[2] 程恭让:《以佛学契接康德:梁启超的康德学格义》,《哲学研究》2001年第2期。

第三节　近现代佛学转型与人文主义

由于以欧阳竟无为代表的支那内学院所主张的唯识学，其目的在于建构一套"求真"的思想体系，且在这一思想体系中，其方法是认识理性，即将佛教文献纳入认识理性的视域下进行考察，因此欧阳竟无的唯识学研究方法说到底也是一种对象性方法。在这一方法中，作为认识主体的"我"有且只有理性认识能力。针对欧阳竟无等内学院诸思想家将佛教经典纳入理性视域下进行考察的做法，高擎"唯吾人的本心，才是吾身与天地万物所同具的本体"[1] 的熊十力从"主体与物质世界的关系"和"主体与意义世界的关系"两个方面予以回应，从而建构出一套"为人类寻找回失落了的自我"[2] 的主体本体论。可以说，熊十力所凸显"主体性"的佛学思想体系是中国近代佛学知识分子在"人文主义"方面的建构，这种建构对于佛教的入世转型具有重要的积极意义。

一　作为"创生实体"的主体

沿袭着儒家心学的进路，熊十力认为使宇宙万物成为"有"的本体乃是"本心"。他在《新唯识论》（文言文本）中具体阐释了"本心"如何"创生实体"：

> 夫由吾身以迄日星大地乃至他身，皆境也。自身境与自识不离，夫人而知之。日星大地乃至他身等境，皆为自识所涵摄流通而会成一体，

---

[1] 熊十力：《熊十力全集》第3卷，湖北教育出版社，2001，第18页。
[2] 郭齐勇：《熊十力哲学研究》，人民出版社，2011，第23页。

初无内外可分，乃人尽昧焉，以为此皆离自识而独在者，果何据耶？日星高明不离于吾视，大地博厚不离于吾履，他身繁然并处不离于吾情思，是故一切境相与识同体，感而遂通，其应如神，以其一体本无离隔故也。[1]

他在《新唯识论》（语体文本）中又说：

> 玄学上所谓一切物的本体，是至大无外的（此大不和小对），是虚无的（所谓虚无，不是空洞的意义，不是没有的意义，只是恒久的存在，而无迹象可见的意义），是周遍一切处，无欠缺的，是具有至极微妙、无穷无尽的功用的。儒家哲学，称一切物的本体曰太易，是无形兆可见的（太易者，本不易，而涵变易，亦即于变易而见不易，故云太易）。……有说我们是要离开客观独存的现实世界，要妄构一个高贵的、玄妙的本体，好像是太空里的云雾一般。其实，我们所谓本体虽不同世俗妄执现实世界，却亦不谓本体是在一切物之外的。如果说它是在一切物之外，又如何成为一切物的本体呢？须知[2]，一切物都是本体显现，不要将他作——物来看。譬如众沤都是大海水显现，不要将众沤作——沤来看。识得此意，更可知我人和一切物实际上是浑然一体不可划分的，如何妄计内心外境划以鸿沟？[3]

由上观之，无论是在《新唯识论》的文言文本中，还是语体文本中，熊十力都在阐释"本心"是万物的本原，是万物成为万物的原因和依据。在文

---

[1] 熊十力：《熊十力全集》第2卷，湖北教育出版社，2001，第22—23页。
[2] 此处"知"，全集版排版误为"如"，现据中华书局1985年版《新唯识论》第270页校改。
[3] 熊十力：《熊十力全集》第3卷，湖北教育出版社，2001，第41页。

言文本中，熊十力强调星辰大地与"主体"之间"一体"的关系，认为"主体"之"我"是使星辰大地成为星辰大地的依据，这是对儒家心学传统自觉的继承。在语体文本中，为了论证"本心"是"创生实体"，熊十力在框架上借鉴《周易》的形上学，即正、反和合之辩证法，在内容上，他认为这个使万物存在的"本心"具有与《周易》中"太易"一样的地位。"太易"具有创生世界的禀赋，"本心"也具有同样的地位。在此基础上，熊十力认为"本心"不是虚无缥缈地潜藏在云雾之中，而是"客居"在现实世界中。为此，他还特别举"众沤"与"大海"之间的关系，认为"众沤"是"大海"的显现。他将"本心"比作"大海"，将万物比作"众沤"，前者是"一"，后者是"多"，但本质上都是"水"，因而二者是"浑然一体不可划分的"。可见，在熊十力所建构的"主体"与物质世界的关系中，"本心"是物质世界的依据，所谓的物质世界便成为"本心"幻化而成的主观世界。在这一重关系中，因"主体—本心"扮演着建构性角色，因而具有浓厚的人文主义色彩。

既然"本心"是使宇宙万物成为"有"的依据，是"创生实体"，那么"本心"具有何种特点，使得其成为"创生实体"？熊十力认为，由于"本心"具有翕辟能变的特点："无始时来有翕即有辟，有辟即有翕。变化的内容不能是孤独的，而必有翕辟两方面才成为变化"。何谓"翕辟"？"泰初有翕，泰初即已有辟。我们把这个辟，说名宇宙的心。"[1] 也就是说，在他看来，无论是"翕"，还是"辟"，都是自泰初以来便有的，二者之间的矛盾使得"本心"始终处于一种"能变"的状态，正是这种"能变"的"本心"才使宇宙万物"存在"，此即所谓的"翕辟成变"[2]。关于借助"本心"内的"翕""辟"而

---

[1] 熊十力：《熊十力全集》第3卷，湖北教育出版社，2001，第109页。
[2] 关于"翕辟成变"，冯契在《中国近代哲学的革命进程》一书中对其有经典论述。详见氏著《中国近代哲学的革命进程》，上海人民出版社，1989，第429—444页。

共同使万物"存在"的这一过程,熊十力描述道:"他们内部确有一种向上而不物化的势用,即所谓辟潜存着,不过,这势用要显发他自己,是要经过相当的困难。当有机物如动物和人类未出现以前,这种势用,好似潜伏在万化的深渊里,是隐而未现的,好像没有他了。及到有机物发展的阶段,这种势用便盛显起来,才见他是主宰乎物的。……植物的心,实隐然主宰其形干,而营适当的生活。"基于这种认识,熊十力驳斥了基督教的创世观,即创造主从"无"中创世,他认为,"伟大的自然,或物质宇宙的发展,虽不是别有个造物主来创作,可是,自然或一切物并非真个是拘碍的东西"[1]。

总之,关于主体与物质世界的关系,熊十力并非只在于论证"本心"是物质世界的本原,而在于强调"本心"是使物质世界"存在"的根据。换言之,正是因为人之"本心"的存在,才使得物质世界具有"存在"的特质。如此,在主体与物质世界的关系中,熊十力建构了一套以"本心"为核心的"心本论"。由于在他所建构的"心本论"中,"本心"是主体之"本心",亦即作为"主体"的人之"本心",因而在熊十力的视域中,物质世界不再是单纯的客观世界,而是作为主体之"本心"积极参与建构而成的主观世界。是故,熊十力所诠释的"本心"与物质世界的这一对关系独具熊氏特色的人文主义,是一种具有主体性特质的"中国人文主义"。

二 作为目的和实践动力的主体

至于新唯识论人文主义的另一方面,即熊十力主体本体论的另一方面——主体与意义世界的关系,主要包括熊十力的价值论和功夫论。套用他本人的话,便是"心本论"中如何"见体"的部分,即选取何种进路才能认

---

[1] 熊十力:《熊十力全集》第3卷,湖北教育出版社,2001,第109页。

识"本心"？

　　毋庸置疑，熊十力的新唯识论既不会选取类似西方哲学体系中的认识论逻辑方法来认识"本心"，也不会借助佛教唯识学的名相方法，而是采用了中国传统的认识方法论，如"证悟"。这便是熊十力《新唯识论》中所称道的"量论"："量者，知之异名。量境证实，证实者，证得其实故。或不证实，应更推详，量为何等，其证实与不证实所由分者，应更致详于量底本身为何。"[1] 可见，熊十力"量论"的关键在于"证实"。如此，"量论"中便涉及两个问题：第一，证实什么？第二，借助什么以证实？关于前一个问题，熊十力认为，不仅物质世界是"本心""创生"的，而且意义世界也是"本心"建构的，因此，这就涉及"本心"与意义世界的关系，"见体"的方法，就不是外在的，而是借助遮诠的方法，即依靠否定的方法将遮蔽在"本心"上的障蔽一一涤除，从而转识成智，进而达到"智的直觉"的本体境界。[2] 这种"见体"方法又被称作"性智"，而非"量智"。这种"性智"与"量智"之争，又涉及到了近代思想史上的科玄之争。[3] 由于熊十力强调"性觉"，因而其更倾向于所谓的"玄学"，而非科学。基于这一认识，那么后一个"借助什么以证实"的问题便涉及熊十力的功夫论，也就是他所认为的依靠遮诠的方法"见体"。功夫论便与"本心"联结起来。

　　熊十力借用佛教因明学的方法提出了"量论"，用比量、证量等来说明达到"性智"的目的。就结构而言，"比量"是熊十力功夫论的第一层次，"证量"则是功夫与境界的合一。何谓"证量"？"证量者，即本体或性智之自明自了。一极如如，炯然自识，而无外驰。佛家所谓'正智缘真如，名为证

---

[1] 熊十力：《熊十力全集》第2卷，湖北教育出版社，2001，第8页。
[2] 郭齐勇：《熊十力哲学研究》，人民出版社，2011，第93页。
[3] 关于近代思想史上的"性智"与"量智"之争，以及影响更为深远的玄学与科学之争，郭齐勇将其总结为："前者是一种人文的睿智，后者是一种科学的知见。"（郭齐勇：《熊十力哲学研究》，人民出版社，2011，第93页）可见，熊十力在"见体"方法上强调"性智"是一种人文主义的体现。换言之，熊十力"见体"方法的选择是其主体人文主义建构的重要内容。

量'。应如是揭，非可以智为能缘，如为所缘，判之为二也。二之，便是有对，是妄相。非真体呈露，何成证量？"[1] 由此可知，"证量"不是外铄的，而是"本心"所本有的，是真体呈露。"证量"涉及功夫论，这种功夫论不是一种形式逻辑和辩证逻辑，而是"思维和修养交致其力，而修养所以立本。思修交尽，久而后有获也"[2]。也就是说，"证量"是认识论与道德论的结合。纵观熊十力的"量论"可以发现，他在阐述其"量论"时具有一个由浅至深的逻辑脉络，即从形式逻辑到辩证逻辑，再到"体认""性智"的逐步深化的过程。熊十力的"量论"是"见体"的方法，由此在他的思想框架中，"量论"与"本心"联结，体现"本心"与意义世界的关系，此即熊十力主体本体论的另一个方面。

此外，在熊十力意义世界的建构中，"本心"还扮演着对道德建构的角色。熊十力主张的是"性觉"，因而其道德哲学并非如西方思想家一样有着系统的伦理学，而是强调将遮蔽的"本心"发觉出来，在此认识的基础上，"本心"说在熊十力道德思想的建构中表现出对唯识学闻熏说的修正和对返本还原的强调，此二者在熊十力的道德哲学框架中是并存的。

"闻熏"本是佛教有宗在修养论上的主张，其前提是"性寂"，就如熊十力在写给吕澂的信中批评欧阳竟无时所说的："有宗本主多闻熏习也。从闻熏而入者，虽发大心，而不如反在自心恻隐一机扩充去，无资外铄也。"[3] 在熊十力看来，有宗的"闻熏"是一种由外而内的修养方法，因而其必然强调主体在现实生活中的"事功"，即众生能借助在此世间的修行以实现阿赖耶识的离染转净。这也是以欧阳竟无为代表的内学院所致力于的佛教现代性转型的方向。与此相对应的是，熊十力却站在孟子的立场，主张从"恻隐之心"

---

[1] 熊十力：《熊十力学术文化随笔》，中国青年出版社，1999，第105页。
[2] 熊十力：《熊十力全集》第6卷，湖北教育出版社，2001，第325页。
[3] 熊十力：《熊十力论学书札》，上海书店出版社，2009，第20页。

向外扩充,即"内铄"。可见,熊十力主张"本心"是充盈完满的,道德世界的建构即在于"本心"向外的扩充。在修养功夫论上,熊十力主张由外在事功转向内在"本心",这是他对传统唯识论"闻熏"观的重要修订,有研究者甚至认为这是熊十力对传统唯识论"闻熏"观的"创造性误读"。正是通过这一创造性诠释,使得"本心"与"闻熏"不再是一种目的与方法的关系,而是一种"本心"弥漫在"实践"中的关系,即在个体"闻熏"的过程中,始终有"本心"的参与。因此,"本心"是贯穿个体实践的支配性因素。

由于熊十力在修养方法上主张"内铄",强调"本心"的完满与充盈,因而他认为修养的目的就在于返本还原,也即他在《新唯识论》开篇所言的"唯是反求实证相应故"[1]之意。"反求实证"有苏格拉底所言的"认识你自己"之意,即通过返回"本心"的方式重新认识"自我"。若进一步言之,他所言的认识"自我"究竟是什么,需要如何认识"自我"呢?熊十力在《明心篇》中自问自答道:

> 问曰:放心如何收?
> 答曰:知放之知,勿令私欲起而间断之,便是收。不是别用一心来收此心也。如慧海被马祖提斯,习心偶歇,而本心之明,乍尔呈现。却恐妄习潜存,还障本明。[2]

认识自我的关键在于"收心","收心"则在于不使私欲妄念遮蔽"本心",并借禅门中马祖接引慧海的例子来说明之。在此基础上,熊十力进一步强调了"学以穷理为本,尽性为归":

---

1 熊十力:《熊十力全集》第3卷,湖北教育出版社,2001,第13页。
2 熊十力:《熊十力全集》第3卷,湖北教育出版社,2001,第380页。

盖人生本来之性，必资后起净法，始得显现。虽处染中，以此自性力故，常起净法不断。依此净法，说名为学。若向外驰求，取著于物，只成染法，不了自性，非此所谓学。故学之为言觉也。学以穷理为本，尽性为归。……今略举二义，以明修学之要。一者，从微至显，形不碍性故，性之所以全也，本心唯微，必藉引发而后显。……二者，天人合德，性修不二故，学之所以成也。[1]

如此，与对"闻熏"的修正一样，熊十力再次将道德思想的建构归终于"本心"。"闻熏"强调"本心"的自足充盈，"返归本心"则主张"穷理尽性"。然而，无论是对"本心"特质的强调还是对"本心"和"自性"的回归，在熊十力思想中的"本心"与意义世界方面，"本心"既是"量论"（功夫论）和"返本还原"（道德建构）所欲达到的目标，又是驱动个体践履修养方法的动力。"本心"是熊十力意义世界建构的根本性因素，也即"本体"。

综上所述，熊十力建构了一套以"本心"为本体的哲学体系，即"心本论"，也被称作"主体本体论"。在这一哲学体系中，由于"本心"是作为"人"之"本心"，且他的"心本论"针对的是以理性为方法的欧阳竟无的唯识学，因而又被学界视作是对以理性为方法、从而将作为信仰的佛教诸表征合理化的一种"否定"，从而他的"心本论"便具有了浓厚的中国式人文主义的特质，即新唯识论之人文主义。

从表面上看，熊十力所建构的"主体本体论"基本沿袭着自孟子以来至宋明心学家的心学统绪，但实际上可将其视作是近代佛教现代性转型的重要部分。从历史上看，随着西学东渐的逐步深入，尤其是旅美欧日留学生的加入，使得在中国佛教内部形成了一股以理性为方法的整理佛教的思想运动。但是，这一

---

[1] 熊十力：《熊十力全集》第3卷，湖北教育出版社，2001，第462—464页。

为实现中国佛教现代性转型的理性主义运动使得作为信仰的佛教被纳入认识理性的视域下进行考察，从而使得作为宗教信仰的佛教具有了系统性，同时却丧失了神圣性；具有了客观性，但又隐遁了其主体性。熊十力所建构的"主体本体论"的新唯识论，正是中国佛教近现代转型的一种重要探索。

总之，在熊十力的"主体本体论"中，作为"主体"的人（本心）既是物质世界的本原，也是意义世界的驱动力和目的。作为中国近代佛教重要组成部分的熊十力的"新唯识学"，其主张的"主体本体论"具有浓厚的"中国人文主义"特质，其认为"人"具有完满"主体性"，而这一具有"主体性"的"人"正是从传统家国天下共同体框架中的"人"转变而来的。因此，熊十力的"新唯识论"是中国佛教现代性转型中的探索和中国佛教现代性转型的重要内容之一，也是佛教入世转型的理论助力之一。

三 新唯识学人文主义的余波——辩佛学根本问题

所谓新唯识学人文主义的余波，指的是熊十力与吕澂围绕着"性寂"与"性觉"问题展开的论战。由于在佛教中"性寂"与"性觉"的问题涉及功夫论，即到底是"闻熏"还是"返本"，并进而决定着中国佛教的合法性等问题，因而后世学者将熊、吕之间论辩的16通书信冠名为"辩佛学根本问题"。这实际上是熊十力回应以认识理性为方法的建构佛教运动，也是近现代佛学转型进路中关于人文主义还是理性主义的方法之争。

在这一论辩中，首先是熊十力在《与梁漱溟论宜黄大师》中批评欧阳竟无："竟师愿力甚大，惜其原本有宗，从闻熏入手。有宗本主多闻熏习也。从闻而入者，虽发大心，而不如反在自心恻隐一机扩充去，无资外铄也。"[1] 面

---

[1] 吕澂、熊十力：《辩佛学根本问题》，《中国哲学》第11辑，人民出版社，1984，第179页。

对熊十力对欧阳竟无如此激烈的批评，作为此时内学院之中坚的吕澂颇为不满地回信道："来教不满意闻熏，未详何指。《瑜伽论》说净种习成，不过增上，大有异乎外铄，至于归趣，以般若为实相，本非外来，但唐贤传习，晦其真意耳。"[1] 透过论辩的第一回合，我们可以看到：第一，熊十力其实很清楚自己的"新唯识论"与欧阳竟无"唯识学"之间的区别，即后者是立足于有宗的佛学，而自己的"新唯识论"却是以《周易》为契入点。因此他在《新唯识论》文言文本开篇即坦言，相较于传统唯识学，自己的"新唯识论"是创造性的。第二，相较于熊十力的此般"机智"，吕澂的回应显得按部就班，即针对熊十力所批评的"闻熏"和"外铄"等概念从唯识学的角度加以回应，认为熊十力只看到"种子"中的"染种"而强调"外铄"，却对"种子"中的"净种"（即"无漏种子"）视而不见，而"净种"是人所固有，非为外铄。如此，即为两人论辩的第二回合奠定了基础。

就吕澂对自己前信中的"闻熏"和"外铄"等概念的批评，熊十力在回信中做了回应："尊论欲融法相唯识以入《般若》，谓不外求。然力之意，则谓必须识得实相，然后一切净习皆依自性发生，始非外铄。今入手不见般若实相，而云净种习成，以为增上，此净种明是后起，非自实相生，焉得曰非外铄耶？"[2] 针对熊十力的回复，吕澂又一一做了回应。在此基础上，吕澂不再纠结于具体概念的诠释与辨析，而是直接挑明中国佛教与印度佛教的根本区别在于"性寂"与"性觉"之分殊，并认为主张"性觉"的中国佛教有违印度佛教之本意，属"伪说"，从而将熊十力的"新唯识学"纳入中国佛教的"伪说"体系中。为了论证这一点，吕澂从佛教精义和所造成的影响两方面进行阐释。

在佛教精义方面，吕澂认为"性觉"违背印度佛教"心性本净"的原初

---

[1] 吕澂、熊十力：《辩佛学根本问题》，《中国哲学》第11辑，人民出版社，1984，第169页。
[2] 吕澂、熊十力：《辩佛学根本问题》，《中国哲学》第11辑，人民出版社，1984，第183页。

教导:"由西方教义征之,心性本净一义,为佛学本源,性寂及心性本净之正揭(虚妄分别之内证离言性,原非二取,故云寂也)。性觉亦从心性本净来,而望文生义,圣教务征,讹传而已。中土伪书由《起信》而《占察》,而《金刚三昧》,而《圆觉》,而《楞严》,一脉相承,无不从此讹传而出。"在"性觉"所造成的影响方面,吕澂认为:"流毒所至,混同能所,致趋净无门。不辨转依,遂终安于堕落。慧命为之芟夷,圣言因而晦塞,是欲沉沦此世于黑暗深渊万劫不复者也。"[1]

对于吕澂的"性寂"与"性觉"之说,熊十力的回应是:"过陋之见以为说自性涅槃者,只形容自性之寂的方面。说自性菩提者,只形容自性觉的方面,断不可因此硬分能所也。拙作《新论》每谈到证量处,只说性体呈露时,他(性体)会自明自了,就怕分成二片,此岂是迷妄谈耶?"[2] 也就是说,熊十力认为"性寂"与"性觉"是一体之两面,是相辅相成的,不能将"性寂"与"性觉"完全对立或割裂开来。如此,熊十力似乎以一种迂回的方式回应着吕澂的严判"性寂"与"性觉"和以此为基础所做的"印度佛教"与"中国佛教"之区分。熊十力并未直接回应吕澂所提出的"性觉""伪经"和"中国佛教"三者之间关系的问题,而是避实就虚,运用一种类似辩证的方法将"性寂"与"性觉","中国佛教"与"印度佛教"近乎无差别地弥合起来。在弥合过程中,"使他唯一充满信心的乃本觉性体的朗然体现"[3]。

最后,论辩双方都抛出了各自观点,而不再围绕着部分佛教概念做立足各自角度的阐释。熊十力的"新唯识学"强调主体的创生地位,即"本心"既是物质世界的本体,又是意义世界的目的和驱动力;反观吕澂的唯识学,其借助认识理性的方法,将一种作为信仰的佛教纳入认识理性的视域下进行

---

[1] 吕澂、熊十力:《辩佛学根本问题》,《中国哲学》第11辑,人民出版社,1984,第171页。
[2] 吕澂、熊十力:《辩佛学根本问题》,《中国哲学》第11辑,人民出版社,1984,第189页。
[3] 傅新毅:《试析吕澂先生对"性寂"与"性觉"义之抉择——以吕澂与熊十力的论学函稿为中心》,《宗教学研究》2001年第1期。

考察，从而强调俗世中人的"革新"精神和以遵循原典为标准的道德实践原则。因此，就论辩双方的目的而言，与其说是"性寂"与"性觉"之间的交锋，不如说是高扬"人文主义"与主体价值和崇尚"理性主义"与原典价值之间的较量。两人的论辩，是以"闻熏"为契入点，以"性寂"与"性觉"之争为核心议题，以究竟是"革新"还是"返本"为目标所展开的学术争论。在"闻熏"问题上，熊十力似乎有意片面化理解"阿赖耶识"，即将"种子"只理解为"染种"，而对"种子"中所蕴含的"净种"视而不见[1]；正是这种对"阿赖耶识"的片面理解，才给了熊十力批判高擎"理性主义"大旗的内学院以契机。在对"闻熏"的理解上，熊十力完全站在内学院的对立面，他认为"本心"既是知识之心，又是道德之心。沿着这种"闻熏"观不断往下做逻辑推演，便逐渐抛出了"内铄""性觉"和"返本"等观点。因此，虽然在论辩中，"闻熏"是契入点，"性觉"是核心议题，"返本"是价值旨归，但贯通上述三者的乃是"本心"。换言之，在熊、吕之间的论辩中，熊十力所立足的乃是"主体本体论"。

透过"辩佛学根本问题"这一中国近代思想史上的著名学术公案，我们可以很清晰地发现：虽然熊十力的《新唯识论》，以及之后的《破破新唯识论》和《辩佛学根本问题》表面上是在回应独尊唯识学为宗的内学院派，实质上熊十力是在回应以"认识理性"为方法的建构佛教运动。在熊十力看来，以"认识理性"为准绳的建构适应现代社会的中国佛教，虽然在一定程度上弥补了此时中国宗教系统化之缺陷，但是将作为一种信仰表征形态的佛教纳入"认识理性"的视域下进行考察，则使得佛教中国化过程中所汲取的中国传统文化之重要概念，如"心"和"性"等，成为了认识的对象，亦即从中国传统文化视域中活泼泼的"心"转变成为"认识理性"视域下的概

---

[1] 作为一位曾追随欧阳竟无学习唯识学两年之久的思想家，熊十力不可能对"阿赖耶识"之内涵不理解。唯一可解释熊氏这一理解的原因只能是"有意曲解"，也即部分学者所认为的"创造性误读"。

念。关于这种以"认识理性"为方法的佛教建构运动的实质,如当代新儒家牟宗三所说:"时风中的理智主义是只承认'经验事实'为学问的唯一对象。而研究这经验事实的机能就是'理智的分析'。理智主义者在主体方面,只承认'理智的分析'。"这类方法所致的结果,便是"他们只成了理智一元论,科学一层论。在主体方面,理智活动以上的情意心灵乃至理智本身的内在根源,他们不视为学问的对象,也不认为这里有大学问。因此,人生全部活动的总根源,成了人类心思所不及的荒地"[1]。面对上述建构佛教的思想运动,熊十力接续中国思想文化的传统,即"人文性与宗教性的两重性"[2],并有意识地偏重"人文性",以此应对理性化和原教旨倾向的佛教学术思潮。值得注意的是,熊十力的"新唯识论"思想体系的"主体本体论"所强调的"人文主义"并非关注现实社会和人生的人文主义,而是一种强调主体地位与价值的抽象的人文主义,但它却是"关注现实社会和人生的人文主义"的基础。因此,熊十力的"主体本体论"既是近代中国佛教现代性转型过程中建构"人文主义"的思想活动,也为佛教的入世转型提供了重要的思想理论资源。

第四节　近现代佛学转型与历史主义

历史主义是影响近现代佛学现代性转型的又一重要观念。在进化论的影响下,历史主义表现为一种新的前后相继的进步的线性时间观,以及应用于社会的对社会发展规律进行总结的历史哲学,且呈现为普遍性、方向性与目的性的特点。具体于近现代中国佛学的转型而言,以太虚为代表的近代中国佛教改革派认为宗教的历史发展进程是普遍的和具有方向性的,即基督教的

1　牟宗三:《人文主义的基本精神》,《道德的理性主义》,吉林出版集团有限公司,2010,第105页。
2　洪修平:《殷周人文转向与儒学的宗教性》,《中国社会科学》2014年第9期。

"今天"就是中国佛教的"明天"。具体而言，以进化论为代表的历史哲学对近现代中国佛学的现代性转型可归纳为两个方面：第一，比较格局中的历史自觉意识：通过对过去与现在的佛教状况、国内佛教与国外佛教的对比，得出对过去与现状的认识以及对未来的设想，寻找进化变迁的因果关系，探寻"发展"之路径。第二，在实践上提出教制、教理、教产的"三大革命"，也即僧伽制度改革与人间佛教：效仿基督教建制的僧伽制度改革是基于诸文明发展的普遍性，弥散结构与社会变革并存的人间佛教则由此获得了自由、平等等文化意蕴与现代精神。下面主要以太虚为例来做分析说明。

一 线性时间观与太虚的历史自觉

太虚的僧伽制度改革是时代的呼唤，是中国近代佛教完成现代性转型的重要方式，因此我们将其称为"历史自觉"，即在西方新思潮的冲击下，太虚在自觉地顺应历史发展规律的同时，从佛教传统中挖掘与现代社会的联结点。这种"历史自觉"是从历史发展的观念来看传统与现代究竟是连续的还是断裂的，传统文化是否可以以自己独特的方式走向现代化。就太虚而言，其"历史自觉"主要包括两个方面：一是历史问题的把捉，二是历史道路的探寻。太虚"历史自觉"之历史问题的把捉虽然铭刻着浓厚的时代特色，但其问题意识乃深深植根于自明末以来的中国佛教中；太虚"历史自觉"之历史道路的探寻，即"人生佛教"的提出，既保留了自宋以来的弥散性结构，又倡导现代僧伽教育、建立新式佛教团体和积极参与社会公共事务等。

1. 太虚"历史自觉"之历史问题的把捉

太虚之佛教改革有其深刻的历史和思想史背景。从整个社会思潮来看，太虚时期的中国正遭遇"三千年未有之大变局"。"大变局"所致的影响不仅涉及中国人的生产方式，还涉及中国人的生活方式，更对中国人的思维模式与意义世界产生重大冲击。就佛教内部而言，太虚所处时代的中国佛教呈现出一片乱象；就佛教外部而言，此时的中国正处内忧外患之危局，有识之士如张之洞等人试图通过"庙产兴学"的方式实现富国强兵。然而，不得不说，"庙产兴学"的举措并非张之洞之首创。1662年，黄宗羲提出："学宫以外，凡在城在野寺观庵堂，大者改为书院，经师领之；小者改为小学，蒙师领之。"（《明夷待访录·学校》）甚至在张之洞呈"庙产兴学"奏前的百日维新时期，光绪皇帝便下诏将寺庙改成学校。只不过随着戊戌政变，该诏书成为一纸空文。由此可见，"庙产兴学"并非只是现代性"威逼"下的产物，而是自西方而来的现代性加速了"庙产兴学"的进度条。换言之，太虚"历史自觉"之历史问题的把捉深深植根于佛教之传统与现状中。

对此，太虚皆有清醒的认识，从其留下的著作中可窥见一二。具体表现为：第一，在教理方面：中国佛教只剩下了"一方则下逗愚民为神道之设教，一方则上适高哲为圆顿之玄谈，而无常智常德之讲求修践"[1]。也就是说，太虚认为此时的中国佛教在民间呈现为迷信，在知识群体中则堕落为空谈，而对修持和实践并不注重。当然，中国佛教的发展历程中并非不"重行"，而是禅观由"解行并重"发展为"仅看一句话头"[2]的趋势使得佛教门庭愈狭小、愈孤陋寡闻，不但不达禅宗，而且也完全荒废了教律，导致现在的衰颓现象。此外，自宋以来，中国佛教不断与民间信仰相结合，即"救度亡灵或临终往生，偏向弥勒法门"，致使中国佛教往往被社会大众视作"为度死人之所用，死后方觉需要，而非人生之所须"[3]的经忏佛教[4]。第二，在教制方面：由于受封建宗法制度的影响，中国佛教逐渐呈现为"一庵一寺变相家庭""徒子徒孙相承"的局面，从而使得"禅林反成一个空壳，正是只存告

---

[1] 太虚：《太虚大师全书》第30卷，宗教文化出版社，2005，第34页。
[2] 太虚：《太虚大师全书》第16卷，宗教文化出版社，2005，第334页。
[3] 太虚：《太虚大师全书》第15卷，宗教文化出版社，2005，第261页。
[4] 方广锠教授又将其称作"信仰性佛教"。

朔的馁羊而已"[1]。世俗宗族制度影响下建构的佛教制度，发展到晚清已经与俗人世代的衔接没有什么区别，世俗社会的弊端如财产权力等的斗争在佛教里也愈演愈烈。第三，在社会认知方面，"佛教僧寺之在中国，除去真正信解佛教之极少数人外，旧学、新学之读书人阶级，则视为异端，斥为迷信；未读书之农工商妇孺阶级，于佛菩萨则一概混同鬼神"[2]。"异端"与"迷信"的头衔使得与之完全不相干的佛教在无形中成为被清理的对象，受到莫大的打击。

可见，教理的简单化、教制的不健全、社会认知的混淆构成了太虚时期佛教的基本面向。面临由西方而来的知识与理性的检验，轰轰烈烈的"庙产兴学"大有把佛教剔除出中国知识界的趋势。对此，从理论上和事实上对佛教重新整理与建构，进而昌明佛教之真精神，显得尤为迫切。在此，我们可简单将太虚之"历史问题的把捉"的逻辑概括如下：为了革除近代中国佛教之弊病，并回应"庙产兴学"的挑战，从而实现近代中国佛教之复兴。若与线性时间观关联起来思考便会发现：太虚对历史问题的把捉源于一种"落后"与"进步"的历史二元论，即正是意识到中国近代佛教未能"契机"，即落后于时代发展的潮流，太虚方才能把捉近代中国佛教的历史问题。换言之，太虚在社会进化论大行其道和"庙产兴学"的处境中，通过比较发现，相较于基督教，近代中国佛教缺失"现代性"和"公共性"，并在进化论史观指引下认为，兼具"现代性"和"公共性"的基督教是近代中国佛教未来发展方向的重要借鉴。由此可见，在太虚之历史问题的把捉中，我们可以清晰地发现线性时间观及其历史哲学的印记。

2. 太虚"历史自觉"之历史道路的探寻

太虚对历史道路的探寻既表现在其僧伽制度改革上，也表现在其改革佛

---

[1] 太虚：《太虚大师全书》第2卷，宗教文化出版社，2005，第118页。
[2] 太虚：《由第二次庙产兴学运动说到第三届全国佛教徒代表大会》，《海潮音》第12卷第4期。

教教育和佛学研究方法等方面。关于这两点，我们留待下节再论。这里，先就其对历史道路的探寻表现在建立世界性佛教组织方面略做分析。

为了振兴佛教，推动佛教的传播和在现代社会的发展，受基督教会在世界范围内传教的影响，太虚曾考虑建立一个跨国界的世界性佛教组织。对此，美籍汉学家白德满（Don A. Pittman）曾指出："鉴于中国的佛教革新遭到挫折，太虚开始扩大思考范围，企图筹划一个普世的弘法运动。"[1] 具体而言，1922年，太虚与日本大谷大学的稻田圆成在庐山大林寺讨论中日两国佛教交流的具体事宜，并于1924年在中国召开第一次佛教国际佛学会议。在此次会议上，日本代表木村泰贤对中国佛教会提出三点主张：第一，望中国佛教团体统一办中华佛教大学。第二，派佛教徒留学东西各国，考察佛教情形。第三，希望办佛教讲演所，将深理化浅，期普及于世界；办翻译所，将佛化真理传播西洋。[2] 上述建议得到太虚的肯定。翌年，在前往日本参加"中日佛教联合会"前，太虚发表《世界佛化大学》计划，其中说道：

> 甲、华日佛教之互解……望于此四短、四长间能互相了解，取其所长，补其所短，则华、日佛教徒乃真能化除隔阂，携手宏传佛教于人世也。乙、印、缅、暹佛教徒之互学……从往来留学而互知之后，遂真能协同以有所作为也。丙、组为无国界之教团……此吾所以有世界佛教联合会之发起，而望全亚佛教同袍皆能注意乎此也。[3]

由上可知，太虚已逐步走出中日两国佛教交流的圈子，开始迈向世界佛教共同体。值太虚从日本归国后不久，收到当时德国驻日本大使索尔夫（W

---

[1]〔美〕白德满：《太虚——人生佛教的追寻与实现》，郑清荣译，台湾法鼓文化，2008，第119页。
[2] 洪金莲：《太虚大师佛教现代化之研究》，台湾法鼓文化，1999，第304页。
[3] 太虚：《太虚大师全书》第19卷，宗教文化出版社，2005，第439—442页。

H. vonSolf）的考察欧美诸国的邀请。无疑，太虚接受了邀约，并开始紧锣密鼓地筹款，且制定了欧美考察的目标，主要有：一、联络国际学佛人士，及世界各国共同信仰的地区国家、以谋佛教学术文化的交流，人才的交换，及世界和平的实现。二、透过世界各系梵、汉、巴、藏佛教原典语文的研究，对流传在世界各地的大小乘佛法，作相互之沟通研究。1928年8月11日，太虚乘坐"安特雷朋号"轮船开启了其长达10个月的欧美弘法之旅。在此期间，太虚发表系列演讲和创办"世界佛学苑"。在题为《西来讲佛学之意趣》的演讲中，太虚陈明佛学对于西方世界的意义，即一方面西方人对大乘经典知之甚少，另一方面囿于西方世界有圣人之才，而无圣人之道的限制，而佛法正好是对西方文化极好的补充，其原因在于佛法有圣人之道而缺乏圣人之才。如果说这是太虚为在欧美世界传播佛法所建构的理论，那么"世界佛学苑"则是太虚推动世界佛教运动的实质性运动。在太虚提出创办"世界佛学苑"后，其在欧美诸国纷纷建立。有人统计，在此前后共建立"世界佛学苑"6所，其分布既包括欧美主要国家，还在东南亚和南亚有所分布[1]。但是，由于"中国佛徒毫无组织，凭何与世界佛徒相联合？佛教未为社会中坚分子所重"等原因[2]，太虚的世界佛教运动也遭遇失败。但他基于对佛教问题的把捉与对国内外佛教道路的探寻，在振兴佛教、建设世界佛教方面做出的努力对后世产生了积极的影响。

二 线性时间观与太虚的僧伽制度改革

太虚对近代佛教复兴道路的探寻深受基督教的影响，即认为佛教可效仿兼具"社会性"和"公共性"的基督教，例如采取基督教会在教育、医疗和

---

[1] 详见郭育诚《太虚与僧伽制度之研究》，硕士学位论文，台湾佛光大学，2010，第33—34页。
[2] 印顺：《太虚大师年谱》，中华书局，2011，第143页。

社会服务等方面的措施和方法，从而既践行菩萨精神，又实现佛教复兴。因为在太虚看来，各种文明的发展历程是普遍的，他以基督教为参照，将基督教的发展模式视作近代中国佛教摆脱困境和实现复兴的径路。这表明，太虚所秉持的历史哲学不是循环式的，而是进步的，即不是轮回的时间观，而是线性时间观。下面，我们就对太虚僧伽制度改革的探寻中所浸染的线性时间观和历史哲学略作分析。

所谓僧伽制度改革，就是太虚在敬安法师的追悼会上所发表的《我的佛教改进运动略史》中所指出的"教制改革"，亦即佛教制度的改革，这是针对丛林佛教之弊端的改革。太虚在《整理僧伽制度论·跋》中指出："《整理僧伽制度论》，可为沙门菩萨僧之制度，但当大减其数耳。《僧制今论》颇为优蒲菩萨僧之含义。而本年第五期《海潮音》发表之《劝请如律护持三宝书》，可为沙门苾刍僧之要旨。合此三者而观之，庶可为整理僧制之指南矣。"[1] 太虚对佛教的教所、教团、教籍、教产、教规等方面进行了详细的规定，以期达到实现佛教现代性转型的目的，并为后世僧制确立标准。具体而言，在教所方面，太虚在《整理僧伽制度论》中规定宣教院、莲社等宗教活动场所是佛教活动最主要的地点，还对各场所所进行的佛教活动进行明确界定，如宣教院是"一、每星期日在院中宣讲一次。二、每一星期轮往该院所在地、各方面村落，宣讲两次。……"[2]。同时还对莲社等佛教场所进行了功能分区。在教团人事任用方面，太虚提出："凡由众公选举任者，谓之选举任职员。非犯须弃出僧伽罪临其上者，虽可褒贬惩劝，环其旁者虽可责问讥评，然不得于任期内，骤夺变动其职位。若犯须弃出僧伽罪，由教规堂或统理其上者，检举、审实、集众摈之。"[3] 可见，在僧团的人事任免问题上，太虚主

---

[1] 太虚：《太虚大师全书》第32卷，宗教文化出版社，2005，第349页。
[2] 太虚：《太虚大师全书》第18卷，宗教文化出版社，2005，第103页。
[3] 太虚：《太虚大师全书》第18卷，宗教文化出版社，2005，第101页。

张由僧众选举,并明确规定所任用人员的责任。这较为贴近近代的人员任用制。从《整理僧伽制度论》可见,其提供了一套建立在西方而来的现代思维基础之上新式的佛教管理模式。无疑,这是太虚在意识到传统丛林佛教之弊病的前提下,努力汲取西方现代性理论而对中国佛教现代转型道路的探索。

除了在僧团建设方面主张改革外,太虚还不断依据时代形势而赋予"僧伽制度改革"以新的内容。他认为,《整理僧伽制度论》的精神在于透过制度的规范建立真正住持佛教的僧团,正如他在《我的佛教改进运动略史》中所说的:"《僧伽制度论》是对出家僧伽的集团生活,加以严密的修整,使其适应时势所宜,成为合理化的现代组织;建立真正住持佛教的僧团。"[1] 从日本考察归国后,由于受日本佛教僧伽集团的启发,太虚在《对于中国佛教革命僧的训词》中系统概括了中国佛教制度改革的十项内容,其中包括"一、联合同志成立为有主义有组织有纪律的革命僧团。……三、革除以剃派、法派占夺十方僧寺财产作为子孙的私产传承制。……六、尊敬及拥护能改剃派、法派传承制为选贤制,及办学校教育青年僧,与作利济社会事业的菩萨僧。……"[2] 对于"僧伽制度改革"的具体内容,太虚不断地依据自身的知识和时势的变化而调整。在太虚看来,不仅僧伽制度改革的内容不是一成不变的,而且整套佛教制度也不是固定僵化的,而是需要依据时代的变化而做出相应的调整。太虚对"僧伽制度改革"内涵理解的变化,本身蕴含着一种历史哲学,即历史的发展不是循环轮回式的,而是进步的;无论是借鉴日本佛教僧伽制度,还是受基督教会的影响,太虚对"僧伽制度"理解的变化还隐含着"历史的发展进程是普遍的"思想。由此可以说,太虚的僧伽制度改革是线性时间观的产物,虽然他本人未必完全理解该时间观及其历史哲学,但却是其不自觉的践行者。

---

[1] 太虚:《太虚大师全书》第 31 卷,宗教文化出版社,2005,第 75 页。
[2] 太虚:《对于中国佛教革命僧的训词》,《海潮音》第 9 卷第 4 期。

僧伽制度的改革与僧伽教育及佛学研究方法关系密切。太虚推行的僧才教育是促进其僧伽制度改革的一项重要内容。太虚主张一方面创办从初级小学至大学的学校教育系统，除农工商等知识之外，增加了佛学的内容；另一方面创办民众学校、夜学校、半日学校、阅报所、通俗教育馆等社会教育。除了革新僧才教育内容外，太虚还创办武昌佛学院和汉藏教理院等，并提出菩萨学处。前者是太虚的教育实践，后者则是太虚教育实践的理论。至于太虚所倡导的佛学研究方法，其基本以历史学的方法为主，不仅梳理中国佛学之源流，而且站在世界佛教的视野分析了世界各地包括朝鲜、日本、欧美的佛教源流及现状。同时太虚又未放弃传统的解行相应的研究方法，即"要之，以佛学言，得十百人能从遗言索隐阐幽，不如有一人向内心熏修印证"[1]，以实践去评判各宗各派之利弊偏失，以摆脱空谈义理和死人佛教，探寻佛法之真精神。如果说武昌佛学院是太虚受西方思潮影响，并依照现代教育规律而创办的具有浓厚现代特质的佛学院，那么汉藏教理院则是佛学现代性的直接产物。而太虚所倡导的佛学研究方法，究其实质，还是一种对象性的客观研究，这种研究方法正是现代性的产物。总之，无论是太虚的佛教教育改革，还是其佛学研究方法，都浸透着线性时间观，都深受线性时间观的影响。

三　线性时间观与太虚的人间佛教

太虚的"人间佛教"一方面保留了宋以来的传统佛教模式，同时又将之变为社会变革的强大理念武器。如此，"人间佛教"在传统与现代之间建立了连续性，同时又在吸收西方平等、自由等观念的基础上获得了文化意蕴与人文精神。

---

[1] 太虚：《太虚大师全书》第28卷，宗教文化出版社，2005，第35页。

太虚提出"人间佛教",根本的目的在于为佛教探寻一条既适应现代社会,又契合佛教真精神的道路。他对佛教的界定是:第一,就信仰对象而言,佛教的信仰对象是佛陀,而佛陀是觉者,即"觉到人生宇宙的实事真理"[1],这就不同于基督宗教等其他宗教。虽然佛教有塔庙等宗教之仪制、有使人信仰的宗教功用,但并无宗教之超越诸相之神,"殊不知,佛学的宗教方面,也是真正的无神主义"[2]。至于鬼神,也仅仅是佛教六道轮回之一,是佛教的救济对象。所以,太虚讲佛教应该叫佛法,而不是宗教。第二,就因果来讲,佛教认为"万事万物须因缘具备方可生存",不可对因或者果厚此薄彼。哲学有偏执于"因"的命定论、目的论,亦有偏执于"果"的偶然论、机械论,但这些都不能等同于佛学,都是需要加以纠正的。第三,就信众来讲,佛教不等同于寺院的僧尼,就范围而言,寺院的僧尼并不一定展现佛教之真精神,也不能单以寺僧代表佛教,佛教徒还包括了在家居士。只有扩大佛教信众范围,才能为更多的人谋求幸福。由此可见,在与世界上的宗教、哲学的比较视野中,太虚剔除了附着在佛教这一概念上的迷信和盲目成分,希冀在更大范围内为更多人谋求幸福而努力。因此,中国现代佛教所倡导的人间佛教,就是"以现实人生为基点,以人的清净心为基础,通过大乘菩萨道的修持,达到完善人格,进而建立人间净土的佛教"[3]。概言之,太虚的"人间佛教"是以现实人生为着眼点,以修持大乘菩萨道为方法,以佛化人间为目的的佛教改革主张。太虚的"人间佛教"将佛教关注的重点从极乐世界转移至凡俗人间。与此不谋而合的是,建基于线性时间观上的历史哲学,由于强调历史的进步性,因而将俗世的发展作为该历史哲学所关注的重点内容。换言之,主张"人间佛教"的太虚是线性时间观及其历史哲学不自觉的承担者。

---

[1] 太虚:《太虚大师全书》第1卷,宗教文化出版社,2005,第57页。
[2] 太虚:《太虚大师全书》第1卷,宗教文化出版社,2005,第54页。
[3] 方立天:《方立天讲谈录》,九州出版社,2014,第330页。

1928年，太虚在《人生佛学的说明》中指出佛学的两大原则："契真理"和"协时机"。所谓"契真理"是指符合佛教的基本真理；"契时机"则是指佛教适应时代和信徒情况作适当变革。他说："佛学，由佛陀圆觉之真理与群生各别之时机所构成，故佛学有二大原则：一曰契真理，二曰协时机。非契真理则失佛学之体，非协时机则失佛学之用。"[1] 在上述两大原则的指导下，太虚于1933年在汉口市商会发表《怎样来建设人间佛教》，正式提出"人间佛教"。他一开始就提出："人间佛教，是表明并非教人离开人类去做神做鬼，或皆出家到寺院山林里去做和尚的佛教，乃是以佛教的道理来改良社会，使人类进步，把世界改善的佛教。"[2] 并具体从三个方面来阐释如何建设人间佛教，即从一般思想中、从国难救济中以及从世运转变中来建设人间佛教。在这三个方面，太虚分别关注的是俗世之人的普遍观念、国家的当前命运以及世界的趋势。在凡尘之人的普遍观念方面，太虚借助否定的方法，对凡尘之人所秉持的对佛教真相遮蔽的观念逐一否定，进而"将佛教教人做人的道德，略略解释"[3]，其目的在于将人间佛教先从普通一般人的思想中建设起来。在国家的当前命运方面，太虚指出，"天灾人祸，内忧外患，相继而来，自从日本的侵扰，内乱外寇，交迫尤甚"[4]，在如此情势中，"现在国家处灾难之中，凡是国民各应尽一分责任能力，共想办法来救济个人所托命的国家，在佛法即所谓报国家恩"[5]。国民报国家恩便是建设人间佛教。在世界的趋势方面，太虚指出，全世界的趋势已经有了转变，在这种转变之中就"不要再跟在人家后面走"，而应当"因世人的需要而建立人间佛教，为人人可走的坦路，以成为现世界转变中的光明大道，领导世间的人类改善向上进步"[6]。

1　太虚：《太虚大师全书》第3卷，宗教文化出版社，2005，第181—182页。
2　太虚：《太虚大师全书》第25卷，宗教文化出版社，2005，第354页。
3　太虚：《太虚大师全书》第25卷，宗教文化出版社，2005，第356页。
4　太虚：《太虚大师全书》第25卷，宗教文化出版社，2005，第363页。
5　太虚：《太虚大师全书》第25卷，宗教文化出版社，2005，第363页。
6　太虚：《太虚大师全书》第25卷，宗教文化出版社，2005，第369页。

换言之，在太虚看来，"人间佛教"不仅应当成为当前国人秉持的观念，还应当成为领导人类进步的思想，成为"把相争相杀的人间地狱一扫而空，变成太平世界"[1]的思想武器。由此可见，太虚的"人间佛教"所关注的重点始终是社会的进步和世俗的幸福，这种对社会进步和世俗幸福的关注正是线性时间观及其历史哲学的应有之义。

1938年，太虚作《即人成佛的真现实论》，从众生平等的角度阐释无论东圣西圣还是在家出家，都能成佛的"人间佛教"。他说："大抵六度本自平等，十善乃其细者。在家出家，皆不能离十善。东圣西圣，亦并依于六度。以此倡说（按：予于《人生观的科学》则既倡说之矣），自然殊途同归，未知上人以为有当否？"[2] 换言之，太虚认为建设人间佛教的基础在于现实的人生，而这与《怎样来建设人间佛教》的精神旨趣一脉相承，即"从人生的进化，走上大乘菩提行果"[3]。概言之，太虚的"人间佛教"是以人生为基础，以进化为方向，以"走上大乘菩提行果"为目标的佛教理念。也就是说，太虚的"人间佛教"具有现实性、方向性和目标性等特点。

1945年，太虚作《人生佛教》，从人生佛教名词的提出，人生佛教学理的说明和人生佛教的目的等方面全面系统地阐释人生佛教。太虚的"人生佛教"并非是"佛教的人生化"，而是将佛教的教理和教义渗透至人生和社会的方方面面，从而即人成佛，即世解脱，并最终达到佛化人间的目的。太虚的"人生佛教"思想大致包括如下三方面：佛陀本怀与即人成佛；人伦日用与即世解脱；佛化人间与佛教转型。

所谓佛陀本怀，指的是佛法的真精神。在太虚看来，佛法之真精神乃是面向社会和服务人生。他说："佛法的根本在于五乘教法，就是重在说明人生

---

[1] 太虚：《太虚大师全书》第25卷，宗教文化出版社，2005，第375页。
[2] 太虚：《太虚大师全书》第25卷，宗教文化出版社，2005，第383页。
[3] 太虚：《太虚大师全书》第25卷，宗教文化出版社，2005，第381页。

的道德——教人应该养成怎样的思想和善的行为,方算是人生社会合于理性的道德","佛教于充实人生道德,极为注重,人生佛教尤以此为基本"[1]。既然佛法之真谛在于劝勉众生在人间做合乎道德的事,那么佛教自然就成了人生的佛教。为此,太虚还提出揭穿"神怪"的烟幕,其实质是要清除人生佛教在现实生活中存在的偶像崇拜、迷信等内容,从而转向通过"发达人生"为途径,以"即人成佛"为目标的人间佛教之境。所谓"发达人生"是指人应当在家庭、社会和国家等各方面进德修道,即太虚的"既来到人世间,既入宝山,切莫空手而归"之意。太虚认为,借助"发达人生",便能"即人成佛"。

何谓人伦日用与即世解脱?太虚认为,此时的中国佛教大概只剩下了"一方则下逗愚民为神道之设教,一方则上适高哲为圆顿之玄谈,而无常智常德之讲求修践"[2],也就是说,这一时期的中国佛教,在民间堕落成迷信,在知识群体中变成玄谈,而这些都无法与民众之人伦日用相关。既然太虚的"人间佛教"是劝诫人过合乎理性和道德的生活,那么"人间佛教"便是在人伦日用中既出世又入世,正如太虚在《我的佛教改进运动略史》中所言:"建由人而菩萨、而佛的人生佛教,以人生佛教建中国僧寺制,收新化旧成中国大乘人生的信众制,以人生佛教成十善风化的国俗及人世。"[3] 概言之,"人间佛教"并非一套概念体系,而是强调在人伦日用中"行"出佛法之真谛。唯其如此,众生方能即世成佛。

至于佛化人间与佛教转型,就如前面所说的,是将佛教的教义和教理渗透至社会生活的方方面面,并最终达到人间净土的目的。尊太虚为导师的"佛化新青年"之八大使命很能说明此点。该八大使命以佛教精神与佛教方

---

1 太虚:《太虚大师全书》第 3 卷,宗教文化出版社,2005,第 209 页。
2 太虚:《太虚大师全书》第 30 卷,宗教文化出版社,2005,第 34 页。
3 太虚:《太虚大师全书》第 31 卷,宗教文化出版社,2005,第 85 页。

法净化人心、改造世界，不仅包括铲除旧佛教、破除鬼神迷信的佛教建构，还包括去除贪瞋痴、消灭人我之界的个体完善，更有建造报社、公园、图书馆等新社会以及发明卫生学、医学等世界目标。可见，太虚的"佛化人间"涉及个体生活和社会生活的各个方面，其指导原则是佛法，也就是太虚所言的"极慈悲极善巧的方法"。正是在此基础上，通过"佛化世界"的方法，不仅推动了中国佛教之转型，还使得净土理想在人间得以建立。

由上可见，太虚的"人间佛教"是以佛陀本怀为根本，将佛法之真精神贯穿于日常生活的方方面面，以达成即人成佛、即世成佛之修证理念的实现，以及推动近现代佛教转型的佛教革新理念。也就是说，太虚的"人间佛教"是行于凡尘日用之间的，以改善现实社会人生为目标，以实践大乘菩萨之道为方法的佛教革新理念。如果说佛陀本怀是太虚人间佛教的基点，那么人伦日用与即世解脱便是其人间佛教的方法，佛化人间则是太虚人间佛教的目的。由此，佛陀本怀、人伦日用和佛化人间便构成了太虚人间佛教的三个基本要素，即以佛化人间为目的，以人伦日用为方法和佛陀本怀为基础的佛教理念。

综上所述，这样一种从观念层面对佛教进行改造与建设的人间佛教是一种具有方向性、目的性和普遍性的近世佛教理念。纵观整个近现代中国佛教发展史，由于社会达尔文主义在近代中国的大量传播对近代中国佛教知识分子的影响和"庙产兴学"如火如荼地展开对近代中国佛教生存空间的挤压，使得近代中国佛教的有识之士或被迫或主动地汲取西方现代性的成果，如太虚对社会达尔文主义的汲取，使得其发展出一套以革新为目的，以进步为方向和以僧伽制度改革为具体内容的近代中国佛教现代性转型的思想。无论是对历史问题的把捉，还是对历史道路的探寻，均表明太虚是线性时间观及其历史哲学在中国近代佛教界的秉持者，是西学东渐的现代性的接受者。与此同时，太虚上述佛教改革主张亦与当时中国正在流行的思潮相吻合，就如《答象贤及江浙同学诸上人书》中所描述的"佛化宏扬，法轮转机，普度众生,同登佛国,其惟我太虚大法师是赖而已"[1]。

第五节　近现代佛学观转型的特点与意义

中国佛学正是基于现代性转型,才使得佛学不仅逐步摆脱"迷信"的帽子而具有了理性的特质,而且在个体与社会间的关系上,中国佛学开始走出山林,积极地融入尘世的生活,并由此带来佛教在组织和传教方式上的巨大革新。

一　近现代佛学观转型的特点

佛教自两汉之际传入中国后,便经历了一个不断中国化的过程,至隋唐时期发展出汉传佛教八大宗派,自宋以下中国佛教更是逐步走入民间,与中国固有的思想文化相融合。纵观佛教中国化的历程,我们可以发现,从存在形态上看,中国传统佛教主要表现为信仰性佛教与义理性佛教:从传入之初对黄老方术的依附到仪轨忏法等皆为信仰性佛教;从传入之初一系列的译经注述到隋唐八大宗派思想体系的形成等皆为义理性佛教。从解经内容来看,中国传统佛教主要表现为对佛教教义与教理的诠释,但由于诠释之主体为僧人,所以中国传统佛教的解经仅仅是为宗派的建构与宣教服务的,即使是禅宗的顿悟式解经亦属于一种以解脱为目的的非理性主义解经。从佛教史的书写来看,中国传统佛教史的书写多以记录传法的史实为主,或为高僧之传记,如《高僧传》《续高僧传》和《宋高僧传》等,又或为某一宗派之一家史传,如《景德传灯录》和《佛祖统纪》等。从佛教的价值意蕴来看,中国传统佛

---

[1] 吟雪:《答象贤及江浙同学诸上人书》,《海潮音》第5卷第7期。

教是以众生解脱为根本目标,其全部理论都是旨在说明解脱的途径与修行方法。总之,中国传统佛教是以解脱为终极目的,以诠释佛教教义与教理和记载传法史实为内容,以信仰性佛教与义理性佛教为表现方式的佛教。

然而,及至近现代,中国传统佛教无论是在存在形态、解经模式、佛教史的书写,还是在佛教的价值意蕴等方面皆发生了改变。究其原因,近现代中国佛教是在古今、中西之争的历史环境中形成的。如波考克(J. G. A. Pocock, 1924—)所言:"话语变化的历史不是一种简单的直线式联系,也不是简单的新的话语模式战胜和代替旧的话语模式。相反,它表现为一种新旧之间转换和抵抗并存的复杂的对话。"[1] 就近现代中国佛学而言,其"新旧之间的转换与抵抗并存的复杂对话"主要表现以下四个方面:

其一,在佛学与社会之间的关系上,中国佛学从一种关注内心修持和强调出世的佛学转变为一种内心修持与经世并重的佛学,因而成为社会建构的重要思想资源。第一,在实践方面,经杨文会的努力,近代中国佛教开始在刊刻佛教经典、僧才教育、佛学义理和佛学研究机构等方面进行了卓有价值的探索,从而使得佛教开始摆脱丛林模式,逐步走入世俗生活中。第二,在社会建构方面,经维新派人士的努力,佛学从山林转向了社会诸领域,从以信仰和道德为主的佛学转变为以世俗政治为本怀的佛学。例如对佛教思想做创造性运用的康有为,使得佛教在"庙产兴学"的时代不再是迷信和落后的代名词,而是堂而皇之地进入社会政治领域,成为近代中国社会建构的重要思想资源。

其二,在佛教史书写方式和佛学研究进路上,理性的"科学化"使得近现代中国佛教史成为一个连续的整体,并使得佛学研究成为一种对象性和客

---

[1] J. G. A. Pocock, *Politics, Language and Time: Essays on Political Thought and History*, Chicago: The University of Chicago Press, 1989, pp. ix-x. 转引自舒健主编《基督教与中西文化青年博士论坛》,上海大学出版社,2014,第80页。

观化的研究。以胡适的佛教史书写方式为代表，其将"明变、求因和评判"的标准贯穿于近代中国佛教史料的书写中。这既促进了佛学历史真面目的显现，又为后世佛学史研究提供了新的研究典范。以梁启超在佛学学术研究所做的开拓性贡献为代表，其所进行的佛教史料学研究、佛教哲学研究和佛教心理学研究等本质上均为一种对象性的研究，其目的在于客观地呈现佛教史料的真实和描述心理发生的机理。这样的一种对象性和客观化的佛学学术研究逐渐摆脱传统佛教的教义诠释体系，从而呈现出明显的现代性特征。

其三，在具有主体性特质的人文主义上，新唯识论在借助康德哲学所建构的框架的基础上，通过挖掘心学的思想资源以补益佛学，从而发掘了中国佛学的人文主义。由于以理性为方法的佛学在近代中国的逐步展开，使得作为信仰的佛教被纳入认识理性的视域下进行考察，从而使作为信仰的佛教具有了系统性，但弱化了神圣性；具有了客观性，但隐遁了其主体性。在这样的思想文化处境中，以熊十力为代表的新唯识论借助康德哲学和宋明心学，建构了一套"心本论"为内容的中国式人文主义。从时代处境来看，这无疑是近代中国佛教在人文主义理论建构方面的新探索。

其四，就历史主义而言，深受社会达尔文主义思潮影响的近代中国佛教革新派主张通过僧伽制度改革和佛学理论创新以实现中国佛教的整体性"进步"。近代中国佛教革新派以西方基督教为参照系，认为基督教在西方的前途和表现方式便是未来佛教在中国的前途和表现方式。因而，他们主张通过不断"革新"僧伽制度和创新佛教理论，以达到中国佛教复兴的目的。可见，无论从具体的实践方面，还是从理论方面，近代中国佛教的革新派呈现出了一种因时间观的变奏所致的历史主义的改变。

需要说明的是，虽然本章的研究立足现代性的理性主义、人文主义、历史主义三个面向分别梳理了近现代中国佛学，但无论是哪个面向的中国佛学现代性转型都不是孤立存在的，若单独秉持其中一种都有可能导致佛学发展的僵化，都不利于近现代佛学的转型。唯有将理性主义、人文主义、历史主义三者结合起来，才能共同勾勒出一幅充满活力的近现代中国佛学现代性转型的巨幅画像。

二 近现代佛学观转型的意义

在近代中国，由于理性方法被引入到佛学研究中，使得近现代中国佛学逐步摆脱"迷信"的面貌，如运用理性的方法书写佛教史和进行佛学学术研究；在社会事功方面，近代中国佛教部分有识之士主张佛教应当走出山林，积极参与到社会公共事务中，如兴办教育、参与政治和发展社会慈善事业等；在宗教组织方面，近现代中国佛教借鉴基督教的经验进行改革，逐渐演变成一个以个体信仰为基础，出世而不离世的社会团体性质的宗教组织。无论是在佛学学术研究方面，还是在佛教组织方面，抑或在佛教的社会事功方面，近现代中国佛学的此次现代性转型都弥足重要，既是对之前中国佛学发展的总结，又对后世佛学的发展具有奠基性作用。具体而言，近现代佛学观现代性转型的意义主要表现在如下三个方面：

第一，佛学的学术研究。胡适在佛教史的考证过程中极为注重"明变、求因和评判"的方法，其后的佛教史家如蒋维乔和黄忏华等在各自的佛教史书写过程中皆沿袭这套以历史的、科学的方法来看待佛教，并影响到之后的几乎所有的中国佛教史写作，如吕澂的《中国佛学源流略讲》和任继愈的《中国佛教史》等。另外，梁启超借助康德哲学的自由及自然学说、"直悟的性格"及"经验的性格"和认识论等对佛学概念再诠释和章太炎借助格义方法对佛学概念进行研究的精神，也为后世所秉承，其代表如方立天的《中国佛教哲学要义》。无论是借助认识理性为方法，通过整体法和类比法而形成的佛教史料学，还是援引康德哲学对传统佛学的部分概念做再诠释，从而拓展传统佛学概念的新内涵，并建构起佛教哲学的本体论、认识论和道德观，抑或是借助现代心理学的框架将佛学与心理学勾连起来，从而形成佛教心理学，都是近现代佛学学术研究的重要内容，都为后世中国佛学的研究和发展打下了基础。

第二，佛教影响的公共性。由于近现代中国佛教的有识之士深感深居山林、以内在静修为主的佛教日渐被现代性大潮侵蚀，并逐渐成为"落后""迷信"的代名词，因此以梁启超为代表的维新派人士主张政治佛学和以太虚为代表的改革派主张僧团的现代化，前者使佛教从山林转向了政治领域，从以信仰和道德为主的佛学转变为以世俗政治为本怀的佛学，后者使佛教日渐强调社会事功。例如在教育方面，有杨文会创办金陵刻经处和太虚创办武昌佛学院与汉藏教理院等；在社会服务方面，有鼓励佛教徒"要多做救世利人的事业，使佛教在社会每个角落里都起作用"的太虚等。无论是佛学在政治领域的深度参与，还是佛教在社会事功中的积极表现，都深深地影响了其后的中国佛学的发展。

第三，佛教组织的社会团体性。由于遭遇现代性之前的中国佛教僧团是一种以出世修行为目的的弥散性组织，因此太虚等近代中国佛教领袖不仅不断呼吁僧伽集团积极涉入社会事务，而且毕其一生致力于建立一个领导全国僧伽的社会团体。正因为如此，1912年，敬安就在上海发起筹建中华佛教总会；1929年，圆瑛、太虚等在上海成立中国佛教会，并在各省市建立分会。在此基础上，1953年，虚云、喜饶嘉措、圆瑛、赵朴初等在北京成立中国佛教协会。至此，经现代性转型，中国佛教僧伽集团从一个弥散性团体转变成一个团结统一、积极参与现代社会建设的现代社会团体。

总之，在佛学学术研究上，近现代中国佛学的现代性转型使得之后的佛学学术研究愈加理性化；在佛教与社会其他领域之间的关系上，近现代中国佛学的现代性转型使得其后的佛教愈加与社会紧密结合，以促进社会各领域的和谐发展；在佛教自身的组织上，近现代中国佛学的现代性转型使得佛教的僧团组织变成一个以践履"菩萨行"为事功，积极参与现代社会建设的社会团体。由此来看，中国佛学的现代性转型是符合中国文化的发展与民众需求的契理契机的过程，这将为现代社会中的佛教更好地发展并发挥积极作用提供借鉴和启示。

结语　古今中西之争与中国佛学的未来

在古今中西碰撞的时代巨变中，横亘在近代中国知识分子面前的问题是：中国文化向何处去？同样的，作为中国文化之一部分的佛教也面临着这样的复杂时代处境，即既要面临轰轰烈烈的"庙产兴学"运动，又要处理自西方而来的科学、理性对佛教迷信化的批判。因此，在近代中国佛教中始终存在着对自身定位的疑虑，即佛教是哲学？抑或是宗教？在由西方而来的现代意义系统中，佛教好像很难被归入到哪一类。虽然实际上佛教可以被归类为宗教、哲学、文学、艺术等多个领域，但现代学术分科体系中的佛教已然具有了不同于传统佛教的新的意义。由此，无论是此前对佛教颇有微词的知识分子，还是佛教界内部有识之士，都纷纷开始研究佛教，以至于在佛学界出现武昌佛学院与南京内学院之争、内学院派与新唯识论派有关空有之争以及激进革新派与丛林保守派关于僧伽改革之争等。究其实质，上述争论各方皆是中国佛学在现代性的大潮中，探寻从传统向现代转型的诸种路径。在上述近现代佛学的争论中，既有有关传统与现代的历时态之争，又有中学与西学的共时态之争。正是这样的一种复杂争论局面，共同构成了中国佛学的现代转型。

然而，囿于近代中国佛学复杂性的限制，关于近现代佛学的研究，要么以西学为本位，落入"西方中心主义"的窠臼；要么一味地排斥西学，在佛教经卷内以经解经地诠释。无疑，无论哪一种倾向都会阻碍佛学的现代转型。"不识庐山真面目，只缘身在此山中"，古今中西之话语与历史境遇既为近代中国佛学研究提供了很多有益的资源，同时也加剧了佛学自身身份定位的困境。只有跳出互相对立的传统与现代、中学与西学，才有可能获得佛学发展之历史意义上的连续性，从而使得在多元化的现代世界，中国佛学和中国佛学学术研究占有一席之地。因此，本章选取一种"文化"或"文明"的视角，从概念上与地域上将西方与东方置于同等的地位，即异质性的诸文明[1]。由于现代性是一种整合诸文明的重要力量，即现代性既不是东方的，也不是西方的，而是一种"混合型的运动"，也就是说，近代中国佛学同样经历着现代性所展现出的伟力的塑造。本章正是以一个这样的现代性视角，从观念与思维层面而言的理性主义、人文主义和历史主义对近代中国佛学进行了研究。近代中国佛学思想家依据自身资源对上述三概念与实践做出的回应，共同构成了近现代中国佛学观。

值得注意的是，中国佛学现代性转型历程并非一蹴而就，甚至当代的中国佛学研究者的佛学研究依然处于这一历史进程中。换言之，当代的中国佛学研究依然处于古今、中西争论的历史大背景中。因此，勾勒在现代性的大潮中近现代中国佛学思想家所呈现的思想交锋图景和吸取他们在现代性洪流中的历史教训，对当前的中国佛学研究有很重要的启示意义。

---

[1] 洪修平主编的《东方哲学与东方宗教》一书即是这样一个视角的体现。见《东方哲学与东方宗教》，江苏人民出版社，2016。

第四章

西风东渐背景下佛教的定位与转型

中国近代的社会转型是从西方船炮的到来开始的，而中国近代思想文化的转型则是围绕如何处理与船炮同来的西方思想学术的关系而展开的。时代大潮流下的佛教自然也不能外于这一潮流，传统的佛教要在整个中国现代化转型的历史大潮中找到自己的位置，重建自己的价值，必须也要回应时代的新命题。

从洋务运动开始，科学成为了推动中国社会前进与转型的最重要因素之一。到了五四新文化运动时期，科学更成为了标志新文化的两面旗帜之一。与此同时，以平等自由为核心价值的民主政治，在经历了戊戌变法、庚子新政、辛亥革命之后，在不断地深入人心，成为中国社会改革的驱动力，也是五四新文化运动高举的另一面旗帜。科学与民主作为中国社会近代转型的核心要素，是那个时代所有深刻的思想文化体系都需要面对的。佛教的近现代转型一个很重要的面向，正是在对科学与民主的时代命题做出自己的回应中展开的。在佛教回应时代的转型问题时，还要回应自身认识的新问题。传统的儒佛道"三教"语境突然之间被新传入的"宗教""哲学"等新概念替换了。在近代的新语境中，佛教究竟如何归属成为佛教自身的时代问题。本章即从佛教与科学、民主和宗教这三个视角来探讨分析近现代中国佛教转型的相关问题。

第一节　科学时代里佛学与科学的双向互动

晚清的国门是西方的坚船利炮轰开的，这种强横出现的船炮就是科学在近代中国最直观的呈现。从洋务运动起，中国社会开始了对科学的追求。而与此同时，思想界也必须要回应科学的挑战。正是在这种回应中，晚清思想界仿佛突然间重新发现了佛教。以佛教来理解科学，同时在这种理解中也改变了佛教认识方式，这构成了中国佛教近代转型的第一重序曲。

到了辛亥革命后，科学在中国思想界已经获得了无上荣光，也已不须要借助佛教式的理解就能被社会大众所认可了。这时的佛教界为了建立自己在新时代的新价值，便要努力回应自身与科学的问题。

从自发地以佛学理解科学，到自觉地以科学重塑佛学，这种两重双向的转译，在文明的对话与互动中，推动着佛教在近现代的转型。

一　晚清士夫自发的以佛学诠解科学

晚清思想界仿佛突然之间兴起了一股好佛的风气。晚清士夫的好佛，和前代士人的禅悦不同，他们不是从佛教中求取解脱，而是从佛教中发现了对突然闯入视野的西方科学的理解，或者说，他们在西方科学的刺激下再次发现了佛教。

佛教可以通于科学几乎成为一代人的共识。谭嗣同说："西学皆源于佛学，亦惟有西学而佛学乃复明于世。"[1] 谭嗣同的挚友唐才常说："全藏之经，半谈格致。"[2] 谭嗣同的另一位好友孙宝瑄在日记中提到一次和谭嗣同、梁启

---

[1] 谭嗣同：《仁学》，中州古籍出版社，1998，第126页。
[2] 唐才常：《各国政教公理总论》，《唐才常集》，中华书局，1980，第70页。

超、夏曾佑、宋恕等人的聚会，称："八月十四日，宴复生、卓如、穰卿、燕生诸子于一品香。纵谈近日格致之学多暗合佛理，人始尊重佛书，而格致遂于佛教并行于世。"[1] 孙宝瑄还说道："格致之学可作佛书之凭据，亦可正佛书之讹谬。"[2]

下面，我们从理解科学的"前结构"、佛学中的"科学观念"、佛学与科学的宇宙论等三个方面对晚清士夫自发的以佛学诠解科学略加论说。

1. 理解科学的"前结构"

佛学在晚清思想界几乎充当了一种理解科学的"前结构"的角色。海德格尔曾提出一个"理解的前结构"观念，指出"解释从来不是对先行给定的东西所作的无前提的把握"，"任何解释工作之初都必然有这种先入之见，它作为随着解释就已经'设定了的'东西是先行给定了的，这就是说，是在先行具有、先行见到和先行掌握中先行给定了的"[3]。这一思想对于我们思考晚清思想界对西学的理解与解释极有启发。

所谓"先行具有"，是指解释主体在解释行为发生前所具有的文化心理和认知结构等。人不可能生活于真空之中，而是必然生活于一定的文化、历史之中，受其所处文化和历史的制约。这些"先行具有"影响着解释主体的理解方式。所以海德格尔说"解释一向奠基在一种先行具有之中"。而"先行见到"是指在解释行为中的特定视角，以及所使用的观念与语言等方式。海德格尔将之比喻为对"先行具有"的东西"开刀"，是将解释的眼光在所应着眼的那样东西上确定下来。他说："解释向来是奠基在先行见到之中，它瞄着某种状态，拿在先有中摄取到的东西'开刀'。被领会的东西保持在先有中，并且'先见地'（'谨慎地'）被瞄准了。"[4] 当面对一个全然不同的

---

[1] 孙宝瑄：《日益斋日记》（佚），见丁文江、赵丰田编《梁启超年谱长编》，上海人民出版社，2009，第38页。
[2] 孙宝瑄：《忘山庐日记》（上），上海古籍出版社，1983，第130页。
[3] 〔德〕海德格尔：《存在与时间》，陈嘉映、王庆节合译，生活·读书·新知三联书店，1987，第184页。
[4] 〔德〕海德格尔：《存在与时间》，陈嘉映、王庆节合译，生活·读书·新知三联书店，1987，第183、184页。

历史文化背景的产物时，从自身所具有的认知传统中找寻出与之相接近的概念，作为先行见到的视角，以既有的理论作为对它的先行把握，是晚清思想界在最初理解西学和诠释西学时的必由之路。

佛学对西学的理解首先表现在对世界的想象。在儒学正统观念中对于自然界的兴趣远低于对于人类社会的兴趣。如果说汉儒在天人感应观念下尚对宇宙万有存在兴趣的话，到宋儒将外在的天人感应转化为内在的天人合一，其学术兴趣几乎完全限于人自身，即使格物最终也将落到格心。然而佛教对于宇宙万物的兴趣却浓厚得多，虽然佛教对于自然界的描述是以古代科学认知混合掺杂着大量宗教的形上玄想，但毕竟描摹出了儒学经典中从未有过的自然景象。因而在近代早期，儒者在面临自己无法理解的西学描述时，从少得可怜的汉代纬书中无法寻找到足够的"先行见到"和"先行掌握"，他们甚至将视野扩大到了《穆天子传》《山海经》《神异经》等极富神话性的著作而仍然不足用。佛经中对世界的丰富描述就成为了他们理解新的世界图景的最好的本土资源。

对近代儒者而言，西方科学的各个门类似乎都能从佛学中找到对应物。光绪十五年（1889），宋恕在阴雨霏霏里，于杭州七宝寺研读《华严经》《宝积经》和《起世经》等佛经，悟到佛说的"无量日月""人身八万虫"和"风轮持地轮"等，正是西人今日在望远镜和显微镜中所看到的天体和细菌[1]。这个过程，其实与佛家《起世经》中的记载有异曲同工之妙：因为众生业缘的风刮起，在虚空中形成盘状的大气层，称为"风轮"。接着在大气层上空中心，由风所集，逐渐成云，凝聚成雨，下降形成水层，此水由于业力的缘故，不往外溢，周围并有风轮为墙，维持住水层，称为"水轮"。由于众生的业风，水轮之内逐渐形成硬石，称为"金轮"，金轮的表面是山、

1　宋恕：《宋恕集》上册，中华书局，1993，第85页。

海洋、大洲等,即所谓的大地。须弥山是大地的中心,周围有九山、八海环绕,其四方有四大部洲,即毗提诃的东胜神洲、拘罗洲的北拘罗洲、阎浮提的南赡部洲、瞿陀尼的西牛贺洲,阎浮提就是我们生长的地球。

宋恕的师弟章太炎在读到现代细菌学说后,想到的也是佛学:"佛家谓人身自顶至踵,自髓至肤,有八万户虫,四头四口,九十九尾,形相非一。一户复有九万细虫,小于秋毫。《宝积经》云:初出胎时,经于七日,八万户虫,从身而生,纵横食啖,令身热恼,生有忧愁。《僧伽咤经》云:人将死时,诸虫怖畏,互相啖食,受诸苦痛,男女眷属,生大悲恼。"[1] 除了细菌,章太炎相信佛经中还阐发了原子运动的原理:"盖凡物之初,只有阿屯,而其中万殊,各原质皆有欲恶去就,欲就为爱力、吸力,恶去为离心力、驱力,有此故诸原质不能不散为各体,而散后又不能不相和合。……《楞严经》曰:由因世界,愚钝轮回,痴颠倒故,和合顽成,八万四千枯槁乱想。"[2] 对于光学,章太炎引用《楞严经》中"目有赤眚,夜见灯光,别有圆影,五色重叠"的说法,认为"释迦早知光浪(光波),似已高出奈端(牛顿)"[3]。

章太炎还将其微生物知识与孙宝瑄交流,而孙宝瑄的理解也是《楞严经》中的说法:"湿以合感,化以离应。"认为"离者即以此化彼之谓也,合者当为两种质相配而成。谓之湿生,殆水气之分质也"[4]。孙宝瑄还从《华严经》中找到了对天文学的理解,认为经中所说的"或作江河形,或作回转形,或作漩流形,或作轮辋形,或作坛堆形,或作胎藏形,或作云形,或作种种珠网形,如是等语,盖与西人天文家言,所谓星团、星气、螺旋白云、天河诸星状之说暗合"。而"每世界种中有一世界,其状若何?外辄有微尘,数世

---

[1] 章太炎:《菌说》,《章太炎政论选集》上册,中华书局,1977,第129页。
[2] 章太炎:《菌说》,《章太炎政论选集》上册,中华书局,1977,第131页。
[3] 章太炎:《摘〈楞严经〉不合物理学两条》(二),《历史论丛》第4辑,1983年4月,第41页。
[4] 孙宝瑄:《忘山庐日记》(上),上海古籍出版社,1983,第156—157页。

界周匝围绕，此语复与群星绕日及恒星之说通"[1]。

而文廷式在接触到电学时则感道："电者神也，至于神而其用不穷，不与万物为存亡，而万物无不恃之以为存亡者也。然吾得而断之曰：电学之极，与佛学通而已矣。"他这里实际上是将电的独特性质理解为一种类似于佛教讲的神通的神秘属性，他还将以太也视作这种神秘物："神仙之学，电学也。佛菩萨之学，以脱之学也。故神仙畏雷劫，而佛学不畏雷劫。"[2]

2. 佛学中的"科学观念"

儒学与西学的冲突主要是观念上的冲突，从而造成了保守派儒者对于西方科学的抵制。但是佛学提供了一个不一样的观念传统，突破了儒学的认知，更利于对西学的接纳。

传统儒学中，对于科技最大的妨碍是其道器本末的观念所造成的轻视技艺的传统。在历狱案、同文馆之争乃至留美幼童的撤回等重大冲突上，道本器末始终是保守派的一种主要持论。

康有为试图通过指出孔子的博学与诗教具有的"多识于鸟兽草木之名"的特性，说明儒学重器重艺的传统，但是孔子的理想显然不是一个博物学家或科学家，并且也没有更多明确称赞博学科技的态度，相反孔子对于弟子问农问圃的行为是并不认同的。孔子对于知识的指向，明显是倾向于道德的。儒家先哲明确说过："虽小道，必有可观者焉，致远恐泥，是以君子不为也。"（《论语·子张》）而且《诗经》虽主张"多识于鸟兽草木之名"，但在原始语境中，《诗经》的价值首先在于兴观群怨和事父事君的政治、伦理价值。到宋儒那里，特别是在陆王心学中，知识几乎全部指向了内在道德。在儒学这一传统中，即使不能说关于外界（自然的、工艺的）的知识是被伦理道德所排斥，至少也是为其所覆盖的。所有关于知识的讨论都集中于伦理

1　孙宝瑄：《忘山庐日记》（上），上海古籍出版社，1983，第182页。
2　文廷式：《罗霄山人醉语》，《文廷式集》下册，中华书局，1993，第810、831页。

道德之知识，而这也被视作是具有根本性的知识。正是由于对科学或技艺知识的关注在儒家传统中从来没有能够与修身和治平的知识相提并论，所以晚清的改革派儒者很难在儒家传统内部寻找到一个更有力的传统依据或经典依据。而从倭仁到徐桐的保守派儒者所持的道本艺末，重人心不重机巧的观点显然在一般的儒者认知中更具有正统性，也有着更多的经典依据。

但是，作为儒学补充的佛学提供了一个不一样的对待科技的观念，一个突破儒学道艺本末传统的契机。也正因此，倾向改革的儒者高呼佛教与科学的一致性。如谭嗣同说："格致家恃器数求得诸理，……佛书皆已言之。"[1] 唐才常说："格致家言，可通佛家诸天之蕴。"[2] 宋恕研治佛学，很重要的一个出发点就是取佛说与欧洲科学中相近之处互为参证，并著《印欧学证》二卷（书今佚）。据孙宝瑄记载，章太炎也说："如内典所言，自格致家出而皆征实。"[3] 他们的这种认知当然有出于对科学的了解不深而产生的误读，也有参照科学观念对佛学的过度解读，但是当这种观念作为一个时代的某种共识时，其背后必然有着某种深刻的依据，而非仅仅是误读了。当我们无论是质诸历史，还是考之经典，都可以发现佛学思想中所蕴含的重视科技的传统。

在传统儒学"本末"的认识结构里，虽然不完全排斥作为末的机巧、技艺，但是很容易将之视作一个对本的损害。而这种认知方式在历狱案中对于"好历法"，在同文馆之争中对于"机巧"，以及留美幼童撤回事件中对于"异学"的态度上可见一斑。但是佛学或许出于传教的需要，在其表述中总是表现出对于技艺的重视。在佛教经典中，经常能看到佛教提倡各种技艺的说法。在佛教传统里，佛陀在世时就学习过"五明"（即内明、因明、工巧明、医方明和声明——包含当时的科学认知），并且鼓励佛教徒勤习"五明"。

---

[1] 谭嗣同：《上欧阳中鹄十》，《谭嗣同全集》，中华书局，1998，第464—465页。
[2] 唐才常：《质点配成万物说》，《唐才常集》，中华书局，1980，第68页。
[3] 孙宝瑄：《忘山庐日记》（上），上海古籍出版社，1983，第185页。

《华严经》中说:"若见世界始成立,众生未有资身具。是时菩萨为工匠,为之示现种种业。"[1] 这里,展现出了与儒家截然不同的价值取向,认为在社会发展的早期阶段,发展科学技术是一条必由之路,只有在社会发展到一定水平(可以"资身"之后),才进而弘扬佛法,进入宗教的学习与领悟阶段。《华严经》的这段记述,很可能具有某种程度的写实性。因为在佛教早期的传播过程中,许多高僧都以某种技艺闻名。通过与民生关系更为密切的科技的传播,对于宗教的传播无疑是有着积极意义的,正如西方近代科技最早便是由耶稣会士带来中国的一样。但不论是否出于传教的考量,佛教中确实存在着大量鼓励科技的教说。

《宗镜录》中说:"菩萨求法,当于何求,当于一切五明处求。"[2]《瑜伽师地论》中也说:"若诸菩萨求因明时,为欲如实了知外道所造因论是恶言说,为欲降伏他诸异论。为欲于此真实圣教未净信者,令其净信。已净信者,倍令增广。若诸菩萨求声明时,为令信乐典语众生于菩萨身深生敬信,为欲悟入诂训言音文句差别于一义中种种品类殊音随说。若诸菩萨求医明时为息众生种种疾病,为欲饶益一切大众。若诸菩萨求诸世间工业智处,为少功力多集珍财,为欲利益诸众生故,为发众生甚希奇想,为以巧智平等分布饶益摄受无量众生。菩萨求此一切五明,为令无上正等菩提大智资粮速得圆满,非不于此一切明处次第修学能得无障一切智智。"[3] 这都是说"五明"的学习有着重要的意义。虽然佛教是一种宗教,最终的追求必然是精神性的"无上正等菩提大智",但修习"五明"不但无碍于"无上正等菩提大智"的获得,而且能助其"速得圆满"。

在《华严经》中,对于所修习的世间的科技知识,有时远远超出了"五

---

[1] 《大方广佛华严经》,《大正藏》第10册,第75页上。
[2] 《宗镜录》,《大正藏》第48册,第720页上。
[3] 《瑜伽师地论》,《大正藏》第30册,第503页上。

明"的范围。如说:"善男子！我昔曾于文殊师利童子所，修学书、数、算、印等法，即得悟入一切工巧神通智法门。善男子！我因此法门故，得知世间书、数、算、印界处等法，亦能疗治风痫、消瘦、鬼魅所著。如是所有一切诸病，亦能造立城邑聚落、园林台观、宫殿屋宅种种诸处，亦善调炼种种仙药，亦善营理田农商估一切诸业，取舍进退咸得其所；又善别知众生身相，作善作恶，当生善趣，当生恶趣，此人应得声闻乘道，此人应得缘觉乘道，此人应入一切智地，如是等事皆悉能知。亦令众生学习此法，增长决定究竟清净。"[1]

另一处则说:"是菩萨利益众生故，知世所有经书、技艺、文章、算数，金石诸性，治病医方，干消癫病，鬼著蛊毒等，妓乐、歌舞、戏笑、欢娱、国土、城郭、聚落、室宅、园林、池观、华果、药草、金银、琉璃、珊瑚、琥珀、砗磲、码碯、示诸宝聚，日月、五星、二十八宿、占相吉凶、地动梦怪，身中诸相，布施、持戒摄伏其心，禅定、神通、四无量心、四无色定，诸不恼乱，安众生事，哀众生故，出如此法，令入诸佛无上之法。"[2]

这里几乎将当时所知的世间一切科技与知识都纳入了佛教的研习范围。所以孙宝瑄在读到《华严经·十地品》时发出感慨，说"世间人以为讲佛学者，皆将屏弃一切，不尽人事者，误也。且所谓技艺，无论天算、格致、化学、质学（如地火水风四字，包括西学无限）、光学、声学、医学、农学、工学、矿学及种种技能，包括无遗，亦可异矣!"[3]

还可注意的是，近代儒者以佛学作为突破传统儒学框架的理解西方科学的前结构时，最终并不是一种科学家的态度，而是哲学家的态度。他们对西方科学的诠释并不是严格意义上的忠于原义，而毋宁说是一种再创造。他们

---

[1]《大方广佛华严经》，《大正藏》第10册，第350页下。
[2]《大方广佛华严经》，《大正藏》第9册，第556页下。
[3] 孙宝瑄:《忘山庐日记》（上），上海古籍出版社，1983，第184页。

将西方科学所观察到的现象，所讨论的问题，放在中国儒—佛思想的框架里再次进行思考。他们一方面为西方科学这一外来文化在中国的传播提供了一个可接受的心理基础，另一方面也用西方科学反照中国传统之学，对传统进行再思考。

当谭嗣同说"惟有西学而佛学乃复明于世"时，他说的佛学已经是西学反照之后的佛学了。佛教号称八万四千法门，有着众多的经典和繁多的思想。并不是所有经典和宗派学派都同样提倡知识的学习，譬如禅宗、净土宗就是典型的反例。然而正是上引的对知识抱有极大热心的《华严经》和《瑜伽师地论》，以及以之为主要研习对象的华严宗和唯识宗，在近代儒家士人中产生了重要影响，而非信徒更多流行更广的禅宗、净土宗。

3. 佛学与科学的宇宙论

近代科学所描绘的新的宇宙图景借助于望远镜，无可辩驳地展现在了人们的眼前。但是观念上随之而来的混乱并没有那么容易澄清，在观念上找到一个"望远镜"，能够面对和解释西方近代天文学，能够修正传统宇宙论使之在容纳了西方近代天文学知识之后仍然行之有效，还要确保不会发生传统儒家深深忧虑的"以夷变夏"，就成了近代儒者所要解决的一个重要时代命题。

作为曾经构建过一个与儒家颇为不同的宇宙论体系的佛学资源，在这时已是为儒家知识分子所熟知的了，并且某些时候成了一般士人的基本知识结构，这个又"中"又"西"的思想传统在这时恰好可以提供一个沟通中西的视角。佛经上的瑰奇想象似乎正可以用来理解西方近代天文学说中那些闻所未闻的大千宇宙，如果佛经能够解释西方天文学带来的困惑，那么中国人的世界观仍可以在儒佛道并行不悖的体系下得以继续下去，而不至崩塌。如果佛学能够沟通西学的话，那就既可避免"以夷变夏"，又能达成中西的会通，便于中国人找到一条最简捷的了解西方的方式。于是这一代儒者一如两千年前的儒者用黄老理解佛教一样，用佛教来理解西学。

因此，在传统宇宙论遭遇空前的危机后，当宋育仁、曾廉们感到天崩地裂时，一些愿意接受新宇宙论的儒者从佛经里找到了这个新宇宙论的传统依据。一时之间，几乎谈论新宇宙者多会涉及佛教说法。当著名历算学者许宗彦给大学者梁章钜讲了西方天文学在五星之外又发现了一颗新星，梁听后的反应不是像曾廉一样认为这种八星的说法只是为了破坏五行的阴谋，而是从佛教《大集经》里找到了根据，他说："余偶读《大集经》，云大星宿其数有八，所谓岁星、荧惑、镇星、太白星、辰星、日星、月星、荷逻侯星，则西士所测，其荷逻星欤？"[1] 用《大集经》作为接纳八星的依据。宋恕在接触到近代天文学后发现，原来佛经中难以理解的"风轮持地轮"指的就是宇宙中大气包裹着地球。[2]

章太炎也是在用《华严经》理解新的宇宙论，他从星团想到了《华严经》讲的世界如白云："而天河大群以外，又有星群，散处无所纪者，岂天河以内则所谓欲界，而天河以外则所谓色界无色界乎？然则切利兜率等天，固尚为近人者也。若夫火星之民，能开二渠以转漕，与通达之国不异。"[3] 这里，章太炎提到的火星之"渠"，是 19 世纪末 20 世纪初一个流传很广的误会，当时的观测误以为火星上存在运河。而当时对于章太炎而言这却是科学新发现，他认为这种新发现正印证了佛教里切利、兜率等天上有人的说法。

不只是一般的儒家士人这么理解，晚清最著名的数学家天文学家李善兰也在用佛学理解新的宇宙图式。他在为斌椿《乘槎笔记》作的序言中说道，地球绕日，以及宇宙中存在多个星系等构成的宇宙图式并非西方的创见，而是源自佛教的"三千大千世界"之说，他称赞佛教的说法为万世不易的。[4]

1　梁章钜：《浪迹丛谈　续谈　三谈》，中华书局，1981，第 40 页。
2　宋恕：《宋恕集》上册，中华书局，1993，第 85 页。
3　章太炎：《视天论》，《章太炎政论选集》上册，中华书局，1977，第 127 页。
4　李善兰：《序》，斌椿：《乘槎笔记》，湖南科学技术出版社，1981，第 1 页。

佛教的诞生地古印度的天文学起源极早,而且在六朝隋唐时期随着佛教传入中国,对于中国天文学的发展也产生了重大影响[1]。在佛教经典如《大集经》《起世经》,特别是在《华严经》中,都包含有大量关于宇宙生成、宇宙运行、宇宙结构等的描绘。这些描绘有的是基于古代印度天文学的成果,有的则来自于佛教的玄想。但无论是来自科学的观测还是哲学宗教的玄想这都不很重要,重要的是其提供了一种不同于儒学的看待宇宙的视角。

对于构成宇宙的基本物质,佛教的地、水、火、风四大说日益受到重视。康有为试图整合四大说与五行说,但是这中间的龃龉他并没能解释,所以只有结论而没有论证,只是表明了他试图整合儒佛的一种态度[2]。而薛福成在接触西方后,将佛教四大、儒家五行与西方传统的四元素说对比,认为佛教说的地相当于四元素的土,佛教说的风相当于四元素的气,与西方的说法一致,而儒家所说的五行,有金、木而无风。他认为金、木是土中所出,即次生的,不能与本原的水、火、土相并举。对此,他试图调和说:"窃谓《洪范》之五行,只就民生日用所最切者言之,是论其用而非论其体也。若论其体,则但云土、水、风、火,而金、木自包括在内矣。"[3]

对于地圆思想,中国古代虽有个别思想家有所觉察,但是对于19世纪绝大部分儒家士人仍然是奇异的新说,绝大多数儒者仍然相信天圆地方的说法。如曾在宁波海关任职的李圭所说:"地形如球,环日而行。我中华明此理者固不乏人,而不信是说者十常八九。"[4] 李圭自己也是环球航行之后才信的。当时愿意接受这一奇怪说法的儒者则试图从佛教说法中找到根据。比如孙宝瑄说:"西人谓地为球,佛家谓地为轮,皆圆也。"[5] 从轮所具有圆形意象为这

---

1 参见江晓原《六朝隋唐传入中土之印度天学》,《汉学研究》1992年第2期。
2 康有为:《万木草堂口说》,《康有为全集》第2集,中国人民大学出版社,2007,第160页。
3 薛福成:《出使英法义比四国日记》,岳麓书社,1985,第490—491页。
4 李圭:《环游地球新录》,商务印书馆,2016,第92页。
5 孙宝瑄:《忘山庐日记》(上),上海古籍出版社,1983,第185页。

一新说找到了古老根源,而宋恕也认为"地轮"的说法正可与西方地圆的说法相印证[1]。邵懿辰更是径直将地球称作"地轮"[2]。

对于当时传入的星云假说,章太炎的理解是:"世界初成,溟蒙一气,液质固形,皆如烟聚。佛谓之金藏云,康德谓之星云。"[3] 他所引的"金藏云",据《原人论》的说法是:"金藏云者,气形之始,即太极也"[4],是一种气状的世界本原。章太炎没有引儒学"太虚即气"的说法,大概是因为"金藏云"中所蕴含的"云"的意象所意指的某种气聚形态,比单纯说"气"与星云说有更多的类似。这在孙宝瑄的说法里就看得比较明显了。孙宝瑄在读《华严经》的"世界品"后发现其中对于广大世界形态的描述"或作江河形,或作回转形,或作漩流形,或作轮辋形,或作坛墠形,或作胎藏形,或作云形,或作种种珠网形"等生动的想象,与星云、星系的描述更为接近[5]。而华藏世界带给近代儒者最大的启发则是无限宇宙的观念。

著名科学史家亚历山大·柯瓦雷曾指出,近代宇宙革命最大的意义是打碎了一个有限的、和谐的和有着等级秩序的整体宇宙,"取代他的是一个不定的、甚至是无限的宇宙"[6]。而佛教的"三千大千世界"和"诸天无量"的说法也启发了近代儒者从一个有限的、和谐的、天人合一的宇宙之外来看待这个世界。按传统儒学天人合一的宇宙观,人是宇宙的中心,天上的事物与地上的事物(主要是中国的事物)一一对应。正如前文所述,这样的封闭宇宙中甚至难以容忍新行星的发现。而佛教的宇宙却是开放的,无限的。

有学者指出:"大千世界说应是印度天文学观念,很可能是印度天文学家

---

1 宋恕:《宋恕集》上册,中华书局,1993,第85页。
2 郭嵩焘:《郭嵩焘日记》第1卷,湖南人民出版社,1982,第26页。
3 章太炎:《五无论》,《章太炎全集》(四),上海人民出版社,1985,第435页。
4 宗密:《原人论》,《大正藏》第45册,第709页上。
5 孙宝瑄:《忘山庐日记》(上),上海古籍出版社,1983,第182页。
6 〔法〕亚历山大·柯瓦雷:《从封闭世界到无限宇宙》,邬波涛、张华译,北京大学出版社,2003,前言第1—2页,导言第1—2页。

把天上的恒星都看作是一个太阳，而这样的观念，是正确的，是中国传统天文学所没有的观念，但这种观念只被佛教徒接受，只在社会上一部分人士中流传，却未能被天文学家所接受，不能载入天文志。"[1] 在这种对大千世界的认知下，佛教因此产生了世界无限多、宇宙无限大、我们只是其中之一的思想。在佛教的宇宙图式中，我们所生活的国土只居于四大部洲之一的一部，由四大部洲和日月组成一个小世界，一千个小世界构成小千世界，一千个小千世界构成中千世界，一千个中千世界构成一个大千世界。而三千大千世界构成一佛土，即"娑婆世界"，是释迦牟尼佛所教化的世界。而在这个佛刹世界的十方，即东、西、南、北、东北、东南、西南、西北、上、下十个方位又各有佛刹，称为十方佛刹。即使这里的"十方"也只是表示遍布的意思，而非确指只有十个佛刹，因为《华严经》中继而又说："广大刹海无有边，皆由清净业所成，种种庄严种种住，一切十方皆遍满。""一微尘中多刹海，处所各别悉严净，如是无量入一中，一一区分无杂越。"[2]

在《大宝积经》中，对于无限也有着相当多的说明。"以何等量为众生界。所谓尽虚空界是众生量。童子当知，如虚空界无所不遍，如是菩萨摩诃萨大慈无量，亦复如是。无有众生含识种类而不充遍。童子当知，如众生界无有限量，如是菩萨摩诃萨所修之慈亦无限量。空无边故众生无边，众生无边故慈亦无边。童子当知，众生界多非大地界，又非水界火界风界，吾今为汝广说譬喻，令汝了知诸众生界无限量义。童子当知，假使十方各如殑伽河沙等世界数量，一切同时合成大海，满其中水，复有如上殑伽河沙等众生，同共集会，析一毛端为百五十分，共以一分霑取海中第一滴水。复有余殑伽河沙等众生，如前同会，取一分毛霑取海中第二滴水。复有余殑伽河沙等众生，如前同会，取一分毛霑取海中第三滴水。童子当知。假使以是毛滴方便

---

[1] 席泽宗主编：《中国科学技术史·科学思想卷》，科学出版社，2001，第247—248页。
[2] 《大方广佛华严经》，《大正藏》第10册，第37页上、第38页下。

尚可霑尽此大海水。而众生性边量无尽，是故当知众生之性无量无边不可思议。"[1] 生动描摹了宇宙的无限性。

历史上，佛教的这种无限观念就曾让中国读书人突破儒学有限的宇宙观念，如《颜氏家训》就说："儒家说天，自有数义：或浑或盖，乍宣乍安。斗极所周，管维所属，若所亲见，不容不同；若所测量，宁足依据？何故信凡人之臆说，迷大圣之妙旨，而欲必无恒沙世界，微尘数劫也？"[2] 到近代，这种无限观念更成为了儒者理解科学宇宙论的重要理论预设。邵懿辰和郭嵩焘谈到"西洋测天之略"时说："天外之天，盖无穷纪也。惟佛先见及此，所以有大千世界之论。"[3] 当俞樾面对"日月及五星，各自成一天，亦有人有物，亦有山有川，推之于恒星，无量复无边"这种新的天文图景时，俞樾想到的也是佛教关于空间的认知，恒河沙数的三千大千世界与这浩瀚的宇宙正相符合[4]。薛福成在接触到"与我中国旧说迥殊"的西方天文学时，发现这种西方人"殆经千百年才智之士测量推算"出的"一星即一地球"新学说与佛教的说法高度一致，从而不禁感慨道："佛氏说法之言，于兹益信。"[5]

当时很多接触到西学、了解新知识的儒者都有类似的观感，如孙宝瑄曾在一首题为《太虚歌》的诗中说：

> 太虚造境奇，恢恢自雄大。
> 会当搏扶摇，直欲穷其外。
> 太虚无外奈若何，天风吹万明星罗。
> 明星大如瓜，世界多如沙。

---

1 《大宝积经》，《大正藏》第 11 册，第 235 页中—下。
2 颜之推撰，王利器集解：《颜氏家训集解》，上海古籍出版社，1980，第 349 页。
3 郭嵩焘：《郭嵩焘日记》第 1 卷，湖南人民出版社，1982，第 26 页。
4 马晓坤：《清季淳儒——俞樾传》，浙江人民出版社，2006，第 216—217 页。
5 薛福成：《出使英法义比四国日记》，岳麓书社，1985，第 497—498 页。

> 充塞布空际，飞洒无周遮。
> 细看类河汉，巨者名鱼蛇。
> 或如白云淡，或为斗柄斜。
> 中有日轮不知数，光摇上下开荣华。
> 提攀诸星与群月，盘旋追摄终古无讹差。
> 吁必此境真奇绝，借问何人为创设？
> 世间惟有佛能知，问佛佛云不可说。[1]

在这个恢弘广大的太虚世界中，"明星大如瓜，世界多如沙"，只有佛陀才能了知宇宙的全体。孙宝瑄在1901年的日记中记道："我国古说，谓天积气所成，彼固不知离地面二十五里以外已无气矣。如执气为天，则人日游天中，而二十五里以上出空气外，名曰太虚，而非天矣。然则太虚中，凡一世界即一天地，世界如恒河沙数，天地亦如恒河沙数。古人言天地大之极矣，今人言天地小之极矣，今人之眼界胸襟，较之古人盖大至无量倍，不亦奇耶？"

黄遵宪1882年由驻日参赞调任驻旧金山总领事，赴美途中作了《海行杂感》组诗，其中有一首写道：

> 星星世界遍诸天，不计三千与大千。
> 倘亦乘槎中有客，回头望我地球圆。

这里的观感正与孙宝瑄"明星大如瓜，世界多如沙"的观感相类似。佛家三千大千世界之说，正是中国人理解现代宇宙学说的先行具有、先行见到、先行把握的"前结构"，这种前结构使得中国人在未受到系统的现代科学训练

---

[1] 孙宝瑄：《忘山庐日记》（上），上海古籍出版社，1983，第165—166页。

第四章　西风东渐背景下佛教的定位与转型　273

之时，较为容易接受现代科学学说。

佛教又由这种宇宙无限的观念，发展出了一套繁复的天文数学。虽然这套数学并不符合今天的科学认知，但是这种庞大的数字系统，比简单的"无量"给了晚清儒者更具体的宇宙印象。在实叉难陀所译八十卷本《大方广佛华严经》中说："自在主言：善男子！我昔曾于文殊师利童子所，修学书、数、算、印等法，即得悟入一切工巧神通智法门。……善男子！我亦能知菩萨算法。所谓一百洛叉为一俱胝，俱胝俱胝为一阿庾多，阿庾多阿庾多为一那由他，那由他那由他为一频婆罗，频婆罗频婆罗为一矜羯罗；广说乃至，优钵罗优钵罗为一波头摩，波头摩波头摩为一僧祇，僧祇僧祇为一趣，趣趣为一谕，谕谕为一无数，无数无数为一无数转，无数转无数转为一无量，无量无量为一无量转，无量转无量转为一无边，无边无边为一无边转，无边转无边转为一无等，无等无等为一无等转，无等转无等转为一不可数，不可数不可数为一不可数转，不可数转不可数转为一不可称，不可称不可称为一不可称转，不可称转不可称转为一不可思，不可思不可思为一不可思转，不可思转不可思转为一不可量，不可量不可量为一不可量转，不可量转不可量转为一不可说，不可说不可说为一不可说转，不可说转不可说转为一不可说不可说，此又不可说不可说为一不可说不可说转。"[1] 这里面所用的最小单位是"洛叉"，而关于"洛叉"，在《俱舍论》中说："有一无余数始为一。一十为十。十十为百。十百为千。十千为万。十万为洛叉。"[2] 也就是说，《华严经》这组巨大的天文数字是从十万开始。我们用现代数学的说法换算一下，则可知：

一洛叉＝十万，10^5；

一百洛叉为一俱胝＝千万，10^7；

---

[1]《大方广佛华严经》，《大正藏》第10册，第350页下—第351页上。
[2]《阿毗达磨俱舍论》，《大正藏》第29册，第63页中。

俱胝俱胝为一阿庾多 = 10^{14}；

阿庾多阿庾多为一那由他 = 10^{28}；

那由他那由他为一频婆罗 = 10^{56}；

频婆罗频婆罗为一矜羯罗 = 10^{112}

……[1]

这样的推演真是无穷无尽。现代科学所观测到的宇宙中基本粒子总数大约为10的80次方，这是我们目前所知的有意义的最大天文数字，而华严的宇宙图式则是远比我们今天科学认识的宇宙更为庞大的设想。

佛教不仅对于巨大的体量有着繁复的说明，而且对于极小的计量也有着细密的计量单位，如说"极微为初，指节为后。应知后后皆七倍增，谓七极微为一微量，积微至七为一金尘，积七金尘为水尘量，水尘积至七为一兔毛尘，积七兔毛尘为羊毛尘量，积羊毛尘七为一牛毛尘，积七牛毛尘为隙游尘量，隙尘七为虮，七虮为一虱，七虱为一麦，七麦为一节，三节为一指"[2]。

佛教如此庞大的宇宙数字或许最大的意义是将"无量"的宇宙更具体而丰富地展现在了眼前，而这一做法给了康有为很深的印象，以至于他在《诸天讲》中试图进一步扩充这些数字，来表达一个无限却有序的宇宙。

晚清思想界在用佛学理解科学时，充满了想象与误会，但这并不妨碍晚清思想界对西方科学认识的不断加深，与此同时，在科学的反照下，他们也在有意无意间改变了佛学长久以来的样貌。

二　民初佛教界自觉地用科学阐释佛学

如果说晚清思想界对于佛学的科学式理解是在中西文化交流之初，一种

---

[1] 此处换算参见林崇安《佛教的宇宙观》，《佛学与科学论文集》，佛光文化事业有限公司，1998，第65页。

[2] 《阿毗达磨俱舍论》，《大正藏》第29册，第62页中。

近乎本能的自发行为，那么到了民初，佛教界对于当时的科学有了更深的认识之后，主动采取了一种自觉的以佛学融通科学的主张。

1. 佛教界以佛学融通科学的主张

民国初年，经历了五四新文化运动的洗礼，科学不再像晚清那样只是少数先觉士夫的追求，而是成了影响整个社会的重要力量，甚至是一种具有"无上尊严"的力量。当时新文化运动的旗手胡适就宣称："这三十年来，有一个名词在国内几乎做到了无上尊严的地位；无论懂与不懂的人，无论守旧和维新的人，都不敢公然对他表示轻视或戏侮的态度。那名词就是'科学'。"[1]

在这个科学获得绝对权威的时代，"新青年"们以科学为矛横扫一切传统文化中与科学精神相抵触之处，所有"非科学"的事物似乎一下子就丧失了在科学时代存在的合法性。在这种时代背景下，对于佛教界而言，回应佛教与科学的关系就变成了关乎佛教生存合法性的时代命题。

我们稍稍回顾历史就会发现，佛教传统中对于科学技术似乎并不排斥，而很多时候出于传播佛教的需要对科技还展现出了极高的热情，这些热情成就了许多中国古代科技发展中的重要贡献。事实上，早期来华的佛教僧侣最开始为中国人所熟知和接受的方面大都是他们所掌握的天文学、医学等科学知识。例如东汉来华的安世高"七曜五行医方异术，乃至鸟兽之声，莫不综达"[2]。三国时魏地昙柯迦罗"善学四围陀论，风云星宿，图谶运变，莫不该综"[3]。吴地康僧会"明解三藏，博览六经，天文图纬，多所综涉"[4]。这里的"七曜五行""风云星宿""天文图纬"都属于当时的天文学知识。[5]

---

[1] 胡适：《科学与人生观·序》，见季羡林主编《胡适全集》第2册，安徽教育出版社，2003，第195页。
[2] 慧皎：《高僧传》，《大正藏》第50册，第323页上。
[3] 慧皎：《高僧传》，《大正藏》第50册，第324页下。
[4] 慧皎：《高僧传》，《大正藏》第50册，第325页上。
[5] 这里不拟分别其中的科学成分与神秘因素，这两者在古代世界往往是混融在一起的，即使在同时期的欧洲，天文学和占星术，化学和炼金术也长期的难以完全界分。而在中国，古代的专职天文学家除了进行科学观测外，还须举行和参与种种带有神秘性质的祭祀活动。徐光启曾经以科学观测为由，不参加月食期间的"救护"仪式，这是极个别的特例，从这也可见出古时科学是很难完全按今天科学标准判断的。

在整个六朝到隋唐时期，也即是印度佛教与中国交通往来最密切的阶段，佛教在科学上，特别是在天文历法上持续地对中国社会发生着重要影响。当时的一些最重要的天文学经典文献，甚至直接是以佛经的形式保存下来的，例如《七曜攘灾诀》等。在梁代，热心佛法的梁武帝曾用受佛教影响的"九十六刻"取代了中国传统漏刻计时的百刻制（后改为一百零八刻）[1]。虽然梁亡之后又恢复使用了百刻制，但明末清初基督教传教士带来了西洋历法，西洋历法较中国传统历法更为精准，同时其所行的二十四小时计时制能够与中国十二时辰制更好地对应，因此，历史上出现过的九十六刻制再次被启用，成为清代官方颁定的时刻制度。现今通行的二十四小时制，每小时分为四刻，一昼夜也正好是九十六刻。在唐代，杰出的天文学家一行，以僧侣身份主持修订了著名的《大衍历》，并且在其中借鉴了印度历法《九执历》[2]。在唐代的官方天文机构中，甚至出现了"今有迦叶氏、瞿昙氏、拘摩罗氏等三家天竺历并掌在太史阁"[3] 的局面。而佛教"五明"中的"医方明"即指医学方面的知识，佛经中的《耆域术经》《佛医经》《齿经》《疗病痔经》等都含有大量医药方面的知识。高僧如佛图澄、竺法调、竺法旷、诃罗揭等俱以医术高超、救治百姓著称。正如陈寅恪所指出的："自来宗教之传播，多假医药天算之学以为工具，与明末至近世西洋之传教师所为者，正复相类。"[4]

当那些精于史学的儒家士人要从佛教中找寻中国的科学资源时，他们对于这些历史经验一定不会陌生。而对于民初的佛教界内部人士而言，拥抱科技、利用科技来证明佛法传播佛教更像是对这些古老传统的回归。因此，佛教可与科学相通几乎成了一代佛教界的共同主张，无论是主张维护传统的所

1　《隋书·天文志》："至天监六年，武帝以昼夜百刻，分配十二辰，辰得八刻，仍有余分。乃以昼夜为九十六刻，一辰有全刻八焉。至大同十年，又改用一百八刻。"

2　参见钮卫星《"〈大衍〉写〈九执〉"公案再解读》，《中国科技史杂志》2009年第1期。

3　《文殊师利菩萨及诸仙所说吉凶时日善恶宿曜经》，《大正藏》第21册，第391页下。

4　陈寅恪：《崔浩与寇谦之》，《金明馆丛稿初编》，生活·读书·新知三联书店，2001，第127页。

谓保守派还是倾向革新的改革派无不如此。例如被很多人视作守旧派领袖的圆瑛法师，其实也在回应佛学与科学的关系，主张"科学之与佛学，相关之处亦多"。当时有人对他说："将来科学发达，佛学必至湮没。"圆瑛法师则坚信"世界科学愈进步，而佛学愈昌明"。他举了"佛观一钵水，八万四千虫"以及"音性虽遍，而不发现"这两个例子，说明佛教与现代显微镜发现了水中微生物以及电话可以远距离呼应的认识是相通的，因此佛教是一种渊博与包容性极广的文化，并不会和科学相冲突。圆瑛法师还主张学佛的青年应该对各种学说，都要悉心研究。对于科学学说，儒学学说，哲学学说，佛学学说之间不可存门户意见。[1]

弘一法师在《佛法十疑略释》中也专门论及"佛法非违背于科学"。他认为："近代科学家持实验主义者，有两种意义。一是根据眼前之经验，彼如何即还彼如何，毫不加以玄想。二是防经验不足恃，即用人力改进，以补通常经验之不足。佛家之态度亦尔，彼之'戒''定''慧'三无漏学，皆是改进通常之经验。"[2] 意谓佛教之说虽不是实验科学的态度，却是理论科学的态度，是对经验认识的修正。而且弘一法师相信，佛学和科学认识世界的方法虽然不一，但都是探索真理的途径，而且佛学的路径更为根本。

太虚法师更是对科学表现出了极大的兴趣，他的著述中有相当的篇幅是用来讨论佛教与科学关系的。如《佛法与科学》《唯物科学与唯识宗学》《佛法的"色法"与"物"》《论天演宗》《大乘渐教与进化论》《佛学、科学及其它宗教之异同》《唯物的宗教观观不到佛教》《原子能与禅定神通》《评层化论与盘化论》《评近代科学之发展及其与哲学之关系》《佛学与科学哲学及宗教之异同》《新物理学与唯识论》《唯物论没落中的哀鸣》《爱因斯坦相对论与唯识论》等。

---

[1] 圆瑛：《培风学校讲演》，见黄夏年主编《圆瑛集》，中国社会科学出版社，1995，第118—119页。
[2] 弘一法师：《佛法十疑略释》，《李叔同全集》第1册，哈尔滨出版社，2014，第71—72页。

在太虚法师关于佛学与科学关系的论著中，贯穿着他的一个基本判断，即佛法与科学互通互容，佛法是科学的有益补充。如同圆瑛法师、弘一法师，以及当时许多护教者一样，太虚法师也宣称，科学对世界的认识不但没有证伪佛教，反而是证明了过去佛教中许多无法被人们观测到的现象。比如佛教讲"身为虫聚""滴水有多微虫"这些事在科学不发达的古代，无从验证，而在现代科学发明显微镜后，则恰恰能证明此说。佛经讲"色身之所生起，乃有起身根虫"，根据现代生物学知识，可知人身出于精子，与此亦相符合。所以佛教对于宇宙实相的认知，正因科学昌明而得到证实。

太虚法师对于科学的关注与兴趣远超同时代的教界人士，除了这些在当时常引的事例之外，他还非常关注当时世界科学的进展，并以其高度的敏锐意识到 20 世纪新物理学在认识论层面与佛教唯识学之间可能的融通。当《东方杂志》在第 34 卷第 5 号刊登了英国著名科学家 Sir James H. Jeans（当时译作秦斯爵士，现译金斯爵士）的《宇宙新说与物质第四态》，又于第六号刊登了其《现代物理学的新世界观》，这两篇代表当时天文学和物理学最新成就的文章，太虚立即意识到这一"新说""新世界观"在佛学上的意义。因此作了《新物理学与唯识学》《唯物论没落中的哀鸣》等文章，将科学的最新发展容纳于佛学的思想视域之内，同时也为佛学赋予了鲜明的科学色彩。

在《宇宙新说与物质第四态》一文中，秦斯爵士指出，随着现代物理学和天文学的进步，人类所能认识的宇宙的范围在不断迅速扩大。过去认为物质只存在三态，即固体、液体、及气体，然而现在发现了物质的第四态。在宇宙方面，宇宙也比过去认识的大得多得多，"假使我们做一个空间模型，以一英寸代表二百万光年，那么起始的空间，其周围约等于一百码；现在已扩张到半英里左右。在这样的一个模型里面，最远的可见星云，离开地球不过十英尺左右，而我们的整个银河系，其大小只等于寻常的一只钉头——或许只有十分之一英寸的直径。肉眼所能望见的星，全数包含在半径六百分之一英寸的球内——这球不过是一粒微尘而已"[1]。太虚法师在读到这篇文章后，欣喜地发现秦斯爵士的新宇宙模型，极大地突破了过去人们对于大小概念的认知，在这样一个异常庞大的宇宙中，过去所有的大和小都不再具有绝对意义。而秦斯爵士所用的比喻，银河系只是钉头，行星只是微尘，正可与"芥子纳须弥、毛端吞刹海"的华严世界相互发明。华严世界的比喻说法被新的宇宙论证明是对宇宙实相的如实表述。[2]

在《现代物理学的新世界观》中秦斯爵士声称理论物理学的大厦被地震摧毁了。旧物理学"以为它所研究的是一个客观的自然，独立于觉知它的心灵之外而有其本身的存在"。而新物理学"认为我们所研究的自然并非由被我们觉知的东西所组成，而即由我们的直觉本身组成。它不是主客关系中的客体，而即是这关系的自身。事实上，主观与客观间并没有截然的区别，二者形成一个不可分的整体，那就是自然"[3]。太虚法师在读后盛赞秦斯爵士"深得法相唯识学之神髓"。太虚法师发现这种新物理学对自然的理解可以很容易转换为唯识学的阐释，新物理学如同唯识学一样，认识到了见分相分同为一体，认识到了外境的世界与内心的观念属于同一性质。因而太虚评价秦斯爵士对于新物理学的阐释"既不拨空而落损减的恶取空见"，"亦不落增益的实法有见"，能够深契《瑜伽师地论·菩萨地真实品》中的道理。[4]

除了秦斯，太虚还关注到了爱因斯坦的相对论。太虚认为："相对论要点，在明物理事件之时间、空间等性质，概由于观察者之观点而异，故异于旧时物理之理论定律。总之，宇宙间一切事物，无有绝对，不过对彼现此，对此现彼，彼变则此变，此生故彼生，绝无一件事物可为绝对之标准者。此

---

[1] 〔英〕Sir James H. Jeans:《宇宙新说与物质第四态》，陈岳生译述，《东方杂志》第34卷第5号，1937年3月1日。
[2] 太虚:《新物理学与唯识学》，《太虚大师全书》第23卷，宗教文化出版社，2005，第63页。
[3] 〔英〕秦斯爵士:《现代物理学的新世界观》，汤钟灵译，《东方杂志》第34卷第6号，1937年3月16日。
[4] 太虚:《新物理学与唯识学》，《太虚大师全书》第23卷，宗教文化出版社，2005，第66页。

类学说,与佛教三性中之依他起性,颇相近似。依他起性者,依他而有,即一切法待因及缘而生,都无自性之谓;都无自性,显无绝对,依他而有,显有相对。物理事件,系乎观察者之观点,亦合唯心之理;然时、空之见不破,于究竟真理,犹未免一间之隔耳。"[1] 太虚法师在这里指出,相对论阐明了物理事件的时间、空间会依观测者的观测而产生变化,这正是唯识学中所讲的依他起性。但是相对论所持有的时空观念以佛学眼光来看,仍然偏于法执,而且佛学对世界的认识是得自"实证",而现代物理学的理论则是来自"推测",因此两者不能相提并论,但也可以看出物理学"新思想"的发展已经与佛学趋于接近:"其知识论上之空、时、物质缘起说,虽未逮藏识缘起说之深密,亦庶乎近之矣!……故溯爱恩斯坦相对论之本以穷其末,实与唯识论符契。"[2]

太虚法师之所以如此关注和论述科学问题,很大程度上是想将传统的佛教转译为现代的佛教,或者说科学的佛教。这种科学的佛教将不只属于中国,也属于西方,属于整个全人类。太虚有感于西方基督教与科学的冲突,他指出现代西方社会的一大矛盾:"欧美人的生活是科学的,而信仰是非科学的。"他认为,只有佛教能够化解这一矛盾,"若有与科学思想不冲突,并可为最高精神寄托的宗教,正是欧美所需要的。关于这一点,佛教是可以补基督教之不足的"[3]。同时,佛作为"最高模范",可作为唯一信仰,又能够作为人生的终极关怀。这样的佛教在世俗谛上能融合科学而弥补了基督教的不足,又在胜义谛上指向了终极实在而兼具了宗教信仰对灵魂的指引作用,太虚相信,这样的佛教才是当代佛教所应呈现的面貌,这样的佛教才能引领未来。

---

[1] 太虚:《佛学与新思潮》,《太虚大师全书》第22卷,宗教文化出版社,2005,第45页。
[2] 太虚:《爱恩斯坦相对论与唯识论》,《太虚大师全书》第23卷,宗教文化出版社,2005,第82页。
[3] 太虚:《中国需耶教与欧美需佛教》,见黄夏年主编《太虚集》,中国社会科学出版社,1995,第437页。

2. 科学界奉佛人士会通佛教和科学的观点

在太虚法师的大声疾呼中，一时间佛教界和奉佛之人都热衷于以佛学比附科学，认为佛教和科学是互通互容的。在20世纪30年代，《海潮音》连续刊发了一系列文章，试图证明佛学是科学。当时佛学即科学的呼声高涨，"于是乎佛学乃得成科学之哲学，佛教乃得成科学之宗教"[1]。在这些呼声中有一类声音显得非常特别，那就是科学家的意见。自从康有为、谭嗣同等晚清学人开始挖掘佛学的科学因素以来，一直到太虚法师等教内人士热心关注科学，他们对于科学的认识其实仍然是相当隔阂的，他们整体的知识背景和知识结构仍然是非科学的。在这种情况下，有真正的从事科学事业的科学家来讨论佛学与科学的关系就显得格外引人注目了。这其中最为知名的就是王季同和尤智表两位。

王季同，又名季锴，字孟晋，号小徐，江苏苏州人。1895年毕业于北京同文馆，此后留学英国，又在德国著名的西门子电机厂实习。回国后先后任职多家工厂，并参与筹备中央研究院工程研究所，此后任职研究员直至退休。早在出国前他即著有《积较补解》《泛倍数衍》等数学著作。1911年在他赴英留学后，又曾向英国爱尔兰皇家科学院提交了一篇用英文撰写的题为《四元函数的微分法》的论文，该论文后于1911年7月13日在《爱尔兰皇家科学院会刊》上发表，这篇论文是目前所知中国学者最早在国际学术刊物发表的现代数学论文。在电学方面他著有《关于分解电网络之新方法》等著作，而他运用了"新方法"的代数后被国际学界称作"王氏代数"，运用于电网络的研究中。[2]

与此同时，王季同受杨文会居士的影响，对佛学有着浓厚的兴趣。他在

---

[1] 范古农：《经济学与佛学序》，《海潮音》第12卷第2期。
[2] 王季同事迹可参见郭金海《王季同：最早在国际刊物发表数学论文的中国学者》，《中国社会科学报》2014年7月28日。

佛学上涉猎颇广，于法相唯识学、因明学以及禅宗话头都有研究，并且每日坐禅进行宗教实践。王季同笔力颇健，不但在《海潮音》等刊物发表过多篇佛学研究的文章，还参与过同管义慈、胡适等多场关于佛学与科学的论辩，并著有多部佛学研究的著作，如《佛法与科学之比较研究》《佛法科学的说明》《佛法省要》等，许多著述至今一再出版，而被许多宣称佛教与科学相一致的观点所引用。

王季同和当时宣称佛教与科学相通的其他意见一样，也宣称佛学"很少和科学矛盾的地方，并且有许多地方和科学不谋而合"[1]。比如佛教须弥山的宇宙图式中，日月绕须弥山而为"四天下"，日光被须弥山所遮而有黑夜。若将须弥山看作地球，山顶为北极，须弥山腰为赤道，铁围山为南极，则这一图式符合现代天文学认知。而如果将佛经中说的水轮理解为大海，风轮理解为大气层，则所谓地轮依水轮、水轮依风轮也与现代认识相合。

但是王季同作为科学家，更着力探讨了佛教作为认识论和方法论所具有的科学性。他在《劝全世界学者研究佛学书》中宣称"佛法完全从现比二量出发。比量即今日研究科学之唯一重要工具演绎归纳二种论理学，而精刻过之"[2]。王季同认为西方科学认识论只注重前五识现量，即感官的直觉，而不能说明第六识。他认为牛顿见苹果落地而悟万有引力正说明意识的功用，佛教对意识现量的关注因而比西方认识论更为严谨。

王季同认为，佛教的思维方式体现出一种深刻的辩证法。他在为周叔迦《唯识研究》一书所写的序中说："黑格儿和马克斯以为宇宙间一切的一切都是流动的，不是静止的。这样研究一切问题便是辩证法的，便是他们所认为科学的。反之，把一切事物看做永久不变而研究，便是他们所认为玄学的。"他认为这样一种对世界从静止到变动的认知体现了人类思维的发展方向。在

---

[1] 王季同：《劝全世界学者研究佛学书》，《佛法省要》，大法轮书局，1944，第57页。
[2] 王季同：《劝全世界学者研究佛学书》，《佛法省要》，大法轮书局，1944，第57页。

亚里士多德的逻辑、思想的三原始定律中，对世界的认识是静态的，而黑格尔的辩证法正是对这种静态思维的发展和补充。正、反、合这三个步骤，"便是知识进展的公式"。而佛教的世界观总括在"诸行无常，是生灭法"这两句偈语中，如果把这两句译成现在通行的文字，"诸行无常句便是说一切精神现象自然现象都不是永久不变的"，"生灭是'生住异灭'四相的省文，生便是发生，住和异便是发展，住是互相适应的发展，异是互相矛盾的发展，灭便是消灭"。这和普列汉诺夫所说的"辩证法是在发生、发展、消灭上观察现象的方法"正相符合。而且王季同认为，一般意义上的辩证法，当其被抽象出来作为一种定律时，就已经变成静止的而非辩证的。只有佛教主张离言绝相的"无分别智"，不用语言文字描述，不用意识思维，这才是彻底的辩证法。[1]

王季同也承认佛教中有些说法与现代科学认识相抵触，但他不认为这是一种根本矛盾。他指出，第一，佛陀的一些观察是基于三千年前的社会状况，须合于当时人的认知，所以未必合于今天人的认识。第二，佛陀的目的是启发人进行正确的思考，而非简单传授科学知识，因而科学知识只是他教义的组成部分。第三，佛经是在佛陀灭度后，辗转传抄而成，这中间难免有鲁鱼亥豕之误。所以这些并不能推翻佛教的根本认识是科学性的。

当时佛教界对于王季同以科学家身份探讨佛学反响极为热烈，太虚法师即评论道："今思想界有亟须打通之一障碍，厥为佛法与科学。但治佛法者往往不精科学，治科学者亦大抵不明佛法，致徒有攻讦不下之势，而绝少能互相嘿然理解者。""王君以科学耆宿，复能善读因明唯识论，圆彻无翳，说来又豁露明了，将使观者无不意解疑释，洵现在思想界中之一大贡献，曷胜欢

---

[1] 以上引文均见王季同《唯识研究·序》，《中国佛教思想资料选编》第3卷第4册，中华书局，1990，第568—569、572—573页。

喜赞叹。"[1] 弘一法师也向人推荐王季同的著作，称："关于佛法与科学之比较，若欲详知者，乞阅上海开明书店代售之《佛法与科学之比较研究》。著者王小徐，曾留学英国，在理工专科上迭有发现，为世学者所推重。近以其研究理工之方法，创立新理论解释佛学，因著此书也。"[2] 范古农评价王季同的论述"皆于阐发佛理之外，融化科学事理，足令耽着科学之俦焕发其佛法之信仰，而为学佛之阶梯"[3]。

尤智表，生于1901年，苏州人，曾留学美国哈佛大学，攻读无线电工程专业。回国后任教于杭州中央航空学校，兼浙江大学教授。后任中央机械学校高级教官，并调交通部训练所任职。抗战胜利后任湖北省政府专门委员，兼开发神农架森林筹备处主任。尤智表受其叔父尤景溪的影响开始接触佛教，后皈依印光法师为在家弟子。著有《佛教科学观》及《一个科学者研究佛经的报告》。

尤智表认为，科学家们大多以迷信笼统地概括佛学，并没有认真研究过佛学，这样的态度是不符合科学精神的。他自己也曾经认为"宗教不过是止小儿啼的"，并称自己"绝对不看佛经"，直到他叔父劝他"科学家要注重客观"，"正和佛教的破我执相同"，在他放弃主观预设之后，他才发现"佛教的内容之丰富，不减于我所学的各种科学"[4]。

尤智表与王季同一样，强调佛教是基于理性而非迷信，这点构成了佛教与科学的共同基石。所以他声称："大家都知道科学是理智的产物，不知佛教也是理智的产物。惟其同是理智的产物……所以从科学的立场来看佛教……要看得更清楚而正确。"[5] 尤智表同样重视佛教思维方式的科学性。他认为佛

---

1 太虚：《跋佛法之科学的说明》，《太虚大师全书》第32卷，宗教文化出版社，2005，第357页。
2 弘一法师：《佛法十疑略释》，《李叔同全集》第1册，哈尔滨出版社，2014，第72页。
3 范古农：《悲仰王小徐老居士》，《觉有情》第9卷第12期。
4 尤智表：《一个科学者研究佛经的报告》，台湾华严莲社，2003年印行，第6页。
5 尤智表：《佛教科学观》，台湾华严莲社，2003年印行，第2页。

说诸法因缘所生，万物生成皆为因（原因）缘（助因或条件）和合，这种是一种超越了无因论、不平等因论、定命论和机械论的"万有因果律"，"是解释宇宙万有种种变化的一个基本理论"，这种万有因果律在佛教中被称为缘起论或缘生论。佛教中"假使百千劫，所作业不亡，因缘会遇时，果报还自受"这一偈可以用来理解佛教缘生理论的基本特点。"因"，即所作，不会自行消亡。如牛顿定律，物体无外力推动，不会自己改变。当因遇缘生果，如静物遇外力则动，或转向，或停止，或加速。自作因，自受果。既非天神赏罚，也非自作他受。他举例说："一根铜线，在磁场内移动，使其割截磁力线，则此铜线内即生出电压。就此一物质的变化讲，铜线是主因，动力与磁力线是助缘，电压是果……若无铜线，则电压终不能得，故铜线是主因。但有了铜线，没有动力推动它，没有磁力线让它割截，电压还是不能发生，所以动力和磁场是缘。有此因，有此缘，则必生此果。"[1] 佛教在这种缘生论的基础上，又发展出了三自性的学说。"依他起性就是一切事物的自身是依其他事物的因缘和合而起。""作种种主观计度分别，生起种种意见，或成立种种学说，这就叫做遍计所执性。""在依他起性上，不作这种主观的分别，只存客观的事理，那就是圆成实性。"[2] 他认为自然科学对外部世界的观测就是依他起性；而归纳法则是就部分事实立论，加以主观妄计，这就是遍计所执性。只有佛教是对事物如实认知，是圆成实性。尤智表对佛学与科学不相矛盾的论证对后世有较大的影响。

三 佛教科学化的延续与困境

在太虚、王季同等人之后，关于佛教与科学的会通成为佛教界和佛教信

---

[1] 尤智表：《佛教科学观》，台湾华严莲社，2003年印行，第41页。
[2] 尤智表：《一个科学者研究佛经的报告》，台湾华严莲社，2003年印行，第28—30页。

仰或爱好者的一个持续性的话题。对这一话题的讨论比较有代表性的，如台湾圆觉文教基金会自1990年以来每两年举办一次的佛学与科学研讨会。这个系列研讨会的与会者主要都是由科学（尤其是物理学）研究转而研究佛学或爱好佛学的科学界之专家学者，他们试图从本专业的角度探寻佛教与现代科学的契合点。佛光山宗务委员会曾从佛学与科学研讨会的前四届与会论文中选择了十九篇，编成《佛学与科学论文集》，这可以视作中国佛教追寻与科学会通的努力在20世纪末的一个缩影。

这部论文集的第一篇文章是著名的中国科技史专家、英国剑桥大学李约瑟研究所所长何丙郁教授的《唐僧一行在科学上的贡献》，这种编排仿佛正呼应了我们前面所指出的，佛教文化在中国历史上的杰出贡献构成了近代佛教再次接纳科学的历史传统。

台湾"中研院"物理研究员梁乃安则通过对比佛教概念"无分别"与物理学重要原理"对称性"来说明，佛教与物理学在表面的差异之下，有着高度相似性，并认为这种相似性源出于人类心灵结构中"知觉者"与"被知的范畴"。

东吴大学物理系陈昌祈副教授通过分析人类的视觉经验，认为在观测行为中虽然被观测对象是客观确定的，但是观测者的视觉经验却是受到观测者的主观影响，而整个观测行为即是客观观测对象与主观视觉经验的统一。作者从这一角度重新释读了佛教的"心"与"物"不可分以及三界唯心等观念，认为佛教的认识理论与现代科学具有相通性。

台湾中央大学太空科学研究所林崇安教授则认为佛教的宇宙观与现代科学的宇宙观高度契合。他提出：第一，佛典中有关数字、时间及长度距离的概念同现代宇宙认知相近似；第二，佛经对于宇宙结构及时间的相对差异符合现代宇宙认知；第三，佛教成住坏空的说法与宇宙的动态变化相符合。他认为，佛教宇宙观与现代科学宇宙观的差异在于，佛教在物质因素外同时考虑到了精神力量，佛教宇宙观是物质力与精神力的合一。

另外，台湾清华大学物理系王守益教授根据一些现代实验及一些人物的回忆认为佛教所讲的六道轮回是可以被观测到的，认为轮回观念与科学是兼容的。成大医院的陈家成医师指出生物学所说的彼此依存的生态系统与佛教的整体观念有相通性，而且生物学所不能解决的生命的终极意义和人类的"类"生命在佛教中能得到很好的解答。彰化师范大学物理系陈俊霖副教授则提出量子力学与佛学具有相通性。量子力学是二十世纪物理学的重大成就，但是量子力学对于观察者的引入，以及其研究对象超过了人类感官所能觉知的极限，动摇了许多过去物理学的一般观念。而佛教所探讨的心灵与事物的交互关系对于理解量子力学却有着相当的启发意义。

但是，并非所有人都认可佛教界对于佛学中科学性的论证。当王季同将其会通佛教与科学的文章集结成《佛法与科学》一书，请当时学界领袖蔡元培与胡适作序时，蔡元培在序中表达了对佛教的同情态度，认为自然科学仍然有许多未知，或许佛学可成为一种新思路。然而胡适却表达了截然相反的立场。胡适认为，宣称佛教和科学相通，只是一种"搭题八股"文章，"至多不过拾一二偶合之点，供佛弟子宏法卫道之一助。"胡适判定佛教根本是"迷信"的，"尽管摆出科学分析的架子，说什么七识八识，百法五百四十法，到头来一切唯识的心理学和因明的论理学都只是那最下流的陀罗尼迷信的掩眼法！其实迷信咒术，崇拜生殖器，与七识八识有何交涉？与百法五百四十法又有何交涉？即使他证明了四大皆空，万法唯识，他怎么会一跳就跳上了这条下流的路？话到归根，他本来早已上了这条路了，七识八识，百法五百四十法不过是变把戏而已"。最后他指出王季同以及佛教界"所谓科学，也只是他们的科学而已"[1]。胡适还将此一序文发表到《新月》杂志，公开其态度。

---

[1] 胡适：《读王小徐先生的〈佛法与科学〉》，《胡适全集》第4册，安徽教育出版社，2003，第626—629页。

胡适的批判虽然言辞激烈，却并非无的放矢。早在1927年，太虚前往欧洲弘扬佛法前，即曾征询胡适意见。胡适当时就做出过激烈反对，他声称："西洋民族文化之高，精神生活之注重，道德之进步，远非东方那班吃素念佛妄想'往生'的佛教徒所能梦见。"并忠告太虚："如为一班夸大狂的盲人所误，存一个宣传东方文化的使命出去，则非我所敢附和的了。"[1] 如前文所述，其后太虚仍然前往欧洲弘法，并坚持以"科学"作为他的演讲主题之一，但事实似乎印证了胡适的说法，效果并不是很好。太虚所代表的亟亟谋求将佛教进行科学化诠释的途径似乎在当时并没有获得认可。后来受胡适观点影响的李约瑟在其著名的《中国科学技术史》中认为，佛教阻碍了中国社会的发展，教人回避问题"转过眼睛不去看它"，因而只是"最纯粹的神秘主义"，最终造成科学技术没有在东亚发展起来[2]。

这样的批判放在一个"中国为何衰落"的背景问题之下，显得似乎言之有据，佛教以及中国传统的儒学、道教都没有推动中国进入现代化社会，因而都是中国衰落的原因，都是现代化的阻碍。但是，如果将视野投射在更大的历史范围内，这样的批判是否同样有效就变得非常可疑了。李约瑟并没有解释何以这样一种纯粹的神秘主义创造了他书中的许多科技成就。胡适也没有说明为何在佛教最兴盛的唐代，佛教不但没造成科技衰颓，还贡献了僧一行这样伟大的天文学家呢？所以当现代的佛教学者编撰《佛学与科学论文集》时，第一篇就是《唐僧一行在科学上的贡献》，这正是在提示一个伟大的传统，在医药、天文等许多领域，佛教都曾给中国古代科技做出过重要贡献。佛经中有陀罗尼迷信，佛经中同样有鼓励"五明"、重视技术的教说。

当年太虚在法国弘法时，巴黎听众不满意太虚将佛教直接比附为现代科

---

[1] 胡适：《致太虚》，《胡适全集》第23册，安徽教育出版社，2003，第461—462页。

[2] 〔英〕李约瑟：《中国科学技术史》（第2卷·科学思想史），何兆武译，科学出版社，1990，第458—460页。

学,但并不意味着"西洋民族文化之高,精神生活之注重,道德之进步,远非东方那班吃素念佛妄想'往生'的佛教徒所能梦见"。因为在那些高文化的西洋民族中"普瑞特曾经指出,佛教的观念与当代科学的重要观念有许多吻合之处","怀海德也承认佛教的思想要比亚里斯多德提出'不动推动者'(Unmoved mover)要来的早"[1]。

如果说佛教徒将科学比附为现代科学是"夸大狂的盲人",那么胡适将佛学定性为"下流的陀罗尼迷信"又何尝不是夸大狂的盲人?佛教作为一种宗教信仰,必然有着迷信的成分,有着难以理解的神秘因素,太虚改革佛教的一个重要对象正是佛教的经忏行为。但是佛教始终推崇觉解,反对神秘的造物主,推崇理性,发展出了独特的认识论,并曾在历史上推动过科技的发展,这也是不容否认的事实。公允地讲,这两者都是佛教这个复杂庞大的宗教文明系统中所固有的。任何一种将佛教简单化、符号化的做法都是真正不科学的。

将佛经中对世界的比喻性的描述直接等同于现代科学的观测,显然是不太具有说服力的,也即是胡适所说的"一二偶合之点"。现代科学的认知是经过反复观测、实验而得来的,其观测方式、实验手段都是可以被检验的。而佛经中的描述,则只有一个观测结果,没有观测方式,也无法被一般人检验,这很难说是科学的。因此,王季同、尤智表以来对于佛教和科学的会通,更强调的是一种科学方法、一种认识论意义上的会通。我们可以看到现代严肃学者对佛教与科学的会通,集中在认知心理、认知方式、因明逻辑等方面的探索。当我们以更开放更全面的眼光来看待佛教文化时,应该意识到,除去信仰与神秘因素外,佛教有相当一部分关于人类认知思维、关于逻辑学的探索是充满科学意义的,也正是在这个意义上,佛教与科学的会通成为了一

---

[1] 陈荣捷:《现代中国的宗教趋向》,台湾文殊出版社,1987,第116页。

种可能。随着对这些层面的强调和挖掘，佛教文化在现代社会中获得了新的生命，并将为这个科学的时代贡献出其独特的价值。

第二节 民主社会中佛学的贡献和参与

所有的思想文化都是时代环境、经济条件、社会制度的产物，都会在某种程度上或多或少地被这些外部条件所制约，当社会环境发生巨变时，这些思想文化必须要对变动的社会做出自己的回应，以建立自身在新时代的合法性。佛教虽然是一种出世的宗教文化，但是其从产生发展到传播于中国始终不曾无视现世的问题。其所反对的梵我与种姓是对印度社会问题的回应，而在中国的传播中，在"不依国主，则法事难立"的指引下，佛教一直在试图调适自身与中国社会的关系。

近代中国面临着延续两千年之久的封建专制制度的崩坏与民主政治的新建这一社会的伟大转型，佛教也要在这一转型中重建自己的新使命。曾经被认为"不忠不孝"的佛教，在忠孝体系发生动摇时，其潜德幽光一下迸发了出来。那些适宜于民主社会的佛教思想被时代赋予了新的价值。与此同时，传统佛教中与传统社会相适应的结构如子孙庙等，随着传统社会的变迁也必须做出改变。佛教教团如何在民主社会中存在，以怎样的形态存在，成为了佛教界需要迫切回应的时代问题，也是佛教入世转型必须解决的重要问题。

一 民主社会建设中佛学义理的发掘

在回应民主社会中佛教如何存在的时代课题时，佛学义理中的平等观念及其对冲破世俗纲常网罗的意义，得到了当时思想家的高度重视和大力阐发，使之成为佛教入世发挥积极作用的重要思想资源。

1. 佛教教义的平等意蕴

佛教进入中国后,对中国思想界最严重的威胁正是佛教对于儒家纲常伦理的蔑弃。无论是佛教徒剃发出家舍弃子弟应履行的伦理义务、拒绝尊奉臣民朝见君王的跪拜礼节,还是佛教义理中对伦常的否定,都对儒家社会造成了巨大的震动。以拱卫圣教自任的韩愈对佛教的批评攻击就极具代表性。韩愈认为人之异于禽兽的规定性,正是在于君臣父子的人伦等级秩序,而佛教徒出家修行,脱离了人伦秩序,这是又回到了禽兽界,因而必须将他们拉回到人伦秩序中来,即所谓"人其人",这样他们才又重新是人。佛教在传入中国之后近一千年的时间中一直饱受儒者对其无君无父的指责,直到中国的佛教徒按照儒家伦理,对佛教的做法做出了合于儒家伦理化的解释,这种攻击才慢慢消退。但中国佛教的这种妥协和改变,并不能掩盖佛教经典中所蕴含的对伦常制度的破坏性因子。因此,在晚清儒家伦理观受到动摇之际,佛教中的这些破坏性因子便最先涌入时人的视野。当寻求变革的儒者在接触到近代民主制度所要求的平等观念时,对平等这一概念的直接理解就是古老的佛经中的表述。

梁启超即宣称"佛教之信仰乃平等而非差别"[1]。他相信,佛教这种平等精神正可构成未来建设中改善群治的基础。与梁启超政治主张大异其趣的章太炎,在这一点上却与梁启超的观点有惊人的一致。章太炎声称:"佛教最重平等","看一切众生皆是平等"又"最恨君权",因而同"恢复民权的话相合"[2]。

保守派的叶德辉虽然不认同平等的价值,但却也相信:"夫平等之说,出于《四十二章》佛经、西人《旧约》诸书,乃演为万物平等之义。"[3] 叶德辉认为西方人所说的万物平等、爱仇敌如同类等说法"皆释氏之绪论"[4]。

---

[1] 梁启超:《论佛教与群治之关系》,《饮冰室合集·文集之十》,中华书局,1989,第49页。
[2] 章太炎:《东京留学生欢迎会演说辞》,《章太炎政论选集》上册,中华书局,1977,第275页。
[3] 叶德辉:《〈长兴学记〉驳义》,《苏舆集》,湖南人民出版社,2008,第114页。
[4] 叶德辉:《〈长兴学记〉驳义》,《苏舆集》,湖南人民出版社,2008,第117页。

佛教重视"平等"的目的与晚清士人重视"平等"的目的是否相一致，甚至佛教所重视的"平等"与晚清士人所重视的"平等"是否相一致都很成疑问。但是，佛教无疑提供了一种儒学、甚至墨学或其他古老思想都不具备的思想资源。

在近代自由主义的奠基人洛克的观念里，"平等"是人类自然的存在状态，他认为："既然人们都是全能和无限智慧的创世主的创造物，既然都是唯一的最高主宰的仆人，奉他的命令来到这个世界，从事于他的义务，他们就是他的财产，是他的创造物，他要他们存在多久就存在多久，而不由他们彼此之间做主；我们既赋有同样的能力，在同一自然社会内共享一切，就不能设想我们之间有任何从属关系，可使我们有权彼此毁灭，好象我们生来是为彼此利用的，如同低等动物供我们利用一样。"[1] 洛克这种从神与人的对待中得出人作为类存在具有一种普遍意义的平等性，是基督教"上帝面前人人平等"观念的自然延续。作为世俗社会哲学的儒学或者墨学都很难得出类似的结论，而作为一种世界宗教的佛学却有着与之类似的观念。

唐才常的一段话就与洛克的说法差相近之："佛家之理，虽云一世界有一佛主化，及云众生是佛，佛即是众生，而大灵魂之周布于三千大千者，实不生不灭，不增不减，则俯视九万里之地球，直一滴微尘耳。夫星球恒河，天尚将以灵魂通之，而岂同堕尘球之躯壳，必界中外，严种族，始自怙其骄悍之习矣。"[2] 唐才常这种同为尘世之民在"大灵魂"面前人人平等的观点或许受到西学启发，但我们细考佛学教义，也能发现类似的表达，不过更多时候是表达为在实相面前的假有无差别。

在作为佛教基础的缘起理论中就规定了"因此有彼，无此无彼，此生彼

---

[1] 〔英〕洛克：《政府论》下篇，叶启芳、瞿菊农译，商务印书馆，1996，第6页。
[2] 唐才常：《通种说》，《唐才常集》，中华书局，1980，第102页。

生，此灭彼灭"[1]，认为世间一切现象皆是因缘和合而生，万事万物皆互相依持，互为条件，而不具备恒定不变的自性，这即是所谓"诸法无我"。世间万物既没有独立的自性，也不能独立的存在，因而从"缘起"的本质上而言，都是"无差别"的，世间所谓的"差别"只是现象界的假象，在这个由假象构成的现象界，万事万物的纷繁差别不过是如梦幻泡影，变化无常，并不具有真实性。如同基督教的教义中在将人作为创造物在与神的对待中获得了普遍性的平等，佛教在将人生作为虚幻的假有在与实相的对待中也获得了一种普遍意义的平等。

佛教的缘起论还意味着，生命只是业果流转的妄动，并不是值得称颂的天地之大德。依据佛教"三世两重因果"的理论，生命不过是前世造因，来世受果的过程。而所以造因，是因为起初的盲动（无明）。所以生命只不过是在无明冲动下的不断轮回。因此，佛教认为生命是不值得称颂的，值得称颂的是摆脱生死轮回的涅槃。虽然在后期佛教的发展中，出于见解的不同和传教需要，佛教中很多派别特别是汉传佛教开始强调生命的价值和意义，但是作为佛教根本教义的四谛，正是以苦谛作为起点的，这代表着佛教对人生现象的根本价值判断。因而佛经中充满着各种对苦的解说和描述，形成了四苦、五苦、八苦乃至十一苦等等的说法。

因此，基于对生命的歌颂而形成的儒家孝亲思想，在佛教中即使不能说消灭了也是大大减弱了。事实上，依照缘起理论，生命只是个人业力的结果，而非由父母赐予，子女与父母只是短时寄住的关系。《中本起经》中就明言："但地有常，人无常也。……父母自言：'是我所生，是我之子。'子非父母所致，皆是前世持戒完具，乃得作人。为恶行者，死堕地狱、畜生、饿鬼，自从行致，不由他生。"[2] 更何况生在这个五浊尘世中，并非值得庆幸之事，

---

[1] 《中阿含经》，《大正藏》第1册，第723页下。
[2] 《中本起经》，《大正藏》第4册，第153页上。

而只是盲目与无知的结果，这就更没什么需要歌颂的了。儒家伦常的最主要的两个立论点，对于当前生命的肯定，对于父母赐予生命的肯定，在佛学的基本理论中，这两点就这样完全被否定了。儒家五伦的核心，父子一伦，就这样被佛教消解了。

虽然随着大乘佛教的发展，特别是汉传佛教为了修补与儒家伦理的冲突，佛教也开始宣扬与孝亲相一致的世俗伦理观念，出现了一批表彰孝行的经典。但是这种调适并没有在根本上改变佛教对于家庭观念和世俗伦理的态度，唐代著名的道宣律师就说："父母七生，师僧累劫，义深恩重，愚者莫知。"[1]虽然承认父母的恩情，但认为与父母的恩情相比，师父的情义更重，因为师父传授的是解脱之道，通过修道来摆脱轮回之苦才是生命中最重要的。所以在两个著名佛教宣孝故事，即释迦牟尼佛为姨母摩耶夫人说法以及目连救母的故事，故事中讲的对于母亲（姨母）恩情的回报都是宣说佛法讲授佛经。这其实意味着，相对于世俗伦理，佛法具有一种更大的价值，或者说，佛法优先于一切世俗价值。所以佛教对于儒家伦理观念始终是持一种贬抑的态度，这种态度在近代儒者改革儒学时，就将获得一种革命性力量。

再者，佛教在讲平等时，更多强调的是在消极意义上无差别，但这种消极意义却曾经在历史上发生过积极的影响。从历史的角度看，一般认为，佛教的产生正来自同婆罗门教不平等的等级观念斗争中。如同儒家礼教中以经典和法律规定了五服九服的长幼尊卑秩序，婆罗门教以宗教的形式规定了不同种姓之间的神圣秩序。而佛教则高举四姓平等之义以破斥婆罗门的种姓说。如在《杂阿含经》中即明言："四种姓者，皆悉平等，无有胜如差别之异。"[2]因为依据佛教的"业感缘起"理论，不管什么种姓，都是没有恒常不变的自性，而是随"业感"生灭。就这个角度而言，无论是婆罗门还是首陀罗，他

---

[1] 道宣：《净心戒观法》，《大正藏》第 45 册，第 833 页中。
[2] 《杂阿含经》卷 20，《大正藏》第 2 册，第 142 页中。

们身份的不同都不过是现象界的假象，而没有本质的差别。他们在现象界的种种区别只不过是各自所造的"业"的不同，因而承受了不同的"果"。无论是婆罗门还是首陀罗，都要在业报流转之中承受轮回之苦。所有认为自身具有特别优异地位的想法，在佛教的认识中都是"无明"妄念。

佛教四姓平等观念对于等级制度的冲击，给了近代儒者很深的印象。文廷式就赞美道："佛家平等观，正所以破天竺之结习也。"[1] 谭嗣同则说："印度自喀私德之名立，分人为四等，上等者世为君卿大夫士，下等者世为贱庶奴虏，至不平等矣。佛出而变之，世法则曰平等，出世法竟愈出天之上，此佛之变教也。"[2] 宋恕认为正是这种四姓平等的精神造成了佛教在等级森严的印度社会的衰落，他说："婆罗门四等之私谊，与释氏平等之公谊大相反。……释氏以贵族讲平等，结深怨于婆罗门，书焚徒散，不持世柄。"[3] 在文廷式称赞的破"结习"，谭嗣同所说的"变教"，宋恕认为的"结深怨"中，佛教提倡平等的精神就不仅是一种宗教理论，而且在等级社会里具有了一种革命的意味，成为一种突破社会等级，改造社会伦理的思想武器。他们相信这种古老的革命力量与近代民主精神是相通的，所以宋恕声称，随着英国统治印度，印度得以接触近代民主制度后，佛教会有"渐行之象"[4]。

佛教这种反对种姓的理论，在近代中国更获得了一种种族平等的意味，在清末的反满思潮中成为了一种理论武器。章太炎就将佛教的这种四姓平等的观念用于其革命宣传："佛教最重平等，所以妨碍平等的东西，必要除去。满洲政府待我汉人种种不平，岂不应该攘逐？且如婆罗门教分出四性阶级，在佛教中最所痛恨。如今清人待我汉人，比那刹帝利种虐待首陀更要利害十倍。照佛教说，逐满复汉，正是分内的事。又且佛教最恨君权，大乘戒律都

1　文廷式：《文廷式集》，中华书局，1993，第727—728页。
2　谭嗣同：《仁学》，中州古籍出版社，1998，第162页。
3　宋恕：《致王六潭书》，《宋恕集》上册，第568页。
4　宋恕：《致王六潭书》，《宋恕集》上册，第568页。

说：'国王暴虐，菩萨有权，应当废黜。'又说：'杀了一人，能救众人，这就是菩萨行。'其余经论，王贼两项，都是并举。所以佛是王子，出家为僧，他看做王就与做贼一样，这更与恢复民权的话相合。"[1]

章太炎将佛学的平等观念与庄子的齐物思想相贯通。他说："齐物者，一往平等之谈。详其实义，非独等视有情，无所优劣，盖离言说相，离名字相，离心缘相，毕竟平等，乃合《齐物》之义。次即《般若》所云，字平等性，语平等性也。其文既破名家之执，而即泯绝人法，兼空见相，如是乃得荡然无阂。若其情存彼此，智有是非，虽复泛爱兼利，人我毕足，封畛已分，乃奚齐之有哉。"[2] 章太炎将"齐物"视作《般若经》中所说的体性的平等，是万物的自然状态。他认为，这个意义上的平等比西方意义上的平等更彻底，这样的平等不仅是人我之间的平等，还是人法之间的平等。而不平等的产生，则是由于执著名相，没能从体性上认清事物的本质。人们之所以会执著名相进而产生彼此是非的观念，是因为人心的"寻思"。所谓"寻思"，章太炎引用《瑜伽师地论》的说法，即是名寻思、事寻思、自性假立寻思、差别假立寻思。这四种寻思是对名、事、自性假立、差别假立等假象的执以为实。因此，要建立四种"如实智"，透过表面的现象而观照存在的本质特征，最终认识事物在"胜义谛"意义上的无差别。章太炎还引用了《大般若经》的说法："若无是处，都无有性，亦无无性，亦不可说为平等性，如是乃名法平等性。当知法平等性既不可说，亦不可知。除平等性，无法可得。离一切法，无平等性。"他认为，这正是《庄子·寓言》中所说的："言无言，终身言，未尝言；终身不言，未尝不言。"言以寄实，实因言显。世人的错误即在于执言以为实，把世间纷繁的假象当作世界的本质，从而才会有差别的观念，生出种种不平等。而庄、佛所阐发的精义就是要破除种种名相，乃至无我，从

---

1 章太炎：《东京留学生欢迎会演说辞》，《章太炎政论选集》上册，中华书局，1977，第275页。
2 章太炎：《齐物论释定本》，《章太炎全集》（六），上海人民出版社，1986，第61页。

而说明宇宙的根本平等。

佛教在本体层面的平等性论证，也让梁启超相信，佛教的这种平等观念是一种最彻底的平等，佛教的平等观不但超越了墨学等中国传统思想，也超越了基督教等新近传入的宗教思想。梁启超说："他教之言信仰也，以为教主之智慧万非教徒能及，故以强信为究竟。佛教之信仰也，以为教徒之智慧，必可与教主有平等。""他教者，率众生以受治于一尊之下者也，惟佛不然。故曰：'一切众生皆有佛性。'"[1]

在墨家思想"尚同"的理念下，是绝难承认巨子[2]和普通民众的平等的，由于对于巨子的绝对服从，事实上否定了内部成员之间的平等。而基督教著名的"上帝面前人人平等"，强调的是人类在面对上帝时的平等，而人与上帝却不平等。人作为被创造物在面对上帝时，没有尊卑贵贱、高低上下，但作为被创造物的人，在面对创造者的上帝时却是不平等的。上帝是创造者，是给予者，人是被创造者，是接受者，二者位于不同的层面上，这种层面的差异，造成人类无论怎么努力修行，都无法达到上帝的层面，无法成为上帝。人在面对上帝时只能选择由下向上的信仰，而非平行的理解。但佛教则不然，佛陀并不是墨家要求信众无条件服从的巨子，也不是基督教创世的造物主。根据佛教生佛不二、众生皆可成佛的理论，众生在本质上具足真如佛性，这个真如佛性并不因众生的迷妄而消灭，也不会因觉悟而增加。就成佛的可能性而言，众生与佛是平等不二的，即所谓"心佛及众生，是三无差别"。佛与众生的真正差别，只在于迷悟的不同。正如同佛的含义是"觉者"一样，佛只是悟后的众生，当迷妄之时则意味着佛性被遮蔽而成为众生。所以释迦牟尼不是世界的创造者，释迦牟尼的教义正是要反对婆罗门教的"大梵创世说"，佛陀只是一个真理的觉悟者，是一个觉解了世界真理的人。所以梁启超说，佛教"立教之目的，则在

---

[1] 梁启超：《论佛教与群治之关系》，《饮冰室合集·文集之十》，中华书局，1989，第49页。
[2] 巨子，墨家对其首领或对其学派有重大成就者的尊称。

使人人皆与佛平等而已。夫专制政体固使人服从也,立宪政体亦使人服从也,而其逆顺相反者,一则以我服从于他,使我由之而不使我知也。一则以我服从于我,吉凶与我同患也。故他教虽善,终不免为据乱世小康世之教,若佛教则兼三世而通之者也"[1]。因此,梁启超认为佛教是一种智信而非迷信,佛教这种平等精神正可用以建设中国之"群治"。

佛教不仅认为平等是社会的本然状态,是每个人的最本初的存在形态,而且认为平等是自然界的存在样态,此即是所谓"众生平等"的概念。"众生",也作"有情",是谓一切有生命之物,如《金刚经》所说,"所有一切众生之类,若卵生、若胎生、若湿生、若化生、若有色、若无色、若有想、若无想、若非有想非无想"[2]。这所有的生物,总该三界六道等不同层面,无论是佛、菩萨、声闻、缘觉还是鬼、畜生、地狱,在存在的本质上都是平等的。如《大乘方广总持经》中说:"有四平等法,菩萨当学。云何为四?一者菩萨于一切众生平等,二者于一切法平等,三者于菩提平等,四者于说法平等。"[3] 在极受近代儒者推崇的《华严经》中更是反复阐明众生平等之义,如说:"佛子!菩萨摩诃萨有十种平等。何等为十?所谓一切众生平等;一切法平等;一切佛刹平等;一切佛乘平等;一切善根平等;一切菩提平等;一切愿平等;一切波罗蜜平等;一切行平等;一切佛平等。佛子!是为菩萨摩诃萨十种平等;若菩萨摩诃萨住此平等,则具足一切诸佛无上平等。"[4] 无论是"四平等法"还是"十种平等",都是在反复宣说佛教的平等原则适用于整个宇宙,所有的生命无论在存在本质上,还是成佛的潜能上都是平等无差别的。在六道轮回的观念中,所有生物外部形态的差异都是暂时的,是会随着轮回流转而转变的。平等不仅是社会的法则,

---

[1] 梁启超:《论佛教与群治之关系》,《饮冰室合集·文集之十》,中华书局,1989,第51页。
[2] 《大正藏》第8册,第749页上。
[3] 《大正藏》第9册,第383页上。
[4] 《大正藏》第9册,第636页上。

而且是宇宙的法则。

佛教的这种平等思想和近代民主思想中的平等意涵未必一致，而且当时也有少数精于西学之士比如严复已经意识到了这一点，严复曾指出："盖佛固言平等矣，而意指平等于用慈；亦言自由矣，而实明自由于解脱。即使求诸犹大之旧与夫基督之新经，固言于上帝前诸色人平等。然其平等者，平等于不完全，平等于无可比数。然则宗教之所谓平等者，乃皆消极之平等，而卢梭民约所标积极之平等，倜乎相远，有必不可强同者矣。"[1] 佛教的平等偏于"消极之平等"，而现代民主制度所要求的平等则是一种积极改变社会结构的力量。

然而，当时如严复般深于西学的人并不多，更重要的是，近代儒者所提倡的佛教的平等，已不再是佛教的原始意义，而是将这种偏向消极静态的平等观用作积极的能动力量。正如同对宗教并不是很热情的蔡元培于光绪二十六年（1900）在日人启发下写了一篇《佛教护国论》，即以君民权力的划分来论佛教的小大，认为大乘佛教所代表的就是"有民无君"的民主社会，要高于《论语》代表的重礼尊君思想和孟子代表的民贵君轻思想。蔡元培所说的佛教君民平等就是在积极平等意识上的用法，也正是在这个意义上，佛教才成为了近代儒者用以"护国"的理论武器。

2. 佛教思想对于纲常网罗的突破

在儒家传统中，人道秩序来自于那个强调上下、尊卑、表里、阴阳、动静的天道秩序。如董仲舒《春秋繁露·基义》中说："王道之三纲，可求于天。"王道就是顺应宇宙的森然秩序，用礼教规定君臣、父子、夫妇、长幼之间不可僭越的等级秩序。在整个社会秩序中，各安其位，尊礼而行，因此变得非常重要。在这种观念中，自然是无处安放自主、自由的价值。

---

[1] 严复：《〈民约〉平议》，《严复集》第2册，中华书局，1985，第338页。

但是，当那些改革派的儒者描绘出一个广阔无限、平等共存的新的宇宙图景后，根基于传统宇宙秩序的社会秩序也就失去了合法性的依据。天不变、道亦不变的传统认知随着天变而随之不得不变了。深得于华严思想的康有为、谭嗣同等人便吸收了华严思想来冲破传统儒家社会的种种界限。

在《大同书》中，康有为提出了阻碍人类自由的九种界限："一曰国界，分疆土部落也。二曰级界，分贵贱、清浊也。三曰种界，分黄、白、棕、黑也。四曰形界，分男女也。五曰家界，私父子、夫妇、兄弟之亲也。六曰业界，私农、工、商之产也。七曰乱界，有不平、不通、不同、不公之法也。八曰类界，有人与鸟兽虫鱼之别也。九曰苦界，以苦生苦，传种无穷无尽，不可思议。"[1] 这些疆界限制了人的自由，将人限制在一个特定的位置无法脱离，从而造成了社会的蔽塞与人类的痛苦。因此，康有为提出要去九界："第一曰去国界，合大地也。第二曰去级界，平人民族也。第三曰去种界，同人类也。第四曰去形界，保独立也。第五曰去家界，为天民也。第六曰去产界，公生业也。第七曰去乱界，治太平也。第八曰去类界，爱众生也。第九曰去苦界，至极乐也。"[2]

在《仁学》中，谭嗣同则将这种界限称为"网罗"，提出了"冲决网罗"之说："网罗重重，与虚空而无极。初当冲决利禄之网罗，次冲决俗学若考据、若词章之网罗，次冲决全球群学之网罗，次冲决君主之网罗，次冲决伦常之网罗，次冲决天之网罗，次冲决全球群教之网罗，终将冲决佛法之网罗。然真能冲决，亦自无网罗；真无网罗，乃可言冲决。故冲决网罗者，即是未尝冲决网罗。"[3]

康有为和谭嗣同的表达非常相近，都是认为儒学纲常礼教所构成的社会

---

[1] 康有为：《大同书》，《康有为全集》第7集，中国人民大学出版社，2007，第25页。
[2] 康有为：《大同书》，《康有为全集》第7集，中国人民大学出版社，2007，第25页。
[3] 谭嗣同：《仁学》，中州古籍出版社，1998，第68页。

秩序是对自由人性最大的窒碍。对于这一点，钱穆曾指出："《仁学》者，实无异于《大同书》也。大同即仁之境界，冲决网罗，即《大同书》之破除九界。去国界去级界，则无君臣矣，去形界，则无夫妇矣，去家界，则无父子兄弟矣，九界尽去，尚无人禽之别，何论三纲五常？故非冲决网罗，即无以企大同。长素之书玄言之，而复生之书笃言之，其实一也。"[1]

然而，他们所谋求突破的九界与网罗在儒学的古老传统里却是有着传统根源的。所谓"礼别异"，礼的主要作用就是通过种种规定，来区别亲疏、远近、尊卑，这些界限与网罗构成的差异性规定被认为是事物存在的本质特征。在纲常礼教最早的系统表达中，董仲舒宣称："君臣、父子、夫妇之义，皆取诸阴阳之道。君为阳，臣为阴，父为阳，子为阴，夫为阳，妻为阴。"（《春秋繁露·基义》）这一君臣、父子、夫妇所组成的社会秩序是宇宙秩序在人世的投影，在整个宇宙中"凡物……必有上，必有下，必有左，必有右，必有前，必有后，必有表，必有里"（《春秋繁露·基义》）。这种相对待的存在是宇宙万物的存在方式。

但是，近代的儒学改革者们不再将差异性、等级性视作事物存在的本质特征了，相反，他们认为这种差异和等级所构成的层层界限、重重网罗，是对事物本性的破坏，这不但限制了个人的自由，也窒碍了整个社会的生命舒发。康有为指出："故君与臣隔绝，官与民隔绝，大臣小臣又相隔绝，如浮屠百级，级级难通，广厦千间，重重并隔。"[2] 谭嗣同更细致地铺陈说："君与臣隔，大臣与小臣隔，官与绅隔，绅与士隔，士与民隔，而官与官、绅与绅、士与士、民与民又无不自相为。"[3] 他们心中的宇宙已经是一个广大和谐的宇宙了，这个宇宙的本质特征是和谐而非对待。在这个新的宇宙中，万事万物

---

[1] 钱穆：《中国近三百年学术史》下册，中华书局，1989，第676页。
[2] 康有为：《上清帝第二书》，《康有为全集》第2集，中国人民大学出版社，2007，第44页。
[3] 谭嗣同：《壮飞楼治事》，《谭嗣同全集》，中华书局，1998，第438页。

是一种和谐共生、相即相入的关系，不再有主次之分。如同他们在建构这个新宇宙论时曾经依据了华严思想一样，在构想新社会的制度时，华严思想依然成为了他们所凭依的重要思想资源。

方东美曾指出："华严宗体系……博大精深，极能显扬中国人在哲学上所表现的广大和谐性。"[1] 康有为所得受于佛学的正是这种广大和谐性，正如其弟子所说："盖先生之道，圆满无漏，变化适时，深得于佛之华严。"[2]

对于康有为思想中的这种圆满和谐，梁启超的说法则更为详细："（康有为）以为人相我相众生相既一无所取无所着，而犹现身于世界者，由性海浑圆，众生一体，慈悲普度，无有已时。是故以智为体，以悲为用，不染一切，亦不舍一切；又以愿力无尽，故与其布施于将来，不如布施于现在；大小平等，故与其恻隐于他界，不如恻隐于最近。"[3] 这种性海浑圆，众生一体的思想正是华严思想的特质。在华严宗的观念中，整个宇宙的森罗万有之间呈现出一种相即相入的缘起关系，华严宗人称之为法界缘起，是事事无碍法界的内容，是宇宙的根本存在样态。

佛教和儒学在价值取向上其实是有很大分歧的，但近代儒者却努力从佛学中去挖掘突破纲常网罗的思想资源。儒学由于其入世的特质，着眼点始终在现实生活中的人。在现实的社会中，由于权力的构成，社会的运转，人身的亲缘等因素，人总是处于某种特定的社会位置中的。孟子在驳斥告子关于"食色性也""生之谓性"的说法时，即立足于人的社会属性，反对告子所持的人的自然属性之说。在孟子对许行的批判中，更是标举出"劳心者"与"劳力者"的差异，并提出了"父子有亲，君臣有义，夫妇有别，长幼有叙，朋友有信"这种人伦序列的重要性。孟子对人的差异性的强调更多是在实践

---

[1] 方东美：《中国哲学精神及其发展》，中华书局，2012，第 13 页。
[2] 陆乃翔、陆敦骙等：《南海先生传》，《康有为全集》第 12 集，中国人民大学出版社，2007，第 470 页。
[3] 梁启超：《南海康先生传》，《康有为全集》第 12 集，中国人民大学出版社，2007，第 424 页。

上说，比如孟子在说五伦时，前后文是："后稷教民稼穑，树艺五谷；五谷熟而民人育。人之有道也：饱食暖衣、逸居而无教，则近于禽兽。圣人有忧之，使契为司徒，教以人伦——父子有亲，君臣有义，夫妇有别，长幼有叙，朋友有信。放勋曰：'劳之来之，匡之直之，辅之翼之，使自得之，又从而振德之。'"（《孟子·滕文公上》）五伦是人在五谷熟之后的教养。之前孔子也是将德教放在庶之富之之后进行的（《论语·子路》）。但是到汉儒那里，对人的身份差异性的重视日益加重，并且强调了人身份差异的本体依据。董仲舒即称："天之常道，相反之物也，不得两起。……阴与阳，相反之物也，故或出或入，或右或左。"（《春秋繁露·天道无二》）而《白虎通》则进一步明确为："三纲法天地人，六纪法六合。君臣法天，取象日月屈伸，归功天也。父子法地，取象五行转相生也。夫妇法人，取象六合阴阳，有施化端也。""人皆怀五常之性，有亲爱之心，是以纲纪为化，若罗网之有纲纪而万目张也。"（《白虎通·三纲六纪》）

而佛学的出世特质决定了其倾向于否定人的现世生活，而是追求出离苦海的解脱，发现生命的真谛。因此，佛教的着眼点不在现实的短暂的人性，而在永恒的超越的佛性，或者说人性真实本质即是佛性。对于儒家礼教所强调的差异性，如果依华严宗的说法可将之归入事法界。事法界表示了统一世界中的万象差异，包括了世界上一切的差别法，但事法界只是对宇宙的初步认知，是就现象上说的。不仅君臣、父子、夫妇、长幼的差异只是较浅的现象上差异，甚至天地、阴阳、六合也不是根本性的存在。华严宗作为大乘圆教，正是要破除一切虚假分别，从而发现宇宙实相。华严宗认为宇宙的真实本相是万物相生相成，共存无碍，一切差别得以消融，全体事象圆融无碍，也就是一真法界。华严宗这种对界限的消融，构成了近代儒者破除界限，冲击纲常礼教的重要思想资源。

康有为提出"破除其界，解其缠缚。超然飞度，摩天决渊，浩然自在，悠然至乐，太平大同，长生永觉"[1]。这种"太平大同"意义上的破除一切界限，摆脱一切束缚，超然飞度，浩然自在，很像华严宗事事无碍境界上的"妄尽心澄，万象齐现"。萧公权就注意到了此点，他说："'大同'使人想到'一真法界'——华严宗所认为的宇宙四界的最高层次——为一由'十玄门'所形成的和谐妙境，谓各物共存而统一，一切生命交通无碍，各自认同，因而完成一综合的认同。"[2] 而作为康有为弟子的梁启超，则更明确地指出：

> 先生此种理想，既非因承中国古书，又非剿袭泰西今籍，然则亦有所凭借乎？曰有。何凭藉？曰藉佛学。先生之于佛学也，纯得力大乘，而以华严宗为归。华严奥义，在于法界究竟圆满极乐。先生乃求其何者为圆满，何者为极乐。以为弃世界而寻法界，必不得为圆满；在世苦而出世乐，必不得为极乐。故务于世间造法界焉。又以为躯壳虽属小事，如幻如泡，然为灵魂所寄，故不度躯壳，则灵魂常为所困。若使躯壳无缺憾，则解脱进步，事半功倍。以是原本佛说舍世界外无法界一语，以专肆力于造世界。先生常言，孔教者佛法之华严宗也。何以故？以其专言世界，不言法界，庄严世界，即所以庄严法界也。佛言当令一切众生皆成佛。夫众生根器，既已不齐，而所处之境遇，所受之教育，又千差万别，欲使之悉成佛，难矣。先生以为众生固不易言，若有已受人身者，能使之处同等之境遇，受同等之教育，则其根器亦渐次平等，可以同时悉成佛道。此所以苦思力索，而冥造此大同之制也。[3]

大同就是法界究竟圆满，在大同境界里，一切人为的界限都失去了合理性与

---

[1] 康有为：《大同书》，《康有为全集》第7集，中国人民大学出版社，2007，第25页。
[2] 萧公权：《康有为思想研究》，新星出版社，2005，第73页。
[3] 梁启超：《南海康先生传》，《康有为全集》第12集，中国人民大学出版社，2007，第436页。

合法性。所以康有为声称所有的差异性规定，都是圣贤不得已而立的假名：
"圣人之立父子、夫妇、兄弟之道，乃因人理之相收，出于不得已也。"[1] 这些法律、礼俗无不是人类出于便利而安立的，本身没有自性，是对自由的真生命的损害。

　　谭嗣同则从破与立两个方面阐发了其对礼教传统的改造。从"破"的一面言，谭嗣同否定了传统中国社会的种种网罗。在谭嗣同的表述里，"网罗"已经失去了在《白虎通》中"以纲纪为化，若罗网之有纲纪而万目张也"所具有的正面意义，而变成了对自由人性的戕害。谭嗣同指责礼教的正名思想为："名之所在，不惟关其口，使不敢昌言，乃并锢其心，使不敢涉想。"[2] 在这种束缚之下，人的身心自由消失了，人的灵魂被扼杀了。"三纲五常之惨祸烈，由是酷矣。君以名桎臣，官以民轭民，父以名压子，夫以名困妻，兄弟朋友各挟一名以相抗拒，而仁尚有少存焉者。"[3] 而这些名实际上都是假象，都只是独夫民贼用以便己的手段，从本性上而言不但非真，而且价值上为恶。因此，谭嗣同在《仁学》开篇即号召抛弃这些假名所织就的网罗，要求冲决世俗的利禄、文化的差异，以及政治、伦理、宗教乃至佛法所构成的世间的假名限制。在谭嗣同所要冲决的网罗中，是有着层级差异的，利禄俗学无疑是最少正当性与最少坚固性的，而被谭嗣同视为广大精微的佛学也在冲决之列就值得寻味。

　　谭嗣同曾说："佛教纯者极纯，广者极广，不可为典要，惟教所适。极地球上所有群教群经诸子百家，虚如名理，实如格致，以及希夷不可闻见，为人思力所仅能到，乃至思力所必不能到，无不异量而兼容，殊条而共贯。"[4]

　　其实这里正显示出谭嗣同对自由的深刻思考。礼教之"名"成为了对自

---

[1] 康有为：《大同书》，《康有为全集》第7集，中国人民大学出版社，2007，第88页。
[2] 谭嗣同：《仁学》，中州古籍出版社，1998，第197页。
[3] 谭嗣同：《仁学》，中州古籍出版社，1998，第93页。
[4] 谭嗣同：《仁学》，中州古籍出版社，1998，第204页。

由的束缚，他引入佛教正是因为"若夫释迦文佛，诚超出矣，君臣父子夫妇兄弟之伦，皆空诸听有，弃之如无"[1]。佛教以"空"的精神破除了礼教的"假有"，如果尊佛教为新的准则，那么这个新准则又将成为自由的新限制了。

谭嗣同对佛学的冲决，很像中国禅师呵佛骂祖的自由精神。仰山禅师曾说《涅槃经》"总是魔说"[2]。而文偃禅师则称："释迦老子初生下时，目顾四方，一手指天，一手指地，道：天上天下，唯我独尊。我当时若见，一棒打杀与狗吃却，图得天下太平。"[3] 谭嗣同的冲决佛法与呵佛骂祖一样，都是视佛说为筌蹄，这种不假外求的精神是大乘佛教的真精神，也是最彻底的自由，只有打破一切束缚，才能恢复人之为人的真自性，从而获得真正的自由。所以谭嗣同说："然真能冲决，亦自无网罗；真无网罗，乃可言冲决。故冲决网罗者，即是未尝冲决网罗。"[4] 冲决到冲决"冲决"观念自身，方始冲决一切隔阂，从本体上获得自由。

这种生命的真自性与真自由，谭嗣同称之为"仁"或"通"，他说："仁以通为第一义。"[5] 仁是通之仁，而通是仁的题内之义，或者说通是仁的显现，两者是二而一的。在破除了外界的一切窒碍之后，谭嗣同将"仁—通"立为宇宙的真相。就"仁—通"作为万法实相而言，这个"仁—通"很像佛法中所说的"真如"。对于"真如"，法藏曾说："妄尽心澄，万象齐现，犹如大海因风起浪。若风止息，海水澄清，无象不现。"[6] "通"凸显着宇宙森罗万象之间本体上的畅通无碍。

华严宗曾用四法界来说明这个世界本质上的通达无碍。四法界即事法界、

---

1 谭嗣同：《仁学》，中州古籍出版社，1998，第200页。
2 《五灯会元》，《卍新纂续藏经》第80卷，第186页上。
3 《古尊宿语录》，《卍新纂续藏经》第68卷，第318页中。
4 谭嗣同：《仁学》，中州古籍出版社，1998，第68页。
5 谭嗣同：《仁学》，中州古籍出版社，1998，第73页。
6 法藏：《修华严奥旨妄尽还源观》，《大正藏》第45册，第637页中。

理法界、理事无碍法界、事事无碍法界。这其中既包摄森罗万千的现象世界，也涉及现象世界背后的本性或本心。而不论是事相与本性之间，还是森罗事相之间，都是融通无碍，相即相入的。华严宗因而认为世界不存在森严的秩序，而是畅通无碍的。谭嗣同讲的"通"，也正是在这个意义上的通，不仅是在现象层面的通达，而且是在本体意义上的畅通。他说："天下治也，则一切众生，普遍成佛。不惟无教主，乃至无教；不惟无君主，乃至无民主；不惟浑一地球，乃至无地球；不惟统天，乃至无天；夫然后至矣尽矣，蔑以加矣。"[1] 消泯了一切矛盾，消泯了一切差别，整个世界圆融无碍，圆满殊胜。在"通"的意义上，自由成为了生命的本然状态。

值得注意的是，谭嗣同对于五伦并没有全部否定，他留下了朋友一伦。他说："五伦中于人生最无弊而有益，无丝毫之苦，有淡水之乐，其惟朋友乎。"[2] 而且，谭嗣同认为佛陀每次说法，必然与十方诸佛菩萨几万几千人俱，正是佛教不舍朋友之道的证据。谭嗣同之所以独认朋友一伦，仍是和他对于宇宙实相的根本认知相一致的。五伦中的君臣、父子、长幼、夫妇都是一种自上而下的关系，只有朋友是并列关系。礼教的宇宙论是由上而下的一种单线的呈现，所以君臣、父子、长幼、夫妇之间的关系都是主从单向的。而在华严宇宙论中，是双向乃至多向的，一切事相相即相入，是并列平等的关系。而朋友一伦所体现的并列与横向特质使其在这样一个相即相入的宇宙中仍可以得到安立。所以朋友之道"不失自主之权"，不妨碍主体的自由生命。

需要强调的一点是，近代思想家所要破除的界限，不只是对个体自由的障碍，也是对人类自由的限制。在这一点上，凸显了近代思想家在对自由的理解中强调集体主义的倾向。康有为所要求的破国界，在某种程度上正是对

---

[1] 谭嗣同：《仁学》，中州古籍出版社，1998，第239页。
[2] 谭嗣同：《仁学》，中州古籍出版社，1998，第200页。

于国家自由的一种思考。而且他在讨论个体自由的界限时，也总是伴随着对国家的思考。当康有为将性别平等、女性自由权作为社会进步，通向"大同"的第一步时，他说：

> 故全世界人欲去家界之累乎，在明男女平等各有独立之权始矣，此天予人之权也；全世界人欲去私产之害乎，在明男女平等各自独立始矣，此天予人之权也；全世界人欲去种界之争乎，在明男女平等各自独立始矣，此天予人之权也；全世界人欲致大同之世、太平之境乎，在明男女平等各自独立始矣，此天予人之权也；全世界人欲致极乐之世、长生之道乎，在明男女平等各自独立始矣，此天予人之权也；全世界人欲炼魂养神、不生、不灭、不增、不减乎，在明男女平等各自独立始矣，此天予人之权也；欲神气遨游、行出诸天、不穷、不尽、无量、无极乎，在明男女平等各自独立始矣，此天予人之权也。吾采得大同、太平、极乐、长生、不生、不灭、行游诸天、无量、无极之术，欲以度我全世界之同胞而永救其疾苦焉，其惟天予人权、平等独立哉，其惟天予人权、平等独立哉！[1]

从这里可以看出，康有为对个体自由平等的追求始终是与民族国家的自由平等相勾连的。个体的自由与人类的自由相关，只有全人类获得了自由解放，个体才能获得真正的自由独立。康有为探讨个体的自由与独立，是将其放在全人类的背景下进行思考的，他的终极追求始终是全人类共同自由，人类社会进入大同时代。

谭嗣同主张的"通有四义"，首列"中外通"，这也表明，在他的思考

---

[1] 康有为：《大同书》，《康有为全集》第7集，中国人民大学出版社，2007，第163—164页。

中，自由平等不只是个人与个人的事，也是国家与国家之事。在华严圆融的宇宙中，一个人不是另一个人的限制，一个国也不应是另一个国的限制。个体的自由与国家的自由是休戚相关的。

二　民主社会中佛教组织的民主化改造

佛教作为一个宗教，其组织和相关社团如何与民主政治相调适，这成为近代以来佛教面临的重要课题，而在现代佛教教团内男女性别平等的问题，也引起了有识之士的思考。

1. 佛教组织与民主政治的调适

辛亥革命宣告了中国历史由帝制时代转向了民主共和时代。随着整个社会的大转型，社会中所有个人与组织也必然要进行深刻的转型。佛教的精神追求虽然指向的是超越的彼岸，但佛教徒和佛教组织却是生活于现世社会的，佛教在现世社会的传播与发展不能不与现世政治发生联系。特别是到了近代，社会中的统合力量更为强大，佛教与社会的政治、经济生活的关系也必然更为密切而非疏远。这种宗教的近代性表现于中国佛教，就是形塑了中国佛教重视人生、人间、人乘的新品格，而这一品格在政治生活的表现上就是成为民主社会的组成部分，并促使自身组织的民主化转型。

对于这时的佛教界而言，佛经中那些被挖掘出的闪烁着民主色彩的思想，那些推崇平等、倡导自由与解放的言论，仅仅停留在文本上或知识阶层的认识中已经不够了，佛教组织以及佛教僧众必须要证明自己切实是遵循着这种充满民主色彩的生活方式，并融入这个新的共和政体中去，才能获得新时代的合法性与合理性。

因此，伴随着民国的建立，佛教界也迅速行动起来。1912年初，南京的欧阳竟无、李政纲、桂伯华等居士发起成立了现代佛教组织"中国佛教会"，并获得孙中山先生的复函。该会对传统佛教的组织形态和经济模式发出了激烈的指责。随后由于与僧界的矛盾激化，导致该会难以为继。

僧界中新僧的代表太虚法师与仁山法师等则在南京毗卢寺筹备组建了"中华佛教协进会"，主张教理、教制、教产三大革命。太虚与仁山等青年僧侣既受过良好的佛教和中国传统文化训练，又广泛接触过康有为、梁启超、谭嗣同、章太炎等中国近代思想启蒙者的著作，同时还接触了许多西方的新知识新思想。对于他们而言，佛经中所蕴含的民主思想依据是一个既定事实，而他们要将这些民主传统展现于当代，贡献于当时社会。他们作为民主社会的一分子，也渴望融入这个社会，并建设佛教组织自身的民主形式。太虚与仁山以著名的金山寺为试点，进行教产、教制的改革。他们希望改革僧侣间传统的尊卑制度，将寺产归公，建立培养新式僧才的佛学院。但他们受到当时的守旧派势力的抵制，并在金山寺酿成了一场暴力冲突。最终对金山寺的改革以失败告终，而"中华佛教协进会"也就无法继续运作下去了。

民初佛教界最有影响的社团组织则是1912年2月由敬安法师等联合全国八十多个寺院共同发起的"中华佛教总会"。该会总部设在上海静安寺，其下级组织一度发展到22个省级支会，600多个县级分会，并办有机关刊物《佛教月报》。由于该会得到了南京内务部和教育部的承认，所以"发达之速诚有一日千里之势"[1]，"不久全国陆续成立了22个省级支部，400多个县级分会。一些原有的佛教组织，如佛教协进会等也大多并入，一时间，中华佛教总会成为几乎是唯一的全国佛教团体"[2]。

"中华佛教总会"成立后，多次代表佛教界发声，提出自己的诉求，捍卫佛教界的合法权益。如1912年3月20日，中华佛教总会致函临时大总统孙中山，提出《佛教会要求民国政府承认条件》，其中要求："甲、民国政府应

---

[1] 《中华佛教总会公函》，《佛教月报》第4期，1913年2月1日。
[2] 陈兵、邓子美：《二十世纪中国佛教》，民族出版社，2000，第37页。

承认佛教会为完全自在之教会；乙、民国政府对于佛教会有完全保护之责任；丙、佛教会所享民国政府保护之普通利益特别利益应与各教同等；丁、佛教会得于一切处自在布教；戊、佛教会有监督佛教公团一切财产上处分之权；己、佛教会有整顿佛教一切事业促其发达之权；庚、佛教会有调和佛教信士种种竞争维持其秩序之权；辛、佛教会于推行改良社会之宣讲教育及救济社会之慈善事项时，有通告民国政府请其如约保护之权；壬、佛教会于民国政府裁判佛教信士犯国律案时，有派员旁听之权，或遇民国政府有裁判不公等情佛教会得要求复行裁判。"[1] 佛教总会还多次代表佛教界请愿维权，并协助与代理各地寺院的法律纠纷。如1912年7月，上海小天台寺僧人谛行，在当地佛教会的支持下，聘请律师狄梁孙，状告上海市政厅查封小天台寺产的行为[2]；1912年12月，地藏庵住持僧人在佛教会的支持下，延请律师陈则民，状告上海十五铺商团副会长凌伯华强占该寺庙产的行为[3]，等等。

这些佛教团体的出现，鲜明地体现着中国佛教组织民主化转型的特质。在帝制时代，佛教界并没有自身独立的团体组织，而由官方设立的僧官机构则是国家行政管理体系的一环，并不能真实体现佛教界自身意志。

现代化社团的出现本就是中国近代民主化进程的一种表现。现代社团之风起于甲午戊戌前后。当时的社团多称学会，其建立多仿效西方体制，遵循一定的规章，有一定的宗旨及专门的志趣，并宣扬某种共同理想，一般并有机关发行报章书刊。社团由选举产生执行机构，全体与会者均须负担一定的会费。由于戊戌变法的失败，这些早期的社团大都停止或解散，但是到了清末，民主化的进程终于缓慢但不可遏抑的继续前行了，随着1904年颁布《商会简明章程》，1906年颁布《奏定各省教育会章程》，1907年颁布《农会简

---

[1] 《佛教会要求民国政府承认条件》，《佛学丛报》第2期，1912年11月1日。
[2] 《和尚控诉南市裁判所》，《佛学丛报》第1期，1912年10月1日。
[3] 《地藏庵僧人之辩诉》，《申报》1912年12月29日。

明章程》，商会、教育会、农会等现代社团取得了合法地位。而随着《结社集会律》对传统党禁制度的废除，现代化社团进入了快速发展时期。据统计，辛亥革命前后全国成立的商会、农会、教育会已达数千个[1]。这些快速增长的现代化社团，既是中国政治民主化的重要标志，又是中国政治民主化的主要推动力量。

从佛教协进会到佛教总会这些佛教团体的出现，标志着佛教界积极主动地参与到了中国民主化转型的进程中去，也是中国佛教自身近代以来入世转型的重要表现。佛教总会成立后，面对当时的第二次"庙产兴学"风潮，通过上书、请愿等政治活动表达了自己的诉求，并通过代理诉讼，捍卫了佛教界的合法权益。这种通过社会组织的形式，表达集体意愿，维护集体权利的方式，标志着佛教组织由传统的"方外""化外"自觉地融入了方内，化内，以适应和参与到中国的民主化进程中来。

在抗日战争期间，太虚法师及其弟子普仁、普勇、普德等人创立"佛教青年护国团"，号召全国的佛教青年从军抗战，组织救护队、慰劳队、运输队，以及捐献物资，投身于国家的反侵略斗争事业。在佛教团体参与国内抗战及建设的同时，太虚法师还组织了佛教访问团，出访缅甸、斯里兰卡、印度、泰国等周边国家，在交流文化，促进国际友谊的同时，争取国际力量对中国抗日战争的关注与支援。

受太虚法师影响的"佛化新青年"也将发扬佛教传统中的民主精神，建设民主社会作为自己的奋斗方向。太虚法师曾在给《佛化新青年》的主持人张宗载、宁达蕴的信中期望说："望时时记清楚，是佛化的，非非佛化的；是新青年的，非非新青年的。以努力前进。"[2] 太虚所嘱托的"新青年的"即是

1　参见朱英《辛亥革命前的农会》，《历史研究》1991年第5期；金顺明《近代中国教育团体的发展历程》，《华东师范大学学报》2002年第1期；夏如冰《清末的农政机构与农业政策》，《南京农业大学学报》2002年第3期。

2　载《佛化新青年》第1卷第6号，1932年9月10日。

受过现代科学训练,参与到国家民主建设中的新一代,而"佛化的"即是在履行新青年的社会责任时贯彻佛教的精神,具有佛教的追求。而《佛化新青年》第1卷第8号所刊的八大使命正体现了他们的这种认识。"佛化新青年"们宣称其对于世界人类所负的八大使命中,第五件使命为"用佛化的救世新方法,使人类彻底觉悟,从三昧安详而起,以平等心,见平等性,立平等法,行平等事。除去贪、瞋、痴三毒,完成真、善、美三德。以良好的优生学,化度一切男女"。第六件使命为"化除男女色相,消灭字典上你、我、他三个字,使世人不知道有你,不知道有我,也不知道有他,只知道'即人即佛'"[1]。这正体现着佛化新青年的"新青年性",他们要将佛教中的平等精神,用在改造社会,推动社会的民主建设上。正如太虚法师所说:"现代佛教也随着现代国家社会而涌现。"[2]

在中华人民共和国成立后,中国佛教界继续发挥了太虚法师开创的参与国家民主建设的传统。早在1949年9月21日,在北京召开中国人民政治协商会议第一届第一次全体会议时,中国的宗教界民主人士就开始作为一个单位参加。当时佛教界的巨赞法师、赵朴初居士即当选为代表,而赵朴初居士在此次会议上还当选为全国政协委员。相比较当年太虚法师因为种种原因和反对势力没能当选国民大会代表,可以看出佛教界在中国社会民主化进程中的参与程度进一步加深了。

在1949年10月1日中华人民共和国成立后,藏传佛教的主要领袖之一班禅额尔德尼·确吉坚赞就致电毛泽东主席和朱德总司令,祝贺中华人民共和国成立,拥护中国共产党和中央人民政府,希望早日解放西藏。而出于对藏传佛教文化传统的尊重,中央人民政府任命了喜饶嘉措为青海省人民政府副主席。

---

[1] 《佛化新青年对于世界人类所负的八大使命》,《佛化新青年》第1卷第8号,1932年11月10日。
[2] 太虚:《知识青年僧的出路》,《太虚大师全书》第19卷,宗教文化出版社,2005,第311页。

在佛教界积极融入中国社会民主建设的同时，中国政府也在不断调适与佛教界的关系，调整佛教在民主社会中的组织方式和生活形态。1951年3月5日，中共中央发出了《关于积极推进宗教革新运动的指示》，对开展宗教革新运动的方针、策略与步骤作了具体的规定。结合实际情况，对宗教制度进行民主改革，其中包括废除寺庙带有封建色彩的管理制度，如管家制度、等级制度、处罚制度和寺庙间的隶属关系等。宗教人员，凡是能够劳动的一般都要参加生产，都要履行公民义务。禁止寺庙利用宗教巧立名目敲诈勒索群众财物或强迫摊派；要求宗教活动不得妨害生产。寺庙不得强迫群众当喇嘛，喇嘛有还俗的自由。

1953年中国佛教协会的成立是中国佛教发展史上的一个重大事件。虽然在辛亥革命之初就开始出现了佛教团体组织，但是在此后的发展中，始终没有出现一个能代表全体佛教界的社团组织，即使影响颇大的中华佛教总会也并没有取得全国佛教界的支持，当时内务部即指责佛教总会："该佛教总会并欲以会统教，自认为统一佛教总机关，且有监督处理全国佛教人财之特权，不惟与约法相违，亦且与事实相戾。盖佛教徒之设立教会者，所在多有，不止该僧等一个团体，设各该僧团亦以其所设教会，纷纷来部呈请特许为统一佛教总机关，又将何以应付之乎？"[1] 之后，中国佛教会也因内部派系观念的冲突，引发了长期的派系斗争，并导致了太虚法师的退会，东初法师评价其"对内既未能发生领导作用，对外又未能抵御侵略"[2]。而中国佛教协会是由中国三大语系佛教界出家在家二众共同发起成立的，有汉、藏、蒙、傣、满、苗、撒里维吾尔（后改称裕固族）等7个民族的120位活佛、喇嘛、法师、居士出席了成立大会，其具有之前佛教组织所不具有的广泛代表性。像这样

---

[1]《内务部覆国务院佛教总会章程应加修改函》（元年礼字第四号），《政府公报》第二百二十一号，1912年12月8日。

[2] 东初：《中国佛教近代史》上册，台湾中华佛教文化馆，1974，第175页。

由全国各地区、各民族、各宗派的佛教信徒共同发起、共同参加、共同组织的全国性佛教团体是前所未有的，因而可以说对于中国佛教界具有最广泛的代表性。而且之前的中华佛教总会以及中国佛教会更多的是架空的上层机构，并不能对全国广大地区的基层佛教组织产生具体的作用，而中国佛教协会则是全国各地区、各民族、各宗派的佛教徒在人民政府领导下，在爱国旗帜下的一个联合组织，它与各地佛教徒进行联系，从而在实际工作中发挥了其团结教徒和发扬佛教优良传统的作用。从此，佛教界真正形成了一个联合的力量，可以在国家民主建设事业中，参政议政，表达自己的看法和声音。

2. 现代教团中性别平等问题的思考

在佛教内部的民主化建设中，一个极为突出的问题就是性别平等的问题。虽然经过近代僧俗两界的大力挖掘，佛教中提倡平等的思想已经获得了广泛认同。但是，在现实的佛教组织中，僧尼间的地位却存在着明显的差异，而且这些性别上的差异来源于佛教经典的古老训诫。所以陈寅恪就曾认为："考佛陀原始教义，本亦轻贱女身。如《大爱道比丘尼经》下所列举女人之八十四态，即是其例。"[1] 以今天的眼光审视，佛教经典文献中确有一些轻贱女性的文句，如《阿毗达磨大毗婆沙论》中说："由度女人出家故，令我正法减五百岁。"[2]《大般涅槃经》中说："一切女人皆是众恶之所住处。……若有不能知佛性者，我说是等名为女人。若能自知有佛性者，我说是人为丈夫相。"[3] 度女人减五百岁的说法在其他经典中也多次出现，而以女性代表负面评价以男性代表正面评价的说法更是屡见不鲜。而许多经典中为了促使男性厌弃女色清净修行，都反复强调女性身心的"污秽""过患"，凸显所谓"女垢"。虽然这些说法可以有不同的解读，但是在古代教团中确实造成了比丘尼

1　陈寅恪：《武曌与佛教》，《金明馆丛稿二编》，上海古籍出版社，1980，第147页。
2　《阿毗达磨大毗婆沙论》，《大正藏》第27册，第918页上。
3　《大般涅槃经》，《大正藏》第12册，第422页上—中。

地位低下，比丘尼僧团对比丘僧团的依附等问题。

即使在民国的高僧那里，看起来似乎仍然难以平等地看待男女两性在守持佛教戒律或理解佛教义理等方面的能力。太虚法师和印光法师都在不同时期表达过，在当时的社会条件下女性出家有种种不便，这似乎仍然暗含着女性的能力不如男性的判断。当弘一法师到福建发现有众多的以斋姑、菜姑名义出家的女性佛教徒时，虽然对她们表现出同情，并赞赏她们对佛教的信仰，但仍只愿意教育她们佛法教义，而不愿给她们授比丘尼戒或沙弥尼戒。对此，有较为激进的学者指出，弘一法师认为女性教徒不能大量受戒以免拉低尼众群体素质，而他在面对男性信众时却认为"传戒过程可以使男众种植善根，即便只是挂名受戒，也好过不受戒"，这两种说法互相矛盾，而这种矛盾的态度所体现的双重标准背后实际上反映了一种根深蒂固的男尊女卑观念。这正如同太虚法师和印光法师不愿给女性授戒，他们都认为女性难以遵守戒律将会给佛教带来重大灾难。"这套对男众与女众所采取的差别待遇，正表现出这些法师的性别偏见。由于这三位在民国时期被称为高僧的法师反对女众出家，完全只以性别做为判断，而不具体考虑个人的出家动机具体修行的表现来评估能否出家的标准，不得不让人怀疑佛教出家制度的平等性。"[1]

但事实上，除了在戒律上有所犹疑之外，民国这些高僧其实已经非常自觉地开始注意发展比丘尼僧团，提高比丘尼的佛学素养。早在1924年，太虚法师即在武昌佛学院创设了女众院，这成为中国近代第一所佛教女众教育机构。女众院虽然不是一个独立的机构，但毕竟呈现出了一种女众可以像男众一样接受平等的佛学教育的新精神，这种新精神是对"八敬法"传统中女性对佛学的学习须依赖于男性的突破。女众院的办学方式仿照武昌佛学院已有的模式，招收出家和在家女子信徒，推行解行相应、学修并重的教学理念。

---

[1] 刘一蓉：《闽南菜姑研究》，博士学位论文，香港中文大学，2005，第222页。

应该说，武昌佛学院创女众院的办学是卓有成效的，它培养了一大批优秀的比丘尼，后来都成为杰出的佛教之才。其中如恒宝尼，不但在佛学研究上颇有所得，而且还是一位出色的女性佛教教育家。她于1931年在武昌创办了女子佛学教育机构菩提精舍，之后又创办了《佛教女众专刊》杂志。超荃尼也在汉口创办了八敬学院。德融尼则将栖隐寺改为比丘尼丛林，成立了武汉第一个比丘尼丛林。

弘一法师也非常重视女众的教育问题。当弘一法师在福建传教时，虽然不愿给当地的"菜姑"授比丘尼戒，但是却注重培养"菜姑"的佛学理论水平。弘一法师与同在闽南弘法的性愿法师热心探讨了对"菜姑"的教育，并发心要成立专门培养"菜姑"的佛学院，以提升"菜姑"的佛法修为。此后，弘一法师与性愿法师还成立了"晋江梵行清信女讲习会"，弘一法师亲自拟定了《讲习会规则》。弘一法师与性愿法师还计划在泉州承天寺筹备女众佛学院，只可惜因种种原因没能实现，讲习会也只办了一期。在弘一法师去世后，性愿法师始终坚持培养女众的理想，终于在1948年创建了"觉华女子佛学苑"。

因此，公允地讲，我们不能简单认为弘一、太虚等高僧不愿给女性授戒就是歧视女性，他们重视女性教育这也是一种提高女性地位的做法，而且他们非常重视在家女众的教育，他们相信受过佛化教育的女子不去出家修道，而是在世俗的社会家庭中传道，更能推动佛教的发展。正如太虚法师的弟子慈航法师所说："今后所希望的，是一班新时代的女子来发心学佛，学佛可以在家学，并不一定要剃光了头去出家。以你们清醒的理智，去彻底认识佛法的伟大……为什么女子学佛，佛法就可以传到民间去呢？因为学佛的女子，最能坚定正信，将来择配，自然以同一信仰为前提……在佛化家庭中，小孩耳濡目染……自己亲生的儿女既能笃信佛法，继而媳妇、女婿、孙子、孙女、外孙、外孙女、曾孙……代代相习，世世相传，佛法从此便能根深蒂固地流入民间。总说一句：要奠定佛化家庭的基础，非靠现代正信学佛的女子不为功，所以要想佛法传到民间去，首要的办法，便是多劝女子发心学佛。"[1] 这种不求成佛而住世间度众生的精神，本来也是大乘菩萨的根本精神。

这些高僧所开创的这种重视女性教育的风气，在此后的历史进程中得以发扬光大。在大陆地区，改革开放后建成了一大批尼众佛学院。如1984年建成的四川尼众佛学院、1992年建成的五台山普寿寺尼众佛学院。这些尼众佛学院已经不是当初那种依附于比丘佛学院的附属机构，而是有着自己的办学理念和办学模式的独立教育机构。这些尼众佛学院积极吸收了现代教育的成果，在课程的设置、教材的选用、师资的配备、学生的来源等方面都有着明确的规则与要求，呈现出现代教育的特色。此外，许多尼众学院还与普通高校合作，共同培养符合现代社会、弘法环境、文化交流、寺院管理等方面的人才。如四川尼众佛学院与四川大学合作共同培养研究生，江苏尼众佛学院则与南京大学签订合作协议，学僧将有机会获得社会大学的学历。在台湾地区，晓云长老尼于1990年在台北县石碇乡大仑山创办华梵工学院，这是中国佛教史上第一所由佛教界创办的社会大学，而之后更是升格为综合性的华梵大学。另一所佛教创办的大学慈济大学也是由比丘尼证严法师创办的。

经过几代人的努力，尼众的佛学素养和知识能力得到极大的提高，并且在平等的教育理念下，尼众对佛法的学习很大程度上已经摆脱了"八敬法"中对比丘的依赖。正是在对尼众教育重视的背景下，尼众中涌现了许多杰出的法师，她们不仅有着深厚的佛学造诣，而且投身于国家的民主事业当中，体现着现代僧团参政议政融入民主社会的努力。如大陆地区湖南的自然比丘尼就被推选参加1995年在北京召开的第四次世界妇女大会，作为代表中国女性的代表发声。很多尼众还成为中国人民政治协商会议各省市县级委员会委

---

[1] 慈航：《佛法怎样到民间去》，《慈航法师全集》第10册，台湾慈航法师永久纪年会，1966，第100—101页。

员，积极参政议政。在台湾地区，不但有晓云法师、证严法师热心教育，积极办学，还有昭慧法师通过发扬佛教的慈悲精神，推动台湾的动物福利立法，在其担任台湾关怀生命协会理事长的期间，促使台湾地区立法机构通过了"野生动物保育法"与"动物保护法"。

在现代尼众教育的培养下，一般尼众的认识上也已经突破了比丘与比丘尼存在天然差异的观念，她们对两性观念平等、开放的理解，具有鲜明的现代特质。这种观念其实并非凭空产生，而是有着经典依据的，这些观念可以从佛教经典中找到脉络。在佛性论中，是从根本上否定分别相的存在的。基于般若空观和佛性论发展起来的禅宗思想，宣扬"明心见性""见性成佛"，主张佛性是超越一切世间分别的。所以在禅宗语录中，记载有不少杰出的比丘尼禅师的语录。如《嘉兴藏》中就收录有《伏龙印月禅师语录》《福禄院自如禅师语录》《杜关语录》《顿觉禅师语录》《吴山密印衍禅师语录》《维极诗文语录》《玉峰林峙仁风禅师语录》《祖镫悟真萱禅师明心录》等。这些女性禅师被认为是弘扬佛教的典范。而对于"大丈夫"去性别化的理解，也能从经典上找到出处。比如在北凉时译出的《大丈夫论》中就说："于一切众生爱有悲心者，唯能作福无智无悲名为丈夫，有福有智名善丈夫，若修福修悲修智名大丈夫。"[1] 这里的"丈夫""大丈夫"是对品性和修为的肯定，而不具有性别意涵。历史上也不乏高僧沿用了"大丈夫"的这一用法，如清初高僧木陈道忞在评价比丘尼祇园刚时就说："未许末山夸半杓，肯随无著道苏垆。往南作佛嗤龙女，站定脚跟真丈夫。"[2] 称赞祇园刚是可与末山、无著相颉颃的女禅师，是佛教界的真丈夫。这里"丈夫"的用法就不具性别色彩。

如同古老的佛教义理到了晚清被挖掘出丰富的民主思想意蕴一样，佛教经典中也含有许多男女平等的思想，只是这种性别平等的思想在男尊女卑的

---

[1] 慧琳：《大丈夫论》，《大正藏》第 30 册，第 265 页中。
[2] 道忞：《布水台集》，《嘉兴藏》第 26 册，第 393 页下。

宗法社会中与社会主流伦理价值不相契合，而成为了潜德幽光。随着近代以来尼众教育的推行，尼众文化水平的不断提高，古老思想中的宝贵财富，就成为改革佛教以契合今天男女平等社会的重要资源。

随着尼众教育的普及，尼众独立意识的觉醒，在当今社会中比丘尼事实上已经不再依附于比丘。但"八敬法"作为一项重要制度，仍然会造成许多困扰。因此许多有识之士必然要对"八敬法"做出重新思考。

"八敬法"，又作八尊重法、八尊师法、八不可越法等，是比丘尼尊重恭敬比丘之八条戒律。八敬法的具体内容，不同经典略有差异，依南北朝时期盛行的《十诵律》中的说法是："一者百岁比丘尼，见新受具戒比丘，应一心谦敬礼足。二者比丘尼，应从比丘僧乞受具戒。三者若比丘尼犯僧残罪，应从二部僧乞半月摩那埵法。四者无比丘住处，比丘尼不得安居。五者比丘尼安居竟，应从二部僧中自恣求见闻疑罪。六者比丘尼，半月从比丘受八敬法。七者比丘尼语比丘言，听我问修多罗毗尼阿毗昙，比丘听者应问，若不听者不得问。八者比丘尼不得说比丘见闻疑罪，是为八。"[1]

隋唐以后汉地流行最广的《四分律》则是说："佛告阿难：今为女人制八尽形寿不可过法，若能行者即是受戒。何等八？虽百岁比丘尼见新受戒比丘，应起迎逆礼拜与敷净座请令坐，如此法应尊重恭敬赞叹，尽形寿不得过。阿难，比丘尼不应骂詈比丘呵责，不应诽谤言破戒破见破威仪，此法应尊重恭敬赞叹，尽形寿不得过。阿难，比丘尼不应为比丘作举作忆念作自言，不应遮他觅罪遮说戒遮自恣，比丘尼不应呵比丘，比丘应呵比丘尼，此法应尊重恭敬赞叹，尽形寿不得过。式叉摩那学戒已，从比丘僧乞受大戒，此法应尊重恭敬赞叹，尽形寿不得过。比丘尼犯僧残罪，应在二部僧中半月行摩那埵，此法应尊重恭敬赞叹，尽形寿不得过。比丘尼半月从僧乞教授，此法应

---

[1] 《十诵律》，《大正藏》第23册，第345页下。

尊重恭敬赞叹，尽形寿不得过。比丘尼不应在无比丘处夏安居，此法应尊重恭敬赞叹，尽形寿不得过。比丘尼僧安居竟，应比丘僧中求三事自恣见闻疑，此法应尊重恭敬赞叹，尽形寿不得过。如是阿难，我今说此八不可过法。"[1]

关于"八敬法"的制定因缘，据《大爱道比丘尼经》说，佛陀成道后回到迦毗罗卫，佛陀的姨母率释迦族的许多女性前来拜见佛陀，希望加入僧团，虽三次恳求而佛陀三次拒绝。后经阿难再三劝说，佛陀最终提出如果女众接受"八敬法"，"尽形寿学而持之"，则准予出家。依据这一传说，则"八敬法"是比丘尼僧团得以成立的前提，是比丘尼修道的基础。在汉传佛教的历史实践中，虽未必严格施行"八敬法"，但"八敬法"所体现的比丘尼僧团对于比丘的依附性，以及比丘尼相对于比丘的低微，却是在佛教僧团的发展历程中长期存在的。

但随着中国社会的民主化转型，以及比丘尼僧团不断成长，对于"八敬法"所要求的比丘尼对比丘的高度依附，以及地位的极度不平等，就引发了新的思考，这其中做出最重要探索的当推印顺法师。

印顺法师在其著作《原始佛教圣典之集成》中，专门探讨了"八敬法"的形成。印顺法师首先含蓄地指出了一个显见的矛盾，即在佛教的僧伽体制中，比丘尼僧是独立的，但是比丘尼律却并非出于比丘尼僧的结集，而是出于比丘的上座们。接着，印顺法师在对比了《铜鍱律》《十诵律》《明了论》《僧祇律》《根有律》《五分律》《四分律》等多种大小乘经典后指出，对于八敬法的具体条文，各家说法不一，其实各家存在着不同的侧重点，在这种分歧的背后，是否有着一个根源于佛陀的共同教说是难以确证的。而且关于"八敬法"是女众的根本法，瞿昙弥受八敬法就是出家受具足，这主要是分别说部、说一切有部的传说，在其他教派并没有这种说法。印顺法师指出，

---

[1] 《四分律》，《大正藏》第22册，第923页上一下。

更重要的是，八敬法的成立是不合于"随缘成制"的毗尼原则的。因为依据佛陀制定戒律时"随缘成制，随犯制戒"的原则，必然是在有尼众之后才有关于尼众的戒律，而不应该女众还没有出家，就制定了"八敬法"和二年学六法制度。最后，印顺法师指出，在经律的传说中，摩诃迦叶和阿难对于女众出家发生了分歧。佛陀是经阿难再三恳请才同意女性出家，而迦叶对此则产生不满。佛陀涅槃后，成为佛教主流的上座们就迫使阿难承认求度女众的过失，并加强了对比丘尼众的管教。[1]

诚然，印顺法师在文中也论及了当时社会中男女地位悬殊的客观情形，比丘尼不可能单独地自行发展，因而比丘尼对于比丘僧团的依附也是客观情势使然。印顺法师也相信八敬法中的一些条目可能来源极古，是佛教的古老传统。但总体而言，印顺法师似乎只相信要求尊敬比丘这一精神是源于佛陀的，而具体的条目则有其时代性，并非是根本性的。

因此，到了印顺法师的弟子昭慧法师那里就演变成了公开撕毁"八敬法"的事件。2001年3月31日，在台北南港"中研院"举办的"人间佛教薪火相传"研讨会上，昭慧法师公开宣读了《废除八敬法宣言》，并带领僧俗两众八人当场撕毁了"八敬法"的八项条文。这一具有象征性的做法，立刻在汉地佛教界内引起了轩然大波。江灿腾教授称此为"汉传佛教千年来前所未有的大胆革新举动"，认为这一事件不仅冲击到了台湾传统佛教界，也影响到了亚洲其他地区的佛教界。[2]

昭慧法师本人出家前受过良好的高等教育，后任职教师，在出家后又追随印顺法师，是一位具有现代意识，又有着良好佛教修养的新式比丘尼。昭慧法师作为受过大学民主教育的新一代比丘尼，很容易对不平等的单向关系产生排斥。昭慧法师曾在一次研讨会上表示，佛陀开始不愿接纳女性出家，

1　印顺：《原始佛教圣典之集成》（上），中华书局，2011，第326—335页。
2　江灿腾：《二十世纪台湾佛教文化史研究》，宗教文化出版社，2010，第206页。

是因为当时的社会历史条件下，女性出家会有诸多的不便，而非歧视女性。认为佛陀的教义讲众生平等，连印度严酷的阶级意识都要突破，又怎么可能认为两性之间存在差异。所以昭慧法师直斥《大爱道比丘尼经》是伪作[1]，而撕毁"八敬法"之举正是昭慧法师这种理解的必然发展。

据昭慧法师自称，她撕毁"八敬法"之举的出发点是："一来基于护法之热忱，实不忍见保守封建的佛教，被重视'两性平等'的世界潮流之所唾弃。二来亦不忍见仁慈平等的佛陀，因'八敬法是佛制'之论，而平添世人对他的误解与恶感。三来更不忍见佛门两性都因这一非人性、不公义的'男性优惠条款'而扭曲心性，形成'双输'局面。故以严密辩证，论'八敬法非佛说'。是可谓为'人间佛教'行者'回应普世价值，引领社会进步'之一念愚诚。"[2]

这里反映的正是中国佛教在现代转型中所遇到的冲突与困境。"八敬法"的产生有其特定的文化背景，在当时印度，"妇人虽亦有四性之区别，但皆附属于男子，不许独立。……与中国之三从七出主义相同，婆罗门所以谓妇人全当服从男子，无独立之人格者，不过为便于举家嫡耳。故由此点言之，妇人之地位，全与首陀罗仿佛；妇人之智识亦与首陀罗同一，皆只俗智。又规定杀妇人之罪，与杀首陀罗罪同。"[3] 而在流传中国后，又处于中国强大的男尊女卑的宗法社会环境中，其所蕴含的女性从属于男性的意涵，契合了当时的社会环境因而得以延续。但随着整个社会民主化进程的推进，这其中体现的某些精神必然不能契合新的社会环境了。昭慧法师所强调的"两性平等"的世界潮流与普世价值，代表了现代教育所培养的新观念对传统观念的冲击与修正。在这些具有现代民主观念的女性比丘尼眼中，她们对发掘佛教

---

[1] 江灿腾：《二十世纪台湾佛教文化史研究》，宗教文化出版社，2010，第371—376页。
[2] 释昭慧：《又见佛门新咒语！——回应"八敬法是佛制"论》，《佛音时报》2001年7月15日。
[3] 〔日〕高楠顺次郎、木村泰贤：《印度哲学宗教史》，高观庐译，上海商务印书馆，1935，第325页。

的民主性，不仅着眼于佛教如何立身于民主社会，佛教如何贡献于民主社会，而且更在意在佛教教团中特别是男女两性之间是否真正落实了平等的精神。这种平等不仅仅是要求具体权益的平等，而是要求整个教团对于两性的观念是否平等。当然，是否必须通过一律撕毁这种决绝的方式来改革佛教传统仍然值得商榷，毕竟传统的延续也是一种文化得以存在的重要方面。而且"八敬法"是否必须要全部废除，其间所蕴含的有价值的传统精神又如何得以保留，这仍然是个大问题。这已经不简简单单是佛教比丘尼制度的问题，而是现代化本身的问题，如何在传统与现代之间寻找到平衡点，在保留传统而不是变成另一种文化的同时，契合新的时代精神，这将是未来几代人亟须解决的时代问题。但无论如何，中国佛教已经开始了对这一问题的思考。

第三节　宗教与哲学之间的近代佛学转型

无论我们将佛教视作一种宗教、一种哲学或是一种文化，我们都是在用宗教、哲学、文化这些概念在重新诠释或者规约佛教。对于传统佛教而言，佛教之"教"，是指佛陀的教说，如同儒教是指儒家教说，这在中国传统语境中本来没有歧义。传统语境中的这个"教"，重在标明其为一种学说体系，一种教化思想，并不重在指明其为出世或是入世。因此，无论好佛或是辟佛，将佛教与儒教并称并无二致。但是，随着宗教、哲学这些新概念的译介和风行，传统的"教"被割裂成了宗教、哲学等不同门类。在新的语境中，佛教如何归属，这涉及的不仅是新旧概念转换的问题，而且也是对佛教核心价值如何认识的问题。这个问题在近现代佛入世转型的过程中被尖锐地提了出来。

一　近代佛学转型的宗教之维

近现代佛教的转型，曾在哲学抑或宗教之间被讨论，以宗教的维度视之，则有一个从传统儒佛道三教语境中的佛教到近现代宗教之教的转变，而随着社会上对宗教的兴趣趋淡甚至加以排斥，也出现了佛法非宗教的主张，认为不能简单把佛法与宗教相提并论，希望以此来避免社会上的反宗教潮流波及佛教，由此也从一个侧面反映了近现代佛教转型的曲折与艰难。

1. 从三教语境的佛教到宗教的佛教

"宗教"一词，对于中国佛教界而言既熟悉又陌生。汉语中"宗教"一词本来就出于佛教，在佛教传统中，"教"为佛陀应机说法的言教，"宗"为教说的根本宗旨。如华严宗"五教十宗"之说称："分教开宗者，于中有二。初就法分教，教类有五；后以理开宗，宗乃有十。"[1] 禅宗从菩提达摩开始就有"藉教悟宗"之说，禅宗兴起后，以其得自佛陀心传，自命为宗，以其他家为教，从而有宗门教下之别。宗教二字合称则一般指一宗之教，如《佛祖统纪》有"贤首宗教""慈恩宗教"之说。就一般而言，在传统佛教语境中，无论称"宗"称"教"，实皆以"教"为基础，故对外而称"佛教"。而无论"宗"或"教"，抑或"宗教"，皆偏于某种教说思想，而不强调教会组织、信仰仪式等内涵。传统上中国所谓儒佛道三教，即指三种教说体系。而所谓儒治世、佛治心、道治身，是说三种教化思想都是对人与社会的某方面的教育、教化。

"教"作为思想教说的概念，在中国传统文化中以儒教为典范。在乾隆朝编撰的大型丛书《四库全书》中，儒家、释家、道家与诸子百家典籍同归于"子部"。儒家是"圣门设教"。释家、道家则是诸子中的"别教"。释家、道家即是释教、道教，这里的"家"与"教"是可以互换的，无论称"家"还是"教"，指的都是一种教说体系，一种思想流派。[2] "圣门设教"是"正教"，是"教"的典范形式，"别教"是对"正教"的某种补充。此外还有

---

[1] 法藏：《华严一乘教义分齐章》，《大正藏》第45册，第481页中。
[2] 纪昀总纂：《四库全书总目提要》，河北人民出版社，2000，第2331页。

"邪教"，是对"正教"的悖逆和损害。

在明清时，随着穆斯林人口的增多，以及基督教的传入，"教"的范围不断扩大，从传统的儒佛道三教发展成了五教。如道光朝著名儒者汤鹏就说："三代而上其教一，周秦以降其教三，暨乎今也其教五。"[1] 指的就是儒、佛、道、耶、回五教。虽然除了儒教，其余四教都很明确属于我们今天所说的"宗教"，都有着鲜明的神道设教形式，但在汤鹏的用法里，并不关注其形式，而是着眼于他们作为一种教说，对社会风尚，人心教化所可能产生的影响。这也代表着当时的普遍意见。

但是到了清末，中国遭遇了西方的"religion"概念，这对于中国的"教"的秩序带来了巨大的冲击。"religion"以基督教为典范，强调了信仰形态、宗教组织、超自然力量等中国传统的"教"的概念所不曾关注至少不曾强调的领域。因此，当用"religion"的内涵强行替换了中国传统的"教"或"宗教"的内涵时，给佛教以及整个中国思想界带来了较大的混乱。

中国观念中的"教"与"religion"的冲突在1893年的世界宗教大会上得以系统地表达出来。那一年，为纪念哥伦布发现新大陆四百周年（1492—1892），在美国芝加哥举办了一次大型的世界博览会（Columbian World's Exposition），在这次博览会期间，主办方还邀请了佛教、印度教、耆那教、犹太教、基督教、伊斯兰教、儒教、神道教等世界各大宗教的代表与相关的专家学者同期举行了一场世界宗教大会（World's Parliament of Religion）。当时，彭光誉以清政府驻美参赞的身份代表"儒教"出席了这一大会[2]。彭光誉（1843—1899），字骈禧，号小团，福建崇安人，光绪十二年（1886）以刑部郎中身份任参赞随张荫桓赴美，光绪二十一年（1895）回国。在这次宗教大

---

[1] 汤鹏:《浮丘子》，岳麓书社，1987，第337页。
[2] 其履历档案载为"（光绪）十八年八月，经总理各国事务衙门王大臣咨行派充会议美国万国公益会事务"（秦国经主编:《清代官员履历档案全编》，华东师范大学出版社，1997，第597页）。这里所称"美国万国公益会"即World's Congress Auxiliary，为当时芝加哥举办世界宗教大会的负责机构。

会上，彭光誉做了主题为《说教》的发言，并由中国驻美公使馆翻译容揆译成英文，题为 Confucianism。在会后，彭光誉将此讲稿进呈给光绪皇帝，并由同文馆和北京琉璃厂文光斋先后刊印发行。考虑到这次会上彭光誉的官方代表身份，以及发言随后被进呈皇帝并获准刊行，因此即使不将彭光誉在《说教》中的说法直接视同清政府的官方意见，也可以认为彭光誉的说法是与官方意见高度契合的。

彭光誉在《说教》中表达了"教"与现代意义上"宗教"的差异。彭光誉拒绝以中文的"教"翻译"religion"，而是直接使用了音译"尔厘利景"。彭光誉指出，以"教"来对译"religion"是一个源于明末欧洲传教士的误译。他认为，中文的"教"字，在作动词时相当于英语中的"teach"，在作名词时，相当于英语中的"instruction"。上自六艺，下至百工，所有关于人事的教说，都可称为"教"。[1] 在这个层面上，举凡中国的一切都可包于"儒教"内。而佛教和道教则是所谓的"异学"。这一理解几乎完全是延续自《四库全书》将三教归于子部的做法。在儒学的统摄下，诸子百家，百工技艺都是人事之一说，故而诸说纷杂，却都可以统于儒教、礼教之内。佛教、道教根本上并不与儒教冲突，而是礼教的补充，所以是"异学"、是"旁教"。

彭光誉认为，"尔厘利景"和中文"教"的外延并不重叠，因而"尔厘利景"不是中文意义上的"教"。对于"尔厘利景"，彭光誉认为其典型形态是基督教，所以他称"万国宗教会"为"万国景教会"。"景教"即是唐代以来对基督教的称法，在晚清的著作里以景教代指基督教的用法也屡见不鲜。而彭光誉所用的音译词"尔厘利景"，也是颇有深意的。彭光誉称："此乃用景字译之，取其音同易知，但用本字尾音者，如同文馆丁冠西总教习，其姓

---

[1] 彭光誉：《说教》，总理各国事务衙门据阿美利嘉初行本、同文馆重印本校勘，光绪二十二年（1896），第3页。

本为马尔丁，入中国止用尾音，曰丁，是其例也。"[1] 丁韪良姓马尔丁（Martin），中文省称"丁"，故而彭光誉所说的"尔厘利景"教，依照此例，也就可以省称为"景教"。在这一译法中，彭光誉将"religion"概念与传统的"教"相区别而同基督教概念相关联，从而摆脱了之前译法中"教"所产生的混淆意味。

彭光誉敏感地察觉到了宗教的有神特质，他认为"教"的本质是事人，而"尔厘利景"的本质则是事神。为了避免用"教"字翻译"尔厘利景"可能引起的概念混淆，彭光誉主张用"巫"来作为"尔厘利景"的中文译名。"巫"在《说文解字》中的解释是"能事无形，以舞降神者也"。而"尔厘利景"，其核心特质即是"顺神、拜神、爱神"，是"诚心事真神之理"，正相当于"巫"概念里的事神意味。与"巫"概念相关的则有"祝"。《说文》中称"祝"是"祭主赞词者"。因而彭光誉指出，能知神事神言、预言未来的"朴罗肺特"（prophet，先知），能沟通人神、代人致祝的"朴厘司特"（priest，神父）、"帕司特尔"（pastor，牧师）、"弥泥司特尔"（minister，教士）、"弥森讷尔来"（missionary，传教士）等概念都是属于"祝"的范畴。其中先知的预言则相当于中文里谶纬的概念。[2]

彭光誉在用"巫祝"来翻译"尔厘利景"之后，进而指出基督教的事神特质与佛、道等"异学"有着相似性，同属于巫祝。他说："又考英文高德（基窝谛），明季欧罗巴人译为华文，曰上帝，曰神，曰真神，曰独一之神，有名曰帕特尔（披爱梯依阿），又名耶和华（再依鸥窝霏爱鸥），有图像，有创世纪，与佛老巫祝者为近。"[3] 他认为，所有这些崇拜对象、创世神话等都

---

[1] 彭光誉：《说教》，总理各国事务衙门据阿美利嘉初行本、同文馆重印本校勘，光绪二十二年（1896），第1页。

[2] 彭光誉：《说教》，总理各国事务衙门据阿美利嘉初行本、同文馆重印本校勘，光绪二十二年（1896），第3—4页。

[3] 彭光誉：《说教》，总理各国事务衙门据阿美利嘉初行本、同文馆重印本校勘，光绪二十二年（1896），第4页。

表现出了巫祝系统的特色。

在这里，彭光誉表现出的对于宗教范畴的认知大大超越了前人，他大胆突破了从魏晋南北朝以来的三教并称的提法，明确指出佛教、道教是属于和基督教同类的宗教系统，而非儒教所属的教化系统，在近代意义上第一次打破三教、五教的说法，将儒、佛、道分判成了不同的文化形式。彭光誉因而宣称："近世西国承学之士，有谓孔子非尔厘利景者，有谓中国无尔厘利景者。谓孔子非尔厘利景，是矣；谓中国无尔厘利景，殊非。"[1] 认为儒教不是宗教，中国的宗教是佛教和道教。

彭光誉作为中国官方代表，对于与"religion"相关的概念一律采取音译，试图厘清用"宗教"或"教"来对译"religion"在汉语中所可能产生的混淆。不知彭光誉是否出于对"religion"的理解，或是因为大会上有日本佛教和神道教的代表，因而认定中国的佛教、道教可归属于"religion"范畴。重要的是，在这种表态中，佛教已经由中国传统的"教"的语境进入到了现代意义的"宗教"的语境中了。

当中国的佛教界对这个新的"宗教"概念依然陌生和模糊时，1900年前后的思想界已经开始努力地推动对佛教的宗教理解了。代表官方的彭光誉在将佛教归于宗教时，还是出于学理的讨论，而在思想界，将佛教理解为现代意义上的宗教，就不只是出于学理的判定，而更多的是出于他们理想的冲动，他们认为佛教应该是现代意义上的宗教，并且是他们所理解和需要的那种宗教。

近代中国对于基督教意义上的宗教的理解和重视，是伴随着一系列痛苦的经验而产生的。自鸦片战争以来，中外间签订的每一次条约，其内容几乎都有涉及宗教的部分。早在1844年（道光二十四年），清政府与美、法两国

---

[1] 彭光誉：《说教》，总理各国事务衙门据阿美利嘉初行本、同文馆重印本校勘，光绪二十二年（1896），第5页。

签署的《五口贸易章程：海关税则》中即规定有传教的相关内容。与美国的章程中规定："合众国民人在五港口贸易，或久居，或暂住，均准其租赁民房，或租地自行建楼，并设立医馆、礼拜堂及殡葬之处。"[1] 与法国的章程中规定："佛兰西人亦一体可以建造礼拜堂，……倘有中国人将佛兰西礼拜堂、坟地触犯毁坏，地方官照例严拘重惩。"[2] 此后的一系列条约，更是进一步扩大了对传教的保护性规定。在1858年（咸丰八年），清廷与俄、美、英、法签订的《天津条约》中，传教士的活动范围及于内地，且对传教活动的保护由西方传教士延至中国信徒。在《中俄天津条约》第八款中规定："天主教原为行善，嗣后中国于安分传教之人，当一体矜恤保护，不可欺侮凌虐，亦不可于安分之人禁其传习，若俄国人由通商处所进内地传教者，领事官与内地沿边地方官按照定额，查验执照，果系良民，即行画押放行，以便稽查。"[3]《中美天津条约》第二十九款中规定："耶稣基督圣教，又名天主教，原为劝人行善，凡欲人施诸己者亦如是施于人。嗣后所有安分传教习教之人，当一体矜恤保护，不可欺侮凌虐。凡有遵照教规安分传习者，他人毋得骚扰。"[4]《中英天津条约》第八款中规定："耶稣圣教暨天主教原系为善之道，待人如己。自后凡有传授习学者，一体保护。其安分无过，中国官毫不得刻待禁阻。"[5]

相较于传教活动导致的军事和政治冲突，由传教活动导致的文化危机则更为儒家士人所忧虑。在同治初年成都将军崇实所上的奏折中有这样一段记述："伏查和约未定以前，各省传教士不乏其人。即以四川而论，传教士来此已数十年，入教者已数千户，何以相安无事？彼时教人皆深自敛戢，与齐民

---

[1] 王铁崖编：《中外旧约章汇编》第1册，生活·读书·新知三联书店，1957，第54页。
[2] 王铁崖编：《中外旧约章汇编》第1册，生活·读书·新知三联书店，1957，第62页。
[3] 引自王铁崖编《中外旧约章汇编》第1册，生活·读书·新知三联书店，1957，第88页。
[4] 引自王铁崖编《中外旧约章汇编》第1册，生活·读书·新知三联书店，1957，第95页。
[5] 引自王铁崖编《中外旧约章汇编》第1册，生活·读书·新知三联书店，1957，第97页。

第四章　西风东渐背景下佛教的定位与转型　331

为伍，故渐习而相忘。迨至弛禁以来，彼教之士，未免夸张，辄自尊大，而奸民入教者，亦凭藉其势，得以招摇。"[1] 这里简单追述了教案冲突的由来，随着传教活动的日益强势与盛行，不但是西方教士，连本国教民都可以凭借西方的"势"了。这比西方人直接的武力威胁更为可怕，这意味着，基督教的传教活动造成了中国内部的分裂。这也是康有为等儒家士人所深深忧虑的"其尊教甚至，其传教甚勇。其始欲以教易人之民，其后以争教取人之国"[2]。华夏文明此刻面临着巨大的威胁。

在此情形下，中国迫切需要一种能用以抵抗基督教威胁的宗教，思想界因此又将目光投向了佛教。晚清的思想者多盛赞佛教作为宗教的伟大，足以抵御基督教的影响。而他们所说的佛教，已经不再是儒佛道三教语境中的佛教，而是成了宗教意义上的佛教。

谭嗣同在《仁学》中宣称，佛教是世界上最伟大的宗教，可以包容其他一切宗教。康有为宣称，在儒家理想的大同社会之后将是仙佛的时代，佛教是人类发展的未来形态。甚至对宗教一向没什么热情的蔡元培也在1900年的时候写了一篇《佛教护国论》，文中宣称："国无教，则人近禽兽而国亡。"继而指出："耶氏者，以其电力深入白种人之脑，而且占印度佛氏之故虚也，浸寻而欲占我国孔教之虚矣。"因而蔡元培受日本佛教学者井上圆了的影响提出佛教比基督教更优越，应以佛教来抵制基督教的入侵。[3] 蔡元培虽然并不热衷于佛教，但是在此时风气之下，也认为宗教问题是时代的重大问题。

章太炎1906年在东京留学生欢迎会上发表演说辞，声称"若没有宗教，这道德必不得增进"。认为欧美各国"若没有基督教，也断不能到今日的地位"。他认为，对于中国而言，佛教华严宗"在道德上最为有益"，"要有这

---

[1]　《筹办夷务始末·同治朝》，中华书局，1964，第25页。
[2]　康有为:《请商定教案法律厘正科举文体听天下乡邑增设文庙谨写〈孔子改制考〉进呈御览以尊圣师而保大教折》，《康有为全集》第4集，中国人民大学出版社，2007，第92页。
[3]　蔡元培:《佛教护国论》，《蔡元培全集》第1卷，中华书局，1984，第105—106页。

种信仰，才得勇猛无畏，众志成城，方可干的事来"。最后断言："近日办事的方法，全在宗教、国粹两项。"[1]

宋恕也认为佛教是中国最需要的宗教，他说："儒教及基督教最为相近，而其理想皆不如佛教之高。佛教虽高，而易入于空而不实、泛而不切之境，故必须融为一冶，而后此世界能放大异彩，人类之幸福能进。"[2]

近代中国思想界被基督教所启发的对于宗教伟力的钦慕，又在日本被极大地放大了。明治维新以后，日本开启了飞速的近代化进程。而其近代化的成果则通过甲午战争戏剧性地展现在了国人眼前。

甲午的战败对于中国士人造成了极大的冲击。同属于东方，同为黄色人种，同受熏于儒家文化，且日本"外有英、美之祸，内为将军柄政，封建遍国，人主仅以虚名守府"，当时的局面或更逊于中国，"然一朝桓拨，誓群臣而雪国耻，聘万国而采良法，征拔草茅俊伟之士"，最终居然"泰西以五百年讲求之者，日本以二十余年成之，治效之速，盖地球所未有也"[3]。这不能不引发国人的深思。日本似乎成为了中国最近的模板，在戊戌变法中，康有为便提出要"以俄大彼得之心为心法，以日本明治之政为政法"[4] 的变法主张，并将所作的《日本变政考》一书，两次进呈光绪。在这种氛围中，日本的一切经验都成为了中国人疯狂的模仿对象。

与中国传统不同，日本人有着浓厚的宗教传统，外来的佛教甚至发展成为了影响政治走向的重要政治势力乃至军事势力。明治维新后，日本的一项重要国策就是抬高神道教，宣布"神皇一体""祭政一致"，将神道教提升为一种国家宗教，在政府中设置神祇官掌管天地神祇、守护天皇"八神"和历

---

[1] 章太炎：《东京留学生欢迎会演说辞》，《章太炎政论选集》上册，中华书局，1977，第272—280页。
[2] 宋恕：《致南条文雄书》（1903年），《宋恕集》上册，中华书局，1993，第616页。
[3] 康有为：《日本变政考·序》，《康有为全集》第4集，中国人民大学出版社，2007，第103页。
[4] 康有为：《上清帝第六书》，《康有为全集》第4集，中国人民大学出版社，2007，第18页。

代皇灵的祭祀仪式，同时设立宣教使，负责宣传神道思想，教化民众。[1] 日本人本来就有着比较强烈的宗教意识，在明治维新后，日本学者又从西方学习到了当时西方最新的宗教学理论，日本的宗教经验以及西方宗教学透过日本对那些试图模仿日本的晚清中国士人构成了相当大的影响。

戊戌变法失败之后，1899 的冬腊之间，梁启超在东京上野街头，发现日本人送亲人参军的标语中，"无甚赞颂祝祷之语"，却有着"祈战死"三字，这让梁氏"矍然肃然，流连而不能去"。或许是联想到甲午的惨败，或许是相对明治维新的成功与戊戌变法的失败，梁启超得出日本国俗与中国国俗的不同在于"尚武与右文"的差别。[2] 此后，对"尚武"精神的提倡成为梁启超《新民说》的重要内容。

对于如何培养"尚武"精神，或者与当时中国情势更为相关的"革命"精神，自称"最不喜宗教，以其偏于迷信而为真理障也"的梁启超，发现了宗教对于人心的巨大作用。在《论宗教家与哲学家之长短得失》一文中，梁启超称："历史上英雄豪杰能成大业轰轰一世者，殆有宗教思想之人物多，而有哲学思想之人少。"他历数英国的克林威尔，法国的圣女贞德，开辟美洲的维廉宾，美国的华盛顿、林肯，意大利的玛志尼、加富尔等英雄人物，认为这些人都是富有宗教思想，并凭借宗教热情，才铸成了英雄的品格，成就了一番伟大事业。其中法国的圣女贞德"其人碌碌无他长"，仅凭借宗教的热诚便能"感动国人，而摧其敌"，更是极大地凸显了宗教之力的伟大。最终，他指出："无宗教思想则无统一"，"无宗教思想则无希望"，"无宗教思想则无解脱"，"无宗教思想则无忌惮"，"无宗教思想则无魄力"[3]，对于宗教对

---

[1] 孙亦平：《东亚道教研究》，人民出版社，2014，第 543 页。
[2] 梁启超：《自由书》，《饮冰室合集·专集之二》，中华书局，1989，第 37 页。这个故事之后还收入了何振武《高等小学校国文教科书》第 7 册第 1 课，中华书局，1912。
[3] 梁启超：《论宗教家与哲学家之长短得失》，《饮冰室合集·文集之九》，中华书局，1989，第 45—49 页。

人心的作用推崇备至，认为对于革命事业而言，信仰的推动远较理性的认知更重要，因而呼吁以宗教信仰来培养革命热情。

前面提及的蔡元培和章太炎的宗教热情，也在很大程度上是受了日本的影响。蔡元培的《佛教护国论》主要是受了井上圆了的影响，他进而声称自己要"游日本求导师"[1]，去日本寻找宗教改革的思路。其后，蔡元培又翻译了井上圆了的《妖怪学讲义》，该书名为"妖怪学"，而其内容则是研究"天地之起源，万有之本体，灵魂之性质，生死之道理，鬼神冥界之有无，吉凶祸福之原理，荣枯盛衰之规则，天灾地变之理由，迷心妄想之说明，贤愚资性之解说"[2]，从宗教的角度探索人类心理的运行原理。

而章太炎的宗教热情也颇多来自日本的影响，他正是在日本期间发现了宗教对人心的伟力。在这一时期，章太炎一改之前对于"佛必以空华相喻"[3]的反感，以及视"灵魂"观念为"犹不免上古野人之说"的讥诮[4]，而开始了其学术"转俗成真"的阶段。这时的章太炎深受日本学者姊崎正治宗教学说的影响，将姊崎正治的《宗教学概论》融入了《訄书》（重订本）中的《通谶》、《原教》（上）篇，并做出"咒法鬼神之容式，芴漠不思之观念，一切皆为宗教；无宗教意识者，非人也"[5]的论断。这也正是宋教仁所说的"万事万物，皆本无者，自我心之一念以为有之，始乃有之矣。所谓物质的，亦不过此一念中以为有此物质，始乃有之耳"[6]中所表现出的精神万能的倾向。

稍微晚些时候，在日本留学的年轻的鲁迅，也写了一篇《破恶声论》，声称"虽中国志士谓之迷，而吾则谓此乃向上之民，欲离是有限相对之现世，

---

1 蔡元培：《佛教护国论》，《蔡元培全集》第1卷，中华书局，1984，第107页。
2 〔日〕井上圆了：《妖怪学讲义》，蔡元培译，台湾东方文化书局，1974，第2页。
3 章太炎：《菌说》，《章太炎政论选集》上册，中华书局，1977，第133页。
4 章太炎：《章太炎全集》（三）《斠蛊》，上海人民出版社，1984，第33页。
5 章太炎：《章太炎全集》（三）《原教》（上），上海人民出版社，1984，第285页。
6 宋教仁：《宋教仁日记》，湖南人民出版社，1980，第307页。

以趣无限绝对之至上者也",认为在科学日昌的时代,宗教(迷信)思想中,包含着一种对有限的摆脱和对无限的追求,这种追求对于塑造人类意志有着极大意义。"人心必有所凭依,非信无以立,宗教之作,不可已矣",并高呼"佛教崇高"[1]。这正是对梁启超、章太炎以宗教(佛教)发起信心,锻造革命意志之思想的呼应。

在基督教与日本的双重影响下,近代思想家产生了一种推尊宗教的风气,他们相信宗教能赋予改革者一种勇毅的品格,只有具有此种勇毅的品格,才能排除万难,一往无前地从事于伟大的改革事业。佛教也就由此从"三教"之一的教化体系转向了具有一种可以对抗基督教入侵、可以影响国民精神的伟大"宗教"。

在此风气之下,佛教界也接受并推动着佛教是一种可以对抗基督教的、具有改造人心力量的宗教的理解。

早在杨文会时,就试图推动佛教的传播以对抗基督教,杨文会在《支那佛教振兴策》中这样说:"设有人焉,欲以宗教传于各国,当以何为先?统地球大势论之,能通行而无悖者,莫如佛教。"他认为,佛教"不但与西洋各教并驾齐驱,且将超越常途,为全球第一等宗教"[2]。为此,他不但协助李提摩太将佛经英译,而且与斯里兰卡居士达摩波罗居士共谋推动印度佛学的复兴。这两项事业虽然最终没有获得更大成果,但对于中国佛教在近代的自我认定意义极大,此后太虚法师的事业正是继承于此。

太虚法师心中的佛教,即是可以与基督教相抗衡的东方文明的代表。他说:"予为说佛教为东洋文明之代表,今代表西洋文明之耶教,已失其宗教功用于欧、美,欧、美人皆失其安身立命之地,故发生今日之大战局。吾辈当扬我东洋之和平德音,使佛教普及世界,以易彼之杀伐戾气,救脱众生同业

---

[1] 鲁迅:《破恶声论》,《鲁迅全集》8,人民文学出版社,2005,第30—31页。
[2] 杨文会:《支那佛教振兴策二》,《杨仁山居士文集》,黄山书社,2006,第332—333页。

相倾之浩劫。"[1] 为此，他于1923年推动发起了世界佛教联合会，并联合日本大谷大学教授稻叶圆成，表示"中日之佛教徒，当如何设法以融化两国国民之隔碍，以发展东亚之文明，而得与欧美人并雄于世界"[2]。此后，他又在庐山组织召开世界佛教联合会会议，并在会上发表《世界佛教联合会宣告开会之宗旨》，声明："现在世界说文明史的，要不出东西洋两大系：西洋文明系可以基督教代表之；东洋文明系可以佛教代表之。——然佛教所以能代表东方之文明者，因其余诸教，唯通行于本国境内，不得通行境外，例如印度婆罗门、中国儒、道等。唯佛教发源于印度，流布中国，由中国而朝鲜，而日本，……东亚之地，佛教几无不遍，此为佛教代表东方文明者一。"[3] 这些论述无不表明，在太虚法师推动佛教的改革与复兴运动中，始终以基督教为参照，他所要振兴的佛教，已不是三教语境中与儒、道并称的教化思想，而是转向了宗教语境下，与基督教相抗衡的现代宗教意义上的佛教。

我们在后一代的佛教改革者身上仍能清晰地看到这种转向的延续。新中国早期的佛教改革领袖巨赞法师也曾对基督教用心研究，试图从基督教的发展中找寻到建设佛教的资源。比如他在读《圣经》后，就意识到基督教之所以能流行于西方世界，很大程度上有赖于其致力社会事业[4]，而他所推行的佛教现代化运动，很大程度上也正是重视这种社会事业。又比如他考察了马丁·路德的宗教改革，并且研究了西方学者对宗教改革的研究成果，以此来思考新佛教运动建设中须要注意的问题[5]。

从以儒教为参照的三教语境转向以基督教为参照的宗教语境，成为了从

---

[1] 太虚：《东瀛采真录》，《太虚大师全书》第31卷，宗教文化出版社，2005，第304页。
[2] 太虚：《日本大谷大学教授稻叶圆成来访太虚法师之谈话》，《太虚大师全书》第31卷，宗教文化出版社，2005，第264页。
[3] 太虚：《世界佛教联合会宣告开会之宗旨》，《太虚大师全书》第26卷，宗教文化出版社，2005，第128—129页。
[4] 巨赞：《巨赞文集》，江苏古籍出版社，2000，第852页。
[5] 巨赞：《巨赞文集》，江苏古籍出版社，2000，第646页。

19 世纪后期贯穿 20 世纪的佛教转向的一个主要维度。

2. 从毁除神佛到佛法非宗教

19 世纪末的宗教热，进入到 20 世纪初风气发生了迅速的转向。根据法国汉学家高万桑（Vincent Gossaert）的研究，在当时中国最知名的报刊《申报》上，1900 年后关于中国社会中宗教活动的报道明显地转向了负面。新闻中有关庙宇和赛会等宗教活动的报道较之前大幅较少，而且往往只有在发生意外情况时才会报道[1]。新闻媒介的这一态度反映着中国知识阶层对于宗教兴趣的渐趋冷淡。

在中国传统高扬的理性主义精神中，本来对于一切怪力乱神的信仰不说是排斥，至少也是悬置的，所以在传统"三教"语境中，佛教的特色在于治心，而非在其宗教礼仪、信仰形态。19 世纪末的宗教热，某种程度上只是强化了佛教传统上的"治心"，从消极的主静的治心，转向了积极的主动的治心，以发挥佛教振奋人心的作用。所以当晚清的革命者发展出了自己的革命理论后，特别是在辛亥革命成功推翻清王朝后，借助宗教生起革命信心的热潮便逐渐退却。

同时，随着中国对西方认识的不断深入，中国思想界逐渐将原本混沌的西方景象分判成了清晰的科学、民主、宗教等有着明确界分的门类，而不再是笼统地称作西学。这时的中国思想界已可以不再借助于传教士的中介，而径直面对科学与民主，因而也就失去了对基督教的憧憬和幻想。中国思想界逐渐认识到，基督教不再是和科学民主一样代表着西方文明，而且宗教非但不是促成西方文明现代化的力量，反而是制约科学发展的因素。当这一认识与中国传统对怪力乱神的排斥相结合后，知识界对于宗教迅速产生了一种排斥与抵触情绪。

---

1 〔法〕高万桑：《晚清及民国时期江南地区的迎神赛会》，见张安琪、胡学丞译，康豹、高万桑编《改变中国宗教的五十年：1898—1948》，台湾"中研院"近代史研究所，2015，第 77 页。

早在 1908 年，17 岁的胡适即发表了《论毁除神佛》，认为反迷信、打倒仙佛偶像是推动中国社会进化的必要环节[1]。曾经相信"无宗教意识者，非人也"的章太炎则在 1913 年撰文称："宗教至鄙，有太古愚民行之。""中土素无国教矣……今人狃见耶苏、路德之法，渐入域中，乃欲建树孔教以相抗衡。是素无创痍，无故灼以成瘢，乃徒师其鄙劣。"[2] 宗教只属于前科学时代，科学发达后，便再没有存在的价值。基督教不是西方文明的优点，而是遗传自古代的缺点。这样，中国既不需要尊崇基督教，也不需要参照基督教建立中国的宗教。

而曾经宣称佛教救国的蔡元培，到了 1917 年新文化运动发轫之时，在神州学会上发表演说时则称："夫宗教之为物，在彼欧西各国，已为过去问题。……由于留学外国之学生，见彼国社会之进化，而误听教士之言，一切归功于宗教，遂欲以基督教劝导国人。而一部分之沿习旧思想者，则承前说而稍变之，以孔子为我国之基督，遂欲组织孔教，奔走呼号，视为今日重要问题。"[3] 西方的进步在科学不在宗教，在这个科学发达的时代，所有问题的解决唯依赖于科学，与宗教无涉。因而中国所要学习西方的只是科学与民主，而无关宗教。

在辛亥革命后，基督教在中国思想界的认知里已不再是那个推动西方文明的主要力量，而是变成了西方文明在发展中抛弃的陈旧阻碍了。曾经对基督教鼓舞人心的理解变成了对基督教迷信的批判。宗教中所宣讲的鬼怪神异，以及那些神秘的无法为现实社会中经验所实证的，都是远古迷信的残渣，都应该予以抛弃，因而出现了"近世破除迷信宗教之说盛行"的局面。[4]

---

[1] 铁儿（胡适）：《论毁除神佛》，《竞业旬报》第 28 期（1908 年 9 月 25 日）。
[2] 章太炎《驳建立孔教议》，《章太炎全集》（四），上海人民出版社，1985，第 194—195 页。
[3] 蔡元培：《以美育代宗教说——在北京神州学会演说词》，《蔡元培全集》第 3 卷，中华书局，1984，第 30 页。
[4] 狄楚青著，段春旭整理：《平等阁诗话 平等阁笔记》，凤凰出版社，2015，第 95 页。

这种破除迷信宗教之风最集中体现在 20 世纪 20 年代的"非基督教运动"中。新文化运动的主将们高扬"德先生"与"赛先生"的大旗，努力于破除传统文化中与科学民主相抵触的东西，力图在政治革命后进一步推动思想观念上的革命。1922 年，世界基督教学生同盟（World Student Christian Federation）计划于北京的清华大学召开年会。以此为导火索，触发了中国思想界对宗教的一场猛烈的批判。先是上海、北京两地的学生先后组织成立"非基督教学生同盟"、"反宗教大同盟"，而后在同年 3 月 21 日，由李石曾、陈独秀、李大钊、汪精卫、朱执信、蔡元培、戴季陶、吴稚晖等 77 位中国学界政界的精英联合署名，通电全国，宣称："我们自誓要为人类社会扫除宗教的毒害。我们深恶痛绝宗教之流毒于人类社会，十倍于洪水猛兽。有宗教可无人类。有人类，应无宗教。宗教与人类不能两立。"[1] 宗教被彻底推到了现代文明的对立面，对于现代国家的建立被认为完全有害无益。虽然此后，周作人、钱玄同、沈士远、沈兼士、马裕藻等著名学者也联署发表了《信仰自由宣言》，呼吁尊重信仰自由，反对攻击宗教，但是整个中国社会对于宗教的负面评论已成大势所趋。

"非基督教运动"虽然攻击的目标主要是基督教，但曾经作为与基督教相类似而成为中国宗教代表的佛教，也受到了严重波及。正如三十年代《中央日报》的一篇文章所宣称的："现在的和尚道士……只是一些公开的骗子、体面的乞丐、变相的吸血虫，和阻止时代车轮前进的妨碍者。"[2]

在此风气影响之下，学界政界人士也纷纷向佛教发难。学界最为强烈的责难来自邰爽秋。邰爽秋为中央大学教授，是从美国留学归来的教育学专家。他组织了"庙产兴学促进会"，并发表宣言，提出打倒僧阀、解放僧众、划

---

[1] 李石曾等：《非宗教大同盟宣言》，见唐晓峰、王帅编《民国时期非基督教运动重要文献汇编》，社会科学文献出版社，2015，第 535 页。
[2] 唐锡如：《和尚道士及其他》，《中央日报》副刊，第 137 期，1935 年 1 月 18 日。

拨寺产、振兴教育四项主张。在邰爽秋的影响之下，许多省的教育厅纷纷就"庙产兴学"的议案制定了专案，并在许多地方发生了冲击寺院的情形。如广州各界举行公开大会要求破除宗教迷信，提出没收寺产兴办教育、废除神像木偶与迷信物品、通令教会学校不得在校内宣传宗教等[1]。广西思恩县"社会上对于佛教多数崇拜，佛寺之设，所在多有，香火甚盛"，但在"庙产兴学"的风气下，当地"将各寺观偶像概行捣毁，改建学校，佛教渐归澌灭"[2]。而许多政治人物也把宗教等同于迷信，主张废除宗教，并在实际行动中推行这一主张。比如冯玉祥撰文称："迷信是民族落后的象征，迷信是亡国灭种的根源，革命的民众要破除迷信。"[3] 在其主政河南时，力推没收寺产，驱逐僧伽，对河南地区佛教冲击极大。

在1928—1930年，民国政府从中央层面制定颁布了《监督寺庙条例》《神祠存废标准》《寺庙登记条例》《废除卜筮星相巫觋堪舆办法》等一系列政策法规，给与了这次"庙产兴学"或说"寺庙破坏运动"以政策法律依据[4]。据高万桑的考察，"1898年时尚存的一百万座中国祠庙，到清末最后十年及民国以后的30年间，大概超过半数的宗教设施及活动均被扫荡一空"[5]。所以有学者指出："全国各地一时均闹出驱僧、毁像、占庙、提产的恶作剧"，"佛教所遭遇的是空前未有的惨烈法难。……当时迫害佛教的不再是少数帝王官僚，而是整个社会，佛教大有被连根拔起的可能，诚可谓面临生死存亡的最后关头"[6]。

1　《广东省政府公报》第30期，1929年10月10日。
2　梁杓修等撰：《思恩县志》，台湾成文出版社，1967，第193页。
3　冯玉祥：《迷信是民族落后的象征，迷信是亡国灭种的根源，革命的民众要破除迷信》，《兴华》第25卷16期，1928年。
4　中国第二历史档案馆编：《中华民国史档案资料汇编》第5辑，江苏古籍出版社，1994，第490—513、1075—1082页。
5　〔法〕高万桑：《1898年：中国宗教终结的开始?》，见张聪、姚平主编《当代西方汉学研究集萃·思想文化史卷》，上海古籍出版社，2012，第114—115页。
6　书新：《开国时期的佛教与佛教徒》，见张曼涛主编《现代佛教学术丛刊》第86册，台湾大乘文化出版社，1978，第2页。

对于这一事关佛教生死存亡的危局，知识界中同情佛教者以及佛教界人士，纷纷从政治上、学术上展开对佛教的救赎。这一自救行动很重要的一个方面即是回应当时社会中破斥宗教的风气。为此，这些同情佛教及佛教界内人士多宣称，佛教并不是一种宗教，至少不是一种基督教意义上的宗教，试图把佛教同宗教进行切割，避免社会上的反宗教潮流波及佛教。

章太炎虽然由早期的钦慕宗教转向了后来的排抵宗教，但他并不反对佛教，故而他力图剥去佛教的宗教色彩，从思想学术的角度理解佛教。他宣称："佛法只与哲学家为同聚，不与宗教家为同聚。"[1] 佛教的价值并不体现在其为宗教上，而是体现在其哲学思想、语言文字等其他方面。

居士界领袖欧阳竟无则提出了著名的"佛法非宗教非哲学"的主张。他认为，"宗教"一词本为西洋名词，有其固有的内涵外延，以之比附佛法，这两个概念的内涵外延并不能重叠，如何能用"宗教"来指称佛法？他进而提出四点论证来说明"佛法"概念与"宗教"概念的差异：其一，宗教皆崇拜至高神或其创教教主，认为此神祇与教主为全能，能主宰一切，要求信众依赖神祇或教主，而佛法则不是。佛法主张依法不依人，因此佛陀只是导师而非崇拜或依赖的教主，况且禅宗呵佛骂祖连尊崇之意也不执著。至于主宰神，更是佛教始终破斥与反对的。其二，宗教皆有所尊奉的神圣经典，这种神圣经典只能信从不能讨论，而佛法则不是。佛教虽然有经典，但佛教主张依义不依语，依了义不依不了义，因而佛教经典只是一种方便的手段，其本身并非是崇奉的权威。其三，宗教皆有戒约，如若犯戒，则教不能成立，而佛教则不同。佛教以求菩提为根本目标，其他皆是方便。所以佛教可以不剃发，不出家而成菩萨。其四，宗教要求信仰，而佛教不是。信仰是一种感情的纯粹服从，不容许批评。但佛法并不要求这样信从，而是要求由自证得来，

---

[1] 章太炎：《论佛法与宗教、哲学以及现实之关系》，《中国哲学》第 6 辑，生活·读书·新知三联书店，1981，第 300 页。

所谓依自不依他,这点与宗教也是截然不同的。欧阳竟无因此声称佛法是平等无二、极其自由的,而宗教则是有尊卑差异、禁锢思想的,因此,宗教不能与佛法相提并论。[1] 之后,欧阳竟无还曾从不同的角度阐发了佛法与宗教的区别,如提出宗教与佛法之目的不同,宗教有悲无智,佛法则悲智双运。宗教与佛法之方法不同,宗教只有服从无从探讨,佛法则对结论加以研究实证。因此,"若能研法相学,则无所谓宗教之神秘;若能研唯识学,则无所谓宗教之迷信感情"[2]。

欧阳竟无的弟子王恩洋受其师"佛法非宗教非哲学"之说,也声称佛法与宗教的不同,认为佛法能破除宗教的迷信。他主张宗教与佛法的不同有:"宗教家之信仰唯依乎人,佛法则唯依于法;宗教以上帝为万能,佛法则以自心为万能。宗教以宇宙由上帝所造,佛法则三界唯心,万法唯识,山河大地与我一体,自识变现,非有主宰。宗教于彼教主视为至高无上,而佛法则种姓亲因唯属自我,诸佛菩萨譬如良友,但为增上。又当知即心即佛,即心即法,心佛众生,平等无二。从此则依赖之心去而勇猛之志坚矣。抑又当知,彼诸宗教唯以天堂为极乐,以自了为究竟,实亦不能究竟。而佛法者,发大菩提心,发大悲心,自未得度而先度他,三大僧祇皆为度众;是故菩萨不舍众生,不出世间,宁自入地狱而不愿众生无间受苦。"[3] 因此,王恩洋认为宗教的认识为虚妄,佛法的认识为真实;宗教的追求为自私,佛法的追求为大公,二者是截然不同的。

我们可以看到,无论是章太炎所说的"佛法不与宗教家为同聚",还是欧阳竟无、王恩洋所说的"佛法非宗教",为了强调佛教并非宗教,或至少并非一般意义上的宗教,避免对佛教的宗教化理解,这些主张"佛法非宗教"

---

[1] 欧阳竟无:《佛法非宗教非哲学》,《欧阳竟无佛学文选》,武汉大学出版社,2009,第1—3页。
[2] 欧阳竟无:《与章行严书》,《欧阳竟无佛学文选》,武汉大学出版社,2009,第336页。
[3] 王恩洋:《佛学论丛》,《王恩洋先生论著集》第2卷,四川人民出版社,2000,第102页。

者通常更倾向于将"佛教"称作"佛学"或"佛法",强调佛教的核心价值为一种学说或一种理论,避免因"教"字使人产生"宗教"的联想,而关于这一点,佛化新青年就说得更明确了。

佛化新青年们明确主张"宣传佛化,不宣传佛教"。因为"教"便是宗教,他们认为宗教是坚持己见一味排他的,而佛化则不是,佛化是可以同其他思想圆润同化的。他们举例说:"比方人饮水、饮茶、饮粥、饮咖啡、饮果子露,饮到腹内,滴滴同化。没有一点茶水粥饭的余味在里打架,这就叫佛化。"[1] 佛化新青年还从词源、内涵等方面进一步分判了宗教与佛法。他们提出从词源上而言,现行"宗教"一词,译自日本,而其定义则由欧洲人士所下,因而从本源上即难以涵盖佛法。而佛法"皆拈花指月,托喻显化,既非宗又非教。宗自宗教自教,宗门一字不力,教相同是假名"。佛法既然不同于宗教,也就不应该同基督教、回教混为一谈。[2] 蔡心觉则指出宗教有阶级性,教主神圣不可侵犯,教徒必须服从教主,而佛法强调众生平等,没有森严的教主教徒之分;宗教都恪守经典,要求教徒遵行信守,而佛法讲究依义不依语,要求信徒彻悟真理而非盲目信守佛经;宗教依托外力,而佛法强调修心自悟。宗教与佛法如此不同,因此佛法不是宗教。[3] 他们理解的佛化非但不是宗教的,而且是反宗教的。他们在其会刊《佛化新青年》的创刊号上,就提出了佛化新青年会的八大使命,而其中首要的使命就是"打破一切鬼教神教中学西学的迷信"[4]。为了表示他们的反宗教立场,他们还对宗教进行了严厉的批评,声称"一切宗教,不外利用迷信,谩神诬民,矫天讬帝,弄神见鬼,窃圣人名义,以保大盗产业而已"[5]。将佛法与宗教进行切割。除了在其

---

[1] 《佛化新青年世界宣传队十化团满宣言书》,《佛化新青年》第1卷第11、12合号,1924年1月15日。
[2] 刘仁航:《佛化新青年对于非宗教新青年之安慰语》,《佛化新青年》第1卷第5号,1923年8月11日。
[3] 蔡心觉:《佛化运动是甚么》,《佛化新青年》第1卷第2号,1923年3月30日。
[4] 《佛化新青年对于世界人类所负的八大使命》,《佛化新青年》第1卷第8号。
[5] 灵华:《佛化新青年对于非宗教新青年之安慰语》,《佛化新青年》第1卷第5号,1923年8月11日。

会刊《佛化新青年》上宣称佛化非宗教外，佛化新青年会的主要成员之后又在广州组织了楞严佛学社，并创办《楞严专刊》，继续宣扬佛法非宗教以及非宗教的佛法，主张"提倡非宗教的佛法！""扑灭反对佛非宗教者！""打倒佛的宗教贼！""恢复佛的真旨！"[1]

除了《佛化新青年》，当时佛教界的主流媒体也都纷纷发文论辩佛法非宗教的问题。如早在中华民国成立伊始，《佛学丛报》就发表了濮一乘的文章，说明"佛教非迷信之教……佛教不但非迷信，且为世间破除迷信之学理"[2]。之后在中华佛教总会的会刊《佛教月报》上也持续对这一问题表明观点态度。《佛教月报》的《发刊辞》中就声称："故佛教者，所以破迷起信。"之所以有人误解佛教为迷信，乃是因为人性善恶互具，因缘复杂，所以佛教根据众生不同的根机而方便施教，而愚者不察，才误会"佛说多半矛盾，或云虚诬荒诞，大类齐谐。遂举欧洲人士排斥迷信之成言，蒙然而加诸佛教"[3]。

太虚法师虽然渴望以基督教为参照来改造佛教，但是随着社会上非宗教潮流的盛行，太虚在表达上更倾向于将佛教与基督教予以切割而同科学接近。1923年，太虚在庐山开启他的佛教世界化运动的进程时，就注意在表达上将佛教引向科学，他在演讲中称："科学上有所发明，即宗教上便有所失据"，但是佛教"只怕他科学不精进，科学不勇猛"，因为"科学愈精进，则愈与佛法接近故"[4]。这样的佛教显然与宗教相区隔，而与科学为同类。因此在前述的太虚在欧洲的演讲中，就努力将佛教表达为一种科学的同盟，而试图远离宗教。太虚声称近代科学"以破除传习上偏见上一切的迷信谬解，而立为说明一切事物相互关系的公例定理，穷自然的蕴奥，利人事的进行"，而这种对宗教迷信的破除正是为更好地理解佛教做了准备。佛学得到"科学以为之

---

[1] 《楞严专刊》，第2期，1926年5月。
[2] 濮一乘：《中华民国之佛教观（续）》，《佛学丛报》第2期，1912年11月1日。
[3] 黎端甫：《佛教月报发刊辞》，《佛教月报》第1期，1913年5月13日。
[4] 太虚：《佛法与科学》，《太虚大师全书》第23卷，宗教文化出版社，2005，第262—263页。

证据及诠释",又会反过来"补科学之缺陷而促其进步"[1]。现代文明的发展趋势将是建设以科学为基础的佛学,并将佛教建设为科学的最高信仰,这样的佛教自然不与宗教同类。

二 近代佛学转型的哲学之维

在中国传统的儒佛道三教语境中,人们对于佛教的认识从来就不只是西方式的那种以基督教为代表的"宗教"的认识。佛教中不仅有救赎、彼岸、奇迹等宗教性的内容,还有与世俗的"儒教"相类似、相并列的属于世俗理性的认识。到了清代,随着考据学的兴盛,那种对于世界的理性认知的风气大盛,当时的思想界不仅把儒学中(特别是某些受到佛教影响)的神秘的直觉认识转换为理性的分析论证,而且将宋明儒的心性之学转为笃实的考据之学。同样的,这种风气也反映在了对待佛教的态度上。

如果检索清人著述和笔记,会发现一个有趣的现象,即他们对于佛学时有讨论,但同时他们并没有表现出对佛教信仰的太多热情。对于清代之前的儒士,谈论佛教时往往关乎信仰,他们对于佛教的热情表现在从事某种宗教实践如吃斋礼佛、追随某位高僧等方面。同时,高僧往往处于一般儒者的佛教信仰或者佛学研究的领袖或导师地位。例如晚明四大高僧无疑处于当时佛教信仰或者佛学研究的核心地位,据袾宏弟子广润在为其师所作的行略中说:"天下名公巨卿,长者居士,洎诸善信,无论百千万人"[2],其门下盛况略可想见。与憨山大师有书信往来者上自皇亲国戚、宰辅重臣,下至寒门士子,几乎涵盖了中国社会各个阶层,足见其影响之广。与紫柏真可有书信往来的居士包括董其昌、陆光祖、汤显祖、瞿汝稷、马经纶等名士。

---

[1] 太虚:《佛学源流及其新运动》,《太虚大师全书》第2卷,宗教文化出版社,2005,第337页。
[2] 释广润:《云栖本师行略》,《莲池大师全集》第3册,上海古籍出版社,2011,第1929页。

但是到了清儒那里，他们谈论佛学时却常常无关宗教实践，亦不须围绕僧侣交流印证。例如乾嘉时期一位重要的学者江藩，他在其著名的《国朝宋学渊源记》中就曾点评当时儒者对于佛学的认识，并表达了自己对于佛学的看法[1]。但江藩并没有吃斋持戒，也不追随或问道于佛教僧侣，也没有热情参与佛事活动的记载。相反，众所周知的是江藩是一位有着鲜明门户立场的儒家士人，他的两部名著《国朝汉学师承记》《国朝宋学渊源记》亟亟于卫护他所处的"汉学"门派。这样一位有着卫道热情的儒者，他所研习的佛教，主要不关乎信仰，而是作为一种知识门类。这代表了清代知识精英一种相当普遍的风气，佛教不只是围绕僧侣和寺庙的信仰系统，而且是构成一般士人知识结构的一个思想学说。

这种风气下，自然产生了将佛教以世俗知识的方式进行理解分析的思路，清儒中一些著名的好佛之士思考佛教的态度也是如此。譬如著名的龚自珍，梁启超在《清代学术概论》中认为龚自珍的佛学研究影响了之后晚清儒者的学佛风潮。稍稍考察龚自珍的佛学态度，就很能看出此后知识人中佛学认识的走向。龚自珍的佛学导师初为汉学名家江沅，此后他又私淑乾隆朝出身的理学世家的彭绍升，并且声称"震旦之学于佛者，未有全于我知归子者"[2]。知归子为彭绍升的号，为表达对彭绍升的敬意，龚自珍还取号"怀归子"。江沅和彭绍升两人虽然有着相当的佛学知识和佛学修为，但他们在家的身份，毕竟不是佛教传统上承载弘扬佛法、度化众生的僧宝。龚自珍非但向世俗儒者问佛，而且对于僧侣的佛学水平颇为不满，甚至对于佛教经典也抱持怀疑态度。他在所著《正译》中，对于佛经中他不满意的段落就斥之为"蛆虫师"的伪造，又认为汉译佛经由于译者不能正确理解经意而生舛误。而龚自珍据以判断佛典本意、译文正误的依据并非是佛教经籍，而是世俗的音训、

---

1 江藩：《国朝宋学渊源记》，中华书局，1983，第185页。
2 龚自珍：《知归子赞》，《龚自珍全集》，上海古籍出版社，1999，第397页。

考据知识。龚自珍这种从学江沅、彭绍升等儒者，贬斥僧侣，同时以世俗学术的路径研究佛学，相较而言少了传统佛教信仰中皈命三宝的意味，更像是儒者间的学问传习。此后，另一位儒学大师，对佛学研究抱有高度热情的俞樾同样是用清儒训诂的方法研究《金刚经》，同样并不与僧侣研讨佛学。

可以看到，到了晚清，许多号称好佛的儒者，他们多是将佛学视作某种世俗学问（或许他们没有明白宣称），并且以世俗学问的治学方法来研究佛学。当这种将佛学世俗学术化的理解方式在与清末舶来的"哲学"的概念碰撞后，迅速为中国佛学研究导向了一条哲学研究的路径。

1. 佛学中哲学意蕴的发明

与"宗教"一样，"哲学"一词也是舶来的"和制汉语"。虽然早在《诗经》中已有"哲王"、"哲匠"等词，《尚书》中也出现了"哲人"的字样，而汉传佛教文献中也使用着"哲人"的古老用法来称赞高僧的睿智，如《大唐大慈恩寺三藏法师传》中称赞马鸣、提婆"生灵感绝，大圣迁神，其能继绍，唯乎哲人。马鸣先唱，提婆后申，如日斯隐，朗月方陈"[1]；《法苑珠林》里也有"悠悠世士，或滋损益，使欲尘神，横生悦泽，惟此哲人，渊觉先见"[2] 之颂。但这些用法都与现代意义的哲学无关，其中并不包含 philosophy 的意涵，也不涉及佛教是否是哲学。

在日本于明治时期积极吸取西方文明的进程中，开始了有意识的用东方语汇对译西方的"philosophy"概念。思想家西周第一个将"philosophy"译作汉字"哲学"，而西周对哲学的定义就是"诸学之上之学"（the science of science）。在明治时期，东京帝国大学设立哲学科、哲学会，开始了学院正统的哲学研究。此后，中国人也通过日本了解到了"哲学"，并或多或少地接受了"诸学之上之学"的概念。

---

[1] 慧立本、彦悰笺：《大唐大慈恩寺三藏法师传》，《大正藏》第 50 册，第 279 页下。
[2] 道世：《法苑珠林》，《大正藏》第 53 册，第 747 页下。

在中国最早提及"哲学"概念的著作之一是康有为的《日本书目志》，康有为在哲学类书目下加按语称："天欤？地欤？神明往欤？不可止沮，造化为庐，哲人同舆，沉精极思，无所不徂，穷有入无。太古之圣，勇智权与，执物徇有，泥迹多粗。中古之圣，畜物而先人居，伦理是图。后圣玄妙，舍实游虚，魂灵如如，其有怀疑，一切扫除，骤入空魔，婆罗辟支。近世物理，冥冥入微，既实又虚，开天天而游其墟。凡圣三统，轮转厥枢，额氏火教，实得理材，孔道阴阳，包尽无余，大地作者，其亦可为心游大观欤！"[1] 康有为对于现代意义上的哲学可能并没有足够的认识和了解，但是他在对哲学穷极天地变化神明的理解中隐隐透出了将哲学视为诸学之王的态度，而这种态度随后很快在中国思想界获得了很大的回响。

王国维在1903年写了一篇《哲学辨惑》，其中称："今夫人之心意，有知力，有意志，有感情；此三者之理想，曰真、曰善、曰美。哲学实综合此三者而论其原理者也。"[2] 同一年，蔡元培也从日本带回了东京帝国大学的德国教授科培尔（Raphael von Koeber）所著的《哲学要领》一书，书中称："真理之大始，拉丁语谓之爱绥 Esse，希腊语谓之阿那依，德语谓之〔及〕大斯塞音 Das Sein 及大斯塞安得 Das Seiende，不外乎宇宙存存之原理，而哲学者之所求也，哲学者，求知此原理、及其一切运动发现之公例，故谓之原理之科学。"[3] 这一年有20余册关于哲学的书籍出版，所以有学者称这一年为中国的"哲学年"[4]。

到了1907年，孙宝瑄在他的日记中写道："哲学之大，无所不包，为万种学问之政府，如百川归海……凡从事于此者，当视天地万物为其学校，且

---

[1] 康有为：《日本书目志》，《康有为全集》第3集，中国人民大学出版社，2007，第291页。
[2] 王国维：《哲学辨惑》，《王国维全集》第14卷，浙江教育出版社，2010，第8页。
[3] 〔德〕科培尔：《哲学要领》，蔡元培译，《蔡元培全集》第1卷，中华书局，1984，第179页。
[4] 钟少华：《清末中国人对于"哲学"的追求》，《进取集》，中国国际广播出版社，1998，第230页。

无毕业期限。"[1] 从康有为所说的穷天地神明，到蔡元培所译的原理之科学，到孙宝瑄所称的"万种学问之政府"，哲学虽然没有如科学一样被标举成大旗，但在学术界也获得了无上的尊崇，被认为是最高尚、最深邃的学问。

在这种"哲学热"的语境下，佛教如果作为一种可以被世俗理性认识的学术思想，则只能是"哲学的"才能在这个转型的时代获得一种新价值，反之，佛教中的"非哲学的"部分就应被摒弃。当时许多思想者正是以哲学为镜来对佛教予以审视的。

在亟亟谋求中国社会现代化与传统思想现代化转型的谭嗣同那里，就将佛教分判做了"精微"和"诞谬"两部分，他宣称"佛教精微者极精微，诞谬者极诞谬"[2]。他所说的"精微"者主要是佛教中的唯识学与华严学，而这也是中国佛教思想中哲学意味最为浓厚的部分。谭嗣同虽然极其推崇佛教，但是对于佛教的解脱思想，对于佛教的宗教实践都没有表现出太多热情，这些部分大概就是他所谓的"诞谬"的部分。

谭嗣同对于佛教，主要是进行一种哲学式的理解，他之所以强调唯识学、华严学，是试图用以进行一种宇宙论、认识论的构建，并以之沟通中西思想。谭嗣同这种对于佛教的哲学理解，给了当时的读者很深的印象和影响。杨昌济在读过谭嗣同的学说后，在日记中写道："余习闻儒者之言，颇不甚满意于佛说；谭浏阳乃重佛若此，使我意为之一转。余现虽尚未研究佛学，已确认其哲学上之价值矣。"[3] 杨昌济之前"颇不甚满意"的佛说大概就是佛学中的"非哲学"成分，在经过谭嗣同对其哲学价值的强调后，杨昌济随之"意为之一转"，开始肯定佛学。可以说在近代许多知识人中，佛教的价值在于其理论的哲学价值。

---

[1] 孙宝瑄：《望山庐日记》下册，上海古籍出版社，1983，第1041页。
[2] 谭嗣同：《上欧阳中鹄书》，《谭嗣同全集》，中华书局，1998，第464页。
[3] 杨昌济：《达化斋日记》，湖南人民出版社，1981，第45页。

梁启超在其《清代学术概论》中曾引用蒋百里的说法："我国今后之新机运，亦当从两途开拓，一为情感方面，则新文学新美术也，一为理性的方面，则新佛教也。"[1] 并称自己"深韪其言"。这是认为佛教的价值全在于其理性价值，而这种理性价值是在西方哲学的参照下而重新发现的。梁启超的《近世第一大哲康德之学说》一文，将康德哲学与佛学进行了比较。他说："康氏哲学，大近佛学。"他认为，康德"直搜讨诸智慧之本原，穷其性质及其作用"，是"与佛教唯识之义相印证者也。佛氏穷一切理，必先以本识为据柢，即此意也。"他还认为，康德知性论中关于必须对对象加以联系、综合思考的理论，"其义与华严宗之佛理绝相类"。他还说："佛说有所谓'真如'。真如即康德所谓真我，有自由性者也。有所谓'无明'，无明即康德现象之我，为不可避之理所束缚，无自由性者也。""康氏以自由为一切学术人道之本，以此言自由，而知其与所谓不自由者并行不悖，实华严圆教之上乘也"，等等[2]。其中有许多是把康德思想与佛学理论加以简单生硬的比附，但这些做法正代表了当时中国思想界将佛学进行哲学化的努力尝试。

那一代思想家中哲学修为最高、推动佛学的哲学化最为有力者当属章太炎。章太炎在沿着谭嗣同将佛教分为"精微"和"诞谬"两部分的理路上进一步明确地宣称，"佛法只与哲学家为同聚，不与宗教家为同聚"[3]。章太炎明确地排斥佛教中的宗教成分而高扬佛教中的哲学成分。章太炎谓："仆于佛教，独净土、秘密二宗有所不取。以其近于祈祷，猥自卑屈，与勇猛无畏之心相左耳。"[4] 净土宗和密宗是佛教中哲学意味较淡薄而宗教意味

---

[1] 梁启超：《清代学术概论》，上海古籍出版社，1998，第100页。
[2] 梁启超：《近世第一大哲康德之学说》，《饮冰室合集·文集之十三》，中华书局，1989。
[3] 章太炎：《论佛法与宗教、哲学以及现实之关系》，《中国哲学》第6辑，生活·读书·新知三联书店，1981，第300页。
[4] 章太炎：《答铁铮》，《章太炎全集》（四），上海人民出版社，1985，第369页。

浓厚的宗派，对于章太炎而言，这些充满着"烧纸、拜忏、化笔、扶箕等类"的佛教宗派，是最低等的多神教[1]，不能代表真正的佛教。

章太炎认为真正的佛教是"哲学之实证者"，研究佛教"只与哲学家为同聚"。所谓"哲学之实证者"，是说佛教"一方在理论极成，一方在圣智内证"。章太炎认为佛教不但是最深刻的哲学理论，而且其修行实践并不是追求一种宗教式的解脱生死，而是对其深刻哲理的践行，是为了发明和实证真理。[2]

章太炎为证明其"佛法只与哲学家为同聚"的主张，尝试了将佛教与西方哲学进行比较研究。章太炎曾广泛接触了从柏拉图到康德、叔本华的西方哲学，而他相信佛学理论是可以和西方哲学的重要成就相会通的。对于柏拉图的"理念"，章太炎认为："佛家以为正智所缘，乃为真如，柏拉图以为明了智识之对境为伊跌耶，其比例亦多类。"[3] 伊跌耶即是 idea（理念），章太炎认为作为本体，作为唯一的真实存在而言，柏拉图的理念说与佛教的真如观念相类似。但柏拉图以降的西方哲人论述本体，常常于本体内"构画内容""较计差别"，对于本体起一种"增益执"，落入了佛教所谓的"遍计所执性"。而佛教讲本体，却是顺随世俗而假立名，并不实执一有，用佛教《般若经》的说法就是即假即空。对于近代西方哲学大师康德、叔本华的理论，章太炎认为也是可与佛教相参照发明的。他说："近来康德、索宾霍尔诸公，在世界上称为哲学之圣。康德所说'十二范畴'，纯是'相分'的道理，索宾霍尔所说'世界成立全由意思盲动'，也就是'十二缘生'的道理。"[4] 而佛教的广大之处还有许多是康德、叔本华诸公没有见到的。章太炎还比较

---

[1] 章太炎：《东京留学生欢迎会演说辞》，《章太炎政论选集》上册，中华书局，1977，第274—275页。
[2] 章太炎：《论佛法与宗教、哲学以及现实之关系》，《中国哲学》第6辑，生活·读书·新知三联书店，1981，第300页。
[3] 章太炎《建立宗教论》，《章太炎全集》（四），上海人民出版社，1985，第404页。
[4] 章太炎：《东京留学生欢迎会演说辞》，《章太炎政论选集》上册，中华书局，1977，第274页。

了斯宾诺莎的泛神论与华严学无尽缘起的理论，认为："近世斯比诺莎所立泛神之说，以为万物皆有本质，本质即神。其发见于外，一为思想，一为面积。凡有思想者，无不具有面积；凡有面积者，无不具有思想。是故世界流转，非神之使为流转，实神之自体流转。离于世界，更无他神；若离于神，亦无世界。此世界中，一事一物，虽有生灭，而本质则不生灭，万物相支，喻如帝网，互相牵掣，动不自由。乃至三千大千世界，一粒飞沙，头数悉皆前定，故世必无真自由者。观其为说，以为万物皆空，似不如吠檀多教之离执著。若其不立一神，而以神为寓于万物，发蒙叫旦，如鸡后鸣，瞻顾东方，渐有精色矣。万物相支之说，不立一元，而以万物互为其元，亦近《华严》无尽缘起之义。虽然，神之称号，遮非神而为言；既曰泛神，则神名亦不必立。"[1] 章太炎认为斯宾诺莎的泛神论突破了基督教传统的有神教观念，不立一神，万物互为依待，这是对传统宗教执著于唯神、唯我的突破。但既然万物互为依待，则"神"是根本不存在的，所以斯宾诺莎的泛神论仍然不够彻底。在章太炎心中，只有佛教是最彻底的哲学，是反对有神教的，佛教讲缘起才真正彻底克服了传统宗教"神"的观念。

当时思想界这种以哲学角度来重审佛学的努力在佛教界也获得了相当的回响。1923年第五期的《佛化新青年》上发表了慧空、李润生的《论佛教徒当实行中日联合以宏法欧美》，文中认为科学万能的主张已随着第一次世界大战的爆发而破产，因而人们的注意将移至哲学方面。立意各别的西方哲学派别，能够并容于佛法之中，而佛法的高明之处则是西方哲学望尘莫及的。文中充满自信地宣称，大哲学家会进而成为佛教徒，因此，这个时代将是佛教弘法欧美的时代。[2]

太虚法师去欧洲宣传佛教正是身体力行地推动着这个理论主张，他的一

---

[1] 章太炎：《无神论》，《章太炎全集》（四），上海人民出版社，1985，第398—399页。
[2] 慧空、李润生：《论佛教徒当实行中日联合以宏法欧美》，《佛化新青年》第1卷第5号。

系列演讲很多时候都是围绕着佛学与哲学和科学的相通展开的，他试图向欧洲的听众表明佛学是一种哲学而且是一种高明的哲学，以期获得欧洲听众的认同。1928年，太虚法师在初到法国后表达自己西来讲佛学的意趣时就说要"以哲学的科学的方法，洗除佛教流行各时代方土所附杂之伪习，而显出佛学真相"[1]。这种佛学的真相就是佛学中的哲学成分，所以他在巴黎的演讲中向听众指出，东方哲学是"侧重经验的哲学"，而西方哲学"是侧重理论的哲学"。东方哲学与西方哲学虽有所不同，却并非异质，所以是可以融通互补的。侧重经验的东方哲学"经验所及虽确当而不遍常，故必借理论以为补充"。侧重理论的西方哲学"理论所及虽遍常而不确当，故必借经验以为补充"。这两种哲学无法突破经验与理论的隔膜，因而造成了"终古争持莫决的问题"。而佛学则是能谐调与超越一切经验与理论的分别，贯通中西哲学，既具备"理论上绝对的遍常性"，又具有"经验上相对的确当性"，故而能完成"经验遍常化与理论确当化"，解决终古不决的哲学上的种种问题，创造成今后世界全人类所需求的大同文化与哲学。[2]

太虚法师曾提出"新的唯识论"。他自述这种"新的唯识论"是因为"欧美人及中国人思想学术之新交易、新倾向上种种需求所推荡催动，崭然濯然发露其精光于现代思潮之顶点"。这种新的唯识论是因为"新近思想学术所需求"，是用"新近之思想学术以阐明"，是"非武断的古代悬想"。他用以论述这种新的唯识论的结构包括"宇宙的人生的唯识论""分析的经验的观察的系统的唯识论""转化的变现的缘起的生活的唯识论""真理的实性的唯识论"等方面。虽然太虚宣称这种新的唯识论并非西洋的唯心论，但事实上他正是参照了西方哲学后，对佛教传统唯识学做出了现代哲学化的梳理与理解。

---

[1] 太虚：《西来讲佛学之意趣》，《太虚大师全书》第33卷，宗教文化出版社，2005，第63页。
[2] 太虚：《佛学源流及其新运动》，《太虚大师全书》第2卷，宗教文化出版社，2005，第339页。

2. 反对佛学哲学化的意见

这一时期，在积极推动佛学的哲学化理解之外，还存在着一种对此抱持着警惕和否定的意见。虽然佛教界中的革新力量似乎非常乐意以哲学来诠释佛教，以此来为佛教在新的文化中争取话语权并取得知识阶层的支持，但是佛教本位的立场也使他们意识到这种疏通有可能造成一种被新文化吞噬的危险。

早在振兴近代佛学的肇始者杨文会那里，就曾经强调了佛教与哲学的不同。他在论述"佛法大旨"时说："如来设教，义有多门，譬如医师，应病与药。但旨趣玄奥，非深心研究不能畅达。何则？出世妙道，与世俗知见，大相悬殊。西洋哲学家数千年来精思妙想，不能入其堂奥。盖因所用之思想，是生灭妄心，与不生不灭常住真心，全不相应。是以三身四智，五眼六通，非哲学家所能企及也。近时讲求心理学者，每以佛法与哲学相提并论，故章末特为拈出，以示区别。"[1] 杨文会更多的是站在佛教本位的角度，强调了佛教的出世性与一般世俗认识的不同。虽然杨文会重刻佚失经典（特别是唯识类典籍），对于推动近代思想界发扬佛学中的哲学意蕴有着重大贡献，但是杨文会本身对于佛教学术化、哲学化还是相当警惕的。

对于杨文会而言，出世妙道与世俗知见之间是大相悬殊的。佛教的教义远高于世俗学术，而且佛教教义中最核心或者说最重要的解脱论部分不依赖于烦琐的哲学论证。杨文会对佛教的理解是"教在贤首，行在弥陀"，修行最终落实在弥陀净土信仰上。弥陀净土最终依赖于信仰的力量而非哲学的思辨，因此杨文会对于世俗学术对信仰可能造成的伤害始终是存在警惕的。杨文会所立足的佛教本位的立场，也因此和当时儒家知识人所理解的佛教颇有扞格。虽然当时儒家知识人对于杨文会保有相当的敬意，但是他们和杨文会

---

[1] 杨文会：《等不等观杂录》卷1《佛法大旨》，《杨仁山居士文集》，黄山书社，2006，第260—261页。

的分歧却不时凸显出来。例如宋恕对杨文会的刻经事业表示肯定，认为"杨仁山先生敝邦现时之发行《内典》一事，甚有功"，但他认为杨文会对于佛学"理解则未甚高远"，原因是认为杨文会"未从《因明论》入手也"[1]。类似的差异还发生在杨文会和章太炎之间，当章太炎在日期间，曾遇到一位通梵文的婆罗门僧侣，章太炎随其学习梵语，并热情地联系杨文会，认为"近则佛教与婆罗门教渐已合为一家，得此扶掖，圣教当为一振"，希望杨文会送人前来学习。而杨文会却对此颇为冷淡，认为"以婆罗门与佛教何为一家，是混乱正法而渐入于灭亡"，并以无人可派而拒绝了章的请求[2]。宋恕所理解的佛教的精华在因明等哲学思辨成分，因此认为"行在弥陀"的杨文会理解"未甚高"，这种理解的差异正反映了是将佛教作为世俗哲学来理解还是将佛教作为宗教信仰来理解的差异。章太炎认为可以借助梵语和婆罗门教来更好地理解佛教，也正是将佛教进行世俗化理解，运用比较学术的观点来加深对佛教的认识[3]，但杨文会立足佛教本位立场，反对将佛教视为一种简单的研究对象，反对这种比较研究的方法。

还需要注意到的是，隋唐以降中国佛教的发展逻辑中，明显存在着重宗教实践、宗教直观，而轻理论思辨的发展线索。唯识、三论、华严、天台等宗派的衰落和禅宗、净土宗的兴盛，即体现着这种发展逻辑。禅宗离言扫相的认识方式，认为可以通过宗教直观来彻悟究竟真理，而贬抑通过理论思辨掌握佛道的方式。传为禅宗五祖弘忍所作的《最上乘论》中就明确宣称："我既体知众生佛性本来清净，如云底日，但了然守本真心，妄念云尽，慧日即现，何须更多学知见所生死苦一切义理及三世之事。譬如磨镜，尘尽明自然现。则今于无明心中，学得者终是不堪。若能了然不失正念，无为心中学

---

[1] 宋恕：《和南条文雄笔谈记录》，《宋恕集》上册，中华书局，1993，第359页。
[2] 周作人：《记太炎先生学梵文事》，陈平原、杜玲玲编《追忆章太炎》（增订本），生活·读书·新知三联书店，2009，第216页。
[3] 不只是章太炎，在康有为书中也往往佛与婆罗门并称，无视佛教作为宗教所要求的纯洁性。

得者此是真学，虽言真学，竟无所学。"对佛性的体认是通过宗教直观达到的，理论思辨最多只能促成这一直观的外缘，并不能经由学理的精研而通达佛性。所以"许多言教譬喻者，只为众生行行不同，遂使教门差别。其实八万四千法门，三乘八道位体七十二贤行宗，莫过自心是本也"[1]。所有的佛教义理只是一种方便的呈现。在《坛经》中就更为明确表述为："三世诸佛、十二部经，在人性中本自具有。不能自悟，须求善知识指示方见；若自悟者，不假外求。"[2] 通过自悟可以直了成佛，善知识的指示只是外在的起辅助作用的条件。《宗镜录》将这些外在的哲理论证称作"幻化"，说："诸祖只是以心传心，达者印可，更无别法。如《华严经》中，文殊童子，化五百童子，发菩提心，唯一人，善财童子，达本心原，游一百一十城，问菩提万行，所学三昧门，皆如幻化而无实体。"[3]

杨文会所强调的佛教为"出世妙道"，不能混同于"世俗知见"，正是遵循着中国佛教的发展逻辑。佛教中的哲理部分只是为了实现解脱的一种方便作法，而非佛教的核心所在。就佛教信仰的角度而言，宗教上的解脱并不依赖于世俗理性。因此，虽然杨文会重刻唯识经典，特别是因明学经典是近代儒者燃起唯识学热情的一大助缘，但杨文会本身的思想和这些入世的儒者还是有着明显的区别，他始终坚持佛教是一种宗教信仰，而非世俗学说，因而他对佛教的理解最终落实在"行在弥陀"。

这一时期佛教僧侣中最为知名的所谓"四大高僧"中，虚云是著名的禅僧，以禅修苦行著称；印光被尊为莲宗第十三祖，致力于弘扬净土法门；弘一是律宗宗师，严守戒律弘扬律学。这三位高僧都是以修行持戒著称。其中弘一法师更是明确反对将佛法理解为哲学，他说："或有人疑佛法为一种哲

---

[1] 《最上乘论》，《大正藏》第48册，第378页上—中。
[2] 《六祖大师法宝坛经》，《大正藏》第48册，第351页上。
[3] 《宗镜录》，《大正藏》第48册，第426页上。

学，此说不然。"[1] 弘一法师认为，哲学上求取真理，总是凭借理智，根据一定的条件而做出推论，而这种推论本身是不可靠的，因为所据以推论的条件不同，所以有了一元、二元、唯心、唯物等种种不同的说法。正因为所根据的前提不同，因此不同的主张之间总是无法说服对方，纷纷扰攘而没有定论。这种情形就像盲人摸象一样，在不了解象的全体样貌之前，人们只能根据其所摸得的象之一部分来猜测象的全貌，因而摸其尾便谓象如绳，摸象背便谓象如床，摸象胸便谓象如地，因所摸处不同而感觉互异，彼此纷争。弘一法师认为，哲学所代表的世俗知见正是这种虚妄测度。而佛学却不是这样，佛学是凭借宗教直观从整体上把握世间全体，即真如。真如即意味着真真实实，平等一如，无妄情，无偏执，离于意想分别，这才是宇宙万有之真相及本体。弘一法师因此而认为，哲学是根据部分条件所作的推测，与佛教对于真如的总体把握，虽然从求真的意味上而言有相一致性，但从方法上而言却是截然不同的，因此佛教决不能混同于哲学。

四大高僧中，最具改革精神的太虚法师，他虽然在面对受过现代哲学训练的听众时也曾努力凸显佛学与哲学的一致性，但作为佛教僧侣，他也始终注意佛教思维的独特性，特别是在对日本和西方的佛学研究进行反思后，更是努力保持佛教自身的特性，避免被世俗学说同化。太虚曾说："要知西洋人之学术，由向外境测验得来，乍观一层粗浅零碎皮相，后人凭借以条贯整齐之，更进察其隐微，于是日趋完密，或因而又发见另一物焉。不然者，则向学说上推论得来。甲立一说而乙驳之，甲乙相驳之下，两派之短毕彰，两派之长尽露，于是有丙者起，除两派之所短，集两派之所长，而着后来居上之效，故有发达进化之程序可推测。而东洋人之道术，则皆从内心熏修印证得来；又不然、则从遗言索隐阐幽得来。故与西洋人学术进化之历程适相反对，

---

[1] 弘一法师：《佛法十疑略释》，《李叔同全集》第1册，哈尔滨出版社，2014，第71页。

而佛学尤甚焉。用西洋学术进化论以律东洋其余之道术，已方枘圆凿，格格不入，况可以之治佛学乎？吾以之哀日本人、西洋人治佛学者，丧本逐末，背内合外，愈趋愈远，愈说愈枝，愈走愈歧，愈钻愈晦，不图吾国人乃亦竞投入此迷网耶！"[1] 他指出了佛学与西洋学说根本思维方式的不同，因为这种根本的不同，如果以"西洋学术"以律"东洋道术"就会显得方枘圆凿，格格不入。

因为强调佛学自身的特性，而排斥西方学术的影响，在面对近代知识界中兴盛的唯识学、因明学等佛教中最具有哲学性的学说时，太虚仍然试图将这种来自西方学术的影响转换成佛学自身的驱动力。他说："近来中国佛教的情形，因为受到日本新的研究方法的影响起了很多变化，尤其是西藏佛教近亦影响内地很大……但西藏依因明比量的辩论方式兴复与现今的中国佛教很有补益，因为中国佛法之衰病在儱侗，以此为劝学因明研究教理之一方便，固亦甚善。所以本人近年在重庆办一汉藏教理院，以汉文藏文而研究此两种文字的佛法，使互为沟通以相补充。"[2] 太虚虽然提倡佛教中的哲学义理，但他并不希望将这些哲学成分从佛学中提出进而与世俗哲学相参照发明，他仍然是希望这些学说作为佛学本身的组成部分。就此而言，因明研究对于佛教信仰而言，只是一种方便，不能喧宾夺主。

受到太虚法师深刻影响的佛化新青年们同样抵制佛教的哲学化，他们认为相对于佛学而言，世俗的哲学有很大的缺陷。由于哲学门类繁多，而哲学家又大多"各持门户之见以相抨击"，造成各种意见纷纷扰扰，使人们无所适从。这样的哲学也就无法真的开启民智，为人们树立正确的世界观、人生观。佛法却并不像哲学一样是各凭己意的纷纭意见，而是精纯的完整认识，

---

[1] 太虚：《评大乘起信论考证》，《太虚大师全书》第28卷，宗教文化出版社，2005，第27页。
[2] 太虚：《几点佛法的要义》，《太虚大师全书》第1卷，宗教文化出版社，2005，第371—372页。

这正好可以拯救现代文明中人们精神上的纷扰与困境，使人心有所依从。[1]

作为太虚同时的居士领袖，欧阳竟无虽然和僧界对待佛教现代化的态度颇为分歧，但是在如何保存佛教的独特性方面，也和太虚等人的意见有着相当的契合。欧阳竟无虽然一方面相信佛法中包含着相当高明的哲学思想，但另一方面他也指出：近代哲学虽然"诚见高明"，然而"哲学家知识之范围体性"不出唯识学的六识，却"局于法尘"，是一种有局限的知识。在这层意义上，不能以有限的哲学去揣度无限的佛法"高明之所知"，因而他认为佛法本质上是"内学"，不是哲学。就哲学的求学目的而言，哲学有智无悲，而佛法则悲智双运[2]。欧阳竟无在其《佛法非宗教非哲学》的著名演讲中，将佛法与哲学的区别总结为三点：其一，哲学之求真理总须执著某一事物为万物之本质，而佛法只是破执，一无所执，佛法不说真理而说真如。其二，哲学所探讨的关于知识问题的种种主张，皆是计度分别，而佛法则破除虚妄分别，对世界整体进行如实认识。其三，哲学所探讨的是对于宇宙的说明，而佛学认为一切色法都是识的相分，所以只说唯识不说宇宙[3]。因此，欧阳竟无主张"佛法不受世法范围，世法不能逻辑之列"，所有以世法的逻辑来考察佛法，都只是门外汉议论，见不到庐山真面目[4]。

欧阳竟无对于佛法非哲学的论述也受到了僧界相当的认同，如弘一法师在宣称佛法非哲学时，就引欧阳为同道，并特别提到了欧阳竟无的《佛法非宗教非哲学》一文[5]。

王恩洋绍述师说，也认为哲学与佛法分属两途。他声称哲学与佛法无论就其认识对象、认识方式、认识目的各个方面皆有所不同。如哲学家所言之

---

[1] 邢定云：《现今文明生活之彻底的观察及提倡佛化之必要》，《佛化新青年》第1卷第1期。
[2] 欧阳竟无：《与章行严书》，《欧阳竟无佛学文选》，武汉大学出版社，2009，第334页。
[3] 欧阳竟无：《佛法非宗教非哲学》，《欧阳竟无佛学文选》，武汉大学出版社，2009，第3—11页。
[4] 欧阳竟无：《以俗说真佛之佛法谈》，《欧阳竟无佛学文选》，武汉大学出版社，2009，第19页。
[5] 弘一法师：《佛法十疑略释》，《李叔同全集》第1册，哈尔滨出版社，2014，第71页。

真理乃属虚妄,佛法所言真如乃为亲证。哲学上求取真理不得则否定真实的存在,而佛法求真则当体即是不假外求。哲学上讲认识,只知道六识,而佛法则有八识五十一心所。哲学家不走极端则模糊两是,佛法则如如相应,真实不虚。哲学的认识中人与宇宙相隔为二,而佛法认识上则宇宙与我为一,等等。总而言之,哲学认识是偏执的、片面的、虚妄的,而佛法认识则是无所执的、全面的、真实的。对于佛学而言,哲学只是外道,如果将佛学比拟哲学,则是对佛学的毁谤。[1]

我们可以看到,反对将佛学予以哲学化理解的意见主要来自于佛教信仰者,他们对于以世俗的哲学来建构佛学充满忧虑,认为这将湮没佛学自身的独特性。作为佛教徒,他们的价值取向与梁启超、宋恕、章太炎等世俗知识分子是大异其趣的。对于世俗知识分子而言,他们对于佛学的研习主要是知识性的,尤其是在参照西学之后,以哲学等新来概念对本土思想进行重新整合,佛学只是他们全体知识系统中的一个部类,是与这一系统中的其他部类相互依托相互发明的,他们对于佛教没有一种特别的保全之情,也没有信仰者的卫教热忱。而对于佛教信仰者而言,他们更多的是考虑如何保护和振兴作为整体的佛教。

对于作为整体的佛教,佛门中有这样的故事。据传唐太宗问玄奘法师:"朕欲斋僧,但闻僧多无行,奈何?"玄奘法师回答:"昆山有玉,混杂泥沙。丽水生金,岂无瓦砾。土木雕成罗汉,敬之福生。铜铁铸就金容,毁之而有罪。泥龙虽不能行雨,祈雨须祷泥龙。凡僧虽不能降福,修福须敬凡僧。"然后太宗恍然大悟,称自今以后,虽见小沙弥,犹如敬佛。[2] 正如这个故事所揭示的,无论是土木雕塑还是无行的凡僧都是佛教神圣系统的有机组成部分,如果剥离了这些构成,将会对佛教整体构成严重伤害。

---

1 王恩洋:《佛学论丛》,《王恩洋先生论著集》第 2 卷,四川人民出版社,2000,第 102—104 页。
2 周安士:《启信杂说》,《卍新纂续藏经》第 62 卷,第 644 页下—645 页上。

况且佛教的根本问题是解脱问题，对于解脱而言，重要的是修证而非学理。所以六祖惠能能够由不识字的樵夫而成为禅宗祖师，这正是禅门典籍所强调的"既得之于心，则无所容声矣，何言语文字措其间哉"[1]。语言文字所代表的思辨理论对于成佛解脱只是一种助道方便，如果反而执著于此则不但无助解脱，反而成为修道的障碍。所以禅门有这样的故事，法常禅师从马祖开悟后，马祖为验证其是否真的证悟，便令弟子告诉法常，马祖修正了之前的说法提出一种截然相反的新说法，而法常却并不理会，继续坚持马祖之前的说法。对此，马祖称赞为"梅子熟也"[2]。所谓"梅子熟也"是马祖对法常证悟的认可，而法常的证悟正体现在它能够摆脱语言文字的束缚，而直契佛教的根本精神。对于求解脱而言，所有的理论都如同马祖前后提出的两种不同说法一样，都是一种助缘，也都是可以抛弃的。所以即使在近代知识界努力推动将佛学作为一种哲学理论来理解，佛教界内部的改革力量也试图发掘佛教经典中的哲学成分，而印光、弘一、虚云等一些最重要僧侣仍然是以修行持戒为佛教根本的。

三 20世纪佛学研究的知解型趋向

自启蒙运动以来，世界文明的进程呈现出理性高度扩张的趋势，对科学的信仰对人力的信心逐渐削弱了对上帝的信仰对神力的信心。在这一进程中，所有传统的宗教都丧失了往日的荣光。由传教士带来的对西方的认知，随着中西交往的不断密切也渐渐被修正了。在过去经由传教士而认识的西方图景中，中国人一度相信西方文明的强大全在于基督教，所以从太平天国到谭嗣同的《仁学》到康有为的《大同书》都在模仿、参照着基督教，试图建立一

---

[1] 《传法宝纪》，《大正藏》第85册，第1291页中。
[2] 《五灯会元》，《卍新纂续藏经》第80卷，第76页中。

个可以推动中国复兴的宗教。但进入 20 世纪后，中国思想界可以抛开传教士直接面对西方的科学与民主后，宗教热情就迅速冷却了。中国思想界开始认识到自启蒙运动以来，西方的文明进程不是依赖于宗教，而是在反对宗教中展开的。孔德的实证主义将知识归结为三个阶段，即神学时期、形而上学时期、实证时代。这一认识在中国思想界被迅速接受了，宗教信仰变成了过去时代的、落后的、迷信的、愚蠢的事物，而科学理性才是新时代的、进步的、光荣的。特别是随着五四运动高举"德先生"与"赛先生"的大旗，以及之后的非宗教运动，在中国社会中宗教与科学、信仰与理性的对立被不断扩大。

所有进步的、优秀的事物都是来自理性的与科学相关的，而所有落后的、低劣的事物都是迷信的反科学的，这一认识成为了社会基本共识。在此风气下，如果佛教依然是有价值的则必须经由科学理性的整理，建立自己在这个科学民主时代的合法性依据。因而 20 世纪的佛学走向呈现出了鲜明的学术化、理性化倾向。

首先是大学中开设了佛学课程。自 1914 年起，邓高镜、张炳桢、张尔田先后在北京大学开设佛学课程。邓高镜所讲为《百论》，代表性宗；张炳桢所讲为《观所缘缘论》，代表相宗；张尔田所讲为《俱舍论》，代表小乘。1917 年，梁漱溟入北大主讲印度佛学，此后汤用彤、周叔迦相继在北大开讲佛学课程，使得北大哲学系成为研究佛学的重镇。与此同时，蒋维乔在东南大学讲《百法明门论》，唐大圆、张化声于武汉大学讲《唯识三十颂》，景昌极、李翊灼于东北大学开讲《成唯识论》。

在普通大学之外，还有专门的佛学研究机构，著名的如南京欧阳竟无领导的支那内学院和北京韩清净领导的三时学会。支那内学院以研习法相唯识学著称于世，当时许多著名佛教学者都于其中任教或学习，如吕澂、汤用彤、梁漱溟、王恩洋等，甚至梁启超也前往听课。北京三时学会最大的贡献则在于对《瑜伽师地论》全本作了深入的研究，由韩清净撰写的鸿篇巨制《瑜伽师地论科句披寻记》对于推动瑜伽学派的深入研究贡献巨大。

而佛教僧侣也纷纷推动成立佛教学院，一时多达数十所。其中最有影响的有月霞法师在上海筹办的华严大学以及之后在常熟创办的法界学院，谛闲法师在宁波创办的观宗学社，了尘、戒尘、慈舟三位法师在汉口创办的华严大学，仁山法师在高邮创办的天台学院，太虚法师在武昌主办的武昌佛学院，常惺法师在厦门主办的闽南佛学院等。此外，藏传佛教方面也在西康成立了五明佛学院，喜饶嘉措等藏传佛教高僧并在北京大学、清华大学、中央大学、武汉大学、中山大学等国立普通高校哲学系开讲藏传佛教哲学。

在普通大学课程中佛学明确列于哲学学科，在佛教学院及研究机构中虽然有时并不直接将佛学研究归属于哲学研究，例如在南京支那内学院，欧阳竟无为了与世俗学术（外学）相区别而将佛学称作内学，但事实上所有这些研究即使不说是完全等同于哲学研究，也至少是很大程度上哲学化的研究。佛教学院大多是参照普通大学设立的，如武昌佛学院开设课程中，除了中国佛教史、印度佛教史，还有中西哲学史、西洋论理学、心理学，这种课程的开设与普通大学哲学系也是高度近似的，都是一种理论化的学术研究，而较少宗教修行。即使支那内学院试图标榜"内学"不同于"外学"，但是在支那内学院中，对"内学"的研究也是完全诉诸理性分析与哲学思辨的，并不求诸于神秘直观、宗教体验或是虔诚念佛。欧阳竟无最重要的弟子吕澂先生晚年也自述道："我在以后的四十余年里，始终把佛学作为一种哲学，作为社会科学系统中不可缺的一门学问进行研究。"[1] 也正因为此，支那内学院在与世俗知识界的交往中能获得极大的认同。曾在支那内学院任教与学习的学者，如梁漱溟、熊十力、汤用彤、王恩洋、黄忏华等后来皆往普通高校讲授佛教哲学。

---

[1] 吕澂：《佛学研究与支那内学院》，《吕澂集》，中国社会科学出版社，1995，第317页。

到巨赞法师推行"新佛教运动",更是明确提出了"学术化"与"生产化"作为佛教革新的两大标志性口号。巨赞法师认为,"学术化"就是"恢复原始僧伽制度,使每一个寺庙都造成学术团体,而每一个和尚都是文化人"[1]。他指出,中印历史上的那烂陀寺和庐山东林寺就是这样的学术团体。巨赞法师非常推崇那烂陀寺作为印度古代佛教学术中心。他引用苏联《世界史》中的说法,指出那烂陀寺是中世纪学问的中心,除了研究佛教和婆罗门教哲学,还研习各种科学。他盛赞这一学术中心"学科完备""规范严整",认为那里以自由的精神讲学和研讨佛教哲理[2]。而在中国方面,慧远法师所主持的庐山东林寺也是这样的学术团体。不同于一般将慧远视作净土宗祖师,拔高"白莲结社"的意义,巨赞主张"结社念佛是远公创造的一种集体修持的方法,固然有功于后世,但远公是值得我们纪念的,还有一段精神在",这"一段精神"即是指慧远的学术贡献。巨赞法师特别指出三点:第一是在慧远的支持下,《十诵律》得以翻译完成,从而发展了中国的戒律学;第二是慧远帮助和敦促了佛陀跋陀罗的译经,推动了一切有部禅法的阐释;第三是慧远虚心向鸠摩罗什问学,又助僧伽提婆译出有部教义,而门人中慧义等人受小乘影响非议大乘慧远也不加禁止。这三件事皆体现了慧远兼容开放的学术胸襟。另外还有第四点,则是慧远模仿西域的佛影,在庐山图画摹写[3]。在这四点中,除了第四点是说慧远兴建福业外,其余三点都是说慧远致力于学术的发展,以兼容并包的气魄助力佛教不同流派教义在中国的翻译和传播。巨赞认为慧远这些学术上的功业是比白莲结社更为重要的。

在总结了历史上的佛教学术团体后,巨赞进一步提出他对于"新佛教"学术化的主张。他认为新佛教就是恢复佛教的真义,而佛教的真义简单说就

---

1 巨赞:《巨赞文集》下卷,江苏古籍出版社,2000,第650页。
2 巨赞:《巨赞文集》上卷,江苏古籍出版社,2000,第321—328页。
3 巨赞:《巨赞文集》上卷,江苏古籍出版社,2000,第382—390页。

是"穷理尽性",这种穷理和尽性不是超验的冥想,而是博学审问慎思明辨。换言之,新佛教就是学术化的佛教。而赵宋以来的"旧佛教"则是"学佛的人不复知道有所谓'教理',几句偈语,一顿呵喝,就算是'续佛慧命'"。新佛教就是要改变这种"混沌没有知识"的佛教,要成立重知解重思辨的佛教。[1] 这种知识型的新佛教在现代社会的使命就是"用纯正的佛理,明确地、简单地,替人类解答科学上、哲学上,以及社会政治上的许多问题"[2]。

巨赞法师主张的用纯正佛理解答哲学上的问题,实际上是晚清以来佛学发展脉络的延续。从晚清佛学的居士长者化开始,中国思想界就倾向于将佛教理解为一种哲学思想,一种学术体系。当时的许多思想者研究佛学并不是为了一种宗教上的解脱,而是将佛学作为中国传统思想的一部分,试图通过对中国传统思想的整合实现对西方思想的对抗与对话。在进入20世纪后,随着社会上非宗教思潮的盛行,佛教界也试图将佛教与一般观念中所认为的迷信的宗教有所切割,因而也在努力推动佛教的哲学化。此后,不仅普通高校教学中,将佛学作为哲学的一个部类,在佛教大学和研究机构,也是以培养知解型人才为主而非着力培养修证型人才。

而近代以来佛教对中国思想界的最重要影响也是其丰富的哲理思想。清末以来唯识学和因明学研究的兴起,不仅是佛教发展史上的重大事件,也是中国哲学发展中的大事,所以一代哲人纷纷投身其中,谭嗣同、章太炎、宋恕、梁启超等均对这些佛教思想用心研究过。而唯识学和因明学之所以吸引这些近代哲人,并非由于宗教原因,而是有着"精深"与"缜密"特点的法相唯识之学,合于近代思想学术的发展趋势。这些哲人试图通过研习唯识学和因明学来改革和建立中国哲学的认识论和逻辑学。此后几代中国哲人,从熊十力、梁漱溟到方东美、牟宗三皆是吸收了佛学中的哲学思想来构建自己

---

[1] 巨赞:《巨赞文集》下卷,江苏古籍出版社,2000,第636页。
[2] 巨赞:《巨赞文集》下卷,江苏古籍出版社,2000,第650—651页。

的哲学体系，这些都是近代以来佛教哲学化理解的成果与产物。

结语　佛教在回应科学与民主中走向新发展

19世纪下半叶，西风东渐，从西方传来的以科学与民主为代表的近代文明以雷霆万钧之力撼动了古老中国对世界的认知。很快地，科学与民主成为了先进中国人的价值追求与努力方向，同时也构成了近代中国历史发展的重要推动力。佛教自然也不能外于这个大的时代风潮。作为宗教，佛教虽然不像其他文化现象与科学民主思潮有着那么强烈的联系，但是在近代佛教的发展进程中，仍可以清楚地看到西学思潮的深刻烙印。

在近代西方科学甫一传入中国时，"来源浅觳，汲取而易竭"（梁启超语），中国人既有的知识结构难以理解近代科学所呈现的世界。在这种情况下，佛教故事里瑰奇的想象，华藏世界与无限宇宙的相似表述，一滴水中三千大千世界与微生物的暗合等，成为了当时中国知识人用以理解西方近代科学的前理解结构。而与此同时，佛教经典中许多的譬喻与寓言又获得了新的解读，启发了之后对于佛教的科学解读。

随着国人对于科学的认识的加深，慢慢地开始不再需要佛学的想象，但是科学图景和佛教想象的这种近似性从不曾被人遗忘。特别是当科学在近代中国取得了近乎独断的话语权，所有的文化现象几乎只有经过"科学"的认可才能获得合法性，佛学和科学的相似性再度被提了出来。在科学时代，一些虔诚的佛教徒，包括太虚法师等具有新知识的僧侣和王季同等受过严格科学训练的佛教居士，深信佛教在这个时代的合法性很大程度上来自于佛教的科学性。此后，用科学来论证佛学成为了20世纪佛教界一项持久的努力。

然而用科学论证佛学这一做法事实上蕴含着一个危险的前提，即科学是比佛学更为根本的证明。基于这一前提，佛教外部的知识人就可以毫无顾忌地将不合于科学的佛教部分通通舍去。但对于佛教内部而言，显然不能认同科学的第一性，因而如何处理佛教与科学的关系也成为了 20 世纪佛教的一个重要议题。佛教内外人士的这种分歧，事实上折射出在近代学科分化的背景下，对于佛教研究的深入，事实上分化成了佛学的学术性研究和佛教的宗教性研究两种不同的路径，这种路径的分化对于 20 世纪佛教的发展产生了深刻的影响。

民主思想的传入使得历来被批评为不忠不孝的佛教获得了新意。大乘佛教众生平等的观念在中国古代构成了儒家纲常制度之外的一个重要思想资源，因此当儒家思想在晚清衰落后，佛教的平等观念便成为了晚清知识人对儒家纲常制度批判的重要武器。与此同时，佛教中的民主因素也成为了晚清知识人构想的新伦理与乌托邦的重要构成。无论是康有为的"大同"乌托邦还是梁启超的"新民"理论，我们都能看到显而易见的佛教思想资源。

随着辛亥革命的胜利，以及受康、梁等启蒙思想家影响的太虚、仁山等青年僧侣的成长，佛教内部要求进行民主建设的呼声日高。太虚法师对于新僧与新僧团的设想，以及中国佛教会的建立正是这种民主思潮的反映。到 20 世纪下半叶，民主的追求成为中国人共同的追求，而佛教传统制度与仪轨中与现代民主精神有出入的地方受到了更多的反思与突破。重要的如在大陆地区赵朴初居士与巨赞法师所领导的佛教改革及台湾地区昭慧法师对八敬法的质疑。这些思考与运动共同构成了民主时代佛教的调适与改造。

在新的时代环境里，佛教还需要回应一个自身定位的问题。当传统的儒佛道三教之分被现代的学术分科取代后，佛教如何在新的语境中确立自我表达自我成为了佛教自身的时代问题。一时间，"佛法只与哲学家为同聚，不与宗教家为同聚""佛法非宗教非哲学""佛法既宗教又哲学"等议论纷纷扰攘，使人无所适从。为了与基督教争夺信仰空间，佛教界试图按照基督教来重塑佛教，使佛教成为可与基督教相对抗的宗教形式。然而随着 20 世纪初中国社会反宗教风潮的盛行，佛教界又不得不对此进行修正，表明佛教非宗教或至少非一般意义上的迷信的宗教。与此同时，在哲学话语的反照下，佛教中那些哲学成分被佛教内外学者大力挖掘了出来，他们努力表明佛教是一种更高意义的哲学。这种在宗教与哲学之间的摇摆，某种程度上是文明转型中，传统向现代转译的必然迷惘。这一问题的本质在于如何以现代学术话语理解佛教，佛教的核心特质究竟为何。

科学、民主、宗教、哲学这些问题虽然都能在佛教思想中找到与之相应的内容，但这些问题在传统佛教思想中从来不曾以今天这种形式出现。对这些新问题的回应推动着佛教向新时代的前进，也推动着佛教从传统向现代形态的转型，并推动佛教走进现实的社会。

第五章
多元信仰格局下的文化判教与佛教入世转型

佛教入世转型是近现代中国思想史上的一大动向,这一思想动向也通过佛教在新时期的判教而体现出来,并呈现出与判教的双向互动。判教古已有之,但传统佛教判教的内涵在近现代有了许多新的变化,这里且以"文化判教"名之。传统佛教语境中的"判教"观念经历了古今维度的嬗变,在近现代中西交汇之世势必要进入更为复杂多元的文化语境来进行讨论,尤其在儒、佛、耶诸教竞逐,多元信仰格局并立的思想空间和话语场中,文化判教和文明抉择的问题便凸显出来。传统佛教判教思想体系对多元信仰和文明体系的抉择、分判与融合,体现出以佛教为本位的世界性新文化的融铸和文化认同的建构。

第一节　世俗时代的来临与宗教多元语境的形成

佛教入世转型所处的时代既是所谓的"转型时代",又在某种程度上类似西方思想家查尔斯·泰勒所述的"世俗时代"。这个时代的特征具体到近现代中国佛教的情况便是梁启超所谓的佛学"伏流"由隐而显,并与新的群体和因素发生"汇流"。佛教入世转型作为近现代中国思想史上一大动向,在实践上也形成一股运动潮流。这股潮流不仅在观念上融铸理性之新佛教,而且在实践上重塑佛教的神圣秩序。

一 转型时代的"伏流"与理性的新佛教

梁启超在《清代学术概论》中即已拈出晚清思想界有一伏流,曰佛学。他并指出,"前清佛学极衰微,高僧已不多;即有,亦于思想界无关系"。可见,梁启超强调的是佛学这股伏流在晚清对思想界的介入,这种介入便体现在所谓"今文学家"多兼治佛学,以及"晚清所谓新学家者,殆无一不与佛学有关系"[1]。然而,梁启超也认识到当时佛教思想界的两大时弊:一是"佛教本非厌世,本非消极,然真学佛而真能赴以积极精神者,谭嗣同外,殆未易一二见焉";二是种种邪魔外道惑世诬民之术随佛教流行而复活,"率此不变,则佛学将为思想界一大障"[2]。以上两大时弊也正是佛学仅为一"伏流"的原因所在。尽管如此,梁启超仍然认为中国之佛教必常为社会思想之重要成分而无可疑,其为益或为害于社会,端视新佛教徒能否出现。此处所指"新佛教徒"必定是前所言真学佛而真能赴以积极精神者。除了要有"新佛教徒"之外,梁启超开出的另一药方便是"佛教上之宗教改革"。他说:"佛教哲学,盖应于此时代要求之一良药也。我国民性,对于此种学问,本有特长,前此所以能发达者在此,今后此特性必将复活。虽然,隋唐之佛教,非复印度之佛教,而今后复活之佛教,亦必非复隋唐之佛教。质言之,则'佛教上之宗教改革'而已。"[3] 梁启超在此显然以西方文艺复兴和宗教改革来比拟佛教在近现代的复兴。如所周知,在近现代佛教思想界,太虚法师被誉为马丁·路德式的人物,其所领导的佛教革新运动和所倡导的人生佛教、人间佛教理念在今天看来也正为彼时佛教的发展开辟了新路。可以说,梁启超所

---

[1] 梁启超:《清代学术概论》,上海古籍出版社,1998,第99页。
[2] 梁启超:《清代学术概论》,上海古籍出版社,1998,第100页。
[3] 梁启超:《清代学术概论》,上海古籍出版社,1998,第106页。

揭橥的晚清以降思想界中佛学这股"伏流"由隐而显的过程便与佛教入世转型的历程相伴始终。

值得注意的是，在近现代佛教思想界，佛学这股"伏流"中所活动的主体除了传统意义上的僧人，居士乃至知识人群体也是不可忽视的力量。其中之尤者如杨文会、谭嗣同、梁启超，康有为、章太炎等，正是由于他们的参与，"伏流"当中汇入了新质。任继愈曾洞察到"当居士佛教的声势及社会影响超过僧团佛教时，则预示着佛教内部将有大的变化"，他并指出，历史上居士佛教大发展值得注意的有两个时期，一为南北朝，二为辛亥革命前后。在后一个时期，居士佛教上升为佛教重镇，"特别在佛教理论、学术方面，居士佛教的声望有的反在僧团佛教之上"[1]。正如蒙文通注意到在中国哲学史上，每当周秦诸子之学兴起的时候，就是学术将要发生新变之际[2]，任继愈同样观察到历史变化的大关节处，把居士佛教的兴起乃至其势力超过僧团佛教视作佛教内部将有大变化的表征。潘桂明则将近代居士佛教定位为中国居士佛教的改革时期，指出"它虽然未能担负起佛教'复兴'的重任，但是对处于衰亡中的佛教进行了卓有成效的改革（同时也是对陷入香火繁盛之中的居士佛教自身的改革），使佛教重新回到教理研究、教团建设的理性色彩的精神文化发展一途"[3]。梁启超在《清代学术概论》中援引了蒋方震《欧洲文艺复兴时代史》自序中的一段话，并表示深惬其言。蒋方震认为欧洲近世史之曙光发自文艺复兴和宗教改革两大潮流，仿此则我国今后的新机运亦当从两途开拓，其中一途便是理性方面之新佛教[4]。在某种意义上说，正因为理性的因素汇入了佛学这股"伏流"中，才使得佛教在近现代获得一定程度上的"复兴"。理性与信仰也由此成为近现代佛教思想史上相互交织的复线。

---

[1] 任继愈：《序言》，潘桂明《中国居士佛教史》，中国社会科学出版社，2000，第2—3页。
[2] 蒙文通：《治学杂语》，见蒙默编《蒙文通全集》（六），巴蜀书社，2015，第46页。
[3] 潘桂明：《中国居士佛教史》，中国社会科学出版社，2000，第836页。
[4] 梁启超：《清代学术概论》，上海古籍出版社，1998，第100页。

如果要定位这一时代的特征的话,张灏所提出的"转型时代"可谓十分妥当。他认为这个时代无论是思想知识的传播媒介还是思想的内容都有突破性的巨变,他特别提到新的社群媒体,即知识阶层的出现,而这样一个知识阶层在转型时代便面临着精神取向的危机。他说:"转型时代初期,知识分子很盛行研究佛学就是一个很好的例证。这个发展我们不能完全从政治社会的角度去看,它不仅是对传统政治社会秩序瓦解的回应,它也是传统意义架构动摇以后,人们必需对生命重建意义架构所作的精神努力。康有为、梁启超、谭嗣同、章炳麟这些人之走向佛学,都与这种取向危机所产生的精神挣扎有关。"[1] 可见,转型时代的知识人在面对精神取向的危机和心灵秩序的崩溃时都往往取资于佛学,而这些知识阶层对佛学的介入乃至以己意进退之又反过来使得佛学更深地影响当时的思想界,并提高了自身的理性质素。应该说,转型时代的这股"伏流"正是由于知识人的参与才在一定程度上造就了理性的新佛学。当然,这里所说的理性的新佛学并不是否认佛教的宗教性和神圣性,而是针对前述梁启超所揭橥的邪魔外道惑世诬民之术随佛学以兴的现象,避免佛学成为思想界一大障。

总之,知识人对佛教的兴趣和参与对近现代佛教的知识转型和入世转向的影响是颇值得研究的。尤其是知识人与居士佛教的合流与互动更是共同汇成了转型时代的佛学"伏流"。知识与信仰的互动与变奏遂成为此期佛学之显著特征。这一显著特征体现在判教上,那便是传统佛教的判教思想出现了智识主义转向。

在近现代文化思潮的涵化下,传统佛教信仰中所内涵的知识面相逐渐孕育成熟,虽然传统佛教中知识面相的成熟与独立仍然不脱离佛教信仰的母体,并且其本身仍然属于佛教信仰形态内部变迁的产物,但毕竟经过新的时代语

---

[1] 张灏:《中国近代思想史的转型时代》,载氏著《幽暗意识与时代探索》,广东人民出版社,2016,第131、144页。

境下现代性观念的冲击与洗礼,故信仰与知识的张力体现在佛教结构的方方面面。传统佛教判教中智识主义的兴起便是佛教结构中信仰与知识的内在张力与双重变奏的重要表征。传统佛教判教中智识主义的兴起主要体现在三个方面:首先是传统佛教判教的时间结构发生了从"时间"到"历史"的转换,这一"历史"转向和佛教判教中历史意识的兴起在某种程度上解构了传统以"时"判教的神话。其次是"科学"观念的主义化和意识形态化使得科学方法与精神更易被整合进近现代佛教的信仰体系和知识系统,于是运用科学方法来整理佛学知识或者使用佛教术语来接引科学,探讨哲学层面的知识论问题便成为近现代佛教领域的重要问题意识。最后是佛教教育体制和课程设置中所体现出的内学与世典、中学与西学的并置与杂陈,反映了"过渡时代"中西学科间以及佛教内外知识系统间的互动与渗透。这一佛教知识系统的配置也是传统佛教判教智识主义兴起的重要表现形式。

二 世俗时代中的"宗教性"问题与神圣秩序的重建

"世俗时代"这一命题是加拿大思想家查尔斯·泰勒(Charles Taylor)提出来的,他在《世俗时代》一书中从历史的视角考察了现代性的世俗化面向在"西方基督教"世界的发展。他提出世俗性的三种模式,且这三种模式全都指涉"宗教":"(1)退出公共空间的宗教;(2)作为信仰与实践的一种类型,且不论是否在退化;(3)作为某种特定信仰或委身,而它在这个时代的境况正在经受检视。"[1] 实际上,与他所提出的"世俗性"问题相对,世俗时代中的"宗教性"问题亦得到凸显。查尔斯·泰勒正是试图理解现代西方文明所发生的一组形式和变化,涉及到宗教在他所谓世俗性之三种维度中的

---

[1]〔加〕查尔斯·泰勒:《世俗时代》,张容南等译,上海三联书店,2016,第20页。

地位。颇具启发意义的是，他以"超越"与"内在"的对比来揭示西方文明的这种变化。他说："我们已经从这样一个世界——在那里，完满之地被毫无疑问地理解为外在于或超越于人类的生活——转移到了一个冲突的时代，在此，这种'超越'解说遭到其他'内在'解说的挑战（这些内在解说以许多相当不同的方式把完满之地置于人类生活'之内'）。"[1] 可以说，世俗时代的"宗教性"问题在某种意义上就体现在从超越型宗教到内在型宗教的转变。

当然，查尔斯·泰勒的世俗化理论只是对西方文化和社会秩序的世俗化进程的阐释，应该注意到"世俗时代"与近现代中国思想史上的"转型时代"的差异。他所谓的世俗性其中一大特征就是社会、政治实践层面的上帝之不在场，而具体到佛教思想史领域，以人间佛教为代表的佛教入世转型恰是由出世转向入世，是神圣对世俗的介入，因此在中国的语境中反而是在走出查尔斯·泰勒意义上的世俗时代。在西方基督教走进世俗时代的背景下，佛教一方面作自我调适以适应世俗时代，一方面又在积极入世以介入这个时代神圣性的建构。近现代佛教入世转型没有放弃神圣秩序的建构，也并不意味着神圣性的消解，相反，入世转型恰是保存宗教神圣性的途径与策略。[2]

如果说前文主要是从知识的角度讨论了传统佛教判教的智识主义转向，此处则从道德的角度探讨佛教的入世转型，并且知识与道德之间具有从学理革命到道德革命的内在关联。在近现代佛教界，有着转化传统道德资源的努力，并且这种努力与佛教之新判教联系起来，表现出从学理革命到道德革命的演进态势。印顺法师在谈及太虚法师的判教时，曾提出太虚判教的特点是

---

[1] 〔加〕查尔斯·泰勒：《世俗时代》，张容南等译，上海三联书店，2016，第20页。

[2] 洪修平从佛教的中国化与普世性、佛教的出世解脱与入世化人生化以及佛教的契机契理等方面反思了人间佛教的理论和实践，指出"从总体上看，在当前有关'人间佛教'的理论和实践中，与契机性的被强调相比，其契理性似乎略显不足。现世化的过分强调是否会遮蔽向上的宗教维度，神圣与世俗之间是否会失去动态的平衡，这是非常值得注意的一个问题……如果遮蔽了其向上的维度，则将与一般的世间学如儒学等无异，那么佛教的独特价值也就难以得到彰显和发挥。如果将'人间佛教'的入世化简单地比同于儒学的入世或以儒学化说明之，那是不合适的"（洪修平：《对当前人间佛教发展的若干问题之反思》，《宗教学研究》2011年第1期）。

"新与融贯",其晚年定论是融贯一切的新的判教。他说:"晚年定论之'教之三期三系,理之三级三宗,行之三依三趣',是融贯一切,是一种新的判教,但与台、贤等判教不同。台、贤的判摄,如古代的封建制:周天子高高在上(如圆教),公侯伯子男次第而下,秩然有序。而大师的判摄,如近代的联邦制,首先确认各各平等,不失去各各的特色,而合成一大共和国。这也可说是适应时代的学理革命,如将许多独立邦,合成联邦共和国一样。"[1]印顺法师揭示出太虚判教从初期的"大乘八宗平等"到后期大乘三系平等,体现了其判教体系中宗派主义的消解和回到印度经论的倾向。此处更将台、贤判教和太虚新的判教比作封建制和联邦制的区别,认为新判教可说是适应时代的"学理革命"[2]。于此可见太虚之判教与人生佛教的关联,都属于"学理革命"的一部分,且真正的学理革命是即人成佛的人生佛学。

应该说太虚的人生佛学的确是根源于知识经验相结合,更重于实践的中国佛学,从学理革命到道德革命,其伦理、政治实践是建立在学理和知识的基础上的。太虚1913年编有《仁学粹编》,其中说道:"世有欲以佛学为入世应用者乎?则取此而读之,殊不无小补云尔。"[3] 可见,他亦受到谭嗣同等应用佛学以入世的思想家的影响。他提出"菩萨与公民"这一论题,要从菩萨的人生观去修养公民道德。在分析有情痛苦之由来时重视因缘和心力的作用[4]。

太虚法师的"菩萨公民"当然也是追求伦理现代性的表现,但是他并没有抛弃传统伦理,而是把菩萨行与公民概念结合在一起,构建一种与人生佛

---

[1] 印顺:《谈入世与佛学》,载氏著《无诤之辨》,中华书局,2011,第145—146页。
[2] 印顺法师指出:"真正的'学理革命',就是即人成佛的人生佛学。人生佛学,不是世俗化,不是人天乘,不是办办文化慈善,搞搞政治(并非不可办,不能搞),而是有最深彻之意义的。这就是根源于知识经验相结合,更重于实践的中国佛学。"印顺:《谈入世与佛学》,载氏著《无诤之辨》,中华书局,2011,第146页。
[3] 太虚:《仁学粹编》,《太虚大师全书》第22卷,宗教文化出版社,2005,第461页。
[4] 太虚:《菩萨的人生观与公民道德》(1930年11月在重庆大学讲),《太虚大师全书》第23卷,宗教文化出版社,2005,第156—157页。

学相辅而行的佛教道德。他不满于中国从外国输进来的新思潮,认为这些新思潮"简直把全国思想界弄得五零八落,你说是道德,他说是罪恶,你说是改善人类的生活,他说是阻碍社会的进化,邪说风行,使国民堕落,道德只成了一种空谈,没有办法"[1]。因此,他主张以佛法中的两种观念来为道德奠基:一是"众缘主伴之互成","就是阐显全宇宙间事事物物,没有哪样东西离却一切的主因助缘单独地存在";二是"唯识因果之相续","宇宙间的天然界和人为界,所有事实的现象先后之迹,稍一观察,莫不含有心理现象因果的至理"[2]。可以说,因缘和因果是太虚所提倡的菩萨新道德的两条基本原理,由此才能将个人的私德社会化、国民化,从而造就新时代的"菩萨公民"。

太虚法师不仅提倡菩萨新道德和"菩萨公民",而且主张一种"菩萨的政治"。他认为"在现时必须将古今的学术思想融贯起来,建立一个最合理的政治"[3]。太虚法师致力于从佛学角度提出一种新的政治主义,是为"菩萨政治",并以此与西洋的"哲人政治"、中国的"圣王政治"作比较,认为"菩萨政治"的特点就是对"性空的理和缘起的事"有深切的认识,"明了性空缘起的事理,再本着慈悲方便的心行,才能去改造社会、建设国家"[4]。

三 信仰与知识的双重变奏:佛教对现代性观念的容受

在近现代佛教思想界,持不同判教立场的派系为争得自身学术、思想谱系的正统性,不得不诉诸彼时在思想界占据主流地位的诸如科学、理性、进

---

[1] 太虚:《如何建立国民的道德标准》(1932年9月在武昌文化公学讲),《太虚大师全书》第23卷,宗教文化出版社,2005,第162页。

[2] 太虚:《新青年救国之新道德》(1932年11月在厦门新青年会讲),《太虚大师全书》第23卷,宗教文化出版社,2005,第171—172页。

[3] 太虚:《菩萨的政治》(1941年春在中华大学纪念周讲),《太虚大师全书》第24卷,宗教文化出版社,2005,第20页。

[4] 太虚:《菩萨的政治》(1941年春在中华大学纪念周讲),《太虚大师全书》第24卷,宗教文化出版社,2005,第22—24页。

化等西学观念或主义。这些现代性背景下的新观念、新话语影响及于佛教信仰层面，使得传统的佛教信仰机体由于嵌入了知识、理性等现代性的新元素而发生了化合反应，从而促进了佛教信仰质素的内在更新与再生产。此处兹举时人对佛教、佛学观念的差异以及"宗教"观念的理解来说明新的现代性观念对佛教的影响以及佛教对此的容受。

太虚法师在1930年1月于闽南佛学院编述的《佛学概论》一书的绪言中就对"佛学"的名义作了解释。他说："'佛教'，平常都以寺庵中之僧尼为代表，以为不过一种礼拜式之宗教，何学之可言！此曰佛学，未免有所未喻，故先将学字解释之。学字常义有二：一是动词，如学习学作，凡有所摹效练习，均可名学，如小儿学语学行等。二是名词，如学理学说，凡持之有故，言之成理，前后相应，有精深详密之条理者，如科学哲学等，方可名学。今称佛学，亦指有精密条理之学理而言。"[1] 太虚法师十分强调佛教之学的理性一面，甚至在学理性层面上将佛教与科学、哲学等现代学科并列。这便涉及到佛教与科学、哲学、宗教的关系问题，太虚法师指出："佛教何以有学？通常佛典内多称佛法。有人言佛法即哲学，佛法即宗教。有人言佛法非哲学亦非宗教，只能称佛法。"[2] 他说："此佛之遗教，与通常之学理学说不同。盖通常之学说，乃依半明半昧之常识推究所成，以所已知者推所未知，如科学方法，在其推究之中，得一番经验加一层知识；若昔言天圆地方，后知地本球形，则说无确定，义时变动。佛之教法与余学来源不同，乃是纯由圣智中所流出之至教。故于教法上言，不能不用信力领受之，此点与信宗教无异。"[3]

关于太虚法师的宗教观，他曾在1924年初冬于宁波作的《人生观的科

---

[1] 太虚:《佛学概论》,《太虚大师全书》第1卷,宗教文化出版社,2005,第3页。
[2] 太虚:《佛学概论》,《太虚大师全书》第1卷,宗教文化出版社,2005,第3页。
[3] 太虚:《佛学概论》,《太虚大师全书》第1卷,宗教文化出版社,2005,第4页。

学》一文中对"宗教"这一概念作过疏解。他说:"宗教一名词,在佛典原有其解:所谓自觉圣智境界为宗,应机方便宣说为教。此与西文的'宗教'一名,义虽不合,但日本译为宗教,原是用的佛典之义,而此义放低了,也尽可为一般宗教之定义:即以特殊之感验为宗,而向他人表示其特殊的感验,及达到其感验之方法的说明为教。""宗教在有其超越常人之内心特殊感验为本质,乃发为言诠仪轨以教导乎人也。故宗教者,创教人由'宗'而'教',而受教者,复由'教'而实行其所'宗'尚之理解,以证得其同样之超常感验者也。"[1]

印顺法师在论述"我之宗教观"时指出:"一般反宗教者与非宗教者,以为宗教是迷信,是人类愚昧的幻想。但在我看来,宗教是人类的文明根源,是人类知识发展以后所流出,可说是人类智慧的产物。"[2] 这便涉及知识与宗教的关系,印顺法师认为由于知识的开发增长,从低级进向高级,宗教亦随之进化发展,"从多神的宗教,进步为一神的宗教,再进展为无神的宗教"[3]。他认为,佛法是"无神的宗教","佛教是否定了神教、我教、心教,否定了各式各样的天国,而实现为人间正觉的宗教。……佛教是无神的宗教,是正觉的宗教,是自力的宗教,这不能以神教的观念来了解它"[4]。

太虚和印顺对"宗教"[5] 概念的抉择,对佛法与宗教、哲学、科学关系的讨论以及佛教作为"无神的宗教"的界定都是近代以来的话语,是现代性背景下新的话语和宗教观的体现。在某种意义上讲,将佛教与哲学、宗教、科学进行比较是一种现代性语境下的"格义"。通过这种概念间的格义将晚近产生的哲学、宗教、科学等概念和话语中蕴含的学理性和现代性输入传统

---

[1] 太虚:《人生观的科学》,《太虚大师全书》第 25 卷,宗教文化出版社,2005,第 7、10 页。
[2] 印顺:《我之宗教观》,《印顺法师佛学著作全集》第 8 卷,中华书局,2009,第 1 页。
[3] 印顺:《我之宗教观》,《印顺法师佛学著作全集》第 8 卷,中华书局,2009,第 2 页。
[4] 印顺:《我之宗教观》,《印顺法师佛学著作全集》第 8 卷,中华书局,2009,第 12 页。
[5] 关于"宗教"这一新兴概念在近代中国的传播,可参考陈熙远《"宗教"——一个中国近代文化史上的关键词》,《新史学》第 13 卷第 4 期,2002 年 12 月,第 37—64 页。

的"佛教"概念,从而将"佛教"区分于迷信、神教等与现代性冲突的异质元素,进而实现传统"佛教"的概念转型和话语转换以及知识谱系的更新。

当然,在近现代佛教的思想谱系中,也有坚持佛法本身的主体性,极力厘清佛法与宗教、哲学之边界的一派,此可以欧阳竟无和王恩洋为代表。欧阳竟无1921年10月在南京高师哲学研究会作题为《佛法非宗教非哲学而为今时所必需》的讲演。他首先对佛法、宗教、哲学的名义作了界定,认为佛法"是指瑜伽所得的。瑜伽者,相应义,以其于事于理,如如相应,不增不减、恰到好处,故称为法。……宗教、哲学二字,原系西洋名词,译过中国来,勉强比附在佛法上面。但彼二者,意义既各殊,范围又极隘,如何能包含得此最广大的佛法?正名定辞,所以宗教、哲学二名都用不着,佛法就是佛法,佛法就称佛法"[1]。其次,欧阳竟无从四个方面说明了佛法非宗教[2]。欧阳竟无对"宗教"这一概念的理解显然主要是以西方基督教为判准,反映了对译"religion"这一概念的"宗教"语词在中国早期传播时的接受状况。欧阳竟无对用"宗教"来格义佛法所造成的对"佛法"的曲解和遮蔽表达出一种拒斥的态度,甚至将"宗教"与"迷信"相提并论。他说:"譬如宗教家人说有上帝,这些庸人便承认以为有上帝,牧师教人崇拜耶稣,这些人便崇拜耶稣,一味盲从,更不思索,千百年来只是糊涂下去。"[3] 因此,他表扬了哲学家在破除迷信方面的功绩,但同时也批评哲学家一方面能够破除迷信和谬执,另一方面又陷入了迷信和谬执。

王恩洋曾接续乃师欧阳竟无对"佛法非宗教非哲学"的判定申论道:"然在今日,科学盛行;不有理解学问,人将斥为迷信。又祖师不续,示教无

---

[1] 欧阳竟无:《佛法非宗教非哲学而为今时所必需》,《欧阳竟无内外学》,商务印书馆,2015,第572页。

[2] 欧阳竟无:《佛法非宗教非哲学而为今时所必需》,《欧阳竟无内外学》,商务印书馆,2015,第573—574页。

[3] 欧阳竟无:《佛法非宗教非哲学而为今时所必需》,《欧阳竟无内外学》,商务印书馆,2015,第575页。

人，不依经论，凭何而学？又况众生执著，随缘而迷；立教不详，破遣不密，则任意颠倒，便入外道。由是理故，法相、唯识、因明之学，应更求详。此宗苟暗而不明，他宗将同归于尽。何则？不善破立，有理难明，则彼科学哲学之徒，将视吾为宗教而共推翻之矣。然则学问一道，于今诚为当务之急，兴学校，植人才，整理旧籍，系统钻研，诸有志者，勿落人后。虽然，于今之世，复有但以学问思辩之意义而研究佛学者，与哲学一例而并观，此则谬误甚矣。"[1] 由此可见，王恩洋十分重视佛学与宗教、哲学的分野。佛学首先不是宗教，面对科学盛行的时势，佛学要与宗教迷信划清界限，就应该详求法相、唯识、因明之学，从而使得佛学知识体系有理能明，善破善立，既不为科学哲学之徒视为宗教而推翻，亦能简别于外道。其次，佛学亦不能但以学问思辩之意义研究之，与哲学一例而并观。他曾对梁漱溟关于佛法与宗教、哲学关系的论述有所评论。[2] 由他的评论可以看出，一方面当时如梁漱溟等重要思想家想要厘清佛法与宗教、哲学等西方学科或知识系统的界限，但另一方面如宗教、哲学等新名词、新观念实际上已经渗透到当时思想界的话语系统当中，以至于出现"反把被推倒的帽子来戴在能推倒的头上"这等奇事。然而，这些西方的新名词、新话语尽管在被用来"比附"佛法的过程中产生许多名实不符的现象，但也正是由于使用了西方的概念和话语来"格义"佛法，才使得佛法能够在东方文化沉寂的时代氛围中得到关注和讨论。因此王恩洋说道："今天的人所以会有讨论唯识讨论佛法的兴趣，也全靠他先生这一比附"，"所以梁先生现今虽然大张旗鼓的反对佛法，然我却认定他是佛法中的一位大功臣"[3]。

---

[1] 王恩洋：《佛法真义》（1922年），《王恩洋先生论著集》第2卷，四川人民出版社，2000，第132页。
[2] 王恩洋：《研究佛法者应当注意的三个问题》，《王恩洋先生论著集》第2卷，四川人民出版社，2000，第166页。
[3] 王恩洋：《研究佛法者应当注意的三个问题》，《王恩洋先生论著集》第2卷，四川人民出版社，2000，第166页。

可见，在学科和名词、概念意义上佛法与西学"格义"过程中边界的区分和主体性的坚持，在在都体现了佛法作为佛法的核心，即信仰特质。用印顺法师的话讲就是要重视佛法的宗教性。他说："研究佛学，最好当然是深入佛法，身心有所契会。至少也要信解佛法的宗教性，而予以理解研究。也就是要顺着佛法是宗教的性格去研究，这才是客观的尊重事实。"[1] 因此，一方面信仰寻求理解，另一方面对佛法的理解和研究要顺着佛法是宗教的性格。这种信仰和知识的纠葛状态既是"过渡时代"的特征，也是为佛教研究的特殊性所决定的。

第二节　文化判教与近现代佛教入世转型的双向互动

传统佛教判教的内涵在近现代的语境下发生了嬗变，姑且名之为"文化判教"。这一"文化判教"的特征可以太虚法师所谓"新与融贯"来概括。"新"即佛法的契机原则，以佛法来适应现代的思想潮流及将来的趋势，这是应用佛法于新的时代机宜所必须做出的对佛教自身思想体系的重新整合与判摄。文化判教与近现代佛教入世转型运动的关系是双向的，一方面文化判教所使用的观念能够产生实际的实践效应，另一方面佛教入世转型运动的实践又会反过来使得文化判教的思想体系发生调整和变化。

一　传统判教的内涵演变与近现代语境中的文化判教

近现代是古今中西各种文化思潮交汇之世，在这种新的时代情境下，古代所谓"判教"亦发生了新变和现代转型，近现代佛教之"判教"概念的内

---

[1] 印顺：《谈入世与佛学》，载氏著《无诤之辩》，中华书局，2011，第160页。

涵与外延较之古代"判教"均发生了一定程度的变化。理解近现代佛教的判教问题大致需要具备四重视域：古德判教、近现代判教者对古德判教的理解、近现代判教者自身的判教思想，以及站在当代研究者立场上对判教的理解。因此，对近现代佛教判教思想的研究和近现代佛教"判教"概念的界定应该在这四重视域融合的基础上展开。其中尤其值得注意的是区分近现代判教者对古德判教的理解和近现代判教者自身的判教思想。

事实上，近现代的判教者自身往往在判教问题上已有明确的自觉意识，在新的时代条件下将自家判教立场和方法与古德之判教做出区分。即如太虚法师第二期判教主大乘八宗平等，认为大乘八宗在境、果上皆平等，只不过在"行"上诸宗各有差别施设。太虚法师认为这样来判摄一切佛法便与古德的判教完全不同了。可以说，太虚法师判教的根本原则即在于新与融贯。此中提到的"新"即佛法的契机原则，以佛法来适应现代的思想潮流及将来的趋势。当然太虚法师亦强调，"若不能以佛教为中心，但树起契机的标帜而奔趋时代文化潮流或浪漫文艺的新，则他们的新已经失去了佛教中心的思想信仰，而必然的会流到返俗判教中去"。这种"新"同时还是以中国佛教为本位的新，"是以中国二千年来传演流变的佛法为根据，在适应中国目前及将来的需要上，去吸收采择各时代各方域佛教的特长，以成为复兴中国民族中的中国新佛教，以适应中国目前及将来趋势上的需求"[1]。中国新佛教的复兴需要新的判教，这种新判教既非传统的带有强烈宗派意识的"古德判教"，亦非无佛教主体性的"返俗判教"，而是新与融贯、契理契机的新的判教方式。由太虚法师的判教思想可见传统佛教判教思想近现代转型之一斑，这正是为

---

[1] 太虚：《新与融贯》，《太虚大师全书》第1卷，宗教文化出版社，2005，第380—382页。太虚法师之所以能不为宗派意识所蔽，也因为他有世界佛学的视野。他说："近二十年来，以日本及南洋西洋之交通便利，思想输瀹之影响，先以恢复初唐之故有，进之遍究全藏，旁探锡兰、中国藏地，而溯巴利文、梵文原典，当非复宗派传统之可拘蔽，而入世界佛学之新时代矣。"[太虚：《佛学概论》（1930年1月在闽南佛学院编述），《太虚大师全书》第1卷，宗教文化出版社，2005，第17页]

了适应现代一切新的经济、政治、教育、文艺及科学、哲学诸文化，是应用佛法于新的时代机宜所必须做出的对佛教自身思想体系的重新整合与判摄。

太虚法师以"新与融贯"为特色的判教思想在一定程度上能代表近现代佛教判教思想的特点。这些特点主要包括以下几个方面：

第一，近现代佛教之"判教"是吸纳了现代性话语的"新判教"。近现代佛教同时面对各种思潮的冲击和现代性话语的挑战，此期佛教的判教思想体系一方面要适应新的时代机宜，吸纳诸如科学、历史、理性、进化等新的话语和观念，对佛教自身的思想体系进行重新整合与判摄；另一方面，也要在融贯新的思想元素的同时有所抉择，避免出现如太虚法师所言之无佛教主体性的"返俗判教"现象。

第二，近现代佛教之"判教"是嵌入广阔的社会、制度语境的"大判教"。诚如汤用彤先生关于判教的"反影说"所言，"研究判教之内容，亦可知时代流行之学说、研究之经典为何。盖判教者之所采取，必为当时盛行之经典与学说，故实其时佛学情形之反影也"[1]。这一"反影说"揭示了经典、学说等观念层面的判教与不同时代"佛学情形"的关系。近现代佛教处在古今中西交汇之世这一时代大变局之中，一方面可以透过此期判教者所采取之经典与学说，从"反影"来反观其时佛学发展之情形；另一方面，也应将此期判教思想嵌入广阔的社会、制度语境，从"大判教"的视角来抉发近现代佛教判教思想所内蕴的政治意涵与实践意义。

第三，近现代佛教之"判教"是儒、佛、耶多元宗教与文化系统并立格局中，以佛教为本位作融摄与抉择的"文化判教"。近现代佛教在文化与信仰层面实际上面临着两个方面的挑战：一是儒家思想在吸收了佛教和西学的思想资源后所孕育的现代新儒学在文化乃至宗教的向度上对佛教思想体系的

---

[1] 汤用彤：《汉魏两晋南北朝佛教史》，中华书局，1983，第601页。

冲击；二是在"西学东渐"和"西教东渐"的时代情境下，西方之"学"与"教"对佛教知识系统和信仰体系的挑战。因此，近现代佛教的判教思想实际上已经溢出了佛教内部语境，成为一种在儒佛关系和中西比较视域下的文化判教。

如有学者所言，"判教一般被理解为中国佛教发生重大历史转折的重要标志之一"，"判教问题是近现代中国佛教史上的一个不可忽视的重要问题"[1]。近现代作为重要的文化转型期和"过渡时代"，判教问题是切入近现代佛教思想史上的核心问题，并由此"反影"观察近现代佛教发展情形的重要窗口。传统佛教判教思想正是因为吸纳了佛教以外的现代性"话语"，才在多元复杂的文化语境中发生了新变和转型。因此，在探讨传统佛教判教思想的现代转换时，对"判教"概念的理解和界定不能仅将其视作对印度佛典的判释和分类，而是要在整个佛教思想的开展和演变以及传统佛教思想的当代判摄的意义上去把握传统佛教判教思想与近现代佛教判教思想间的连续性与断裂性，尤其应着眼于"判教"概念本身在新的时代语境下所发生的断裂式的意义转换。

因此，本章的论述对"判教"的界定已经不限于传统佛教界自身的判教，而是整个社会各种不同立场、身份的群体对佛教的合法性以及多元文化思潮中佛教的定位的重新判摄。中国佛教的判教思想在近现代出现了新情况，面对着新问题。在近现代这一古今中西各种文化思潮交汇之"转型时代"，仅仅延续传统的判教方式是不够的，即便是佛教自身的正统性与合法性在新的时代情境下也不是自明的，而是需要在多元文化思潮中重新定位。我们借用历史上的判教观念、方法来讨论在近现代多元宗教与文化系统并存的格局下对佛教思想体系的整合与判摄问题，而不是讲纯粹的佛教界的判教，这也正

---

[1] 何建明：《序〈佛教传统的价值重估与重建——太虚与印顺判教思想研究〉》，邓莉雅《佛教传统的价值重估与重建——太虚与印顺判教思想研究》，巴蜀书社，2017，第1、7页。

是传统佛教判教思想在近现代发生转型的一个重要方面。

二　文化判教的塑造力量与近现代佛教的入世转型

晚清以来有一批今文学派或受到陆王心学及佛学影响的思想家群体，从政治、伦理、心性等方面将传统的佛教判教思想从抽象、形上之理的层面发展出更为能动、更具主体性的向度。这种文化判教的塑造力量对近现代佛教入世转型的影响主要体现于唯识和心力观念所发生的实践效应。

唯识学的社会整合功能和政治效应主要体现在与西方科学"格义"的过程中接引了科学观念并进一步促成了佛学的复兴和佛学自身主体性的彰显，从而扩大了佛学在近现代思想界从观念到实践等不同层面的影响。

"科学"观念重塑了中国现代思想中的"宗教观"。孙宝瑄在《日益斋日记》中言道："八月十四日，宴复生、卓如、穰卿、燕生诸子于一品香，纵谈近日格致之学多暗合佛理，人始尊重佛书，而格致遂与佛教并行于世。"[1] 时值 1896 年，可知彼时佛书与格致之学互相借重之势。1897 年八月初四日的日记中，孙宝瑄记道："粹卿来。晡，同车诣天宁寺，谈及格致之学可作佛书之凭据，亦可正佛书之讹谬，其讹谬殆为门弟子追录佛言附会之辞。"[2] 葛兆光曾指出晚清时期佛学兴趣的变化："戊戌以前，主要还是传统中国流行的《华严》、《楞伽》、《起信》和禅宗之学，而戊戌以后则才明显转向唯识学。"[3] 戊戌以后知识人佛学兴趣转向唯识学，其实是与"科学"观念传播的态势相一致的。据艾尔曼对科学与戊戌维新派关系的研究，"西化精英们在戊

---

[1] 孙宝瑄：《日益斋日记》（佚），见丁文江、赵丰田编《梁启超年谱长编》，上海人民出版社，2009，第 38 页。
[2] 孙宝瑄：《忘山庐日记》（上），上海古籍出版社，1983，第 130 页。
[3] 葛兆光：《"从无住本，立一切法"——戊戌前后知识人中的佛学兴趣及其思想意义》，载氏著《西潮又东风：晚清民初思想、宗教与学术十讲》，上海古籍出版社，2006，第 112 页。

戌变法中发挥了重要作用,康有为、谭嗣同和梁启超等对现代科学表现出更为肯定的态度","当中国的精英分子开始把目光转向西学和现代科学时,一直到1900年以前都还是中华正统和文人标准的经学(汉学)或程朱理学(20世纪以来逐渐被称为新儒学)传统已经后继乏人"[1]。传统经学后继乏人之时,正是西学、现代科学与唯识学并行于世之时。我们很少用儒学去接引科学,而是用佛教、道家等非正统思想去接引科学,即使在佛学内部,亦是用中国化程度较浅的唯识学来接引科学,而科学由于在近代中国的威望和权势,佛学对科学的接引也是促成儒佛权势转移的助缘,而唯识学的复兴也就不难理解了。[2]

中西学术碰撞所带来的文化冲击已经改变了中国社会和文化的权势结构。值得注意的是,当科学或西学成为文化权力的表征时,至少就部分佛学本位的僧侣而言,一方面他们承认佛学或唯识学与科学可以互证,从而借重科学的权势抬高佛学的地位;但另一方面,在他们的思想观念中,佛学仍有科学所不及之处。诸如太虚法师在评李珆卿《唯识新论简述》一书时就对原子律和生物进化说提出质疑,认为"不须认原子律为科学之金科玉律,牵唯识学迁就原子律以沟通科学","生物进化说未为极成,近尤摇动;如广州某君之试验,证明低等高等各生物可同时发生,故亦无迁就彼说之必要"。他最后总结道:"要之,科学乃就所观察到浅显现象排列编辑成系统之说者,与佛智由洞明底里以说明其表者,诸表象上虽或时同,而以浅深异故,在说明之详略上(佛学详深而略浅,科学详浅而略深)、次序上自难完全合辙。然科学能适应今日一般人智,而于佛法尚鲜能达,则假科学以通方便之门,吾于李君

---

[1] 〔美〕艾尔曼:《科学在中国:1550—1900》,原祖杰等译,中国人民大学出版社,2016,第501、522页。

[2] 孙宝瑄1897年的日记有多条记载其读唯识类典籍,如十月二十四日"夜,观《相宗八要》",十月二十五日"夜,观《相宗因明论》终",十月二十七日"览《百法明门论》",十月二十八日"夜,览《惟识三十论》",其余尚有览《观所缘缘论》、《成唯识论》等记载,不烦尽举。参氏著《忘山庐日记》(上),上海古籍出版社,1983,第146—148页。

亦深佩之！"[1] 在评任鸿隽所译英国丹波尔惠商《科学史·导言》的《近代科学之发展及其与哲学之关系》一文时，太虚法师指出其中的观点"一方面予了物理科学一个相当的限度，一方面许以去有益的批评时代思想和神学家所迷信的教条，对于一般神教的严重威胁仍在。但所谓'一个与至高无上自然力交通的感觉'，无疑的惟佛陀的'无上遍正觉'乃足以当之"[2]。太虚法师在这两篇书评所表达的观点已经明显对科学本身有了更为理性的认识和客观的评价，这除了与其作为僧人维护佛教有关，可能亦与两次世界大战以来西方物质文明破产、科学万能迷梦破碎以来对科学观念本身的反省有关。[3]

从以上论述可以清楚地看到，以唯识学为代表的佛学在与西方科学"格义"的过程中从借重科学之势到逐渐打破科学万能的迷梦，彰显佛学自身的主体性，不仅反映了世界局势变化下文化权力格局与重心的东方位移，亦体现了"格义"中的政治和权势转移，更折射出唯识学的权力光谱对近现代思想界的影响，而这种影响将体现在从观念到社会政治等诸多层面。

有论者已指出，近代的"心力"说在戊戌时期维新派思想家中颇为流行[4]，而这与佛教思想的影响是分不开的。有学者将"心力"说纳入近代唯意志论思潮中进行讨论，指出中国近代唯意志论汲取了佛教、王学、明清之际启蒙思潮及西方近代唯意志论等思想资源，并把相关问题的讨论进一步延伸到伦理、政治与文学领域，其中提到佛教是中西近代唯意志论的重要交接

1　太虚：《阅〈唯识新论简述〉》，《太虚大师全书》第28卷，宗教文化出版社，2005，第152—154页。
2　太虚：《评〈近代科学之发展及其与哲学之关系〉》，《太虚大师全书》第28卷，宗教文化出版社，2005，第378页。
3　艾尔曼指出，"1914—1919年的第一次世界大战成为现代主义者和'新儒'传统主义者之间的分水岭，前者仍然将科学看作未来世界的普遍模式，而后者如张君劢（1887—1969）等人，在欧洲的灾难之后显露出对中国式道德教育的认同"，在梁启超颇有影响的《欧游心影录节录》中，他"提及他们遇到的欧洲人是如何将第一次世界大战看作西方没落和'现代科学万能梦想'破灭的象征的。梁启超发现，欧洲人现在同情一种在他们看来更强调精神力量与和平追求的'东方文明'，而对于导致世界战争的无节制的物质和科学秩序在欧洲的合法性发出哀叹。梁氏关于战后欧洲精神堕落的分析直指现代科学技术之下隐藏的物质主义与机械性消费。转折的时机到了，'赛先生'的阴暗面暴露了，藏在背后的是西方物质主义带来的毁灭性灾难"（氏著《科学在中国：1550—1900》，中国人民大学出版社，2016，第522页）。
4　参见张锡勤《对近代"心力"说的再评析》，《哲学研究》2000年第3期。

点，中国唯意志论思潮借助佛教教义散发的是卓厉奋发的澎湃大气[1]。

"心力"这一概念在龚自珍那里已获得了哲学上的意义。他说："心无力者，谓之庸人。报大仇，医大病，解大难，谋大事，学大道，皆以心之力。"[2] "史之尊，非其职语言、司谤誉之谓，尊其心也。……心尊，则其官尊矣，心尊，则其言尊矣。官尊言尊，则其人亦尊矣。"[3] 龚自珍身处今文经学与佛学两个思想脉络中，成为这两大思潮接合的枢纽人物。梁启超曾称惠戴一派为纯正经学，称龚魏一派为应用经学，并言道："自龚定庵好言佛，而近今学界代表之数君子，大率与定庵有渊源，故亦皆治佛学，如南海、壮飞，及钱塘夏穗卿其人也。虽由其根器深厚，或其所证过于定庵，要之定庵为其导师，吾能知之，定庵与学界之关系，诚复杂哉。"[4] 可见，定庵诚为学界开风气之人，这一"万状而无状，万形而无形"之风"旋转簸荡而不已"[5]，从经学和佛学两个脉络影响及于后世学界。

此后，康有为等维新派健将亦多以今文经学、陆王心学和佛学为思想资源来发挥主体的能动作用。康有为对"心力"的强调体现在他以"不忍人之心"为哲学出发点的"仁学"思想[6]，这一思想体系重新定位了心、性、情的关系，在伦理学意义上颠覆了传统的政教秩序。以康有为论性为例。康有为论性的观点散见于《康子内外篇》，其中有他与朱一新往复论性的两封书信，从中可略窥其思想。《朱侍御答长孺论性书》中对康有为论性的观点之

1　高瑞泉：《从龚自珍到"战国策"派——略论中国近代唯意志论思潮》，高瑞泉主编《中国近代社会思潮》，华东师范大学出版社，1996，第167—223页。此外可参王汎森《"心力"与"破对待"》，载氏著《执拗的低音：一些历史思考方式的反思》，生活·读书·新知三联书店，2014，第79—126页；坂元弘子：《谭嗣同的〈仁学〉和鸟特亨利的〈治心免病法〉》，《中国哲学》第13辑，人民出版社，1985，第264—275页。
2　龚自珍：《壬癸之际胎观第四》，《龚自珍全集》，上海人民出版社，1975，第15—16页。
3　龚自珍：《尊史》，《龚自珍全集》，上海人民出版社，1975，第80—81页。
4　梁启超：《论中国学术思想变迁之大势》，《饮冰室合集·文集之七》，中华书局，1989，第102—103页。
5　龚自珍：《释风》，《龚自珍全集》，上海人民出版社，1975，第128页。
6　参见施忠连《康有为与陆王心学》，《中国哲学》第11辑，人民出版社，1984，第230—260页。

概括可谓简明扼要，信中指出康有为论性以荀董为归，并批评道："近人好攻宋儒，见有与宋儒异趣者，无论理之是非，必称述之以为快。……今舍诗书之微言，系辞之明训，徒取诸子驳杂无当之说，以与圣贤相枝柱，而适流为异端之归，何取乎尔。……近人尊荀而诋周，知二五而不知十，名为尊荀，实未知所以尊也。足下高识，岂不知之？特牵于董子之言，祖公羊遂祖繁露，因而祖及荀子耳。"[1] 可见，朱一新是把康有为论性的观点放在以荀学为代表的诸子学复兴、异端思想地位上升以及公羊学的思想脉络中去理解的。康有为在答书中梳理了从《论语》的"性相近也，习相远也"到告子"生之谓性"再到荀子"性朴论"的思想线索，明显是从"性者生之质"、气质之性的角度立论。他说："今幸生逢盛世，群书毕备，刘歆之伪明，孔子之真显，而孟荀之优绌亦俱见。董子为嫡传孔门之学，其论性之精，得自孔子"，"荀子之研理虽精，仆或不惜曲说以就孟子，然正惟从孟子之说，恐人皆任性，从荀子之说，则人皆向学，故仆愈不敢于儒先有所偏袒矣"。[2] 康有为对荀学一系性论的阐扬无疑对正统儒学的伦理体系构成挑战，客观上产生了思想解放的效果，由此引发的对心、性、情关系的重新定位为后世思想家进一步冲破传统伦理的束缚奠定了思想基础。

从康有为的"仁学"到谭嗣同的《仁学》乃同一思想脉络的延伸，梁启超概括《仁学》的宗旨说道："《仁学》何为而作也？将以光大南海之宗旨，会通世界圣哲之心法，以救全世界之众生也。南海之教学者曰：'以求仁为宗旨，以大同为条理，以救中国为下手，以杀身破家为究竟。'《仁学》者，即发挥此语之书也。"[3]《仁学》亦注重发挥"心力"说，所谓"仁以通为第一义。以太也，电也，心力也，皆指出所以通之具"，"以太也，电也，粗浅之

---

[1] 朱一新：《朱侍御答长孺论性书》，楼宇烈整理《康子内外篇》，中华书局，1988，第178页。
[2] 康有为：《答朱蓉生先生书》，楼宇烈整理《康子内外篇》，中华书局，1988，第182页。
[3] 梁启超：《仁学序》，蔡尚思、方行编《谭嗣同全集》（下册），中华书局，1981，第373页。

具也，借其名以质心力"，谭嗣同借助当时格致学中的以太、电等名词来描述心力作为"所以通之具"的特征，而通有四义，即中外通、上下通、男女内外通、人我通。在仁学的义理内涵中，以"通"为第一义，心力、破对待和平等是其中的三个关键词，"仁为天地万物之源，故唯心，故唯识"，"仁一而已：凡对待之词，皆当破之"，"平等者，致一之谓也。一则通矣，通则仁矣"。在"心力"说的展开中，佛学是重要的思想资源，"凡为仁学者，于佛书当通《华严》及心宗、相宗之书"[1]。谭嗣同之所以提出心力说，志在以心力平机心，以心力挽劫运。他说：

> 使心力骤增万万倍，天下之机心不难泯也。心力不能骤增，则莫若开一讲求心之学派，专治佛家所谓愿力，英士乌特亨立所谓治心免病法。合众人之心力为之，亦勿虑学派之难开也。各教教主，皆自匹夫一意孤行而创之者也。盖心力之实体，莫大于慈悲。

> 以心挽劫者，不惟发愿救本国，并彼极强盛之西国，与夫含生之类，一切皆度之。心不公，则道力不进也。

> 心力可见否？曰：人之所赖以办事者是也。吾无以状之，以力学家凹凸力之状状之。愈能办事者，其凹凸力愈大；无是力，即不能办事，凹凸力一奋动，有挽强持满，不得不发之势，虽千万人，未或能遏之而改其方向者也。[2]

可见，谭嗣同的"心力"颇类佛家所谓"愿力"，他已明言心力之实体

---

[1] 谭嗣同：《仁学》，中州古籍出版社，1998，第73—75页。
[2] 谭嗣同：《仁学》，中州古籍出版社，1998，第217、219、227页。

莫大于慈悲,所谓以心挽劫,发愿救本国度含生等语汇都带有浓厚的宗教情怀。谭嗣同一方面用格致、科学的术语来解释传统的道德,并广泛运用当时的自然、社会科学知识来破除中西之界以及国人对西方伦理、宗教等方面的偏见[1];另一方面,他不以科学与宗教为相冲突,反而用科学知识为宗教、道德奠基,甚至更进一步以"心力"为"格致"之本源[2]。此外,学、政、教一体的系统话语已经成为弥漫在谭嗣同乃至当时知识人圈中的流行话语。谭嗣同尝谓"所闻于今之人者,至不一矣,约而言之,凡三家:一曰学,二曰政,三曰教。夫学亦不一,当以格致为真际。政亦不一,当以兴民权为真际。教则总括政与学而精言其理","言进学之次第,则格致为下学之始基,次及于政务,次始可窥见教务之精微。以言其衰也,则教不行而政乱,政乱而学亡。故今之言政、言学,苟不言教,则等于无用"[3]。"心力"在某种程度上是一种立教挽劫之力,这一观念近受傅兰雅所译《治心免病法》影响,远承陆王心学与佛学等传统思想资源,对格致之学与兴民权之政亦产生了无远弗届的影响。

三 "被发明的判教"与佛教社会实践的入世倾向

英国历史学家霍布斯鲍姆在《传统的发明》一书中提出了"被发明的传统"这一命题,认为"那些表面看来或者声称是古老的'传统',其起源的

---

[1] 参见谭嗣同《论学者不当骄人——第五次讲义》,蔡尚思、方行编《谭嗣同全集》(下册),中华书局,1981,第401—403页。

[2] 谭嗣同说道:"再阅万万年,所谓格致之学,真不知若何神奇矣。然不论神奇到何地步,总是心为之。若能了得心之本原,当下即可做出万万年后之神奇,较彼格致家惟知依理以求,节节而为之,费无穷岁月始得者,利钝何止霄壤?"参见《书简·上欧阳中鹄十》,蔡尚思、方行编《谭嗣同全集》(下册),中华书局,1981,第460页。

[3] 谭嗣同:《书简·上欧阳中鹄十》,蔡尚思、方行编《谭嗣同全集》(下册),中华书局,1981,第462、464页。

时间往往是相当晚近的，而且有时是被发明出来的"[1]。佛教判教虽然起源并非相当晚近，但这一判教的传统也是一个开放的思想体系，是以自家为本位，在不断吸收、融合其他佛教宗派乃至儒、道思想的历史进程中逐渐建构起来的传统。

及至近现代，传统佛教的判教思想更是受到西学、西教等思想资源的影响而发生了文化转向，这一文化判教现象在某种程度上亦可称之为"被发明的判教"。具体到佛教的实践层面来说，判教体系有时不是作为主动的一方去规定佛教的社会实践，而是在因应社会实践和现实需要的过程中不断调整的。兹举佛教判教体系在教理层面是如何回应西教在教理、组织制度体系等方面的冲击为例来说明这一点。

太虚法师回溯佛教行于中国汉地近两千载的历史，指出即使是中国之儒彦亦谓晋宋以来即为佛学时代，或谓隋唐以来所维纲世道人心者，皆以佛教教义为本柢。太虚法师对作为外来宗教的景教的态度是注重区分其与佛教的不同之处，在比较宗教的视野中凸显佛教的优势与不足，从而为佛教的弘化与发展提出理论和制度上的建设与因应之道。[2] 他将老、庄等教判为天乘，孔教、耶教则为人、天乘。[3]

他为将人天乘众摄入佛教，故立信仰部类，以与住持部相区分，但他显然对住持部更为重视，这是通过与欧洲景教徒内侣、外侣之分的比较表现出来的。首先从信仰、教仪的角度，太虚法师指出景教创教之主、皈依之神、奉诵之经均为统一，民无异信，教无异道。"且彼欧自中古以还，传承于希腊、罗马之文化，亦莫不掌之于景教。政治出乎是，学术藏乎是，不唯全洲除景教绝对无宗教，抑亦全洲除景教绝对无文化。"[4] 因此，景教

---

1 〔英〕E.霍布斯鲍姆、T.兰格:《传统的发明》，顾杭、庞冠群译，译林出版社，2004，第1页。
2 太虚:《整理僧伽制度论》，《太虚大师全书》第18卷，宗教文化出版社，2005，第13页。
3 太虚:《整理僧伽制度论》，《太虚大师全书》第18卷，宗教文化出版社，2005，第18页。
4 太虚:《整理僧伽制度论》，《太虚大师全书》第18卷，宗教文化出版社，2005，第21页。

之势足以住持其教仪而坚固其信仰。但中国汉地的情势有所不同，佛教东来之前，既有儒教、道教，佛教亦屡遭灭佛之患，若欲存教仪，不得不立住持僧部。其次，与耶教内侣得学习异说，以建立自宗而解破客难，外侣但许读教义纯一之经相反，"住持部在初学时期，颇宜禁读俗书，使其专心一虑，研几经律，修习禅定。若信仰部则泛及一切异宗、异教等学者，凡有信心，普遍该摄"[1]。再次，景教在太虚法师的判教系统里为人天教，教徒之行，本非离俗。佛教徒则无论是住持化仪还是修习禅定，都要谨守戒律，故非舍俗为僧，信僧居俗者不能为。最后，景教系人天教，虽有近于佛教人乘戒善之功行，但无甚深之教义。佛教则三藏浩浩，义类无边。太虚法师之所以要立住持部和信仰部之分实际上也是为了因应基督教的传播和势力的扩大。[2]

印顺法师以信愿、慈悲、智慧为学佛三大心要，以此来统摄一切学佛法门，并以儒、佛、耶三教比而观之。[3] 在他看来，耶教是神本的宗教，与佛教相差很远，这样的判断是与他对神教的批判和他的人间佛教思想相一贯的。但他仍然以佛教之信愿、慈悲、智慧与耶教之信、望、爱互相格义，指出耶教所缺少的是智慧，耶教的本质是不重智慧。也正是由于这一点，随着智识的进展和科学的辉煌，耶教与西方正统文明、科学的内在矛盾日益暴露，进而导致政治、德性上的诸多问题。印顺法师在阐述"我之宗教观"时也像太虚法师一样从佛法的角度，依据《楞伽经》中宗通、说通的说法来定义宗教，特别重视作为直觉的特殊经验的"宗"，在某种程度上肯定了基督教的特殊经验。[4]

---

[1] 太虚：《整理僧伽制度论》，《太虚大师全书》第18卷，宗教文化出版社，2005，第23页。
[2] 此段参考了王川《僧制与治僧：论太虚大师僧制改良中的治理思想——以〈整理僧伽制度论〉为中心》，《中华文化论坛》2018年第4期。
[3] 印顺：《学佛三要》，《印顺法师佛学著作全集》第7卷，中华书局，2009，第46页。
[4] 印顺：《我之宗教观》，《印顺法师佛学著作全集》第8卷，中华书局，2009，第3页。

由此可见，印顺法师一方面批评了耶教作为神本的宗教在智慧上的缺乏以及其所导致的政治、德性上的缺失，另一方面又在神秘经验、特殊经验的意义上肯定了基督教信仰的虔诚性。无论是太虚还是印顺，实际上对于西教都是辩证地看待，在佛教本位的立场上对西教的信仰、组织、制度及其所体现的西方文明的正统既有抉择又有融合。他们的判教体系对西教的抉择和因应体现出以佛教为主体，吸纳西方宗教与文明进而综合创造世界性新文化的特质。

第三节 佛教判教的三种路径与作为判教的人间佛教

近现代佛教中观、唯识、如来藏"三系判教"展示了转型期佛教思想图景的分化与多歧，作为整体的佛教在思想理论层面的缝隙是正统意识在不同理论层面的表达，而这种思想观念的分化唯有在实践层面才能得到一定程度的弥合。正统意识的整合体现在"菩萨行"这一观念上，与太虚、印顺所提出的"人间佛教"理念相较，支那内学院一系的入世精神表现在对儒家人学的融摄和佛法与世间关系的重新定位上。

一 佛教判教的三种路径与正统意识的分化

王汎森在讨论"权力的毛细管作用"以及乾隆朝的禁书运动时实际上涉及到了"异端"的现代性问题。他指出："乾隆对于明季文人文化的态度，相当程度地影响于禁书政策。乾隆在各种文字中严厉斥责明季文人的行为，对于那些在现代人看来是具有'现代性'的思想成分相当厌恶，甚至连东林及晚明佛教活动都在痛斥范围。""被禁抑或被贬低的部分大多数是从'正统思想'的角度下看来不值得流传或应该被批判的部分,而这些被认为'不经'、'荒诞'或'狂妄'之类的思想,往往就是20世纪学者所提到的'近代思维'。"[1] 这里所谓的与正统相对的异端思想在今天看来恰是现代性思想的萌芽[2]。岛田虔次初版于20世纪40年代末的名著《中国近代思维的挫折》受到内藤湖南"唐宋变革论"的影响,关注中国的近世性与近世的中国性问题,重视明清思想间的内在联系[3]。他的"近代思维挫折论"与萧萐父的"历史涧流说"在问题意识上有着相通之处。通过对以上学者研究成果的梳理可以看到,中国思想史上的异端思想往往因早熟而早夭,而这一现象亦正说明了异端思想与现代性之间的内在亲缘性。

近现代佛教从异端进入正统的序列首先要面对的问题是如何处理与作为正统意识形态的儒学的关系。在这一点上,讨论支那内学院一系对"内学"研究以外之"外学"的态度及其研究是颇有意义的。欧阳竟无在《谈内学研究》一文中对内学与外学的分野有清晰的论述,他指出内学之谓内有三义:

---

[1] 王汎森:《权力的毛细管作用——清代文献中"自我压抑"的现象》,载氏著《权力的毛细管作用:清代的思想、学术与心态》,北京大学出版社,2015,第371、437页。他在《道、咸以降思想界的新现象——禁书复出及其意义》一文中指出明清初带有"现代性"的思想,在清代往往并未得到持续的发展,因此在"讨论清代思想史时,不能忽略政治压力对思想、文化无所不在的影响,这种压力在不同时期力道不同,表现的方式也是形形色色,它形成了一种公开的或潜在的禁制,造成思想、知识、历史记忆的巨大空白"(参见《权力的毛细管作用:清代的思想、学术与心态》,第534—571页)。

[2] 萧萐父在批判地继承胡适、梁启超、钱穆、侯外庐等人明清学术思想研究成果的基础上,深化了对明清之际早期启蒙思潮的研究。他将从16世纪30年代到19世纪30年代的中国早期启蒙学术的发展分为三个阶段,其中从清乾隆到道光二十年,即18世纪30年代至19世纪30年代,他将这一阶段看作早期启蒙思想发展过程中的"历史涧流","'涧流'指人为地截断中西文化交流而实行闭关政策,强化文化专制,'文字狱'之多之密超轶康熙、雍正时期"。萧萐父所概括的早期启蒙学术的三大主题,在这些思想兴起的历史情境中都属于与正统相对的异端。吊诡的是,这些异端思想因子却成为中国式的现代价值理想的内在历史根芽,是中国走出中世纪、迈向现代化,实现文化蜕变的思想资源。参见萧萐父、许苏民《明清启蒙学术流变》,辽宁教育出版社,1995,第2—25页;萧萐父《中国哲学启蒙的坎坷道路》,载氏著《萧萐父文选》(上),武汉大学出版社,2007,第2—17页;萧萐父、许苏民《"早期启蒙说"与中国现代化——纪念侯外庐先生百年诞辰》,载氏著《萧萐父文选》(下),武汉大学出版社,2007,第241—252页;田云刚《早期启蒙说的当代使命》,《中国哲学史》2015年第2期。

[3] 〔日〕岛田虔次:《中国近代思维的挫折》,甘万萍译,江苏人民出版社,2008,第5页。岛田虔次在研究中重视士大夫异端独特的性格和士夫的生活与精神世界,通过回顾"心学者们的实践,去探寻心学运动之历史、社会的意义,将其所遭遇的命运的必然性和近代中国本身的构造联系起来进行理解"。参见同书第1—10、137—212页。

一、无漏为内，有漏为外。儒家、耶教均属外学。二、现证[1]为内，推度为外。哲学研究真理而不得结论，以其出于推度。内学为结论后之研究，外学则研究而不得结论者也，此为内外学根本不同之点。三、究竟为内，不究竟为外。在全体大用上讲求是为内学，反此皆属外学。[2] 可见，欧阳竟无将儒家、耶教均归为外学，现代意义上的哲学研究亦属外学，且从方法论的角度来定义内外学的根本差异。欧阳竟无也认识到"破外申宗"之难，在1926年冬以梅谷孝永为团长的日本佛教考察团来内学院考察之际，他特举三义以请教，首先提出者即"对于世间科学哲学诸见，破外申宗，其事极难，如何而可超出象外得其环中"[3]。实际上，即使是欧阳竟无本人亦对其时的学风和佛学面临的处境深致感慨，甚至他研治内学亦受到师友如桂伯华等的感染。他说："戊戌变政，事败，株治康党。伯华感人情冷暖，成败无常，遂学佛于金陵。于时学风简陋，斥佛异端。……予时治阳明学，伯华不能屈，然强聒不舍，导拜杨门，竟亦为之转移。"[4] 在《九江桂伯华行述》中于此经历记载更为详细："科举时谈佛大忌也。而伯华昌言之。先辈同辈交相斥为怪物不稍动。予时屈以王阳明义，不争辩。但纳予起信楞严曰：姑置床头作引睡书读何如。予不觉为之牵转也。"[5] 可见在戊戌变法前后，科举未废之时，学风与社会舆论仍将佛学视为异端。由此，转移时代风气，"破外申宗"之难可见一斑。

1　欧阳竟无将"现证"分为世俗现证和胜义现证，他说："云何为现？三界分别自心所现。云何为证？不取于相，如如不动。世俗谓游方以外，吾学谓还灭自内。应如是学胜义现证，是名内学。"他认为"悲而后有学，愤而后有学，无可奈何而后有学，救亡图存而后有学"，"菩萨摩诃萨生心动念莫不皆悲，举足下足无非是学"，"其悲也大，故其学也大，应如是学，大往大来，是名内学"。他以"现证"为学之自体，以"悲"为学之缘起，其"内学"实际上包含了启蒙的面相，而这一启蒙又是与救亡图存紧密联系在一起的。参见《叙言》，《内学》第1辑（1924年支那内学院年刊），第1—4页。

2　欧阳竟无：《谈内学研究》（1924年9月第8次研究会讲演记录），《内学》第2辑（民国十四年支那内学院年刊），第1—12页。

3　《欢迎日本佛教考察团记》，《内学》第3辑（民国十五年支那内学院年刊），第179页。

4　欧阳竟无：《竟无小品》，《欧阳竟无内外学》第3册，上海社会科学院出版社，2014，第1738—1739页。

5　欧阳竟无：《九江桂伯华行述》，《欧阳竟无内外学》第3册，上海社会科学院出版社，2014，第1650页。

王恩洋在《佛学概论导言》中的论述可以作为欧阳竟无内、外学之分野的注脚，他认为科学不能解决根本究竟之问题，物质之发达使人逐物竞利之欲日增，道德损失日巨，精神安宁日坏，全人类之公义和平幸福因工业国家、资本家之征服剥削日破。科学所问之问题原是枝节，原非根本。哲学所探讨之每一问题历数千年之久不见有究竟之解答，且凡有所说不越数百年或数千年必有变。故哲学乃无结论之学，可破坏之学，破坏则非真理，无结论则同戏论。儒、道对生死问题无正确之解答，是取消问题者，非解决问题者，谬执不究竟者为究竟，谬谓不究竟外更无究竟。总之，"科学则问题不及，哲学则及而无解，宗教妄事解决矣，而迷谬不当，儒则竟以不能解决"[1]。

当然，无论是欧阳竟无还是王恩洋，他们一方面界定内外学之分野，另一方面也试图融通内外学，以外辅内，从而使得自身的理论体系体用兼备。欧阳竟无说："世既不得真孔，尊亦何益于尊，谤亦乌乎云谤。苟可取而利用，崇之如天，或不利于其私，坠之如渊，于孔何与哉。东海有圣人焉此心同此理同也，西海有圣人焉此心同此理同也。而愚者不然，曰此禅也，非圣也。死于门户之拘，一任众芳芜秽。"[2] 这里批判了孔学的意识形态化，抉择真孔与伪孔，是十分深刻的。他认为若能精内典、娴般若则庶几能拯文武之道于不坠，指出般若直下明心，孔亦直下明心，般若离言行义，孔亦离言行义，般若无知，孔亦无知，般若相似相续，孔亦相似相续。[3] 这就不拘于门户之见，将孔佛会通起来。值得注意的是，欧阳竟无孔佛会通的前提是孔佛之分判，他认为孔道是依体之用是行，佛法是依体之用而用满之体，是行而果。"孔道之为行者说生生"，"佛法之为果者说无生"。孔佛是不容混淆的，"淆孔于佛坏无生义，淆佛于孔坏生生义"。"佛与孔之所判者，判之于至不

---

[1] 王恩洋：《佛学概论导言》（1924年10月大学特科第1期佛学概论第一章讲稿），《内学》第2辑（民国十四年支那内学院年刊），第23—31页。
[2] 欧阳竟无：《论语十一篇读叙》，《欧阳竟无内外学》第5册，上海社会科学院出版社，2014，第2853页。
[3] 欧阳竟无：《论语十一篇读叙》，《欧阳竟无内外学》第5册，上海社会科学院出版社，2014，第2854页。

至满不满也,其为当理适义一也"。[1] 也就是说,孔佛各自所达到的阶位不同,但是于理义都是适当的。从体用的范式来定位孔佛之关系,则作为体的佛学内在地要求将孔学纳入自身的理论框架内,否则佛学作为体就是不圆满的。

王恩洋的儒佛观念亦如乃师欧阳竟无,在儒佛分判的基础上再求会通,他说:"吾人固不能谓佛儒有何不相容。然亦不可谓儒佛不二,世出世道,各还本来。而求通以其神理,不以其形似,则可谓善学儒佛者也。"[2] 他在叙述历代儒学之流变时,尤其痛切于清代学风中功利主义与浪漫主义之兴起,及至西洋学说之潮涌而起,儒学几乎由衰而灭。但他对儒学当来之复兴犹拭目以俟,则可见其对儒学价值的充分肯认:"今而后复当为西洋学说之反动,同时又受西学逻辑辩证之影响,并资佛理之参证以反乎孔子之精神而世界化之。则当来之世,儒学当有蓬勃兴起之日欤?"[3] 王恩洋对儒学当来之重兴有着系统的理论规划,首先从内圣和外王两个方面对儒学进行修正和补充,他说:"取湛深严密之法相唯识学以修正补充儒者心性天命内圣之学,以民治科学以修正补充儒者为政利民外王之学可也。"[4] 在内圣之学方面,他对儒家的身心性命之学进行了抉择与重建,在外王之学方面,则对国计民生之学进行抉择与重建。他指出,儒学不仅要在内圣外王两方面分别吸取佛法和西方民主科学以自更新,而且要以对佛学精神上之修正和对科学民治之驾驭来实现对人类之再造。王恩洋谈儒学之内圣外王尤其是民主政治之开显极富洞见,实开现代新儒学之先声。但总体上而言,其新儒学仍在宋明儒学会通儒佛的延长线上,对西方文化的会通与抉择依然主要集中在器物和制度层面。不过值得

---

[1] 欧阳竟无:《孔佛》,《欧阳竟无内外学》第3册,上海社会科学院出版社,2014,第1437—1443页。
[2] 王恩洋:《儒学在人类文化之地位及其意义与源流》,《王恩洋先生论著集》第8卷,四川人民出版社,2001,第208页。
[3] 王恩洋:《儒学在人类文化之地位及其意义与源流》,《王恩洋先生论著集》第8卷,四川人民出版社,2001,第209页。
[4] 王恩洋:《论当来儒学之重兴》,《王恩洋先生论著集》第8卷,四川人民出版社,2001,第123页。

注意的是，他在人生观的层面上就儒学与西方现代人生思想之不同而抉发儒学之真义与精神，并对中西印文化进行总抉择，以儒学将来之重兴为人类文化之统一。他说："然能为古今东西文化统一之工作者莫如我国。究性命，则上参乎佛法；谋生养，则远法乎西洋。而以入世利人之精神，尚德崇仁之心量，作中流之主干，而调和消息两方之偏。"[1]

在近现代西学东渐的时代背景和夷夏之辨的大语境下，佛教的正统意识在与传统上作为正统意识形态的儒学的互动中逐渐酝酿生成，在某种意义上讲，正是西潮东风的强势冲击使得因带有异端思想因子而颇具现代性的佛学分享了儒学的正统地位，通过以佛解儒、儒佛会通的形式逐渐进入正统思想的序列。然而，佛教正统内部也有着不同的思想光谱，这尤其表现在不同的判教立场上。杨文会"教尊贤首，行在弥陀"，其学问规模弘扩。他以《大乘起信论》之本觉、始觉说解释三身义："法身者，四圣六凡所同者也，称为本觉。报身者，万劫修行所显者也，称为始觉。始本合一，方证佛果。"[2] 他更将《起信论》作为深究内典之入手处，指出"有马鸣菩萨所作起信论，文仅一卷，字仅万言，精微奥妙，贯彻群经"[3]。此外，他称净土一门为方便中之大方便，直捷中之最直捷，"更有净土一门，不假勤修，不废俗谛，一念净信，顿超彼岸"[4]。由此可见，杨文会对起信、华严、净土等为代表的中国传统佛教宗派持兼收并蓄的开放态度。[5]

其学生欧阳竟无虽然认为杨文会学问之规模弘扩是对于佛法的一大功德，

---

[1] 王恩洋：《论当来儒学之重兴》，《王恩洋先生论著集》第8卷，四川人民出版社，2001，第186页。
[2] 杨文会：《三身义》，周继旨校点《杨仁山全集》，黄山书社，2000，第323页。
[3] 杨文会：《三身义》，周继旨校点《杨仁山全集》，黄山书社，2000，第323页。
[4] 杨文会：《三身义》，周继旨校点《杨仁山全集》，黄山书社，2000，第323页。
[5] 欧阳竟无在《杨仁山居士事略》中记载了杨仁山的学道因缘："先是，有不知谁何之老尼，授居士金刚经一卷，怀归展读，猝难获解，觉甚微妙，什袭藏弆。嗣于皖省书肆中得大乘起信论一卷，阁置案头，未暇寓目。病后，检阅他书，举不惬意，读起信论，乃不觉卷之不能释也。赓续五遍，窥得奥旨，由是遍求佛经。久之，于坊间得楞严经，就几讽诵，几忘身在书肆。"（周继旨校点：《杨仁山全集》，黄山书社，2000，第582页）

"唯居士之规模弘广，故门下多材。谭嗣同善华严，桂伯华善密宗，黎端甫善三论，而唯识法相之学有章太炎孙少侯梅撷芸李证刚蒯若木欧阳渐等"，然他隐然以得杨文会之付嘱自任，"然其临寂遗嘱，一切法事乃付托于唯识学之欧阳渐，是亦可以见居士之心欤"[1]。他在这篇撰于1942年的《杨仁山居士传》之开头便批判中土思想与《起信论》以及天台、贤首等中国传统宗派，而主奘传瑜伽唯识学。欧阳竟无在这里的判教立场堪称其晚年定论。

太虚法师的判教立场则与欧阳竟无不同，针对欧阳竟无的《唯识抉择谈》，他作《佛法总抉择谈》，依"三性"作为抉择一切佛法之准据，将中国大乘八家之学，判为般若、唯识、真如三宗，认为"《起信论》等与《中》《百》论及《唯识论》各为一宗，而其为圆摄法界诸法之圆教则同，虽同为圆教而胜用又各有殊。依此于诸教法抉择记别，可无偏蔽，转观竟无居士所瑕玼《起信论》者，亦可得而论决矣"[2]。太虚法师在1939年的一次演讲中谈及为何在法性空慧宗、法相唯识宗外鼎立法界圆觉宗，他说："汉地的台、贤、禅宗则皆宗在无得不思议的出世间智上，即以圣位根本智、后得智或直以佛的一切种智为宗。即汉地三论、唯识宗都有此种趋势"，"盖非开立法界圆觉宗，不惟无以位置中日之台贤禅密诸宗，且亦不能看明全部的中国佛法趋势"[3]。太虚法师为《起信论》辩护，为台贤禅密诸宗争地位，都可以看出他是站在如来藏系思想的立场上，对中国传统佛教宗派持融贯兼弘的态度。

---

[1] 欧阳竟无：《杨仁山居士传》，《欧阳竟无内外学》第2册，上海社会科学院出版社，2014，第1360—1361页。

[2] 太虚：《佛法总抉择谈》，《法相唯识学》，商务印书馆，2011，第768页。

[3] 太虚：《几点佛法的要义》（1939年2月在昆明欢迎会讲），《太虚大师全书》第1卷，宗教文化出版社，2005，第373—374页。1937年9月在汉藏教理院太虚大师作题为《汉藏教理融会谈》的演讲，其中说道："由此在最近，或把佛教从日本传到中国来，或从藏地传到汉地来，或从锡兰传到中国来；也如中华民族的趋势一样，由几千年进步来的文化已不能自存自立，反退化到惟以模仿外来文化为事。"他以台贤禅净作为整个汉地佛教的代表，慨叹于汉地佛教的破产与衰弱，他对汉地佛教特质的抉发实质上带有特定历史情境下的民族主义情绪，在某种程度上是以汉地佛法为基础来融摄成整个的佛法，从而促进民族文化的复兴和民族国家的建构。参见《太虚大师全书》第1卷，宗教文化出版社，2005，第368—369页。

二 正统意识的整合与实践维度的"菩萨行"

尽管存在上述三种不同的判教立场和正统意识，其间的理论裂缝难以在学理层面弥合，但是在实践的层面上三种判教立场间却有着广泛的共同点和整合的可能性。

欧阳竟无曾解释支那内学院院训中"悲"之体相，认为"悲之流行也，孔家得其恻，墨家道家得其切，唯凄与迫谁亦不能得。兼之而大之，又复不可思议者，菩萨行也"[1]。"故功德者，悲智之寄命，悲智之橐籥，而菩萨之所以为行也。"[2] 欧阳竟无以"悲"作为支那内学院的院训之一，重视"菩萨行"的概念，体现出支那内学院一系在入世实践的取向上与太虚、印顺等判教体系指导下的实践在根本精神上有着相通之处。当然，欧阳竟无在对"悲"之所起和"菩萨行"概念的解释上亦有其独特之处[3]。无论是对"悲"还是"菩萨行"的解释，欧阳竟无虽然均以法相唯识的理论加以阐发，但是根本的精神和问题指向还是倾向于入世实践。

在这一点上，王恩洋的表述更为直接，他要用儒学对佛学进行精神上之修正，揭示了"菩萨行"对儒学入世精神之融摄。他说："当此人类大难之世，国家绝续之交，信当以儒者入世之精神行菩萨普度有情之愿力，身心性命之学，必实施之于家国社会以见其效；而人伦日用之际，乃为遵行善道积集福德智慧资粮之地也。否则高谈性命，无补于国，无利于人，世亦恶贵有

---

[1] 欧阳竟无：《支那内学院院训释》，《欧阳竟无内外学》，商务印书馆，2015，第18页。
[2] 欧阳竟无：《支那内学院院训释》，《欧阳竟无内外学》，商务印书馆，2015，第28页。
[3] 他提出起悲度众的十种方便，即多闻、清净、不离众生、发愿布种、修慈滋润、多作功德、观众生苦、观众生倒惑、取相作观、习以成性。他认为"佛境菩萨行合，而后为教也"，"何谓菩萨行耶？本性空也，二取空也，三自性也，道相智也，无住涅槃也，二谛也，三乘也，行、引、修也，渐次之历位也，分证也，一也"，"是故无佛境，则渐不能顿，分不能圆，通不能遍。滞于一隅，朝宗无期也。是故无菩萨行，不能用渐而顿，不能用分而圆，不能用通而遍，彼岸天涯，无航可渡也"（欧阳竟无：《支那内学院院训释》，《欧阳竟无内外学》，商务印书馆，2015，第39—40页）。

身心性命之学哉！故儒者之学佛非同声闻独觉之厌世寂灭也。仍将以儒者悲天济世之精神、民胞物与之怀抱，积极精进，自强不息，以拨乱反正，使天下之人无一不得其所，家齐国治而天下平焉，则是以佛学而行儒道者也。儒既日趋于高明，佛亦日切于人事，则儒者之仪型矩矱仍自若也。岂因一治佛学而遂无儒哉。实则正以儒道之行，而佛学始证诸实际也。"[1] 早在1932—1933年间，王恩洋作人生学四篇，其中第四篇"大菩提论"即为系统论述"菩萨行"之作，他说："有大菩萨焉，恒处世间，成天下之平治，而不住生死。恒修圣道，成无上之解脱，而复不住涅槃。大慈大悲大智大力，度脱有情，穷未来际，而成就无上大菩提者，斯为广大无边至极究竟者也。以是因缘，作大菩提论。一者大士行，二者大士行果。"[2] 其中的"大士行"即指"菩萨行"，"行谓行为，造作为性，义即是业。就能行言，谓诸胜德，就所行言，谓诸正道，由如是胜德，行如是正道，造作成办如是大业，故名为行。唯诸大士，有如是胜德，行如是正道，成办如是广大事业，大士之行，名大士行，或名菩萨道"[3]。

吕澂亦对儒佛关系有所论述，他说："昨闻陈君所谈：佛说儒说同一源头，皆从人的腔子里出发，甚是。惟此言尚觉未尽，今更补充之曰'我，人也'！必有如是之自觉，始得谓之人，不然则禽兽耳。必从此立说始得谓之觉，不然则戏论耳。佛说儒说同一源头者，实在于此。"[4] 他认为儒佛都以人为论说的中心对象，而人之所以为人者即人性又是他所特重者，因此他对儒佛关系的比较即从人性概念的辨析入手。他指出，儒家自孔子后以孟、荀为两大派，皆知于心以求人性，而孟之所认识者为"心性"，荀之所认识者为"情性"。他批评后世儒学有意无意间皆以荀说为宗而欲加以简别，从而揭示

---

[1] 王恩洋：《儒学中兴论》，《王恩洋先生论著集》第8卷，四川人民出版社，2001，第154—155页。
[2] 王恩洋：《人生学》，《王恩洋先生论著集》第5卷，四川人民出版社，1999，第366页。
[3] 王恩洋：《人生学》，《王恩洋先生论著集》第5卷，四川人民出版社，1999，第367页。
[4] 吕澂：《谈"学"与"人之自觉"》，《吕澂佛学论著选集》第1卷，齐鲁书社，1991，第448页。

孔子之真宗旨，认为应改称孔学而不称儒学。尽管在孟、荀二派中他以孟学为高荀一着，但与佛法相较，孟学则远不如佛法深透，这表现在孟学仅及于人道而止，而佛法则有非人道所能限者。他提出"大心人"的概念，认为大乘的发心是普被一切众生的："大心人不同入市交易，亦行其心之所不忍不行而已（此即悲心发动处）。源之远者其流长，根之深者其叶茂，此心所发，殆有雷霆万钧之力，六道四生无不贯彻，非但一'人道'足以限之，此则佛法之所以为大也。"[1] 由此可以看出，吕澂虽认同儒佛同源，都以人为中心，亦重视一念悲心之发动和菩萨行，但始终保留佛法的超越向度和不以人道为限的"大心"格局。

吕澂对佛法与人生、人间关系的辩证立场在其撰于1945年的《佛法与世间》一文中可以看得更清楚。他在该文中依据大乘佛法立场来申说佛法与世间两者的关系。首先，他对"世间"这一概念的意义做出疏解[2]。其次，他从大乘佛法"性寂"的根本立场出发，对自相与实相、俗谛与真谛、世间与涅槃的辩证关系引经据典加以说明，认为"非世间真际外别有涅槃两者相等"，"于世间履践实际即是涅槃，且即从实际意义而说世间性寂。此乃佛法对世间加以肯定处，有情之生存事实固不能一笔抹煞也"[3]。接着，吕澂依然从概念的角度对"出世""彼岸"做出新解。他对"出世"解释说："出字须善为之解，此非去此之彼，有如常识空间上之意义，但是远离之谓。远离亦非弃绝，乃俱而不染，即相涉而又不相应也。"[4] 他认为"必

---

[1] 吕澂：《谈"学"与"人之自觉"》，《吕澂佛学论著选集》第1卷，齐鲁书社，1991，第451—452页。
[2] 他指出："至世间之意义，应分就自相与实相而谈。自相即世之所以为世者，世间之自相只是言说之构想，染相之取著，业惑之系缚而已（此三层乃与三解脱门对立，非同泛泛）。以故佛法断言其不实在，而谓之为苦。但自相者其表，按其实在，即就实相言，则世间自性本寂，虽名言构想而实际离想（此谓不以想为自性，想应可离，故曰想也）。虽染相取著，而实际离取；虽业惑系缚，而实际离系。由其构想取著系缚，而谓之为苦。又以其自性离想、离取、离系，而状之曰寂。大乘佛法即立足在此性寂上。"（吕澂：《佛法与世间》，《吕澂佛学论著选集》第1卷，齐鲁书社，1991，第440—441页。
[3] 吕澂：《佛法与世间》，《吕澂佛学论著选集》第1卷，齐鲁书社，1991，第441页。
[4] 吕澂：《佛法与世间》，《吕澂佛学论著选集》第1卷，齐鲁书社，1991，第442页。

行世乃得与世相涉","佛法之应世乃在起出世之用"。关于"彼岸"的涵义,他也指出,不可依常识作水流两边相对之解,"随波逐流永无归宿即此岸,能乘风破浪有所趋向即到彼岸,此说彼岸之意义也。佛法之应世,依前说世间有自相之苦义,即不应染;有实相之寂义,即应相涉,此其践行之据也"[1]。吕澂以"出世"为"俱而不染"、"相涉不相应",又以"彼岸"不外为有情生存之无倒趋向而已,通过赋予这两个佛教概念新的解释而将关注的重心转移到人生问题上。

在《佛法与世间》一文后之"附识"中,吕澂指出今之谈佛法有三大病,其中之一便是"纯任知解":"无论说生道死,谈空论有,概从知解上理会,只图说得顺口动听,不管于自身受用如何,不问于他人利益如何,更不理会与此人世如何衔接得上,结果一场空话,竟与人生漠不相关。"[2] 他十分重视佛法与自身受用、他人利益、人生问题的关系,与"纯任知解"相对,他亦重视佛法的实践面相,指出"佛法施设运用,既不离于世间,即应于世间有其根据,且应即在寻常日用之间得之"[3]。而他在寻常日用之间找到的即是"有情之心欲","一切有情生存向善之内在希求",以有情心性为根据,佛法才得以在世间施设运用。

三 作为判教的人间佛教与佛教秩序的重建

太虚法师和印顺法师提出的"人生佛教""人间佛教"概念既是对治性的概念,同时又有判教的意涵。判教实际上是思想秩序的重整,而这与佛教人间秩序、社会秩序乃至心灵秩序的重建密切相关。

---

1 吕澂:《佛法与世间》,《吕澂佛学论著选集》第1卷,齐鲁书社,1991,第443页。
2 吕澂:《佛法与世间》,《吕澂佛学论著选集》第1卷,齐鲁书社,1991,第446页。
3 吕澂:《佛法与世间》,《吕澂佛学论著选集》第1卷,齐鲁书社,1991,第447页。

太虚法师 1940 年 8 月在题为 "我怎样判摄一切佛法" 的演讲中集中阐述了其佛教判教观,其中第三期判教之 "行之当机及三依三趣" 将佛法判为 "依声闻行果趣发起大乘心的正法时期", "依天乘行果趣获得大乘果的像法时期" 以及 "依人乘行果趣进修大乘行的末法时期"。他认为在末法时代, "依天乘行果修净密勉强的虽还有人做到,然而就最近的趋势上观察,修天乘行果这一着也不适时代机宜了。因此,也就失了能趣大乘的功效。但前一二期的根机,并非完全没有,不过毕竟是很少数的了"[1]。尤其值得注意的是,太虚法师的人生佛教是 "由人乘进趣大乘的佛法",其涵摄面更广,且其中超越性的面相更浓。1932 年太虚法师在闽南佛学院的演讲中就提到,"如佛所说五乘中的人、天乘法,依一般人的思想观之,总以为定是世间教法,其实何尝如此", "佛所说的人天乘法,是不能固定其是世间教法的,只可称它为'五乘共法'"[2]。

太虚法师的人生佛教与其对人生观的看法密切相关,他作于 1924 年的《人生观的科学》一文既是对科学与人生观论战的回应,也是系统阐发其科学的人生观及人乘佛法的重要文本。他说: "人生观,是指我们人生在世应当如何作人的生活之一种观想,一种意念,及禀持此一种意念所引生的行为与所结成的效果。"[3] "进向人生究竟之初行——人乘佛法,在今世为最要之事,亦为予提倡佛法最致力之处。"[4]

---

[1] 太虚:《我怎样判摄一切佛法》,《太虚大师全书》第 1 卷,宗教文化出版社,2005,第 447—450 页。
[2] 太虚:《佛教的教史教法和今后的建设》,《太虚大师全书》第 1 卷,宗教文化出版社,2005,第 396 页。
[3] 太虚:《人生观的科学》,《太虚大师全书》第 25 卷,宗教文化出版社,2005,第 3 页。
[4] 太虚:《人生观的科学》,《太虚大师全书》第 25 卷,宗教文化出版社,2005,第 35 页。梁漱溟在《东西文化及其哲学》中批评了佛化运动,他说:"在今日欧化蒙罩的中国,中国式的思想虽寂寞无声响,而印度产的思想却居然可以出头露面。现在除掉西洋化是一种风尚之外,佛化也是范围较小的一种风尚;并且实际上好多人都已倾向于第三路的人生。""孔与佛恰好相反:一个专谈现世生活,不谈现实生活以外的事;一个是专谈现世生活以外的事,不谈现世生活。这样,就致佛教在现代很没有多大活动的可能,在想把佛教抬出来活动的人,便不得不谋变更其原来面目。""总而言之,佛教是根本不能拉到现世来用的;若因为要拉他来用而改换他的本来面目,则又何苦如此糟蹋佛教?我反对佛教的倡导,并反对佛教的改造。"(梁漱溟:《东西文化及其哲学》,商务印书馆,1999,第 209、212—213 页)

在近人所谈的人生观中，太虚法师表示唯认梁漱溟的东西文化及其哲学与吴稚晖的黑漆一团论较有力量，但他实际上对梁漱溟"没尽的大意欲"之"向前竞取""持中调和""反复剿灭"的人生三路向说有所修正。他认为，"依大乘佛法的进行以言之，此三人生态度是纵延衔接发展的，非横列各独前进的"，"梁氏所言，横列分为三地，单独各走一路向的人生三态度，更是绝无之事。换言之，则人生只有善由狭义科学、广义科学以浩浩荡荡前进，而达到人生究竟的一条大路，并无第二、第三路向；其第二、第三路向，只是错误迂回的路向而已"[1]。太虚法师将梁漱溟人生三路向横列单独的发展修正为纵向衔接前进之达到人生究竟的一条大路，显然是受到以社会进化论为基础的线性历史观[2]的影响。

王恩洋亦自陈受到梁漱溟文化三分之说的影响，"梁先生有《东西文化及其哲学》一书行世，世之学者，当共知之。价值之伟大，可不容吾介绍。今此所论，亦本梁先生书而略有损益变动。附志于此，以著思想之由来也"[3]。他对梁漱溟学说的损益，一方面亦同太虚法师，表现在受社会进化

---

[1] 太虚：《人生观的科学》，《太虚大师全书》第25卷，宗教文化出版社，2005，第48—52页。太虚法师对梁漱溟文化三路向说的理解似乎并不全面，因为梁漱溟就世界未来文化的发展提出"世界文化三期重现说"，实际上也是对三期文化进行了线性整合。他说："西洋文化的胜利，只在其适应人类目前的问题，而中国文化印度文化在今日的失败，也非其本身有什么好坏可言，不过就在不合时宜罢了。人类文化之初，都不能不走第一路，中国人自也这样，却他不待把这条路走完，便中途拐弯到第二路上来；把以后方要走到的提前走了，成为人类文化的早熟。但是明明还处在第一问题未了之下，第一路不能不走，那里能容你顺当去走第二路？所以就只能委委曲曲表出一种暧昧不明的文化——不如西洋化那样鲜明；并且耽误了第一路的路程，在第一问题之下的世界现出很大的失败。……而最近未来文化之兴，实足以引进了第三问题，所以中国化复兴之后将继之以印度化复兴。于是古文明之希腊、中国、印度三派竟于三期间次第重现一遭。"（梁漱溟：《东西文化及其哲学》，商务印书馆，1999，第202—203页）

[2] 王汎森曾撰文讨论社会进化论与近代中国的线性历史观的关联，其中这样定义"线性历史观"："相对于循环式的或退化式的历史观，它认为历史发展是线性的、有意志的、导向某一个目标的、或是向上的、不会重覆的、前进而不逆转的。"他认为："线性历史观是了解近代中国政治变动的钥匙。它最直接的影响是让人们相信历史发展是一个有确定方向、确定阶段、确定任务的历程，所以必须循这个历程毫不犹豫地前进。"（王汎森：《近代中国的线性历史观——以社会进化论为中心的讨论》，《新史学》第19卷第2期，2008年6月，第1—43页）

[3] 王恩洋：《儒学在人类文化之地位及其意义与源流》，《王恩洋先生论著集》第8卷，四川人民出版社，2001，第201页。

论的影响，主张"求生竞存，淑身善世，厌世离欲三大文化之相引相生，乃为其必然之势也"[1]；另一方面又从共时性的维度指出："当来之世，将为世界文化之合流，以求生竞存之文化维持人类之生养，以淑身善世之文化安定身心和燮人类，以厌世离欲之文化解决生死，使生养遂而世欲不极，家国治而天下无争，建出世之道于人世间。生世间者，而有超然出世之行趣，既可为三类人之分工而互助，又可以一人而具行二种、三种之良德。庶几乎舍短取长，交相为用，则人类之文化统一，又无所谓中国、西洋、印度之畛域矣已。"[2] 可以说，无论是太虚法师还是王恩洋，都吸取进化论思想在时间序列上的线性整合对从佛教秩序到社会秩序、人生秩序等方面进行了重建。

印顺法师对"真常唯心论"与秘密大乘佛法的批判实际上已经为人间佛教思想的形成与实践奠定了理论前提，人间佛教思想的开展与践行也是印顺法师对太虚法师南洋访问回来所言之"中国是大乘教理小乘行的佛教"[3] 这一问题以及思想与行为的断裂现象所作的现实回应。印顺法师首先是在1941年所撰的《法海探珍》一文中提出其"三期佛教"的判教说的。这一判教说所依据的是作为缘起正法基本法则的"三法印"。印顺法师以"三法印"作为佛法的一贯印准，同时适应众生机感，实际上已经在以人间佛教"契理契机"的核心原则来看待"三期佛教"的演化。他认为，"佛陀的根本佛教，

---

[1] 王恩洋：《儒学在人类文化之地位及其意义与源流》，《王恩洋先生论著集》第8卷，四川人民出版社，2001，第200页。

[2] 王恩洋：《儒学在人类文化之地位及其意义与源流》，《王恩洋先生论著集》第8卷，四川人民出版社，2001，第201—202页。

[3] 太虚从南洋考察归来后，1940年6月于汉藏教理院作了题为《从巴利语系佛教说到今菩萨行》的演讲，他指出"中国汉地佛教所说的是大乘理论，但却不能把它实践起来，不能把大乘的精神表现在行为上"，"中国汉地所说的虽是大乘教，但所修的却是小乘行"。在与锡兰佛教比较后，太虚认为"行的大小乘比教的大小乘为重要"，"大小乘的分野，不应单在教理上着眼，从实际的行为表现上来分别，尤为重要"。太虚对汉地佛教教行的观察对印顺法师思想的确定和人间佛教理念的酝酿有一定的影响，印顺法师正是通过对"中国是大乘教理小乘行的佛教"这一现实问题的思考，进而从实践的维度来开展对"真常唯心论"和秘密大乘佛法的理论批判和现实回应。参见太虚《从巴利语系佛教说到今菩萨行》，《太虚大师全书》第19卷，宗教文化出版社，2005，第192—195页。

非常雄浑有力、质朴、切实、富有弹性"[1]，初期佛教具有小行大隐的特点。印顺法师对"真常唯心论"的论述尤其值得注意。首先，他指出真常思想与南印的大众系特别有关。其次，他指出八、九世纪中，无著师资唱道的以说一切有系思想为根本的大乘佛教，批判一切无自性，从经部的见地转上唯心论。最后，他指出秘密佛教与真常论缔结不解之缘，并在真常本净的理论上发达起来。[2] 从这里的论述可知，真常唯心系思想的发展主要经历了三个阶段：一是受到南印的大众系和逐渐复兴的印度教的影响；二是受了性空论者思想的启发，并在空有诤论的背景下得到更高度的发展；三是与秘密佛教合流，并发展到与印度教浑然一体的地步。印顺法师对真常唯心系思想演变轨迹的叙述实际上暗含着对"真常唯心论"与秘密大乘佛法合流后表现出的思想倾向的批判态度，其进行三系判教的目的即在于发扬纯正的佛教，抉择人间佛教的正义，而这正是印顺法师的判教思想与人间佛教理念的结合点。

当然，印顺法师对三系思想既有抉择亦有融贯，尽管对真常唯心论有温和的批判，但是他仍指出，"印度教复兴以后，后期佛教适应吠檀多哲学的梵我论、真常、唯心、因乐得乐，自然会风行一时"[3]，这在某种程度上也是适应了时代的风尚并切合时众的需要。在印顺法师看来，契机的思想未必契理，他在研究了三大思想系的教典之后，认为性空论到底是正确而深刻的。他从三法印的角度来论证了这一点：首先，"诸行无常印"，中期佛教的性空论者建立无性从缘的如幻生灭论，解决了初期佛教中刹那生灭不能说明业果相续和缚脱间联系的问题；其次，"诸法无我印"，唯有在性空论中，才能圆见诸法无我的真义以及佛法不共世间的特色；最后，"涅槃寂静印"，中期的性空论者，通达法性空，在涅槃如幻如化的正见中，体会融然空寂的圣境。[4] 印

---

[1] 印顺：《法海探珍》，《华雨集》（四），中华书局，2011，第51页。
[2] 印顺：《法海探珍》，《华雨集》（四），中华书局，2011，第53页。
[3] 印顺：《法海探珍》，《华雨集》（四），中华书局，2011，第63页。
[4] 印顺：《法海探珍》，《华雨集》（四），中华书局，2011，第64—65页。

顺法师这里以三法印来论证性空论相较虚妄唯识论和真常唯心论的正确性与深刻性与前文所述以三法印作为佛法的印准来统摄三期佛教的演化恰成映照,分别从逻辑和历史两个维度阐发了契理和契机的内在张力。对性空论的推崇实际上暗含着对另外两系佛教的温和批判。当然,印顺法师仍认为"真常者与妄心者,虽多少有所滞,但某些理论的开发,不能不钦佩他们!"[1] 不过这两系都面临着各自的理论困难,印顺法师实际上认为性空论更适宜作为人间佛教理念的理论前提。

在印顺法师看来,佛教是实践的人生宗教,"理解与行践,必然一贯;在这三期佛教的行践中,可以完美证实"[2]。他认为,后期佛教是依天(神)乘行而趣入佛乘,它的行践具有以下特点:第一,它是唯心的。后期佛教以唯心为特征,持利他非神通不可的见解,急急地从事禅定的修习。第二,它是速成的。后期佛教主张法门愈妙,成佛愈快,"三生取办""即身成佛""即心即佛"的观念流行。第三,它是他力的。第四,它是神秘的。印度神教的仪式与修行的方法与佛法合一。第五,它是淫欲为道的。印顺法师最后总结道:"这唯心的、他力的、速成的、神秘的、淫欲为道的,后期佛教的主流,当然微妙不可思议!但'大慈大悲,自利利他'的大乘佛法,能不能在这样的实践下兑现,确乎值得注意。"[3] 可见,印顺法师对后期佛教的行践是持批判态度的,并且指出后期佛教在三期佛教中是衰老的阶段。他认为,"现阶段的中国佛教,不但理论是后期的大乘,唯心的、他力的、速成的行践,也都是后期佛教的本色"[4]。这是对现阶段中国佛教理论和行践的判断。他指出,若要复兴中国佛教,使佛教的救世成为现实,就必须推动中期的少壮青年的佛教,取后期佛教一分丰富的经验,同时发扬初期佛教天真、切实的精神。

---

[1] 印顺:《法海探珍》,《华雨集》(四),中华书局,2011,第65—66页。
[2] 印顺:《法海探珍》,《华雨集》(四),中华书局,2011,第66页。
[3] 印顺:《法海探珍》,《华雨集》(四),中华书局,2011,第72页。
[4] 印顺:《法海探珍》,《华雨集》(四),中华书局,2011,第73页。

这一观点其实是以中期佛教思想为本，结合初期与后期佛教的优长，来共同发扬佛陀本怀的即人成佛的佛教。

实际上在 1941 年印顺法师在《法海探珍》中论述其判教观以及三期佛教的行践之前，也在同年稍早撰写了其关于"人间佛教"思想的第一篇文章《佛在人间》。他在文章中指出，"佛法所最着重的，是应机与契理。契机，即所说的法，要契合当时听众的根机，使他们能于佛法起信解、得利益。契理，即所说的法，能契合彻底而究竟了义的"[1]。针对太虚法师以为人间佛教不如人生佛教意义好的观点，印顺法师分析了太虚法师倡导"人生佛教"的意思所在，一是为了纠正中国佛教的末流一向重视于死、鬼引出的无边流弊，主张以人生对治死、鬼的佛教；二是从佛教的根本和时代的适应去了解，应该重视现实的人生。

印顺法师在太虚法师提出"人生佛教"以对治死、鬼的佛教基础上，又进一步对治佛教的天神化倾向。值得注意的是，印顺法师在这篇揭示"佛在人间"的文章中已经对印度后期佛教不以人为本而以天为本的倾向提出了批判，"人间佛教"理念的提出很大程度上就是针对这一现象而提出的因应措施。这样，印顺法师的判教思想就不是纯思想层面的理论建构，而是针对佛教发展的现实状况，提出"人间佛教"理念之后所做出的系统化的理论奠基。在这个意义上讲，印顺法师的判教思想是被佛教发展的现实逻辑所支配的。

第四节　儒学的宗教化建构与佛教的人间化趋势

近现代佛教在现代性的语境中逐渐走向了人间化、入世化的道路。儒家

---

[1] 印顺：《佛在人间》，中华书局，2010，第 13 页。

与佛教在发展路径以及现代性抉择上的差异与融通构成了近现代思想史与宗教史上值得关注的文化景观。此外,基督教的传播与竞争更是使意识形态竞逐的文化场域呈现出更为复杂的面貌,其中所体现出的启蒙与宗教等观念和价值体系的张力成为多元信仰格局中文化判教与价值认同问题的重要表征。

一 儒学的宗教化建构与文化认同的塑造

儒家思想是近现代多元信仰格局中一支重要的力量,在近代以来西学东渐,异质文明传入的背景下[1],儒家的宗教性问题开始凸显,儒教、孔教在特定政治文化语境中的建构实践亦在思想界引起不小的争议。学者曾梳理了近代以来儒学起落中对儒教问题的讨论,认为儒学是否为宗教的讨论逐渐转向了儒学宗教性的讨论[2];并通过对近几百年来中国思想史上"儒教之争"的系统反思,指出"宗教概念问题是整个儒教之争的理论症结所在,而'比较方法'与'文化自觉'则成为贯穿整个儒教之争的两个深层问题"[3]。荷兰汉学家田海正是从宗教概念入手,探讨了19世纪"儒教"(Confucianism)一词的发明,认为"'儒教'(Confucianism)一词在西方的发明,不仅受到17、18世纪耶稣会士所造词类的影响,而且也受到发明者自身宗教经历的影响"[4]。

---

[1] 李天纲指出:"对19世纪下半叶的中国来说,'西学东渐'几乎离不开传教士播扬西方文化的努力","传教士几十年在华布道,终于在世纪末引来了一个宗教化的倾向。但是令传教士始料不及的是,这股思潮并没有接受基督教,而是主张把中国固有之学宗教化。有人主张把儒家上升为宗教,康有为建立孔教的言行,代表这一倾向;有人主张综合科学、佛学、儒学和基督教建立一新式宗教,谭嗣同的《仁学》代表了这种见解;还有人主张复兴佛教,早期章太炎持此说"(李天纲:《基督教传教与晚清"西学东渐"——从〈万国公报〉看基督教在近代中国的传播》,见高瑞泉主编《中国近代社会思潮》,华东师范大学出版社,1996,第447、508—509页)。

[2] 洪修平:《儒教问题的讨论与儒学在新时期的发展》,《孔子研究》2015年第3期。

[3] 张志刚:《"儒教之争"反思——从争论线索、焦点问题到方法论探讨》,《文史哲》2015年第3期。

[4] 〔荷兰〕田海:《中学西传的典型个案:19世纪"儒教"(Confucianism)一词的发明》,《上海师范大学学报》2016年第4期。

儒家的宗教性建构近代以来一直在双重维度上进行。一是以康有为、谭嗣同等为代表的建立孔教，致力于从政教秩序层面一道德、同风俗，建构民族认同与文化认同；二是以现代新儒家为代表的群体侧重从内圣、心性的层面重构心灵秩序和精神空间。在政教秩序的建设方面，应该说谭嗣同对孔教、孔庙的相关论述颇具代表性，这尤其体现在他始终在孔教与耶教、佛教对比的语境中展开论述。他在儒、佛、耶三教中首先肯定了佛教的"权势"：

今将笼众教而合之，则为孔教者鄙外教之不纯，为外教者即笑孔教之不广，二者必无相从之势也。二者不相从，斯教之大权，必终授诸佛教。

佛教纯者极纯，广者极广，不可为典要。惟教所适，极地球上所有群教群经诸子百家，虚如名理，实如格致，以及希夷不可闻见，为人思力所仅能到，乃至思力所必不能到，无不异量而兼容，殊条而共贯。[1]

谭嗣同这里实际上指出了彼时行孔教者之非，那就是抱持狭隘的立场，不能兼容并包传统乃至外来的思想资源。在某种程度上讲，佛教就是谭嗣同心目中孔教建设的理想型，所谓佛教对地球上所有群教群经诸子百家，从名理到格致的兼容共贯也正是谭嗣同对孔教的期许。他还列举西方传教士对佛教的推崇和日本佛教兴盛的例子来论证佛教可合地球之教为一：

英士韦廉臣著《古教汇参》，遍诋群教，独于佛教则叹曰："佛真圣人也。"美士阿尔格特尝纠同志创佛学会于印度，不数年，欧、美各国遂皆立分会，凡四十余处，法国信者尤众；且翕然称之曰："地球上最兴盛

---

[1] 谭嗣同：《仁学》，中州古籍出版社，1998，第204页。

之教，无如耶者；他日耶教衰歇，足以代兴者，其佛乎?"英士李提摩太尝翻译《大乘起信论》，传于其国，其为各教折服如此。日本素以佛教名于亚东，几无不通其说者。近日南条文雄诸人，至分诣绝域，遍搜梵文古经，成梵文会，以治佛学。故日本变法之易，系惟佛教隐为助力，使变动不居，以无胶固执著之见存也。[1]

值得注意的是，谭嗣同在此对佛教的揄扬其实更多的是怒孔教之不争，他说道：

> 孔教何尝不可遍治地球哉？然教则是，而所以行其教者则非也。无论何等教，无不严事其教主，俾定于一尊，而牢笼万有，故求智者往焉，求财者往焉，求子者往焉，求寿者往焉，求医者往焉。由日用饮食之身，而成家人父子之天下，寤寐寝兴，靡纤靡巨，人人悬一教主于心目之前，而不敢纷驰于无定，道德所以一，风俗所以同也。中国则不然。府厅州县虽立孔子庙，惟官中学中人，乃得祀之；至不堪，亦必纳数十金鬻一国子监生，始赖以骏奔执事于其间。农夫野老，徘徊观望于门墙之外，既不睹礼乐之声容，复不识何所为而祭之，而己独不得一与其盛，其心岂不曰：孔子庙，一势利场而已矣。如此，又安望其教之行哉！且西人之尊耶稣也，不问何种学问，必归功于耶稣，甚至疗一病，赢一钱，亦必报谢曰："此耶稣之赐也。"附会归美，故耶稣庞然而日大，彼西人乃尔愚哉？事教主之道，固应如此也。[2]

在他看来，孔教亦应可与佛教一样遍治地球，但教则是，所以行其教者

---

[1] 谭嗣同：《仁学》，中州古籍出版社，1998，第204—205页。
[2] 谭嗣同：《仁学》，中州古籍出版社，1998，第207页。

则非,导致孔教的势力范围始终不如佛、耶之大。孔教之弊首先在于定于一尊之教主观念不强,不若西人之尊耶稣,事必附会归美之,使耶稣庞然而日大。他认为这并非西人之愚,而恰是事教主之道固应如此,只有这样才能维系认同,一道德同风俗。其次,他指出孔庙这一孔教进行礼乐祭祀的神圣空间已成为一势利之场,惟官中学中人乃得祀之,普通百姓不得一与其盛。此外,他还强调儒与孔教的区分,认为儒不过为孔教中之一端,对为儒者以儒蔽孔教、剥削孔子的行为进行批判。这种观点当然与其对儒和孔教在概念和学理上的理解有关,但他对孔教进行知识扩容,并主张孔教在思想资源上应兼容并包的立场是一贯的。

胡适在撰于1934年的《说儒》一文中对殷商民族亡国后一个"五百年必有王者兴"的预言作了研究。他在与基督教文明比较的视野中将这一预言与希伯来民族的"弥赛亚"(Messiah)降生救世的"悬记"相提并论[1]。他正是试图将这一犹太民族"弥赛亚"救世的格套应用到孔子身上,孔子同样不是领导政治复兴的"弥赛亚",而是引领宗教与文化复兴的"弥赛亚"。正是在这个意义上,他认为孔子是儒的中兴领袖,而不是儒教的创始者。[2] 虽然胡适以"新儒教"来指称孔子中兴之"儒",但他又特意强调孔子的使命是民众的"弥赛亚",但他的理智的发达却接近"文士"和"法利赛人"。[3] 尽管胡适指出孔子身上"弥赛亚"和"法利赛人"的张力,其宗教只是"文士"的宗教,而不是民众的宗教,但他毕竟把孔子塑造成教主的形象[4],并置入与基督教文明对比的视野中进行讨论。

---

1 胡适:《说儒》,《胡适全集》第4册,安徽教育出版社,2003,第42页。
2 胡适:《说儒》,《胡适全集》第4册,安徽教育出版社,2003,第59、63页。
3 胡适说:"我们读孔门的礼书,总觉得这一班知礼的圣贤很像基督教《福音书》里耶稣所攻击的犹太'文士'(Seribes)和'法利赛人'(Pharisees)。犹太的'文士'和'法利赛人'都是精通古礼的,都是'习于礼'的大师,都是犹太人的'儒'。耶稣所以不满意于他们,只是因为他们熟于典礼条文,而没有真挚的宗教情感。"(胡适:《说儒》,《胡适全集》第4册,安徽教育出版社,2003,第87页)
4 详参尤小立《儒教教主:〈说儒〉对孔子形象的塑造》,载氏著《胡适之〈说儒〉内外:学术史和思想史的研究》,北京大学出版社,2018,第449—515页。

谭嗣同、胡适对孔教的见解以及儒、佛、耶比较文明的视域在相当程度上可以代表清末民初以至五四以来一批思想家对儒学与宗教，以及政教秩序、文化认同等问题的思考和关怀。在某种程度上讲，儒家思想的新开展应该从这里再出发。贺麟在1941年撰《儒家思想的新开展》一文，指出"根据对于中国现代的文化动向和思想趋势的观察，我敢断言，广义的新儒家思想和发展或儒家思想的新开展，就是中国现代思潮的主潮"[1]。贺麟作为新儒家的代表人物，敏锐地抓住了民族复兴时代的本质问题，将儒家思想和文化的复兴与中华民族及民族文化的前途命运紧密联系在一起。值得注意的是，他提出的"儒家思想的新开展"这一命题实际上是现代新儒学的一个历史分期，他特别强调五四新文化运动的意义。[2] 他将五四新文化运动定义为儒家思想新发展的一个大转机，而将曾国藩、张之洞等为代表的清末民初儒学作为旧儒家思想的回光返照，实质上宣告五四新文化运动成为新儒家思想的开端。

贺麟的体用观是以宗教精神为体、物质文明为用，主张宗教与科学，知"天"与知"物"并进，并且强调基督教与新儒家思想的关系，可以看到他对西学精神的把握已经达到很深的层次。因此，他将宗教化作为新儒家思想开展的途径之一，并批评了否认孔子有宗教思想和宗教精神的观点。在他看来，对儒家思想的种种误解"皆所以企图将儒家偏狭化、浅薄化、孤陋化，不惟有失儒家的真精神，使儒家内容贫乏狭隘，且将使儒家思想无法吸收西洋的艺术、宗教、哲学以充实其自身，因而亦将不能应付现代的新文化局势"。[3]

从清末民初一批儒者的努力到五四新文化运动以来现代新儒学的兴起，这些思想家都对儒学与宗教的关系作了深刻的思考，无论是从处理政教秩序

---

[1] 贺麟：《儒家思想的新开展》，见宋志明编《儒家思想的新开展——贺麟新儒学论著辑要》，中国广播电视出版社，1995，第86页。

[2] 贺麟：《儒家思想的新开展》，见宋志明编《儒家思想的新开展——贺麟新儒学论著辑要》，中国广播电视出版社，1995，第87页。

[3] 贺麟：《儒家思想的新开展》，见宋志明编《儒家思想的新开展——贺麟新儒学论著辑要》，中国广播电视出版社，1995，第92页。

和建立文化认同的角度主张建设孔教，还是从整合心灵秩序与复兴民族文化的角度发掘儒家的宗教性，实际上都把握住了儒家之"学"与"教"两个维度，并在比较文明的视域，即与西学和西教的参照中来瞩望儒家思想的新开展。

二 近现代佛教的自我革命与入世实践

从清末民初到五四新文化运动以来的儒家思想史，一个引人注目的现象就是儒家思想的宗教性建构一直或隐或显地存在，即使在经历五四启蒙之后，这股潜流仍然很快以后启蒙反思的形态显现。[1] 当然也有论者提出不同的观点，如黄进兴就从认定儒教为官方与公共宗教的立场出发，探讨近代儒教从国家宗教解体为非宗教的过程，从而揭示清末民初儒教的"去宗教化"现象。[2] 实际上，这只是由于观察的角度和立场以及对儒教性质的理解之不同而导致的观点差异，儒教的去宗教化本身即是与其宗教化趋势分不开的。与儒家的宗教化建构之发展路径相对，佛教受到清末民初，尤其是五四以来的启蒙、反迷信话语的影响尤深，逐渐走上人间化、入世化转型的道路。

梁启超在《清代学术概论》中提到晚清思想界有一伏流，曰佛学，并把

---

[1] 贺麟说："中国自新文化运动以来，所谓开明或启蒙的空气很浓厚。启蒙时期的人大都是个人主义者，注重理智的怀疑，反对任何信仰，特别反对宗教信仰及传统信仰。他们不仅不承认信仰的功用，反而认为信仰有阻于科学的进步和个人的自由。他们的目的当然在反对迷信，而结果适所以摇动个人和民族的根本信仰。启蒙时期的特点，一方面注重狭义的理智，如外在的怀疑和批评，支离的分析，琐屑的考证等。而与此狭义的理智主义紧相伴随着，乃是注重放任感情的感伤主义或浪漫主义。因一方面，离开信仰情感而理智，故陷于支离干枯的理智主义，一方面离开理性的规范而言情感意欲的放任，故流于感伤狂诞的浪漫主义。现在的青年应认清时代，这已不是鼎盛的个人主义、怀疑主义、注重破坏的启蒙时期了。我们已到了注重思想文化以及国家建设的后启蒙时期了。"（贺麟：《信仰与生活》，见宋志明编《儒家思想的新开展——贺麟新儒学论著辑要》，中国广播电视出版社，1995，第451页）

[2] 他说："中国历史上并不缺乏改造儒教的先例。倘若予以深入的分析，便会立即发觉以往所谓'儒学宗教化'的底蕴，事实上是把原先作为国家宗教的儒教往私人宗教推移；所不同的是，在康氏之前，往往是借鉴释、道或民间宗教的形式加以进行，而康氏却是着眼西方的耶教。"（黄进兴：《清末民初儒教的"去宗教化"》，载氏著《从理学到伦理学：清末民初道德意识的转化》，中华书局，2014，第236—271页）

研究佛教经典者分为两派，即哲学的研究与宗教的信仰。他认为对佛教作哲学的研究一派其人极稀，其事业尚无可称述，而由于社会屡更丧乱，厌世思想倒是不期然而自发生，于是稍有根器者必遁逃而入于佛。他这样描述当时学佛成为时代流行后的现象：

> 学佛既成为一种时代流行，则依附以为名高者出焉。往往有夙昔稔恶或今方在热中奔竞中者，而亦自托于学佛，今日听经打坐，明日黩货陷人。净宗他力横超之教，本有"带业往生"一义。稔恶之辈，断章取义，日日勇于为恶，恃一声"阿弥陀佛"谓可涤拔无余，直等于"罗马旧教"极敝时，忏罪与犯罪，并行不悖。又中国人中迷信之毒本甚深，及佛教流行，而种种邪魔外道惑世诬民之术，亦随而复活，乩坛盈城，图谶累牍。佛弟子曾不知其为佛法所诃，为之推波助澜，甚至以二十年前新学之巨子，犹津津乐道之。率此不变，则佛学将为思想界一大障，虽以吾辈夙尊佛法之人，亦结舌不敢复道矣。[1]

据梁启超的观察，在晚清思想界，佛学尚为一伏流，而学佛则已成为一种时代流行。除了不少依附以为名高者、夙昔稔恶或热中奔竞者自托于学佛外，更有种种迷信和邪魔外道惑世诬民之术随佛教流行而复活，佛弟子甚至新学巨子亦不知简别，遂使佛学有成为思想界一大障的危险。由此梁启超指出我国今后之新机运当从两途开拓，除情感方面之新文学新美术一途外，便是理性方面之新佛教。他把新佛教拟于西方之宗教改革：

> 佛教哲学，本为我先民最珍贵之一遗产，特因发达太过，末流滋弊，

---

[1] 梁启超：《清代学术概论》，上海古籍出版社，1998，第100页。

故清代学者，对于彼而生剧烈之反动。及清学发达太过，末流亦敝，则还元的反动又起焉。适值全世界学风，亦同有此等倾向，物质文明烂熟，而"精神上之饥饿"益不胜其苦痛。佛教哲学，盖应于此时代要求之一良药也。我国民性，对于此种学问，本有特长，前此所以能发达者在此，今后此特性必将复活。虽然，隋唐之佛教，非复印度之佛教，而今后复活之佛教，亦必非复隋唐之佛教。质言之，则"佛教上之宗教改革"而已。[1]

应该说，梁启超所瞩望的"佛教上之宗教改革"以及新佛教徒的出现在被誉为佛教界的马丁·路德的太虚法师之佛教改革运动中部分地得到实现。太虚法师1928年论及其"佛学新运动"，从迷信的破除、经典、团体、佛律、社会事业等方面概述了"佛学新运动"对佛教自身以及中国社会带来的变化，除此之外，他还想将这一运动推向全球，其要义为人生的佛学、科学的佛学、实证的佛学、世界的佛学。[2]

太虚法师的佛教改革中最现实最迫切者实涉教产问题，在一波波"庙产兴学"风潮下为保护僧寺、住持佛教进一步逼出了僧教育问题。他说：

自清季以来，佛教即入多事之秋。三十年来常有僧寺能不能存在之问题发生，一波未平，一波又起，僧寺时感无限之恐慌。然考察现代思潮，有一部分人根本反对宗教，以为佛教是宗教之一，故应与其他宗教同其不能存在。亦有人以为佛教非宗教，谓其所讲明宇宙人生之原理，永为人类所必需研究之学术，故仍可存在。至于不反对宗教者，则于佛

1　梁启超：《清代学术概论》，上海古籍出版社，1998，第106页。
2　太虚：《佛学之源流及其新运动》（1928年10月在法京巴黎东方博物院讲稿），《太虚大师全书》第2卷，宗教文化出版社，2005，第336页。

教之应当存在，更不成问题；然寺僧可否存在，其问题至今未决。如十七年之"庙产兴学"运动，为消灭寺僧之最显著者。[1]

可见，自清季以来佛教即开始进入多事之秋，这主要表现在两个方面，一个是在观念的层面上，现代思潮中对于佛教与宗教的关系以及是否反宗教有不同意见；二是"庙产兴学"运动对僧寺和寺僧的存在产生了威胁。太虚法师面对这样的情势，从培养新佛教徒入手，通过办僧教育来使寺僧能获得一定的社会地位，从而住持佛教，引起社会之信仰。太虚法师曾回顾其在辛亥革命的侠情朝气中提出的教理革命、僧制革命、寺产革命三大口号以及后来的实践[2]，他虽然称其佛教革命历程为"失败史"，但这些从教理、僧制寺产、僧教育等方面改革佛教以建立顺应现代思想、适合时代需要的新佛教的观念与实践，仍然是现代佛教自我革命的重要尝试。

三 儒家宗教化与佛教人间化的路径差异

在近现代思想史上，儒家与宗教的关系始终是一个值得讨论的真问题。无论是现代新儒家所开辟的"心性儒学"的发展路径，还是大陆新儒家所提出的"回到康有为"之政治儒学[3]，都离不开对儒学的宗教性建构。与此相对的是，近现代佛教在现代性的语境中逐渐走向了人间化、入世化的道路。

---

1 太虚：《僧教育之目的与程序》（1931年7月在北平柏林教理院讲），《太虚大师全书》第19卷，宗教文化出版社，2005，第14—15页。
2 太虚：《我的佛教革命失败史》，《太虚大师全书》第31卷，宗教文化出版社，2005，第57—58页。
3 干春松指出，康有为被现代儒学话语疏离且被视为"前现代"的儒家，"不仅是因为革命史叙述中的'落后'政治立场，而且还在于知识体系的转型后，其建基于今文经学而展开的思想体系被看做是'非科学'的，因而其价值基础便不甚牢靠"。但他认为"康有为当得起一个分期的界标"，康有为所进行的现代儒学的建构活动不是过渡性的，而是奠基性的，"如果存在一个儒家的新发展的起点，那么这个起点就只能是康有为"（干春松：《康有为与现代儒学的产生》，载氏著《康有为与儒学的"新世"：从儒学分期看儒学的未来发展路径》，华东师范大学出版社，2015，第78—176页）。

儒家与佛教在发展路径以及现代性抉择上的差异与融通构成了近现代思想史与宗教史上值得关注的文化景观。此处兹从儒家和佛教在因应耶教的不同策略的角度来探讨这一问题。

佛教虽然是外来宗教，但经过与中国本土儒、道为代表的思想文化的冲突与融合，已经成为中华传统文化的重要组成部分。[1] 与之相对地，耶教对儒、佛而言，成为二者共同面对的他者[2]。尽管耶教作为外来宗教并没有如佛教的中国化般成功融入中国传统文化之中，但儒、佛在因应耶教的过程中也在宗教形式、教制、社会实践等方面吸收了耶教的精神和特长，并形成因应耶教的不同策略。

佛教对耶教的因应除了在判教的层面将其纳入五乘共法，在抉择的同时亦有融合之外，在教制、组织和社会实践方面对耶教也多有借鉴。太虚法师说道：

> 耶教，在世界上今分为三大派：就是罗马教、希腊教、基督教。他的《旧约》原是犹太教的，《新约》方是耶稣及其使徒的言行录。把《旧约》的限制打破，说明一切人类都平等。佛法平等理性中本不许特一的神，但当时犹太的文化程度讲不到，只说"神"就在人人心中，对于人类平等慈爱；在教理上只说到这点，把犹太人为上帝选民的不平等处予以破除。但在教团的制度上，颇有与佛教相近的地方。起初耶稣及其徒弟，也都是出家，离开国族，经过一种个人独自的修养；另一方面之教团组织，则很普遍广大。现在西洋人的组织能力，也都是教会给它训练成功的。如罗马教等早成为普遍各国广大一致的团体，其最高首领的

---

[1] 参见洪修平《儒佛道三教关系与中国佛教的发展》，载氏著《中国佛教与儒道思想》，宗教文化出版社，2004，第329—355页。

[2] 参见孙江《作为他者的"洋教"——关于基督教与晚清社会关系的新阐释》，《江海学刊》2018年第1期。

教皇是由修学服务勤劳卓著大主教之中选举产生的，他们自称为教宗，故成为很实际，很有系统的普遍严密组织。依佛教僧团的意义说来，他倒很能发挥了僧团组织的力量，后来改变了原来罗马教的出家僧制，成为很通俗的有家室的新基督教，派别很多，也还是很能组织。由此耶稣的教义虽然很平庸，颇能在平等博爱上实践实行；而在教团的组织上，不限于地域人种，但由男女和学行的区别上，而成为广大普遍和秩序严整的组织。[1]

在太虚看来，耶教在教理上还不及佛教主张的平等理性，但是在教团制度上颇有与佛教相近之处，而且其教团组织很普遍广大。太虚对耶教教义的实践实行和教团组织的广大普遍、秩序严整的肯定依然表现出很强的佛教主体性，即认为耶教其实是受到佛教的影响，他说："近来印度、锡兰各地的欧洲考古家，从历史上考证起来，都说耶稣教是受了佛教的影响而产生。阿育王时，佛教曾传到印度西北的波斯和红海两岸的叙利亚、埃及等国（叙利亚即古犹太国所在地）。现在又有一种考证，说耶稣本人在十五岁到三十岁期间，曾到过印度留学佛教。从历史的考证上，教团和制度上，教义的影响上，至少耶稣是受过佛教的影响。"[2]

太虚法师在《整理僧伽制度论》中还就教所的地域分配和建置作了制度设计，其中佛教医病院、仁婴院、慈儿院的设立明显受到耶教社会慈善事业的影响。值得注意的是，行教院、宣教院、持教院的设计也不能不说与耶教的"传教"意识相关。1925年11月在日本京都大谷大学的一次演讲中，太虚法师提出"传教西洋之提议"："近代中国佛教虽有复兴趋势，而私心犹以

---

[1] 太虚：《人群政制与佛教僧制》（1943年作），《太虚大师全书》第24卷，宗教文化出版社，2005，第61—62页。

[2] 太虚：《人群政制与佛教僧制》（1943年作），《太虚大师全书》第24卷，宗教文化出版社，2005，第62页。

为如泉始流，恒欲觅一普及佛法之道"，"中国佛教，向来自蔽，故佛法在中国虽已历二千余年，而朝野上下人士，能理会而深信者，实寥若晨星。鄙意即在如何使佛法普及，使世界人能知佛法为人生之需；故近年来对于宣传佛教之事业，努力为之"[1]。

儒家对耶教的因应则主要体现在对耶教的宗教形式的借鉴与竞争上。近现代以来的新儒学所内蕴的两个重要面相就是对政教秩序和心灵秩序的抉择问题[2]，而这两个问题实际上在耶教这种完整的宗教形式中得到了充分的讨论与处理。因此，儒家在近代以来的文化语境中一直存在着宗教形式的建构，这集中体现在建立孔教的问题上。1896年梁启超在《西学书目表序例》中指出"国家欲自强以多译西书为本，学者欲自立以多读西书为功"，他将所译西书分为学、政、教三类，但教类之书不录。[3] 西书之中教类之书不录体现出梁启超对中西学术交流中涉及"体"和"教"层面的思考，以致他曾有"不忍言西学"之语，这一点在《西学书目表后序》中表述得更清楚：

今日非西学不兴之为患，而中学将亡之为患。

吾尝见乎今之所论西学者矣，彝其语彝其服彝其举动彝其议论，动曰中国之弱由于教之不善，经之无用也，推其意，直欲举中国文字悉付之一炬。而问其于西学格致之精微有所得乎，无有也；问其于西政富强

---

[1] 太虚：《传教西洋之提议》，《太虚大师全书》第26卷，宗教文化出版社，2005，第150页。

[2] 张灏分析了传统儒家思想中的政教关系，指出原始儒家从晚周开始出现，承袭了周初的天命说及其前提天道观，并以此为基点展开政教关系的思考。他认为天命说的进一步发展一方面体现在天命说里德性意识的深化，另一方面表现在原始儒家里出现一个超越内化的趋势，意谓以天子为代表的政治秩序之外，还有每一个人直接通天的心灵所引生的独立的权威与秩序。政治秩序和心灵秩序这二元秩序思想对后世政治文化和儒家政教思想产生很大影响，可以说独立的心灵秩序是形成政教二元观念的重要因素。张灏尽管比较认可儒家传统主流思想在政教关系方面主政教合一，但也承认这种独立心灵秩序的存在在主流的政教合一观念中造成一种异化感，"这种异化感也是传统儒家政教关系思想中的一个伏流，一个潜势，后来对近现代中国思想发展曾有不可忽略的影响，不能不注意"（张灏：《传统儒家思想中的政教关系》，载氏著《幽暗意识与时代探索》，广东人民出版社，2016，第70—104页）。

[3] 梁启超：《西学书目表序例》，载《饮冰室合集·文集之一》，中华书局，1989，第123页。

之本末有所得乎，无有也。

虽然，中学之不自立抑有故焉。两汉之间，儒者通经，皆以经世，以禹贡行水，以洪范察变，以春秋折狱，以诗三百篇当谏书。盖六经之文，无一字不可见于用，教之所以昌也。今之所谓儒者，八股而已，试贴而已，律赋而已，楷法而已。

然则孔教之至善，六经之致用，固非吾自袓其教之言也，不此之务，乃弃其固有之实学，而抱帖括考据词章之俗陋，谓吾中国之学已尽于是，以此与彼中新学相遇，安得而不为人弱也。[1]

由此可见，梁启超之所以"不忍言西学"，是有见于中学之将亡。而中学之将亡又从两个方面体现出来，一是彼时论西学者非但于西学格致之精微和西政富强之本末俱无所得，且动言中国之弱由于教之不善，经之无用。二是当时所谓儒者已失两汉儒者通经致用之风，弃实学就俗学，中学之不自立，"虽无西学以乘之而名存实亡"。梁启超以孔教为至善，六经为致用之学实有寓教于经之意，而这又是与其今文经学的立场分不开的。因此他主张"读经读子读史"来纾解与彼中新学相遇后中学所面临的困境。他关于"经"与"教"的观点集中体现在他为"读经读子读史"所列诸条原则中，兹仅列举其论经学之数条以窥一斑：

吾请语学者以经学。一当知孔子之为教主，二当知六经皆孔子所作，三当知孔子以前有旧教，四当知六经皆孔子改定制度以治百世之书，五当知七十子后学皆以传教为事，六当知秦汉以后皆行荀卿之学，为孔教之蘖派，七当知孔子口说皆在传记，汉儒治经皆以经世，八当知东汉古

---

[1] 梁启超：《西学书目表后序》，《饮冰室合集·文集之一》，中华书局，1989，第126—128页。

文经刘歆所伪造，九当知伪经多撷拾旧教遗文，十当知伪经既出，儒者始不以教主待孔子，十一当知训诂名物为二千年经学之大蠹，其源皆出于刘歆，十二当知宋学末流束身自好，有乖孔子兼善天下之义。[1]

梁启超的以上观点，在经学语境中充斥着汉宋古今对立，其主旨是站在今文经学立场上以孔子为教主，以六经皆为孔子所作，以经、教合一来发扬乃师康有为孔子改制、新学伪经之学说。康有为早年著有《教学通义》一书，其首篇即为《原教》，其所原之"教"自非后来学科分化后所理解的宗教[2]，而是所谓礼教伦理。他说："礼教伦理立，事物制作备，二者人道所由立也。礼教伦理，德行也；事物制作，道艺也。后圣所谓教，教此也；所谓学，学此也。"[3] 他不仅"原教"，而且"敷教"，主张明"教学之流别"，"夫学患不深详，教患不明浅；学患选之不精，教患推之不广，义皆相反。以学为教，安能行哉？""选举止及于士，敷教下逮于民。士之与民，其多寡可不待计也。而士大夫多轻视之，此所谓本末舛决，目不见丘山者也。乱国之政不务本，亡国之政不务实，其以此夫！"[4] 无论是康有为还是梁启超都强调"敷教""传教"，康有为的"敷教"是要将"教"推广以下逮于民，梁启超则主张"七十子后学皆以传教为事"。

谭嗣同对孔教和儒家的辨析蕴含着深刻的洞见，体现出"学"在知识扩

---

[1] 梁启超：《西学书目表后序》，《饮冰室合集·文集之一》，中华书局，1989，第128页。
[2] 魏义霞指出，"学科分类意义上的宗教（religion）概念对于中国人来说是舶来品，现代意义上的宗教（religion）一词是随着西学东渐和西方的学科分类系统一起在中国出现的。在中国本土文化语境中，与宗教近似的概念除了教化，便是更笼统的教。就康有为所使用的概念来说，相对于宗教或教化等概念，他显然更热衷于教之概念"。这一观点揭示了中国本土文化语境中"教"的涵义的多元性以及"教"与西方知识分类系统传入后所谓"宗教"概念的联系与区别当然是颇具洞见的，惟其进一步认为康有为所使用的"教"淡化乃至模糊了教与学之间的界限，导致教学相混，至少从《教学通义》中相关论述来看是值得商榷的。参见魏义霞《教与宗教：康有为对教之概念的热衷与对宗教之概念的拒斥》，《河南师范大学学报》（哲学社会科学版）2016年第5期。
[3] 康有为：《教学通义·原教》，《康有为全集》第1集，中国人民大学出版社，2007，第20页。
[4] 康有为：《教学通义·敷教》，《康有为全集》第1集，中国人民大学出版社，2007，第53页。

容的方面对"教"具有重要的意义。他说：

> 中国之所谓儒，不过孔教中之一端而已。司马迁论六家要指，其微意可知也。而为儒者乃欲以儒蔽孔教，遂专以剥削孔子为务。于治功则曰："五尺羞称也。"于学问则曰："玩物丧志也。"于刑名又以为申、韩刻覈，于兵陈又以为孙、吴惨黩，于果报轮回又以为异端邪说，皆所不容。孔子之道，日削日小，几无措足之地。小民无所归命，心好一事祀一神，甚且一人祀一神，泉石尸祭，草木神丛，而异教乃真起矣。为孔者终不思行其教于民也，汉以后佛遂代为教之，至今日耶又代为教之。[1]

谭嗣同认为"儒"不过是孔教中之一端而已，儒者欲以"儒"蔽孔教，专以剥削孔子为务。他对孔教进行知识扩容是否符合历史另当别论，但其中所体现的价值关怀的确反映了彼时思想界的历史情境。在晚清以降思想界多元并立的信仰格局中，佛教、耶教乃至诸种异教迭兴，对孔教造成很大威胁，"孔子之道，日削日小，几无措足之地"。正是面对这样的历史情境，促使谭嗣同通过对儒家与孔教名义的辨析来突破"以儒家为儒""以儒蔽孔教"的传统观念。他说：

> 然吾约计开辟以来，战国与今日遥遥相映，时局虽皆极危，却又是极盛之萌芽。何也？绝大素王之学术，开于孔子。而战国诸儒，各衍其一派，著书立说，遂使后来无论何种新学，何种新理，俱不能出其范围。盖儒家本是孔教中之一门，道大能博，有教无类。太史公序六家要旨，无所不包，的是我孔子立教本原。后世专以儒家为儒，其余有用之学，

---

[1] 谭嗣同：《仁学》，中州古籍出版社，1998，第207—208页。

俱摈诸儒外，遂使吾儒之量反形狭隘，而周、秦诸子之蓬蓬勃勃，为孔门支派者，一概视为异端，以自诬其教主。殊不知当时学派，原称极盛……盖举近来所谓新学新理者，无一不萌芽于是。以此见吾圣教之精微博大，为古今中外所不能越；又以见彼此不谋而合者，乃地球之公理，教主之公学问，必大通其隔阂、大破其藩篱，始能取而还之中国也。[1]

谭嗣同以战国与今日、中国古学与今日西学作比较，提出"儒家本是孔教中之一门"之命题，实际上为孔教拓展出更为广阔的知识空间，使得孔教在儒家之外，还能容纳其余有用之学。值得注意的是，周、秦诸子亦被视为孔门支派，揭示出诸子学与孔教的关联，实际上就为孔教通过诸子学来容纳、接引新学新理打开了方便之门，进而为论证孔教的普世性，即所谓成为地球之"公理"、教主之"公学问"奠定了基础。谭嗣同不以儒家为儒，不以儒蔽孔教实际上是把儒家还原为先秦诸子之一学派，为孔教平等地吸取战国诸家的思想资源破除了观念障碍。

关于孔教和周秦诸子的关系，梁启超在《论支那宗教改革》一文中的观点颇具参考价值，虽言乃述康有为之哲学，实亦可代表梁氏自身之观点。他将泰西所以有今日之文明的原因归于宗教革命和古学复兴，认为"我支那当周秦之间，思想勃兴，才智云涌，不让西方之希腊"，只因"误六经之精意，失孔教之本旨，贱儒务曲学以阿世，君相托教旨以愚民，遂使二千年来孔子之真面目湮而不见"，因此欲振兴东方，不可不发明孔子之真教旨[2]。他遂引康有为所发明之孔子教旨"六主义"[3]——阐明之，其中"博包主义"（亦谓之相容无碍主义）尤其值得重视，他说：

---

[1] 谭嗣同：《论今日西学与中国古学——第二次讲义》，蔡尚思、方行编《谭嗣同全集》（下册），中华书局，1981，第398—399页。
[2] 梁启超：《论支那宗教改革》，《饮冰室合集·文集之三》，中华书局，1989，第55页。
[3] "六主义"分别是进化主义、平等主义、兼善主义、强立主义、博包主义、重魂主义。

当时九流诸子,其大师多属孔门弟子,既受孔教,退而别树一帜。……盖思想之自由,文明发达之根原也,听其诸说杂起,互相竞争,而世界自进焉。中庸道并行而不相悖之义,即本于春秋三世并立之义,而孔子之真相也,自汉以后,定于一尊,黜弃诸子,名为尊孔子,而实则背孔子之意甚矣。遂使二千年来,人人之思想,不能自由,有发一奇论者,则群然以非圣无法目之,此智识所以不能发达也。今当发明并行不悖之义,知诸子之学即孔子之学,尊诸子即所以尊孔教,使天下人人破门户之意见,除保守之藩篱,庶几周秦古学复兴而人智发达矣。[1]

这里将九流诸子之大师归属于孔门弟子,实际上是试图从孔门弟子的谱系上追溯诸子学与孔教的关系。与谭嗣同以孔教为中心破除儒家对孔教的障蔽从而使得孔教能够对诸子学的思想资源广泛吸取不同,此处的论述重心转移到诸子学上,通过论证诸子之学即孔子之学,尊诸子即所以尊孔教来发明思想自由、并行不悖之旨,而这显然与梁启超一贯主张的"古学复兴"有关。

应该说,康、梁、谭都在不同程度上涉及孔教与诸子的关系以及孔教的博与狭之辨,这就从"学"对"教"的知识扩容的角度提出了新问题[2]。与中古时期作为外来文明的佛教和本土资源道教对儒家知识和思想世界的扩充与挑战相似,近现代文化语境中西学、耶教的进入对彼时的思想界造成两方面的影响,一是乘西学、西教之势,传统观念中作为边缘乃至异端的诸子学、

---

[1] 梁启超:《论支那宗教改革》,《饮冰室合集·文集之三》,中华书局,1989,第60—61页。
[2] 葛兆光从知识史与思想史互动的角度探究了中古佛教、道教对儒家知识世界的扩充和挑战,认为"思想史上的变化,很多是由知识史的渐变积累而成的","在历史上,任何一个知识、思想与信仰世界定型之后,都会有一个稳定期,在没有异质文明进入的情况下,它的变化会相当缓慢。可是这时如果有外来文明的冲击和影响,许多新知识进入旧世界,这个知识世界的边界会逐渐膨胀,或者社会环境发生变迁,使一些原本处于边缘的传统资源卷土重来,这个思想世界不得不重新开放边界,那么,它就会动摇原来的权威和经典,改变传统的预设和理路,使得传统主流思想世界不得不回应"。参见《"周孔何以不言"——中古佛教、道教对儒家知识世界的扩充与挑战》,《史学月刊》2011年第1期。虽然他讨论的是中古时期的问题,但其中所揭示的外来文明和本土资源,正统与边缘,知识与思想的互动对近现代文化语境中的知识、思想与信仰问题亦颇具启发意义。

佛学应运而兴；二是在面对文明冲突和文化抉择的背景下，孔教提倡者试图用"孔教"这一旗帜来整合诸子学、佛学等内部思想资源，并通过这些曾经处于边缘地位的知识来进一步吸纳、包容西学和西教，从而缓解文明冲突所带来的文化焦虑和信仰危机。

综上所述，儒家宗教化与佛教人间化的路径差异具有相当的可比性，是儒佛关系领域一个值得思考的问题。我们这里是从儒、佛各自因应耶教的不同策略这一角度切入探讨这一问题的，耶教的传入所导致的思想冲击可以说在一定程度上促进了作为中国传统文化的儒、佛间的融通和相互借鉴。近现代儒家和佛教的发展路径虽有差异，但这种差异并不是背道而驰，而是体现为相向而行。一方面，儒学吸取了佛教中宗教性的思想资源；另一方面，佛教也在实践中开启了儒学化的进程，而这种儒学化在本质上就是吸取了儒学注重现世的入世精神，从而使近现代佛教走上了入世转型的道路。

结语 "文化判教"的问题域与佛教入世转型的内在理路

汤用彤先生曾提出判教之"反影说"，认为判教乃是其时佛学情形之反影。近现代佛教的判教思想相对于传统佛教而言，体现出新的特点，它是吸纳了现代性话语的"新判教"，同时也是儒、佛、耶多元宗教与文化系统并立格局中，以佛教为本位作融摄与抉择的"文化判教"。抓住近现代这一转型时代的"文化判教"问题，对当时盛行之问题、经典与学说进行研究，同样可以帮助我们把握其时"佛学情形之反影"。

应该说，佛教的入世转型是近现代的重要思想运动与文化实践。本章围绕"文化判教"的问题域，主要从四个方面探讨了佛教入世转型的内在理路。

第一，佛教入世转型是近现代这一转型时代佛教与新的群体和因素发生"汇流"，并吸纳现代性的理性观念，从而由"伏流"到复兴的一大思想动向和运动潮流。这一时期知识人对佛教的参与尤其是知识人与居士佛教的合流与互动共同造就了理性的新佛学。这一理性的新佛学一方面经过了现代性观念的除魅，但另一方面又在信仰与知识的变奏中摇摆，佛教入世转型同时又是一场艰难的知识转型。

第二，以"新与融贯"为典型特征的"文化判教"在新的时代机宜下对佛教自身思想体系进行了重新整合与判摄，在这一过程中所产生的新思想、新观念具备一种观念的力量和实践的效应，在一定程度上推动了佛教入世转型的发展。这集中体现在传统的佛教判教思想从抽象、形上之理的层面发展出更为能动、更具主体性的向度，尤其是唯识学中的一些观念在与西学格义的过程中进一步促成了佛学的复兴和佛学自身主体性的彰显，从而扩大了佛学在近现代思想界从观念到实践等不同层面的影响。

第三，近现代佛教中观、唯识、如来藏"三系判教"展示了转型期佛教思想图景的分化与多歧，而这种对正统意识的追寻和思想观念的分歧最终在实践维度之"菩萨行"和人间佛教运动中得到统合。尤其是人间佛教运动可以说是佛教入世转型运动的主流，反映了佛教发展的现实逻辑。同时不可忽视的是，人间佛教不仅是在实践层面对人间秩序、社会秩序的重整，而且其本身也具备判教的意涵，是对佛教理论体系中现世性、人间性层面的凸显和抉择。

第四，近现代佛教在现代性的语境中逐渐走向了人间化、入世化的道路。这一方面是受到清末民初，尤其是五四以来的启蒙、反迷信话语的影响；另一方面也是佛教中国化进程中儒学化趋势在近代以来的新开展。近现代佛教在实践中开启了儒学化进程，进一步吸取了儒学注重现世的入世精神，在新的时代语境下进行自我革命，为佛教的入世转型奠定了新的理论基础，并开辟出新的发展路径。

总之,近现代佛教"文化判教"的问题域中,包含了知识人和居士参与的新主体、现代性的新观念、人间佛教的新路径和多元信仰的新融合。这些新的面相共同构成了近现代佛教入世转型的内在动力和外在助缘。

中编　入世转型的多向度发展

本编主要是对近现代佛教入世转型的多向度发展做专题研究，全编共分五章。第六章"中国佛教僧教育的入世转型"，以僧教育为切入点来探讨近现代佛教的入世转型问题。首先分析了"僧教育问题的凸显及早期模式的产生"，其次探讨了"僧教育办学理念的入世转型"，再次研究了"僧教育办学实践的入世转型"，最后对"当代中国佛教教育的新发展"做了分析。第七章"中国佛教制度的入世转型"，以佛教制度为切入点来研究近现代佛教的入世转型问题。首先回溯了历史上"佛教制度的中国化建构及入世面向"，然后分析了"近代之前佛教制度入世精神的衰落与近现代中国佛教制度入世转型的义涵和基本路径"，接着对"近现代中国佛教制度入世转型的实际开展"进行研究，特别是以《中国佛教会章程》为例对佛教的入世性制度安排做了分析。最后对"近代佛教制度入世转型的特点与意义"做了简单概括。第八章"佛教义理之学的入世转型"以佛教义理为中心展开研究，首先从佛教是宗教还是哲学等问题切入研究近现代"佛教的学科定位"，其次讨论了佛教与科学、西方哲学及心理学等其他学科的交涉，再次以"基于佛教义理的现实关照"为视角，讨论了章太炎救时应务的佛法、谭嗣同倡导的平等与革新以及杨度创建的"无我宗"等，最后研究了"人间佛教论辩与入世转型"问题。第九章"禅净修习方式的近现代入世转型"主要以禅净为例探讨了近现代佛教修习方式的入世转型。首先简单梳理了历史上"禅净修习方式的演变与合流"，其次以虚云、圆瑛和印光为例论述了"近代禅净双修与入世转型的开启"，然后对"禅宗定位的转换与适应社会"与"净土宗的多元发展和与时俱进"分别进行研究，最后对"禅净关系下的他宗入世转型"做了分析，并探讨了禅净修习方式入世转型的意义。第十章"近现代居士佛教的入世转型"，首先分析了"近现代居士佛教入世转型的历史根源和时代机缘"，其次对"近现代居士的身份转型与身份认同"做了探讨，然后就"近现代居士佛教入世转型的理论与实践"展开分析，最后对"近现代居士佛教入世转型的历史意义"做了概括。

第六章
中国佛教僧教育的入世转型

近现代以来中国佛教僧教育的开展与中国佛教的发展命运紧密相连。就佛教自身的发展来看,"庙产兴学"运动是清末佛教僧教育开展的重要背景。近代以来的中国佛教教育模式逐步从传统的"丛林制"走向了"学院制"。尤其是在民国时期,在佛教复兴与改革的呼声下,使得"发展僧教育,培养僧才"逐步成为佛教界的共识。但是,这一共识的形成,在近代经历了一个从被动办僧教育到主动发展僧教育的曲折过程,佛教界的"办学兴教"意识在办学形式上经历了"佛教公所时期"[1]到"僧教育会时期"再到"僧学堂、佛学院时期"的过程。中华人民共和国成立后,中国佛教僧教育的发展,以"文革"为界分为两个阶段:第一个阶段是新时期佛教僧教育的草创与奠基阶段,中国佛教协会的成立和中国佛学院的建成是这一阶段标志性的事件;第二个阶段是僧教育的发展进入规范化、学院化、国际化的阶段,办学成效也较为显著。

宏观地看,近代以来的中国佛教僧教育发展历程呈现出入世化转型的特征。从清末"庙产兴学"运动催生僧教育早期模式的产生,到民国时期"庙产问题"的再次凸显、回应如何在现代化教育模式中自处,以及僧教育办学实践过程中注重平衡内外学、学制课程设置等方面的变化,这些都说明近代

---

[1] 一般认为"僧教育会"是近代佛教史上最早的佛教界团体组织。事实上,"僧教育会"是早期"佛教公所"改组而来,"佛教公所"应为佛教界在近代最早的团体组织。

以来的僧教育发展历程中,"庙产"问题始终纠葛于其间,在教内外两种力量的博弈中,僧教育主动做出调适,呈现入世化转型的基本样态。事实上,在这一入世转型过程中取得的办学成就和出现的问题也影响了建国后僧教育的开展,办学历程为新时期佛教僧教育奠定了基础并积累了宝贵的经验,遇到的诸多问题也随着僧教育的持续开展而延续了下来。在新时期,诸多困扰僧教育办学的"旧问题"有了新对策,使得中国佛教僧教育在当代得以健康而有序地开展,取得了令人瞩目的办学成就。

第一节 僧教育问题的凸显及早期模式的产生

随着清末"庙产兴学"运动的开展,作为近代僧教育的早期模式,"僧教育会"的产生是中国佛教僧教育入世转型发展历程中具有标志性意义的事件。这一时期的办学是中国佛教近现代僧教育的初步尝试。近代僧教育会产生的内外动因是什么?其基本特点是什么?本节拟对这些问题略作讨论。

一 "庙产问题"与僧教育会的产生

近代僧教育会是在外部和内部两种动因的作用下产生的。外因主要包括清末"庙产兴学"运动的压力和日本佛教势力的介入,前者在政策上呈现出前紧后松的变化;后者的出现,使得清政府不得不在政策上收紧对庙产的管控,也使得佛教界不得不将解决"庙产"问题的途径转向自身。内因主要是佛教界面对外部压力主动寻求解决的途径,为自身谋求生存空间和寺产的保全。

1. 近代僧教育会产生的外部动因

近代僧教育会产生的外部动因主要来自"庙产兴学"运动及日僧的干

涉。清末，康有为、张之洞较早地提出了"庙产兴学"的主张，二人的主张也推动了"庙产兴学"运动的形成。康有为于1898年7月在《请饬各省改书院淫祠为学堂折》中提出："为请改直省书院为中学堂，乡邑淫祠为小学堂，令小民六岁皆入学，以广教育而成人才，恭折仰祈圣鉴事：……查中国民俗惑于鬼神，淫祠遍于天下。以臣广东论之，乡必有数庙，庙必有公产。若改诸庙为学堂，以公产为公费，上法三代，旁采西例，责令民人子弟年至六岁者，皆必入小学读书，而教之图算、器艺、语言、文字。其不入学者，罪其父母。若此，则人人知学，学堂遍地。不独教化易成，亦且风气遍开，农、工、商、兵之学亦盛。……庶几风化可广，人才大成，而国势日强矣。"[1]

康有为在奏折中主张改诸庙为学堂，以公产为公费。这一主张得到了光绪的赞同，光绪于1898年7月10日（光绪二十四年五月二十二日）颁布上谕："即将各省府厅州县现有之大小书院，一律改为兼习中学西学之学校。至于学校阶级，自应以省会之大书院为高等学，郡城之书院为中等学，州县之书院为小学，皆颁给京师大学堂章程，令其仿照办理，其地方自行捐办之义学社学等，亦令一律中西兼习，以广造就。……至于民间祠庙，其有不在祀典者，即着由地方官晓谕民间，一律改为学堂，以节縻费而隆教育。似此实力振兴，庶几风气遍开，人无不学，学无不实，用副朝廷爱养成材至意，将此通谕知之。"[2]

上谕颁布十余日后，张之洞于光绪二十四年六月七日也向光绪进言并提出了"庙产兴学"比较具体的措施。他提出："大率每一县之寺观，取十之七以改学堂，留十之三以处僧道。其改为学堂之田产，学堂用七，僧道仍食

---

[1] 康有为：《请饬各省改书院淫祠为学堂折》，见郑力民编《康有为集》，广东人民出版社，2018，第336—338页。
[2] 汤志钧、陈祖恩编：《中国近代教育史资料汇编·戊戌时期教育》，上海教育出版社，1993，第56页。

其三。计其田产所值，奏明朝廷旌奖。僧道不愿奖者，移奖其亲族以官职。如此，则万学可一朝而起也。以此为基，然后劝绅富捐资以增广之。……若各省荐绅先生以兴起其乡学堂为急者，当体察本县寺观情形，联名上请于朝，诏旨宜无不允也。"[1]

由此，"庙产兴学"运动在各地开展起来，尤其是江浙地区。比如江苏镇江竹林寺"创议举办僧侣学堂。分蒙学、地舆、史论、洋文等科，专招僧人投报肄习。所需经费，即由镇属城乡各寺公产项下抽提"[2]。但是，在各地落实"庙产兴学"的过程中出现了勒捐庙产、借端滋扰等问题。于是，在光绪三十一年三月初八（1905），光绪帝又颁发上谕："前因筹办捐款，经谕令不准巧立名目，苛细病民。近闻各省办理学堂、工厂诸事，仍多苛扰，甚至捐及方外，殊属不成事体。着各该督抚饬令地方官，凡有大小寺院及一切僧众产业，一律由官保护，不准刁绅蠹役借端滋扰。至地方要政不得勒捐庙产，以端政体。"[3]

值得注意的是，光绪这一上谕并未真正改变当时僧人和寺产的处境。实际上，这一时期，僧人们大多抗拒捐庙产助学。即使有付诸行动者，更多的是出于无奈。如皋县封崇寺照瑞"愿将寺中之产一倾四十余亩尽行归公培养人材，转移风化，但师弟照荣年少不能自谋生活，无奈将地留于寺中六十亩，使师弟扫寺礼佛，下余八十六亩充作经费自立初级学堂一处。于世道人心虽无大裨，亦可稍尽国民义务于万一也"[4]。地方官府在文牍中称，"卑职查该僧捐资兴学实出本愿，非留心时务，安能有此热心。……况朝命甫下各僧正

---

[1] 张之洞：《张文襄公（之洞）全集·劝学篇下》，见沈云龙主编《近代中国史料丛刊》正编第482册，台湾文海出版社有限公司，1973，第14537页。

[2] 《教育世界》（本国学事）1904年第82期。

[3] 《清通鉴 同治朝 光绪朝 宣统朝4》，章开沅《清德宗景皇帝实录》（钞本）卷543，1905年（光绪三十一年三月初八）第1012页。

[4] 《文牍：行唐县通详戒僧捐资兴学文并批（光绪三十一年十月）》，《教育杂志（天津）》1905年第16期。

以不筹庙产为幸，该僧独有此举已高出寻常万万奕。该僧捐地立学系出于本心，与劝办者不同。似可准予所请，以成其志"[1]。从这一文牍可以看出，多数僧人以不筹庙产为幸，真正有所动作者仍在少数。

另外值得注意的是，这一时期有部分僧人开始寻求依附日本本愿寺，以求得寺产之保护。早在1904年就有类似的事情见诸报端，如"浙江省各寺院僧人，恐官府题拨寺产兴学，有聚议抵制，托日本本愿寺僧代设学校之说"[2]。此后，依附日本佛教势力之风愈演愈烈，以至于发生了浙江省三十五座寺院皈依日本本愿寺的事件。据当时的《申报》记载：

> 日僧本愿寺在中国内地广为传教，中国僧徒闻有寺产提充学费之说，不觉惴惴于心，深恐失其所恃。于是，浙省法喜等三十五寺首先明目张胆皈依日教，而闽之泉州，粤之廉州，以及湘苏赣等省劣僧亦皆怀依草附木之想。[3]

浙江三十五座寺院依附日僧事件，使佛教界受到极大刺激。在这种背景下，中国近代佛教史上第一个地方佛教团体组织"浙江省佛教总公所"成立。据当时的报道称："六月初六日，浙江全省（佛教）总公所成立，这个公所是杭州几个有识见的和尚发起专为整顿僧规，传布佛教并设立两个民小学堂，一个僧小学堂。一个国民工艺院，所有经费先从各寺筹垫，以后各寺院的住持都要僧小学堂的毕业生充当，这件事经张抚台大加称赞，所以成立得极快。按近来各处寺院每每防人去开学堂、借他屋宇，或者就去投奔日本和尚，想他保护。有这个公所起来，一切都不用担心，而且好长进学问，真

---

[1] 《文牍：行唐县通详戒僧捐资兴学文并批（光绪三十一年十月）》，《教育杂志（天津）》1905年第16期。
[2] 《教育世界》（本国学事）1904年第82期。
[3] 《申报》1905年4月14日第1版。

是第一件好事，奉劝做和尚的赶紧去同公所联合才是。"[1] 与此同时，民间对日僧扩张传教的做法也极为不满，多地发生了焚毁日本寺庙的事件，如"福州日本本愿寺被地方人民纵火焚毁，日政府当即警告华官谓，若不从速压平，将酿成困难之交涉云"[2]。

这一事件同样引起清政府的警惕，开始着手整顿依附于日僧的中国僧人，尤其是杭州地区的僧人。这其中，对浙江省海会寺住持惠持的处理公文中指出："海会寺僧惠持虽讯无通匪情事，惟不安分，交接外人辄敢收受日僧伊藤贤道所给锦带、文牒、信凭等件，并随伊藤赴绍兴嵊县新昌等处，私诱信徒且有女尼及俗家人等一律索取费项种种胆大妄为，殊与现立佛教宗旨大相刺谬，仰洋务局移知佛教总公所，绅监督、僧监督传集僧众公议，另举海会寺住持切实整顿宗门规则，革退该僧，惠持姑准保释仍交该公所察看管束，听候随时传讯。"[3]

在处理类似事件的过程中，作为佛教内部的团体组织，佛教总公所承担起善后的责任。据当时的报刊记载，"杭省佛教总公所成立后，适值日僧伊藤贤道因收徒敛钱由日领事高洲君驱逐回国，前所皈依该日僧之各寺院知不可恃，各以购领之信凭韦陀带念珠等件送至公所缴销并各按定章捐助公所兴学等费以盖前愆（委）"[4]。

此外，佛教总公所也承担起调查此类事件原由的责任。据当时的报道，"杭省海会寺住持惠持前因依仗日僧招摇敛钱，被拘发押等情历详前报，现由佛教总公所以惠持自知悔罪咨覆洋务局略谓日僧伊藤贤道向在杭绍宁台一带布教敛钱、扰乱风化久为公论所不容。然迹其胆大妄为实有劣僧隐为勾串，业于七月初二日将海会寺住持惠持详加研讯。据供，从前因愚被骗日后愿自

---

[1] 《佛教总公所成立》，《绍兴白话报》1905年（光绪三十一年）第104期。
[2] 《上编：政事门·纪闻·中国部·福建：日本本愿寺被焚》，《广益丛报》1906年第101期。
[3] 《浙抚批洋务局禀海会寺僧惠持皈依日僧敛钱文（杭州）》，《申报》1906年8月20日第3版。
[4] 《浙僧缴销皈依日僧信凭（杭州）》，《申报》1906年9月8日第3版。

改过，不敢再蹈前非等语，当经饬令管束一月，交保省释。……兹已派遣妥僧查悉绍兴府属各寺自闻公所成立日僧被逐，皆洗心涤虑争缴日僧所给信凭各件，以为悔过之证。综计前后缴到己（已）得五十余份，拟暂由公所妥存备查，一面仍广劝陈缴并慰以既往不咎，毋庸疑虑拟此办理，庶僧民可以相安教律，亦能整顿……"[1]。由此可以看出，某种程度上，通过对该事件当事人惠持"因愚被骗目后愿自改过"的定性，以既往不咎的态度间接保护了涉事众僧。

与此同时，清政府于 1906 年 7 月 28 日（光绪三十二年）颁布的《学部奏定各省教育会章程折》称当时办学"章程不一，窒碍实多，有完善周密毫无流弊者，亦有权限义务尚欠分明者。臣部职司所寄，亟须明定章程，整齐而画一之"[2]。在该章程中，官方允许了各地成立教育会。于是，各地陆续有佛教公所改为"僧教育会"[3]，近代佛教僧教育的早期模式也就在这种外部背景下产生了。其中，行动最为积极的仍是江浙一带，比如"浙省各寺院前因抵拒外人干预及防官绅提取产业，故设佛教公所分别抽捐创办民僧各小学堂，奏准有案。兹遵部章改为僧立教育会，公举曾赴日本留学之虞君为会长"[4]。

值得注意的是，僧教育会虽以办学为主，但也兼有佛教团体组织的性质。由于当时佛教界各自为政，未有全国性统一组织，这一时期的僧教育会仍以区域性的组织为主，并未发展成具有领导力的全国性组织。

2. 近代僧教育会产生的内部动因

近代僧教育会产生的内部动因主要是僧人主动变通谋求保护寺产。当时，

---

[1] 《寺僧自悔依仗日僧（杭州）》，《申报》1906 年 9 月 20 日第 3 版。

[2] 朱幼瀛等编：《中国近代教育史资料汇编·教育行政机构及教育团体》，上海教育出版社，1993，第 247—248 页。

[3] 事实上，早在 1905 年绍兴就有僧人倡议成立僧立教育会，据当时的报道称："绍兴开办僧立教育会十四日在梅市弥陀寺会议钱款的法子，议水陆每堂五元，皇忏每堂一元。有田产的寺再酌提经费，先由发起的和尚垫款开办。"（参阅《僧教育会可望成立》，《绍兴白话报》（绍兴近事）1905 年第 119 期）

[4] 《详定公举僧立教育会会长（杭州）》，《申报》1907 年 3 月 22 日第 9 版。

为保护寺产，僧人群体大致出现两种思路：一种思路是上述的寻求日僧保护。在中日签订《马关条约》、日俄战争的背景下，国民反日民族情绪被激发，这一依附日僧的做法，遭到僧俗两界及官方的剧烈批评[1]，这一批僧人后来也受到了整肃。另一种思路就是僧人办教育，既保护了寺产又贯彻了官方的兴学政策。虽然这种举措很大程度上并非出于自愿，只是保护寺产的一种变通方式，但客观上的确保护了僧人的寺产，并使得僧教育在这一时期得以发展，尽管其办学效果非常有限[2]。因此在一定程度上可以说，无论是佛教公所还是后来的僧教育会，成立的主要目的都是保护寺产。如普陀山僧教育会[3]，"（佛教会在龙沙）原名僧教育会。清光绪三十四年，法雨寺退居开如汇同通达、堃宝、善章、永悟、月德、开然、文质、益谦、广学、了余、文莲、释照、愿来、源通等，呈厅创设。为保护佛教，提倡僧学机构。宣统元年广学独立建造僧舍十六间，费银币三千余元，民国二年改今名"[4]。可以看出，僧人当时办僧教育会的主要目的就是保护佛教。在这一时期，为保护寺产，有提倡并兴办僧学者，如这里的法雨寺开如；也有舍卒保车，捐出一部分寺产立学堂，以求得余产得以保全者，如上述封崇寺照瑞。

值得注意的是，兴办僧教育会除了前述原因，还包括来自佛教内部的压

1　当时的报刊批评称，浙江僧人依附于日本的做法一旦得以大行，则"各省必有接踵而起者，相奉效尤者。彼日人得将国之宗教盛行于中土，来者不拒固属情理之常"。并且担忧"惟中国此后，非特不能将寺产再提，且患有此纠葛不免，于各属教案外别多一交涉之事"（参见《论浙省各寺请归日本本愿李保护事》，《申报》1904年12月10日第1版）。敬安法师也对这种行为感到愤慨，据载"师在天童时因日僧伊藤贤道诱合浙江寺院归日保护，报章登载窃附首名，师愤外势欺凌乃自立僧教育会，往来宁沪间，以传衍佛学为己任"（参阅徐珂《清稗类钞》（文学类），商务印书馆，1916，第154页）。

2　太虚后来评价这一时期的僧教育会时说："这些僧教育会，组织健全、办理完善的固然是有，但徒拥虚名，实际由绅士主持，或随新潮流趋向，失去佛教立场的亦不少。"（参见太虚《我的佛教改进运动略史》，《太虚大师全书》第31卷，宗教文化出版社，2005，第67页）

3　有关该僧教育会的记载称："僧教育会：会所在普陀山龙湾，宣统元年法雨寺退僧开如，普济寺退居僧通达等组设公举开如为会长，禀请定海厅详准抚宪两宪立案，是年设立小学二所：一在定海城外半路亭；一在普陀龙湾。民国元年十月，改选僧文莲为正会长，了一为副会长，二年仍由开如等呈请取销僧教育会改为佛教分会，小学二所仍旧经费由佛教分会担任。"（陈训正、马瀛等纂修：《民国定海县志》（教育志），1924年铅印本，册三丁，第8页）

4　王亨彦辑：《普陀洛迦新志》第3册（卷7），国光印书局，1934，第10页。

力。比如普陀山僧团，"光绪末年，僧界有僧教育会之创设，有力者，欲罗致普陀而附庸之，月苦心擘画，汇众坚拒。请县请省，得于山中自设教育会。建造会舍，并附设僧小学。国民小学逐渐推广。……月刚柔互用，冒险抵御，至禀奉浙江都督蒋查办令始各惊鼠，得无恙"[1]。可以看出，面对当时佛教界内部的兼并，各僧团也在尽力维护自己的独立性。但是，官府对于各僧团自设教育会的想法并非一概照准，这主要是因为官府的目的仍在办学之实效。根据当时官府对普陀山自设僧教育会的批文载："本司支批定海厅详普陀山寺设立僧教育会并僧民小学一所文：详悉该僧等能组织团体筹款设学以开通僧界知识自属可许，然定海虽系直隶厅而普陀现设僧学仅止一处，何必特立一僧教育会，徒多靡费，体察情形或仍附属于宁波分会所，节之经费添立小学校为实在。"[2]

由此可以看出，为保护寺产不被兼并，保持自身独立性，各僧团普遍选择自设僧教育会，对于统一的区域性僧教育会也持抵制态度。这种佛教内部各僧团的矛盾甚至导致了极端事件的发生。据当时的《申报》载，"绍郡各寺院于十四日在梅市弥陀寺开会，佛教总公所方丈僧印悟被众聚殴焚毙已详前报，兹山阴县瞿大令已将凶手普渡、静松两僧拘获收禁并会同邻县协缉在逃各僧，一并严办矣"[3]。值得一提的是，这种佛教内部各势力的博弈，不仅出现在这一时期，在民国成立后仍然存在，民国元年（1912）发生的"大闹金山寺事件"[4] 就是代表性事件。

---

[1] 王亨彦辑：《普陀洛迦新志》第3册（卷6），国光印书局，1934，第26页。
[2] 《文牍二：本司支批定海厅详普陀山寺设立僧教育会并僧民小学一所文》，《浙江教育官报》1909年第10期。
[3] 《行凶僧人获案绍兴》，《申报》1907年1月13日第17版。
[4] "金山寺事件"：太虚于南京毗卢寺发起"佛教协进会"，获孙中山手书嘉许。后太虚偕仁山等人赴仁山出家地镇江金山寺举行成立大会。会中，长老僧寂山与新学僧仁山等人发生冲突，协进会勉告成立。会后，仁山等人留会筹办僧学，之后又发生寺职霜亭等率工役殴伤仁山等事件，筹办诸事致陷停顿。参阅释妙然《民国佛教大事年纪》，台湾海潮音杂志社，1995，第64页。

二 早期僧教育模式的基本特点

在上述特殊时代背景下产生的近代早期僧教育模式——僧教育会,有其自身的特点,这主要体现两个方面:一是被动设立,组织分散,办学类型兼顾僧俗,成效有限;二是佛教自身力量在僧教育会的角色弱化。

1. 被动设立,成效有限

从上面的分析可以看出,僧教育会是僧人出于保护寺产的目的,被动设立的一种办学机构。其设立虽需要得到官方的批准,但其办学性质为私立,"经费由各寺院分担,如有不愿捐款或不送幼僧入学的行为,得由政府差人催索或强迫入学"[1]。尽管如此,僧教育会的办学态度并不积极,以至于官府对涉及此类的公文都显得有些不耐烦,如"寿州五福寺僧会兰创设僧学,禀请立案,当奉提学司批云,该僧果能实心兴学,办理得法,何虑官绅阻挠。据称教习均已聘定,仰即回州迅速开学,此时不必空言至禀请立案,俟开学后再行禀州详夺"[2]。

僧教育会的设立基本是各自为政,甚至佛教内部也互相抵触。组织的分散使僧教育会未能在这一时期发展成为统一的全国性佛教组织。从僧教育会的办学内容及教育对象上看,僧教育会也并未有统一的办学方向。有的主要教授僧众,有的主要开展普通国民教育,有的兼而有之,有的甚至只是把僧教育会作为保护寺产的护身符,并未实际开展办学实务。太虚法师后来在回忆这一时期僧教育会的办学方向时也指出,"僧教育会组织的性质,一方面是办幼年僧徒小学,培育僧众的人才;一方面是办普通小学,以补助国民教

---

[1] 太虚:《我的佛教改进运动略史》,《太虚大师全书》第31卷,宗教文化出版社,2005,第67页。
[2] 《僧学禀请立案(安庆)》,《申报》1907年4月4日第11版。

育"[1]。这其中，专门教授僧童的僧教育会，如"化雨僧小学校：在龙沙佛教分会内，清宣统元年创设。专课僧童，不取学费。道远者由校供膳。其常年经费由佛教会拨充"[2]。主要开设国民小学的，如封崇寺照瑞捐地自立初等学堂，强调"助儒家普及教育之赀"[3]。再如绍兴僧立小学，由周建人[4]主持并担任校长。该小学虽然规模小，设施简陋，但却在当地影响较大，办学效果独树一帜。甚至连附近的山会初级师范学堂的师生，也常到这里来听课、实习。

从僧教育会的办学效果看，虽然有像上述绍兴僧立小学这样办学效果较为出色的例子，但更多的并未取得令人期待的办学效果。这至少受到两个方面因素的影响：

其一，与僧人们"保护寺产"的办学初衷有关。由于僧教育会办学的被动性，其办学积极性并不高。据当时的《浙江教育官报》记载的"实力办理""克日兴立""以收实效"等公文内容来看，官府催促办学的态度非常明显。如"仰提学司转饬该府县遵照随时督饬实力办理，以收成效，……该府立即遵照前令批饬，督察妥办一面传谕该会长迅将佛教国民两小学克日兴立，具报以收实效，毋违切切"[5]。除了办学积极性不高，抗捐不缴的情况也层出不穷。如浙江僧教育会因各寺庙抗捐而专门由官府出面召集众僧与社会人士商议此事。据当时的报纸记载："浙江僧教育会绅会长虞少华君，僧会长净慈寺住持允均先后辞职，各寺院又抗不缴捐，现由仁钱两县令饬差传谕一百零九处寺院住持，于二十日在白衣寺集议一面，束请学务公所议长濮紫泉方伯，

1　太虚：《我的佛教改进运动略史》，《太虚大师全书》第31卷，宗教文化出版社，2005，第66页。
2　王亨彦辑：《普陀洛迦新志》第3册（卷7），国光印书局，1934，第11页。
3　《文牍：行唐县通详戒僧捐资兴学文并批》，《教育杂志（天津）》1905年第16期。
4　周建人（1888—1984），1905年任绍兴僧立小学教师、校长。1909年以后先后任教于绍兴小学、绍兴明道女校、成章女校等。北平解放后，任华北人民政府教育部教科书编审委员会副主任。中华人民共和国成立后，被任命为中央人民政府出版总署副署长。
5　《文牍一：本司支奉抚宪批宁波府详设立僧教育会札饬遵照文》，《浙江教育官报》1908年第5期。

议绅吴雷川、邵伯䌹两太史及张让三大令一同莅会商议办法,并劝谕僧人毋得违章抗捐致干究办。"[1] 更有甚者,只是为了应付了事,并未实际真正办学。如这一时期的江苏僧教育会,"首门悬江苏僧教育事务所一牌是也。……入寺询二僧:教育会何在?答不如问。……继而询数僧。……继而又问教育会事务所办事近况。……知有其名而无其实"。这种情况并非特例,在各地均有类似的状况:"玉佛寺门亦悬太仓僧教育会数字,又至毗陵游天宁寺,例亦如是。"以至于时人感叹:"盖名刹巨寺无不以此为护符。……固常闻之兴学之事十不一。……今欲借江苏僧教育会之力以图恢复,孰谓教育会之可恃也。"[2] 由此也可以看出,僧教育会的办学成效总体上并不理想。

其二,世俗势力的干扰。在这一时期,办学积极性本来就普遍不高的僧人,在办学过程中出现了世俗势力的不合理干扰,这一现象更加刺激了僧人对办学的抵触和保护寺产的诉求。比如菁山清凉寺遭勒索事件:"张(培)自简字师范毕业后无事可为,忽又异想天开遍至各乡村镇寺庙游说设立僧教育会,仗杨守之名硬派各庙经费,在菁山清凉寺勒取三百元,经该处绅董公禀到府,杨守因碍于张之情面冰阁不理此案尚悬而未结也。一斑民庶且以此概视学界全体,而学务愈不可为矣。"[3]

此外,这一时期出现了大量有关"庙产兴学"的讼案,可以看出围绕这一问题产生的矛盾之激烈。如《本署司袁批山阴僧学仁禀争夺花径寺产一案由》[4]《本署司袁批佐治员缙云县会禀查明昌国寺产互控一案拟将此产拨归劝学所由》[5]《本署司袁批东阳县详复陈蕊香等互争南宫寺产一案由》[6]《抚宪冯批宜春县公立玉山高等小学堂校长袁赞清等禀慈化寺僧芳池已将寺产捐作

---

[1] 《僧教育会定期集议杭州》,《申报》1907年5月2日第11版。
[2] 《僧界之教育会》,《龙门杂志》1911年第5期。
[3] 《署湖州府杨志濂政迹述略》,《申报》1908年3月29日第3版。
[4] 《浙江教育官报》1910年第36期。
[5] 《浙江教育官报》1910年第18期。
[6] 《浙江教育官报》1910年第24期。

学堂经费被同寺僧了凡等藉办有蒙学从中阻挠一案由》[1]《两江督院张批江苏僧立教育会呈上海龙华寺传戒期内巡委借故搜查巧取寺产由》[2]《本署司袁批永康民人朱根宝等禀劣生假名开学擅卖寺产恳派员密查由》[3] 等。对于如何区分公产、私产也有诸多争议，如江苏僧教育会松属事务所呈报的对此类争议的批复文牍中记载："本处所定清查公款公产办法纲要第五条载：惟义庄、祠堂、家庵等不在清查之列等语，则除家庵外凡属寺院均须一律清查其界限，本极明显，至第六条载凡先贤祠庙及社庙等由公建者，所有财产均以公款公产论。其募建或一部分之人集资建造，虽有财产并不充地方公用者不在此限等语，系清查以后，审定是否公款公产之标准与第五条专定应否清查之标准自是不同。盖公建募建非调查详确无由审定区别，该寺僧等谓募建者不在清查之列，实属误会。亟应明白开导，以免疑阻察核。来详事涉全郡非上海一县之关系，仰松江府通饬遵章办理，至免科公地决非私有，如果私自抵押自当澈究，岂容借口抗查，仰即督同上海县严查具报，毋任含混隐匿，是为至要。"[4]

事实上，这种外界的干扰一直到民国成立之初仍然时有出现，如"光绪末年……得于山中自设教育会。建造会舍，并附设僧小学。国民小学逐渐推广。民国光复，有冒称社会党共和促进会者，先后到山。以月为教育会会长，向之勒筹巨饷，纠集无赖，声势汹汹，以枪械炸弹相迫胁，奔告官厅，置之不理。合山秩序几紊"[5]。

2. 佛教自身的角色弱化

僧教育会的办学主体虽然是僧人群体，但这一群体在其中的主导性却显

---

[1] 《江西官报》1911 年第 4 期。
[2] 《南洋官报》1911 年第 173 期。
[3] 《浙江教育官报》1910 年第 17 期。
[4] 《批牍：批上海县详城自治公所呈复江苏僧教育会松属事务所所长应乾请将僧产划清界限情形据情详请示遵由》，《江苏自治公报》1911 年第 50 期。
[5] 王亨彦辑：《普陀洛迦新志》第 3 册（卷 6），国光印书局，1934，第 26 页。

著弱化。一方面，这是由于僧教育会的成立是在"庙产兴学"等特殊背景下，佛教应对压力的一种对策，事实上并非出于自愿、自觉发展僧教育。另一方面，由于僧教育会组织结构的多元性，僧人群体并不能完全主导僧教育会的运行和发展方向，甚至人事的更迭。

按照官方的要求，佛教总公所改为僧教育会后，需设立会长两人，一为绅会长，一般是地方上有名望且热心教育的绅士；另一位僧会长则是由出家人担任。事实上，分设绅、僧两会长的组织模式，从僧教育会的前身——佛教总公所时期就已经成为规制。比如敬安在宁波天童寺成立佛教总公所时，就被明令需聘请绅正副监督、选举僧正副监督。据当时的公文记载："鄞县天童寺住持僧敬安现拟筹款于甬郡设立佛教总公所，添设普通僧学及民僧各小学堂，昨日具禀宁府呈请立案。喻庶三太守准词札饬鄞县随时保护，惟该学生应聘绅正副监督由府尊延访，至僧正副监督由僧选举略知学务之人禀明地方官核定。"[1]

僧教育会较之佛教总公所，由绅正副监督、僧正副监督变更为绅会长、僧会长，如浙江省僧教育会[2]。也就是说，这一时期僧教育会的设立需要得到当地绅士的支持和官方的批准。这一方面使得僧教育会具有官方的背书，并且能联合世俗的力量，加强教界与官方、绅士等力量的联系，客观上有助于佛教对自身的发展与保护。但是，另一方面，也使得僧人在其中的主导性弱化。从僧教育会设立的倡议、筹款到正式成立，世俗的力量始终伴随左右。如安徽僧教育会，"（各省新闻）僧教育会筹款：安徽省缁流甚众，必须早兴教育，也是宪政上应有的预备。经安庆一般绅士提倡开会，那天到的人很多，捐款也是不少，公举品学兼优的迎江寺和尚，名叫月霞做会长，禀蒙抚藩拨

---

[1] 《禀设僧小学堂（宁波）》，《申报》1906年11月13日第9版。

[2] "浙省佛教总公所现遵部章改为僧教育会。该会设绅会长一人，僧会长一人。僧会长已由僧界公举某寺方丈（定能）接充。其绅会长向由汪希君接办。"（参见《学务摘要：公举僧教育会绅会长》，《寰球中国学生报》1907年第1卷第4期）

款协助"[1]。

此外，在人事任免方面，绅士群体具有强烈的参与意识，官府成为人事任免的最终决定者。如关于浙江省僧教育会绅会长的推举，"现经汪希君屡次力辞是职。昨由议长濮紫泉护抚议绅吴雷川太史、邵伯䌹太史公举日本速成法政学堂毕业生虞尚贤君充当其任。虞君品学优长，一时人无间言，已经支提学使详抚札委。"[2]

僧人群体虽然有僧会长的公举权[3]，但绅士对僧会长的更换，也可以提出异议，比如"湖州设立僧教育会后前经慈感寺僧宏礼筹办湖属分会，各绅以该僧品行不端，竭力阻止。嗣在天宁寺会议公举徐绅信善道场山万寿寺法庆僧为会长，徐绅尚未允治，而此风传布已有办事之人赴各寺派捐，情事当由俞绅宗濂禀请郡守杨太守出示杜绝流弊。杨守批：待提学司批饬后，再行照办云"[4]。

在这种组织架构下，由于绅会长未必是佛教信仰者，在僧人群体主导性弱化的背景下，僧教育会也出现了一些流弊。太虚后来也曾指出："甚或俗化成饮酒、吃肉、聚赌等违反僧制的腐败勾当。这种组织不健全、办理不完善的僧教育会和当地非佛教徒的乡绅会长任用私人、操纵会务，以图中饱分肥，有着莫大的关系。"[5]

综上所述，僧教育会产生的动因包括内外两个方面，"庙产兴学"运动及日本佛教势力的干涉是其产生的外部动因，僧人主动变通谋求保护寺产是其产生的内部动因。从其产生、运作过程及成效等方面来看，被动设立的僧教

---

1 《僧教育会筹款》，《河南白话科学报》1909年第66期。
2 《学务摘要：公举僧教育会绅会长》，《寰球中国学生报》1907年第1卷第4期。
3 如"准派僧教育会会长（杭州）：佛教公所自改为僧教育会应设僧会长一人，由僧界公同决议举定净慈等住持允中为会长，禀呈提学业经批准闻日内即须下札"（参见《申报》1907年4月4日，第12194号，第11版）。
4 《预防僧教育会之流弊》，《大公报》（天津版）1908年5月11日第5版。
5 太虚：《我的佛教改进运动略史》，《太虚大师全书》第31卷，宗教文化出版社，2005，第67页。

育会，在这一时期组织分散，办学类型兼顾僧俗，成效有限，佛教自身的力量在整个僧教育会中的角色是被弱化的。

值得一提的是，这一时期的办学成绩虽然有限，但是也出现了一批关心佛教未来发展的新学僧。"金山寺事件"的争论，新学僧提出以寺产主动兴办僧教育是其中一个重要的导火索。僧教育会办学也为后来兴办僧教育积累了宝贵的经验，僧人群体开始谋求独立办学，且办学目的是培养僧才，复兴佛教。无论是中国近代佛教史上最早出现的佛教界组织——佛教公所，还是其改组的机构——僧教育会，就全国来说，其组织都十分松散。当时的佛教界并未有统一的组织领导，各办学主体各自为政，这也是后来佛教界一直呼吁成立中华佛教总会的原因之一[1]。从某种意义上说，僧教育会的办学历程为中华佛教总会的成立既奠定了基础，又成为了其产生的诱因。

这一时期为佛教的发展与改革做出诸多努力的敬安、太虚等高僧，也都将创办僧教育会作为自己佛教事业中的一件意义重大的事情。僧教育会的办学历程使僧人意识到办僧教育的重要性，使主动发展僧教育逐渐成为一批有先见的僧人们的自觉意识，后来就有人评论这一时期："僧徒虽众，然尚无联络。自杨仁山提倡于前，太虚法师讲经于后，僧教育会因以成立，自觉而有联合，由联合而有研究，数年以来渐有参究大乘者，亦僧徒之进步也。"[2]

总的来看，出于对僧教育会办学历程的反思，后来的佛教僧教育出现了至少三个转变：由被动办学转变为主动办僧教育；佛教界由角色弱化走向相对独立地办僧教育；办学目的由保护寺产转变为培养僧才。由此而言，近代

---

[1] 民国成立前后，佛教界即开始寻求建立统一的全国性佛教组织，如谢无量成立佛教大同会（1911），太虚创建中国佛教协进会（1912），北京法源寺住持道阶成立中央佛教公会等。后来，于1912年4月，在上海留云寺成立中华佛教总会，总部设静安寺，由敬安任会长，并得到了孙中山的支持。

[2] 单毓元等纂修：《民国泰县志稿·佛教》（民国元年—民国十八年六月），1931年稿本，卷26。

僧教育会的办学经历也成为后来僧教育的重要序章。

第二节　僧教育办学理念的入世转型

随着清末以来僧教育的开展，近现代僧教育的办学理念呈现出入世化转型的特点，这集中表现在两个方面：其一，僧教育办学在僧俗两股力量的作用下，开始出现从被动办学到主动培养僧才的转向，这反映了中国佛教界"办学兴教"意识的觉醒。其二，佛教界开始思考僧教育在入世转型过程中，如何在现代化教育模式中自处，这牵涉到如何平衡现代教育体系与佛教信仰知识体系，即内外学之间的协调问题，这一问题本质上源于僧教育本身有别于普通教育的特殊性。贯穿以上两个方面的，实际上关涉到两个重要的问题：一是僧教育的办学目的，回应为谁培养人才的问题；二是作为宗教教育的僧教育如何回应信仰与理性之间的张力问题。

一　从被动到主动：佛教界教育意识的觉醒

清末"庙产兴学"运动促使佛教界被动办学，从办学效果上看，成效不大。但通过有限的僧教育也培养出了一批有识、有志的新学僧。这批僧人在之后中国佛教僧教育发展历程中成为了中坚力量。经过清末僧教育的被动实践，当时的中国佛教界开始意识到"如欲希佛教发达，莫先于育人才，莫先于学内兴；欲人人学内典，则在乎兴学校焉"[1]。"法不自弘，弘之在人；非英才无以荷圣教，非学院无以育英才。"[2] "提倡僧尼教育，实为当务之急"，

---

[1] 寄尘：《佛教之育才说》，《新僧》1925年第2—3期。
[2] 圆瑛：《鼓山佛学院缘起》，《弘化月刊》第93期，1949年。

"僧尼为佛法寄托之人，其责任何等重大。"[1] "中国佛教三十年，一迫于戊戌维新，再挫于辛亥革命，三排于外教，四斥于新潮，若无方便护持，将归天演淘汰，此固非面壁独修所关怀，亦非玄谈业缘者所救也。"[2] 以太虚、圆瑛、常惺等人为代表的一批僧人，开始主动谋求办学兴教并致力于兴办僧教育培养僧才，以此为复兴佛教的重要途径之一。

值得注意的是，以兴办僧教育振兴佛教，虽然已逐渐在当时的中国佛教界成为主流认识，但也并非只有这一种声音，在佛教界内部也出现过争论，兴办僧教育之路也几经波折。"金山寺事件"就是这种争论激烈化的典型体现。

"金山寺事件"发生在中华民国临时政府时期，太虚发起组织"佛教协进会"。当时，与太虚一起筹办的僧人有仁山、智光、弘模、观同等。因仁山出家地为镇江金山寺，众人定于在该寺举办成立大会。会上，太虚、仁山等新僧提出以庙产兴办僧教育、培养僧才的主张，与长老僧寂山等人发生冲突，"佛教协进会"勉强得以成立。成立大会结束以后，仁山等人留在金山寺筹办僧教育事宜，紧接着发生了寺职霜亭等人率工役殴打仁山致伤事件，筹办僧学一事也陷入停顿。这就是近现代佛教史上的"金山寺事件"。

由此可以看出，兴办僧学虽为大势所趋，但并未得到佛教界全体僧人的认可。但基于以学兴教的立场，中国佛教界大部分僧人已意识到兴办僧教育的重要性，纷纷主动办学，成绩斐然。根据我们的整理和不完全统计，辛亥革命至新中国成立，各地兴办的僧教育机构至少有55所，兹列如表6-1[3]：

---

[1] 圆瑛：《佛教学院演讲》，见黄夏年主编《圆瑛集》，中国社会科学出版社，1995，第99页。
[2] 明旸主编：《圆瑛法师年谱》，宗教文化出版社，1996，第50页。
[3] 本表所列名录参考资料来源包括：《海潮音》、释妙然《民国佛教大事年纪》、东初《中国佛教近代史》、心皓《天台教制史》、黄夏年《民国佛教期刊文献集成》等。

第六章 中国佛教僧教育的入世转型 451

表6-1 1941—1949年各地兴办的僧教育机构

序号	名称	创办时间	创办人	办学地点	学制或内容	代表人物	备注
1	上海华严大学	1914	哈同夫人罗迦陵、月霞、宗仰	上海、杭州	正科、预科各三年	学僧持松、戒尘、丁尘、妙阔、慈舟、露亭、惠宗、智光、露亭、惠宗、妙空、海山、性徹、体常惺	
2	观宗学社	1914	谛闲	宁波观宗寺	天台	学僧仁山、妙柔、依虚、静权、妙真、宝静、司端	
3	法界学院	1917	月霞	常熟兴福寺	华严	应慈、持松先后住持，常惺、蕙庭、现月先后任教	
4	支那内学院	1922	欧阳竟无	南京金陵刻经处	法相唯识学	初入学者刘定权等11人，欧阳竟无、邱虚明、王恩洋、吕澂、裴耦庚、汤用彤任教	政府首次拨款赞助研究佛学之用；1925年7月扩大为法相大学；1927年停办
5	汉口华严大学	1920	丁尘、戒尘、慈舟	汉口九莲寺	华严		培养人才不多，影响不大，1923年停办
6	天台学院	1919	仁山	高邮放生寺	天台		
7	武昌佛学院	1922	太虚	汉阳归元寺	僧俗兼收，课程参考日本佛教大学，管理参考丛林规则	第一期有法尊、法防、显教等；第二期有寄尘、机警（大醒）等	
8	安徽僧学校	1922	常惺	安庆迎江寺		蕙庭、觉三、持松任教	

续表

序号	名称	创办时间	创办人	办学地点	学制或内容	代表人物	备注
9	藏文学院	1924	大勇	北京慈云寺	融会东西密部精华，创独立性的中华密宗	学僧有大纲、超一、法尊、法舫、严定、观空等	1925年改为留藏学法团
10	闽南佛学院	1925	常惺主办，1927年太虚任院长	厦门南普陀寺	初分甲乙两班，后增研究班。课程以佛学为主，中国史、世界史、中外哲学。兼授英日文	蕙庭、会觉、满智、芝峰、大醒、寄尘等任教	1928年为配合太虚"世界佛学苑"，列为世界佛学苑华日文系，自此，外语以日语为主。
11	僧师范学校	1928	常惺	杭州昭庆寺	常惺、蕙庭主讲	学僧有本光、苇宗、宽融、华舫、通一等	后常惺应邀率该校学僧北上，主办柏林佛学研究社
12	玉山佛学院	1925	守培	镇江超岸寺	守培主讲，以佛儒为主；1930年蕙庭继任，以唯识思想为主	1932年，雪松继任	1937年因抗战停办
13	竹林佛学院	1928	蔼亭	镇江竹林寺	华严、毗尼及孔孟学说		1937年因抗战停办
14	龙池佛学院	1928	佰海	宜兴龙池山		聘慈舟、妙阔、栗庵任教	因经费有限停办
15	江南九华佛学院	1929	安徽九华山佛教会	九华山化城寺	除佛学外，有英文、国学、自然、史地等，采用初级中学课本	容虚任院长，寄尘主办，聘蕙庭、惟舟、现月为主讲 史济群、自安、性容、大休、太生、容法任教	历时三年，后因经费不足，无人主办而停办

续表

序号	名称	创办时间	创办人	办学地点	学制或内容	代表人物	备注
16	柏林教理院	1930	台源	北平柏林桥柏林寺		聘常惺任院长	列为世界佛学苑华文系,办《佛教评论》刊物,1937因抗战停办
17	光孝佛学研究社	1931	常惺	江苏泰县光孝寺			得一、南亭分管教务,学僧多来自苏北地区,1937因经费等原因停办
18	清凉学院	1925	清波	亚州清凉寺	华严	应慈主讲	1927年因北伐迁至上海清凉寺下院,三年后停办
19	南山佛化小学	1929	笑溪、达如、宽贵	漳州南山寺			1928年闽南佛学院小学部改组而来,锡兰留学团设于此
20	南海学院	1931	宽道、宽融、负责	普陀山法雨寺			由清末所办法雨小学而来
21	鼓山佛学院	1931	虚云	福建鼓山涌泉寺		大醒任院长,心道任教员	
22	开封学院	1934	净严	河南开封铁塔		心月、智严任教	中原第一所佛学院
23	法界学院	1932	虚云	福建鼓山涌泉寺,1937年迁至北平净莲寺		慈舟受邀筹办	1939年停办
24	岭东佛学院	1932	澄弘	广东潮州开元寺		聘寄尘为院长;窥谛、通一、智诚任教	

续表

序号	名称	创办时间	创办人	办学地点	学制或内容	代表人物	备注
25	汉藏教理院	1932	太虚	重庆北碚缙云寺	初由满智、岫庐、慧松负责，1934年，法尊负责教务		1937—1939停办
26	焦山佛学院	1934	智光	江苏焦山寺	雪烦、东初、玉泉任教，1939年复聘芝峰，现月、明性授佛学，并开哲学、自然、物理数学等科		
27	觉津佛学院	1925	大醒	苏北淮阴觉津寺		灎然	因交通不便，入学者不多
28	栖霞佛学院	1936	大本、觉民、智开负责	南京栖霞寺			
29	静安佛学院	1937	德悟、密迦	上海静安寺		本光、岫庐、林子青等任教	
30	南华佛学院	1942	虚云	南华寺		乐观、知定相继主讲	
31	大觉佛学院	1941	印顺	贵州			历时数月而停办
32	玉佛寺佛学院	1940	震华	上海玉佛寺		超尘、楞定任教	发行《妙法轮》月刊，抗战胜利后，发行《觉群》周刊
33	大宁佛学院			常州天宁寺		敏智、默如、戒德、佛声、维岳任教	由原来的学戒堂改制而来，局限于旧的教育制度，未达到完全符合学校模式，发展缓慢

续表

序号	名称	创办时间	创办人	办学地点	学制或内容	代表人物	备注
34	东莲觉苑	1934	何东莲觉	香港跑马地何氏私宅		聘霭亭、通一任教	发行《人海灯》
35	毗卢佛学院			南京			
36	古林佛学院			南京			
37	金陵佛学院			南京			
38	白湖佛学院			浙江			
39	白湖讲舍			浙江			
40	祝圣佛学院			湖南			
41	慈恩佛学院			陕西			
42	巴利三藏学院			陕西			
43	四川佛学院		昌圆、广文	四川			
44	文殊佛学院	1924	昌圆、广文	四川			
45	贵州佛学院		永昌	贵州			
46	弘慈佛学院			北平			
47	拈花佛学院			北平			
48	天台宗高级研究班[1]	1946	斌宗	法源讲寺	以天台家规宣讲《地藏》《弥陀》《金刚》诸经		后改称"南天台佛学研究院"

[1] 心皓:《天台教制史》,厦门大学出版社2007年版,第491页。

续表

序号	名称	创办时间	创办人	办学地点	学制或内容	代表人物	备注
49	空林佛学院			四川			
50	峨眉山佛学院			四川			
51	庐山学苑	1925	太虚	庐山东林寺		培养出会觉等学僧	
52	华严大学院	1923		扬州长生寺			
53	地藏庵尼校			四川			
54	重庆天台教理学院			四川			
55	七塔报恩佛学院	1928	溥常	宁波七塔寺	办院十载,培养学僧298人。以贤首宗为主体,兼授普通科学和哲学		1939年因抗日战争波及到宁波,报恩佛学院辍办

从上面的材料可以看出，进入民国以后，中国佛教界兴办僧教育的意识觉醒，由保护寺产、被动办学转向了主动兴办僧教育，培养僧才，以期实现佛教之复兴。这其中除了著名的支那内学院、武昌佛学院、观宗学社等佛教界创办的教育机构，尤可注意的是创立于1914年的上海华严大学。

上海华严大学是月霞在宗仰的帮助下，受哈同夫妇的资助在上海哈同花园创办的佛教教育机构，其对后来的僧教育发展较具影响。该大学的重要性突出体现在培养出了一批后来致力于中国佛教教育事业的僧人，其代表性学僧包括持松、慈舟、霭亭、常惺等。华严大学培养出的学僧在后来的僧教育发展历程中都比较活跃。比如1917年持松住持的常熟兴福寺的法界学院，常惺在此任教；1922年常惺在安庆迎江寺创办安徽僧学校，持松在该校任教；1930年常惺任柏林教理院院长；1928年霭亭在镇江竹林寺创办竹林佛学院；1925年常惺在厦门南普陀寺主办闽南佛学院；1928年常惺在杭州昭庆寺创办僧师范学校，慈舟在该校任教；1931年常惺在江苏泰县光孝寺创办光孝佛学研究社；等等。

从这一时期僧教育办学的状况来看，佛教界的办学积极性很高，主动办学的热情高涨，一改之前被动办学的态度。这一转变本质上源于佛教界对复兴佛教的诉求，同时也是对清末"庙产兴学"运动刺激的主动性反思。因此，在这一被动向主动的转变中，仍然表现出了僧俗两界力量在纠葛中推动僧教育发展的样态，僧教育办学在保持自身独特性、宗教性的同时，主动向世俗教育模式借鉴学习，体现出近现代佛教僧教育在办学理念上的入世化转型特征。

二 平衡内外学：现代化教育模式的探寻

随着西学东渐的进程和社会变革的诉求，近代中国对"中西古今"问题的追问一直或隐或现地影响着各个领域，教育作为与思想启蒙、人才培养密切相关的领域也深刻地受这一时代背景的影响。当时就有人评价教育领域

"凡一事一物只问其新否，是外国传来否，如是新或是外国传来皆崇拜之，珍视之，并不探其原来是、非、得、失，浮躁之气大作"[1]，可见中学、西学的争论对教育界的深刻影响。与之相联系的，对古今问题的追问往往又成为当时思想家思考这一问题的突破口。身在其中的中国佛教僧教育当然也不能跳脱出这一大的思想背景。太虚在反思这一时期的僧教育办学历程时也曾指出："僧教育三字，非今特创之名辞，在清末既有僧教育会，顾名思义，即可知是学僧所僧教育也。然则其目的所出之人才是否为国家社会所需要？此问题极应讨论。"[2] 在当时的佛教界，对僧教育的办学模式及发展方向大致有两种看法：一为对传统丛林教育的回归，培养佛学专门人才；二为对现代教育理念的跟进和主动适应，培养发挥佛教社会功能、化导社会的人才。

主张回归传统的僧人认为，兴办僧教育的目的在于培养住持真佛教的佛学专门人才。比如圆瑛认为，创办僧教育学校的目的是"造就品学兼优之佛子，养成解行相应之讲师，弘扬此经，荷担大法"[3]。太虚也曾指出："我们对于利用一部分（十分之五）寺屋僧产来办教育，不但不反对，而且是向来极力提倡的。不过，不是一般学阀所谓兴学的教育，乃是与佛教宗旨相关的教育和作育'主持佛教僧才'的教育而已。"[4] 在具体措施上，持这一观点的一部分僧人认为，要"从律仪院办起，完全以别解脱戒以及日常的羯磨来训练青年学僧，由沙弥律到菩萨戒，养成人天的师表"，使学僧学理观行方面成为"博学多闻的菩萨；这养成高尚的人格和幽深的智慧的僧伽，是住持真佛教的僧宝"。[5] 持这种观点的另一部分僧人认为，僧教育之所以办学成效不佳是因为佛教内部出了问题，他们指出："佛学院是最近几年所创立的佛教僧教

---

1 袁烈成：《中国二十年来之教育观》，《佛化新青年》1923年第1卷第7号，第8页。
2 太虚：《太虚大师全书》第19卷，宗教文化出版社，2005，第14页。
3 圆瑛：《圆明楞严专宗学院缘起文》，《弘化月刊》第45期，1945年。
4 太虚：《太虚大师全书》第19卷，宗教文化出版社，2005，第20页。
5 《海潮音》1933年第14卷第8期。

育的道场，因我们不幸处于现在的潮流日新的时代，尤其是生在这个内政不良，外患侵略的中国，以我们堂堂正正，精深博大的佛教，简直不知被社会一般的人士污蔑为什么东西！所以百般摧残，种种侮辱。然若推其病源，乃是僧伽之自招者。"[1]

与此对应，另一种观点则趋向于佛教应当对新时代风潮主动进行调适，他们认为："在昔佛徒山林清修，厌闻人事，故国家兴亡，社会变更，可以漠不相关。今后人事日繁，利害密切，世界政治变化，在在与吾人有莫大之关系，故吾人今日虽不直接参与任何政治运动，然世界思潮之所趋，吾人亦当加以充分之注意。"[2] 主张"以大乘菩萨戒为轨范和以入世方便慧为法门，养成能深入社会和光同尘，而精神上有颠扑不破，超然自立，有指挥社会群众的德行而为建立社会中心活动之柱石，形式力求其通俗普遍，精神力求其向上"[3]。持这一观点的僧人认为要以佛法向社会去活动、去化导，同时把一部分"素来外装僧相，内实俗行"的僧人容纳进来，以社会正当路径践行，充实佛教的社会功能，这样就能护持佛教。

持后一种观点的僧人同时指出，适应新潮流对于弘法、培养僧格、提高佛教社会地位都大有裨益。他们认为，学僧"要去接受现代新的知识和研究超人的学问，以作我们传弘佛法的基础的思想，使知识分子和社会每个角落里的分子，都能领略了我们佛理的好处和知识，……必定要有新颖和敏锐的思想，去学习现代的各种与我们佛法有相互参证的学说，去指导人类，归于究竟，以提高我们的僧格和地位"[4]。此外，为了适应未来僧教育的发展趋势，他们还指出"要实施现在的僧教育，须先行僧教育的改良，第一层是要有中学毕业程度者，方许出家。因曾经在中学毕了业，则对于各种常识，如

---

[1] 海峰：《学院学僧与丛林清众生活的比较》，《海潮音》1933 年第 14 卷第 18 期。
[2] 宽融：《本院欢迎印度大天明主讲演记》，《佛教评论》1931 年第 1 卷第 2 期。
[3] 《海潮音》1933 年第 14 卷第 8 期。
[4] 瑞今：《青年学僧应具的态度——在佛教养正院开学典礼讲》，《佛教公论》，1946 年复刊号，第 11 页。

社会常识、世界常识、国民常识等,已相当的具备;所以出了家,只要对于佛学去专门学习,便可自度度世。且于佛理能稍了解,乃能对佛法生起正确信心,然后出家入僧,才能对他实施僧教育"[1]。在比较了传统丛林生活和僧教育后,这部分僧人认为"学院学僧的生活是团体化,纪律化,又是大众化的。所以全院同学的身心都很安乐,生活也很愉快"[2]。

以上两种办学理念的争论,本质上是僧俗教育体系在僧教育办学中如何协调的问题,关涉到世俗教育在僧教育体系中的比重过大"会不会影响或动摇学僧坚定的佛教信仰"这一佛教界所忧虑的问题。从后来的佛教僧教育发展历程来看,后一种观点逐渐成为主流,内学为主、内外学兼修成为僧教育的共识。但这一观点始终面对两个棘手的问题,即作为宗教教育的僧教育如何在现代化教育体系中自处,如何解决信仰知识体系和理性知识体系之间的矛盾问题。有学者曾指出:"近代的佛学院教育,因受西方教育模式的影响,重在学堂授课,以传授知识为主,培养出的人才在知识结构上,明显要优于丛林教育培养出来的学僧,但在修行方面又不如丛林教育;而修行又是佛教教育中非常重要的一环,所以学修关系成为佛学院教育的一个不好理顺与不好解决的两难问题。"[3] 这一问题同样引起佛教内部的警惕和忧虑,明哲认为"民国僧教育的突出矛盾之一是丛林化教育与学院化教育的对立对峙。丛林教育是中国传统佛教的特色,其内涵是融合信仰与学术、生活与教育为一体,不设立专门的教育机构,而是在日常生活中为学众提供各种训练以坚定其宗教信仰,如教下门庭的讲经、禅宗的机锋棒喝等,也包括止观坐禅等专门训练。民国僧教育大多已脱离传统丛林教育,设立专门机构,这一方面增进了新知识,但另一方面也有淡化宗教信仰的倾向,以

---

[1] 太虚:《太虚大师文汇》,华夏出版社,2012,第467页。
[2] 云慧:《本院学僧的生活》,《学僧天地》1948年第1卷第3期。
[3] 李向平:《佛教教育的当代困境及其改革路径》,《普陀学刊》第2辑,上海古籍出版社,2015,第32页。

致造成了一批不讲修持、专以语言文字相尚的僧人。这一后果，可说是现代僧教育提倡者所始料未及"[1]。

因此来说，作为宗教教育的僧教育既要适应社会需求，跟进新的时代潮流，又要保持其独特性及相对独立性。对这一问题的思考似乎一直伴随着佛教僧教育的发展，这可能也是所有宗教教育都要面对的一个课题。

在近代，除上述这一问题外，还有一个相关的问题引起了当时佛教界的讨论，即学僧在佛教内部的地位问题。这一争论的焦点在于如何看待一般僧众和学僧的地位高低问题。这一争论源于部分学僧经过学习后，知识结构相对较为多元，产生了骄傲的情绪，为其他僧人所不满。当时，有人评价说，学僧"除少数能弘法利生外，其余的不是消极，便是铤而走险甚至有的趾高气昂，一知半解的目空一切，习染了一身习气——奢华，而结果是金玉其外，败絮其中"[2]。闽南佛学院的谛闻就曾批评"青年学僧之嚣张过甚。只要进过几年学，读过几年书的青年学僧们，外触于社会环境的险恶，内感于佛教大势的阽危，对于现实的佛教制度，多不满意，改革的思潮，时涌现于心头，跃跃欲试，不能抑遏。于是在学院则反对教师，常闹风潮；在丛林则藐视执事，时起冲突；在小庙则冒犯师长，屡谋起义。一方面每每发表过激的文字，对于现实的丛林，多所指谪，对于现代的僧伽，多所批评"[3]。

谛闻作为太虚一系的僧人，非常关心并积极投入僧教育发展的事业，他曾尖锐地指出："近来闽院的学僧，骄奢逸乐，一事不做，养成一种衣来伸手、饭来张口的天之骄子的生活。他们除了上课读书而外，不肯再做一点别样事，全身手足的机能，好像不能动作似的，结果一出院门，失去自己生活

---

[1] 永平编：《明哲教育思想研究》，《明哲长老佛教教育思想座谈会纪念文集》，中国财富出版社，2012，第132页。
[2] 印汲：《学僧的地位是否高于一般的僧众》，《海潮音》1933年第14卷第6号，第711页。
[3] 谛闻：《宁波七塔寺报恩佛学院开学主讲谛闻法师讲演词》（三续），《佛教日报》1936年2月13日第2版。

的能力。住丛林吗，吃不住苦；回小庙吗，容不了身；赶经忏吗，没有本事；当法师吗，不够资料，往上不能，走下不得，弄得害了他一生。学僧们未曾住过学院之前，觉得天下丛林饭似山，钵盂到处任我餐，住过学院之后，觉得任你走尽天下，没有立足之地。你想一个人前后的生活，何以有这样的畸形呢？我敢不踌躇的解答一句，因为未住学院之前，处处放得下，事事吃得苦，所以到处都可住，而且到处都欢迎，住过学院之后，贡高我慢，好吃懒做，所以到处都不要，而且到处都讨厌。"[1] 对这一问题，一乘同样指出："一般僧众的地位高于学僧是佛法的正轨，是兴隆的正轨。反之，现代学僧的地位是高于一般的僧众的；是衰微达极点的特征，是复兴的一线转机。"[2]

学僧地位问题从表面上看是新旧僧人的地位高下的争论，其实质是僧教育发展过程中新旧理念的对立。新学僧的崛起必然会引起传统以丛林为主的僧团结构发生变化，在办学理念上，新僧群体的思维较为开阔，对于新事物、新方法也较为乐于接受，现代化的办学理念也易于为该群体所接受。随着新旧僧团的逐步更迭，新僧群体在僧教育办学中成为主导，他们对于僧教育办学理念的传导也更为入世和现代化。

现代化的教育理念虽然在近代以来的佛教僧教育中逐渐成为主流，当时佛教界兴办僧教育的热情较之清末大幅提高，但是，佛教界无论在当时还是在后期评价民国时期僧教育办学成果时，多以成效不佳为论。如太虚评价说："而此先后成立诸校，除仁山居士所设者外，其动机多在保存寺产，仿照通俗所办之学校而办，用图抵制，绝少以昌明佛教造就僧宝为旨者。故其教学科目，亦多属普通学校之性质，间或讲授佛学，亦仅以点缀，未尝重视；且多数办理不久，旋即废止，故殊少成绩可言。"[3] 东初反思这一时期的僧教育

---

[1] 谛闻：《闽院学潮后之感想》，《谛闻尘影集》（重印本），炎黄文化出版社，2008，第17页。
[2] 一乘：《学僧园地：学僧的地位是否高于一般的僧众》，《海潮音》1933年第14卷第12期。
[3] 太虚：《议佛教办法》，《太虚大师全书》，宗教文化出版社，2005，第8页。

"大多数不是为维持寺产,就是利用兴办教育的名义,争取个人名闻,所以所办的僧教育,多不切实际"[1]。双照也认为"自太虚大师倡办僧教育以来,虽曾造成大批弘法僧才,但就佛教大体上来看似乎还不曾发生一种积极性的力量。其原因虽有种种,最主要的还是因为没有教学方案和学制的颁行,结果造成学僧一处毕业即处处毕业的现象;师资和经费的缺乏也是僧教育的致命伤;目前一般佛学院里的大师多半是由学僧中选拔出来的,他们本身既没有受到充分的教育,自己倘不能独立研究,叫他如何能指导旁人呢?多数佛学院的经费都是本感拮据的,本院就是一例,十天半月没有佛事做就有断炊关门的危险"[2]。谛闻也指出,这一时期"僧教育办学宗旨之不正大。三十年来中国佛教的僧教育,除了在家居士办的少数佛学院,真实为弘扬佛法,培植人才为宗旨外,其他出家佛徒办的,多数佛学院,大半都是为抵御外侮、保护寺产起见,很少有昌明佛化、造就人才为宗旨的"[3]。

上述佛教界对于民国僧教育办学状况的批评和反思固然反映出这一时期办学出现的问题以及不成熟的一面。但是,如果我们将这一时期的僧教育成果放在整个近现代佛教僧教育的入世转型发展历程中来看,民国时期对于僧教育模式的讨论为后来的僧教育发展积累了宝贵的经验,这一时期所面临和讨论的问题,在之后的僧教育办学历程中仍然是困扰其发展的关键问题。从这个角度说,民国时期的僧教育办学历程具有特殊的积极意义,它不仅使办学过程中各种问题和矛盾凸显出来,而且这一时期的探索为后来的僧教育发展奠定了基础,这一时期培养出的僧才,日后成为僧教育办学乃至中国佛教的中坚力量。这使僧教育事业得以薪火相传,这一时期的僧教育办学历程也成为新中国成立后中国佛教僧教育事业的序章。

1　东初:《中国佛教近代史》上册,台湾中华佛教文化馆,1974,第216页。
2　双照:《从僧教育谈到佛教现状》,《学僧天地》1948年创刊号,第21页。
3　谛闻:《宁波七塔寺报恩佛学院开学主讲谛闻法师讲演词》,《佛教日报》1936年2月11日第2版。

第三节　僧教育办学实践的入世转型

随着辛亥革命的胜利，中国历史进入新纪元，中国佛教的发展也进入新的阶段，僧教育也随之也发生了诸多变化。近现代中国佛教"从民国三年至民国三十三年，三十年之间，各省丛林寺院相继兴办僧教育，如同雨后春笋一般，全国不下三四十所，遍及江浙闽鄂湘皖秦冀川等省，已使佛教教育由丛林宗派式教育，进入学校化之僧教育，这是我国佛教史上一大转捩点"[1]。在办学实践层面，近现代中国佛教僧教育也呈现出入世转型的特点。一方面，在办学实践过程中注重与世俗力量的互动，突出表现在"庙产问题"在这一时期再次凸显；另一方面，僧教育机构的课程设置、师资等诸多具体举措反映出办学模式的入世化转型。

一　与世俗力量互动中的办学实践

1912 年中华民国成立的当年，佛教界有鉴于清末"庙产兴学"运动对寺产的侵占及僧教育办学现状，开始谋求建立统一的佛教组织，以期保护寺产，增强佛教自身话语权。这一年，佛教界尝试成立了一些佛教团体组织，其中有代表性的主要有：太虚在南京毗卢寺发起佛教协进会；李翊灼、桂念祖、欧阳竟无、蒯寿枢、孙毓筠、张世畸、陈方恪、濮一乘、黎养正、邱之恒等在南京发起成立佛教会；谢无量等在上海成立佛教大同会；江浙一带的僧人在上海将原僧教育会改组为"中华佛教总会"；谛闲、应乾、沈曾植、李瑞清、狄葆贤、李提摩太等发起组织"世界宗教会"；1913 年，式海、静安等

---

[1] 东初：《中国佛教近代史》上册，台湾中华佛教文化馆，1974，第 204 页。

在平湖报恩寺发起弘誓会；四川罗汉寺海清在重庆成立"蜀东方外联合会"；北京佛教僧林会与佛教研究会合并成立"中央佛教公会"；狄葆贤在上海倡议成立"佛教慈悲会"；等等。

这一时期，对建立佛教统一团体组织的积极尝试，反映出佛教界谋求自我保护、增强社会话语权的迫切愿望。具体到这一时期的僧教育进程，一方面是佛教界以办学培养僧才，复兴佛教的自觉意识苏醒；另一方面，"庙产问题"仍然是这一时期僧俗两界在兴办僧教育过程中聚焦的问题。但值得注意的是，佛教界在办学实践中注重主动与世俗力量的互动、调适，使得这一时期的僧教育办学实践取得较为显著的成效。

总体上，我们大致将中华民国时期佛教僧教育发展分为两个阶段，其发展的阶段性与政府对庙产管理政策的变化密切相连。第一个阶段是1912—1929年。这一阶段的寺庙管理主要依据北洋政府出台的三部寺庙管理条例，分别是1913年的《寺院管理暂行规则》、1915年的《管理寺庙条例》31条、1921年的《修正管理寺庙条例》24条。第二个阶段始于南京国民政府1929年1月公布的单行寺庙管理法规，即《寺庙管理条例》，结束于新中国成立。

在第一个阶段，1913年北洋政府初次颁布了《寺院管理暂行规则》七条。内容主要包括：

第一条：本规则所称寺院，以供奉神像见于各宗教之经典者为限，寺院神像设置多数时，以正殿主位之神像为断。

第二条：寺院财产管理由其住持主之。

第三条：住持之继承各暂依其习惯行之。

第四条：寺院住持及其他关系人，不得将寺院财产变卖、抵押或赠与于人，但因特别事故，得呈请该省行政长官经其许可者不在此限。行政长官为前项许可后须呈报内务总长。

第五条：不论何人不得强取寺院财产。依法应归国有者，须由该省行政长官呈报内务总长并呈请财政总长交国库接收管理。前项应归国有之财产，因办理地方公益事业时，得由该省行政长官呈请内务总长财政总长许可拨用。

第六条：一家或一姓独立建立之寺院，其管理及财产处分权依其习惯行之。

第七条：本令自公布日施行。[1]

这一《暂行规则》颁布的初衷意在改变当时"各地豪强多假兴学为词，侵占庙产，扰攘不休"[2] 的乱象，但由于过于笼统且"事属草创，未为详备"[3]，以至于各省有关庙产的争讼积案纷如，并未真正起到保护寺产的作用。

鉴于上述情况的发生，1915 年 10 月 29 日，当时的北洋政府为切实保护寺庙财产，防止侵占庙产，颁布教令第六十六号即《管理寺庙条例》。《条例》共分总纲、寺庙之财产、寺庙之僧道、寺庙注册、罚则、附则六部分 31 条。其中有关教育的部分是第五条："各寺院得自立学校，但其课程于经典外，必须授以普通教育。寺庙创办学校时，须禀请该管地方官立案，其从前已设立之学校亦同。"此外，关于寺产，在第二条中规定："凡寺庙财产及僧道除本条例有特别规定外，与普通人民受同等之保护。"在第八条规定："凡寺庙现有财产及将来取得财产时，须向该管地方官禀请注册。"第十一条规定："寺庙财产不得借端侵占。"[4]

---

1 《内务部部领第十九号》，《寺院管理暂行规则》，《政府公报》1913 年 6 月 20 日第 403 号。
2 《内务部呈大总统为修正管理寺庙条例附具理由呈请公布文》，乌力吉陶格套整理校注《民国〈政府公报〉蒙古资料辑录》（1918.11—1928.5），内蒙古人民出版社，2016，第 359 页。
3 《内务部呈大总统为修正管理寺庙条例附具理由呈请公布文》，乌力吉陶格套整理校注《民国〈政府公报〉蒙古资料辑录》（1918.11—1928.5），内蒙古人民出版社，2016，第 359 页。
4 《管理寺庙条例》，《东方杂志》1915 年第 2 期。

从内容上可以看出，除了关于宗教内部教规一切从其习惯外，该条例对于宗教也提倡予以保护。在具体的司法实践中，内政部"遇有寺庙控诉案件，历经根据条文妥慎办理，奉行日久，大端自无可议"[1]。但内务部在修正管理寺庙条例的呈文中也提到，"惟法制必期于美备，而政令斯利于推行"[2]。并且，当时内政部处理的有关宗教财产的案件，"以关于僧侣庙产者居多，寺庙财产所有权属于寺庙自身，久为法家所公认。固不容方外缁流徒饱私囊，亦未便任由公中挹注，资为利源。乃积习相沿，多视寺庙为一种公共营造物，将其财产任意予夺"[3]。为方便司法实践，完备法律条款，真正有效起到保护寺产的作用，对该条例的修订迫在眉睫。

因此，在内政部"务于保护庙产，提倡宗风主义，力求完善而便奉行"的修改建议下，北洋政府于1921年5月20日，颁布了教令第十二号《修正管理寺庙条例》[4]，对1915年版本的《管理寺庙条例》进行了修订。《修正管理寺庙条例》分总纲、寺庙之财产、寺庙之僧道、罚则、附则五章共二十四条。其中涉及僧教育的条款是第六条，与1915年版本的《管理寺庙条例》比较并无变化。其他条款，新旧条例两者相较，《修正条例》的变化主要集中在涉及庙产问题的条款。比如，删除《管理寺庙条例》第十条"寺庙财产不得抵押或处分之，但为充公益事项必要之需用，禀经该管地方官核准者不在此限"中"但为充公益事项必要之需用，禀经该管地方官核准者不在此限"一句。另外，在《管理寺庙条例》第十一条"寺庙财产不得借端侵占"后面，增加了"不得没收或提充罚款"一句。

---

[1] 《内务部呈大总统为修正管理寺庙条例附具理由呈请公布文》，乌力吉陶格套整理校注《民国〈政府公报〉蒙古资料辑录》（1918.11—1928.5），内蒙古人民出版社，2016，第359页。

[2] 《内务部呈大总统为修正管理寺庙条例附具理由呈请公布文》，乌力吉陶格套整理校注《民国〈政府公报〉蒙古资料辑录》（1918.11—1928.5），内蒙古人民出版社，2016，第359页。

[3] 《内务部呈大总统为修正管理寺庙条例附具理由呈请公布文》，乌力吉陶格套整理校注《民国〈政府公报〉蒙古资料辑录》（1918.11—1928.5），内蒙古人民出版社，2016，第359页。

[4] 《修正管理寺庙条例》，《东方杂志》1921年第12期。

进入南京国民政府时期，当时的内政部有改僧寺为学校的想法，中央大学教授邰爽秋提出了"庙产兴学"的具体方案[1]。在此背景下，1929年1月国民政府公布了单行寺庙管理法规，即《寺庙管理条例》。这一条例引起了佛教界的激烈反对。比如四川佛教界要求更正对佛教的不平等待遇，圣钦、禅安、尹昌衡等发起抗议，128个佛教会和众多寺庙以及数十个佛教社团通电支持。[2] 在电文中，四川佛教界提出："窃以为僧众维奉佛教，同属国民，均在国府统治之下，自应受平等之待遇。即以宗教而论，如耶教、回教，亦有寺庙，亦有田产，不闻受特别之取缔，而削夺其法产之主权。乃独于中国关系最深、世界唯一正法之佛教，而别加以管理，即条文尽善，已失其平。况前文中如第四、第五、第六、第九、第十各条，剥夺僧人之权利，其苛酷有甚于待殖民之人民者。现在虽蒙俯允修改，而终有藉托之名义，恐不免仍受地方之摧残。"[3]

根据释东初的回忆，"该条例授权行政机构得以命令处分僧道、废止或解散寺庙。僧道不得违反党治。寺庙财产所有权属于寺庙，由地方政府与公共团体会同僧道组成庙产保管委员会管理之，且规定僧道参与人数不得过半数。此条例深为诸方所不满。三月，四川佛教团体联合全省一万九千七百五十八寺，通电力诋新颁《寺庙管理条例》之十种不合法，誓不承认。四月十二日，中国佛学会协同江浙佛教联合会于上海召开全国佛教代表会议，议决成立佛教会，推选太虚、王震、仁山、圆瑛、谢健开为执行委员，班禅、谛闲、印光等为监察委员，并签请政府修正寺庙管理条例。因而内政部于六月八日通令各省民政厅首都公安局以《寺庙管理条例》颁行后，

---

1 邰爽秋的方案主要包括四点：一、打倒僧阀；二、解放僧众；三、划拨寺产；四、振兴教育。参见明旸主编、照诚校订《重订圆瑛大师年谱》，中华书局，2004，第66页。
2 参见贾大泉《四川通史》（卷7·民国），四川人民出版社，2018，第649页。
3 《四川省佛教会上国府电文》，《中国佛教会公报》第1期，见黄夏年主编《民国佛教期刊文献集成》第19卷，全国图书馆文献缩微复制中心，2006，第466页。

发生窒碍，暂缓施行"[1]。

由江浙佛教联合会发起的中国佛教会后来在给民国政府立法院的呈文中认为，"政府对于各种宗教，为特殊之保护，及改进另定法规，以谋民族之健全，自为切要之举。为此备文呈请，仰祈钧院察核俯准，取消寺庙管理条例名称，另颁宗教法以示一律，而昭平允"[2]。

当时佛教界对《寺庙管理条例》不满的理由主要集中在两点：其一是对该条例特立针对佛教，不能平等看待佛教与其他宗教；其二是对条例中有关寺庙财产的所属权和处置权的条款不满。此外，新的《寺庙管理条例》"带有明显的'党治'色彩。如上述废止或解散寺庙的规定中，僧道'违反党治'，寺庙可因此被废止或解散；寺庙兴办各类学校、图书馆、阅报所、讲习所时，其课程、书籍、演词，必须具备'党义科学常识'"[3]。这些都强烈刺激了经历过清末"庙产兴学"运动的中国佛教界。

后来，为回应邰爽秋的"庙产兴学"方案，太虚提出了"一、革除弊制；二、改善僧行；三、整理寺产；四、振兴佛教"的四大应对方案。在佛教界激烈的反对声中，国民政府最终废止了《寺庙管理条例》，在1929年12月颁布了《监督寺庙条例》十三条。新颁布的《监督条例》中，佛教界较为关切的条款是：

第四条，荒废之寺庙由地方自治团体管理之。

第五条，寺庙财产及法物应向该管地方官署呈请登记。

第六条，寺庙财产及法物为寺庙所有，由住持管理之。寺庙有管理权之僧道不论用何名称认为住持，但非中华民国人民不得为住持。

---

[1] 释妙然主编：《民国佛教大事年纪》，台湾海潮音杂志社，1995，第136—137页。

[2] 《本会呈国民政府立法院请另订宗教法文》，《中国佛教会公报》第1期，见黄夏年主编《民国佛教期刊文献集成》第19卷，全国图书馆文献缩微复制中心，2006，第444页。

[3] 陈金龙：《民国〈寺庙管理条例〉的颁布与废止》，《法音》2008年第4期。

第七条，住持于宣扬教义、修持戒律及其他正当开支外，不得动用寺庙财产之收入。

第八条，寺庙之不动产及法物非经所属教会之决议，并呈请该管官署许可，不得处分或变更。

第九条，寺庙收支款项及所兴办事业，住持应于每半年终，报告该管官署并公告之。

第十条，寺庙应按其财产情形，兴办公益或慈善事业。

第十一条，违反本条例第五条、第六条或第十条之规定者，该管官署得革除其住持之职；违反第七条或第八条之规定者，得逐出寺庙或送法院究办。

第十二条本条例于西藏、西康、蒙古、青海之寺庙不适用之。[1]

但新的《监督条例》并未真正满足佛教界的诉求，在佛教界看来，该条例只是采用了一种更为缓和的做法来制约和管控佛教的发展，以实现对庙产的侵占，也并未将佛教与其他宗教一视同仁，公平对待。新的《监督条例》颁布后，太虚曾评论说："寺庙管理条例，与监督寺庙条例之不同点，显明的，只是管理条例乃用官署及地方团体之力量来逐加破灭，而监督条例，则一听寺庙僧道之自生自灭而已。所希望之一律平等的宗教法，固然是无，整理僧寺使佛教生长发荣，亦丝毫没有。"[2] 在太虚看来，新的监督条例并未达到佛教界的预期，与旧条例相比，新条例只是采用听任寺庙"自生自灭"的方法破坏佛教及寺产。因此，太虚呼吁全国佛教界要团结起来，从以下四个方面入手，保护、振兴佛教。这四个方面包括：

---

1 彭秀良、郝文忠：《民国时期社会法规汇编》，河北教育出版社，2014，第251页。
2 太虚：《评监督寺庙条例》，《海潮音》1930年第11卷第1期。

一、速为各县各省以至全国之佛教会的严密组织。二、由各县佛教会，速为严密之寺产调查与僧徒调查，制成统计，以为整理之所本。三、条例之监督，注重于由官署对于住持之革除与逐出及究办。住持之职务，在于宣扬教义，修持戒律，及其他正当设施与兴办公益或慈善事业等。如此之住持，非明教理持戒行及有能办公益教育及慈善等之才德不能。故任为各寺院庵堂之住持，非由佛教会公订分别等级之考取选任方法，精选适宜之住持人才不可。否则，寺僧将随住持之革除与逐出究办而消灭。四、尤须注重者，则为速办各县各省以至全国之佛学苑，编成系统之教育程度，造成寺院住持之僧，方能实行宣扬教义等。[1]

从太虚上述的四条倡议来看，兴办系统的僧教育成为重中之重，而僧教育的发展又需要建立全国性严密的、有领导力的佛教组织作为组织保障。事实上，如前所述，进入民国以后，佛教界一直在寻求建立有实际领导力的全国性统一的佛教团体组织，以此来团结整个佛教界，实现保护寺产、增强社会话语权的诉求。但是，太虚这一建立严密佛教组织的设想在实践层面困难重重，其阻力主要来自于两方面：

其一是佛教界各寺庙势力错综复杂，各僧团经济状况也不尽相同，僧人观念也参差不齐。比如前面提到的太虚在民国初年组织佛教协进会，新旧僧人产生激烈冲突，以致酿成"金山寺事件"，这本身就反映出佛教内部意见的分歧。

其二是教外力量的限制。从当时民众及官方的认知来看，人们大多将寺庙及其寺产看作公共财物，属于社会共有。在这种理念的驱使下，对寺产的侵占事件才会层出不穷。这同时也是佛教界一直在寻求官方从立法角

---

[1] 太虚：《评监督寺庙条例》，《海潮音》1930年第11卷第1期。

度给寺产予保护的原因之一。也正是由于国民政府对这一问题的暧昧态度和具体司法实践中出现的诸多问题,寺产始终未得到实质并明确的有效保护,才使得佛教界为应对这一困境,逐步将解决问题的角度转向自身,谋求建立全国性团体组织,以此来增强自身的社会话语权,实现保护寺产的最终目的。对于佛教界建立统一的佛教组织,社会舆论并不积极,这可从当时教育部蔡元培与上海中国社会党首领江亢虎[1]往返的两份电文中看出。"公电:上海社会党本部江亢虎先生鉴:佛教协进会意甚美,惟望进行以渐,颇闻金山开会,有以武力胁取寺产者,深望非确。请公及诸同志注意,勿使我辈所爱敬之社会党及佛教徒为人诟病。蔡元培蒸叩。(南京)"。"南京教育总长蔡元培先生:电悉。佛教协进会乃本党员僧太虚以私人名义发起,非本党直接事业,本党不负责任,鄙人亦无暇预闻。既承雅注,当力诰诫之。江亢虎叩(上海)"[2]。

尽管建立全国性佛教组织的过程并非一帆风顺,但是佛教界仍然做出了诸多有利于佛教发展的尝试。在这一时期,以敬安为代表的江浙佛教界仍是较为活跃的群体[3],他们试图联合全国佛教僧团成立中华佛教总会[4]。由当时政府的呈文可以看到:"敬安等联合全国僧团组织中华佛教总会,意在昌明佛教,提倡教育公益等事业。深堪嘉尚,应即准予立案。佛说凌运久矣,震旦积弱,此未必非一因。宗教改革刻不容缓,该僧等务须努力进行,将大乘精

---

[1] 江亢虎(1883—1954),安徽省旌德县江村人,曾蒙孙中山先生赏识,后投靠日本侵略者。江亢虎是中国社会党的创建者和奠基人,该党是中国有史以来政治团体中第一个"自承认为党者",也是首次以社会主义为旗帜,以社会主义者为成员的政党。

[2] 《新闻报》,1912年2月11日,第2版。

[3] 在清末佛教公所、僧教育会时期,江浙佛教界为保护寺产,对抗"庙产兴学运动",做出了诸多积极的努力,江浙地区的佛教界也是当时最为活跃的僧团。

[4] 1912年4月在上海留云寺成立,会长为敬安。敬安逝世后,1913年3月,在上海静安寺召开了中华佛教总会第一次全国代表大会,进行改选,冶开、熊希龄被推为会长,清海为副会长,圆瑛为参议长,太虚为总会机关刊物《佛教月报》总编辑。1914年又进行改选,公推清海升任会长,镜融为副会长。1915年12月,袁世凯称帝后下令取消中华佛教总会,经章嘉呼图克图等联名上书,改名为"中华佛教会"。1918年又遭北京政府明令取消而停止活动。参见任继愈主编《佛教大辞典》,江苏古籍出版社,2002,第287页。

义广为传播,勿蹈旧日专事诵经礼忏类似巫祝之陋习,本部有厚望焉。此批。"[1] 教育部在后来批复的公文中指出,"据禀已悉敬安等创设中华佛致总会,意在昌明佛教,事属可行,惟发起者仅江浙两省,尚不足以代全国,必须联合各省僧界组织完全团体,方与总会名义相符"[2]。后来经过佛教界的努力,中华佛教总会得以成立,会长敬安向政府请愿保护寺产未果,遭辱而于北京逝世。

以上佛教界成立佛教统一组织的努力及太虚提出的四点设想,至少说明了佛教界开始主动调整保护佛教的策略,不再一味追求政策法规上的优待,这实际上是面对当时的困境,佛教自觉做出的入世化调适。太虚的四条设想,可以说是切中要害,是一条较为明智的道路。这四条设想,其核心仍是建立全国性团结的佛教组织。该设想的第二条,对全国僧人、寺产等开展统计,实际上是为以后全国性佛教组织开展活动提供依据;第三、第四条都是围绕僧才,实际上是要发展僧教育,培养能真正住持佛教的僧宝,以佛教的革新来应对当时宗教政策中有关寺产、住持等处置的规定,换言之,就是要以精选的僧才去住持中国佛教,避免佛教出现问题而走向"自生自灭"。而僧才的培养就要依赖于完备且成熟的僧教育体系。可以说,太虚提出的方案,其核心是成立全国性的统一佛教组织,而其方案的落脚点则在兴办系统的僧教育。

基于上述讨论可以看出,"庙产问题"在民国时期的再次凸显,说明僧教育的发展进程始终伴随着"庙产问题"的纠葛,而"庙产问题"事实上也成为了近现代佛教发展史上一个重要的、一以贯之的线索。佛教界成立佛教组织的想法萌芽于清末"庙产兴学"的外部压力,实现于民国"庙产兴学"运

---

[1] 《令示:教育部批僧界全体代表敬安等请创设佛教总会呈》,《临时政府公报》1912年第37期第8页。
[2] 《令示:教育部批江浙两省僧界代表敬安等禀请创立中华佛教总会呈》,《临时政府公报》1912年第18期第5页。

动的大背景下,而僧教育在民国的发展又成为维系统一的全国性佛教组织的一个重要突破口。这其中,在兴办僧教育的过程中,中国佛教界注重主动性的入世化转型,调和僧俗之间、僧团之间在"庙产问题"上的矛盾,使得民国时期佛教僧教育实践取得了较为显著的成效。

二 办学模式与学制、课程的调整

近现代僧教育在办学模式方面的入世化转型,主要有两个动因:其一是作为宗教教育的僧教育有其特殊性,佛教内部对于如何协调内外学需要做出的主动性调适,这关涉到如何平衡信仰与理性之间的张力。关于这一问题,如前所述,这一时期有过争论,但是,将佛学教育和人文、社科、自然科学、艺术等普通学堂的课程结合起来,成为当时僧教育办学模式的主流。其二是现代化的教育体系被引介到中国,传统教育模式受到巨大冲击,身在其中的僧教育自然也会受到这一大背景的影响。如何将传统的丛林教育和现代化的学院式教育结合起来,使僧教育更好地适应社会要求和时代环境,是这一时期僧教育模式入世转型的重要动因。这一时期僧教育办学模式的入世化转型,具体体现在僧教育办学实践中在学制、课程设置等方面做出的变化。

在学制和课程设置方面,如果对比清末和民国时期僧教育机构的区别,可以看出人文社科类、自然科学类、艺术类、意识形态类等方面的课程明显增多。清末佛教界为了应对"庙产兴学"运动,主要举办了一些僧立普通学校,也包括一些带有慈善性质的孤儿院[1],同时,也创办了一些面向出家人,专门教授佛学知识的僧教育机构。在清末兴办的佛教教育机构中,杨文会的

---

[1] 如天台僧通慧在杭州创设的孤儿院。见《本署司袁批天台僧通慧禀在杭创设孤儿院由》,《浙江教育官报》1910年第35期。

祇洹精舍独树一帜，在办学理念上比较超前，他曾专门指出，"（僧）学堂按学制分'普通学'与'专门学'两大类。'普通学'三年，每日课程六堂每堂课一小时。上下午第一堂课讲佛学，其余四堂课分本国文理、史学、地理、算法、梵文、英文、日文；'专门学'自第四年起，或两年，或三、五年，不拘期限，学习各宗典籍。或专学一门，或兼学数门，均随学人志愿选修。总之，必须一门通达，方可另学，不得急切改换！以免一无所成"[1]。在实际的办学实践中，祇洹精舍的课程主要开设三大类，包括佛学、汉文、英文。在杨文会看来，佛学是根本，汉文是研修汉语佛典的基础，英文是与外国人交流的工具，合格的僧才应同时学好这三门科目。

之后，各地创办的僧教育机构如雨后春笋般涌现出来，在课程和学制上则不尽相同。如月霞于1913年创办的华严大学，主要课程有经学、佛学、国文、写字四门，教育重心主要是佛教与国文。大醒创办于1933年的岭东佛学院，主要课程有百法、地理、珠算、国学、体育、艺术等。仁山等于1935年创办的焦山佛学院，其正科所开设课程及所占比例为：佛学35%，国学20%，社会科学10%，其他自然科学和数学均为5%，外国语及课外作业为10%。[2]

为说明民国时期僧教育在学制和课程方面的变化，试以闽南佛学院为例，根据1928年的《闽南佛学院续招学僧简章》，展示其课程设置和学制相关的内容。从这份简章可以看出，该学院学制已较为成熟，课程设置已相当全面。该章程中规定的入学条件要求入学学僧须"曾在初中毕业或有同等学力者"。在招生简章中，该学院所列的课程设置如表6-2所示[3]：

---

[1] 杨文会：《释氏学堂内班课程刍议》，《等不等观杂录》卷1，《杨仁山全集》，安徽黄山书社，2000，第333页。

[2] 参见李阳泉《从七塔报恩佛学院看民国时期宁波僧伽教育——以〈七塔报恩佛学院院刊〉为研究对象》，可祥主编《七塔报恩文化论坛》，西泠印社出版社，2011，第441页。

[3] 《闽南佛学院续招学僧简章》，《海潮音》1928年第9卷第7期。

表6-2 闽南佛学院课程设置

科目\学年	佛学	国文	外国文	数学	历史	地理	科学	哲学宗教	教育	三民主义	艺术	体育	行持	服务	
第一学年	佛学概论、各宗派源流、律学大意、因明学大意概要	语体文、文言文、文法、文学史	日文、英文	算数、珠算	本国史、印度佛教史	本国地理	自然科学、社会科学			三民主义	书法、音乐、图画	体育	布萨、修净、习禅	体力工作	附注：上列科目每周教授三十时，时间分配，详见本院章程。惟每日有两小时修净（上殿、坐香），习禅和一小时体力工作
第二学年	律学大意、俱舍学大意、成实学大意、四论学大意、唯识学大意	语体文、文言文、文学史	日文、英文	代数	本国史、世界史、本国佛教史	本国地理、世界地理	自然科学、社会科学	心理学、论理学、中国哲学大要、人生观的科学		同上	图画、音乐	同上	同上	同上	
第三学年	律学大意、禅学大意、净土学大意、天台学大意、贤首学大意、密典泛论、大乘宗地引论	文言文、文字学	日文、英文	几何、三角	世界史、自由史、僧伽制度沿革史	世界地理、佛教行化地域形势	自然科学、社会科学	西洋哲学大要		同上	图画、音乐、梵曲、建筑、雕刻	同上	同上	同上	

此外，再举与闽南佛学院同时期的镇江竹林寺佛学院办学情况为例。根据报载的《镇江竹林寺佛学院简章》[1] 可以看出，较之以往，完备的课程设置是这一时期佛学院的特点，这实际上是僧教育实践在回应"如何平衡内外学"这一问题的主动性的入世化转型。竹林寺佛学院的学制和课程表，如表6-3 所示：

表6-3　　　　　　　　竹林寺佛学院学制和课程表

科目＼学年	第一学年	第二学年	第三学年	
读讲戒律	毗尼日用香乳记，沙弥述仪，四分戒本	梵网经，梵网直解	梵网经贤首疏	行持：本院依丛林规章以解行并重为准则，清早午后坐禅习观，下午晚殿晚间念佛，每逢朔望布萨。年期：本院定三年为毕业年期，及格者给予证书，不及格者留院补习。休假分两种：例假、特假。考试分四种：常考放香期行之，月考每月行之，期考每半年终行之，大考三年毕业行之
读经讲经	四十二章经，遗教经，八大人觉经，维摩经	金刚经，楞严经，解深密经，胜鬘经	圆觉经，法华经，楞伽经	
论理讲读	五蕴论，华严原人论，大乘起信论，教义章，八识规矩颂，百法明门论	唯识论，法界无差别论，中论	百论，十二门论，因明论	
儒典	四书，拣选短篇时文，常识，作文	五经大意，拣选古文，作文		
历史	本国史	佛教略史		
习字	书大小楷	大小楷书	大小楷行草书	
教义		贤首五教仪，教义章	天台四教仪，教观纲宗	
科学			各种科学大纲，拣选古文，作文	
地理			中国地理，外国地理	

1932 年，在总结武昌佛学院与其他僧教育机构办学经验的基础上，太虚在《佛教教育系统各级课程表：国民教育基础上之僧教育》一文中，设想在国民教育基础之上建立、发展僧教育，具体地说，他认为如果能以全国六千

---

[1] 《镇江竹林寺佛学院简章》，《海潮音》1928 年第 9 卷第 7 期。

小学生作为国民教育阶段之基础，最终全国能成功培养出二百参学僧，即达到了僧教育的目的，这一历程需要二十四年的培养。简言之，以金字塔式的僧教育系统来培养僧才（如图6-1所示）。[1]

图6-1　佛教教育系统各级课程表（太虚大师制）

到了1938年，太虚曾反思过当时的僧教育办学，总体上他较为悲观。他认为，改善僧教育现状的办法分为两方面：一方面要把一部分朽废怠惰的出家僧尼淘汰出僧宝，"应把这一部分僧众，划出些寺庙与他，作为等于在家的

---

[1] 太虚、法舫：《佛教教育系统各级课程表：国民教育基础上之僧教育》，《海潮音》1932年第13卷第10期。

佛教信徒，施以普通谋生活常识及信徒常识的教育。……使可开山锄地，或做工、经商等，获受国民通常待遇，而不在住持佛教的僧宝数内"；另一方面，"要由很严格的、很纯正的、很认真的，而且是很长远的一种僧教育，以养成少数住持佛教的僧宝"[1]。在太虚看来，养成此种僧宝的僧教育，应该有三个阶段：第一个阶段应"以高中毕业之年龄一十九岁，学问相当的正信出家者，施以先受沙弥戒及实践行持沙弥律仪，而教练以出家僧众应具之知识行事。如此经过一年，使他身心上成了一种生活习惯。到二十岁进受比丘戒，学持比丘律仪，比丘应有的知识及共同生活习惯，实践做到，同时亦授以佛教常识"。第二阶段是教理的研究，"可为七年四年作普通教理的研究，其程度等于大学。二、三年作专精教理的研究，其程度等于研究院"。第三阶段是"深入修证，可为三年，此深入的修证临时择定一门，或密宗、或禅宗、或持律或念佛等"。由于太虚的僧教育理念是"养成住持中国佛教僧宝"，所以他也特别指出"于养成僧宝最要紧的，是起初二年，必须经过受戒持戒的行为训练，这是僧教育的特要关键"[2]。

虽然太虚上述设想较为符合中国佛教发展的需要，但由于种种缘由并未得到完全的实际落实。这其中的缘由，最重要的两个因素就是"寺产"与"师资"。前者决定了开办僧教育机构的经济基础，后者决定了僧教育的办学质量。所以，太虚敏锐地指出，"如果对于僧寺及寺产不能整理，此种僧教育便也无从设施"。基于上述的困境，太虚对于建立"养成住持中国佛教僧宝"的僧教育前途，觉得甚为悲观[3]。事实上，对于当时僧教育办学状况，佛教

---

[1] 太虚：《中国的僧教育应怎样》，《人间佛教思想文库·太虚卷·下》，宗教文化出版社，2017，第495页。

[2] 太虚：《中国的僧教育应怎样》，《人间佛教思想文库·太虚卷·下》，宗教文化出版社，2017，第495页。

[3] 太虚：《中国的僧教育应怎样》，《人间佛教思想文库·太虚卷·下》，宗教文化出版社，2017，第496页。

界普遍持悲观态度。如当时发表的《刍论僧众再教育》[1]《理想中的僧教育》[2]《旧调重谈僧教育》[3]《如何抢救僧教育》[4]《为僧教育想一想》[5]《从僧教育谈到佛教现状》[6]《谈现阶段的僧教育》[7] 等文章，都从不同的角度反思甚至批评了当时的僧教育办学。愚敏在《僧教育的四大问题：制度、经济、教授、学僧》[8] 一文中，颇有见地地指出了僧教育办学的四大难题：学制上未有统一的标准，经济上各自为政，教授水平参差不齐，学僧教育程度不一致等，这些都是制约僧教育发展的因素。

值得注意的是，民国僧教育出现的这几大方面的问题，恰恰是世俗普通教育模式的优势，这也就预示着僧教育如果想要取得更大的实际成就，就必须在办学模式上有新的突破，其必然会走上寻求与世俗普通教育模式更加紧密结合的途径。但如此一来，内、外学即僧俗教育之间的矛盾又会变得突出。所以说，如何平衡内、外学之间的关系，一直困扰着这一时期的僧教育办学。

虽然当时的佛教界对于僧教育的办学状况并不满意，但需要指出的是，如果把民国时期的僧教育办学历程放在近代以来的僧教育史上来看待，这一时期的僧教育为后来的僧教育发展积累了宝贵的经验，其办学模式为后期的佛学院教育所继承并革新，在实际办学效果上其也极大超越了清末僧教育会时期的办学成果。从这个角度说，民国时期的僧教育实践是近代以来僧教育入世转型的重要阶段，在曲折和主动反思中前进是这一时期僧教育的基本样态。

通过本节的讨论可以看出，在"庙产问题"再次成为僧俗两界角力焦点的背景下，民国佛教界在僧教育办学实践过程中注重与世俗力量的互动，是

---

1 素人：《刍论僧众再教育》，《觉群周报》1947 年第 53 期。
2 等鸣：《理想中的僧教育》，《觉群周报》1947 年第 51—52 期（两期合刊），第 8 页。
3 大醒：《旧调重谈僧教育》，《中流（镇江）》1947 年第 8 期。
4 愚敏：《如何抢救僧教育》，《学僧天地》1948 年第 3 期。
5 常海：《为僧教育想一想》，《学僧天地》1948 年第 6 期。
6 双照：《从僧教育谈到佛教现状》，《学僧天地》1948 年创刊号，第 22—23 页。
7 觉凡：《谈现阶段的僧教育》，《学僧天地》1948 年创刊号，第 23—24 页。
8 愚敏：《僧教育的四大问题：制度、经济、教授、学僧》，《正信》1946 年第 10 期。

中国佛教僧教育在夹缝中主动调适、争取生存空间的自我救赎。同时，这也是中国佛教界"办学兴教"意识的自觉苏醒。在内外学平衡方面，因其关涉宗教教育的特殊性，背后是如何应对信仰与理性的张力的问题，佛教界虽然有不同的声音，但多元化的课程设置和现代化学制体系成为僧教育办学模式的主流，当时僧教育机构的课程设置、师资等诸多具体举措，都反映出了这一时期办学模式的入世化转型。

第四节 当代中国佛教教育的新发展

新中国成立以后，佛教僧教育的发展与中国佛教自身的发展休戚相关。大体上，这一时期佛教僧教育的发展以"文化大革命"为界，可分为两个大的阶段。第一个阶段是1949年至"文化大革命"前，是新中国佛教僧教育的草创阶段[1]。第二个阶段是20世纪80年代至今，是中国佛教僧教育蓬勃发展的阶段。这其中，一些民国时期僧教育入世转型中遇到的问题，比如建立有实际领导力的全国性佛教团体、办学经费、师资、内外学平衡等，仍然影响着新中国成立以来的佛教僧教育发展进程。但是，面对旧问题，佛教界有了新的对策，使得新时期僧教育事业逐步发展成熟起来。

一 统一的佛教组织和充足的经济保障

统一的规划与领导、办学经费、师资、内外学的平衡协调等诸多在近代

---

[1] 赵朴初在回顾这一时期的佛教教育工作时指出："一九五六年建院至一九六六年文革开始前的十年为第一阶段。在这十年中，前七年（一九五六年至一九六三年）虽也有'左'的思想干扰，但这是中国佛学院健康发展、繁荣兴盛的时期。当时，中国佛学院在党政领导部门的亲切关怀和全国佛教界的大力支持下，可谓群贤毕至，人才荟萃，师资阵容强大，学员素质整齐，学修一体，解行相应，管理严格，纪律严明。在这个时期，先后开办了汉语系佛教专修科、本科、两个学习班、研究班以及藏语系佛教专科等不同层次的六个班级，共培育出四百一十名具有较高思想觉悟和佛学造诣的汉藏佛教人才。"（赵朴初：《在庆祝中国佛学院成立四十周年大会上的讲话》，《法音》1996年第11期）

以来中国佛教僧教育入世转型中出现的问题，在新中国成立后，尤其是 20 世纪 80 年代以后都有了新的对策和更好的解决途径。这一方面得益于党的宗教政策以及中国佛教自身的蓬勃发展，另一方面，近代以来的僧教育办学实践为后来中国佛教僧教育发展积累了丰富的经验，使得新中国成立后的僧教育实践少走了很多弯路。

僧教育办学的统一规划和领导，是僧教育健康、持续发展的组织保证。清末至民国，兴办僧教育一直与"庙产问题"纠葛在一起，可以说，"庙产问题"是建立佛教团体组织的重要的动因，早期僧教育模式也是在这种背景中被催生出来的。

新中国成立后，佛教界对建立有实际领导力的全国性统一佛教组织依旧努力不止。中国佛教协会[1]（The Buddhist Association of China）的成立是新中国成立后中国佛教发展中一件极其重要的事件，该组织的成立也使得中国佛教界终于有了统一的、严密的、有实际领导力的全国性组织，协会的成立也促进了中国佛教僧教育的发展。该组织成立于 1953 年，是在虚云、喜饶嘉措、圆瑛、赵朴初等二十多位全国佛教界知名人士的发起之下，于北京成立的中国大陆唯一的全国性佛教组织，会址设于北京广济寺。

中国佛教协会在各省市均设有地方性佛教协会。这一全国性佛教团体组织的定位是"中国各民族佛教徒联合的爱国团体和教务组织"。在 2015 年 4 月 21 日中国佛教协会第九次全国代表会议通过的《中国佛教协会章程》中列出的本会十大主要工作任务中，"（六）兴办佛教教育事业，办好佛教院校，培养佛教人才"是其中一项重要的内容。该会的宗旨是：团结、带领全国各

---

[1] 根据中佛协的官方统计，截至 2012 年，三大语系佛教活动场所有 3.3 万余座，僧尼约 24 万人，其中汉传佛教寺院 2.8 万余座，僧尼 10 万余人；藏传佛教寺院 3000 余座，僧尼 13 万余人；南传上座部佛教寺院 1600 余座，僧人近万人（其中比丘 2 千余人）。现有各种不同层次的佛学院 38 座，佛教期刊 100 余种，较有影响的佛教网站近 200 家。各地佛教界均设有公益慈善组织和佛教文化机构。据不完全统计，目前中国的佛教徒人数有 1 亿多人。

民族佛教徒爱国爱教，拥护中国共产党的领导和社会主义制度，坚定不移走中国特色社会主义道路；发扬优良传统，传承优秀文化，加强自身建设，维护合法权益，弘扬佛教教义，兴办佛教事业，践行"人间佛教"思想，庄严国土，利乐有情，为促进经济社会发展发挥积极作用，为维护宗教和睦、民族团结、社会和谐、祖国统一、世界和平做贡献，为实现"两个一百年"奋斗目标和中华民族伟大复兴的中国梦贡献力量。据学者统计，通过中佛协和各级佛协几十年的努力，1980年之后的三十年，中国大陆"相继成立或恢复了至少46所不同层次的汉传佛教佛学院"[1]。据中国佛协统计，截至2012年，中国大陆有"各种不同层次的佛学院38座"[2]。根据国家宗教事务局最新的官方数据，截至目前中国大陆共有各级佛学院37所，如表6-4所示[3]：

表6-4　　　　　　　　　　中国大陆佛学院名录

主办单位	院校名称	办学地点	负责人
重庆佛教协会	重庆佛学院	重庆市九龙坡区华岩寺路	释道坚
中国佛教协会	本焕学院	深圳市罗湖区仙湖植物园弘法寺内	释印顺
中国佛教协会	中国佛学院栖霞山分院	南京市栖霞街84号	隆相
中国佛教协会	中国佛学院灵岩山分院	江苏省苏州市吴中区木渎镇灵岩山寺	明学
中国佛教协会	中国佛学院普陀山学院	浙江省舟山市普陀区朱家尖街道香莲路	道慈
中国佛教协会	中国藏语系高级佛学院	北京市德胜门外黄寺大街11号	嘉木样·洛桑久美·图丹却吉尼玛
中国佛教协会	中国佛学院	北京市西城区法源寺前街7号	
浙江省佛教协会	浙江佛学院（筹）		道慈

1　汲喆：《复兴三十年：当代中国佛教的基本数据（下）》，《佛教观察》2009年第5期。
2　《中国佛教协会简介》，数据来源于中国佛教协会官网（2017—07—24发布）（http://www.chinabuddhism.com.cn/e/action/ListInfo/? classid=540）。
3　《宗教基础信息查询系统·宗教院校基本信息·佛教》，数据来源于国家宗教事务局官网（2021年5月23日检索）（http://www.sara.gov.cn/fj/index.jhtml）。

续表

主办单位	院校名称	办学地点	负责人
浙江省佛教协会	杭州佛学院	浙江省杭州市灵隐寺景区法云弄60号	释光泉
浙江省佛教协会	浙江慈云佛学院	浙江省宁海县桥头胡慈云佛学院	了藏
云南省佛教协会	云南佛学院西双版纳分院	云南省西双版纳傣族自治州景洪市勐泐大佛寺内	祜巴龙庄勐
云南省佛教协会	云南佛学院	云南省昆明市安宁市温泉镇龙溪路、云南省大理白族自治州宾川县鸡足山九莲寺（尼众部）	康南山、释常应
厦门市佛教协会	闽南佛学院	男众部：福建省厦门市思明区思明南路515号南普陀寺	则悟
西藏统战部	西藏佛学院	西藏拉萨曲水县聂当村热堆村	朱康·土登克珠
四川省佛教协会	四川藏语佛学院	四川省甘孜藏族自治州甘孜县斯俄乡	郑光荣
四川省佛教协会	峨眉山佛学院	四川省乐山市峨眉山大佛禅院	释永寿
四川省佛教协会	四川尼众佛学院	四川省成都市彭州市致和镇四川尼众佛学院	释如意
上海市佛教协会	上海佛学院	上海市普陀区安远路170路、上海市黄浦区沉香阁路29号（尼众部）	慧明
陕西省佛教协会	法门寺佛学院	陕西省宝鸡市扶风县法门寺	释贤空
山西省佛教协会	五台山尼众佛学院	山西省忻州市五台山县五台山普寿寺、大乘寺	如瑞
山东省佛教协会	山东湛山佛学院	山东省青岛市市南区芝泉路4号	心见
青海省佛教协会	青海藏语系佛学院	青海省海南州贵德县珍珠寺对面	才项太
内蒙古自治区佛教协会	内蒙古佛教学校	内蒙古自治区呼和浩特市回民区攸攸板镇西乌素图召	巴力吉
江苏省佛教协会	戒幢佛学研究所	江苏苏州市西园路18号	释净智
江苏省佛教协会	鉴真佛教学院	江苏扬州市平山路9号	释能修
江苏省佛教协会	江苏尼众佛学院	江苏省南京市鸡鸣山寺路1号	莲华
江苏省佛教协会	江苏佛学院（筹）	江苏省镇江市焦山定慧寺	心澄
湖南省佛教协会	湖南佛学院	湖南省长沙市岳麓区岳麓山麓山寺（男众部）、长沙市开福区开福寺（女众部）	圣辉
湖北省佛教协会	武昌佛学院	湖北省武汉市武昌区武路路549号宝通寺内	隆醒

续表

主办单位	院校名称	办学地点	负责人
黑龙江省佛教协会	哈尔滨佛学院	哈尔滨市南岗区东大直街9号（极乐寺院内）	释静波
河南省佛教协会	河南佛教学院	河南省南阳市桐柏县龙潭河景区	释永信
河北省佛教协会	河北省佛学院	河北省赵县石塔东路23号柏林禅寺内	明海
海南省佛教协会	南海佛学院（筹）	海南省三亚市	郑刚
广东省佛教协会	广东佛学院	广东省广州光孝路109号光孝寺内	明生
甘肃省佛教协会	甘肃佛学院	甘肃省甘南州夏河县拉卜楞寺镇人民西街83号	安兴虎
福建省佛教协会	福建佛学院	福建省莆田南山广化寺内（男众部）、福建省福州市北郊象峰嵩福寺内（女众部）	释本性（男众部）、释如妙（女众部）
迪庆州委	云南佛学院迪庆分院	云南省香格里拉市康珠大道标志白塔东南面山脚下	柏林德

大陆佛教僧教育的蓬勃发展离不开各级佛教协会的共同努力，以佛学院的最高学府——中国佛学院为例，解放后，佛教教育主要在该院进行。1956年2月20—22日，中国佛教协会举行了第三次常务理事扩大会议。会议议程之一就是对中国佛学院的教学问题进行讨论，并通过了《中国佛学院章程草案》，选举产生了中国佛学院院务委员会。同年9月28日，中国佛学院在学院所在地北京法源寺举行开学典礼，院长为喜饶嘉措。首届招收学员118人，分设专修科（甲、乙班）和本科。"文化大革命"时期，中国佛学院的僧教育事业陷入停顿。"文化大革命"后，1980年7月，中央批准恢复中国佛学院并成立筹备小组，拟定复学方案和招生简章，采取重点招考、择优录取的原则，招收18—30岁具有初中、高中及大学文化程度的僧青年，作为预科，学制二年。同年9月20日，录取的40名学僧来院报到，法尊任院长。1980年12月10日，中国佛学院第一所分院在苏州灵岩山寺举行开学典礼。

1983年12月5日，中国佛教协会会长赵朴初在讲述中国佛教协会的今后任务部分中提出："培养僧才，绍隆佛种，是本会今后的一项重要任务。要继续加强中国佛学院的思想建设、组织建设和师资建设、教学建设，提高教学质量，在办好本科的基础上开办研究生班，真正把中国佛学院办成具有大专水平的佛教学府。""经过若干年的努力，我们要建设起高级（中国佛学院和西藏藏语系佛学院）、中级（中国佛学院分院和省级佛学院）、初级（重点寺庙）既相衔接又各有侧重的三大语系佛学教育的体系，培养一大批佛学研究与寺庙管理人才。"[1] 1986 年 1 月 28 日，中国佛教协会批复同意中国佛学院为培养佛学师资亟需开设研究班的报告，选送 84 级 5 位同学（圆慈、净因、建华、广兴、学愚）赴斯里兰卡留学深造，赵朴初会长兼院长在广济寺接见了以上五位同学。1989 年 8 月 28 日，首届研究生圣辉、道隆通过毕业论文答辩，获得了中国佛学院颁发的毕业证书。赵朴初一直很强调佛教教育的发展，他曾在 1991 年强调要"抓紧培养佛教人才，提高整个佛教界的素质，这是关系续佛慧命，关系中国佛教事业前途和命运的头等大事，必须唤起各民族佛教界的大德长老和各级佛协组织的高度重视"[2]。1992 年，赵朴初会长在上海召开的"全国汉语系佛教教育工作座谈会"上又强调指出，当前和今后相当长时期内佛教工作中最重要、最紧迫的事情，第一是培养人才，第二是培养人才，第三还是培养人才。在这个方针的指引下，佛教界大力兴办僧教育成为僧俗两界的共识。2012 年 3 月 31 日，由中国佛教协会教育委员会主办，中国佛学院、北京佛教文化研究所承办，中国佛学院普陀山学院协办的"首届全国佛教院校学生论文联合发表会"举行。

从上面的数据和历史事实可以看出，中国佛教协会作为全国性的佛教团体组织在发展佛教教育方面起到了领导和管理的实际作用，取得的办学成果

---

[1] 赵朴初：《中国佛教协会三十年》，在中国佛教协会第四届理事会第二次会议上的报告，1983 年 12 月 5 日。

[2] 赵朴初：《关于中国佛协一九九一年的工作》，《赵朴初文集·下》，华文出版社，2007，第 1086—1087 页。

也颇为丰硕。在积极兴办佛教教育的同时，佛教界也注重对办学经验的回顾总结和反思，2012年中国佛教协会委托中国佛学院组织力量启动编纂《中国佛教教育年鉴》，目的是对100多年来中国佛教教育发展的相关资料进行汇集和整合，真实地记录和回顾中国佛教教育事业的发展进程，更好地展示各省、自治区、直辖市的佛教教育发展情况并提供借鉴。2013年6月29日，中国佛学院组织专家学者就《中国佛教教育年鉴》的编纂框架进行了研讨。2015年3月17日上午，中国佛学院在北京法源寺举行《中国佛教教育年鉴》评审会议，对《中国佛教教育年鉴》（审议稿）进行研究讨论。2018年11月25日，由中国佛学院主办的"新时期佛教教育体系建设"学术研讨会在京开幕，主要围绕新时期的佛教教育体系建设、新时期的佛教教育理念和人才培养模式、新时期佛教院校教师体系建设、传统佛教教育体系建设以及新时期的佛教院校教学体系建设等五个议题展开。[1]

值得注意的是，中国台湾地区僧教育机构同样蓬勃发展。根据何绵山的统计和整理，从1948年慈航法师于中坜圆光寺开办台湾第一所佛学教育机构开始至21世纪初，台湾地区佛学院已开设了八九十所。较有影响的佛院所有三十余所。如台北的法鼓山中华佛学研究所（法鼓山僧伽大学佛学院）、法光佛教文化研究所、华严专宗学院佛学研究所等；桃园的佛教弘誓学院、圆光佛学研究所（圆光佛学院）等；新竹的福严佛学院、壹同女众佛学院等；嘉义的香光尼众佛学院等；台南的开元禅学院、高雄的净觉佛学院、佛光山丛林学院等。[2]

从以上两岸的佛教教育机构发展状况来看，佛教团体组织的统一协调和领导促进了僧教育的健康有序发展。

办学经费（庙产问题）一直是清末以来影响僧教育办学的重要因素。改

---

[1] 《"新时期佛教教育体系建设"学术研讨会在京举行》，《法音》2018年第12期。
[2] 参见何绵山《当代台湾佛学院所僧教育现状评述》，《法音》2005年第6期。

革开放以后，随着佛教的蓬勃发展，国家颁布了一系列法律法规，不仅界定了寺产的权属，保护了寺庙的合法权益，而且规范了寺庙的财务秩序，使得佛教的发展更加健康有序。现行主要法规包括经2004年11月30日中华人民共和国国务院令第426号首次公布、2017年8月26日中华人民共和国国务院令第686号修订公布的《宗教事务条例》，其中第八条第四款规定依法成立的宗教团体具有"开展宗教教育培训，培养宗教教职人员，认定、管理宗教教职人员"的职能，"宗教院校由全国性宗教团体或者省、自治区、直辖市宗教团体设立。其他任何组织或者个人不得设立宗教院校"[1]。有关宗教财产的条款规定"宗教团体、宗教院校、宗教活动场所合法使用的土地，合法所有或者使用的房屋、构筑物、设施，以及其他合法财产、收益，受法律保护"[2]。同时，该条例还规定"宗教团体、宗教院校、宗教活动场所应当执行国家统一的财务、资产、会计制度，向所在地的县级以上人民政府宗教事务部门报告财务状况、收支情况和接受、使用捐赠情况，接受其监督管理，并以适当方式向信教公民公布。宗教事务部门应当与有关部门共享相关管理信息。……政府有关部门可以组织对宗教团体、宗教院校、宗教活动场所进行财务、资产检查和审计"[3]。

有关宗教财产的专门性法规主要有2010年1月7日经国家宗教事务局局务会议通过、2010年3月1日起施行的《宗教活动场所财务监督管理办法（试行）》。该《办法》较为全面地规范了宗教团体有关宗教财产的活动，明确规定宗教活动场所的收入主要包括："（一）按照国家有关规定接受的境内外组织和个人的捐赠；（二）提供宗教服务的收入和宗教活动场所门票的收入；

---

[1]《宗教事务条例》第十一条，《法律工作手册》（2017年第10辑），中国民主法制出版社，2017，第32页。

[2]《宗教事务条例》第五十条，《法律工作手册》（2017年第10辑），中国民主法制出版社，2017，第39页。

[3]《宗教事务条例》第五十八条，《法律工作手册》（2017年第10辑），中国民主法制出版社，2017，第40—41页。

(三）经销宗教用品、宗教艺术品和宗教出版物的收入；（四）从事社会公益慈善事业和其他社会服务的收入；（五）政府资助；（六）其他合法收入。"[1] 为适应经济发展和城市化发展进程，有鉴于一些地方在城市建设中拆迁教堂、寺庙等房屋时出现一些纠纷，1993 年 1 月 20 日，国家宗教事务局和建设部联合制定了《关于城市建设中拆迁教堂、寺庙等房屋问题处理意见的通知》[2]。中佛协则于 2019 年 7 月 24 日在中国佛教协会第九届常务理事会第三次会议上修订颁布了《全国汉传佛教寺院管理办法》，其中对"培育僧才与文化研究"做了明确规定；在"寺院收入与自养事业"部分，界定了 2010 年颁布的《宗教活动场所财务监督管理办法（试行）》中收入部分的范围。如明确规定"寺院根据汉传佛教农禅并重传统开展的农业、林业、手工业等生产事业，设立的法物流通处、素餐馆、茶室、云水堂、上客堂、内部停车场等服务设施，所取得的收入属于以自养为目的的经营性活动收入"[3]。通过一系列法律法规的颁布实施，包括佛教团体在内的各宗教团体，依法有序开展宗教活动，宗教财产得到有效保护并发挥出最大的社会效益。在此基础上，佛教僧教育的发展得以获得良好的经济基础和政策保障，佛教教育事业也方兴未艾。

二 师资力量的强化和课程设置的平衡

师资是培养高质量僧才的前提，也是制约僧教育发展的瓶颈。在师资培养上，当代佛教教育机构吸收社会办学的优点和长处，一方面培养自己的师资力量，一方面借助周边高校、科研机构的学术力量，增强整体师资

---

[1] 《宗教活动场所财务监督管理办法（试行）》第十四条，见国家宗教事务局政策法规司编《宗教政策法规文件选编》，宗教文化出版社，2012，第 97 页。

[2] 《关于城市建设中拆迁教堂、寺庙等房屋问题处理意见的通知》，见国家宗教事务局政策法规司编《宗教政策法规文件选编》，宗教文化出版社，2012，第 362 页。

[3] 《全国汉传佛教寺院管理办法》第 42 条，《法音》2019 年第 10 期。

水平。为适应佛教教育发展的需求，佛学教育机构借鉴社会办学的教师职称评审模式，建立了佛学院自己的师资晋升体系。国家宗教事务局曾制订颁布于2013年1月1日起施行的《宗教院校教师资格认定和职称评审聘任办法（试行）》[1]。中国佛教协会也于2014年10月27日公布了《全国汉传佛教院校教师资格认定办法实施细则（试行）》[2]，在其中详细规定了佛学院教师资格认定条件，如"申请中等佛教院校教师资格，应具有佛教院校相关专业的本科以上学历或同等学历；申请高等佛教院校教师资格，应具有佛教院校相关专业的硕士以上学位或同等学历"[3]。2014年3月14日，中国佛学院召开贯彻落实《全国宗教院校教师职称评审办法》《全国宗教院校学位授予办法》座谈会。7月19日，中国佛教协会教育委员会举行了中国佛学院首批教师资格证书及硕士学位授予证书颁发仪式。2015年10月9日，中国佛学院启动了教师职称评审试点工作。2019年7月24日中国佛教协会第九届常务理事会第三次会议修订了《汉传佛教教职人员资格认定办法》《藏传佛教教职人员资格认定办法》和《南传佛教教职人员资格认定办法》[4]，并予以公布施行。

值得一提的是，师资同样是一个困扰台湾地区当代僧教育发展的问题。根据何绵山的统计，至21世纪初，台湾地区一些代表性的佛教院校师资力量如表6-5所示[5]：

---

[1] 《宗教院校教师资格认定和职称评审聘任办法（试行）》，国家宗教事务局官方网站（http://www.sara.gov.cn/bmgz/316492.jhtml）。

[2] 《全国汉传佛教院校教师资格认定办法实施细则（试行）》，中国佛教协会官方网站（http://www.chinabuddhism.com.cn/gg/2014-10-27/7189.html）。

[3] 《全国汉传佛教院校教师资格认定办法实施细则（试行）》，第六条第二款，中国佛教协会官方网站（http://www.chinabuddhism.com.cn/gg/2014-10-27/7189.html）。2014年5月31日，中国佛教协会第八届理事会佛教教育委员会第三次会议在苏州召开，与会代表表决通过了"关于《全国汉传佛教院校申请学位授予资格办法》的决议"（参见桑吉《中国佛教协会第八届理事会佛教教育委员会第三次会议在苏州召开》，《法音》2014年第6期）。

[4] 见中国佛教协会网站上的《中国佛教协会新修订规章制度汇编》，http://www.chinabuddhism.com.cn/e/action/ShowInfo.php?classid=506&id=40674。

[5] 何绵山：《当代台湾佛学院所僧教育现状评述》，《法音》2005年第6期。

表 6-5　　　　　　　　　台湾地区部分佛教院校师资力量

院所名称	创办时间	教师性别 僧	尼	男	女	学历+结业或没拿到学位按低一学位算，本科	硕士	博士	职称 教授、副教授	其他，如住持、院长、所长等
千佛山女子佛学院	1982年	1	5	1		4		2		1
中华佛教学院	1974年	4	9	3	1	12	4			2
元亨佛学院 元亨佛学研究所	1990年 1993年	4	12	7	2	16	3	4		2
佛光山丛林学院	1965年	55				34	11	10		
佛教力行学院佛教解脱道研所	1997年	8	2	6					7	9
佛教弘誓学院	1986年	1	18	8	2	16	6	5		4
法光佛教文化研究所	1989年	3	2	35	3	2	9	26		4
法云佛学院	1968年	7	19	9	4	17				22
法鼓山中华佛学研究所	1985年	9	6	25	9	7	17	22		
法鼓山僧伽大学	2001年	7	7	3	7	10	3	3		8
南华大学佛学研究中心	1996年	2	2	7	2		3	10		
香光尼众学院	1980年	1	18		5	17	3	4		
净律佛学院	1987年	15			4					11
华文佛教学院	1984年	5	9	5		11	3			6
华严专宗学院	1975年		5	6	3	3	7	4		
开元禅学院	1987年	12	4	10	5	21	2	3		5
圆光佛学研究所	1987年	1	2	14		4	2	11		
寿峰山光量学佛院	1994年	10	3			11				2
福严佛学院	1969年	11		7	2	13	5	2		
台南女众佛学院	1995年	5	10	6	5	15	3			7
莲华学佛园	1970年	1	10	2	4	7	7	2		1

从两岸佛学院师资力量来看，随着时间的推移，师资力量在逐步增强。大陆完备的师资晋升体系，也为建设僧教育师资力量提供了保障。

如何平衡佛教教育和世俗教育之间的比重，对于这一问题，民国以来就有所争论。当前学界大致有两种观点，一种观点如前所述，认为该问题是困扰佛教教育的两难问题；另一种观点则认为该问题是伪问题："害怕学习社会文化，好像社会知识多了，就不修行，这是最'虚伪'的问题。不了解社会，怎么能够观照社会，怎么培养出离心。关键是引导年轻的出家人，在了解社会过程中，能够出离社会的染污性。其次，没有足够的社会文化，毕业以后，根本没办法在寺院从事管理工作，没办法讲经说法。相反，现代的中国出家人最缺乏社会文化！"[1]

虽然对于上述问题的看法并不统一，但是当代僧教育模式的主流仍呈现出了僧俗兼顾的特征。如果从办学实践层面来看，无论是课程设置还是培养模式，都体现出当代佛教僧教育的入世化、多元化、规范化、国际化。比如闽南佛学院，在妙湛主持院务时期，课程分为政治思想课、社会文化课、佛学理论课等三大部分，以社会文化课为例，分设中文、中国史、哲学、外语等科目。预科班的中文和外文课，分别采用普通初高中语文、英语教材；本科班的中文课以古汉语为主，外语课采用《新概念英语》教材，中国史和哲学史均采用普通大专院校教材。[2]

在学制方面，当代佛教僧教育基本模仿普通高校的学位制，分本硕博三级，实行学分制。相关佛学院根据办学状况分别认定本硕博学位授予资格。为规范相关活动，中国佛教协会还于2014年颁布了《全国汉传佛教院校申请学位授予资格办法（试行）》《全国汉传佛教院校学位授予办法实施细则（试行）》和《全国汉传佛教院校学位授予工作小组工作规则（试行）》。比如，在认定博士授予权的佛学院时，规定汉传佛教院校申请博士学位授予资格，应当具备七大条件，其中就包括对师资的要求"有副教授以上职称的专职教师不少于10人，其中有教授职称的不少于5人"[3]。在学

---

[1] 圣凯：《当前发展佛教教育的盲点与伪问题》，《佛教文化》2008年第4期。
[2] 何绵山：《福建民族与宗教》，厦门大学出版社，2010，第247页。
[3] 《全国汉传佛教院校申请学位授予资格办法（试行）》第八条，中国佛教协会官方网站（http://www.chinabuddhism.com.cn/gg/2014-10-27/7189.html）。

位申请方面，佛教院校的学生申请博士学位，应当具备五大条件[1]，与普通高校博士学位要求类似，体现出以专业为主、其他科目为辅，两者并重结合的模式。

除此之外，在招生、办学模式、办学平台等方面，当代佛学院注重创新性的尝试。比如浙江佛学院采用双轨道办学，与宁波大学合作办学。并且，该佛学院与台湾佛光大学、日本爱知学院大学、泰国摩诃朱拉隆功大学等名校建立了良好的合作关系，可为优秀学僧提供国外继续深造的机会。[2] 在办学模式上，该学院第一、第二学年以佛学基础教育为主，社会课程同步开设；第三、第四学年侧重专业培养，方向包括唯识、戒律、禅宗、佛教艺术、寺院管理、现代弘法等；名师系列讲座、校外实践参学活动同步推进。本科学制四年、预科学制二年。再如江苏省尼众佛学院与南京师范大学图书馆实现合作，建成藏书及电子资源丰富的佛学图书馆。[3] 2018年，经江苏省教育厅批准，该学院、南京鸡鸣寺与南京大学继续教育学院、南京大学哲学系签订合作协议，进行专升本国民教育系列培养，符合条件的尼众僧才可同时获得南京大学本科学历。在课程设置方面，该学院主要分为文化课程[4]和专业课程[5]两个部分。从目前佛学院的课程设置来看，文化类、专业类、宗教政策与法规、思想政治教育类、语言及计算机类成为各佛学院的主

---

[1] 五大条件为："（一）系统深入掌握佛教的教义和理论，在其研究领域有重要成果；（二）具有独立从事佛教学术研究工作的能力；（三）系统掌握佛教教规及佛教仪轨并具备系统扎实的从事佛教教务活动的能力；（四）具有高水准的古汉语水平，能阅读和理解与研究领域相关的古典文献；（五）具有熟练的外语水平，或掌握一定的古代语言知识。"（《全国汉传佛教院校学位授予办法实施细则（试行）》，第十四条，中国佛教协会官方网站 http：//www.chinabuddhism.com.cn/gg/2014-10-27/7189.html）

[2] 参见《浙江佛学院（总部）2021年秋季招生简章》，中国佛教协会官方网站（http：//www.chinabuddhism.com.cn/e/action/ListInfo/index.php?page=7&classid=510&totalnum=7833）。

[3] 参见《江苏尼众佛学院2021年招生简章》，中国佛教协会官方网站（http：//www.chinabuddhism.com.cn/e/action/ListInfo/index.php?page=6&classid=510&totalnum=7833）。

[4] 通识性的文化课程包括：爱国主义教育、宗教政策法规、法律常识、新概念英语、古代汉语、中国通史、计算机、中国哲学史、中国哲学原著选读、西方哲学史、形式逻辑、大学写作、古诗词常识、教育学、伊斯兰教简史、宗教学概论、书法等。

[5] 佛学专业课程包括：金刚经、维摩诘经、法华经、楞严经、三论纲要、三论玄义、中论、天台四教仪、天台教学史、摩诃止观、随机羯磨、四分比丘尼戒、中印禅学史、禅林宝训、百法、唯识三十颂、大乘起信论、佛教与传统文化、佛教英语、佛教伦理、佛教传播、毕业论文等。

要设置方向，这与普通大学基本类似。但是，限于各佛学院办学主体的情况不同，专业设置也有所不同，但基本方向是僧俗知识兼顾。

结语　中国佛教僧教育入世转型的当代意义

通过本章的讨论可以看出，近代以来的中国佛教僧教育总体上呈现入世化转型的特征，这一转型是一个纵向的、阶段性的发展过程。

从纵向发展来看，这一入世转型肇始于清末早期僧教育模式的产生，在民国时期的办学理念和办学实践中突出地表现了出来。在转型过程中，近代佛教僧教育凸显出的诸多问题，在中华人民共和国成立后尤其是改革开放后的佛教僧教育发展历程中，仍是影响并困扰其发展的重要因素。这些问题包括全国性佛教组织的建立问题、庙产问题、师资问题、佛教信仰教育与世俗知识教育的结合问题等。在新时期，随着佛教发展进入新的历史时期，佛教僧教育在面对上述旧问题时有了积极的新对策，在教育理念及教育实践等方面积极引导佛教与社会主义社会相适应，使得佛教僧教育在当代更加蓬勃发展了起来。

值得注意的是，在当前佛教僧教育发展的过程中，僧教育的师资问题、佛教信仰教育与世俗知识教育的结合问题仍然是较受关切的问题，而对"庙产问题"的争论，基本贯穿了近现代以来的僧教育乃至整个中国近现代佛教的发展历程。随着当代僧教育的开展，面对旧问题，关心佛教发展的各界有了新的对策，但时空的转换和社会的发展必然会出现新的问题。面对这些新问题和新时代背景下的旧问题，党和政府坚持宗教信仰自由政策，依法管理宗教事务，坚持独立自主自办原则，积极引导宗教与社会主义社会相适应，最大限度地团结广大信教和不信教群众。如 2021 年 11 月 5 日国家宗教事务局会同财政部起草了《宗教活动场所财务管理办法（征求意见稿）》；国家宗教局颁布的《宗教院校管理办法》也于 2021 年 9 月 1 日起开始施行。这些措施都表明宗教工作法治化明显加强，以及党和政府积极营造平稳有序宗教发展环境的努力。实践证明，我们党关于宗教问题的理论和方针政策是正确的，各宗教协调平稳有序的发展符合广大信教与不信教群众的根本利益。这其中，作为重要组成部分的中国佛教更加注重加强自身建设，提升管理佛教团体内部事务和联系服务信教群众的水平，着力并积极办好佛教院校，注重向基层佛教场所输送更多合格的教职人员，促进佛教自身的健康有序发展。

从长远来看，发展高质量的佛教僧教育仍然是一个系统且持久的工程，这不仅需要佛教自身的努力，而且需要社会各界的共同关心和支持。如此一来，佛教文化作为中国传统文化的三大主干之一，才能在新时代实现创造性转化和创新性发展，更好地为社会大众服务。佛教在当代社会及其在未来发展的两个基本向度上，即"一是作为宗教，承担起延续佛陀慧命的责任和使命，二是作为文化，为社会大众提供精神文化资粮"[1]，这样才能为新时代的文化建设和全体中国人的精神文明建设做出新的贡献。

---

[1] 洪修平：《重提佛教既是宗教，又是文化——兼论传承发展中国佛教文化的两个向度》，《世界宗教文化》2018年第2期。

第七章
中国佛教制度的入世转型

　　佛教制度的中国化是佛教中国化的重要方面，它意味着佛教在中土开展的进一步深化。由于中土传统文化人文化和世俗化的思想特色，佛教制度在中土的实践开展表现出契合于传统文化这一思想的理论自觉。而在与中土社会思想文化的互动过程中，佛教通过提扬自身制度规范理念中的道德内容与伦理价值，藉由儒佛道德的兼容与教化意义的互通等路径，来推动实现佛教制度的入世开展与价值转向。实际上，形成于东晋南北朝而完善于隋唐的僧官制和禅僧丛林制等中国佛教制度即按照这一入世性的制度演进路向和建构模式向前发展着。一直到明清，随着古代专制王权的高度集权化以及佛教丛林的腐化，中国佛教制度开始出现扭曲与腐化的趋势。尤其到了近代，随着近代封建帝制崩溃、僧官制被取消，佛教的丛林制度也因传统宗法制的浸淫而进一步腐化与衰落。律纲废弛、僧格低下、僧众持律失范，这是近代佛教制度衰落给人们最普遍的印象。与此同时，面对近代社会世俗化潮流以及思想文化急剧转型的时代趋势，佛教制度也面临着转型与重构的机会。

　　近代佛教制度入世转型的路径主要表现在：在组织结构层面，大力提扬在家居士众的地位和作用，并在近代佛教的组织化开展与组织结构的完善过程中，着力推动居士佛教组织的创设；在制度理论层面，则在对传统佛教制度批判继承的基础上，牢牢契合于近代社会的世俗化、人间化趋向，并以此相对于中国历史上高度人文化和世俗理性化的宗教立场和价值传统，强调信仰的超越性以及出世追求的佛教，其所依凭的出世性的价值观必然与中土世俗化的宗教观和文化传统存在冲突。早期佛法与王权的论争就突出反映了这一点。由于在以儒家价值观为主导的传统政治伦理信仰架构下，宗教的合法性身份只能是一种信仰体系和生活方式，而不能成为独立于传统儒家伦理价值以外的、甚至与之绝然对立的超越性存在。因此，对于佛教而言，要缓和这种冲突带来的外在压力，是不可能仅通过佛教自身的伦理价值和制度体系来协调处理的，更不可能将佛教超越性信仰贯彻于政治领域，在制度上坚守超然的态度，并以此作为与世俗社会打交道的前提。相反，从佛教制度的中国化角度来看，外来佛教唯有从制度重构的层面，通过将出世性的佛教制度理念转变成为世俗社会以及王权政治可接受的、契合于传统占主导地位的儒家道德伦理价值系统的制度范型，才有可能缓和佛法与王权、佛教制度与儒家伦理价值的紧张关系。而佛教制度的这一入世性开展，又主要是通过佛教制度的中国化特别是通过儒佛的"道德兼容"以及王权政治对佛教的"神道设教"的制度设计与安排达成的。

二 传统佛教制度入世化面向的设计安排

佛教于两汉之际传入中土，彼时儒家思想在中土社会意识形态领域的主导地位正逐步确立，并随着儒家思想与王权政治的相互激荡，影响逐渐及于社会的各个领域和各个层面。儒家又是极为重视道德伦理以及社会教化的思想学说，推尊儒学的两汉及以后的历代政权其政治、法律思想受儒家道德伦理价值的影响，都表现出明显的儒家化、道德化的倾向。因此，当佛教制度传入中土之后，在与中土社会的制度以及法律文化对话、交流的过程中，也不得不从契合于儒家的道德伦理价值入手，通过道德兼容、意义互通以及制度融合等方式，来推展自身中国化的制度构建和入世化面向的设计安排。

1. 道德兼容与意义互通

从宗教制度的规范与协调作用来看，教团制度尽管"涉及人际关系的调整，但却并不依靠伦理上的协调，而是诉诸某种权力结构。换言之，教制是指由人—神关系得到定位的人—人关系中的某些政治性安排"[1]。通常来说，作为高度组织化、制度化的宗教组织结构来说，教团的有效运作离不开完备的组织制度的规范和价值指引。而且，通常一个宗教团体中人与人之间并不存在如世俗家庭那样的亲缘关系，因此也就很难将基于血缘的道德伦理价值作为协调人际关系的制度所依。特别是对于以出世求解脱为终极目标和价值追求的佛教来说，佛教制度的意义建构原本就是以否定乃至拒斥世俗社会中的伦理道德法则为前提。从一定意义上来说，佛陀在创制戒律规制时更多的是参照当时的政治制度，而不是世俗社会的道德伦理。印顺法师在论究佛法毗尼的创制经过时，就是从佛教制度与政治制度"本质同一性"的角度来加以探讨，认为僧伽制度与政治制度是同源异流，僧伽制度的创制也主要是取法印度当时的社会政治制度以及其他宗教的组织制度[2]，因而它不是以伦理的教条而是以近似法律的形式来发挥其规范和协调僧团内部人际关系的作用。陈寅恪先生也曾用"贵族"的"民主宪法"[3]来形容佛教戒律。因此可以说，佛教制度的存在形式和起作用的方式不是伦理的，而是近似于法律的。

但是，当佛教制度传入中土以后，其给中土人们的印象确实又如伦理一样深刻而难以抗拒，所谓"五戒之才善，粗拟似人伦"[4]，这表明佛教以戒律为主要内容的制度规范体系传入中土以后，中土人们更主要的还是从伦理的

---

[1] 徐梦秋等：《规范通论》，商务印书馆，2011，第636页。
[2] 详见印顺《中国佛教论集》，《印顺法师佛学著作选集》，中华书局，2010，第46—47页。
[3] 陈寅恪：《魏晋南北朝史讲演录》，贵州人民出版社，2007，第291页。
[4] 僧祐：《弘明集》卷12，《成帝重诏》，《大正藏》第52册，第80页上。

角度、从佛教制度对现实社会乃至人的生活、人的内心的道德教化作用的一面来认识和了解佛教制度。实际上，即使认为佛教制度与政治制度存在"本质同一性"的印顺法师，也并非完全否定佛教制度中可能蕴含的"道德"意味。他对佛教制度曾做过这样的评价："毗尼虽是法治的，但运用起来，一定要出于善意的和平精神，融入了德化的善诱的教育作用，使比丘众乐于为善，不敢为恶，这就是毗尼藏的实际意义。"[1] 这表明，印顺法师确信佛教戒律不仅包含有明显的道德意蕴，且"融入了德化"的教化作用。实际上，从佛教著名的"七佛通偈"中的"诸恶莫作，众善奉行"[2] 两句偈子，以及作为佛教七众弟子的基本戒或行为准则的"五戒"——不杀生、不偷盗、不邪淫、不妄语、不饮酒等戒条内容可以看出，佛教戒律的思想和精神具有丰富而鲜明的道德意涵与教化色彩，有学者就指出："佛教的戒律精神，……是一种'教化主义'的方法"[3]。从前面的分析也可以看出，佛教戒律所具有的这种教化理念与传统儒家的"德化"思想也是十分相似的。而一些戒条的内容甚至可说直接来源于世俗的道德律条，因为"宗教的行为规范体系，本来是出于自身需要建立的。但是，宗教又不能脱离社会的大环境而存在，因此，它所制定的行为规范必然要包含许多的社会行为规范。否则，将会使宗教的存在无法与整个社会相协调"[4]。而正是佛教制度具有的鲜明的道德伦理特色，意味着佛教制度与中土社会占主导性地位的儒家思想在道德伦理层面存在着融通的可能性。

作为在中国传统社会占主导地位的儒家思想，其思想理论和价值系统的道德属性是极为鲜明的。由于"充作'教'的儒家学说只是伦常日用，并无

---

1 详见印顺《戒律学论集》，《印顺法师佛学著作选集》，中华书局，2010，第91页。
2 《增一阿含经》卷1，《大正藏》第2册，第551页上。
3 王文贤：《戒律之由来及其根本精神之研究》，张曼涛主编《现代佛教学术丛刊》第88册，《律制概述及其成立与发展》，台湾大乘文化出版社，1978，第5页。
4 张践：《中国古代政教关系史》（上），中国社会科学出版社，2012，第61—62页。

神秘色彩，它自始便是世俗的，'理性的'（并非西方意义上的理性）。然而正惟如此，体现于此种道德化的政治当中的'政教合一'，实较西方历史上的'政教合一'更为广泛和彻底，也更加不容易消除"[1]。就佛教制度的中国化开展而言，由于佛教所处的中国社会乃是一个儒家占主导地位的世俗化社会，社会价值观的整合是通过儒家的政治伦理信仰秩序来实现的，而"政主教从"型的政教关系模式使佛教在传统社会里不仅不是社会价值整合的主导者，反倒是被儒家伦理价值系统整合的对象，即在"政主教从"型的政教关系下，佛教要论证自身存在的合法性，就必须保持与儒家的伦理价值系统相一致的立场，才能在中土取得合法性地位。所以，"道德化的政治当中的'政教合一'"之所以不易"消除"，就是由于佛教制度的道德教化意涵被整合到了传统儒家的政治伦理信仰秩序和价值系统当中。

实际上，我们文化中的政治、法律的"道德化"就其渊源来看都与儒家的道德伦理价值体系有着直接的关联。展开来看，这种道德化的向度实可追寻到儒家创始人孔子那里，而孔子之所以创立富有道德伦理意义的学说体系，首要的就是着眼于当时社会所面临的"礼崩乐坏"的局面，以及由此而导致的社会失范与价值观混乱。当"礼崩乐坏"而致社会失序之时，首当其冲的往往是社会的道德伦理等价值观问题。而恢复道德伦理价值在社会秩序重建过程中的意义和价值，正是儒家知识分子所要致力的方向。如何恢复失序的社会秩序？通过何种方式和途径使混乱和崩坏的价值观系统重新确立起来？这就是作为儒家伦理规范理念的主要载体——"礼"。究其原因，就在于"礼"在儒家伦理道德学说中具有"行"的规范要求，也就是说"礼"具有实践儒家伦理规范的意义和作用。由于"礼"所具有的维持儒家所期望的社会秩序的、实践的社会功能，所以作为治世工具的

---

[1] 〔美〕伯尔曼：《法律与宗教》"代译序"，梁治平译，中国政法大学出版社，2003，第11—12页。

"礼",也即"礼治",其最主要的作用方式和途径也就是道德教化(也可称作"德化")功能。儒家的这一"德化"立场对后来中国传统的政治统治模式以及国家治理结构产生了深远影响。尤其自儒家在汉代被定于"一尊"的地位后,迅速在国家的政治伦理信仰体系中占据核心的主导力地位,其影响力也很快传播到社会的方方面面。从两晋南北朝时的佛法与王权冲突,也可见"礼"以及礼治的观念在上层统治者心目中的崇高地位,以及他们对儒家之"礼"的维护和提扬。甚至,即使是佛教的僧众,如梁代的著名高僧释僧祐在《高僧传·明律篇》中也明言:"当知入道即以戒律为本,居俗则以礼义为先"[1],足见儒家之礼到了晋代以后,影响依然日益深广,而"礼"的教化意义也受到全社会的高度重视。所以,"当佛教逐渐在社会上扩大传播,并引起社会上层注意后,在当时政教关系上浓重的'教化'氛围的影响下,佛教徒使用教化的概念向统治者解释自身存在的社会价值,世人开始以教化的观点来理解佛教"[2]。

正是这种"道德"层面的一致性或者说道德上的兼容以及教化意义上的互通,为儒佛制度规范的融合以及佛教制度的中国化及入世开展奠定了思想和理论的基础。

2. 神道设教与制度融合

佛教制度的中国化建构与入世开展,既关涉到佛教制度自身的理念调适,也涉及到佛教制度与世俗社会政治法律制度的协调关系。对于佛教制度的中国化与入世开展来说,其中的关键性因素就是,佛教制度在进行自身中国化建构的过程中应当契合中土社会占主导性地位的儒家伦理价值系统的需求。因为不论是佛法与中土社会关系的调适,还是佛法与国法王权的关系调整,其中必然不可避免要与儒家的伦理价值和制度规范理念发生复杂的互动关系。

---

[1] 慧皎:《高僧传》,汤用彤校注,中华书局,1992,第443页。
[2] 张践:《中国古代政教关系史》(下),中国社会科学出版社,2012,第1209页。

因为不论是传统世俗社会,还是传统的王权政治,儒家的伦理价值体系在其中都起着至关重要的价值引领和指导作用。佛法与社会、世俗王权打交道,从制度规范层面来说,其实就是与儒家的伦理价值与规范理念打交道。由于中国古代政治将重点放在执政的目标和理念上,并围绕此而形成自己相应的制度;而由于受儒家人文主义宗教观的影响,在对待外来佛教的执政态度上,传统政治通常倾向于从宗教实用主义的立场来对待佛教,并以此制定相应的佛教管理制度。如论者指出:"宗教政策的基点不在于有神无神,而在于有用无用。"[1] 因此,就古代的佛教治理政策和制度建构来说,传统政治对佛教的执政目标和理念就是围绕着"有用"的制度建构路径,并基于"神道设教""佐治助化"的执政目标而形成相应的佛教管理制度,具体来说,也就是以僧官制为突出代表的"道俗立制"的佛教管理制度体系。

赞宁在《大宋僧史略》中的"道俗立制"条中,曾概括性地阐释了中土佛教制度产生的一些基本情况以及制度特色[2],从中可以看到传统政治围绕着"有用"的制度建构路径所建构起来的"道俗立制"的佛教制度体系。例如赞宁对早期佛教制度中国化建构的成果之一——僧制的创制的阐释:"以为律范所不围,篇科所不载,则比附而求之。以是篇聚之外,别有僧制焉。"所谓"篇聚"即佛教律藏中所记载的"五篇七聚",是为佛教戒律的主体部分。"篇聚之外,别有僧制",则明白地说到中国佛教僧制乃是戒律之外并与戒律不同的佛教制度规范。出于对佛教制度"有用"的建构设想,传统政治不惜"比附而求之",则又可知僧制虽为"篇聚之外"的比附之作,但其精神与旨趣当与戒律一致。实际上,只要我们大致梳理一下当时教内外僧制创制的基本情况,就可以明显地看出早期僧制的"比附"性质。

首先从僧制开展的世俗路线来看,比如《续高僧传》卷二十一说武帝

---

[1] 张践:《中国古代政教关系史》(下),中国社会科学出版社,2012,第1207页。
[2] 详见(宋)赞宁撰《大宋僧史略》,《大正藏》第54册,第241页上。

"附世结文"、撰《出要律仪》十四卷[1];《历代三宝记》卷12记述了隋唐时的一些教内僧制的创制[2];乃至《全唐文》卷5《太宗·度僧天下诏》[3]中所记内容依然如此。可以看出,尽管早期国家权力对佛教的制度设置简单而粗糙,是一种戒律与俗法的糅合产品,但却是统治者基于更好地利用和管理佛教的立场创制出来的。这实际上已然带有一定程度的"神道设教"的宗教实用主义意味。当然,这种制度建构方式和成果尚不是成熟的佛教制度中国化的最终形态,尚处在一种制度杂糅的较低级的阶段。

再来看佛教制度开展的教内路线,实际上在南北朝之前,佛教内部已经逐渐形成"依律而住"的制度自治的局面。据学者研究,自东晋道安始创"僧尼轨范,佛法宪章"之后,"天下寺舍,则而从之",由是而形成全国教团依僧制而自治的具体的、详密而统一的轨则。这表明,教权之法律特权在东晋时业已确立[4]。这也是"道俗立制"的佛教管理政策产生之前教内制度中国化开展的一个基本状况。而"道俗立制"政策的出现首先是因为南北朝时期,特别是以北魏孝文帝亲自创立《僧制》四十七条,从立法方面正式打破了僧团只依佛律实行内部自治的局面,开始削弱教团的法律特权[5],表明专制王权已经开始着手处理佛教僧团的法律特权问题。不过,就当时南北朝所创制的僧制的理论水平来看,实际上存在着地区上的差异,所谓"南北朝

---

1 《续高僧传》卷21说武帝"附世结文"、撰《出要律仪》十四卷的内容如下:"帝谓律教乃是象运攸凭,觉慧渐沦,治身灭罪之要,三圣由之而归,必不得阙,如闭日夜行,常惧蹈诸坑堑。欲使僧尼于五篇七聚,导意奖心。以超律学之秀,救为都邑僧正,庶其弘扇有徒,仪表斯立。武帝又以律部繁广,临事难究,听览余隙,遍寻戒检,附世结文,撰为一十四卷,号曰《出要律仪》,以少许之词,网罗众部,通下梁境,并依详用。"(《大正藏》第50册,第607页上)
2 《历代三宝记》卷12所记:"(隋开皇)十五年,以诸僧尼时有过失,内律佛制不许俗看,遂敕有司依大小乘众经正文诸有禁约沙门语处,悉令录出,并各事别,题本经名,为此十卷,奖导出家。"(《大正藏》第49册,第107页上)
3 《全唐文》卷5《太宗·度僧天下诏》:"令依附内律,参以金科,具为条制。务使法门清整,所在官司,宜加检察。"(上海古籍出版社,1990,第23页)
4 谢重光:《中古佛教僧官制度和社会生活》,商务印书馆,2009,第379页。
5 参见谢重光《中古佛教僧官制度和社会生活》,商务印书馆,2009,第383页。

法律，北优于南"[1]，就佛教制度的成熟度而言，与南朝着眼于从"比附"的立场来建构佛教制度不同，北朝的国家管辖制创新性更为突出，佛教制度的中国化特色也更为鲜明。

从《魏书·释老志》中对"道俗立制"内涵的描述可以看出，所谓"俗施僧制，婉约且不淫伤""缁俗既殊，法律亦异，故道教彰于互显，禁劝各有所宜"[2]，这实际上反映了王权政治基于"神道设教"的宗教利用立场对佛教所做出的制度安排。南北朝时期，国家权力在对佛教进行制度化设计与管理时，其建制性的价值趋向就是试图将佛教制度纳入国家的制度体系之中，并特别注重从儒家思想的立场来设计中国化的佛教制度管理体系，这其中，"俗施僧制"与社会道德教化是国家权力在对佛教进行制度设计和安排时着重考虑的两个方面。赞宁之所以将南北朝时期创制的佛教制度体系称作"俗施僧制，婉约且不淫伤"，实际上就是着眼于其时所创制的佛教制度体系所具有的鲜明的道德教化特色。因为从"俗施僧制，婉约且不淫伤"的字面意思来看，很明显是在赞扬官方的佛教管理制度颇为"文明"而又"人性"。按照印顺法师的说法，当时官方对佛教的制度化管理其主要特点就是"通过佛教来管理，可以说是以僧治僧"[3]。虽然明面上是国家权力在主导，其实却是国家通过任命僧官，让佛教依靠自身的力量来"以僧治僧"，这样的制度管理模式与理念由于对冲了来自国家暴力机器的直接压力，很明显充满了柔性的（所谓"婉约且不淫伤"）道德教化色彩和价值诉求。

再从《魏书·释老志》对北魏佛教制度思想特色的概括来看，所谓"缁俗既殊，法律亦异，故道教彰于互显，禁劝各有所宜"，这一描述更明显地反映出了传统政治对宗教的一种经典态度，即对宗教的"神道设教"式的利用

---

[1] 程树德：《九朝律考》，中华书局，2003，第391页。
[2] 《魏书·释老志》，中华书局，1974，第3040页。
[3] 印顺：《中国佛教论集》，《印顺法师佛学著作选集》，中华书局，2010，第48页。

立场。"缁俗既殊,法律亦异",这是从身份差异的角度来提扬和宣传佛教信仰的独特性,为佛教在法律上的"例外"与不同做舆论宣传,实际就是对佛教的一种"神道"做法。但更重要的是在后一方面,"神道"的根本目的在于"设教",即统治者通过提扬和宣传佛教制度道德教化的社会功能,保持与儒家政治伦理信仰系统一致的立场和步调。虽然儒佛制度规范内容不同,但二者在道德教化的功用上可以做到互补,相互发扬。这正是所谓"道教彰于互显,禁劝各有所宜"的真实义,也是"设教"的关键所在。

从早期佛教制度的设计与安排可以看出,由于受着儒家思想及其伦理价值体系的主导性影响,国家权力对于佛教的建制性行动并不是盲目的,其对佛教的制度设计与安排既要着眼于国家对佛教的政治治理和制度化管理,更要注重凸显佛教制度的道德教化功用。而且通过着力提扬和凸显佛教制度"佐治助化"的道德教化意味,实际上更有助于推动佛教制度的入世开展,为佛教的制度规范走入世俗社会提供了绝好的理由和借径。

综合来看,尽管"道俗立制"所反映的乃是官方通过立法的形式打破了佛教僧团的自治格局,体现了王权政治不容挑战的地位和权威。不过,从"道俗立制"所包含的制度理念和文化精神来看,则反映了佛教制度在中国化建构与入世开展的过程中,由于受到儒家思想以及伦理价值体系的深刻影响,而获得了鲜明的道德教化、辅益王治的制度特色,以及维护以儒家正统为主导的传统政治伦理信仰秩序的社会功能。同时,在一个儒家占据着主导性地位、道德教化成为政治运行的主要方式的传统社会里,佛教被官方以"神道设教"的方式加以利用是非常正常的事情。从儒家在传统政治结构中的核心作用来看,其主要发挥"维护道德价值的作用",从而为王权政治的合法性提供伦理道德层面的价值支撑。但同时,"(儒家)道德政治秩序的有效运行在一定程度上依赖于宗教的影响",因为"宗教能够激起民众的敬畏心,以及对道德政治秩序不可抗拒的普遍宿命感",如此才能够"起到维护道德价值的作用"[1]。正如有学者指出的,诸如佛教戒律这类宗教信仰形式有着增强社会道德的独特功能[2],实际上也确实可以起到维护和增强社会道德的作用和目的,而这正是佛教能够在中土发生影响的根本原因。

因此,中国佛教由于"不太关注信仰者个人与宗教团体之间的制度设置",反而因为传统政治"神道设教"的宗教利用立场,在对佛教的"设教"过程中,以世俗化的意识形态和道德教化的价值理念消解了佛教制度所本来应有的超越性意义,这使得中国佛教制度的开展反倒表现出另外一幅图式:"佛教寺庙及其制度几乎是完全镶嵌在世俗社会结构之中而难以独立",也就是变成为世俗制度架构中一个组成部分。[3] 不过,佛教制度的这种世俗化转向是由于佛教受到王权政治的压力而被迫放弃自身负有的诠释教制教规的职责,而将制度的意义诠释与建构权让渡给世俗王权,从而不论在宗教仪轨还是在组织制度等方面,其愈加地难以自成一体,与世俗王权国法的边界变得模糊不清。但从另一层面来看,这也意味着佛教制度的中国化及其入世开展以"道俗立制"的方式实现了制度上的融合,佛教制度中国化建构也由此得以真正开展起来。

第二节　佛教制度入世精神的衰落与近现代转型

如前所述,早期国家对佛教的建制性行动既着眼于对佛教的政治治理和制度化管理,又注重凸显佛教制度的道德教化功用。而通过提扬佛教制度的道德教化功用,实际上对于佛教制度的中国化与入世开展也有着直接的推动作用。但是,唐宋以后,特别是宋代以后,随着佛教与中土思想文化以及政

1　参见杨庆堃《中国社会中的宗教》,范丽珠译,四川人民出版社,2016,第111页。
2　参见严耀中《佛教戒律与中国社会》,上海古籍出版社,2007,第267页。
3　李向平:《"一带一路"视野中佛教秩序的建构》,《云南社会科学》2018年第1期。

治伦理信仰传统互动、交流、融合的日趋深化，中国传统文化中的一些思想、理念和价值观念诸如宗法等级观念、专制思想、家族理念等全面渗透进佛教制度的意义架构中，使得唐宋以后中国佛教制度的开展逐渐偏离了原来的制度建构路径，"道俗立制"的制度建构模式和入世精神也开始发生扭曲乃至衰落。

通常来说，制度有确定界限、形成秩序、提供预期、营造环境等功能，但这些功能并不总能发挥作用，"因为这些功能总不可避免地要受到外界各种因素的影响，当受到外界因素影响而偏离其原始指向的时候，这些功能制度就不能得到很好的实现"[1]。就中国佛教制度而言，在唐宋以前，其主要的作用就是通过构建一种"道俗立制"的双轨模式，在佛教事务的制度化管理上形成一种僧俗共管的、恰当而合适的治理秩序。这样的制度设计与安排目的是要使佛教在这一制度框架下，既能契合中土的政治伦理信仰传统和统治秩序，又保有其必要的组织上的独立性以及自治权。因此，在相当长的一段时期里，在这一制度模式的调谐作用下，佛教与王权政治总体上保持着良性的互动关系。但宋以后，特别是到了明清时期，随着专制主义中央集权的高度强化，以及国家对佛教事务的制度化管理的严厉与专制化，佛教制度的入世精神扭曲、衰落得更甚。近代以来的社会大变革，则推动了中国佛教制度在新时代的入世转型。

一 近代之前佛教制度入世精神的扭曲与衰落

佛教制度入世精神的扭曲与衰落主要通过一系列具体的佛教制度的衰落与混滥开展表现出来，如从国家管辖制的层面来看，主要为僧官制的腐朽、

---

[1] 辛鸣：《制度论——关于制度哲学的理论建构》，人民出版社，2005，第115—129页。

度牒制的腐败以及考试度僧制的空转；从禅僧丛林制的角度来看，主要表现为丛林制的宗法化与腐化。

1. 僧官制的腐朽

僧官制原本是官方借以对佛教实现有效管辖的制度，是借佛教来实现管理，目的是以僧治僧，僧事僧治。《释鉴稽古略续集》中引洪武十四年（1381）六月敕礼部开设僧道衙门的颁示就说到了历代设立僧官的目的："历代以来，皆设僧官以领之，天下寺观僧道多未有总属，爰稽宗制，设置僧道衙门以掌其事务，其恪守戒律，以明教法。"[1] 所谓"恪守戒律，以明教法"，说明到了明代，僧官的设置至少在理论上还是保持了这一制度一贯的"依律而住"的律制精神。但是，随着明代佛教管理制度的中央集权化与官本位化，僧官成为国家官僚体系的组成部分，国家强化了专制王权对佛教僧伽事务的干预和管理，明代的僧官制开始出现制度异化与扭曲的现象，过去那种僧俗共管的、具有一定独立性质的僧官体制已逐渐为官本位的僧官制所取代。

明清时期，随着中央集权的君主专制高度强化，以及王权对教权的管理的强化与专制化，佛教制度的开展也因受到王权的强烈制约和干预而开始变得扭曲。就国家管辖制而言，明清之前，历代都将宗教管理体制设置成政府、民间二元的格局，也就是创制于南北朝的"道俗立制"二元制度模式。而这一制度模式在此后的历史长河中演变的基本趋势就是俗官的权限越来越大，僧官的权限越来越小，并受到俗官的直接约束，官方就是通过由俗官节制僧官的直接管理与间接管理相结合的办法，来实现对佛教公共事务的管理。当然，早先的制度设计的考量是基于佛教身份的特殊性，"政府直接管理宗教事务的诸多不便"[2]。但是，在王权变得高度专制化的明清时期，佛教制度的设计与管理其实已更加强调王权对佛教的绝对权威以及佛教对王权的绝对服从。

---

1 《释鉴稽古略续集》卷2，《大正藏》第49册，第931页上。
2 张践：《中国古代政教关系史》（下册），中国社会科学出版社，2012，第990页。

因此，出于管理的方便，这个时候的佛教僧官制度已经逐渐转变为国家官僚体制中的组成部分。也就是说，"明朝已经把僧官和道官视为朝廷的正式官员了，这也是明清时期佛教和道教官方化的一个重要标志"[1]。

清代的佛教制度模式大体上继承了明代的佛教管理体制，但相对于明代，清代由于是少数民族入主中原，对中原汉文化实施民族歧视政策，因而在宗教政策的制定与管理上较之明代也更为严厉。在国家管辖的制度体系上，清代由于沿袭了明代的体制格局，在制度架构上依然保持着明代的体制，其僧官制度从中央到地方主要有僧录司、僧纲司、僧正司、僧会司四级，僧官虽有品秩，但都不高，最高的僧录司仅得正六品。至于地方各县的僧会司就更低，"仅得从六品，乃是官吏中地位最低者"。同时，清代的僧官虽然与明代一样，属国家官僚机构的组成部分，但由于品秩低下，其政治上的重要性是很低的，几乎不被考虑。[2]

僧官地位的变化，反映的是佛教社会作用的弱化。如前面所说，佛教之所以被允许存在，就在于其"在维护社会道德方面发挥的功能"。但是，明清时期，处于持续衰落中的佛教由于自身的混滥与不振，已经逐渐丧失了教化人心的道德模范作用。加之作为国家统治学说的理学思想的盛行，官方借儒教的权威来教化民众，匡正社会的风教。佛教的社会道德教化功能已基本上为理学所取代，佛教的衰落导致了其重要性的下降，已不足为国家所用。

2. 度牒制的腐败

度牒制根本上是僧道的户籍制度，是国家为调控、管理全国出家的僧道人口数量以及规模而设立的制度。官颁度牒始于唐代，此乃祠部发给出家人的身份证明书，因而也被称为"祠部牒"。《佛祖历代通载》卷十三中说：天

---

[1] 张践：《中国古代政教关系史》（下册），中国社会科学出版社，2012，第991页。
[2] 参见〔日〕野上俊静等《中国佛教史概说》，圣严译，台湾商务印书馆，1993，第188页。

宝五年（746）"五月，制天下度僧尼并令祠部给牒"[1]。而持有官颁度牒的出家人不但可以得到官府的保护，而且在法律上享有一定的特权和优待，比如可以免除赋税和徭役。不过，出家人在接受度牒时需缴纳一定的钱财，这就让统治者觉得有利可图，从中可以得到好处，所以在这一制度施行不久，就很快出现了制度的扭曲和腐化现象，如唐代就发生过多次"鬻牒"事件。到了宋代，度牒的买卖甚至成为了官家的一种定制，成为朝廷和地方官府换取财政收入的重要商品，甚至还被当作货币来使用。北宋以后，金辽等朝的帝王也都曾仿效北宋的政策，以标价公卖度牒的方式来缓和财政危机或弥补军费的不足，导致了佛教教团的滥杂[2]。

就明代的度牒制来看，该制度始于明洪武五年"给僧道度牒"。不过，明初建立的度牒制度是汲取了前代"鬻牒"所带来的不良影响与后果的教训，完全着眼于对僧道人口进行控制的统治原因，与财政问题没有关系。后来，为便于管理僧道事务，明洪武年间又设立专门的管理僧道事务的机构僧录司和道录司，并由二者专门负责僧道度牒的办法与管理。实际上，官方在度牒制的施行上一直在不断地进行调整。一开始，僧道度牒的发放并无定期，结果在度牒制的施行过程中出现了人数渐多，"其实假此以避有司差役"的混滥情况。后来礼部尚书赵瑁奏请"三年一次出给度牒，且严加考试，应革其弊"，奏请得到批准。后又对接受度牒的年龄加以限制，洪武二十年八月，"诏民年二十以上者，不许落发为僧，年二十以下者，来请度牒，俱令于在京诸寺，试事三年，考其廉洁无过者，始度为僧"[3]。

明代负责佛教官颁度牒的机构为礼部下属的僧录司，而僧录司的一项职责就是编造僧侣名簿的《周知册》，其目的就是为防止出家僧尼素质的低下。

1　（元）念常集：《佛祖历代通载》，《大正藏》第49册，第596页。
2　洪修平：《中国佛教文化历程》（增订版），江苏教育出版社，2005，第215页。
3　赵轶峰：《明代国家宗教管理制度与政策研究》，中国社会科学出版社，2008，第266页。

其中有规定,对于考核合格的,可以一律免费发放度牒。但后来,为了救济饥荒,却开始出现卖牒的勾当,这就导致了严重的危害和后果。因为许多人以高价买到度牒之后,成为僧人,便可以躲避徭役、免除兵役,成了隐身山林、远离官吏追踪的不顺之民,如此一来,佛教界的素质低下,也就成为了必然的结果。可见,《周知册》的颁行并没有收到预期的效果。

清代的佛教管理一开始也是实行与明代大致相同的度牒制度。不过,由于清代的统治者逐渐强化了对宗教事务的统制,特别是受一些士夫对佛教"蠹国耗民,无益国用"的批判立场的影响[1]——这些士夫认为佛道教人数应当是越少越好,所以就试图从政策上设计一种使其能够自行消亡的制度。所以,在康熙、雍正时期,就曾采取过停发度牒的办法,如康熙十五年(1676)"题准停止给牒"[2]。从此开始至雍正十三年(1735)的近60年中,政府都没有再发放过度牒。但即使如此,"实际出家的人数并没有减少,反而使政府失去了对僧道人数的掌控,无法达到有效管理僧道的目的"[3]。因此,到乾隆即位的早期,曾一度又恢复过度牒的发放。但随着人口的增加,私度僧尼的人数有增无减。于是,乾隆三十九年(1774)政府宣布:"僧、道度牒本属无关紧要,而查办适以滋扰。所有礼部奏请给发度牒之处,着永远停止。"[4] 当一项制度一旦失去它原本应有的基本功能时,当维持一项制度的成本已然超过这项制度带来的便利和好处时,这项制度自然也就走到了它存在的终点。这是制度发展和演进的必然趋势。而对于佛教度牒制而言,它的废除,既标志着政府对佛教控制的削弱,实际上也预示着佛教已渐失其在"政主教从"的政教关系模式中原有的"佐治助化"的地位。当然,政府取消对佛教的制度化管控,也是佛教僧团自治权得到加强的另外一个表现。

---

[1] 张践:《中国古代政教关系史》(上册),中国社会科学出版社,2012,第99页。
[2] 《古今图书集成》第494册,中华书局,影印1934,第19页。
[3] 张践:《中国古代政教关系史》(下册),中国社会科学出版社,2012,第998页。
[4] 《清高宗纯皇帝实录》卷960,《清实录》第20册,中华书局,1985年影印版,第1017页。

3. 考试度僧制的空转

明代的考试度僧制实际上与度牒制密切相关。洪武六年十二月，明太祖下令："府州县止存大寺观一所，并其徒而处之，择有戒行者领其事，若请给度牒，必考试精通经典者方许。"[1] 太祖的诏令表明，明政府试图通过考试度僧的方式限制给牒，就是为了既控制僧道人口数量，同时又能纯洁僧、道的宗教信仰。但是，设立考试制度并没有实现控制僧道人口增长的目的。因此，到了洪武十五年，明政府在礼部以下专门设立掌握考试度僧的机构——僧录司和道录司，管理天下的僧道。洪武十七年闰十月，定三年一次出给度牒，且严加考试，庶革其弊。[2] 后来在洪武二十四年六月，明太祖对礼部下达清理释、道二教的敕令，不但重申了洪武六年控制僧道人口数量的规定，还增加了僧道人士与世俗人口分离，僧道人士为民间的宗教服务必须保持旧有轨范，不增不减，俗人不准从事对他人的宗教性服务活动等规定。这实际上是将僧、道行为限定在与其他方面的国家社会政策一致的范围内。而明代考试度僧制最为人所诟病的就是，明代竟有官方允许以纳银代替考试度僧，而且久不开戒坛，这表明在明代的出家人给牒的问题上，已经出现了系统性的制度腐败，不但度牒制领域有"鬻牒"的现象，考试度僧制领域同样存在着制度腐败的行为。这种腐败的后果就是导致制度因失去其应有的价值而遭到抛弃，这从圆澄在《慨古录》中的有关记录就可以看出。圆澄认为，正是国家停止了考试度僧制度，对佛教只是一味禁止，结果就造成丛林住持的才德每况愈下，丛林的秩序更是混滥不堪。因此，他主张国家应尽快恢复考试度僧、传戒度僧制度，以取代今之禁僧制度。"若非国王大臣，整此颓纲，此世此弊，莫能救矣。所以住持，必须考试才德，然后可以持衡也。"[3] 此无疑是在

1　《明太祖实录》卷86，洪武六年十二月戊戌。
2　以上参见赵轶峰：《明代国家宗教管理制度与政策研究》，中国社会科学出版社，2008，第43页。
3　圆澄：《慨古录》，《卍新纂续藏经》第65卷，第371页上。

呼吁国家强化对丛林的考试度僧制度，用加强对佛教的制度化管理来实现丛林的规整与僧伽的严净。

但是，自宋以来，由于出家人来源的滥杂，导致了明清时期的出家人大多素质低下。又由于"禅净合流"的趋势，提倡"不读经、不拜佛"的禅宗和只会念一句"南无阿弥陀佛"简易法门的净土宗成了中国佛教的主流，佛教出家僧众许多都是如朱元璋年少时那样吃不上饭的穷苦人，出家就成了一种谋生的门道。在这种情况下，硬是要坚持必须通过诵经考试才能取得僧道的合法身份，在明清大多数的寺庙里其实并不现实。[1] 所以到了清代顺治二年（1645）考试制终于也被取消了，"惟明制，凡给度牒，先令考试，于经律论中命题，取得者给，不取者停其剃度，故僧多有学问。清初免试僧之制，研究三藏者鲜矣"[2]。这说明，当僧众的素质已沦落到目不识丁、出家只是为了糊口的地步，制度最终也就只能沦为具文，失去了存在的意义和价值。

4. 丛林制的宗法化与腐化

唐宋以后，随着封建社会中央集权的日趋强化与专制化，特别是随着宋代理学思潮的兴起，宋以后国家的政治和法律体制向着道德化、天理化的方向转化。由于宋明理学以绍续孔孟儒学之道统自居，对孔孟之学多有发挥，而且吸收了佛道之学乃至当时一切有益的思想学说资源，形成了一套理论完备、思想博大精深的学说体系。这一学说思想最重要的理论特色在于通过对儒家的伦理道德以及礼法的"形上学"的阐发，将儒家的伦理道德学说绝对化为"天理"，而世间的礼制和法律制度都为绝对不可变之"天理"所统摄，并分有"天理"的绝对性。所谓"天不变，道亦不变"，表明了理学所推崇的儒家的伦理价值和道德学说有着与"天理"一样的绝对性与永恒性。在"天理"绝对性的笼罩下，一切与"天理"、与儒家的"道"相违的，即"人

---

[1] 张践：《中国古代政教关系史》（下册），中国社会科学出版社，2012，第997页。
[2] 萧一山：《清代通史》（四），台湾商务印书馆，股份有限公司，1962，第1470页。

欲"，是必须被剥夺的，这也就是所谓的"存天理，灭人欲"说。理学这一套有着鲜明统制意味的思想学说与中国封建社会后期专制王权的开展甚相符契，实际上也影响到了统治者对佛教的态度和立场。尽管如程颢所见，当时的寺院礼仪还维持着有效的运作："程明道先生一日过定寺，偶见斋堂仪，喟然叹曰：三代礼乐尽在是矣，岂非清规纲纪之力乎？"[1] 但程颢的话恰恰表明，丛林制的世俗化、礼法化已经不可避免。特别是诞生于元代的、由百丈山住持德辉重辑编定的丛林规范《敕修百丈清规》，更是表现出当时丛林制对世俗法律的附会与配合。

实际上，从百丈《古清规》到《咸淳清规》，再到《至大清规》，这些清规的一个共同特征就是都不具有国家法律色彩，也非官方对佛教的建制性举动，甚至很难说有官方的背景，它们不过是佛教禅门自身的一种制度自律行为。但《敕修百丈清规》则不同，单从其名称"敕修"二字，就已经强烈地显示出它的官方色彩。而其所规定的内容，如"报恩""报本""尊祖"等这些有着浓厚儒家伦理道德色彩的内容，特别是《敕修百丈清规》中规定的"悉称释氏，准俗同亲"[2]，完全比照世俗社会的宗法制理念来作为处理僧徒之间关系的准则，这就使得佛教在制度建构的理念和价值取向上已经与以前的绝然不同，发生了严重的"世俗化"的扭曲变形。而清规这一思想、理念和价值观上的扭曲，正可视为导致后来明清佛教丛林制逐渐衰落以及丛林的传法制与寺庙的子孙化盛行的制度性渊薮。

为什么说丛林制的宗法化实质是丛林组织的衰落与腐化？根本原因就是宗法化影响下的丛林制，原本统一、规范的组织结构已然遭到严重削弱，而丛林寺庙普遍缺乏具有一定规模和有效等级结构的核心组织。各个寺庙特尊各寺的祖师，并形成了各寺各派互不隶属、互相独立的两大不同的传承系

---

[1] 德辉重编：《敕修百丈清规》，《大正藏》第 48 册，第 1159 页上。
[2] 德辉重编：《敕修百丈清规》，《大正藏》第 48 册，第 1121 页下。

统——法派与剃派。一般来讲，法派的传承为大的寺庙的规范与做法，多由前任主持把祖师的源流录成一卷，交与接法者作为凭据。而接受"法卷"成为法徒，便可以成为继承保守祖规祖产的一分子。而剃派则多为规模较小的寺庙的做法，在传法上一般只限于自寺受戒、自寺剃度，更小的寺庙则只重于自寺剃度，才可接法继承住持之位。而他们的主要工作就是传承宗门，固守祖业，保守祖产，保持祖规。

在丛林宗法化的影响下，寺产已然变成为家族式的私人所有；和合共处、朝参暮请、农禅并作的古朴作风已不复存在，组织荡然、派系斗争、利益侵占则横行丛林。以至于到了明清时期，丛林制度的混滥与清规的腐化已是日甚一日，不忍目睹。且不论那些荒诞、腐朽、滥杂的丛林出家人的日常修行生活案例多么的触目惊心，由于制度的扭曲与异化在明清时期是如此深刻，即使那些有心要振起衰落中的佛教教纲的高僧大德，实际上他们振兴起来的丛林规制仍然包含了大量浸淫着宗法等级思想和专制理念的扭曲、腐化的制度内容。如圆澄、憨山德清这些明清之际的高僧曾力主推动丛林制度的改革以期振兴佛教丛林，他们的改革思想也有力图恢复《古清规》自治精神的制度改革内容。但在丛林制的振兴上，特别是对丛林制振兴至关重要的丛林住持的铨选制度上，他们又力主让国家恢复考试度僧制，加强对住持人选的才德进行铨选，以保证住持足以堪任振兴丛林的大任。圆澄就说："若非国王大臣，整此颓纲，此世此弊，莫能救矣。所以住持，必须考试才德，然后可以持衡也。"[1] 这样的制度设想显然是矛盾的。因此，明清以来，受中国传统宗法家族制观念的深刻影响，天下丛林寺院不论在组织形态上还是在结构功能上都经历着深刻的制度扭曲与腐化。而丛林中宗法家族观念的盛行而带来的组织制度上的封闭性与保守性，甚至最终影响到了丛林制度入世开展的路向。

---

[1] 圆澄：《慨古录》，《卍新纂续藏经》第65卷，第371页上。

二 传统佛教制度入世精神衰落的因与果

随着明清专制主义中央集权的高度强化以及在此背景下国家对社会各方面思想控制的深化,明清时期王权政治对佛教事务的制度化管理和统制的严厉性要远胜过前代。这个时期由于佛教制度的官方色彩非常鲜明,国家运用制度的手段来管理佛教事务的立场和态度也非常严苛,这就使佛教制度原本应有的确定僧俗的界限、形成良好的僧伽内部秩序、营造僧众和合共处的环境等作用,因为专制王权制度管辖力度的空前强化而发生扭曲。其结果就是明清时期的佛教制度不但不能完全实现其制度设计时的初衷,更增加了国家治理和社会管理的成本与管理的难度。乾隆时之所以要一劳永逸地废止度牒制,某种意义上就是着眼于此。

但即使如此,封建王权的专制惯性甚至进一步对佛教制度在传统社会中一贯的"佐治助化"的教化作用加以限制以至最终取缔。其具体做法是:一方面,官方用儒家的权威来取代佛教辅益王治的地位,并用经过宋明理学家发挥过的儒家纲常伦理作为教化民众、匡正社会风教的教化工具,以此来阻止佛教参与社会教化活动;另一方面,从制度的层面对佛教实行"不干于民"的宗教隔离政策。传统的寺院乃是重要的宗教教化场所,也是佛教对民众实施佛法教化的主要途径。但是,尊崇儒家政治伦理信仰和价值传统的明清政府出于防备和根绝佛教参与叛乱的隐患,防止民众借佛教进行叛乱和谋反的活动,将寺院出家僧众与社会隔离,以禁止寺庙向民众说法。明太祖曾颁圣旨,对自己这一"不干于民"的制令所包含的深远意义做了宣说:

呜呼!僧若依朕条例,或居山泽,或守常住,或游诸方。不干于民,不妄入市村。官民欲求僧以听经,岂不难哉?如此则善者慕之,诣所在焚香礼请，岂不高明者也。行之岁久，佛道大昌。榜示之后，官民僧俗，敢有妄论乖为者，处以极刑。钦此。[1]

不过，我们从以上条例中看到的是，明代的皇帝并非对佛教持一种简单的排斥态度，相反，他们恰恰持有一种崇佛的立场。但是，这种明贬实褒的政策，却给明清佛教的开展带来了完全意想不到的后果，如学者所指出的："明清两代统治者对佛教和道教实行严格管理，其目的原本是要切断正统宗教与民间宗教的关系，防止民众借助合法宗教的形式组织起义。但是严厉管理和过度控制的结果却是事与愿违，无形中造成了正统宗教的僵化和萎缩。……具体表现，是宗教理论的停滞。明清时代出现的宗教著作不少，但是有实质意义的理论创新并不多，多是重复前人的一些成见。这样的宗教当然就会降低对社会群众的吸引力，将有迫切宗教需求的民众驱赶到民间宗教一边。"[2]

因此，对于明清时期国家对佛教实行的"不干于民"的宗教隔离政策所可能导致的严重后果，印顺法师曾有深入的阐释和揭示。他说：一方面，"因为在明清帝王们的心目中，如明太祖谕僧纯一说：'既弃父母以为僧，当深入危山，结庐以静性'。太祖以为：'诸祖经佛之道，所在静处，不出户牖'。……太祖心目中的佛教，主要是山林的禅者，他们自耕自食（演变为放佃的地主），'不干于民'。不知道佛制比丘的游化人间，受民间的施与，就随分随力地将佛法深入到民间。不干于民的僧制，与此相反，使佛教与社会脱节。"印顺法师在这里的意思就是，明清禅宗的"山林佛教"的特色给统治者造成一种虚妄的印象，以为佛教只合留在山林之中，而不能走出山门，一旦走出山门，就会失掉佛教的本色，僧众也会堕落为"轻薄小人"。但是在印顺法师看来，

---

[1] 幻轮编：《释鉴稽古略续集》，《大正藏》第49册，第938页下。
[2] 张践：《中国古代政教关系史》（下册），中国社会科学出版社，2012，第1007页。

这样的做法恰恰是有违律制的"随方毗尼"精神。所谓"不知道佛制比丘的游化人间，受民间的施与，就随分随力地将佛法深入到民间"，就是这一精神的具体写照，实际上也是明清以前佛教入世的主要方式和途径。另一方面，"不干于民"的宗教隔离政策更凸显了传统王权对于佛教的顽固的防备心理。印顺法师说，明太祖之所以会采取如此严厉的"不干于民"的佛教孤立政策，在于"太祖是出身于秘密结社的白莲教，他深切地知道宗教徒的集合，对于黑暗政治是有危险性的，所以太祖严厉地取缔秘密结社。他的僧众'不干于民'、'不得与民杂处'、'不得奔走市村，以化缘为由'，都含有政治防范的意味"。以至于到了清代，更有极端的开展："聚众为匪之众，都由于奸邪僧道主谋。平时煽惑愚民，日渐酿成大案"。这就公开地将一切危害社会的聚众行为都归结为佛道的主谋，所以要彻底杜绝这类危险的事情发生，就要"堵其流，塞其源"，"唯一的防范方法，限制他，奖励他与民众脱节"[1]，就是将佛教彻底地锁闭在山林之中。

由是，原本是出于整肃佛教僧伽事务、纯洁其信仰的建制性行动，却因为官方过于专制的方法，反倒使持续衰落中的佛教更加脱离社会、孤立于社会之外，变得故步自封。更由于官方在制度上采取的隔离性的统制政策，导致佛教重新转向山林发展，阻断了佛教与世俗社会的交流与沟通，压抑了佛教理论创发的活力，断绝了佛教从现实社会中汲取思想理论资源的源头活水，最终又加速了佛教在组织、制度等方面全方位的衰落，引起了后世广泛的批判与反思。最终，这一极端专制化的制度设计阻断了唐宋以来中国佛教日趋明显的人间化、入世化趋向，将佛教重新折回到唐宋时山林佛教的路子上。

这样的制度扭曲演变到近代，佛教制度的"入世"义也几成"世俗化"的代名词，如所谓的佛教日常功课与修证实践不过是替人"诵经礼忏，祈福

---

[1] 以上引文见印顺《中国佛教论集》，《印顺法师佛学著作选集》，中华书局，2010，第201—202页。

消灾",赖经忏而活,以及接受信众的"布施供养、进香献帛",这已与大乘佛法的自利利他、博施济众、即世间成佛的理念相去甚远,而佛学理论上的建树与制度上的创发罕有所闻。其结果就是,佛教制度的开展因其入世信仰的衰落而日渐迈入堕落的境地。如印顺法师所说:"佛教内部的丛林古制,老态龙钟,迅速地衰落下来。禅宗的大德,除了造庙、修塔而外,还能做些什么呢?中国佛教进入了从来未有的险恶阶段。"[1]

特别是到了民国时期,清王朝的覆灭,封建帝制被推翻,与之相依相待的僧官制也在民国甫一成立就遭到取消,历史上长期形成的佛法与封建帝制之间的依赖关系被打破,这对于近代佛教制度的发展来说几乎是毁灭性的。以佛教为代表的传统制度性宗教历史上大多是被框限在"道俗立制"的制度模式当中,并藉此来维持佛法与王权之间稳定的制度依赖关系。且宋元以后,由于专制王权强化了对佛教的制度化管理与统制,这种依赖关系愈到后来变得愈加地紧密。然而,这种过于紧密的依赖关系对于佛法的开展而言其实是有害的,如有学者指出:"宋元以后,随着封建集权政治越来越发达,其对佛教的管理和干涉越来越深入,佛教的自主性和独立性却越来越弱,其对国家的依赖性也越来越强,以至于最后佛教自身已经完全失去了自我管控的能力,随着国家管理制度的松弛必然导致佛教团体的涣散和崩溃。……当政府突然抽身不管时,必然导致佛教呈现骤然衰败之相。"[2]

当然,佛教与政治的这种依赖关系在近代的解构所带来的并不完全是悲惨的后果,毕竟对政治的过于依赖即是佛教自身自主性的丧失,也增加了佛教制度中国化开展因政治的过分干预而陷于"世俗化"风险的境地。而依赖关系的解体至少意味着,近代佛教在制度的建构与入世开展方面更加地独立自主,也意味着佛教"已经基本摆脱了封建社会尤其是明清时代僧官制度的

---

[1] 印顺:《中国佛教论集》,《印顺法师佛学著作选集》,中华书局,2010,第49页。
[2] 纪华传:《中国佛教制度及其演变——以僧制为中心》,《宗教研究》2016年春季刊。

禁锢，从过去政府对僧团管理的专制化、强权化，转而成为了一种宏观调控、严整监督，僧团的发展在更大程度上来讲是佛教自身事务。这就将佛教推向了佛教僧团发展和管理的自治化进程，标志着中国佛教僧团自治化发展开始，也标志着中国佛教僧团及其组织管理的近代转型"[1]。

三 近现代佛教制度"入世""转型"的义涵

如前所述，就近现代佛教制度而言，其也面临着入世转型的压力，这样的阐述似乎在逻辑上存在着矛盾。因为前文的论说正是要试图阐明佛教制度在传入中土之始，就将入世作为佛教制度中国化建构的主要方向。而在近代以来的思想环境下，佛教制度之所以还存在一个"入世"转型的向度，主要就在于近代社会的急剧转型与社会模式的快速嬗变，原本契合于传统政治模式的佛教制度在面对近代以来全新的政治模式和制度理念时，佛教与近代政治的不相洽性便急剧地凸显了出来。

众所周知，近代中国政治混乱，社会动荡，军阀割据混战，虽然封建帝制在辛亥革命的打击下被推翻，但是自此建立起来的却是一个孱弱的、徒具形式的近代资产阶级共和政体，不论是北洋政府还是国民政府，都没能建立起真正强有力的中央权威。这些事实表明，近代化的社会政治形态在封建帝制被推翻后也没有完全建立，这正如太虚对当时的社会形态与政局的发展所描述的那样："整个之中国社会及政治者，以无社会的定型及政治的常轨，故虚弱的散漫混杂的佛教徒众，亦不能有契理契机之建树。"[2] 因为不稳定的政局以及尚不成熟的社会形态和社会结构，对于处在转型和改革中的佛教来说是不利的，最突出的表现就是太虚所说的"不能有契理契机之建树"。因为适应

---

1 王永会：《中国佛教僧团发展及其管理研究》，巴蜀书社，2003，第177页。
2 《太虚大师全书》第18卷，宗教文化出版社，2005，第192页。

对象的不明确，也就失去了稳定的参考或者说"适应"对象。而近代政府在社会治理方面乏善可陈，甚至在许多的宗教治理领域抽身不管，结果就导致如印顺法师所说的"自从西洋的势力侵入，中国的一切都起着剧变。国家多事，简直顾不到佛教，或者不重视佛教，所以让它自生自灭地没落"[1]。

国家政府不管，佛教要维持生计和发展，就只能依靠佛教自己的力量。但是，近代以来"新思潮的流行，近代化科学观念的传播，理性思潮与世俗化运动，导致人们对宗教的迷信判断。而作为落后的思想和意识的宗教迷信，在近代新思潮的冲击下，必然呈现出落后、衰败的感觉"[2]。作为在传统社会拥有重要影响力的佛教，在近代受到新思潮的冲击尤其严重。特别是近代以来世俗化思潮的涌现，以及"现代化所带来的世俗化的'祛魅'倾向几乎不可避免地给宗教产生许多挑战"[3]，必然会给"出世"型的、"不干于民"的近代佛教制度带来深刻的入世转型的压力。

而对于近现代佛教制度而言，所谓的"转型"首先即意味着过去的佛教制度在"入世"层面存在很多的扭曲，有很多的落后方面，所以"转型"就是要转向一个比较有效率的方面。正如印顺法师所指出的：明清以来的中国佛教由于"轻视一切事行，自称圆融，非要放下一切，专心于玄悟自修。这才橘逾淮而成枳，普遍地形同小乘"[4]。僧众将普遍的事行视为成佛修行的障碍，以为从事于世间实务都是生灭法、非了义、不究竟，"玄悟自修"的自我修行、自己解脱的自度自利的"小乘行"成为僧众修行的常态。而弘法利生、自度度他、即世间成佛，这些原本是奉行大乘佛法精神的汉地佛教所努力追求的目标却被抛弃了，明代圆澄曾对明末丛林的不振做了这样的描述：

---

1 印顺：《泛论中国佛教制度》，《印顺法师佛学著作全集》第9卷，中华书局，2009，第5页。
2 学愚：《论现当代中国佛教的复兴》，《世界宗教研究》2019年第4期。
3 方立天、学愚主编：《佛教传统与当代文化》，中华书局，2006，第40页。
4 印顺：《大乘精神——出世与入世》，《印顺法师佛学著作全集》第8卷，中华书局，2009，第132页。

今也末法浇漓，真风坠地。上下之名分混滥，丛林之礼义绝闻。有一两担米之檀那，住一三众之小庙，彼此朦胧，虚消岁月，谓之住持。故予不能不兴吊古之叹也。[1]

"彼此朦胧，虚消岁月"，正反映了过往的佛教在衰落的丛林制的应付下所呈现出的低效率的制度功能状况。当然，过往的佛教制度虽然存在一定的扭曲与落后的方面，但在彼时的时空背景下，佛教制度仍有它存在的合理性。因此，需对后来佛教制度所以发生扭曲的原因和道理有清楚的了解和认知，再看在当下的时空背景下，是否已具备条件来解决佛教制度存在的扭曲问题，或者当条件不具备时，又当如何创造条件来解决这些问题，以积极地推动当下的佛教制度在新的环境下实现制度的"入世"转型。

除需对"转型"有必要之认识外，对近代以来佛教制度转型的"入世"义涵也需有明确的理解。由于古代官方对佛教的执政诉求根本上是着眼于利用佛教制度中的"道德"成分来为统治者的"王化"政治服务，因此，佛教制度的"入世"向度更多的就局限于此，远没有后世佛教从大乘的自利利他、博施济众的立场来理解"入世"的深切含义。在后世禅宗特别是近代以来的人间佛教的"入世"概念中，"入世"的意旨已经延伸到现实世俗生活世界当中，以作为实在世界而非超越世界的一分子来定义自身的价值和担当。比如禅宗有"农禅并作"、即世间成佛的理念，而近代以来的人间佛教的入世理念更是具有相当的世俗化、人间化的意味。这可以从印顺对"入世"概念的世俗化、大乘化的解释看出，他说：所谓"入世"，即"能从悲心出发，发菩提心，以求有利于众生，有利于佛教，那就无往而不是入世，无往而不是大乘"[2]。从这一"入世"理念出发，印顺眼中的佛教"入世"其涵盖的范

---

[1] 圆澄：《慨古录》，《卍新纂续藏经》第65册，第370页中。
[2] 印顺：《大乘精神——出世与入世》，《印顺法师佛学著作全集》第8卷，中华书局，2009，第132页。

围就极为宽泛："论究学问也好，经营实业也好，从事政治也好，办理教育也好……哪一样不表达大乘的入世？"[1]

当然，这种对"入世"理解的深化与特定历史阶段以及出家僧众对佛法理解层次的深浅、视界的宽窄有着密切的关系。从佛教制度中国化的角度来看，在古代那样一个对道德教化高度重视的氛围中，着力提扬和凸显佛教制度的"佐治助化"的道德教化意味，实际上正是其接近王权、走入世俗社会最好的理由和借径。同时，近代以来复杂的时局和思想潮流也在另外一个方面给了佛教制度"入世"创发的契机：面对近代以来变化了的时代环境和社会思潮，原来传统佛教制度所契合的时空条件与思想条件也发生着急剧的转型，这就是封建帝制被推翻，僧官制被取消。束缚在近代佛教身上的体制和制度枷锁已不复存在，这就使近现代佛教制度在由传统向现代的转型过程中，需牢牢契合于近现代社会世俗化思潮以及重现实人生的社会趋势，从而为佛教制度在新时代的转化与入世发挥作用创造条件。

四 近现代中国佛教制度入世转型的基本路径

近代以来的社会在世俗化、理性化思潮的影响下，整个时代更显重现实人生的趋向。而这一重现实人生的趋向又决定了中国佛教制度的开展，必须要契合这一时代发展的趋向，保持佛教制度开展的"入世"向度。总体上说，近现代佛教制度入世转型的路径主要表现在：在组织结构的创建与完善层面，大力提扬在家居士众的地位和作用，并在佛教的组织化开展与组织结构的调整过程中，着力推动居士佛教组织的创设；在制度理论的创新层面，则在对传统的佛教制度批判继承的基础上，创新佛教制度理念，并将制度创

---

[1] 印顺：《大乘精神——出世与入世》，《印顺法师佛学著作全集》第8卷，中华书局，2009，第130页。

新与近现代社会的"世俗化""人间化"趋向紧密地联系在一起，并以此来指导佛教的制度设计与入世建构。而不论是组织结构的创建与完善，还是制度理论的入世建构与创新，都是以对前代扭曲了的佛教制度的批判以及对佛教律仪制度的基本精神的提扬为前提。

1. 批判性重建

近现代佛教制度之所以面临入世转型的契机与挑战，根本上说是因为传统佛教制度所发生的扭曲与腐化，使得衰落的佛教在近代剧变的时代与社会环境下难以为继。因此，要推动近代中国佛教制度的入世转型，首先就应对传统佛教制度扭曲与腐化的一面提出批评，并在批评的基础上开辟佛教制度的重建路径。而近代之前佛教制度的扭曲与腐化最重要的表现就是丛林制度的宗法化与腐化。诚如太虚所认为的那样："中国民族的一般文化思想，特重敬祖的家族制度——所谓宗法社会，而佛教也还是受其影响，尤其明末、清初以来，变成一个个特尊各寺祖师的寺院。……因而现在的中国僧制，成为一个个的寺院，俨然是一个个的变相家族"。他们只重视法脉的传承，"并不注重徒众的教化，使之修学学佛法，自度度他，而专重视法派与剃派的相传和遵守祖规，保守祖基"，而"对于出家的本分事，全不闻问"。"招徒继嗣"和"保守祖规祖业"成为僧寺的重点，其后果就是难有在佛学理论上的建树与制度上的创发，竟至于堕落成"超亡送死"的死鬼佛教。对于近代之前的佛教而言，太虚认为其最重要的业务不过两种关系下的两大事业：一是寺僧与居民的关系，主要是应请诵经礼忏，祈福消灾，以此赖经忏而活。二者僧众与信徒的关系，主要是信众的布施供养、进香献帛，以维持寺院香火的不灭。[1]

可见，近代中国佛教制度在组织上的最大弊病就是组织的混滥与封闭。

---

[1] 以上引文均见《太虚大师全书》第24卷，宗教文化出版社，2005，第68—69页。

近代佛教出家僧众的素质又普遍低下，"经忏"与"荐亡"是近代佛教出家僧众主要的日常功课与修证实践，而他们对自身岌岌可危之处境全无意识。

因此，针对近代佛教制度存在的这些弊病，太虚力主从适应时代与现实需要来着手改革、调整佛教僧制。他认为："中国向来代表佛教的僧寺，应革除以前在帝制环境下所养成流传下来的染习，建设原本释迦佛遗教，且适合现时中国环境的新佛教！"[1] 从教制改革的角度看，所谓"建设原本释迦佛遗教"，即在佛制改革上坚持"依律而住"的律仪精神，实现"僧事僧治"的目标和依归；所谓"适合现时中国环境的新佛教"，即在佛制改革上要契理契机，建立适合时代重现实人生需要的现代僧制。而这里所讲的"染习"，实际上就是明清以来佛教丛林中所流行的一些制度顽疾：包括为太虚所批判的丛林制的宗法化及其影响下的佛教丛林的滥杂与腐败，太虚尤其对丛林制度下形成的剃派与法派两大传承存在的问题提出严厉批评。而太虚主张"克服帝制时代养成的惰性以及宗法性"，就是要为近代佛教制度的"入世"转型扫清传统佛教制度中残存的问题与障碍。

不过，太虚并不是要通过全盘否定传统的丛林制来重建全新的现代僧制，他其实并不主张全面否定传统佛教丛林制度，而是认为丛林制尽管有极为严重的局限性和缺点，但同时也含有一些殊胜之处，如一些挂单结众之丛林大寺，颇有十方无碍的僧德；有些徒众能坚持独自修行，有原始佛弟子的风尚；一些祖规较好、继承得人的大刹和禅堂的团体生活，训练也相当整齐严肃[2]。所以，太虚的僧制改革主张根本上是一种批判性的继承，在肯认佛教律仪的前提下倡导佛教制度的改革。

2. 创新性开展

从近代以来佛教制度"入世"转型的时代要求来看，其演化的趋势迥异

---

[1] 《太虚大师全书》第31卷，宗教文化出版社，2005，第64页。
[2] 参见《太虚大师全书》第24卷，宗教文化出版社，2005，第70页。

于过去那种导致佛教制度扭曲与异化的入世信仰衰弱的状况，牢牢契合于近代强调和突出世俗化、人间性、现实性的时代发展趋向。也就是说，这种趋向应当是入世的、现实人生的，而不是出世扭曲的、隔离或超越于现实的，佛教制度的开展应当要反映近代这一剧变的时代与社会转型趋势。这就意味着，单纯的制度改良甚至复古的理念显然是不能契合和反映近代社会发展趋向的。

为了适应近代剧变的时代思潮与社会环境，特别是为了拯救衰败中的近代佛教制度，在近代佛教的僧制改革思潮中，存在着两派不同的僧制改革主张：一是以欧阳竟无为代表的僧制保守派，这一派"提出了恢复佛陀时代居兰若、修头陀行的制度，僧众出家，持守戒律，政教分离，僧尼不参与世俗事务，包括政治及经济生产活动等"[1]。二是以太虚法师为代表的僧制改革派，这一派提出重建僧制必须面向现实生活和人间，因应时代机宜，契理契机，积极参与世俗事务，提倡"弘法为家务，利生为事业"的人间佛教主张。因而在僧制的重建思想上不排斥接受世俗国法的制约，甚至"主张与一般国民，同尽国家之义务，同享国家之权利，同受国法之制裁，同得国法之保护"[2]。可以看出，僧制改革派的思想主张较之僧制保守派的主张有更鲜明的时代特色，更契合于时代的发展潮流。相比较而言，僧制保守派的立场并不能真切地反映时代的发展趋向，顶多只能算是制度改良一系。如吕澂就坚持认为"僧制无所谓改，但有创设"。但实际上他自己在近代佛教制度的创设上并不见有立场鲜明的制度创新，其所谓的"今云僧制，则有如法如律建立而已矣。建立何由始？曰，由治戒学始"[3]。可见，他对制度创新其实并不感兴趣，"如法如律建立"表明其律制立场还是主张回到根本戒律上，无意

---

[1] 王永会：《中国佛教僧团发展及其管理研究》，巴蜀书社，2003，第218页。
[2] 太虚：《佛教之僧自治》，《太虚大师全书》第18卷，宗教文化出版社，2005，第295页。
[3] 吕澂：《诸家戒本通论》，《吕澂佛学论著选集》第1卷，齐鲁书社，1991，第129页。

改革、创新一套全新的佛教制度。所以，保守复古派的制度立场与现实存在着一定的距离和隔膜。

虽然太虚的改革、创新立场曾遭到质疑，但从整个 20 世纪中国佛教开展的人间化、入世化向度来看，其人间佛教的制度创新运动无疑是具有开创性的。正如有学者所指出的："在太虚等人的努力下，佛教走入社会，服务人生，参与文化慈善教育等活动，改变了佛教在当时人们心目中颓废的形象。……无论是传统佛教的恢复，还是人间佛教的创建，它们都具有契理性——以大乘佛教思想、传统佛教实践、僧伽本位制度基础，同时亦有契机性——符合时代社会人生需要。"[1]

3. 组织性创设

在近代那样一个急剧转型的时代，佛教制度的变革与转型不但要面对来自传统教内保守派的阻挠，而且还要面对来自政府的干预。印顺法师也指出，近代佛教由于僧才的缺乏，"佛教的外来压力太重"，"僧众缺乏组织能力，缺乏向社会向政府的活动能力"，以至于"在处理事务，甚至创立法制，由于僧众无人，大都要烦劳在家众"。[2] 这也是近代居士地位得到提升的重要原因。居士佛教相对于寺院佛教而言，他们处身社会，与社会的变革和流行的思潮有着直接的接触与感受，更快也更容易受近代思潮和价值观的影响。"在此背景下，对晚清以来重'经忏'与'荐亡'的佛教模式被'庙产兴学'为借口进行'祛魅'已是时代的必然，而僧界与居士界从拯救佛教、振兴佛教的角度出发，也都希望以'人间化'与'理性化'的近代观念相一致的原则来引导佛教的近代转型。事实上，这种转型任务历史地落到了近代居士佛教的肩上。"[3]

---

[1] 学愚：《论现当代中国佛教的复兴》，《世界宗教研究》2019 年第 4 期。
[2] 印顺：《泛论中国佛教制度》，《印顺法师佛学著作全集》第 9 卷，中华书局，2009，第 6 页。
[3] 唐忠毛：《居士佛教的近代转型及其社会学意义》，《华东师范大学学报》2012 年第 5 期。

但是,"我国古来的佛教制度,全以出家人为代表,在家佛徒没有独立组织,要实行佛法即须出家,在家是不能的;而且素有学佛要待年老和摆脱家庭环境的思想,故在家众没有离开出家众的制度"[1]。尽管历史上中国佛教在戒律的持守上有着十分灵活的立场(随意性、地域性之特点),但是在组织上则基本严格遵守佛教的遗训,以出家众为主。历史上尽管不乏有热心于佛法的居士,但却从未有任何制度化的居士佛教组织。这种情况在太虚看来是不合理的。同时,由于太虚意识到前期敬安等人创立的中国佛教会之所以失败,就是因为其没有很好地从组织上将出家众和信众安顿好,将出家众和信众笼统地集合到佛教会,在太虚看来,这会导致"若皆入佛教会而与政离,不几有教而无政乎?若别有与教离而从政者,则佛教非不能于人类普遍摄受而无遗漏乎?此已进退皆不可也"这样一个后果。要改变近代佛教的这种危险的处境,除了要振起和提高教内僧众组织之外,还必须建立和充分完善在家信众的组织制度。因此,太虚在其早期的教制改革中就已有意识地将建设在家信众的组织作为一项极重要的任务而给予格外的重视和关注。

除了诸如太虚这样的教内人士在积极推动建立和完善在家居士众的组织制度,一些在家居士也主动参与到了佛教组织的创建当中。实际上,因着近代佛教的组织化运动的开展,完全由在家居士众独立主导建立起来的各种形式的居士佛教组织也处于快速发展的状态,各地佛教居士林组织的纷纷出现,是近代佛教制度的入世转型在组织层面最突出的表现之一。这也表明,创设全新的居士佛教组织成了近代佛教制度入世转型的非常重要的一条路径。

第三节　近代中国佛教制度入世转型的实际开展

近代中国佛教制度的入世转型,从路径上来说存在着制度批判、制度创

---

[1] 太虚:《我的佛教改进运动略史》,《太虚大师全书》第31卷,宗教文化出版社,2005,第77页。

新、组织创建三条路径，但在具体的制度转型的实践过程中，这三个方面的转型路径又可以化约为组织和制度两个维度。从根本上说，组织是制度的物质载体和基础，要推进近代中国佛教制度的入世转型，前提条件就是要建构起一个完善的、入世性的佛教组织，通过完善、高效的组织实践来落实制度的入世转型的价值诉求。同时，制度的建构又蕴含着一个组织的价值，表征着这个组织结构的运行秩序，也是组织完备的前提。二者其实是一个相互成就的关系。

一　入世性佛教组织的创设

作为制度型宗教的佛教，系统而完备的组织制度既是佛法庄严的重要特征，也是佛教僧团借以确立功能性地位和对社会发挥影响力的基础和前提。尽管近代之前的中国佛教在组织制度方面呈现扭曲与衰落之势，但近代以来佛教的组织化开展以及居士佛教组织卓有成效的创设，不但一定程度上扭转了佛教在组织制度层面的衰落之势，同时通过创新性的组织创设，也为近现代佛教组织与制度的入世转型开辟了新的路径。

1. 佛教新组织创设的必然性

佛教传入中土后不久，即依印度佛教的旧制，建立僧团，"依律而住"。不过，早期佛教僧团的组织规制在很长一段时期里大多为僧众"多居律寺"，这种组织规制到了唐代，随着禅宗的肇兴，已显出其不合理性。而百丈创意别立禅院就是针对于此，并以折中大小乘又不拘泥其间，惟"设于制范，务其宜也"[1]。但在后来，佛教丛林组织的开展似乎只提扬其中的"宜"字，也就是只重视组织制度的"适宜性""适应性"问题，而对于如何"折中大小

---

[1] 德辉重编：《敕修百丈清规》卷8，《大正藏》第48册，第1158页上。

乘"却已不甚留意，反倒在传统社会宗法家族观念的深刻浸淫下，对传统宗法社会的价值理念和组织方式属意甚多。如元代的《敕修百丈清规》中就明确宣扬丛林僧众关系要按照世俗宗法社会的规矩，"悉称释氏，准俗同亲"，说明到了元代以后，宗法化已明确成为佛教丛林组织开展的主要方向。但同时，这种丛林组织宗法化所带来的负面效益也很快凸显出来，元代以后，系统、严整的丛林组织已逐渐异化为子孙化与寺庙的传法制，统一的丛林组织也因此遭到削弱。组织分化、派系林立，各个寺庙互不隶属，自成一家，成为宗法化影响下丛林组织的普遍现象。"规模小但有相互联系的基本单位可以构成组织完善的网络，可以在社会制度中形成有影响力的结构性地位，但这却不是制度性宗教在近代中国的组织状况。寺庙和道观这些初级单位不但规模小，而且还缺乏具有一定规模和有效的等级结构的核心组织。在实际操作中，每个寺庙或道观很大程度上像自治单位那样各行其是。"[1] 这种自成一体、彼此毫无隶属关系的组织形态实际上早在明清以前就已经开始，而至明清以至于近代更是每况愈下。

相对于古代的寺僧佛教组织的扭曲发展，古代居士佛教的组织化开展更是不如寺僧佛教。历史上尽管存在过诸如南北朝时期的义邑、法社、香火灶、十地采等居士团体，但由于受到统治者的严密防范和戒备，古代这种结社性质的居士团体不但极不稳定，甚至根本没有维持组织所必须的完备的组织化、制度化的东西，在组织制度上只能更多地依附于大寺院来维持自身的合法性存在。因此，在中国历史上，居士佛教从来就不是以一个独立的社会组织结构形态而存在的，对寺院佛教的依赖是传统居士佛教最常见的组织存在形式。

显然，古代中国佛教在组织上并不很成功，而不成功的根本原因与中国古代社会独特的"政教关系"模式以及传统专制政治对社会组织结社的防范

---

[1] 杨庆堃：《中国社会中的宗教》，范丽珠译，四川人民出版社，2016，第243页。

与戒备密切相关。从东晋南北朝官方开启对佛教的制度化管理一直到清末，在历代官方的佛教管理政策和法律条文中，都有禁止佛教与民间交通往来的规定。早者如《魏书·释老志》，其中就记载了北魏时，政府已将"不安寺舍，游止民间，乱道生过"的现象视为违法，触犯者要严加惩治。而晚至明清，国家对佛教僧众游止民间的控制更严，所谓"僧合避者，不许奔走市村，以化缘为由，致令无籍凌辱，有伤佛教。若有此等，擒获到官，治以败坏祖风之罪"[1]。而历代官方之所以如此严厉地禁止和阻断佛教与民间的交往，最主要的原因就是担心其会对政府的管理构成威胁。统治者出于政治上防范的考量，尤其是对社会上以宗教为名义的秘密结社活动，更是保持高度的防范和严厉打击态势。对民间宗教组织结社的防备使古代佛教不可能结成一个制度完备且高度组织化的社会组织结构。

而没有制度完备且高度组织化的组织结构，对佛教的发展造成了非常不利的影响。如太虚所指出的："历史上遗留下来的残渣般的佛教，原有塔像僧寺，亦仍是依了人民俗习及社会病态发酵似的变化生灭，而随着内外时势乱草般的佛教新兴会团学社，更显出左支右绌东倾西撑的鼓荡姿态。……然此乃是由整个之中国社会及政治者，以无社会的定型及政治的常轨，故虚弱的散漫混杂的佛教徒众，亦不能有契理契机之建树；何况中国的社会政治又受并世列强的牵掣而使然，若佛教徒不能有坚强的严肃的集团出现，直从转移世运振新国化之大处施功，殆无建设之途径可循。然中国的佛教实已到了溃灭或兴建的关头，设使不能适应中国现代之需要，而为契理契机的重新建设，则必趋衰亡之路。"[2] 从中可见，历史上流传下来的佛教因其组织涣散与不振，足以导致僧伽的混滥、僧众的行为失范。这既是传统佛教持续衰落的重要原因，也是近代佛教组织整兴的主要出发点和着眼点。正是因为传统佛教

1　幻轮编：《释鉴稽古略续集》，《大正藏》第49册，第938页中。
2　《太虚大师全书》第18册，宗教文化出版社，2015，第191—192页。

在组织上没有建立坚强而完整的组织形态，其才在近代复杂而剧烈动荡的时代环境下"显出左支右绌东倾西撑的鼓荡姿态"。

除以上原因外，促使近代佛教组织入世开展的原因还包括：近代中国遭遇深重的民族危机和社会危机，面临严重的内忧外患，整个社会环境剧烈动荡，近代佛教的组织化运动就是在这一背景下开展起来的。如太虚认为，唯有创建"坚强的严肃的集团"，改变近代佛教组织荡然的现状，建立严肃、齐整并具有僧俗混合的、高度组织化的佛教组织，才是近代佛教救亡与重兴的根本出路。而"自晚清民国以来，居士佛教地位则逐渐凸显出来，他们不仅建立了属于自己的独立的组织形式，而且在佛学研究、佛教传播、社会慈善事业甚至独立的讲经说法等诸多方面，都已跃升到寺院佛教之上"[1]。居士佛教在近代的兴起和迅速发展强烈地改变着近代佛教僧团的信众基础和组织结构，并使得在家信众在佛教僧伽事务中的地位和作用日显，而且在当时，"由于僧众无人"，"在处理事务，甚至创立法制，大都要烦劳在家众"，这种局面使在家众在佛教僧伽事务中的地位和作用越来越重要。同时，这也更加促使近代居士佛教以更充足的理由来推动自身的组织化开展与制度的入世建构。

2. 教内外入世性佛教组织的涌现

在近代佛教组织化开展的过程中，不论教内还是教外，在组织的创设方面都有非常突出且具有入世转型意义的表现。就教内而言，因着近代佛教组织化开展的入世化趋势，那些具有改革意识和创新精神的高僧积极着手参与和推动传统佛教组织的改革、创新。如以敬安为首创立的近代较早的新型佛教组织——"中华佛教总会"、太虚主导的"中华佛教联合会"和"中国佛学会"，以及太虚作为参与者而最终为圆瑛一系所掌握的"中国佛教会"，都

---

[1] 唐忠毛：《中国佛教近代转型的社会之维：民国上海居士佛教组织与慈善研究》，广西师范大学出版社，2013，第7页。

是近代较早出现的、带有全国统一性质的佛教组织。尤其是太虚基于"想对在家佛徒作个极普泛的大联系"的组织改革设想,专门提出建立一个在家佛徒的组织——"佛教正信会",来作为传统佛教住持僧组织的补充,以适应近代居士佛教崛起的现实。这就是太虚创立"僧俗混合组织"的最初动因。实际上,太虚对近代居士佛教组织的入世开展是有着自己的深刻考量的。他在批评中国古来的佛教制度没有离开出家众的在家众制度"是一种错误"的同时,又指出:"故有在家与出家分别组织的制度;出家佛徒要提高其僧格和地位,能真正主持弘扬佛法,使人们崇信为导师;在家佛徒则使其由研究信解佛法的学理,行为则以社会道德为基本,实行五戒十善之人间道德,改良社会、政治、文化、教育、风俗、习惯。"[1] 太虚的这一主张实际上是为了借创设具有入世特色的居士佛教组织,来确立人间佛教在近代社会的功能性地位,以增强其对社会的影响力。当然,太虚的这一立场也完全适用于寺院佛教之外的近代居士佛教组织的入世开展与制度创新实践。作为居士佛教,由于其本来就处身世俗社会,也更容易受时代和社会世俗化思潮的影响。因此,以组织化的形式来实现自身组织结构以及功能的入世转型与制度创新,创立近代化的独立的居士佛教组织,通过积极地参与现实世俗化活动以及道德实践活动,能够更容易地将佛化道德推行于世间,也更容易将居士佛教的影响力深入到社会的各个方面。同时,以一种严肃的集团的组织形式来应对近代佛教的整兴的问题,居士佛教也才能够更有效地推动近代佛教制度的入世转型。

不过,太虚所创立的全国性的佛教统一组织最终都以失败告终,其构想的"佛教正信会"这类在家居士众组织最终也没有在实践层面得到成功落实。相反,独立开展起来的教外居士佛教组织在近代却有非常令人瞩目的表

---

[1] 《太虚大师全书》第31册,宗教文化出版社,2015,第77页。

现。由于传统的宗教管理体制在近代急剧转型的社会和时代背景下已然解体，束缚在居士身上的制度框限被打破。而近代化的宗教信仰与结社自由等理念的流行，使得近代居士佛教的组织化运动获得了一个相对宽松的社会与制度环境，因而迅速开展起来，大量新型居士佛教组织不断地产生。当时代表性的居士佛教组织有1910年杨文会创办的中国近代第一个居士佛教组织"佛学研究会"。这一组织主要侧重居士佛学人才的培养，通过定期开办佛学讲座进行传经说法的佛教活动。此后，受杨文会创立"佛学研究会"的启发，全国各地的佛教知识分子纷纷效仿建立起出于各种目的的"佛学研究会"，如1914年马一浮在杭州成立了民间居士佛学团体"般若会"；1921年韩清净等人在北京发起成立了"法相研究会"，后于1927年改为"三时学会"，以专门研究唯识经典为己任，对近现代佛教唯识学的发展起到过重要的推动作用；1922年杨文会的弟子欧阳竟无在南京成立了规模盛大的"支那内学院"，聚集了一大批居士知识精英。除了这些比较有名、影响深远的居士佛教组织外，当时各地还建立起了许许多多各种形态的居士佛教组织。不过，总体上来看，这些由居士知识分子组建的研究会组织化程度并不高，与社会的联系也不广泛，其中有些居士知识分子基于佛学研究以及信仰纯洁的立场，在制度上还持保守态度，在坚持僧伽本位制度的前提下，反对近代佛教制度的入世开展，这些都影响了此类研究会在社会上发挥作用。

除此以外，近代居士佛教的组织化运动还开展出以近代新兴工商业者、军政名流、城市市民阶层为主要组织成员的、迥异于"佛学研究会"这类由居士知识精英组织起来的居士佛教组织，诸如以"北京佛教居士林"、"上海佛教居士林"、佛教净业社为代表的一批居士佛教组织，它们更侧重佛法的修持和弘传，并积极开展各类社会慈善事业，从信仰实践的层面推动了近现代佛教组织的入世开展。

二 太虚教制改革对入世转型的推动

太虚的教制改革是与其对近代佛教组织的创设密切联系在一起的。在太虚的"三大革命"中，他极为重视佛教制度的改革[1]。而不论是组织化改革还是制度创新，太虚都是牢牢立足于时代之重社会现实、重现实人生与生活实践的趋势。具体来说：在组织化改革层面，由于近代佛教的极度衰弱以及居士地位和作用的快速提升，太虚一改过去佛教组织只限于出家僧尼的传统，积极创设或者参与创立包含在家居士众在内的统一的佛教组织，将出家众和在家众集合到统一的佛教组织下，倡导建立僧俗混合组织，推动佛教组织形态的入世转型；而在制度创新层面，其入世性则表现在一改过去佛教制度的封闭性与保守性，以时代重现实人生与生活实践的趋势作为自身佛教制度改革与创新的现实指导。太虚总是依据僧制改革运动的实践来指导自己对佛教制度的理论创新与设想，我们可以从太虚的理论论述中看到，其根据时代发展变化的趋势以及社会人生的变化趋向，不断地修正、调整自己的制度构想。

1. 太虚对佛教制度入世理念的创新

太虚对近代以来佛教制度入世性的理论探寻和研讨，与他早年参与佛教改进运动的经历是分不开的。太虚很早就创设过诸如佛教协进会、维持佛教同盟会等佛教组织。只是由于太虚个人的思想以及现实条件的制约，特别是由于"金山寺"事件的冲击和佛教守旧势力的阻挠，太虚早期所推进的改进佛教运动的主要成果"佛教协进会"很快便"无形中陷入了停顿"[2]。这让太

---

[1] 民国二十九年七月在汉藏教理院暑期训练班上，太虚曾作《我的佛教改进运动略史》的演讲，概略地回顾了自己所发起的佛教革新运动的具体经过，其中说到自己"曾对佛教提出了三种革命：一、教理的革命；二、教制的革命；三、教产的革命。……第二，是关于佛教的组织，尤其是僧制应该改善"（《太虚大师全书》第31卷，宗教文化出版社，2005，第72页）。

[2] 《太虚大师全书》第31卷，宗教文化出版社，2005，第72页。

虚深刻意识到，光有革命的热情，而不从理论上对佛教制度的新时代开展与转型做出深刻的检讨与反思，并不能引发对佛教改进运动的真正变革性行动。因此，"佛教协进会"停办之后，太虚利用在普陀闭关的三年时间，一方面着重加强个人身心（戒定慧）的修养工夫，另一方面则对佛教的大小乘经论、诸宗部的著作以及律藏展开系统性的研究。就佛教制度的理论创新来说，这一时期太虚最重要的成就即是《整理僧伽制度论》，这也是太虚首次系统性地从理论的层面梳理和检讨自己前一阶段佛教改进运动存在的问题与缺陷。

从佛教制度的"入世"建构来说，在《整理僧伽制度论》中，太虚着重提出了两个方面的内容：一是提扬佛教制度的"随方毗尼"的律制规律，二是从理论上提出建构一种僧俗混合的佛教组织结构。就前者而言，《整理僧伽制度论》中所拟的整理计划"全是根据原有住持三宝的僧律仪演绎出来的，可以说是现代僧伽的规律"。这个规律实际上就是律仪中所说的"随方毗尼"的规律：因着时地的改变，佛教的僧伽律仪也应当随之而发生相应的改变和调适。太虚是这样解释的："佛教律仪每因其所流传的地域而迁易，如中国的隋唐间，僧伽律仪就演变到丛林和小庙的僧制，这也是说明当时须要这样的僧团，方能住持当时的佛教。但这种制度，是只适宜于中国帝制时代的，一入民国，即不能不有所更改。"[1] 就后者而言，因着近代佛教的极度衰颓，以及时代政治的剧变，太虚提出"想对在家佛教徒作个极普泛的大联系"，也就是专门建立一个在家佛徒的组织——"佛教正信会"。

在《整理僧伽制度论》一书的"教团"一节中，太虚将佛教团体设为两大类，一为"佛教住持僧"，一为"佛教正信会"。"佛教住持僧"主要是以出家众为主的组织，太虚的考虑主要在于通过改组出家佛徒，以联系在家众，提高佛教僧伽的地位；而"佛教正信会"则是在家众的组织，是以摄化社会

---

[1]《太虚大师全书》第31卷，宗教文化出版社，2005，第75页。

在家信众为目的。太虚在创设"佛教住持僧"的同时还设立"佛教正信会",主要的考量就是"正信会是以摄化在家信众为目的,重在将佛法普遍深入民间,使全世界的人类,都变为佛陀的信徒"[1],这也反映了太虚教制改革的一大夙愿,就是"希望僧众与信众,都有健全组织,共同来复兴中国的佛教"[2]。同时,以"佛教正信会"代替"佛教住持僧"来处理涉及世俗社会的有关事务,这样的分组形式有两大好处:一是能够很好地坚持太虚所希望的"政教分离"的主张,避免世俗政治直接干预佛教事务,从而实现"僧自治"的律制初衷;二是通过"佛教正信会",能够更好地从组织层面落实人间佛教弘法利生的现实追求。

因此,"佛教正信会"的组织创设,极大地改变了在家信众在近代佛教组织中的地位和处境,也为近代佛教制度的入世建构从组织上奠定了良好的基础。构建专属在家居士众的佛教组织,这在古来的佛教传统中是前所未有的新事物,但这并不代表不能有,特别是在近代佛教衰颓的背景下,太虚反倒认为古代没有居士佛教组织"是一种错误"。太虚构建这样一种僧俗分别组织的佛教制度,目的就是要使近代处在衰退中的中国佛教,能够真正振起弘法利生的大乘精神。正是基于这样的考量,太虚将这样一种僧俗分别组织的理论视为第二期改进佛教运动最为重要的理论成就,他说:"我虽在闭关的时期没有作其他的活动,却集成了我对于改进佛教的理论。"[3] 而这正是其僧制改革具有入世转型意义的关键所在。

值得注意的是,太虚虽然创设了"佛教正信会"这一全新的在家信众的组织构想,但其重点和根本出发点主要还是想强调出家众的"佛教住持僧"对于近代佛教组织振兴的主导性作用,对此他曾明白地指出:"《僧伽制度

---

[1] 《太虚大师全书》第31卷,宗教文化出版社,2005,第77页。
[2] 印顺:《泛论中国佛教制度》,《印顺法师佛学著作全集》第九卷,中华书局,2009,第5页。
[3] 《太虚大师全书》第31卷,宗教文化出版社,2015,第77页。

论》是对出家僧伽的集团生活，加以严密的修整，使其适应时势所宜，成为合理化的现代组织，建立真正主持佛教的僧团。"[1] 这实际上也反映出早期太虚的佛教改进运动追求的是以出家众为佛教复兴的中坚力量，虽然他也认识到了在家众的积极作用，但在家众的作用只能是辅助性的。正如印顺法师所说："以虚大师的僧制思想来说，虽有时迁就事实，而根本主张，还是想合于佛制，僧事僧治。""僧事僧治"，实也即"僧自治"，也就是僧伽内部的事务由出家僧众自己来处理。这才是太虚早期僧制思想的根本用意。

　　太虚法师曾作有《佛教之僧自治》一文，专门讨论"僧自治"对处在衰落与滥杂中的中国佛教的重大意义。其所谓"僧自治"的僧制主张最显著的思想特征就是在僧伽事务的处理上，排除他力，不依赖于他力，亦不受制于他力，而仅依佛教自身来自己处理僧伽内部事务。太虚主张"僧自治"，某种程度上是受了近代法人社团治理思想的影响，他说："夫'佛教之僧'，乃是专一以'住持传布佛教'为职业之团体。按之新近最盛行之'职业团体各为治理'之义务，乃吾国旧来各种'同业团体'，及'同行公议规则'等例，主张行'僧自治'，应无不可。""僧自治"的目的，就在于使僧众专门从事"住持传布佛教"的职业（职业化）。但太虚这样的想法，在当时其实是很难实施的，由于佛教的极度衰微，各方势力都以佛教为俎肉，尤其清末以来的几次"庙产兴学"风波已让佛教惶恐不安，很有几分"教难"重来的危机感。更有甚者，"有地方之土痞地棍等类，自称'绅士''护法''檀越''施主'等名色，或总称曰'十方'。由之干预各寺庵之事，操进退黜陟各寺庵住持之权，予取予求，鱼肉欺凌，无所不用其极。稍不遂所欲，便得横加'不守清规'四字，动云驱逐。甚或闭毁寺宇，提夺寺产。"所以，太虚有见于此，在提出"僧自治"的主张时，认为有两件事最为紧要：一是摈除侵挠

---

[1] 《太虚大师全书》第31卷，宗教文化出版社，2005，第75页。

之他力，二是振作涣散之自身。所谓"他力"，包括政府的干涉与控制，以及地方绅民的侵夺。太虚对政府的干预与控制提出了批评，特别是当时政府颁发了带有整顿佛教寺产性质的"寺庙管理条例"，他认为很不合适。因为其根本用意就是约束和控制佛教，"在普通法外加施之钳制"，这是明显的"过分之举"，应该"绝对摈除"。太虚主张的"僧自治"根本上是希望佛教能够"但依同为国民一分子之义，随顺一般之国民便可，用不着另有长短"[1]。要自治，终究还需要自身素质过硬。而近代佛教组织涣散，一盘散沙，是绝然不可能有力量来谋求自治的。因此，太虚在提出摈除侵挠之他力的同时，也提出要"振作涣散之自身"。太虚从佛教组织的完善这一角度入手，把建立不同层级的佛教僧自治联合会作为"振作涣散之自身"的重要途径，以期达成其"保僧伽蓝，转正法轮，净佛国土，淑人世间"[2] 也就是建立人间净土的目标。

但太虚很快就意识到，以这种将僧众和信众分别组织并以僧众作为佛法的正干的方式来实现佛教的"僧自治"实际上是困难的。他在《整理僧伽制度论》中设想分别建立"佛教住持僧"和"佛教正信会"两套独立的组织，是希望推动近代佛教在出家层面真正实现"政教分离"以及"僧自治"的教制改革目标。或许是因为看到了此前敬安等人发起成立的中国佛教会在组织上存在僧俗不分的局限性，太虚意图通过创立这样一种僧俗分别组织的制度架构来克服前人做法所存在的不足之处。但提倡绝对的"政教分离"，完全脱离政府的扶持和干涉，这对于处在自我拯救和振兴中的佛教来说几乎是不可想象的。

单纯地以"僧自治"作为教制改革的目标而提倡"政教分离"，却无视在家众特别是政府的扶持，这是太虚教制改革初期失利的重要原因。太虚后

---

[1] 《太虚大师全书》第18卷，宗教文化出版社，2005，第295页。
[2] 《太虚大师全书》第18卷，宗教文化出版社，2005，第297页。

来在反思自己历次僧制改革难以施行的原因时就指出，政府在近代佛教振兴过程中的缺位与不作为——"政府方面亦似有让佛教寺僧自生自灭的意思"，正是佛教改革事业失败的重要原因。政府不参与佛教的振兴事业，并不意味着政府对佛教真的放任自流，不管不问。实际上当时的佛教受政治时势之影响很大，太虚所谓的"一损失于长发之劫，再毁夺于新政之变，乃入民国以来，受政治军事与其他种种摧残"[1]，就反映了现实政治局势变动给这一时期的佛教带来的深切影响。

再比如民国十八年，当局曾颁布过《寺庙管理条例》，并事先邀请太虚等教内人士参与修订，但最终的版本却并没有采纳太虚等人提出的修订意见，这实际上意味着太虚意欲通过参与修订《寺庙管理条例》来取得"僧自治"的僧制改革目标最终因未得政府之应允而告失败。正如学者所指出的：由于"对佛教的传统管制惯性和对佛教庞大庙产的觊觎之心始终影响着民国政府佛教管理制度的走向"，"民初的佛教政策——其内容对于佛教的箝制极为严苛"[2]。这充分说明，近代佛教在制度以及实践层面根本不能排除政治的影响与干预。

因此，从适应时代以及时局变化的契理契机的立场出发，太虚在佛教制度改革非常重要的一面——政教关系上，对其想法逐渐进行了调适与改变，由早期带着满腔革命理想热忱的"政教分离"主张向后期僧众积极参与现实政治活动的"议政不干治"的主张转变。所谓"议政不干治"是太虚参考孙中山提出的政权与治权而提出来的，太虚所理解的"政权"指"人民有权议定政法"，所谓"治权"则指政府有能治理国民。在他看来，"人民有权议定政法"在当时主要指社会的、地方的、国家的合法集议，众人之事的会所，如县议会、省参议会、国民代表大会等国家各级政权/议政机关（这些有关众

---

[1] 《太虚大师全书》第18卷，宗教文化出版社，2005，第171页。
[2] 纪华传：《民国初期的佛教政策及寺院财产管理》，《世界宗教研究》2018年第6期。

人之事/民生之事）。太虚认为，佛教徒"议政"，参与政治，"所参预的以此各种议事场所为止，亦即人民政权机关为止"，对于有关"治权"机关如其所谓"执行五种治权的中央和地方机关，概不干求参预"，也即"只参加被选举选为议员，决不干求作官、运动作官将（文官武官等）"。[1] 简单来说，"议政不干治"就是只作为人民的一员参政议政，但并不担任官职。在太虚看来，这样做的现实考量就是，一则可以通过与官方保持一定之距离，避世讥嫌，严限议政之范围，消除官方之猜忌；一则还可以促使佛教与政治保持良性的互动和有效率的政治参与。

可见，太虚的"议政不干治"的政教观已与其早期的"政教分离"的主张有着重大的思想转变，他试图通过一种善巧的制度安排，一方面与世俗政治保持必要之距离，保证佛教"僧自治"的律制原则不被打破，另一方面通过僧众积极参与现实的政治活动，以使佛教僧众合法享有的政治权利得到充分的保证。但是，不管是"政教分离"，还是"议政不干治"，从其中的精神实质和目标来看，无不是太虚围绕着整理近代佛教制度、创设适应时代需要的佛教组织而有目的地对传统政教关系进行重构，以及从佛教入世的立场所做出的积极调适。

除此以外，太虚也在不断地修正他的僧俗混合组织理论的立场和观点，他还专门有一系列论述佛教制度改革的文章，就如何推动佛教制度的入世转型以及在僧制改革过程中所遇到的、与现实不相适应的问题进行了持续的思考和修正。例如，针对《整理僧伽制度论》中存在的诸如在时代趋重民生的背景下还试图继续保持僧伽受国民供养的错误设想，他在《僧制今论》中说："当今佛化重心渐移信众，而时代趋势又侧重生计，僧众亦不能不为生利分子以谋自立于社会"。当时代的趋向发生了转换，原来试图通过

---

[1]《太虚大师全书》第19卷，宗教文化出版社，2015，第334—335页。

创设"佛教正信会"来帮助出家僧众完全实现超脱世俗且不依于世俗的出家修行实践就会显得不合时宜。于是，在《僧制今论》中，太虚特将"僧众"从职分上加以细化，将"僧众"进一步划分为"长老众、学行众、服务众、尼众"。尤其值得注意的是其中的"服务众"，据太虚的设想，此"服务众"主要是指出家从事农工商者[1]。出家僧众从事农工商者，从律制的角度来看，是从未有过的现象。这一改革设想明显超出了太虚在《整理僧伽制度论》中的改革力度。但从契合时代发展需要的立场上来看，太虚认为这是完全必要的。在《建僧大纲》一文中，太虚指出："现在国民革命后，又不同于辛亥之时，趋重民生问题，已不能容有如许僧伽受国民的供养。"[2] 可见，太虚的考量就是希望改变过去那种完全依赖信众的施舍过活却又易为世讥嫌的佛法开展的被动局面，"此僧制之改设，要之令僧众于士、农、工、商各有一立身之地位，勿为世人诟病，且又能为佛法修己化人而已"[3]。这较之过去只重"经忏"和"荐亡"的死鬼佛教，显然更具入世性的思想转型特色。

实际上，愈到佛教改进运动的后期，太虚的僧制改革思想的入世性就愈加明显。他在对过去一些想法和做法进行反思的基础上，致力于创设现代僧制，这与原来的佛寺制度有很大的不同。因当时中国之僧伽具足僧格的百无其一，故太虚认为，要建立现代僧制，首要者在"精取慎选少数有高尚僧格的，制成以下三种僧制：学僧制，亦名比丘僧制；……职僧制，亦名菩萨僧制，就是修菩萨行之僧；……德僧制，亦名长老僧制"[4]。设此三种僧制的目的在于使"僧无废人，而可大有裨益于国家社会之化矣"[5]。

---

1 《太虚大师全书》第18卷，宗教文化出版社，2005，第172页。
2 《太虚大师全书》第18卷，宗教文化出版社，2005，第181页。
3 《太虚大师全书》第18卷，宗教文化出版社，2005，第175页。
4 《太虚大师全书》第18卷，宗教文化出版社，2005，第183—184页。
5 《太虚大师全书》第18卷，宗教文化出版社，2005，第232页。

可见，太虚总是试图从理论的高度对自己的改革理念进行概括、反思和总结，以便能够更好地指导自己的佛教改革运动。太虚在推进其佛教制度的理论建构与创新实践中，根据不断变化的时代和社会发展的趋向，从与时代的思潮和趋向相适应的立场不断地调整和修正自己的佛教制度主张，推动近代佛教制度的改革与创设。太虚在思考佛教制度的理论建构与创发时，以佛教制度的入世向度作为自己思考的出发点和归宿，体现了佛教制度"随方毗尼"的律制精神。

2. 太虚教制改革中的组织创设

除了从组织制度的理论层面来论证和推动近代佛教制度的入世转型，太虚一改过去佛教组织只限于出家僧尼的传统，将提扬在家居士众的组织学说应用到具体的佛教组织的创建中，积极创设或参与创立包含在家居士众的统一的僧俗混合组织，将出家众和在家众集合到统一的佛教组织下，从组织创设的实践层面来推动佛教制度的入世转型。

（1）太虚构建僧俗混合组织的最初尝试

"中华佛教联合会"是太虚将其僧俗混合组织学说付诸实践的一次尝试。太虚在《我的佛教改进运动略史》中，将"中华佛教联合会"列为其改进佛教运动的第二个阶段即所谓"第二期"的主要实践活动。他曾回忆说："民国十四年上半年，我在北平讲经时，提倡组织中华佛教联合会，即进行章程备案。"[1] 关于到底如何来组织这个全国性的佛教联合组织，太虚此前曾写过一篇文章《中华佛教联合会当如何组织》，对此进行过专门探讨，时间约在当年的3月间。

在这篇文章中，太虚从"纵""横"两个方面对中华佛教联合会的组织架构进行了制度设计构想："此会之联合，虽在联县会合成一省会，联省会合

---

[1]《太虚大师全书》第31卷，宗教文化出版社，2005，第83页。

成全国会；而遍于县省国之横的联合，则尤重在出家佛教僧与在家佛教徒之由分组而合组。"这里尤其值得重视的是，太虚从横向来建构佛教的联合组织时，主张在家与出家分组而合组，这实际上正是太虚《整理僧伽制度论》中建立"佛教住持僧"与"佛教正信会"的思想的重现。

先来看分组，太虚设想的是通过在每一级佛教会分别"组成纯粹出家僧众之佛教会，及纯粹在家教徒之佛教协会（或即名前期所云之佛教正信会，但此时先名协会者亦可）。由佛教会（出家僧众的）专联合僧众，依照《整理僧伽制度论》作整理僧伽之事业。逮整理之事业完成，则废佛教会之名称而但名佛教住持僧。由佛教协会专向普通社会宣传人天戒善之佛法，以起全国人民皈依三宝之正信，后即转名佛教正信会，为佛教中与住持僧相对之一团体。"从这个"分组"的构想来看，成立纯粹的出家僧众之佛教会，主要是为了专门依照《整理僧伽制度论》作整理僧伽之事业；而成立纯粹的在家佛徒之佛教协会则重在专门向普通社会宣传佛法。在完成既定的目标之后，则"废佛教会之名称而但名佛教住持僧"，佛教协会最后也"即转名佛教正信会，为佛教中与住持僧相对之一团体"。太虚认为，这种分组是因为出家僧众之佛教会与在家佛徒之佛教协会的职责使命不一样，"然虽分途进行而实同为佛教，故仍相依互助而不可一日失其联合"。在实践中，僧众与信众其实是一个相互助长的关系："如民众中信徒多则对于僧寺自不摧毁，而僧寺中之修证精进，则民众之信心深厚道德进步。"因此，僧众与信众在分组之后还要"合组"，如果光分组而不联合，就会有相隔相碍之患；只混合而不分组，则又多互侵互乱之蔽。[1]

当然，也有人对太虚这种佛教组织法提出了批评，认为这过分强调了佛教正信会的作用，把向社会普及佛法的事全归于佛教正信会，与佛教以僧团

---

[1] 《太虚大师全书》第18卷，宗教文化出版社，2005，第326—327页。

为重的传统不相符合。但实际上，太虚在创设"佛教住持僧"的同时还设立"佛教正信会"，主要的考量就是希望"佛教正信会"能够更好地来处理与世俗社会有关的事务，这虽然改变了在家信众在佛教组织中的地位和处境，但并不意味着过分地突出佛教正信会的作用。在太虚看来，正是由于历史上居士佛教组织的不健全与制度缺位，其所应具有的弘传佛法的作用从来没有被重视。在近代佛教极端衰颓的背景下，太虚认为佛教正信会的作用理当得到特别的提扬，这既是整兴佛教的必然路径，也是推动佛教制度从组织上入世转型最为有效的途径。

但太虚最初的尝试并没有取得成功。据太虚自己在《我的佛教改进运动略史》中回顾，佛教联合会刚着手筹备，就受到了当时国内革命形势的影响，使得"僧众亦觉得有革命的需要，曾受过僧教育的僧众，咸以为：佛教不革命就不能适存，非来个佛教革命不可"。在僧众中间还出现了这样的现象："甚至有离开了佛教立场，成为俗化以革掉佛教整个生命的；也有以佛教没有办法，随着旧势力而意志消沉的"[1]。针对这种现象，太虚曾特地撰文予以纠正，并提出了他有名的"三佛主义"[2] 来对治当时佛教界出现的各种弊病以及佛教革命俗化的危险。"当时惟一希求，是要有主干的组织去依次进行。"[3] 太虚在这里并没有直接提"中华佛教联合会"，可见"中华佛教联合会"已然处于式微的状态，连太虚自己都不再寄予希望。当然，中华佛教联合会的失败也因"该会为出席东亚佛教大会而仓促联合组织，未能密切联系当时保守派的诸山长老，致使联合会如昙花一现，在（太虚）日本之行后，即销声匿迹"[4]。

---

[1]《太虚大师全书》第31卷，宗教文化出版社，2005，第84页。
[2] 三佛主义：太虚受孙中山三民主义启发而提出的佛教改革理想，即佛僧主义，佛化主义，佛国主义。
[3]《太虚大师全书》第31卷，宗教文化出版社，2005，第85页。
[4] 明杰：《从"中华佛教联合会"到"中国佛教会"——试析太虚大师建立全国性佛教组织的努力》，《佛学研究》2017年第2期。

(2) 中国佛学会与中国佛教会的组织演变

中国佛教会是太虚后期参与成立的另一个全国性的佛教组织。在该会之前，太虚曾在1928年还主导成立过一个叫"中国佛学会"的佛教组织。这个组织是太虚有见于当时中国政局的不稳定，"因此政治没有一定的轨道，社会没有一点的趋向；中国佛教之设立团体，也不过做些应付当时环境的事情，没有确定实际办法可以建树"[1]，所以太虚不但放弃了在《整理僧伽制度论》中的想法，认为该论已不适用于当时，而且也放弃了要在国内复兴中国佛教、整理中国僧寺的想法，而把目光转向了他所说的"从大处着手的运动"，这就是他在其改进佛教运动第三期提出的"世界佛教运动"的构想。"中国佛学会"就是太虚为发起"世界佛教运动"而动身去欧美考察前发起成立的一个佛教组织。

对于"中国佛学会"为什么不一开始就叫"中国佛教会"，太虚曾解释说："当时的蔡元培先生等，认为民初的信教自由，此时已失其效，对于宗教不便提倡，以先设佛学会为宜，因为佛学会是研究学术的机关。"[2] 蔡元培作为当时国民政府任命的大学院院长，他的意思当然代表了官方的立场，因此太虚只得听从。不过，太虚当时的打算是先把"中国佛学会"成立起来，为第二年返国之后成立"中国佛教会"做准备。

实际上，太虚在出国考察前的当年6月间，曾在《条陈整理宗教文》一文中向政府呈报自己对理想中的中国佛教会的一些构想，表达了自己对中国佛教会组织形态的一些基本思路。他希望借助政府的行政力量，在组织上"应有中国佛教会中央部、省部、县部之三级组织，以为中国佛教徒众之统一法定团体"。在关于僧俗分组的问题上，他依然沿用了先前《整理僧伽制度论》和成立中华佛教联合会的做法，设想在中国佛教会内部的组织结构上，

---

1 《太虚大师全书》第31卷，宗教文化出版社，2005，第88页。
2 《太虚大师全书》第31卷，宗教文化出版社，2005，第91页。

分为"僧众部"和"信众部"。出家僧尼虽为"僧众部当然会员",但也要"由宗教整理委员会举行严密之考试登记,汰除莠劣;其自愿还俗者听"[1]。对于僧众素质普遍低下的近代佛教来说,太虚的这一构想无疑是超出现实情况的。而对于在家信众之个人,则"任其自由加入为中国佛教会信众部会员",这一点在当时来说较为进步,但太虚同时又说:"在家信佛人士,已组成佛教团体者,例居士林,则其分子必须完全加入中国佛教会;并由中国佛教会指导或整理其团体之组织,以收统一之效。"[2] 要居士林完全接受中国佛教会的指导和整理,而在当时居士佛教远比僧寺佛教实力强盛的情况下,这种指导与整理如何得到落实和施行,实在是一个考验人的难题。当然,这只是这一时期太虚对自己理想中要成立的中国佛教会的一种完美构想,最终能否落实,实际上还未可知。

不过,一个明显的事实是,当太虚于当年即1928年8月11日出国游历欧美之后,他所主导的中国佛学会的筹备活动很快就因为失去了主心骨而松懈,计划中的许多组建工作也因此无法按部就班地持续推进。一直到第二年11月,太虚游历回国之后,中国佛学会才在南京正式成立。而在太虚游历欧美期间,国内形势已经发生了急剧变化,太虚自己回忆说:"那晓得在我未回国前,内政部长薛笃弼订立了管理寺庙条例二十一条,对于佛教有如日本对中国所提出的二十一条的苛刻,有把庙产全部充办社会公益的趋势。"[3] 这对于佛教而言无异是一项置之死地的政策,让当时整个佛教界感到了前所未有的生死存亡的压力,因此佛教界的各路有为之士火速行动起来,展开自救,大家商议应当尽快把中国佛教会组织起来。就在太虚游历欧美期间,中国佛教会已经由在南京的中国佛学会联合圆瑛法师所领导的江浙佛教联合会共同

---

[1] 《太虚大师全书》第18卷,宗教文化出版社,2005,第330页。
[2] 《太虚大师全书》第18卷,宗教文化出版社,2005,第330页。
[3] 《太虚大师全书》第31卷,宗教文化出版社,2005,第94页。

发起成立,还拟定了《中国佛教会章程》,呈请当时的国民党中央党部及内政部备案,并请求政府修正《寺庙管理条例》。中国佛教会的成立,意味着太虚所主导的中国佛学会已经失去了"成立一全国统一永久的法定佛教团体"[1]的机会。

据太虚后来回忆,他真正参与中国佛教会实际事务的时间主要集中在民国十八年下半年至民国二十年上半年,前后不到两年的时间。实际上,凭着太虚的积极作为以及在佛教界的崇高声望,太虚一系曾一度主导了中国佛教会,并与仁山法师、王一亭、谢健等人接管了中国佛教会的办事处,将之搬去南京。但后来由于政府出台了保护佛教的法令,使得佛教界没有了生存之虞,一般的寺僧也开始对佛教会的事情懈怠起来,由是导致中国佛教会内部"遂发生障碍",守旧的一系不但不肯缴纳经费,还要求将佛教会迁到上海。在此情形下,太虚只得宣布辞职,"从此不顾闻会务"[2]。

三 《中国佛教会章程》的入世性组织构想

中国佛教会迁到上海以后,实际负责中国佛教会的乃是圆瑛一系。按照太虚的说法,圆瑛在上海一方面设法阻挠,拒绝落实中央民训部的命令;另一方面擅自召开由少数人操纵的佛教代表大会,并在大会上拟订修正章程,呈民训部、内政部批准。这就是登载于《中国佛教会报》1936年第6期的《中国佛教会章程草案》及《中国佛教会章程草案要点说明》。也就是说,圆瑛一系向当局呈报的《中国佛教会章程草案》已经不是中国佛教会刚成立时拟定的那一版,而是中国佛教会由南京迁往上海以后由圆瑛一系主导修改过的,所以叫作《中国佛教会章程草案》《中国佛教会章程草案要点说明》。这

---

[1] 《太虚大师全书》第18卷,宗教文化出版社,2005,第340页。
[2] 以上见《太虚大师全书》第31卷,宗教文化出版社,2005,第94—96页。

部草案如太虚所言，曾"叠经核改"，太虚也对制订这部草案提出过自己的修改意见，包括《中国佛教会两大问题》（民国二十四年）、《对于中央民训部修订中国佛教会章程草案之商榷》（民国二十五年六月）、《对于中国佛教会之观念》（民国二十五年六月）。最终审批通过的是《大会通过之修正中国佛教会章程》。下面我们就着重通过对比《中国佛教会章程草案》（简称"草案本"，也包括《中国佛教会章程草案要点说明》，简称"要点说明"）与《大会通过之修正中国佛教会章程》（简称"修正本"）相关内容的前后变化，来具体讨论中国佛教会在组织制度上是如何体现出对近代佛教制度入世转型的契合的。[1]

"修正本"与"草案本"最大的区别就是更加专注或者说重视现实性、重视"入世"的价值向度。比如草案本第一章第一条"本会由中华民国全国佛教僧尼组织之定名为中国佛教会"，而大会通过的"修正本"第一章第一条则为"本会由中华民国佛教徒组织之定名曰中国佛教会"。可以看出，相比草案本，修正本规定的组织成员的范围要宽泛得多，草案本实际上将成员严格限定为"全国佛教僧尼"，这让人很容易想到，至少在家二众并没有被包括在内。而修正本规定的"佛教徒"的范围也宽泛得多，几乎包括全部信仰佛教的在家出家七众弟子。因此，从组织上将在家众包括进来，这是修正本较之草案本最大的、也是入世性最为明显的一面。

若结合"会员"一章的规定可以看得更加明白。草案本第三章"会员"第十四条规定："凡中华民国国籍在法律上已成年之僧尼，应一律加入本会为会员。"这里明确指出只有"已成年之僧尼"，也就是说不包括已成年僧尼之外的任何佛教信仰者。在草案本中，仅在《章程》较为靠后的部分出现了聘

---

[1] 以下所引用的《中国佛教会章程草案》《中国佛教会章程草案要点说明》（《中国佛教会报》1936年第6期）和《大会通过之修正中国佛教会章程》（《中国佛教会报》1936年第11期）等相关研究参考材料均是通过图书馆"文献传递"的方式获得，故文献的具体出处一律用图书馆系统注明的"出处"为依据。——作者注。

请居士为檀护而列席会议的规定，如草案本第五章"理监事会"第五十二条规定："总分会得各经理事会之决议，聘请曾受三皈、热心护法、对于佛教确有相当贡献之男女居士为檀护列席于理事会及代表大会，协助会务之进行。"这一条之所以格外让人关注，甚至可以说它是完全冲着太虚的主张而来的，因为在它形成的过程中太虚并未参与其间，完全是由圆瑛一系主导的。

从附于"草案本"文后的《中国佛教会章程草案要点说明》可以清楚地看出这种分歧的渊源所在。《要点说明》第一条"组织份子仅限于僧尼及僧尼必须要入会之规定"专门解释了将居士排除在中国佛教会的组织之外的原因。其中说："本案最大之修正点，即为规定佛教会应以全国僧尼组织，凡属僧尼必须加入为会员，而在家居士只可聘为檀越列席会议，协助进行，绝对不得入会，取得与僧尼同等之会员资格。"此话的态度十分绝对，没有讨论的余地。至于原因，《要点说明》的立场大致可以概括为三个方面：

第一，组织性质不同，中国佛教会"为教务执行机构"，而中国佛学会则"为研究修学团体"，二者性质根本不同。然而从前述内容可知，实际情况并非如草案本中所说的那样，"研究修学团体"不过是太虚创立的中国佛学会的一个过渡组织，太虚成立中国佛学会的真正目的正是要成立中国佛教会一样的组织。

第二，居士乃僧尼一家之至戚，当然不应袖手旁观，而应从旁协助，但同时又不能成为正式会员，"致有喧宾夺主、越俎代谋之嫌"。这样的理由其实也是很勉强的，倒不如说有一种对居士"夺权"的深深的戒备心理。

第三，有违佛制。这样的理由更是牵强而迂腐。《要点说明》中对不让在家二众"以同会员资格当选为理监事"的理由竟然是因为佛制中有所谓"居士有别于僧尼"的说教，这大概是因为"白衣不得阅律"的传统以及历史上一直以来都是居士依附于寺僧，没有自己的独立地位，更不能干预佛教内部的事务。如果让在家二众当选为理监事就有可能出现居士"约束僧尼""教化僧尼""处分僧尼"等所谓名分淆乱的现象。且不说居士以正式资格加入佛教会就会有"喧宾夺主""越俎代谋"之嫌完全是一种臆想,实际上,近代佛教居士向出家人说法,出家人向在家居士学法,都并非是什么新鲜事。"在佛教历史上,僧人一直占据着佛教界的领导地位,在家居士一直处于从属地位。但随着清朝佛教界僧人素质的普遍下降,僧人在教界的领导地位发生了动摇,在家居士们以其自由的身份而受到较少的约束,思想自然也较僧人们活跃。这种状况到晚清时期愈发明显。"[1] 晚清以降,佛教的衰落已使佛门中罕有真正能够开堂说法的人,出家人素质普遍低下,佛教僧才也极度缺乏,佛门早已呈现出章太炎所说的"佛法不在缁衣,而流入居士长者间"[2] 的景象。"喧宾夺主""越俎代谋"在当时已经就是事实了。而中国佛教会中的这些保守派仍固执空洞的律制传统,觉得让居士约束僧尼简直是本末倒置的事情。但现实地来看,其时不少居士的思想实则远比教内保守派要开明和先进,诸如杨文会、欧阳竟无这些近代杰出的、佛学造诣精深的居士,他们一心为法,通过开办佛学堂以及"祇洹精舍",招收出家僧侣,令其系统地学习佛法,培养高素质的佛学人才,其中太虚就曾跟随杨仁山居士学习过佛法。正所谓"世异则事异,事异则备变"(《韩非子·五蠹》)。传统佛教的衰落在近代几乎到了收拾不住的危险境地。时代变了,佛法所处的情势也与从前大不相同,此时佛门中人若还斤斤计较于身份、资格的合法性,在意出家在家之别,实际上对于佛教自身的发展反而十分不利。因此,从草案本的规定也可以看出,主导草案本的这批出家人胸怀是狭窄的,思想是保守的。

但是到了修正本,内容就有了变化。因为前期拟定的《章程草案》还需要征询各界的修改意见,太虚随后也从欧美考察完回到国内,使其得以参与到《章程草案》的征询与讨论环节。据太虚自己的回忆,这份草案未发表

---

[1] 刘成有:《近现代居士佛学研究》,人民出版社,2013,第50页。
[2] 章太炎:《支那内学院缘起》,《中国哲学》第6辑,生活·读书·新知三联书店,1981,第311页。

前,"曾抄一份征询我的意见"。所以,太虚借此机会,撰写了一篇《中国佛教会两大问题》(民国二十四年作),专门来谈其中的"会员问题"和"会务问题"。太虚在《运动略史》中回忆说:"去年内政部公布的章程,容纳二十四年的修正点甚多,大致可用。"[1] 这里"内政部公布的章程"应该就是《大会通过之修正中国佛教会章程》,而"容纳二十四年的修正点",也就是指太虚在这一年发表的《中国佛教会两大问题》中的意见。

我们先来看经过大会通过的《章程》修正本"第三章会员""第八条"对入会资格的规定:

> 本会除在家二众及皈依三宝护法有力者均得入会为会员外,全国僧尼须一律登记入会为会员(入会及登记规则则另订之)。

这一规定完全以佛法信仰者的平等身份来看待居士入会的资格问题,而且对于居士入会没有任何身份、学识、修养上的限制,这就比草案本要开明得多,也包容得多。这其中太虚的贡献是不容置疑的。太虚在《中国佛教会两大问题》探讨"会员问题"时就说过:"但在家佛徒,不必皆入会为会员,加入会员否皆随自意,而入会又似以特别会员、永久会员为限。"实际上,太虚在民国二十五年六月所作的《对于中央民训部修订中国佛教会章程草案之商榷》一文中说得更为明白:"然若于佛教为信仰之对象,则在家二众亦自为佛教徒众,应亦得参加佛教会,而此正名'佛教僧寺会',与其余居士组织之佛教正信会等,合组为'佛教会'。"[2] 当然,后来的中国佛教会在组织上并不是完全按照太虚所设想的僧俗分组再合组的做法来进行组织建构的,但在会员入会的资格问题上则可以看出还是吸收了太虚的修改意见,因此其

---

[1] 《太虚大师全书》第 18 卷,宗教文化出版社,2005,第 97 页。
[2] 《太虚大师全书》第 18 卷,宗教文化出版社,2005,第 373 页。

制度的包容性和"入世"的色彩已经变得明显起来。

再来看两部《章程》的"宗旨"。总体上来说，两部《章程》的宗旨都体现出了大乘佛教的弘法利生之精神，但是修正本将草案本的"利济生民"修正为"利济群生"，利益的范围同样要比草案本宽泛："生民"主要还是偏向人群众生，而"群生"则可以指一切众生，不只限于人类，显示其"入世"精神的广泛性和包容性。

接着再来看两部《章程》所规定的"会务"。从对比中可以发现，虽然二者都涉及慈善、教育、公益等入世弘法、济世利众的"会务"，但草案本比修正本更强调僧伽内部事务的管理与秩序整顿，而修正本则更多涉及一些具体的世俗事务。如草案本第二章"会务"中讲到慈善、教育、公益、务工等入世弘法、济世利众的"会务"，其中的后四款如"第七款"为出版刊物与影片；"第八款"为创办学校研究院图书馆等；"第九款"为办理慈幼院、孤儿院、养老院、疗养院等各种公益事业；"第十款"为"提倡僧尼于修学外从事合乎教旨之生产与劳作，以改善僧尼之生活"，与世俗的现实生活关联性更强。而前面几个条款如"第一款"至"第六款"则更多地只涉及僧伽寺庙内部的秩序之整理。仅举两条："第四款"为"寺庵教产法物及佛教名胜古迹之管理与保护"；"第六款"为"寺庵及僧尼一切纠纷争议之调解"。可见，草案本中涉及俗务的条款比僧伽内部事务的少。

而修正本规定的"会务"也是十款，但是，真正涉及僧伽内部事务的管理与秩序整顿的内容只有"会务""第一款""第四款"和"第七款"，且内容非常简单。如"第一款"仅为"教规整理与施行"，"第四款"为"寺庙财产之保护"，"第七款"为"指导佛教寺庙保存法物名胜古迹"。其他的条款，则多涉及世俗的或以世俗价值为导向的事务。特别是修正本所独有而草案本所无的"第三款""党义之研究"，将世俗政党政治的思想作为佛教会的研究工作的范畴，这不能不说是中国佛教会的一大特色，这除了反映出出世的佛教对现实政治的依附与顺从，也反映出中国佛教会的"入世"的深度。再比如"第六款""提倡生产劳作但以不违反本教教旨为范围"，草案本中原为"提倡僧尼于修学外从事合乎教旨之生产与劳作，以改善僧尼之生活"，两相对比，可以认为，草案本中僧尼从事生产劳作不过是为了维持生活需要，也可以视为是无奈之举，而且一旦生活状况得到改善，僧尼就有可能要重新回归到出家生活的状态；而修正本仅仅只以"不违反本教教旨"作为僧尼从事生产劳作的框限条件，这意味着僧尼从事生产劳作完全是一种本分事，即使生活无忧，也可以继续以俗务作为自己的基本工作形式。显然，修正本对僧尼从事俗务的态度宽松了不少。

最后来看对于会员违犯的惩处问题。草案本中带有入世性质的条款包括"第二十六条第一款""违犯三民主义有显著之言论及行为者"，以及"第三款""违犯国家法律受刑事处分者"。这是草案本中在会员违犯惩处问题上带有"入世"性质的条款。修正本中相关内容的规定则是"第十条第三款""违反三民主义有显著之言论及行动者"，以及"第四款""受刑事处分尚未期满，或褫夺公权尚未恢复者"。可以看出，修正本与草案本在有关会员违犯的惩处问题上，都将国家的政治统治思想以及国家法律作为会员违犯的要件之一，显示出在对待国家法律问题上的一贯性。不过，修正本要较之草案本限制得更具体，现实性和入世的色彩更为鲜明。这实际上也说明，修正本的立场更具"入世"的操作性，对会员的行为也更具现实指导意义。

四 居士佛教的组织化开展与制度创新

从近代以来佛教制度的演化模式来看，居士佛教的组织化开展可以说有着与太虚的僧制改革运动相提并论的制度创新特点。这里的居士佛教特指在组织建设与制度创新上持开放态度的一派，并不包括以欧阳竟无、吕澂师徒为代表的居士佛教的保守一派。居士佛教的保守一派在佛教制度的立场上反对"出家务俗"的制度创新，也反对佛教接近社会、参与社会现实活动，因而佛教制度的保守派与以"入世"为制度开展导向的佛教制度改革派是不一样的。而从制度创新的角度来看，由于近代之前并不存在系统、完备的居士佛教组织，因此，近代以来居士佛教的组织化开展以及居士佛教组织的创设本身即具有鲜明的制度创新与入世转型的意味。这其中，尤其以上海世界佛教居士林为其典型。从当时世界佛教居士林的相关情况特别是其制定的《世界佛教居士林章程》中的有关内容，可以清晰地看出近代居士佛教在组织化创设与制度的入世建构方面的突出成就。

上海世界佛教居士林成立的时间约在1922年。居士林刚成立时，其主要的组织机构只有"弘化"与"总务"两大部门，弘化部主要分管宣讲团、编辑处、图书馆、莲社、禅定室、研究室、祈禳会、放生会；总务部则分管款产处、会记处、交际处、文牍处、庶务处等。总体上来看，这种组织结构还是比较简单的，功能也偏向于讲经说法。真正让世界佛教居士林组织形态走向完备的是1927年新当选的林长王一亭。正是由于他连续三届都被推选为世界佛教居士林林长，居士林章程才能在其连续任职期间不断地得到修订和完善，并在1933年居士林第五届林员大会上，一部系统、完备的《世界佛教居士林章程》修订通过。参考唐忠毛辑出的《世界佛教居士林章程》全文，我们得以一窥其全貌[1]：

《世界佛教居士林章程》全文共分8章30条款，另附"办事细则"共9章63条，对居士林的组织形态、制度架构、监督模式，以及林务活动中可能涉及的方方面面都做了非常周详的规定，堪称近代居士佛教制度建构的典范之作。由于唐忠毛已对《世界佛教居士林章程》的组织形态有过深入系统的

---

[1] 以下引文均摘自唐忠毛《中国佛教近代转型的社会之维：民国上海居士佛教组织与慈善研究》一书的附录《世界佛教居士林章程》。

研究，这里将主要立足于制度的角度，尤其关注章程中那些具有入世意义的制度建构内容，以此来阐述《世界佛教居士林章程》在近代居士佛教制度的建构与入世转型方面具有的开创性的建制意义。

前面已述，近代之前的居士佛教原本在组织化、制度化层面并不完备，甚至高度地依赖寺院佛教。而明清以来以丛林制为主要组织形态的寺院佛教由于深受中国传统宗法制度的浸淫，在制度的结构、功能、目标上都发生了严重的扭曲与腐化。这就使居士佛教的地位在近代寺院佛教普遍衰弱的形势下逐渐凸显出来，而他们对传统宗法化的寺院佛教的组织模式最具颠覆性的变革就是创发了自己的制度化的组织形态。近代的居士佛教之所以能够成立独立的组织形态，使得居士佛教的组织化运动成为近代佛教制度入世转型极具影响力的事件，乃在于与其他任何社会组织一样，"具备自己相应的权力结构以及与之相应的制度"。比如，其成员来自于现实社会中较有素质的工商业者以及知识分子，同时按照近代的企业管理模式以及资本运作模式来管理居士林，明确成员的权利与义务，并有对近代政教关系的必要之回应，等等。

例如，在《世界佛教居士林章程》中，建立了以"理事"和"林长"为核心，以"部长""主任""干事""监察员"等为辅助的居士林的权力结构，并以《章程》的形式形成了相应的组织和人事制度。此外，《章程》还对居士林的主要目的、职务部门、职员名称、职权范围、权利义务等都做了明确规定。通过《章程》对这些权力结构与组织形态所做的制度化的设计与安排，可以更明显地感受到世界佛教居士林在其组织化以及制度化过程中体现出来的组织制度的入世转型意味。

首先来看居士林的目的及职务部门。《世界佛教居士林章程》"第二章目的及职务"下"第四条""第五条"有如下明确的规定："第四条本林以下列各项为目的"，包括：（一）修学以及宣传佛教教义；（二）"世界佛教同志之联络及交换智识"，即联络同志，相互交流学习；（三）社会事业之随力举办。这里的第三点"社会事业之随力举办",实际上就是居士佛教面向社会所从事的学校教育、慈善、公益等社会实践活动,显示了世界佛教居士林在制度建构的目的和出发点上已将制度的入世性作为主要的考量之一。

再来看"第五条本林以下列各项为职务"。关于各项职务共有五款二十三条规定,分别为:(一)关于文化事项,主要指各种学校(遵照部章)、佛学图书馆、宣讲处、出版处(设文化部办理之);(二)关于慈善事项,主要包括施医处、施材处、放生会、赈灾协会、佛教公墓(设慈善部办理之);(三)关于学教事项,包括读经处、阅藏室、研究会、宏法会(宣讲佛法、讲经,设学教部办理之);(四)关于修持事项,包括皈戒会、莲社、禅定室、修法坛(设修持部办理之);(五)关于总务事项,包括林员处、会计处、收支处、文牍处、交际处、庶务处(设总务部办理之)。

从以上"目的及职务"一章的内容来看,其一开篇就从制度设计的目的上明确了居士林章程的"入世"性:第二章第四条第三款明确了创设居士林的目的之一就是"社会事业之随力举办",并在"第二章第五条"的第一款"关于文化事项"、第二款"关于慈善事项"等条款中进一步将"社会事业"具体化。从这种组织形态与结构安排上可以看出,居士林将自己职务范围的重心放在了与现实社会紧密相关的"文化事项"与"慈善事项"这两个方面,因为"文化事项"中的学校教育、宣讲以及"慈善事项"中的施医、放生、赈灾这类活动都与现实联系密切,显示出了世界佛教居士林在组织结构的设计以及制度建构上的"入世"特色,表明其充分考虑了组织制度的建构与现实社会的关联性。

再比如"第四章职员、办事员及林役"下"第十条本林职员名称及其职权"对居士林主要职员及其职权作的规定:居士林职员共分"理事""林长""部长""主任""干事""监察员"六种;设理事二十一人组成理事会,主要负责林务的兴革、预算决算的审核、各部主任的聘任以及资产的保管等重要事务；设常务理事九人，分别兼任正副林长、各部部长及理事会秘书；设林长一人，主持居士林一切重要事项，另设副林长二人，辅助林长的工作，在林长缺席时，代行林长的职务；各部设部长一人，主持该部各项重要事务；各处会等设主任一人，办理该处会等一切应办事项，惟重要事项须得该部部长同意；各处会等又设干事若干人，执行该处会应办事项；设检察员五人，主要的职权是监察职员办事状况审查收支账目及督促一切进行事项。

这里的关键是，这些人事安排是通过何种程序来进行的？职员以及林员的资格又是依据什么方式和标准进行铨选的？从《世界佛教居士林章程》有关条款的规定可知，居士林中职员资格的获得除了"均需有林员之资格"外，各职能部门负责人的铨选方式包括：理事、林董、居士用投票选举；林长、副林长、部长及理事会秘书由常务理事互选兼任；主任由推举请任、干事由推举委任；而且它们的任期都是有限制的，或三年，或一年。

与职员资格的铨选程序不同的是，林员资格主要是通过"捐助献金"以及道德、佛法修行的高低等来获得。《章程》"第五章第十六条"不但确定了林员的类别，而且为每一类林员资格的获得确定了明确的标准。如林员第一类"林友"，其资格获得的标准就是"凡在家二众赞成本林宗旨志愿入林，经林员之介绍者，得为本林林友"。"林友"又具体分两类："随喜林友"与"赞助林友"，前者的入林条件是"每年纳常年费二元以上者"，后者则是"每年纳常年费十二元以上者"。又如林员第二类"林董"，其资格的获得须"具下列两项资格之一者，由理事会之通过，得请为林董：（一）佛学深邃或德望高超而志切护持佛教业务者，（二）每年纳常年费在五十元以上或一次特捐三百元以上者"。可见，"林董"的地位和重要性在一般林员之上，故其资格的获得要求更高，不过选择也多一条，若无"捐助献金"，只要个人的佛学造诣够高，德望也高，则只要愿意，也是可以获得林董的资格的。

最后来看林员第三类"居士"。"居士"也分两类："普通居士"和"精勤居士"，他们只有具备以下条件，才能"由理事会之通过得选为居士"，其中包括："普通居士"须曾为本林林友在三年以上，受过三皈者；"精勤居士"须为林友之佛学深邃修养精进者，或普通居士之能常时到林，助林务三年以上者。可见，居士资格获得的标准较之"林董"似乎更高一些。首先，"居士"的铨选范围只能限制在"林友"当中，再就是居士资格的获得要有实在的佛法修习年限或服务年限，在具备这些条件的基础上，最后还要由理事会通过才能够真正获得。

关于林员的权利义务问题，《章程》第五章第十八条规定："林友得享本林出版物之赠与，选举监察员被选举为理事或职员，及随时到林修学之权利。"除了林友，对林董以及居士的权利也有规定，二者不仅享有林友所享有的上述权利，"并有选举理事之权"，这或许与他们对居士林的捐助献金比一般的林友多，或者是道德声望更高的缘故。除了权利，《章程》对林员的义务也有规定，从第五章第十九条、第二十条、第二十一条的内容来看，这些义务是以一种否定的形式呈现出来的，如果将其转换成正常的肯定式的语气也是一样好理解的，即要遵守国家法律，要遵守林章，要维护本林名誉，要品行端正等。

由上可知，《世界佛教居士林章程》中有关人事安排以及各部门负责人的铨选模式已经与传统丛林制度下的人事制度，特别是明清以来扭曲、腐化了的人事制度有了重大的差别，形成了以理事、林长为领导核心，以部长、主任、干事等为依托的居士林的权力结构与组织形态。这一权力结构与组织形态的最大进步之处是，无论是林长、林员还是各部门的领导，都不是师承式的，而是通过选举、推选、聘任等不同的铨选方式产生。这一人事铨选制度的优点是显而易见的，其最大的优越性就是可以有效地避免传统丛林制下师徒相承具有的宗法弊端。如此一来，就可以保证人事制度的公平与公正，也可以保证铨选得人，使参与居士林活动的干部与林员的素质与品行都可以胜任居士林的各项工作，因而有着比丛林制进步得多的意义。具体来说，这种制度的进步性主要表现在以下三个方面：

1. 作为一个信仰共同体，居士之间的关系不是按照宗法关系而是按照现代的权利与义务规范关系来自由联合。传统的丛林宗法制度下，信仰者宗教身份的获得是依靠丛林内部的宗法性授权，也就是通过师徒之间宗法身份的传递来实现的。但在居士林章程中，林员资格的获得主要是通过"捐助献金"的方式来实现。当然，它也有对入林的信仰者在佛法修行以及道德品行上的要求，甚至只要在佛法修行与道德品行上符合要求，就可以不"捐助献金"而直接入林，并直接担任重要的职务。

2. 以捐助献金而不是依靠香火与经忏来维持居士佛教经济的运作。传统佛教的丛林组织特别是明清以来扭曲、腐化以后的佛教丛林，它们大多仰赖"经忏"与"荐亡"为生，并不从事现实社会的生产生活实践。居士林以近代知识分子与工商业者为居士主体，他们更重视学校教育与社会慈善，还可通过"捐助献金"来维持自身的运行。

3. 以现代化的企业管理模式及资本运作模式，而不是宗法制下的家长负责制来实行组织的运作，这使得居士佛教组织的管理更具民主、平等的意识和制度特色。居士林的这种制度模式显然是参考了现代理性化的企业管理方式与资本运作方式。如居士林的职务设置与安排中就有类似现代企业管理的董事组织、理事会制度，以及其按照"捐助献金"的多少来确定在居士林中的身份、地位。但传统的宗法制浸淫下的佛教丛林制提扬的却是传统家长负责制，长老、住持是一山之长，拥有对寺院、小庙的绝对主宰力和统制力。丛林中的地位除按佛法修行与个人道德水平的高低来确定外，师徒之间的继承权也是极为重要的。因此，相比较来看，居士佛教组织在制度上要比宗法化的丛林制民主得多，也平等得多。

可以看出，近代居士佛教组织的创发与组织制度的创建有着迥异于传统宗法化了的丛林制的明显进步意义：居士佛教组织是一个命运共同体，而不是各自独立的家族式的存在；依托近代化的组织管理模式运作，而不是丛林制下住持一人家长式的管理；居士林林员的工作也不是印顺所讲的"专心于玄悟自修",而是"入世"性的社会公益性的实际事务。正因如此,有学者指出:"从寺院组织模式到世俗化的居士佛教组织模式转变,是佛教组织规范与组织制度的一次变革,它在一定程度上改变了寺院组织的信仰原则与宗法制度。"[1]

第四节 近代佛教制度入世转型的特点与意义

如前所述,在中国这样一个富于人文化与世俗理性化的传统社会里,传统思想文化以及政治理念的高度世俗化和道德化,特别是王权政治的强大,使得原本以"出世"理念为自身信仰特征的佛教不得不将与世俗社会价值理念的契合作为自己"入世"的重要方式和途径。这种入世的理念和思想特色在很长一段历史时期里都是中国佛教制度的突出特点。尽管在唐宋以后因着佛教入世信仰的衰落,佛教制度的入世性也遇到严重的危机和挑战,但真正导致近代以来佛教制度入世转型的,是近代复杂的社会历史文化环境、剧变的时局以及近代世俗化思潮的盛行等,正所谓诸缘凑泊,才会有近代佛教制度入世转型的出现与深入开展。

一 近代佛教制度入世转型的主要特点

通过以上的梳理和探讨,佛教制度的近代演化以及入世转型,大致表现出了以下几个方面的特点:

第一,契理契机的特点,也就是随方毗尼的律制精神。佛教一向有重视制度适应性的传统,《五分律》中就有"虽是我所制,而于余方不以为清净

---

[1] 唐忠毛:《居士佛教的近代转型及其社会学意义》,《华东师范大学学报》2012年第5期。

者，皆不应用；虽非我所制，而于余方必应行者，皆不得不行"[1] 的"随方毗尼"思想。这一思想从理论层面为佛法的传播做出了说明和安排，制度的创设与发展演变除了要坚持佛陀的教诲，"以戒为师"，同时也应随着时地人等外在环境的变化而保持必要的适应性。正如印顺法师所指出的："释尊是顺应一般的需要而次第地成立制度，但不是绝对的，而有宽容的适应性。"[2] 近代具有改革意识和现实关怀精神的高僧大德以及虔诚专一的信众面对急剧转型的时代和社会环境，面对时代重现实人生的潮流与趋向，一方面在波诡云谲的时局中坚持住了"僧伽本位制度"的基本制度情怀；另一方面，在推动近代佛教制度入世转型的过程中，他们又努力从理论和实践层面契合佛教"随方毗尼"的律制传统，契合时代机宜和形势发展。太虚的僧制改革运动就是应时代革命之浪潮而发生，契佛法毗尼精神而施行，高举"人间佛教"大旗，重视在家居士众在佛教复兴运动中应有的地位和作用，进而创发了具有重要理论转折意义和现实价值的"僧俗混合"的佛教组织新形态。而近代居士佛教的组织化开展以及创建同样也是契时机而生。近代佛教整体衰落的趋势，加之出家众的形象败坏、精神颓废，使其难有自我拯救的能力与魄力。衰颓至极的现状让有着虔诚之信仰的一众在家居士乘势而起，勇担佛教复兴的重任。近代以来居士佛教以菩萨精神与济世情怀而自任，筚路蓝缕，努力创发。具有鲜明之时代特色以及近现代意识的居士佛教组织的创立、制度章程的创建，无不说明了居士佛教所体现出的契理契机的思想特点和"随方毗尼"的律制精神。

第二，制度创新的特点。不论是太虚的僧制改革，还是近代居士佛教的组织化开展，从佛教制度层面来看都具有鲜明的制度创新特点。古代有居士佛教，却没有规范化的居士佛教组织。因此，近代居士佛教的组织化开展与

---

[1]《大正藏》第22册，第153页上。
[2] 印顺：《戒律学论集》，《印顺法师佛学著作选集》，中华书局，2010，第339页。

制度创建本身即有着重大的制度创新的象征意义。而就太虚的僧制改革来说，太虚对在家居士众作用的大力提扬，以及从组织层面提出构建僧俗混合组织，就可视为近代以来居士佛教的组织化开展在理论层面的创新。独立的居士佛教组织运动的开展以及居士佛教组织的大量建立则将太虚的理论构想加以落实，实为居士佛教组织制度在实践层面的创新。无论是太虚的僧制改革与组织创发，还是居士佛教组织的创立，都以入世作为自身制度建构的理论指导与实践向导，与近代以前佛教入世信仰扭曲与衰落的情形相比较，制度的入世转型与创新的意味尤其明显而突出。

第三，现实导向的特点。制度的演进总是与社会组织结构的演变紧密相关。从制度的功能角度来说，"制度总是要维持一定的稳定性，也就是说，制度不能是多变的、易变的"，因为与制度所关联的社会组织结构也是相对稳定的。那么，制度的稳定性在什么情况下才可以、也应该变动呢？那就是原来的社会组织结构发生了变动，原来的社会组织结构变得与现实社会生产力发展水平不相适应时，新的社会组织结构就会出现，这个时候要保持新的社会组织结构的有效运转，则"制度又必须也确实是发展变化着的，不仅因为这是出于适应生产力发展变化而变化的客观必然事实，也是因为只有这样才能适应发展变化着的社会与人的需要"[1]。从近代以来佛教制度的入世转型来看，佛教制度所面对的社会组织结构显然迥异于过去那种导致佛教制度扭曲与异化的组织状况。具有近代化色彩的佛教组织的产生，特别是僧俗混合组织的建立，完全不同于明清时期建立在宗法制家族观念基础上的丛林寺院组织。前者的组织化、理性化色彩更强，组织的效率也更高，制度也更为完备。特别是，这些新的佛教组织结构的产生大多牢牢契合于近代以来强调和突出世俗化、人间化、现实化的时代发展趋向，无论是太虚的僧制改革运动，还是近代居士佛教组织

---

[1] 以上引文见辛鸣《制度论——关于制度哲学的理论建构》，人民出版社，2005，第163页。

的建立，都是因应重现实人生的时代趋向而创发的。因此，根本上来说，近代佛教制度的入世转型具有以现实为导向的制度建构特点。

二　近代佛教制度入世转型的历史意义

谈论近代以来佛教制度的"入世"转型，并不意味着近代之前的佛教制度一定是"出世"的，而仅仅只是意味着近代之前的佛教制度存在着与"入世"不相一致甚至是扭曲的方面。佛教制度的通俗性以及中土社会重现实人生的文化性格，决定了传入中土的佛教制度唯有与中土社会文化保持协调一致的态度，将入世性作为自身理论开展与制度创新的基本理论向度，才能够在中土站稳脚跟，并最终被中土社会所接纳。总体上来说，历史上佛教制度在中土的开展及其中国化成果，诸如各本僧制与清规总体上还是适应了当时的社会历史文化以及政治环境，并保持了中土社会重现实人生的入世品格。

然而，在漫长的历史岁月里，在佛教与中土社会持续的交流、互动乃至融合的过程中，中土特有的传统价值、思想理念和文化精神也逐渐全面渗透进佛教，导致佛教的开展在某些方面逐渐偏离了原来的思想建构路向。就佛教制度而言，唐宋以后，随着佛教中国化的基本定型和圆熟，中土社会重道德教化的传统以及宗法家族观念开始通过佛教制度的中国化建构，对佛教的组织结构与制度发生深刻影响。佛教制度所强调的"依律而住""僧事僧治"，以及平等、民主的佛制理念与律仪精神，也逐渐为中土社会重道德教化、宗法伦理、等级尊卑等传统价值观念所主导，使得唐宋以来的佛教制度无论在组织形态还是在制度结构，乃至现实的制度实践层面都开始发生变化，朝着契合于中土宗法社会的思想观念和精神方向开展。最终在明清时期，以丛林制度为主要代表的佛教制度因宗法家族观念的深刻浸淫而发生制度的扭曲与异化，演变成为丛林制的宗法化与子孙庙的传法制。

丛林制度的宗法化与子孙庙的传法制的出现，根本上说是由于佛教制度入世信仰的衰落，最突出的表现就是对以戒律为代表的佛教制度的神圣性信仰的破坏与抛弃。正如印顺法师所指出的，中国佛教历史上一直以来都有"重法不重律"[1]的传统，到了近代，佛教的衰落更致"轻律"的传统积重难返。作为制度性宗教，佛教戒律原本对于维持佛教信仰的神圣性有着至关重要的作用，但是，明清以来中国佛教入世信仰的衰落导致丛林僧众的事行陷入律纲废弛、僧众持律失范、僧格低下的境地。对于佛教丛林制度来说，如印顺法师所说的近代佛教丛林制度已经"不能适应新的剧变"，已经显示出它严重的不合理性与不合时宜性，制度的调适与转型已成为必然之势。

这种调适与转型实际上也是近代以来急剧转型的时代环境以及快速嬗变的社会模式在佛教领域的一种反应和体现。正是这种剧变的时代和社会现实，使原本契合于传统政治模式的佛教制度在面对新时代新变化时，其制度的不相洽性急剧地凸显出来。

但是，就佛教制度而言，并不是每一个近代佛教组织或个人都能够"契理契机""随方毗尼"地来推动佛教制度的入世转型。特别是对于那些固执传统制度的保守派来说，由于受传统习惯性思维的影响和束缚，制度的"路径依赖"问题尤其突出。对过去的迷恋、对旧传统的依赖、对旧制度的执守，是近代以来保守的丛林佛教的普遍现象，他们不愿意对传统的丛林制做出根本的调整和变革，对时代潮流与佛教人间化趋向有着本能的抗拒。即使是那些佛教制度的改革派，要真正做到"契理契机""随方毗尼"地推动佛教制度的入世转型，也仍然需要费一番周折。因为政治的无常轨和社会的无定型，使近代佛教制度的入世转型因适应对象的不稳定而实际上很难做到"契理契机"。

所以，近代以来佛教制度的入世转型，其实是具有改革意识和开放胸怀

---

[1] 参见印顺《中国佛教论集》，《印顺法师佛学著作选集》，中华书局，2010，第48页。

的高僧大德在急剧转型的时代与社会背景下，在重现实人生的时代趋向之影响下，以自己深刻的改革精神与救世情怀，通过主动或被动地创造各种适宜佛教转型的条件来努力推动的。比如太虚的僧制改革和佛教混合组织的创建、近代居士佛教的组织化开展与制度创新，都可视为是这种努力的具体而微的体现。进一步地说，从推动佛教制度入世转型的角度来看，无论是太虚的僧制改革还是近代居士佛教组织的创建，都是制度的创造性转化与创新性开展的典范性事件。他们所开创的"僧俗混合组织"的佛教组织新形态，以及在制度的创发上紧密地契合于现实社会人生，以时代社会重现实人生为制度开展的理论与实践导向，在佛教制度由传统向近代转化的过程中，都是前所未有的具有制度改革与创新意义的事件，他们在近代的闪亮存在本身就具有制度转型的象征意义。特别是佛教僧俗混合的组织形态，因其对在家信众组织的提扬以及对佛教制度入世转型的关键推动作用，更是受到印顺法师的高度赞扬。尽管印顺法师并不认为僧俗混合组织是佛教组织制度发展的最终形态，但他仍然坚信，对于现阶段中国佛教制度的开展来说，僧俗混合的组织形态还是有它的特殊意义的。他说："希望在这现存的组织中，力求进步，求僧众与信众的品质提高（品质主要是正信、正见、正行），完成护法责任；进一步地促进而使发展到更合于佛法的教制僧制。"[1] 可以预见，要使佛教制度能够真正地保持良好的发展，关键还是在于佛教徒自身素质的提升、出家在家信众的密切配合，以及对佛法的坚定护持。

结语　佛教制度在转化与开新中不断完善和发展

近现代佛教制度的入世转型既有佛教自身内在的原因，也与时代发展的

---

[1] 参见印顺《中国佛教论集》，《印顺法师佛学著作选集》，中华书局，2010，第50页。

新思潮、新趋向有着紧密的关联。从制度渊源上来看，近现代佛教制度的入世转型实际上与明清政府的宗教专制政策有关。明清政府对佛教所采取的严厉的"不干于民"的宗教专制政策，不但阻断了中国佛教自唐宋以来的入世性开展趋向，更窒息了近代佛教制度理论创发的氛围，使得肇端于唐宋的丛林规制因此变得日趋腐朽和僵化，僧众在规制的持守层面也变得保守、固执而不知变通。而近代社会的发展，特别是当重现实人生与生活实践的趋向成为近代思潮的擅场时，佛教丛林规制"保守""僵化"的气息便很快显现出它的不合时宜性。如何契合时代思潮的发展趋向，如何站在佛教自身的立场来回应时代所提出的问题和挑战，成为近代佛教所不得不面对的问题。

因此，当近代佛教因律纲的废弛、制度的衰落而左支右绌、徘徊不前时，太虚的僧制改革运动以及近代居士佛教组织制度的创发未尝不是对时代思潮或主动或被动的回应，在某种意义上，其更是佛教在制度层面的"自我救赎"。无论是对传统佛教的组织化改革还是建立现代僧制的制度创新，太虚都牢牢立足近代社会重现实人生与生活实践的趋势，积极创设或者参与创立包含在家居士众在内的统一的佛教组织，将出家众和在家众集合到统一的佛教组织下，倡导建立僧俗混合组织，推动佛教组织制度的入世转型。而在家居士众的积极推动也是近代佛教制度入世转型不可忽视的动源，其突出的表现就是近代化的在家居士组织的兴起，居士佛教由无组织向有组织转变，相应地，居士佛教制度也随之建立。这主要表现为由出家众自主推动建立的诸如"佛教正信会"等居士组织，以及由在家居士所积极参与创建的诸如"上海世界佛教居士林"这样的居士佛教组织。这些都代表了近代以来居士佛教的组织化开展与制度的入世创新。

进一步说，近代以来佛教制度的入世转型甚至更可以视为是近现代社会世俗化浪潮的一个具体体现。当历史的脚步由保守的传统社会迈入开放的近现代社会，一切便起了变化。无论是社会思潮还是政治理念，乃至人们的观念，都因着社会急剧转型的现实而发生改变。尽管近代佛教制度的入世转型从整个历史事件本身来看并不是那么成功，但从近代佛教的振兴以及制度的创发与重构来说，近代佛教制度的入世转型似乎又蕴含着某种"否极泰来"之重兴的必然性。近代社会重现实人生与生活实践的开展趋向以及佛教制度本身所具有的"随方毗尼"的律制精神，使得佛教制度的入世性的开展向度为现代的中国佛教所继承。特别是新中国成立以后，全国性的中国佛教协会在政府的支持下，在高僧大德和广大信众的共同努力下得以成立，入世色彩鲜明的人间佛教也成为现代中国佛教组织制度开展的基本指导思想和具体实践，中国佛教制度由此而在转化与开新中不断完善和发展。

第八章
佛教义理之学的入世转型

近现代，在西方文化的冲击下，中国社会开始从传统走向现代，佛教也伴随着时代的脚步开启了现代化的征程。作为文化领域中的现代化，佛教现代化所面临的首要问题是，既要保持传统文化的特质，又要适应现代文化，既要守住中国文化的自信，又要追赶西方文化的发达，这似乎是摆在所有有识之士面前的难题，"打破了二千年来儒教独尊的诸子学、佛教乃至其他东西一齐出现在了历史舞台上。这正是以堂皇的阵容和传统自负的中国之'学'，在攻进来的欧洲学术、思想面前不愿屈服，动员和集结了所有能够动员的'学术'部队，试图进行的彻底抵抗和最后决战，实乃一个壮观而豪华场面"[1]。似乎已经被科学所代表的时代精神扔进废纸堆的佛教，如何才能"变废为宝"，成为民族崛起的力量？

无论是从传统思想中寻找民族崛起力量的有识之士，还是立足于佛教本位谋求进一步发展的佛学家，几乎一致地选择了"入世转型"这条道路，"原来追求内在超越的佛学一变而为关注国家兴亡、社会政治和人生问题的经世之学，实现了佛学由出世转向入世的第二次革命"[2]。艾吉顿认为，古印度有两个具有差别的宗教体系（或者说行为规范），他称之为普通规范与特殊规范，特殊规范的教义提供脱离轮回的方法，而普通规范则提供在轮回中提

---

[1] 〔日〕岛田虔次：《中国思想史研究》，邓红译，上海古籍出版社，2009，第373页。
[2] 麻天祥：《20世纪中国佛学问题》，武汉大学出版社，2007，第3页。

升的途径。艾吉顿认为,从一开始,佛教就和印度教一样,了解到解脱难以成为一般人的目标,所以,它也发展出和特殊规范同样重要的普通规范[1]。虽然佛教在根本上是追求解脱的宗教,但即使是规范性的佛教,也并非对人类此世的命运毫无兴趣。所以,近现代佛教的入世转型,虽然是适应时代需求的产物,但也并非毫无理据,正如学者所说,"契理与契机,其实也是佛教中国化的基本原则"[2]。

伴随着佛教的发展,其思想理论也呈现出各种不同的模式。印度佛教时期语言平实的原始佛教、范畴烦琐的阿毗达磨与唯识学、乃至颇具思辨深度的中观学,中国佛教阶段天台宗三谛的理论建构、三论宗中道实相的开显、慈恩宗的唯识学说等,都达到了一定的理论高度。可以认为,历史上的佛学已经是一门具备了某些"研究"特质的学问,但由于其理论的探讨最终是为了实现宗教的目标,因而传统佛学并非现代意义上坚持客观考察的"佛学研究"。佛教义理这门学问(佛教义理之学)向佛教学术研究转型的重要转折点,正是近现代开始的佛教入世转型。

佛教义理之学的入世转型,首先表现为以学术的方法探究佛教的历史与思想,这即使不是近现代佛教入世转型的最主要形式,也是以思想为核心的佛教最关键的"入世"形式。霍姆斯·维慈把佛教学术的兴起看作佛教复兴的重要原因之一,他认为:"佛教的复兴肇始于在家信徒努力重印毁于太平起义的典籍。西方佛教学术成就使中国佛教徒意识到学术的必要,基督教传道者入侵中国引发培养佛教弘法者并到印度和西方弘法的念头,这两者都加强了佛教复兴的势头。"近代佛教的发展是从衰落中开始复兴,复兴并非从无到有,而是意味着整个佛教文化以一种新的姿态与现实社会相联系,将致使佛教衰落的外部条

---

[1] 参见〔美〕麦尔福·史拜罗《佛教与社会——一个大传统并其在缅甸的变迁》,香光书乡编译组译,台湾香光书乡出版社,2006。

[2] 洪修平:《儒佛道三教关系与隋唐佛教宗派》,《佛教文化研究》第 1 辑,江苏人民出版社,2015,第 21 页。

件转变为促成佛教革新的动力，以适应这些外部条件，佛学研究是其中最重要的一环，虽然霍姆斯·维慈认为这种趋向有可能会将佛教这一活生生的宗教变为"部分沦为书斋和博物馆里无用的哲学和学术研究的对象"[1]。

从学术研究的角度来考察佛教，主要可以划分为两种路径，一种是立足于哲学的佛教思想研究，另一种是立足于历史学、文献学的佛教历史研究。两者都脱胎于传统的佛教义理之学，并与佛教义理之学极为相似，有时甚至很难区分，比如《物不迁论》可以认为是僧肇对中观学思想的研究，只是他没有用现代意义上的哲学范畴，而是使用了佛教义理之学、魏晋玄学的动静等范畴；再比如，作为编纂佛典目录的重要目的之一的疑伪经的甄别，在文献材料有限、方法缺乏的古代，应该可以视作文献、历史维度的一种考察了。这种义理之学与学术研究的相似，使得佛学在近现代很自然地便能够实现学术转型以达到"入世"的目标。

佛教义理之学的入世转型，即以学术的方法来探究佛教思想，必须以学术领域中的学科来定位佛教，并基于学科互动实现佛教与其他学科的比较研究。但是，这不是佛教义理入世转型的唯一形式，基于佛教思想理论，呼应时代思潮与社会需求，关注现实人生与当下社会，寻求与西方现代化"平等"等理念的交汇，希望通过佛教理论来改变人心、救时应务，与佛学以学术的方式实现的转型相比，显得更加的"入世"。

第一节　佛教的学科定位

学科定位是佛教入世转型过程中面对的首要问题。章太炎、太虚与欧阳竟无等都强调佛教所具有的理性、内在性、实践性，凸显佛教较之宗教、哲

---

[1] 以上引文见霍姆斯·维慈《中国佛教的复兴》，王雷泉、包胜勇、林倩等译，上海古籍出版社，2006，第214、222页。

学的独特性与优越性。然而，太虚在追求本体的维度上肯定了佛教与哲学的相似性，欧阳竟无却恰恰在佛教不具有本体这一维度上否定了以哲学来定位佛教。梁漱溟同样认为，佛教与哲学、宗教之间存在很大差异，但他认为，大乘佛教有宗的终极概念所指称的就是哲学所探究的本体，然而，他又坚持汉传佛教"空有无争"的立场，由此而陷入了困境。牟宗三不仅肯定以哲学定位佛学，而且认为佛学是中国哲学史中极为重要的组成部分，但是，他认为佛学是否定本体论的，这导致他在解读中国佛教文献的过程中陷入了困境。

一 开启：佛教是宗教？抑或哲学？

佛教的定位问题，是摆在所有近代学者面前的首要问题。佛教的定位问题在中国历史中并不存在，或者说，并不存在近代意义上的定位问题，只有在传统文化中与儒、道关系之间的定位问题。但是，在近代西方文化冲击下，佛教首先面临的就是定位，即究竟以什么样的角色来出演现代化这场戏剧？又以什么样的身份与西方文化进行交流？于是，佛教的定位成了佛教义理之学入世转型的首要问题。

章太炎在日本期间，发表了题为"论佛法与宗教、哲学以及现实之关系"的演讲（原稿没有题目，为整理者所加）。在这篇演讲中，章太炎探讨了佛教的定位问题。他认为，较之宗教，佛教更接近哲学。宗教基本上存在三种内涵的界定，包括信仰、崇拜鬼神、轮回，但是，佛教无法简单地被这三种内涵界定为宗教。由于佛教强调"觉"（佛）与"智"（般若），更接近哲学，所以章太炎提出了"佛法只与哲学家为同聚，不与宗教家为同聚"的观点。然而，他认为佛教又不是哲学，并且高于哲学，因为哲学仅仅是理论的思辨，而佛教更强调实践，"细想释迦牟尼的本意。只是求智，所以发明一种最高的哲理出来。发明以后，到底还要亲证，方才不是空言"，所以"不如称为'哲学之实证者'"[1]。

在近代东西文化交汇的思想背景下，章太炎将佛教定位为"哲学之实证者"是很具有代表性的。一方面，他不认同将佛教等同于一般宗教，因为佛教追求的是智慧，所以并非纯粹信仰神灵崇拜的宗教；另一方面，虽然佛教追求智慧的内涵与哲学相似，但由于哲学是纯粹理论的思辨，无关乎实践，所以佛教又不能等同于哲学。

欧阳竟无在南京师范学校哲学研究会也作过类似的演讲，题目为"佛法非宗教非哲学而为今时所必需"，但由于时间关系而没有讲完，未讲完的部分后来由原记录者王恩洋续写为"佛法为今时所必需"。欧阳竟无的观点是很明确的："宗教、哲学二字，原系西洋名词，译过中国来，勉强比附在佛法上面。但彼二者，意义既各殊，范围又极隘，如何能包含得此最广大的佛法？正名定辞，所以宗教、哲学二名都用不着，佛法就是佛法，佛法就称佛法。"[2] 他与章太炎一样，认为佛教是不能用西方语境中的宗教与哲学来界定的。"欧阳竟无为争取佛学在近代西学勃兴，科学昌明之文化环境下的合法地位，因之提出'佛法非宗教非哲学'的论断，欲以佛学为主体进而容纳西方理性主义。"[3]

欧阳竟无认为，佛教并不符合宗教所必需具备的四点，即崇拜神、推崇圣典、不可犯之戒约、感情服从式的信仰，并对佛教与宗教在四点上的差异做了概括。首先，宗教因为崇拜神而不平等，佛教推崇平等；其次，由于佛教依义不依语，所以，相对于宗教禁锢式的对圣典的推崇，佛教更加理性与自由；再次，基于佛教最终究竟目标的自心智慧的开显，一切都是方便，不能拘执信条，这就比宗教更加强调追求真理；最后，相比较宗教对外在信仰

---

[1] 章太炎：《论佛法与宗教、哲学以及现实之关系》，《中国哲学》第6辑，生活·读书·新知三联书店，1981，第300页。
[2] 欧阳竟无：《欧阳竟无内外学》，商务印书馆，2015，第572页。
[3] 姚彬彬：《现代文化思潮与中国佛学的转型》，宗教文化出版社，2015，第133页。

的推崇，佛教更强调内在的自心。

同样，欧阳竟无也不同意将佛教定位为西方语境中的哲学。他认为，佛教与哲学所具备的三种内涵正好相反。首先，哲学追求真理却执著于一个实在的真理，这是与佛教缘起立场根本违背的，近似缘起破斥的自性执著；其次，哲学探讨知识问题，但是在佛教看来，所有凡夫的理性认识都是二元对立的分别，是应该否定的；最后，哲学家之世界观是追求世界的真实，欧阳竟无以唯识学理论为例说明佛教的理解根本不同于哲学史上唯物、唯心、一元、二元的观点。

章太炎在佛教与宗教的比较中其实是凸显了理性与信仰的对立，以佛教所具有的哲学理性的一面去否定了宗教的定位，又以佛教所具有的实践性否定了纯粹理论思辨的哲学定位。相较于章太炎，欧阳竟无的七点分析更为详细而深入。概括来说，他凸显了佛教强调理性的一面，否定了宗教具有的非理性，但他又不认为佛教所具有的理性与哲学的理性相同，因为哲学追求内在自我与外在实体，作为佛教理论基石的"缘起"恰恰是对自我与实体的瓦解，这种纯粹理论的比较相较于章太炎单纯以实践凸显佛教与哲学的差异，显然更为深入得多。

章太炎和欧阳竟无都否定了将佛教定位为宗教或者哲学，原因论述也相当充分，然而从现代意义上的宗教与哲学的定义来看，二者的看法颇存争议，主要是因为他们理解的"宗教"与"哲学"未必能够得到公认。但是，他们那种来源于心底的对将佛教定位为宗教或哲学的不认同的情绪，大抵与当时国人在中西文化碰撞中对中国文化主体性的维护心理相一致，如果中国传统中没有与西方文化相异的独特性，又如何去面对在西方文明面前的落后与失败呢？相对于学者、居士对西方文化的考据，那些切切实实地承担着僧团发展命运的僧人，会不会有不同的选择呢？

太虚作为近代佛教改革派的代表人物，他有意识地推动佛教现代化的转型，更是提出了佛教"入世"转型的代表性命题"人间佛教"。太虚也曾在某些阶段与场合提出过近似章太炎和欧阳竟无的观点，即无法以西方意义上的宗教或哲学定位佛教，他说："就根本上说，佛法既不是宗教，也不是哲学，所以有人说佛法非宗教非哲学。佛法虽可以包括一切宗教、哲学，而却又超出一切宗教、哲学之上。"[1]"惟有高等宗教乃能破除劣等宗教，亦惟有佛教乃能摧破一切宗教，融收一切宗教也。"[2] 但是，太虚显然比欧阳竟无、章太炎等更能接受来源于西方文明的界定，"就一般的宗教说，从最低的到最高的，有各种各样，有人谓'佛法非宗教，非哲学'，这是指狭义的宗教讲。现在从广义的宗教来说，如基督教、犹太教……而佛教也还是宗教之一"[3]。他不仅没有一味否定宗教的定位，而且还谋求宗教身份的佛教的发展，他讲过《宗教对于现代人类的贡献》等题，足可见其立场，他虽在一定程度上排斥西方文明的界定，但更关注佛教的进一步发展，而不是拘守本土文化的立场以拒斥外来文化。

相较于宗教的定位，太虚似乎更在意佛教与哲学的差别，他专门写了《佛法是否哲学》《佛法与哲学》。他认为，只有作为佛教理论的"理"可以说是哲学，而与宗教实践相关的教、行、果都超越于哲学之上。但是，他又认同佛教与哲学在理论基础上的趋同，甚至说过这样一段话："夫哲学家欲发明宇宙之本体，固不可厚非，第太无方法，遂致不能达到。佛法则'亲证真如'，了无所疑。真如云者，即哲学家极所渴望了知之宇宙万有的真相及本体也。于佛法中求之，乃真能举无始来戏论分别种种病根，渐伏渐断，亲实见到。故哲学若能反观自心，舍弃其戏论分别之病，则宇宙真实，当处如如相应；独患不反究心源耳！诚使持戒、修禅定等，开发般若智慧，俾无始迷梦

---

[1] 太虚：《佛陀学纲》，《太虚大师全书》第1卷，宗教文化出版社，2005，第186页。
[2] 太虚：《人生观的科学》，《太虚大师全书》第25卷，宗教文化出版社，2005，第8页。
[3] 太虚：《人群政制与佛教僧制》，《太虚大师全书》第24卷，宗教文化出版社，2005，第46页。

逐渐打醒，色心诸法焕然照了，悟入佛之知见，宁非哲学家之大快事哉！"[1] 这段话中有一个核心的意思，即佛教的真如就是哲学家所探究的本体，乃至宇宙真相。通过将真如等同于本体，太虚不仅沟通了佛教与哲学，而且肯定佛教的真如就是哲学所探究却还没有发现的本体。所以，即使他肯定佛教与哲学对宇宙真理探究的趋同，也还是坚持佛教在真理揭示的道路上先于哲学、优于哲学。

综观章太炎、欧阳竟无及太虚的观点，可以反映出近代关于佛教定位问题的一个面向，即以维护中国传统文化的主体性为目的，表现为凸显佛教相较于西方宗教、哲学的独特性和优越性，强调佛教所具有的理性、内在性、实践性，以此来彰显佛教的特质。然而，颇有趣味的差别在于，欧阳竟无认为，由于哲学总是执定一个真理、自我等，与佛教根本理论相违背；太虚却认为，在本体的层面，佛教的真如是可以与哲学相沟通的，甚至哲学所一直追求的本体就是真如本身。可以发现，欧阳竟无与太虚在佛教与哲学的关系上，存在截然不同的观点，欧阳竟无认为哲学与佛教相违背，太虚则认为佛教与哲学一致，为什么会存在这样的差异呢？

原因在于太虚与欧阳竟无的立场不同，这在两者对《大乘起信论》的态度上表现得尤为明显，而《大乘起信论》恰恰是高扬太虚所说的哲学家们"极所渴望了知之宇宙万有的真相及本体"的真如的经典。近代佛教界围绕《大乘起信论》展开了一场大论战，论战的双方主要是欧阳竟无之内学院系统与太虚汉藏教理院系统。欧阳竟无认为，真如应该从遮诠角度理解，王恩洋进一步发挥了这一观点，并认为真如的理解应立足于唯识学与中观学所体现的大乘佛教"空"的立场之上，与之相异的理解，便是应当受到批判的外道，因为真如肯定了一个永恒实体。但是，以太虚为代表，包括唐大圆、常

---

[1] 太虚：《佛法与哲学》，《太虚大师全书》第23卷，宗教文化出版社，2005，第25—26页。

惺等，都认为内学院不应该站在唯识学一宗的立场上判摄佛教全体，实质上是肯定了《起信论》中宣扬恒常存在并且具有觉照功能的真如。

可见，关于是否存在作为万物永恒本质的真如，太虚与欧阳竟无的观点截然不同，太虚认可作为万物本质的真如，欧阳竟无则认为这种观点违背佛教基本立场，类同外道，应当予以批判。正是这样的立场差异，导致两者在讨论佛教与哲学之关系时持不同的观点。欧阳竟无认为，"西方一切哲学家对于世间一切事物，你猜过去我猜过来，纷纭扰攘，相非相谤，皆是执定实有一理。甲以为理在此，乙以为理在彼，别人诚都可破，自己却不能有个不可破的学说服人。破一立一，不过增加人许多不正确的见解而已"[1]。虽然在关于宇宙说明过程中，似乎也隐含有以"识"为本体的意思，但是，他随即就说"此识亦即是妄，都无自性"[2]。太虚正与此相反，明确表示哲学所讲之本体就是"真如"，"真如"就是哲学家所追求的世界真相。

二 深入：佛教具有本体论么？

1917年，蔡元培聘梁漱溟为北大哲学系讲师，主讲印度哲学。正是在这个时候，梁漱溟开始关注东西文化的沟通，他在《东西方文化及其哲学》中说："我当初研究这个问题是在民国六七年的时候。"[3] 不过，梁漱溟在1916年，也就是被聘为哲学讲师之前，已经发表过一篇会通哲学与佛学的著作，名为《究元决疑论》。

在《究元决疑论》中，梁漱溟以鲁滂的哲学思想来会通佛学，"佛说固以鲁君之言而益明，而鲁君之所标举，更藉佛语证其不诬焉"[4]。首先，他结

---

[1] 欧阳竟无：《欧阳竟无内外学》，商务印书馆，2015，第576页。
[2] 欧阳竟无：《欧阳竟无内外学》，商务印书馆，2015，第582页。
[3] 梁漱溟：《东西文化及其哲学》，《梁漱溟全集》第1卷，山东人民出版社，2005，第331页。
[4] 梁漱溟：《究元决疑论》，《梁漱溟全集》第1卷，山东人民出版社，2005，第7页。

合鲁滂的《物质新论》来理解佛教的如来藏或阿赖耶识，他说："鲁滂所谓第一本体不可思议之以太者，略当佛之如来藏或阿赖耶。"[1] 他认为，阿赖耶识与如来藏就是哲学所说的本体。而在其他地方，梁漱溟也肯定了汉传佛教传统所强调的真心同样具有本体意义："《楞严》克就根性，直指真心，乃至五阴、六入、十二处、十八界、七大，一切世间诸所有物，皆即菩提妙明元心。《正脉疏》云：'前言寂常妙明之心最亲切处现具根中，故克就根性（补注：根即 Organ 如眼耳鼻舌等），直指真心。然虽近具根中而量周法界，遍为万法实体。'试问此除却以太尚有何物？"[2] 根据《楞严经正脉疏》从凡夫小乘、权教再到全物皆心的次第，梁漱溟以此来理解世俗以物为实有，唯识以外物为非真实，以及如来藏全体即真的进阶，并认为鲁滂的学说接近法性宗的如来藏立场："《正脉疏》又云：'凡小观物非心，权教谓物为妄，今悟全物皆心，纯真无妄也。'按此语可谓明显之至，'凡小观物非心'，即世俗见物实有，与此心对；'权教谓物为妄'，意指唯识之宗，亦即西土唯心家言；'全物皆心，纯真无妄'，乃释迦实教，法性宗是。西土则唯鲁君仿佛得之。"[3]

梁漱溟不仅认为作为万法实体的"真心"就是哲学的本体，而且还进一步通过以太涡动来诠释心生万法的佛教理论："鲁君所获虽精，不能如佛穷了，此际亦未容细辨。以太涡动形成原子，而成此世界。此涡动即所谓忽然念起。何由而动，菩萨不能尽究，故鲁君亦莫能知莫能言也。世有问无明何自来者，此涡动便是无明，其何自则非所得言。涡动不离以太，无明不离真心。涡动形成世界，心生种种法生。"[4] 他以涡动来揭示无明，认为涡动与以太的关系就是无明与真心的关系，而且明确地将真心生万法等同于涡动产生

---

[1] 梁漱溟：《究元决疑论》，《梁漱溟全集》第 1 卷，山东人民出版社，2005，第 6 页。
[2] 梁漱溟：《究元决疑论》，《梁漱溟全集》第 1 卷，山东人民出版社，2005，第 7 页。
[3] 梁漱溟：《究元决疑论》，《梁漱溟全集》第 1 卷，山东人民出版社，2005，第 7—8 页。
[4] 梁漱溟：《究元决疑论》，《梁漱溟全集》第 1 卷，山东人民出版社，2005，第 6 页。

世界。

1918年，梁漱溟出版了《印度哲学概论》一书，在第一篇概略中，他特别讨论了佛教与宗教乃至哲学的关系。他认为，佛教与一般宗教有极大差别，"盖当其设教之初，于教法之迁进，世界之开明，已先为之地。此所以为方便，此所以无高下，而为一般宗教所绝不可及。如西方宗教以科学之发明，哲学之推论，而摇动其根本教理信仰者，使在佛教则绝无其事。无神论于彼则危及上帝，于此适符主张。进化论于彼则破其创造之谈，于此正可融取于缘起说中。即假设如科学家之预想宗教至于澌灭，犹且无与于佛教。以所谓生灭本空之原理与出生灭之宗旨，无论何时不受变动影响故。一般宗教所以不能图存者，以彼之教化不复适于现代思潮，即现代思想已迈过之。其诎抑人之己性已为渐臻成长之人群所不能堪。而佛之教化任思想界变迁至何地步，只在其中，无由相过"[1]。

可以说，在梁漱溟看来，佛教不仅不会像其他宗教一样，面对现代化的科学与哲学节节败退，而且恰恰可以适应现代思潮，甚至还认为佛教的思想可以适应任何时代的思想发展，原因在于佛教具备适应时代的机制："佛法之实体虽在无尽之未来可以无变，即是无时而变。佛法之权用即方便教则不待至今日而已屡变不一，即是无时不可变。方便教之所说多关涉世间。在当时既出于因袭本土之俗传，在今日即不妨符顺今日世界之通义，在将来又不妨符顺将来世界之通义。"[2]

另一方面，梁漱溟认为，佛教与哲学也相去甚远，"佛法之为物若以为哲学而研究之，实失其本意。其本意初不以哲学为事，抑实归在哲学之亡"。最重要的原因在于对于"知"的态度不同："哲学之所事在知，佛法之所事在亡知。禅家所谓这张嘴只堪挂在壁上。又云举念则天地悬殊，况动这两片唇

---

[1] 梁漱溟：《印度哲学概论》，《梁漱溟全集》第1卷，山东人民出版社，2005，第65页。
[2] 梁漱溟：《印度哲学概论》，《梁漱溟全集》第1卷，山东人民出版社，2005，第65—66页。

皮。此不独不立语言文字之宗门为然，即经教亦尔。""本以哲学言佛法，所言均佛法外事。不可不明此义也。""哲学之本性为从无可知中向知之方面开展。而由上观察，佛法虽亦从亡知处（禅）不妨予人以知，而所事实在亡知而不在知。故佛之哲学殊未为尽哲学之性，其长处唯在说不生灭。次则说生灭之八识、五蕴等。"[1] 梁漱溟从"知"的追求与否定的差别入手，与章太炎、欧阳竟无等一致，在哲学与佛教之间划出了明显的界线，哲学是对知识的追求，而佛教恰恰要否定凡夫的知识，或者说超越知识。

虽然梁漱溟认为不能以宗教、哲学来定位佛教，但正如书名《印度哲学概论》一样，他仍旧以哲学的框架考察了佛教，包括本体论、认识论、世间论三个维度。关于佛教本体论，第一个部分是对一元与多元的讨论："小乘七十五法色心并举，亦可曰物心二元。然细加核考，复未可定。自其极微成色、色与心彼此不相属、亦无所共属以为言，则宜为物心二元。唯色心与相应不相应四者并曰有为，有为有漏而不常则非真实，非真实则不可以为本体也。又印土所谓修行解脱要皆以契合本体为旨归。小乘归于无为，而所欲解脱以去者正在色心。则色心不可以为本体审矣。"梁漱溟认为，小乘佛教虽然以色法与心法为七十五法的主要部分，但并不能以色、心为本体。色、心无常，所以不是本体。更进一步追问，无为法是永恒存在，那是本体么？梁漱溟认为，无为法也不是本体，因为无为法不能产生万物："归在无为，无为是常，则宜若为本体；而又不说无为为万有所自出，且说无为离色心而定有。则无为亦非本体。"[2] 所以，小乘佛教没有本体。

梁漱溟认为，大乘佛教中如来藏、阿赖耶识等有宗的终极概念所指称的就是哲学所探究的本体："佛典中如来藏、法身、法界性、真如、圆觉、圆成

---

[1] 以上引文见梁漱溟《印度哲学概论》，《梁漱溟全集》第 1 卷，山东人民出版社，2005，第 72—73 页。
[2] 以上引文见梁漱溟《印度哲学概论》，《梁漱溟全集》第 1 卷，山东人民出版社，2005，第 88 页。

实性、心、识、菩提、涅槃类此等称，虽异文别用，而大要皆以表为本体者。"[1] 虽然梁漱溟坚持此本体离一切相、即一切法，差一点就把此本体说成是类同空宗所破的"自性"，但通过如来藏圆融无碍的话语体系，最后还是总结说："核诸大乘教理，岂唯离乎一二，抑且不落有无。空宗破相，无非遮止名言。……相宗唯识，要明识外非有，而识亦不执。"[2]

本体论第二个部分是关于佛教是否唯心与唯物的讨论。梁漱溟也通过如来藏话语体系那种迂回婉转的表述，认为大乘佛教虽然每每说心，但是此心无相，所以，也并非是通常所说的"唯心论"："佛所谓心原不是世俗所谓之心，辄贸然加佛以唯心论之名，此非敢闻也。"[3]

第三个部分是关于佛教是否超神、泛神、无神论之讨论。梁漱溟认为，佛教是无神论："佛法为明确之无神论。如上有神论中虽或拙巧不同，而皆执一法实常，能生一切。佛家目之为一因论。以彼宗大自在一法为因故。"[4] 梁漱溟主要是从佛教反对自在天的立场来说明这一问题的。

接下来，第四、第五两个部分讨论的因果一异、有我无我，其实并不直接关涉本体论这一主题，而是探讨佛教本身的议题，比如《中论》中就有讨论。

综观梁漱溟关于佛教本体论的考察，重点在于前两个方面。首先，他推论的观点颇值得商榷。小乘佛教有没有本体？他认为，小乘佛教的色与心由于是有为法，所以是无常的，不能作为哲学所探讨的本体。但是，以说一切有部为代表的小乘佛教，与大乘佛教相比，更强调法体的恒有，有部著名的主张就是三世恒有，按照大乘佛教尤其是中观学的判断，有部色与心由于依托于"自性"而成为了恒常的存在，更不用说体性本身就是离造作而存在的

---

[1] 梁漱溟：《印度哲学概论》，《梁漱溟全集》第1卷，山东人民出版社，2005，第89页。
[2] 梁漱溟：《印度哲学概论》，《梁漱溟全集》第1卷，山东人民出版社，2005，第91页。
[3] 梁漱溟：《印度哲学概论》，《梁漱溟全集》第1卷，山东人民出版社，2005，第96页。
[4] 梁漱溟：《印度哲学概论》，《梁漱溟全集》第1卷，山东人民出版社，2005，第109页。

"无为法"了，所以，梁漱溟所认为的小乘佛教色、心，以及无为法的观点最起码不是立足于作为小乘佛教代表的说一切有部的理论。其次，梁漱溟一方面认为阿赖耶识、如来藏等就是哲学所说的本体，具有永恒存在的属性，但他又说与中观学不矛盾，他显然在空有之争问题上持汉传佛教传统观点，即空有无争[1]。最后，与第二点相关，他讨论了大乘佛教重"心"的传统，区别于西方哲学一般所说的"唯心"，然而，西方哲学唯心论所唯的"心"也并非仅仅是"世俗所谓之心"，因为其本身已经在本体论层面讨论问题了，而且，大乘佛教的"心"与如来藏是脱不开关系的，比如《大乘起信论》基本上将真心等同于如来藏，既然他认为如来藏具有本体论意义，那么仅仅以非世俗之心的理由来否定佛教是唯心，似乎就不那么妥当了。

总的来说，梁漱溟关于佛教本体论的探讨之所以存在三点颇值得商榷之处，原因就在于他立足于汉传佛教传统，其实质是以哲学的维度演绎了他具有传统佛教特质的观点。因为汉传佛教以如来藏系为主，坚持在空有之争议题上持空有无争的观点，即认为空宗与有宗的理论是圆融不二的。然而，这一观点在面对西方哲学维度考察的时候，就显得难圆其说，因为中观宗以空义否定一切永恒的实体，可以认为是否定本体存在的，当然，仍可以空性来作为本体论，但是，从清辨、月称开始的中期中观学，绝不会承认在中观学中存在等同于唯识学阿赖耶识，乃至如来藏系真如这样的永恒实体性概念。所以，梁漱溟一方面认为大乘佛教存在本体论，另一方面又要坚持空有无争，便会导致在很多问题上只能求助于如来藏系经典中迂回婉转的妙有的论述。

三 成型：佛学是否定本体论的哲学

在牟宗三进入北京大学哲学系学习之前，梁漱溟已经辞职了。当牟宗三

---

[1] 参见丁建华、洪修平《佛教"空有之争"的嬗变及哲学义涵》，《哲学研究》2017年第1期。

从哲学系毕业后，经熊十力介绍，前往山东拜见正在办乡村建设的梁漱溟，但两人的关系并没有进一步的进展。在梁漱溟去世后，牟宗三发文《我所认识的梁漱溟先生》，高度评价了梁漱溟。虽然同为近现代新儒家的代表，在佛学研究领域，牟宗三与梁漱溟之间不仅没有学术传承关系，而且在佛教定位的问题上持截然不同的观点，不止在表面上，而且在内容上都截然相反。

正如前文所述，梁漱溟否定了以哲学来定位佛教，不认同将佛教等同于西方哲学的观点，认为"佛法之为物若以为哲学而研究之，实失其本意"。但是，牟宗三不仅肯定哲学的定位，而且认为佛教是中国哲学史中极为重要的组成部分。他在《佛性与般若》序言中写道："吾人以为若南北朝隋唐一阶段弄不清楚，即无健全像样的中国哲学史。"[1]《佛性与般若》是牟宗三集中论述佛教的著作，另外在《中国哲学十九讲》与《中西哲学之会通十四讲》中均有专门章节从哲学角度讨论佛教，可见，从哲学角度考察佛教是他一贯的学术路径。当然，其中重要的原因在于，牟宗三所处的时代，已经不同于梁漱溟，更不同于章太炎、欧阳竟无、太虚所处的时代了，基于哲学维度探究佛教理论已经是佛教现代化的一种重要形态了，义理层面的佛教入世转型已经基本成型。所以，牟宗三不可能通过拒斥西方文化中的宗教、哲学定位来凸显佛教所代表的中国文化的主体性，而是直接以西方哲学这一学术形式来重新呈现佛教所代表的中国文化的主体性，哲学的定位恰恰能实现这样的目标，当然，佛教作为宗教的定位在牟宗三所处的时期那就更不用争论了。

虽然梁漱溟认为佛教不能以哲学来定位，但是他却以哲学最核心的"本体论"来解说佛教。相反，牟宗三认为佛教具有哲学的内涵，但是他却明确表示，佛教是不讲本体的："不论译圆成实性或真实性，对此两名词都要特别

---

[1] 牟宗三：《佛性与般若》，台湾学生书局，2004，"序"第6页。

注意，绝不能将之视为实体字（substantial term）以为等同于西方哲学中的 reality。西方人分解地表示的 reality 是有所肯定的，是针对着现象而说的。因此 reality 是个实体字，实指一个与现象相对的'真实'。例如柏拉图认为 Idea 才是真实，而 sensible world（感性世界）不是真实。依康德的说法，则 noumena 才是超绝的 reality（不过不是知识底对象而已），而 phenomena 则只是 appearances。到近代布拉德莱、怀德海等人说 reality 时，仍各有所实指。但佛教所说的圆成实性、真实性却不是如此。真实性就是缘起法的实性，就是'实相'、'如相'。一讲 reality 就令人想到有一本体，其实实相、如相不是本体。佛教是不讲本体的。"[1] 牟宗三认为，不能从哲学"本体"的角度来理解唯识学的圆成实性，虽然圆成实性在唯识学体系中是"真实"，但是"真实"所指向的是"缘起法的实性"，并非西方哲学中相对于现象所强调的本体的真实。

在讨论天台宗三观本质的"诸法体性"时，牟宗三也强调不能以本体来理解这个"体性"。他说："'此理即众生本心诸法体性'，此言此中道实相理即是众生一念心即具三千法这三千法之体性。此体性即'无明无住，无明即法性'之法性也。'体性'之体字是虚意字，不可把法性看成是通常'实有'意义的本体或实体也。（此种字眼最易生误会，令人以为性起性具皆是通常所谓'实有'意义的本体论。吾只说存有论，存有是就三千法之幻有说）。"[2] 他强调这里所说的"体"是"虚意字"，不能作为西方哲学意义上的本体、实体来看待，并且认为在佛教典籍中"体性"这样的词语最会让人产生实有意义的本体论的误解。

不止是在对唯识宗、天台宗理论的讨论过程中，在对禅宗文献进行解读时，牟宗三也强调不能以本体来理解禅宗的"自性"："此不得理解自性真空

---

[1] 牟宗三：《中国哲学十九讲》，上海古籍出版社，2005，第208—209页。
[2] 牟宗三：《佛性与般若》，台湾学生书局，2004，第1033页。

为一实体或本体，由之而生万法也。故'自性生万法'只是漫画式的辞语，不得着实视之为直陈的谓述语。故见到惠能此种语句而谓是一种实体性的本体生起论，则误。"[1] 他这里使用了"漫画式的辞语"来否定禅宗"自性生万法"的实指，与上文中对唯识学圆成实性及天台宗体性的讨论一样，否定其具有本体的内涵。

可见，虽然牟宗三是以哲学这一学术维度来考察佛教理论的，但是他认为佛教并不具有西方哲学意义上的本体论，甚至认为佛学是否定实有意义的本体论的，他说："西方哲学主要地是在训练我们如何把握实有（存有、存在之存在性）；而佛教则在训练我们如何观空，去掉这个实有。"[2] 这与否定以哲学定位佛教却承认佛教具有本体论的梁漱溟正好相反。那么，需要进一步追问的是，牟宗三为什么认为佛教不讲本体论呢？

在关于《大乘起信论》与华严宗的讨论中，牟宗三对这一问题做了清晰的表述："即使如《起信论》与华严宗，甚至再加上神会的如来禅，他们的灵知真性，真心即性，虽有实体性的意味，那是因为将真如空性吸收于真心，成为一条鞭的唯真心，成为真心是王，而然。即使是如此，如要说真心随缘起染净法，亦须加上无明阿赖耶始可能。不过因为同是心，故说起现为易耳。此种有实体性意味的真心缘起论，吾人如果视之为别教，那亦是一时之权说，终可打散而归于圆——打散必有其可以打散之故。……是则即使是《起信论》与华严宗亦不毕竟是一种实体性的本体生起论也。是故中国佛教之发展并未歪曲佛法之精神。此不可颠顶混用时下一般哲学中之词语而混乱误解也。"[3] 牟宗三在这段论述中，有不少巧妙的表述。他认为，《大乘起信论》、华严宗所代表的如来藏系将"真如空性吸收于真心"，意味着如来藏系"真心"这

---

[1] 牟宗三：《佛性与般若》，台湾学生书局，2004，第1058页。
[2] 牟宗三：《佛性与般若》，台湾学生书局，2004，序第6页。
[3] 牟宗三：《佛性与般若》，台湾学生书局，2004，第1058页。

一范畴所具有的"空"的意义,基于"真心"的"真心缘起论"并不是究竟的,只是"别教"与"权说",最终是要被"打散"的。实际上,他将具有实体性意味的如来藏系理论定位在不究竟的位置上,但是,即使如此,他也不认为如来藏系可以等同于西方哲学意义上的本体论,因此,他强调不能用一般哲学词语来误读。他认为,正因为如来藏系不具有西方哲学意义上实体性的本体论,中国佛教才未歪曲佛法真正的精神。

在牟宗三看来,如果中国佛教尤其是如来藏系理论具有本体论,那就违背了佛法之精神。然而,《大乘起信论》及华严宗、禅宗的文献中却处处都有实体性本体的表述,于是,在讨论这些文献的时候,牟宗三便遇到了既想从"空"(非实体性)角度解读,又常常感觉到实体性的困境:"'直指人心,见性成佛',即直下指此真心而见空寂性(本来面目)以成佛也。在此,真心与空寂性是一。真心是主观地说者,空寂性(真心之真性如性)是客观地说者。客观地说的真性只有通过无念、无相、无住之灵知真心始能朗现,亦即被见到或被证到,所谓见性成佛也。心与性是一,而有主客观说的分际之不同。性虽是客观说的空寂性,然并非只是观万法(缘起法)上的空如理,而是其本身即具有灵知性,即觉性,因为此时的空如理(空寂性)是收于清净真心上说。心之所以为清净为真常是因其本性为空寂,即以空如为其自性。此所以名曰清净真如心,亦曰如来藏自性清净心。般若智不只是如空宗或《般若经》所表现的只是在'不舍不著'之作用上见,而且亦被收于如来藏自性清净心上而为一有所依止的实体性的般若——其所以为实体性的,是因为自性清净心为一实体性的心故。(此实体性也许只是有实体性意味的一个虚样子,在《起信论》与华严宗处尤显这个虚样子。在还灭时,也可以打散这个虚样子,不可著实。否则如来藏心便有梵我之嫌。……)"[1] 在这段围绕禅

---

1 牟宗三:《佛性与般若》,台湾学生书局,2004,第1041—1042页。

宗"心"融合真心与空的论述当中，牟宗三一方面认为，如来藏系"清净真如心""自性清净心"等范畴融摄"空寂性"，另一方面又说这一类范畴是"实体性的心"，这意味着，即使融摄了"空"，他还是将如来藏系最重要的概念判定为实体性的。但是，他在括号中补充说明这个"实体性"只是个"虚样子"，强调不能从实体意义来理解，否则便是类同外道的大梵天等概念。

牟宗三在解读中国佛教文献过程中的实体性困境并非是偶然的，也并非通过"漫画式的辞语""虚样子"等词汇就可以否定如来藏系本身所具有的实体性意味，这其实就是近代以来"空有之争"围绕如来藏系理论之争议所在。牟宗三是立足于空宗的立场，或者说立足于"性寂"来解读文献的，所以，虽然他明确表示不认可内学院宗派的态度，"内学院的态度，我自始即不喜。欧阳竟无先生说藏密、禅、净、天台、华严，绝口不谈；又说自台、贤宗兴，佛法之光益晦。藏密、净土，不谈可以。天台、华严、禅，如何可不谈？若谓人力有限，不能全谈，则可。若有贬视，则不可。台、贤宗兴，如何便使佛法之光益晦？而吕秋逸写信给熊先生竟谓天台、华严、禅是俗学。此皆是宗派作祟，不能见中国吸收佛教发展之全程矣。"[1] 但是，牟宗三其实在遭遇了空有之争的关键所在之后保持了与内学院系一致的立场，在这一点上，他与梁漱溟不期而遇却又分道扬镳了。

第二节　佛教与其他学科之交涉

近现代，佛学与哲学、科学、心理学之间的理论交涉，既是近现代学者有意识地推动传统文化现代化的方式，也是确立中国文化主体性的方式之一。

---

[1] 牟宗三：《佛性与般若》，台湾学生书局，2004，序第6—7页。

梁漱溟有意识地以哲学思想来会通佛学，牟宗三不仅肯定佛教哲学的重要意义，并基于哲学维度探究东西哲学之差异，提出"会通"的可能性与路径。王季同与胡适的在佛教与科学关系上的对立态度，反映了近代科学思潮下佛教受到科学的严重冲击又不得不向科学靠拢的生态。梁启超提出佛学与心理学互动的基本模式，与梁漱溟相近，梁启超一方面认为两者存在相似，另一方面又认为佛教理论较之心理学具有超越性。相比较梁漱溟与梁启超，牟宗三对两者的对比和分析，则更为深入和细致。

佛学研究以学术的方式探究佛教理论，是佛教义理层面入世转型最重要的表现形式。近现代，之所以很多学者关注佛教是否能以哲学来定位，就是因为在西学的视域下，哲学角度是佛教理论研究的主要维度。这也就意味着，佛学与哲学的交涉必然成为近现代佛学与西学交汇的主要方面，除此之外，还有关于佛学与科学，乃至与心理学的交涉的探究与讨论。

佛学与不同学科之间的对比、互动，作为近现代佛学研究的主要维度，是佛教义理之学入世转型的主要表现，也是佛教现代化必经之路。佛教与哲学、心理学、科学的互动，意味着古代思想与现代学科之间的交流，学者们首先面临的是意义与方法，古代思想在现代社会所具有的意义，以及究竟通过怎样的途径沟通两者。梁漱溟在以哲学维度讲解唯识学的时候，首先就提出了这一问题："现在既然来说话，来讲旧古董，那么先须说明我要说要讲的主意所在，同他可说可讲的所在，庶乎识者晓得我们以后所要讲说的不是不成话的，不是迷惑人的，庶乎一般旧古董家不错认我们以后所讲话的是为他帮腔而益坚其迷惑。因为既要把旧古董拿到现在的世界上来，你不先打通一条路，那话何从说起呢？那东西就不能讲的。既要把现在的世界引入旧古董里去，你不先廓除旧弊积污，那话岂可随便就说么？那东西是万不可讲的。"[1] 梁漱溟认为，并不是把作为

---

[1] 梁漱溟：《唯识述义》，《梁漱溟全集》第 1 卷，山东人民出版社，2005，第 251 页。

传统的唯识学直接搬来现代,而是首先要思考传统转型道路的问题:"东西文化实在就是古今文化,不能看作一东一西平列的。如果你说东方化在今日的世界还是不废的,那就是承认古化能行于今,能行于未来。因为今日的世界已经孕藏着未来的世界,天天往未来那边去发长,古化倘然能行于今,那就是不违逆这种发长的方向或叫作潮流。现在既不违逆这种发长的方向,自然未来是行得通的了。但是你能承认古化能行于今行于未来么?你倘然是不承认的或是不敢承认,那你就可以直截了当断言东方化的必废必绝,不用吞吞吐吐模模糊糊。"[1] 东、西文化其实就是古、今文化,因为东方文化在近现代指向的便是中国古代传统文化,所以在梁漱溟看来,如果不能实现中国传统文化进入现代社会所必需的现代化转型,还不如"废""绝"无法适应于时代的古代东方文化。正是在东西、古今的双重维度下,佛教与西方哲学、与心理学以及与科学的关系等问题引发了热烈的讨论。

一 佛教与西方哲学

近现代,在佛教复兴的大环境中,佛学研究开始兴盛,特别是唯识学,由于自身理论的特性,如"万法唯识"对主体的强调与高扬,很好地适应了在社会变革中有识之士的诉求,也因为其本身严谨的思想体系与西方学术要求的一致性,唯识学成为近代佛学复兴中的显学。

近现代推动唯识学成为显学的佛学研究者中,既有希望通过唯识学回归印度佛教本源的内学院系统,以欧阳竟无、王恩洋、吕澂为代表;也有以瑜伽师地论的研读为核心、主要偏重传统义学的注疏章句科寻方法的三时学会,以韩清净为代表;另外还有以会通中西思想、圆融中印佛学为目标的太虚。

---

[1] 梁漱溟:《唯识述义》,《梁漱溟全集》第 1 卷,山东人民出版社,2005,第 261 页。

然而，不论是内学院系统、三时学会，还是汉藏教理院等佛教学院，都是民间学术团体，而真正在高等学府主讲唯识学的，以梁漱溟为代表。

梁漱溟在北京大学哲学系设有"唯识哲学"的课程，他认为，在佛教中，只有唯识学最符合西方学术意义上的哲学："我们如果求哲学于佛教也只在这个唯识学。因为小乘对于形而上学的问题全不过问，认识论又不发达。般若派对于不论什么问题一切不问，不下解决。对于种种问题有许多意见可供我们需求的只有唯识这一派，同广义的唯识如起信论派等。更进一步说，我们竟不妨以唯识学代表佛教全体的教理。"[1] 从梁漱溟的表述看来，他大概认为，小乘佛教不关注哲学，大乘空宗又是破斥一切而没有建构哲学体系，所以，在佛教中只有唯识学既关注形而上学问题，又建构了复杂的范畴体系，符合西方学术意义上的哲学。

正如梁漱溟开设的"唯识哲学"课程一样，他认为唯识学与哲学的沟通是一种佛教现代化的有效形式，他的著作《唯识述义》《究元决疑论》《印度哲学概论》《东西文化及其哲学》等都呈现了他的这一意图，即以哲学作为呈现佛教理论的形式。他说："本来佛法并非哲学。但既把佛法来作哲学讲的诸君就要请你们当真把他讲成个哲学，不要拿他来冒充哲学。你要想想哲学界里有他立身的地方没有？先替他想想法子才好讲。若像诸君那个讲法便是自绝于哲学界之道。"[2] 梁漱溟认为，佛教思想本身并非哲学，如前所述，他并不赞同以哲学来定位佛教，但是，既然要通过哲学的形式去讲佛教思想，就必须找到佛教思想在哲学中"立身的地方"。

在《究元决疑论》中，梁漱溟曾以鲁滂的哲学思想来会通佛学，但他后来在1923年发表的附记中评述此文"实则这篇东西现在看起来直是荒谬糊

---

[1] 梁漱溟：《唯识述义》，《梁漱溟全集》第1卷，山东人民出版社，2005，第269页。
[2] 梁漱溟：《唯识述义》，《梁漱溟全集》第1卷，山东人民出版社，2005，第252页。

涂，足以误人，我自己早十分后悔了"[1]。梁漱溟反省了性宗义论述中以太的比附："以鲁滂的《物质新论》和佛家的《楞严经》《起信论》来比附，立论最是不当。且不论鲁滂的话可靠不可靠，亦不论自安斯坦的发明以来物质的观念变更，从前科学上假定的'以太'取消，而此以'以太'立说者能否成立。根本上这种以相仿佛的话头来比附立论，是使人思想混沌的一条路，是学术上的大障，万要不得的。"[2] 在《东西文化及其哲学》中，梁漱溟甚至否定了儒道为代表的"中国形而上学"与佛教的比附："有许多人因为不留心的结果，不觉得这三方的形而上学有什么根本的不同，就常常误会牵混在一处来讲。譬如章太炎、马夷初、陈钟凡诸位都很喜欢拿佛家唯识上的话同中国易经，庄子来相比附；说什么乾坤就同于阿赖耶识、末那识，一类的话。这实在是大大的错误！大约大家都有一个根本的错误，就是以为人类文化总应该差不多，无论他是指说彼此的同点，或批评他们的差异，但总以为是可以拿着比的。其实大误！他们一家一家——西洋、印度、中国——都各自为一新奇的、颖异的东西，初不能相比。三方各走一路，殆不相涉，中国既没有走西洋或印度那样的路，就绝对不会产生像西洋或印度的那样东西，除非他也走那路时节。你们如果说中国形而上学的某某话，就是印度佛教唯识的某某话，那我就请你看中国人可曾有印度人那样奋力齐奔于人生第三路向吗？如果你承认不曾有，那么印度形而上学在中国何从产生出来！"[3]

从1916年发表《究元决疑论》到1923年在附记中反省比附的错误，从1918年在北京大学哲学系开讲哲学维度的佛教课程到1920年出版《唯识述义》《东西文化及其哲学》，梁漱溟基本上经历了一个尝试哲学维度的诠释到反省比附的过程，这也可以认为是他在佛教哲学研究上的困境，既要坚持佛

---

[1] 梁漱溟：《究元决疑论》，《梁漱溟全集》第1卷，山东人民出版社，2005，第21页。
[2] 梁漱溟：《究元决疑论》，《梁漱溟全集》第1卷，山东人民出版社，2005，第21—22页。
[3] 梁漱溟：《东西文化及其哲学》，《梁漱溟全集》第1卷，山东人民出版社，2005，第441—442页。

教思想之本味，又希望通过现代化的哲学研究来呈现传统思想以实现佛教的现代化。

梁漱溟时期，佛教与哲学的互动还处于让中国知识分子为难的困境，到牟宗三开始以哲学维度研究佛学的时候，知识分子们早已普遍接受两者的互动，径直的称玄奘等为"哲学家"了："唐朝在佛教之思想义理方面有很高度的成就与表现，能发展出天台宗、华严宗，并能确认唯识宗，这就是最高的智慧。这些宗派的大师如智者大师、玄奘、贤首等都够得上是真正的大哲学家，与西方的大哲学家相较绝无逊色。"[1] 而且，牟宗三充分肯定了佛教哲学的意义："至于佛教的空理更了不起，佛教的教义内容可以不管，也可以不赞成，但佛教大小乘各教派所开出的义理规模，对学哲学的人是很具启发性的。"[2]

西方哲学文献的传入也是一个不断积累的过程，相较于梁漱溟所能接触到的有限的文献，牟宗三显然能掌握更多的西方哲学文献，对西方哲学也具有更深入的理解，这就意味着，他在比较西方哲学与佛教义理的时候，能够突破浅显的比较甚至比附。通过比较唯识学与康德，牟宗三提出了中西会通的可能性与途径。

牟宗三认为，相较于西方哲学，东方哲学更加重视本质而忽视现象："佛教更是如此，佛教一方面言识，识就是在知识范围之内，与识相反的是智。西方如康德所讲的知性、统觉，都是属于识，识是了别义，明了分别之活动，但识又是烦恼之源。与识相反的是智，智的活动是无分别，智所及的范围是 noumena，识的范围是 phenomena，所以也是两分。"[3] 从现象与本质的维度出发，牟宗三认为，因为中国哲学重视本质而忽视现象，所以传统中国不能产

---

[1] 牟宗三：《中西哲学之会通十四讲》，吉林出版集团有限责任公司，2010，第18页。
[2] 牟宗三：《中西哲学之会通十四讲》，吉林出版集团有限责任公司，2010，第24页。
[3] 牟宗三：《中西哲学之会通十四讲》，吉林出版集团有限责任公司，2010，第70页。

生西方康德式的知识论，也不能产生发达的科学，但是，中国在本质方面却非常"通透"，而这也正是实现中西哲学会通的契机所在："会通在哪个分际上会通？会通到什么程度？中西哲学经过会通都要各自重新调整。在 noumena 方面，中国哲学很清楚而通透，康德则不通透，那就以我们通透的智慧把它照察出来，使康德哲学能再往前进。要想进一步就要重新调整自己，否则就不能百尺竿头更进一步。在知识方面，中国哲学传统虽言闻见之知，但究竟没有开出科学，也没有正式的知识论，故中国对此方面是消极的。消极的就要看西方能给我们多少贡献，使我们在这方面更充实，而积极地开出科学知识与对这方面的发展。这样中西哲学的会通，才能使两方更充实，更向前发展。"[1] 梁漱溟只是淡淡地通过对"知"的态度来否定以哲学定位佛教，"哲学之所事在知，佛法之所事在亡知"[2]，而牟宗三则是通过追问为什么中国没有产生西方式的知识论，得出东西方分别重视本质与现象的结论，并认为正是基于东西方哲学分别重本质、重现象的差异，二者才具有会通的可能性。

近代以来，欧阳竟无、印顺、吕澂等佛教本位的研究者，更加关心对佛教理论本身的探究，由于佛教典籍浩如烟海，所以佛教本位的研究者往往也无心他顾，尤其对近似比附的学科比较研究更不关心。相较于佛教本位的研究者，非佛教本位的学者，或者说具有传统文化根底和现代化视野的学者，更加关心佛教与哲学的会通，梁漱溟与牟宗三是具有代表性的人物。梁漱溟处于佛教义理与哲学互动的尝试阶段，他所了解的西方哲学很有限，学科比较也就难以深入，正如他自己所反省的那样，难免落入比附的困境；牟宗三在探讨佛教义理与哲学之关系的时候，已经没有了梁漱溟时期学者的"为难"与"排斥"，径直肯定了佛教哲学的重要意义，并基于哲学维度来探究东西哲学之差异，提出了"会通"的可能性与路径。

1　牟宗三：《中西哲学之会通十四讲》，吉林出版集团有限责任公司，2010，第70页。
2　梁漱溟：《印度哲学概论》，《梁漱溟全集》第1卷，山东人民出版社，2005，第72页。

二　佛教与科学

清朝末年，国势衰微，在列强强势的军事实力以及先进的经济、文化侵入下，不管是政治、经济，还是文化，方方面面都在发生着翻天覆地的变化，与传统社会相适应的佛教则开始出现一片衰败的景象。作为宗教，佛教在信仰层面受到的冲击主要来自科学，因此，科学与佛教的关系，或者说，佛教怎样在以科学精神为主的现代社会中继续发展，成为了学者关注的话题。

在近代，王季同以《佛法与科学之比较》为名出版了一本小册子，还请蔡元培与胡适作序。现在来看，这本出版在1932年的小册子力图通过科学诠释佛教，以此证明佛教的合理性，除此之外，并没有对科学与佛教进行深层次的比较。比如，书中通过光学与生理学来说明佛教否定宇宙客观性的观点是具有合理性的："认宇宙为客观存在亦不合理。是为佛破法执之一斑。按根据自然科学亦可得相同之结论。例如面前有一山，照一般人之见解，此山乃我亲目所睹故其存在决无问题。但以光学及生理学说明之，则我之见此山，乃由日球表面原子分子剧烈震荡，击动以太，（或云击动磁力场与静电力场）传达地面。地面物体受之，因其自然频率（Natural frequency）之异，吸收其某部分而反射其余，遂分色彩及明暗。我之见山乃自山反射之波动向各方面进行，遇我目中凸镜（Lens），屈折而聚于网膜上（Focussing on retina）为倒影，其色彩，明暗，形状均与面前之山无异。此倒影使网膜上之紫色素起化学变化，刺激视神经端之圆锥体。视神经传此刺激力于神经中枢，始有见山之感觉。故无论此感觉为非物质的精神作用（如基督徒所信），抑仅为质子电子光子之一种组合（如经验派哲学所想像）；要之，我之见山实未见山，不过见网膜上之倒影；且亦并未见倒影，不过得视神经之一宗报告。耳听钟声，鼻闻花香，舌尝甘旨，身御轻暖，莫不如是。如人在中央政府，得各省各机关来电报告种种事务，不得谓亲见某省某机关之某某事也。且非特其原本之物体，音声等（Original figure, sounds etc.）为我所未尝直接经历，即被复制之迹像（Reproductions）如网膜上之倒影等，亦仅由人畜尸体解剖时见之。其非直接经历，依然与见山无异。然则物质之客观存在，征诸自然科学，恐世间一切问题其证据之不充分，更无过于此者矣。可见关于客观的宇宙，自然科学所得之结论，仍与佛说无殊。"[1] 王季同这一段论述颇有代表性，即使是现在，通过神经科学来诠释佛教对外境客观性的否定仍具有重要的意义。然而，其意义并非在于佛教理论自身的补充说明，而在于通过大众信任的科学来诠释被界定为迷信的佛教，以此来证明佛教并非是落后于时代的糟粕。

在对佛教与科学的关系的讨论中，主要存在三种模式：以科学诠释佛教的肯定模式、基于科学破除迷信的否定模式，以及佛教与科学不相关而无法比较的持疑模式。相对来说，后两种模式更为普遍，尤其在近代科学传入中国的时候，科学所具有的权威性使得大部分对西学稍有接触的人皆采取否定的态度，比如王季同的内侄管义慈，据说只是在生病住院的时候读了一些关于西学之书，就批驳王季同科学、佛教一致的观点是"瞎三话四"[2]。相较于管义慈，胡适在给书撰写的序中所作的批判可谓言语激烈，他说："佛法只是人类的某一部分在某时代倡出的思想和信仰，科学也只是人类的某一部分在某时代研究出来的学术思想。这两项材料在人类历史上各有其相当的地位，但我们治历史的人没有把他们拉拢来做搭题八股的必要。其实信仰佛法的人，也大可不必枉费精力来做这种搭题的文章。"虽然开篇时持一种两者不相关无从比较的观点，但是看得出来，胡适越写越表达出了对王季同做法乃至佛教本身的强烈否定："佛弟子也有他的立场，老实说，他的立场是迷信，他尽管摆出科学分析的架子，说什么七识八识，百法五百四十法，到头来一切唯识

---

[1] 王季同：《佛法与科学之比较研究》，山西人民出版社，2014，第3页。
[2] 王季同：《佛法与科学之比较研究》，山西人民出版社，2014，第11页。

的心理学和因明的论理学都只是那最下流的陀罗尼迷信的眼法！"胡适最后的总结是："以上所说，只是略举一二事来说明佛弟子（包括王小徐先生）的立场是迷信，……他们的真，只是他们的真；他们所谓科学，也只是他们的科学而已。"[1] 胡适在短短的序中批判的主要维度是经验，他认为，王季同否定了大部分人经验的真实，却肯定连自己都没有经验过的轮回等理论的真实，在胡适看来，这荒诞至极。

王季同与胡适的观点，恰能反映出佛教在近代科学思潮下艰难维持的生态。一方面，佛教受到科学的冲击，另一方面，佛教又不得不向科学靠拢。太虚早在1923年的世界佛教联合会上就发表了《佛法与科学》的演讲，将科学摆在"戏论"的位置上而低于佛教："科学之知识可为佛法之确证及假说而不能通达佛法之实际"[2]，"佛法之中坚方法，即为完全非科学的，专息灭建筑在戏论分别上之科学的，以非如是则终不能打破无明得大觉悟故"[3]。但是，其影响恐怕也仅仅在佛教徒内部而已，对于普通民众来说可能并没有任何的说服力。

相较于王季同互诠式的比较，梁漱溟对佛教与科学关系之探讨更具有理论深度。他认为，近代包括佛教在内的宗教的衰败并非因为科学的攻击，而是源于科学所树立的人的自信："有人以为近世宗教的衰败，是受科学的攻击，其实不然。科学是知识，宗教是行为。知识并不能变更我们行为，行为是出于情志的。由科学进步而人类所获得之'得意'、'高兴'是打倒宗教的东西，却非科学能打倒宗教。"[4] 人类在自然面前感觉到对未知的恐惧，所以需要宗教，随着科学的进步，人越来越独立于自然并能控制自然，基于人与自然关系的情感改变动摇了宗教的根基，梁漱溟称这种情感为"得意"。正是这种人对于未知与神秘的"得意"才真正地冲击了宗教的基础："超绝与

---

1 以上引文见王季同《佛法与科学之比较研究·胡序》，山西人民出版社，2014，第1、3页。
2 太虚：《佛法与科学》，《太虚大师全书》第23卷，宗教文化出版社，2005，第262页。
3 太虚：《佛法与科学》，《太虚大师全书》第23卷，宗教文化出版社，2005，第267页。
4 梁漱溟：《东西文化及其哲学》，《梁漱溟全集》第1卷，山东人民出版社，2005，第422—423页。

神秘二点实为宗教所以异乎其它事物之处。吾人每言宗教时,殆即指此二点而说。故假使其事而非超绝神秘者即非吾人所谓宗教,毋宁别名以名之之为愈也。此类特别处:'感觉所未接','理智所不喻','超绝','神秘',可以统谓之'外乎理知'。理智不喻的固是外乎理知,感觉未接而去说具体东西,便也是理智不喻的了。若神秘固是理智不喻的,超绝尤非理智范围(理智中的东西皆非东西,而相关系之一点也,超绝则绝此关系也)。故一言以蔽之曰外乎理知。但理智是人所不能不信任的,宗教盖由此而受疑忌排斥,几乎失其文化上的位置。"[1] 梁漱溟将宗教的特质概括为超绝和神秘,这两者都是与理智相悖的,但近代之科学恰恰就是立足于理性与经验,所以,宗教也就逐渐失去了文化上的位置。

然而,梁漱溟认为,佛教作为印度文化的代表,具有科学的精神,这一点与中国文化不同:"当知中国人所用的有所指而无定实的观念,是玄学的态度,西方人所用的观念要明白而确定,是科学的方法。"[2] "西方的学术思想,处处看去,都表现一种特别的采色,与我们截然两样,就是所谓'科学的精神'。"[3] "科学方法在中国简直没有,而在印度,那'因明学'、'唯识学'秉一种严刻的理智态度,走科学的路,这个不同绝不容轻忽看过,所以印度与中国实非一路面是大两样的。"[4] 在西方、印度、中国三者的比较中,梁漱溟认为,印度与西方具备科学的精神,这一点恰恰是中国文化所缺少的,他尤其以佛教之"因明"与"唯识"作为科学精神、理智态度的代表。

梁漱溟认为,唯识学所用的方法与西方科学的方法一样,依靠经验与理智,而抛弃直觉、冥想:"我们看唯识家所指明给我们的佛家形而上学方法是如何呢?这要细说就来不及,我们只能简单的告诉大家。他不象罗素舍去经

---

[1] 梁漱溟:《东西文化及其哲学》,《梁漱溟全集》第1卷,山东人民出版社,2005,第420页。
[2] 梁漱溟:《东西文化及其哲学》,《梁漱溟全集》第1卷,山东人民出版社,2005,第359页。
[3] 梁漱溟:《东西文化及其哲学》,《梁漱溟全集》第1卷,山东人民出版社,2005,第362页。
[4] 梁漱溟:《东西文化及其哲学》,《梁漱溟全集》第1卷,山东人民出版社,2005,第394页。

验单走理智一路，也不象柏格森用那可疑的直觉；他依旧用人人信任的感觉，——他叫作现量。他平常讲知识的时节，只信任现量同比量是对的，由这两样东西能给我们确实可靠的知识，此外什么直觉、瞑想等等都排斥，这态度与西方科学家一般无二。科学家经营他的科学，用的感觉和理智。也就是唯识家经营他的学问之所用的工具。"[1]

在围绕佛教定位的讨论中，章太炎、梁漱溟等都以佛教对一般知识的否定而不认可其哲学的定位。牟宗三也认为佛教是否定知识的，因为佛教所代表的东方文化重视本质而忽视现象。由于佛教忽视现象，所以不重视知识，牟宗三通过俗谛也是"谛"来说明科学知识也具有相当的价值："传统佛教也无意说明科学知识，因其目的在求解脱，而不在说明知识；但我们在现代就需要重新考虑遍计执是否也有相当的谛性这个问题。这并不是说所有的遍计执都有谛性，而是说有一些执确是有相当的谛性，如科学知识。"[2] 牟宗三不仅提出了问题，而且用"应该"来回答问题："科学知识即属遍计执，而科学知识也有相当的真理性、谛性，如此，则遍计执亦不应完全只是虚妄，也应有相当的谛性。这是我们在现代有进于传统的看法。"[3] 无疑，牟宗三通过俗谛也具有真理性的"谛"义，说明即使在佛教理论内部也有近代最强势力量的科学的位置。

在《中国哲学十九讲》第十三讲中，牟宗三特地讨论了科学知识在佛教中的位置。他是从二谛三性的框架中去解说的，认为："空宗虽强调'真俗不二'，但对一般人而言却真俗是二，因此三论宗的嘉祥吉藏针对一般人的看法而说'于真谛、于俗谛'。'于'是对于的'于'，对一般人而言为真的是'于俗谛'；对菩萨、佛而言为真的是'于真谛'。对菩萨为真的，一般世俗

---

[1] 梁漱溟：《东西文化及其哲学》，《梁漱溟全集》第1卷，山东人民出版社，2005，第409页。
[2] 牟宗三：《中国哲学十九讲》，上海古籍出版社，2005，第212页。
[3] 牟宗三：《中国哲学十九讲》，上海古籍出版社，2005，第212页。

的人或许反认为是虚妄的；而世俗人以为真的，在菩萨眼中却是执著。例如科学知识就是'于俗谛'，世俗之人很肯定地认此为真；至于佛菩萨所承认的'于真谛'，自科学的立场却视为妄想；如此真、俗显然是二，即'于真谛'与'于俗谛'是二不是一。"[1] 根据吉藏对龙树二谛的解说，在一般世俗人那里真、俗是二，牟宗三以此来说明科学知识就是世俗层面的"于俗谛"，世俗肯定为真，而佛教肯定的真谛在科学立场则被否定为真。

牟宗三提出了一个问题："科学知识是'于俗谛'，那么是否科学知识也当该没有独立的意义？若否，那么代表科学知识的'于俗谛'应如何安排？"[2] 他进一步从唯识宗三性的角度来探讨这一问题。在三性的框架中，他认为，因为科学知识具有相当的真理性，所以其对应的遍计所执不应该完全是虚妄的，也应有相当的谛性。然而，这样纯属意愿表达的"应该"在传统佛教义理面前往往显得难以被承认。牟宗三自己也说："传统的佛教认为遍计所执都是虚妄的，没有谛性，因此一定要去除；但顺我们以上的讨论，遍计所执也有相当的谛性，既有谛性就应当保存，那么在佛教中是否保存得住呢？例如站在佛教的立场，是否可以保住科学知识？再以现代的医学为例，现在的佛教徒生病也需要找西医，那么就不能说它全是虚妄，这可用佛教的名词称之为'方便'。既然需要，就应该保存；而在这需要保存上，它就有必然性。科学知识亦是如此。"[3] 方便本身就是有为法，并非是究竟的，牟宗三用佛教徒找医生的例子来说明作为有为法的方便就是究竟的无为法，这样其实就是等同了"一"与"不异"，方便与究竟是不异的关系，正如真俗二谛不异一样，然而并非是一。不异是在本质层面肯定其相同，一则是完全等同，所以不异并不等于就是一。佛教用"不一不异"来说明的是空，即否定方便

---

[1] 牟宗三：《中国哲学十九讲》，上海古籍出版社，2005，第206—207页。
[2] 牟宗三：《中国哲学十九讲》，上海古籍出版社，2005，第207页。
[3] 牟宗三：《中国哲学十九讲》，上海古籍出版社，2005，第215—216页。

与究竟的自性，所以，牟宗三在肯定方便的自性的同时进一步等同究竟，这种理解在传统佛教的义理内并不能被接纳。

牟宗三进一步从菩萨道来说明科学知识的必要性。他说："佛教的教理中也有个观念可以说明并保障这类方便，此即'菩萨道'。当然达至菩萨的境界时，可以用显神通的方式将疾病化去，而不需要西医。但是菩萨为了顺俗过现实生活，就也可以找西医而不用神通。因为菩萨不能完全离众异俗，若完全离众异俗就不能渡众生。因此菩萨是方便地保住科学知识，是由菩萨的'大悲心'来保住科学知识的必然性（necessity）。……到圆佛的境界时，佛的大悲心一定需要这些科学、经验知识，这就保障了它的必然性。"[1] 虽然菩萨顺世俗，但并非肯定世俗，更不是肯定世俗的"必然性"，因为菩萨虽然随顺世俗，但世俗在真谛层面仍然是自性空的，那么，其实从佛教所追求的层面来说只是不得已随顺，而并非肯定。

综观牟宗三讨论科学知识在二谛、三性为代表的整个佛教中的地位，最关键的地方在于他认为随顺世俗就是肯定世俗，然而在强烈的保障科学知识真理性的意图下，他认为，传统佛教随顺世俗的方便在内涵上已经包含有肯定世俗的成分，并进一步认为这保障了科学知识作为世俗的必然性，提出"佛为渡众生而需要科学知识"[2]，而这恰恰是近现代佛教所面对的最大问题，牟宗三希望在佛教传统中找到沟通两者的线索，以他的方式回应了佛教与科学知识的关系问题。

三　佛教与心理学

相较于科学与佛教在表面上的对立，作为科学的心理学与佛教的交涉却

---

[1] 牟宗三：《中国哲学十九讲》，上海古籍出版社，2005，第216页。
[2] 牟宗三：《中国哲学十九讲》，上海古籍出版社，2005，第216页。

从来不是对立的，而是偏重于诠释性、互补性的关系，杨度所说的"解剖心理最近科学者，莫如法相一宗"[1]，可以认为是当时对两者关系研究的一个共识。

在1916年出版的《究元决疑论》中，梁漱溟已经涉及到佛教与心理学交涉的讨论了，但由于他对心理学研究并不深入，加上他本人的传统文化主体意识，所以他往往站在佛学的角度贬低心理学的价值："所有东西哲学心理学德行学家言，以未曾证觉本原故，种种言说无非戏论。聚讼百世而不绝者，取此相较，不值一笑。唯彼土苴，何足珍馐？拨云雾而见青天，舍释迦之教其谁能？呜乎！希有！希有！"[2] "比闻挽世心理学家之说明，谓心实无'道德感'之能力，虽足遣往世之执，要亦妄谈，不曾得真。"[3] 在1920年出版的《唯识述义》中，他仍旧秉持这种态度："我可以告诉大家一句顶要紧的话，在唯识家看心理学家什么智、情、意三分法，什么智、情二分意志不过复合作用等等的话，都是太粗太粗极支离极支离的话。在唯识家的意思，意志、情感不可为独立东西，而也没有没有意志的知识、没有情感的知识。凡是一个心都是意志了（作意与思通首与尾意志也），都是知识了，都是情感了，此所谓一个心的。凡本文所称心的，都不是说平常人或心理学所说的一副精神作用住在那里、一个人的全意识界，而是说唯识上的心。"[4] 从《究元决疑论》到《唯识述义》，梁漱溟对心理学的判断基本保持一致，他认为，相较于佛教理论尤其是唯识学，心理学因其不具有超越性的态度显得相对比较粗浅而不成熟。

梁漱溟有意识地通过心理学的角度诠释传统文化，不论是在《唯识述义》中对唯识学的解释，还是在《东西文化及其哲学》中对儒学的解释，都是如

---

[1] 杨度：《唯识八偈序》，见黄夏年主编《章太炎集·杨度集》，中国社会科学出版社，1995，第160页。
[2] 梁漱溟：《究元决疑论》，《梁漱溟全集》第1卷，山东人民出版社，2005，第12—13页。
[3] 梁漱溟：《究元决疑论》，《梁漱溟全集》第1卷，山东人民出版社，2005，第11页。
[4] 梁漱溟：《唯识述义》，《梁漱溟全集》第1卷，山东人民出版社，2005，第317—318页。

此。但是，这样的诠释往往存在问题，所以，梁漱溟自己也反思说："我在此书中谈到儒家思想，尤其喜用现在心理学的话为之解释。自今看去，却大半都错了。盖当时于儒家的人类心理观实未曾认得清，便杂取滥引现在一般的心理学作依据，而不以为非；殊不知其适为根本不相容的两样东西。"[1] 这应该可以视作他对自己所作的心理学与传统文化交涉之思考的一个结论性反思了。

梁启超对佛教与心理学也有专门的讨论。1922年，梁启超为心理学会做了一次题为"佛教心理学浅测"的讲演，确立了佛教理论与心理学互动的基本模式。他说："我确信研究佛学，应该从经典中所说的心理学入手，我确信研究心理学，应该以佛教教理为重要研究品。"佛教理论作为心理学的资料，心理学则作为佛教理论的理解维度，这就是梁启超对两者互动的基本模式的理解。实际上，梁启超关于佛教理论与心理学交涉的思考，与梁漱溟相近，一方面认为两者存在相似性，另一方面认为佛教理论相较于心理学又具有超越性。两者的相似性表现在理论上，被称为"学"，佛教对心理学的超越性表现在实践上，被称为"证"："我们从'证'的方面看，佛教自然是超科学的，若从'学'的方面看，用科学方法研究佛理，并无过咎。"

梁启超认为，"学"所代表的佛教理论以"无我"为核心，之所以佛教理论注重心理活动，原因就在于希望通过对心理活动的控制以达到"无我"："佛教为什么如此注重心理学呢？因为把心理状态研究很真确，便可以证明'无我'的道理。"基于阿毗达磨乃至唯识学对"法"的分析，他认为，佛教在"法"名相的建构与分析中尤其重视心理学，或者用他的话说"就是心理学"。他说："佛家说的叫做'法'。倘若有人问我：法是什么？我便一点不迟疑答道：'就是心理学。'不信，试看小乘俱舍家说的七十五法，大乘瑜伽

---

[1] 梁漱溟：《东西文化及其哲学》，《梁漱溟全集》第1卷，山东人民出版社，2005，第324页。

说的百法，除却说明心理现象外，更有何话？试看所谓五蕴，所谓十二因缘，所谓十二处、十八界，所谓八识，哪一门子不是心理学？又如四圣谛、八正道等种种法门所说修养工夫，也不外根据心理学上正当见解，把意识结习层层剥落。严格的说，现代欧美所谓心理学和佛教所讲心识之相范围广狭既不同，剖析精粗迹迥别，当然不能混为一谈。但就学问大概的分类说，说'心识之相'的学问认为心理学，并无过咎。至于最高的'证'，原是超心理学的，那是学问范围以外的事，又当别论了。"[1]

在整个讲演中，梁启超是通过分析"五蕴"这一佛教基本范畴来说明佛教理论就是心理学的观点。五蕴之中，受、想本身就是作为心理活动的心所法单列出来作为凸显其重大作用的，行蕴中占据最大比例的就是"心所法"，识蕴更是与心理密切相关的范畴。但是，他为什么要说"有客观性的事物"[2]的色蕴也是心理学呢？基于唯识学理论，他认为色并不离心理而单独存在："离却主观的经验，那客观是什么东西，我们便不能想象，严密勘下去，也可以说色蕴是受、想、行、识种种经历现出来。比如我们说屋外那棵是柳树，怎么知道有柳树呢？那认识活动过程第一步，先感觉眼前有一棵高大青绿的东西，便是受。其次，联想起我过去所知道的如何如何便是树，如何如何便是柳树，把这些影像都再出来，便是想。其次，将这些影像和眼前所见这样东西比较看对不对，便是行。最后了然认得他是柳树，便是识。凡我们认为外界的'色'，非经过这种种程序后不能成立，所以'色'是我们心理的表象。我解释色蕴，暂此为止。"[3]

可见，梁启超以"法"的范畴体系作为佛教理论就是心理学的证明。由于佛教并不止步于理论，而是更多地诉诸宗教实践的"证"，所以也就超越

---

[1] 以上引文均见梁启超《佛学研究十八篇》，中华书局，1989，第369—370页。
[2] 梁启超：《佛学研究十八篇》，中华书局，1989，第371页。
[3] 梁启超：《佛学研究十八篇》，中华书局，1989，第377页。

了仅仅是理论的心理学。但是，即使在理论层面，梁启超也认为佛教对心理的分析之精密是超过心理学的："大抵佛家对于心理分析，异常努力，愈析愈精。释迦牟尼时代，虽仅分受、想、行三大聚。'行'的方面，已经错杂举出许多属性，后来学者将这些话整理一番，又加以剖析增补，大类中分小类，小类中又分小类，遂把'行相'研究得如此绵密。我的学力还够不上解释他，而且时间亦不许，姑说到此处为止。但我敢说一句话，他们的分析是极科学的，若就心理构造机能那方面说，他们所研究自然比不上西洋人；若论内省的观察之深刻，论理上施设之精密，恐怕现代西洋心理学大家还要让几步哩。"[1]

再来看牟宗三的相关论述。在牟宗三中西互动的佛学研究中，也避免不了心理学的介入，他虽然也隐含有类似梁漱溟、梁启超那种佛学具有相对于心理学的超越性的观点，但是他既不是从实践超越理论的角度，也不是从佛教理论分析更加精微的角度，而是在佛教具有的哲学层面上谈，这一点与梁漱溟凸显心理学"未曾证觉本原故，种种言说无非戏论"是一致的。牟宗三认为，中西哲学都开二门，"佛教《大乘起信论》言一心开二门，其实中西哲学都是一心开二门，此为共同的哲学架构（philosophical frame）。依佛教本身的讲法，所谓二门，一是真如门，一是生灭门。真如门相当于康德所说的智思界（noumena），生灭门就相当于其所说的感触界（phenomena）"[2]。但是，对于两者孰轻孰重的区别是不同的，他认为，中国传统重视前者而忽视后者，而西方对前者不通透，在后者的经验科学层面则是积极的态度。虽然西方在生灭门的现象界很积极，但同时在人生哲学方面的现象界，却"不行"。

立足于"一心开二门"东西方哲学比较的角度，牟宗三认为，佛教以人生哲学为关注领域，而尤以烦恼为主，可以判断其以泛心理学为其思想基础。

---

[1] 梁启超：《佛学研究十八篇》，中华书局，1989，第380—381页。
[2] 牟宗三：《中西哲学之会通十四讲》，吉林出版集团有限责任公司，2010，第83页。

他说:"一心开二门,东方人重视烦恼的问题,德行的问题,这些问题笼统地大体而言是属于人生哲学。若由重视烦恼来看,这是以泛心理学的背景来说生灭。康德讲 phenomena 重视经验知识,那是知识论的立场,是重知识,不是就人生哲学讲。而东方讲生灭门是就人生哲学而言。佛教以烦恼为主,烦恼是心理学的观念,故佛教是以泛心理学的观点为其普遍的底子,普遍的背景,此是笼罩性的。"[1] 他认为,东方哲学虽然忽视二门中的生灭门而重视真如门,即重视本体层面而忽视现象,但是对人生哲学却尤其重视,佛教正是以作为心理学观念的烦恼为主,所以,他说佛教是以泛心理学为普遍的底子、背景等,意味着佛教具有广泛的心理学视域。

但是,佛学并非仅仅在心理学层面实现其对烦恼的超越,牟宗三认为,烦恼是"执著"在心理学层面的后果,而"执著"本身却并不仅仅是心理学意义的:"'执'有两种,一种是心理学上的意义,指引起烦恼痛苦等情绪;一种是逻辑意义的执。逻辑意义的执相等于西方哲学中所说的置定(positing)。费希特就常喜欢用这个名词。例如八不缘起所破除的那些相就不是心理学意义的烦恼执著,而是逻辑性的置定(logical positing)。由此可知执著不只限于心理学的意义,而也有逻辑意义的执著。一般常将执著译为 attachment,这主要是取心理学的意义,这自译出了大部分的意思,因佛教原初是以此为主。但当说到'不相应行法'时,就是逻辑意义的执,是形式的(formal),而心理学意义的执是材质的(material)。"[2] 他认为,相对于心理学层面引起烦恼的执著,逻辑意义上的执著是"形式的",相当于西方哲学所说的置定,并明确中观学所说的八不缘起破除的对象就是逻辑意义上的执著。牟宗三将直接引起烦恼的执著称为心理学意义上的执著,把那些不直接引起烦恼却作为前一种执著的深层前提的执著作为逻辑意义的执著。

1　牟宗三:《中西哲学之会通十四讲》,吉林出版集团有限责任公司,2010,第84页。
2　牟宗三:《中国哲学十九讲》,上海古籍出版社,2005,第214—215页。

实际上，如果基于佛教理论体系考察牟宗三所说的两种执著，可以认为，逻辑意义上的执著指的是自性执著，即佛学意义上的执著本身，由于自性执著是先验地存在于个体理解模式中的，所以牟宗三才用置定、形式等西方哲学范畴来诠释，而心理学意义上的执著在佛学理论中指的是自性执著的表现，即表现在对我、我所的执著，所以每每讲到逻辑学意义的执著的时候，牟宗三常常以佛教中观学来说明："也许你想到科学知识没有情绪的成份掺加在内，例如演算数学、或医生治病施手术时不能感情用事，在此意义上，你认为科学知识不应属于执著。这是将执著限定于心理学的（psychological）意义，指执著会引起烦恼。佛家原初讲执著，确是以泛心理学的意义为背景来说烦恼，因此染八识之依他起、遍计执就会引起烦恼执著，这是由主观心理方面而说烦恼。但是如《中论》的'八不缘起'是要破除执著，若不去执而更反过来执这些生、灭、常、断、一、异、来、去等定相，这也是执著，则这种执著就不只限于心理学的意义。……若执著只限于心理学的意义，则那些定相当然不是执著；但佛教正是说这些相也属于执著，因此才说遍计所执性就是'相无自性性'。唯识宗还有个名词叫'不相应行法'，也叫'分位假法'，既然是假立施设的，当然就是执著。"[1] 他认为，如果单纯在心理学意义引起烦恼的层面，科学知识并非是执著，但是在逻辑意义的执著来说，一切先验的理解框架都是执著，就像中观学要破除一切定相、唯识学连自己所安立的三性之自性也要破除一样。

可见，牟宗三所说的两种执著，其实就是佛教理论中执著的两个层次，相较于心理学层次的执著，逻辑学意义的执著在佛教理论体系内更为深层，在"我"的执著上表现得最为明显。牟宗三将"我"分为四个层次："自我（ego，self）有好几层的意义，帽子底下脑神经的自我是什么性质的自我？此

---

[1] 牟宗三：《中国哲学十九讲》，上海古籍出版社，2005，第213页。

自我中心的自我是生理机体的自我，王阳明所谓之'躯壳起念'的形躯的我。佛教的前五识也是这个意义的我，此是最基层的。再上一层是心理学意义的我（psychological ego），此即佛教所要破除的我，为一切执著、烦恼之源，是虚构之我。再进一层是笛卡儿的'我思故我在'（I think therefore I am）的我，这个我相当于康德的超越的统觉（transcendental appeception）的我，此为逻辑的我（logical ego）。再进一步到最高层的我，这最高层次之我，在佛教就是《涅槃经》中常、乐、我、净的涅槃真我。"[1] 他将心理学意义上的我作为佛教所要破除的"我"，并称其为一切执著与烦恼的根源，相较于心理学之我，更进一步的逻辑"我"指向的是比心理学更为深层的主体我。

从梁漱溟到梁启超，佛教与心理学的互动基本上呈现出中国文化本位立场，主要表现为两个层面的互动：一方面，肯定佛教具有心理学的特质，这在唯识学研究兴起的近代，应该是一种普遍现象，因为唯识学确实蕴含大量的心理分析，毕竟百法的体系中包含八个心法及五十一个心所法；另一方面，凸显佛教对心理学的超越性，正如佛教与哲学互动过程中那样，强调作为宗教的佛教的实践对一般理论的超越，也同样出现在心理学与佛教之间的互动。而且，梁漱溟与梁启超在理论层面，都认为唯识学为代表的佛教优于心理学，而实际上，两人并没有运用心理学理论来审视佛教。可见，对于梁漱溟与梁启超来说，证明佛教具有现代性而能与包括心理学在内的科学对话，才是当务之急。

相较于梁漱溟与梁启超，牟宗三虽然提到了心理学，但主要是用作形容"烦恼"与"我"的维度，以区别逻辑学意义上的"烦恼""我"，这种看法不仅沿袭了梁漱溟《究元决疑论》中以佛学具有形上"元"的探究故高于心理学的观点，而且也与梁启超"我"的诠释有相似性，但观点截

---

[1] 牟宗三：《中西哲学之会通十四讲》，吉林出版集团有限责任公司，2010，第101页。

然相反。梁启超说,"一般人以为'心理活动统一之状态'的识即是我,笛卡儿所谓'我思故我存'就是这种见解"[1],牟宗三也提到了笛卡尔的"我",但恰恰是作为逻辑学意义的"我",与心理学的"我"相区别,梁启超用笛卡尔"我"诠释的"我"在牟宗三这里仅仅是心理学的"我"。可见,佛教与心理学互涉的讨论,相较于梁漱溟与梁启超对中国文化主体性的凸显,牟宗三对两者的对比乃至佛学超越性的揭示,达到了一个更深的层面。

第三节　基于佛教义理的现实关照

在近现代东西文化的交汇中,面对现代思潮的冲击,作为传统文化的中国佛学也开始关照现实社会,回应时代问题。我们这里主要以章太炎、谭嗣同和杨度为例来展开论述。章太炎提出"佛法不圆满"的观点,调和唯心论与唯物论、中国传统与西方现代,试图说明佛教与现代社会的适应;还提出"和合佛与老庄是救时应务第一良法"的观点,推崇禅宗,强调"平等""自尊"理念。谭嗣同的理论探究,同样根源于他救亡图存的现实关照,他着力发挥了佛教思想中"变""平等"的理念,并与"心力"联系起来,以此来强调主体的能动力量;并提出"中国之亡于静"的观点,指向守旧而意图革新,他认为佛教就含有革新的力量。作为政客,杨度佛学思想中最具现实关照的观点是"无我宗",从禅宗理论出发融摄性相两宗,并时刻以时代流行之科学理念考察、反思,批判佛教本身所具有的不符合科学之理论,包括灵魂轮转、地狱、神通、男女之欲的戒律等。他们的观点虽然不一,但基于佛教义理的现实观照则是他们的共同特点。

---

[1] 梁启超:《佛学研究十八篇》,中华书局,1989,第373页。

一 章太炎：救时应务的佛法

章太炎的佛学研究，从一开始就具有现实关照的特质，"章太炎也曾是在时代涛头搏浪前进的弄潮儿，他不可能完全脱离当时社会政治问题探讨的特烈气氛，而于书斋或山林，沉浸在哲学的冥想之中"[1]。基于时代与现实社会的关照，章太炎在《论佛法与宗教、哲学以及现实之关系》的演讲中，提出佛法不圆满的观点，"佛法亦有不圆满处，应待后人补苴"[2]，这一观点本身就是站在近代的社会现实之上，对佛教进行判摄的结果。从历史上来看，佛教一直以圆教为标识，虽然儒、道等不同思想体系都曾攻击佛教，以佛教之不足显自己之圆满，但是，章太炎这句话并非是与其他思想体系比较的产物，而是基于整个时代的现实审视佛教的结果。"在真谛一边，到如来藏缘起宗、阿赖耶缘起宗，已占哲学上最高的地位。只在俗谛一边，却有许多不满。"[3] 佛教整个历史的发展，都是围绕"解脱"这一终极目标的，往往立足于真谛，讲俗谛还是为了显真谛，所以说在俗谛这边有许多不满，也就意味着在章太炎看来，佛教对世间的考察和认识还不够。

那么，章太炎所说的俗谛之中的不圆满指的是什么呢？他认为，主要的缺陷在于没有肯定植物是有情、矿物有知："植物有命、矿物有知的俗谛，佛法中不能说得圆满。我辈虽然浅陋，还可以补正得一点儿。"佛教中的"有情"意谓有情识的生物，经常是指动物，因为只有动物才具备"情"，但章太炎认为，植物也具备寿命、温度等，所以植物也具备命根，应当是"有

---

[1] 麻天祥：《20世纪中国佛学问题》，武汉大学出版社，2007，第138—139页。
[2] 章太炎：《论佛法与宗教、哲学以及现实之关系》，见黄夏年主编《章太炎集·杨度集》，中国社会科学出版社，1995，第7页。
[3] 章太炎：《论佛法与宗教、哲学以及现实之关系》，见黄夏年主编《章太炎集·杨度集》，中国社会科学出版社，1995，第7—8页。

情"。通过唯识学及《起信论》中的理论，他还得出了矿物有知的结论。

章太炎在演讲中提出"植物有命、矿物有知"，主要是为了调和唯心论与唯物论，唯心论是佛教理论的体现，唯物论则是西方思想之主流。他是这样提出这一问题的："现在讲唯心论的，必要破唯物论。依兄弟者，唯心论不必破唯物论，反可以包容得唯物论，只要提出'三性'，就可以说明了。"在谈到三性中的圆成实性时，他说："第三是据圆成自性。动物植物也有知，矿物也有知，种种不过阿赖耶识所现的波浪。追寻原始，唯一真心。""到底是心中幻象，就此可以证成'诸法不生'。矿物植物动物，同是不生，那就归入圆成实性，所以说不必破唯物论。尽容他的唯物论说到穷尽，不能不归入唯心。"[1] 佛教以讲唯识、唯心为内涵，在中西文化交融的近代，仍有以唯心论抵触唯物论的做法，然而受西学影响的章太炎认为这种反抗已经不能适应历史的前进，因此，他其实是通过动物、植物等物质也具有精神（命与知）来说明唯物与唯心的不违背。调和唯心与唯物、中国传统与西方现代才是他说"佛法亦有不圆满处"的真正目标。

可以发现，章太炎提出"佛法亦有不圆满处"的观点，不仅不是在理论层面探讨佛教思想的局限，甚至本身就不是在探讨佛教理论，而是通过佛教的名相与命题来实现调和唯心论与唯物论的目的，实际上是意图说明佛教与现代社会的相适应，一方面为了说服以佛教传统理论自居者接受唯物论为核心的现代观念，另一方面也是说明中国本具有现代社会所需之思想资源。

从章太炎的其他文献中可以发现，后一个方面，即凸显佛教作为现代社会所需之思想资源的目的一直萦绕在他心中，包括无自性、平等、自尊、无畏等理念。在《建立宗教论》中，章太炎对赫尔图门宗教不可专任僧徒的说法进行讨论的时候，以时代背景为由讲了一段话，可以视为是对此的简要概

---

[1] 以上引文均见章太炎《论佛法与宗教、哲学以及现实之关系》，见黄夏年主编《章太炎集·杨度集》，中国社会科学出版社，1995，第10—11页。

述:"宗教之用,上契无生,下教十善,其所以驯化生民者,特其余绪。所谓尘垢秕糠,陶铸尧、舜而已。而非有至高者在,则余绪亦无由流出。今之世,非周、秦、汉、魏之世也,彼时纯朴未分,则虽以孔、老常言,亦足以化民成俗。今则不然,六道轮回、地狱变相之说,犹不足以取济。非说无生,则不能去畏死心;非破我所,则不能去拜金心;非谈平等,则不能去奴隶心;非示群生皆佛,则不能去退屈心;非举三轮清净,则不能去德色心。而此数者,非随俗雅化之居士所能实践,则聒聒者谮无所益。此沙门、居士,所以不得不分职业也。"[1] 他认为,为了应对时代之变局,要抛弃五种心,包括畏死心、拜金心、奴隶心、退屈心、德色心,而这需要通过佛教的五种理念,包括无生、无我所、平等、众生皆佛、三轮体空,以五种理念去除五种心。虽然只有简单的一段话,但是,足可见佛教理论之于章太炎,在于其"救时应务"的意义,这与欧阳竟无、印顺等人之佛学研究的目标显然有很大的不同。

基于佛教理论对现实的关照维度,章太炎提出"和合佛与老庄是救时应务第一良法"的观点,认为"唯有把佛与老庄和合,这才是'善权大士',救时应务的第一良法"[2]。在章太炎看来,佛教中的文殊、普贤、维摩诘与道家中的老庄,都是关注社会现实的:"原来印度社会和平,政治简淡,所以维摩诘的话,不过是度险谷,设医药,救饥馑几种慈善事业。到东方就不然,社会相争,政治压制,非常的猛烈。所以老庄的话,大端注意在社会政治这边,不在专施小惠,振救贫穷。"[3] 章太炎把原来崇尚出世超世的佛、道两家追求的理想人格一改而为入世的了,强调其关注现实人生的内涵。

---

[1] 章太炎:《建立宗教论》,见黄夏年主编《章太炎集·杨度集》,中国社会科学出版社,1995,第51页。
[2] 章太炎:《论佛法与宗教、哲学以及现实之关系》,见黄夏年主编《章太炎集·杨度集》,中国社会科学出版社,1995,第17页。
[3] 章太炎:《论佛法与宗教、哲学以及现实之关系》,见黄夏年主编《章太炎集·杨度集》,中国社会科学出版社,1995,第14页。

章太炎为什么推崇佛、道？即使佛道两家理论中确实有关注现实人生的那一面，何以成为"救时应务第一良法"？实际上，章太炎是抓住了两家思想中的核心理念即"平等"，他是要通过"平等""造出一种舆论"[1]，以"平等"之舆论对抗文明与野蛮的二元对立，因为发达列强自视文明，以文明侵略中国却美言教化野蛮，所以章太炎说："第一要造成舆论，打破文明野蛮的见，使那些怀挟兽心的人，不能借口。"[2]

在许多场合，章太炎都强调了佛教所具有的"平等"理念，这可以视其为对中西碰撞处于弱势的中国的一种呼喊，既要把看似高高在上的列强拉下来，更要把奴颜屈膝的中国扶起来，所以他也很重视强调"自尊"。《答铁铮》是章太炎的一封回信，提到了以佛学来收社会实际效力的辩解与说明，他的基本观点是，他想取包括佛教、王阳明思想在内的传统文化中提倡"自尊""无畏"的部分，认为其实质就是佛教所说的"依自不依他"。基于这种观点，他推崇禅宗，贬斥净土与密宗："佛教行于中国，宗派十数，独禅宗为盛者，即以自贵其心，不援鬼神，与中国心理相合。故仆于佛教，独净土、秘密二宗有所不取。以其近于祈祷，猥自卑屈，与勇猛无畏之心相左耳。"[3]并坦言这种气质甚至类似于基督教，"与基督教祈祷天神相似"[4]。章太炎其实是想发扬传统文化中，尤其是禅宗、阳明学中对于自我的强调与完善，以此来铸造时代之精神。他说："犹有厚自尊贵之风，尼采所谓超人，庶几相近。排除生死，旁若无人，布衣麻鞋，径行独往，上无政党猥贱之操，下作懦夫奋矜之气，以此揭櫫，庶于中国前途有益。"[5]

---

[1] 章太炎：《论佛法与宗教、哲学以及现实之关系》，见黄夏年主编《章太炎集·杨度集》，中国社会科学出版社，1995，第16页。

[2] 章太炎：《论佛法与宗教、哲学以及现实之关系》，见黄夏年主编《章太炎集·杨度集》，中国社会科学出版社，1995，第17页。

[3] 章太炎：《答铁铮》，见黄夏年主编《章太炎集·杨度集》，中国社会科学出版社，1995，第18页。

[4] 章太炎：《答铁铮》，见黄夏年主编《章太炎集·杨度集》，中国社会科学出版社，1995，第24页。

[5] 章太炎：《答铁铮》，见黄夏年主编《章太炎集·杨度集》，中国社会科学出版社，1995，第24页。

第八章　佛教义理之学的入世转型

不论是平等，还是自尊，章太炎的佛教理论探究都以"救时应务"为目的，这在他提出的"五无论"中得到了集中的体现。在《五无论》中，章太炎认为，战争等问题都是源于狭隘的民族主义，基于政府和国家的狭隘设置，由于这种种的狭隘而有诸多弊端，所以他提出"五无之制"。"五无"包括无政府、无聚落、无人类、无众生、无世界。他认为，"五无者，超过民族主义者也"[1]。他在说明"五无"的过程中，运用了佛教的基本理念。

首先第一个层次是政府和聚落，主要是政府，"政府云，国家云，固无自性"[2]，原因在于国家与政府是假名安立，他说："国家者，如机关木人，有作用而无自性。如蛇毛马角，有名言而非实存。"[3] 这种理解与佛教常以树林为假立一样，比如《大智度论》就用林来说明无相之中的假名相，"无相有三种：假名相、法相、无相相。假名相者，如车、如屋、如林、如军、如众生，诸法和合中，更有是名。无明力故，取是假名相，起诸烦恼、业"[4]。章太炎也正是在这种假名相的基础上来理解国家的，因为国家并非是一个有自性的实体，而民众却在一个无自性的实体上产生执著而成为民族主义。

国家如同树林一样是假名安立的，那么组成国家的人就如同组成树林的树木一样不能被否认其真实性，但章太炎却仍旧进一步说明"无人类""无众生"，这就是他"五无论"的第二个层次。在这个层面上，章太炎的理解就更加是佛教五蕴和合而无真实人我可得的思路了，他说："一二大士超人者出，诲之以断人道而绝其孳乳，教之以证无我而尽其缘生。""自毛奈伦极微之物，更互相生，以至人类，名为进化，其实则一流转真如。"[5]

章太炎"五无论"的第三个层次就是"无世界"："世界本无，不待消灭

---

[1] 章太炎：《五无论》，见黄夏年主编《章太炎集·杨度集》，中国社会科学出版社，1995，第67页。
[2] 章太炎：《五无论》，见黄夏年主编《章太炎集·杨度集》，中国社会科学出版社，1995，第69页。
[3] 章太炎：《五无论》，见黄夏年主编《章太炎集·杨度集》，中国社会科学出版社，1995，第65页。
[4] 《大智度论》卷61，《大正藏》第25册，第495页中。
[5] 章太炎：《五无论》，见黄夏年主编《章太炎集·杨度集》，中国社会科学出版社，1995，第70页。

而始为无。今之有器世间，为众生依止之所本，由众生眼翳见病所成，都非实有。"[1] 他还讨论了当时已经出现的"原子"理论、以太等，认为它们只是假名安立，并无真实。章太炎的这种观点完全可以认为是佛教"空"理念的现代版，佛教的理论被章太炎用来重新面对新的科学进展、人文学科进展等情况。

在这三个层次当中，章太炎尤为重视第二个"无人类"的层次，因为这个层次为一、三层次之关键："所谓无人类、无众生、无世界者，说虽繁多，而无人类为最要。以观无我为本因，以断交接为方便，此消灭人类之方也。"[2] 章太炎所说的消灭人类，其根本在于遣除我见，所以他说："余以为我见在者，有润生则淫必不可除，有好胜则杀必不可灭。"[3]

基于佛教的视野来考察章太炎的"五无论"，可以说其实质就是站在真谛缘起性空的层面解构一切执著，包括国家、世界、人类，因为执著意味着边界，边界就意味着对立与矛盾，在现实世界中就表现为战争与杀戮，所以，章太炎"五无论"的提出是站在人的"类"本质的角度来探讨整个人类的发展方向，这种站在真谛层面的言论必然显得空洞而与现实脱节，连他自己在文末总结时都说："今日欲飞跃以至五无，未可得也。还以随顺有边为初阶，所谓跛驴之行。夫欲不为跛驴而不得者，此人类所以愈可哀也！"[4]

二　谭嗣同：倡导平等与革新

谭嗣同对佛学的理论研究，根源于他救亡图存的现实关照，这一点与章太炎一样，在集中体现他思想的《仁学》一书中，他着力发挥了佛教思想中

---

[1] 章太炎：《五无论》，见黄夏年主编《章太炎集·杨度集》，中国社会科学出版社，1995，第70页。
[2] 章太炎：《五无论》，见黄夏年主编《章太炎集·杨度集》，中国社会科学出版社，1995，第75页。
[3] 章太炎：《五无论》，见黄夏年主编《章太炎集·杨度集》，中国社会科学出版社，1995，第79页。
[4] 章太炎：《五无论》，见黄夏年主编《章太炎集·杨度集》，中国社会科学出版社，1995，第79页。

"变""平等"的理念。谭嗣同认为,儒教、基督教、佛教三教虽然存在各种差异,但有两点是相同的,这就是"变"与"平等":"三教不同,同于变;变不同,同于平等。"[1]

在谭嗣同看来,三教出现之前,"不平等"的现象往往表现为对人民的压迫。在中国,人与天相对,人在天面前极其渺小,君主作为天子,以天的权威压制天下的人民,即使谋一己之私利,天下人民也没有敢违背的,孔子所创之儒教正是要改变这种"不平等":"孔出而变之;删《诗》《书》,订《礼》《乐》,考文字,改制度,而一寓其权于《春秋》。《春秋》恶君之专也,称天以治之,故天子诸侯,皆得施其褒贬,而自立为素王。又恶天之专也,称元以治之,故《易》、《春秋》皆以元统天。《春秋》授之公羊,故《公羊传》多微旨,然旨微犹或弗彰也;至于佛肸、公山之召而欲往,孔子之心见矣。……"[2] 谭嗣同以孔子"恶君之专"来表达孔子对"不平等"的变革,甚至以佛肸、公山反叛而召孔子,孔子却想去,以此来表达孔子心中对天子与人民之间不平等的超越。谭嗣同由孔子之变革引申而接着批判了"不平等"理念下的愚忠:"彼君之不善,人人得而戮之,初无所谓叛逆也。叛逆者,君主创之以恫喝天下之名。不然,彼君主未有不自叛逆来者也。不为君主,即詈以叛逆;偶为君主,又谄以帝天。中国人犹自以忠义相夸示,真不知世间有羞耻事矣。"[3] 与孔子儒家一样,基督教也是为了改变以色列"上帝"的不平等。佛教也是如此,印度社会种姓制度,分人为四种阶层,极为不平等,佛教的诞生正是为了纠正这种不平等:"印度自喀私德之名立,分人为四等,上等者世为君卿大夫士,下等者世为贱庶奴虏,至不平等矣。佛出而变之,世法则曰平等,出世法竟愈出天之上矣,此佛之变教也。"[4]

---

[1] 谭嗣同:《仁学》,中州古籍出版社,1998,第162页。
[2] 谭嗣同:《仁学》,中州古籍出版社,1998,第161页。
[3] 谭嗣同:《仁学》,中州古籍出版社,1998,第161—162页。
[4] 谭嗣同:《仁学》,中州古籍出版社,1998,第162页。

谭嗣同不仅将"平等"理解为佛教创立的动因,而且将"平等"与佛教"慈悲"及他所重视的"心力"联系起来,提出"盖心力之实体,莫大于慈悲。慈悲则我视人平等,而我以无畏;人视我平等,而人亦以无畏"[1]。心力,谭嗣同称为"人之所赖以办事者"[2],可以理解为人所具有的改变世界的主体力量,他甚至说过"夫心力最大者,无不可为"[3]。这种看似夸大主体心之作用的观点,其实来源于中国传统中包括儒佛在内的思想体系对"心"的重视,其实质是对人的主体性的推崇,强调人具有改造世界的力量。谭嗣同理解心力的实体为慈悲,其实就是用佛教的思想充实了心力这一范畴的内涵,为什么心力的实体是慈悲呢?其中一个关键环节就是"平等"。按照阿毗达磨的分析,慈与悲都以无瞋为体,无瞋的前提是无人、我之分,泯除我与他者的界限,这样就能够理解、同情、怜悯他人,谭嗣同大概也是从慈悲是对人、我界限的超越这个角度衍生出"慈悲则我视人平等"的观点,因为人与人之间的平等,所以人际关系消除了由不平等引起的畏戒之心,从而实现"无畏",他还用佛名"大无畏"、六度之一布施中的无畏施来证明只有慈悲才能实现无畏。

除了慈悲之外,谭嗣同还引韦廉臣《古教汇参》概括的东西方古代教化的思想体系必然还要包含灵魂,他说:"不言慈悲灵魂,不得有教。第言慈悲,不言灵魂,教而不足以行。"[4] 他这里所说的灵魂之公理,在佛教理论内指向的是"轮回"。谭嗣同之所以如此重视轮回理念,在于他基于以太的不生不灭论,轮回正是对惑于生灭的好生恶死观的有力批判,所以他才说轮回作为公理是很重要的。但是,谭嗣同所说的不生不灭其实并不是佛教理论体系内的不生不灭,佛教理论体系内的不生不灭基本包括中观学"空"意义上

---

1 谭嗣同:《仁学》,中州古籍出版社,1998,第217页。
2 谭嗣同:《仁学》,中州古籍出版社,1998,第227页。
3 谭嗣同:《仁学》,中州古籍出版社,1998,第217页。
4 谭嗣同:《仁学》,中州古籍出版社,1998,第111页。

对自性生灭的否定，以及如来藏系对"真如"等永恒理体不具生灭的肯定这两种形式，但是，谭嗣同所说的不生不灭只是现象界层面基于以太的物质的长存，这是不管哪个佛教理论体系都没有的理解。比如他说："本为不生不灭，乌从生之灭之？譬于水加热则渐涸，非水灭也，化为轻气养气也。使收其轻气养气，重与原水等，且热去而仍化为水，无少减也。"[1] 他通过水的变化来说明水本身不生不灭，这与佛教在真谛层面否定自性与肯定真常无为是完全不一样的，甚至与俗谛层面的"无常"理念也是相违背的。

但谭嗣同基于这种似是而非的不生不灭论，为了破斥好生恶死的不平等生死观，提出了轮回的重要性："今使灵魂之说明，虽至暗者犹知死后有莫大之事，及无穷之苦乐，必不于生前之暂苦暂乐而生贪著厌离之想。知天堂地狱，森列于心目，必不敢欺饰放纵，将日迁善以自兢惕。知身为不死之物，虽杀之亦不死，则成仁取义，必无怛怖于其衷。且此生未及竟者，来生固可以补之，复何所惮而不亹亹。此以杀为不死，然已又断杀者，非哀其死也，哀其具有成佛之性，强夭阏之使死而又生也。是故学者当知身为不死之物，然后好生恶死之惑可祛也。"[2] 谭嗣同在这里其实肯定了佛教"轮回"教说所体现的伦理意义，一方面，灵魂轮回于六道之中的善恶道，使人有为善去恶之心，另一方面，由于灵魂不灭，就使得儒家舍生取义之说不那么恐怖。在围绕"轮回"的解说中，他一句也没有提到佛教理论中轮回的真正目的，即引导人厌离六道、趣向解脱，他不仅没有提到个人解脱、成就佛国净土等佛教的终极目标，而且肯定了轮回本要否定的世间留恋，以轮回来消除好生恶死之心，消灭对生的贪恋与对死的畏惧，这恰恰与佛教轮回所显现的无常而导人至于轮回之外的目标相反。

可见，谭嗣同对"不生不灭"的解说并不符合佛教理论，是他自己的创

---

[1] 谭嗣同：《仁学》，中州古籍出版社，1998，第107页。
[2] 谭嗣同：《仁学》，中州古籍出版社，1998，第111页。

见，对"轮回"目的的解说也是他基于现实关照的发挥。但是，基于同一个基础（不生不灭）而实现各种二元对立观念之平等，这种思维模式，可以说是来源于佛教，而且是符合佛教理论的。因此，当他基于那个似是而非的"不生不灭"来谈人之性的时候，又与佛教理论保持了一致："知乎不生不灭，乃今可与谈性。生之谓性，性也。形色天性，性也。性善，性也；性无，亦性也。"[1] 他既肯定了孟子伦理意义的人性，又肯定荀子本能意义的人性，还融摄了佛教缘起性空意义上的人性，其实这种包容性很大的人性理解是基于谭嗣同"平等"理念自然能够发展出来的，与之相对的是中国社会流行的在天理与人欲之间对人性的理解："世俗小儒，以天理为善，以人欲为恶，不知无人欲，尚安得有天理！吾故悲夫世之妄生分别也。天理，善也；人欲，亦善也。"[2] "平等"理念衍生的人性，显然不是存天理、灭人欲，将天理与人欲放在对立的位置上，他还引用了佛即众生、无明即真如作为佐证。

在人欲的伸张过程中，谭嗣同尤其重视"淫"的讨论，认为"淫"作为一个贬义的道德判断来源于习俗，"沿于习而后有恶之名"[3]。但即使在作为"恶"的"淫"上来说，男女也是不平等的："重男轻女者，至暴乱无理之法也。男则姬妾罗侍，纵淫无忌；女一淫即罪至死。驯至积重流为溺女之习，乃忍为蜂蚁豺虎之所不为。中国虽亡，而罪当有余矣，夫何说乎！"[4] 谭嗣同认为，中国传统社会允许男性娶妻纳妾，但女性一旦犯了淫罪就会有生命的危险，他引用《华严经》《维摩诘所说经》中不存在"女转男身"之说，来说明"女转男身"这样不符合"平等"理念的说法只是小乘佛教不究竟的理解，并非大乘佛教的理念，意味着其并非佛教真正的理解。他认为，在男女地位问题上，佛教真正的理解应该是男女平等的："佛书虽有'女转男身'

---

1 谭嗣同:《仁学》，中州古籍出版社，1998，第96页。
2 谭嗣同:《仁学》，中州古籍出版社，1998，第97页。
3 谭嗣同:《仁学》，中州古籍出版社，1998，第97页。
4 谭嗣同:《仁学》，中州古籍出版社，1998，第101页。

之说,惟小乘法尔。若夫《华严》、《维摩诘》诸大经,女身自女身,无取乎转,自绝无重男轻女之意也。苟明男女同为天地之菁英,同有无量之盛德大业,平等相均,初非为淫而始生于世,所谓色者,粉黛已耳,服饰已耳,去其粉黛服饰,血肉聚成,与我何异,又无色之可好焉。则将异之使相见,纵之使相习,油然相得,澹然相忘,犹朋友之相与往还,不觉有男女之异,复何有于淫?"[1] 他从男女平等的观念出发,推出了消融男女差异的感觉,从而使得"淫"失去了其可能性,由此可见,他所说的男女平等交织在社会地位的平等与本体论层面的平等之中。

可见,谭嗣同思想中有一个核心的理念,即变革中国传统社会种种"不平等",实现"平等",但是,就如他本人的命运一样,社会思想层面的变革往往会受到极大的阻力,所以他提出"中国之亡于静"[2] 的观点,指向守旧而意图革新。他认为,佛教就含有革新的力量,"西人之喜动,其坚忍不挠,以救世为心之耶教使然也。又岂惟耶教,孔教固然矣;佛教尤甚。曰'威力',曰'奋迅',曰'勇猛',曰'大无畏',曰'大雄',括此数义,至取象于师子。言密必济之以显,修止必偕之以观。以太之动机,以成乎日新之变化,夫固未有能遏之者也!论者暗于佛、老之辨,混而同之,以谓山林习静而已,此正佛所诋为顽空,为断灭,为九十六种外道,而佛岂其然哉!乃若佛之静也,则将以善其动,而遍度一切众生。更精而言之,动即静,静即动,尤不必有此对待之名,故夫善学佛者,未有不震动奋厉而雄强刚猛者也。"[3] 僧肇之《物不迁论》对动、静两个概念之关系进行了探究,核心观点是"动静未始异,而惑者不同"[4],在动静范畴上保持的平等与谭嗣同这里的"动即静,静即动"是一致的。但是,谭嗣同通过将"静"等同于佛教的断

---

[1] 谭嗣同:《仁学》,中州古籍出版社,1998,第101页。
[2] 谭嗣同:《仁学》,中州古籍出版社,1998,第134页。
[3] 谭嗣同:《仁学》,中州古籍出版社,1998,第134—135页。
[4] 僧肇:《肇论》,《大正藏》第45册,第151页上。

灭空，以及大乘佛教普度众生的理想来说明佛教本身对"动"的强调，推崇勇猛、刚强，言语之间贬低道家之柔弱的主张，既与他强调"心力"有关，又体现出他对佛教并非立足于纯粹理论研究的立场。

上文所引述的部分还仅仅是在言语之间贬斥道家，谭嗣同其实还曾明确提出过老子之学乱中国的说法："李耳之术之乱中国也，柔静其易知矣。若夫力足以杀尽地球含生之类，胥天地鬼神以沦陷于不仁，而卒无一人能少知其非者，则曰'俭'。"[1] 他之所以以如此严厉的表述来批判道家，原因与他引述佛教一样，都是基于现实的关照。他认为，面对西方文明的船坚炮利，道家所倡导的守弱只会使中国愈发积弱积贫，因此他才强调自尊、自强、心力等，并称道家所倡导的"柔静"对中国的危害是显而易见的，相对地，道家"俭"的理念的危害是不易察觉的。他对"俭"的批判与对道家"静"的批判一致，也是立足于"平等"之上，认为本来无所谓"奢"与"俭"的对立："本无所谓奢俭，而妄生分别以为之名，又为之教曰黜奢崇俭。"[2] 他不仅用佛教义理之"平等"来破除"奢"与"俭"的二元对立分别，而且还用佛经中奢华的场景来证明。实际上，他批判二元对立并非如佛教一样为了达到缘起性空的自在解脱，而是要提倡办学、兴机器、建工厂[3]。

作为近现代有意识地基于佛教理论反省中国传统并迎击西方文化的代表，谭嗣同无疑是深受佛教思想影响的，这从他极为推崇佛学即可发现，他说过"夫惟好学深思，六经未有不与佛经合者也，即未有能外佛经者也"[4]，甚至还说过"西学皆源于佛学"[5]。无论是因为觉得近现代需要佛学而推崇佛学，还是因为推崇佛学才会认为近现代需要佛学，结论都是他对佛教的理解并非

---

1 谭嗣同：《仁学》，中州古籍出版社，1998，第137页。
2 谭嗣同：《仁学》，中州古籍出版社，1998，第137页。
3 参见谭嗣同《仁学》，中州古籍出版社，1998，第141页。
4 谭嗣同：《仁学》，中州古籍出版社，1998，第159页。
5 谭嗣同：《仁学》，中州古籍出版社，1998，第126页。

立足于佛教本位的纯粹理论研究,而是有所求,有所取,也有所不取,这意味着他对佛教的探讨是截取了他认为近现代现实需要的部分,不管那个部分的理论基础与最终目的是不是与他的需求相违背。在《仁学》中,一个贯穿全书的核心理念就是"平等",虽然谭嗣同每每都用佛教理论来说明,但他所提倡的"平等"并不是基于佛教理论的"空",也不是通往佛教最终目的的解脱,而是要在现实层面实现平等的社会。因此,他即使已经明确表达了符合佛教"动""静"不二的意思,但仍旧严厉地批判道家的"静"与"俭",其目的也是为了寻求变革与发展。可见,不论谭嗣同怎么推崇佛学,他都不会接受佛教理论本身所具有的出世间的那个部分,但佛教谈世间是为了出世间,谭嗣同谈世间是为了追求更好的世间,这也就意味着,谭嗣同对佛教理论的探讨,从一开始就与佛教本身是不同的。

三 杨度:创建"无我宗"

在近现代佛学研究者中,不仅有僧人、居士,而且还有学者、政客。僧人、居士往往是以佛教为本位进行纯粹探究,更强调佛教理论本身的纯粹性,比如印顺法师提出的以佛法研究佛法等。在纯粹的理论探究中,不论是带有改造味道的理论创新,还是过多迁就时代环境而做出的调整,都会引起争议,比如熊十力、太虚等。学者、政客则大多具有现实关照的维度,并不纯粹研究佛教理论,而是在现实中谋求佛教理论之应用,在佛教中谋求现实困境之出路,因此,他们往往与佛教传统本身形成一定的距离,如谭嗣同、章太炎等。

在所有人当中,直接参与政事的杨度显得相当突出,他处处按照中国佛教传统来议论,甚至自称"虎禅师",观其论述确有禅宗语录说法的模样,几乎不涉及社会现实,更不像谭嗣同那样常常伸张"平等"。这就意味着,他以原本应该具有强烈现实关照的身份，做着纯粹到不能再纯粹的佛教义理探究。然而，虽然他是1917年政治活动失败而避居天津、青岛等地后才开始研究佛学的，但他在佛学的探究中其实仍旧是心系现实的，有学者评价他"同近现代以来的佛教著名人物一样，他的佛学思想流露出强烈的入世性，发挥了大乘佛教传统中的'自行度他'的菩萨行本质"[1]。最能体现他入世性的，就是提出创建"无我宗"的想法。

杨度自述提出"无我宗"的经过："予既舍净、律、密、禅四宗之实行法门，而就最上乘禅宗，兼及三论法相二宗，乃合三者究其异同。三论言性，法相言相，纯乎理论。禅宗无性无相，一切皆空，并理论而无之，是其所异。三宗皆无实行法门，是其所同。予思融汇三宗，求其一贯，困而学之，久无所得。一日忽闻人教小儿识字，提笔一画，呼曰：'一字'。予心忽然大悟，基此大悟，加以研究，继以组织，遂于心理学上发明一种科学的新学说，名曰'无我论'，即'心理相对论'。"[2] 这一段话是杨度对佛教各宗的判摄，先以理论与实践来分判，认为净土宗、律宗、密宗、禅宗是属于实践类的宗派，而法相宗、三论宗是理论类的宗派，法相宗偏重于"相"的理论，三论宗则强调"性"。他认为，有必要融合理论与实践，将他最为推崇的禅宗与三论、法相融合为一宗，于是提出了他所说的新学说，即"无我论"或"无我宗"。

"无我宗"是杨度综合禅宗、三论宗、法相宗理论的产物："三论宗之中道二谛，不二教门，与其四对八不等法，以明平等无对；取法相宗之诸法无我，转识成智，与其第八识能所执我储藏熏习种识等法，以明自由无习，平等即平等性智，自由即大圆镜智；取最上乘禅宗之无性无相，直指本心，以明本来无我自由平等之心。合三为一，成此论理的科学的法门，而所根据者，则为心理

---

1 黄夏年：《杨度小传》，见黄夏年主编《章太炎集·杨度集》，中国社会科学出版社，1995，第138页。
2 杨度：《新佛教论答梅光羲》，见黄夏年主编《章太炎集·杨度集》，中国社会科学出版社，1995，第199—200页。

相对论。此理论与方法，中外古今诸心学家及佛学家实皆未及发明，即偶及之，亦未彻底，故数千年中国佛教，既分性相二派，又分教宗二派，三论宗属性，法相宗属相，性相分而为二。性相皆教，偏于理论；最上乘禅宗为宗，偏于实行。理论之教，实行之宗，又分为二，门户各殊，不相通贯。"[1] 他认为，佛教存在性、相之分，教、宗之分，但是，禅宗、相宗、三论宗都以"无我"为理论的核心，并且他还给"无我"加了两个形容词，自由与平等。

在杨度看来，"相宗为相对分析法，禅宗为绝对扫除法"，相宗更适应时代。他说："今日世界为科学之世界，以应缘说法，而论禅宗壁立千仞，无可攀跻，似不如相宗条理万千，应于时势，易使学人得其途径。"[2] 但是，两宗在根本上却是统一的，都以"无我"为其理论的核心，他说"佛教之中，惟有禅宗不立语言文字。此外诸宗各敷教旨，枝流万别，源本全同。其中解剖心理最近科学者，莫如法相一宗。其归宿虽与禅宗同，其法门则与禅宗异。盖一切法无我为根本之教义。禅宗则谓法本无我，无可说明"[3]。

可见，杨度从禅宗与相宗，乃至三论宗里归纳出"无我"的理论核心，并以此消解教、宗之分，性、相之别，认为"无我宗"古今中外还未被开创，并称此为"科学的法门"，能够适应中西文化激荡的时代。他说："所有从前佛教一切难决问题，今皆一时解决，实于佛学界开一新纪元。今日世界为科学之世界，如欲将东洋固有之佛法，介绍于世界学者，普及于世界众生，则非有论理的科学的法门，不能随缘应机，说法度世，今有此无我论及无我法门，诚可为未来世界发心成佛者，敷一至平之路，开一至大之门。惟与佛教旧有各宗，皆有同异，无可归纳，只能别立一宗，名无我宗。此无我宗所立教义，一切合于论理科学，所有迷信神秘之说，如灵魂轮回等义，以及违

---

[1] 杨度：《新佛教论答梅光羲》，见黄夏年主编《章太炎集·杨度集》，中国社会科学出版社，1995，第217页。
[2] 杨度：《唯识八偈序》，见黄夏年主编《章太炎集·杨度集》，中国社会科学出版社，1995，第163页。
[3] 杨度：《唯识八偈序》，见黄夏年主编《章太炎集·杨度集》，中国社会科学出版社，1995，第160页。

反生理之诸戒律,概与扫除,若与旧义相比,直为佛教革命。昔者德人路得革新耶教,分为旧教、新教,以此为例,则予所论,即为佛教革新,应即命曰新佛教论。"[1] 如果说杨度提出"无我宗"的创立源于禅宗、法相宗、三论宗的理论核心,那为什么他要称此为未发之义,并说能解决佛教一切难题,还开创新纪元,这不是矛盾的么?既然是三宗的理论核心,三宗必围绕其核心而展开,他却说自己是首创,这是否是自相矛盾、夸夸其谈之说?

我们认为,杨度之所以说要开创"无我宗"并盛赞其革命意义,原因主要在于两个方面。第一个方面,在杨度看来,西方科学畅行于时代,一切迷信神秘、不符合科学的理论都无法被时代所接受,他自己就举了两点,包括灵魂轮回与戒律。关于灵魂轮回,他通过五点逻辑推理得出结论:"灵魂纯为妄说,净宗亦病模棱,似是而非,易生误解,非善法门。予自有第一次之大疑,乃悟灵魂说为外道,而非佛法。离身求心,无有是处,予遂超出第一迷途。"[2] 如果说他对灵魂轮回的批判,与佛教历史上对灵魂的批判还保持一致的话,那么他对戒律的批判就完全是站在时代科学之维度了,他所说的戒律主要指的是男女性欲本能,他认为这种观念不符合现代科学,"肉欲之戒,有损于身,无益于心,违反生理,决须扫除"[3]。可见,他的目的其实与太虚提出人间佛教改革鬼神佛教是一致的,相对于灵魂与戒律等理论,"无我宗"更能适应强调经验与科学的时代。第二个方面,对佛教内部各宗之争论的超越,在他看来,不论是教、宗之分,还是性、相之别,都是执著于言辞,佛教真正要开显的就是"无我"的理论。杨度这种漠视空有之争乃至各宗之间理论差异的观点,与他深受禅宗影响有关。

杨度开创"无我宗"的两方面原因,不论是对诸宗争议的统一,还是适

---

[1] 杨度:《新佛教论答梅光羲》,见黄夏年主编《章太炎集·杨度集》,中国社会科学出版社,1995,第218页。

[2] 杨度:《新佛教论答梅光羲》,见黄夏年主编《章太炎集·杨度集》,中国社会科学出版社,1995,第192页。

[3] 杨度:《新佛教论答梅光羲》,见黄夏年主编《章太炎集·杨度集》,中国社会科学出版社,1995,第194页。

应时代之变局,都凸显了"无我论"强调的是精神的改变。因此,他提出"学佛之士,但求心觉"[1]。基于这一"心觉"的立场,他严厉批判了强调肉体修炼、追求神通的想法。比如在写给他妹妹杨庄的信中,他直斥求神通、生净土这种不求心觉的目标是"神经病"[2]。不仅如此,他还批判了佛教中强调肉体修炼的宗派——天台宗,他说:"道家诳世,谓依特别卫生法可成长生不死之仙,创为尸解物化诸说,则殊荒诞,不值一辩。佛教各宗,本无此义,惟天台宗略似之。天台宗创自中国智者大师,与贤首之创华严宗同,皆与印度传来各宗殊异。华严宗乃八股式文字,无组织,无发明,天台宗则有组织,有发明,别成面目,窃取道家之材料,饰以佛家之学理,援道入佛,性命双修,几成变相神仙之说,实应屏诸佛教以外。天台所传道家特别卫生法,可以据此养生,而不可以依此学佛。"[3] 近现代不乏批判台、贤的人,包括欧阳竟无、印顺、法尊等,或以唯识学批判如来藏系,或以中观学批判如来藏系,或从宗教实践的角度批判台、贤好高骛远,但是从天台宗强调养生、近似道家长生不老之妄说这个角度批判的,恐怕只有杨度。他批判天台宗的原因就是基于对"心觉"的强调,他说:"害身之戒律,及利身之特别卫生法,或为外道,或为科学,而非佛法著身求心。无有是处。"[4] 他还批判了以神通或身的改变来理解成佛的可笑想法:"世人不知无我为佛,妄以佛为超绝人群,学佛几如变种,此事实非人类所能,即令能之,亦复何益?"[5]

值得注意的是,虽然杨度基于"心觉"的立场,对神秘体验乃至修身养

---

[1] 杨度:《新佛教论答梅光羲》,见黄夏年主编《章太炎集·杨度集》,中国社会科学出版社,1995,第196页。

[2] 杨度:《复五妹杨庄函》,见黄夏年主编《章太炎集·杨度集》,中国社会科学出版社,1995,第225页。

[3] 杨度:《新佛教论答梅光羲》,见黄夏年主编《章太炎集·杨度集》,中国社会科学出版社,1995,第194页。

[4] 杨度:《新佛教论答梅光羲》,见黄夏年主编《章太炎集·杨度集》,中国社会科学出版社,1995,第195页。

[5] 杨度:《新佛教论答梅光羲》,见黄夏年主编《章太炎集·杨度集》,中国社会科学出版社,1995,第216页。

生进行了批判，但是他本人在禅定过程中据说是有不少个体经验的，在《新佛教论答梅光羲》中，他详细描述了被他称为"运气治病法"的禅定经验，并且还说这是他从天台宗学习来的："天台宗之止观法较为明备。予略师之，……"[1] 他之所以从天台宗学了止观又批判天台宗强调止观以修身养生，原因在于他认为"无我"才能根本断灭烦恼，禅定只是暂时止息，并不能真正消灭"我见"，而"我见"正是世间杂染之源头，他甚至认为一切社会问题都来源于"我见"："予因半生经历多在政治，深叹今世社会不自由、不平等，一切罪恶，无非我见；反身自问，亦无一事而非我见。今欲救人，必先救己，其法惟有无我主义。"[2]

综观杨度对佛教义理的研究，可以说是脱胎于禅宗而深受禅宗影响的，不仅其论述方式、论述内容，而且在更深层次的思维模式上，都不能脱离禅宗。"无我宗"虽然声称综合教下与宗门，统一性宗与相宗，但"无我宗"绕开教下诸多名相与义理，直截了当地切入佛教最根本之"我"，并在"无我"的维度上消融空、有差异，实现佛教的根本目标，不能不说是透露着禅宗的维度，因为在唯识宗则缺乏与中观宗统一的理论机制，而中观宗则必然与禅宗所透露出来的如来藏思想显示出不同的倾向。

值得进一步追问的是，他为什么要开创"无我宗"？如上文所述，创"无我宗"的原因很大程度上是出于对宗派理论差异的统摄，以及对时代思想之适应。但是，站在佛教本位上来说，佛教各宗都是能实现个体解脱目标的，更不需要斥责天台、华严、净土等宗，这就意味着杨度统摄与适应的背后还有一个更重要的原因，那就是源于他本人现实关照的理论研究维度。因为他一开始就具有现实关照的维度，所以深受禅宗影响却未止步于个体生命的解脱，他从禅宗理论出发融摄性、相两宗，并时刻以时代流行之科学理念考察、反思，批判

---

[1] 杨度：《新佛教论答梅光羲》，见黄夏年主编《章太炎集·杨度集》，中国社会科学出版社，1995，第193页。

[2] 杨度：《新佛教论答梅光羲》，见黄夏年主编《章太炎集·杨度集》，中国社会科学出版社，1995，第190页。

佛教本身所具有的不符合科学理念之理论，包括灵魂轮转、地狱、神通、男女之欲的戒律等，对这些佛教理论内在构建的批判，也只有深受禅宗扫荡一切思维影响者，才能径直趣入，所以他才说："我心一扫而空，万物本来无二。四海皆为兄弟，满街都是圣贤。心心与物无违，物物与心无违。无可比较，无可计算，无可束缚，无可攀援，于是世界平等，一心自由。"[1]

第四节　人间佛教论辩与入世转型

近现代以来围绕"人间佛教"议题展开的教义论争，可以说是最能体现佛教入世转型的教义论争。太虚法师提出人生佛教，呼吁佛教关心社会现实，回应时代精神，但却遭到了严厉的批判。梁漱溟就对人生佛教理念颇有微词，提出"佛教是根本不能拉到现世来用的"，认为把佛教拉到现世来用的做法是"改换他的本来面目""糟蹋佛教"。欧阳竟无基于方便与僧制的维度，审视太虚"入世"的呼吁，在他看来，太虚关于僧人参政的呼吁是违背僧制的。与前人不同，印顺法师认为，人生佛教不仅契机，而且契理，避世态度才是违背佛教本意与时代精神的，但他通过人间的缘起性空去否定非人间的"永恒"常见，在这一点上，恰恰又与肯定如来藏系甚至肯定密宗而提出八宗平等理念的太虚截然不同。由此可见，人间佛教论辩与近现代佛教入世转型，都经历了曲折复杂的过程。

一　提出：凸显入世　契理契机

近现代既是传统与现代的交会，也是传统向现代的转型，中国佛教正是在从传统向现代转型的过程中凸显其本身所具有的入世精神，以契合时代。无论

---

[1] 杨度：《逍遥游辞引》，见黄夏年主编《章太炎集·杨度集》，中国社会科学出版社，1995，第141页。

是佛教定位的讨论，还是佛学与其他学科的互动，乃至基于佛学提出救世理论，都是近现代研究者对佛教理论现代化所做出的尝试。其中，最著名而又富有争议的命题就是太虚法师提出的"人生佛教"，"太虚'人生佛教'理念的提出，大约可追溯到他于1925年的庐山讲学，这次讲学以'人生'为题，已然涉及了'人成即佛成'、'完成在人格'等其'人生佛教'的核心理念"[1]。

太虚提出人生佛教的理念，既是对佛教根本精神尤其是大乘佛教精神的继承，也是对时代精神的契合："人生佛教云者，即为综合全部佛法而适应时机之佛教也。"[2] 太虚认为，人生佛教并非佛教传统之外的创新，而是基于传统适应时代的调整，佛教本身具有适应机制，从佛教的历史发展来看，不同时期、不同地域的佛教都为了适应不同的风土人情而做出过调整："至佛法流传之地，则锡兰有佛音之综合整理，中国汉地有天台智者、贤首法藏等之综合整理，中国藏地则有著《菩提道次第论》之宗喀巴为之综合整理，此皆一方根据佛法真理，一方适应时代机宜，以综合整理而能昌行一方域者也。时至今日，则须依于全般佛陀真理而适应全世界人类时机，更抉择以前各时域佛法中之精要，综合而整理之，故有'人生佛教'之集说。"[3] 太虚用"综合整理"来概括智顗、法藏、宗喀巴等人对异域传入佛教之调整，"综合整理"主要意味着依据佛教理论之核心适应时代、地域，太虚认为他自己所提出的"人生佛教"也正是这样一种"综合整理"。

在1938年的《即人成佛的真现实论》一文中，太虚对"人生佛教"进行了一番设想，即开辟一座山专门来实验人生佛教，从事僧才教育，但又并非仅仅是僧人的教育，他最后写了这样一段话："其住僧的出家菩萨，可随缘改良各处僧寺，其还俗之在家菩萨，可深入各种社会，以为本佛教精神施佛

---

[1] 姚彬彬：《现代文化思潮与中国佛学的转型》，宗教文化出版社，2015，第361页。
[2] 太虚：《人生佛教开题》，《太虚大师全书》第3卷，宗教文化出版社，2005，第194页。
[3] 太虚：《人生佛教开题》，《太虚大师全书》第3卷，宗教文化出版社，2005，第191页。

教教化之社会改良家。换言之，菩萨即社会改良家之别名，人生佛教之正体保持于菩萨长老僧，而人生佛教之大用则寄托于社会改良家也。"[1] 佛教原本是教导出世的宗教，而在太虚所设想的人生佛教中，却也培养"社会改良家"，与"长老僧"相合而成为体用的关系，既保持佛教出世的超越性，也保持对世间的关照。可以说，太虚人生佛教的构想，既是为了佛教避免落入"空"的错误，也是为了避免"有"的误区，他以长老僧为人生佛教的"正体"，避免佛教纯是"人生"而忽略超越人生的那一面，变得跟世间的俗学、外道一致；另一方面，作为人生佛教的"大用"，社会改良家以佛教精神教化、推动社会发展，从而凸显与强化了佛教对于"世间"的关照。

人生佛教之所以相较传统佛教更凸显"世间"，正是因为当时大众对佛教定位的错误理解，以"否定人生"来理解佛教，将佛教理解为"死的佛教"或者"鬼神佛教"："'人生'一词，消极方面为针对向来佛法之流弊，人生亦可说'生人'。向来之佛法，可分为'死的佛教'与'鬼的佛教'。向来学佛法的，以为只要死的时候死得好，同时也要死了之后好，这并非佛法的真义，不过是流布上的一种演变罢了。还有说：佛法重在离开人世的精神；但死后不灭的精神，具体的说即为灵魂，更具体的说，则为神鬼。由此，有些信佛者竟希望死后要做个享福的鬼，如上海某居士说'学佛法先要明鬼'，故即为鬼本位论。然吾人以为若要死得好，只要生得好；若要做好鬼，只要做好人，所以与其重'死鬼'，不如重'人生'。"[2] 人生佛教是针对中国传统社会对佛教重死、重鬼神等错误理解而提出的，这种错误的观点甚至认为，佛教的根本在于死后"做个享福的鬼"，其本质是希望在轮回中生活得更好，所以在根本上还是一种"有"执，但这种有执否定了今生与"当下"，同时也犯了否定世间的"空"的错误。

1　太虚：《即人成佛的真现实论》，《太虚大师全书》第 25 卷，宗教文化出版社，2005，第 382 页。
2　太虚：《人生佛教开题》，《太虚大师全书》第 3 卷，宗教文化出版社，2005，第 191—192 页。

从佛教义理上看，鬼神佛教的错误理解犯了两个错误，在"否定世间"的层面同于有宗对空宗的主要批判，在希望轮回中提升的层面同于空宗对有宗的批判，而太虚所提出的人生佛教正是基于佛教的正确定位来进行纠偏："若只了死，非惟不能了生，而且也不能了死。所以，基于上述之消极意义，既可革除向来佛教之弊习，改善现实人生；而由扩大之积极意义，尤能由人生以通达一切众生法界，缘生无生、无生妙生之真义，此为据理发挥应机宣扬之人生佛教真义。"[1] 了死是对世间的否定，了生是对世间的肯定，两者并非能截然分离，不离世间而求出世间，这才是真正的"空"的精神，也是空有之争所揭示出来的对"世间"的正确态度。

可见，佛教超越性的一面，必然不能离开世间性的一面，即不离世间求出世间："在人类生活中，做到一切思想行为渐渐合理，这就是了解了佛教，也就是实行了佛教。因为佛陀教人持戒修善，息灭烦恼，就在使人类的生活合理化。人类生活中可共同通行之道，便是道德；互相欺诈、淫乱、争夺、杀害，皆是不道德的行为。佛法切实的指导改进，使其互相推诚、仁爱、谦让、扶助，这就是学佛的初步。学佛，并不一定要住寺庙、做和尚、敲木鱼，果能在社会中时时以佛法为轨范，日进于道德化的生活，就是学佛。"[2] 在大乘佛教中有维摩诘那样出入酒肆的菩萨形象，意味着他兼具出世功德与入世情怀，这种出世与入世的圆融态度，正是空有之争所要揭示的以佛教正义在人间寻求解脱的呈现。

太虚法师认为，人生佛教的效果有四个方面：人生改善，后世增胜，生死解脱，法界圆明。如果从佛教的两个层面来理解的话，生死解脱与法界圆明更符合佛教"空"，即对世间的超越，而人生改善与后世增胜则通过"有"肯定世间。

1　太虚：《人生佛教开题》，《太虚大师全书》第3卷，宗教文化出版社，2005，第192—193页。
2　太虚：《人生之佛教》，《太虚大师全书》第3卷，宗教文化出版社，2005，第208页。

当然，佛教作为宗教，其本位在于其超越性，虽然不能通过否定世间求得解脱，甚至不能离开世间求得解脱，但佛教的根本目标还是在于人的解脱，这是佛教的终极关怀，所以，"人生"是为"佛教"服务的，而不是以"佛教"来为"人生"服务。基于此，无论太虚怎样强调"人生"，他都从来没有遗忘"佛教"来谈人间："今之人生佛教，侧重于人生之改善，特出者即能依之发菩提心而趣于大乘之佛果，即于此上，消极的则对治佛法向来之流弊；积极的则依人生之改善而发菩提心，行菩萨道。"[1]

二 驳斥：入世改造 糟蹋佛教

梁漱溟对太虚的人生佛教理念颇有微词，从他对欧阳一系佛学的肯定可见其原因："我在这书里，关于佛教所说的话，自知偏于一边而有一边没有说。又我好说唯识，而于唯识实未深澈，并且自出意见，改动旧说。所以在我未十分信得过自己的时候，我请大家若求真佛教、真唯实，不必以我的话为准据，最好去问南京的欧阳竟无先生。我只承认欧阳先生的佛教是佛教，欧阳先生的佛学是佛学，别的人我都不承认，还有欧阳先生的弟子吕秋逸先生，欧阳先生的朋友梅撷芸先生也都比我可靠。我并不全信他们的话，但我觉得大家此刻则宁信他们莫信我，这是我要声明的。"[2] 欧阳竟无内学院系统致力于溯源印度佛学以正本清源，太虚一系则更强调佛教融摄性的现实发展，梁漱溟如此推崇欧阳竟无则意味着他显然不太认可太虚的思路，所以他提出"佛教是根本不能拉到现世来用的"[3]。

正是由于佛教不能用来改变世间的观念，虽然梁漱溟对佛教有极深的认

---

[1] 太虚：《人生佛教开题》，《太虚大师全书》第3卷，宗教文化出版社，2005，第194页。
[2] 梁漱溟：《东西文化及其哲学》，《梁漱溟全集》第1卷，山东人民出版社，2005，第544页。
[3] 梁漱溟：《东西文化及其哲学》，《梁漱溟全集》第1卷，山东人民出版社，2005，第537页。

同，然而在"世界未来之文化与我们今日应持的态度"这一问题的探讨中，在中国、印度、西方这三种路向中，梁漱溟持极力排斥印度的态度，他明确地说："要排斥印度的态度，丝毫不能容留"[1]，并对这一问题进行了详细的论述。他的观点正是基于近代中国佛教之情状提出的："在今日欧化蒙罩的中国，中国式的思想虽寂无声响，而印度产的思想却居然可以出头露面。现在除掉西洋化是一种风尚之外，佛化也是范围较小的一种风尚；并且实际上好多人都已倾向于第三路的人生。所谓倾向第三路人生的就是指着不注意图谋此世界的生活而意别有所注的人而说；如奉行吃斋、念佛、晙经、参禅、打坐等生活的人和扶乩、拜神、炼丹、修仙等样人，不论他为佛教徒，或佛教以外的信者，或类此者，都统括在内。十年来这样态度的人日有增加，滔滔皆是；大约连年变乱和生计太促，人不能乐其生，是最有力的外缘，而数百年来固有人生思想久已空乏，何堪近年复为西洋潮流之所残破，旧基骤失，新基不立，惶惑烦闷，实为其主因。至于真正是发大心的佛教徒，确乎也很有其人，但百不得一。"[2] 梁漱溟这里所说的成为风尚的"佛化""第三路人生"，指向的就是"出世"态度，不关心社会、人生、家国天下，而关心吃斋、念佛、炼丹、修仙，他说这一路向的人"不注意图谋此世界的生活"，其实质就是缺乏现实关照，虽然他认为这一路向的人未必都是"真正"的佛教徒，但并不妨碍他对以佛教为代表的出世路向的否定与批判。

从对佛教"出世"特质的反省这个角度来说，梁漱溟与太虚其实是一致的，都认为"不注意图谋此世界的生活"在近现代这个时代背景下是不可取的，但是，相较于太虚凸显佛教还具有关照世间的"人生佛教"，梁漱溟则直接否定了佛教作为中国社会全体而非个体所应持的态度，原因在于他将佛教等同于"出世间"，否定佛教"世间"的侧面。他否定佛教作为社会应提

---

[1] 梁漱溟：《东西文化及其哲学》，《梁漱溟全集》第1卷，山东人民出版社，2005，第528页。
[2] 梁漱溟：《东西文化及其哲学》，《梁漱溟全集》第1卷，山东人民出版社，2005，第533页。

倡之态度的原因有四个方面，概而言之，就是认为佛教不进取的态度在当代社会必然会阻碍前进，即阻碍他所说的"奋往向前"[1]。比如他说："我们学术思想的不清明，是将从学佛而得药治，还是将从学佛而益没有头绪？"[2] 他认为，佛教对包括学术在内的很多社会方面，会起到阻碍的作用，不能引领社会的前进，"佛教是根本不能拉到现世来用的"。

相较于佛教阻碍社会前进的出世间态度，作为新儒家的梁漱溟显然更强调儒家思想："孔与佛恰好相反：一个是专谈现世生活，不谈现实生活以外的事；一个是专谈现世生活以外的事，不谈现世生活。这样，就致佛教在现代很没有多大活动的可能，在想把佛教抬出来活动的人，便不得不谋变更其原来面目。似乎记得太虚和尚在《海潮音》一文中要藉着'人天乘'的一句话为题目，替佛教扩张他的范围到现世生活里来。又仿佛刘仁航和其他几位也都有类乎此的话头。而梁任公先生则因未曾认清佛教原来怎么一回事的缘故，就说出'禅宗可以称得起为世间的佛教应用的佛教'的话（见《欧游想影录》）。他并因此而总想着拿佛教到世间来应用；以如何可以把贵族气味的佛教改造成平民化，让大家人人都可以受用的问题，访问于我。其实这个改造是作不到的事，如果作到也必非复佛教。今年我在上海见着章太炎先生，就以这个问题探他的意见。他说，这恐怕很难；或者不立语言文字的禅宗可以普及到不识字的粗人，但普及后，还是不是佛教，就不敢说罢了。他还有一些话，论佛教在现时的宜否，但只有以上两句是可取的。总而言之，佛教是根本不能拉到现世来用的；若因为要拉他来用而改换他的本来面目，则又何苦如此糟蹋佛教？我反对佛教的倡导，并反对佛教的改造。"[3] 这整段论述是梁漱溟罕见的对太虚"人生佛教"理念的直接评价，而且不仅仅评价了太

1　梁漱溟：《东西文化及其哲学》，《梁漱溟全集》第1卷，山东人民出版社，2005，第537页。
2　梁漱溟：《东西文化及其哲学》，《梁漱溟全集》第1卷，山东人民出版社，2005，第534页。
3　梁漱溟：《东西文化及其哲学》，《梁漱溟全集》第1卷，山东人民出版社，2005，第536—537页。

虚，还提及了刘仁航、梁启超、章太炎，或批判，或引述，清晰地表达了自己在"人生佛教"上的观点与态度。

梁漱溟将佛教等同于"出世间"，完全否定佛教具有"世间"的面向，在这一段中表现得清楚明白，他不仅说佛教"专谈现世生活以外的事，不谈现世生活"，而且还引述章太炎"普及后，还是不是佛教，就不敢说"的话来证明。但如上文所述，章太炎本身就是基于佛教思想而又具备现实关照的学者，为什么他会否定佛教对现世的关照呢？很可能梁漱溟在对章太炎论述的转述中以自己的思路进行了删减，或者说只截取了否定佛教"世间"面向的话，所以梁漱溟才说"他（章太炎）还有一些话，论佛教在现时的宜否，但只有以上两句是可取的"，换言之，不可取的他就不转述了。正是基于佛教"出世间"的面向，梁漱溟一方面否定佛教，认为"出世间"的佛教只会阻碍社会前进；另一方面，他又否定发展佛教"世间"面向的太虚、刘仁航、梁启超，认为包括"人生佛教"理念在内的把佛教拉到现世来用的做法是"改换他的本来面目""糟蹋佛教"。因此，他一方面要"反对佛教的倡导"，另一方面要"反对佛教的改造"。

梁漱溟的态度在近现代佛学研究者中是很特别的，他对佛教有极深的认同却又否定佛教作为社会态度的选择，而且否定其适应社会的"改造"，从这个角度来讲，他确实与欧阳竟无内学院系统回溯印度佛教以正本清源的态度颇有默契了。梁漱溟在1921年的自序中曾这样说："我以前虽反对大家作佛家生活，却是自己还要作佛家生活，因为我反对佛家生活，是我研究东西文化问题替中国人设想应有的结论，而我始终认只有佛家生活是对的，只有佛家生活是我心里愿意做的，我不愿意舍掉他而屈从大家去做旁的生活。到现在我决然舍掉从来的心愿了。我不容我看着周围种种情形而不顾。——周围种种情形都是叫我不要作佛家生活的。一出房门，看见街上的情形，会到朋友，听见各处的情形，在触动了我研究文化问题的结论，让我不能不愤然的反对佛家生活的流行,而联想到我自己。又总没有遇到一个人同意于我的见解,即或有,也没有如我这样的真知灼见,所以反对佛教推行这件事,只有我自己来做。"[1] 他反对佛教恰恰是为了维持佛教的"纯粹",这与内学院做了伪经论的考证难道有什么不一样吗?

三 纠偏:维护僧制 明晰方便

近现代佛教传统受到现代思潮的冲击,在佛教发展方向这一议题上,主要呈现为两种路径的抉择:一是以欧阳竟无为代表的内学院系统,强调回归印度佛教,以印度佛教尤其是大乘唯识宗的理论来判摄宗派关系与理论优劣;二是以太虚为代表的教理院系统,立足于中国佛教历史与现实,基本上不否定、不贬低任一宗派,在肯定现有佛教诸宗理论的基础上谋求佛教的现代化,即佛教在现代社会中的进一步发展。由此,两个系统在诸多问题上产生了分歧。

在佛教入世转型问题上,两个系统也必然产生矛盾。肯定佛教历史与现实而谋求现代化的太虚,正如他倡导"人生佛教"一样把佛教扩展到了俗世,但专注于回归印度佛教本源以判摄、抉择整个佛教历史与宗派理论的欧阳竟无,显然对强调入世的"人生佛教"并不产生好感,因为这样的提法毕竟与印度佛教之风格迥异。但是,相较于太虚在很多场合提倡"人生佛教",从现有文献看来,欧阳竟无似乎不太谈论这一话题,只是当僧人在社会组织的被选举资格与选举权问题被太虚浓墨重彩地提上日程之后,他才写了一篇短文《辨方便与僧制》,在《佛教居士林特刊》上发表。

1936年,太虚在常州作了《僧尼应参加国民大会代表选举》一文,从妇

---

[1] 梁漱溟:《东西文化及其哲学》,《梁漱溟全集》第1卷,山东人民出版社,2005,第543页。

女团体争取妇女代表说起，认为"僧尼等亦为区域选举内之人民，但年满二十及经公民宣誓，即得有选举权；若年满二十五岁者，即得为候选人，而更无其他之限制，是诚全国僧尼所应深切注意热烈参加者也"[1]。太虚的这一举措意味着呼吁僧众参政，虽然中国佛教历史上不乏受到封建王朝重视的僧人参与政事，但在近代现代化政治制度面前这一话题隐含有很多暧昧的争议。其实，太虚早年就已经很多次提到僧人选举的问题，比如1913年《上参众两院请愿书》中就提出"佛教徒既同尽纳税之义务，同尽守法之义务，理合同享保护之权利，同享参政之权利"[2]。从佛教现代化角度来说，作为公民，僧人享有选举权与被选举权是题中之义，但是相较于一般的公民，佛教徒所具有的"出世"倾向含有远离政治的意味，太虚的呼吁无疑是将佛教"入世"的那一面从淡淡的"人生佛教"又往前走了一步。欧阳竟无随即作了《因僧尼参加国选辨方便与僧制》，简称《辨方便与僧制》，对此做了回应。

在《辨方便与僧制》中，欧阳竟无分别从四个方面的方便与四个方面的僧制来展开论述，与其说是通过他理解的方便与僧制来批判太虚，不如说通过批判太虚僧人参选的呼吁来表明他所理解的方便与僧制，因为其中有些部分虽然标题取名为"利人利物之为方便""各族现身之为方便"等，但其内容基本只是对僧人参选的否定，并非从正面"利人利物""各族现身"来展现"方便"这一佛教基本范畴的内涵。

欧阳竟无认为，"方便"最起码具有两种内涵，包括方便的主体与目标。第一种内涵，方便的主体必须是"证果人"，更进一步说，如果是僧团而非个人的方便，则只有佛能实现，"方便者，佛法之极诣，非证果人，不足以言此。是故，用方便于团体者，惟佛乃能"[3]。在欧阳竟无看来，太虚呼吁僧人

---

[1] 太虚：《僧尼应参加国民大会代表选举》，《太虚大师全书》第19卷，宗教文化出版社，2005，第332页。
[2] 太虚：《上参众两院请愿书》，《太虚大师全书》第19卷，宗教文化出版社，2005，第160页。
[3] 欧阳竟无：《欧阳竟无内外学》，商务印书馆，2015，第441页。

参选,并非是个人行为而是僧制的改变。因为他认为,从僧制的四个方面来说,僧人并不应当参与政事。

首先,僧人应行头陀行,居兰若,不论是头陀苦行,还是居住在远离城市的兰若,都是对"入世"的否定,欧阳竟无称此为"根本之行":"行戒在头陀,则龙树之言也(《十住婆沙》卷十四)。修定先兰若,则寂天之说也(《集菩萨学论》卷十三、十四)。出家菩萨为利他故,固可广受施衬,亦可听法化生伽蓝入众。然根本之行,不能废头陀兰若。"[1] 基于这样的理解,他痛斥后世否定头陀、兰若的现象为僧制的败坏,他说:"后世僧制日坏,养尊处优,习于喧杂,故一闻头陀兰若,辄目为遗世绝俗,至举迦叶头陀第一之说相难,一若此非余人所得行者,何见之陋也。"[2] 其次,僧人不应该参与世事,不应亲近国王、官僚,如果国王、官僚是佛教的护法,应该是他们来亲近僧侣,而不是僧侣主动去亲近他们,因为僧人亲近国王、官僚,并且参与俗事,必然招来讥嫌,给佛教带来不良的声誉与影响,他批判太虚呼吁僧人参政为"引僧入俗"[3]。再次,僧人不应该出任官职,哪怕历史上出任僧官、称臣的僧人都是"僧格扫地"[4]。最后,从政治的角度来看,僧人参政同样不利于政治,因为僧团当中同样会出现追求权力、枉顾国法而谋私利的现象,"必一切不顾,戒可毁,经可焚,俗事不可不为。是不但自丧其僧格,抑亦无人格之尤也,何待他人剥夺之哉?"[5] "僧徒必欲于其间分一杯羹,势非枉法不止,此所谓大碍世法也。"[6]

从僧制角度四个方面的讨论看来,欧阳竟无坚持的还是他在诸如《大乘起信论》等问题上所恪守的"返本"的立场,即基于印度佛教之源流,肃清

---

1 欧阳竟无:《欧阳竟无内外学》,商务印书馆,2015,第444页。
2 欧阳竟无:《欧阳竟无内外学》,商务印书馆,2015,第444页。
3 欧阳竟无:《欧阳竟无内外学》,商务印书馆,2015,第445页。
4 欧阳竟无:《欧阳竟无内外学》,商务印书馆,2015,第446页。
5 欧阳竟无:《欧阳竟无内外学》,商务印书馆,2015,第446页。
6 欧阳竟无:《欧阳竟无内外学》,商务印书馆,2015,第447页。

一切历史时代的歪曲与改造,所以在他看来,不仅近代太虚僧人参政的呼吁是违背僧制的,就连历史上参政、议政、亲近皇室官僚的僧人们也犯了同样的错误。当然,关于这一点,中国佛教历史上僧团内部并不乏反思者,"僧人们很早就意识到,在中国的官僚体系中紫色是高级官员的重要标志。一些唐代僧人对于将自身与这种世俗的象征联系起来颇感不满,因为这似乎与坏色袈裟作为一种神圣弃世的传统象征不谐"[1]。欧阳竟无也是从参政与出世的背离来进行批判的,他提到的四点都反映了他所理解的佛教应当是以否定"入世"为特质的。

除了方便的主体必须是证果者之外,欧阳竟无认为,方便的目标应该是"引外入内","由世间之外摄之入佛教之内也",也就是引导世俗的凡夫趣入出世间的佛教,而太虚的呼吁无疑正与此相反:"比丘参加国选,由出世之内舍之入世间之外也"。他认为,僧人选举的呼吁完全无出世间的目的可言,是"慕膻行":"引外入内是方便行,舍内趋外是慕膻行。今说者于比丘参加国选之慕膻行,乃竟误为方便行,方便云乎哉?"慕膻行不是方便行。

无论从方便的主体与目标来看,还是从僧制之"应然",欧阳竟无都是基于一种严厉的态度审视太虚的"入世"呼吁,这足以显示欧阳竟无对佛教必然也必须是全然"出世"的理解。因此,他在对"方便"理解的基础上,区分了比丘与公民:"被袈裟,住兰若,不婚宦,不与俗事而住持也,如是谓之比丘。白衣尘闹,婚宦务俗,如是谓之公民。各以其类,不可混淆,淆则非驴非马,不可显类。"他认为,比丘是出世的代表,而公民是入世的典型,两者不可混淆,各自有各自应当从事的事业。在他看来,太虚的呼吁混淆了出世的比丘与入世的公民,使得各自所从事的事业都无法完成,他斥责这类混淆两者的行为是"骑墙蝙蝠,混沌穷奇,世无其类,立足何依?"[2]

---

[1] 柯嘉豪:《佛教对中国物质文化的影响》,中西书局,2015,第100页。
[2] 以上引文均见欧阳竟无《欧阳竟无内外学》,商务印书馆,2015,第443页。

不过，欧阳竟无原本就认为，当时大部分僧人其实并不具有出家比丘的资格与资质，他批评说："中国内地，僧尼约略总在百万之数，其能知大法、办悲智、堪住持、称比丘不愧者，诚寡若晨星。其大多数皆游手好闲，晨夕坐食，诚国家一大蠹虫，但有无穷之害，而无一毫之利者。此如不整理、不严拣，诚为革命时之一大遗憾。"他主张淘汰大部分僧尼，还其公民身份，只保留其中具有资格的"几百人"，他说："渐以为，应于百万众中精细严察，朝取一人拔其尤，暮取一人拔其尤，如是精严，至多不过数百人。"[1]

僧人是否应当拥有选举权与被选举权，关系到僧人在现代社会中的地位与作用，太虚的呼吁与其"人生佛教"的主张一样，意味着佛教积极参与社会事务，实现佛教现代化过程中最重要的"入世"转型。而欧阳竟无的态度恰恰表明了立足于佛教传统对现代性的抗争，力图在现代化滚滚浪潮中保持佛教本身所具有的纯正性，极力排斥佛教"入世"。实际上，他们两人的主张都具有佛教理论的支持，并非可以简单地视作非此即彼的正确与错误。太虚"入世"主张的对立面并非欧阳竟无强调的"出世"，而是那种强调"避世""自度"的类同小乘佛教的思维，太虚的呼吁可以视作大乘佛教菩提心追求的凸显；欧阳竟无对佛教"出世"特质的坚持，其对立面也不是太虚的主张，正如他自己所说的，是那种以权谋私的"骑墙蝙蝠"，他自己一生讲学、印经不能不视作佛教近代"入世"的另一种体现。

四　发展：人生人间 空有之争

作为太虚的弟子，印顺有意识地继承和发展了太虚的思想。相较于太虚立足于现实而谋求佛教的现代化发展，印顺显然更为强调回归印度佛教、重

---

[1] 以上引文均见欧阳竟无《欧阳竟无内外学》，商务印书馆，2015，第442页。

新审视当下现状，但是作为中观学的同情者，印顺的态度又不像倡导唯识学的欧阳竟无那样严厉，他的立场和态度恰恰可以作为太虚与欧阳竟无代表的两种立场的中间状态。比如在《大乘起信论》真伪问题上，印顺对欧阳竟无、王恩洋等人唯识学角度的批判持一种否定的态度，但也并不完全认同太虚原地踏步式的辩驳。他认为，欧阳竟无、王恩洋等是拿唯识宗一宗的理论作为判断《起信论》的基本标准，而对于为《大乘起信论》辩护的太虚，印顺揭示了其维护中国佛教的目的，但对其维护的方式颇有微词，称之为"和事老"。与《大乘起信论》话题一样，在近代佛教的入世转型这一议题上，印顺从一开始就没有讨论佛教是不是应该"拉到现世来用"，而是在肯定太虚"人生佛教"所代表的近代佛教入世转型的基础上，提出"人间佛教"，强调其继承自太虚"人生佛教"而又与其有所不同。

印顺法师明确表示，"人间佛教"的提出是继承了太虚的"人生佛教"，但并非没有差别："宣扬'人间佛教'，当然是受了太虚大师的影响，但多少是有些不同的。"[1] 他从对治与显正两个方面概括太虚法师提出的"人生佛教"理念。就"对治"而言，"人生佛教"是为了破除传统佛教当中那种重视死、重视鬼的末流，才提出重视人、重视生的"人生佛教"；而"显正"则是通过"人生佛教"来显示佛教根本的意趣与对时代的适应，印顺称其为契理与契机："佛法所最着重的，是应机与契理。契机，即所说的法，要契合当时听众的根机，使他们能于佛法起信解、得利益。契理，即所说的法，能契合彻底而究竟了义的。佛法要着重这二方面，才能适应时机，又契于佛法的真义。"[2] "人生佛教"所强调的对于现实人生的重视，不仅符合近现代时代的需求，而且也符合佛教根本的意趣。

太虚法师争取僧团选举与被选举的权力，正如他自己所说，与妇女团体

---

[1] 印顺：《华雨集》（下），中华书局，2011，第29页。
[2] 印顺：《佛在人间》，中华书局，2010，第12页。

争取平等之权利是一致的,所以其本身是佛教现代化的一种表现,是"人生佛教"理念的合理实践。虽然印顺法师直到20世纪60年代,在很多关于"人间佛教"的谈话中,都没有直接去评判太虚这一呼吁,但印顺显然不太赞同欧阳竟无对世间与出世间那种近似截然分离的理解,并明确表示对他所提倡的行头陀行、居兰若那种避世佛教的否定:"在佛在人间的见地去考察,释尊虽然出家,他没有忘却国族,那一缕故国之思,依然是活跃着。释尊怎样在指导人间的佛弟子,应该怎样关切他国家民族的自由独立与生存。那些以为信佛出家,就可以不再闻问国家民族的存亡者,不论他如何谈修说证,无疑是我佛的叛徒!"[1] 印顺不认可在世间与出世间的对立中过于强调出世的避世佛教,甚至认为佛教徒天然地应该具备家国天下的情怀,而这样的情怀本身就蕴含在利他的菩萨行中,并不违背佛教的本意。

在印顺法师看来,人生佛教不仅契机,而且契理,一味强调行头陀行、居兰若的避世态度才是违背佛教本意与时代精神的。不过,印顺毕竟还是提倡与人生佛教"多少有些不同"的人间佛教,其原因更多的是在"对治"上,他说:"人生佛教是极好了,为什么有些人要提倡人间佛教呢?约显正方面说,大致相近;而在对治方面,觉得更有极重要的理由。"[2] 关于"人间佛教"与"人生佛教"的不同,他在《契理契机之人间佛教》中这样概括:"我是继承太虚大师的思想路线(非'鬼化'的人生佛教),而想进一步地(非'天化'的)给以理论的证明。从印度佛教思想的演变过程中,探求契理契机的法门;也就是扬弃印度佛教史上衰老而濒临灭亡的佛教,而赞扬印度佛教的少壮时代,这是适应现代,更能适应未来进步时代的佛法!"[3] 从中可见,在印顺看来,人间佛教与人生佛教的不同在于两种理念否定的对象不

---

[1] 印顺:《佛在人间》,中华书局,2010,第6—7页。
[2] 印顺:《佛在人间》,中华书局,2010,第15页。
[3] 印顺:《华雨集》(下),中华书局,2011,第46页。

同，太虚"人生佛教"否定的是传统中忽视现实人生而重视死后往生、鬼混投胎的陋习，他的论述中并没有印度佛教史这一维度，印顺法师则是在印度佛教发展历史中谈到对"天化"的否定，这一点是太虚没有否定的，甚至可能不会去否定的。

印顺对印度佛教发展历史的看法充分表现于其三期三系的判教之中[1]。在讨论"人间佛教"这一议题时，他基本上将印度佛教分为初期、中期、后期，他所说的对"天化"的否定正是基于对后期佛教的批判来说的，他认为，"第三期的佛教，一切情况与初期佛教相比，真可说本末倒置"[2]。之所以说本末倒置，原因在于相较于以声闻为中心的初期和以人菩萨为中心的中期，后期以天神为中心是为了适应印度宗教环境而吸取了婆罗门教的方便："印度的群神与神教的行为、仪式，都与佛法融合。这是人间佛教的大障碍……。"[3] 印顺法师所说的后期佛教，可以理解为是与印度教结合的密教，因为密教强调"神"与"永生"，所以太虚的人生佛教是对关注死亡、关注鬼的佛教的批判，而印顺的人间佛教则是对推崇神与永生的佛教的反省。因此，在"佛陀观"的讨论中，印顺特别区分了佛在人间与佛在天上，他认为"佛陀是人间的"[4]，将佛陀推往天上佛的潮流，他"领略到异样的滋味"[5]。

"人间佛教"的提出既然是为了反省印度佛教后期对"神"与"永生"的推崇，就不能不说到常被批判为形同外道神我的如来藏理论。按照印顺的判教，性空论之后出现了虚妄唯识及真心论者。偏重于胜义谛的真心论者，不理解性空不碍缘起，认为另外需要一个真心本体来缘生万法，形成了与中观自空不同的他空见，"他们把真常的不空，看为究竟的实体，是常住真心。

---

1 有关印顺法师"三期三系"的判教，参见丁建华《近现代佛教空有之争研究》，社会科学文献出版社，2019，第142—147页。
2 印顺：《佛在人间》，中华书局，2010，第30页。
3 印顺：《华雨集》（下），中华书局，2011，第30页。
4 印顺：《佛在人间》，中华书局，2010，第10页。
5 印顺：《佛在人间》，中华书局，2010，第10页。

等到讨论迷真起妄的世俗虚妄法，自然是，如此心生，如此境现，公开的与妄识者合流。这后期大乘的两大思想，若以龙树的见地来评判，就是不理解缘起性空的无碍中观，这才一个从世俗不空、一个从胜义不空中慢慢地转向"[1]。真常唯心论强调的就是胜义不空，所以中观每说一切法空，真常唯心论就接着说"一切法空所显性"，并且，"对初期大乘的一切法空说采取批评态度，是如来藏法门的特色"[2]。因此，印顺在《契理契机之人间佛教》一文中直接将后期佛教的"如来藏"作为"各各为人生善悉檀"与"方便"了，他说："'后期大乘'的如来藏、佛性、我，经说还是修菩萨行的。如知道这是'各各为人生善悉檀'，能顺应世间人心，激发人发菩提心，学修菩萨行，那就是方便了。如说如来藏、佛性是（真）我，用来引人向佛，再使他们知道：'开引计我诸外道故，说如来藏，……当依无我如来之藏'；'佛性者实非我也，为众生故说名为我'，那就可以进一步而引入佛法正义了。只是信如来藏我的，随顺世俗心想，以为这才是究竟的，这可就失去'方便'的妙用，而引起负面作用了！"[3]

可见，印顺法师"人间佛教"的提出，并不是对太虚"人生佛教"所肯定的人生的重复，而是通过人间的缘起性空[4]去否定非人间的"永恒"常见，在这一点上，恰恰与肯定如来藏系甚至肯定密宗而提出八宗平等理念的太虚截然不同，显示出印顺与太虚之间在空有问题上的差异。

印顺虽然是上溯佛陀本怀，而坚持不执著一宗见解，但是他的一生都与中观学密切相关，"人间佛教"理念的提出也同样时时处处透露着中观学的思想。这一点，在他将月称《入中论》所推崇的菩萨三心直接作为修学人间佛教的三心而可见一斑："修学人间佛教——人菩萨行，以三心为基本，三心

---

1 印顺：《中观论颂讲记》，中华书局，2011版，第10页。
2 印顺：《如来藏之研究》，中华书局，2011版，第125页。
3 印顺：《华雨集》（下），中华书局，2011，第28页。
4 印顺将缘起与空的统一作为人间佛教的理论原则，见《佛在人间》第72页。

是大乘信愿——菩提心，大悲心，空性见。"[1] 中期中观学代表月称在《入中论》开篇就说"大悲心与无二慧，菩提心是佛子因"[2]，印顺以月称菩萨之因的三心作为人间佛教修学的三心，并将缘起性空作为人间佛教的理论原则，这与仅仅从陋习、末流上否定鬼神佛教的太虚之人生佛教理念，显然并不像印顺自己所说的"多少是有些不同的"。

结语　佛教在义理与学术的交涉中走向现代

近现代，科学与民主的思想广泛地影响着中国社会的方方面面，给作为中国传统文化之一的佛教带来了重大冲击，在这种思想背景下，如何适应现代社会，如何实现佛教的现代化，成为了近现代佛教面临的首要问题。相较于印度佛教的避世传统以及中国佛教以禅宗为代表的山林佛教传统，近现代佛教以一种更为积极的姿态参与社会生活、现实人生，其所展现出来的"入世精神"可以说为佛教的现代化转型与进一步发展奠定了基调。

近现代佛教的入世转型并非局限于一个侧面、一段时期、一个人物，而是全方位、持续性、普遍性的传统转型，其中，尤以思想的入世转型最为根本，若没有思想的转型，建筑在思想之上的各种社会实践都将失去合法性，不再是佛教适应时代而做出的创新性发展，而变成了与佛教根本理念相违背的对时代的曲意逢迎。佛教义理立足于传统的经典注疏，乃是生发信仰的宗教理论，虽然在内容、形式上极似于现代学术，比如智𫖮、吉藏、法藏对经典中思想、问题的探究，然而，其终究并非现代意义上的学术，所以，佛教义理的入世转型，最开始面对的问题是传统中与现代学术极为相似的佛教义

---

[1] 印顺：《华雨集》（下），中华书局，2011，第38页。
[2] 《入中论善显密意疏》，《大藏经补编》第44册，第622页中。参见亨廷顿、南杰旺钦格西《空性的空性：印度早期中观导论》，陈海叶译，上海古籍出版社，2017，第193页。

理应当对应于现代学术哪个学科。这也就意味着，探讨这一问题的同时，必然需要探讨其与哲学、科学、心理学等现代学科之间的联系、差异等。

不过，对于一部分佛教义理入世转型的推动者如谭嗣同、章太炎、杨度来说，佛教义理本身的学科问题并不重要，重要的是揭示佛教义理中具有的适应现代社会、改革传统社会的基因，由此既将传统的"现代性""先进性"发掘出来，又将现代思潮的"传统性""合理性"开发出来，这就够了。然而，浩浩荡荡的入世转型，必然迎来佛教传统的守旧、反弹、回击，这集中体现于围绕"人间佛教"议题展开的教义论争，梁漱溟那句"佛教是根本不能拉到现世来用的"正是代表了佛教出世传统的一声强有力的呐喊，而整个近现代佛教入世转型的努力似乎又是为了否定他这一句中那种片面的一厢情愿的看法。

从总体上看，近现代佛教的入世转型，在理论层面，主要表现为佛教义理之学与佛教学术研究的交涉，大致可分为四个层次：一是如何定位佛学，二是佛学与其他学科的比较，三是佛学对现实社会的关照，四是关于"入世"与"出世"的佛教教义论辩，围绕"人间佛教"议题展开，探讨追求入世转型的"人间佛教"是否符合"佛教"。无论是在佛教的学科定位、学科比较中，还是基于佛教理论对社会问题的回应，乃至围绕"人间佛教"展开的"人间多一点还是不是佛教"的教义论争，其实质都是佛教在理论层面开始的逐渐削弱其"出世"气质，并不断增强发扬其"入世"精神的过程。在这个"入世"转型的过程中，既有坚持佛教超越性、出世性的研究者，又有主动推进佛教入世的研究者，立场不同，观点各异，在思想理论层面呈现出近现代佛教入世转型的时代潮流，中国佛教正在传统义理与现代学术研究的交涉中走向了现代。

第九章
禅净修习方式的近现代入世转型

无论是一个宗派还是整个佛教，其形成与发展总离不开三个方面，即思想基础、修习方式和传播方式。而修习方式又在其中起着贯穿全体、沟通内外的重要作用。历史上，正是因为建立了独特的修习方式，禅宗与净土宗才从隋唐诸多佛教宗派中脱颖而出，成为中国佛教的主流，具有长久不衰的生命力与影响力。近现代以来，伴随着世界局势与中国社会的巨变，作为传统文化重要组成部分的佛教也相应地做出了转变。这种转变总的来说，可以概括为一种具有入世倾向的转型。本章主要从禅净修行方式的角度探讨禅净入世倾向产生的内因、外缘、具体表现，以及对其他佛教宗派的影响等。首先，在中国佛教史上，禅宗长期主导了禅净双修的发展，至明末清初之际，形成了以禅摄净、导禅归净、消禅归净等不同的禅净关系范式，并延续至近现代，从中产生了入世转型的萌芽。其次，禅宗修习方式的入世转型主要基于内在引发，以太虚为代表的高僧在坚持禅宗主体性的前提下，适时适机地调整修习目标与手段，强调禅的生活性、净土的人间性，充分适应时代的转换和人群的需求。再次，净土宗的近现代转型则为净宗经论的回传这一外在因素所触动，既坚持传统，又充分吸收近现代社会的新元素，以其成熟的平衡宗教神圣性与世俗性的基础，使净土修习呈现了相对平稳的、多元化的入世转型特征。最后，汉地其他主要佛教宗派，均不同程度地对禅净修习方式有所借鉴，特别是天台宗、华严宗与律宗，其入世转型从某种程度上讲是通过对禅净修习方式的借鉴而完成的，但同时也具有自己独特的特点。

第一节 禅净修习方式的演变与合流

要考察禅净修习方式在近现代的转型就有必要先对二者"考镜源流"。禅宗与净土宗在印度原本同根同源，二者在传入中国及后来发展成宗的过程中，渐行渐远，以至于相互抨击。然而，随着中唐以降诸宗合流的展开，已经蔚为大宗的禅、净二宗基于各自的需要，又逐渐走到一起，并在两宋以后形成了长达近千年的禅净合流潮流，成为中国佛教史最重要的特征之一。

一 禅净之源流

禅是一种佛教的修行方式，渊源于古印度的瑜伽术。但瑜伽和禅最大的区别在于，前者多偏重于"定"，后者除了修"定"之外，还强调"慧"。《瑜伽师地论》云："言静虑者，于一所缘，系念寂静，正审思虑，故名静虑"[1]。可见，禅的本义有二：一是宁静心绪意念；二是正审思虑，如实了知所对之境。前者与止或定相近，后者与观或慧相近。宗密解"禅"为"定慧"，认为是"定慧之通称"[2]，"这一方面扩大了'禅'的范围，使其含义更为广泛，另一方面，从佛教本身看，也不能说是毫无理论之根据"[3]。禅的种类很多，并随佛教思想的发展而不断丰富。小乘佛教的禅一般有比较固定的内容和行法，最基本的为四禅、八定、九次第定。大乘禅则是在小乘禅基础上发展起来的，但又不拘泥于静坐等某些固定形式，而是依据大乘佛教理

---

[1] 《瑜伽师地论》卷33，《大正藏》第30册，第467页下。
[2] 宗密：《禅源诸诠集都序》卷上，《大正藏》第48册，第399页上。
[3] 洪修平：《中国禅学思想史》，中国人民大学出版社，2007，第9页。

论，成为观悟佛理的重要方法。

　　禅学与禅法在汉代传入中国，经历了一个不断演变发展的过程。早期禅学与神仙思想、呼吸吐纳等方术接近，以长坐不卧为主要形式，其虽主止观双修，但更偏重凝心入定，追求神通。禅与定的结合，往往是以定摄禅。魏晋时期，般若学盛行，禅学形式化倾向受到了冲击与改造，逐渐由静坐修炼转向对宇宙实相的证悟。南北朝佛性论兴起之后，"实相与自性趋于合一，在自性本觉的基础上，禅修的内容也相应地成为体悟自性，形式上则出现了随缘而行的倾向"[1]，为禅宗的形成奠定了基础。从形式上说，"禅宗"是一种社会运动[2]，其兴起与壮大经历了一个相当长的历史过程。道信与弘忍"东山法门"的出现，则标志着中国禅宗的创立[3]。东山法门包含了以后南北禅宗的基本禅学思想和方便法门，奠定了禅宗生产和生活的基本方式，开创了中国禅宗特有的宗风。

　　弘忍之后，门徒分头弘化，最有影响的是惠能的南宗和神秀的北宗。北宗更多继承了东山法门观心、守心的渐修法门，南宗则倡导直了心性、顿悟成佛的简便法门。北宗禅因得到统治者大力扶持而盛极一时，但唐武宗灭法之后，逐渐衰落乃至湮没无闻。南宗禅则保持了山林佛教的禅风，受王室政治的影响较小，吸引了更多信徒，逐渐形成规模。惠能门下流出江西马祖与湖南石头两系，并递嬗演变成五家七宗，成为中国禅宗主流。大体来说，禅宗之禅是一种生命体验和精神境界，其核心是"心"。印度禅学经过禅宗，特别是惠能南宗洗礼后，实现了革命性的变化。其最显著的变化有三：一是禅修的方式，从凝心趺坐、住心观静，转变为行住坐卧、任运自在。二是禅修的路径，从依教修行、藉教悟宗转变为不立文字、识心自度。三是禅修的

---

[1] 洪修平：《中国禅学思想史》，中国人民大学出版社，2007，第21页。
[2] 胡适："禅宗是一个运动，是中国思想史、中国宗教史、佛教史上一个很伟大的运动，可以说是中国佛教的一个革新运动，也可以说是中国佛教的革命运动。"（《胡适说禅》，东方出版社，1993，第239页）
[3] 洪修平：《中国禅学思想史》，中国人民大学出版社，2007，第99页。

目的，从出世涅槃转变为即世间求解脱，当下之心圆满具足，修行也即于日常生活中自识本心、自见本性、自成佛道。

净土信仰与净土法门在原始佛教时期，经历了一个由隐到显、由浅而深的发展过程。净土思想虽早存于原始经典，但未遇外缘激发，尚不受人重视。大乘佛教时期，净土思想得到大力弘扬。诸多大乘经典皆十分重视念佛三昧和求生净土。许多著名佛教宗师，如龙树、世亲等，对净土信仰多有称赞，净土信仰的理念框架遂渐次成立。总的来说，印度的净土信仰大致可分为三类：第一、弥勒菩萨的兜率净土。相关经典主要有三部：《佛说观弥勒菩萨上生兜率天经》《佛说弥勒下生经》与《佛说弥勒大成佛经》。弥勒是娑婆世界的未来佛，现居兜率内院，将来成佛下生世间。弥勒下生前，众生亦可上生兜率净土以亲近弥勒，将来龙华三会助佛度化众生。第二、阿閦佛的东方妙喜净土。阿閦，意为不动，专述往生阿閦国的经典有《阿閦佛国经》《大宝积经·不动如来会》等。最为人们熟知的维摩诘居士，即"于彼国没，而来生此"[1]。往生阿閦佛国的条件是修菩萨六度与般若空观，以及称念诸佛名号。第三、阿弥陀佛的西方极乐净土。现存大乘经论中，记载阿弥陀佛及其净土的，有二百余部，约占大乘经论的三分之一。其中最核心的有三部：《佛说无量寿经》《观无量寿佛经》与《佛说阿弥陀经》。阿弥陀佛发四十八大愿，构建了一个极尽庄严的西方极乐世界，接引众生，往生其国。阿弥陀佛的殊胜功德与善巧方便的念佛法门，使西方净土成为印度以及中国佛教的首选信仰。

净土宗的成立与念佛法门的流行有着密切的关联。早期的念佛法门主要是以禅定形式出现，以庐山慧远为代表。慧远信仰阿弥陀佛、期生西方净土，主要通过观想念佛之法，实质上就是一种禅定。北魏昙鸾首度将龙树难行道

---

[1] 《维摩诘所说经》,《大正藏》第14册，第555页中。

与易行道之说引入念佛法门，突出弥陀他力本愿，称名念佛与观想念佛并重，为净土宗的成立奠定了理论基础。中经道绰、净影慧远、天台智顗等，至善导时，相关教理与行仪建立完备，称名念佛作为净土修行的根本法门被确立下来，净土宗作为一个佛教宗派最终形成。由于净土宗教义简单，法门易行，很快就在社会上流传，建立了广泛的群众基础。

二　禅净之异同

作为佛教的不同宗派，禅宗和净土宗虽然同源于印度佛教，却有着非常不同的教理、教规和修行方式，以致历史上两宗信众间的相互攻讦屡见不鲜。然而，两宋以后，禅净合流成为中国佛教的主要发展方向。为了更好地认识近现代以来的禅净关系，这里就两宗在一些重要问题上的异同略做分析和讨论。

首先是如何看待净土的性质。禅宗倡导唯心净土、自性弥陀，将佛性归结为自心自性，主张心外无别佛，心净则土净。"唯心净土"虽不是禅宗的发明，却是其思想发展合乎逻辑的结果。事实上，早期禅宗就存在反对净土宗念佛往生理论的倾向。四祖道信与人问对："又曰：'用向西方不？'信曰：'若知心本来不生不灭，究竟清净，即是净佛国土，更不须向西方。……佛为钝根众生，令向西方，不为利根人说也。'"[1] 惠能主张"即心即佛"，将净土归结为净心、净意。他在解答门人关于念佛往生西方的问题时说：

> 人有两种，法无两般。迷悟有殊，见有迟疾。迷人念佛求生于彼，悟人自净其心。所以佛言，随其心净即佛土净……凡愚不了自性，不识

---

[1] 净觉：《楞伽师资记》，《大正藏》第85册，第1287页下。

身中净土，愿东愿西，悟人在处一般。所以佛言，随所住处恒安乐，使君心地但无不善，西方去此不遥，若怀不善之心，念佛往生难到。[1]

这突出表明了惠能弥陀不离自性、净土即在自心的立场，也成为后世怀疑或攻击净土理论常用的话头。其实，惠能本意并非训文释义，也没有明确否定西方净土，而是直指向上，令人识取自心。惠能以后，唯心净土、自性弥陀成了禅宗佛性学说的基本思想。

净土宗则以西方净土为指归。西方极乐世界，梵语 Sukhāvati，又称安养世界、安乐国，系阿弥陀佛的佛国净土。西方净土依正庄严，人民"无有众苦，但受诸乐"[2]。极乐国中，声闻菩萨无数，智慧高明，颜貌端严。宫殿、楼观、宝树、宝池等均以七宝庄严，微妙严净，百味饮食随意而至，自然演出万种伎乐，皆是法音，是最理想的修行场所。极乐世界最大的殊胜之处还在于《阿弥陀经》所说的，"极乐国土，众生生者，皆是阿鞞跋致"[3]，明确表达了阿弥陀佛对往生西方极乐世界的修行人果位不退转的承诺（阿鞞跋致：不退转）。历史上，中土佛教对净土有许多不同的分类法，影响最大的当属智𫖮的四类净土说，即凡圣同居土、方便有余土、实报庄严土、常寂光净土，将西方净土与兜率净土同归于凡圣同居土。其余如嘉祥吉藏、净影慧远等对此皆有所发明。由于各家对净土分类所取角度不同，常有一土多说或一说多土的现象。对净土宗的理论建构而言，西方净土如何划分十分重要，它关系到法门是否究竟以及凡夫能否得生等问题。因此，净土宗实际创始人善导始终坚持西方净土是报土而非化土、凡夫皆可往生的立场。

唯心净土与西方净土是禅净分歧的核心所在。唯心净土主张即心即佛，

1　《六祖大师法宝坛经》，《大正藏》第48册，第352页上。
2　《佛说阿弥陀经》，《大正藏》第12册，第346页下。
3　《佛说阿弥陀经》，《大正藏》第12册，第347页中。

随其心净而佛土净,因此唯心净土当属法性土、自受用土。禅宗的唯心净土主要从理上立言,是指"理即佛"。净土宗所说的佛,是指因果圆满之"究竟佛"。以行路喻理事,理如知路线,事如会行肯行,理事兼备,当然可以达到目的地。可见,禅宗与净土宗一个重智慧,一个重信仰;一个重悟解,一个重实行。在净土性质上的分歧,导致了二者在解脱依据、解脱方式和途径等问题上的种种差别,这也成为后世调和禅净矛盾首先要解决的问题。

其次是修行依靠自力还是他力。禅宗坚持修行靠自力,这与其唯心净土思想紧密联系在一起,强调自性自度。所谓自性自度,乃是众生识心见性,彻见自身本来面目,而非依靠任何外来力量获得心灵觉悟。《坛经》有许多论述,专门强调众生自心圆满具足,如"我心自有佛"[1] "菩提只向心觅,何劳向外求玄"[2] "万法尽在自心,何不从自心中顿见真如本性"[3] 等。黄檗希运则从"佛与众生皆不可得"的角度,说明众生与佛,本为一体,众生心本来是佛,佛即是众生本心。所谓佛度众生或众生为佛所度,都是"不识本心,谩作见解",而实无众生如来度者[4],就此否定了佛度众生,而主张众生识心自度。

净土宗的他力论主要体现为二道二力说。昙鸾将龙树关于修菩萨行时的难行道与易行道说[5]改造为净土的判教理论,认为五浊恶世求阿鞞跋致,有的靠自力,有的靠他力(佛力),靠自力的是难行道,靠他力的则是易行道。五浊恶世,只有行难信易行的净土法门,往生西方净土,证得不退转地,才有解脱的希望。道绰与善导继承并发展了二道二力的思想。《念佛镜》中有

---

1 《六祖大师法宝坛经》,《大正藏》第48册,第362页上。
2 《六祖大师法宝坛经》,《大正藏》第48册,第352页下。
3 《六祖大师法宝坛经》,《大正藏》第48册,第351页下。
4 赜藏主:《古尊宿语录》卷3,《卍新纂续藏经》第68卷,第17页上。
5 龙树《十住毗婆沙论》云:"佛法有无量门,如世间道,有难有易,陆道步行则苦,水道乘船则乐。菩萨道亦如是,或有勤行精进,或有以信方便易行,疾至阿惟越致(阿鞞跋致)者。……若菩萨欲于此身得至阿惟越致地成就阿耨多罗三藐三菩提者,应当念是十方诸佛,称其名号。"(《大正藏》第26册,第41页中)

个比喻：

> 犹如小儿，自力向京，不可得到，由自力故。言他力者，犹如小儿虽小，依父母及象、马车乘力故，不久到京，遂得官职。何以故？由他力故。念佛修道亦复如是。[1]

其实，净土宗所谓他力，指的是阿弥陀佛愿力。愿力，又作本愿力、大愿业力、宿愿力，指菩萨因位所发本愿之力用至果位而显其功。昙鸾认为，佛"愿"就是"力"，"愿以成力，力以就愿，愿不徒然，力不虚设，力愿相符，毕竟不差"。西方净土依正庄严均来自弥陀本愿："凡是生彼净土及彼菩萨人天所起诸行，皆缘阿弥陀如来本愿力故。何以言之，若非佛力，四十八愿便是徒设。"[2]

倚仗自力还是他力，是后世禅净合流落入具体修行时不得不面对的问题。以致派生出了参究念佛、体究念佛等诸多纷繁复杂的、兼顾念佛与参禅的方法，更埋下了近现代禅净由合流又再度分流的远因。

再次是究竟应该于此世间解脱还是追求往生净土的分歧。禅宗解脱不离世间，当下自在。惠能将心性与现实之人及人心紧密结合在一起，以"无相无念无住"的当下本觉之心，把空与万法、人心与佛性、众生与佛融摄为一体，突出了人们的当下解脱。其所说的解脱是不离凡夫身、不离世俗的，因此他一般用"自在解脱"而不用"涅槃解脱"来表示解脱境[3]。惠能的自在解脱论，将神性拉回到人性，将彼岸拉回到此岸，将圣人齐同凡人，将自我的人格与人性抬高到至上的地位，人们无需改变任何外在的东西，只要通过

---

[1] 道镜、善道集：《念佛镜》，《大正藏》第47册，第122页下。
[2] 昙鸾：《往生论注》，《大正藏》第40册，第840页上，第843页下—844页上。
[3] 以敦煌本《坛经》为例，其中"涅槃"一词只出现过一次，而且是在"如来入涅槃"的意义上使用的。见《大正藏》第48册，第345页中。

当下的自我实现即可得到解脱[1]。以惠能为转折，禅宗一改中国佛教重出世的传统，将生死与涅槃、出世与入世逐渐打成一片。其后学大多都沿此"人间佛教"的路线发展，马祖道一更提出"平常心是道"，将南宗禅的佛法不离世间、自在无碍的活泼宗风发展到极致。马祖此说成为后世禅宗之不二法门，后临济义玄又将"平常心是道"表述为"立处皆真"。他说："佛法无用功处，只是平常无事，屙屎送尿，着衣吃饭，困来即卧……你且随处作主，立处皆真。"[2] 因此，对禅宗来说，人间便是乐土，自然即是佛道。

与禅宗消除世间与出世间界限，强调即世间求解脱形成鲜明对比的是，净土宗严分世出世间、此岸与彼岸，在解脱方式上，提倡先凭借阿弥陀佛愿力三品九级往生，再依靠极乐世界的优越条件，修学佛法，渐次成佛。《观经》又指出，修行者往生后获得的品级分上、中、下三品，各品复分上、中、下三级，遂成九级，三品九级依所修行业、功德感得来迎仪相、生后得益皆有不同。尽管如此，从理论上来说，净土宗的往生法门与大乘佛教的解脱论并无根本分歧。佛教的最高理想境界是涅槃寂静，脱离生死，虽然对"无生"有着不同的解释，但无论大乘还是小乘都追求"无生"。如果不解决无生与往生的矛盾，净土学说就很难立足。如有人问昙鸾："大乘经论中，处处说众生毕竟无生如虚空，云何天亲菩萨言愿生耶？"昙鸾答道：

> 说众生无生如虚空有二种，一者如凡夫所谓实众生，如凡夫所见实生死，此所见事毕竟无所有，如龟毛如虚空；二者谓诸法因缘生故即是不生，无所有如虚空，天亲菩萨所愿生者，是因缘义，因缘义故假名生，非如凡夫谓有实众生实生死也。[3]

1　洪修平：《禅宗思想的形成与发展》，江苏人民出版社，2011，第246页。
2　赜藏主：《古尊宿语录》卷4，《卍新纂续藏经藏》第68卷，第24页下。
3　昙鸾：《往生论注》，《大正藏》第40册，第827页中。

昙鸾以中道解释"往生即无生",认为往生之"生",既是性空,又是假有。从因缘和合的角度来说,此"生"自性本空,生即无生;同时,正由此"生"乃因缘所生法,而非绝对虚无,所以往生又有所"生",也即世亲所说之"愿生",由此开启了净土教理史上的"往生即无生论"议题。克实而论,今世与后世、此岸与彼岸等矛盾始终是净土宗人要解决的难题。一方面,净宗宣扬广修世间善法,包括孝养父母、慈心不杀等,以作出世资粮;另一方面,又强调往生净土,要从建立人间净土开始,"要将秽土三千界,尽种西方九品莲"[1]。这种宣传虽然具有一定圆融性,但从理论上看,仍把人间与净土视为二物,与禅宗主张的心净则土净显然不同。

最后是具体实践方法上修禅与念佛的分歧。修禅与念佛几乎为所有的佛教宗派所采用,同时也分别为禅净二宗所特别提倡和重视。禅宗以禅命宗,修禅是其最根本的修行方法。在禅宗的发展过程中,禅修的方法和侧重点也是不断演变的。无论是早期的坐禅,南宗的悟禅,还是各家祖师的参禅,除了反对任何修证者外,大都以修禅为基本的修行方法。如大慧宗杲提倡看话禅,其入手处是"但举话头",大慧宗杲最常举的话头是赵州和尚的"狗子还有佛性也无?"他认为参禅不能专在语言文字上讨臆度,曲指人心,说性成佛,也不能今日参一个话头,明日参一个话头。而要专就一个话头历久真实参究,只要没有"洞见父母未生前面目","誓不放舍本参话头"[2],并在此基础上,不断"提起疑情"。疑是悟的前提条件和必由之路,所谓"不疑不悟,小疑小悟,大疑大悟",到了"只贵惺惺着意疑,疑到情忘心绝处"[3]之时,如"有气的死人""泥塑的木雕",一切情识、见闻、计较全无,拼舍身命,如痴如愚。只有经过这样"大死一番"之后,才有望借助某一机缘"蓦然咬

---

1 明本:《怀净土诗》,附《乐邦文类》,《大正藏》第 47 册,第 230 页中。
2 袾宏:《禅观策进》,《大正藏》第 48 册,第 1104 页中。
3 《高峰大师语录》卷上,《卍新纂续藏经藏》第 70 卷,第 687 页下。

破",看破疑团,绝后复苏。看话禅的修行过程,证明了禅不依一切经法所诠,不依一切修证所得,不依一切见闻所解,不依一切门路所入,所以说教外别传,是实实在在的顿悟法门。

念佛是净土宗最根本的修行方法。净土信仰在中土出现伊始,就提倡念佛。念,又作"忆",是对所缘之事明白记忆而不使忘失的一种精神作用,念佛包括念佛之智慧、毫相、相好、本愿、名号等。念佛的方法很多,归纳起来不出四种,即持名念佛、观像念佛、观想念佛、实相念佛。后三种都必须精神集中在忆念上,因此也是一种禅观,所达到的境界称作念佛三昧。持名念佛需要口中出声,原是念佛三昧的附属,后来逐渐成为净土宗特有的修行方法,取得了与实相念佛、观想念佛同等重要的地位。修习念佛法门以信、愿、行为三足,蕅益智旭对净土往生法门有过经典的总结:"得生不得生全由信愿之有无,品位高下全由持名之深浅。"[1] 信愿具足,即往生有分,持名深浅,倒属次要,唯决定往生品位的高低。当然,从上品上生的往生彼土即花开见佛到下品下生的满十二大劫莲花乃敷,悬殊极大,故精进勤苦、断惑消业,亦功不唐捐。念佛亦以对治烦恼、荡涤妄念为下手功夫。印光法师指出,念佛的关键在于"都摄六根,净念相继",念到全心是佛,全佛是心,心外无佛,佛外无心,无念而念,念而无念,心佛两彰而复双泯时,则实相妙理显露,西方依正圆彰,达到通过持名而深达实相,不作观而亲见西方的三昧境界。[2]

历史上,修禅与念佛之所以呈现出合—分—合的发展过程,与这两种修行方法自身的特点有密切关系。念佛与参禅的殊异之处在于:首先,念佛意在欣取乐邦、厌离秽土,而参禅则反对欣厌取舍;其次,念佛心境对待,能所宛然,参禅讲究心不着境,着境便失本来面目;再次,念佛须作死此生彼

---

1 智旭:《佛说阿弥陀经要解》,《大正藏》第 37 册,第 367 页中。
2 印光:《复幻休大师书》,《印光法师文钞》(上),宗教文化出版社,2000,第 259 页。

想，而禅心则不取生死。从一门深入的角度来看，禅与净是不可一时双修的。但从修行境界来看，念佛与参禅之间亦非绝然对立，而是有契合之处，可以相互融通的。禅宗虽重参究，也不全然排斥念佛。净宗念佛达至一心不乱之际，亦是虚空粉碎，大地平沉，当前一念与佛法身融为一体，即与禅门真如三昧无二无别。可见，禅净之间实是同中有异、异中有同的，这也为禅净合流提供了可能。

三　禅宗主导下的禅净双修

在禅净独立成宗之前，禅净双修主要是以念佛禅的形式出现。念佛禅始于南北朝时期，念佛禅的"念"主要是忆念、观想之义，所念之佛也不仅局限于阿弥陀佛。念佛禅实际上是禅观的一种，主要是以观想念佛为主的观佛三昧和般舟三昧。从菩提达摩与昙鸾开始，禅宗和净土宗的宗派自觉和发展脉络渐渐清晰，日益显著，之后才真正有所谓的禅净合流或禅净双修。

禅净双修的形成有其理论上的必然。禅宗和净土宗尽管在修行方式上差别很大，但它们都来自大乘佛教"上求菩提下化众生"的基本精神。无论是禅宗的自力还是净土宗的他力，其最终目的还是要成佛，禅宗的参禅如此，净宗的念佛也是如此。因此，在大乘佛教总的精神统摄之下，二者不存在根本的分歧。此外，禅净双修的形成，也是现实环境的选择。唐代佛教义学走向高潮，但同时也潜伏着过度学院化的危机。佛学理论的精致即使是上根利智之人也难得有时间和天赋去悟解，遑论中下根的普通民众了，因此，直指人心的禅宗和称名念佛的净土宗才在后来得以迅速传播。当禅宗因与中国士夫文化投缘，在雅文化层次上独占一席之地时，净土宗也发挥了自宗的优势，在俗文化层面，成了佛教的代表。精英佛教和民众佛教是相互依存的。一方面，精英佛教要给民众佛教提供精神指导，就必须考虑到广泛存在于民间的净土信仰；另一方面，民间信仰者也需要出家僧人作为他们的精神导师。同时，具有净土思想背景的人进入僧团，也必然会对精英佛教产生影响。

在禅净合流形成的过程中，禅宗占据了主导性地位。历史地看，宋明以来禅净合一的潮流，"其内在依据，首先在于禅宗，甚至可以这样说，禅宗在适应历史潮流，调节自身的过程中，'选择'了净土宗"[1]。当禅宗修行方式越来越陷入程序化弊端与真理标准缺失的困境时，回到经教原典，以及从他宗教理与方法中寻求解决之道便成为了禅宗的内在要求。"当历史的浪潮把禅宗推到这一步时，放眼望去，一派佛号，遍地净土！"[2] 净土宗可行可证，简洁统一的佛号，正好填补了禅宗的空缺，成为禅宗那无可言传、无法印证之悟的最佳载体。历史上禅净合流形成与发展大致可以分为三个阶段。

第一阶段为隋唐的萌芽时期。慈愍慧日（680—748）是最早提倡教禅一致、禅净合行、戒净双修的唐代净土宗高僧。宗密（780—841）则是将教门汇入禅门的重要人物。禅宗之所以能自居教外，其实得益于义学的兴盛。而教下诸宗的衰落，对禅宗发展来说，也产生了不利影响。佛教义理从社会生活和日常语言中撤出，使佛教与民众发生了隔膜，轻视经教的传统不可避免地走上狂禅末流。晚唐至北宗之初的禅宗高僧深惩其弊，开始自觉、主动地取益于经教，以保证本宗不脱离佛教发展的轨道。禅宗由不可一世、否定一切的"教外别传"，回归持戒礼佛、坐禅读经之传统，其转折即始于宗密。若无此一转折，则禅自禅，净自净，禅净合流很难成为中国佛教的现实。

第二阶段为五代两宋以降的发展时期。永明延寿（904—975）开后世禅净合流、禅净双修之先河。他首先对"唯心净土"与"西方净土"做了理论上的调和，其结果"是要肯定'西方净土'的实在性，让净土宗名正言顺地

---

[1] 顾伟康：《禅净合一流略》，台湾东大图书股份有限公司，1997，第197页。
[2] 顾伟康：《禅净合一流略》，台湾东大图书股份有限公司，1997，第200页。

进入禅宗领域"[1]。延寿肯定净土宗持名念佛法门的价值，并为之注入了禅意，指出名字本身虽属空假，但能体现实相，因此，既不能将名执为实有，也不能将其看作空无，否定名字的意义和作用。此外，他提出"有禅有净土，犹如戴角虎"的"四料简"对后世禅净的走向产生了重大影响[2]。大体来说，经由延寿努力，禅净合一理论的基本路向得以确立，禅净双修的观念为许多禅师所接受。宋元之际的禅宗名僧大多兼修净土。延寿之后，中峰明本（1263—1323）首开将念佛融入参禅的双修实践，尝试在实践中将禅宗之看话与净土之念佛相结合。其弟子天如惟则，则进一步将"阿弥陀佛"四字作为话头来参究了。明本从生死事大的终极关怀出发，提倡禅净不二。对归信净土，又渴望顿悟心性的一类有代表性的信众来说，这条修行路径无疑具有开创意义。明本的禅净双修实践对明清佛教产生了很大的影响，云栖袾宏曾将明本"道禅者净土之禅，净土者禅之净土"之语视为"万世不易之定论"[3]。看话与念佛相结合的修行法门为后来的佛教所继承和发扬，并因侧重点不同，形成了不同的修行模式。

第三阶段为晚明以降的成熟时期，禅净之间形成了以禅摄净、导禅归净以及以净统禅等不同的模式。憨山德清（1546—1623）倡导的禅净双修是以禅摄净。他主要以唯心净土释净土法门，同时也认可西方净土作为修证的指向。他强调一切净土皆为心造，并从禅观的角度，以念佛观想为通达净土的正因，以参究念佛融摄禅净。憨山认为，真正的念佛，贵在净念相继，仅仅将四字佛号，放在心中，相继不断者，是名系念。在他看来，"一念不生之

---

[1] 杜继文、魏道儒：《中国禅宗通史》，江苏人民出版社，2007，第396页。
[2] 传世《四料简》版本各有差异，但基本内容大致相同。今引时间较早内容也相对全面的《西方直指》所载："有禅无净土，十人九错路。阴境若现前，瞥尔随他去。无禅有净土，万修万人去。但得见阿弥，何愁不开悟。有禅有净土，犹如戴角虎。现世为人师，来生作佛祖。无禅无净土，铁床并铜柱。万劫与千生，没个人依怙。"（《卍新纂续藏经藏》第61卷，第632页上）
[3] 庄广还辑：《净土资粮全集》卷2，《卍新纂续藏经藏》第61卷，第554页下。

地，是为净念"[1]，无念才是净念。这种以禅摄净的思想理论与修行模式，坚持了鲜明的自净其意、自力解脱的禅宗特色，在禅净合流史上独树一帜，产生了很大的影响。云栖袾宏（1535—1615）则是导禅归净的代表。他立足净土宗对禅净二家进行融通，其提倡的禅净双修是以净土念佛求生西方为主，辅以禅宗的参禅方法，以参究念佛作为导禅归净的方便。他指出无论参禅与念佛都是为了得到解脱，二者不可偏废。在行持上，他发明体究念佛一法，主张参禅之人应兼修净土，发愿求生西方。袾宏所说的体究念佛一方面以禅家参话头的方法参"念佛是谁"，另一方面，体究之人无论悟与未悟，皆发起对净土的真实信愿，求佛力加被，往生西方。看似修禅，实则修净。袾宏以信愿为前提的参究念佛将自力与他力结合起来，调融了禅净二家在修持方式上的偏执，在参禅与念佛之间架起一座桥梁。蕅益智旭（1599—1655）是以净统禅的代表。他以天台宗性具理论为基础，以当下一念即妄即真之心倡导西方净土。在他看来，此间凡夫，虽然不曾往生西方，而彼西方不出凡夫当下一念心中，参禅、止观也都离不开此现前一念心。智旭在净土宗方面的突出贡献，是以净土法门涵盖整个佛法，将念佛法门当作超越一切的最佳修行法门。他认为，"一声阿弥陀佛，即是释迦本师于五浊恶世所得之阿耨多罗三藐三菩提法，今以此果觉，全体授予浊恶众生，乃诸佛所行境界，唯佛与佛方能究竟，非九界自力所能信解也"[2]。而禅教律等"无不从净土法门流出，无不还归净土法门"[3]。智旭的以净统禅模式进一步奠定了净土信仰与禅宗比肩的主流地位。净土宗从早期佛教万行中的一行，到中期的禅净双修，再到后期的摄禅归净，实际上是中国佛教发展的一个缩影，也展示了佛教逐渐从精英走向民众的过程，"某种程度上讲，蕅益所代表的摄禅归净的思想，

---

[1] 通炯辑：《憨山老人梦游集》卷11，《卍新纂续藏经》第73卷，第531页中。
[2] 智旭：《净土十要》卷1，《卍新纂续藏经》第61卷，第658页上—中。
[3] 成时编：《灵峰蕅益大师宗论》卷6，《嘉兴藏》第36册，第352页下。

标志着中国佛教民众化的完成"[1]。

第二节 近代禅净双修与入世转型的开启

近现代中国佛教的转型是佛教顺应文化发展、按照时代需要进行的自我调适,既非断裂历史的全面创新,也不是对历史的简单重复。明末清初禅净双修诸模式在近代再度兴盛,出现了不少学修与影响均不亚于古人的代表性人物。如主张以禅摄净的虚云,其在理论上坚持禅宗的唯心净土观,修持上以禅宗看话禅融摄净土念佛;而主张禅净兼摄的圆瑛则努力融通性相,主张禅净等持;又有主张以净统禅的印光,他反对宗教混滥、禅净混融,主张诸宗归净,倡导净土念佛。他们的实践一方面坚持传统佛教的禅净圆融与互补,同时又力求适应时代之变,以探索一种新型的禅净格局。这可以说是当时佛教高僧大德们的共识,其中也孕育并开启了佛教修行方式的入世转型。

一 虚云:以禅摄净

虚云(1840—1959)生当国家内忧外患、社会巨变、佛教危难的时代,一生"坐阅五帝四朝","受尽九磨十难"[2],以护法护教、济世度众为己任,置个人死生于度外。他深究经藏,禅定功高,在禅修方法、禅境分析、禅病对治等方面多有见地,发展出一套系统的禅学理论。他以振兴禅宗为己任,毕生弘法,广建丛林,复兴祖庭。他原于福建鼓山妙莲和尚处一身双承临济宗与曹洞宗法脉,后来应请重续自五代至南宋间绝嗣的沩仰、法眼、云门三宗,并命其门人分别承继五宗,令禅宗"一花现瑞,五叶流芳"之景再现于

---

[1] 王公伟:《中国佛教净土宗的思想发展历程探析》,《世界宗教研究》2005 年第 4 期。
[2] 虚云:《虚云和尚自述年谱》,《虚云和尚全集》第 5 册,中州古籍出版社,2009,第 212 页。

世。虚云和尚以一身系五家法脉，对近代禅宗的发展意义深远。

虚云一生弘扬禅宗，最重视的则是戒律。他认为单精持戒，不修余门，就可以成佛。戒律是佛法的基础，只有在严持戒律的基础上，明心见性才有可能。佛法以戒定为智慧之本，因此离言绝虑，以智慧觉照宇宙万事万物，归根结底是一种解脱的功夫，而非纯粹学理的证明。虚云之重戒还体现在对遵守禅门规约的强调。规约属于戒律的范围，是有针对性的具体戒制。禅宗自百丈以来就有订立清规的传统，但清末以来，佛教戒律废弛，纲纪不振，虚云有感于规约对佛教僧团组织生活的重要性，依照佛教戒律及古代禅林规范，结合现实，制定了禅林规约。其中还保留了农禅并重的传统，鼓励僧众开办实业，自食其力，劳动自养。僧伽的经济基础问题与禅僧的修持息息相关，对佛教能否挖掘自身资源，适应现代社会，积极参与社会事务，具有极为重要的意义。

作为禅宗传人，虚云在禅学与禅法方面有着很高的成就。他擅长用通俗晓畅的语言，将参禅的方法、思路、用功的转折以及需避免的禅病教示学人。他承嗣禅宗五宗法脉，对五家宗旨宗风了如指掌，运用自如。传禅说法，常广引经论律典，既用禅宗公案解释经义，亦以经文激励策进禅僧。他曾开示学僧："以智慧明鉴自心，以禅定安乐自心，以精进坚固自心，以忍辱荡涤自心，以持戒清净自心，以布施解脱自心。自他兼利，两足圆成。作苦海之慈航，为法门之柱石。名真佛子，真报佛恩。"[1] 宗门与经教，在他那里如水乳交融。

虚云对禅净的基本立场是主张禅净平等、禅净不二、以禅摄净、圆融无碍。针对以往禅宗僧人往往将净土信仰排斥于禅外，认为净土是小乘，指念佛为权行的做法，虚云指出："参禅、念佛等等法门，本来都是释迦老子亲口

---

[1] 虚云：《沙弥尼宏度请上堂》，《虚云和尚全集》第1册，中州古籍出版社，2009，第94页。

所说，道本无二，不过以众生的夙因和根器各个不同，为应病与药计，便方便说了许多法门来摄化群机。后来诸大师依教分宗，亦不过按当世所趋来对机说法而已！"[1] 因此，非但"参禅与念佛，在初发心的人看来是两件事，在久修的人看来是一件事"[2]，而且，万法诸门"哪一门都是入道妙门，本没有高下分别，而且法法本来可以互通，圆融无碍"。事实上，念佛与参禅的内在机理也有相同之处，"念佛念到一心不乱，何尝不是参禅，参禅参到能所双亡，又何尝不是念实相佛"，因此"禅者，净中之禅；净者，禅中之净。禅与净，本相辅而行"[3]。他既主张一门深入，也不反对禅净双修。其在回复居士的信中说：与其在禅净二门之间徘徊不定，难以拣择，不妨禅净双修。他既肯定了禅净双修是可行的佛法修学途径，也指出了禅净合理搭配的方式："于动散之时，则持名念佛；静坐之际，则一心参究念佛是谁。如斯二者，岂不两全其美？"[4] 关于禅净双修的问题，虚云始终是站在禅宗的立场上讨论的，其根本立场是以看话禅融摄净土念佛。

虚云以禅摄净的修行观与憨山德清一脉相承。他在谈到念佛时，鲜有提到净土他力救度，而主要是从禅宗"离念"的角度展开。他认为，《阿弥陀经》中所说的一心不乱即是离念，如能做到离念功夫，何处不是净土？在《扬州邓契一居士问念佛》中，他指出："世人若真为生死念佛，贵先放下万缘。果能放下，情不恋世，于二六时中，将一句弥陀放在心里，念念不间，念来念去，心口如一，不念自念，念至一心不乱，休管生与不生，莫问佛接不接，直至临终寸丝不挂，自然决定往生无疑！"[5] 念佛念至一心不乱、寸丝不挂，决定往生，这是典型的禅宗式念佛，它与印光法师所说的随分随力，

---

[1] 虚云：《参禅与念佛》，《虚云和尚全集》第1册，中州古籍出版社，2009，第156页。
[2] 虚云：《老实念佛》，《虚云和尚全集》第1册，中州古籍出版社，2009，第213页。
[3] 虚云：《参禅与念佛》，《虚云和尚全集》第1册，中州古籍出版社，2009，第157页。
[4] 虚云：《致马来亚麻坡刘宽正居士函三则》，《虚云和尚全集》第2册，中州古籍出版社，2009，第41页。
[5] 虚云：《扬州邓契一居士问念佛》，《虚云和尚全集》第2册，中州古籍出版社，2009，第25页。

带业往生显然有一定区别。

值得一提的是，虚云虽然是禅宗宗师，却常劝人（主要是居士）追随印光法师，念佛求生净土。他说："念阿弥陀佛的名号，是因我们无始以来的习气深厚，妄想难除，故借这一句佛号，来做个挂杖子。念念不忘，久而久之，则妄念自除，净土自现，何须他求呢"[1]；"我劝大众，要坚信净土法门的利益，随印光老法师学'老实念佛'，立坚固志，发勇猛心，以西方净土为终身大事。"[2] 同时他也提醒念佛之人注意不应偏执，念佛本为破除妄想，否则还成了毒药。又说："参禅、念佛、持咒等一切法门，皆教众生破除妄念，显自本心。佛法无高下，根机有利钝。其中以念佛法门比较最为方便稳妥。居士受持《佛说阿弥陀经》，熟览《印光法师文钞》，若能依而行之，则净土现成，万修万去。"[3]

在时代大变革的近现代，佛教要得到更好的生存和发展，自身的改革势在必行，既继承传统，又适应社会，不同的宗派和修习方式的融通，这是必由之路，虚云的振兴禅宗、以禅摄净，从一个侧面开启了佛教近现代入世转型的漫长之路。

二　圆瑛：禅净兼摄

圆瑛（1878—1953）为临济宗第四十世传人，从其参学经历，可以看到他具有参禅与研教并重的修学特点。圆瑛著述甚丰，有《首楞严经讲义》《大乘起信论讲义》《圆觉经讲义》《弥陀要解讲义》以及《一吼堂文集》《一吼堂诗集》等二十余种，合编为《圆瑛法汇》行世。他的佛学思想博

1　虚云：《参禅与念佛的关系》，《虚云和尚全集》第1册，中州古籍出版社，2009，第211页。
2　虚云：《老实念佛》，《虚云和尚全集》第1册，中州古籍出版社，2009，第213页。
3　虚云：《复星洲卓义成居士》，《虚云和尚全集》第2册，中州古籍出版社，2009，第42页。

采诸家，融会各宗，可谓台贤并弘，禅净双修，入世救世，儒释兼通。"在教法上，他融通性相，教禅双弘，在教行上，他禅净双修，学以致用"[1]，可称得上是现代以禅融合教、戒、净的代表性人物，代表了近现代中国佛学的一种发展趋势。

阐释《楞严经》、弘扬楞严禅法在圆瑛佛学思想和修行实践中占有重要地位。他依《楞严经》，立一心为宗，诠释佛性。圆瑛的佛性论有其独到之处，他认为佛性即众生六根中具有的见闻觉知之性，此性人人本具。古往今来不少佛学理论家对佛性的解释非常抽象，令人难以捉摸，圆瑛认为其实没有那么复杂玄妙，六根性即是佛性。他依据《楞严经》对佛性做了简洁的说明：佛者，觉也。佛性，即是觉知、明了、分别之性。眼、耳、鼻、舌、身、意六根，人人具有，不管是圣人还是凡夫都是不二的。如何理解六根性即是佛性？圆瑛指出，寻常日用中，眼根见色，耳根闻声，乃至意根知法，一一无非佛之知见。知见二字，包括六根中性，六根只有一性。如临济祖师云："有一无为真人，在汝六根门头，放光动地是也。"[2] 以六根性为佛性元清净体，是其依据《楞严经》发挥的独特佛性理论。而在修行实践方面，他主张离妄显真：

> 此心字，指第六意识，分别妄心。大凡犯戒，都缘第六意识，分别好丑，而起爱憎，自作诸业。摄心者，则收摄妄心，不容分别，分别不起，爱憎自无，种种恶业，何自而生？故《楞严经》亦云："摄心为戒，因戒生定，因定发慧。"当知"摄心"二字，具足戒定慧三无漏学，断除贪瞋痴三不善根。[3]

1　洪修平：《略论圆瑛"解行相应、弘法救世"的佛学思想特色》，见明旸主编《圆瑛大师圆寂四十周年纪念文集》，古吴轩出版社，1993，第240页。
2　真贵：《仁王经科疏》卷1，《卍新纂续藏经》第26卷，第227页上。
3　圆瑛：《挽救人心之惟一方法》，《圆瑛大师全集》卷6，宗教文化出版社，2016，第137页。

反映在其禅学理论上,即主张以一心为宗,即妄即真,真妄不二。其修行指导思想上,体现出了离妄显真、返妄归真的特点。

圆瑛在禅净修习方面始终主张禅净等持兼修,这一点他是有切身体会的。圆瑛晚年总结自己一生的修行感受,谓"禅净双修四十年,了知净土即深禅"[1]。他平等看待禅净,认为"禅净二宗,皆如来所说,归元方便之门,未可有所是非"[2]。具体来说,禅净二宗各有特点。从修行者的角度来说,"禅则独被上根,净则普被三根"[3];从修行之展开的特征来说,禅宗依靠自力,单刀直入;净土则兼承佛力,得佛护佑,但持佛号,便可获得往生。有趣的是,圆瑛对居士弘传修行法门时,更偏向强调净土修行的重要性,他说:"念佛法门则具自他二力","一切法门,念佛第一"[4]。这看似与禅净兼摄有所矛盾,实则符合他的一贯观点,即认为修行之法应当对机:"如遇夙习禅宗之人,亦不必令其舍禅修净,不妨禅净双修。"[5] 不唯修禅之人不应轻易取舍,净土修行同样不应被轻视,因为对于绝大多数中下根机的人来说,还是应当老实念佛的。他又将禅宗佛性说与净土带业往生联系起来,立足于禅,归宿于净,方法是净,理论是禅。应该说,禅净双修是圆瑛在佛法修学上追求稳当与平实的集中体现,其源头甚至可以追溯到永明延寿与云栖袾宏。

圆瑛是一位勇于担当护持佛法与社会教化重任的佛教事业家。他强调禅修应真切体认大乘佛教的慈悲心怀,以经教印证修行,结合时运法运,主张禅修法门应具体落归于世间社会人心的教化,以入世之佛行充实出世之证悟[6]。关注世态、多方弘化是其佛法修学实践的重要内容之一。圆瑛不仅熟

---

1 圆瑛:《禅净双修》,《圆瑛大师全集》卷6,宗教文化出版社,2016,第419页。
2 圆瑛:《复阎退之居士垂问禅净二宗》,《圆瑛大师全集》卷6,宗教文化出版社,2016,第328页。
3 圆瑛:《复阎退之居士垂问禅净二宗》,《圆瑛大师全集》卷6,宗教文化出版社,2016,第329页。
4 圆瑛:《答夏谷初居士文五则》,《圆瑛大师全集》卷7,宗教文化出版社,2016,第87、88页。
5 圆瑛:《复阎退之居士垂问禅净二宗》,《圆瑛大师全集》卷6,宗教文化出版社,2016,第329页。
6 陈永革:《佛教弘化的现代转型:民国浙江佛教研究(1912—1949)》,宗教文化出版社,2003,第127页。

谙传统佛学，也颇具近代新观念，注重教育，将传统讲经说法与现代研教办学相结合，先后在海内外创办了近十处佛学院校、团体[1]，培养了大量佛教人才。同时，圆瑛兴办社会福利救济事业，发挥佛教的社会功能。针对有人认为"慈善事业，乃社会之责任，出家人何必为此"的疑惑，他明确指出："慈悲之道，为佛教之宗旨，与乐拔苦，固佛子之天职。"[2] 利生是大乘佛教要旨，在近代更"寓有爱群爱国之至意"。他在《国民应尽天职》中谈到：

> 国民生在宇宙之间、国家领土之内，则爱国一事就是人之天职，无有一天，不负这种责任……圆瑛虽居僧界，为佛教之信徒，究竟同是国民一份子，所以常具爱国之心肠，时切爱民之观念。[3]

以大慈悲、大无畏、大无我的精神尽国民义务，行大乘慈悲是其从事佛教慈善事业和教化事业的核心观点。

圆瑛从自身的修证与弘化经历中清醒地认识到，近现代以来倡导的自由、平等、博爱、民主等社会思想，非但与大乘佛法的终极理趣不相背离，反而应当是大乘菩萨行的重要内容。大乘菩萨行应当以慈悲为根本，"不离世间广行方便，不存私见饶益众生"。他既继承了宋代以来的禅学思想主流，又以经证禅，以禅释教，导禅归净，禅净兼摄，以净土为旨归发挥佛教的度生大用，以积极入世、服务社会作为实践佛法的菩萨行。

三 印光：以净统禅

印光（1862—1940）操守弘毅，学行俱优，感化甚广，圆寂后被时人推

---

1 《圆瑛大师年谱》，《圆瑛大师全集》卷7，宗教文化出版社，2016，第276页。
2 《圆瑛大师年谱》，《圆瑛大师全集》卷7，宗教文化出版社，2016，第32页。
3 圆瑛：《国民应尽天职》，《圆瑛大师全集》卷6，宗教文化出版社，2016，第162页。

举为净土宗第十三祖。印光的净土思想系善导、永明、莲池、蕅益等人思想之一脉相承，而受永明及蕅益影响尤为突出。印光法师对永明的禅净料简多有发挥，借鉴并吸收了蕅益的净土理论。针对近世佛教的衰落与弊端，印光敏锐地意识到，首要任务在为大乘佛教正名，通过明辨诸宗宗旨，消除认识上的混乱，以达到拨乱反正之目的。因此，他对近代佛教中出现的宗教混滥、禅净混融及密教矫乱等问题多有论及，其中尤对宗教混滥与禅净混融之批判与剖析最为透彻。

首先是严辨宗、教。宗与教的关系是历代佛学理论研讨的一个焦点，以宗破教与以教破宗，是禅宗出现以来面临的一个紧要的现实问题，也是决定禅净关系的根本。宗即禅宗，教指禅宗之外的天台、华严、法相唯识、三论、律宗、净土及密宗等宗派。印光认为，宗与教原不可分，亦未独立各成相异之宗派。宗与教的关系是教中有宗，宗中有教的。他说：

> 如来说经，诸祖造论，宗、教二门，原是一法，从无可分，亦无可合，随机得益，随益立名。上根一闻，顿了自心，圆修道品，即名为宗（此约后世说，当初但只圆顿教耳）；中下闻之，进修道品，渐悟真理，即名为教。[1]

因此，"宗之悟解为目，教之修持为足，非目则无由见道，非足则不能到家，是宗教相需而不相悖、相合而不相离也"，换言之，"演说之，宗教皆教；契悟之，宗教皆宗"[2]。宗、教之理事互融、真俗互补，二者既有区别又紧密联系，有同有别，相辅相成，万不可互相诽谤，互相混滥，从而失却自他宗旨。在他看来，互相诽谤的过错尚较粗浅，一般人都能知其为非，而混

---

1 印光：《宗教不宜混滥论》，《印光法师文钞》（下），宗教文化出版社，2000，第1390页。
2 印光：《宗教不宜混滥论》，《印光法师文钞》（下），宗教文化出版社，2000，第1390页。

滥之过则较细微深密，一般人很难发觉其误区。因此，宗、教混滥所造成的理论和实践危害也就更为巨大。为了纠正宗、教混滥日趋严重之势，印光在明辨宗教异同的同时，力倡教主宗从、宗教分界以救时弊。他对宗、教及其关系的辨析，始终遵循着这样一条思路，即在宗、教不可分的基础上，肯定宗的地位，重树教的权威。宗、教论为进一步料简禅净，并引导诸宗归净打下了理论基础。

禅净问题是宗、教关系问题的具体化。禅、净的衰落，究其根源，与宗教混滥的错误认识有着密切的关系。宋以来，禅净渐成合流趋势，虽在一定程度上推动了佛教的发展，但在诸多关节问题尚未彻底解决的情况下，混融之流弊亦加剧了清末佛教的衰退，禅净互融、心愿相益的双修宗旨几乎完全隐没。为彰显禅、净各自本旨，印光法师专作《净土决疑论》简别禅、净，对禅、净二宗的思想脉络与修行路径进行了条分缕析，最后点出了以净统禅的主旨。他认为，"禅与净土，唯约教约理，有禅与有净土，乃约机约修"[1]，倘参禅未悟，或悟而未彻，皆不得名为有禅。倘念佛偏执唯心而无信愿，或行虽精进，心恋尘境，或求来生生富贵家等，皆不得名为有净土。

禅净归元是一，修法各别。禅宗本身与净土并不矛盾，特别是事修层面，因此，印光法师认为，禅净是可以双修的："应以禅净双修接者，则以禅净双修接之。"[2] 何谓禅净双修？即"开悟而有信愿，是为禅净双修，最为高上"[3]。当然，大体上说，在禅净双修问题上，印光是倾向禅净异流的。为防止多数人因钦羡"有禅有净土"的高妙，而走上"无禅无净土"的蹉路，他明确主张"无禅有净土，万修万人去"的稳妥之道。

在上述拣别基础上，印光从契理与契机两方面指出，近代佛教应弘扬净

---

[1] 印光：《净土决疑论》，《印光法师文钞》（下），宗教文化出版社，2000，第1384页。
[2] 印光：《净土决疑论》，《印光法师文钞》（下），宗教文化出版社，2000，第1484页。
[3] 印光：《复方家范居士书》，《印光法师文钞》（中），宗教文化出版社，2000，第1048页。

土为诸宗导归。净土教理以大乘万法唯心之义为本。"夫心者，即寂即照，不生不灭，廓彻灵通，圆融活泼，而为世出世间一切诸法之本。"[1] 从宗、教相资的角度来看，大乘各宗都以明心除妄作为修持的根本目的，本质上并无高下优劣之分，唯有应机之不同。所谓机，即时机与根机。印光从契应时机的角度，论证了诸宗归净的现实性。他认为，在当今时代，若要完全靠自力修持其他各种法门于现世脱轮回、了生死，对一般人来说几乎是不可能的。从自他相益的角度来看，除净土之外的其他宗派，皆依靠自力明心除妄，未能充分利用他力助缘，也即依靠佛力而成就解脱。他还从众生当机的角度论证了净土法门的普适性，无论修学何种宗派，先天宿根和后天机缘的深浅，都可以净土为归。

印光净土教化的核心是以信、愿、行三法为宗，倡导念佛为佛法的根本旨趣所在。"信愿行"三法其实是不可分割的一个整体。非信不足启愿，非愿不足以导行，"如鼎三足，缺一不可。或专崇行持，而不尚信愿，则执事废理，仍属自力法门。与专以自性唯心，而不仗佛力之执理废事，同一过失"[2]。他特别强调佛教修持的实效性，一言以蔽之，即"切实"二字。

总体上看，印光法师一生的教化有两大纲宗：一者深信因果，倡诸恶莫作、众善奉行；二者求生净土，倡持佛名号。他以因果为纲、伦常为本的主张，与莲池的思想十分相似，这既与明末、民初两个时代的道德沦丧及僧团腐朽现象密切相关，也与二人皆注重立基化俗和发展居士佛教的弘法取向直接相因。但在弘扬净土方面，莲池侧重在禅净融合、禅净双修、禅净兼弘的基础上导归净土，而印光则更多地继承并发展了蕅益的思想，主张禅净专修专弘，诸宗以净土为归。蕅益极力将净土信愿往生之理论宗旨，从禅净混滥的状态中剥离出来，并进行了系统化和规范化，希望以此作为宗、教学人现

---

[1] 印光：《归心堂跋》，《印光法师文钞》（下），宗教文化出版社，2000，第1459页。
[2] 印光：《上海法藏寺念佛开示》，《印光法师文钞》（下），宗教文化出版社，2000，第1696页。

世修行之终极依托，可见他还是对振兴宗、教抱有很大期望。相比之下，印光在阐明宗教相资、自他相益的传统佛教特质的时候，似乎并未对宗、教之振兴抱有过多的奢望，而是特别强调念佛往生的宗旨和净土信仰的普世教化，认为一般人只有在念佛行有余力的基础上，方可进一步于现世追求明心断惑等更高目标，否则势必影响乃至妨碍往生。印光法师顺应动荡时代的社会需求大力弘传净土，曲折地反映了人们对美好生活的向往，并推动了净土宗在近现代的复兴。

第三节　禅宗定位的转换与适应社会

近代佛教所受的冲击是全面的。面对急剧变化的时代，佛教需要努力打破传统制度的窒碍，积极应对外来文化，以求更加契合时代与社会的需求；同时，其也面临着如何在变革中坚持自身主体性的问题，而且后者无疑是前者的先决条件。落实到现实层面，则是禅宗的转型问题。对此，太虚及其门人，无疑是最具创见者。太虚的一大贡献便是"使佛教世间化——建设人生佛教"[1]，而这也是其改造禅宗的关窍所在。以下即以太虚为中心来探讨其如何转换禅宗的定位以适应现代社会。

一　禅宗主体性的坚持

禅宗为适应近现代社会而对自身定位所做出的调整，始终伴随着对自身主体性的坚持。诚如太虚论及佛教之"新"时所说："若不能以佛教为中心……则他们的新已经失去了佛教中心的思想信仰，而必然的会流到返俗判

---

[1] 东初：《中国佛教近代史》上册，台湾中华佛教文化馆，1974，第5页。

教中去！这都不是我所提倡的新。"[1] 作为一名禅宗僧人，他考虑的核心问题是如何既保证禅宗的主体性地位又能够实现其入世转型。坚持以禅宗为中心，太虚旗帜鲜明地指出"中国佛学的特质在禅"。

太虚在《中国佛学》中写道，南洋佛法之特质在律仪，西藏在密咒，日本佛教的特质在闻慧及通俗应用，"从以上各地特质比较起来，反显出中国汉地佛教特质在禅"[2]。天台、华严二宗亦是中国佛学的代表，但皆须先得禅定而后应以经论，才建立为宗，其初祖多为禅师，若第二、第三代祖师不向教理发展，则其学必归于禅宗。对中国佛学的特质之所以在禅的因缘，太虚认为：一为"梵僧的化风"。梵僧乃佛教初传中国时传教者的通称，他们大都具有"端肃之仪态、渊默之风度"，擅长"神妙之显扬、秘奥之探索"，引起了已经具有高度发达文化的汉人的兴趣与崇敬，促成了习禅的风化。二为"华士之时尚"。华士是中华的读书之士，言谈隽朴，品行恬逸，生活力俭，遂与《四十二章经》《八大人觉经》等简要的佛学机教相扣。来华梵僧从端严寂默之中显示之神功妙智与中国士人之玄简士习因缘和合，形成了精彻的禅风，使习尚禅定的佛学成为两千年来中国佛学的主流，而印度佛教偏重律仪，分析论辩与神咒感应的流派分支则始终在中土无法通行昌盛。

太虚将禅的发展历史归纳为依教修心禅、悟心成佛禅、超佛祖师禅、越祖分灯禅和宋元明清禅等五个阶段，并从生活方式、传播方式、立意就俗等方面系统阐述了唐末以来禅宗一枝独盛的原因[3]。禅宗不谈微妙甚深之理，但求悟得本来真心，即使悟得也不付诸翔实的说明，而只有简易通俗的言行，与中国人向来之好简心理最为合契。在太虚看来，禅宗不唯是中国佛学的核心，也是中国"唐宋以来道德文化之根源"。禅宗将佛法的精髓浓缩为简易

---

[1] 太虚：《新与融贯》，《太虚大师全书》第 1 卷，宗教文化出版社，2005，第 381 页。
[2] 太虚：《中国佛学》，《太虚大师全书》第 2 卷，宗教文化出版社，2005，第 13 页。
[3] 太虚：《佛教各宗派源流》，《太虚大师全书》第 2 卷，宗教文化出版社，2005，第 246—249 页。

活泼的践履之道和生活艺术,"不过平平实实发明此心,并不是什么秘密巧怪法门"[1],不远推后世,不依傍神佛,最能够与中土文化相适应,使它具有强大的生命力。

太虚认为,中国自晚唐、五代以来的佛教"可谓完全是禅宗之佛教;禅风之所播,不唯遍及佛教之各宗,且儒家宋、明理学,道家之性命双修,亦无不受禅宗之酝酿而成者"[2]。自禅宗形成以来,儒道两家第一流的学者亦纷纷投入禅宗佛学之中,再回到其道家与儒家的本位上,"潜以禅为底骨",而另创出性命双修的新道学与宋明理学。因此太虚认为,"此为中国佛学最特色的禅宗,实成了中国唐宋以来民族思想全部的根本精神"[3]。这一说法在表达上虽然不无夸张,但却是基本符合历史文化发展事实的。据此,他将中国佛教的复兴寄托于禅宗之重振,认为:

> 中华佛法,实以禅宗为骨子,禅衰而趋于净,虽若有江河就下之概,但中华之佛教如能复兴也,必不在于真言密咒与法相唯识,而仍在乎禅,禅兴则元气复而骨力充,中华各宗教之佛法,皆藉之焕发精彩而提高格度矣。[4]

他特别强调大乘行人(主要指出家众)悟入禅宗的重要性,若发心求悟入大乘者,必入宗门;其真悟大乘者,亦未有不契宗门。禅宗以如实知见的智慧自净其心而得解脱的佛法心髓,最能体现人间佛教尊重人、注重现实人生、由人乘增进成佛的精神,按太虚的思路,"以佛教的道理来改良社会,使

---

[1] 太虚:《心地》,《太虚大师全书》第26卷,宗教文化出版社,2005,第97页。
[2] 太虚:《黄梅在佛教史上之地位及此后地方人士之责任》,《太虚大师全书》第26卷,宗教文化出版社,2005,第108页。
[3] 太虚:《佛学之源流及其新运动》,《太虚大师全书》第2卷,宗教文化出版社,2005,第333页。
[4] 太虚:《评宝明君〈中国佛教之现势〉》,《太虚大师全书》第28卷,宗教文化出版社,2005,第94页。

人类进步，世界改善"的人间佛教建设，亦应以禅宗振兴为关键，因为"中国之佛教，乃禅宗之佛教也，非由禅宗入手，不能奏改善世道之效"[1]。

太虚虽不是一名典型意义上的禅僧，但其一生颇以振兴禅宗为己任。他曾不无感慨地说："太虚初出家时，也曾于禅宗门下探索一番，后来以他缘所牵，到如今只弄得通身泥水，遍体葛藤，一向不曾将这一着子提倡提倡。"[2] 话虽如此，事实上，他为接续禅宗还是做了很大的努力，如1922年住持沩山，决心复兴沩仰宗。1925年，他在日本临济大学的演讲中说："太虚虽无临济老汉之手段，然亦欲上追遗规，下振群聋。"[3] 他为禅宗发展至近代的衰落局面而深感痛心，甚至不无激愤地说："中国禅宗在各丛林，降至今日，虽尚有形式犹具者，而精神则已非矣！求其能握得宗门真旨者，实渺不可得！"[4] 但同时也对禅宗的复兴充满希望，认为目前禅宗"内感衰弱之痛，外受密术之逼拶，旁得法相唯识研究之结果"的状况反而是禅宗复兴的契机："禅宗之复振，殆为必然之趋势！"由此亦可见，在他的思想中，始终是坚持禅宗本位的。

二 目标定位的转换

太虚法师的佛教根基在禅宗。他明确表示："禅宗的悟心，上追梵行涅槃，其寄身于自耕自食的农林生活，则下启末法期的人间佛教。"[5] 传统禅宗主张明心见性以成佛，认为"自心（自性）圆满具足一切，特别是强调自心有佛，自性是佛，迷悟凡圣，皆在自心的一念之中，因而不必向外寻求，只

---

[1] 太虚：《黄梅在佛教史上之地位及此后地方人士之责任》，《太虚大师全书》第26卷，宗教文化出版社，2005，第109页。
[2] 太虚：《对中国禅宗的感想》，《太虚大师全书》第26卷，宗教文化出版社，2005，第319页。
[3] 太虚：《谈临济四宾主》，《太虚大师全书》第26卷，宗教文化出版社，2005，第142页。
[4] 太虚：《对中国禅宗的感想》，《太虚大师全书》第26卷，宗教文化出版社，2005，第319页。
[5] 太虚：《即人成佛的真现实论》，《太虚大师全书》第25卷，宗教文化出版社，2005，第379页。

要识心见性,从自心顿现真如本性,便能解脱成佛"[1]。禅宗后学围绕这一理论,发明出诸多参禅方法。然而,随着近现代社会的展开以及禅宗自身的衰落,不唯真禅修证者少,这种极端注重个人生命体验、超然方外的思想特征,未免显得有些不合时宜。为此,太虚提出了独特的、基于对禅宗改造而形成的人生佛教理论。

为了给人生佛教找到稳固的立足点,太虚结合对当下佛教发展趋势的观察,将视野转向了整个佛教的发展历史。他认为,正法时期佛陀亲自度化众生,众生极易修行证果,诸人天善信等仅是佛教的外护;像法时期,如龙树、世亲等出家或在家菩萨开始阐发大乘理论,诸天药叉等也受到格外重视,甚至成为密教修行的重要组成部分。在当今,也就是所谓的末法时期,太虚观察到,无论是汉地的禅宗、净土宗,还是日本以及东南亚的佛教发展,都主动或者被迫地呈现出契合世俗生活的趋势。他大胆推断:"末法期佛教之主潮,必在密切人间生活,而导善信男女向上增上、即人成佛之人生佛教。"[2]也就是说,人乘必然是实现佛乘的进阶。

太虚认为,人与佛菩萨可以直接连通。他将菩萨位延展为人的菩萨、超人的菩萨、佛的菩萨三位,前者如孔子、老子等圣贤,中者如龙树、世亲等,后者则如普贤、观音等。他认为,佛教的原初意思乃是人们经此三菩萨位而直接成佛,困扰普通信众的诸天、声闻、独觉等存在形式的修行皆归属于超人的菩萨修行,其本身并非修行阶段,而仅是人们修行"不走遍觉的路所歧出之三种结果耳"[3]。换言之,诸天、声闻、独觉只是相同修行模式下,因错误而产生的阶段性偏向,其本身并非正确修行的目的与必然结果。如此,人与佛之间的直达通道便得以开辟。太虚认为,人乘可以分为两类,一是"天

---

[1] 洪修平:《禅宗思想的形成与发展》,江苏人民出版社,2011,第229页。
[2] 太虚:《即人成佛的真现实论》,《太虚大师全书》第25卷,宗教文化出版社,2005,第379页。
[3] 太虚:《人生观的科学》,《太虚大师全书》第25卷,宗教文化出版社,2005,第38页。

的人乘"，即专一修行福德，追求人天殊胜果报者；二是"佛的人乘"，即"由了达——人生等事实三真相，归佛法僧、信业果报、修十善行、厌'取作'、舍'坏苦'以阶进佛乘者"[1]。佛陀之所以设立"天的人乘"，乃是针对印度人崇奉鬼神的心理而应机设教的：

> 殊不知，以今日征服天然、发达自我之科学的人世，已打破"向神求人天福报"及"向未有以前求外道解脱"之印度群众心理，正须施行从佛本怀所流出之"佛的人乘"，以谋"征服天然后欲望炽盛"及"发达自我后情志冲突"之救济，且正可施行此"佛的人乘"，俾现时"科学的人世"基之以进达"人生究竟"以称佛教本怀，以显示佛教之真正面目。[2]

此中"佛的人乘"便是太虚毕生所倡导的人生佛教。可见，他对佛教修行的变动实与近现代科学的祛魅作用有莫大关联。太虚曾反复论及科学与佛教的关系，对当时佛教沉迷鬼神的现状也十分不满，故其将诸天等排斥在修行次第之外，也就在情理之中了。太虚提倡人生佛教的目的有四，谓改善人间、增胜后世、解脱生死以及实现整个法界的圆明[3]。那么如何实现呢？

概括地说，即"以合理的思想、道德行为，推动整个的人生向上进步，向上发达，就是菩萨，亦即一般人所谓贤人君子；再向上进步到最高一层，就是佛，亦即一般所谓大圣人"[4]。具体地说，即人生进步的根据被落实到人心上，因为众生心是宇宙间最能变化的力量、是宇宙因果变化的根源[5]，也

---

[1] 太虚：《人生观的科学》，《太虚大师全书》第25卷，宗教文化出版社，2005，第39页。
[2] 太虚：《人生观的科学》，《太虚大师全书》第25卷，宗教文化出版社，2005，第40页。
[3] 太虚：《人生佛教之目的》，《太虚大师全书》第3卷，宗教文化出版社，2005，第204—205页。
[4] 太虚：《人生之佛教》，《太虚大师全书》第3卷，宗教文化出版社，2005，第208页。
[5] 太虚：《佛法原理与做人》，《太虚大师全书》第3卷，宗教文化出版社，2005，第159页。

就是说，个人的人生是被融入到整个宇宙大化中来的，个人的解脱亦与众生之全体解脱关联在一起。太虚的"佛的人生"实本之于自利利他的大乘佛教。所以他说：

> 人生的所谓善，是能够使本身的性质成为纯粹优美，同时还能领导大众，为大众解除痛苦，使大家安宁利乐，这就叫做"善"。与之相反的，就叫"不善"。[1]

进善的阶段也被其划分为五阶。首先是生活的改善，即对人们生活的政治、经济环境的改进；其次是个人德性的改善，遵守戒律，提升个人人格与德性；再次是定心的改进，亦即精神上的修养，通过禅定等方法获得超人的地位；从次是净慧的改造，即发明本净理性的真正智慧，破除迷暗；最后是达成净善圆满的地步，如此便最终实现"人成即佛成"的意旨了[2]。前两阶段为"人的菩萨"位，第三阶段为"超人的菩萨"位，后两阶段已属于"佛的菩萨"位，成佛的修行也即是此生矢志不渝地践行真正的大乘佛法。如此，则明心见性的个己局限便被打破，佛教徒的目标从个己的明心见性，变成了个人之于众生的共同提升与成佛。由此，个己修行与整个社会的进步被紧密地结合在一起，大乘佛教也真正在实践意义上打破行动为小乘的诟病，恢复了大乘佛教的本色，并为近现代佛教真正入世转型、为社会服务开启了现实通道。

太虚法师的观点基本为其后学继承。印顺法师即认为："我们应该走直截了当的路。就是从人的地位，求生人间，一直到佛的地步。不求生天，不求证小乘果"，而在当下这个时代，"应该先修人法——不离家国的人间正行，

---

[1] 太虚：《人生进善之阶段》，《太虚大师全书》第3卷，宗教文化出版社，2005，第137页。
[2] 太虚：《人生进善之阶段》，《太虚大师全书》第3卷，宗教文化出版社，2005，第138—139页。

从人直向佛道"[1]。相对于传统禅宗，人间佛教采取了积极的入世态度。如传统禅宗教人不思善恶，认为：

> 无住者，人之本性。于世间善恶好丑，乃至冤之与亲，言语触刺欺争之时，并将为空，不思酬害，念念之中不思前境。若前念今念后念，念念相续不断，名为系缚。于诸法上念念不住，即无缚也。[2]

人应当保持无住、无念的本心，因为一思善恶便是念动之时，也即是烦恼系缚生发之时。但在积极入世的人间佛教看来，如此做法显然过分受制于寻求个己解脱的目的。因此，他们不仅要辨善恶，还要积极地为善去恶，典型的如当代佛光山星云法师所提倡的"三好运动"，即"说好话，做好事，存好心"。从个人的角度来说，"三好运动，即是佛教讲的身、口、意三业，即身体要做好事，口里要说好话，心中要存好念，也是现代人经常说的真、善、美的意思"[3]。从社会的角度来说，"无非是希望用'三好'来去'三毒'，让我们的社会能化暴戾为祥和，化嫉妒为赞美，化贪欲为喜舍，化浊恶为清净"[4]。此中的"好"始终贯穿着人间对善、恶的评断与选择，透显出现代佛教对社会的关怀与参与之意，而个己之圆成也与此形成一体。不唯如此，星云还提出了"四给"、"五和"[5] 等诸多说法，其意大抵皆是如此。

上述简单的探讨让我们看到了近代以人生佛教为代表的禅宗对个己修行定位的转换。印顺法师曾说："中国虽素称大乘教区，而行持却倾向于小乘，

1　印顺：《人间佛教论集》，中华书局，2010，第149—150页。
2　《六祖大师法宝坛经》，《大正藏》第48册，第353页上。
3　星云：《贫僧有话说》，《星云大师全集》第82册，新星出版社，2019，第339页。
4　星云：《星云解惑（一）》，《星云大师全集》第11册，新星出版社，2019，第489页。
5　"四给"即给人信心、给人希望、给人欢喜、给人方便；"五和"即自心和悦、家庭和顺、人我和敬、社会和谐、世界和平。

急急地了生死，求禅悟（虚大师称之为：思想是大乘，行为是小乘）。"[1] 可见太虚法师人生佛教所做出的修行目标的转换正是为了对治这一弊病，从而使所谓"大乘佛教"能够真正名副其实。克实而论，在太虚的佛教思想体系中，"传统化"与"近代化"的张力表现得非常明显。一方面，太虚法师的佛教背景是传统佛教的法系、学理和禅定训练，这使得他始终保持着对传统的忠诚；另一方面，太虚法师又受到新思潮的深刻影响，对新生事物充满热情，对传统佛教的弊端有着清醒的认识，对时代与社会的走向与需求有着清晰的前瞻，这使得他一生致力于坚定地推动佛教近现代化的努力。他对自由、民主、科学、革命的巨大热情，表明了其思想中的近现代性因素；而他对中国传统佛学与中国传统文化的维护，又表明了其思想中的传统性因素[2]。太虚法师提倡的佛教革新出于他审时度势，自觉地适应时代的要求。而上述目标转换的实现，也是传统禅宗人文主义和人间精神演变的产物。因此，中国佛教的近现代转型，是对传统的创造性转化和创新性发展。

三　人间净土的倡导

近年有说法认为太虚提出的是"人生佛教"，而不是"人间佛教"。其实两者都在太虚的著作中被多次提及，且两者的含义大致相同。当然，人生佛教与人间佛教之间存在着一定的细微区别。前者主要面向个人的圆成与众生的最终成佛；而人间佛教还兼重人间净土的建设。人间净土理论充分发挥了禅宗的人间化特质，凸显了禅宗的社会担当意识，强调吸收他方净土的优点，并通过人们的努力，改造娑婆为净土，最终实现众生的共同觉解。

太虚的人间净土思想首先基于对传统弥陀净土信仰的肯定。他将中国净

---

[1] 印顺：《人间佛教论集》，中华书局，2010，第135页。
[2] 李广良：《心识的力量：太虚唯识学思想研究》，华东师范大学出版社，2004，第5页。

土教的发展分成四个阶段：第一、依教律修禅之净。此阶段禅净尚未分疏，念佛即是修禅，故有所谓念佛禅。当时以念佛观为诸禅观中之最高者，即慧远所谓"功高易进，念佛为先"。第二、尊教律别禅之净。自从达摩禅风行后，禅者不尊重教义与律仪，而修净土者则皆流为尊教律而别异于禅的净土行。此时的净土行，别异于禅，不但力斥禅宗之禅，即其余依教律所修诸禅观，亦皆简别为仗自力的难行道，而独以净土法门为依他力的易行道。第三、透禅融教律之净。五代以后的净土行，必须透过宗门禅而融摄教律，不透宗门禅，已不能修任何行。它不但透禅，而且还要融摄一切教律。第四、夺禅超教律之净。宗门禅乃超教律的，别禅、透禅之净，对教律均尊之融之而与宗门禅抗。至此期，转由净土宗承袭其超教律且倚透禅之势而夺禅，逐渐发展为仅存孤零的念弥陀名号之势。

太虚视弥陀净土为中国净土佛教的特质所在，肯定"阿弥陀佛之普及中国，几可为佛教代表"，"无此念阿弥陀佛法，不能究竟成佛。从五逆凡夫至等觉菩萨，三根普被，万类齐收，佛以此法度众生，众生以此法成佛"。他还认为，"净土"二字概括了佛果之究竟，谓此国土"其受有乐无苦，其行有善无染，乃极庄严净妙无上清净之依处也……谓菩萨因中依众生心修种种清净之行，而使众生世界清净，以严净此不净国土令净"[1]。因此，严净国土、清净国土及种种清净世界，与种种清净依处，皆名净土，故"可知净土法门，深大圆广，统摄无量，而居佛法中最高之位也"[2]。此外，太虚还希望通过弘扬净土法门以加强亚洲佛教间的对话与沟通，因为"净土宗为东亚佛教之重心无疑"[3]。而这种对话是以崇重中国净土宗为原则的。所以，他曾就中日净土佛教修行的异同点加以评点，指出"二宗根本，同生净土，中国所重，信

---

[1] 太虚：《〈佛说无量寿经〉要义》，《太虚大师全书》第16卷，宗教文化出版社，2005，第4页。
[2] 太虚：《〈佛说无量寿经〉要义》，《太虚大师全书》第16卷，宗教文化出版社，2005，第10页。
[3] 太虚：《论净土之要义》，《太虚大师全书》第16卷，宗教文化出版社，2005，第395页。

愿行三；日本真宗，惟重在信，全赖他力。比较而言，真宗易行，虽平常念佛，但报恩为旨。若依经论，中国净土，当最中正"[1]。

尽管太虚法师充分肯定了弥陀净土在中国净土佛教中的主导地位，但他并非简单因循，而是尝试对净土法门做出现代性诠释。他对印光法师因"今世人根陋劣"故唯倡"敦伦善世，念佛往生"的主张不予苟同，认为不应以"末法根劣，致废所余一切禅教律"，更不可"于世善，复崇儒术"，而忽略了佛之律仪戒善。他认为，净土是自力创造的，是随时随地都可以创造的，而且"净土不是别的东西，就是已经觉悟的社会"[2]。他以高度的现实主义精神剥离了笼罩于净土之上的种种光环，对净土法门加以现代性诠释，为提倡建设人间净土与人间佛教埋下了伏笔。

当然，太虚所说的净土并不单指弥陀净土，而是实际上概括了佛教的人天法、二乘、大乘法，即"净为三乘共庇"。他认为，修天人法，得凡圣同居净土；修二乘法，得方便有余净土；修大乘菩萨之行，则得实报庄严净土及常寂光净土。随其修入之门不同，修法华行则成法华净土，修密宗行则入密严净土，修禅宗行入自性清净土。故净土一门，能统摄大小乘世出世法因果，罄无不尽。在此基础上，他认为对净土的理解不应局限于西方净土一种，"净土法门是包摄无量数的净土行，不斤斤乎念弥陀生西方也"[3]。太虚对弥勒净土有特别之推崇。传统西方净土信仰十分强调"厌离娑婆"，也就是厌离众生当下所处的现实世界，并以之作为往生西方的先决条件之一。相比之下，弥勒菩萨所处的兜率净土从时空上与人世间具有相续性关联，是"摄受我们最亲切最接近的净土"。在一定意义上说，太虚对弥勒净土的关注超过了

---

[1] 太虚：《中国信愿行净土与日本教行信证真宗》，《太虚大师全书》第16卷，宗教文化出版社，2005，第400页。

[2] 太虚：《〈维摩诘经纪闻〉叙》，《太虚大师全书》第32卷，宗教文化出版社，2005，第434页。

[3] 太虚：《佛教的教史教法和今后的建设》，《太虚大师全书》第1卷，宗教文化出版社，2005，第404页。

弥陀净土。他认为兜率净土之殊胜有三：

（一）十方净土有缘皆得往生，但何方净土与此界众生最为有缘，未易可知。弥勒菩萨以当来于此土作佛……特现兜率净土，故应发愿往生其中以亲近之也；（二）兜率净土，同在娑婆，且在欲界；此变化净土在同处同界故，与此界众生特有亲切接近之殊胜缘……此则专化此土欲界众生也；（三）弥勒净土，是由人上生。故其上生，是由人修习十善福德成办……因此可早感弥勒下生成佛，亦为创造人间净土也。[1]

太虚对弥勒净土的重视，既与其对唯识学的倾心有关，更因弥勒净土的此世界特质为人间净土的展开奠定了基础。

在吸收种种净土的基础上，太虚提出了人间净土理论。建设人间净土是其人间佛教思想的重要组成部分，也是太虚圆融禅净、探索禅净双修新兴模式的具体体现。在理论建构上，太虚着意破除传统净土信仰的来世成分，而以禅宗的唯心净土论强调净土的此世性与人间性。人间净土是太虚将禅宗的直下担当精神与净土之清净平等普度的价值取向相结合的产物。实际上，弥陀净土以往生为归趣，弥勒下生在遥远的将来，大乘佛教的净土法门，如何在现实的五浊恶世发挥其净化功能，成为太虚思考的重心。自然灾害、人生苦难和社会不公是当下最真切的现实，佛教如果不能于当下间参与到改善社会人生的活动当中，就只能永远作为旁观者。

太虚对高扬人之自心的"唯心净土"大加赞赏。他说："近之修净土行者，多以此土非净，必须脱离此恶浊之世，而另求往生一良好之净土……此皆由意志薄弱，或于净土所以然之理不曾究竟明白。"[2] 净土修行中不少

---

[1] 太虚：《兜率净土与十方净土之比观》，《太虚大师全书》第10卷，宗教文化出版社，2005，第365页。
[2] 太虚：《创造人间净土》，《太虚大师全书》第25卷，宗教文化出版社，2005，第350页。

人只求往生，轻视当下努力和世间生活，因此引起社会的误解，以为佛教徒是鄙视现实的消极分子。从发心实行的角度，太虚于自力他力净土有所抑扬：

> 菩萨净佛国土之行，实众行会归之宗致，然非怯弱众生求生净土之行，乃勇猛大士都摄种种众生缘起净土之行……然则畴昔若无勇猛大士若法藏比丘者，发愿修净土行，今日安有极乐世界可往生哉！[1]

因此，他宣称，相对于往生净土，创造净土更重要也更有价值。他解释人间净土的含义，并以"心"作为实现净土的关键。基于人心的染净，他列举出五趣秽土、人间净土、内院净土、极乐净土、觉海净土等不同类型。不论何种类型的国土，就是因缘所生，心力所感。"世界乃无量因缘所成，大都众同分心理业力之所招感。造物主，即是众生心。此为共业之果报，亦即世界之正因缘。"[2] 他强调：

> 今此人间虽非良好庄严，然可凭各人一片清净之心，去修集许多净善的因缘，逐步进行，久之久之，此浊恶之人间便可一变而为庄严之净土；不必于人间之外另求净土，故名为人间净土。[3]

也就是说，人间佛行不离自心觉海，自心中有杂染、清净之别，依心的染净呈现出国土诸相的种种差别，因此转染成净的关键也在于人之一心。

---

[1] 太虚：《〈维摩诘所说不可思议解脱经〉释会纪闻》，《太虚大师全书》第12卷，宗教文化出版社，2005，第219页。

[2] 太虚：《〈维摩诘所说不可思议解脱经〉释会纪闻》，《太虚大师全书》第12卷，宗教文化出版社，2005，第186页。

[3] 太虚：《创造人间净土》，《太虚大师全书》第25卷，宗教文化出版社，2005，第350—351页。

针对"往生净土",太虚还提出了"来生净土"的说法。来生净土有两义,其一,"菩萨修成,还来度众,与众生念佛往生净土,同是佛事,不过一为还相,一为往相"[1],可见,往生本身是手段而不是目的,往生净土是为了更好地修学,修成还来度众。其二,"(净土)并非外来的,皆从我们众生心身业力创造出来的。我们要能有一种良善的工作,也能够造成功一种美好的世界,所以我们能把现在的人世界改造成为极乐世界。……从天上从地下到我们这世界来的,便也是生到净土来了。那么,往生净土,便可以改为'来生净土'。"[2]

太虚的人间净土论是在新的历史条件下对禅净修习转型的探索。他始终认为,中国佛教的禅净双修传统是大乘佛法的命脉所系,人间净土的实质就是以禅宗自力与入世的精神作净土的圆满的事业。这主要体现在以下两个方面:

首先,太虚紧紧抓住禅净分歧的核心,即"唯心净土"与"西方净土"的矛盾,以"心"为桥梁对禅净加以圆融。一方面,他肯定净土实有,认为这是净土法门成立的先决条件。他以佛教缘起性空之理解释了净土存在的原理:"以其无自性也,明一切法空;以其因缘生也,明一切法有;缘生故性空,性空故缘生;由此净土非无,并不碍皆空也。"[3] 性空不碍缘生也是历史上诸大德用以证明西方净土实有的理论依据,但传统的净土信仰内含着对现实世界的强烈批判与厌离,始终把人间与净土视为二物。太虚则在肯定净土实有的前提下,指出"佛法上所明净土之义,不必定在人间以外,即人间亦可改造成净土"[4]。将净土拉到人间,是太虚圆融禅净的一大贡献。另一方

---

1 太虚:《〈维摩诘所说不可思议解脱经〉释会纪闻》,《太虚大师全书》第12卷,宗教文化出版社,2005,第220页。

2 太虚:《来生净土》,《太虚大师全书》第26卷,宗教文化出版社,2005,第354—355页。

3 太虚:《〈佛说观弥勒菩萨上生兜率陀天经〉讲要》,《太虚大师全书》第8卷,宗教文化出版社,2005,第79—80页。

4 太虚:《新中国建设与新佛教》,《太虚大师全书》第24卷,宗教文化出版社,2005,第154页。

面，他坚持心净土净的禅宗基本立场，主张"融行归心，一切唯心。净心为因，净土为果，净众生心得佛土净"[1]，由净化自心，行菩萨行，转现实的五浊恶世为人间净土，而不必消极避世另求往生。对唯心净土的坚持体现了太虚试图使佛教发生入世转向的努力。他所积极倡导的建设人间净土，"就是要把出世的佛教改造为入世的佛教，把佛教的出世法与世间法更加紧密地结合起来，而这其实也是在新的历史条件下对大乘佛教入世精神特别是唐宋以后中国佛教入世化、人生化倾向的继承和进一步发展"[2]。

其次，太虚所倡导的建设人间净土始终贯穿着"佛化人间"的社会化改进理念。与以往针对个体性修持而提倡禅净合流不同，太虚的人间净土理论较少涉及对自力与他力、参禅与念佛、禅净是否兼修等具体修持方法的调融，而是更强调世间法与出世间法的结合，注重发挥佛教的社会效应。在实践上，则越出了佛教寺院的范围，一切利生资生的事业均可从事。太虚法师指出，"建设人间净土者，则全在于佛化"[3]。他不仅阐述了建设人间净土的要求、人间净土的成分、保持身命资产安全的方法、具体的建设方案、普遍的摄化等几大内容，更从中国的社会现实出发，主张以政治的力量推进实业、教育、艺术和道德的全面发展与进步。

需要说明的是，太虚通过将净土拉到人间、拉回自心而建立的人间净土论是在近现代的历史背景下对禅净合流新兴模式的探索而非"实现"。人间净土实现的前提是以禅净二宗为主流的中国佛教，乃至整个中国文化的复兴。太虚的许多设想，在当时的社会历史条件下，只能无可奈何地成为"空想"，但建设人间净土的理念无疑为中国佛教未来的发展指明了方向。

---

[1] 太虚：《〈维摩诘所说不可思议解脱经〉释会纪闻》，《太虚大师全书》第12卷，宗教文化出版社，2005，第223页。

[2] 洪修平：《略论人间佛教及其在当代的推展》，《中国佛教与儒道思想》，宗教文化出版社，2004，第362页。

[3] 太虚：《建设人间净土论》，《太虚大师全书》第25卷，宗教文化出版社，2005，第322页。

第四节 净土宗的多元发展和与时俱进

相比禅宗、唯识宗等的大起大落态势，有人认为，近现代净土宗的发展与转型最可称得上是平稳了[1]。那么，为什么会有如此差异呢？我们认为，一方面得益于明清净土宗与世俗社会已然发生深入的结合，并形成了宗教与世俗社会，抑或神圣性与世俗性之间的大致平衡；另一方面，净土宗的入世特性使其面对近现代种种新生事物时，既能在社会结构变革的惯性下，保持对传统的坚守，又能追随社会，不断吸收新鲜元素，更新自我，从而表现为一种多元化气质，而"文化发展的契理契机的最主要表现形式，就是多元化"[2]，净土宗在近现代的发展也证明了这一点。

一 净土往生与入世化

净土修习的近现代入世转型与其明清以来奠定的基础是密不可分的，而其核心便是如何保持神圣性与世俗性之间的平衡。克实而论，要在世俗归向神圣境域与神圣介入世俗世界的双向转化中保持二者的平衡殊非易事。换言之，净土修行者如何在归向极乐世界的实践中保持对世俗世界的足够关注？净土宗介入世俗世界的过程中又要如何做到"出淤泥而不染"？从内在原因看，净土宗通过多种方法进行调适，以避免净土修行流于形式化的境地，以此来坚守自身的神圣性。从外在来看，居士群体在净土宗中地位崛起，而基于居士的世俗身份特征，他们往往成为净土宗与社会互动的中介因素，使净土修行始终能够保持对外界的关注。由此内外诸因素合力，明清以及近现代

---

[1] 陈兵、邓子美：《二十世纪中国佛教》，民族出版社，2000，第333—334页。
[2] 何建明：《佛法观念的近代调适》，广东人民出版社，1998，第451页。

净土宗始终既能保持对世俗世界的关注，同时又能比较有效地维系自身神圣性。

与禅宗一样，明清与近代净土宗面对快速的世俗化进程以及中国人一向带有功利色彩的信仰，也曾一度面临形式化的问题。不少有识之士对此始终保持着清醒的认识，所谓"口里念佛，心中寻文解义，贪图嘴利。如此念佛，由你念到弥勒下生，亦不得往生。所谓念佛者多，往生者少"[1]。为此，近代净土宗始终坚持从三个方面建立解决的机制：一是在强化持名念佛重要性的同时，也不放弃对其他佛教信仰（观音信仰、地藏信仰等）的重视，以此增强信众净土信仰的意识。二是逐渐明晰往生征验的手段，为判断往生与否提供明确依据，由此而反向督促信众更加虔敬、积极地对待净土修行。三是始终强调信愿行三资粮的稳定结构，以信愿来约束行，将信愿放在比行更重要的位置上。正如印光所说："有行无信愿，不能往生。有信愿无行，亦不能往生。信愿行三，具足无缺，决定往生。得生与否，全由信愿之有无。品位高下，全由持名之深浅。"[2] 这基本发挥了莲池、蕅益以来的一贯主张。如此三位齐下，保证了净土宗在涉入世俗社会时对传统信仰的坚守，同时也使得净土修行在维持上述原则之外，可以面对时机，灵活自如。

在净土宗维系神圣性的同时，也要对世俗世界给予持续的关注，居士在其中发挥了重要作用。相对僧人来说，居士有着更明显的世俗性格，他们虽然也积极追求超越凡俗的西方极乐世界，却无法完全高标尘外，始终不忘给予世俗世界以持续的关注。这也是修习净土法门的居士更加热衷于慈善与伦理实践的原因。居士通常拥有更雄厚的财力与更宽广的视界，对世俗社会有更高的敏感度。他们能够及时对社会世风的变迁进行回应，更容易以世俗为基点去维系净土宗中神圣与世俗的平衡。可以说，居士之于近代净土宗的繁

1　真嵩：《阿弥陀经摘要易解》，《卍新纂续藏经》第 22 卷，第 937 页中。
2　印光：《复陈锡周居士书》，《印光法师文钞》上册，宗教文化出版社，2000，第 43 页。

兴功莫大焉,印光也不无感慨地说:"近来佛法,约居士边论,似乎大兴,约僧众边论,则绝无兴相。何以故?居士多以念佛为主。僧众之应酬经忏者,日只以为人念经拜忏为正事。"[1] 事实上,在近现代化的进程中,居士往往能得风气之先,积极将新的社会元素带入净土宗中。先是杨文会、沈善登(1830—1902)等居士抓住国际交流契机,从日本引介回大量中土流失的净土典籍,推动了近现代净土宗的发展、转变,同时也促进了中日净土宗的交流。居士既对净土信仰有着虔诚而积极的态度,同时又在净土宗的社会实践中起到了关键作用。一定程度上说,居士成为勾连净土宗此岸性与彼岸性的联结因素。在维系净土信仰的神圣与世俗平衡方面有着不可替代的作用,为净土修习的多元化入世转型打下了坚实的基础。

二 散心念佛与简易化

近现代净土宗的散心念佛,使得修持更加简易化。散心念佛在净土宗的发展历史中,并不是一个新鲜的词汇,其源头可以追溯到一些早期的大乘经典。如《大品般若经》与《法华经》中都有相关论说:

> 佛告须菩提:"置是化佛及于化佛所种福德,若有善男子、善女人但以敬心念佛,是善根因缘,乃至毕苦,其福不尽。须菩提!置是敬心念佛。若有善男子、善女人,但以一华散虚空中念佛,乃至毕苦,其福不尽。须菩提!置是敬心念佛、散华念佛。若有人一称南无佛,乃至毕苦,其福不尽。"[2]

---

[1] 印光:《致广慧和尚书》,《印光法师文钞》上册,宗教文化出版社,2000,第440页。
[2] 《摩诃般若波罗蜜经》卷21,《大正藏》第8册,第375页上。

第九章　禅净修习方式的近现代入世转型　693

若人散乱心，乃至以一华，供养于画像，渐见无数佛。或有人礼拜，或复但合掌，乃至举一手，或复小低头，以此供养像，渐见无量佛。自成无上道，广度无数众，入无余涅槃，如薪尽火灭。若人散乱心，入于塔庙中，一称南无佛，皆已成佛道。于诸过去佛，在世或灭度，若有闻是法，皆已成佛道。[1]

这两段都被置于本经的《方便品》中，意思十分明显。所念之佛指以释迦牟尼佛为中心的无量诸佛，突出了供养、称念佛陀的无量功德，阿弥陀佛当然也在所念佛的行列之中。但问题有二，一是所念之佛既以释迦佛为核心，所谓不尽之福亦主要指人天福报，那么散心念佛是否对弥陀信仰中的往生西方极乐世界同样具有效力；二是《大品般若经》中所云并非散心念佛，而是敬心念佛，两者的意思并不一样。然而道绰征引时似乎进行了改动：

《大品经》云，"若人散心念佛，乃至毕苦，其福不尽；若人散花念佛，乃至毕苦，其福不尽。"故知念佛利大，不可思议也。[2]

其后延寿与莲池也征引了同样的文句[3]，大概三者是陈陈相因。道绰将"敬心"改为"散心"，或许是出于弘传净土法门的方便之举，但需要指出的是，经净土宗师引用后的散心念佛，悄然经历了一个改造的过程，即原本旨在追求人天福报的散心念佛被悄悄转化为了净土往生助因，而因其"念佛"的特殊标签，其终极追求也转变为了往生西方净土。此后，散心念佛完全被纳入到了净土念佛系统中来。而在很长时间内，散心念佛并没有与人天福报

---

[1]《妙法莲华经》卷1，《大正藏》第9册，第9页上。
[2]《安乐集》卷下，《大正藏》第47册，第17页中。
[3] 延寿：《万善同归集》卷上，《大正藏》第48册，第96页上；袾宏：《阿弥陀经疏钞》卷1，《卍新纂续藏经》第22卷，第615页下。

划清界限，真正让其地位发生质的改变的是蕅益，他曾说：

> 若欲速脱轮回之苦，莫如持名念佛，求生极乐世界。若欲决定得生极乐世界，又莫如以信为前导，愿为后鞭，信得决，愿得切，虽散心念佛，亦必往生。[1]

在这里，散心念佛已然与信、愿搭配，构成完整的三资粮关系，是净土往生正行之一。

然而，蕅益关于散心念佛的看法在其净土思想中并不重要，且在很长一段时间内也没有引起净土宗人的关注。散心念佛在长期被忽视后，最终为清末古崑发扬光大。咸丰十一年（1861），驻锡上虞明因寺的古崑为兵乱所迫，只得泛海暂栖普陀佛顶山慧济寺。他到慧济寺以后，深入地阅读了包括《净土十要》《阿弥陀经要解》等在内的台净典籍[2]，此后便开始系统阐发自己的散心念佛思想，并获得了照莹、芳慧、沈善登等人的拥趸。古崑在《称名自慰》一文中表述了散心念佛的观点：

> 所以每劝持名者，切莫怕妄想嫌罪垢，而先求一心不乱。只要出音记数，毕命为期，佛一出音，珠一记数，尘累每销，滞情融朗，功愈胜矣。……当知出音记数，毕命为期，纵未到一心不乱，信愿必然坚固，往生决定可期，不过品位暂低而已。故《要解》云，"得生与否，全由信愿之有无；品位高下，全由持名之深浅"。奉告有缘之士，于持名时，

---

1 蕅益：《灵峰宗论》卷4，《嘉兴藏》第36册，第327页下。
2 古崑：《弥陀圆中钞劝读序》，《净土随学》卷下，《卍新纂续藏经》第62卷，第438页中—下。古崑在咸丰五年（1855）前往杭州大崇福寺参昌启老人时，便被引导向念佛法门，而且在此期间还接触到了传灯的《阿弥陀经略解圆中钞》和知礼的《佛说观无量寿佛经疏妙宗钞》等书，可见，早在避难普陀山前，他已初步确立了自己的净土信仰。

只要令音声不绝，不必着一心不乱。音声不绝是因，一心不乱是果。因行若真，果必成就。[1]

他从念佛法门以及念佛者出发，认为先做到一心不乱并不现实，理由有三：一是只要切实念佛，所念即具备消除罪业的功效。而且念佛的关键在于深信切愿，如此，即便做不到一心不乱，借由散心念佛亦能往生，只是往生品位不高而已；其二，念佛是因，一心是果，只要认真念佛自然会达到一心，执著一心不乱则是颠倒因果；其三，"从古高贤，能有几人相应得去，况当今之世，知识愈少，业障愈多，能开悟门，不起妄想，又能有几人"[2]，一味执著一心念佛，反容易使修者产生乱心，也抬高了净土法门的门槛，使人望而却步。他自言道："本贫穷人，是地狱种……既感佛恩，当持佛名。惭愧不能参究作观，不能平伏妄想，只堪记数读诵，毕命为期而已。"[3]

古崑在文中频繁地提及了"妄心"。妄心与散心关系密切，一定程度上说，后者是前者之呈现，两者相伴而生，也常被通用，如说"散乱持名大有功，无边教海尽融通。但凭记数常专念，不必先求妄想空"[4]。因其将念佛放在因地位置，而将一心或者息妄放在了果地，因而念佛便具备了收摄散心与息除妄想的作用。当然，这两种功能是存在区别的。散心之"心"本质上是缘虑心，念佛起的作用类似于禅定，是在念佛过程中使散乱之心逐渐趋向一心。息妄则更为复杂，他将传灯、蕅益、成时与彻悟奉为自己的思想源头[5]，并基本继承了蕅益系的心性论特征，认为妄心之"心"是性具之恶的开显，其与真心为同一体性。此妄心正是众生轮回不已以及散心产生的根源，因此，

---

1 古崑：《称名自慰》，《净土随学》卷上，《卍新纂续藏经》第 62 卷，第 434 页下—435 页上。
2 古崑：《念佛开心颂》，《净土随学》卷上，《卍新纂续藏经》第 62 卷，第 431 页下—432 页上。
3 古崑：《自题小照》，《净土随学》卷下，《卍新纂续藏经》第 62 卷，第 445 页下。
4 古崑：《散持有功》，《净土随学》卷上，《卍新纂续藏经》第 62 卷，第 432 页下。
5 古崑：《读四大祖师语有感》，《净土必求》，《卍新纂续藏经》第 62 卷，第 452 页下。

息妄归真是念佛修行的最终结果。妄心可以在当下翻转为真心，信愿持名则使这个过程能够发生，并一直保持下去，达到"摄妄归真"的效果。古崑采纳了蕅益的观点，认为"举此体作弥陀身土，亦即举此体作弥陀名号。是故弥陀名号，即众生本觉理性"，持名念佛正是始觉合于本觉，由是"始本不二，生佛不二。故一念相应一念佛，念念相应念念佛也"[1]，且佛佛同道，见阿弥陀佛即是见十方诸佛。由此，他建立起了一个"性具—妄心—散心—散心念佛——一心—摄妄归真"的逻辑线路，而散心念佛则是其中由逐染妄心向摄妄归真过渡的重要一环。在其逻辑线中，他试图将台家玄妙的妄心、真心转化为更容易被普通人接受和感知的作为缘虑心的散心与一心。他先通过念佛来收摄散心以达到一心的境地，继而在念佛上（或者说从一开始）加上了信、愿两大核心要素给以限制，确保一心能够与玄妙的真心相感应，达到翻转真妄、摄妄归真的效果，这与蕅益并无二致，但表达得要清晰得多。由此，古崑在提倡散心念佛的同时明确提出，不必除妄想、不必参是谁、不必忏宿业、不必断烦恼、不必寻方便、不必求悟门、不必报四恩等[2]观点也就不难理解了。

1921年初印光在回复丁福保的信函中[3]要求他再版《佛学大词典》时，将古崑的《念佛四大要诀》一文删除，理由如下：

> 玉峰法师行持虽好，见理多偏。其所著述，依之而修，亦可往生。但其偏执之语，未免有大妨碍。即如《念佛四大要诀》，其意亦非不善，而措辞立论，直与从上古德相反。不除妄想，不求一心，全体背谬。经教人一心，彼教人不求。夫不除妄想，能一心乎？……彼极力教人散心

---

[1] 古崑：《读〈要解〉得持名要诀》，《净土必求》，《卍新纂续藏经》第62卷，第451页上。
[2] 古崑：《专修要诀》，《净土随学》卷上，《卍新纂续藏经》第62卷，第431页下。
[3] 按：《印光法师文钞》中该信并没有标明时间。余池明根据相关内容推定为民国十年（1921）正月二十五日（氏著《印光法师年谱》，巴蜀书社，2014，第171页），这里采用其说。

念，不赞扬摄心念。念佛虽一切无碍，然欲亲证三昧，能静固好。不能静，亦无妨即动而静。彼直以静为邪，谓大违执持名号忆佛念佛之旨，其过何可胜言？……岂可谓净宗真善知识？[1]

直到1929年，印光还在给郑慧洪居士的信中批评古崑对散心念佛的偏执："以故光绝不一提彼者，恐人受彼偏执之病也。"[2] 尽管如此，从中还是不难看出其对散心念佛理念仍旧有所肯定。在印光之前，王耕心也对古崑提出过批评，认为其说"流弊亦多。何也？一适阻上智进修之地，二适开中下退惰之缘，三上违古经，四下负今验，五未达净宗之大全，转为禅教两宗所深鄙。乘除功过，终非第一了义也。"[3] 王氏的看法与印光相差无多。克实而论，印光与古崑的思想有颇多相似之处，古崑"信愿持名"与其"信愿念佛"也有异曲同工之妙。印光也说过，"念佛法门，注重信愿。有信愿，未得一心，亦可往生。得一心，若无信愿，亦不得往生"[4]，这与古崑并无异辙。印光担忧的是古崑过分强调散心念佛潜藏的危险——散心念佛会诱发信众因执著其言辞而产生的对净土法门的误解，将注意力集中在"散心"二字上，而忽略了由散心至一心，进而翻转妄心为真心的实践逻辑。

但大体来说，净土修习的简易化趋势到近现代时已经发展到了相当的程度；另一方面，近现代的世道变迁，兵燹陡起，也让人们对往生西方净土更感迫切。两个因素叠合终于促成古崑将散心念佛着重发挥。尽管古崑的影响在其身后，迅速衰退，有关散心念佛的理论也被束之高阁，但作为一种修习方式，散心念佛却一直被更多的修行者或明或暗地践行着。

---

[1] 印光：《复丁福保居士书十》，《印光法师文钞》上册，宗教文化出版社，1999，第518—519页。
[2] 印光：《复郑慧洪居士书五》，《印光法师文钞》中册，宗教文化出版社，1999，第960页。
[3] 王耕心：《佛说摩诃阿弥陀经衷论》，《卍新纂续藏经》第22卷，第158页下—159页上。
[4] 印光：《复朱德大居士书》，《印光法师文钞》上册，宗教文化出版社，1999，第373页。

三 典籍回传与本愿化

近现代净土修习的所谓本愿化，实与净土宗史上的昙鸾—道绰—善导一系有密切关系，他们较其他净土学者，在教理上更加注重阐发阿弥陀佛成就西方净土以接引、救度众生的本愿力，在实践上也更加依赖他力即阿弥陀佛摄受力而往生西方世界。然而，在强调自性圆满具足、强调自心觉解的中国佛教大环境下，善导等人的本愿思想在其身后便迅速式微了，以至于不少相关著述都长期佚失于中国学者的视野之外。而注重本愿的净土信仰却在日本扎根，并蔚为大宗，衍生出净土真宗、时宗等诸多分支，众多相关典籍也赖以保存。

本愿净类经典在近现代的回传促成了净土宗本愿化转向的展开。尽管在大传统视野中，本愿化的净土信仰没有多少生存空间，但从小传统视角来看，本愿化的净土信仰从来没有缺位，始终是一股伏流，并在适当的时机下重新获得生机，近现代正是其生发的一个重要契机。有学者认为，晚清净土宗发生了一次重要的本愿化转向，概其原因，一方面是晚近社会的混乱、动荡，使得本愿化的净土信仰更符合民众的精神和实践需求；另一方面则是基督教救赎思想与日本主张本愿净思想的净土真宗等的输入[1]。

近现代流失于日本的古代佛教典籍回传对近代中国佛教的发展有着十分重大的影响。杨文会、许灵虚、沈善登等居士皆为此付出了艰辛的工作，其中尤以杨文会为巨。杨氏主要通过日本学者南条文雄获取日本遗存的中国佛教典籍，在1891年到1893年这三年间，南条氏先后为其寄送了二百三十多部佛典，其中净土类经典超过三十部，不仅涉及了昙鸾、道绰、善导、隋慧

---

[1] 于海波：《清代净土宗著述研究》，巴蜀书社，2009，第19—20页。

远、智𫖮、窥基等中国僧人的净土著作,也包括了部分日本学者的著作[1]。当然,杨文会对这些典籍并非照单全收,他对日本净土诸宗所表达出来的极端他力思想并不满意,进而认为其中的一些观点是与佛意相违的。为此,他与日本学者就此问题展开过一次颇有影响的争论[2]。后来金陵刻经处也几乎没有刊刻属于日本净土诸宗的典籍。应该说,杨文会对日本净土宗的态度不仅与其个人"教宗贤首,行在弥陀"的基本主张有关,也是由中国净土思想一直以来自力、他力结合的基本特征决定的。事实上,"入宋以后,禅净双修逐渐又成为佛教发展的主流"[3],自力与他力的协调、平衡也成为此后中国佛教始终努力解决的问题。

印光对以昙鸾《往生论注》和善导《观经疏》为代表的近代回传之净土典籍进行了有选择的吸收。他除了直接吸收临终助念等少数内容外[4],重点对其中宣扬净土法门普被三根以及提倡持名念佛的立场感到非常兴奋。印光之所以对回传的昙鸾、善导之思想只能有限且有选择地接受,原因主要在于:首先,时代背景不同。无论是昙鸾生活的北魏时期,还是善导生活的盛唐时期,都是社会相对稳定的时代。而印光则生活在一个中西古今碰撞、灾难不断的社会中,他对现实苦难的感受比前二者都更为真切,也因此对现实社会给予了更多的关注,而求生西方则是恶浊世道的最终出路,这也就构成了他"敦伦尽分,信愿念佛"思想的双翼。其次,社会文化背景亦异。隋唐三教鼎立,佛教以义理佛学为主流。而近代佛教的民间化高度深入,三教更加融合,与此同时,佛教义学也由衰复兴,西方文化思潮强势涌入,情形远较隋唐时期复杂。造成的结果是,印光思想的驳杂程度远非前二者可比。最后,

---

[1] 肖平:《近代中国佛教的复兴》,广东人民出版社,2003,第159—164页。
[2] 相关文章俱载《杨仁山居士文集·阐教编》,黄山书社,2005。另外,杨曾文《杨文会的日本真宗观》(《世界宗教研究》1997年第4期)以及邓子美《杨文会与中日净土信仰比较》(《浙江学刊》1998年第4期)两文对此问题皆有专论,足资参考。
[3] 洪修平:《中国佛教文化历程》(增订版),江苏教育出版社,2005,第230页。
[4] 印光:《〈莲宗正传〉跋》,《印光法师文钞续编》卷下,苏州弘化社2016,第244页。

思想基底不同。善导的生平经历表明，他的净土思想直接导源于道绰，并吸收了天台宗的部分内容，相对单纯。而相应地，印光的思想来源则相当丰富，他充分吸收了慧远以来的各种净土思想，更为复杂，也更为多样。

同时期的念佛居士沈善登，其净土法门中本愿色彩则十分明显。沈善登深受古崑影响，提倡散心念佛，但比古崑走得更远。他一方面以《佛说无量清净平等觉经》《大宝积经无量寿会》等经典内容为散心念佛寻求经典依据；另一方面，他认为蕅益提倡"自他俱念"是调和禅净争论而产生的妥协的产物，究其实，"净宗本旨之专念他佛，仗他力，并无自佛自力之说"[1]。他对弥陀本愿力的皈依程度远超古崑。在未见善导《四帖疏》之前，他即按照自己的思想逻辑于弥陀四十八愿中独尊第十八愿[2]。后来，他听闻"日本新校大藏……亟购得之，凡四百十八册，合八千五百三十四卷。略依《知津》分别部居，而无总目，殊不便于翻检。息庵续购得四五部"[3]。他又在杨文会的协助下，从英国获得"印度流传梵文原本三百余种"[4]。这些文本更加强化了其单提念他佛的立场，以致倡言"自远师以来，解此经（《无量寿经》）者，从无偏重自心念力而不归重佛号力者"[5]。

净土修习本愿化趋势不但以净土典籍的回传作为主要的外部动因，也是中国净土宗内在发展逻辑的结果。五代两宋以来禅净合流、台净合流等思潮的演进之初，净土宗俨然失去了宗派独立性，成为附庸于其他宗派的修行法门。在此情形下，受制于其他宗派强大的心性论立场，净土法门的修行多少有被复杂化和撕裂的风险。一方面，心性论的介入造成了信众纯粹依赖弥陀

---

[1] 沈善登：《报恩论》卷首，《卍新纂续藏经》第62卷，第724页上。
[2] 沈善登：《无量寿经纲宗》，《报恩论》卷上，《卍新纂续藏经》第62卷，第741页下。沈氏于该文中有"闻东洋有善导疏本，惜未得见。何以中国失传，亦所不解"数语，可见此时他尚未得到善导《四帖疏》文本。
[3] 沈善登：《致杨仁山书（代许息庵）》，《报恩论》卷附，《卍新纂续藏经》第62卷，第777页中—下。
[4] 沈善登：《致杨仁山书（代许息庵）》，《报恩论》卷附，《卍新纂续藏经》第62卷，第777页下。
[5] 沈善登：《报恩论》卷首，《卍新纂续藏经》第62卷，第722页下。

本愿力的困境，面对唯心净土的干扰，西方净土的存在随时存在被解构的危险。另一方面，下层民众对心性论的理解程度有限，也不大可能理解如此复杂的理论。晚明、清代净土宗的世俗化、简易化演变，使得净土宗重新获得独立地位，心性论的部分，经过莲池、蕅益、印光等人的改造，虽然仍旧存在，却多被当成是一种被悬置起来的内容，有关唯心净土的认知不再干扰西方净土的有效性，上、下层信众的分裂也重新得到了弥缝。从某种程度上看，本愿化的出现，本就是中国净土修习入世转向的一个重要体现，其复兴与相关著述被迅速接受也正是这种趋势的合理结果。

四　适应时代与科学化

几乎所有的人和事物，在近代社会的转型过程中，都必然地会与科学发生遭遇。西方社会从基督教主宰的中世纪走出来，始终伴随着理性主义的不断生长，而科学也在此过程中迅速扩大其影响，成为现代社会最重要的特征之一。科学，无疑大大增强了理性主义对抗与瓦解神权统治的力量。因此，当科学主义的风潮进入中国以后，本土宗教所受到的冲击，无疑是巨大的，中国佛教界也不得不对此做出种种回应。[1]

从形式上来看，净土宗较之其他佛教宗派似更易与科学之间发生扞格，原因主要有：首先，净土宗构建了一个依托阿弥陀佛愿力而成立的西方极乐净土，而西方净土的种种依正庄严与不退转特性是其独特魅力与神圣性的根本。但就现代科学支撑的宇宙图式来看，无论是依靠个人或是超自然生物来创造一个永生的世界，还是对极乐世界极尽笔墨的描绘，都显得不可思议且违背科学常识，也自然经不起科学的检验。其次，净土宗强调对西方净土的

---

[1] 何善川：《中国佛教对近代科学主义的回应》，《河南师范大学学报》2003年第3期。

信仰以及修行者的愿心与阿弥陀佛间形成的感应力、救赎力，科学显然无法认同类似的说法，解脱神对人间的束缚，肯定人本身与此世界的价值，正是近现代理性主义的主要面向。更何况，依托信仰与发愿，根本无法促成物理学意义上的力的产生。再者，往生是否可能？尽管佛教历来否认人死后灵魂存在，相关争论在历史上也屡见不鲜，但不得不说，净土往生仍带有某种类似于灵魂说的显著痕迹。那么，无神论无疑将会对此进行直接拷问。如果在科学意义上，灵魂没有立足之地，也就意味着，往生便丧失了可能性。以上这些问题，无论是哪一个，都足以摧毁净土宗的根基，将其推入到纯粹的迷信类别之中。因此，净土信仰与科学的调和便显得不可避免，我们且将净土宗与科学的勾连称之为科学化的努力。这里所谓净土宗的科学化，主要是指净宗学人通过对一些传统认知重新进行再诠释，以接近近现代科学的逻辑模式和既定结果，这直接关涉到净土修习的合法性问题。

沈善登是较早试图沟通净土宗与科学的学者，这主要体现在其精心构筑的心性论体系中。沈善登以人的自性为体，念佛为体之照用。与自性之体相对应的则是扩散天地之间的粗质之气，气与自性一样，皆无生灭。念则有起灭，念之起即是自性之用的展开。至于自性的照用功能，则兼有内景和外照两种，所谓内景即如镜子一般将所照对象的一切如实显现，而外照则如阳光一样普照大地。他将自性"说为一大灵光"[1]，认为正是这如如不动的灵光与粗质之气的相互作用而产生了迷悟之别。他说：

十方世界诸佛国土，皆此光力摄持，而自体常寂。人在气交之中，气聚则生，气散则死。其现前一念，乃此一大灵光之照，全不与气交黏，安有生死？譬如空中闪电，各各眼前得一瞥地。不但电体与气无涉，即

---

[1] 沈善登：《答问》，《报恩论》卷首，《卍新纂续藏经》第62卷，第732页下。

此一瞥亦与气何涉？盖气有质点，故有聚散。灵光则浑成一统，合同而化。气流行于灵光之中，犹烟雾布散于日光之中，随其或疏或密，乃至须臾变灭，亦仍不离光。而光未尝移。[1]

念佛过程如闪电一般，当下与气解黏，归复自性之大灵光。在其观点中，能看到一种特别的佛教体用论、理气二元论与西方科学杂糅的特征。沈氏晚年钻研易学，有《需时眇言》传世。该书中，他进一步发挥了这种光气论，认为"光体合虚空，其大无外，太易是也。太易光盛生气，气聚成形，形坚成质"[2]。张岱年对此进行过系统考察，并感叹沈善登的观点"是一种具有特色的宇宙论思想，是前人没有提出过的"[3]，但似乎并没有注意到沈善登的初衷乃是为了解决念佛往生何以可能的问题。

另外，为了解决净土信仰与天文学、物理学等的扞格，也有人尝试对此进行了诠释，尽管现在看来，这些诠释并不成功，颇有牵强附会的意味，但有些说法，至今仍有相当的影响。例如太虚法师说："上言郁单越洲，并非天上，亦非他方净土，乃确为此太阳系中之一人间。特太阳系中之人间有四，此为最胜之规模人间。"[4] 类似说法不断演化，以致认为西方净土亦是宇宙中某一未知星球。此外，为了解释在现代科学体系中往生何以可能，一些人甚至将视野转向了心灵学、光学等，试图用最前沿的科学来诠释佛教信仰的合理性[5]。更有人提出："净宗文化可以全方位地会通当代高科技各个领域，诸如：多维空间、大尺度的宇宙观、地外文明、微观亚原子世界、测不准定理、质能互变、时间隧道、生物全息律、分形数学、咨询网络、克隆生物技术

---

[1] 沈善登：《答问》，《报恩论》卷首，《卍新纂续藏经》第62卷，第733页上。
[2] 沈善登：《需时眇言》卷1，豫恕堂藏版，第24页。
[3] 张岱年：《张岱年全集》第5卷，河北人民出版社，2007，第320页。
[4] 太虚：《建设人间净土论》，《太虚大师全书》第25卷，宗教文化出版社，2005，第299页。
[5] 参见陈兵《佛教生死学》第十一、十二章，中央编译出版社，2012。

等,……西方世界是一个超高科技的妙土,能为地球高科技的发展提供深刻的启示。"[1] 这种说法不一定能得到普遍认同,但从中可以看到净宗学者始终将净土宗信仰与科学间的协调视为一项重要的工作,这也是近代以来净土宗科学化努力的延续。

综上所述,近现代净土修习的多元化入世转型,大致可分为新旧两种形态。旧的形态即本章第二节所述近代以禅摄净、禅净兼摄以及以净统禅三种传统模式。新的形态即上述提到的四个面向:简易化、本愿化、科学化与人间化。简易化是贯彻净土实践始终的发展趋势,近代长时期湮没无闻的散心念佛实践再度兴起,成为该趋势的显著特征,表现出近代净土修行简易化不同以往的气质。本愿化的传播与流失日本的相关中国净土文献回传以及净土真宗在中国的传播有直接关联,但同时也是中国净土宗世俗化发展逻辑的内在结果。随着科学理性精神的传播,及其伴随而来的对宗教解构的危机,宗教性极强的净土宗难以置身事外,净土宗拿出的应对措施,便是主动地与科学相勾连。从长远来看,尽管科学化的影响相当有限,但对处在科学与理性诘难中的净土宗来说,无疑是必要的一副良药。最后是人间化。所谓人间化,实即指人间净土。人间净土虽然不在净土宗的信仰框架之内,却与净土宗发展的合理逻辑并不相违背。特别在社会实践层面,以各地居士林、净业社为代表的居士社团,积极从事教育、慈善等各项社会公益活动,不断探索着净土宗适应现代社会的新道路。

第五节　禅净关系下的他宗入世转型

天台宗、三论宗、法相唯识宗、华严宗、律宗、禅宗、净土宗、密宗并

---

[1] 魏磊:《净土宗教程》前言,宗教文化出版社,1998,第20页。

列为汉传佛教的八大宗派，皆形成于隋唐时期。八大宗派在后来的发展中命运各异，有的日趋兴盛，有的逐渐衰微乃至不再流传，但都以独特的理论建构和实践方法，书写了各自的精彩篇章。作为两宋以后佛教的两大支柱，禅宗与净土宗从诞生之始，就与其他宗派有着千丝万缕的联系，并在与其他宗派的互动中不断演进、变化。他宗也善巧地借鉴禅与净土的修行方式，并间或提供理论支撑，共同推进中国佛教的发展。特别是近现代以来，禅净的融合之势已然超越禅净二宗的范围，而演变为全体佛法框架下的诸宗圆融，其他佛教宗派也藉由对禅净的借鉴与融合从多个层面实现着自身的入世转型。这里对天台、华严和律宗略作分析探讨。

一 天台：教观统一行归净土

　　中国佛教除禅、净之外，对大众文化同样具有直接而广泛影响者当数天台宗。天台以教观双美、止观结合为主要特色，其教义不仅对士夫知识阶层有吸引力，也为一般民众在一定程度上所接受。一般而言，佛教在修持方式上都遵循由定发慧的次序，以禅定引发智慧与解悟，天台宗则有所不同。其独特之处是在真修持之前要开"圆解"，即对天台宗教义有一初步通贯的理解，在此基础上才能入手做观行功夫。在弘化方式上，禅僧一般对上门求教者作开示；净土宗是强调身教，个人老实念佛；天台宗僧人则不囿于寺院，往往以讲经的方式向社会传播教义。天台宗作为最早建立的中国佛教宗派，在其创始之初就与禅、净结下了不解之缘。宋以后，在禅净合流的大潮中，天台宗更是扮演了不可替代的重要角色。

　　天台宗先驱慧文和慧思均为禅师，天台宗的创立则是北方流行的禅法与般若实相理论相结合的产物。禅宗与天台宗最初形成的历史有颇多相似之处。禅宗初祖达摩、二祖慧可与天台宗祖师慧文、慧思均曾行化于邺、洛一带，且都受到北方佛教势力排挤，不能见容，其后学遂迤逦南下，或到双峰、东山、曹溪，或到金陵、南岳、天台，从而形成了各自的宗派，获得了更大的发展。

早期禅宗的"藉教悟宗"与天台宗的"解行并进"皆为重视文字般若的表现。禅宗的"藉教"是把经教作为"悟宗"的手段，天台则把"解经"作为修行的重要组成部分，与禅修具有同等重要的意义，从而促进了佛教义学的发达，保证了佛教慧与行的齐头并进。两宗的演变发展，表面看起来针锋相对，实际上却是双方相互影响不断深化的结果。禅宗延续惠能自识其心，见性成佛的思路，自居"教外"，意在扭转佛教过分关注义理而不知自重其心的倾向，一定程度上复归了佛陀本怀，契合了佛教平民化、大众化的趋势。在不断发展过程中，台禅二宗的对立逐渐变得次要，而融合则日趋明显。禅宗虽标榜教外，并非指佛教之外，而主要是为了破除对语言文字的执著。天台虽以教门自矜，但也看到语言文字的局限性，主张第一义不可说，凡有所说，皆属方便。修行观上，禅宗与天台都对当下一念予以特别关注，这成为二宗融合的契合点。天台宗僧人率相入禅，并很快得到禅宗祖师的认可[1]，这从一方面说明禅宗的兴盛是中国佛教大势所趋，也说明了台禅在智慧境界上所具有的高度一致性。

会昌法难之后，禅、台两宗开始走上了"以禅扶教"与"以教益禅"的相互扶持、共同发展之路，"禅宗依靠其对世俗势力的影响帮助天台宗恢复经典，天台宗则以经教的优势为禅宗提供教理方面的助益，两宗关系呈现出一个各自独立发展到相互对立到相互合流的过程性展开"[2]。五代吴越王钱俶应德韶禅师（891—972）劝请，从朝鲜请回许多散佚的天台宗著述，为知礼等

---

[1] 最典型的例子是永嘉玄觉（665—713），与东阳玄策共谒惠能，与惠能相问答而得其印可，惠能留之一宿，翌日即归龙兴寺，留下"一宿觉"的故事。见《无相大师行状》，《大正藏》第48册，第397页上。
[2] 韩焕忠：《台禅二宗的分与合》，《柳州师专学报》2004年第2期。

人复兴天台教观提供了可能。同时，禅宗也产生了重立经典权威、摆脱狂禅积弊、复归传统佛教发展路径的内在要求。天台宗在禅宗的扶持下得以存续，禅宗从天台宗的教理中获取教益，两者盛行趋于重叠，形成了水乳交融的关系。

天台与净土的渊源始于智顗。智顗的净土信仰比较复杂，既有阿弥陀佛信仰，也有弥勒净土信仰[1]；而其净土实践中既有唯心念佛和观想念佛的内容，又有称名念佛往生西方的意愿[2]。不过，智顗的念佛，特别是对常行三昧（般舟三昧）的提倡，既不同于慧远的观想念佛，又不同于后来净土宗的称名念佛，属于其个人修行经验的总结和创造。宋代是天台宗与净土宗关系全面展开的时代。北宋以后，净土后来居上，与禅宗不断合流，并隐然有涵摄诸宗之势。对天台宗来说，如果要在禅净合流的大潮中振作本宗，就必须将净土纳入自宗的体系当中。因此，首先就要与禅宗争夺对"净土"的解说权，即以天台性具唯心净土论取代单纯的唯心净土，从而平衡唯心净土与西方净土的关系；另外，天台忏法与净土念佛相结合则作为自修的主要形态，净土忏法成为台净合流的仪式中介[3]。以知礼为代表的天台高僧们在台净义理方面取得了很高的成就，在净土实修上也达到了较高水平。而随着天台内部教义纷争的加剧，天台宗旨受到削弱，义学与净土法门的平衡亦相应地有所改变，净土思想本身反而逐渐成为天台教义的核心。某种程度上说，"台净

---

[1] 据灌顶《隋天台智者大师别传》记载，智顗自知即将舍报之前，将"衣钵道具分满两分，一分奉弥勒，一分充羯磨"，其临终之际，"右胁西向而卧，专称弥陀般若观音"。（《大正藏》第50册，第191—196页）
[2] 智顗在《摩诃止观》中立四种三昧，其中的常坐三昧与常行三昧集中体现了他的净土修行观。常坐三昧又名"一行三昧"，该三昧主要依据《文殊说般若经》和《文殊问般若经》，其特点是，端坐正向一佛，心意专注一佛。常行三昧又名"般舟三昧"，该三昧主要依据《般舟三昧经》，所谓般舟三昧，也就是"现在佛悉在前立三昧"，是佛的威神力与修持者的功德力相结合的结果。常坐三昧是唯心念佛和实相念佛的结合，常行三昧则是观想念佛和称名念佛的结合。
[3] 最具代表性的是慈云遵式（964—1032）制定的《往生净土忏愿仪》，包括十种行法：一、严净道场；二、方便法（入道场的方便法）；三、正修意；四、烧香散华；五、礼请法；六、赞叹法；七、礼佛法；八、忏愿法；九、旋绕诵法；十坐禅法。此忏法沿用天台宗法华忏法之十法，可视作净土忏仪之大成。此外，遵式也集众念佛，并立"晨朝十念法"，对后世修净土者产生了很大的影响。见《大正藏》第47册，第490页下—494页下。

合流不是简单的台净二宗的结合,而是天台对净土法门的趋向"[1]。此外,南宋僧人宗晓编辑的《乐邦文类》和《乐邦遗稿》,不仅保留了大量的净土文献,还第一次为莲宗选立了"六祖"[2],是为净土宗定祖之始。之后,志磐在《佛祖统纪》中又立定了莲宗七祖[3],进一步强化了净土宗的祖师观念。

元明之际,随着天台宗的衰落,其对净土宗的影响也不断减弱。净土宗越来越显示出一种摆脱禅、教控制而日趋独立的品格。明代天台僧人幽溪传灯(1554—1628)承续天台净土的性具圆修法门,着重阐发净土生而无生的唯心净土思想,力图解决净土实修中天台教理与弥陀净土之间的矛盾,客观上回应了宗门盛行的以参究念佛为主体的禅净合流修持方式,表达了明末天台宗人摄教归净的思想取向,"天台幽溪大师的性具圆修的净土法门,可以说是近代中国佛教净土修行主流的理论策源地之一"[4]。台净融合在蕅益智旭那里达到了巅峰,其基于净土本位来融通禅净,并以天台义理开掘净土之新义,对二者关系作了全面总结并重新给予诠释。

近代天台佛教的代表人物主要是谛闲与倓虚,其中谛闲为近代天台的中兴者,倓虚则将天台弘化至北方。他们的弟子又进一步将天台教法传播至全国各地。清末民初的社会巨变,使天台宗与天台学面临着困境与转型,也为其中兴创造了条件。然而,经过太平天国运动冲击,佛教整体衰困,天台学一时难有突破。太虚曾谈到,"天台之教源于观,明季来天台家末裔,大抵修易行道,求生极乐,去观而谈教,已不无买椟还珠遗憾。今保国犹承德贤法统,宜辟观堂,专修习一心、次第、体空、析空之观,以浚天台教源。"[5] 同

---

[1] 潘桂明、吴忠伟:《中国天台宗通史》,江苏古籍出版社,2001,第607页。
[2] 宗晓所立六祖为:慧远、善导、法照、少康、省常、宗赜。见《大正藏》第47册,第192页下—193页上。
[3] 志磐所立七祖为:慧远、善导、承远、法照、少康、延寿、省常。见《大正藏》第49册,第260页下—265页中。
[4] 陈永革:《晚明天台幽溪大师的净土思想述评》,《觉群·学术论文集》第一辑,商务印书馆,2001,第214页。
[5] 太虚:《重纂〈保国寺志〉序》,《太虚大师全书》第32卷,宗教文化出版社,2005,第361页。

时，天台宗如同佛教其他宗派一样，共处于"诟佛寺为迷信、斥僧徒以分例"的社会氛围之中，因而不得不改变旧有的修行和弘化方式，从事社会教育、民生救济等活动，以求改变民众对佛教的偏见。天台学并不乏顺应近现代社会需求、促进社会发展的思想资源。首先是圆融精神，天台以判教圆融诸宗、以止观圆融禅教、以会通圆融儒释、以讲传圆融僧俗，成为中国佛教圆融精神的代表。其次是中道精神，天台佛学强调止观并进、解行并重、学行一致、教观统一，十分注意二者的平衡发展，这在八宗当中并不多见。在近代社会，天台学说特别有助于解决超越与现实、理论与实践、净土与尘世的平衡问题，这些无疑是天台学说在近代中兴的有利因素。

有别于禅门的高峻与净宗的松散，天台注重讲教，在适应时代要求，提倡新式教育与传播方式上，具有天然优势。以谛闲为代表的天台宗高僧，以弘扬天台教观为宗旨，继承丛林佛教修学传统，同时也作了开创新式佛教教育的尝试，在近代佛教中独树一帜。他们的方法十分多样，如着手恢复或重建丛林，为天台中兴奠定了必要的寺院基础；创办天台专宗学院，以新老结合的方式，培养专宗天台的僧才；发扬天台讲经弘法传统，创办佛刊，注重对教理的研究与阐发，以文字般若化导世间；提出"传法不传座"的新主张，以彻底根除寺院继承的子孙制弊端。

二 华严：禅教相资贤净融合

中国佛教中，几乎所有宗派都会涉及《华严经》。但作为佛教宗派，华严宗在民间的影响则难以与禅、净乃至天台相比。其原因是多方面的，既有社会基础薄弱，过度依赖王权等外在因素，也有制度化薄弱，缺乏独特修证法门的内在因素，以至于被讥为"有教无观，无断无证"[1]。这使得华严宗不得

---

[1] 续法：《贤首五教仪》卷6，《卍新纂续藏经》第58卷，第687页中。

不将自身的发展紧密结合禅、净二宗,三者互补相融的态势一直延续至近现代。在采纳禅、净修行方式的同时,华严教理也服务于禅、净诸宗,成为它们共同的理论基础。

同天台宗一样,华严宗先驱也是来自于北方的禅者,禅观是其最主要的修行方式之一。通过法顺、智俨与法藏(643—712)对法界缘起说的不断充实与完善,华严义理的阐发与观行实践的结合逐渐紧密细致。华严宗与禅宗发生交涉则始于唐中期。禅宗,特别是在南宗禅兴起之后,禅学开始成为中国佛学的主流。此前,法藏及其前辈的修行方式,以较为纯粹的"观行"为主,即"先观事理,然后起行",最终达到"圆明显现,称行境界,无障无碍"[1]。但此后,华严学僧一方面继续发挥本宗学说特色,另一方面又更多地接受禅学影响,使华严学不断地禅化。当然这种影响是双向的,禅宗也在吸收华严学说,并构成自身的组成部分。如华严五祖宗密在其学说中,"心""事""理"是最重要的三个范畴。他所说的"心",是其融合禅学与华严学之后又予以创造性解释的新范畴[2]。通过对"一心"的界定,华严学的禅化倾向更明显了,有学者将宗密冶菏泽与华严于一炉的思想体系与禅法实践称为"华严禅",并认为后世"永明延寿重点在于弘扬华严禅中的禅教融合论,而明教契嵩则着重弘扬三教融合论,都可以说是属于广义的华严禅一类的"[3]。

在华严不断禅化的同时,禅学受华严理论的影响也日益加深。禅宗将华严学说作为构造禅法体系的理论基础、参禅实践的指导原则和辨别迷悟是非的标准。华严所给予禅宗最大的理论启发是其关于理事范畴及关系的运用。如石头希迁的《参同契》,既吸收了华严十玄门思想论述理事关系,

---

[1] 法藏:《华严发菩提心章》,《大正藏》第 45 册,第 654 页上。
[2] 宗密将"心"界定为"知",他说"心即是知","知之一字,众妙之门",这个"知"主要有两层含义:一是空寂,二是灵明。
[3] 董群:《论华严禅在佛学和理学之间的中介作用》,《中国哲学史》2000 年第 2 期。

又运用华严宗的世界观和方法论确立了运用禅语的原则[1]，受到禅门的重视，长期被视为衡量禅僧酬对问答是否恰当的标准。宋以后，由于佛教的整体衰落与经论著述的大量散失，华严宗也衰落不振，但华严学在宋代佛教界仍有相当的活力，很大一个原因是禅宗和净土宗僧人对它的创用。禅宗对华严教理的吸收和运用通过多途展开，尤以对"事事无碍"的重新解释最具特色。"事事无碍"是四法界中的最高境界，同时也被奉为禅的当然境界，禅僧普遍认为"事事无碍"应该"拈来便用"，而且要"得其实用"，其结果是把"事事无碍"理解为"无热恼烧心"的"事事快"。经禅宗转化，华严宗"事事无碍"中的神秘主义因素被进一步清除，并被赋予了自然任运的生活意味。

华严与净土的渊源始于与道绰同时的法顺[2]。其后，智俨又撰有专门的净土论文《十种净土章》《往生章》等，从华严宗角度对净土法门的几个重大理论问题作了解答。智俨本人将进入"莲花藏世界"作为修行的终极归宿，并以西方净土作为中介与桥梁。他将"净方"视为通往"莲花藏世界"的桥梁，这种观点"此后为大多数华严宗信徒所接受"[3]。华严与净土的关系在四祖澄观时发生了本质性的变化，这与唐德宗（780—805）时期《普贤行愿品》的翻译密切相关。新译出的经文中有普贤十大行愿和最后导归极乐的内容，澄观在为其作疏时不得不直面这样一个问题，即为何《华严经》不倡导往生华藏世界，却指归西方净土？对此，他认为："不生华藏，而生极乐，略有四意：一有缘故；二欲使众生归凭情一故；三不离华藏故；四即本师故"[4]。后来宗

---

[1] 《参同契》最后一部分说："本末须归宗，尊卑用其语。当明中有暗，勿以暗相遇，当暗中有明，勿以明相睹。明暗各相对，比如前后步，万物自有功，当言用及处。事存函盖合，理应箭锋拄。承言须会宗，勿自立规矩。"（《五灯会元》卷5，《卍新纂续藏经》第80卷，第108页下）

[2] 据《佛祖统纪》卷29记载"法师法顺，万年杜氏，十八出家。……师每游历郡国劝念阿弥陀佛，著《五悔文》赞咏净土"。（《大正藏》第49册，第292页下）

[3] 魏道儒：《中国华严宗通史》，江苏古籍出版社，2001，第120页。

[4] 澄观：《华严经行愿品别行疏》，《卍新纂续藏经》第5卷，第198页上。

密在此基础上做出了更为详细的解释[1]。这种西方净土不离华藏世界、无量寿佛即是本师的观点是最早融通华严与净土思想的尝试，也是整个华严与净土圆融的理论基石。值得一提的是，在此之前，华严学者李通玄（635—730）就已对净土有过判释，其中《佛说阿弥陀经》和《观无量寿经》中的净土均被判为"是权非实"。这对后来轻视弥陀净土的思想产生了很大的影响，直到近代，印光还不得不对西方净土"是权非实"进行反驳与辩白。

宋以降的禅净教融合潮流中，华严宗人以事禅居多，由于当时僧俗普遍接受西方净土信仰的产生，就不能不引起华严宗人的关注，同时也推动了华严与净土相结合的信仰形态。但华严与净土的真正圆融，还是由净土宗人完成的。云栖袾宏是精通二教的高僧，他意识到净土法门在教理上的不足是造成其被轻视的主要原因之一，若要说服那些贵禅轻净的自负者们，最善巧的方法，莫过于将高深的理论引入净土法门。而《华严经》乃"经中之王"，华严学亦以恢弘阔大的思辨与精密圆融的理论著称，因此，引华严理论入净土法门便是顺理成章之事。他主要是从三个方面入手：一是利用华严的判教系统，将弥陀类经典提升到"分圆"的地位，而通于华严圆教；二是扩大《普贤行愿品》的影响，使其成为净土法门所依的根本经典之一；三是运用华严最经典的理事范畴将《阿弥陀经》中的"一心不乱"诠释为"事一心"与"理一心"，直接用华严学理为净土修持作论证，从此理事无碍、事事无碍不再是华严的专利。

华严宗在明末虽尚有学者，然式微已极。清初续法（1641—1728）一度重兴华严。据说他曾讲《华严五教仪》一遍，"听众茫然不解"。后再讲一

---

[1] 宗密云：不生华藏，而生极乐，略有四意：一有缘故，弥陀愿重，偏接娑婆界人；二欲使众生归凭情一故，但闻十方皆妙，此彼通融，初心茫茫，无所依托，故方便引之；三不离华藏故，极乐去此但有十万亿土，华藏中所有佛刹皆微尘数，故不离也；四即本师故，入法界品偈赞云：或有见佛无量寿，观自在等共围绕，乃至贤首如来阿閦释迦等，皆赞本尊遮那之德也。参见《卍新纂续藏经》第5卷，第322页中—下。

遍,"众亦不知教观之义之始终"[1]。这表明,当时系统普及华严学即使是在义学僧中就已很困难,更不用说其他不以义学为务的佛徒了。华严学的危机由此可见一斑。近代华严宗的复兴肇始于华严典籍的回归。清末杨文会搜集到中国久已失传的数十种华严著述,如智俨《搜玄记》、法藏《探玄记》等,并整理为《华严著述集要二十九种》予以刊行。杨文会素以"教宗贤首,行归弥陀"著称,他深入研究华严教理,并结合时代需要作了发挥,激起了强烈反响,引发了精英知识分子学习华严理论的热情,华严学遂成为近代思想家革新思潮的重要思想资源之一。

在近代民族危亡的关头,华严教义中自度度人、自化化他的菩萨行精神深为救国志士所赞赏服膺。杜继文说:"影响中国近代革新思潮最显著的佛教派别大体有三个:一个是法相唯识宗,一个是净土宗,另有一个就是华严宗。"[2] 近代革新家之喜爱华严,原因是多方面:其法界缘起,事事无碍的宇宙观,能够代替已被西学击败的儒学的僵硬天地观;其现实即理想、理想即现实,彼岸之净土不离此岸之净土,时空的相即相入,成为通向"人间净土"建设的桥梁;其一即一切,一切即一,将个人的命运与民族的安危紧密相连,深化了"国家兴亡,匹夫有责"的社会呼唤;其悲天悯人的救世精神与菩萨胸怀唤起了救国志士之共鸣。章太炎曾宣称"自非法相之理,华严之行,必不能制恶见而清污浊"[3],康有为、谭嗣同、梁启超、杨度等人的思想中,也都可以看到华严思想的痕迹。

与华严学的广泛弘扬形成鲜明对比的是,华严宗的振兴显得步履维艰。华严宗自创立以来,其制度化水平在诸宗当中就属较低的,对帝王的依赖性最强,其法脉传续体现了典型的"人治"特色。自宗密倡禅教一致,华严宗

---

[1] 续法:《贤首五教仪开蒙·叙》,《卍新纂续藏经》第58卷,第688页下。
[2] 杜继文:《中国华严宗通史》序言,《中国华严宗通史》,江苏古籍出版社,1998,第1页。
[3] 章太炎:《人无我论》,《革故鼎新的哲理:章太炎文选》,上海远东出版社,1996,第226页。

统便与禅宗法脉纠缠在一起，前者时断时续，漫无统绪，后者规制严密。与其他佛教宗派相比，华严宗的欠缺更体现在教规、教仪、道场和修行方式等方面。尽管如此，在清末民初，随着佛教复兴之势的整体高涨，还是涌现出了一批以弘扬华严为己任的高僧，其中最著名者为一生"教宗华严，行在禅那"的月霞法师（1858—1917）。月霞法师出身禅门，他对法顺的法界观、法藏与澄观的章疏都有深湛的研究。他曾在祇洹精舍任教，又独立在上海哈同花园创办华严大学，成为近代僧教育的典范之一。在其师弟应慈法师的协助下，月霞培养了慈舟、常惺、持松、了尘、智光等继承宗风的人才，自己也被奉为近代中兴华严的一代宗师。

在弘化方式上，近代华严宗人可谓兴办新式佛教教育的先驱。华严大学是第一所现代意义上的佛教专宗学院，称月霞法师为"民国以来僧教育之始祖，亦不为过"[1]。除此之外，月霞法师还在常熟兴福寺创办"法界学院"，后交与应慈法师管理。应慈在常州清凉寺办了一所"清凉学院"，禅教结合，"弘一律师及蒋维乔居士，对这种真参实学的教育，都极为赞扬"[2]。月霞的另一位著名弟子慈舟也是著名的佛教教育家，曾在杭州创办"明教学院"，又长期在法界学院任教，讲经说法不辍。

在修行方式上，近代华严宗人或归宗于禅、或归宗于净，倒是鲜有谈及禅净双修者。如月霞之剃度、参学、悟道乃至受记别均在禅门，他自许四十年未敢一日离开禅宗，无一日不坐香参禅，无一年不打禅七。其师弟应慈亦坚持"宗承临济，教秉华严"的传统，以弘扬《华严经》为志愿，以参禅为心宗。月霞的弟子慈舟则教弘华严，律持四分，行归净土，呈现出与乃师不同的修学取向。值得一提的是，慈舟同时还是一位以弘律著称的高僧。东初将慈舟与弘一并列为"民国以来律宗之第一尊宿"，并说

---

[1] 东初：《中国佛教近代史》上册，台湾中华佛教文化馆，1974，第204页。
[2] 于凌波：《中国近现代佛教人物志》，宗教文化出版社，1995，第51页。

"慈舟大师学艺造诣,以及声望,虽不及弘一律师,但其行解精进,感化之广,不在弘一之下"[1]。这也从一个侧面反映出近现代佛教诸宗融合的大趋势。

三 律宗：律禅互补律净一如

律宗以佛教广律为立宗之本,其特点是不谈深奥的教义,注重对戒律的阐发与持守,从而保证宗教实践得以顺利进行。戒律是佛法的基础,是所有佛教徒众都必须遵守的行为准则。随着律典的大量翻译引进,律学慢慢发展起来,最终形成了宗派,呈现出"研律成学、弘学成宗、宗学相应、学持相成"的特点。律宗一方面虽以研律、持律、传律为本,但在修行方式上又不限于戒律本身,而是广泛吸取他宗修法,如忏法、参禅、念佛等;另一方面,各宗在抒发自身宗旨时,往往将严持净戒放在首位,将戒律视为本宗存在与发展的先决条件。

就禅律关系言,从原始佛教开始,禅律二者便密不可分。律为戒学,禅或兼摄定学与慧学。非戒无以生定,非定无以生慧,三法相资。戒律最基本的功能是防止五欲的过患,从而使身心安宁,禅的功能是将心定止一境,从而引发智慧的光明。没有戒律作为保证的定,是为邪定与狂慧,而没有智慧指导的戒,是为戒禁取见,为五种邪见之一。禅与律之间的联系,主要表现为律师多从事禅修,而禅僧多弘扬持守戒律,即使是一般的义学僧人也是禅律兼修的。律宗与禅宗形成后,仍然保持着密切的联系。一方面,律宗僧人仍以禅修作为持戒、研律以外的主要修行方式之一;另一方面,禅僧与律寺结下了很深的渊源。在禅宗僧人拥有独立道场之前,禅师大多依止、受业于

---

[1] 东初：《中国近代佛教史》下册,台湾中华佛教文化馆,1974,第786页。

律师或律寺[1]。"禅门独行，由百丈之始"[2]，百丈本人也是师从南岳法朝律师出家的。禅僧虽然别居律寺，但因其"说法住持，未合规度"[3]，最终还是另立禅寺，与传统律寺分道扬镳了。尽管如此，禅宗僧团也从没宣告过不要戒律，相反，许多禅师都十分重视戒律，继续从律师修学。印顺法师曾指出，"至少从道信时代开始，禅宗的修行是有戒有禅、禅戒合一的"[4]。神会说，若想获得无上菩提，"不净三业，不持斋戒，言其得者，无有是处"[5]。

当然，禅宗的兴盛一定程度上影响了传统佛教戒律的持守，淡化了戒律的作用。这主要体现在两方面，一是惠能"无相戒"的提出；二是《百丈清规》的建立。无相戒看重的是持戒的主体——心的作用，以心作为戒的本源。持戒的根本是"妄心不起"，若心中执于有戒，即不是真持戒。真正的持戒是离却口念，无心无住，智者心行，视诸戒如虚空，这就容易使戒法失去具体的规范意义，也容易使某种非戒之行找到合法的理由。另外，《百丈清规》是禅门特有的戒法戒规，一方面体现了禅宗的宗门特色，如"不立佛殿，唯树法堂"等，另一方面也规范了禅僧的行住坐卧，因此怀海说："吾所宗非局大小乘，非异大小乘，当博约折中，设于制范，务其宜也。"[6] 从某种意义上说，《百丈清规》"仍然是传统律学的延伸与发展，因为其条文的规定虽然突破了传统戒相和戒律思想，但这正是体现了佛陀制戒的'随方毗尼'原则"[7]。

宋以后，虽然诸宗融合成为佛教发展的大势，但禅律之间仍然存在着复杂的关系，由禅律相分，乃至出现禅律相攻的现象。一些禅者对律学的抽象理论不感兴趣，撇开"戒是无上菩提本"的精神，一味强调"直取佛境"，

---

[1] 《禅门规式》云："以禅宗肇自少室，至曹溪已来，多居律寺。"(《景德传灯录》卷6，《大正藏》第51册，第250页下)
[2] 道原：《景德传灯录》卷6，《大正藏》第51册，第251页中。
[3] 道原：《景德传灯录》卷6，《大正藏》第51册，第250页下—251页上。
[4] 印顺：《中国禅宗史》，江西人民出版社，1999，第42页。
[5] 参见刘元春《神会及其"菏泽宗"禅法评析》，《觉群·学术论文集》第2辑，商务印书馆，2002。
[6] 道原：《景德传灯录》卷6，《大正藏》第51册，第251页上。
[7] 王建光：《中国律宗思想研究》，巴蜀书社，2004，第272页。

将戒律视为另一法门，而非各法门的基础规范。现实生活中，禅律相攻还表现在双方对外在社会资源的利用和争夺上，最直接的是"革律为禅"，将律院改为禅院，"革律为禅"甚至成为禅师的话头[1]。禅门与律门的"交恶"或许也是宋以后律僧大多选择修净的原因之一，而且这种"交恶状态"一直持续到明清时期[2]。明末佛教复兴，四大高僧都不约而同地从戒律仪轨等佛教内部的制度化建设入手，以图重振整体处于颓势的佛教。律学方面建树比较突出的是袾宏与藕益，二者皆是著名的净宗祖师。这从一个侧面说明，对律宗来说，禅律关系的重要性已逐步淡化，渐渐让位于净土了。

就律净关系而言，戒与净是一体两面的。戒是净的前提，净是戒的结果。佛教戒律中，声闻戒以呵欲不净、出要为乐为原则，主要目的在离恶行的过失，断烦恼垢染，从而达到障尽解脱的离垢清净。菩萨戒，以方便度生，志在利济为怀，所要达到的是超诸善恶对待的自性清净。而无论大小乘戒，其最终目的都是身心世界的净化。从这种意义上说，戒即是净，净即是戒。戒与净这种互为因果、内在相通的关系，虽不必然使律宗人归信净土，却是律净结合的基础，也是作为宗派的律宗与净土宗一直相互接纳、友好的内在原因之一。

史上记载的较早具有净土信仰的律宗僧人是慧满与道宣。慧满"愿生安养，浴僧为业，学安公之芳绪"[3]。道宣则是一位弥勒信徒，似乎也兼有弥陀信仰。唐中期突然涌现了一批信仰弥陀净土的律宗人，律宗三系中皆有[4]。有学者认为，开始"应当是由于唐初时弥陀净土信仰已很兴盛，而律宗人趋

---

[1] 《建中靖国续灯录》卷十二中有问："祖意西来即不问，改律为禅事若何？"照觉禅师答道："壶中日月，物外山川。"（《卍新纂续藏经》第78卷，第713页中）

[2] 参见王建光《中国律宗通史》，凤凰出版社，2008，第355、432页。

[3] 道宣：《续高僧传》卷二十二，《大正藏》第50册，第618页下。

[4] 据刘长东《晋唐弥陀净土信仰研究》（巴蜀书社，2000）考证，唐中后期信仰弥陀净土的律僧有法慎（东塔系）、道光（南山系）、齐翰（相部系）、辩才（不详）、辩秀（师昙一，系调和三家者）、神皓（师昙一）、神凑（不详）等。

从了这种风气的缘故",后来则主要是天台宗对律宗的影响[1]。天台宗素来崇信弥陀净土,在台律日趋融合的趋势下,律宗受其影响,也逐步归信弥陀净土了。至宋代,律师入净的现象已经比较普遍,净土信仰已成为律宗僧人修行实践的主要内容。其中在理论与实践两方面都达到很高成就的当属灵芝元照(1048—1116),其既有关于西方净土与唯心净土的理论辨析,又作《净土礼忏仪》供众修习。他受慈愍慧日的影响很深,主张律净兼修,特别是要在净土思想和修行中贯彻戒律的精神。

明末袾宏重视依律修行,并以"精严律制为第一行",因此着力对佛教戒律进行疏释,其著述对后世产生了极大的影响。他十分重视《梵网经》菩萨戒本,认为"由此戒而发舒万行,则菩贤愿王,由此戒而廓彻孤明,则文殊智母。……大哉菩萨戒也,其一切戒之宗欤"[2]。此外,袾宏制定的佛教法事仪轨和僧团共住规约也都为后来的律净两宗所继承。智旭的律学思想也十分丰富。他认为"若轻律者,定属邪见,非真实宗匠也"[3]。作为一名以兴律重戒为己任的净土宗高僧,智旭对净土念佛与依律修行间的关系分析得十分透彻,他说:"持戒念佛,本是一门,原非异辙。净戒为因,净土为果。若以持名为径,学律为纡,既违顾命诫言,宁成念佛三昧。……故一心念佛者,虽能止恶防非,专精律学者,尤为守佛明诲。现在绍隆佛种,临终则上品上生,法门之妙,孰过于此。"[4] 明代高僧的律学思想和重振律学的努力直接影响到其后中国佛教的总体发展。他们不仅强调诸教终归净土,更着意于对净土法门贯彻精严的戒律精神,这对净土法门和律学本身,意义都是深远的。

律宗自明末古心如馨传戒于南京古林寺,后有三昧寂光分灯于宝华山,遂分为古林、宝华二派。宝华山在见月读体(1601—1679)住持时期,逐渐

---

1 刘长东:《晋唐弥陀净土信仰研究》,巴蜀书社,2000,第344、458页。
2 袾宏:《梵网经心地品菩萨戒义疏发隐》序,《卍新纂续藏经》第38卷,第134页中。
3 智旭:《重治毗尼事义集要》,《卍新纂续藏经》第40卷,第344页上。
4 智旭:《重治毗尼事义集要》,《卍新纂续藏经》第40卷,第343页上。

发扬光大，隆昌寺也成为律宗重镇。读体对后世律宗最突出的贡献是制定了《传戒正范》，被"天下奉为司南，名曰律主"[1]，至今仍为中国大部分汉传佛教寺院授戒所奉行。从读体曾两度"修般舟三昧九十日，为众标榜"[2] 来看，他是律、禅、净三者兼修的。当然，尽管清代律宗有所复兴，但总的来说，律宗缺少理论传承和有分量的著作。而且，经过不断的相互融合与吸收，虽然佛教仍以教、律、禅三门分之，但各宗之间的界限趋于混同，律宗的主体性也在逐渐消融。

戒律重振与律学复兴成为近现代中国佛教复兴的重要篇章，其最大的特点是突破了律宗的范围，成为僧俗四众共同关注的问题。无论高僧大德，还是居士学者都认识到戒律废弛是近世佛教极度衰败的主要原因之一，也将建立契理契机的律学作为振兴中国佛教的重心所在。不仅禅宗领袖开始主动纠正轻忽戒律的弊端，天台、华严、净土等各派高僧也纷纷结合自宗教义对戒律做出新的解释与要求。而居士学者在近现代律典搜集和律学研究方面也做出了努力，欧阳竟无、吕澂、周叔迦等都有专门的律学专著。此外，太虚法师的戒律思想在近代律学复兴中也十分突出。他自言，"志在整理僧伽制度，行在瑜伽菩萨戒本"，其律学贡献分成两部分，一是对佛教僧制的改革，二是对菩萨戒本的阐说[3]。太虚的僧制改革设想与对新式佛化生活的展望十分宏大美好，虽然以当时中国的社会条件难以实现，但他引用西方政治理念、公民意识和科学思想对传统戒学所作的诠释，具有鲜明的时代特征，代表了中国佛教律学的发展方向。

1　《觉源禅师与本师借庵老和尚论传戒书》，附《三坛传戒正范》，《卍新纂续藏经》第60卷，第676页下。
2　读体曾于五十三岁（1653）、五十五岁（1655）两度闭关修习般舟三昧，效仿道宣律师，谢事闭关，不坐不卧，不旁倚，昼夜精持，不治床凳，力行九十日出关。（温金玉：《见月律师年谱》，见白正梅《见月律师传》，宗教文化出版社，2003，第251页）
3　前者是针对整个佛教制度体系如何适应中国社会需要的构想，主要体现在《整理僧伽制度论》《建僧大纲》《僧教育要建筑在僧律仪之上》等文中；后者是针对佛教徒个人日常应当如何持戒修行的解说，主要有两部讲记《瑜伽菩萨戒本讲录》和《优婆塞戒经讲录》。

弘一法师以高尚的人格戒行、精湛的理论修养和坚韧不拔的宏律精神而被尊为南山宗第十一祖。他的思想特点鲜明，一为革除时弊，二是解答现实问题。大醒曾指出，弘一"入佛后走的路有三条：研究的是华严，修持的是净土，弘扬的是律宗"，即"以华严为境、四分戒律为行，导归净土为果"[1]。作为中兴律宗的一代高僧，他的主要活动是研律、讲律、弘律，同时，念佛也是其一生中"最重要的一项活动"[2]。他对自己的修行定位十分明确，即效仿灵芝元照律师"生弘律范、死归净土"的律净双修之路。在净土法门的具体实践上，弘一法师对印光的净土修行规范有着发自内心的认同与归属，深信不疑。他认为初学修佛最好是每天念佛号，时间不必求长，唯须专意，不可游心于他事，练习专心念佛。为了帮助初学者专心念佛，他还发明了"听钟念佛法"，即以座钟挂钟叮当叮当之响配合"阿弥陀佛"或"南无阿弥陀佛"六字的节奏，倘有间断，一闻钟响，即可警觉。弘一法师之所以能善巧地发明适合大众修习的念佛方法，与他出家前曾是一位卓越的艺术家是分不开的。他以笔墨书画接人，终生不辍，留下了数千幅佛教艺术珍品；亦以音声曲目接人，与太虚合作的《三宝歌》及其他佛教歌曲，至今仍传唱不绝，带给人艺术的享受和心灵的启迪。弘一法师"巧把尘劳做佛事"，凡善利群众公益之事，悉皆尽力集积的实践，从一个侧面证明，净土法门"无人不可学，无处不可学"，出世不碍入世。他"这种针对现代人的生活，使士农工商念佛修净土而又各安其业的思想，显然具有现代意义，这种对念佛的提倡对当代佛教的发展具有积极的影响"[3]。弘一的念佛理念不但在当时引领了律净结合的修行方式的入世化转型，而且对今天的佛教仍然有值得借鉴的意义。

---

1 亦幻：《弘一大师在白湖》，《弘一大师全集》第10册，福建人民出版社，1993，第46页。
2 黄夏年：《弘一法师与念佛法门》，见《佛教与历史文化》，宗教文化出版社，2001，第328页。
3 洪修平：《从"念佛禅"看弘一法师修习念佛法门思想》，《觉群·学术论文集》第1辑，商务印书馆，2001，第36页。

结语　禅净修习方式入世转型的意义

中唐以降，随着教下诸宗的衰落，以及禅、净法门的日益兴盛，禅宗与净土宗实际上构成了此后千余年中国佛教的主要内容。与此同时，佛教界讨论义学的兴趣日渐减少，相关成就乏善可陈，对禅修与念佛等修习实践的关注则越来越多，从而深刻地影响了两宋以后中国佛教的发展方向。从这个意义上说，尽管近代中国佛教入世转型过程中，唯识、华严、天台、密宗等宗派皆有过十分突出的表现，且在对社会革命思潮的影响及与西方科学、哲学的交涉等方面发挥了更加重要的作用。但作为中国佛教的主要内容，禅净修习方式的入世转型在近代中国佛教入世转型中所起到的作用，无疑是独特且无法替代的。

从历史的维度来看，禅、净二宗本为同根同源，但在后来的发展过程中逐渐走向分离，并最终演变为各自独立的两个中国化佛教宗派。这也就是说，在禅净二宗的形成过程中，便已经伴随着在中国社会中不断入世的过程。二宗的入世主要体现在修习方式上，显而易见的便是后世蔚为大观的禅净兼修潮流，以至于到了明清时期几乎鲜有佛教道场不提倡参禅与念佛并行者。当然，这并不是说禅、净二宗便失去了各自的独立性，混融为一。事实上，两者在融合的同时，也仍然保持着各自独立的发展方向。因此，本章探讨的入世转型实际上是基于禅净兼修、禅宗与净土宗三个方面展开的。本章所言"入世转型"也主要地指在社会转型基础上，对原本"入世"方式的"转型"，而非"入世"本身。因为，近现代佛教的入世转型实际上是滞后于社会转型，并在社会转型的强烈影响下而展开的。换言之，即社会的转型催动了本就已经有一定程度的入世性质的禅净修习方式，发生了转变入世方法以适应新的社会形式的转变。

禅净兼修很大程度上是筑基在传统佛教生活中的，因此，传统丛林生活的演变左右了禅净兼修这一修习方式的发展。事实上，尽管近代中国佛教改革运动风起云涌，但对广大的佛教徒来说，这一变化却是比较缓慢的。更多的僧侣或者守旧、或者采取温和的改进措施，这不仅意味着佛教的近代改革将是一个长期的过程，也意味着禅净兼修作为一种修习方式，将长期存在于佛教中。当然，随着社会与佛教改革的展开，兼修的修习方式将会以最先、也最稳定的方式发生改变。从这个意义上说，禅净修习方式的近现代入世转型实萌芽于禅净兼修的发展，其尤以印光、虚云与圆瑛等人为代表。有意思的是，此三人常常被认为是近代佛教保守派的代表。其实，保守派并不意味着对佛教改革的完全拒斥，只是他们的改革更强调对传统佛教根基的维护以及佛教界的整体稳定。正如洋务派只涉及器物而不涉及制度、维新派只涉及制度而鲜少涉及思想一样，禅净修习的入世转型也是缓慢而渐进的，虽然如此，却不能否定所谓保守派开风气之先的时代意义。事实上，他们的方式更容易为当时的佛教界接受，并影响到其他佛教宗派对发展方向的考量，从而启迪包括天台宗、华严宗、律宗等诸宗派的改革的展开。

随着禅净修习入世转型的深入，禅宗内部出现了更加彻底的转型方案，这以太虚的人间佛教思想最具代表性。太虚在禅宗的基本立场上，促进了禅宗修习方式向着更加关注人的圆成与社会场域改善的方向发展，从而使得禅宗修习与近现代中国人的社会生活更加紧密联系在一起。而在净土修习方面，由于其已经在长期的发展中渗透到了社会的各阶层，故其转向也呈现出了更加多元化的特征，既有在传统基础上演变出来的散心念佛，也有受日本回传中国净土经典以及日本净土真宗影响而产生的本愿念佛，还有与近现代科学技术相结合的尝试等。这些转向总体上彰显了近现代净土修习更加注重调和出世与入世的倾向。

近现代禅净修习方式的入世转型的影响深远。直至今日，禅净兼修仍是广大汉传佛教徒的基本修行方式之一。而且，随着社会转型的发展，禅净兼修的修习方式又在印光、虚云与圆瑛的基础上向前推进了。人间佛教实践虽然在太虚去世后一度陷入沉寂，但不久以后的20世纪50年代与80年代，人间佛教便在港台与大陆再度兴盛起来。并在印顺、圣严、赵朴初、星云等人的推动下，俨然成为当今佛教最显著的发展方向之一。至于净土修习的多元化发展在当代的表现也十分显著，散心念佛虽然没有被佛教界明确认可，但其修行简易化的追求又与本愿化的净土修习形成合流，促进了近现代净土修习的大众化。此外，现代文明与净土修习的关系也进一步演进。净土修习不再局限于调适自身与现代文明的关系，而是更努力地从现代文明的受冲击者向受惠者的角色转换。

客观地说，禅净修习的入世转型迄今难说完成，并且还将随着社会现代化的深入而不断发展。但如果进行阶段性回顾的话，仍旧有很多经验和教训值得吸取，并对未来的禅净修习入世转型具有参考价值。

第一，禅净修习方式的入世转型要注重人本。禅宗与净土宗素来肯定人的价值，主张人人皆有佛性，人人皆可往生西方，这与强调以人为本的现代价值理念可以形成良性互动。禅净修习方式在近现代转型过程中，净土念佛方式越来越简易和多元，客观上是要将西方净土向所有人以尽可能多且便捷的途径开放；人间佛教则抨击过去的佛教为"死人的宗教"，转而关注人的世界，而非亡灵的世界。他们强调人成即佛成，自我道德与价值的实现不仅是建设人间净土的基础条件，也是实现修行成佛这一终极目的的关键环节。

第二，禅净修习方式的入世转型要着眼现实。传统佛教视现实世界为秽土，而无论是通过参禅顿悟彻见唯心净土，还是通过念佛追求往生西方极乐，都充满着对此世界的否定态度。但以人间净土实践为代表的入世转型方向，则要求人们在自我成就的基础上，效法十方净土，将娑婆世界改进为人间净土，从而肯定了人们积极从事改造现实社会的价值与意义。此外，无论是人间佛教，还是当代净土宗诸寺庙，大多将积极参与现实社会的慈善、教育以及人心抚慰等方面的活动视为日常修习的重要方式，这也是其修习方式日益关注现实社会的重要表现。

第三，禅净修行方式的入世转型离不开国际交流。回顾近代中国佛教的发展历程，国际佛教界，特别是日本佛教界对中国佛教的发展产生了很大的影响。就净土宗来说，前文已经提及日本回传的久已失传的昙鸾、道绰、善导等人的著作，以及日本净土真宗在中国的影响等，对净土修行方式的入世转型起到了直接的推动作用。而太虚法师本人则有着丰富的国际交往经历，对国内外情况相当熟悉，其建设人间净土的构想中，也处处充满了现代文明，特别是西方文明的价值与理念。事实上，随着现代社会的发展，世界将越来越开放，这就意味着禅净修习方式的入世转型将面对更广阔的国际视域。也就是说，将来禅净修习的入世转型不仅要强化与东亚、东南亚佛教界的交流，也要增进与印度教、基督教、伊斯兰教等其他宗教的交流，并在交流中互鉴长短，促进自身的发展。

第四，禅净修习方式的入世转型应顺应时代，面向未来。回顾近百年来的禅净修习方式，总体上是在稳定中逐渐演进的。事实上，由于禅宗、净土宗与传统社会的密切关系，禅净修行方式的入世转型很难脱离现实社会而骤然展开。这也是为什么人间净土思想在最初的几十年里不仅难为当时佛教界接受，也没能迅速开枝散叶的原因。只有当中国社会现代化发展到一定程度以后，人间净土的价值理念才真正为人们所广为接受。当人类进入 21 世纪，社会的变化越来越快，生物科学和信息技术飞速发展，这些都正在颠覆性地改变着人类的生命观与世界观。佛教究竟以何自处，禅净修习方式将如何承继，今后的入世转型将朝着何方深入，这些都将是未来佛教所面临的重要的时代课题。

第十章
近现代居士佛教的入世转型

章太炎曾说:"自清之季,佛法不在缁衣,而流入居士长者间。"[1] 在近现代佛教的变革与发展中,居士扮演了重要角色,因而居士佛教的入世转型也构成了近现代佛教入世转型的重要部分。居士佛教的入世转型问题之所以需要设立专章来讨论,不仅是因为居士在振兴近现代佛教过程中起过重要作用,更是因为在入世转型问题上居士佛教有其特殊性。其一,居士作为在家的佛教信徒,本身就处于出世与入世之间。其二,中国的居士佛教是有入世传统的。如果说近现代佛教入世转型问题重点在于探究佛教如何从传统"出世脱俗"的宗教追求转变为"入世化俗"的社会实践,那么居士佛教入世转型问题就是要重点探究居士佛教的入世方式是如何由传统转向现代的。而要凸显"转型"问题,就需要确立两个研究的参照坐标:一是以寺僧佛教为参照。从宗教身份来说,居士是相对于僧侣而言的;而从历史来说,居士佛教与寺僧佛教之间存在一个此消彼长的关系,寺僧佛教兴盛则居士佛教对其依附性强,寺僧佛教衰微则居士佛教对其依附性弱。因此,居士佛教的兴衰变化需要在与寺僧佛教的关联中呈现。二是以传统居士佛教为参照。在古代,中国的居士佛教就存在入世倾向,近现代居士佛教的入世既然是一种"转型",就不应该仅仅是对传统的继承,还应该有对传统的转变,因此,近现代

---

[1] 章太炎:《支那内学院缘起》,《中国哲学》第6辑,生活·读书·新知三联书店,1981,第311页。

居士佛教的入世转型还需要在与传统居士佛教的比较中凸显。

第一节　近现代居士佛教入世转型的因缘

佛教从根本上说是讲求出世的宗教，其超越性的获得主要依靠个体的"觉悟"来出离世间，达到涅槃寂静的境界，因而在中国历史上，佛教，尤其是居士佛教虽有过入世的倾向，但根本上却仍保持着出世的指向。及至近现代，居士佛教不仅在价值取向上向入世倾斜，更是以社会组织化的形式开展了各种入世活动，从而在整体上呈现出入世转型。居士佛教近现代以来的入世转型，一方面需要从居士佛教的特性以及中国居士佛教的历史传统中去考察，另一方面则需要结合特殊的时代背景来加以探讨。

一　居士佛教入世转型的历史根源

近现代居士佛教的入世转型，有其历史根源和现实机缘。就其历史根源而言，主要体现在以下四个方面：

1. "居士"概念与世间的关联

汉传佛教中的"居士"一词译自梵文 Grhapati，音译为迦罗越。在早期的印度佛教经典中，它曾用来泛指四种姓中的吠舍种姓。《长阿含经》云："有四姓种，善恶居之，智者所举，智者所责。何谓为四？一者刹利种，二者婆罗门种，三者居士种，四者首陀罗种。"[1] "此人乃能舍离家累，入山求道，以其能离恶不善法，因是称曰为婆罗门。……彼众生中习种种业，以自营生，因是故世间有居士种。彼众生中习诸技艺，以自生活，因是世间有首陀罗

---

[1] 《长阿含经》卷6，《大正藏》第1册，第37页上。

种。"[1] 在古代印度社会的四个阶层中，吠舍大都从事手工业和商业，他们中很多都信仰佛教，并且是佛教传播过程中主要的资助者，所以早期的"居士"可与吠舍等同。而在释迦牟尼时代，这些享有财富和地位的人又被称为"长者"，所以"居士"亦可谓导源于"长者"[2]。可见，"居士"概念在其产生之初就与世俗社会的财富、地位等要素有密切关联。而随着佛教的广泛传播和大乘佛教的兴起，"居士"一词的内涵逐渐由吠舍、长者向"居舍之士""白衣"（平民）转移[3]，这表明在与种姓观念分离之后，"居士"概念与世间的联系更为紧密了，它不仅指涉了更广泛的活动于世间的人，还阐明了"居家"这一僧俗本质差异之所在。

佛教传入中国之初，并非是用"居士"，而是用"信士"（梵文 Upāsaka，音译为优婆塞）一词来指称实际上的居士[4]。无论是"居士"还是"信士"，在汉语中都是偏正结构的词组，中心语皆在"士"字上，"士"指从事某一职业或专于某一技艺的人，如"隐士"即隐居于山野的人，"术士"即精通术法的人，"居""信"与"隐""术"一样是"士"的修饰语。由此可推知，"居士"原指居家饱学或隐居不仕的人，"信士"原指专于"信"的人。当时人用"信士"来指称佛教居士时，所要强调的是这一类人对佛教的信仰状态。《长阿含经》云："尔时，世尊渐为说法，示教利喜，诸清信士闻佛说法，即白佛言：'我欲归依佛、法、圣众，唯愿世尊哀愍，听许为优婆塞，自今已后，不杀、不盗、不淫、不欺、不饮酒，奉戒不忘。'"[5] "信士"又称为"优婆塞"，具体指那些皈依了佛、法、僧三宝，且受过五戒的人，是严

---

1 《长阿含经》卷22，《大正藏》第1册，第149页中。
2 潘桂明：《中国居士佛教史》，中国社会科学出版社，2000，第2页。
3 《大智度论》云："居士真是居舍之士，非四姓中居士。"（《大正藏》第25册，第742页上）《维摩诘所说经》云："时维摩诘来谓我言：唯，大目连，为白衣居士说法，不当如仁者所说。"（《大正藏》第14册，第540页上）
4 吴忠伟：《居士佛教与佛教中国化——评潘桂明先生〈中国居士佛教史〉》，《佛学研究》2002年刊。
5 《长阿含经》卷2，《大正藏》第1册，第12页中。

格意义上的居士。以"信士"来指称居士，一方面反映了佛教传入初期曾一度被视为黄老道家的同类，故"信士"与"术士""方士""道士"同列；另一方面则反映出时人对一般信佛者与出家人之间的区分还不够清晰。因为专于佛教信仰是居士与僧人的共通之处，并不能够作为区分二者的标准。所以随着佛教在中国传播的深入，尤其是佛教僧团和戒律的完善，"居士"一词逐渐取代"信士"被用来指称实际上的佛教居士。[1]

然而，"居士"一词与实际上的佛教居士之间的名实相符也有一个过程。在中国古代文献中，"居士"一词虽有隐居之意，但更多地偏向于形容一个人的德才，如《礼记·玉藻》云："居士锦带"，郑玄注曰："居士，道艺处士也。"到了鸠摩罗什之时，"居士"一词已经被用来翻译早期印度佛教经典中的居士，"什曰：外国白衣多财富乐者，名为居士"[2]。到了隋代慧远之时，"居士"一词的传统意义与翻译意义进一步融合，其内涵基本上已能体现我们今天对"居士"的普遍理解，即"居士有二。一广积资产，居财之士，名为居士；二在家修道，居家道士，名为居士"[3]。此时，"在家修道"这一居士与僧侣的根本分别逐渐清晰起来，居士与世间的密切关联也得以凸显。

2. 居士群体与古代居士佛教的入世倾向

中国古代佛教居士群体的核心成员及其身份特性决定了中国居士佛教的入世倾向。历史地看，中国本土居士的诞生与佛教的传入是同步的。根据目前已有的几种佛教入华说，汉哀帝时的博士弟子景卢（秦景宪）[4]、汉明帝及

---

[1] 吴忠伟指出："本土之居士的出现要早于本土之僧人，或者可以说早期并无'居士'与'出家'之分。……'居士'一词被用于称呼居家习佛之士当是在佛教僧团较为完善之后，由于戒律的不断翻译，戒律执行的趋于严格，以及僧团组织的正规化，出家之僧人相对俗界可以处于一种自我清修，不予世事的状态，由此出家僧人与在家习佛的差别就非常明显地表现在'出家'与'在家'上，此时，已有的'信士'一词便不足以范围居家习佛之士，而'居士'一词因此应运而生。"（吴忠伟：《居士佛教与佛教中国化——评潘桂明先生〈中国居士佛教史〉》，《佛学研究》2002年刊）

[2] 僧肇：《注维摩诘经》，《大正藏》第38册，第340页中。

[3] 慧远：《维摩义记》，《大正藏》第38册，第441页中。

[4] 《魏略·西戎传》（已佚，参见裴松之《三国志·魏书·东夷传》）载："昔汉哀帝元寿元年，博士弟子景卢受大月氏王使伊存口授《浮屠经》。曰复立者，其人也。"据《魏书·释老志》，景卢即是秦景宪。

使臣张骞、羽林郎中秦景、博士弟子王遵、楚王刘英等有可能是最早的一批本土居士。从社会身份上来说，他们是帝王、贵族、官僚、士人，皆属于社会的统治阶层和知识阶层，可见佛教传入中国之初主要是在上层社会传播，最先形成的是一种上层居士佛教或者说是精英居士佛教。直到东汉末年，随着佛寺的建造和早期弘法活动的开展[1]，居士群体的人员结构才有所变化，普通民众开始接触佛法并加入到居士行列，基层居士佛教或者说是民间居士佛教逐渐形成。虽然广泛意义上的居士应当指佛教的全部世俗信徒，但是在"居士"一词的实际运用中，其范围往往限制在部分富有、享有一定社会地位的佛教在家信徒中[2]，而这一部分人既是中国最早的本土居士，也是中国居士群体的核心。因为他们掌握着政治、经济、文化等权力，所以他们不仅领导着基层居士（普通社会民众），还决定着中国居士佛教的发展方向。

有学者指出："所谓'居士佛教'，首先是'居士'（俗人），然后才是'佛教'（学佛）。"[3] 居士们既然未舍家出世，那么他们的社会身份和阶级本质就不会改变，并且潜在地决定了居士佛教的基本形态和发展方向。作为上层居士的帝王、贵族、官僚、士人，首先是社会的治理者，他们在等级森严的封建社会中扮演着不同的角色、履行着各自的职责，以确保国家的正常运转，"入世"就是他们的日常生活。其次，他们也是文化传统的承担者，在佛教传入之前，他们已经确立起了以儒学为核心的意识形态，从文化身份上来说，他们先是一名儒者，而"入世"乃是他们践行儒家"修齐治平"基本

1　据《三国志·吴书·刘繇传》所载："（笮融）遂放纵擅杀，坐断三郡委输以自入。乃大起浮屠祠，以铜为人，黄金涂身，衣以锦采。垂铜槃九重，下为重楼阁道，可容三千余人，悉课读佛经。令界内及旁郡人有好佛者听受道，复其他役以招致之。由此远近前后至者五千余人户。每浴佛，多设酒饭，布席于路，经数十里。民人来观及就食且万人，费以巨亿计。"这是正史有关佛教建寺造像的最早记载，同时也反映了早期居士佛教活动的状况。

2　潘桂明：《中国居士佛教史》，中国社会科学出版社，2000，第4页。

3　潘桂明：《宋代居士佛教初探》，《复旦学报》1990年第1期。

理念的表现。

基于政治上、文化上的身份和责任，以知识阶层为核心的上层居士们在信仰佛教时或多或少地也蕴含着一些政治上、文化上的目的。周叔迦就曾指出楚王英通过奉佛赢得了广大群众的拥护，有凌逼帝位之势，从而引起明帝的忧虑，以致明帝夜梦金人、遣使求法，而在政敌既除之后，佛教便无利用价值了，于是禁止汉人出家奉佛，佛典也不再向社会流传，此后八十年中佛教都是寂然无闻的[1]。历代士夫们精研佛教义理，大都也有调和儒、佛，以佛学来补充儒学的意图，从而使儒家学说在心性论、本体论、道统论等方面都得到了新的发展。当然，作为上层居士主体的士夫群体，他们信仰佛教也有宗教上的需要。儒家的入世思想并不只是某种世俗人文主义的传统，它根源于以天或天道为核心的超越性信仰[2]，在经过轴心时代的"哲学突破"之后，"天""天道"虽转向"人"和"人道"，但世间与超世间仍然保持着一种不即不离的关系。儒家的"入世"始终带有超世间的精神追求，因而呈现出正反两个面向，即"天下有道则见，无道则隐"（《论语·泰伯》）。当"天下无道"时，佛教便成了士人们的隐遁退路和精神慰藉，这种居士佛教既然是作为儒家"入世"之道的反面而存在，那么必然蕴藏着向正面翻转的可能，自然也就有了入世的倾向。

3. 汉传佛教的特质与居士佛教的入世转型

汉传佛教的特质奠定了中国居士佛教入世转型的基础。佛教传入中土后，经过选择与发展，形成了许多不同于印度佛教的特质。

首先，基于中国传统文化，中国人对大、小乘佛教进行了选择，确立了大乘佛教思想的"独尊"地位。其实，在东汉时期，上座部、大众部等佛教思想都被译介到了中土，但当时的中国人对其中的分别并不十分清楚，安世

---

1 周叔迦：《中国佛教史》，《周叔迦佛学论文全集》第1册，中华书局，2006，第99页。
2 张灏：《儒家经世理念的思想传统》，《政治思想史》2013年第3期。

高所传的禅数之学曾一度流行；直到鸠摩罗什来华，译介了大量大乘佛教经论，尤其是当时印度盛行的龙树系大乘学说，中国人对印度佛教流派之间的分别才清晰起来，并开始推崇大乘学说[1]。大乘学说之所以自魏晋之后逐渐取得独尊地位，一方面是因为早期中国佛教的命运基本上掌握在帝王、贵族、士夫等上层居士手中。如前所述，佛教传入中国之初主要是在上层社会传播，最先形成的是上层居士佛教，寺僧佛教的形成则相对较晚，一般认为朱士行是中土第一位僧人，在此之前的僧人皆为外族。外国僧人想要在中国传播佛教，就必须依靠掌握着政治、文化权力的上层居士。所以在佛教早期的接受与传播过程中，上层居士起着至关重要的作用。对于这些上层居士来说，断发、舍家、苦行、禁欲等解脱方式，不仅太过艰苦，而且与中国传统的伦理思想、生活方式相违背；而大乘佛教对菩萨道的倡导，尤其是对居士佛教的重视，却为他们兼顾世俗生活和个人修道提供了理论上的支持，那么他们选择大乘就成为一件自然而然的事。另一方面则是因为大乘学说与中国传统文化更为契合。在印度佛教中，上座部各派偏重说"有"，大乘佛教则偏重说"空"，而大乘般若学假有性空的理论与老庄玄学谈无说有的思想，有颇多相似之处，所以般若学在传入之初就借助老庄的术语来"格义"，并由此与魏晋玄学合流而产生了六家七宗。又大乘佛教主张菩萨道，以发菩提心、自利利他、普度众生、成就佛果为目的，这就与儒家的入世、仁爱等原则有了共通之处，后来的佛教人士常以佛教的"五戒"来比附儒家的"五常"，认为佛教可补儒家之教化，二者殊途而同归。正如已有的研究所表明的，中国传统思想文化本质上是一种关于人的学问，重视现实的社会和人生是其最根本的特点；印度佛教理论本质上也是一种人生哲学，虽然基于人生皆苦的价值判断，它对现实人生持否定态度而将人生理想的实现放到了虚无缥缈的未来，

---

[1] 吕澂：《中国佛学源流略讲》，中华书局，1979，第86页。

但其中仍包含着某种对人的肯定和通过自己的努力来实现人生永恒幸福的向往，正是这种对"人生"内涵的扩大和对道德行为自作自受的强调，提供了佛教与中国传统固有的儒、道人生哲学相融互补的契机[1]。

总之，中国居士佛教的兴盛与大乘佛教的流行是一个互为因果的关系，居士有入世的需要而选择了大乘佛教，大乘佛教有普度众生的目的而提倡居士佛教。有学者指出，中国人既然选择了以居士为中心的大乘佛教，"并在经典中规定凡发菩提心的居士，地位不在出家声闻之下，那么，中国佛教的主导地位由僧侣而转到在家居士手里就只是一个时间问题"[2] 了。

其次，在与以儒学为核心的中国传统文化融合之后，中国佛教形成了明显的入世化特征。印度佛教始终是一种出世的宗教，其在修道方式、价值取向等方面都与重视现实社会人生的中国传统文化不太一样，因而在传入中土之初曾受到过以儒学为主要代表的传统文化的强烈排斥。为了在中土扎根，印度佛教不得不与儒学这一中国传统思想文化的主流和中国宗法制度的思想支柱进行调和，由此开始了它中国化、儒学化的历程。历史上佛教的儒学化经历了一个由表及里的过程，即"从表层的对儒家纲常名教的妥协，发展为对儒家重视现世人生的人文精神和思维特点、思想方法的融合吸收"[3]。在儒家纲常名教与人文精神的熏陶下，中国佛教的入世化特征日益显著。一是逐渐具备了政治和宗法色彩。东晋时的道安就说"不依国主，则法事难立"，表现出明确的政治依附意识，至隋唐时更是有不少僧人出入朝堂成为"政治和尚"。而在对政治的依附中，佛教一方面成为统治者维护统治的工具，另一方面则开始将宗法制度作为佛教内部的一种传承方式，隋唐佛教宗派的建立就是这一转变的结果。二是"人学"性和人文化精神日益凸显。印度佛教从

---

[1] 洪修平：《论儒道佛三教人生哲学的异同与互补》，《社会科学战线》2003年第5期。
[2] 李向平：《居士佛教与近代中国佛教的复兴思潮》，《五台山研究》1993年第3期。
[3] 洪修平：《佛教与中国传统思想文化》，河北佛学院，2000，"前言"第13页。

缘起法出发反对"我"的存在，但在儒家重主体、重心性的思想影响下，中国佛教开始从人心、人生层面发挥印度佛教的佛性论[1]。禅宗就是"一方面破除对佛祖等外在权威的迷信和崇拜，强调每个人的自性自度，另一方面又将解脱理想融入到当下的现实人生之中，把修道求佛的修行贯穿在平常的穿衣吃饭之间"[2]。到宋明之后，这种"舍人道无以立佛法""出世不离入世"的观念逐渐成为中国佛教界的普遍共识，而这一观念也为近现代以来的人间佛教运动提供了重要的理论资源和信仰基础[3]。居士佛教作为中国佛教的一部分，自然也具备着这一入世化特征。

4. 明清居士佛教的入世转向

明清时期居士佛教出现了较为明显的入世转向。佛教传入中国后，最早走的主要是上层传播路线，统治者们往往将佛教作为补充儒、道的政治资源，士夫们则将佛教作为逃遁现实、慰藉身心的精神资源，上层居士对佛教的定位虽然很好地发挥了佛教出世的旨趣，却也极大地影响到了佛教在社会各个层面的传播。及至明代，中国的封建专制统治达到极致。一方面统治阶层加强了对佛教的控制，从制度上将寺僧佛教分为禅、讲、教三类，经忏、超度等一些世俗事务被纳入了佛教日常活动，促使佛教进一步向世俗转化。另一方面高度集中的皇权也挤压着士夫们的政治生活空间，到了明末还出现了吏治腐败、宦官专权、结党营私等现象，上层士夫中兴起了一股逃禅的风气，下层士夫向上晋升的道路变窄，转而投身佛教，他们"选择捐助佛教寺院这个恰当不过的公共空间来表达自己的理念和追求，替以实现自己在国家体制内得不到的那种公共权力"[4]。在士绅社会形成的同时，居士佛教的入世转向

1　洪修平、韩凤鸣：《佛教中国化与三教关系论衡》，《华东师范大学学报》2013年第2期。
2　洪修平：《试论中国佛教思想的主要特点及其人文精神》，《南京大学学报》2001年第3期。
3　洪修平：《〈坛经〉的人间佛教思想及其理论特色》，《河北学刊》2011年第6期。
4　〔加〕卜正民：《为权力祈祷——佛教与晚明中国士绅社会的形成》，张华译，江苏人民出版社，2005，"译者的话"第5页。

也日渐凸显。而到了明清易代之际，士夫逃禅之风更盛。有学者指出，遗民逃禅看似是一种出世，但实际上这些士夫长期受到儒学的熏陶，即便出家也很难与世俗决裂，做到真正出世，他们逃遁进佛教更多的是为了表明他们对明王朝的忠孝和不仕清朝的决心[1]。因此，这一时期的居士佛教具有极强的入世关怀，他们以佛教来表达爱国主义、民族主义的入世方式直接启发了近现代居士佛教的入世转型。

二 居士佛教入世转型的时代机缘

居士佛教入世转型的发生，不仅有其历史文化根源，更是"近代"这一特殊历史环境下的产物。

从中国佛教本身的发展来说，近代已是"末法时代"，作为一种相对独立文化形态的佛教已经十分衰落，尤其是僧团这一佛教主体的腐朽及其社会信仰的丧失，给了居士佛教以兴起的机会。

佛教的兴衰，往往是以寺僧佛教的盛衰、僧团的优劣为主要衡量标准，晚清以来中国佛教的衰落虽表现在义学衰微、教制废弛等多个方面，但其根源仍在僧团的腐朽衰败。欧阳竟无曾斥责说："中国内地，僧尼约略在百万之数，其能知大法、办悲智、堪住持、称比丘不愧者，诚寡若晨星。其大多数皆游手好闲，晨夕坐食，诚国家之大蠹虫，但有无穷之害，而无一毫之利者。"[2] 如若怀疑欧阳竟无以居士身份来行此严厉批评尚存意气之争而未见公允的话，那么僧界对自身积弊的种种反思也足以说明当时佛教界的不堪状况。太虚法师在民国三年（1914）时曾作《震旦佛教衰落之原因论》，他指出：

---

[1] 潘桂明：《中国居士佛教史》，中国社会科学出版社，2000，第808页。
[2] 欧阳竟无：《辨方便与僧制》，《欧阳竟无内外学》，商务印书馆，2015，第442页。

佛教在今日，其衰落斯极矣！无他可述矣！但有末流之痼习矣！可略别为四流：一、清高流……二、坐香流……三、讲经流……四、忏焰流……。前之三流，其众寡不逮后之一流之什一；而除第一流外，余之三流，人虽高下，真伪犹有辨，其积财利、争家业，藉佛教为方便，而以资生为鹄的则一也。而第四之流，其弊恶腐败，尚有非余所忍言者。[1]

自乾隆时废除度牒制以后，出家不再受到限制，加之子孙丛林有广收徒众以便相互竞争的需求，滥度现象十分严重。及至近代，更多人因为社会动荡逃遁进山林，致使僧尼数量激增却素质低下。1936年时，全国大小寺庙庵院已超过267000所，僧尼超过738000人[2]，但其中90%为贫苦农民出身，80%为文盲，即便是很多佛学院中的学僧也对整个佛教没有大体的认识[3]，更不必说对佛法有精深的见解了。而且，这些人的出家动机并不纯粹，他们遁入佛门大多是为了解决生计问题。因此，他们将教典束之高阁，视戒律为无物，唯衣、食、住为求，甚至把佛教作为营利的手段，热衷于经忏等佛事活动。执着于私利又造成他们之间互相攻讦、倾轧，最终不仅使佛教沦为迷信，更使僧团逐渐失去整个社会的信仰支持和主持佛教正法的宗教地位。

僧团的腐朽衰败直接造就了居士佛教的崛起。杨文会就曾说，因为当时的许多僧人都有负盛名而未达佛意，但却作为人天师表，接受信徒们的供养礼拜，所以他虽劝人学佛，却并不主张人出家[4]。这实际上就是在提倡居士佛教。诚如杨文会所言，相对于僧人来说，在近代这一特殊的时代环境下，居士在研习和弘扬佛法方面确实更有优势。第一，居士们一般生活较富足，

---

[1] 太虚：《震旦佛教衰落之原因论》，《太虚大师全书》第31卷，宗教文化出版社，2005，第40—41页。
[2] 和平社讯：《全国僧尼寺庙统计》，《海潮音》1936年第7期，见黄夏年主编《民国佛教期刊文献集成》第194卷，全国图书馆文献缩微复制中心，2006，第233页。
[3] 雪烦：《怎样普及僧教育》，《海潮音》1935年第10期，见黄夏年主编《民国佛教期刊文献集成》第191卷，全国图书馆文献缩微复制中心，2006，第534—537页。
[4] 杨文会：《杨仁山全集》，黄山书社，2000，第450页。

不是为了生存问题而学佛，更不会以佛教来营利，在学佛动机上相对单纯。第二，居士们大都文化程度较高，知识兴趣相对浓厚，更能够潜心于佛典的研究。第三，居士在家修行的方式，使他们不受丛林戒规的束缚和门户之见的阻碍，因而能够更自由、更理性地研习佛法。第四，与久居山林而未能与时俱进的僧侣相比，居士的社会属性使他们与时代的联系更为紧密，当时代发生巨变时，他们的反应往往更为迅速，对佛教问题的反思也更为彻底。

而从佛教所处的具体社会文化环境来看，近代是一个中西冲突、新旧交替的时代，中国的封建政治、经济、文化在西潮的冲击下全面崩溃，佛教与传统社会之间相对稳定的关系也随之瓦解，失去社会基础后的佛教陷入了空前的生存困境。而随着中西文化对话和中国社会革命的开展，佛教为了在新的社会环境中继续生存、发展也开始了自我更新，并试图通过入世转型去重构它与社会的关系。居士既是社会革新的重要力量，又是佛教复兴的先驱，当他们怀揣着佛教信仰进行社会革新和佛教复兴时，便将佛教文化与中国社会紧密联系在了一起，客观上促成了居士佛教的入世转型。

首先，封建制度的崩溃使传统佛教因失去了封建王权的庇护而走向衰败，同时也使它挣脱了政治桎梏而有了独立发展的机会，在儒学无力维系世道人心的情况下，晚清思想家以佛学为思想武器的政治救亡活动，就揭开了居士佛教入世转型的序幕。

近代中国的危机首先体现在政治上，一方面，延续至晚清的封建制度早已腐朽不堪、摇摇欲坠；另一方面，在西方列强的侵略欺凌下，中国在鸦片战争后被迫中断了独立发展的道路，沦为半殖民地半封建社会。在内忧外患的民族危机下，反帝反封建是这一时期各阶层中国人的共同使命，也是最迫切的任务。由于佛教在中国化的过程中长期与世俗政治相结合，所以它不仅对封建王权特别依赖，而且它本身也在一定程度上产生了封建化的特点，例如受封建王权控制的度牒制、僧官制，仿照封建家族制度的寺院等级制、子孙制，寺院地主经济，等等。佛教的封建化不仅使它逐渐丧失原本的活力，更使它的命运与封建制度捆绑在了一起。因此，在近代中国的反封建运动中，佛教一度被视为封建糟粕的一部分而成为革命的对象，清末民初掀起过的两次"庙产兴学"风潮都与此有一定的关系。

然而，从中国历史上佛教与政治的关系来看，佛教虽然通过与封建制度相结合的方式获得了在中国生存发展的机会，但是与儒家相比，佛教因其外来的身份、出世的价值取向，一直处于边缘位置，中国的正史中就鲜有关于佛教的记载。封建制度的崩溃虽使传统佛教走向衰亡，但更意味着作为其核心价值体系的儒学的失效，如此一来，便需要寻找新的政治思想资源。而中国的知识人向来有出儒入佛的传统，当儒学势颓无力维系世道人心时，佛学便成了他们政治救亡的思想武器。梁启超就曾明确指出："晚清思想家有一伏流，曰佛学。"[1] 从龚自珍、魏源，到杨文会，再到康有为、梁启超、章太炎等新学家，无一不与佛学有关，他们都期望用佛学来发起信心，进而实现社会变革。在晚清思想家这种经世致用的思维下，中国的居士佛教开始了入世转型。

其次，西方文化的大量输入对中国人的精神世界造成了极大冲击，在近代居士知识分子用佛学与西方文化对话的过程中，佛学进一步与世俗学问相调适，居士佛教的入世转型得以在理论层面展开。

近代中国深层的危机体现在文化上，因为西方在军事、政治、经济上的胜利，一方面被归因于西方文化的优越性，另一方面又为西方文化向中国侵袭开辟了道路。其实早在明朝时，基督教就已传入中国，但由于当时中国的封建势力相对强大，所以它并未产生广泛的影响。到了晚清，中国封建势力已然衰败，西方列强的军事入侵又进一步消除了西方文化传播的政治阻碍，

---

[1] 梁启超：《清代学术概论》，上海古籍出版社，1998，第99页。

基督教等西方宗教才真正在中国传播开来。相对于依附社会上层而建立、发展的中国佛教而言，基督教在经过宗教改革后，不仅与资本主义社会相适应，而且在长期的全球传教活动中总结出了一系列行之有效的布教方法，所以它更能从心理上慰藉处于内忧外患中的中国百姓，更容易争取到信众，从而对传统的佛教信仰造成了巨大冲击。

近代的中国佛教，除了要在信仰上接受基督教等外来宗教的挑战之外，还要在理论上面对科学主义等西学思潮的挑战。随着西方坚船利炮而来的科学文化，作为近代西方主流的知识系统和价值观念，呈现出了一种与中国传统学问截然不同的理论形态和价值取向。而在近代中西国力强烈的对比下，科学也被视为了西方优胜于中国的文化根源所在。因此，自戊戌变法起，一部分中国知识分子就开始译介和学习西方科学知识，到新文化运动时，更是高举"科学"大旗，形成了一股科学主义思潮。在科学主义思潮下，科学成为衡量一切的标准，传统佛教的空观、因果、轮回、涅槃等学说，经忏、斋祀等仪式，都成为科学批判的对象，以陈独秀、郭沫若为代表的一批激进知识分子更是将佛教视为迷信，坚决主张以科学取代宗教。但另一部分知识分子却注意到了佛学与西学的相通性，开始以佛学来回应西学。如谭嗣同以"八识"对应生物学中的人脑结构，梁启超以"五蕴"比附心理学术语，缪凤林以唯识学回应西方哲学，王季同、尤智表以科学家的身份论证佛教的科学性，等等。于是，佛学便作为沟通西学的媒介得到了复兴。随着西学东渐的深入和民族文化意识的觉醒，佛学又逐渐从解释西学的工具转变为了与之对抗的东方文化代表。在与科学的对话过程中，居士佛学不仅在形态上有了科学化、学术化的转变，在价值观念上也有了积极入世的趋向。而在基督教等西方宗教的刺激下，居士们率先意识到结合世俗学问、深入社会宣扬佛教的重要性，从而将目光投向了更广阔的世间。

最后，辛亥革命后，旧的社会秩序瓦解、新的社会秩序亟待建设，本着振兴民族文化、建立现代佛教、化导现代社会的理念,大批居士积极投身到了社会重建活动中,并在各自的领域内践行着佛教信仰,从而引导了佛教与新社会秩序、大众生活的融合,居士佛教的入世转型得以在实践层面展开。

在辛亥革命推翻中国两千多年的封建统治后,民主共和国成为社会认可的合法政权形式。在宗教问题上,民国时期结束了传统的政教关系,实行政教分离和宗教信仰自由政策。在这种新的政教关系下,一方面段祺瑞、熊希龄、戴季陶、陈铭枢等一批军政界人物仍然崇信佛教,为佛教文化的复兴和转型提供了一定政治上的支持;另一方面失去政治庇护后的佛教不得不进行自我革新以与社会变革相适应,从而将其重心转向了教育、文化、慈善等领域。

在教育上,民国时期主要沿袭了晚清建立的近代教育制度。在1902—1903年间,清廷颁布了《奏定学堂章程》,开始仿照日本和西方的公学制度建立新式学校的完整体系,史称"壬寅癸卯学制"。到了1905年,又下诏废除了科举,建立各级教育行政机构和新式学校,并确立了"学堂以中学为主,西学为辅;培养通才,首重德育;并以忠君、尊孔、尚公、尚武、尚实诸端,定其趋向"[1]的教育宗旨,中国教育的近代转型由此开启。民国临时政府及之后的北洋政府,虽然对前清"忠君、尊孔"的教育宗旨予以否定,但其教育制度仍是以清末所建的制度为主体而修订的,例如1912—1913年颁布的壬子癸丑学制在纵、横两个系统的设置上就与清末的壬寅癸卯学制基本一致[2],仅是年限上有所缩短。五四运动后,在西方民主教育思想的影响下,中国出现了平民主义、自由主义等教育思潮,近代教育模式在民间进一步普及。到了1920年,北洋政府开始实行教育"反输入"政策,在支持国内传统文化教

---

1 陈景磐:《中国近代教育史》,人民教育出版社,1983,第188页。
2 清末的壬寅癸卯学制与民国时期的壬子癸丑学制,在纵的方面都分为:初等教育、中等教育、高等教育;在横的方面都分为:普通教育、师范教育、实业教育三个系统。

育和研究的同时，还鼓励向国际传播中国传统文化。正是在这一时期，大批居士知识分子开始响应政府号召，组建佛教教育和研究机构来复兴中国佛教、发扬中国传统文化，1922年支那内学院在南京成立，武昌佛学院在武汉成立[1]，1927年三时学会在北京成立。这些佛教教育机构不仅在佛教教育观念上更注重知识的传授，而且在课程上也或多或少地采用了近代教育的模式和内容，佛教教育开始与世俗教育相结合。

在文化上，民国时期实行多元化的文化政策。随着西方文化的大量输入，国内思潮涌现，学术论争纷起，各种新文化传播机构纷纷成立，文化事业蓬勃发展，其中最具时代转型意义的有这样几种。一是近代报刊的创办。早在嘉庆年间，外国传教士为了向中国人宣传西方宗教、文化、科技知识就开始创办近代报刊，这些近代报刊从内容到形式上都与中国传统的邸报有着明显的区别，它一般包含消息、通讯、评论、文章等栏目，其内容的新闻性与社会性较强，主要以小书册的形式出版发行，便于传播，社会影响力也更广。随着外国人在华办报事业的扩张，中国的买办阶级最早认识到了近代报刊的功能与作用，开始仿照外国人报刊的形式创办中国人自己的报刊，在经过戊戌变法、辛亥革命两次办报刊高潮后，五四时期全国的近代报刊数量大约达到了一千多种。随着这些新式文化传播平台的建立，各类新文化快速在社会各阶层传播开来。二是新式图书馆的创办。近代以来，封建政治经济的衰退和连年的战争直接导致了古代私家式藏书模式的衰落，与此同时，西学东渐带来了新式的图书馆观念和管理技术。戊戌变法之后，西式的公共图书馆观念逐渐得到大众的认同；民国成立后，更是兴起了一场"新图书馆运动"，各地借鉴西方图书馆模式建立了一大批新式公共图书馆。中国古代私家的、带有知识垄断性质的藏书楼被公共的、具有知识共享性质的图书馆所取代。

---

1 武昌佛学院为太虚大师与居士共同创办，其主力仍是居士群体。

新式文化传播机构高效的传播模式直接影响了近代居士们的佛教文化传播观念，他们纷纷创办新式的佛教文化传播机构。1912年狄楚青、濮一乘居士创办了近代中国第一本佛教刊物——《佛学丛报》；1919年上海佛教居士林成立阅藏室，并于1921年改为图书馆；20世纪30年代以后，随着居士佛教组织的蓬勃发展，佛教刊物和佛教图书馆事业更是渐具规模，大多数居士佛教组织都拥有自己的佛教刊物和图书馆，可以说，近现代居士佛教文化的兴盛与这些新式佛教文化传播机构的建立有直接关系。

在慈善上，民国时期正是中国慈善事业改弦更张、蓬勃发展之际。自魏晋南北朝起，慈善就是稳定社会秩序的重要因素。到了近代，中国社会遭遇了"千年未有之大变局"，自然灾害频发、兵祸匪患不断、封建政治经济解体等原因，直接造成了中下层百姓的生活状况日益恶化，对慈善的需求日益增大。依靠政府财政的传统慈善已经无法满足社会的需求，与此同时，西方宗教慈善又对传统慈善造成了极大冲击，中国的慈善事业不得不开始改弦更张。近代中国慈善事业最显著的变化就是各种民间慈善组织的崛起，而居士佛教慈善组织便是其中之一。以新兴工商业居士为主导的近代佛教慈善组织，借鉴西方宗教慈善转变佛教慈善的结构形态、扩大服务范围，在实践佛教慈悲精神的同时，也使居士佛教成为推动中国社会近代化的重要力量。

总之，近代以来社会历史环境的重大变革决定了，佛教要实现终极的出世理想，就需要先对其自身进行契机的入世改造。因为只有建立现代佛教，才能更有效地化导现代社会。

第二节　近现代居士的身份转型与身份认同

"居士"一词虽有广狭两义，但在佛教史上它的实际应用范围却是受到限制的，主要还是指在家信徒中较有文化、社会地位和资产的一部分人，目前大多数的古代居士佛教研究也都集中在这些上层居士之上。这一方面固然与上层居士在居士佛教甚至整个中国佛教发展过程中起着关键性作用的历史事实相关，另一方面其实还与居士身份的判定问题相关。首先，相对于以普通社会民众为主的基层居士而言，以知识阶层为主的上层居士留有的可供探讨的史料更多；其次，相对于基层居士来说，上层居士的佛教信仰行为和身份认同更明确。因此，对上层居士身份的判定更容易，上层居士佛教研究的可行性也就更强。那么，近现代居士佛教研究也如此吗？我们认为，封建制度的瓦解引起了近现代中国社会结构和阶级格局的变动，居士的身份问题有了重新探讨的必要，而对近现代居士身份的判定，在某种程度上也直接影响到本章的研究范围。

一 居士身份的多重性

"居士"作为在家佛教信徒的统称，标示的是一种身份。从社会层面来说，身份是社群中个体成员的标识和称谓，体现着他人或社会对个体的期待、认可；从个体层面来说，身份可以看作是个体对自我的一种认同，体现着个体对自身的定位、反思和建构。然而，在社会层面，社群又是多样的，有学者指出："群体多样性有年龄、性别、地位、阶级、阶层、地区、民族、宗教、语言等形式。……我们可以根据社会断层线把群体多样性简单分为两类：一类是基于物质财产和社会地位差别的纵向分层，另一类是基于文化和价值认同差别的横向分类。"[1] 纵向分层形成了地位、阶层、贫富等社会认同群体，横向分类则形成了民族、宗教、地域等文化认同群体，这两类群体多样性在现实生活中常常是交叠在一起的，所以某一个体可能同时隶属于多个群

---

1 张海洋：《中国的多元文化与中国人的认同》，民族出版社，2006，第3页。

体，在不同群体中具有不同的身份。在个体层面，身份认同也是多样的，它是个体对自我与他者、与社会关系的界定，而现实生活中个体与他者、与社会的关系是多维的，个体对自身群体身份的接纳及内化程度也是有差别的，所以某一个体可能同时具有多种身份立场，以不同方式在不同领域建构自我。由此可见，身份是一个多层次、多侧面的概念，当它落实于具体的社会结构和文化情境中的个体时也必然会是多重的。

从上述观点出发，中国传统社会结构和文化情境中的"居士"应该同时具有以下几重身份：

就社会的纵向分层来看，他们具有各自的社会身份。居士既然是在家修道，那么就必然在世俗社会具有一定的身份。中国传统社会是一个以帝王为核心、由贵族和官僚为主导的等级制社会，其社会结构大体表现为帝王、诸侯、官僚士夫、士绅、庶民（农、工、商），因此这些阶级身份都有可能是居士的社会身份。

就文化的横向分类来看，他们具有佛教的宗教身份。涂尔干曾说："宗教是一种与既与众不同、又不可冒犯的神圣事物有关的信仰与仪轨所组成的统一体系，这些信仰与仪轨将所有信奉它们的人结合在一个被称为'教会'的道德共同体之内。"[1] 基于这个观点，佛教便可以被视为是一个由信奉佛教教义并依此发愿修行以寻求解脱的个体们所组成的宗教共同体。而居士作为佛教信仰和仪轨的接受者，在佛教共同体形成之时便获得了一种与其他社会成员相区别的宗教身份。但是，在宗教共同体内部，个体又会因与神圣事物的亲疏差异而扮演不同的角色。从前文所述汉语"居士"概念的形成过程可知，"居士"一词的主要内涵来源于"居家""在家"的修道方式，而"居家"不仅反映了居士这类个体的行动模式，而且在一定程度上也反映了他们

---

[1] 〔法〕爱弥尔·涂尔干：《宗教生活的基本形式》，渠敬东、汲喆译，商务印书馆，2018，第58页。

与神圣信仰的关系。佛教以灭尽烦恼、涅槃寂静为修行目标,世间作为烦恼的来源之一被视为通向涅槃的障碍,舍家出世则被视为通向解脱的有效途径。此外,戒律作为佛陀人格化的法律,也体现着佛教的神圣性。因此,在佛教这一宗教共同体中,完全脱离俗世、遵守更严格戒律的僧人往往被认为更能接近解脱境界,能肩负起住持正法的责任;而在家修道、只需遵守五戒的居士因未能摆脱世俗的羁绊,只能是护法的角色。

综上所述,居士的社会身份主要取决于其所处的社会结构,或者说"他认"(他者/群体的认同);但居士的宗教身份却更多地取决于个体的自由选择,或者说"自认"(自我身份认同)。在西方的宗教社会学者看来,宗教作为一种表达意义的象征符号系统,为人类提供了一种自我意义的解释脉络和情绪慰藉,可以被视为是"身份认同的神圣化"[1]。而宗教身份就是"个体整合或内化其与神圣之间的联系而获得的超越意识,并且围绕宗教团契而获得的一种和谐的自我感觉"[2],以及在与宗教群体其他成员的互动中所产生的群体归属感,是他们区别于其他社会成员的标识。因此,宗教身份或者说宗教认同才是判定某一个体为居士的核心要素。

宗教身份的形成有一个较为复杂的过程。汉斯·莫尔(Hans Mol)对之作了理论上的分析,他认为宗教至少通过四种方式将身份认同神圣化:一是"客体化",即将世俗世界中的各种要素投射进超验世界,形成一种稳定的、永恒的秩序;二是"信靠"(commitment),即个体对神圣事物的整合或者内化过程,接受教义、承担义务、归属群体,形成情感上的依赖;三是"仪式",即通过各种行为方式确证客体化的宗教以及个体的信靠,巩固个体与神

---

[1] Hans Mol, *Identity and the Sacred: A Sketch for a New Social-Scientific Theory of Religion*, Oxford: Basil Blackwell, 1976, p. X.

[2] David M. Bell, "Development of the Religious Self: A Theoretical Foundation for Measuring Religious Identity", in Abby Day ed., *Religion and the Individual: Belief, Practice, Identity*, Ashgate Publishing Limited, 2008, p. 135.

圣、与宗教群体的联系；四是"神话"，即通过对人类经验世界的象征性解释，为宗教认同提供理论上的支撑[1]。而在现实生活中，个体的宗教身份主要可以通过信仰和仪式来判定[2]。信仰作为个体对所知觉的神圣价值的描述方式，体现了他们对自我身份的感知和宗教群体的归属；仪式作为个体对信仰的实践方式，体现了他们对宗教团契的接受，以及宗教群体其他成员对他们身份的认同。

然而，从这些理论出发，我们会发现"除了职业僧侣之外，传统上中国人的宗教身份并不十分明显"[3]。一方面，这是因为中国传统史书不太注重对普通信徒"皈依""受戒"等宗教仪式以及信仰情况进行记载，所以很难从历史文献判定他们的宗教身份。另一方面，中国人的信仰并不"专一"，宗教行为也缺乏组织性，大都没有明确的宗教群体归属感。因此，根本原因还是在于中国人的信仰类型及中国宗教的组织形态。

人神关系及其神圣性建构方式是决定信仰类型及宗教组织形态的核心所在。在人神关系问题上，中西有着不同的思维逻辑和处理方式。西方人大多认为人神关系是单向的、绝对的，即神是唯一且至高无上的，人只能崇拜、服从它；中国人则认为人神关系是双向的、相对的，即"天""天帝"虽具有先验的至上性，但人却能够"受命于天""以德配天"，神与人之间是一种互动状态，因而存在着重心转换的可能。殷周之际，中国思想文化就出现了一股人文思潮，人们的思想重心开始由天道转向人道。"这种人文转向既奠定了儒学乃至整个中国文明发展的基本精神、规范了其主要走向，也使中国宗

---

[1] Hans Mol, *Identity and the Sacred: A Sketch for a New Social-Scientific Theory of Religion*, Oxford: Basil Blackwell, 1976, pp. 11-14.

[2] 涂尔干指出："宗教现象可以自然而然地分为两个基本范畴：信仰和仪式。信仰是舆论的状态，是由各种表现构成的；仪式则是某些明确的行为方式。这两类事实之间的差别，就是思想和行为之间的差别。"（〔法〕爱弥尔·涂尔干：《宗教生活的基本形式》，渠敬东、汲喆译，商务印书馆，2018，第45页）

[3] 汲喆：《导言：居士佛教的社会学问题》，见金泽、李华伟主编《宗教社会学》第2辑，社会科学文献出版社，2014，第85页。

教在发展中形成了一种特有的以人为本的人神关系。"[1] 一方面，儒学接续殷周的人文传统，以"仁"和"礼"构建起了一套以"人"为中心的理论学说与文化制度，并通过与政治的结合逐渐占据了中国文化的主流位置，因此在佛教传入之前，中国并未形成制度性的宗教，而在佛教传入之后，作为外来宗教的佛教也只能"屈居"于儒学之下，甚至在与儒学的交涉中逐渐"中国化"。另一方面，儒学的"人文性并不隔绝于其宗教性"，它在坚持人文理性的基础上保留了上古时代的"天命""鬼神""祖先"等信仰，将敬天祭祖等祭祀活动融入礼乐制度，从而形成了一种人本信仰。相较于西方的神本信仰来说，中国的这种人本信仰是一种以超社会力量崇拜为核心的信仰，它分化出政治、国家、民族等信仰，并借助于世俗国家权力对世界进行象征性支配，可以说它是以建构社会秩序而非神圣秩序为目的[2]，因此，在宗教组织形态上呈现出分散性宗教的特征[3]，而中国人的宗教身份也更紧密地与其社会身份重叠在了一起。

这种人本信仰及其建构方式还直接影响了中国人的身份认同。在人神关系的处理过程中，它以人的道德自觉来消减"天""天帝""天命"的超越性，即是将高高在上的"天"内化于人"心"成为可依"德"而更改的"命"，从"德"沟通"天"的一面来说它应该是稳定的、公共的，但从"德"造就"命"的一面来说它又是变动的、私人的，所以"为了解决这个冲突，中国人只好将自己分为两个层次，一个是'公己'的层次，另一个是

---

[1] 洪修平：《殷周人文转向与儒学的宗教性》，《中国社会科学》2014 年第 9 期。
[2] 李向平：《两种信仰概念及其权利观》，《华东师范大学学报》2013 年第 2 期。
[3] 杨庆堃教授区分了制度性宗教与分散性宗教两种形式的宗教组织："制度性宗教在神学观中被看作是一种宗教生活体系。它包括了（1）独立的关于世界和人类事务的神学观或宇宙观的解释，（2）一种包含象征（鬼、灵魂和他们的形象）和仪式的独立崇拜形式，（3）一种由人组成的独立组织，使神学观简明易解，同时重视仪式性崇拜。借助于独立的概念、仪式和结构，宗教具有了一种独立的社会制度属性，故而成为制度性的宗教。""分散性宗教被理解为：拥有神学理论、崇拜对象及信仰者，于是能十分紧密地渗透进一种或多种的世俗制度中，从而成为世俗制度的观念、仪式和机构的一部分。"（杨庆堃：《中国社会中的宗教》，四川人民出版社，2016，第 228—229 页）

'私己'的层次"[1]。在信仰社会化建构的过程中,它以权力整合了宗教意义符号与世俗社会制度,形成了合法的公共秩序,一些宗教活动被官方垄断并逐渐成为整个社会的习俗,另一些宗教活动(如佛教)则只能在私人领域内进行。因此,中国人的宗教身份常常处于一种私人的、隐秘的状态。

在中国传统佛教居士的身份认同中,社会身份与宗教身份呈现的正是这种公、私相待的状态。他们的社会身份虽表现为阶级身份,但却包含着宗教性,在某种程度上可以说是中国传统人神关系的社会化、伦理化,所以只要是嵌入在这个结构中,就表示信靠着中国传统宗教。而佛教作为一种外来的制度性宗教,有其独立的神圣理念和结构化表现,因此从制度层面来看,它与中国传统宗教是存在一定矛盾的,要完全拥有佛教的制度性身份,就必须放弃嵌入在中国传统社会中的社会身份,成为"方外之人"。然而,中国传统的人本信仰及其神圣化建构方式,一方面决定了神人关系可以围绕人的需要在一定程度上转变,另一方面则在私人领域留有了神圣秩序的建构空间,佛教对彼岸世界的构建恰好对此进行了补充。因此,中国传统佛教居士虽同时兼具多重身份,却能够将之分别安顿在公、私领域,来保持神圣与世俗的平衡。

二 近现代居士的身份转型

随着近代以来中国社会结构和历史情境的改变,居士的社会身份和宗教身份也发生了相应的变化。

就社会身份来说,首先是旧的阶级不断消失,新的阶层逐渐形成。在封建社会中,帝王、诸侯、官僚士夫、士绅、庶民(农、工、商)构成了基本

---

[1] 李向平:《信仰、革命与权利秩序——中国宗教社会学研究》,上海人民出版社,2006,第39页。

的阶级格局，居士的社会身份不外乎此。近代以后，随着封建制度的瓦解和社会结构的变迁，这一阶级格局也发生了改变。晚清外国资本主义的入侵打破了中国传统社会的小农经济结构，资本主义工商业在中国兴起，致使一部分人从旧式的统治阶层、士阶层和工商阶层中分化出来组成了新兴的工商业阶层，成为推动经济发展的中坚力量。1905年科举制度被废除，不仅截断了士阶层进入统治阶层的通道，而且动摇了读书人"学而优则仕"的人生理想，整个士阶层因为失去所需的社会和人生价值基础而走向瓦解，而随着新式教育的流行，新的知识阶层开始崛起。1911年辛亥革命爆发，推翻了清朝统治，结束了中国延续了几千年的君主专制制度，帝王、诸侯、官僚士夫等封建统治阶层彻底消亡；民国成立后，一部分知识精英被吸纳进民主政体，成为新的官员阶层；又因为晚清以来内外交战频繁，所以地方上出现了大型的军事集团，军人、军阀阶层作为这一特殊历史时期的特殊阶层出现，成为决定性的政治力量。

其次是社会身份的表现形式发生了重大改变。居士的社会身份主要由社会结构所决定，反映的是他们在世俗社会中的角色和行为。中国传统社会是以小农经济、宗法制度为基础的封建社会，个体在纲常伦理中的位置、对生产资源的占有程度决定了其在这一封建社会结构中的身份等级。在中国传统社会结构中，帝王作为"天""天帝"在人间的代理人，处于资源与权力的中心位置，借助官僚士夫来维持封建制度的运行。官僚士夫作为社会的知识精英，由科举制度从士绅中选拔而来，是封建制度的实际运作者，负有上督天子下察庶民的职责。而庶民作为主要的生产者、纳税者，却并不拥有相对应的资源、知识和权力，处于社会的底层。这些阶级身份不仅能够反映个体对资源、权力的占有情况，还能够反映个体的社会分工和日常行为，所以中国传统居士的社会身份一般以阶级身份的形式表现。然而到了近代，阶级身份却不再能够准确地反映出居士在世俗社会中的角色和行为。这是因为封建宗法制度的解体带来的身份等级制的消失。1912年中华民国成立，实行民主共和制，主权属于全体国民，这意味着中国民众从封建纲常伦理和小农经济体制的束缚中解放，由臣民变为了公民。在人人权利平等和个体多元化发展的情况下，封建社会的阶级身份自然无法再明确反映个体的社会角色和行为模式。而随着社会分工的日益细化与明确，职业作为个体社会角色和行为模式的区分方式，逐渐成为近现代居士社会身份的主要表现形式。

居士社会身份的转变直接引发了宗教身份的转变。在封建社会中，中国人的宗教信仰、宗教身份实际上有公、私两个层面。由于中国人共同的天命信仰被政治权力所整合，所以在公共层面上，中国人的宗教身份与社会身份是紧密重叠在一起的。与此同时，天命信仰依凭政治权力占据了中国人信仰及文化的中心位置，除非彻底放弃社会身份出家，否则其他的宗教信仰大多只能在私人领域内开展。及至近代，宗法等级制度随着封建统治的瓦解而消失，中国人原有的社会身份不再有效；公共信仰及其价值体系在失去政治依凭后逐渐衰落，与社会身份相重叠的宗教身份也随之失效。封建制度的崩溃、公共信仰的危机，加上西方宗教的冲击，再次激发了国人的宗教兴趣，那些曾经被安顿在私人领域的宗教信仰因而有了走出公、私格局的机会。民国成立后，不仅实行政教分离政策，还在《临时约法》中明确规定："中华民国人民，一律平等，无种族、阶级、宗教的区别"，"人民有信仰之自由"。在社会身份与宗教身份彻底分离的同时，中国人的私人信仰开始走入公共空间，各种宗教身份也逐渐明确起来。

三　近现代居士的身份认同

严格地说，对居士身份的判定应该兼顾他认与自认，但是由于缺乏居士受戒仪式等他认的历史记载，所以对古代居士身份的判定更多时候是依据他们的自认,例如有无体现佛学修养的论著、有无特别的护法事迹等。有学者指出,"只有获得了明确的自我认同意识的居士才能成其为居士"[1]。从这个意义上来说,在居士身份判定的过程中,自认应该是比他认更为基础的条件。

居士自我身份认同的方式有很多种,斋戒、祭祀、念佛等宗教仪式是最为典型的几种。中国佛教的仪式大致可分为修持仪式与斋供仪式两大类,修持仪式指行香、诵经、忏悔等僧俗两界佛教徒日常宗教生活的内容,斋供仪式则指斋僧、讲经、祈福禳灾等社会性活动[2]。在佛教传入中国之初,虽然并未形成统一规范的仪式制度,但是居士已经开始了斋戒等修行活动,如《后汉书·楚王英传》曾载:"楚王诵黄老之微言,尚浮屠之仁祠,洁斋三月,与神为誓。""洁斋三月"意味着楚王长期奉持着居士的斋戒;"与神为誓"则意味着把佛陀当作神来供奉、祭祀,已体现出了明确的佛教信仰,所以这段文字一直以来都是判定楚王刘英佛教居士身份的重要依据。到东晋道安时,中国佛教始形成统一的仪式制度,其内容大致有三:"一曰行香、定坐、上讲经、上讲之法,二曰常日六时行道、饮食唱时之法,三曰布萨、差使、悔过等法。"[3] 虽然这些轨范主要是针对僧侣而制定的,但由于道安周围形成了一个较大的居士群体,所以行香、忏悔等一些内容也融入了居士的日常宗教生活中。至道安弟子慧远时,组织僧俗弟子成立莲社,净土信仰在居士中流行开来,念佛逐渐成为居士日常修持中的核心内容。斋供仪式虽然也是僧俗两界都参与的宗教活动,但僧侣与居士却扮演着不同的角色,一般是居士设斋供养僧侣,僧侣则应居士的需求举行诵咒、唱导、荐亡、祈福禳灾、水陆法会等。值得注意的是,斋供仪式的参与者中,有一部分其实并非佛教徒,他们斋僧未必是出于佛教信仰,而仅仅是为了获得荐亡、祈福禳灾等宗

---

[1] 汲喆:《居士佛教与现代教育》,《北京大学教育评论》2009年第3期。
[2] 侯冲:《中国佛教仪式研究——以斋供仪式为中心》,上海古籍出版社,2018,第7—8页。
[3] 慧皎:《高僧传·道安传》,《大正藏》第50册,第353页中。

教服务。因此，修持仪式更能体现居士对自我身份的认同。及至19世纪末，科学思潮兴起，一些宗教仪式一度被视为落后、愚昧、迷信的典型，在这样的时代环境下，近现代居士开始更多地使用其他方式来表达他们的身份认同。

无论是在古代还是近现代，撰写佛学论著、翻译整理佛教经典等学术性活动都是居士自我身份认同方式中十分重要的一种。最早以撰写佛学论著的方式来表达自我身份认同的居士当数牟子，他在《理惑论》中不仅明确表示自己"锐志于佛道"，还试图从学理上沟通佛教与中国儒、道传统思想。随着佛教传播的深入，越来越多的居士通过撰写佛学论著来表达自身对佛教的认同及理解。如晋时郗超作《奉法要》论述了在家信徒的修道方式，南北朝时谢灵运撰《辨宗论》以支持竺道生的顿悟说，梁武帝撰《断酒肉文》《净业赋》等文表明自己入佛的决心，唐代李通玄撰《新华严经论》四十卷以阐发对《华严经》的独特理解，宋代张商英作《发愿文》《护法论》表达对佛法的皈依和护持，元代刘谧作《三教平心论》继续融通儒佛道三教，明代李贽更是撰《焚书》来贬儒扬佛。这些佛学论著或是他们对自身修道的记载，或是他们悟道后的真情流露，或是他们对佛教义理的独到理解，都可以视为他们对自己佛教徒身份认同的最直白的表达。还有一些居士，如东汉时的安玄、支谦，西晋时的聂承远、聂道真父子等，虽未有论著行世，但却是佛教经典翻译、整理事业中的重要成员，这也间接表达了他们的身份认同。一方面，佛教经典作为文字般若，本来就是佛陀教法的一种，他们翻译、整理佛教经典的过程，即是修习文字般若的过程；另一方面，古代佛教经典的翻译主要由僧侣主持，担当他们译经助手的一般都是皈依他们的居士。因此，翻译、整理佛教经典等学术性活动也体现着居士的自我身份认同。

在近现代居士中，以撰写佛学论著等方式来表达身份认同的也大有人在。释东初在《中国佛教近代史》中列举了彭绍升、杨文会、狄楚青、丁福保、梅光曦、欧阳竟无等晚清民国时期从事佛学研究的居士36人[1]。于凌波在《中国近现代佛教人物志》中列举了居士学者57人[2]。在他们的佛学论著中，既有传统式的佛法研究、修行体悟，如韩清净的《瑜伽师地论披寻记》、蒋维乔的《因是子静坐法》等；也有现代性的佛教学术研究，如黄忏华的《中国佛教史》、周叔迦的《唯识研究》、丁福保的《佛学大辞典》等。然而，与古代不同的是，有无佛学论著已不能完全作为判定近现代居士身份的依据。近代以来，佛教随着中国学术文化的整体转型发生了"学术化"转向，一大批没有佛教信仰的学者开始以客观的学术立场研究佛教，因此从事佛教学术研究者未必就是居士。例如胡适就是一个研佛却不信佛的典型，虽然他的禅学研究见解独到，但是他对佛教始终持批判态度，认为印度佛教"他是'一切皆空'，根本不要作人，要作和尚，作罗汉——要'跳出三界'，将身体作牺牲！如烧手、烧臂、烧全身——人蜡烛，以献贡于药王师，这风气当时轰动了全国，自王公以至于庶人，同时迎佛骨——假造的骨头，也照样的轰动。这简直是将中国的文化完全野蛮化！非人化！"[3] 又如汤用彤，他的佛教史研究虽显示出了深厚的佛学修养，但也并非站在佛教立场来研究佛教，他认为"佛法，亦宗教，亦哲学"[4]，故提倡以"同情之默应""心性之体会"的方式来进行研究，但这仅仅是为了更客观、更全面地了解佛教而已。由此可见，在近现代居士身份的判定中，应该详细地考察他们撰写佛学论著的立场，与此同时，也不能仅以佛学论著、佛学修养作为居士身份认同的标准，还应该结合其他认同方式来判定他们的居士身份。

护法也是居士身份认同的主要方式。在历史上，居士的护法活动形式是多种多样的，除了进行佛教学术性活动、从学理上护持佛法之外，主要还有

---

1 东初：《中国佛教近代史》，台湾中华佛教文化馆，1974。
2 于凌波：《中国近现代佛教人物志》，宗教文化出版社，1995。
3 胡适：《中国历史的一个看法》，《胡适全集》（13），安徽教育出版社，2003，第145页。
4 汤用彤：《汉魏两晋南北朝佛教史·跋》，《汤用彤全集》第1卷，河北人民出版社，2000，第655页。

这样几种：一是为佛教提供政治上的支持。例如，后秦姚兴时便开始设立僧官制度，北魏文成帝时创建"僧祇户""佛图户"政策专门供养僧侣，等等。古代帝王、贵族等统治阶层居士作为国家命脉的掌控者，他们的意志往往能够左右一个时期内佛教甚至中国文化的命运，因而统治阶层居士对佛教的政治庇护是十分重要的护法手段，但也正因如此，他们对佛教的崇奉、护持或多或少都掺杂了一些政治目的，不能完全将之看作是居士身份认同。二是为佛教的发展提供经济上、物质上的支持。在印度，僧侣不事生产、不蓄财帛，主要靠居士来提供经济和物质上的资料，而居士则以护法为使命，并通过布施等护法行为来积累功德。佛教传入中国后，寺僧佛教逐渐发展出了"佛图户""无尽藏""农禅合一"等新模式，但居士佛教的护法传统却得到了延续和发展。他们不仅热衷于修建寺院、佛塔、造立佛像、开凿石窟等建造活动，也热衷于捐献、设斋等社会慈善活动，而这些活动在体现他们宗教身份认同的同时，实际上也在一定程度上体现着他们的社会身份认同。

到了近代，居士的护法活动形式也随着他们的身份转型有了一些变化。首先，随着统治阶层的消失及民国时期政教分离政策的确立，政治对佛教的影响减弱。尽管晚清时期康有为、章太炎等思想家仍将佛学作为政治思想资源，民国成立后也有不少居士积极参与政治，试图以佛教来救亡图存，但是佛教由政治资源向文化资源转变的趋势仍是显著的。其次，随着学者这一新知识阶层的形成、新式教育的开展以及新媒体的出现，进行佛教研究、推行佛教教育、创办佛教报刊等文化活动成为近代知识阶层居士最主要的护法活动之一。由欧阳竟无主持的支那内学院，由太虚与史一如、唐大圆等居士合办的武昌佛学院以及由韩清净、徐鸿宝、朱芾煌组织的三时学会都是这一类的典型代表。最后，随着新兴工商业阶层的崛起和市民阶层的形成，各类佛教文化及慈善活动以组织的形式开展。世界佛教居士林、上海佛教净业社、上海佛学书局等便是这一类的典型代表。

其实，近代以来居士身份认同方式最重要的转变就是上述各类居士佛教组织的成立，因为它既是近现代居士表达自认的途径，也是他们获得他认的途径。在古代，居士自我身份认同的方式虽多种多样，但由于普通信众对佛教信仰的实践和自我身份的认同多在个人层面展开，缺乏相关记载，所以目前我们所讨论的主要还是少数拥有权力、地位、资财、学识的上层居士。而古代虽然也有"邑""莲社"等居士佛教组织，但这类组织主要是作为寺院的外围组织，其中一些为寺院提供服务的人员不一定有佛教信仰和佛教徒身份自认，因而这类居士组织并不是居士获得他认的最主要途径，居士身份的他认主要还是通过受戒来获得。近现代居士佛教组织则不同，这些组织大多数都在简章中对其成员的资格进行了明确规定。例如北京三时学会简章规定：修行会员必须发愿受戒、修习瑜伽，研究会员能够听闻了义言教如理思择，助伴会员能圆满成就会务[1]。佛化新青年会简章规定：责任会员应是乐守居士五戒、实践八大使命和六波罗蜜者，随喜会员应是赞成本会宗旨、扶助本会行各种佛化者[2]。世界佛教居士林组织纲要规定其林员应是在家二众能发无上菩提心与本林宗旨相符者[3]。通过对成员身份的规定与筛选，这些居士佛教组织实际上重新定义了居士的内涵，并充分落实了广义上的居士概念。与此同时，其成员通过加入组织，获得了一种集体身份认同。至此，居士身份的自认与他认达成了统一。因此，通过近现代居士佛教组织来确定居士身份不失为一有效途径。

综上所述，近现代居士在身份认同方式上存在着明显的差异，所以我们仍有必要将他们分为两类来探讨，一类是以佛教理论研究为主的知识型

---

[1] 中国第二历史档案馆编：《北京三时学会简章》，《中华民国史档案资料汇编（第5辑）文化》，江苏古籍出版社，1994，第736页。

[2] 中国第二历史档案馆编：《佛化新青年会简章》，《中华民国史档案资料汇编（第5辑）文化》，江苏古籍出版社，1994，第715—716页。

[3] 《世界佛教居士林组织纲要》，《世界佛教居士林林刊》1923年第1期，见黄夏年主编《民国佛教期刊文献集成》第14卷，全国图书馆文献缩微复制中心，2006，第329页。

居士，另一类则是以实践佛教信仰为主的实践型居士[1]。当然，这种划分仅是为了论述上的方便，实际上，一些居士同时兼具这两种身份认同方式；而关于居士宗教身份认同与社会身份认同的关系等问题也较为复杂，有待进一步探究。

第三节 近现代居士佛教入世转型的理论探索

历史上，以知识阶层为核心的上层居士的学佛兴趣主要就是在佛教理论方面，因而在面对近代社会和佛教危机时，他们也试图通过对佛教的理论探索来解决问题。一方面，他们以建立现代佛学为目标，契应时代机缘对传统内外学的关系进行了一系列调整；另一方面，他们在复兴佛教的过程中逐渐意识到居士佛教的独立价值，对僧俗关系进行了重新定位；由此开启了近现代居士佛教入世转型的道路，并为之奠定了理论基础。

一 居士对内外学关系的契机调整[2]

佛学在于以智慧内明，故又称"内学"，同时又将其他世俗学问称为"外学"，以与佛学相区别。欧阳竟无曾解释说："内学之谓内，有三义：一，无漏为内，有漏为外也；二，现证为内，推度为外也；三，究竟为内，不究竟为外。"[3] 教内人士对佛学性质与范围的明确规定，体现了佛学超脱出世的

---

[1] 潘桂明曾根据居士的文化素养将中国历代居士佛教分为：以贵族、官僚、士夫等知识人士为核心的上层居士佛教，以普通社会民众为基础的基层居士佛教。我们认为，到了近现代，虽然居士的社会身份发生了转变，但是由于历史文化的惯性，居士群体的这种分层仍然存在；然而这一分层不再仅仅体现为文化素养的差别，更多的是体现为身份认同方式的差异。

[2] 该部分的主要内容作为项目的阶段性成果已经发表（参见《知识史视角下的近代中国佛学转型——以"科学"观念为中心》，《哲学评论》2019年第2期）。

[3] 欧阳竟无：《谈内学研究》，《欧阳竟无内外学》，商务印书馆，2015，第603—604页。

性格，也说明了佛学主要是作为一种内证之学而非世用之学传播的。而中国的传统学问既讲求"经世致用"又注重"夷夏之别"，因此在以儒家经学为中心的一元知识体系中，佛学始终处于附属和边缘位置，不但官学中从未有过佛学的身影，在历代正史中也鲜有对佛学客观全面的记载，即便是清代集大成的丛书《四库全书》也只是收录了部分佛学典籍于子部。如此一来，佛学的传承就被局限在了教内。古代居士虽也学佛，但却仅将其视为一种修养个人心性的私学。

到了近代，随着社会危机的发生和各种思潮的兴起，佛学开始在居士那里出现入世转型，它先是作为沟通西方的媒介得到复兴，接着是作为经世思想资源被运用到政治、思想、文化的改革中，后又作为学术研究对象从经学的统治中独立出来。这意味着佛学逐渐从一种教内的、私人的话语，转变为了一种公共的知识。而这一转变的发生可以归因于近现代居士对传统佛学的契机新诠释。

自晚清始，新学家们就注意到了佛学与西学，尤其是科学的相通性，于是他们开始以佛学解释科学，佛学在这个过程中逐渐成为一种沟通西方的媒介。孙宝瑄在1896年的日记中曾写道："八月十四日，宴复生、卓如、穰卿、燕生诸子于一品香，纵谈近日格致之学多暗合佛理，人始尊重佛书，而格致遂与佛教并行于世。"[1] 这则日记不仅揭示了近代中国佛学复兴的重要原因，还揭示了新学家们对佛学的真实态度，即试图在佛学与科学的某些相通处上，以佛学来回应科学。佛学在中国传承千年，虽不为显学，但早已作为中国传统文化的重要部分为中国人所熟知；科学则是个外来概念，虽自明末起就有"格致之学"流传，但"格致"作为对西学的通称，其内涵始终有些含糊不清，直到戊戌前后，"科学"一词才通过日本被译介到中国，但"格致"一

---

[1] 孙宝瑄：《日益斋日记》（佚），引自丁文江、赵丰田编《梁启超年谱长编》，上海人民出版社，2009，第38页。

词仍在被继续使用[1]，所以在清末的一段时间内国人对科学的认知是模糊的。新学家们既然认为佛学与科学有相通处，那么佛学便成为他们解释科学最好的工具。

甲午战争前后，新学家们主要以佛学来格义物理学、天文学、地理学、生物学等自然科学。如孙宝瑄以《所缘缘论》中的极微义比作物理学中的质点[2]，以《华严经》中的"风轮"比作地理学中的大气[3]。宋恕也认为佛教对三千大千世界的描述与地理学、天文学最相契合[4]。谭嗣同则将唯识学中的"八识"与人脑的结构一一对应[5]。这一类佛学与科学的格义，停留在现象的比附上，二者之间的相通性大多来自新学家们自己的想象。在康有为的《日本书目志》译介了"科学"一词之后，新学家们对"科学"的理解出现了两种倾向：一种来自"科学"的日文翻译——"分科之学"，认为"科学"就是有系统的知识、分门别类的方法等；另一种来自对自然科学学术本质及学科体系的抽象总结，认为"科学"就是用实证方法探究现象规律的客观之学。在科学的性质、原则、方法被抽象出来之后，梁启超发现心理学与唯识学的"心识之相"说极其相似，"五蕴"就是佛教对心理表象的总结，色即客观性的事物，受即感觉，想即记忆，行即作意及行为，识即心理活动统一之状态[6]。章太炎更是指出科学缜密的分析方法与唯识学有异曲同工之妙[7]。这一类佛学与科学的格义，是"理"上的互诠，二者之间的相通点逐渐向形而上层面靠拢。从想象到理诠，中国与西方的沟通因为佛学变得越来越合理，

---

[1] 张帆认为："在1902年之前使用'科学'一词的中国人并不多。他们大部分是在国内接受教育，却受到了日本学术或多或少的影响。1902年以后，随着清末新政逐渐深入，'科学'被更广泛地传播运用。"（张帆：《从"格致"到"科学"——晚清学术体系的过渡与别择》，《学术研究》2009年第12期）
[2] 孙宝瑄：《忘山庐日记》（上），上海古籍出版社，1983，第147页。
[3] 孙宝瑄：《忘山庐日记》（上），上海古籍出版社，1983，第185页。
[4] 宋恕：《宋恕集》（上），中华书局，1993，第85页。
[5] 谭嗣同：《仁学》，中州古籍出版社，1998，第228—229页。
[6] 梁启超：《佛教心理学浅测》，《佛学研究十八篇》，中华书局，1989，第369—387页。
[7] 章太炎说："逮科学萌芽，而用心益复缜密矣。是故法相之学，于明代则不宜，于近代则甚适，由学术所超然也。"（章太炎：《答铁铮》，《章太炎全集》（太炎文录初编），上海人民出版社，2014，第387页）

佛学在现代知识体系中的地位也因此得到了极大的提升。五四新文化运动时期，更是兴起了"佛学与科学互证思潮"。

到了戊戌前后，居士们将佛学作为救世与救心的思想资源运用到社会变革中。虽然早在光绪年间，杨文会就意识到了"泰西各国振兴之法，约有两端：一曰通商，一曰传教"[1]。康有为的《大同书》、谭嗣同的《仁学》也都是以佛学为底蕴来构筑变法维新思想，但从严复的"西学格致救国"[2]，到康有为的"物质救国"[3]，再到陈独秀及其之后的"唯科学主义"，以西学尤其是科学为一切事物变革源头和契机始终是晚清时期救亡图存的主流。随着西学东渐的深入，以及戊戌变法的失败，一些居士敏锐地察觉到了以科学为代表的西学的局限性。章太炎率先对严复所译的《天演论》进行了反思，他认为"今自微生以至人类，进化惟在智识，而道德乃日见其反。张进化愈甚，好胜之心愈甚，而杀亦愈甚"[4]。接着，欧游归来后的梁启超也指出，"一战"的爆发极有可能是将进化论的"优胜劣汰"理论运用到社会后的结果，所以科学只是对物质有益，对精神却有损害[5]。科学在道德、精神领域的局限，使玄学得到了复兴，随即发生了新文化运动和"科玄之争"。佛学在此时顺势而起，成为一种超越科学的救世与救心资源。梁启超认为佛教对增进国民道德和完善社会治理有着重要的作用，因为佛教信仰乃智信而非迷信、乃兼善而非独善、乃入世而非厌世、乃无量而非有限、乃平等而非差别、乃自力而非他力[6]，因此，佛学既与科学原则不相违背，又能在道德、政治上拥有科学不可替代的功用。章太炎也有相似的看法，他说："佛教的理论，使上智人不能不信；佛教的戒律，使下愚人

1　杨文会：《支那佛教振兴策二》，《杨仁山全集》，黄山书社，2000，第332页。
2　严复：《救亡决论》，王栻编《严复集》（第1册），中华书局，1986，第45页。
3　康有为：《物质救国论》，《康有为全集》第8集，中国人民大学出版社，2007，第61—101页。
4　章太炎：《五无论》，《章太炎全集》（太炎文录初编），上海人民出版社，2014，第453—468页。
5　梁启超：《欧游心影录》，《饮冰室合集》（专集之二十三），中华书局，1989，第9—12页。
6　梁启超：《论佛教与群治之关系》，《饮冰室合集》（文集之十），中华书局，1989，第45—51页。

不能不信。通彻上下，这是最可用的。"[1] 他先是从唯识学"种子说"出发，指出善恶俱进，越文明作恶的能力越强，以此来批评建立在科学之上的西方文明[2]；后又从"无自性"的角度，指出佛教为无神的、智信的宗教[3]，最宜用来发起国民信心，增进国民道德。在这里，佛学已经由一种解释资源，转变为了一种社会批判与建构资源，在真正意义上作为"独立"的经世思想资源走进了公共空间。

及至民国成立之际，居士们以建立现代佛学为目标，运用科学方法对佛教进行研究，从而将佛学纳入现代学术体系。按照印顺的说法，传统佛学"是理智的德行的宗教，是以身心的笃行为主而达到深奥与究竟的。从来都称为佛法，近代才有称为佛学的"；现代佛学则"是佛法流行于人间，可能作为有条理、有系统的说明，使他学术化"，根本上是一种知识[4]。从具体内容上来看，传统佛学既是佛陀的教法，也包括了佛弟子们根据佛陀的教法所衍生出来的以修证为中心的知识，主要由经、律、论三藏构成，对应着戒、定、慧三学；佛教传入中国后，在此基础上又产生了佛教史学、目录学等。可以说，中国的佛教史学、目录学、判教论以及历代藏经的编纂，已经通过对佛法内容的记录整理，构建了一个相对完整且闭合的知识体系。但因为这个知识体系基于信仰，服务于修证，所以其核心结构仍然是经律论三藏。而近代中国的佛学，在内容上不仅旁摄诸外学，还囊括了佛教的方方面面，在研究方法上更是趋于客观化和多元化，显然是在朝一门现代学科发展。这一转变，既是欧洲、日本佛教学影响下的产物，更是近代中国教内外学人践行"科学"观念的结果。

1　章太炎：《在东京留学生欢迎会上之演讲》，见章念驰编《章太炎全集》（演讲集上），上海人民出版社，2015，第4页。
2　章太炎：《俱分进化论》，《章太炎全集》（太炎文录初编），上海人民出版社，2014，第404—413页。
3　章太炎：《无神论》，《章太炎全集》（太炎文录初编），上海人民出版社，2014，第414—423页。
4　印顺：《佛法概论》，中华书局，2010，"自序"第2页。

其实，随着西学东渐的不断深入，国人的"科学"观念也发生了相应变化。其一，"科学"的含义从"分科之学"向"分科设学"转移。日人福泽谕吉在1872年的《劝学篇》中就已有"一科一学"的说法，后来日本思想家西周在孔德（Auguste Comte）"科学分类"的影响下正式以"分科之学"作为"科学"一词的内涵，用来指示西方学说的专业化和系统化，并在此基础上逐步建立了分科学制[1]。近代中国的改革多仿照日本，1898年康有为就上书清廷，建议以日本分科教育制度为蓝本，"宏开校舍，教义科学，俟学校尽开，徐废科举"[2]，分科制的新式学堂在清廷的新政下得到迅速推广。佛教界人士因为受到"庙产兴学"政策的影响，也加入到了近代中国教育的改革中。近代中国的僧众们为保护寺产，自1903年起就开始在各地创办新僧学堂。随着居士群体的加入和对科学认识的加深，佛教界兴学的动机渐渐由保护寺产向革新佛教教育转变，建立起一批面向僧俗传播佛学知识的佛教教育机构。佛学在这一过程中产生了学术化的倾向，并于1918年后正式走进大学课堂[3]。其二，"科学"的含义从"自然科学"向"科学主义"泛化[4]。早在严复、王国维时，科学有"专门之用"[5]、"科学所明者公例，公例必无时而不诚"[6]、科学为有"系统之智识者"[7] 等内涵就已明确，在这些自然科学的特征被揭示之后，西方现代学术的理性、实证、系统等原则，迅速受到了中国学界的推崇，并演化为"科学主义"，开始向各个领域渗透，由此造成了

---

[1] 转引自金观涛《"科举"和"科学"重大社会事件和观念转化的案例研究》，《科学文化评论》2005年第3期。

[2] 康有为：《请废八股试帖楷法试士改用策论析》，《康有为全集》第4集，人民大学出版社，2007，第80页。

[3] 1917年担任教育部参事的蒋维乔建议北大哲学系开设唯识学课程，1918年这一建议被采纳，之后各地大学争相效仿。

[4] "科学泛化"的相关论述可参见杨国荣《科学的形上之维——中国近代科学主义的形成与衍化》（华东师范大学出版社，2009）一书。

[5] 严复：《西学门径功用》，见王栻编《严复集》第1册，中华书局，1986，第92页。

[6] 严复：《译斯氏〈计学〉例言》，见王栻编《严复集》第1册，中华书局，1986，第100页。

[7] 王国维：《东洋史要·序》，见姚淦铭、王燕编《王国维文集》第4卷，中国文史出版社，1997，第381页。

传统学术和知识的分化，出现了各种学科。1902 年梁启超掀起了一场关于中国是否"有学"的论争[1]，在以西方学术标准审视中国传统学问后，他认为"今日泰西通行诸学科中，为中国所固有者，惟史学"[2]，随即发起了史学革命。在梁氏以科学原则构建史学新知的过程中，佛教史学受到了极大的关注，佛教由此成为学术研究的对象。到了1919 年，对中国传统学问的检讨，在胡适倡导的"整理国故"运动中被全面推向高潮，中国传统学问开始整体性的科学化、学术化，佛学自然也莫之能外。在分科设学和科学主义的影响下，经学因未找到明确的学科定位而走向瓦解，科学则取代经学建立起了知识领域的霸权。而过去笼罩在经学之下的佛学在"转投科学怀抱"（成为科学研究对象）的过程中，不仅受到了科学精神和方法的洗礼，还建立起了现代性的学术机构，居士在佛学的这一科学化、学术化过程中起着至关重要的作用。

首先，他们将西方自然科学、社会科学等作为外学纳入了近代中国佛教教育的范畴，从而丰富了佛学的知识体系。佛教虽以内学自居，但对于外学并非全然排斥。《瑜伽师地论》云："彼诸菩萨求正法时，当何所求？云何而求？何义故求？谓诸菩萨以要言之，当求一切菩萨藏法、声闻藏法、一切外论、一切世间工业处论。……如是一切明处所摄有五明处：一内明处，二因明处，三声明处，四医方明处，五工业明处。"[3] 在古代印度，论辩之术、语言文字学、医药学以及日常生活技艺等外学都是囊括在佛学知识体系之内的。而在古代中国，儒、道思想构成了最主要的外学，印度佛学先是借助二者的格义植根中土，后又在与二者的争论、融合中形成了中国化的佛教宗派。在早期的中国佛学知识体系中，儒、道思想是不可或缺的一部分。但随着主张"不立文字，教外别传"的禅宗的兴起与独盛，中国佛学逐渐向着重觉悟、

---

[1] 1902 年梁启超在《新民丛报》发表了《论中国学术思想变迁之大势》一文，认为中国古代虽有学术，但因缺乏机缘未能如西方学术一般不断进化，所以至近代，已是无学的状态。
[2] 梁启超：《新史学》，《饮冰室合集》（文集之九），中华书局，1989，第 1 页。
[3] 《大正藏》第 30 册，第 500 页下。

轻知识的方向发展，经论中的知识尚且有可能成为"明心见性"的障碍，更何况是外学呢？所以自五代起，外学就逐渐被排斥于传统佛教教育之外，直到晚明四大高僧共倡"三教同源"，儒、道思想才再次受到教界的重视。到了近代，科学不仅变革了传统知识观念，还取代儒家经学建立起了知识领域的"霸权"。于是，居士们重拾了知识兴趣，科学作为当时最主要的外学，也被列为了佛教教育的重要内容。杨文会最初在构想释氏学堂时，就希望"内班以学佛为本，兼习普通学，如印度古诗学五明之例"[1]，后来祇洹精舍开设的普通学课程中，就包括了史学、地理、算法、国文、梵文、英文等[2]。在欧阳竟无的支那内学院，历史、地理、数学、宗教学、哲学、英文等也都是必修课程[3]。在太虚与居士合办的武昌佛学院，外学课程更是多元，有地理学、生物学等自然科学，也有哲学、心理学、宗教学等社会科学，且占有三分一的课程量[4]。可见，当时居士创办的佛学院都"于研究佛典外，并讲儒学，兼习史地，旁及外国语文，以补诸学僧幼时学科之未逮。如是以求真俗融通者。"[5] 外学的内容虽随时而易，却足以反映佛学势力的盛衰和知识体系的变化。佛学势盛，自可专注于自身理论以独立发展；佛学势衰，则不得不借助外学来发展，从而在一定程度上表现出入世化的倾向，近代中国佛教教育中科学课程的设置正是这一倾向的体现。科学通过教育成为近代佛教徒们所需要掌握的基础知识，意味着它成为一种广泛意义上的佛学，这个"广泛意义"虽是在俗、用的层面上来说的，但真俗融通、明体达用本就是佛学的宗旨，所以我们仍可说它丰富了中国佛学知识体系。

1　杨文会：《支那佛教振兴策一》，《杨仁山全集》，黄山书社，2000，第332页。
2　杨文会：《释氏学堂内班课程刍议》《释氏学堂内班课程》，《杨仁山全集》，黄山书社，2000，第333、334—336页。
3　《支那内学院简章》，引自田光烈《玄奘哲学研究》，学林出版社，1986，第215—220页。
4　《武昌佛学院成立之经过·佛学院章程》，《海潮音》1922年第5期，黄夏年主编《民国佛教期刊集成》第153卷，全国图书馆文献缩微复制中心，2006，第308—309页。
5　周秉清：《中国佛教学院讲习世典文字之宗旨》，《佛学月刊》1941年第1期，黄夏年主编《民国佛教期刊文献集成》第95卷，全国图书馆文献缩微复制中心，2006，第8页。

其次，他们根据分科设学原则，对佛学内部科目的设置做出了相应调整，从而完成了近代中国佛学的学科建制。根据吕澂先生的说法，印度佛学在那烂陀寺时期就有了因明、对法、戒律、中观、瑜伽五科之分[1]，但这一分科系统在玄奘之前并未完整传入汉地。从汉译佛典成立的历史可知，最先被译介到中国的是"禅数"与"般若"，戒律于法显西行后方备，俱舍、中观、瑜伽则在南北朝时逐渐演化为涅槃、成实、地论、摄论等学派，这些学派多以一经一论的方式讲学，但是在分科上大体还是按经、律、论三分的。而印度佛学的五科体系虽在玄奘法相唯识宗中得到传承，但不久后便随着法相唯识宗的衰微而消失了。及至近代，在官学分科设学的影响下，佛学分科观念也发生了改变。其一是教内人士不再执一经一论和门户之见，更注重对全体佛教知识的整合。他们整合佛教知识大致有两种方式：一是仿照近代日本各宗大学的宗派分科模式，如杨文会的祇洹精舍就分十宗授学。二是借鉴印度佛学的五科分科模式，欧阳竟无的支那内学院院学即分为毗昙、般若、瑜伽、涅槃、戒律五科。其二是教外人士试图在既定的大学学科下开掘佛学价值、找寻佛学定位，从而使佛学分科发生了根本性的转变。1917年北京大学哲学系开设了印度哲学课程，一些学者认为佛学的思辨性极高，也属于印度哲学的一部分，理应列入哲学系课程。同年，周作人在北大开设了佛教文学课程。1920年钢和泰受邀到北大哲学系教授梵文和印度佛教史，奠定了佛教文献学和佛教史学的基础。在以现代学术分科体系考察佛学之后，佛学与现代学科内容相契的部分被筛选出来，安置于既定的学科之下，逐渐形成了佛教哲学、佛教史学、佛教文献学、佛教文学等现代分科系统。

最后，他们开始以科学方式研究佛学，书写了大量具有现代意义的佛学论著。有学者认为"印度佛教虽然在理论上有'菩萨藏'、'声闻藏'的说

---

[1] 吕澂：《奘净两法师所传的五科佛学》，《现代佛学》1956年第1期。

法，但在实际上并没有形成网罗所有典籍的示范性的大藏经，而是各宗各派分别传习自己的经典"[1]。佛教传入中国后，始有对佛学知识的系统整理，陆续出现了经录、史传、大藏经等。这些传统佛教文献中所体现的佛学知识组织方式虽不尽相同，但皆是以修道、传教为中心，所以并未打破经、律、论三分的原始结构。而在现代学术分科体系下形成的佛学新分科系统，是以科学原则重新组织佛学知识的结果。其一，根据知识性质与形态的不同，教理与教史被区别开来，当时盛行的佛学概论和佛教通史就是这一观念下的产物。其二，根据知识内涵与范围的不同，佛学知识在现代学科体系下被分类总结，如谢无量的《佛学大纲》以佛教论理学、佛教心理学、佛教伦理学来组织教理[2]，周叔迦的《中国佛教史》从政治、经济、文化艺术等方面论述了佛教史[3]。其三，在这个过程中逐渐形成了固定的研究对象与相应的研究方法，吕澂的《佛教研究法》就分经藏、佛传、教史、教理四个部分来讨论不同的佛学研究方法[4]。

总之，在近现代居士契应时机对传统内学和外学的关系做出了一系列调整之后，传统佛学在内涵、范围、结构等方面都发生了相应变化，它逐渐被纳入现代学术体系，并作为一种"世俗学问"真正地走进了公共空间。

二 居士对僧俗之关系的重新定位

随着居士佛学的兴起，居士在世俗社会和佛教共同体中的地位日益提高，传统"僧尊俗卑"的僧俗关系已经成为近现代居士佛教发展的主要障碍。

"僧尊俗卑"的僧俗关系可追溯至原始佛教时期。佛陀成道后，最先向一

1　方广锠：《佛教大藏经史》，中国社会科学出版社，1991，第7页。
2　谢无量：《佛学大纲》，广陵书社，2009。
3　周叔迦：《中国佛教史》，《周叔迦佛学论著全集》第1册，中华书局，2006。
4　吕澂：《佛教研究法》，江苏广陵古籍刻印社，1991。

同苦修的五位出家者说法，这五人得悟佛法后成为最早的佛弟子，僧团逐渐成立。随后，佛陀带领僧团于波罗奈斯教化了某长者之子耶舍，在耶舍加入僧团后，其父母、妻子也皈依了佛陀，在家中供养佛陀和僧团，成为首批在家修行的佛弟子——居士。可见，僧、俗有闻道先后的区别。然而，僧、俗的根本区别则是在修道方式和戒律上。僧人舍家出世，追随佛陀四处说法，为了保证僧团的和合、清净，促进佛法在社会中的传播，佛陀制定了戒律，戒律作为佛教的"法律"，既是僧团的行为规范，又是僧团神圣性的保障。居士则是在家修道，对佛陀和僧团进行供养，为了兼顾他们的世俗事务，居士戒远不如比丘戒、比丘尼戒来得严苛。基于这些僧俗差异，僧人被认为具有"修行解脱的优先权"，且能够长久地承担起"住持佛法的重担"，在他们成为佛教神圣性最主要"表达"的同时，也具有了以自身宗教情操度化众生的榜样功能；而居士闻道于僧伽之后，又因为在家修道，易受到俗事牵绊而无法断除烦恼，所以只能居于从属、护法位置；又《十诵律》等戒律中明确规定"僧事僧决"，居士一般不具备干涉僧团的权利，"僧尊俗卑"的僧俗关系由此确立。[1] 虽然随着大乘佛教的兴起也产生了"僧俗平等"观念，但是由于中国社会的封建宗法制度和中国佛教坚持大小乘戒兼受，"僧尊俗卑""僧主俗从"仍然是中国佛教的主要僧俗关系模式。之所以说这种"僧尊俗卑""僧主俗从"的僧俗关系阻碍了近现代居士佛教的发展，是因为它关系到住持佛法的权力，谁住持佛法谁就在一定程度上掌握了佛教整体的发展方向和价值取向，传统佛教的出世导向可被视为是僧伽长期住持佛法的结果。而居士佛教要振兴佛教，就需要掌握一定的佛教话语权，他们因此有了重新定位僧俗关系的诉求。

首先，近现代居士对僧俗关系的重新定位，是从对近现代出家僧的批评

---

[1] 相关研究，可参见圣凯《印度佛教僧俗关系的基本模式》，《世界宗教研究》2011年第3期。

开始的。杨文会在《与桂伯华书》中率先表达了对出家的看法，他认为若以学佛为目的，出家有两大缺点：一是拜师难，当时的许多僧人虽身负盛名却并不达佛意；二是研习佛法不自由，在丛林制度中师徒有严格的等级之分，弟子往往为师所拘，不如在家学佛来得自在；所以他说："仆但劝人学佛，而不劝人出家。"[1] 到了其弟子欧阳竟无那里，对僧尼的批评就更加直接了。他说："中国内地，僧尼约略总在百万之数，其能知大法、办悲智、堪住持、称比丘不愧者，诚寡若晨星。……诚为国家一大蠹虫，但有无穷之害，而无一毫之利者。"[2] 由于僧尼修行解脱的优先性主要来自戒律，所以欧阳竟无主要从僧制出发来批评近现代的出家僧人，认为他们有违律制最突出的行为在于参政。针对这一现象，欧阳竟无从四个方面展开了辨析。第一，他据《大宝积经》指出："出家者应行头陀，居兰若也"，因为"行戒在头陀"，"修定先兰若"，即便是入世化俗，也不能废头陀与兰若，度人还需先自度。第二，他据《大涅槃经》说："出家者不应参与世事，又不应为名利亲近国王宰官也"，因为出家者参与世俗事务，不仅会招致讥嫌，而且会妨碍修道之专精，从而失去俗众的信奉，他甚至认为鸠摩罗什、玄奘等依附王权庇护来弘法也是违背佛陀本怀的。第三，他说"出家者不应服官，不应与考也"，自东晋慧远作《沙门不敬王者论》开始，僧俗的界限逐渐分明，出家人不跪拜王侯，不仅是基于僧制，更是僧人宗教情操的体现，虽然自南北朝设立僧官以来，就有僧人服官的先例，但是在欧阳竟无看来这是僧格扫地的表现，不应该成为今日僧徒效法的对象；至于旧日以国家考试制度来度僧，更是一种秕政，根据律制，出家受戒乃是僧团自主之事，不应假手俗吏。第四，他强调"出家参政，大违戒律，亦有碍世法也"，既然出家离俗，就需信守根本律仪，不能借口时代潮流而丧失信守，民国以来之时代潮流虽提倡公民权利、

---

[1] 杨文会：《与桂伯华（念祖）书一》，《杨仁山全集》，黄山书社，2000，第450页。
[2] 欧阳竟无：《辨方便与僧制》，《欧阳竟无内外学》，商务印书馆，2015，第442页。

自由平等，但佛教徒仍应放弃俗利、专志道业，参政议政始终是世俗民众的事情，当下一些佛教徒却热衷于此，甚至利用佛教会附会职业团体，这样不仅有违佛法，更有碍国选等世间法。[1]

其次，近现代居士试图从根源上对传统僧俗观念进行"纠正"。"僧尊俗卑""僧主俗从"的传统僧俗观念不仅存在于僧界，更根深于居士界。智藏在《十五年来之居士界》一文中就曾揭示"僧主俗从"观念的普遍性，他说："中国人向来把佛法看作和尚尼姑的佛法，因此，我国居士也以为佛教与他们没有多大的关系，学佛是逍遥自在，是来学时髦凑热闹的，压根儿就没有知道自己负有弘法利生、护持佛教的责任。"[2] 欧阳竟无更是直斥"僧尊俗卑"观念，他说晚清民国之前的居士对待僧人，"但应奉事唯谨，一如奴仆之事主人"，正是被这种传统僧俗观念所束缚，佛教才会"日即式微凌夷"[3]。为了转变这一根深蒂固的传统僧俗观念，欧阳竟无先从佛陀创立僧团的根本目的出发，指出"团体创制之为方便也"，即是说创立僧团是佛陀为了宣说佛法、度脱众生而实施的方法和智慧。在他看来，"方便"就是佛陀的最高智慧和佛法的至高境界，不仅僧团的创立是方便，选择何者成为僧团来住持佛法也是方便。因此，他又据《大智度论》和《瑜伽师地论》说："释迦牟尼于一灯明国，以菩萨为僧，而于娑婆此土观众生根器下劣，无堪任能，于是大行方便，于此娑婆国土，唯以声闻为僧。以是佛法住持，乃住持于声闻也。"[4] 这即是说，佛陀以出家者为僧来住持佛法仅是针对我们所处娑婆世界所行的一种教化方法和智慧。佛陀曾根据众生根器不同而行方便教化，人乘修五戒教法得生人间，天乘修十善教法得生天界，声闻乘修四谛教法断除见

---

[1] 欧阳竟无：《辨方便与僧制》，《欧阳竟无内外学》，商务印书馆，2015，第444—447页。
[2] 智藏：《十五年来的居士界》，《海潮音》第16卷第1期，见黄夏年主编《民国佛教期刊集成》第189卷，全国图书馆文献缩微复制中心，2006，第308页。
[3] 欧阳竟无：《支那内学院院训释》，《欧阳竟无内外学》，商务印书馆，2015，第14、9页。
[4] 欧阳竟无：《辨方便与僧制》，《欧阳竟无内外学》，商务印书馆，2015，第441—442页。

惑、思惑证得涅槃，菩萨乘修六度教法、行菩萨道最后证得佛果，在这几乘教法中，唯有声闻乘为成就阿罗汉果而要求修习者出家。欧阳竟无认为在家居士既然受菩萨戒、修六度教法、行菩萨道，那么就应属菩萨乘，而在佛陀的方便教化中，是有以菩萨乘为僧的先例的。于是他在《支那内学院院训释·释师》中广引经论，列举了传统僧俗观念的"十谬"：

一，唯许声闻为僧，谬也；
二，居士非僧类，谬也；
三，居士全俗，谬也；
四，居士非福田，谬也；
五，在家无师范，谬也；
六，白衣不当说法，谬也；
七，在家不可阅戒，谬也；
八，比丘不可就居士学，谬也；
九，比丘绝对不礼拜，谬也；
十，比丘不可与居士叙次，谬也。[1]

通过"纠正"传统僧俗观念，欧阳竟无明确提出了居士可为师、可住持正法的主张，并成立支那内学院，对僧、俗弟子进行同等教育。这些主张和行为很容易引起僧界的反对，太虚就曾作《关于支那学院文件摘疑》，对此欧阳竟无解释道："不得已而立教，不得已而制学，不得已而作师，皆非本然，无非方便。"[2] 可以说，"方便"概念就是欧阳竟无转变传统僧俗观念的支点。

然而，"方便"归根结底只是一种权宜施设，近现代居士对僧俗关系的重

---

[1] 欧阳竟无：《支那内学院院训释》，《欧阳竟无内外学》，商务印书馆，2015，第9—14页。
[2] 欧阳竟无：《支那内学院院训释》，《欧阳竟无内外学》，商务印书馆，2015，第9页。

新定位终究是要通过对佛法的领悟和掌握来实现的。在佛教中，佛、法、僧被称为"三宝"，都是佛教徒皈依的对象。但佛陀为了确保佛教徒们在他圆寂后不至于偏离他的本怀，提出了"法四依"原则，即依法不依人、依智不依识、依义不依语、依了义经不依不了义经，这样一来，"法"就成为佛教徒皈依的根本对象，在某种程度上甚至可以说，僧侣之所以能够住持佛法、成为佛教徒皈依的对象，便在于他们对法的领悟和对智的获取，因此，"法"也就成为转变传统僧俗关系的核心所在。自杨文会起，近现代居士便对当时僧侣所主导的佛法有所非议。例如，杨文会就曾指出当时的中国佛学有两大弊病："一者错认六尘缘影为自心相，以为现前知觉之心，即是教外别传之心。……二者但阅宗门语录，于经论未曾措心，不分解行，不明浅深，处处扞格，无由通达。"[1] 欧阳竟无则说得更具体一些，认为有五种弊病：

一者，自禅宗入中国后，盲修之徒以为佛法本属直指本心，不立文字，见性即可成佛，何必拘拘名言？殊不知禅家绝高境界系在利根上智道理凑泊之时……

二者，中国人之思想非常笼侗，对于各种学问皆欠精密之观察；谈及佛法，更多疏漏。在教理上既未曾用过苦功，即凭一己之私见妄事创作……

三者，自天台、贤首等宗兴盛而后，佛法之光愈晦。诸创教者本未入圣位（如智者即自谓系五品位），所见自有不及西土大士之处……

四者，学人之于经典著述，不知抉择。了义不了义乎，如理不如理乎，皆未之思也……

五者，学人全无研究方法；徘徊歧途，望门投止，非视学佛为一大

---

[1] 杨文会：《答释德高质疑十八问》，《杨仁山全集》，黄山书社，2000，第412页。

难途,即执一行一门以为究竟,如今之言净土者即是……[1]

显然,他们所指摘的禅宗、天台宗、贤首宗、净土宗都由中国僧侣所创建并发展,即便到了晚清民国,这些宗派佛学的话语权仍掌握在僧侣手中,禅宗有虚云、天台宗有谛闲、贤首宗有月霞、净土宗有印光,等等。近现代居士一方面想要对治传统佛学的诸种弊病、建立契应时代的佛学来重振中国佛教,另一方面又想要通过对佛教究竟教理的掌握来转变不平等的僧俗关系,而晚清民国时期唯识典籍从日本传回,恰好为他们提供给了一个良好的契机。

杨文会说:"(相宗)立三支比量,摧邪显正,远离依他及遍计执,证入圆成实性,诚末法救弊之良药也。参禅习教之士,苟研究此道而有得焉,自不至颟顸佛性,笼统真如,为法门之大幸矣!"[2] 欧阳竟无也认为:"欲祛上五蔽,非先入唯识、法相之门不可。唯识、法相,方便善巧,道理究竟。学者于此研求,既能洞明义理,又可药思想笼侗之弊,不为不尽之说所惑……"[3] 在近现代居士看来,唯识学的理性精神和思辨方式既能够契应时代主题,又能够对治中国性宗颟顸佛性、笼统真如的弊病,更重要的是它与其他宗派佛学有着明显的不同:其一,唯识学由玄奘自印度直接传译,在以欧阳竟无为代表的一批居士看来它代表着佛教的"原旨";其二,唯识宗在中国断绝千年,在一些有心掌握佛教教理解释权以转变不平等僧俗关系的居士看来,它便成了可以"攻玉"的"他山之石"。于是,近现代居士纷纷投入到了唯识学的研究中,南有支那内学院、武昌佛学院[4],北有三时学会,从而形成了足以与僧侣宗派佛学抗衡的居士佛学研究阵地。

---

[1] 欧阳竟无:《唯识抉择谈》,《欧阳竟无内外学》,商务印书馆,2015,第387页。
[2] 杨文会:《十宗略说》,《杨仁山全集》,黄山书社,2000,第152页。
[3] 欧阳竟无:《唯识抉择谈》,《欧阳竟无内外学》,商务印书馆,2015,第388页。
[4] 武昌佛学院由太虚与居士合办,但其主力仍是史一如、唐大圆等居士。

通过对传统内外学关系的契机调整及对僧俗关系的重新定位，近现代居士获得了与寺僧平等的教理解释权，居士佛学因而具有了独特的价值，也成为居士佛教入世转型的理论基础。与此同时，居士佛学的兴起开启了居士佛教入世转型的道路，更多的居士进一步将佛理应用于社会，从而使居士佛教逐渐走上了一条脱离依附寺僧佛教而独立发展的道路。

第四节　近现代居士佛教入世转型的信仰实践

随着居士佛学的兴盛，居士佛教的复兴运动逐渐发展成为群众性的、面向整个社会层面的佛教信仰实践。一方面，知识阶层居士虽致力于佛教理论的探索，但大乘佛教信仰决定了他们终要走上自觉觉他的宗教实践道路；另一方面，普通社会群众信仰佛教大多是为了解决现实生活中的实际问题，因而他们更热衷于念佛和供奉，并通过各种社会活动来实践佛教信仰。从形式上来说，近现代居士对佛教信仰的实践有个体与组织两种，除了少数知识阶层居士的个体性信仰行为有文献依据之外，大多数居士的个体性信仰行为是很难被论证的，所以这里主要针对组织性的居士佛教信仰实践进行探究。

一　居士佛教信仰实践的载体

近现代居士佛教的信仰实践往往通过某一社会载体来进行，由居士结社活动所形成的居士佛教组织便是这样一个载体。而居士的结社活动，实际上也是居士佛教入世的主要方式。

中国的居士佛教组织可以追溯到魏晋南北朝时期。《高僧传》曾载：

（释慧远）于是率众行道，昏晓不绝。释迦余化，于斯复兴。既而谨律息心之士，绝尘清信之宾，并不期而至，望风遥集。彭城刘遗民、豫章雷次宗、雁门周续之、新蔡毕颖之、南阳宗炳、张莱民、张季硕等，并弃世遗荣，依远游止。远乃于精舍无量寿像前，建斋立誓，共期西方。乃令刘遗民著其文曰："惟岁在摄提（公元402年）秋七月戊辰朔，二十八日乙未，法师释慧远贞感幽奥，宿怀特发。乃延命同志息心贞信之士，百有二十三人，集于庐山之阴，般若云台精舍阿弥陀像前，率以香华敬荐而誓焉。惟斯一会之众，夫缘化之理既明，则三世之传显矣；迁感之数既符，则善恶之报必矣……"[1]

这大概是目前有史料可考的最早的关于居士佛教组织的记载。由材料可知，这一佛教组织由慧远发起并领导，成员包括了僧俗二界的佛教信徒，他们在慧远所住持寺院的佛像前举行了类似焚香盟誓的发愿仪式，期望以念佛的方式共赴西方净土。这说明，居士佛教组织在成立之初，就与僧侣、寺院、寺僧佛教有着密不可分的关系。在南北朝时期，这种由居士与僧侣共同组成的民间宗教团体更多时候被称为"邑""邑义""法义"。从相关文献来看，"邑"主要有两种，一种是因造像、建塔等活动而兴起的临时性组织，一种是在造像等活动完成后继续从事设斋、供养佛像等活动的长期性组织。前者组织松散却是当时的主流，后者组织较严密并逐渐成为发展的趋势。但从组织结构上来说，这二者都与寺、僧、寺僧佛教有着紧密联系。第一，从"邑"的领导者来看，邑主、维那分别来源于寺庙的寺主和僧官维那，虽然作为真正主事者的邑主、维那不一定为僧人，但是作为发起者和精神领袖的邑师一般都由僧人担任，且在邑中的地位往往高于首领。第二，从"邑"的成员来看，其成分十分复杂，既有在家居士，也有出家僧尼，既有官僚，也

---

[1] 慧皎：《高僧传》卷6，《大正藏》第50册，第358页下。

有百姓，虽然也存在一些没有僧尼参与的"邑"，但仅是少数。第三，从"邑"的活动来看，有造像、建塔、设斋、念佛等，而造像是最主要的活动。可见，这种"邑"主要充当的是寺院的外围组织，它为佛教提供生存发展的物质、经济基础，寺院则借助它扩大在世俗社会中的影响。[1]

其实，在佛教传入之前，中国早已出现民间结社活动，这些民间社会组织被称为"社"，主要进行传统的祭祀或丧葬活动。佛教传入之后，虽然逐渐产生了民间佛教团体——"邑"，但是这些传统的私社仍然独立存在并继续发展。到了隋唐时期，随着佛教中国化的深入，宗派佛教兴起，佛教的社会影响力日益扩大，所需要的物质、经济基础也随之增长，僧人们便开始了对中国传统私社的改造。他们通过主动加入传统私社、以佛教信仰进行劝化、利用宗教特权、经济势力建立联系施加影响等方式，改造并掌控了相当一部分的私社，使之专门为寺院提供生活和佛教活动的物质、经济资源，佛教的"邑"与中国传统的"社"渐渐合流，在唐代以后的文献中，"法社""邑社"等皆是这类居士佛教组织的称谓[2]。而在"邑""社"合流的同时，它所涉及的佛教活动内容也有所扩展，除了之前的造像、建塔、设斋、念佛之外，还帮助寺院写经、刻经、建盂兰盆会、耕种及买卖土地等；又由于参与信众知识水平、价值取向的差异，以及主要从事佛教活动的不同，所以居士佛教组织自宋以后分化出了不同类型，大致可以分为以知识居士为主的念佛法社和以普通信众为主的一般性的经像、佛事佛社。然而，无论是哪一种类型的居士佛教组织，其成员的知识水平如何，它们仍然只能算是寺僧佛教的附庸。因为这些组织的主体虽为居士，但核心却是僧人；它们虽能够主持一些佛教活动，但活动的内容仍围绕寺院展

---

1 参见郝春文《东晋南北朝时期的佛教结社》，《历史研究》1992年第1期；《东晋南北朝佛社首领考略》，《北京师范学院学报》1991年第3期。
2 郝春文：《隋唐五代宋初传统私社与寺院的关系》，《中国史研究》1991年第2期。

开。因此，对于寺僧来说，传统居士佛教组织是他们入世的途径，通过组织、改造居士佛教组织，寺僧佛教不断扩大着其在世俗社会中的影响力，并借此逐步实现了中国化。但是，对于居士来说，传统居士佛教组织却是他们出世的途径，通过参与居士佛教组织，他们获得了新的宗教生活，并将之作为超越世俗生活之上的精神寄托。

到了晚清民国时期，由于寺僧佛教的衰落和时代转型的需要，居士佛教组织的形态发生了显著变化。

首先，晚清以来的居士佛教组织开始脱离寺院、僧侣独立发展。传统居士佛教组织与寺、僧、寺僧佛教的关联主要体现在三个方面：一是在活动场所上，传统的居士佛教组织大多在寺院或是与寺院有关的区域内进行活动，如东晋慧远所组建的居士念佛组织便是在其精舍内进行活动的。二是在领导核心上，传统居士佛教组织虽主要由在家居士主持相关事务，但仍视高僧大德为精神领袖。三是在活动内容上，传统居士佛教组织所进行的佛教活动虽为居士提供了丰富的宗教生活和精神上的慰藉，但大多数活动仍是围绕着寺僧佛教生存及发展的需求展开的，居士实际上并不享有佛教活动的主导权。从这三个方面出发，大致可以金陵刻经处作为居士佛教组织从传统向近现代转型的分界点和成功转型的典型。

1866年，杨文会因督造江宁工程移居南京，与郑学川（妙空）等十余人捐资刊刻魏源辑《净土四经》，被认为是金陵刻经处的始创。而实际上，直到1868年杨文会于鸡鸣山北极阁发布《金陵刻经处章程》和《募刻全藏章程》，金陵刻经处才算正式启动。《金陵刻经处章程》和《募刻全藏章程》完全由居士们自主制定，在一定程度上已经能够反映出居士在刊刻佛经方面的主导权，《募刻全藏章程》所提出的"三不刻"原则——"疑为伪经者不刻、文义浅俗者不刻、乩坛之书不刻"，可以视为居士们试图掌握佛经判释权的表现。然而，此时的金陵刻经处仍不能算是独立发展的居士佛教组织。其一，

《金陵刻经处章程》第八条规定："刻经处宜延主僧一人，今妙空上人发愿担荷，即应留司其事，惟妙公自任劝募"[1]，这说明金陵刻经处在成立之初，仍沿用了传统佛社僧俗结合的组织模式，延请高僧为邑师。这种僧俗结合的组织模式在晚清民初的居士佛教组织中其实是较为普遍的，罗迦陵创办的"哈同花园"与"华严大学"也延请了宗仰、月霞主持。其二，金陵刻经处拟选址的北极阁，仍在鸡鸣寺的影响范围之内。同时期的一些居士佛教组织在活动场所上也未完全脱离寺院，如范古农组织的嘉兴佛学会便是设立在嘉兴精严寺藏经阁内。因此，晚清民初时期的居士佛教组织还处于传统向近代转型的萌芽期。

1897年，杨文会将金陵刻经处迁往他在延龄巷购置的新宅，刻经处开始在活动场所上与寺院分离。1908年，出国访问归来后的杨文会在欧美、日本佛教教育的启发下于刻经处内创办"祇洹精舍"，欧阳竟无说当时"祇洹精舍"内，"国文、英文，同志任之；佛学，居士自任。就学者缁素二十余人，日有进益"[2]，虽然杨文会仍邀请了谛闲担任学监、式海担任佛学教师，但在领导核心上却已经确立了居士的地位，一部分精英居士能够对僧人进行佛学教育，前来就学的一般居士与僧人所接受的教育也是无差别的。祇洹精舍虽然创办不久就停办了，但是却开创了近现代居士佛教教育的先河。到了1910年，在金陵刻经处同仁的努力下"佛学研究会"成立，主要成员有梅光曦、吴缪、欧阳石芝、狄楚青、叶子贞、梅光远、李翊灼、王雷夏、李世由、蒯若木、濮一乘、陈镜清、欧阳竟无、陈义、沈曾植、陈三立、余同伯、邓高镜、陈正有、许丹、张尔田、章太炎、汪德渊等20余人[3]，由杨文会担任会长。杨文会在《佛学研究会小引》中写道：

1　杨文会手订《金陵刻经处章程》，金陵刻经处同治七年（1868）八月刻本。
2　欧阳竟无：《杨仁山居士事略》，《杨仁山全集》，黄山书社，2000，第584页。
3　转引自罗铮《金陵刻经处研究》，上海社会科学院出版社，2010，第52—53、117页。

> 今时盛谈维新，或问佛学研究会维新乎？曰：非也。然则守旧乎？曰：非也。既不维新，又不守旧，从何道也？曰：志在复古耳。复古奈何？曰：本师释尊之遗教耳。方今梵刹林立，钟磬相闻，岂非遗教乎？曰：相则是矣，法则未也。禅门扫除文字，单提念佛的是谁一句话头，以为成佛作祖之基，试问三藏圣教有是法乎？此时设立研究会，正为对治此病。[1]

在杨文会的只言片语中已经透露出了复古以振兴佛教的理想，以及与寺僧佛教相对的居士佛教立场。该会不仅完全由居士组成，而且每七日一次的讲经和每月一次的例会[2]也全由居士主持。因此，佛学研究会可以说是第一个真正独立于寺僧佛教的居士佛教组织，也是近现代居士佛教组织的开端。

其次，民国之后的居士佛教组织在组织形态、管理模式、活动内容上都出现了"近代化"的特征。根据当代学者的研究，近现代居士佛教组织主要有两大类型：一是由知识精英组成的以佛学研究为主要目的的各种研究会，如支那内学院、三时学会等；二是由工商业者领导的规模较大、功能综合的居士林、净业社，如世界佛教居士林与上海佛教净业社等。[3] 在民国新社会文化制度的影响下，前者逐渐具备了新式教育、研究机构的组织形态，后者则逐渐具备了新兴企业的组织形态。

在研究型的居士佛教组织中，支那内学院是近代中国首个获得官方认可的佛教教育研究机构。1918年，欧阳竟无在金陵刻经处研究部内成立支那内学院筹备处，并制定了《支那内学院简章》。几经波折后，支那内学院终于在1922年获得内务部和教育部的认定正式成立。由《支那内学院

---

[1] 杨文会：《佛学研究会小引》，《杨仁山全集》，黄山书社，2000，第337页。
[2] 欧阳竟无：《杨仁山居士事略》，《杨仁山全集》，黄山书社，2000，第584页。
[3] 唐忠毛：《中国佛教近代转型的社会之维：民国上海居士佛教组织与慈善研究》，广西师范大学出版社，2013，第51页。

简章》可知，支那内学院在组织结构上分为学科与事科两部分，前者为教学、研究机构，后者则为宗教实践与传播机构。从其教学研究机构的具体设置上来看，支那内学院已经具备新式学堂的雏形。其一，有中学、大学补习班、大学预科、大学本科、大学特科的合理学部设置，而且其中学大学各部毕业生与省立国立中学大学毕业者具有同等资格。其二，在本科教育中，有法相、法性、真言的分科设置，类似世俗社会一般大学的院系。其三，有兼具世俗知识与佛教知识的分科授课体系。此外，支那内学院本科毕业可入研究部继续研习佛学，而支那内学院也确实培养了一批优秀的居士学者，如吕澂、王恩洋、黄树因等。至于事科则可以视为是金陵刻经处的延续。

相比较而言，三时学会则是较为纯粹的佛学研究学会。1924年韩清净与友人朱芾煌等在北京成立法相研究会，发愿共研法相唯识学。至1927年在北京西单新皮库胡同十八号筹资构建房舍，更名为三时学会，内务部备案为文化哲学研究机构，以研究佛法、讲授佛经、弘扬佛说为要务。根据《北京三时学会简章》，该会在组织结构上，已采用了民主制，由会员、理事、职员三类人员构成。其中会员分为三种：一是修行会员，以发愿受戒，修习瑜伽，长时无间，殷求精进者为限；二是研究会员，以能听闻了义言教如理思择者为限；三是助伴会员，以能圆满成就本会会务之一者为限。理事直接由会员们于全体会员中选出，负责决议及处理会中一切事务。三时学会在成立时即有韩清净、徐鸿宝、朱芾煌、申宪、韩蕴卿、刘靖、韩哲武、李成志八人。至于职员则有会计员、文牍员、庶务员三种，由理事就会员中推任。[1]

---

[1] 中国第二历史档案馆编：《北京三时学会简章》，《中华民国史档案资料汇编（第5辑）义化》，江苏古籍出版社，1994，第736页。

```
                    ┌ 中学
                    │ 大学补习科（院外中学补习）
                    │ 大学预科
                    │ 大学特科
              ┌ 学科┤              ┌ 法相
              │     │ 大学本科     ┤ 法性
              │     │              └ 真言
              │     │ 研究
              │     └ 游学
    规模  ────┤
              │     ┌ 阅经社
              │     │ 经像图书馆
              │     │ 讲演所
              └ 事科┤ 流通处
                    │ 行持处
                    │ 译经场
                    └ 传教团

              ┌ 学科┌ 中学──大学预科──大学──┬ 研究部
              │     │                           └ 游学
              │     │ 大学补习科
              │     └ 大学特科
    次第  ────┤
              │     ┌ 阅经社──讲演所──┬ 译经场
              └ 事科┤ 经像图书馆        └ 传教团
                    │           流通处
                    └           行持处
```

图 10-1 支那内学院组织结构一览[1]

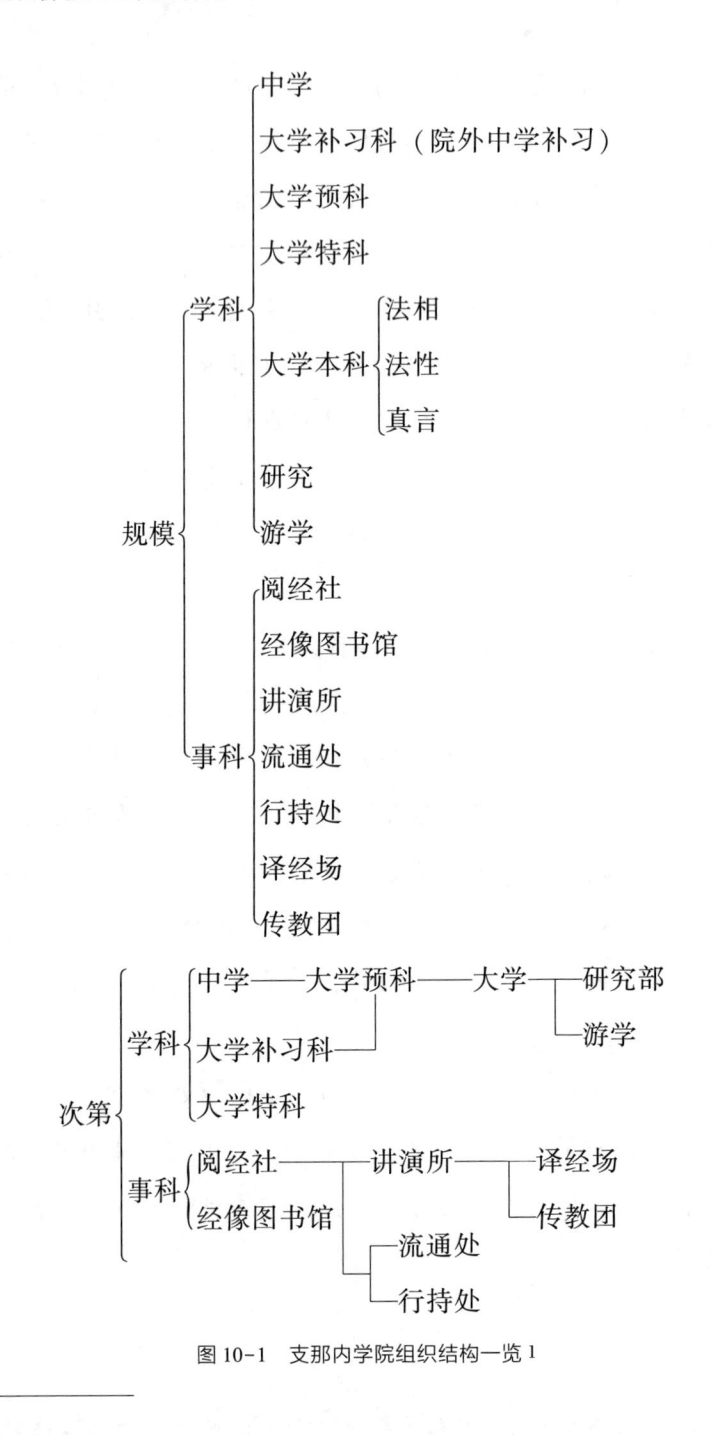

[1] 转引自徐清祥、王国炎《欧阳竟无评传》，百花洲文艺出版社，2010，第 177—178 页。

在综合型的居士佛教组织中，世界佛教居士林是规模较大、功能较全的一个。1922年成立的世界佛教居士林由王舆辑、沈惺叔、王一亭等在1919年成立的上海佛教居士林分化而来。在成立之初，其组织机构的分工就十分明确和完善，主要分为弘化、总务两个部分，弘化部负责组织内外部活动，下设宣讲团、编辑处、图书馆、莲社、禅定室、研究社、祈禳会、戒杀放生会；总务部则负责管理林内大小事务，下设款产处、会计处、交际处、文牍处、庶务处。在人员结构上，也有严密的分级系统和资格、职责规定。其一，按照缴纳林费的多少，林内居士可分为普通、责任、林董；其二，根据佛学修养的精深程度，可在林内担任名誉林董和名誉讲师；其三，职员分为林长（副林长）、部长、主任、干事、雇员、评议员、监察员七种，其中林长、评议员、监察员、部长由林董和责任居士投票选举。[1] 1933年，第五届林董大会又进一步完善了《世界佛教居士林章程》，在人员结构上增设了"理事会""常务理事会"，对林员权利义务、财务管理、监督模式、林务活动等也做了更加周详的规定。至此，世界佛教居士林基本上已经完备了近代意义上的企业管理模式。

综上所述，居士佛教组织的"近代转型"，一方面使其从寺院的外围组织、寺僧佛教的附庸转变为了独立的、由居士主导的佛教组织；另一方面则使其从单纯的"宗教空间"转变为了或专业性、或综合性的社会"公共空间"，从而实现了居士佛教的入世转型。如此一来，居士佛教组织就不再仅仅是居士们进行宗教生活的场所，更是他们进行教育、研究、文化传播、慈善事业等社会生活的场所；居士佛教组织也不再仅仅是寺院佛教入世化俗的工具，而是真正成为居士佛教入世转型的载体。

---

1 《世界佛教居士林组织纲要》，《世界佛教居士林林刊》1923年第1期，见黄夏年主编《民国佛教期刊文献集成》第14卷，全国图书馆文献缩微复制中心，2006，第328—332页。

二　居士佛教信仰实践的路径

无论古今，居士佛教组织的形态都直接反映着居士佛教信仰实践的具体方式。如古代的造像邑就是专门从事造像的佛教组织，念佛会、莲社则是专门进行"诵经念佛"等净土信仰活动的佛教组织。随着近现代居士佛教组织形态的转变，居士佛教的信仰实践路径也在继承传统的基础上发展出了新的形式。就近现代居士佛教组织的活动内容来看，居士佛教的信仰实践路径主要有以下几种。

一是通过各种形式的修持、祈禳等活动，为饱受苦难的近代中国民众提供摆脱世俗纷扰、安顿身心的神圣场所，以及通往精神解脱的具体路径。这一路径主要是继承传统念佛社、莲社的信仰实践形式而来。世界佛教居士林内就同时设有莲社、禅定室、祈禳会。其中莲社"集合四众七众共同普佛或佛七回向往生西方极乐世界阿弥陀佛国土"；禅定室"修习如来禅及祖师关"；祈禳会"公共普佛诵经乃至延请清净福田僧建设水陆、普利焰口、蒙山幽冥戒、楞严七、盂兰盆会、地藏胜会等超荐十方三世一切亡灵以弭灾沴共证真常"[1]。支那内学院虽以佛学研究和教育为主，在事科中亦有行持一项。而它们与传统念佛社、莲社的根本区别就在于居士代替僧侣行使着这些活动的主导权。

二是通过开展各种形式的慈善活动来服务社会，将佛教的慈悲济世精神与公民的爱国精神、社会责任感结合起来，以促进佛教与现实生活多层面的融合。早在魏晋南北朝时期，中国就已出现了有组织、有制度的佛教慈善活动。从北魏时期的"僧祇粟"，到南北朝、隋唐时期的"福田""悲田坊"

---

[1] 《世界佛教居士林组织纲要》，《世界佛教居士林林刊》1923年第1期，黄夏年主编《民国佛教期刊文献集成》第14卷，全国图书馆文献缩微复制中心，2006，第328页。

"养病坊""无尽藏""药藏"等，这些古代佛教慈善活动大都由官府设置、寺院管理，因而其活动范围一般在寺院的辐射范围内，其所涉及的赈灾、施粥、施药、造桥铺路等活动内容也具有一定官方社会慈善活动的性质与形式。及至近代，由于政局动荡、国库空虚、寺僧佛教衰落、工商阶层居士诞生等诸多时代因素，居士逐渐成为近现代佛教慈善的主力。相比较而言，近现代居士佛教慈善除了继承放生、施粥、施医等传统佛教慈善内容之外，在资金来源、活动形式、范围以及组织模式等方面都有所转变。在资金来源上，居士佛教慈善虽也有接受部分官方和社会慈善机构的拨款、资金互助，但主要的资金还是来源于居士组织内成员们的捐款以及组织自身的租金、业务收入等。而活动形式、范围、组织模式的转变则是随着社会问题的转移而发生的。晚清民国时期，国内外战乱不断，所以针对因战乱而伤残的士兵与百姓，居士佛教慈善组织开展了一些临时性的佛教救济活动，由于战争波及全中国，所以这些救济活动的范围也打破过去的地域局限，在全国范围内开展。同时，战乱也造成了大批百姓流离失所，他们涌入城市成为城市贫民，居士佛教慈善的施粥、施药、施材等活动开始以面向社区的组织模式开展。此外，受西方基督教、天主教慈善活动的启发，居士佛教慈善组织还创办了一批养教结合的慈善教育机构，如1906年成立的上海孤儿院、1933年成立的上海佛教慈幼院等，这些佛教慈善教育机构不仅为孤儿们提供衣食，还对他们进行文化教育。

三是通过面向整个社会的具有近现代意义的佛教教育活动，培养佛教人才、扩大佛教影响以振兴佛教，同时也使佛学进入大学，成为社会高等教育的一个组成部分。与传统由僧人主导的佛教教育相比，近现代居士佛教教育在教育主客体、教育理念、教育内容、教育形式等方面有着一系列转变。

在教育主体上，近现代居士打破了僧人对佛教教育的垄断，开始上堂说法，并逐渐成为近现代佛教教育的主力军。居士上堂说法的先例可追溯至清乾隆年间的"建阳书院",其主讲汪缙、彭绍升、罗有高虽在书院中讲授佛学,但书院仍以讲授儒学为主。直到杨文会创办祇洹精舍,居士教育机构如雨后春笋般在全国各地建立起来,居士才算是正式成为佛教教育的主体。而在教育对象上,居士教育的对象既有佛教教育机构中的僧俗二众,也有社会教育机构中的普通大众。1917年担任教育部参事的蒋维乔建议北大哲学系开设唯识学课程,1918年这一建议被采纳,之后各地大学争相效仿,一些居士开始走进大学课堂讲授佛学,如张克诚、周叔迦、蒋维乔等,与此同时,大学生也成为佛教教育的对象。

在教育理念上,近现代居士秉持僧俗平等观念,放眼世界,试图将已经沦为为我之用、为僧团之用的中国传统佛教教育还原成为社会、为人类之用的佛教教育。从广义上来说,与佛教相关的全部内容都是佛教教育的内容;从狭义上来说,佛教教育指僧团内的师徒相授与僧人的讲经说法,中国传统的佛教教育即是如此。近现代居士佛教教育,则试图回归佛陀教育的本怀,从广义上去践行居士佛教教育,其发轫者杨文会在《祇洹精舍开学记》曾写道:

> 夫如来之教,博大精微,人莫能测。外几潜智,何足以兴之?然当事者不暇计也。辄语人曰:人皆可以为尧舜,儒门尝言之矣,我佛门何独不然?不见夫心佛及众生,是三无差别之偈乎?以刹那三昧消其时量,则灵山一会俨然未散。以帝纲法门融其方域,则舍卫金陵镜影涉入。契此道者,超乎象外,何有于华梵?何有于古今?更何有于圣凡耶?然理虽如此,事须兼尽。以英文而贯通华梵,华梵既通,则古今一致,凡圣交参,皆不离乎现前一念介尔之心。[1]

---

1 杨文会:《祇洹精舍开学记》,《杨仁山全集》,黄山书社,2000,第338页。

作为近代中国最早开眼看世界的佛教人物之一,杨文会的佛教教育理念是十分先进的。在他看来,既然佛与众生体性平等,那么不论圣凡皆能成就正觉、自度度他,因而居士在佛教教育上应当享有和僧侣同样的权利;佛教虽发源于印度,但佛陀教化的对象乃是一切众生,因而在佛教教育上也不应当有华梵之别;而解决当下中国佛教甚至整个中华民族文化所面临危机的方法之一就是熟练掌握外国语言文字,只有这样才能建立沟通古今中外的桥梁,将中国佛教作为中华文明的代表推向世界,在世界范围内推行佛陀普度众生的遗教。

在教育内容和形式上,近现代居士佛教教育打破了中国传统佛教教育戒定慧三学的教学内容和师徒相授的教学模式,将佛教作为一种系统性的知识和思想来传授,同时更加重视内外学兼修,以及与世俗社会教育模式的融通。早在杨文会时就提出佛教教育应当与社会教育相接轨,佛学院内僧俗都应兼修佛学与普通学,如西方堂内兼习基督教内容、印度古代僧人兼修五明一般,在办学模式上也应当仿照当时的新式教育模式,分小学、中学、大学逐级修学[1]。到了支那内学院时,这一构想得到了发展和实践。由《支那内学院简章》中所设"学科课程"可知,支那内学院的教学内容中已经没有了传统禅定修习和宗教仪式的内容,虽然有"修身"一门课程,但其关于戒、定的宗教实践内容已被关于戒律、禅定的知识所替代;而其中学课程除了佛学专业课程外,与一般社会教育机构几乎是一致的,其大学课程则一改传统宗派佛学偏专于一宗的局限,试图建立包括佛教各宗源流、印度外道等在内的系统性佛教知识体系。通过这一系列转变,佛教教育真正地走出山林,向社会大众敞开了大门,成为近现代居士佛教入世转型中关键性的一步。

---

[1] 杨文会:《支那佛教振兴策一》,《杨仁山全集》,黄山书社,2000,第332页。

学科课程表[1]

第九条　中学部所授之学科及课程如次表：

学年 学科	第一学年	第二学年	第三学年	第四学年
修　身	戒学大意	同　上	同　上	定学大意
内　典	佛教大意		各宗要义	同　上
		读　经	佛教史	同　上
国　文	讲　读	作　文	同　上	同上，文学史
英　文	发音读本	读本文法	同上，作文	同上，文学
数　学	算术代数	几何三角		
历　史	中　国	外　国		
地　理	中　国	外　国		
博　物	生理动物	植物矿物		
理　化		物　理	化　学	
音　乐	高尚歌曲	同　上		
图　画	自在画	机械画		
手　工		雕　塑		
体　操	普　通	同上　国技	同　上	同　上

各科时数临时配定，惟修身、内典、国文、英文四科必占全时数三分之二，其余各科三分之一，音乐、图画、手工三科均为随意科。

第三四学年别设课外研究，其科目随时定之。

第十条　大学部共同补习科所授之学科及其课程如次表：

1　转引自徐清祥、王国炎《欧阳竟无评传》，百花洲文艺出版社，2010，第179—182页。

学科＼学期	第一学期	第二学期	第三学期
修 身	律 学	律学定学	定 学
内 典		各宗要义	同 上
	佛教大意	佛教史	同 上
国 文	文 学	同 上	同 上
英 文	同 上	同 上	同 上
体 操	普通，国技	同 上	同 上

第十一条　大学部特科所授之学科及其课程临时酌设。

第十二条　大学部各预科所授之学科及其课程如次列各表：

（一）法相大学预科（慈恩宗、贤首宗、俱舍宗）：

学科＼学年	第一学年	第二学年
戒　　　律	缨 络	同 上
本宗　宗要	法相要义	经论提纲
著述	各宗要义	同 上
历史	各宗源流	同 上
因　　　明	因明学	同 上
小　　　乘	各部要义	同 上
世　　　典	印度外道	中国哲学
梵　　　文	发音读本	西洋哲学
国　　　文	文 学	讲读，同上

(二)法性大学预科(三论宗、禅宗、天台宗、成实宗):

学科＼学年			第一学年	第二学年
戒		律	缨 络	同 上
本宗	宗	要	真言要义	经论提纲
	著	述	各宗要义	同 上
	历	史	各宗源流	同 上
因		明	因明学	
小		乘	各部要义	中国哲学
世		典	印度外道	外国
梵		国	发音读本	讲 读
国		文	文 学	同 上

(三)真言大学预科(秘密宗、净土宗):

学科＼学年			第一学年	第二学年
戒		律	缨 络	同 上
本宗	宗	要	真言要义	事相提纲
	著	述	各宗要义	同 上
	历	史	各宗源流	同 上
	悉	檀		悉檀要义
世		典		中国、西洋哲学
梵		文	印度外道	讲 读
国		文	发音读本	同 上
图		像	文 学	图像研究

各预科第二学年别定课外研究时间研究余宗要义。

第十三条 大学部各本科所授之学科及其课程如次各表:

第十章　近现代居士佛教的入世转型

（一）法相大学本科（慈恩宗、贤首宗、俱舍宗）：

学科＼学年	第一学年	第二学年	
戒　律	梵网菩萨戒	瑜伽菩萨戒	五部五论
本　经	深密密严	华　严	楞伽余经
本　论	大论八支论	同　上	原典研究
著　述	慈恩义	贤首清凉义	各宗著述
因　明	应用因明学		
观　法			唯识观，法界观
小　乘	有部婆沙		
世　典	经　部 印度外道 吠陀 六派 宗教学	有　部 俱舍 正理	
梵　文	耶回诸教 讲　读	文　学	同　上 同　上
藏　文	拼法读本	讲　读	同　上
传　教		传教法	传教实习

（二）法性大学本科（三论宗、禅宗、天台宗、成实宗）：

学科＼学年	第一学年	第二学年	
戒　律	梵网菩萨戒	瑜伽菩萨戒	五部五论
本　经	大般若经	同　上	维摩法华涅槃
本　论	门论百论	思　益	智　论
著　述		中　论	五宗心法
观　行		智者荆溪义	止观法，参究法
小　乘			
世　典	毗昙杂心	成　实	

续表

学科＼学年	第一学年	第二学年	
梵　文 藏　文 传　教	印度外道六派 宗教学 耶回诸教 讲　读 拼法读本	文　学 讲　读 传教法	同　上 同　上 传教实习

（三）真言大学本科（净密宗、净士宗）：

学科＼学年	第一学年	第二学年	
戒　律	三摩耶戒		
教　典	大日经金刚顶经	净土经论	各宗著述
仪　轨	苏悉地经	同　上	传授演习
观　行	两　界	同　上	同　上
图　像	净土观念	各种研究	制　作
世　典			
梵　文	印度外道瑜伽 印度教 宗教学 耶回诸教	文　学	同　上
藏　文	讲　读	讲　读	同　上
传　教	拼法读本	传教法	传教实习

第十四条　研究部专究之学科无定限。

四是通过与时俱进的佛教文化传播活动，扩大佛教的社会影响，促进佛教与世俗文化适应融合。从社会层面来说，佛教得以传播、发展有赖于佛教文化事业的发展，佛教在古印度的兴盛有赖于阿育王建塔、造窟等佛教文化活动，佛教入华初期的流传也有赖于译经等佛教文化活动。而佛教文化之所以能够成为中华文化的重要组成部分，居士佛教在其中起着关键性的作用。"中国佛教的居士群体，受儒家为代表的中华文化的影响，在立身行事上往往处于出世与入世之间，从而既能很好地对出世的佛教文化与入世的中华文化进行沟通融合，又能更好地使佛教对社会和民众产生影响。"[1] 随着晚清民国以来中国乃至世界文化环境的整体变迁和科技的进步，居士们对佛教文化的传播方式也有所更新，其中最主要的、影响最为广泛的就是印行佛教典籍与创办佛学报刊。

早在魏晋南北朝时期，居士们就开始通过抄写经文的方式来积累功德、宣传佛教，在经历过北魏、北周两次灭佛运动之后，更利于永久保存佛教经典的刻经活动也盛行起来，写经、刻经逐渐演变成一种群众性的运动；而随着唐代以后印刷术的发明和发展，刻印流通佛典一度成为弘传佛教最主要的方式。会昌法难后，天台、华严等宗派典籍散佚，逐渐式微，唯"不立文字"的禅宗与"念佛往生"的净土宗盛行；在清末太平天国运动和"庙产兴学"风波后，佛教典籍更是损毁殆尽，佛教亦随之凋零。杨文会有感于此，"以为末法世界全赖流通经典普济众生"[2]，恰逢出使英法期间结识南条文雄，获得中国早已散佚的法相唯识学典籍，故而成立金陵刻经处重兴刻经活动，期望通过流通佛典来振兴佛法、救国救民。自此之后，刻经之风大盛，江北、北京、天津、长沙等地的刻经处相继成立。起初，金陵刻经处、江北刻经处等刻经处仍沿用传统雕版技术，以刊刻单行本的佛典为主，随着石印、金属活字印刷等西方印刷技术的传入与推广，大部头的藏经也陆续流通。1912年，在居士罗迦陵的资助下，中国第一部铅印藏经《频伽大藏经》印行；

---

[1] 洪修平：《略论居士佛教对中国佛教文化的贡献》，《五台山研究》2017年第3期。
[2] 欧阳竟无：《杨仁山居士事略》，《杨仁山全集》，黄山书社，2000，第582页。

1923年，丁传绅等开始影印《卍字续藏》；1935年，周叔迦与徐鸿宝、欧阳竟无、徐文霨、蒋维乔等人合力对赵城《金藏》中的部分经卷进行了校勘，于其中择出珍本46种影印刊行，即为今所见《宋藏遗珍》；[1] 次年，他们又发起捐募资材补刻百衲本清《藏》，后因抗日战争全面爆发而被迫停滞。

如果说佛教典籍的刊印是扩大佛教社会影响的最直接办法的话，那么佛学报刊的创办就是进一步转变佛教在社会大众心目中形象的最有效途径。晚清以来的西学东渐不断冲击着中国传统文化和中国人的思想观念格局，尤其是在新文化运动高举起"科学"的大旗之后，佛教一度被认为是封建迷信而遭到反对。而在19世纪末，西方已经通过创办报刊成功地向中国传播了西方文化[2]，所以居士们认为创办佛教报刊也能够转变佛教在大众心目中的落后形象，从而促进佛教的契机发展。1912年，狄楚青、濮一乘居士创办了近代中国第一本佛教刊物——《佛学丛报》，在《发刊词》中已体现出强烈的入世情怀：

> 《佛学丛报》之刊，顾得而已欤。将以解无为之谤，释迷信之疑。编志独取真诠，流布不同，世谛融通哲理，诱掖初极。默正人心，潜移劫运，促人类之进步，保世界之和平。[3]

在栏目上则设有：插画、论说、学理、历史、专件、记事、问答、文苑、杂

---

[1] 朱庆澜、徐文霨、周叔迦等：《发行宋藏遗珍缘起》，《佛学半月刊》1935年第96期，见黄夏年主编《民国佛教期刊文献集成》第50卷，全国图书馆文献缩微复制中心，2006，第307—308页；叶恭绰：《影印宋藏遗珍序》，《佛学半月刊》1935年第108期，见黄夏年主编《民国佛教期刊文献集成》第51卷，全国图书馆文献缩微复制中心，2006，第218页。

[2] 鸦片战争之前，外国传教士、商人就开始在中国创办报刊，郭士立在创办《东西洋考每月统计传》时说："它的出版意图，就是要使中国人认识我们的工艺、科学和道义，从而清除他们那些高傲和排外观念。"(方汉奇主编：《中国新闻传播史》，中国人民大学出版社，2002，第48页)

[3] 《发刊词》，《佛学丛报》1912年第1期，见黄夏年主编《民国佛教期刊文献集成》第1卷，全国图书馆文献缩微复制中心，2006，第14页。

俎、小说，第四期开始增设"译丛"栏。这些内容都体现出了近代居士佛教极强的入世倾向，如"译丛""学理""历史"等栏目关注学术界的动态，传译了不少国内外最新的佛学研究成果；"专件""记事"栏目密切关注佛教界的政策章程与大小事件；"问答""文苑"栏目则试图通过更通俗、直接的方式与社会大众进行沟通，以便澄清大众的误解，树立佛教的正面形象。随后，《觉社丛书》（后改名《海潮音》）、《内学》、《大云》、《佛化新青年》等佛教刊物创办，它们都秉承着入世的编辑理念，注重佛教与世俗社会政治、思想、学术、生活的融合，这都使报刊这一新媒体成为连接佛教与世俗社会的桥梁。

总之，通过各类组织性的信仰实践活动，近现代居士不仅使居士佛教真正脱离寺僧佛教获得价值独立，更使佛教走出传统封闭格局，全方位地融入了现实社会生活当中，成为服务于社会、有益于人民的宗教文化，由此实现了近现代居士佛教的入世转型。

结语　近现代居士佛教入世转型的历史意义

从本质上来说，近现代居士佛教的入世转型是对大乘佛教菩萨精神的进一步发挥与实践。所谓菩萨，是菩提萨埵的简称，法藏解释说："菩谓菩提，此谓之觉；萨者萨埵，此曰众生。谓此人以智上求菩提，用悲下救众生。"[1]菩萨精神即是"自觉觉他""自利利他"的精神。在教理上，居士佛教可归为菩萨乘。因为在菩萨的定义和修行的方法中，既没有出身、资财等先决条件，也没有出家、在家的资格限制，它仅要求信仰者发菩提心、行四摄与六度，所以任何处于世俗社会中的信徒皆有成为菩萨的可能。可以说，菩萨

---

[1] 法藏：《般若波罗蜜多心经略疏》，《大正藏》第33册，第552页下。

乘的目的就是要将佛教教义推向世间，使众生于世俗社会中获得解脱。相较于出家僧侣而言，居士作为世俗社会中的佛教信徒，能够更好地建立起佛教与世俗社会的联系，从而将菩萨精神付诸实践。在佛教中国化的过程中，居士佛教曾起着决定性的作用[1]。及至清末民初，面对民族信仰崩塌、寺僧佛教极度衰败等局面，居士佛教更是成为维系佛教发展的主力。近现代居士佛教的入世转型，一方面是强化"佛法在世间，不离世间觉"的大乘佛教教旨，贯彻"自觉觉他""自利利他"菩萨精神的结果；另一方面则是将菩萨定义中所蕴含的众生平等、僧俗平等观念不断延伸、普遍化的结果，由此推动了大乘佛教的发展。

而将近现代居士佛教的入世行为与传统居士佛教、寺僧佛教进行比较会发现，近现代居士佛教的入世不仅仅是传统佛教入世化俗的延续，更是一种"转型"。这一"转型"于佛教本身，于中国甚至国际社会都具有特殊的历史意义。

对于佛教本身来说，近现代居士佛教的入世转型首先是推动了佛学与现代观念的融合，建构起了应用型的、理性化的、学术化的现代佛学。早在释迦牟尼传教时期，佛学就具有契理契机的特征，佛教传入中国后，也是在不断融通儒、道思想后才得以植根中土的。从历史的角度来看，各个时期不同的佛学思潮其实都可视作是佛学不断与时代观念相调和的结果，近现代以来兴起的各种佛学思潮也不例外。例如，佛教救国思潮蕴含着佛学与自由、民主等观念的融通，佛学与科学互证思潮反映着佛学与自然科学、社会科学等观念的调适，等等。无论古今，在佛学与时代观念的融合过程中，居士无疑都起到了至关重要的作用。然而，近现代居士对佛学与时代观念的调和之所以是一种"转型"，便在于他们在一定程度上重塑了佛学的价值取向和基本

---

[1] 潘桂明：《中国居士佛教与中国传统文化》，《佛学研究》1999年刊。

形态。其一，在佛学与自由、平等、民主等观念的调适过程中，佛学被应用于解决现实生活中的诸种人生、政治、社会等实际问题，从而使原本以出世解脱为价值取向的佛学，逐渐演变成了一种以入世、救世为价值取向的佛学。其二，在佛学与科学、宗教、文化等观念的调适过程中，佛学经过了理性主义的祛魅和人文主义的反思，产生了学术化的趋势，最终走入书斋、走入大学与研究机构，成为世俗学问的一部分。

其次，近现代居士佛教的入世转型改变了传统的僧俗关系格局，重新建构了居士身份认同方式，使居士佛教成为一股独立于寺僧佛教之外的佛教力量。虽然佛陀在世时僧侣和居士佛教团体便已经形成了，但是僧侣一直以来都居于教团的中心位置，佛陀涅槃后更是成为住持佛教正法的核心力量，由此形成了僧主俗从、僧尊俗卑的僧俗关系格局。基于这一僧俗关系格局，中国历史上的居士佛教、居士佛教组织长期处于寺僧佛教的附庸及外围位置，充当着寺僧佛教入世化俗的桥梁。而近现代居士在振兴佛教的过程中，自我意识开始觉醒，要求获得与僧侣平等的佛教权利，成为入世化俗的独立主体。一方面，他们从理论上探寻居士佛教脱离寺僧佛教独立发展的根据，将住持佛法的资格从戒律向学识转移；另一方面，他们成立了新式的居士佛教组织来进行信仰实践，这些居士佛教组织作为居士入世化俗的载体，不仅更新了他们的身份认同方式，更使居士佛教获得了独立于寺僧佛教之外的价值。

最后，近现代居士佛教的入世转型还拓展了佛教与社会整合的方式，促进了佛教文化的传播与发展。中国传统佛教的出世性及其对王权的依赖性，决定了它与社会整合的有限性，大致来说有上下两条路径：向上的一路是与政治及其文化根源相整合，成为统治阶层安顿民心、治理社会的工具；向下的一路则是与民族风俗相整合，成为普通百姓宗教生活的内容和精神寄托的对象。可见，在古代中国，佛教的社会功能主要体现在精神方面。及至近代，居士们开始在文化、教育、慈善等各个社会领域内复兴佛教，从而使佛教与社会整合的方式得到了全方位的拓展，佛教教育、佛教慈善、佛教报刊等也成为佛教文化传播与发展的新途径。

　　对于社会来说，近现代居士佛教的入世转型首先是在挽救国家危亡方面做出了贡献。晚清以来，居士以佛教为政治改革资源的尝试虽然失败了，但以佛教救世、救心的努力却取得了一定成果。他们所兴办的佛教教育、所组织的佛教慈善活动，以及对佛教文化的大力宣传，都起到了安抚社会民心、增强民族自信、稳定社会秩序的作用。其次是促进了儒学的更新，开创了儒佛交涉的新局面。佛教自传入中国以来，一直都与主流儒家文化保持着沟通。在儒佛交涉的过程中，佛学在摄取了儒学的伦理观念、入世精神等内容后逐渐中国化，儒学则在佛学的刺激下提高了哲学思辨水平，完善了心性论等内容。而近现代居士佛学的繁荣也为儒学带来了新的学术生长点，熊十力、梁漱溟、牟宗三、唐君毅等现代新儒家的学问中都少不了佛学的"身影"。最后是扩大了中国文化的国际影响。杨文会曾指出，传教具有联合声气的作用，是振兴中华民族的良策，其中又以传播佛教为最佳，因为佛教虽发源于印度，却传布于世界，中国佛教是其中极为重要的一部分，近年来亦为世界各国所重视，所以通观全球之趋势，以佛教最能通行不悖。从金陵刻经处对藏经文献的整理刊行，到引起国内外学界持续关注的《大乘起信论》之争，再到以世界化为目标的佛化运动，近现代居士佛教的入世转型不仅使佛教深入了中国社会的各个层面，更使佛教作为中国文化的代表进入了国际视野，向世界展现着中国文化的魅力。

下编　入世转型视域下的佛教与社会文化

近现代佛教入世转型，并不是佛教自身孤立发生的现象，而是在与社会文化互动中展开的。近现代以来佛教与社会文化的互动，既推动着佛教走进社会，影响着佛教入世化倾向的走向，也对社会文化的发展产生深刻影响。本编共分五章，主要从佛教与政治、佛教与儒学、佛教与基督教、佛教与男女平等思潮、支那内学院与近现代佛教入世转型等方面展开研究，以期从佛教入世转型的角度来探讨佛教与社会文化复杂的互动关系。第十一章"近现代佛教入世转型中的政教关系"，分为"晚清佛教文化复兴的洋务派背景""清末民主革命的佛教因缘"和"庙产兴学与民国宗教治理"三个部分，展示了政教关系与近现代佛教入世转型的曲折发展。第十二章"儒佛关系与近现代佛教入世转型"，首先梳理近现代儒佛之辨的基本历程，并探讨儒佛异同之辨与儒佛关系重构以及儒佛之辨视域下的佛教入世转型，然后分别以欧阳竟无为例来讨论"以佛摄儒与佛教入世转型"、以王恩洋为例来讨论"儒佛并弘与佛教入世转型"，最后提出近现代佛教入世转型始终与儒家密切相关，佛教的入世转型需以儒家为助缘。第十三章"近现代基督宗教在华传播与佛教入世转型"，首先梳理了"近现代基督宗教在华的传播与发展"，其次分析了"佛教对基督宗教入世经验的借鉴"，再次是分析了"基督宗教对佛教入世转型的思考"，最后对"近现代佛耶相遇的社会意义与文化启示"做了分析和探讨。第十四章"入世转型中近代中国佛教对男女平等思潮的调适"，首先分析了近代中国佛教女性问题兴起的历史根源、清末佛教女众的衰落现实以及近代以来男女平等思潮的时代机缘，其次是研究了"近代中国佛教对男女平等思潮的顺应"，再次是对"近代中国佛教对男女平等思潮的反思"，包括"对八敬法等传统佛教女性观的辩解""对世俗男女平等思潮的反思及应对"等展开分析，最后简单分析了近代佛教对男女平等思潮调适的影响。第十五章"支那内学院与近现代佛教入世转型"，从"支那内学院的起源与性质"开始，对支那内学院与"金陵刻经处""刻经处研究部"以及"居士佛教"等关系做了分析探讨，然后对"支那内学院与佛学研究"进行专题研究，包括"唯识、法相分宗"与欧阳竟无法相理念嬗变、"唯识古、今学"与吕澂早期唯识研究转向、"内院佛学"与近现代佛教的知识论反思以及支那内学院与《大乘起信论》辨伪等，再次是对"支那内学院与佛教文献学"进行专题研究，内容包括整理汉译唯识文献、编校《藏要》丛书，以及支那内学院与"汉文大藏经"等问题，最后对支那内学院的佛学研究与近现代佛教入世转型做简单概括。

第十一章
近现代佛教入世转型中的政教关系

中华人民共和国的成立标志着自鸦片战争以来中国人民争取国家独立、民族解放斗争的胜利，标志着中国近现代历史的结束。一般认为，中国近现代社会是一个比较特殊的历史阶段，这一历史阶段的政教关系与宋元明清时期相比，差别较大。具体言之，政教关系至少表现为三个方面的明显变化：一是宗教在国家意识形态中的位置与功能转变，二是宗教在政治体制中的位置与功能转变，三是政府对宗教事务介入方式和介入程度的转变[1]。就佛教而言，这一时期的政教关系演化大致可以分为三个阶段：第一阶段是从中英鸦片战争到中日甲午战争时期（1840—1895），佛教总体上处于明清时期发展的延长线上，被政治和文化精英边缘化，地位十分低下，政府对佛教事务的管理严厉且生硬，佛教对政治和文化发展的影响极其微弱，像宗仰、敬安等人在晚清社会都属于非常边缘化的人物。第二阶段是从甲午战争之后到北洋军阀统治时期（1896—1927），佛教在这一时期的国家意识形态体系中的位置和功能有明显变化，最突出的是清末维新派领袖康有为和革命派思想家章太炎大量援用佛教思想资源为其政治活动服务。辛亥革命前后，佛教呈现社会化发展新趋势，佛教在政治体制中的位置逐渐发生变化，政府也试图通过立法规范教团活动，这三十年对佛教入世转型而言是一个重要阶段。第三

---

[1] 何其敏：《论宗教与政治的互动关系》，《世界宗教研究》2001年第4期。

阶段是从南京国民政府成立到中华人民共和国成立（1928—1949），佛教政治地位明显提升，佛教社会团体在某些方面甚至被认为是政治争夺场域，政府介入佛教事务日益加深，佛教界不但出现了建立全国性统一社会组织的要求和尝试，抗日战争时期还积极参与抗战，逐渐形成比较明确的政治参与意识（如太虚）。特别值得指出的是，抗日战争爆发后，佛教在政治意识形态体系中虽然早已被边缘化，佛教社会团体的政治功能却进一步提升。随着中国人民政治协商会议召开和中华人民共和国成立，佛教在近现代政治体制中的位置得到确认，近现代佛教入世转型中的政教关系课题得到基本解决，佛教在新的历史条件下回到以教辅政的轨道上来。

20世纪80年代早期，台湾淡江大学曾召开过一次"中国近代政治与宗教关系国际学术研讨会"，与会学者提出近代中国宗教与政治未能实现"政教分离，政教分立"[1]，表明当时研究者尚未真正把握中国政教关系问题的复杂性[2]。其后，学界从不同的方面对相关问题展开研究，出版了一些有价值的学术成果[3]。四十年来，海内外学者关于近现代佛教与政治关系的研究主要集中在以下三类课题：一是近现代佛教与政治思想的关系。清末维新派思想家在戊戌变法时期对佛教思想多所援引，其中康有为、谭嗣同、严复最有代表性，革命派思想家尝试以佛教为基础"建立宗教"为革命政治服务最有代表性的是章太炎，对康有为、谭嗣同、严复、章太炎等晚清政治思想家与佛学关系的研究是一个重要方面[4]。二是"庙产兴学"政策背后的宗教治理

---

[1] 李齐芳主编：《中国近代政教关系国际学术研讨会论文集》，淡江大学，1987年，第266页。
[2] 张践：《简明中国政教关系史》，中国社会科学出版社，2021，第246—247页。
[3] 例如陈金龙的《南京国民政府时期的政教关系：以佛教为中心的考察》（中国社会科学出版社，2011）对佛教与政府关系问题的系统研究是一项值得借鉴的学术成果；学愚的《佛教、暴力与民族主义：抗日战争时期的中国佛教》（香港中文大学出版社，2011）和《中国佛教的社会主义改造》（香港中文大学出版社，2014）对抗日战争时期和中华人民共和国成立后的佛教与政治关系的论述在研究上有不少突破；蒋海怒的《晚清政治与佛学》（上海古籍出版社，2012）表明佛学与近现代政治思想关系的系统研究尚待进一步推进。
[4] 何建明：《佛法观念的近代调适》，广东人民出版社，1998；蒋海怒：《晚清政治与佛学》，上海古籍出版社，2012。

方式问题，最集中的是所谓"庙产兴学"问题研究[1]，有学者甚至认为"庙产兴学"是刺激中国近代佛教复兴的一大根源[2]。三是"整理僧伽制度"问题，这主要涉及近现代佛教的组织、团结及内部建设问题，其中最有代表性的是"中国佛教会"等新型佛教组织建设及其与政府的关系问题。目前学界关于近现代积极参与政治活动的著名佛教僧侣的个案研究有一定积累，而有关近现代佛教与现代政治思想、国家宗教治理的关系以及近现代佛教的组织和内部建设问题的综合性研究相对较少。

佛教不仅是一种文化力量，也是一种社会性力量，其历史发展无法回避政治力量的干预和塑造，也不能不对政治这种最现实的力量做出回应。由于近现代中国社会发展的独特道路造成近现代佛教面临的政教关系问题相当复杂，既有不同层面、不同性质的问题，又有不同阶段、不同地域的问题。从鸦片战争到甲午战争，从清末变法到国民革命，从南京国民政府到中华人民共和国，一系列政治危机激发了中国民族国家意识形态的觉醒及其政治文化政策和制度转型，由此也激发了国家宗教治理方式变革、佛教自身意识形态变革和组织形态变革。本章主要从晚清佛教文化复兴的洋务派背景、清末革命思想的佛学资源以及民国时期的"庙产兴学"等三个问题考察近现代政教关系视域中佛教入世转型的基本趋势和若干规律。

第一节 晚清佛教文化复兴的洋务派背景

晚清洋务派群体是推动晚清佛教文化复兴的现实力量。从杨文会成长经历和金陵刻经处早期发展历程看，这一点最为明显。杨文会为晚清佛教文化

---

[1] 陈金龙：《南京国民政府时期的政教关系：以佛教为中心的考察》，中国社会科学出版社，2011，第8页。
[2] 牧田谛亮：《清末以来的庙产兴学与佛教教团》，参阅江灿腾《明清民国佛教思想史论》，中国社会科学出版社，1996，第248页。

复兴做出了重大贡献，因此被海内外学者誉为"近代佛教复兴之父"。梁启超说晚清所谓新学家莫不归依文会，其实这一情形主要发生在19世纪末20世纪初，彼时杨文会已经在金陵刻经处辛苦支撑30年（1868—1898）。此前研究者比较强调杨文会晚年的贡献，而模糊其早年创办金陵刻经处的历史真相，不太注意金陵刻经处背后是晚清洋务派这一政治群体。

一　杨文会与曾国藩集团

杨文会一生与曾国藩的湘军集团以及后来洋务派群体始终有着密切联系。从现存史料看，杨文会一生可分为三大阶段：二十七岁以前（1837—1862）是第一阶段，他"十岁受读"，十六岁结婚，遭遇太平天国战争，举家"转徙徽、赣、江、浙间，往还十年"[1]，最后落脚于"曾国藩幕府"[2]。二十七岁到五十三岁之间（1863—1889）的近三十年为第二阶段："从事于宦途者三十年，内而吴、楚，外而英、法。公务余暇，游心释典。"[3] 清同治七年（1868）创办"金陵刻经处"，后来被认为是中国近代佛教史上的一件大事。光绪四年（1878）、光绪十二年（1886）先后作为"随员"出访英、法等国，并与日本佛教学者南条文雄等结识交往，与中日近代佛教史也发生极大关系。五十四岁以后（1890—1911）为第三阶段，从1890年到1911年，杨文会通过南条文雄等人从日本购回大批汉文佛典佚籍，并在"金陵刻经处"择要刊刻流通；从1895年起直至去世，在刻经之外，杨文会又积极筹办佛教学校，

---

[1]　《杨仁山居士事略》，《杨仁山全集》，黄山书社，2000，第581页。
[2]　参见朱东安《曾国藩幕府》，辽宁人民出版社，2018，第210页。
[3]　杨文会：《谢客启》（1906），《杨仁山居士全集》第3册，金陵刻经处，2016，第109页。在《与释惟静书一》（1886—1889？）中，杨仁山写道："始而奔走湘、鄂两省，既而驰驱于英、法两国，虽俗务从身，而弘法之心未尝稍懈。近年闭户穷经，于释迦如来一代时教，稍知原委。"《杨仁山居士全集》第3册，第124页。

并讲学著书[1]，与此前三十多年的生活存在较大差别，但与晚期洋务派群体仍有密切联系。

当代学者解释杨文会在19世纪60年代到90年代推动佛教文化事业的动力主要有两个因素，一是杨文会本人转向佛教信仰的主观诉求，二是太平天国战争时期江南地区佛教典籍严重匮乏造成的客观文化需求[2]。这两种解释都是由杨文会本人提供的[3]。研究者从这两个角度均能合理举证，但研究历史不应忽略作为特定历史时期的个人从事社会活动的现实社会力量。我们认为，晚清洋务派群体是杨文会从事佛教文化事业的现实支撑力量[4]，杨文会与曾国藩及洋务派之间存在密切联系。杨文会的父亲杨摛藻（号朴庵，字锦园，1800—1863）道光戊戌年（1838）进士及第，与曾国藩、李文安（李鸿章之父）等为同年进士及第。据李鸿章称，杨摛藻与李文安等人"官京师，甚相得。后公以父老归，主讲凫山书院，无复出山意。昔粤逆煽东南，公以固防捍乡里。乱平，曾文正公以公老成淳笃，以采访忠义局任公，又延主敬敷书院"[5]。据《曾国藩日记》及方宗诚《杨朴庵家传》载，杨摛藻以刑部主事在北京任职七年，1845年，回到故乡石埭，曾主讲于旌德"凫山书院"，"凡六年"[6]。有学者认为，杨摛藻在书院讲学期间携其子杨文会同往，故有"九岁南归，十岁受读"[7]之说。如此，则杨文会在其父讲学书院期间受学，杨摛藻此时也可能亲自课子读书，从而为后者打下良好的文化基础。众所周

---

1 参见张华《杨文会与中国近代佛教思想转型》，宗教文化出版社，2004，第56页。
2 江灿腾：《中国近代佛教改革运动兴起的背景》，江灿腾《明清民国佛教思想史论》，中国社会科学出版社，1996，第249—250页。
3 杨仁山《重刊净土四经跋》已有此意。关于书籍匮乏，曾国藩等督抚高官早有论断。关于由于太平天国战争造成佛教书籍匮乏引起刻经一说，传教士早有耳闻，参见李提摩太 The Awakening of Faith in the Mahayana Doctrine, 华美书局，1918，第9—10页。
4 〔加〕卜正民：《为权力祈祷——佛教与晚明士绅社会的形成》，张华译，江苏人民出版社，2005，第23页。
5 李鸿章：《杨敬修堂文稿序》，《敬修堂文稿》，光绪十九年癸巳（1893），南京图书馆藏。
6 杨朴庵：《答旌邑吕课廷书》云："旌邑（即旌德）城南有阁临水，西有僧舍名曰西竺寺，明末不知何许人薙发隐于此，予主讲旌邑凡六年。"《敬修堂文稿》，光绪十九年癸巳（1893），南京图书馆藏，第7页。
7 《杨仁山居士事略》，《杨仁山全集》，黄山书社，2000，第581页。

知,清代书院与明代书院性质不同,前者把科举考试作为书院教育的核心目标[1]。但由于激烈的战争,江南乡试停考了十余年,杨文会似乎失去了走上科举道路的机会。虽然如此,作为湘军幕僚,杨文会不难再次进入其原生社会集团。从统计数据看,后来湘军大部分成为中高级官员的将领便没有科举功名[2]。这应该是杨文会比较轻视科举的一个现实原因,可能这也是他能够实现相对的信仰自由投向佛教怀抱的一个现实条件。

从个人心理分析,杨文会早年遭遇的社会动荡和残酷战争更可能使他过早产生出世之想,从而对佛教文化有所期待[3]。咸丰三年(1853)正月,太平军下安庆,二月又下金陵,定都南京,号太平天国。从这一年到同治二年(1863)的十年间,江南大片地区陷入巨大的动荡和残酷的杀戮[4]。据研究,从咸丰三年十二月到同治二年九月十年间,安徽石埭县城共被太平军攻占14次,其间战争之惨烈可想而知。即使不参加具体的战斗,杨文会也不能不面对这严酷的现实和惨淡的人生,即使父亲的庇护也无法阻挡死亡的阴影[5]。据《杨仁山居士事略》载:"里居,襄办团练,在徽、宁则佐张小浦中丞、周百禄军门理军事。跣足荷枪,身先士卒,日夜攻守不倦。论功则固辞不受。"[6] 此一叙述可能混淆了杨文会与其父杨摛藻之间的经历。从《敬修堂文稿》看,太平天国战争期间,襄办团练而论功固辞不受的是杨摛藻,而且后者不止一次拒绝上司保举:"甲寅冬(1854),念农学使以'琉璃顶之捷'面谕鲍某申文保藻等,鲍某遵而行之,一时闻者俱有退志。藻知此事必不可遽。

---

1 何炳棣认为:"清代书院虽失去自由讲学的精神,只是成为科举士子的场所,但他们的校产和奖学金制度仍然持续获得改善。"何炳棣:《明清社会史论》,徐泓译注,联经出版事业股份有限公司,2013,第248—252页。

2 何炳棣:《明清社会史论》,徐泓译注,联经出版事业股份有限公司,2013,第272—273页。

3 周继旨:《杨仁山全集》,黄山书社,2000,"前言"第2页。

4 周馥:《周悫慎公自著年谱》,《曾祖周馥》,三晋出版社,2015,第194—196页。

5 杨文会曾回忆自己早年佛道兼学,"冀得长生而修佛法"(《与郑陶斋书》,《等不等观杂录》卷6,《杨仁山居士全集》第3册,第145页)。

6 《杨仁山居士事略》,《杨仁山全集》,黄山书社,2000,第581页。

即于是日发书告之以弊,其事遂寝。"杨摘藻拒绝被保举,"所以杜争端而一众心也"[1]。可见,杨文会的父亲是一个具备一定军事和政治才能的领导人,他拒绝被保举不仅仅出于道德考量,更多的还是从政治和军事斗争实际出发考虑问题。杨文会的性格与其父不太一样,杨摘藻认为:"我辈寂处山林不能为时事分忧,虽一盘一盂对之终有惭色。"[2] 至于"阴阳之说,报施之事,荒谬无凭,明者所不道"[3]。而杨文会相信"报施之事","性喜山林,不贪荣利"[4],自称"不仕而隐""不隐而隐"[5]。咸丰四年(1854),杨摘藻自办青(阳)、石(埭)、太(平)、旌(德)、泾(县)五县团防,并任总指挥,他要求二十岁以上六十岁以下男子均整编入伍[6]。两年以后,杨文会是否加入这支军队参加战斗,我们无从得知。至少从杨文会现存文献来看,找不出他曾经有过军旅生涯的直接证据。

杨文会一生走的是介于仕与隐之间的"不隐不仕"的道路,这条路的特点是既能较好地满足基本生活需求,又不与自己的价值观念发生冲突,有时还可以获得较好的学术研究条件甚至施展政治才能的机会[7]。杨文会的人生道路显然受益于其父亲的社会关系。1860年,曾国藩受命为钦差大臣、两江总督,兼管徽、江、浙等省军务,杨摘藻在张芾辞职回乡后转投曾国藩幕府,并受邀出掌"敬敷书院",干回老本行[8]。次年,湘军破安庆,1862年,杨家迁入安庆,全家转徙徽、赣、江、浙间的战争生涯乃告结束。此时,曾国藩在安庆设立安庆善后局,请大批幕僚负责维持秩序、审理案件、清查田产、

---

[1] 杨朴庵:《辞张都堂保举书》,《敬修堂文稿》,光绪十九年癸巳(1893),南京图书馆藏,第16页。
[2] 杨朴庵:《寄桂观察书》,《敬修堂文稿》,光绪十九年癸巳(1893),南京图书馆藏,第11页。
[3] 杨朴庵:《寄员外郎吴竹如先生书》,《敬修堂文稿》,光绪十九年癸巳(1893),南京图书馆藏,第5页。
[4] 杨文会:《谢客启》(1906),《等不等观杂录》卷8,《杨仁山居士全集》第3册,第109页。
[5] 杨文会:《与周玉山书》(1896),《等不等观杂录》卷8,《杨仁山居士全集》第3册,第109页。
[6] 武延康:《于凌波〈杨仁山居士评传〉补正》,《佛学研究》第13期,2004年。
[7] 参阅尚小明《学人游幕与清代学术》(增订本),东方出版社,2018,第18、124页。
[8] 《曾国藩日记》同治元年正月廿四日,《曾国藩全集》日记二,岳麓书社,1987,第714页。

采访忠义等事务性工作。安庆善后局下设谷米局、子弹局、保甲局、文报局、抚恤局、采访忠义局等，谷米局主要负责核查民田，分别荒熟，按亩征收钱粮，办理"抵征"等事，杨文会任职安庆善后局谷米局委员。1863 年，石埭、太平、旌德等地太平军投降，石埭境内战火彻底熄灭，杨文会的父亲杨摛藻已在安庆病逝[1]。战场从安徽转移到江、浙地区。杨文会在十年战争岁月中度过了动荡的青年时代，随着父亲去世，全家生计遂压到作为长子的杨文会肩上。杨文会对此留下深刻记忆："自二十七先君子弃世，家贫母老，无以为生。"[2] 1864 年，杨文会回乡葬父，6 月，曾国荃率湘军攻克金陵[3]。杨文会回到曾国藩幕府，到江宁任职。

杨文会作为太平天国战争和洋务运动的主动或被动参与者，战争期间和战后一直在曾国藩幕府做工程局委员、谷米局委员。洋务运动兴起后，作为曾纪泽、刘瑞芬等人的"随员"，杨文会先后出使英、法等国多年，这都表明他与晚清洋务派集团关系密切。

二　早期金陵刻经处与洋务派群体

从金陵刻经处早期发展来看，曾国藩集团及洋务派群体是重要的推动力量。朝廷、衙门、书院、私人都可以刻书，这是古代中国的出版传统[4]，明清以来江南刻书业本就相当繁荣，木板刻印技术本身也并不复杂[5]。太平天国失败后，洋务运动兴起前，江南士绅不断兴起的文化建设活动推动了晚清

---

1 《曾国藩日记》同治二年六月廿五日："至杨朴庵处看病，观其安闲淡定、视死如归，不愧学道君子之自然；病则十分沉重，无可挽回矣。"七月十三日，"旋至杨朴庵处吊丧，渠本日卯刻仙逝"（《曾国藩全集》日记二，岳麓书社，1987，第 911 页）。

2 杨文会：《谢客启》，《等不等观杂录》卷 4，《杨仁山居士全集》第 3 册，第 109 页。

3 李鸿章：《李文忠公朋僚函稿》卷 6，第 34 页；参阅朱东安《曾国藩传》，百花文艺出版社，2001，第 231 页。

4 汪家熔：《中国出版通史》清代卷下，中国书籍出版社，2008，第 70 页。

5 艾尔曼：《从理学到朴学》，江苏人民出版社，1997，第 174 页。

佛教文化事业的发展。

金陵刻经处创始阶段的佛典刊刻与曾国藩在湘军攻克金陵后的文教措施存在直接联系。1864年6月，湘军攻下南京不久，曾国藩曾往江南贡院考察，"定本年十一月举行乡试，一以慰群士进取之念，一以招转徙无归之氓"[1]。针对江南士子无书可读的现状，曾国藩又组织一批幕僚重开书院，组建书局，校刊经史典籍，以振兴文教。1866年（同治五年），杨文会最初募资刊刻的第一部佛典（魏源辑《净土四经》）就是在这个"金陵书局"刊刻出版的。1868年，金陵刻经处宣告成立，包括杨文会在内的大部分人士都是曾国藩幕府中人。据《募刻全藏章程》载："同治七年秋八月望日江宁杨西华、无锡余莲邨、长白隆凯臣、丹徒赵季梅、湘乡龚熙廷、邵阳魏刚己、江都徐壁如、武进刘恺孙、钱塘许荫庭、贵筑黄桐轩、阳湖赵惠甫、顺德张溥斋、邵阳魏棨仲、海宁唐端甫、钱塘汤衣谷、石埭杨仁山等公议"云云[2]。上述十六人都属于金陵刻经处早期的重要参与者，尤其是赵烈文（惠甫，1832—1893）和许荫廷（灵虚，1830—1895）[3]，他们在金陵刻经处最初的创办群体中占有重要地位，对金陵刻经处初期发展的贡献并不见得少于杨文会。据《募刻全藏章程》载，妙空（俗名郑学川，1826—1880）担任金陵刻经处主僧，妙空外出劝募时则请另一人代为料理，这另一人当即杨文会，从《募刻全藏疏》仅署"刻经比丘妙空、护经居士杨文会"[4] 二人可推知。这篇实际由赵烈文代笔撰写的《募刻全藏疏》提到："爰于金陵省垣先设刻经处所，纠合同志，以成经文之资；简别要编，用著流通之渐。"[5] 可见杨文会早期从事刻经并非孤军奋战，而是有一群江南士绅"同志"共同支持和赞助。

---

1 《曾文正公书札》卷24，第20页。参见朱东安《曾国藩传》，百花文艺出版社，2001，第247页。
2 杨文会：《募刻全藏章程》，《杨仁山居士全集》第3册，第285页。
3 参见武延康《关于许灵虚——兼谈钱塘许氏家族与晚清扬州佛教》，《金陵刻经处与近现代佛教义学研讨会论文集》（未刊），2016年，南京，第420页。
4 武延康：《于凌波〈杨仁山居士评传〉补正》，见《佛学研究》第13期，2004年。
5 赵烈文：《能静居日记》二，岳麓书社，2013，第1200页。

从 1864 年起，杨文会先后任职金陵善后局谷米局、工程局委员[1]，他是否因曾国藩在同治十一年去世而退出工程局不得而知。至少到光绪元年（1875）八月，杨文会仍就任江宁筹防局负责修建下关炮台[2]，同年又赴汉口办理盐局业务。直到 19 世纪 80 年代中叶，杨文会仍经常外出"游历"，"行踪无定"[3]。光绪二年（1876），杨文会赴长沙协助曹镜初（耀湘）在长沙刻经处刊刻《大乘起信论疏》，同时又受聘于曾纪泽"传忠书局"参与《曾国藩全集》刊刻，此时杨文会的佛学造诣已颇为可观，当年的朋辈曹镜初曾经誉之为"佛法第一"[4]。但是，除了刊刻的五十余种藏经之外，我们看不到杨文会本人究竟怎样论述佛教或佛学。1878 年（光绪四年），杨文会被曾纪泽聘为"随员"出使英、法等国[5]。在英国，杨文会结识了日本留学僧南条文雄（1849—1927），双方信件往来，"潜心净域十余年"的杨文会首次遭遇欧洲印度学，曾一度计划派其子出国学习。毫无疑问，杨文会属于晚清洋务派之一分子，他的价值选择和这个群体是一致的，其刊刻佛典主要反映的是这一时期士绅阶层的文化需求，而不是为佛教寺院发展提供服务。

从某种意义上说，杨文会等人出版和发行佛典的目标是为满足晚清士绅阶层的文化需求，而非僧侣阶层或寺院建设需要。当刻经处创办伊始，杨文会等人请曾国藩幕府核心人物赵烈文撰写《募刻全藏疏》，自己则拟定《募刻全藏章程》和《金陵刻经处章程》，其最初目标虽是"全藏"，但实际执行

1　赵烈文：《能静居日记》，同治六年六月二十二日，同治七年八月十六日。《能静居日记》二，岳麓书社，2013，第 1071、1202 页。
2　武延康：《于凌波〈杨仁山居士评传〉补正》，《佛学研究》第 13 期，2004 年。
3　杨文会：《与南条文雄书四》，《杨仁山居士全集》第 3 册，第 190 页。
4　王闿运：《湘绮楼日记》光绪二年四月七日，《湘绮楼日记》，岳麓书社，1997，第 469 页。
5　从《曾纪泽日记》来看，杨仁山自本年起，与曾纪泽、曹耀湘往来频繁，逐渐融入曾纪泽的圈子，二人不乏信函往来。参阅《曾纪泽日记》第 2 册，中华书局，2013，第 602、607、614、630、648 页。但《杨仁山居士全集》无一函见存。据《曾纪泽日记》光绪二年（1876）十月二十七日载，曾纪泽曾"录西洋字调音合并之法以授仁山"（《曾纪泽日记》第 2 册，第 247 页）。杨文会与曾纪泽的关系相当紧密，否则恐怕不会成为曾纪泽出使英、法等国时的随员。参见李文杰《中国近代外交官群体的形成》，生活·读书·新知三联书店，2017，第 284、364 页。杨仁山为曾纪泽之"随员"，参见《曾纪泽集》，岳麓书社，2005，第 14 页。

的是"随募随刻"。据《金陵刻经处章程》规定所募款项正、附配置比例为六比一,其中六分用于刻经,一分用于养僧和供佛,用于后者的款项即使不足也不许增加,而且声明刻经处不留游僧,"僧人不应经忏"。据杨文会说,"金陵刻经处"创办之初曾公议条例有"三不刻":"凡有疑伪者不刻,文义浅俗者不刻,乩坛之书不刻。"[1] 如此文化边界更进一步表明立足洋务派群体的晚清佛教文化复兴运动的社会基础。实际上,杨文会和"金陵刻经处"的刻经活动一直独立于晚清僧侣阶层和佛教寺院系统之外,这使得其刻经活动始终保持相对自由开放的格局,而未曾沦为特定僧侣阶层的意识形态附庸。

第二节 清末民主革命的佛教因缘

一般而言,中国传统政教关系的主要特点是以教辅政。有学者指出,秦汉以后以人文性为主的儒教成为国家政治意识形态,对国家政治运行提供了充分的理论指导,各种体制性宗教只能在这一政教关系格局下发挥辅助教化的作用[2]。这一格局在近现代中国政教关系转变中并未发生重大变化,证据之一是中国近现代政治思想发展并未受到太多宗教性因素影响,证据之二是近现代政教关系演变过程中,人们对宗教的关注往往侧重在经济功能和思想文化功能层面,对宗教本身的组织性力量相对忽视。中日甲午战争之前,佛教的经济和思想文化功能也很少引起关注[3],转变主要发生在甲午战争后,表现之一是"庙产兴学"主张和政策的出台,由此开启近现代佛教的社会化发展道路,表现之二是"建立宗教"思想的形成,上述两个方面在清末张之

---

[1] 杨文会:《与郭月楼书》,《杨仁山居士全集》第3册,第170页。《金陵刻经处章程》和《募刻全藏章程》中并无"三不刻"之说。

[2] 张践:《简明中国政教关系史》,中国社会科学出版社,2021,第252页。

[3] 例如郑观应1894年出版的五卷本《盛世危言》即没有真正以"教"为主题的论议,对于佛教的文化和经济功能的认识几乎为零,还曾认为基督教抄袭了佛教。参见邹振环整理《危言三种》,上海古籍出版社,2019,第20页。章太炎1899年出版的《訄书》初刻本则有多篇以"教"为主题的论文。

洞、康有为、章太炎等著名人物思想中均有反映[1]。此外，无论洋务派、维新党或革命派，都运用平等观于清末政治讨论，而平等观与佛教学说之间存在深刻关联。康有为《大同书》发表的时间比较晚，但作为核心思想的平等观却形成较早，影响极大，其渊源即在佛学。在中国近代政治思想史上，谭嗣同、梁启超以至于章太炎均在接续或回应康有为的平等思想和立教思想，佛学是这一思想史演变过程中的重要因素之一。与清末洋务派和维新派看重佛教寺产不同，清末革命派似乎更看重中国佛教的思想理论资源，其代表人物之一章太炎的思想转变过程在某种程度上正是对中国佛教思想资源的创造性诠释，它映射出佛教思想与现代中国政治思想的深刻关联[2]。从思想史角度看，章太炎的政治思想是佛教在近现代中国历史过程中以一种独特方式发挥以教辅政功能的重要体现。

一 晚清政治思想的佛教转向

康有为政治思想的要点之一是抽象同一的平等观，这是其大同社会理论的基础，康有为《大同书》的根本主张即废除国家、民族、阶级、种族、性别乃至家庭的界限与差别。抽象同一的平等观和未来大同社会的构想共同构成康有为政治思想的两翼，二者之间互相牵掣，呈现出激进与保守的二重性格局。谭嗣同深受康有为平等和大同思想影响，其所作《仁学》对上述平等哲学作了系统发挥，突出抽象同一性的观念。在《大同书》公开之前，谭嗣同已提出中外平等、上下平等、男女平等和人我平等等一系列激进主义平等论，显示了清末维新派思想的激进面相。清末革命时期，作为革命派左翼的

---

[1] 彭春凌：《儒学转型与文化新命：以康有为章太炎为中心》，北京大学出版社，2014，第164—165页；茅海建：《戊戌时期康有为梁启超的思想》，生活·读书·新知三联书店，2021，第54页。

[2] Viren Murthy, *The Political Philosophy of Zhang Taiyan: The Resistance of Consciousness*, Leiden: Brill, 2011.

无政府主义者继承了康有为的激进平等观，表现为无政府主义的政治哲学，如刘师培在《天义报》提出"实行人类天然的平等"[1]，再次明确了废除阶级、国家、家庭、种族、性别等社会性差别的要求。章太炎则在反思无政府主义政治哲学的基础上形成了自己独特的平等思想，从这个意义上说，革命派的理论家章太炎也是康有为平等思想的继承人，但是受到佛学思想影响更深。

　　章太炎的平等思想最初与康有为并无太大出入，但章太炎一直拒斥康有为式的"平等之说"。由于曾经历从维新派向革命民族主义和民主主义转变，章太炎对康有为、谭嗣同等人的"平等之说"并不陌生，章太炎的早期政论集《訄书》"初刻本"及"重订本"均收录《平等难》一文，认为"平等之说，非拨乱之要也"[2]。这一方面说明成为革命党人之前，章太炎比较接近康有为平等观念的保守面，而不是像谭嗣同那样激进。转向革命立场后，章太炎虽认为平等非时代所急需，平等观却渐趋于激进。1906 年 7 月，章太炎在东京同盟会总部入盟演说及其后有关论文中，即曾以满汉不平等论证民族革命合法性[3]。1907 年，章太炎又提出"惟神说"有违"平等"之说[4]。1908年，章太炎更进一步提出"代议制"破坏"平等"，批判代议制[5]，等等。章太炎思想的发展表明，平等观念在清末民初思想史上具有激进的批判功能。章太炎在 1910 年完成的《齐物论释》开篇即提出"一往平等之谈"，用"齐物"诠释"平等"，把近代平等观念进一步推向深层。有学者指出，章太炎《齐物论释》至少包含两个层面的平等观念：一是作为价值观的平等，所谓"等视有情无所优劣"；二是作为认识论的平等，即所谓"离言说""离名字"

---

[1]　高军：《无政府主义在中国》，湖南人民出版社，1984，第 124 页。
[2]　《章太炎全集》（三），上海人民出版社，1984，第 36—38 页。
[3]　章念驰：《章太炎演讲集》，上海人民出版社，2011，第 5 页。
[4]　《章太炎全集》（四），上海人民出版社，1985，第 396 页。
[5]　《章太炎全集》（四），上海人民出版社，1985，第 301 页。

"离心缘"的"毕竟平等"[1]。这两个平等的理论性质不同，章太炎却认为后者可以囊括前者，因此以"齐物"指称二者，称之为"一往平等"，如此处理两个平等观念的逻辑关系表明章太炎试图以认识范畴取代伦理范畴。章太炎本人对此亦有意识。1909年5月，章太炎在《国粹学报》发表《原学》（后收入《国故论衡》），自述其研究《齐物论》二十余年，"理其训诂，求其义旨"，如在大海航行，找不到方向，直到"涉历世变，乃始谡然理解，知其剀切物情"[2]。所谓"剀切物情"云云，表明这一观念是对经验事实（"物情"）的认识，而不是对价值观念的伦理推演；所谓"涉历世变"，表明章氏这一观念是在实践经验中形成，不是根据抽象原则进行的推论，而是对具体实践经验的反思（"回顾"）。章太炎自称其"齐物之说"指向革命者尚未发现的关系革命成败得失的要害问题（"中失利害之端"），这表明他把"齐物"的平等观视为一种理论认识新成果，而不是基于道德观念的伦理批判。

我们认为，章太炎的"齐物之论"首先是对"人各一心，难以团结"这一事实的反思。早在1906年，章太炎在加入同盟会的演说时即已提出"人各一心，不能团结"乃是革命之最大敌人的论断[3]。他当时曾提出"用宗教发起信心，增进国民的道德"与"用国粹激动种性，增进爱国的热肠"两种策略，以应对上述"最大敌人"。然而此后四年之间，章太炎深深卷入革命党内部的重重矛盾与内耗，并亲自见证同盟会走向瓦解[4]。革命的同盟会的瓦解在一定程度上既表明章太炎上述两种策略的失败，也印证了其最初认识问题之准确。关于同盟会分裂瓦解，作为清末革命领袖之一的章太炎不能说没

1　高瑞泉：《平等观念史论略》，上海人民出版社，2011，第93页。
2　章太炎：《国故论衡》，《章氏丛书》上，世界书局，1982，第478页。
3　章念驰：《章太炎演讲集》，上海人民出版社，2011，第3页。
4　参见杨天石《同盟会的分裂与光复会的重建》（1979），《寻求历史的谜底——近代中国政治与人物》，中国人民大学出版社，2010。

有责任。有学者指出，同盟会之分裂，与章太炎直接有关[1]，无论事前事后，作为同盟会领袖之一的章太炎都必须面对这一重大历史事件，事实上也确实未曾回避。众所周知，作为近代中国第一个全国性革命组织，同盟会从成立之日起即面临组织纪律松散、政治路线不一、战略战术分歧以及思想认识冲突等各种矛盾交织的复杂局面[2]，如何掌握上述复杂局面，这是包括孙中山在内的所有民主革命先行者未曾经历过的重大课题。如前所述，章太炎从加入同盟会之初就非常关注革命阵营的团结问题，因为这本身是章太炎早期政治思想的内在主题之一。章太炎早期社会政治思想的一个重要论题就是个体（"独"）与社会（"群"）的关系，他重视社会组织建设，甚至一度把社会组织能力（"群"）作为判断国家强弱的标准[3]。有学者指出，荀子以"群"为中心的社会组织思想是章太炎早期社会政治思想的出发点之一[4]。章太炎入盟演说明确意识到"人各一心，不能团结"乃是革命"最大敌人"，加入同盟会之后，他积极致力于团结革命者的舆论工作，积极落实自己率先提出的"用宗教发起信心，增进国民的道德"和"用国粹激动种性，增进爱国的热肠"两大路线，既是其早期社会政治思想的延续，也是基于对同盟会组织现状形成的具体认识后得出的结论，佛学思想正是在此处正式介入近代中国革命的进程之中，章太炎发表的《建立宗教论》和《革命之道德》，就是这一历史过程的标志性文献。

章太炎在参加革命党之初似认为借助"道德"和"宗教"可以维系革命者的团结，因此他提倡"建立宗教"，一方面鼓吹革命者个人"自尊无畏"、勇于牺牲的道德品质，"径行独往"的卓绝信心和"依自不依他"的革命精神，另一方面则提倡"建立宗教"，倡导建立"一切众生，同此真如，同此

---

[1] 姜义华：《章太炎评传》，上海人民出版社，2019，第112页。
[2] 金冲及、胡绳武：《辛亥革命史》第2卷，上海人民出版社，1985，第195页。
[3] 《章太炎全集》（三），上海人民出版社，1984，第55页。
[4] 张灏：《危机中的中国知识分子》，新星出版社，2006，第129页。

阿赖耶识""无我""无神"的革命宗教[1]。然而，借助佛学"建立宗教"的努力并没有能够维护革命统一战线的团结。从1907年下半年起，章太炎观察到同盟会内部"渐有同异"和"自相克伐"[2]之后，思想发生明显转变。1907年底，在评论"无政府主义"时，章太炎明确提出"齐物眇义"即"吹万不同，使其自已"的命题[3]。章太炎此时似乎深受无政府主义影响，也丧失了解决"人各一心，难以团结"的理论自信。易言之，"齐物之论"非但不能化解革命统一战线内部的矛盾冲突，反而会进一步增强已经存在的离心倾向，促使革命党加速走向分裂和各自独立。实际上，正是在同盟会瓦解和光复会重建后，章太炎撰写了《齐物论释》等著作，对其新平等观作了进一步阐述。

二 清末革命党人的政治佛教

从1908年起，章氏对"多数暴政"和"公理霸权"的批判已指向"齐物之论"，但始终是点到为止，缺乏系统性和理论性。经过1909年的纷争，同盟会在1910年初彻底瓦解，章太炎1910年前后的重要著述基本围绕这一事件展开。被称为"中国近代哲学革命"代表作的《齐物论释》其实是"中国近代革命哲学"的经典文本，其大量篇幅都在分析"人心"何以"不齐"，即革命战线为什么会发生分裂以及如何克服这种政治分裂。《齐物论释》大量援引佛教唯识学经典，可谓佛教对现代革命实践的再一次深度介入。

我们发现，与1907年之前一面积极提倡"建立宗教"，一面热心宣传民族革命不同，从1908年起，章太炎的思想矛头就指向了革命党内部矛盾，他

---

[1] 《章太炎全集》（四），上海人民出版社，1985，第414—415页。
[2] 《太炎先生自订年谱》，《章氏丛书》，世界书局，1982，第11页。
[3] 《章太炎全集》（四），上海人民出版社，1985，第385页。

认为,"民主"会变成"暴政","公理"会变成"霸权"。在论述其民族民主革命纲领的《排满评议》等论文中,章太炎甚至提出:"言公理者,与墨子天志相类,以理缚人,其去庄生之齐物,不逮尚远。"[1] 在近现代政治思想史上,"公理"说不但是改革派从事政治革新的理论基础,也是部分革命党人论证革命合法性的重要论据,章太炎却认为"公理"是"以理缚人"的公理霸权,与宋明儒学的"天理"一样糟糕。章太炎以"齐物"与"公理"相抗,认为"庄周所谓齐物者,非有正处、正味、正色之定程,而使万物各从所好"[2]。他着重批判主张公理的人们,认为"言公理者"与"言神教者"乃至"长国家者"具有内在一致性。"长国家者"即满清政府及其统治集团,神教即基督宗教,无论立宪派还是革命党内均有基督教徒,同盟会领袖之一孙中山即有"神教"背景,章太炎虽隐晦其辞,但其论述指向却不难想见。何况章太炎在1909年曾公开指责孙派作为,1910年双方更完全分道扬镳,章太炎批判"公理霸权"以及"多数暴政",并在《齐物论释》中强调"齐物之至,本自无齐"[3],其用意岂不了然。章太炎此时的个人与集体平等的"齐物之论"所映射的是革命派内部浓厚的无政府主义平等观,其对"多数暴政"和"公理霸权"的批判实际上是对早期民主革命统一战线内部矛盾冲突的直接反映。因此,章太炎"齐物之论"首先是在与"言公理者"划清界限的意义上提出的某种思想路线,这一"齐物之论"与此前提倡"建立宗教"团结革命者在思路上显然已经不在同一层面。在这个过程中,佛教唯识学确实发挥了重要的思想理论功能,为中国革命的自我反思提供了一个相对系统而且独立的思想体系。

自清末以来日渐复苏的唯识学体系相当复杂。其中三性与五法即系统不

---

[1] 《章太炎全集》(四),上海人民出版社,1985,第262页。
[2] 《章太炎全集》(四),上海人民出版社,1985,第449页。
[3] 《章太炎全集》(六),上海人民出版社,1986,第36页。

同，其最终最精密之说则为玄奘窥基所传八识说。八识说包含二枢纽：一种熏说；二见相说。诸识见相分接近近现代哲学的主客二分，主要用以解释客体的有无虚实，唯识家内部有一分、二分、三分、四分诸说。诸识之显现即生命之显现，以种子为因，以熏习为缘，自隐而显，无尽开展，可以解释生命流转与幻灭，因果轮回，苦集苦灭，唯识家种子说有新熏、本有及混合诸说。从客体之虚实有无而论，见相理论至为关键，由此区分有相唯识无相唯识二种方向，就生命流转还灭说，种熏理论至关重要[1]，还灭因在于净种增长，但还灭又非单从净种而起。从性质上说，八识有为法，真如无为法，二者冲突，如何安立，颇费周章。玄奘《成唯识论》杂糅诸家，主张种子与赖耶非一非异，以缓解冲突，承认本有真如种子，真如种如果能成熟，使生命获得解脱因，即所谓"转八识成四智"，正智缘真如即解脱境界，这是主要理路。

章太炎因宣传革命而被捕入狱后倾心唯识，细读《瑜伽菩萨地》，并结合德国哲学深入研习其学乃至一度以无著世亲为"本师"。流亡东京后，章太炎结合日本当时流行的叔本华哲学对唯识理论的解释趋于定型，把唯识理论解释为一种现代唯心哲学或曰主体性哲学，其《建立宗教论》是这一解释路线的经典文本，也是佛教在清末革命派内最深刻的同道。及《齐物论释》，对唯识种子熏习说多所援引和改造，这既是上述思路的延伸又是某种突破。章太炎使种子脱离与诸识的复杂关系，仅在"心"和"相、名"之间作中介，说"相、名之本质"是"种子"，"相、名"所诠之客体由所谓"依止藏识，乃有意根，自执藏识而我之"加以解释[2]，由此建立"自取无谁"的个体性原理。章太炎改造了唯识学的见分与相分（能取与所取）说，以能取与所取或见分与相分"不即不离"，以及所谓"现量"最胜证明万物无内外，

1　傅新毅：《玄奘评传》，南京大学出版社，2006，第290—291页。
2　《章太炎全集》（六），上海人民出版社，1986，第8页。

内外种种差别皆是"意识分别"。《齐物论释》还对唯识学的"五遍行心所"进行改造，目的在于技术性地说明现实个体意识活动诸环节乃至整个生命过程，而最终则归结为"自取己心，非有外界"的个体性原理。

章太炎《齐物论释》初本开篇首先提出两种不同的平等观念，紧接着就提出彼此之分和是非之辨是造成"人心不齐"的主要原因，即再次回到思想分歧本身。章太炎认为，在"人我毕足，封畛已分"的条件下，和平与博爱都是暂时的，一旦共识破裂，"人各有心，拂其条教，虽践尸蹀血，犹曰秉之天讨也"[1]。那么，如何解决这一难题？如果"建立宗教"解决不了，那么通过什么方式能够解决？章太炎似乎没有找到具体办法。《齐物论释》借助佛教唯识学建立新平等观念的真正逻辑在于阐明作为差别与同一的本体论根源的"心"，由此确立主观差别的本体论地位，从而为早期革命统一战线的分裂找到理论上的解释。这是佛教对现代革命实践的深度介入，尽管没有广大佛教徒直接参与，这一介入过程本身表明佛教介入近现代社会转型是极其曲折、极其间接、极其被动的。

三 清末政治佛教的理论困境

通过改造唯识理论，章太炎《齐物论释》首先建立起一种主体性哲学，把人们之间的差异或对立上升到本体论高度，在一定程度上解释了革命者为什么会陷入重重矛盾和纷争乃至最终走向分裂，但却并未找到由此走向团结和统一的客观性基础，从而帮助革命党人团结真正的朋友，建立广泛坚实的统一战线，攻击中国革命的真正敌人。尽管如此，唯识思想作为中国佛教最深刻最系统的理论体系曾深深介入近代中国民族民主革命之中，这一段历史

---

[1]《章太炎全集》（六），上海人民出版社，1986，第4页。

不应该被忽略。

在通过主观性否定同一与差别方面，章太炎《齐物论释》与谭嗣同《仁学》的思路并无二致，它们共同反映着清末民初参与中国社会政治变革的思想家们政治上的不成熟状态。章太炎《齐物论释》以时（"世"）、空（"处"）、质（"相"）、量（"数"）、因果、实体（"我"）六个范畴为构成客观世界之基础。与康德先验主体性哲学不同，章太炎这一唯心论体系并不需要先验自我来作与物自体对应的X。章太炎以主观自心为最高原理，阿赖耶识、末那识、意识、前五识的关系怎样是不必认真区分的（实际上，章太炎在《国故论衡》中是作了区分的），如何从"自心"开出千差万别的现象世界同样也不必介意；现实世界的差别是由"意识分别"或后天之教化造成。《齐物论释》以时间观念为例阐明差别的主观性："时为人人之私器，非众人之公器。且又时分总相，有情似同，时分别相，彼我各异。"人在童年时期感觉时间缓慢，到了中年则感觉时间迅速，快意时觉得时间转瞬即逝，劳作时则觉得时间缓慢、无有穷期。在章太炎的唯识说中，时间完全是主观性、个体性的，他要强调的是人们时间观念看似相同，实际则存在差异。这就有如一场合唱或交响音乐会："人各吹竽，不度一调，或为清角，或为下徵，此应折阳，彼合下里，则无和合似一之相。"一切差别随"自心"而不同，"竟无毕同之法"[1]。在章太炎的齐物哲学看来，整个世界是由无数的"自心"组成起来的统一体，其同其异皆是第六意识分别，并无实在性可言。通过这种个体主观性原理，差别与同一被上升到本体论层面，这为解释革命者内部的纷争和矛盾找到了理性基础。

章太炎将这种主观辩证法运用于解释特定时期人们的价值冲突："若无是非之种，是非现识亦无。其在现识，若不认许，何者为是，何者为非，事之

1　《章太炎全集》（六），上海人民出版社，1986，第11页。

是非，亦无明证。是非所印，宙合不同，悉由人心顺违以成串习。"[1] 在他看来，一切价值冲突（"是非蜂起"）均是由第六意识分别所造成，"是非"并无外在客观尺度。一切冲突都是依主观分别而产生，那么"以今非古，以古非今，或以异域非宗国，以宗国非异域者"都是颠倒之论。在章太炎看来，古今中外都无高下之别，"以今非古"的进化论者是错，"是古非今"的复古论同样是错。章太炎说，古人的是非观与今人不同，今人与古人辩论曲直、分别功过，如同以汉代的法律规范殷商之人民，取唐代的标准选举秦朝之官吏。同理，用西方的标准衡量中国社会，或以中国的标准衡量西方社会，都是失当的："中国不能委心于远西，犹远西不能委心于中国也。"[2] 这是章太炎在《原学》中所强调的，《齐物论释》据此主张"圣人无常心，以百姓心为心"，"开阖进退，与时宜之"，一切随时代而变化，更无其他原则可言。然而，由于时间本身都是"意识分别"，所以最终只能回到"自心"这一个体主体性。"仁义之名，传自古昔，儒、墨同其名言，异其封界，斯非比量之所能明，亦非声量之所能定，更相违戾，唯是党伐之言，则圣人不独从也。"[3] 在清末的革命领袖章太炎看来，一切价值冲突根源于特定时代、特定立场、特定主体的认知，无从判断何者更真实，何者更正确，所以只能"任万物之各适"。"以理缚人"的"公理霸权"当然是不对的，"以众暴寡"的"多数暴政"尤其荒谬，甚至是不可能的，章太炎的逻辑若贯彻到底，人们之间根本没有任何实在的同一性，群体更无自性可言，亦不过乌合而已。

这样，通过改造佛学，章太炎建立起某种主体性哲学，在一定程度上解释了革命者内部的矛盾和纷争，却并未找到走向团结统一的客观性基础。尽管如此，唯识学作为中国佛教最系统的理论体系之一曾深深介入近现代

---

[1] 《章太炎全集》（六），上海人民出版社，1986，第15页。
[2] 章太炎:《国故论衡》，《章氏丛书》上，世界书局，1982，第478页。
[3] 《章太炎全集》（六），上海人民出版社，1986，第18页。

中国革命的早期历史过程，其历史教训和理论经验值得我们重新加以审视和汲取。

第三节 "庙产兴学"与民国宗教治理

在中日甲午战争之前，佛教的经济和文化功能很少引起社会关注。甲午之后，这一状况发生改变，主要表现是"庙产兴学"政策的出台，这离不开后期洋务派巨擘张之洞和维新派领袖康有为的推动[1]。"庙产兴学"政策的出台表明佛教在中国传统政教关系中地位的延续和进一步下沉，尽管佛教仍然处在以教辅政的政教关系格局中，但政府已经从用其"教"转向征其"产"，这是近现代佛教与政治关系的重大转折。此后，在"庙产兴学"政策的催化下，中国佛教产生两个重大转变，一是通过不同渠道恢复其辅政之教的地位，二是通过建立佛教的社会化组织保护教产。不是佛学而是庙产构成了晚清民国时期政府关注佛教的焦点，由此促成清末以来"僧学堂""佛教会""佛学会"等佛教社会组织之建立，这些组织为佛教界名正言顺地介入政治社会事务创造了中介条件。假使没有"庙产兴学"激发近现代佛教的主体意识，是否会有近现代佛教社会组织的兴起就很难说了。在这一过程中，"僧学堂""佛教会""佛学会"等社会组织是以佛教为主导的政教互动过程的主体，"庙产兴学"则是以政府为主导的政教互动过程的起点，这是同一过程的两个方面，它们共同构成近现代佛教入世转型，共同推动近现代佛教的社会化转型和政府的宗教治理转型。晚清政府和民国政府缺乏应对这一转型的思想和实践经验，给当代宗教治理提供了许多经验和教训。

---

[1] 例如章太炎1899年结集出版的《訄书》直接论述了"毁寺兴学"的问题。参见《章太炎全集》（三），上海人民出版社，1984，第98—99页。

一 "庙产兴学"推动佛教社会化发展

清末民国时期的"庙产兴学"推动了近现代佛教的社会化发展。明清时期，中国佛教疏离于政治体制之外，脱离主流，成为名副其实的"出世宗教"[1]。随着清末社会变革的发生，中国社会固有状态被打破，中国佛教在明清时期被政治疏离的状态也随之终结。在以寺产为目标以佛教社会组织为中介的政教互动过程中，作为佛教物质实体的庙产或寺院财产成为双方激烈争夺的目标，由此推动佛教的自救自觉。易言之，晚清民国时期政府或显或隐的"庙产兴学"政策直接推动着佛教的社会化发展。

重视佛教对国家财政体系的影响原是儒家固有的观念[2]，而近现代中国较早提出庙产或寺产问题的则是晚清政府的洋务派和维新派人士。首先是维新派领袖康有为在戊戌变法期间直接鼓吹"庙产兴学"，康有为不但有《请商定教案法律、厘正科举文体、听天下乡邑增设文庙、谨写〈孔子改制考〉进呈御览、以尊圣师而保大教折》之"令天下淫祠皆改为孔庙"[3]，而且有《请饬各省改书院、淫祠为学堂折》之"改诸庙为学堂"说[4]，与之相比，洋务派领袖张之洞的《劝学篇》更具策略性，张之洞提出寺院百分之七十的收益用于"学堂经费，余款为僧道膳食之资"[5]。康有为之策是要把佛教寺院完全取缔，其激进性显而易见，而张之洞则相对保守，但其进攻性也并不弱，其目的均为救国。光绪帝采纳二人之说形成政策并付诸实施即所谓"庙产兴学"。但由于戊戌变法旋即失败，"庙产兴学"之策未被直接延续下去。章太

---

1 参见冲本克己编《中国文化中的佛教》，辛如意译，台湾法鼓文化，2015，第109页。
2 夏曾佑：《论近时官绅与寺院之冲突》，《中外日报》光绪三十一年二月十九日（1904年10月10日）。
3 《康有为全集》第4集，中国人民大学出版社，2007，第94页。
4 汤志钧编：《康有为政论集》上册，中华书局，1981，第313页。
5 苑书义主编：《张之洞全集》第12册，河北人民出版社，1998，第9740页。

炎说：戊戌，"其夏，有毁寺兴学之令，不果行"[1]。虽然如此，清末"新政"时期，"庙产兴学"之说仍持续发酵，江、浙地区最早响应，甚至有邀请日本佛教界来华办学保护庙产之事，引起各方严重关切[2]。在清末"庙产兴学"的政策激发下，佛教界一方面对自身存在的合理性进行辩护，另一方面呼吁或致力于佛教本身的改革，改革的主要方向首先是办"僧学堂"或"佛教会"，以化解来自政府的压力。杨文会在清末提出"以彼教办彼学"的"支那佛教振兴策"[3]，是对"庙产兴学"政策的直接回应。深受杨文会影响的夏曾佑直接参与到浙江地区学堂创办过程，他公开批评政府"庙产兴学"之说[4]，并从理论上为佛教辩护。除了"僧学堂"，中国佛教界在中华民国成立后不久就成立了自己的组织"中华佛教总会"，以敬安为会长，多次为保护寺产向民国政府提出抗议。1915年到1920年，从袁世凯到段祺瑞为首的北京政府内务部公布《管理寺庙条例》（31条），都严厉禁止中华佛教总会活动，并且对于佛教界建立佛教社会组织的要求置若罔闻、不予理睬，佛教界始终未能建立全国统一合法的社会组织。

从北洋军阀到南京国民政府，"庙产兴学"之声仍此起彼伏，一再引起政教纷争[5]。北洋政府出台《寺院管理暂行规则》和《管理寺庙条例》，主张寺产可以由财政部、内务部用于举办"公益事业"。广州国民政府发动"北伐"，寺庙财产遭到严重侵占，东初甚至说"举凡有战事的地方，寺院几乎全部遭到侵占"[6]。南京国民政府建立后，许多佛教寺院沦为军队营地、办学、办公地点或名流别墅，与此同时，政界"庙产兴学"之说更加激进，一

---

1 章太炎：《訄书》，《章太炎全集》（三），上海人民出版社，1984，第98—99页。
2 夏曾佑：《论浙省寺院愿归属日本本愿寺事》，《中外日报》光绪三十一年二月十九日（1905年3月24日）；《论浙江僧学堂之恶兆》，《中外日报》光绪三十一年二月十九日（1905年3月24日）。
3 杨文会：《支那佛教振兴策一》，《等不等观杂录》卷一。
4 夏曾佑：《论近时官绅与寺院之冲突》，《中外日报》光绪三十一年二月十九日（1905年3月24日）。
5 陈金龙：《南京国民政府时期的政教关系：以佛教为中心的考察》，中国社会科学出版社，2011，第81页。
6 东初：《中国佛教近代史》，台湾中华佛教文化馆，1974，第189—190页。

些知识分子则趁机提出"庙产兴学"提议,计划将所有寺院全部改造为学校。1928年5月,南京"国民政府大学院"召开"全国教育会议",南京特别市教育局在会上提出了《全国庙产应由国家立法清理充作全国教育基金案》,提出以庙产补助教育事业,主张"人其人,而不火其书,佛其佛,而仅取其庙",每庙酌量一二僧尼存饭香之敬,酌留一二间舍藏居佛像,亦可酌留田亩作为僧尼生活来源,提案坚持"庙产兴学"并不妨碍宪法所规定的"信仰自由"。面对这一提议,中国佛教的同情者纷纷组织代表团向南京政府请愿,在各方压力之下,国民政府内政部部长薛笃弼不得不宣布有关没收寺院财产的信息纯属谣言。一个月后,国民政府大学院院长蔡元培在给国民政府呈文中提出:"此次全国教育会议,对于处分寺产各议案,决议分送内政部及本院参考,亦仅为建议性质。现在各地僧人,如能自动兴学,各地方教育行政机关,自当加以指导"[1],不擅自处分寺产。

有学者指出:"自1928年至1929年,全国上下掀起了一场抗议政府强行征收和占用佛教寺院的活动。由于不断高涨的反对声浪,教育部于1929年被迫延迟了关于寺院征收议案的实行"[2],政府与佛教界的矛盾暂时得到缓解。实际上,为保护寺产,佛教界与晚清政府、北洋政府以及南京国民政府进行了持续不断的抗争。直到1931年,南京国民政府签发修订《监督寺院条例》,调整对佛教界的态度和政策,赋予僧侣寺院管理权,政府角色由直接干预转变为监管。但这一《条例》中有对藏族等少数民族地区寺院免予征税的规定,因此《监督寺院条例》又被视为歧视汉族地区寺院,再度引发佛教界人士抗议。这一过程表明,佛教界维护自身利益的意识和意志在不断增长,其主体意识不断觉醒。

正是在这一过程中,作为全国性佛教社会团体的"中国佛教会"建立起

---

[1] 中华民国大学院编:《全国教育会议报告》(丙编),商务印书馆,1928,第4—5页。
[2] 学愚:《佛教、暴力与民主主义:抗日战争时期的中国佛教》,香港中文大学出版社,2011,第69页。

来,这一中国佛教社会组织的建立首先基于"庙产兴学"政策的刺激带来的佛教的社会化自觉。1929年,中国佛教会第一次代表大会召开,参加此次会议的达如法师说:"现在中国佛教会只想对外,如请愿'保护寺产',修改'寺庙管理条例'等事,这是中国佛教会对外的政策;至于对内政策,现在就只希望,各省县组织佛教会而已。"[1]"保护寺产"和修改"寺院管理条例"是中国佛教会建立的初衷。1931年4月,"中国佛教会"举行第三次选举,太虚一派获胜,随即上书国民会议,呼吁国民政府放弃征用佛教寺院的政策。8月,蒋介石签署国民政府令,禁止在全国征用佛教寺庙[2]。至此,中国佛教界保护自身产权的斗争取得了阶段性胜利。不过,尽管有所谓"中央政府"的明令保护,当时军队占领和强制寺院纳税的情况并未完全停止,各地方政府依然继续征收寺院不动产。1935年,七省教育厅长联名呈请"以寺产充作教育经费",提出"已经拨用庙产建立的学校不许破坏",仍得到国民政府教育部和行政院肯定[3]。由此可见,国民政府对佛教的态度并没有取得一致。

政府各部门的不一致既给了侵犯寺院产权者可乘之机,也给了佛教界辗转腾挪的活动空间。随着民族危机加深,日本侵华的战争从局部发展到全局,面对日本帝国主义灭亡中国的图谋,中国佛教的国家意识在不断提高,多次表示支持政府反击外来侵略。与此同时,佛教对政府的批评也逐渐减少甚至完全消失。最典型的就是太虚一派《海潮音》等佛教期刊对政府和国家抱怨之辞明显减少,激发民族情绪、呼吁佛教界保家卫国的言论日见其多。1936年,国民政府号召佛教僧人尤其是年轻僧人参军报国,投身于保卫国家的民族战争。当时佛教界认为,虽然佛教一再受到国家不平等的待遇,但是僧人仍然应该回应政府的号召,积极参加备战抗战工作。他们似乎相信,这样做

---

1 《现代僧伽》第2卷合订本(1929—1930年),第285页。
2 林锦东:《中国佛教法令总编》,台湾国际佛教文化出版社,1958,第168页。
3 《庙产兴学案内政部议定办法三项》,《佛教日报》1936年1月8日。

不仅能表明中国佛教在承担保卫国家和民族的历史责任,而且能证明佛教对国家和社会的价值,消除长期以来佛教与政府之间的不愉快,改变社会大众对佛教的成见和偏见[1]。面对政府对寺院财产的侵占威胁,近现代佛教逐渐重新组织起来,从"中华佛教总会"到"中国佛教会",是清末民国佛教界先后建立社会组织的两大阶段,其初衷都是为了保护寺产并改善政治地位。在这一过程中,中国佛教逐渐形成了自主意识,针对本国政府对寺院财产的侵蚀盘剥,佛教界奋起抗争,这是近现代爱教思想的起源。同时,由于近现代中国面临西方帝国主义侵略和压迫,在民族危急时刻,中国佛教广大僧众又必须和中国政府站在同一战线,共同抗击外来侵略,担负起国家公民的政治责任,这是近现代佛教爱国思想的起源。

二 "佛教会"推动宗教治理转型

如果说"庙产兴学"是近现代佛教与政府之间消极互动的起点,那么从"僧学堂"到"佛教会"等佛教社会组织的建立则标志着佛教建立主动与政府互动的中介,这些社会组织的建构过程对近现代佛教主体意识的觉醒发挥了促进作用,同时更推动了国家宗教治理的现代转型。

中国佛教界自清末时期即有意建立自己的社会组织,但未能找到一条正确的道路。清末佛教界曾经尝试创办"僧学堂",试图通过这种方式把中国佛教重新组织起来并在现代国家政治体制中找到自己的位置。这种尝试最终以失败告终。民国建立后,佛教界开始建立起自己的社会组织,"中华佛教总会"和"中国佛教会"最具代表性。太虚1912年在南京毗卢寺发起组织"佛教协进会",临时大总统孙中山曾令教育部准"佛教会"立案,但该会并

---

[1] 学愚:《佛教、暴力与民主主义:抗日战争时期的中国佛教》,香港中文大学出版社,2011,第72页。

未真正成为全国性佛教社会组织。当时真正有影响力的佛教社会组织是敬安主持的"中华佛教总会",但该会1915年被袁世凯政府内政部出台《管理寺庙条例》明令废止。这说明清末民初的政府不认可佛教的社会化组织或社会化发展。尽管"中华佛教总会"后来又以"中华佛教会"的名称恢复活动,但受到打击之后已经形同虚设。1919年段祺瑞政府命令京师警察厅指控"中华佛教会"与《管理寺庙条例》抵触,再次禁止其活动。"中华佛教总会"的经历表明,民国初期中国政府的宗教治理还处于非常落后原始的阶段,而中国佛教本身的社会组织建设或社会化发展还有很长的路要走。

北洋政府时期没有建立全国性佛教社会组织,但地方性或专门性佛教社会团体却有不少,这为全国性佛教社会组织的创设积累了资源、创造着条件。如1927年5月,武汉佛教徒在汉口佛教会会址成立"两湖佛化联合会",设立"两湖佛化讲习所",同年7月,安庆组织"安徽佛化总会",等等[1]。1927年5月,伍朝枢于国民党中央委员会第93次政治会议上,提议保护宗教团体,经会议表决获得通过[2]。两个月之后,谛闲、圆瑛等僧人即向国民政府提出"请批准僧众组织宗旨纯正之团体"的要求,但遭到国民政府教育行政委员会否决[3]。其后,佛教界一再请求国民政府批准成立佛教团体[4],但始终没有得到国民政府的实质性支持,此事反映出刚刚建立的南京国民政府对建立佛教社会组织的政策性忧虑。1928年前后,太虚为创办"中国佛教会"四处活动,国民党元老蔡元培、张静江等人曾表示支持,但又认为社会上反宗教、反迷信风声正紧,国民政府不宜出面提倡宗教,应以设立"佛学会"

---

[1] 尘空:《民国佛教年纪》,台湾大乘文化出版社,1978,第192页。
[2] 陈金龙:《南京国民政府时期的政教关系:以佛教为中心的考察》,中国社会科学出版社,2011,第192页。
[3] 《整顿僧伽制度及逐渐革除迷信习尚请愿书》,台北"国史馆"馆藏档案,档案号0518—3048.01,微卷号214—1569。
[4] 陈金龙:《南京国民政府时期的政教关系:以佛教为中心的考察》,中国社会科学出版社,2011,第109—110页。

为宜云云[1]，提议改"中国佛教会"为"中国佛学会"。后太虚设"中国佛学会"邀请国民政府内政部部长薛笃弼予以指导，薛笃弼本身是基督徒，对佛教并无好感，但他致函"中国佛学会"称："诸公阐扬佛法，热诚卫道，拟设中国佛学会，旨深愿宏，钦佩曷已。笃弼质本庸愚，罔识三昧，辱承公推指导，实属愧弗克当。惟事关公益，又承诸公厚爱，自当勉为赞助，籍负雅明。"[2] 典雅的文辞背后其实是某种说不出的距离感。当此之时，同为基督徒的南京国民政府领导人之一蒋介石同样对佛教没有太多好感，但仍命令警备司令陈诚迁移出毗卢寺驻军，以作"中国佛学会"会址："顷据释太虚呈请准以毗卢寺为中国佛教会场，并饬现住该寺之军队迁让等情前来。经查，现住该寺军队系属宪兵第二团，前以该团尚不妨碍寺务，据该寺呈请分一部分房屋，借与暂住。今据呈以庙宇为佛会场所，自属正当。"[3] 包括蒋介石在内的南京国民政府高官对太虚"中国佛学会"的支持并不表明国民政府在政策上对建立全国佛教社会组织也持支持态度。当时南京国民政府对待宗教团体的政策基本上是"以不提倡不禁止之态度为消极之应付"[4]，而各地方党部及地方政府也多认为组织佛教团体是提倡迷信，对于佛教徒集会、结社、请求立案等，一般不予通过。

不但执政党和政府对佛教社会组织的建立消极应付，各地寺院对佛教社会组织的建立同样存在颇多疑虑。如南京国民政府公布《监督寺庙条例》规定，私人建立并管理的寺庙并不适应该条例。有佛教界人士认为，所谓不适应此条例，即不属佛教会管理范围，但南京市佛教会又有强迫私立寺庙入佛教会之举。南京市香水林住持僧德崇就此呈请内政部做出解释，1934年2月

---

1 《蔡子民先生致太虚法师函》，《海潮音》第9卷第5期。
2 《内政部薛部长致中国佛学会函》，《海潮音》第9卷第7期。
3 《蒋司令令警备司令陈诚迁让毗卢寺驻军为全国佛学会会址令》，《海潮音》第9卷第5期。
4 中国第二历史档案馆编：《中华民国史档案资料汇编》第五辑第一编政治（三），江苏古籍出版社，1994，第70页。

3日，南京国民政府内政部对此的解释是："该佛教会对该庙通知书仅系劝导及催促性质，至愿入会与否，仍应听该庙自由，该佛教会自不得加以强迫。"[1] 1934年1月11日国民政府行政院令，关于佛教会"所属"二字意义，应采用广义解释，凡和尚之寺庙，均应属于佛教会，道士观宇均应属于道教会。依此解释，私人建立寺庙，无论入会与否，仍属佛教会。但私人建立的寺庙为什么不愿入会？有学者分析认为，除了佛教会自身在佛教信众中的认可问题，一个主要原因是不想增加负担。本来，政府提出"庙产兴学"就是盯着寺院房产和地产，如今佛教会也把寺院的房产和地产作为目标，难免启人疑窦。德崇在致内政部呈文中写道："如被要挟而入会，不惟应交证章规费，而将来常年义务临时特别种种捐项，更难独异，一经入会，应遵会章，德崇实无此财力。"[2] 本来佛教界建立自己的社会组织最初是为了维护自己的经济利益，现在经济利益是否能够得到维护且不知，首先却要先损失一部分财产，所以佛教社会组织的建设常常遇到各种阻碍，尤其是以民间私产为基础建立的寺院不会乐于支持佛教建立社会组织以增加其经济负担。

总之，尽管在政府"庙产兴学"政策刺激下，中国佛教通过建立社会组织，积极谋求建立全国性佛教社会组织，逐渐走向社会化发展道路。但从国家立法和政府治理来看，近现代佛教社会组织发展缺乏相应的制度保障，佛教与政府的关系缺乏法理和制度基础。

三 "寺庙登记条例"的执行困境

清末以来，中国佛教建立"僧学堂""佛教会""佛学会"等社会组织的目的首先是保护寺产，但建立佛教组织的社会意义又超出纯粹保护寺产之范

---

[1]《内政部咨各省市政府》(1938年2月3日)，《内政公报》第7卷第6期。
[2]《德崇致内政部呈》(1933年2月27日)，《内政公报》第7卷第6期。

围。如前所述,在宗教立法方面,晚清政府和北洋政府均持消极态度,南京国民政府初期同样如此,因为政府对佛教的管理侧重于庙产。庙产问题激起近现代佛教的主体意识包含着政治和经济的两重主体性,如果政府对"僧学堂""佛教会""佛学会"等社会组织建设消极应付,对于通过立法确立佛教的法律地位缺乏热情,佛教界对政府的寺产调查不予配合也就顺理成章。近现代佛教治理过程暴露出近现代宗教治理的内在困境。

晚清民国时期,政府对佛教社会组织的建立持消极态度,不但表现在具体的行政管理过程中,而且表现在政府宗教管理机构设置和宗教立法方面。1928年初,著名佛教学术机构支那内学院院长欧阳竟无致函国民政府大学院院长蔡元培,请国民政府设立宗教委员会,蔡元培以"未合时宜"予以拒绝。1928年6月下旬,太虚曾呈文国民政府内政部请设立"宗教局"管理基督教、佛教、伊斯兰教等国内各宗教;7月又致函内政部请设立礼教司管理礼俗、寺庙及宗教事务,但都未能为南京国民政府所接受。此外,还有人呈请设立全国寺庙管理局,内政部和大学院的回复以"政教相混"易引起事端予以拒绝。次年,中国佛教会召开第一次代表大会,再次向国民政府提出建立宗教委员会的建议,仍被拒绝。当时行政院致函国民政府文官处:"吾国政令对于宗教向采取不干涉主义,各教之传入中国,远者数千年,近亦百有余年。政府一视同仁,向无轩轾。即我国民政府成立以来,对于人民信仰宗教一任自由,习惯因沿无殊既往"[1],设立宗教委员会的提议再次遭到拒绝。按清末佛教由礼部管理,基本等于不管,民国成立之后,宗教管理却呈现多头化趋势。据南京国民政府1928年《国民政府内政部组织法》规定,内政部作为国民政府直属机构有管理宗教权,

---

[1] 《行政院为设宗教委员会事致国民政府文官处公函》(1929年7月),中国第二历史档案馆馆藏档案,全宗号1(1),案卷号1751。转引自陈金龙《南京国民政府时期的政教关系:以佛教为中心的考察》,中国社会科学出版社,2011,第7—8页。

1931年《修正内政部组织法》在内政部设立礼俗司管理寺庙登记、教会立案等事务。与此同时，国民党中央党部、省市及特别市党部也有管理宗教的权力，尤其是重大宗教问题和宗教社团的设立须经党部审议。此外，内政部下属的一些机构还享有对宗教文物的管理权，国民政府蒙藏委员会则负责管理蒙藏地区事务，其中包括蒙藏地区的宗教事务[1]。如上所述，近现代佛教管理缺乏内在协调机制和法律依据。

1928年10月，南京国民政府在拒绝成立宗教委员会和宗教立法之后，内政部却向社会公布了《寺庙登记条例》（18条）。南京国民政府内政部在呈请中央核准《寺庙登记条例》草案时说："我国各地寺庙林立，僧道繁多，历来无精确之调查，无整顿之计划，遂至散漫无纪，日就衰微，现值训政开始之际，对于各项统计，亟应详速调查，而宗教事务，关系尤为复杂，整理改进，刻不容缓，登记事宜，实为先务。"[2] 根据《寺庙登记条例》，各寺庙必须向县市政府或公安局登记其概况、人口、财产、法物及每年变动情况。其中"概况登记"要求确立寺院性质类别，包括营建性质、年代、管理人员情况等；"人口登记"涉及性别、年龄、出家年月、籍贯、教育程度、是否党员等；"财产登记"包括本庙和附属庙宇的房屋、土地以及兼营或兴办慈善事业的动产等；"法物登记"包括佛像、神像、礼器、乐器、法器、经典、雕刻、绘画等[3]。由于主体不明确，造成登记造册工作很少能按计划准时、准确地完成。据统计，1927年以后历届南京市政府都有针对寺产的登记，而历次登记活动都不顺利，其中尤以1930年南京市第一次寺庙登记最为混乱。当时南京23个乡的寺产只有10处办理了登记手续，

---

1 陈金龙：《南京国民政府时期的政教关系：以佛教为中心的考察》，中国社会科学出版社，2011，第17—18页。

2 《内政部为鉴核寺庙登记条例事致国民政府呈》（1928年8月25日），台北"国史馆"馆藏档案，档案号0121-40000.012，微卷号323-1997。转引自陈金龙《南京国民政府时期的政教关系：以佛教为中心的考察》，中国社会科学出版社，2011，第36页。

3 徐百齐编：《中华民国法规大全》，商务印书馆，1936，第161—169页。

而且所向申请登记的机关各不相同。有的寺庙向市政府登记，有的向内政部登记，有的向中山陵园登记，有的向佛教会登记，更多寺庙则持观望态度。政府试图通过南京市佛教会事先向各地寺庙住持说明登记原因并函请首都警察厅协助调查登记工作，寺僧对于政府登记活动却怀有极大疑虑，他们担心寺产公布会导致政府侵占，因此不报或瞒报谎报现象时时存在。直到1948年，南京市统计市内寺庙时，还是有寺庙规避不报，民政局只好指令南京市佛教会劝说各寺办理登记："寺庙登记系保护寺庙财产法益，凡属本市寺庙，均应遵章办理，不得稍事观望，各该寺住持人等，实无规避之必要。"[1] 南京国民政府试图以登记造册掌握佛教寺院财产状况的尝试引起的主要是佛教界人士的疑惧，他们拒不配合登记调查，亦可想而知。即便佛教会出面，也不会有什么效果，因为佛教会同样被视为寺产的争夺者或觊觎者。

总之，清末和民国政府的"庙产兴学"政策引发的近现代中国佛教的社会化转型不仅有理论问题，更有实际问题。不仅有佛教本身的社会化建构，还包括国家宗教治理方式的转型。有学者认为佛教寺产是不同政治力量间相互博弈竞争的场域和砝码，政府对于宗教采取的政策或进行侵夺，通常也隐含着民国时期中央与地方、政府与党部等不同政治力量之间的路线和利益之争[2]。这一论断很有穿透力，但也有夸大佛教在近现代国家转型过程中的作用之嫌，并且没有注意到某些个人对佛教组织的支持和政府政策之间的区别，近现代佛教转型过程中遭遇的主要阻力毋宁说是国家缺乏治理能力，宗教治理和立法均大大落后于宗教本身发展的实际需要。

---

[1] 《据呈送寺庙登记表格祈鉴核事给南京佛教分会指令附：登记寺庙名册》（1949年1月8日），南京市档案馆，档号：1003-004-0133。转引自邵佳德《近代佛教改革的地方性实践：以民国南京为中心（1912—1949）》，台湾法鼓文化，2017，第182页。

[2] 邵佳德：《近代佛教改革的地方性实践：以民国南京为中心（1912—1949）》，台湾法鼓文化，2017，第144—145页。

结语　政教关系与近现代佛教入世转型之路的曲折

本章从政教关系的角度初步考察了近现代佛教的转型之路。我们看到，晚清佛教文化复兴离不开洋务派群体这一现实力量，清末革命党人"建立宗教"的主张重新激活了佛教的意识形态功能，从清末新政到民国政府的"庙产兴学"则推动了近现代佛教的社会组织建设或社会化发展，推动了近现代佛教的政治主体意识。虽然如此，在政教关系维度上，近现代佛教基本处于被动地位，这从根本上制约着近现代佛教的入世转型之路。

维慈曾指出："民国时期，就像整个中国历史时期一样，不曾有一全体僧侣与居士所隶属的全国性组织。各种佛教团体都是地方性的；或者如果其规模是全国的，在地方上则缺乏影响力，就像一个没有身体的头颅。"[1] 从历史上看，明清佛教在组织上一直处于弥散状态，洋务运动和戊戌变法促进了佛教文化复兴，辛亥革命以后的中国佛教开始谋求建立某种全国性的统一组织。遗憾的是，由于中国近代社会总体上一直处于一种分裂半分裂状态，从根本上制约了全国性佛教社会组织的建立和发展。造成中国佛教组织的分散状态的原因并不能直接归咎于国家的分裂和半分裂状态，但晚清政府和民国政府在建立佛教的全国性组织方面确实难辞其咎。

晚清政府实际负责管理佛教事务的是礼部，民国政府负责宗教事务的则是内政部，有时候也包括教育部，这表明近现代佛教的"宗教"身份并不稳定，而涉及佛教的宗教法规基本属于行政法规，佛教作为社会主体在近现代政治体系中并没有取得明确的政治法律身份。所以，近现代佛教并不同于西方基督宗教，在整个近现代国家治理体系中，佛教完全沦为行政管理对象，

---

[1] Holmes Welch, *The Practices of Chinese Buddhism* (1900–1950), Harvard University Press, 1967, P.403.

而不是政治上需要加以团结的对象或法律上应该给以权利义务的法人组织，这从根本上造成了佛教在近现代宗教治理中的尴尬处境。摆脱这一尴尬处境要到中华人民共和国成立之后。总之，一方面，晚清政府和民国政府的佛教治理总体上是失败的，提供的教训比经验多。另一方面，中国佛教正是在这样的时代逐渐找回自己的政治身份，摆脱了极端边缘化的生存困境。

新中国成立以后，中国佛教的政治和法律身份逐渐明确，中国佛教协会这一全国性社会组织得以建立，中国佛教从此走上了新的发展道路。

第十二章
儒佛关系与近现代佛教入世转型

近现代佛教的入世转型，始终与儒佛关系交织在一起。儒佛之辨既促进了佛教的入世转型，也重构了儒学，使儒学成为佛教思想入世起用的重要载体。在近代，随着法相唯识学的复兴，儒佛之辨的论辩主体和主题都随之转换，形成了以佛摄儒和以儒摄佛两种思路。支那内学院一系是以佛摄儒的典型代表，他们以佛教为体、以儒学为用，采取儒佛并弘、以佛摄儒的方式，积极推动佛教在知识精英层面的入世转型，促进了佛教在知识界文化界的深度入世，并不断挑激佛教内部对于佛教本质的澄明和入世转型的界域自省，是近代佛教入世转型的一个典范。现代新儒家是受法相唯识学影响而产生的以儒摄佛的学术思潮，他们以其各具特色的方式援佛入儒，构建了新形式的儒学，以佛学为契机促进了儒学的转型。佛教入世转型内在地要求两个要件，一是入世，二是佛教特质。现代新儒家的以儒摄佛模式，可谓佛教的充分世俗化、儒化，但不属于佛教入世转型的范围。本章拟主要以支那内学院一系为主，探讨法相唯识学的复兴给近现代儒佛关系和佛教入世转型带来的理论贡献。

第一节　近现代儒佛之辨与佛教入世转型

佛教作为一种外来思想文化，在中国始终存在与本土主流文化儒家思想的碰撞与融合，我们将之称为儒佛之辨。儒佛之辨是指儒家和佛教之间辨同析异、辨析义理、融摄互释的思想比较，是儒佛道三教关系中的重要论域。儒家和佛教之间通过思想的比较，一方面更加彰显各自的思想特质，另一方面又就共同的论题通过深入的互摄阐释，得出超越儒佛壁垒的创新性、圆融性的思想，是佛教入世转型的必由之路。我们认为，在三教关系的研究中，应该充分注意异和同的互渗："在分析三教之异的时候，应该充分注意其异中之同，而在探讨三教之同的时候，也不能忽视其同中之异。"[1] 具体到儒佛之辨，我们也就不仅要注意儒佛之"辨异"，还要重视其"辨通"。传统的儒佛之辨更多的是儒家站在正统的立场上"辟佛"。而在近代，随着儒家的式微和唯识学的复兴，学者们更能公允地进行思想的内在沟通和互释，辨异与辨通并进。儒佛关系给近现代佛教转型打上深深的烙印：一方面，佛教需要入世，在中国的土地上"入世"意味着必须和"在世"的儒家产生关联；另一方面，入世的是"佛教"，入世转型不能改变佛教的根本特质，如果入世之后充分世俗化，那么就不再是"佛教入世转型"。因此，"入世"和"佛教"两者缺一不可，这才是佛教的入世转型。在儒佛关系上，"入世"就体现为儒佛之辨的"辨通"；"佛教特质"则是通过儒佛之辨的"辨异"体现出来。

一 近现代儒佛之辨的基本历程

近现代儒佛之辨的历程，可以根据法相唯识学的复兴，以1918年支那内学院的草创为标志[2]，分为新学和现代新儒家两个阶段的辩争。新学即康有为、谭嗣同、梁启超、章太炎、杨文会诸人的学问。如梁启超所说，"晚清所

---

[1] 洪修平：《儒佛道三教比较研究若干问题的思考》，《哲学研究》2013年第1期。
[2] 支那内学院正式成立在1922年，1918年欧阳竟无与沈曾植、梁启超、章太炎等发布《支那内学院简章》并附章太炎《支那内学院缘起》，我们以后者为草创，且熊十力、王恩洋等均在正式成立之前入学。

谓新学家者，殆无一不与佛学有关系"[1]，康有为著《大同书》、谭嗣同著《仁学》都有熔佛学、儒学甚至西学于一炉的宏愿。此时的儒佛之辨是传统儒佛之辨的延续，其所谓佛者仍然是天台宗、华严宗等中国化佛教，不能在儒佛之辨的主题上有更为深入的辨析，也不能有效地促进佛教的入世转型。

支那内学院的草创，标志着近代法相唯识学的复兴，并促成了现代新儒家的兴起，双方就儒佛关系展开了新型的论辩，并深刻影响了儒学的重构和佛教自身的入世转型。以支那内学院为主流的唯识学者致力于批判《大乘起信论》，试图回复到唯识学乃至佛教的印度之源，其主旨是批判中国化佛教的真如缘起论和心性本觉论。这一批判，不仅限于佛教内部，而是涉及对隋唐佛教乃至宋明理学为主流的整个中国哲学本体论思维方式和心性论理路的反思和批判。然而，他们并非只是辨异立新，更是辨通融摄，试图通过儒佛的澄明达到佛教的入世转型。欧阳竟无和王恩洋都是儒佛并弘的大家。欧阳竟无晚年以《中庸》为体，熔孔佛于一炉，既注意"淆孔于佛，坏无生义；淆佛于孔，坏生生义"[2] 的辨异，又强调"熟读中庸，乃知孔佛一致，一致于无余涅槃、三智三渐次"[3] 的辨通，创造了孔佛一如的佛教入世转型模式。王恩洋也说要"穷究儒佛之真以尽其精微"[4]。他对《大乘起信论》真如缘起说和无明、正智互熏的批判，是"穷真佛"；批判宋明理学和现代新儒家是"究真儒"；形成了近现代颇有影响的儒佛并弘佛教入世转型模式。

现代新儒家大多直接或间接受到唯识学的影响，是佛教入世转型的在世形态和世俗化模式。梁漱溟曾专门到欧阳竟无处问学，并坦率地说："我请大家若求真佛教、真唯实，不必以我的话为准据，最好去问南京的欧阳竟无先生。我只承认欧阳先生的佛教是佛教，欧阳先生的佛学是佛学，别的人我都

---

[1] 梁启超：《清代学术概论》，上海古籍出版社，1998，第99页。
[2] 欧阳竟无：《欧阳竟无佛学文选》，武汉大学出版社，2009，第326—327页。
[3] 欧阳竟无：《欧阳竟无佛学文选》，武汉大学出版社，2009，第357页。
[4] 王恩洋：《王恩洋先生论著集》第10卷，四川人民出版社，2001，第527页。

不承认。"[1] 熊十力则在支那内学院亲炙于欧阳竟无三年之久，后来才自创新唯识论，由佛入儒。方东美、唐君毅等也受欧阳竟无影响，深研唯识。至如牟宗三更著有《佛性与般若》，其思想处处彰显着他站在儒家的立场上对唯识学的反思和批判。近人陈荣捷甚至将现代新儒家称为"陆王派的唯识论新儒家"[2]，不为无据。总之，现代新儒家受到法相唯识学的影响，他们可以说是以唯识学为底色在世间起用的唯识论新儒家。梁漱溟晚年仍然抱定佛教徒的观念，他反对艾凯等将之定位为"最后一个儒家"，而说"我的人生思想其根底是佛家的出世思想。有世间就要有出世间，这是一正一负的两面，没有什么可怪的"[3]。现代新儒家是近现代佛教入世转型的重要参照系。

唯识学派和现代新儒家，均深谙唯识学与儒学，由是围绕宋明理学的核心问题，更将儒佛之辨引向深入。具哲理探讨意义的论辩约有以下数端：

第一，《大乘起信论》论辩。支那内学院批判《大乘起信论》，以欧阳竟无辨析"真如与正智"为端绪，以王恩洋《大乘起信论料简》为最盛。后者引发了20世纪20年代学界最大的论争。太虚法师召集武昌佛学院同仁参与辩驳，于是唐大圆作《起信论解惑》、陈惟东作《料简起信论料简》、常惺法师作《起信论料简驳议》、太虚法师作《大乘起信论唯识释》，集为《大乘起信论研究》一书。太虚并刻印隋代慧远造《起信论疏》以证明《起信论》的真实性。王恩洋复作《起信论唯识释答疑》对太虚法师予以批驳。

第二，《新唯识论》论辩。熊十力本从学于支那内学院，后不满于旧唯识学，而自创新唯识论，遂引发佛学界批判。支那内学院由刘衡如执笔作《破新唯识论》，欧阳竟无作序，其中充满了对熊十力"鸣鼓而攻之"的愤慨。熊十力更以《破破新唯识论》应辩。20世纪40年代《新唯识论》语体本出

---

[1] 梁漱溟：《东西文化及其哲学》，商务印书馆，2006，第221页。
[2] 陈荣捷：《现代中国的宗教趋势》，廖世德译，台湾文殊出版社，1987，第35页。
[3] 梁漱溟：《梁漱溟全集》第7卷，山东人民出版社，1992，第55—56页。

现后,王恩洋作《评新唯识论者之思想》长文以批驳。太虚、印顺等也参与辩论。《新唯识论》论辩,是近现代儒佛关系的重大论争。

第三,吕澂与熊十力之间性寂与性觉之辨,兼及工夫论上的闻熏与外铄之辨。20世纪40年代,欧阳竟无逝世后,吕澂邀熊十力作文悼念。不料,熊十力回信称乃师欧阳竟无的学问是从"多闻熏习如理作意"入手的闻熏之学,是孟子所谓"由外铄我也"的外铄之学。于是引发与吕澂之间长达数月的书信往复辩论。两人激切地辩论性寂与性觉的学理和经典依据。这些辩论书信海峡两岸都有辑集出版[1]。吕澂与熊十力之间性寂与性觉之辨,属于书信往还的私下论争,但其辩论主题非常深入。

第四,围绕冯友兰《新理学》的论争。冯友兰著《新理学》,本朱熹理学建构自己的哲学系统,自称其学为"最哲学的哲学",引发学界不满。贺麟曾说"没有人承认他的这种吹嘘"[2];洪谦从维也纳学派拒斥形而上学的角度,曾要求"取消"冯友兰的新理学;王恩洋作长文《新理学评论》批驳;唐君毅作《由朱子之言理先气后,论当然之理与存在之理》从逻辑上批驳冯友兰;贺麟、唐君毅在提到王恩洋对冯友兰的批判时,都有条件地表示赞同。

第五,王恩洋与唐君毅关于"宋明理学家儒佛之辨"的讨论。1946年,唐君毅作《宋明理学之精神论略》,并就此向王恩洋请教。后者回文《评宋明理学之精神论略》予以批驳,并附录了两人往来的书信。他们就儒佛"为学之动机""生灭与生生不灭之几""心性与天理""天道、人性与圣道之互证"四条逐一辩驳,辨析入微。

以上论争,体现了佛教入世转型的"何谓佛教""如何入世"两大主题。《大乘起信论》论辩主要是佛教内部的论争,参与者多是佛教僧人和居士,

---

[1] 中国哲学编辑部编:《中国哲学》第11辑《辩佛学根本问题》(人民出版社,1994);林安梧:《现代儒佛之争》附录《辩儒佛根本问题》(台湾明文书局,1990)。
[2] 贺麟:《五十年来的中国哲学》,上海人民出版社,2012,第35页。

其目的是澄清什么是真正的佛教。其他论争，则试图在严格辨析什么是真正的佛教的基础上探讨佛教"如何入世"而不改变其自身的特质。

二 辨儒佛异同与儒佛关系重构

与传统儒佛之辨相比，近现代儒佛之辨在论辩主体上有转变，在主题上更加深化。传统儒佛之辨，其主体是以禅宗为代表的中国化佛教与以宋明理学为核心的儒学的辨析，其主题是心性之学。近现代儒佛之辨，其主体是以法相唯识学为代表的印度佛教与以宋明理学、现代新儒家为核心的儒学之间的辨析。近现代儒佛之辨就其主题而言可分为两大论辩，一是儒家天道论与赖耶缘起论之辨，为本体论论辩；二是佛教种性论与儒家心性论之辨，为心性论论辩。

如果说现代新儒家是"陆王派的唯识论新儒家"，那么以支那内学院为代表的唯识学在儒佛之辨上则是"唯识派的原儒新佛家"。他们并不反对孔孟儒学，而是反对宋明理学家，试图回归孔孟之源。欧阳竟无说："自孟子外，宋明儒者谁足知孔？"甚至说"宋明诸儒不熄，孔子之道不著"。他认为宋明理学家的弊端在于不能体认孔孟寂静本体："一言寂灭寂静，即发生恐怖；恐怖不已，发生禁忌；禁忌不已，大肆毁谤。"并坚决反对以熊十力为代表的现代新儒家复兴宋明理学的理路，乃至"敬告十力（熊十力）：万万不可举宋明儒者以设教"。[1] 其弟子王恩洋更是以佛摄儒的重要倡导者和现代新儒家的重要的批评者，举凡现代新儒家的重要著作，如熊十力《新唯识论》、冯友兰《新理学》、唐君毅《宋明理学精神论略》、贺麟《五伦观念的新检讨》等，他都有深入的批判与评论。其将自己的为学宗旨概括为"惟吾之教，儒

---

[1] 欧阳竟无：《欧阳竟无佛学文选》，武汉大学出版社，2009，第357页。

佛是宗。佛以明万法之实相，儒以立人道之大经"[1]。从学缘关系上讲，王恩洋与当时的法相唯识学家和现代新儒家都是谊兼师友，他曾先后师从梁漱溟和欧阳竟无，与熊十力为同学，与唐君毅为友，在唯识学重镇支那内学院求学从教凡七年，后来又在巴蜀先后创立儒佛并弘的龟山书院和东方文教院。从儒佛辨异的角度讲，他对宋明理学和现代新儒家的批判，直入"性与天道"的鲜明主题，展开哲理讨论；从儒佛辨通融摄的角度看，王恩洋以唯识学融摄儒家人性论、解构儒学天命观，有助于我们更深入地理解、重构儒佛关系。

唐君毅和王恩洋的一个论辩，比较典型地体现了传统与近代儒佛之辨的重要转换。1946年，后来成为当代新儒家领军人物之一的唐君毅，曾经写有一篇论文名为《宋明理学之精神论略》。后收录于《中国哲学原论·原道篇》附录，标题改为《宋明理学家自觉异于佛家之道》[2]。唐君毅以为宋明理学家关于儒佛之辨可归结为四个要点："一、为学之动机""二、生灭与生生不灭之几""三、心性与天理""四、天道、人性与圣道之互证"。他强调，这四点在宋明理学家是"自觉的"。所谓自觉是与禅宗和汉唐儒学相对而言。相对于汉唐儒学对于儒学心性论问题的不敏感、不自觉，宋明理学具有强烈的把握儒家本质特色的自觉能力；相对于禅宗，宋明理学则自觉到要对禅宗所讨论的问题进行儒家式的建构并作根本性的转变。[3]

在唐君毅看来，宋明理学家所辟之佛主要为禅宗，所以这四点区别可以视为宋明理学与禅宗之区别。宋明理学家自觉地区别于佛学的首要特点就是为学动机，宋明理学家认为佛教的动机在于求解脱和涅槃；儒家在学问人生上追求如何成就自己的德性，在成就德性的过程中蕴含着快乐，故儒家是德

---

[1] 王恩洋：《王恩洋先生论著集》第10卷，四川人民出版社，2001，第510页。
[2] 唐君毅：《中国哲学原论》原道篇卷3，台湾学生书局，1986，第418页。
[3] 唐君毅：《中国哲学原论》原道篇卷3，台湾学生书局，1986，第422页。

乐一致[1]。从为学动机上讲，我们可以把这个区别总结为成德之教与解脱之道之辨。在宇宙论上，佛教把宇宙看作是生灭的场域是"空"，而儒家把宇宙视为生生之实在的场域是"实"[2]。这个区别可以总结为空实之辨。在此宇宙论的观照下，对心性和天理的关系佛教和儒学有着完全不同的看法，"佛氏知心而不知天命，知心而不知性。此乃在宋明儒程朱一派，最喜以此斥佛"[3]。宋明理学周张程朱诸人都从"天命之谓性"直接肯定性为人物共具，内在于心而外在于万物。心为虚灵不昧的明觉，这个明觉中具备万理为其性。佛教则以为心空而理无。从心性与天理的角度来讲，这个区别可以总结为本心、本天之辨。最后，宋明理学家由对宇宙生生不已之真几的体认和自身身心性命的践履证成天道和人性的互证，此即性与天道为中心的心性形而上学，"以圣道证人性，以人性证天道"[4]。

宋明理学家以上四辨，唐君毅同意其中的成德之教与解脱之道之辨，而对其他三点则都进行了修正，修正以后使其"辟佛"的对象由禅宗转换为法相唯识学。

唐君毅认为，成德之教和解脱之道之辨对宋明理学家起了十分关键的作用，宋明理学家自觉地讲明这个问题，显示出一种纯理的兴趣，进而产生了纯粹的哲学。这种纯粹的哲学就是讲明圣人的心境，进而建构一套详细阐明心性之学的心性形而上学。唐君毅以为宋明理学实际的动机和归宿都在于讲明这个圣人的心境，所谓圣人的心境主要指孔孟所体验到的"万物皆备于我，与天地合德之一种通内外、贯物我的心境"[5]。围绕这个心境，宋明理学家要说明心境所体验到的宇宙观，从而形成了形而上学；说明圣人心境的心性根

---

[1] 唐君毅：《中国哲学原论》原道篇卷3，台湾学生书局，1986，第425页。
[2] 唐君毅：《中国哲学原论》原道篇卷3，台湾学生书局，1986，第429页。
[3] 唐君毅：《中国哲学原论》原道篇卷3，台湾学生书局，1986，第433—434页。
[4] 唐君毅：《中国哲学原论》原道篇卷3，台湾学生书局，1986，第437页。
[5] 王恩洋：《唐君毅来书》，《王恩洋先生论著集》第10卷，四川人民出版社，2001，第24页。

据，建构了心性论；说明圣人心性与天道的互证以及具体修行过程，而形成一套工夫论。很显然，他以为宋明理学虽然是受到佛教的影响而讲心性之学，然此心性之学是回复到先秦孔孟儒学的大系统内来讲的，所以其动机有根本区别。

对于宋明理学家儒佛关系的其他三辨，唐君毅都做出了修正。在空实之辨上，唐君毅不同意传统宋明理学家主张佛家是空、儒家是实的说法[1]。他敏锐地看出，宋明理学家语境中的空是"断灭空"是虚无，这恰好是佛教所反对的，并不是佛教本身固有的缺点。在这个意义上，空实之辨不成立。唐君毅把儒佛之辨由空实之辨提升到缘起论与儒家天道论之辨的高度。客观地讲，唐君毅超出了宋明理学家把空理解为"断灭空""恶取空"的肤浅，同时他也超出了他的老师熊十力把空理解为"本体"、把佛教的圆成实性和依他起性理解为体用论的误解。对于本心与本天之辨，唐君毅也不尽赞同。他进一步分析佛教和儒家所谓的实性实理，而指出它们的具体内容仍然有别。佛教所谓的诸法实性、诸法实相说的是空性，所谓菩提自性指的是心的空性。宋明理学所谓的实理，外在于客观宇宙为生生不已的天理，内在于人之心为具体的实在的性理，都是客观普遍的，所以是实理。对于宋明理学家的形上学，唐君毅极为欣赏，但是他仍然不能完全赞同。他认为，所谓"仁者以天地万物为一体"指的是心境上的境界，是道德形而上学，要由道德意识之省察进入形而上学的圆融之境，而不是一种宇宙论或本体论意义上的形上学。这一点是唐君毅很大的发明，也可以说是他和宋明理学家甚至熊十力最大的不同。他说："熊十力先生承理学之绪，其立论根据当亦在仁者之心境上。然其书则直自本体论上入，故自成一家言。实则其所言皆是在此心境中乃有意义。离此心境去谈一体或看人之所谈一体，便均成无意义，或自相矛盾之言。"[2] 以上这一系列的修正，意味着儒家

---

[1] 唐君毅：《中国哲学原论》原道篇卷3，台湾学生书局，1986，第430页。
[2] 王恩洋：《唐君毅来书》，《王恩洋先生论著集》第10卷，四川人民出版社，2001，第24页。

学者已经自主地意识到了儒家借助佛教入世转型的必要性。

应该说，唐君毅对于宋明理学儒佛之辨的修正在佛教的理解上、在儒佛之辨上都是很大的进步。但唯识学家王恩洋对于宋明理学家和唐君毅都仍然不能够认同。他认为，宋明理学家儒佛比较中的儒非真儒、佛非真佛。宋明理学家佛学造诣极低，所批判的佛学主要是以禅宗为主体的中国化佛教。而在佛教中，禅宗"独觉乘之气味独重，甚少菩萨精神"。更可怕的是，宋明理学并非孔孟嫡传，"宋明理学家之形上学多非孔孟之所有"[1]。显然，他和唐君毅对于宋明理学的看法迥然有别，唐君毅把宋明理学作为近承禅宗、远述孔孟的高明的理论体系，而王恩洋是把宋明理学当作继承佛教末流之弊、违背孔孟真精神、毫无逻辑规范的理论体系。王恩洋几乎对唐君毅所有的观点都进行了驳斥。他批判的方法是把事实和价值分开，把道德心性趋向形而上学的进路隔断。

王恩洋关于为学动机的追问主要在于两个方面，一是生死实存的事实问题，二是苦乐的价值判断问题。他实际上赞同成德之教和解脱之道的区分，但认为解脱之道高于成德之教。在他看来，生死无常的世界是一个事实问题，是不争的事实。儒家之所以不讨论生死的问题，表明儒家是世间的学问，缺乏解脱论的生死智慧，显示了儒家的不足而非高明。佛教由苦进而求解脱，为出世之学。儒家的态度是取消生死问题的讨论，而致力于道德的成就。"故儒家精神唯在求善，不在求真；唯在成德，不在脱苦，此两家根本不同处。"[2] 对于唐君毅由成德推出儒家是乐由求解脱推出佛教是苦的结论，王恩洋认为儒家可以德乐一如，佛教的解脱亦可以涅槃与乐一如。他强调，儒学为世间道，小乘佛教为出世道，大乘佛教为世间道与出世道的合一即出世即入世，真正的佛教绝非只追求涅槃解脱的自私学问。

---

[1] 王恩洋：《王恩洋复书》，《王恩洋先生论著集》第10卷，四川人民出版社，2001，第27页。
[2] 王恩洋：《王恩洋复书》，《王恩洋先生论著集》第10卷，四川人民出版社，2001，第25—26页。

王恩洋进一步指出，宋明儒不仅不能够合乎逻辑地建构一套形而上学，而且假如顺其形上学推论则会推出虚无主义的人生观。他认为宋明理学家所谓"本天"是把宇宙视为存在的全体，而其他生命心灵为对此宇宙大全的分有，生从宇宙生，死还归于宇宙。如果这样，宇宙为生生不已的总体，人就不能够超出宇宙之流的束缚而得以解脱生死。所以儒家成为"知其无可奈何而安之若命"的顺命论者。而佛教不承认宇宙为客观存在的全体，而是把宇宙天地视为"自心所现之境相，业力所感之依报"，不是天地生人而是心生天地。如果这样，则境随心转，人们随着业力而流转轮回，但也随着清净业力而向上解脱，流转与解脱也完全由人自心而掌握，这就是佛教的本心。

王恩洋认为唐君毅所谓"浑然一体、天下归仁之境界，是即所谓道德之心境"，不仅符合儒学，也和佛学契合。然而，这在儒学只是善的境界，还未达到真的境界，更不能进而上升为形上境界。佛教的真的境界以为，众生有善有恶就有善果恶果，不能混乱地说为"一体"[1]。

综上可见，在近现代儒佛关系中，佛教学者努力推动佛教的入世转型，儒家学者也在积极地重新理解佛教，重新建构更符合儒家和佛教基本特质的儒佛关系。

三 儒佛之辨视域下的佛教入世转型

近现代儒佛之辨，抓住了儒家和佛教最精深、内在的本质，是从本体论、心性论等理论层面对儒家和佛教进行哲理性的重构。因此，近现代儒佛之辨视域下的佛教入世转型，在很大程度上首先要回答"什么是真正的佛教""什么是真正的儒家"这些问题，在此基础上佛教以高超的理论姿态借助儒

---

[1] 王恩洋：《王恩洋先生论著集》第10卷，四川人民出版社，2001，第28页。

学这一世间理论得以入世。

近现代思想家认为，佛教和儒家最大的区别，是天道本体论和缘起论的区别。大多数佛教学者认同"缘起论就是佛教""违背缘起论即非佛教"。儒家学者则更加倾向于从本体论角度对儒家的心性论进行重建，并建立以道德为进路的形而上学。

从宋明理学家、唐君毅和王恩洋的论辩之分析中，我们可以看出，对于宋明理学和佛学的关系，他们的分歧主要集中在本体论和缘起论之争。宋明理学家的哲学体系建构了多重形而上学，唐君毅对宋明理学的形而上学是颇有微词的，他认为宋明理学家所追求的其实就在于对圣人心境的理论说明，形而上学的建构应该是由心性通达形而上学，他称之为道德形而上学，此即心境论。在晚年，唐君毅更进一步提出了宏大气魄的心通九境之说，心境进一步提炼为"心灵境界"。其中，法相唯识学为"我法二空境"，儒家宋明理学为"天德流行境"，此两者的共同点所在都是超主客观境界。这可以视为现代新儒家对儒佛缘起论和本体论进一步沟通的尝试。

唯识学者王恩洋同意唐君毅的心境论，认为从心境上佛儒有相通之处；但他也注意到道德形而上学的心境论是善的境界，而非真的境界。这无异于是把宋明理学思想压制为一种道德修养的伦理学说。按照唐君毅的意见，道德形上学是由道德的进路进至形上学；按照王恩洋的意见，道德的进路完全停留在人的道德境界中，并且这个境界不能够达到真善的合一。换言之，佛教入世转型要借助世间道德，但世间道德的进路达不到佛教的"真"或"实相"。

王恩洋所谓的"真"指的是阿赖耶识种性论。唯识学认为，每一个人大致相当于一个阿赖耶识，每一个人都有自己的本识以及本识"变现"出的宇宙。阿赖耶识是一个精神性的仓库称为藏识，藏识蕴含着精神性的种子，这些种子是潜在、潜能，遇到合适的缘则会表现为现实即"现行"。种子和现行，两者可以互相转换，种子遇缘生成为现行，现行又不断地熏习阿赖耶识而生成种子。这称为"种现熏生"。阿赖耶识种性论能够贯彻于儒家"性与天道"的始终，并保持其逻辑一贯。他认为儒家人性论有两个解决不了的难题：其一，儒家人性论陷于性恶、性善、性善恶混、性无善无恶的矛盾，不能自拔；其二，儒家人性论性体和性用不能一致，存在着一体生发多用、纯善之体生发为善恶混杂之用的毛病。阿赖耶识种性论可以疏通这两个难题：其一，种子为多，现行为多。其二，种子和现行性质必然一致，善种生善现行，恶种生恶现行，这两点保证了性体和性用的逻辑一致。其三，种子和现行可以互相转换，这保证了本性和习性之间的承转。其四，种子功能潜在，种子具有生善生恶的能力，所以并非无善无恶；种子是潜在潜存，所以可以并存于阿赖耶识而不互相冲突。阿赖耶识种性论可以一直贯彻到儒家的天道观。王恩洋认为新儒家的天道本体论根本不能成立：其一，天道为本体，是世界的本源，天道的本源何在？其二，本体为一，现象万殊，同样存在着逻辑上的困难。其三，若工夫论即是返本还源，则永无解脱的可能。他主张天道天命应该回复到孟子"莫之为而为者天也，莫之致而至者命也"的脉络上来，所谓天命论，天是指因果必然之理，命为因果必然之报。如此，种性论贯穿性与天道，具有逻辑一致的一贯之道，同时又具道德劝善的功能，成为真善的合一。

然而，唐君毅始终不满于种性论这一佛教的根本原理。后来他不仅否定宇宙之生生不息的必然性问题，并进一步否定了因缘论、种性论、工夫论之必然性的问题。唐君毅认为，法相唯识学提出阿赖耶识缘起是为了对万法作"理性的说明"。在佛教中除法相唯识学外，最大的一派为般若中观学，中观讲究缘生现观，现观是搁置理性的说明。最典型的就是四门论生，"诸法不自生，亦不从他生，不共不无因，是故知无生"[1]。中观的结论是"生不可得"。

---

[1]《中论》卷1，《大正藏》第30册，第2页中。

唐君毅认为，法相唯识学是同意中观学说的，然而为了顺应理性的理解而提出了"种子"说，"同内容者作为同内容者之原因或理由"[1]。于是任何现象的产生都是由于和自身内容性质相同的种子为亲因，与外缘和合而产生。但是，种子是理性的原则，而外缘是经验原则，由于必须借助经验原则种子才能生起现行，所以唯识宗带来一个根本性的问题就是他们对于宇宙万法的说明是经验性的。我们知道经验的就非必然，所以法相唯识学最大的问题就是无必然性。

唐君毅分析了因缘和合自身的问题：第一，种子如果不能自己独立生起，而要依赖种子以外的其他外缘，则就不能够顺理成章地说种子为亲因。如果种子是亲因，就应该不依待于其他条件，自己能够生起现行。第二，即使同意法相唯识学的说法，种子和外缘和合而生起现行，则种子与外缘应该各有其自相、是不同内容性质的，种子为什么必须依待不同性质的外缘而生起与自己同种性质的现行呢？第三，假如种子能够自己独立生起现行，则种子为潜在功能即相对于现行来说它是非现行，种子这个非现行与现行为二。种子与现行为二，如果种子能生现行，那么种子对于现行来说是他，这就违反了中观的"亦不从他生"的非他生论。如果种子与现行为一，则种子就是现行，现行的生起就是"现行生起现行"，这违反了中观的"诸法不自生"论[2]。由此推论，亲因和外缘无论和合不和合，无论种子独立自生现行还是依赖外缘和合生现行，都有困难。

唐君毅进一步认为，阿赖耶识缘起的问题推论到解脱工夫论也是一样。真如为无为法，无为法不具有自生的功能；无漏种子只是亲因、种子，不能够自己现行而必待外缘；要证得真如正智必须转识成智。这就是说，能不能

---

[1] 唐君毅：《中国哲学原论》原道篇卷3，台湾学生书局，1986，第299页。另，可参考唐君毅《哲学概论》天道论——形而上学章，中国社会科学出版社，2005，第674—675页。
[2] 唐君毅：《中国哲学原论》原道篇卷3，台湾学生书局，1986，第299页。

证得真如、让无漏种子现行，这些都需要真如、无漏种子以外的外缘。因此，证真如、成就无漏功德等都具有偶然性，而无必然性[1]。

王恩洋从法相唯识学的进路，以缘起论为终极根据，批判了儒家天道本体论，而用种性论来诠解儒家心性论。按照王恩洋及其老师欧阳竟无的看法，法相唯识学可以分为法相学与唯识学。法相学重视对于世间万法的分析，因此法相学可以说是现象学式的存在论，因而法相学必然反对天道本体论。法相学将世间万法分析为色法、心法、心所法、不相应行法、无为法等五位百法。按照王恩洋的说法，这是一个事实问题而不是一个价值问题。是故，有则说为有，无则说为无，空则说为空。这样的进路是求真理、实相的进路。唯识学则旨在言境不离识、以识摄境、以能摄所。唯识不仅沿用缘起论之根据成立一套种性论，而且最重要的是解行，唯识提出了转识成智的具体方法，即修行工夫论。可见，唯识学的特点是将缘起论这一套原理作为现象学的洞察万法和人生之解脱的终极原理，从哲学上说，就能够运用一套原理、一种逻辑贯彻到底，这是其具有强大魅力的所在。

反观唐君毅，他将儒家的天人合一的一体论视为心境而非客体之境，从而将儒家的天道本体论转化为一种道德形上学，道德形上学包括道德的形上学和形上学的道德论。这和宋明理学尤其是周张程朱所谓的理学是有一定差距的。在对宋明理学的修正中，唐君毅放弃了天道本体论和宋明理学的宇宙论。然而，唐君毅对于法相唯识学缺点的分析却是法相唯识学缺乏宇宙持续的必然性和成佛的必然性。法相唯识学的缘起论确实只是对宇宙的现象学的说明，所以根本不关心本体论、宇宙论。所谓宇宙持续的必然性保证仍然是一个价值问题，假如事实上不一定为真，则价值也无所寄托。

唐王二人对于儒佛关系的论述可以归结为王恩洋的一个结论，即儒家为

---

[1] 唐君毅：《中国哲学原论》原道篇卷3，台湾学生书局，1986，第297—298页。

善的境界，佛教为真的境界。这就是说，儒家求善，佛教求真。善为价值追求，在于求人的"应当是"；真为实相的探求，在于求人的"所是"。儒家从本体论上全盘托出圣人的境界，拉平了"应当是"和"所是"的鸿沟，无疑给人无限向上的希冀。佛教从其"所是"求其"真是"，步步踏实而不凌空，直视惨淡的人生和流转的现实，进而提出从伪到真的途径，亦无疑给人无限解脱的可能。

总体来看，近代儒佛之辨呈现出以下特点：第一，从儒佛之辨的主体看，传统儒佛之辨是以天台华严和禅宗为主体的中国化佛教与宋明理学之间的辨析；近现代儒佛之辨是以法相唯识学为主体的印度佛教与宋明理学、现代新儒家、先秦儒学之间的辨析。第二，从儒佛之辨的构成看，传统儒佛之辨以儒家为主，以佛教为辅；近现代儒佛之辨，以佛教为主，以儒家为辅。传统儒佛道三教关系的基本格局是"以儒家为主，以佛道为辅"[1]，而在近代，却一度呈现出以唯识学为主、以儒家为辅的新格局。以支那内学院与武昌佛学院为主体的唯识学，一时成为学界主流，即便所谓新儒家也无不深研唯识学，以致陈荣捷称之为"陆王派的唯识学新儒家"。第三，从儒佛之辨的主题看，传统儒佛之辨的主题在天道宇宙论和佛教缘起论；近现代儒佛之辨的主题在天道本体论和赖耶缘起论、佛教种性论和儒学心性论、性寂和性觉。第四，从儒佛之辨的形式看，传统儒佛之辨是宋明理学家以正统自居以"辟佛"的形式出现；近现代儒佛之辨是以唯识学者和现代新儒家之间的"论辩""论学"的形式出现。第五，从儒佛之辨的成果看，传统儒佛之辨以三教合一的形式圆融地成就于宋明理学；近现代儒佛之辨是以回归印度经论佛教本源和孔孟原儒思想之源的本根、本源方法为主。第六，从佛教中国化的角度看，近现代儒佛之辨是区别于格义佛教、玄学化佛教、心性佛教的全新形态。在

---

[1] 洪修平：《儒佛道三教关系与中国佛教的发展》，《南京大学学报》2002年第3期。

某种程度上可以说，近现代儒佛比较从唯识学的角度看，几乎取消了以往儒释之辨的成果，甚至要取消佛教中国化的成果，而从头开始，寻求佛教的印度之源和儒家的孔孟之本。

因此，近现代儒佛之辨视域下的佛教入世转型也呈现出以下鲜明特点：第一，佛教入世转型的前提是辨明"什么是真正的佛教"，因此，支那内学院一系对传统佛教、中国化佛教展开了严格的批判和简别。《大乘起信论》论辩的目的就在于此。他们要通过对《大乘起信论》的批判简别如来藏系的思想，回复到般若中观和法相唯识这两种正统佛教上来。第二，佛教入世转型的底线是"保持真佛教的特色以入世"。因此，支那内学院一系坚定地对熊十力等新儒家"以儒摄佛"的理论模式进行批判，围绕《新唯识论》展开了一系列的论争，其目的无非是辨明一个问题：佛教入世转型不是佛教转型或佛教变质，而是在保持真正的佛教特质的前提下积极入世。第三，佛教入世转型的方法是借助儒家思想实现"出世"思想的入世形态。支那内学院一系对儒家思想进行了一系列的清理，认为宋明理学等儒家心性论是对孔孟思想的误读，坚决予以排斥。他们像现代新儒家一样，也对儒家进行了重构，一方面清理了他们认为违背儒家正统的宋明理学，另一方面将儒家思想进行了唯识学的重构。

第二节　以佛摄儒与佛教入世转型：以欧阳竟无为例

支那内学院是近现代唯识学研究的重镇，它不是僧团而是居士研究团体，但是它对于佛教复兴的推动不下于任何宗教性僧团。支那内学院秉持着追求真佛教、佛教真理、经论佛教的热忱，同时具有赤诚弘法的宏愿，其基本宗旨就是以佛摄儒，以佛教义理为本，融摄儒家思想为用。故支那内学院的影响所及范围至广，他们推动了佛教僧团对于法相唯识学的重视，推动了法相唯识学在学界、文化界、思想界知识精英中的传播，带动了广泛的唯识学研究思潮。可以说，支那内学院是玄奘慈恩系以后，最具有唯识学特色的居士团体。近现代佛教在知识精英界的入世转型，是以支那内学院为其枢纽环节的。

长期以来，佛法一直存在着出世的超越企向和入世的社会参与之间的紧张。佛学要融入社会对知识精英产生影响主要有两种途径，其一是调适自身以适应社会、顺应世俗，其二是将佛学与世俗社会的思想、信仰相结合。前者不免导致佛教的世俗化，后者难免导致佛学的宗教化、哲学化，成为纯粹思辨的理论体系。作为近代唯识学复兴的重镇，欧阳竟无支那内学院跳出以上两重诟病，其佛教转型是以唯识学融摄儒学，形成了孔佛一如的超越而内在的佛教入世转型模式和应世方法。这种模式既保证了佛教的纯粹和超越的特质，又对知识精英产生了广泛而深入的影响，是近代佛教入世转型的一个典型。

一 批判传统佛教与佛教自身转型

近现代佛教的入世转型是以佛教自身的转型为基础的。首先面临的问题是：什么是真正的佛教？近代佛教转型根本地改变了明清以来的以禅宗和净土为主流的佛教格局，乃是以唯识学复兴为主流，形成了欧阳竟无支那内学院和太虚武昌佛学院两座重镇，分别代表了居士佛教和寺僧佛教的思想高峰。然而两者对于佛教的定位并不相同，太虚是以唯识学统摄整个中国化佛教包括天台宗、华严宗和禅宗等流派，他对于传统的中国化佛教仍然持继承态度。相比较而言，欧阳竟无更具有纯粹佛学的色彩，他的佛学体现出浓郁的义学、经学式佛教的特色，其对佛学总体的把握是以般若学和唯识学为主体，以直接研读经论为研究方法。他说："非西域龙树、无著之学不可学"[1]，"今所宜

---

[1] 欧阳竟无：《法相大学特科开学讲演》，《欧阳竟无佛学文选》，武汉大学出版社，2009，第27页。

阐扬者，《般若》、《瑜伽》之教，龙树、无著之学，罗什、玄奘之文"[1]。这就是说，欧阳竟无将佛教严格限定在龙树的般若中观和无著的法相唯识之内，经典则以鸠摩罗什和玄奘的译籍为主。显然，中国化佛教的天台宗、华严宗、禅宗、净土宗等不在他所界定的佛教范围之内。

欧阳竟无把佛教恢复到中古的名称而称为"内学"。所谓内，按照他的界定，指的是"无漏、现证、究竟"[2]，这也是佛学的特质。无漏和有漏相反，漏即流转、烦恼，无漏是清净的超越智慧。据《瑜伽真实品》，也就是指烦恼障净智和所知障净智，是净除障蔽的超越智慧。现证和逻辑推理相反，世俗知识的证成依赖逻辑推理，而佛学是佛陀对真理的现观实证的直接体验。究竟和不究竟相反，究竟指的是了义的终极圆融之学，体用兼备。其他学问都难免对本体的把握不够真切，对发用的把握过于偏狭。据此他提出佛学研究方法的独特之处在于"结论后之研究"。

以此为准绳，欧阳竟无展开了一场纯粹化佛教、净化佛教的运动。他认为佛法晦淡有两个原因："佛法之晦，一晦于望风下拜之佛徒，有精理而不研，妄自蹈于一般迷信之曰；二晦于迷信科哲之学者，有精理而不研，妄自屏之门墙之外。"[3] 他对于近现代佛教的状况极为不满，认为大多数佛教徒是不懂佛教理论真谛的迷信之徒，甚至主张大多数佛教徒应该勒令其还俗。

因此，他左右开弓，对佛法的"法定继承人"佛教徒和哲学化、宗教化佛教的知识界展开批判。具体而言，大致有四大批判：

一是中国化佛教批判。中国化佛教指隋唐以来形成的天台宗、华严宗、禅宗等。他认为天台宗、华严宗违背了内学"现证"的特质，其创立者没有

1　欧阳竟无：《辨二谛三性》，《欧阳竟无佛学文选》，武汉大学出版社，2009，第89页。
2　欧阳竟无：《谈内学研究》，《欧阳竟无佛学文选》，武汉大学出版社，2009，第31—32页。
3　欧阳竟无：《与章行严书》，《欧阳竟无佛学文选》，武汉大学出版社，2009，第336页。

现证，比如天台智𫖮自谓五品，以致指斥"自天台、贤首等宗兴盛以后，佛法之光愈晦"[1]。禅宗末流则成为"盲修之徒"，其倡导的直指人心见性成佛，违背了佛法多闻熏习、如理作意（《摄大乘论》）的修习程序。

二是《大乘起信论》批判。《大乘起信论》是中国化佛教的经典依据。与日本学者通过考证该书著者、译者等入手辨伪不同，欧阳竟无的批判主要从学理展开。他提出《大乘起信论》的两个谬误，"淆（正）智（真）如于一"和"真如与无明互熏"。其弟子王恩洋据以发挥成《大乘起信论料简》，影响深远。

三是批判当时的佛教"方便"。方便本为佛法入世参与社会的重要途径，但欧阳竟无对太虚法师等提出的佛法参政等过度世俗化的策略进行了尖锐的批判。他说："中国内地，僧尼约略总在百万之数，其能知大法、办悲智、堪住持、称比丘不愧者，诚寡若晨星。其大多数皆游手好闲，晨夕坐食，诚国家一大蠹虫，但有无穷之害，而无一毫之利者。"[2] 这无疑是将大多数佛教徒列入了蠹虫的行列。他甚至提出建议，从上百万的佛教徒中选拔其优秀者数百人精研佛法，其余的则勒令还俗，从事士农工商。在他看来，大多数佛教徒根本无法担当弘扬佛法的重任，不能代表佛法的精髓。

四是批判佛法的哲学化、宗教化的现代转化。他提出，西方宗教是有神论的、盲从圣经的、戒约森严的、盲从信仰型的神学形态，而佛教是依法不依人、依义不依语、重视内心自证的独特思想。哲学是追求真理而永无止境的没有结论的学问，其思维程序也都是佛教批判的"虚妄遍计所执"的层面。佛法则是现观实证的真理实相[3]。据此，他主张佛法非宗教非哲学，这无异于说佛法超越宗教和哲学，斩断了佛法现代化转化的途径。

1　欧阳竟无：《唯识抉择谈》，《欧阳竟无佛学文选》，武汉大学出版社，2009，第36—37页。
2　欧阳竟无：《辨方便与僧制》，《欧阳竟无佛学文选》，武汉大学出版社，2009，第81页。
3　欧阳竟无：《佛法非宗教非哲学》，《欧阳竟无佛学文选》，武汉大学出版社，2009，第2—5页。

二 批判传统儒家与佛教借儒入世

欧阳竟无剥夺了僧侣的"法统",也批判了思想界用哲学和宗教转化佛学的可能,亦即佛法的入世转型不能以违背佛理为方便。那么佛教如何既入世而又保持佛学的真义呢?欧阳竟无认为,只有儒学能和佛法相当,儒学是近代佛教入世转型唯一可以凭借的资源,"中国推至全球,唯有孔佛理义同一,余则支离曼衍,不可为道"[1]。不过,他对儒学的认识并非开始就如此清晰,而是经过了漫长的曲折,可谓三变而始得其宗。欧阳竟无最初研习宋明理学而不能得,乃转而学习佛学,于佛学豁然贯通之后,"返而读孔子书",方才悟到孔佛一如[2]。

欧阳竟无所说的"孔子书"并非我们现代学人所说的《论语》,而是以《中庸》为首的包括《大学》《论语》《孟子》《周易》等原始儒家经典群。在他看来,《中庸》是儒家唯一的系统性概论,儒家的寂灭本体具体呈现在中庸之中。所谓中庸:"中即无思无为寂然不动之寂,庸即感而遂通天下之故之通。……寂曰大本,通曰达道,寂而通曰中庸。"[3] 中为寂灭本体,庸为达道之用,儒学也是体用兼备之学。儒学和佛学的区别仅在于程度上的差别,"孔学是菩萨分学,佛学则是全部分学也"[4],即儒家重行而佛教行、果兼备。这无疑是将儒学纳入到佛教的成佛序列之中使之成为一个环节,使儒学成为具有菩萨精神的儒学。佛学是大而全的综合体系,而儒家只是佛教入世转型的必要手段。

欧阳竟无认为,作为入世转型手段的儒学,也必须保持儒学的基本要义。

---

1 欧阳竟无:《覆蒙文通书》,《欧阳竟无佛学文选》,武汉大学出版社,2009,第 375 页。
2 欧阳竟无:《覆魏斯逸书》,《欧阳竟无佛学文选》,武汉大学出版社,2009,第 338—339 页。
3 欧阳竟无:《〈中庸〉传》,《欧阳竟无佛学文选》,武汉大学出版社,2009,第 295 页。
4 欧阳竟无:《孔佛概论之概论》,《欧阳竟无佛学文选》,武汉大学出版社,2009,第 327 页。

据此，他从两方面批判了传统儒学对于根本孔学的背离。

一是批判韩愈、宋明理学对于孔子寂灭本体的误读。他认为，儒家自古以来除了孟子以外对儒学的诠解都存在根本性的错误，即对于本体的把握有误。于是，产生出对本体的三种态度，即"错，骇，怖"。对本体不能体认，为错；听闻本体寂灭而惊骇，为骇；惊骇以后心生恐惧，为怖。这个错误从韩愈一直贯穿到宋明理学。韩愈的错误在于将佛教的寂灭寂静理解为"断灭空"、虚无，以致为了强调儒家和佛教的区别而断除了儒学本有的寂灭本体，"自韩欧诸文学家，误解清净寂灭以为消极无物、世界沦亡之义，于是千有余年雠弃根本，不识性命所归，宁非冤痛"[1]。其流毒深远，"韩愈误清净寂灭，遂恶清净寂灭，并使千载至今，张冠李戴，岂不冤哉！"[2] 宋明诸儒除了王阳明以外，都延续了韩愈的错误，以致特别重儒佛之辨和"辟佛"。

二是批判乡愿式中庸。欧阳竟无认为传统儒学对于孔子之学不仅是学理上的误读，还是精神人格上的背叛。他说："孔子真精神，严之以义利之界也钦。"[3] 义利之辨在人格养成、家国观念、民族气节等方面具有重要的精神意蕴。义利之辨就像是种子，学问思辨行就像是耕耘，如果没有义利之辨的种子，再多的耕耘都无济于事。"狂者进取，狷者有所不为"（《论语·子路》）的狂狷精神，能够促成人的完善和超越，甚至直达舍生取义的高尚境界。反之，则为乡愿，一种基于利益计较的伪善。他以此来判别真儒和伪儒，"真孔以狂狷为中庸，伪儒以乡愿为中庸"[4]。在他看来，传统儒学不过是乡愿式的中庸学，完全违背了孔子之道，必须予以批判，"二千余年，孔子之道废，乡愿之教行"[5]。

1　欧阳竟无：《孔佛概论之概论》，《欧阳竟无佛学文选》，武汉大学出版社，2009，第328页。
2　欧阳竟无：《〈中庸〉传》，《欧阳竟无佛学文选》，武汉大学出版社，2009，第293页。
3　欧阳竟无：《〈论语课〉叙》，《欧阳竟无佛学文选》，武汉大学出版社，2009，第324页。
4　欧阳竟无：《覆张溥泉书》，《欧阳竟无佛学文选》，武汉大学出版社，2009，第347页。
5　欧阳竟无：《与陶闿士书三》，《欧阳竟无佛学文选》，武汉大学出版社，2009，第345页。

三 孔佛一如的佛教入世转型模式

通过批判传统佛教和传统儒学，欧阳竟无确立了佛学为净除烦恼的智慧对真理实相的现观实证之学，儒学为超越功利、以寂灭为本体的践行之学。很自然地，他就将两者相结合，认为"孔孟与释迦不异"[1]，这就是他孔佛一如的佛教入世转型的基本模式。那么，两者会通互摄的内在理路何在呢？要点有三，一是"一贯"，二是"体用"，三是宗趣唯一、法门三智三渐次。

1. 关于一贯。欧阳竟无认为，儒佛的共通特色首要的是一贯。所谓一贯，并非《论语》中说的贯通"性与天道"的形上、形下体系性的贯通的一贯。欧阳竟无所谓一贯，"一"指的是本于内心之一心，"贯"是以一心为枢纽收摄一切境行果，"一贯"也就是指以人心为可以创造性转化的动力之源和枢纽，同时都认同人心具足内在超越的充分条件的本于自心的自得之学。他说："直下明心，不愿乎外，是之谓一；无入而不自得焉，是之谓贯。""般若直下明心，孔亦直下明心。"[2] 能否"一贯"为判别学问真伪的根本标准，"道定于一尊。一则真，二则伪。孔一贯、孟一而已矣，经旨俱在，而可诬哉？"[3]

2. 关于体用。"孔道，依体之用也，行也。""佛法，依体之用，而用满之体也，行而果也。"[4] 儒学和佛教的区别和联系在于，儒学为行为用，佛学行果兼备、即用显体。

欧阳竟无的体用论，有别于传统体用论而自成体系。他的体用论分为四重：体中之体、体中之用、用中之体、用中之用。就佛法而言，分别指一真

---

[1] 欧阳竟无：《与陶闿士书二》，《欧阳竟无佛学文选》，武汉大学出版社，2009，第342页。
[2] 欧阳竟无：《〈论语十一篇读〉叙》，《欧阳竟无佛学文选》，武汉大学出版社，2009，第313页。
[3] 欧阳竟无：《覆蒙文通书》，《欧阳竟无佛学文选》，武汉大学出版社，2009，第375页。
[4] 欧阳竟无：《孔佛》，《欧阳竟无佛学文选》，武汉大学出版社，2009，第326页。

法界、二空所显真如、种子、现行。

一真法界作为体中之体，其特质是"周遍一切、诸行所依"，即具有绝对普遍性，万物皆具足，依则指疏所缘缘而非因缘和增上缘，不能由一真法界生出万行。二空所显真如是体中之用，其特质是为人证得，是所缘缘。种子是用中之体，其特质是种子积集于藏识，是一切有为法的因缘。现行为用中之用，是指现行具有强盛的作用和能力，是种子之体的用[1]。其中，一真法界保证了众生皆有佛性的绝对普遍性；二空所显真如，则显示出本体"非能生之本体"，而是有得于众生渐渐了悟生空与法空"所证悟的本体"。种子是形象的说法，外在的树木花草都有其种子，阿赖耶识的种子相当于精神性的种子，精神性的种子作为潜能储藏在阿赖耶识这个藏识之中。精神性的种子遇缘则生成现行，所谓现行是现实的作业行为。种子和现行，是对人之心性的直接性的揭示。

欧阳竟无的体用论，表明只能在用中之体和用中之用上用功夫，而不能在第一重的体中之体和体中之用上用功夫。人唯有不断地创造性转化其种子、净化其现行，方能使二空所显真如显现。

因此，在《孔佛》中，欧阳竟无开头就说"有体，有用，有依体之用，有用满之体"。就心而论，心体的特点是"寂"，心的用为"智"，此处的智不是世俗智慧，而是相应于寂的智。所以寂灭之心为心体，见寂之智为心用。智寂不离，"寂静而有为，有为而寂静"，是为"应体之用"。应体之用，也就是行。寂就有绝对普遍性，为人人皆有；然而智并非人人皆有；寂需要智才能显发。寂和智须臾不离，则能达到观一切无所有，然而又不舍众生的状态，称为"用满之体"。用满之体称之为果。儒家之道主要是重行，是依体之用。佛法则包含了依体之用和用满之体，是行果兼备[2]。

---

[1] 欧阳竟无：《唯识抉择谈》，《欧阳竟无佛学文选》，武汉大学出版社，2009，第38页。
[2] 欧阳竟无：《孔佛》，《欧阳竟无佛学文选》，武汉大学出版社，2009，第325—326页。

所谓寂，详细言之即"寂灭寂静""涅槃""人欲净尽，天理纯全"，这些都是对最高本体一真法界的描述。他说："人非丧心病狂，无不知重自家本体。何为本体？寂灭是也。寂灭非顽空无物也，乃人欲净尽，灭无一毫，而后天理纯全，尽情披露。寂灭寂然，是其相貌，故寂灭为本体也。"[1] 亦即，所谓本体并非虚无、零，而是指去欲无执的状态。他认为，一切学问最重要的就是要把握本体，不能把握本体就不成其为学问，"不知寂灭寂静，是无本之学。何有于学？何有于佛学？何有于孔学？"他甚至用一句别扭的儒佛混合语来表示："古之欲明明德于天下者，我皆令入涅槃而灭度之。"[2]

寂灭本体的大用为心性论，"依天道性，立人道教。依天道性，虽杂染种，而随顺清净种，由随顺趣向，而引发转变，乃胎脱其凡家生于圣。是则教与非教之判，判之于寂灭清净是依、流转杂染是随而已，而世见不知也"[3]。由体起用，体用论运用到心性论，是"依"体而立用，所谓依是顺应，顺应着本体而设教。

体用论运用于功夫论则是："性修非二，二则功夫全然不是；性修非一，一则已至，不用功夫。"[4] 这就是说，如果人性和功夫截然有别，人的修行功夫不指向本心本性，则此功夫毫无意义。然而假如人性和修行功夫断然一致，则人已经具有此本心本性，就丝毫不需要修行功夫。

3. 关于宗趣唯一、法门三智三渐次。欧阳竟无说："熟读《中庸》，乃知孔佛一致，一致于无余涅槃、三智三渐次而已。"[5] 无余涅槃为一切修行的最终目的，三智三渐次为修行的具体步骤。佛学理论的最终归宿是无余涅槃，无余涅槃统摄所有教法体系。无余涅槃也就是"寂灭寂静""毕竟空""一真

1　欧阳竟无：《〈中庸〉传》，《欧阳竟无佛学文选》，武汉大学出版社，2009，第293页。
2　欧阳竟无：《孔佛概论之概论》，《欧阳竟无佛学文选》，武汉大学出版社，2009，第329页。
3　欧阳竟无：《〈中庸〉传》，《欧阳竟无佛学文选》，武汉大学出版社，2009，第294页。
4　欧阳竟无：《〈中庸〉传》，《欧阳竟无佛学文选》，武汉大学出版社，2009，第294页。
5　欧阳竟无：《答陈真如书》，《欧阳竟无佛学文选》，武汉大学出版社，2009，第357页。

法界",三者是无余涅槃的不同形态的描述。毕竟空,人人皆有,然而并非人人都能自觉,故称为自性涅槃。菩萨不舍众生不入涅槃,故表彰为无住涅槃。涅槃统摄菩提、无分别、无漏、般若、缘生等佛学体系。涅槃是菩提所显发,"生得一分菩提,即显得一分涅槃"。菩提是无分别智,只有和涅槃相应相顺才能称为无分别。菩提又是无漏智慧,正智缘如,对向涅槃,才称为无漏。菩提是般若之果,般若是菩提之因,般若所观之实相,也就是涅槃。智慧又是观缘起的智慧,涅槃也统摄缘起论。

般若为地上菩萨的智慧,分开来说则是三智,即加行智、根本智、后得智。加行智是对向涅槃的智慧,根本智是无所得的智慧、不舍众生的智慧,后得智为甚深般若、是得到根本智后用之于世间的智慧。

据此来看中庸。中庸论功夫有两种,一则尽性,二为致曲。"曲能有诚,诚则形,形则著,著则明,明则动,动则变,变则化,唯天下至诚为能化。"(《中庸》)欧阳竟无分析以为,曲、诚、形、著、明、动,是加行智,是有漏善种引发无漏善种的创造性净化的过程。变,指的就是变种,由有漏种转变为无漏种,即创造性转化的过程。化,则是纯粹无漏种的现行,是根本智[1],是知行合一的践行和践形阶段。

以上三点,一贯之道在于总体性的会通,体用论在于根本处的内在性的融通,三智三渐次则在于教法上功夫论的融通。可以说,欧阳竟无的儒佛融合是境行果全方面的融合。

综上可见,欧阳竟无以佛摄儒、儒佛互摄的佛教入世转型模式,有两个明显的特点:一是义理精严,交参体证;二是佛以摄内,儒以应世,极具现实关怀。

从义理方面看,欧阳竟无的儒佛融摄入世转型模式具有鲜明的独创性。

---

[1] 欧阳竟无:《〈中庸〉传》,《欧阳竟无佛学文选》,武汉大学出版社,2009,第306页。

传统的儒佛融摄是以禅宗、华严宗为主体的中国化佛教与宋明儒学之融摄；欧阳竟无的儒佛融摄是纯粹的印度佛教般若学、唯识学、涅槃学与孔孟原儒之融摄。欧阳竟无晚年方才提出他的儒佛融摄思想，此时他已经由纯粹的唯识学深入到转识成智的唯智学、涅槃学，如其所说"须知初步研唯识，二步还应唯智研，三步涅槃探果果，我常净乐秘经传"[1]。进而，他的融摄可谓体用互融、行果兼备。宋明理学和现代新儒家一向以"生生不已"和"寂灭"（"生生灭灭"）来作为儒家高出佛学的特质，批判佛教导致虚无主义的人生观。欧阳竟无不仅阐明寂灭非断灭空的特质，还扭头扣在了儒家经典《中庸》的头上，并将儒学毫无系统的教法归并为三智三渐次的细密体系。他说："知孔道之为行者，说生生。生生，行也，非流转于有漏，奔于习染也。知佛法之为果者，说无生。无生，果也，非熏歇、烬灭、光沉、响绝之无也。淆孔于佛，坏无生义；淆佛于孔，坏生生义。知生生而无生，是依寂之智，则知行之相貌有如此也。知无生而无不生，是智显之寂，则知果之相貌有如此也。佛与孔之所判者，判之于至不至、满不满也，其为当理，适义一也。"[2] 其义理的精研超乎反观本心的直觉体认的新儒学之上。

从现实关怀上看，欧阳竟无对太虚僧众参政的方便进行激烈批判，容易使人误以为他倡导佛法与人生脱离；他批判熊十力，又容易使人误以为他批判儒学。其实，欧阳竟无的为学，始终具有关怀现世的一面，也始终有融摄儒学的一面。他批判太虚，是对佛法的方便应世方法这种入世转型模式提出异议；他批判熊十力，是对熊十力以宋明理学融摄佛法入世转型方法论提出批评。他的目的是，在保持佛法原汁原味的基础上推进佛法的入世转型。人们往往只看到他说佛法非宗教非哲学的一面，而忽略了他文章的附录《佛法

---

[1] 欧阳竟无：《与陶闿士书二》，《欧阳竟无佛学文选》，武汉大学出版社，2009，第343页。
[2] 欧阳竟无：《孔佛》，《欧阳竟无佛学文选》，武汉大学出版社，2009，第326—327页。

为今时所必需》的另一面[1]。当提倡儒学而遭到非议时，他断然指出："孔义不但于抗战非常，多可权借，尤于抗战建国非常非常，足以经宗。盖中国哲匠，猥起林立，于我大本，唯孔相符，同则取之，俾我大本之通于国中也。"[2] 其忧国忧民之关怀，其护法弘法之赤诚，又跃然纸上。

欧阳竟无佛教转型的基本方法是以佛摄儒、儒佛融摄。其特色是以唯识学为主的纯粹佛教与原始儒学的融合，有别于传统思想中以禅宗为代表的中国化佛教与以宋明理学为主的儒学的融合。同时，他的儒佛融合，带有鲜明的以儒学为佛学应世之学的特色。他的方法论是，严格限定儒学和佛学的内容，从而在学理上探讨两者的内在理路的融摄。他批判了以天台华严禅宗净土为主流的中国化佛教，简别了以《大乘起信论》为主要代表的中国佛教经典，重构了内学；他批判了以宋明理学为主流的儒家，批判避谈寂灭本体的儒学，也批判了刚刚兴起的现代新儒学，重构了儒家。进而，他主张以"三智三渐次"为具体的方法，将儒学和佛学作深入的融合。

欧阳竟无的佛学和儒学对思想界影响深远。一时名流学者，梁启超、章太炎、章士钊、陈三立、方东美、汤用彤等无不受其影响，其门人弟子吕澂、王恩洋、李正刚、蒙文通等弘传于大学内外，现代新儒家的重要人物梁漱溟、熊十力、唐君毅也无不受教。梁启超以五十多岁高龄赴南京亲听欧阳竟无演讲《唯识抉择谈》。章太炎赞扬欧阳竟无"其识足以独步千祀"[3]。梁漱溟专门到欧阳竟无处问学，并只承认欧阳先生的佛教是佛教，欧阳先生的佛学是佛学。贺麟的《当代中国哲学》则说："佛学大师欧阳竟无先生的贡献，便在于融会儒佛。欧阳先生为人为学笃实光辉，允为一代大师。"[4] 可见，欧阳

---

[1] 《佛法为今时所必需》乃王恩洋根据师从欧阳竟无所学续写而成，据王恩洋回忆，"师阅后极为欢喜"（《王恩洋先生论著集》第10卷，第483—484页）。可以认为，此文的观点代表了欧阳竟无和王恩洋的共同主张。
[2] 欧阳竟无：《覆张溥泉书》，《欧阳竟无佛学文选》，武汉大学出版社，2009，第347页。
[3] 章太炎：《支那内学院缘起》，《中国哲学》第6辑，生活·读书·新知三联书店，1981，第311页。
[4] 贺麟：《五十年来的中国哲学》，上海人民出版社，2012，第21页。

竟无孔佛一如的入世转型模式虽未如太虚人间佛教对社会大众之影响，然而对于思想精英层面的影响不可小觑。

第三节　儒佛并弘与佛教入世转型：以王恩洋为例

王恩洋是近代著名的唯识学家，也是儒佛并弘的佛教入世转型的典型代表。于凌波评价他说："恩洋生平学兼内外，佛学则专精法相唯识。恩洋治学，与欧阳大师有所不同。欧阳大师治学，凡有三变，他首治唯识，于所依经论在扼其大意，贯通其一经一论之思想，故以后由唯识而般若，而涅槃；亦即由一切皆妄，而至一切皆空，乃至即妄即真。恩洋治学，则一生忠于唯识，始终未超越唯识范围，故其唯识学之造诣，于欧阳大师之下为第一人。"[1] 他的唯识学研究，为学界所公认，要论《大乘起信论》论辩就绕不开王恩洋的名篇《大乘起信论料简》。然而，他的儒学思想并没有得到学界太多的关注。实际上，王恩洋的儒学著作占据其全部著作的一半以上，先秦儒家的代表孔孟荀他都著有学案，加以《论语》《孟子》《诗经》《大学》新疏，并有融通儒佛的著作《人生学》四部曲和《儒学中兴论》，合起来达百万字之多。他为学的目的，自己总结为"穷究儒佛之真以尽其精微"。因此，王恩洋除了精深的唯识学研究和批判中国化佛教以外，还致力于儒学的中兴和重构。他的为学，始于宋明理学，成于内院（支那内学院简称）一脉的法相唯识学，最后则归于儒佛合释、以佛释儒的融佛并弘之学。

王恩洋最早在支那内学院从学、任教凡七年，1923年，内院开设试学部，王恩洋任教，学生有韩畋畦、蒙文通、黄通儒、刘衡如等，后来学问皆有专攻。1925年，欧阳竟无开办法相大学特科，王恩洋任主任，并讲授"佛

---

[1] 于凌波：《中国近现代佛教人物志》，宗教文化出版社，1995，第606页。

学概论"和《瑜伽真实品》。1930—1941年,王恩洋在南充主办龟山书房,并往来于四川各地讲学。1942年主办东方文教院。1943年欧阳竟无逝世,内学院门人开会,推吕澂继任院长,王恩洋任理事,从各个方面支持蜀院的建设。1950年11月,支那内学院改名为中国内学院,并组织内学院董事会,吕澂任院长,王恩洋、杨鹤庆、李一平、陈铭枢、吕澂为董事,继续开展院务。1952年8月,董事会代表王恩洋和院长吕澂亲自结束了院务。从1922年成立至1952年结束,王恩洋见证了内学院的整个历程。1957年,被中国佛教协会聘请为中国佛学院教授,讲授佛学概论等课程。1964年病逝。王恩洋的一生,可以说是近代佛教入世转型的侧影,尤其对于巴蜀地区佛教的入世转型影响巨大。

一 唯识种性说入世与儒家人性论的重构

王恩洋的以佛摄儒、儒佛并弘的入世转型模式,主要体现在心性论和本体论两个方面。儒佛在人性、心性的界定上存在根本差异,这是儒佛之辨的"辨异"。但无论是现代新儒家还是唯识学家都试图在儒佛心性论上予以"辨通",此种融会即是佛理的入世。现代新儒家熊十力严格辨析了"本心"和"习心"的区别及转换,提出"心者即性,是本来故,心所即习,是后起故"[1],这是以唯识学心法和心所有法的区分辨别儒家本心和习心。太虚法师认为"儒家言气、言道心、言本心,多指一切种子如瀑流之习气种子识言。言性言理,则指各物各人之报体(真异熟识)言,亦即我爱执藏内自我体"[2]。本心为阿赖耶识种子识,性为异熟识,而阿赖耶识和异熟识本来是同体异名,太虚以此解释儒家即心即性。欧阳竟无则从心分体用而说心,认为

---

[1] 熊十力:《新唯识论》,上海书店出版社,2008,第105页。
[2] 太虚:《论宋明儒学》,《太虚大师全书》第22卷,宗教文化出版社,2005,第424页。

心体为寂，心用为见寂明体，由此解释儒家反观本心本性："心必有其体而后可心，状体之相貌，强而名之曰寂。……心必有其用而后能心，状用之相貌，强而名之曰智。……智非寻常分别之慧也，必有以见寂，而常与寂相应也。"[1] 太虚法师和欧阳竟无都属一代宗师，仅示其端绪而已，真正详细阐述、辨入幽微的当数王恩洋。

王恩洋早年沉浸于宋明理学，但认为儒家人性论概念含混，判断上存在矛盾。他说："独性与天道夫子罕言，涵义界说莫之有定，故孟荀以降迄于宋明，言善言恶，疑莫决焉。"[2] 概括地说，王恩洋认为儒家人性论存在以下困局：

其一，人性论是对人的普遍本质的判断，但儒家对此的判断不统一。孟子主张性善，荀子主张性恶。后世儒学又有所谓性三品说、性五品说。宋明理学家则把性区分为气质之性与天命之性，王阳明更有"无善无恶心之体"的论断。如果儒家人性论在"人性"的根本观念上是统一的，则孟子是而荀子必非，否则就犯了概念混乱的错误。

其二，儒家关于善恶之根源的解释不统一，认为善有人性论上超越的根据，恶则只有经验的根据。王恩洋认为，人的现实行为表现有善有恶，性善论主张善有本性为依据和本源，但不能解释恶的本源。孟子和宋明理学家都将恶的来源归于外在的熏染，这是纯粹将恶归于外缘。王恩洋从佛教缘起论的角度认为，如果没有亲因，纯粹的外缘不能导致恶。恶如果不是人性，根本就不会发生，所有人所表现出的善恶必然都要有其人性论根据。他说："窃谓孟子于人之为善，而推其本于固有之善性，功诚大也。然若谓为恶之全不根于人性，则终无以解人之疑。于是而宋人有气秉之拘、物欲之蔽之说以通

---

[1] 欧阳竟无：《欧阳竟无佛学文选》，武汉大学出版社，2009，第325页。
[2] 王恩洋：《王恩洋先生论著集》第9卷，四川人民出版社，2001，第529页。

其滞。然皆未为大通之论。"[1] 反之，性恶论和其他儒家人性论也必须解释善的来源问题。

其三，宋明理学家的性理为空洞的原则，失去了性善的基本内涵。理学家的性指"一事一物所以然之原理法则"，此性理的原理法则是空洞的虚架子，有形式而无内容。徒具形式的性理作为工夫论的依据，缺乏必然性。"今言性而只及于空洞之法理，又多谓气质为非善，然则人之为人而欲以成贤作圣也，将何恃而可乎？"因此，王恩洋认为宋明理学心性论上有致命的缺陷："理学家不言性理犹可，一谈及于性理，其言多为不通，此其理论之最不合理者也。"[2]

其四，先秦儒家人性论倡导"天命之谓性"，然而天命的、完善的人性在现实中呈现为善恶混杂——至善的性为何落实不下来，这有逻辑不一致的问题。王恩洋用公式剖析了宋明理学家的范畴系统，指出它们存在界定不清、逻辑混乱的问题。他具体分析了张载、朱熹等人的命题。张载说："性原为太虚与气之合，心为性与知觉之合，心之作用唯在知觉。"对此，王恩洋用公式表达为：性＝太虚＋气、心＝太虚＋气＋知觉。他认为这两个公式不通。因为太虚＝零，所以性＝气，于是根本就没有性了。再看朱熹的命题："性是实理，而心则虚灵不昧之明觉。而此明觉中则具备万理以为性。"王恩洋也用公式表达为：性＝实理、心＝明觉、性＝万理；又，"心虚而理实；心与理为一"：心＝虚、理＝实、心＝理，故虚＝实[3]。心学家将性理归为到本心、良知，有实际的内容，但王阳明四句教将无善无恶或至善当作心体，而将有善有恶归诸"意念的发动"，在逻辑上仍然不能一贯。

儒家人性论缠杂不清的根源在于一本万殊的思维。所谓一本万殊是指，

---

[1] 王恩洋：《王恩洋先生论著集》第7卷，四川人民出版社，2000，第725页。
[2] 王恩洋：《王恩洋先生论著集》第10卷，四川人民出版社，2001，第10页。
[3] 王恩洋：《王恩洋先生论著集》第10卷，四川人民出版社，2001，第20—21页。

执定有一同一、单一的本体，发为现象的万殊的作用，本源唯一现象万殊。前者为性体，后者为性用；前者为天命之谓性，后者为天理之流行。一本万殊这种思维方式存在的问题是：

第一，为何为一本而不为多本，为何性体为单一而非复杂多元？王恩洋注意到，虽然儒家对于人性是善是恶的判断有争论，但是都有一个共同的前提，即人性是单一的，有一本万殊的思维。他认为这是错误的。他说：儒家"误谓性为一本，法为万殊，从未求本，于是或从恻隐羞恶以说性善，或从好利好争以说性恶，乃至谓无善无恶心之体，有善有恶意之动"[1]。这就是说，儒家把性作为一个独立而单一的主词，所以他们对人性的判断一定是非此即彼的。由此推论，如果儒家学者使用的性的术语内涵一致，则孟子是而荀子、阳明等必非。所以，后世儒学在调和种种不同的人性论内部的紧张时，采取的策略多是通过文本的具体语境来重新阐释性的内涵。但这又不可避免地造成一个问题，即性作为一个哲学概念，其内涵和外延总是在不停地变动之中而缺乏相对的稳定性。这也不符合儒家人性论作为道德根据的初衷。王恩洋认为，要论人性论，首先要明晰人性是单一是多元的问题，"今欲辨性之善恶，不当于性之是善是恶辨之，而首当于性之是一是多辨之"[2]。儒家执定性为单一的，并无根据。

第二，一本和万殊的关系如何，一本如何必然发为万殊？一本和万殊是否为性质统一？王恩洋认为，一本万殊的思维，必须解决一本和万殊的关系问题。问题是：一本如何必然会发散为万殊，如何发散为万殊？一本和万殊的性质必须统一，然而现实世界中可以看出万殊并不能和一本相统一。所以，儒家人性论需要疏通。王恩洋在多处提到疏解儒家人性论的方法，他说：

---

[1] 王恩洋：《王恩洋先生论著集》第9卷，四川人民出版社，2001，第530页。
[2] 王恩洋：《王恩洋先生论著集》第9卷，四川人民出版社，2001，第529—530页。

吾自读佛经，识五蕴聚积假说为人，十八界性各自成种之义，然后知因缘生法非一非常，性善性恶之疑，一朝解矣。今欲辨性之善恶，不当于性之是善是恶辨之，而首当于性之是一是多辨之。孟荀诸子于不识五蕴聚积假说为人、因缘生法各有自种、因果本末皆非独一之义，误谓性为一本，法为万殊，从未求本，于是或从恻隐羞恶以说性善，或从好利好争以说性恶，乃至谓无善无恶心之体，有善有恶意之动。[1]

设明佛法种子功能差别，现法习气体类无边，善恶无记心心所色各有自种之义，则一切异义皆迎刃而解矣。[2]

总起来说，疏解儒家人性论的途径有三：其一，用佛学五蕴论解构人或自我。其二，用十八界的界论、因缘法各有自种、因果本末皆非独一、善恶无记心心所色各有自种，否定儒家性单一论。其三，用种子功能差别、现法习气体类无边、因缘生法非一非常，解决性体与性用的转换。前两点是对"人性"的定义进行分析和转换，后一种是疏通"本体和万殊"之间的体用一如、逻辑一贯。

王恩洋认为，从佛教看来，所谓人，无非就是五蕴之色蕴、受蕴、想蕴、行蕴、识蕴的结合。说人性，不过就是讨论"五蕴假合为人"的性。那么，何谓"性"呢？性在佛教中，有法性、种性和善恶无记三性三种。

法性相当于宋明理学所说的本体和理，在佛教称为真如、无为法、诸法实相，其特点是"不生不灭，不垢不净，不增不减，体虽净常而对诸法不主不宰"。法性是属于无为法，无为的意思是"无作用、不变转"，故法性是空性、实相，没有创生性。没有创生性，即真如不能缘起诸法。王恩洋说："真

---

[1] 王恩洋：《王恩洋先生论著集》第9卷，四川人民出版社，2001，第529—530页。
[2] 王恩洋：《王恩洋先生论著集》第1卷，四川人民出版社，1999，第645页。

如法性绝不作诸法因缘而生诸法，无作用无功能无本质无自体，而即一切法之空性实相。"[1] 故，人性非法性。

善恶无记三性是对思想行为的价值判断。这在某种程度上有助于疏解儒家非善即恶的困局，无记就是不加善恶的价值判断。种性是指诸法的种子，种子是对于现行来说的。种子是形象的说法，如世间万物有麦种乃有麦子，人类的一切心理、思想、行为必有其因，心理、思想、行为的"亲因"称为种子。种性相当于宋明理学家所谓的"生之谓性"，为一切心理、生理作用的根据。与宋明理学一本万殊思维不同，理学家以为世间一切现象起于一种源头、一个原因，而佛法所谓种性是多元论，种子无数，各各自生。种性作为种子积聚于阿赖耶识，遇到外缘则实现为现行。现行熏染阿赖耶识复生成种子。

种性相当于十八界的界。十八界建立在五蕴的基础上，所谓界就是原因和种子的意思。色蕴包括十界，即眼界、色界、耳界、声界、鼻界、香界、舌界、味界、身界、触界和法界的一部分。受蕴、想蕴、行蕴，都属于法界的一部分。识蕴即七识界，包括眼界、耳界、鼻界、舌界、身界、触界和意界。十八界和五蕴不重叠的是，识法界中的无为法，也就是虚空无为、择灭无为、非择灭无为、不动无为、想受灭无为、真如无为。"界"既然是万法生起的原因和种子，由于界有十八界的差别，则说明诸法的种子也有差别。由此可见，人性不是单一的、同一的，不是一个本体生起万用。同时，因果之间也不相杂乱，不是一个原因生起所有结果，不能由一个原因生起色心的染净等不同的法，并且自因生自果，因果之间必然性质平等、不相杂乱。

三性之中，相应于儒家人性论的是种性和界。那么种性如何疏解儒家人性论呢？在王恩洋看来，其一，种性内含的种子为多，而非单一。其二，种

---

[1] 王恩洋：《王恩洋先生论著集》第2卷，四川人民出版社，2000，第257页。

性所内含的种子虽然为多，但并不杂乱，也不互相取消，而是共存于阿赖耶识之中。种子的特点是功能潜在，处于潜存状态，其作用功能还未显现。既然善染作用都还未显现，就可以说种子都是无记性，即种子还没有善恶之分的价值判断。种子虽然为无记性，但却具有"功能差别"，即其功能没有显现是潜存，然而潜存并非不存也非没有功能，其生善生恶的能力还在。因种子潜存、无记，所以诸多种子可以并存于阿赖耶识一处；因种子功能差别，所以可以保持生发善恶的能力差别[1]。这就解决了儒家学说人性论上的两个困难，前者解决了一本万殊这个一、多不符的问题，后者解决了恶没有人性本原的问题。因此，种性论不是古代的"善恶混"论，因为种子都是无记；种性论也不是"无善无恶"，因为种子作为生善生恶的直接原因或说亲因始终不变。其三，种子和现行可不断转换，这消解了一元论性体和性用上的矛盾。种子从功能潜在变成功能现起就是现行。种子和现行都是因缘体，种子遇到合适的缘生成现行，现行同样可以熏习成为性质统一的种子。这就是说儒家本性和习性之间是可以互相转换的，本性可以体现到现实人生，现实人生中的善恶的心理和行为即习性同样会使人的本质发生变化，即熏习而成为本性。其四，种性的不断净化，多闻熏习如理作意，就是解脱，也就是心性工夫论。

如此，王恩洋通过唯识种性说与儒家人性论的会通而为佛教的入世转型做出了理论上的贡献。

二 佛教缘起论入世与儒家天道论的会通

宋明理学认为性善的形上根源是"天命之谓性"的天命、天道，而人的修养工夫指向的最终境界也在上达天命、天道，此即"工夫所至即其本体"。

---

[1] 王恩洋：《王恩洋先生论著集》第 2 卷，四川人民出版社，2000，第 445—448 页；《王恩洋先生论著集》第 8 卷，四川人民出版社，2001，第 125—128 页。

天道本体，一则为心性的本源，二则为心性上达天道的终极境界。宋明理学一向以天道本体论为己派最大的标志，并以此破斥佛道。现代新儒家顺此出现两种思路，一为熊十力的体用论，用《易经》生生之体诠解佛教寂灭之体[1]，此为"本体下贯"的思路；二为唐君毅"心境"论，也称道德的形而上学，主张天、天命为道德修养达到终极所体认的境界，此为"上达本体"的思路[2]。

唯识学家在体用论上的辨析主要是解构本体，以缘起论解构儒家的天道本体论，开拓出一条佛教缘起论这一根本原理入世转型的模式。欧阳竟无对体用做了详细的限定："无为是体，有为是用"，"无为法不待造作，无有作用，故为诸法之体。反之由造作生，有作用法，即是有为，故有为是用"。基于此，他分出二重体用，"体中之体"为一真法界，"体中之用"为二空所显真如，"用中之体"为种子，"用中之用"为现行[3]。欧阳竟无的体用论遭到了熊十力的反对，熊十力指斥为二重本体。欧阳竟无的体用论主要是疏解佛教，直到晚年才用于儒佛之辨。相比较而言，王恩洋更为深入，他站在缘起论的立场上反对一切超越型的本体，《大乘起信论》的"真如本体"和儒家的"天道本体"都在其破斥之列。

对于宋明儒学和熊十力的"本体下贯"思路，王恩洋从本体和体用关系两方面进行了批驳。王恩洋认为天道本体论具有两重谬误：一是本体内涵空洞，二是本体与发用存在逻辑矛盾和性质差异。

其一，王恩洋认为宋儒说的天、太极、理、性等为空洞的名词。所谓本体如果有其实就成为物，如果本体无其实则成为空洞无内容的玄想。"如就宇宙万法之生起言，宋明儒者之所言实属于玄想，而未有充实的内容，远不如

1　熊十力：《新唯识论语体文本壬辰删定记》，《新唯识论》，上海书店出版社，2008，第113页。
2　唐君毅：《唐君毅来书》，《王恩洋先生论著集》第10卷，四川人民出版社，2001，第24页。
3　欧阳竟无：《欧阳竟无佛学文选》，武汉大学出版社，2009，第37—38页。

佛法之言为客观为具体。宋明儒者以生生之机归于太极、太和或理、良知，只有空洞的名词而已。"[1] 如果是空洞的名词，则必须要上帝这样的主宰，然而宋儒又不允许有人格神式的主宰。

其二，王恩洋认为天道本体论还存在体用不符的逻辑谬误。儒家天道本体论认为在现象的背后还有超越的神秘的本体，此本体为现象的依据，现象世界是本体的发用流行，但对于本体与现象的关系没办法说明，"此太极、太和等之何以会生生不息，亦无有说明"[2]。按照宋明理学，体即作为生生之几的太极，用即是宇宙万物。王恩洋认为这样的体用难以弥合。

体和用是同一的还是别异的？假如太极本体和宇宙万物为同一，则宇宙万物即是太极本体，不需要另外设立多余的太极本体作为宇宙万物的说明。假如太极本体和宇宙万物为别异，则宇宙万物为本来就有，不需要太极本体来生成之。进而，太极本体生成宇宙万物是自身流变而成，还是假借其他材料而生成之？假如太极本体自身流变而生成宇宙万物，则太极本体自身为一。一体不能生二法，一体的太极本体不能生成宇宙万物的复杂现象之用。而且，一体的太极本体自身不应该有内在的矛盾冲突，其所生成的宇宙万物也不应该有内在的矛盾冲突，然事实上宇宙万物有善恶、水火等矛盾冲突。如说太极本体不是一体而是本来就是具许多矛盾冲突之体，则宇宙万物各有其太极本体，即无共同的太极本体；假如太极本体生成宇宙万物是假借其他材料而生成之，则太极本体为有主宰意志之上帝的人格神，儒学即成为神学。进而言之，顺宋明理学形上学推论会推出虚无主义的人生观。

对于唐君毅等由心性、道德"上达本体"的思路，王恩洋也持批判的态度。现代新儒家认为由心性可上达天道，并构建道德的形而上学。于此，王恩洋认为心性乃是道德境界，是善的境界；而形而上学是真的境界，是事实、

---

[1] 王恩洋：《王恩洋先生论著集》第10卷，四川人民出版社，2001，第10页。
[2] 王恩洋：《王恩洋先生论著集》第10卷，四川人民出版社，2001，第10—11页。

实相，两者不可通达。如果要从道德推论到形而上学，至少要满足三个要件，一是人性为至善，二是宇宙是无苦的宇宙，三是生命为常而非无常。但事实上这三个要件无一具足。所以，他认为由道德境界而进至形上境界，不免导致善与真的矛盾[1]。

那么如何改造儒家的天道本体论？王恩洋从两方面入手，一是取消天道本体而代之以佛教缘起论的宇宙观，二是用爱非爱缘起诠解天命论，将天命解释为运命，以佛教因果论予以消解。缘起论反对一切主宰、法我、本体，故天道非本体。运命本为偶然性的范畴，而王恩洋给予了必然和自由的双重诠释。

缘起论的最大特点是不承认有任何形式的本体。这和天道本体论截然相对。可以说，天道即非缘起，缘起即非天道。缘起是说万物依因待缘而生起，因和缘皆是必要条件，即无因不生、孤因不生。没有任何事物的生起，没有其自己的原因或说亲因、种子；也没有任何事物的生起，不依赖外缘，独立的原因不能起作用。没有任何法超越于缘起之上，如果天道本身能够生成万物，即成为独因，是不对的。

据《摄大乘论》，佛教缘起论总的可分为自性缘起和爱非爱缘起两种。自性缘起指赖耶缘起，是对于万法生起的说明。王恩洋用自性缘起消解了儒家天道的宇宙生成论意蕴和天命下贯的意蕴。爱非爱缘起是指原始佛教的十二缘起或称业感缘起。王恩洋用爱非爱缘起重新建构儒家天命观。

阿赖耶识缘起论，认为一切的色法、心法等都是由识变而有。具体到人而言，就是说每一个人都有自己的阿赖耶识构建的宇宙，而人和人之间的宇宙并非截然独立的孤立系统，而是有所交遍互融的。阿赖耶识并非是本体，阿赖耶识实际上是种子的聚集，也称为心。阿赖耶识的种子不断地有有漏和

---

[1] 王恩洋：《王恩洋先生论著集》第10卷，四川人民出版社，2001，第22—23页。

无漏的转变，心也就不是单一的实体。具体而言，现实的心的状态不过是种子遇到合适的外缘所生起的，不是有什么本体突然变现。人对于天道的体认，实际上不外乎是认识到心性的本来状态是不断转化的。因此，天道本体须消解。

业感缘起强调人生由于"惑"或"无明"而造业，造业后必然受苦的流转，称为"惑业苦三"；同时指明觉悟—造善业—受善果的舍染取净的工夫。在王恩洋看来天命正是说明人生当下遭际的必然，同时当下的人生过道德的生活决定了后世的善报。

因此，王恩洋认为，所谓天命论，天是指因果必然之理，命为因果必然之报，天并非外在于人心能够对人具有主宰性的客观存在，更无"命性于人"的价值之源的作用。天仅指因果必然性规律的不可移易，"天者，特此一切有情本然心性之相、因果必然之理"[1]。命则是从必然性所产生的结果而言，即是人在现实中的遭际都是由必然性的原因所致，其原因是人过去造业的结果："命为因果感应之定理。故人之苦乐荣枯，莫非自所作业而取之者，故曰莫非命也。"[2] 因此，天命具体到人生来说就是人都是自作自受，自力自业，所谓现世所受之命不过是前世所造的业的必然性结果。

王恩洋这个关于命的解释消解了儒家天命作为性命之源的本体属性，同时疏通了孔子运命的意蕴。运命本来指一种人不可左右的偶然性。而按照佛教缘起论，当下人生所承受的任何果报都非偶然，都属必然，此为决定论。此决定并非外在超越者的裁决主宰，而不过是人以往所造之因的必然结果。人又可以通过自力造清净业而获得将来的善果，此为自由论。王恩洋的诠释，很好地解决了自由与必然难以会通的难题。顺此，他对孟子所谓知命知天、修身俟命、尽心立命的解释与宋明理学的解释也不同。所谓知命是指对命的

---

[1] 王恩洋：《王恩洋先生论著集》第7卷，四川人民出版社，2001，第767页。
[2] 王恩洋：《王恩洋先生论著集》第7卷，四川人民出版社，2001，第768页。

自业自作自受的必然性有所体会；修身俟命是指要勇于对前世所造之业产生的今世的结果与命运进行承当，勇于对未来之酬报和责任进行承当，而不怨天尤人。修身俟命和知天的区别在于，俟之是还没有到，而知天则是能够主宰之，前者为学者境界，后者为圣人境界。尽心立命是指以修身为基础，推扩至极，不仅能俟之，而且能积极主动地造善业受善果。

王恩洋关于儒佛心性论的入世转型模式，是用种性论沟通儒家心性论，用缘起论消解儒家天道本体论。种性论和缘起论，是阿赖耶识缘起论的两个方面，所以王恩洋在心性论和本体论上达到了逻辑一贯。从思想史上看，他的辨通，是欧阳竟无体用论运用于儒释之辨的深化，和现代新儒家熊十力、唐君毅、牟宗三的思路恰好相反。他重构的心性论，会通了儒家的两大思想家孟子和荀子的截然相对的性善论和性恶论；他重构的本体论，会通了儒家的天道本体和天命观；两者结合形成了能够承转自由与必然的"安命畏因"的伦理学，符合儒家以道德入世的基本精神。这条儒佛并弘的入世转型的路向，是区别于现代新儒家的路向，对于当前现代新儒家的思想逐渐成为中国哲学主流的哲学界有启迪意义，对于佛学通过儒学的桥梁而入世发挥作用，也有积极意义。

三 真儒与真佛及其入世转型的理论探讨

儒学和中国佛学是传统思想的精华，它们在未来的思想构造和文化格局中能够发挥怎样的作用、占据何种地位，怎样在多元化的文化格局中占有一席之地，怎样和现代性更好地融合，这是20世纪思想家们思考的核心问题，也是未来始终要面对的问题。20世纪上半叶的思想家在儒家和佛教的近现代入世转型方面，给我们留下了丰富的思想资源，并且在一定程度上决定了现在中国哲学和思想文化发展的方向，他们对儒学和佛学的诠释值得我们重视。

审视 20 世纪上半叶儒家和佛教的思想趋势，比较显著的特点是：儒家失去了正统性、独断性的地位，使人们更加能够从思想文化和生命体验的层面切入儒家的原始关怀和核心义理；佛教则以其精深的法相唯识学对思想界产生了广泛的影响，居士佛教团体的兴起和大学课程中佛教哲学尤其是唯识学的讲授，奠定了佛教思想甚至佛教哲学在中国哲学中的地位；儒家和佛教的比较和会通，从宋明理学建构的儒家和中国僧人建构的宗派之比较，走入了深层的孔孟儒学和法相唯识学的比较和会通。佛教在与儒家的比较和融会中，逐渐走出寺庙，走向大学，进入知识精英的视野。这不是传统的唐宋时代所敢为和所能为的，这是近代超越于传统之处。

思想层面的深刻转变，使思想家们具足了批判和怀疑的精神，其中最大的问题是：什么是真正的儒家，什么是真正的佛教，佛教如何转型如何入世？儒家和佛教都经历了漫长的思想发展历程，思想的发展有时是思想的提升有时则是变异。儒家，按照冯友兰子学和经学时代的区分，在后来的建构中更多的是注经式的经学儒学，在非严格的意义上宋明理学也是经学。从诠释学的角度看，经学不可能做到完全客观的诠释，其中必然面临着经典选择的偏重和注经方法的抉择。是以《春秋》或《尚书》或《周易》为枢纽统摄诸经，是以三礼为代表统摄六经，是以《大学》为入门次第统摄六经，还是以《孟子》为代表统摄诸经，这绝不是可有可无的问题，这决定了古文经学、今文经学的区别以及汉宋之争。是经由字、词、句、道的顺序诠解六经，还是注重内在心性的直觉体验，这决定了对经典内在意义的追寻。很明显，没有哪一种诠释不认为自己把握了孔孟之道的真谛，当然这一点再也不能为现代人所轻易地接受了。

佛教的情况并不更好一些。似乎没有哪一种宗教有佛教如此多的经论。佛教思想发展中有原始佛教、部派佛教以及般若中观、瑜伽唯识、如来藏三系大乘佛教，还有密宗。在中土的传播过程中，更有南传佛教、汉传佛教和藏传佛教等各有偏重的不同传承脉络。近代佛教学人几乎在各个层面对佛教真义作着孜孜不倦的追寻，传承华严和禅宗净土的学者有之，到斯里兰卡、中国西藏地区重新取经学习南传佛教或藏传佛教甚至藏密的学者也不乏其人。

不仅如此，在西学的参照和挑激下，中学更清醒地认识到自己的特色。所以，"什么是真正的儒家"的答案，在康德批判西学传统形而上学，要求重新为形而上学奠基的参照下，"道德形而上学"的特色被更多学者所认同。儒学的主体，被视为孔孟儒学和宋明理学，由此带来现代新儒家的复兴。"什么是真正的佛教"的答案，则被多数学者引向法相唯识学的道路上，用法相唯识学融摄般若中观和其他派系，更引发了"什么不是佛教""中国佛教是不是真正的佛教"的深层简别，围绕《大乘起信论》的辩论对中国佛教尤其是隋唐以来的佛教诸宗派是生死存亡的问题。儒家和佛教面临的共同问题是本体论问题和心性论问题，这在儒家就是"性与天道"的主题，在佛教就是"真如和缘起"的诠解。在某种程度上说，研讨儒家和佛教却没有涉及这两个问题，其思想的深度是值得怀疑的。

近代儒学的复兴，与唯识学的复兴交织在一起，遂引发儒学发展的两条路向，一是以支那内学院欧阳竟无、王恩洋为代表的唯识化儒学的路向，一是由佛入儒的现代新儒家的路向。王恩洋是唯识化儒学的典型代表，同时又是现代新儒家兴起之际的敏锐和尖刻的批评者，可谓两条路向交织的枢纽人物。王恩洋的唯识化儒学主要受到梁漱溟和欧阳竟无的影响，梁漱溟为"最后一个儒家"，欧阳竟无则是法相唯识学的大师。王恩洋著《大乘起信论料简》对以《大乘起信论》为代表的中国化佛教展开批判，引起佛教内部的巨大论争。然而，对《大乘起信论》的批判其实并不仅是佛教内部的论争，而是唯识学对中国古代哲学本体论思维、"性觉"式（熊十力语）的心性论、寂静直觉的工夫论的全面反思。这个战火不久就烧到了儒家，发展成为儒佛之辨。典型的表现是王恩洋对熊十力和唐君毅的批评，以及吕澂和熊十力辨析性寂与性觉的问题。王恩洋的批判中国化佛教和现代新儒家，有其共同的逻辑根据和"一贯之道"。

王恩洋的儒学思想，自成一派。他不同于老师欧阳竟无，欧阳竟无晚年才提出孔佛一如的思想，提倡孔子和佛教在本体论上是一致的、"性寂"的。他不同于梁漱溟，梁漱溟主要是从文化哲学的角度分判儒学，发挥出儒家仁学的生活化和任直觉的直觉主义思维。他也不同于他的同门现代新儒家熊十力，熊十力新唯识论仍然是在体用论的框架内重构儒学。他也不同于后来的唐君毅，唐君毅是从心境论、道德形上学的角度重构儒学。对于冯友兰依程朱理学而"接着说"的做法，他更是坚决反对。王恩洋儒学的特点是：其一，绕开宋明理学，直探孔孟荀原始儒学的本源；其二，拒斥儒学的天道本体论；其三，注重性与天道的一贯之道，而所谓一贯之道是用一种逻辑方法即缘起论来予以贯通；其四，儒学是世间学是修身淑世之学，是佛学的前提和入世转型的必要手段。

对于儒家的天道说和天命论，新儒家有两种解释的方法，一是形上之体，一是心境论的道德之源。熊十力谈本体的翕辟属前者；熊十力所谓"良知是呈现"、唐君毅所谓"天命、天道是一种心境"、牟宗三道德形上学属后者。王恩洋坚决反对将天解释成为本体论的形上之天。就宇宙生成论和本体论的角度而言，缘起论与此截然不同。其最大的区别在于，缘起论认为万物皆依因待缘而生，因是直接原因，缘则是外缘。因固然重要，然而没有外缘，一因根本不能起用。对于由心境上升为天命的知天路向，王恩洋也不同意。他认为所谓道德的心境是一种善的心灵境界，然善的心灵境界并不能等同于"真"，即真理、真如。如果善和真相违背，同样有弊病。

欧阳竟无、王恩洋是绕开宋明理学回归孔孟原儒，以此重构佛儒的入世转型。现代新儒家则是接着宋明理学往下讲。两者就如何评价宋明理学，如何用唯识学重构儒学，形成了鲜明的对立。这集中体现在王恩洋与唐君毅论辩宋明理学家的儒佛之辨、王恩洋批判熊十力体用论和冯友兰《新理学》上。熊十力等坚定地把儒家的本体论当作真理，甚至以此曲解佛教的缘起性空说。王恩洋则是用佛教缘起论解构儒家本体论，把儒家天命论诠释为佛教入世转型的方法论。

王恩洋佛教入世转型模式之特色的形成，要归因于他的文化哲学与人生哲学。他认为文化有三种路向，即爱生竞存之路向、淑身善世之路向、舍弃人生之路向。分别对应西洋文化、儒家文化和佛教文化。所谓儒学，无非就是"教人立身为人之正道"，也就是人生入世之道。故他对儒学思想体系的把握和纯然由哲学建构儒学的新儒家不同。王恩洋将儒学分为"勤劳刻苦、节俭足用、知足安分、知命乐天、仁义、礼乐、五伦、三德、中庸之道、大人之学"十个部分。几乎包括了人伦日用的方方面面。然而，他认为，儒学毕竟只限于人生，是人生的正道，但还不是终极究竟的学问。人生最终还要追求解脱超越一直到菩提涅槃的菩萨境界。因此在他看来，儒学是佛学的准备阶段，也是佛学的入世方法论。儒学为世间学，小乘佛教为出世间学，大乘佛教为即出世即入世、即世间即涅槃的中道。[1]

从哲学上看，王恩洋的思想鲜明地体现出以缘起论为基本原理，疏通儒家人性论、解构儒家天道论的特点，他坚持"入世的是佛教"，"转型但不能失去佛教的底色"。这是法相唯识学阿赖耶识种性论和儒家"性与天道"观为基础的本体论在思维方式上有差别的缘故，可以说王恩洋是用唯识学诠解了儒家的性与天道。法相唯识学的特色在于，将法分析为相，将相收归于心识，最后通过转识成智破除心识的妄执而觉悟真如实相。这与现代新儒家通过道德的践履挺立道德主体的实存并最终上升到实证世界的本源本体的理路是截然相反的。从思想进程上说，王恩洋对早年情本论思想的反省，和之后

---

[1] 王恩洋：《人生学》，《王恩洋先生论著集》第5卷，四川人民出版社，1999。

对《大乘起信论》真如缘起说、现代新儒家熊十力体用论的批判，如出一辙。

但值得关注的是：首先，王恩洋对儒家的建构有内在的一贯之道，即用缘起论这一基本原理贯彻始终。这对于崇尚内省、直觉、反观本心的笼统思维和体验的儒家，有救正的作用。他建构的儒学是佛教的入世方法，不是佛教的转变，而是佛教的转型。其次，王恩洋以人生正道为基准的宽广的儒学观对于将儒学局限于狭隘的哲学视野的新儒家，也不无挑激。毕竟，儒学是以六经为经典依据以六艺为途径的雄浑之学。舍弃诗书，毁弃礼乐，而只谈心性，不足以把握儒学的总体特色。儒学需要类似于佛教戒律的有条理步骤的工夫论，而非原则性指示的工夫入路。再次，王恩洋创立了一种新的儒佛并弘的佛教入世转型模式。传统的儒佛并弘其主体是儒学和禅宗为主的中国化佛教，而王恩洋的儒佛并弘是孔孟原儒和法相唯识学为主体的纯粹佛教的互摄。较之熊十力的"创造性误读"，王恩洋更显示出对法相唯识学研究的精准。复次，王恩洋对现代新儒家的批判，是新儒家方兴之际的猛钟，对当前现代新儒家乃至整个中国哲学的研究，仍不无警醒作用。最后，真儒真佛及其入世转型问题，王恩洋只是在理论上做了一点探索，关于这个问题，无论是理论还是实践，都还有待来者的继续努力。

结语　近现代佛教入世转型需以儒家为助缘

近现代佛教入世转型始终与儒家密切相关。佛教作为"出世"的哲学与宗教，其"入世"在思想文化的层面所面临的最大的"世"就是儒家，儒家作为"世间"学，不仅是过去上千年中国思想文化的基石，而且业已成为中华民族的文化心理结构、文化基因，在近现代乃至未来都将深刻影响中国人的意识结构、行为方式、思维习惯、伦理道德和审美情趣。因此，佛教入世转型需要以儒家为助缘。

从根本上说，佛和儒都是人的学问。儒家富于人文精神，是生命的学问，其目的无非是安顿生命，调适生命（安身立命，发明心性），让人在现世生活中把握自身所需要实现的价值与使命。儒家的圣贤气象，是人间的，人性的，立足于此一天地，离此天地没有其他天国与彼岸世界；在此天地之中，经由道德的心灵超越到人类精神的高峰，所谓立人极。儒家圣贤堪比天地，一任大化流行，廓然大公，无私欲，存天理，合天道，挺立人格于人世，而又从俗任运，平实而入世。佛家视人间为苦海，有情众生为可悯，以大雄心放狮子吼，以虚玄心遮拨有为法，以大悲心度一切众生，自甘为筏，不舍世间不住涅槃。佛家心性论对中国哲学影响深远。佛家心性论强调"心净一切净，心染一切染""迷之则生死始，悟之则轮回息""生死即涅槃""一念愚即般若绝，一念智即般若生""前念迷即凡夫，后念悟即佛"，由心性的觉悟开启慧识与新的生命境界，实现人生的重大转折、人生新的出发点。因此，无论是儒家的核心思想"性与天道"，还是佛教诸宗，其目的都在启发人的心性觉悟。

佛教在近现代入世转型中与儒家心性论的融合，形成了唯识学与儒家哲学的重构，推动了现代中国哲学的建立。唯识学与现代中国哲学的重构密切相关，既是现代中国哲学的重要组成部分，也是现代中国哲学重构的契机和基础。现代中国哲学的重构，表现在中国固有思想的持存与翻新、西方哲学与思想的西学东渐两方面。在传统儒家、道家哲学逐渐式微的情况下，佛教中的法相唯识学一度重振入世转型成为思想界的主流之一，间接促成了现代新儒家的复兴。中国近现代儒佛之辨主要是在唯识学者与现代新儒家之间展开，近现代哲学的主要特征是唯识学视域下的性与天道。唯识学与儒学会通，不仅有以熊十力、梁漱溟为代表的现代新儒家群体，而且有以欧阳竟无、王恩洋为代表的唯识学化的新儒学。前者是唯识学化的陆王新儒家，后者是孔孟化的唯识学。唯识学家的儒佛合一体现在，用唯识学种性论诠解疏通儒家心性论，用阿赖耶识缘起论解构儒家天道本体论，用安命畏因疏通儒家天命论。这一以唯识学为核心的佛教入世转型模式，参与重构了中国现代哲学，对中国哲学的重构和佛教未来的入世转型仍具有重要的启发与借鉴意义。

第十三章
近现代基督宗教在华传播与佛教入世转型

　　近现代是中国社会新陈代谢的加速期，原因不仅有内部的变革要求，更有外部的冲击压力，而且后者对于推动古老中国走向现代似乎作用更大，所以对外交流顺理成章地成为这一历史时期的主要面向，宗教领域也不例外，佛教与基督宗教的碰撞和互动开启了中国宗教新的历史。积弊已久的佛教如要继续生存必须谋求变革，重新找回在中国社会中的重要位置，在西方社会早已完成宗教改革的基督宗教因为拥有先进的宗教传播理念自然成了佛教学习的对象。开明的佛教领袖积极从基督宗教吸取时代元素作为佛教入世的有力法宝：整顿僧伽制度、兴办新式教育、投身慈济事业等，入世转向为佛教迎来了复兴的机遇，戒律、僧才、社会形象都有了较大改观。这又引起了基督宗教的注意，不论是外国传教士还是中国本土基督徒都曾为基督宗教不能与中国文化深层次融合而迷茫，佛教入世转型所呈现的复兴景象促使他们深入研究佛教中国化的成功经验，本色化成为他们的不二选择。

第一节　近现代基督宗教在华的传播与发展

　　从历史的角度看，基督宗教在华的传播与发展主要有四个阶段。第一个阶段是唐代的景教，这是当时对基督宗教的异端宗派"聂斯脱利派"的称呼。唐代统治者相对开明开放，善于接纳域外文化，景教在此氛围下也曾繁荣一时，广泛传播。不过因其经文的翻译过度依附佛教与道教，失去了自身的特色，致使人们认为景教从属于佛教，唐武宗灭佛时一并将其去除。第二个阶段是元代的"也里可温教"，它指的是复兴的景教和新传入的天主教，它们得到了元朝统治者的支持并享有一定的特权。元朝建立后，在边疆地区和少数民族中残存的景教重新传到内地，得到了有力的推广。1294年，传教士孟德高维诺到达元都（北京），这是天主教正式传入中国的开始。此后，又有多位主教来华协助孟德高维诺传教并开辟新教区。由于景教与天主教之间发生了教派之争，影响了基督宗教在华传播的进程。而且"也里可温教"主要流传于蒙古人中间，与中国社会的主流文化并未发生有效的对话。1368年，元朝灭亡，"也里可温教"也随之消亡。第三个阶段是明末清初的天主教。1583年，意大利耶稣会士利玛窦到肇庆建堂传教，此为近代天主教在中国内地正式传教的开端。耶稣会士采取"补儒易佛"和"学术传教"的传教策略，使基督宗教得到了部分士夫的认可，出现了西学东渐和东学西传的高潮，基督宗教与中国文化开启了实质性的相遇和对话。"中国礼仪之争"发生后，罗马教皇颁布通谕，禁止中国教徒敬孔敬祖，康熙皇帝针锋相对地宣布禁教、驱逐传教士出境。1723年，雍正继位，清朝开始了长达百年的教禁。第四个阶段即是以鸦片战争为标志性历史事件的近现代基督宗教在中国的传播与发展。

一 近现代基督宗教在华传播发展的原因

近现代基督宗教在华的传播与发展，有其自身和外部多方面的原因和条件。传教策略的调整、中外不平等条约赋予的特权以及民国时期信仰自由立法为其传播发展提供了法律保障等，都是基督宗教在华得到较快传播发展的重要原因。

1. "禁教"政策下基督宗教的"底层策略"和"周边策略"

自康熙开始，雍正、乾隆、嘉庆、道光都采取了严厉的"禁教"政策。1706年，康熙颁布的禁教令规定：凡是不向清朝廷申领许可证的传教士不得在中国居住，一律驱逐出境。雍正自即位开始，便采纳了浙闽总督觉罗满保等人的建议，继续禁教，各地驱逐传教士，废除天主教堂，有的将天主教堂改为天后宫、关帝庙、谷仓等。乾隆时期规定：满人、汉人不得信奉天主教，否则处以重刑；已入教的要弃教，否则也处以重刑；严禁留居北京的传教士借传习天算历学而劝人入教。嘉庆制定的《严定西洋人传教治罪条例》规定：嗣后西洋人有私自刊刻经卷，倡立讲会，蛊惑多人，及旗民等向西洋人转为传习，并私立名号，煽惑及众，确有实据，为首者竟当定为绞决。道光沿用前人的禁教政策，各地天主教受到迫害的事件时有发生。

西方传教史专家赖德烈在总结这段历史时说："奇怪的不是基督教遭受迫害，奇怪的是居然它还能够存在下来了。"[1] 在清廷"禁教"政策的压制下，天主教传教士为了在夹缝中生存，被迫改变了传教策略。在传教对象上，将以往的面向中国上层士夫阶层传教改为面向社会底层民众传教，华籍神职人员也逐渐成为传教的中坚力量。在传教方式上，外国传教士秘密潜入中国，变之前的公开传教为秘密传教，形成了"地下教会"。另外，中国版图幅员辽阔，"禁教"令也不可能在所有地区都得到有效执行，这就在客观上给天主教提供了生存的条件。

1807年9月，受英国伦敦会派遣，马礼逊潜入广州，成为基督新教入华传教的开端。由于清朝廷实行严格的"禁教"政策，马礼逊隐藏身份，先在广州的美国商馆学习汉语，后又以东印度公司雇员的身份在澳门翻译《圣经》，编纂《华英字典》。1814年9月，马礼逊在澳门为广东人蔡高施洗，蔡

---

[1] 〔美〕赖德烈：《中国基督教传教史》，麦克米伦出版社，1929，第180页。转引自晏可佳《中国天主教简史》，宗教文化出版社，2001，第138页。

高成为中国大陆第一位基督徒。在华期间,马礼逊还出版了多部宣道著作,如《养心神诗》《神天道碎集传》《祈祷文读神诗》等。1813 年,英国传教士米怜受伦敦布道会派遣来华协助马礼逊传教。米怜等人在马六甲建立传教基地,实施"恒河外方传道计划",发行了中国近代史上第一份中文月刊《察世俗每月统记传》,并创立了英华书院,培养中国本土牧师和来华外国传教士。除英国伦敦会外,荷兰传教会、美部会、美国浸会、美国圣公会、美国长老会、美国圣经会、英国行教会、大英圣书公会等西方基督教差会也派出基督教传教士来华,这些传教士中只有 20 左右人在中国本土传教,其余多前往马六甲、南洋一带传教,他们的文化和传教活动为基督教在华发展打下了良好的基础。

2. 不平等条约给予基督宗教的特权

两次鸦片战争均以清政府失败而告终,清廷被迫与西方帝国主义签订了一系列不平等条约,被动地打开国门,开放通商口岸,出让国家权利与利益。条约中的很多条款保护了基督宗教,给予了基督宗教在华传播和发展的诸多特权。

1842 年 8 月,中英签订《南京条约》,共 13 条,前两条内容为:"嗣后大清大皇帝、大英国君主永存平和,所属华英人民彼此友睦,各住他国者必受该国保佑身家全安。自今以后,大皇帝恩准英国人民带同所属家眷,寄居大清沿海之广州、福州、厦门、宁波、上海等五处港口,贸易通商无碍;且大英国君主派设领事、管事等官住该五处城邑,专理商贾事宜,与各该地方官公文往来;令英人按照下条开叙之列,清楚交纳货税、钞饷等费。"[1]

1844 年 7 月,中美签订《望厦条约》,其中规定:"合众国民人在五港口贸易,或久居,或暂住,均准其租赁民房,或租地自行建楼,并设立医馆、

---

[1] 全国人大常委会办公厅研究室编:《中国近代不平等条约汇要》,中国民主法制出版社,1996,第 3 页。

礼拜堂及殡葬之处。"[1]

1844年10月，中法签订《黄埔条约》，第三款规定："凡佛兰西人在五口地方，所有各家产、财货，中国民人均不得欺凌侵犯。"[2] 第二十二款规定："凡佛兰西人按照第二款至五口地方居住，无论人数多寡，听其租赁房屋及行栈贮货，或租地自行建屋、建行。佛兰西人亦一体可以建造礼拜堂、医人院、周急院、学房、坟地各项，地方官会同领事官，酌议定佛兰西人宜居住、宜建造之地。……倘有中国人将佛兰西礼拜堂、坟地触犯毁坏，地方官照例严拘重惩。"[3]

1858年6月，中美签订《天津条约》，第二十九款规定："耶稣基督圣教，又名天主教，原为劝人行善，凡欲人施诸己者亦如是施于人。嗣后所有安分传教习教之人，当一体矜恤保护，不可欺侮凌虐。凡有遵照教规安分传习者，他人毋得骚扰。"[4]

1860年10月，中法签订《北京条约》，第六款规定："应如道光二十六年正月二十五日上谕，即晓示天下黎民，任各处军民人等传习天主教、会合讲道、建堂礼拜，且将滥行查拿者，予以应得处分。又将前谋害奉天主教者之时所充之天主堂、学堂、茔坟、田土、房廊等件应赔还，交法国驻扎京师之钦差大臣，转交该处奉教之人，并任法国传教士在各省租买田地，建造自便。"[5]

从上述内容可以看出，中国与西方国家签订的不平等条约充分保证了传

---

[1] 全国人大常委会办公厅研究室编：《中国近代不平等条约汇要》，中国民主法制出版社，1996，第21页。

[2] 全国人大常委会办公厅研究室编：《中国近代不平等条约汇要》，中国民主法制出版社，1996，第27页。

[3] 全国人大常委会办公厅研究室编：《中国近代不平等条约汇要》，中国民主法制出版社，1996，第31页。

[4] 全国人大常委会办公厅研究室编：《中国近代不平等条约汇要》，中国民主法制出版社，1996，第69—70页。

[5] 全国人大常委会办公厅研究室编：《中国近代不平等条约汇要》，中国民主法制出版社，1996，第100页。

教士在人身安全、财产保护、传教自由、纠纷处理等方面的权利和利益，使基督宗教得以在华快速发展。

中华民国成立后，政府承认历届政府对外签订的一系列不平等条约，这就为基督宗教的发展提供了政治保障，在华基督教和天主教依靠西方列强的支持，继续享有不平等条约赋予的种种特权。

3. 民国立法为基督宗教的发展提供了法律保障

中华民国的建立让历史悠久的中国从封建社会步入了现代社会，尽管还保留了封建残余，但在欧风美雨的影响下社会面貌开始发生巨大变化，社会制度随之更新，其中尤以法治的理念引人注目。具体到宗教领域，民国时期的宪法和法律对宗教信仰自由给予了充分的尊重和保障。

1912年3月11日，孙中山颁布《中华民国临时约法》，这是一部具有资产阶级共和国宪法性质的法律，其中第五条规定："中华民国人民，一律平等，无种族，阶级，宗教之区别。"[1] 第六条（七）规定："人民有信教之自由。"[2] 这是中国历史上第一次以宪法这一国家根本大法的形式确定了宗教平等与信教自由，对于各宗教在中国的发展具有重要意义，这其中也当然包括基督宗教。

1914年5月1日，袁世凯公布施行《中华民国约法》，第四条规定："中华民国人民，无种族、阶级、宗教之区别，法律上均为平等。"[3] 第五条（七）规定："人民于法律范围内，有信教之自由。"[4] 可见，与《中华民国临时约法》一样，《中华民国约法》同样对宗教平等与信教自由给予了最高法律权威的保护，信仰自由已成为社会的共识。

1923年10月10日，宪法会议公布《中华民国宪法》，虽然这一宪法是

---

[1] 戴学正等编：《中外宪法选编》（上册），华夏出版社，1994，第106页。
[2] 戴学正等编：《中外宪法选编》（上册），华夏出版社，1994，第107页。
[3] 戴学正等编：《中外宪法选编》（上册），华夏出版社，1994，第121页。
[4] 戴学正等编：《中外宪法选编》（上册），华夏出版社，1994，第121页。

直系军阀曹锟操纵下的结果，遭到了各政党、团体和各界民主人士的反对，否认其效力，但在宗教政策上却延续了民国以来保护信教自由的一贯做法。此宪法的第五条内容为："中华民国人民于法律上无种族、阶级、宗教之别，均匀平等。"[1] 第十二条内容为："中华民国人民，有尊崇孔子及信仰宗教之自由，非依法律，不受限制。"[2]

1931年6月1日，南京国民政府根据国民会议的决定，公布了《中华民国训政时期约法》，再次确认了民众的宗教信仰自由权利，比如第六条规定："中华民国国民，无男女、种族、宗教、阶级之区别，在法律上一律平等。"[3] 又比如第十一条规定："人民有信仰宗教之自由。"[4]

1947年1月1日，国民政府公布《中华民国宪法》，这一宪法由于违背了政治协商会议的决议和精神也遭到了各界民主人士的反对，但它也毫无疑义地宣称以法律的形式保护人们的宗教信仰权利。第七条说："中华民国人民，不分男女、宗教、种族、阶级、党派，在法律上一律平等。"[5] 第十三条明确地说："人民有信仰宗教之自由。"[6]

二 近现代基督宗教在中国的发展与活动

基督宗教由于鸦片战争和随后签订的一系列不平等条约而开启了在中国传播和发展的新阶段。凭借各种特权，基督宗教排除了鸦片战争前传教受到的限制，获得了难得的历史机遇，各派传教士纷纷来华建堂传教，由此出现

---

1 戴学正等编：《中外宪法选编》（上册），华夏出版社，1994，第128页。
2 戴学正等编：《中外宪法选编》（上册），华夏出版社，1994，第129页。
3 戴学正等编：《中外宪法选编》（上册），华夏出版社，1994，第143页。
4 戴学正等编：《中外宪法选编》（上册），华夏出版社，1994，第143页。
5 戴学正等编：《中外宪法选编》（上册），华夏出版社，1994，第182页。
6 戴学正等编：《中外宪法选编》（上册），华夏出版社，1994，第183页。

了"'天主教在华传教活动的复兴'与'新教在华传教活动的拓展'"[1]。

1. 传教士、信徒、教会组织数量急剧增加

天主教方面，据相关学者的资料统计，1800年，全国只有2名主教，4位西方传教士，16位中国传教士。1842年，耶稣会传教士重返中国，当时在北京传教的也只有两到三人，即使在教务最发达的江南地区也不过11位司铎。但1842年《南京条约》之后，天主教各修会来华传教士人数急速上升。1903—1904年间，全国传教士人数为1110人。1919—1920年间，全国传教士人数为2380人。1928—1929年间，全国传教士人数达到3614人。到1936年，全国传教士人数增至4552人。天主教信徒的数量也随着传教士数量的增加而增加。1800年，全国天主教徒约20万人；1850年，信徒人数约为32万人；1900年，信徒人数达到741562人；1907年，信徒人数达到1038000人；1921年，信徒数量约为2056330人；到1937年，信徒规模为20911475人。天主教修会的数量也逐年增长，1936年，修会数量达到26个，包括耶稣会、圣多明我会、圣方济各会、圣奥斯定会、巴黎外方传教会等。[2]

基督教方面，据统计，鸦片战争前，在华基督教传道差会不到10个，在华传教士仅为20人左右。鸦片战争后，基督教传道差会迅速增至130多个，来华传教士人数1845年增加到31人，1848年人数为66人，1855年人数为75人，1858年人数为81人，1860年人数为100人，1864年人数为198人，1876年人数为473人，1889年人数达到1296人。到19世纪末，来华基督教传教士人数达到1500人。中国基督教徒的数量也是快速上升，1876年为13035人，1889年为37287人，1898年为80682人，至1906年，基督教徒数量更是达到了178251人。从基督教差会来看，鸦片战争前，来自英国的有伦敦会、行教会，来自美国的有美部会、圣公会、浸礼会、长老会，来自荷兰

---

[1] 楼宇烈、张志刚主编：《中外宗教交流史》，湖南教育出版社，1998，第391页。
[2] 参见徐宗泽《中国天主教传教史概论》，上海书店出版社，2010，第171页。

的有传教会。鸦片战争后，这种局面发生了巨大的变化，基督教各传教差会纷纷来华，传教士的来源地从以英美两国为主扩展至欧美多个国家，例如新增加了德国崇真会、法国巴黎基督教传道会、加拿大长老会、挪威路德会、丹麦路德会等几十个传教差会。[1]

2. 活动范围进一步扩大

天主教的基本组织形式是教区。天主教最早于1658年在华设立了南京宗座代牧区作为传教区。1690年，罗马教皇与葡萄牙政府商定设立澳门、南京、北京三大主教区。鸦片战争后，天主教在华传播活动日益活跃，罗马教皇又增设了陕西、山西、山东、湖广、江西、云南、香港和高丽七个代牧主教区[2]。1879年，教皇利奥十三又把中国分成五大传教区域，其中，第一区域涵盖直隶、辽东、蒙古，第二区域涵盖山东、陕西、河南、甘肃，第三区域涵盖湖南、湖北、浙江、江西、江南，第四区域涵盖四川、云南、贵州、西藏，第五区域涵盖广东、广西、香港、福建等地[3]。1924年，上海公会议召开，全国主教确定了17大传教区域，分别是（1）蒙古，（2）东北三省，（3）河北，（4）山东，（5）山西，（6）陕西，（7）甘肃，（8）江苏和安徽，（9）河南，（10）四川，（11）湖北，（12）湖南，（13）江西，（14）浙江，（15）福建，（16）广东，（17）贵州、广西和云南。1927年，江苏和安徽传教区分为两个区域，贵州、广西和云南传教区分为三个区域，全国教区达到20个。到1936年，据统计，全国设有1个本主教区、85个代牧区、36个监牧区、7个自主区，共计127个教区[4]。可见，天主教的活动区域覆盖

---

[1] 以上资料参考了卓新平主编《中国基督教基础知识》，宗教文化出版社，2005，第77—78页。

[2] 《圣教杂志》第18年第7期。转引自楼宇烈、张志刚主编《中外宗教交流史》，湖南教育出版社，1998，第391页。

[3] 《圣教杂志》第13年第7期。转引自楼宇烈、张志刚主编《中外宗教交流史》，湖南教育出版社，1998，第392页。

[4] 《中华全国教务统计·1937》。转引自楼宇烈、张志刚主编《中外宗教交流史》，湖南教育出版社，1998，第392页。

了中国绝大多数区域。

基督教传教差会也于鸦片战争后扩展了在中国的活动范围，由原来的澳门、广州扩大至沿海的其他城市和内陆地区。英国伦敦会传教士1843年在香港开会，决定结束在马六甲开展的"恒河外方传道计划"，转入对中国本土进行传教。1843年，麦都思定居上海，成立伦敦会"江浙传道区"。伦敦会随后又开辟了华南、上海、福建、华北、华中等传教区。伦敦会还派遣慕维廉、韦廉臣、艾约瑟等传教士深入上海、宁波、烟台、天津、北京、武汉、重庆等地进行传教，扩大了伦敦会在华的影响。英国浸礼会派出的传教士也到达了宁波、山东、山西、陕西等地。隶属该会的著名传教士李提摩太曾在山东赈灾传教，后又到上海、南京、天津传教。1854年，英国基督教中国布道会传教士戴德生来华传教，后来他脱离了中国布道会作为自由传道人在浙江、苏州、扬州等地活动，1865年，戴德生创立了内地会，采取深入基层、深入内地的传教策略。这种策略加快了传教速度，内地会的传教士足迹到达了湖南、广西、贵州、浙江、江苏、江西、安徽、湖北、山西、山东、四川、甘肃、陕西、云南、河南、西藏、新疆等中国大部分疆域，内地会也随之快速发展，成为基督教在华的最大差会。[1]

3. 活动方式进一步系统化

鸦片战争以前，基督教传教差会的传教活动呈现出零散的状态，传教士奔波于中国沿海和南洋、马六甲地区，未能形成规模。鸦片战争后，基督教各宗派的传教差会涌入中国进行传教，为了总结交流传教经验、协调各基督教传教差会在华的传教活动，在华的基督教传教士从19世纪下半叶至20世纪初的约30年的时间内在上海召开了三次全国基督教传教大会，协商如何在全国范围内展开传教、传教区域如何划分、传教活动的重点等问题，改零星

---

[1] 以上资料参考了卓新平主编《中国基督教基础知识》，宗教文化出版社，2005，第79—81页。

的传教活动为颇具规模和系统化的宣道计划。

4. 广泛兴办各种社会公共事业

近现代基督宗教在华的发展除了表现在人员规模、地域范围、活动方式外，还表现在广泛兴办教育、医疗、慈善和出版等社会公共事业上。传教士们意识到，相对于中国文化，基督宗教是外来文化，两个思想文化传统之间存在巨大的差异，直接在华进行传教不可避免地会出现矛盾乃至冲突。于是，为了消除两者之间的文化隔阂，在中国营造基督宗教乐善好施的文明形象，取得中国人的好感，传教士将社会公共事业作为传教的重要手段，以此为传播福音开辟道路。

"开办教会教育是西方教会在中国进行的最主要的非基督教活动，也是最重要的文化传播活动，在中国社会产生的反响也最深远。"[1] 无论是天主教会还是基督教会并不讳言它们在中国搞教会教育的目的，如美国长老会传教士狄考文在其《基督教差会与教育的关系》中所说，"开办教会学校的目的，我认为给予土著在智力的、道德的和宗教的教育中，不仅要使他们皈依基督教，而是要在他们皈依基督教之后，能成为上帝手中得力的代理人，以捍卫真理的事业。这些学校传授西方的科学和文明，必不可少地要在物质上和社会上产生巨大的善果"[2]。

1817年，马礼逊和米怜等人在马六甲创办英华书院，这是基督教为对华传教而最早设立的教会学校。1839年，传教士在澳门创设马礼逊学堂，成为传教士在中国本土创办的第一所西式学校，学制为三到四年，开设汉语、英语、算术、几何、物理、化学、历史、地理、生理卫生、音乐等课程。1843年，英华书院从马六甲迁到香港，成为当时香港知名的基督教学校。1844年，英国基督教"东方女子教育会"在宁波开设女子学塾，这是中国第一所

---

[1] 楼宇烈、张志刚主编：《中外宗教交流史》，湖南教育出版社，1998，第430页。
[2] 顾长声：《从马礼逊到司徒雷登——来华新教传教士评传》，上海人民出版社，1985，第284页。

女子学校。1845年,美国基督教传教士在宁波创办崇信义塾,为美国基督教在中国设立的首所教会学校。1850年,英国圣公会设立的英华学塾和美国北长老会设立的清心书院在上海开办。1853年,美国公理会在福州创办格致书院和文山女塾。1858年,基督教归正会在厦门创办真道学校。到1860年,在华教会学校的总数已达50所,学生1000余人,其中多数学校为基督教所办。至1875年,全国教会学校数量增至800所,学生接近2万。到19世纪末,教会学校数量达到2000所,学生超过4万。教会学校不但有中学,还出现了大学,以后发展成为旧中国著名的高等学府,如上海的约翰书院,即是后来的上海圣约翰大学;林乐知创办的中西书院,即是后来的东吴大学;广州的格致书院,即是后来的岭南大学。[1]

20世纪初,教会学校发展最为迅速。到1914年,全国教会学校达到12000多所,学生近25万人,当时的官办学校有57267所,学生约163万人。到1918年,教会学校的学生总数增加到35万人,当时公立学校的学生为430万人,由此可见,教会学校在当时的教育中占有相当的比例。教会大学教育趋于完善,相继成立了一些名牌大学,如上海的震旦大学及沪江大学、成都的华西大学、南京的金陵大学、北京的燕京大学等,共计14所,大多为基督教教会所办,而当时的国立大学只有三所,即北京大学、山西大学和北洋大学。[2]

基督宗教在华的医疗卫生事业被称为"福音的婢女",旨在促进传教事业的成功。事实也是如此,对于当时贫穷落后的中国来说,给百姓赠医派药,无疑帮助基督宗教树立起了良好的社会形象,得到了百姓的认可。

1834年,来自美国的第一个传教士医生伯驾在华开办眼科医局,一开始未敢贸然进行传教,直到鸦片战争结束才公开了自己的身份。此后,基督宗

---

[1] 本段资料参考了楼宇烈、张志刚主编《中外宗教交流史》,湖南教育出版社,1998,第431页。
[2] 本段资料参考了楼宇烈、张志刚主编《中外宗教交流史》,湖南教育出版社,1998,第431页。

教传教士陆续来华开办教会医院。英国伦敦会1844年在上海创办仁济医院，1878年在汉口创办仁济医院，1881年在天津创办马大夫医院，1885年在武昌创办仁济医院。此后，英国行教会开设了杭州广济医院、福州柴井医院和北海医院，苏格兰福音会创办了宜昌普济医院，圣公会创办了福建南台岛塔亭医院，加拿大联合会创办了成都男医院，长老会创办了汕头福音医院，循道会创办了汉口普爱医院。美国基督教差会也于19世纪在中国开办了多所教会医院，如长老会开办了广州博济医院、夏葛妇孺医院和柔济医院，大美浸礼会开办了汕头盖世医院，公理会开办了通州医院，北长老会开办了保定戴德生纪念医院，圣公会开办了上海同仁医院，浸礼会开办了上海西门妇孺医院，监理会开办了苏州博习医院，基督会开办了南京鼓楼医院，美以美会开办了九江生命活水医院等。

20世纪教会医院取得了更大的发展。据统计，到1936年，基督教在华的34个传教差会已创办了260多所教会医院，其中中华基督教会创办了67所，圣公会创办了29所，美以美会创办了25所，浸礼会创办了20所，循道公会创办了16所，内地会创办了13所，长老会创办了11所，中华圣公会创办了7所，公理会和信义会各创办了7所，安息日会和行道会各创办了5所，伦敦会创办了4所，监理会创办了4所，友爱会创办了3所[1]，其他的差会如基督会、遵道会、贵格会、崇真会、公谊会、美道会、美以美会女布道会、清洁会、通圣会、礼贤会、来复会、路得会、伯特利会、德华盟会、安息浸礼会、南北长老会、加拿大联合会等均开设了教会医院。

慈善事业是西方教会在中国传播基督宗教的一个有效手段。美国传教士司弼尔曾指出："我们的慈善事业，应该以直接达到传播基督福音和开设教堂为目的。……因此，作为一种传教手段，慈善事业应以能被利用引人入教的

---

[1] 参见卓新平主编《中国基督教基础知识》，宗教文化出版社，2005，第97页。

影响和可能为前提。要举办些小型的慈善事业，以获得较大的传教效果，这要远比举办许多的慈善事业而只能收获微小的传教效果为佳。"[1]

慈善事业包括开设孤儿院、育婴堂、聋哑学校、盲童学校等，这些福利事业都可以得到中国人的好感，吸引人们入教。天主教会热衷于此种慈善事业，开展得较早。至19世纪中期，天主教会所办的慈幼机构已经遍布各地，其中最著名的要数上海圣母院育婴堂，它是1855年由耶稣会传教士创办的，到1935年时累计收养婴幼儿多达17000余名。基督教设立的慈幼机构相对较少，规模也小，其中属于英国基督教教会的占多数。

社会救济也是慈善事业的重要组成部分。19世纪70年代，西方传教士就在中国开始了有计划的救济工作。当时，华北地区发生了特大旱情，天主教各修会以及基督教各差会都派遣传教士到灾区调查受灾情况。1878年，以传教士为主体，联合在华的外交官和外国商人共同组成了第一个救济机构——"中国赈灾基金委员会"，机构总部设在上海，专门从事募捐、发放赈灾物资及食品等。传教士利用救灾的机会进行传教，英国传教士李提摩太就手持"祈求真神"的牌子到华北灾区到处活动，他认为救济工作是最理想的传教方式，就像《圣经》里耶稣的"五饼二鱼"一样有效。中国的社会救济事业从此发展起来，这对受灾的人们和整个社会都是有益的。20世纪以后，每逢中国发生大的自然灾害，外国的捐助都是通过教会或传教士发放给灾民的。1921年，正式成立了国际性的救济团体——"中国华洋义赈救灾总会"，这个组织的主要骨干是各地的传教士，负责筹集和分发救济物资，其中美国的传教士居多数。教会的社会救济工作为教会争取了许多信徒，也提高了教会在中国社会中的声望。

文字出版业的进步使《圣经》迅速传播到世界各地。西方传教士从入华

---

[1] 《美国与加拿大基督教差会会议记录，1899年》，第47页。转引自顾长声《传教士与近代中国》，上海人民出版社，1981，第275页。

开始就利用这一手段进行传教，而且随着时代的发展，出版事业日益发达，更有利于基督宗教在华的发展。

早在16世纪，天主教传教士来华时就主动向中国的文人士夫译介西方近代科技类书籍，进而将天主教教义和《圣经》编印成册进行传播。传教士中的代表人物利玛窦、汤若望、南怀仁等都有大量的著作，这是天主教在中国开展的早期文字出版事业。到19世纪，天主教大力兴办出版事业，除了编译科学类、宗教类书籍，还办报纸、出刊物，出版西方的通俗读物。

基督教也是利用出版事业开启早期传教活动的。1815年，马礼逊和米怜组织中国教徒梁发等人在马六甲创办了中文月刊《察世俗每月统记传》，这是中国近代史上第一份中文月刊，该刊物的内容包括基督教教义及其道德理念，也包括当时各国的概况和有关的科学知识。传教士麦都思1817年在马六甲出版英文季刊《印支搜闻》，1823年在巴达维亚创办第二份中文月刊《特选撮要每月统记传》，1828年在马六甲英华书院与他人合作创办中文月刊《天下新闻》。这些刊物的发行为此后的基督教出版事业打下了基础。1832年，马礼逊倡议、裨治文主编的英文月刊《中国丛报》在广州创刊，这是基督教传教士在华创办的中国近代史上第一份期刊，详细记录了鸦片战争前后20年间中国社会政治、经济和文化等各方面的情况。1833年，马礼逊倡议、郭实腊主编的中文月刊《东西洋考每月统记传》在广州创办，这是中国近代史上在中国本土出版的第一份中文期刊。

鸦片战争后，基督教传教士在华出版事业迅速发展。1844年，基督教传教士在澳门创建了其在中国的第一个正式出版机构英华书馆。19世纪40年代到90年代，基督宗教在华创办的报纸刊物达到170种，占当时中国报刊总数的95%[1]，较著名的有《中外新报》《中外杂志》《教务杂志》《万国公报》

---

1 参见卓新平主编《中国基督教基础知识》，宗教文化出版社，2005，第100页。

《格致汇编》《基督教新报》《教会月报》等。20世纪初，基督教又在华创办了多种报纸刊物，其中较知名的有《真光月刊》《大同报》《圣公会报》《兴华报》《神学志》《天风》等。这些报刊在当时的中国社会具有重要影响，直接驱动了中国新闻出版事业的发展。

第二节 佛教对基督宗教入世经验的借鉴

中国佛教在近代从衰微逐渐开始振兴，恢复生机和活力，原因是多方面的。这其中有中国佛教自身谋求生存和发展的现实需要，有中国近代社会发生的转型对佛教的影响，有中国传统文化内在的重视现实社会人生的文化基因，也有日本佛教的发展道路对中国佛教的启示。另外一个很重要的原因便是当时在中国快速发展、赢得广泛瞩目的基督宗教的影响。基督宗教的传播和发展经验是中国近现代佛教学习的重要资源。

一 近代以来中国佛教的衰落与反思

"由于近代中国社会的风云变幻和民族的多灾多难，传统佛教在近代明显地衰落了。"[1] 近代中国佛教的发展可谓困难重重，一方面是外部因素的影响和干扰，另一方面是佛教自身的腐化和落后。西方资本主义文明的进入对佛教造成了巨大冲击，晚清政府对佛教采取的严厉限制措施使佛教失去了政治的庇护，晚清民国发起的一系列"庙产兴学"运动不断侵蚀着佛教赖以生存的经济基础，太平天国运动更是给予佛教以沉重打击。佛教在日益走进民间的同时与封建迷信同流，一些僧尼专事经忏佛事，导致佛教教理不彰，戒律

---

[1] 洪修平：《中国佛教文化历程》（增订版），江苏教育出版社，2005，第274页。

废弛,饱受诟病。

近代中国佛教的领袖太虚法师就明确地指出了当时佛教的没落:"高者隐山静修,卑者赖佛求活,惟以安受坐享为应分,此我国僧尼数百年来之弊习,而致佛化不扬为世垢病之大原因也!予有慨乎是,宣化萌俗;近岁人心丕变,皈向渐多。然细按察之,新起之在家佛教徒众,仍不脱僧尼之弊习,且有倾向日甚之势!此由未知学佛之正行——八正道,故不为凡夫之溺尘,即为外道之逃世也。今所应确知以实行者,凡学佛之人,无论在家出家,皆不得以安受坐享为应分,务必随位随力,日作其资生利人事业,不得荒废偷惰,以报诸佛众人之恩德,庶其涤除积垢而振发新光耳。"[1] 太虚法师在这里批评了当时佛教内部僧尼的两种陋习,即"溺尘的凡夫"和"逃世的外道",这两种行为都与大乘菩萨利益众生的精神是相违背的。在对汉传、藏传和南传不同地区的佛教进行比较时,他指出了汉地佛教的缺陷:"汉地在戒律的仪式上,除了传戒时昙花一现外,便不可多见,而锡兰依然照律制实行,所以印度第一期佛教在中国汉地亦觉不全。"[2] 他呼吁:"中国的佛教实已到了溃灭或兴建的关头,设使不能适应中国现代之需要,而为契理契机的重新建设,则必趋衰亡之路!"[3]

居士学者欧阳竟无在《辨方便与僧制》一文中也指出了佛教颓废的现象,他说:"中国内地,僧尼约略总在百万之数,其能知大法、办悲智、堪主持、称比丘不愧者,诚寡若晨星。其大多数皆游手好闲,晨夕坐食,诚国家一大蠹虫,但有无穷之害,而无一毫之利者。此如不整理、不严拣,诚为革命时之一大遗憾。"[4]

佛学研究专家吕澂也明确指出了僧团存在的严重问题,他分析道:"现代

---

[1] 太虚:《太虚大师全书》第19卷,宗教文化出版社,2005,第218页。
[2] 太虚:《太虚大师全书》第1卷,宗教文化出版社,2005,第394页。
[3] 太虚:《太虚大师全书》第18卷,宗教文化出版社,2005,第192页。
[4] 欧阳竟无:《辨方便与僧制》,《欧阳竟无内外学》,商务印书馆,2015,第442页。

中国内地大部僧团的戒律废弛，毫无生气，这是和律学之不明密切相关的。因为从清代以来，很少有人切实请求律学，戒律几全等于具文，它的组织集体、指导行为的真精神，早就黯然不彰，本来依据戒律构成的僧团自然也徒存形式，终至于萎靡不振了。"[1]

二　佛教代表人物的基督宗教观及其入世实践

基督宗教的迅速传播引起了佛教人士的高度关注，许多有识之士在反思佛教衰落的同时，也对基督宗教的发展及其入世活动进行了观察和思考，并借鉴基督宗教的入世经验来推动佛教自身的入世转型。这里以杨文会、虚云、圆瑛和太虚来略作探讨分析。

1. 杨文会居士

杨文会居士被称为"中国佛教复兴之父"，是中国近代居士佛教的启蒙者。他对近代佛教的贡献除了佛学研究，当数他的刻经事业。在他一生所从事的佛教活动中，用力最多的就是编刻佛经。1866年，他与同道者一起创办了金陵刻经处，极大地促进了佛教典籍的流通和佛教文化的复兴。他曾两次出使欧洲，考察英法等国的政治、文化和工业情况。1907年，他在刻经处设立佛教学堂，名为"祇洹精舍"，自编教材，招收学生，讲习佛典，为振兴中国佛教培养佛学人才。1910年，他还组织了佛学研究会，定期讲经说法。这些成就的取得在很大程度上是他积极地向基督宗教学习的结果。

晚清时期，西方传教士对没落中的中国佛教进行抨击，杨文会对外来的基督宗教没有采取封闭、排斥的态度，相反，他自觉地吸收借鉴基督宗教在传播和发展过程中的积极因素。他在《支那佛教振兴策一》中指出，中国有

---

[1] 黄夏年主编：《吕澂集》，中国社会科学出版社，1995，第123页。

儒、释、道三教，就像西方国家有天主教、基督教、伊斯兰教等宗教一样。东西方各国，虽然都在变法维新，但宗教事务仍旧不改，并且还要使已有的宗教得到发展，目的是"务使人人皆知教道之宜尊，以期造乎至善之地"[1]，宗教伦理对于社会建设具有重要意义，其他国家都注意到了这一点，我们国家也不能例外。他主张要振兴国家，必须要振兴佛教。

当时，社会上正在兴起"庙产兴学"的风潮，杨文会倡议，与其等着佛教寺院被动地充当办学的资产，不如佛教界主动办学，在这方面，基督宗教有可以学习的地方。他分析说："今日者，百事更新矣。议之者，每欲取寺院之产业以充学堂经费。于通国民情，恐亦有所未惬也。不如因彼教之资，以兴彼教之学，而兼习新法，如耶稣天主教之设学课徒。日本佛寺，亦扩充布教之法，开设东文普通学堂，处处诱进生徒，近日创设东亚佛教会，联络中国、朝鲜，以兴隆佛法，犹之西人推广教务之意也。……为今之计，莫若请政务处立一新章，令通国僧道之有财产者，以其半开设学堂。分教内教外二班，外班以普通学为主，兼读佛书半时，讲念经教义半时，如西人堂内兼习耶稣教之例。内班以学佛为本，兼习普通学，如印度古诗学五明之例。如是则佛教渐兴，新学日盛，世出世法，相辅而行。僧道无虚糜之产，国家得补助之益。"[2] 可以清楚地看出，杨文会的新式教育设想是以基督宗教为参照并结合中国的国情而展开的，而且这种改革方案的好处不仅是有利于佛教的延续发展，也有利于国家社会的建设，这也是近代以来中国传统佛教开始转向入世的一个重要起点。

后来，杨文会创办了祇洹精舍，这是中国近代新式佛教教育的开端。他的学生欧阳竟无和太虚法师等创办的支那内学院和武昌佛学院也都是奠基于祇洹精舍的模式，也就是说，继承了祇洹精舍办学传统的支那内学院和武昌

---

1 杨文会：《杨仁山卷》，武汉大学出版社，2008，第236页。
2 杨文会：《杨仁山卷》，武汉大学出版社，2008，第236页。

佛学院两大佛教教育机构在一定程度上也是学习和借鉴基督宗教的产物。

杨文会作为近代中国佛教复兴的先驱，极具世界眼光，出游欧洲的经历和中国基督宗教的发展使他认识到宗教传播的重要性。他在《支那佛教振兴策二》中讲道："泰西各国振兴之法，约有两端：一曰通商，二曰传教。通商以损益有无，传教以联合声气。我国推行商业者，渐有其人，而流传宗教者，独付缺如。设有人焉，欲以宗教传于各国，当以何为先？统地球大势论之，能通行而无悖者，莫如佛教。……今欲重兴释迦真实教义，当从印度入手，然后遍及全球。庶几支那声名文物，为各国所器重，不至贬为野蛮之国矣。然开办之始，非筹款不为功。倘者贤士夫慨然资助，收效于数年之后，不但与西洋各教并驾齐驱，且将超越常途，为全球第一等宗教，厥功岂不伟欤？"[1] 杨文会在此提出了一个重要思想，就是中国佛教的入世转型不应局限于本国，还要走向世界，深入到各个国家地区，这也是近代以来文明全球化的写照。

2. 虚云法师

虚云是中国近代禅宗的代表人物，他一身兼祧禅宗五家法脉——他于鼓山接传曹洞宗，兼嗣临济宗，中兴云门宗，扶持法眼宗，延续沩仰宗，解行相应，宗说兼通，定慧圆融。参禅之余，还著书立说。在他身上，不仅能够看到古代禅师严谨持戒、超凡脱俗、精进苦行的护教精神，也能看到近代高僧的革新精神。

1943年，虚云在《答蒋公问法书》一文中分析了佛教与基督宗教的关系。他以佛教净土宗为例，认为净土宗与基督宗教有很多相似之处。他说："《阿弥陀经》说西方极乐世界，耶氏亦说天国极乐。净土往生分九品，耶教李林《天神谱》亦言天神分九品。《阿弥陀经》说不可以少善根福德因缘得

---

[1] 杨文会：《杨仁山卷》，武汉大学出版社，2008，第237页。

生彼国，耶氏亦言你不在人间立功，上帝不许你到天国。净宗二六时念佛名号，求佛接引，耶氏亦以早晚祈祷上帝哀佑。至佛门有灌顶之法，耶氏亦有洗礼之仪——观此耶氏教义，与净土宗趣，大致相同。"[1] 除此之外，虚云还认为佛教与基督宗教在入世救世方面也有很多类似之处，"佛教主张慈悲，基督教鼓励博爱，佛教推崇'舍'，基督教着重'施'，佛教说善恶各有果报，基督教亦主张为善最乐为恶痛苦，佛教相信消除恶业忏悔才可往生净土，也说必须有善业才得往生。……佛教与基督教，有许多相近之处，两者都是救世济度苦厄的伟大宗教！都是这世界最需要的！"[2] 正是以这种开放的胸襟看待佛教与基督宗教的关系，虚云才能虚心学习基督宗教服务社会大众的种种方式。

在基督宗教快速发展的形势下，虚云为了挽救处于生死存亡关头的佛教，他效仿基督宗教的做法，积极投身佛教的社会活动之中。辛亥革命后，他从云南鸡足山远赴上海，与太虚、仁山、谛闲等协商成立佛教总会来维护佛教的权益。并到南京谒见孙中山，商讨修订佛教会章程。又与敬安同到北京谒见袁世凯。回到云南后，虚云创立了云南佛教分会，又邀请了了尘在贵州成立分会，还拟办佛教学校、布道团、医院，开展慈善救济事业。1929年，虚云在鼓山涌泉寺创办戒律学院，整理经卷文物，革旧出新，多有成就。常应人邀请讲经说法，主持法会。重兴南华寺期间，正逢日军侵华，为了救济灾民，他倡议全寺僧众减省晚餐积累粮米。1941年，曲江缺粮严重，他又将信徒供养的钱财上交广东政府作为赈灾经费使用。1952年，虚云赴北京、上海主持祝愿世界和平法会，并被推选为中国佛教协会发起人。1953年，中国佛教协会成立，他任名誉会长，并任全国政协委员。他在中国佛教协会成立大会上发言，建议中国佛协要很好地领导全国佛教徒并加强团结和学习，发挥

---

[1] 净慧主编：《虚云和尚全集》第1册，中州古籍出版社，2009，第186页。
[2] 冯冯：《空虚的云》，台湾天华出版事业股份有限公司，1990，第143页。

爱国主义和国际主义精神，发挥佛教本有的进取精神，紧跟时代和政策，分担各项工作任务。并强调破除迷信，恪守戒律，阐发汉、藏、南传佛教义理，在现有的经济基础上，自力更生，促进佛教在新时期的发展，这充分表现了虚云爱国爱教、拥护新社会的态度。

有学者对虚云的入世实践给予了高度评价，说他"一生以慈悲救世，度众不倦的大无畏精神，利乐有情，福利社会，其中有以诚言而平弭边境战事，抗战中率众节衣食以赈济难民；新中国成立后，屡屡捐款献物支援国家建设，拳拳之心，有史可鉴"[1]。

3. 圆瑛法师

圆瑛法师是中国近现代佛教史上一位重要的人物，以讲经说法和从事佛教社会活动著名。1914 年后，他曾主持过宁波七塔寺、天童寺、福州雪峰崇圣寺、鼓山涌泉寺、法海寺、林阳寺、南洋槟城极乐寺等名刹，担任过中国佛教总会参议长、会长、中国佛教协会首任会长等职务，也远赴南洋、日本和朝鲜等地进行弘法。在 20 世纪二三十年代，圆瑛被视为佛教界保守派的代表，与代表革新派的太虚在复兴佛教的理念上有所区别。但即使这样一位看似守旧的高僧，在佛教与社会的关系上，依然选择的是入世救世。有学者在总结圆瑛的一生时就曾这样评价道："圆瑛以佛教为本位，反对有人把佛教称为'消极'、'迷信'、'厌世'的看法，力主佛教是积极的，入世救世的学说。只因在当今物欲横流，人心不古的情况下，人们看不懂佛书，佛教宣传不够，贤举之士不出，乃使佛法不显，而不得昌明。所以欲要救世，就要昌明佛法，以大乘佛教菩萨行的实践，匡正人心，积极生活，以佛学为最高原理，为文化中心，提倡办僧教育，加强丛林建设，总之积极参与是佛教的入世特征。"[2]

---

[1] 何明栋：《虚云和尚传》，宗教文化出版社，2000，第 260—261 页。
[2] 黄夏年主编：《圆瑛集》，中国社会科学出版社，1995，第 3 页。

在对待基督宗教的态度上，圆瑛也颇为开明。近现代基督宗教在华的传播活动为圆瑛振兴中国佛教提供了可以参照和借鉴的样板。他利用自己在佛教界的地位和影响，号召当时保守的寺院长老要适应时代和社会的发展，学习基督宗教在社会服务各项公共事业上的宝贵经验。1936年3月16日，他在《佛学半月刊》上发表了《告诸山长老书》一文，其中讲道："因佛教都一向注重小乘，但求自利独善其身，少作大众救世事业，与国家社会不相接近。而天主耶稣各教，流入中国在后，而能得多数人民之信仰者，因积极创办慈善教育各事业，故得政府之拥护，人民之信仰。我佛教徒未有救世事业所以不生信仰。圆瑛有鉴于此，故三十年来大力提倡大乘佛教，有欲实现救世精神。唤醒世界。组织机关，在浙闽两省开办国民小学，创办宁波佛教孤儿院、泉州开元慈儿院、龙山职业学校。国民政府成立，组织中国佛教会，领导全国佛教徒，一致团结。对内整顿教规宣扬教义，对外创办慈善赈济教育公益各事业。现在大好年中宣扬我佛教义，社会信佛之人日见增多。由创办入世事业，社会诟病佛教之人，渐渐减少。惟愿武汉诸山长老，领导各县佛教徒体佛教慈悲宗旨，挽回世道救正人心，实现大乘救世之精神，则幸矣。"[1] 圆瑛的这篇文章可以说是用心良苦。当时中国佛教处于时代的急剧变迁之中，形成了保守和改革两大阵营，以杨文会和太虚为代表的是改革派，以一些封闭的诸山长老代表的是保守派。两者的主要分歧之一就在于是否能够顺应形势，向蓬勃发展的外来基督宗教学习，做救世利人的公益事业。如果一味地排斥基督宗教，漠视时代的进步，不但得不到国家和社会的认同，而且连佛教徒的信仰都会动摇。圆瑛不仅说明了要以开放的心态向基督宗教学习的重要性，还介绍了自己卓有成效的做法，包括兴办教育事业、慈善事业等。当然，他最希望的是诸山长老能与他一样以实际行动来做佛教的入世事业从而

---

[1] 明旸主编：《圆瑛法师年谱》，宗教文化出版社，1996，第128页。

振兴佛教。

圆瑛在其弘法利生的一生中经常讲述大乘佛教的精深义理。他曾在《佛教月报》发表《促进佛教大乘思想》一文，谈到当时社会思潮并起，有倡自由的、言平等的、崇博爱的、主共和的，这些思潮各自宣扬自己，相互激荡，但在圆瑛看来，都可以导归至大乘佛教的理趣。他解释说："大乘菩萨以慈悲为根本，以利生为事业，以六度为行门，以四摄为化导，视众生为一己，举法界以为家。众生未出轮回，菩萨不成正觉。慈者与一切众生之乐，悲者拔一切众生之苦。不分人我，罔间亲冤，而平等自由共和博爱。摄其宗旨，慈悲二字足以蔽之。是知佛教之于社会人心，大有裨益。"[1] 但现实情况是佛教在我国当时并不昌明，他认为有两个原因，一是人们不精研佛教义理，只是随声附和，甚至指责佛教是迷信，二是佛教僧尼多局限于自了自度的小乘，以出世离名为要。所以走出佛教这一困境的路径是："欲促进僧界大乘思想，潜消世人诟病，会性相各宗，融真俗二谛。不离世间广行方便，不存私见饶益众生。……我僧界当此之时，慎勿长抱小乘之思想，不发大乘之宏愿，此余所仰望于我十方同侣者焉。"[2]

圆瑛也曾在《佛教大乘慈悲救世》一文中指出，现今中国佛教会，必须要实行大乘佛教，发扬救世精神。他说："大乘之理，平等广大，佛教众生，依大理，发大心，大心即平等大慈大悲是也。慈能与乐，悲能拔苦。"[3] 大乘佛教的弟子要积极入世，发平等大慈悲心，视大地众生，皆如一子。要以大慈悲心，修大慈悲行，为一切众生，与乐拔苦。更要以慈悲之心，指引众生离苦之法，那就是修习戒定慧三无漏学。他还结合国内外的时局进行解说，当时第二次世界大战酝酿已久，一触即发，如果不提倡大乘佛教的慈悲救世

---

[1] 明旸主编：《圆瑛法师年谱》，宗教文化出版社，1996，第19页。
[2] 明旸主编：《圆瑛法师年谱》，宗教文化出版社，1996，第19页。
[3] 黄夏年主编：《圆瑛集》，中国社会科学出版社，1995，第64页。

之道，那么世界众生则会遭受更深的苦痛。国内八省也发生了水灾，灾民处于煎熬之中，中国佛教界应及时伸出援手给予赈济。

值得注意的是圆瑛还提出了"天职"的观念，这一观念西方宗教改革运动时马丁·路德也提出过，并且成为德国著名社会学家马克斯·韦伯论证基督新教伦理与资本主义精神之间建立起紧密逻辑联系的关键环节和重要概念。"天职"思想促成了新教徒积极地挑战传统主义，激发"资本主义精神"从而彻底改变了世界的面貌。路德是将基督宗教《圣经》翻译成德文的先驱者，在翻译的过程中，他将"天职"这个概念凸显了出来。德语中的"职业"（Beruf）一词，本身就带有宗教的含义，可以理解为"上帝所安排的任务"，路德刻意选择这个词汇来表达《圣经》中的相关文句。同时，德语的Beruf还指"世俗的职业"，两层含义结合在一起，Beruf一词的内涵就变成了：上帝是召唤某个人去从事世俗中的工作，获取一种安定的职业，并且坚守岗位，才会为上帝所喜。韦伯这样解释"天职"观念："个人道德活动所能采取的最高形式，应是对其履行世俗事务的义务进行评价。正是这一点必然使日常的世俗活动具有了宗教意义……，职业思想便引出了所有新教教派的核心教理：上帝应许的唯一生存方式，不是要人们以苦修的禁欲主义超越世俗道德，而是要人完成个人在现世里所处地位赋予他的责任和义务。这是他的天职。"[1] 这样，基督宗教对世俗工作的态度就发生了根本性的转变，由否定变成了肯定。职业不再有贵贱之分，并且任何人都不应逃避他所"蒙召"的义务，唯有尽心尽力从事职业上的劳动，这种人才能荣耀上帝，否则即使身为僧侣，也不表示他可以得到救赎，说不定反而由于他的懈怠而遭到天谴。

圆瑛应福州教导团之邀，发表了题为《国民应尽天职》的讲演。他对

---

[1] 〔德〕马克斯·韦伯：《新教伦理与资本主义精神》，于晓、陈维纲等译，生活·读书·新知三联书店，1987，第59页。

"天职"的定义是:"天职者,天然之职任也。国民生在宇宙之间、国家领土之内,则爱国一事,就是人之天职,无有一人不负这种责任。古云:'国家兴亡,匹夫有责。'必定有爱国心,方才可算得有国民资格;若无爱国心,则失国民资格。"圆瑛认为,佛教信徒同属国民分子,所以应该有爱国的心肠,时时抱有爱民的心念。在时局动荡、民不聊生的时代,佛教僧众若要挽回国运,应当先纠正人心,若要纠正人心,必须用佛教心理革命的学说革除种种罪恶之心,恢复人们的淳善之心。所以圆瑛奔走各地,宣扬佛教的大慈悲、大无畏、大无我精神,使人人感觉可以促进和平的实现。这便是"圆瑛站在僧界地位,欲尽卫教爱国之天职"[1]。

4. 太虚法师

太虚法师是中国近代佛门高僧,他一生致力于佛教改革和佛教文化的复兴,力主佛教教理、教制、教产"三大革命",提倡新式教育,培养佛教人才,并且精研佛教义理,写下了大量佛学论著。尤其是他倡导发起的"人间佛教"革新运动成为中国近现代佛教发展的主流方向,对海峡两岸暨香港、澳门佛教的发展产生了深远影响,奠定了近代以来中国佛教发展的入世倾向。这些成就的取得都与太虚秉持对基督宗教的开放心态密切相关,他的诸多改革也都体现出了深受基督宗教的影响。

佛教僧伽制度改革是太虚颇为关心和用力的领域。1924年春,太虚在《志行自述》一文中比照仲尼志在《春秋》,行在《孝经》的做法,表明了自己的志行,那就是"志在整兴佛教僧(主持僧)会(正信会),行在《瑜伽菩萨戒本》"[2]。太虚所说的"整兴佛教僧会"主要是整理僧寺和寺僧,最早反映这一思想的是1915年冬他在普陀山所作的《整理僧伽制度论》。这篇文章内容非常丰富,是针对当时中国佛教落后的现状有针对性地提出的完整解

---

[1] 以上引文见《圆瑛大师文汇》,华夏出版社,2012,第192页。
[2] 太虚:《太虚大师全书》第18卷,宗教文化出版社,2005,第163页。

决方案，包括教所、教团、教籍、教产、教规等一系列的构想。在《僧依品第一》中，他提到了佛教向基督宗教学习的可能性和必要性，他说："今若景教，论道真固琐不足称，然亦有律仪、尚慈济，设彼不来迫害佛教，宗佛者必与相提携而不为妨娆也。"[1] 他认为，基督宗教的义理没有佛教高明，但是基督宗教的戒律仪轨值得佛教学习，基督宗教热心慈善、赈济的做法值得佛教效仿。他还就佛教的主持僧与居士众之区分与基督宗教的"内侣外侣"之区分进行比较分析，认为两者在四个方面有明显的差异：第一，基督宗教文化已在西方根深蒂固，深入人心，近代以来人们的智慧和道德在进步，基督宗教的"内侣外侣"之区分已名存实亡。中国佛教处境则不同，佛教传入中国前，中国已有深厚的儒家和道家文化，佛教需要品行高洁、艰苦卓绝的优秀僧人主持佛法，如果学佛者远离世间，不问世事，那么就没有人来主持佛教了。第二，基督宗教的内侣需要学习异说来维护自己的教义，攻破别人对自己的责难，外侣则只能读本宗教的经典。佛教的情形正好相反，主持僧初学佛法时，禁止读世俗的书籍，需要专心一虑，研修经论，修习禅定。居士众除学习佛教三藏外，还可以广泛地学习异宗、异教等的一切学问。第三，基督宗教是人天教，教徒之行，本不离俗，所以不必远离世俗。而佛教徒应当恪守远离俗染的别解脱戒律，外息诸缘，内心无喘，泯绝意志，才能相应。非舍俗为僧，不足以证法身、延慧命，所以僧俗之间存在明显的界限。第四，基督宗教是一神教，只教人皈依全能的上帝，没有其他的深义，人们较容易理解，所以不必有"内侣外侣"的区分。佛教则不同，三藏浩瀚，义理无边，极高明，尽精微，深远不可测量，必须专心研究才有可能通达，非舍俗在僧不能成办。太虚虽然在这里辨析的是佛教与基督宗教的区别，但正好说明了他整理中国佛教僧伽时参考了基督宗教的模式，只是由于中西方历史和

---

[1] 太虚：《太虚大师全书》第18卷，宗教文化出版社，2005，第13页。

文化的不同而不能照搬基督宗教的做法。太虚的《整理僧伽制度论》虽然未能完全变成现实，但在民国初期的佛教革新运动乃至整个民国时期佛教的复兴进程中都起着模范的引领作用，许多寺院的改革都对其有所借鉴。

太虚特别注重僧教育的重要性，他在《整理僧伽制度论》《我新近理想中之佛学院完全组织》《议佛教办学法》《僧教育之目的与程序》《佛教应办之教育与僧教育》《中国的僧教育应怎样》《现代需要的僧教育》《世界佛学院建设计划》《禅观林大纲》《佛教教育系统各级课程表》等多篇文章都对这个问题有专门的讨论。后来，他创办和主持了武昌佛学院、汉藏教理院、闽南佛学院等中国近代著名的僧教育机构。1935 年 12 月太虚在广州作《建设现代中国佛教谈》，谈到他兴办僧教育是学习了基督宗教的做法，他说："余在民初已着眼于僧制之整顿，而在民四曾有顿理僧伽制度论之作，民六、民十四至日本考察各佛教大学，及民十七、十八至欧美各国考察各宗教学院或各大学神学科之后，尤深知'僧教育'在国家教育制度中之位置，制有国民教育基础上之僧教育表，并另为失教僧尼附设补习之校。"[1] 这清楚地表明太虚僧教育的改革实践是参考借鉴了日本佛教及欧美基督宗教成熟的办学经验，而日本近代的佛教改革也是在很大程度上受了基督宗教影响的。

1929 年 5 月，太虚法师在世界佛教居士林讲述了自己环游世界的动机与感想，他回忆说："美国则著名大学哥伦比亚、耶路、芝加哥、加里、福尼等，皆曾讲演，而美国在纽约、哈福、卜技利由各宗教学院，亦因请讲而得参观考察之机会。关于宗教研究之专门学院，不能不推美国为最善。法国天主教之大主教及英国为历代帝后坟墓所在之皇家教堂主教，皆曾约余相晤，并参观教堂中之一切。其余在法、英、比、德、美诸国，游观天主教、基督教、回教、犹太教等之教堂，不一而足。过耶诞节，则观于柏林之某大教堂；

---

[1] 太虚：《太虚大师全书》第 18 卷，宗教文化出版社，2005，第 227—228 页。

过复活节,则观于旧金山之某天主教堂。他若英国美以美会之纪念会,及各教堂之讲演,亦多往参观;以纽约之福斯登牧师听讲之情形为最盛焉。"[1] 这些考察的见闻都成为太虚改革中国佛教的理论与实践的资源。

1938年6月太虚法师在华西大学讲《中国需耶教与欧美需佛教》,明确地提到:"基督教同佛教,在宗教的立场上,是相同的。就是我二三十年来,所有改进佛教的努力,一部分也是由于基督教传入中国的启发。因为,基督教对于中国近代文化事业,社会公益,信仰精神,都有很大的影响。而中国的佛教,虽历史很久,普及人心,并且有高深的教理;但是在近来,对于国家社会,竟没有何种优长的贡献。因此,觉得有借镜于基督教而改进佛教的必要。更因此推想到现在中国一般社会,亦需要基督教的精神来改进。"[2] 他认为近代欧美社会进步的原因,固然不全部是基督教的作用,科学发明、工业进步也造成了近代欧美文明的成绩,但是基本的原因是欧美人有组织能力,而此种组织能力的养成,又是由于中世纪基督教信仰的普及。在他看来,因为基督教所信仰的对象,是独一无二的,所以最能造就统一的精神,影响思想行动,就成为思想行动的整齐划一。基督教在欧洲,经过长期的普遍的信仰,人们的心理和习惯,都养成了整齐严肃的美德。反观近代中国社会,没有共同的团体精神训练,所以散漫零乱,不能整齐严肃,没有组织条理。所以他提倡:"借镜基督教,改良佛教,振作佛教精神,影响民间,以共同的团体精神生活,培养组织能力,是中国整个民族所需要的。"[3]

另外,1940年太虚法师在汉藏教理院暑期训练班所讲的《我的佛教改进运动略史》中指出,世界佛教运动即是佛法救世运动,就是要以佛教的真理去感化世界人心,感化有思想学问的领袖,改变他们的做人立国之路,这样

---

1 太虚:《太虚大师全书》第26卷,宗教文化出版社,2005,第233页。
2 黄夏年主编:《太虚集》,中国社会科学出版社,1995,第437页。
3 黄夏年主编:《太虚集》,中国社会科学出版社,1995,第439页。

才有可能解除世界纷乱的因素，取得真正的世界和平，中国才可以安宁，佛教才会昌明。这是太虚佛教改革中一贯的宗旨。基于这种考虑，太虚"就准备到欧、美去一趟，一方面实地考察欧美的政治、经济、宗教等状况，一方面向思想界的领袖学者们宣讲佛学"[1]。

倡导菩萨行是太虚佛教改革思想的另一个重要内容。他认为，中国汉地的佛教衰败的原因固然很多，而最大的病源是空谈大乘，不重实行，行为与教理完全脱离关系。所以革新中国佛教，要祛除佛教徒好尚空谈的习惯，使教理融汇到服务社会民众中去。他认为，"菩萨行"就是"要从大乘佛教的理论上，向国家民族、世界人类实际地去体验修学"[2]，而这菩萨行要能够适应今时今地今人的实际需要。具体来说，"今菩萨行的实行者，要养成高尚的道德和品格，精博优良的佛学和科学知识，参加社会各部门的工作（如出家众可参加文化界、教育、慈善界等工作，在家众则政治界、军事界、实业界、金融界、劳动界……都去参加），使国家社会民众都得佛教徒之益。佛教的细胞散布于社会每个阶层，全不和国家社会民众疏远分隔"[3]。太虚提倡的这些积极入世的事业显然也是"借镜基督教"、受到了基督宗教服务社会思想的影响。

与"菩萨行"思想相联系的是，太虚法师也提出了"尽职"的思想。民国时期，天灾人祸，内忧外患，相继而来。抱有爱国热忱的太虚极力呼吁国民各应尽一分责任能力，共想办法来救济个人所托命的国家，提倡"安分尽职为救国基础"[4]。他分析说，国是"有领域、有组织、有秩序的团体，而需要其分子之各尽其能，各安其分。大凡灾难之起源，皆由内患而生。如人身体中之内四大有一不调，仍招外感而致病。现在救国声中，高呼安定人心，

---

[1] 太虚：《太虚大师全书》第31卷，宗教文化出版社，2005，第90页。
[2] 太虚：《太虚大师全书》第19卷，宗教文化出版社，2005，第195页。
[3] 太虚：《太虚大师全书》第19卷，宗教文化出版社，2005，第195页。
[4] 太虚：《太虚大师全书》第25卷，宗教文化出版社，2005，第364页。

安定社会，倘若不各自安分，反扰乱于他，则必荒废其职责，且妨害他人之业务"[1]。他举例说，如果国防军队能严明军纪，恪尽职守，便不会有不抵抗而放弃东北，国难也就无从发生。因此，他倡议："在普遍全国的农、工、商、学、政、法等各尽其职，各安其分，然后国家的组织方能坚固，社会的秩序方能安定；必如此乃可有进行各种救国事业的基础，而尽国民应尽之职。"[2]

作为佛教领袖，太虚同样要求僧尼能够尽职尽责。他在武昌佛学院的一次讲演中对佛弟子们开示：因为个人的身家性命依靠国民的帮助才得以生养存活，所以应该报答他人的恩惠。否则，生存在世，既是他人的累赘，也增加自己的负担，不免要堕落。得明白"学佛之道，即是完成人格之道：第一，须尽职业以报他人（父母、师友以及社会）资吾生命之恩。第二，乃勤志业，以净自心进吾佛性之德。……世间资生事业，皆与佛法不违背故；学佛应自利利他故……"[3]。

由此可以看出，太虚的"尽职"论既包括在家人，也包括出家者。在家人有在家人之家务事业，即"士农工商，各操一赡身养家利国益群之业"；出家者有出家者之家务事业，即所谓"宏法为家务，利生是事业"[4]。

第三节 基督宗教对佛教入世转型的思考

基督宗教入华的传播和发展并非一帆风顺，相反经常遇到挫折。有学者分析说，基督宗教与中国文化、社会产生矛盾的根本原因就在于"来华传教士所普遍怀有的'西方基督教传统中心论'及其强烈的'排他性思维

1　太虚：《太虚大师全书》第25卷，宗教文化出版社，2005，第364页。
2　太虚：《太虚大师全书》第25卷，宗教文化出版社，2005，第365页。
3　太虚：《太虚大师全书》第19卷，宗教文化出版社，2005，第219页。
4　太虚：《太虚大师全书》第19卷，宗教文化出版社，2005，第219页。

倾向'"[1]。这种理念和倾向拉开了基督宗教与中国民众之间的距离，破坏了其自身的宗教形象，也招致了中国社会的冲击。为了继续在中国传播，基督宗教将学习的目光投向了正在入世复兴中的中国佛教，因为中国佛教具备丰富的本土化经验，值得西方传教士和本土基督徒分析研究和消化利用。

一 "教案"和"非基督教运动"对基督宗教的冲击

鸦片战争以后，基督宗教传教士凭借一系列不平等条约赋予的特权入华传教，利用西方列强的政治军事力量为后盾，在中国建堂收徒。有些传教士违反条约约定的范围四处传教，在当地造成纠纷。在处理这些矛盾时，基督教徒的仗势欺人和清廷对他们的偏袒导致民教相争。许多中国民众将基督宗教视为列强保护下的"洋教"，对它持本能的排斥和抗拒心理。尤其是在处理民教纠纷遭受不公正对待时，中国民众便忍无可忍，酿成了一个个"教案"，即中国民众的反洋教事件。从1861年到1895年间，教案形成了三次高潮。1900年爆发的义和团运动就是最大的教案。这段遭遇成为基督宗教在中国近代史上难以抹去的阴影。为了缓和与中国民众的矛盾，基督教会开始反思在华的传播历史，总结经验教训，意识到单纯凭借武力和不平等条约很难得到中国民众的认同，要尽量减少与中国文化的冲突，学会适应中国的国情，加深对中国文化的理解。

1922年，上海的学生听闻世界基督教学生同盟将在北京召开第11次大会，决定成立非基督教学生同盟，由此掀开了"五四"运动以来中国最大规模的非宗教风潮，史称"非宗教运动"和"非基督教同盟运动"。1924年上

---

[1] 卓新平：《基督教与中国文化处境》，宗教文化出版社，2013，第4页。

海学生成立的"非基督教大同盟"提出"秉爱国之热情，具科学的精神，以积极的手段，反对基督教及其所办一切事业"的宗旨，使非基督教运动再掀高潮。全国各地随后响应，基督教会受到不同程度的冲击。这场"非教"运动的直接结果便是"一方面给中国教会和入华传教士带来巨大震撼和刺激，另一方面也唤醒了中国基督徒改革教会、创新自立的意识，在教会中引起了积极回应"[1]。中国基督教的领袖人物诚静怡率先提出不能再停留在仅仅谈论教会民族化的层面，应该尽快付诸行动，变理想为现实。中国基督教会加快了自立和本色化的进程，并取得了一定的成就。

二 基督宗教代表人物的佛教观及其本色化实践

与力图复兴佛教者关注基督宗教的传播发展并借鉴其经验来推动佛教自身的入世转型形成对照的是，基督宗教中也有不少人关注着近现代以来中国佛教的发展，并试图借鉴其经验来推动基督宗教的本色化实践。这里以李提摩太、艾香德、王治心和吴经熊为例来略作探讨和说明。

1. 李提摩太

李提摩太是英国浸礼会牧师，著名来华传教士，广学会总干事，1870年2月来华传教，在华共45年。在华期间，通过考察、赈灾、办学、举办报告会、出版报刊、翻译汉语典籍等方式进行传教，足迹遍布中国的大部分区域。他还热衷结交达官贵人，直接参与了中国的维新变法。他是传教士中荣膺清廷最高荣誉者。

1888年，李提摩太拜访了北京佛教界的首席方丈。方丈问是谁派他来中国的，他回答是上帝的差遣，方丈反问他是如何知道上帝的愿望的。这次简

---

[1] 卓新平主编：《中国基督教基础知识》，宗教文化出版社，2005，第106页。

短的对话让他明白:"当我们外国人仅仅依据普通和尚的智力来评判佛教徒的时候,就犯了一个大大的错误。一种宗教,一种赢得了中国最伟大的心灵的宗教,是不可以等闲视之的。只是在经过了多年的研究之后,我才发现,佛教(不是由乔达摩建立的原始佛教,而是指从基督时代开始的佛教)在其高度发展中实际上包含了基督教的一些主要教条……"[1]

李提摩太曾自述:"在上海接受广学会的任命不久以后,我就面临了一个很大的问题:如何改变中国人的宗教信仰——不仅改变某个省的人口的信仰,而是改变几亿中国人的信仰。那时,一个很小的传教士团体,经常聚会展开讨论,渴望找到解决这个问题的基本原理。大家要求我写一篇文章,解释一下佛教在中国是如何吸引了如此众多的追随者,以至于修建了如此众多的壮丽辉煌的寺庙。……从早在1884年我偶然碰到的一本很出色的书里,我弄明白了佛教影响力的秘密。这是篇专题论文,名字叫《大乘起信论》。"[2] 1891年,李提摩太到上海工作,邀请杨文会与他合作翻译《大乘起信论》。李提摩太在翻译《大乘起信论》的过程中是站在基督教的立场,采取的是"援耶入佛"的译经方式,侧重于用基督教术语诠释佛教思想,以此来沟通佛耶之间的类似点。例如,他将"佛"译作 God,将"真如"译作 Archetype[3]。这说明,李提摩太对待佛教的态度相比于明清之际的传教士发生了变化,不再是一味地排斥佛教,而是注意理解佛教在中国的影响,以便为在中国传播基督教找到合适的切入点。他曾在会见长沙最大寺庙的僧人时提醒他们以前大家所犯的错误:"基督徒诋毁虔诚的非基

---

[1] 〔英〕李提摩太:《亲历晚清四十五年:李提摩太在华回忆录》,李宪堂、侯林莉译,天津人民出版社,2005,第192页。

[2] 〔英〕李提摩太:《亲历晚清四十五年:李提摩太在华回忆录》,李宪堂、侯林莉译,天津人民出版社,2005,第320页。

[3] 值得注意的是,李提摩太在初读《大乘起信论》时,就评论说:"尽管所用的术语是佛教的,但它的思想是基督教的。"这说明他发现了佛耶之间存在某种相似性。见氏著《亲历晚清四十五年:李提摩太在华回忆录》,李宪堂、侯林莉译,天津人民出版社,2005,第174—175页。

督徒，反过来，非基督徒又诋毁基督徒。"[1] 言外之意是基督徒和非基督徒应该相互尊重，彼此理解，因为"那些对双方的经典都熟悉的人认识到了，双方所信持的理念在很大程度上是相同的"[2]。

1916年，上海广学会，出版了李提摩太的《李提摩太致世界释家书》，在书中，李提摩太试图从佛耶两教的名号、圣贤、佛教大小乘的关系等方面将两者进行比较和沟通。例如，他在书中写道："今日吾人不仅能正释迦牟尼得道时日之误，且能详明佛教中前此未明之名词。人于未悟耶释两教之先，首当知其紧要名词之意义，细心考究，始知其名虽异，而意实同。……上帝、天、阿弥陀佛及真如诸名，皆为释教中上帝之意义。而如来佛、药师佛、地藏菩萨诸名，系代表耶稣基督、弥赛亚、救世主。于释教之中，观世音即大慈大悲之观音，使吾人回念圣神之事业。唯此观音，怜众生之受难，时时为之祈求。观罗马八章廿六节保罗尝云，圣灵亦助我侪之荏弱。盖我侪不知所当求，乃圣灵以不可言之慨叹，为我侪求也。"[3] 他认为，佛耶两教的名号从语言文字上看是不同的，但背后表达的意义是相同的。这可以说是一种"格义"式的理解，他看到了佛耶两教的名号、圣哲存在可以相互连接的地方。他还将佛教的大乘、小乘进行了区分，认为小乘的目的是救己，大乘的目的是救众生，小乘不拜神，是依靠人力在轮回中得救，大乘类似基督教，崇奉佛陀，不讲轮回，依赖佛力得救。虽然他的这些理解是基于佛耶两教的某些面向而做出的结论，但不可否认的是，李提摩太已经认识到佛教在中国宗教、文化中的重要地位，要想在中国传播基督教义，必须要对佛教进行研究、阐释，借鉴佛教的元素，以增进中国人对基督教的认同感。

1　〔英〕李提摩太：《亲历晚清四十五年：李提摩太在华回忆录》，李宪堂、侯林莉译，天津人民出版社，2005，第347页。

2　〔英〕李提摩太：《亲历晚清四十五年：李提摩太在华回忆录》，李宪堂、侯林莉译，天津人民出版社，2005，第347页。

3　〔英〕李提摩太：《李提摩太致世界释家书》，闽侯邵绎译，上海广学会，1916，第28—30页。

2. 艾香德

艾香德是挪威来华的西方传教士，他的一生颇具"中国情结"，在14—15岁期间就萌生了向中国传教的想法，这种想法非常坚定，使他一生中的大部分时间都在中国传播基督教。在华期间，正逢基督教探索如何本土化的热潮，艾香德顺应这一趋势，开创了在当时看来极具特色同时也存在广泛争议的传教模式，那就是借鉴佛教的外在形式向中国佛教徒及民众进行传教，这种传教策略贯穿在他在中国从事的许多宗教、文化、社会事业活动当中。正如有学者所指出的："民国时期，中国佛教进入改革发展阶段，社会影响力也波及到其他各种宗教。挪威传教士艾香德来到中国后，受佛教影响，积极学习佛经，深入寺庙与佛教徒进行交流，参访南京支那内学院，撰写了有关中国佛教的著作，并依照佛教寺院制度，先在南京和平门外创办景风山基督教丛林，后又在香港建立道风山基督教丛林。"[1]

1903年，艾香德来到湖南传教。在此期间，他初次接触中国佛教，开始了解佛教生活，并与佛教僧人进行交往，这促使他思考在中国传教如何处理与佛教的关系。后来，他到汉口附近的信义会神学院任教，其间他用心研究中国宗教特别是佛教，并到寺院拜访僧徒，向他们宣讲基督教义。1919年，在他的努力下，他接受了传教事业中第一位佛教僧人宽度的受洗，这更坚定了他向佛教徒传播基督福音的信念。1920年，艾香德从挪威述职回到中国后，就把工作的重心放在了如何向佛教徒传播基督福音上面。

1923年，他在南京建立了景风山基督教丛林。1930年起，艾香德在香港逐渐建起了道风山基督教丛林。此外，他还建立了基督教佛家布道招待所、天风山基督教丛林等传教机构。这些机构大量地使用佛教元素，迥异于基督教传统的教堂样式，比如：这些机构的名称就是佛耶对话的产物，佛教寺院

---

[1] 孙亦平：《艾香德牧师与中国佛教：民国时期宗教对话的一个案例》，《世界宗教研究》2010年第6期。

多处于名山大川，艾香德就将他创建的机构也以某山命名。经过充分地了解和细致地考察后他认为，丛林相对于普通寺庙来说规模更大，不仅具有居住功能，还具有对外弘扬佛法的功能，往往聚集了优秀的僧人，这些僧人具有高度的社会责任感和奉献精神，而区别于这些僧人的佛教徒通常不过问世间之事，以佛教商业活动为谋生手段，他们倾向于居住在普通寺庙之中。他模仿佛教丛林建立的这些传教机构从外面看，主体结构完全是中国佛教建筑的样式，另外再辅以基督教的装饰。艾香德认为这种外形模仿佛教的传教建筑可以消除佛教徒对基督教的疏离感，增加传教的吸引力。机构的标志是十字架放置于佛教崇奉的莲花之上，莲花代表佛教的真理，十字架代表基督教的真理，两者结合使用寓意佛教对真理的追求最终可在基督教中实现。这些机构还效仿佛教，采用佛教的三皈依仪式、食素食、礼拜时敲钟焚香、在教堂点蜡烛、牧师和信徒穿着佛教服装等。

艾香德采用的这种"援佛入耶"的传教策略遭到了支持和资助他来华传教的挪威差会和北欧差会联合会多数人的反对，也受到了一些西方来华传教士的批判。但是不少中国基督教知识分子却对他的传教方式表示赞同和支持，例如朱友渔就评价说："基督教与佛教将要发生的关系很有令人注意之价值，因为在各宗教中唯基督教有一定的宗教生活，救世的福音，和教会的组织。现今有几位基督教中的教士，要想行一种新的试验，就是把佛教寺院中的一切外面的生活，如仪式和组织变成基督教化，如此佛教的信徒可做基督徒不必抛弃他们的本来的习俗。佛教中的表证和名称，很有宗教上的价值，我们在寻求适应的方法之时，应当利用他们的。"[1]

艾香德不仅学习佛教的外在形式创立基督教传教中心，而且通过深入研究佛教的义理将基督教与佛教联系起来。在华期间，他走遍了中国的大江南

---

[1] 朱友渔：《今日我国宗教之新趋势》，《文社月刊》第 2 卷第 7 册，1927 年，第 50 页。

北，拜访寺院僧徒，结识了当时中国佛教的许多知名人士，像太虚法师、印光法师、欧阳竟无等。更是通过与这些高僧、居士的交往、交流，加深了他对中国佛教的理解。有学者研究指出，太虚的佛教改革运动和艾香德的本土化传教策略有异曲同工之妙，具体表现在四个方面：一是双方都具有开阔的视野，都将目光扩展至其他宗教；二是双方都怀着真诚、开放的心态试图了解他者；三是双方都把吸收他者的优秀文化作为自我发展的一种途径；四是双方都以实践为目的。[1] 太虚邀请艾香德参加1923年在牯岭大林寺举行的"中国第一届世界佛教会议"，艾香德在会上基于《约翰福音》对"道"展开论述，太虚认同艾香德的发言，赞同"道"是宗教对话的联系点，并解释了"道"在佛教中的含义。艾香德与太虚的对话交流，从一个侧面反映了基督教通过与佛教的对话，借助大乘佛教在中国传教的探索与实践。"从实践上看，近代以来，中国佛教复兴及在中国知识分子中的影响，提升了佛教在基督教传教士心目中的地位，也成为艾香德能够打破各宗教之间的门户藩篱，积极向佛教学习的精神动力。……与早期来华传教士相比，艾香德所创办的南京景风山及后来的香港道风山，无论是内容还是形式都有了更多的佛教文化色彩。"[2]

3. 王治心

王治心是中国近现代著名的基督教学者。1913—1918年担任基督教刊物《光华报》编辑。1921年任南京金陵神学院国文和中国哲学教授，《神学志》编辑。1926—1928年任中华基督教文社主任编辑。1928年起任福建协和大学文学院院长、国文系主任。1934年后应刘湛恩之请任沪江大学国文系主任。1948年回金陵神学院教授国文和教会史，主编《金陵神学志》。著作有《孔子哲学》《孟子研究》《中国历史上的上帝观》《道家哲学》《墨子哲学》《中国学术源流》《基督徒之佛学研究》《庄子研究及浅释》《中国宗教思想史大纲》《孙文

---

[1] 王鹰：《试析艾香德的耶佛对话观》，宗教文化出版社，2015，第67—68页。
[2] 孙亦平：《艾香德牧师与中国佛教：民国时期宗教对话的一个案例》，《世界宗教研究》2010年第6期。

主义与耶稣主义》《三民主义研究大纲》《中国学术概论》《中国文化史类编》《耶稣基督》（与朱维之合编），可谓是一位著作等身的教会史学家。

作为基督教学者，王治心较早地意识到中国佛教对基督教在华传播和发展存在挑战，基督教必须要学习佛教实现中国化的经验，所以他一生都致力于基督教在中国的本色化，在基督教礼仪、节期、建筑、家庭等领域的中国化改造方面颇有创见和成就，被人称为"本色化实践派"的代表，以区别于赵紫宸、刘廷芳等为代表的"本色化学院派"。

1924 年，王治心的《基督徒之佛学研究》一书出版，开门见山地提到了他研究佛学的原因，他说："佛教在中国的趋势，庙宇式的迷信，果然渐渐地消沉，而居士派的研究，却一天膨胀一天，试观今日的知识阶级，十九都表示对于佛学的欢迎。因此，我曾经说过一句极端的话，'不研究佛学，不足以传道'。很有人以为这话太嫌偏激，然而，苟平心静气的一度考察，或者向知识阶级里作一度关于宗教思想的调查，方知我所说的话有几分理由。"[1] 确实，如王治心所说，居士佛教是中国近现代佛教发展史上的一大特色。中国近代佛教的衰微，刺激了社会有识之士以居士的身份振兴佛教，他们刻印佛经、开办佛教教育、建立居士团体、兴办社会公共事业，由此开始，"佛教的部分主导权也就渐渐地脱离佛教教团而转入在家居士的手中，居士佛学开始走上兴盛之路。可以说，在中国近现代佛教改革的过程中，传统佛教体制外的各界居士，无论是在佛教教育还是佛学研究方面，都始终处于领先的地位"[2]。居士佛教的兴起必然会使佛教在中国的影响力有所恢复和加强，对基督教的传播和发展造成影响，毕竟佛教已经是中国传统文化的一部分，外来的基督教文化很难撼动佛教在中国社会中的地位。所以，王治心关注居士佛教，提倡要研究佛学，以便为更好地传播基督教提供经验。值得注意的是，

---

[1] 王治心：《基督徒之佛学研究》，上海广学会，1924 年，第 1—2 页。
[2] 刘成有：《近现代居士佛学研究》，巴蜀书社，2002，第 5 页。

传教士艾香德在与佛教接触时也发现了这一现象。1932 年，艾香德到汉口拜见太虚时，发现太虚身边有许多虔诚的居士，他推断居士佛教在未来中国的佛教发展中，将会起到举足轻重的作用："中国佛教从寺院外部的组织形式、僧侣、财产等诸多方面来看，都呈现了逐步衰落的趋势。但是，却有一股力量在佛教内部更新，该力量的发起者是虔诚的居士们，而推动居士佛教发展的佛教僧侣，都是佛教界开明的、有着深厚的佛学素养的僧人们。因此，我们必须对这些居士团体给予更多的关注。"[1]

通过研究佛学，王治心体会到佛教的忍耐功夫值得基督教学习。基督教也讲忍耐，但多半是一种消极的无抵抗主义，而佛教特别注重"精进"，也就是所谓的"勤行善法，不自放逸"。他把佛教"精进"的意义总结为五个方面："（1）就是有勇敢精神，不怕前面的阻挡；（2）当专其心志，达到彼岸；（3）推此义于众生；（4）不起凡心，便可以无限止的进步；（5）习成一切善法，达到最后目的。此种精神，正如保罗一样，一方面忍受一切苦难，一方面却努力面前，所以我们不能不佩服佛教的学理。"[2] 王治心的总结可谓全面透彻，把佛教"精进"的内容、目标、精神指向、适用范围等和盘托出，很好地与基督教的保罗进行了衔接。

王治心提倡研究佛学"并不是要从佛教里寻找些什么来弥补基督教的缺陷，乃是用来做传道的工具"。因为现实的情况是"今日基督教的劲敌，不是明枪交战的科学，乃是同是宗教的佛学，况且在它的骨子里，又是无神派，我们若然没有彻底的研究，怎能对付它呢？"[3] 在这里，王治心的表述更加明确，学习佛学是为了对抗佛学，佛学仅是基督徒用来传教的工具，这一点跟清末中国人"师夷长技以制夷"的思想颇为相似。

---

[1] 转引自王鹰《试析艾香德的耶佛对话观》，宗教文化出版社，2015，第 71 页。
[2] 王治心：《基督徒之佛学研究》，上海广学会，1924 年，第 50—52 页。
[3] 王治心：《基督徒之佛学研究》，上海广学会，1924 年，第 2 页。

王治心对当时一些传教士从形式上学习佛教有着自己的看法，他认为这种形式上的改造，只是中国基督教与中国社会接近的一种手段，绝对不是最好的方法。基督教的生命里如果没有中国文化的血液，那么基督教与中国社会的关系即使再密切，也不过是友谊的握手，而不是血肉的结合。

4. 吴经熊

吴经熊是一位学识渊博的天主教学者，对东、西方的文化都比较精通，他兴趣广泛，研究领域涉及文学、哲学、宗教、法学等，由此他也具有多重身份：宗教学者、法官、律师、文人、议员、公使等，代表作有《超越东西方》《禅学的黄金时代》《现行六法全书》《正义之源泉》《哲学与文化》《唐诗四季》《法律哲学研究》《中国制宪史》《怀兰集》《三民主义与中华文化》《中国哲学之悦乐精神》《爱的科学》《约法释义》等，他尤其对中国的传统文化有深厚的研究和切身的体验。

他非常欣赏中国儒佛道三教和谐共存的局面，并将三教的精髓融入了自己的宗教信仰体验之中，中国宗教构成了他的道德和宗教的背景，从而形成了他灵性生命发展的一个内在部分。他认为，中国人的信仰精神和宗教生活都体现了三教的和谐共存，儒家是伦理的，道家是哲学的，佛教是灵性的，"中国人是按照儒家学说为人处世的，同时得到了道家避世思想的平衡，但在他们内在的生活里追随的却是佛教思想"[1]。儒佛道三教使中国人的精神体现出对立的统一，如天与人的合一、神与圣的呼应、彼岸与此岸的关联、积极与消极的交织、出世与入世的联系等。他认为儒佛道的精神在中国人的气质中是密不可分的，中国人的精神生活是三教精髓的共同体，每一个中国人在成功时都是儒家，失败时都是道家，超脱时都是佛家。

吴经熊特别关注中国文化语境中的佛教，尤其是佛教的"空"论和

---

1 吴经熊：《超越东西方》，周伟驰译，社会科学文献出版社，2002，第119页。

"禅"意。他认为,"空"并不是虚无意义上的"不存在",而是隐约地指向一种终极实在,是有限的世人向"绝对"的"过渡"。他在佛教的"空"中悟到了基督宗教信仰的"虚己"和"超越",感到自己从佛教里生出了一种对"彼岸"的渴望。他认为,一切皆空皆不空,一切皆无则非无。吴经熊从自己的信仰立场出发,对觉悟成"佛"有自己独到的理解,认为"佛"具备伟大的人格,普爱众生,远离世俗繁华,追求真理,"佛"的品质促使他产生一种灵性的觉悟,使他像浪子回头一样投入上主的怀抱。因此,他自言"佛是引导我走向基督的教师之一"[1]。佛教的"禅"意也吸引着吴经熊,他被"在片刻活出永恒"的禅语所打动,感觉禅宗里充满了迷人的东西,万事万物都是奇妙的,"禅"唤起了人们心中对事物的神秘感,"禅"拉近了人与神秘之间的距离,并让人体悟这种神秘。

作为一名虔诚的天主教信徒,吴经熊发现了西方文化及基督宗教传统的不足之处,提倡西方应该学习东方的智慧。他分析说:"从整体来说,东方在自然沉思方面走的步子要比西方在超然沉思方面远。……中国的普通佛教徒都知道戒、定、慧这三个阶段;而普通的基督徒对净化、光照、统一这三个阶段却毫无概念。……东方太早进入了沉思阶段,西方却还在推理理性阶段拖拖拉拉。"[2] 可以看出,吴经熊的佛耶对话思想不只是理论上的论证,还具有浓厚的宗教体验色彩。

结语　近现代佛耶相遇的社会意义与文化启示

中国近现代的佛耶相遇颇具宗教和社会的双重意义。佛教对基督宗教入世经验的借鉴助推了佛教走上现代化的道路,基督宗教对佛教入世转型的思

---

[1] 吴经熊:《超越东西方》,周伟驰译,社会科学文献出版社,2002,第121页。
[2] 吴经熊:《超越东西方》,周伟驰译,社会科学文献出版社,2002,第122页。

考则推进了基督宗教走上本色化的道路,两者相互影响,相互促进,共同促进了中国社会的现代转型。同时也彰显了中国文化的特质,佛教入世转型体现了中国文化的现世性,基督宗教的本色化体现了中国文化的主体性,佛耶相遇互动又体现了中国文化的包容性。

1. 佛耶相遇对佛教的意义

近现代中国佛教与基督宗教相遇后,佛教界的开明人士看到在中国蓬勃发展的基督宗教,意识到已经衰微的佛教要想振兴,跟上时代发展的潮流,重新树立在中国社会和文化中的宗教形象,就不能再封闭自己,而是要以开放的心态积极地学习对方的优点。有学者以上海为例,总结了近现代中国佛教学习基督宗教的传教手段,共有十个方面:(1)办学。(2)办医。(3)办出版。(4)办报刊。(5)办电台。(6)办慈善公益事业。(7)监狱传教。(8)建新式佛寺。(9)办青年会。(10)开展国际交流。[1] 这些不仅是上海佛教界向基督宗教学习的内容,而且也是整个中国佛教界向基督宗教学习的主要方面。除了这些内容之外,佛教还深入到学校、工厂、商界、军队等社会各个领域进行活动。改革后的中国佛教更加注意自身的社会责任,引导佛教僧众兴办社会公共事业,服务大众。效仿基督宗教组建了佛教会等现代僧团组织,发挥佛教团体在护教、护国中的作用。佛教各宗派的融合性加强,台贤并重,禅净双修。佛教的社会基础进一步扩大,越来越多的工商业者、知识分子、青年、妇女等社会群体认同了佛教。居士佛教兴起,成为近现代中国佛教发展的一大特色,他们凭借丰富的社会资源和雄厚的经济实力举办佛教各项事业和活动,有力地推动了佛教复兴的进程。佛教教育采用了现代学院制的办学模式,培养了众多的佛教弘法和研究人才,这些人才也成为中国佛教入世转型的有生力量。

---

[1] 汲喆、田水晶、王启元:《二十世纪中国佛教的两次复兴》,复旦大学出版社,2016,第43—47页。

从宏观上看，近现代佛耶相遇在一定意义上推动了佛教的入世转型，挽救了中国佛教，使佛教从衰败的境地逐渐恢复了生机，得到了社会各阶层的认可，佛教形象从出世修行转为入世救世，提倡发挥佛教在人生、人间、人世中的积极作用，利乐有情，庄严国土，建设人间净土，促使佛教走上了"人间佛教"的发展道路，这一道路"以面向现代社会和人生为主要特征，以创办新式教育、融贯现代科学文化精神、借助现代传播手段来弘法传教，努力契合现代人的心理和精神需要，关注人生，服务于社会，并在随应时代的不断除旧创新中赋予佛教以新的活力、开拓佛教在现代发展的新途径"[1]。时至今日，"人间佛教"仍然是中国佛教发展的主流方向。

2. 佛耶相遇对基督宗教的意义

代表西方文化和文明的基督宗教在近现代中国的命运可谓是跌宕起伏，一波三折。由"中国礼仪之争"引发的全面禁教到由不平等条约保护下的自由传教，再到"非基督教运动"的兴起和基督宗教本色化道路的探索，命运坎坷的基督宗教始终在一个关键问题上徘徊，那就是如何处理与中国文化的关系。事实证明，基督宗教完全不考虑中国的文化和国情就很难在中国立足。解决这一难题的出路就是适应中国处境和文化，走基督宗教本土化、本色化、中国化的道路。在探索这条道路的过程中，西方传教士和中国基督徒注意到了正在复兴中的中国佛教，一方面从外在的形式上模仿佛教的建筑、仪式、饮食、服饰，重新塑造自己的形象，另一方面通过研究佛教典籍、翻译佛教经典，结合宗教体验，在深层次上将基督宗教与佛教相沟通。经过传教士和本土基督徒的实践努力，基督宗教中国化已成为基督宗教在华传播和发展的必由之路，并随着时代的发展有新的表现形式，"成为炎黄子孙团结和联络的重要纽带及其共同促进人类文化发展的重要形式"[2]。

1　洪修平：《中国佛教文化历程》（增订版），江苏教育出版社，2005，第296—297页。
2　何建明：《近代中国宗教文化史研究》（下），北京师范大学出版社，2015，第581页。

需要说明的是，近现代传教士和中国本土基督徒在构建基督宗教本色化道路的过程中所发挥的作用并不相同。传教士由于自身的西方文化背景，虽然他们做出了很多努力，但收效甚微。"真正自觉并富有成效地研究佛教中国化的历史经验来探索基督教在中国的本土化问题的，是民国时期开始成长起来的众多中国本土的基督教知识分子。"[1] 这是因为本土基督徒谙熟中国文化，更容易找到基督宗教与中国文化的契合点。历史表明，基督宗教在中国的传播发展，"必须与中国社会相适应，必须与中国文化相融合……在当前，特别要与社会主义社会相适应"，如此才能"在中国健康地传播和发展"[2]。

3. 佛耶相遇的社会意义

社会是宗教产生的基础，离开了社会，离开了人类，便无宗教可言。宗教是人类社会特有的一种文化现象。包括宗教思想在内的任何思想，只要不仅在个人头脑中存在，而且在社会上存在，产生了一定影响，就会与世间即社会发生密切的关系。现代宗教社会学认为，"宗教的作用在于帮助人们调适这三个严酷的现实：偶然性、软弱性和缺乏性（以及由此导致的挫折和剥夺）……，宗教乃是人类面临劫运和挫折的基本调适'机制'"[3]。这种机制的社会功能包括但不限于：心理调适功能、社会整合功能、社会控制功能、个体社会化功能、认同功能、文化功能、交往功能[4]。佛教与基督宗教同是世界性的宗教，对人类社会有着非常重要的影响。从这个意义上来说，中国近现代的佛耶相遇就不只是一种宗教现象，同时也是一种社会现象，也必然会对中国社会产生巨大影响。

佛耶两教对近现代中国社会的影响是多方面的。宗教信仰自由写入宪法和宗教法律法规的制定丰富和完善了中国的法律体系，彰显了建设法治社会

---

[1] 何建明：《近代中国宗教文化史研究》（下），北京师范大学出版社，2015，第581页。
[2] 洪修平：《从佛教的中国化看基督教在中国的发展》，《世界宗教研究》2006年第4期。
[3] 〔美〕托马斯·奥戴：《宗教社会学》，胡荣、乐爱国译，宁夏人民出版社，1989，第7页。
[4] 戴康生、彭耀主编：《宗教社会学》，社会科学文献出版社，2000，第163—180页。

的方向。传教士、宗教徒与权贵进行交往，有的直接参与了重大历史事件，影响了中国的政治进程。在抗战期间，有的宗教徒为保家卫国，积极到前线参战或在后方提供有力支援。佛耶两教举办的新式教育是中国教育从传统到现代转变的重要环节，有助于提升国人的文化素质。佛耶两教兴办的社会福利慈善事业在帮助解决社会中的贫困、灾害、就医等许多社会问题方面发挥了一定的作用。佛耶两教也为近现代文学、艺术的创作提供了大量的题材。

4. 佛耶相遇的文化启示

佛教文化与基督宗教文化从源头来说，都属于中国以外的异质文化，但两者入华后，经过与中国固有文化的碰撞、磨合、相互吸收、相互促进的长时期发展过程，都已成为中国文化不可分割的有机组成部分，扩展了中国文化的内容，丰富了中国人的精神生活，只是两者在中国化方面的程度有所区别。

佛教入世转型体现了中国文化的现世性。"以儒家为代表的传统思想文化的一个重要特点在于具有一种关怀现实人生的入世精神和现实主义品格，本质上追求出世解脱的佛教传到中国来以后，在传统文化的氛围中日益获得了关注现实人生的品格，立足于'众生'的解脱而强调永超人生苦海的佛教在中国则更突出了'人'的问题。"[1] 隋唐以来兴起的中国佛教宗派禅宗融理想于当下的现实之中，化求佛于平常的穿衣吃饭之间，强调即心即佛，入世求解脱。宋代以降，中国佛教的入世化倾向更加明显，佛法与世间法不二成为佛教界的共识。可以说，近现代中国佛教的入世转型是在中国文化的熏陶下，接续了中国佛教的入世传统，并开创了"人间佛教"的新形态。

基督宗教本色化体现了中国文化的主体性。中国被誉为世界文明古国，

---

[1] 洪修平：《中国佛教文化历程》（增订版），江苏教育出版社，2005，第295页。

而且是世界唯一没有中断过文明进程的国家。中国博大精深的文化从古至今都吸引着外来的异域文明。纵观中外文化交流史可以发现，外来文明传到中国在与中国本土文化互动过程中，中国文化始终保持着主体性的总基调，它有着改造异域文化的强大能力。印度佛教的中国化是一重要例证。近现代基督宗教的本色化历程也充分证明了这一点，只有中国基督徒立足中国国情，吸收中国文化的内在精神才有可能实现基督宗教的中国化。

佛耶相遇互动体现了中国文化的包容性。中国文化在发展的过程中，从来都是持开放的姿态，兼容并蓄，海纳百川，允许各种优秀的文化竞相进发，相互促进。从诸子百家争鸣到儒佛道和谐共生，再到儒佛道耶回五教共存，充分说明了中国文化的包容性。这种特质是一种文化力量，把中国各民族紧紧地凝聚在一起。20世纪70年代初，英国历史学家汤因比与日本学者池田大作曾有过一次著名的对话，在这次对话中，他就指出了中国文化的这种优势，"就中国人来说，几千年来，比世界任何民族都成功地把几亿民众，从政治文化上团结起来。他们显示出在政治、文化上统一的本领，具有无与伦比的成功经验。这样的统一正是今天世界的绝对要求"[1]。

---

1 〔英〕阿·汤因比、〔日〕池田大作：《展望21世纪——汤因比与池田大作对话录》，荀春生等译，国际文化出版公司，1997，第283—284页。

第十四章
入世转型中近代中国佛教对男女平等思潮的调适

以诉求两性平等为核心的男女平等思潮，开启了性别观念在近代时期的新篇章。男女平等思潮引发的两性平等价值观成为近代中国社会最重要的观念变革之一。因男女性别的共通性，这一思潮逐渐向佛教渗入，成为入世转型中近代中国佛教所必然面对的时代文化议题。面对男女平等思潮的冲击，如何对之进行调适，方能既与之融洽相处，又不失佛教宗教信仰的神圣性，成为入世转型中近代中国佛教面临的重要问题。

第一节 近代中国佛教女性问题的兴起

近代中国佛教女性问题的兴起，有三个方面的原因值得重视，一是佛教关于女性在究竟义与现实义上矛盾性的历史根源，二是清末以来佛教女众衰落的现实问题，三是近代男女平等思潮的时代机缘。这三方面的原因相资互动，共同推动了佛教女性问题在近代由内隐而外显，逐渐走上近代中国佛教的历史舞台。

一 佛教女性问题的历史根源

比丘尼、优婆夷作为佛教四众的重要组成部分，在佛教经典记载中，随处可见。佛教关于女性的记载主要包括两种，一种是在法性平等的究竟义上对女性的肯定，既体现在缘起性空、众生皆有佛性之因上对男女分别相的破斥，亦呈现在果上对女性修证能力的认可；另一种是针对女性而存在的一些观念和戒律。

就佛教根本义而言，诸法因缘和合而生，本性空寂，作为万法之一的男女相，从缘起性空来讲，亦是一种虚妄，无有差别。如《佛说转女身经》云："诸法悉如幻，但从分别生，于第一义中，无有男女相。"[1] 从缘起性空的佛教第一义讲，世间万法如梦幻泡影，虚妄不真，无有众生差别相，亦没有男女之分。又如《维摩诘经》中天女与舍利弗关于天花如法不如法的辩论，"勿谓此华为不如法。所以者何？是华无所分别，仁者自生分别想耳！若于佛法出家，有所分别，为不如法；若无所分别，是则如法。观诸菩萨华不著者，已断一切分别想故。譬如人畏时，非人得其便；如是弟子畏生死故，色、声、香、味、触得其便也。已离畏者，一切五欲无能为也；结习未尽，华著身耳！结习尽者，华不著也"[2]。在天女看来，花无分别，落与不落，在于仁者是否生分别心。面对舍利弗为何不转女身的疑问，天女通过运用神力与舍利弗互换男女身体，力证男女相皆是虚妄，一切诸法本性空寂，无在无不在：

> 舍利弗：汝何以不转女身？天曰：我从十二年来，求女人相了不可得。当何所转？譬如幻师化作幻女，若有人问"何以不转女身"，是人为正问不？舍利弗言：不也！幻无定相，当何所转？天曰：一切诸法亦复如是，无有定相，云何乃问不转女身？即时天女以神通力，变舍利弗令如天女，天自化身如舍利弗，而问言：何以不转女身？舍利弗以天女像

---

[1] 《佛说转女身经》，《大正藏》第 14 册，第 920 页中。
[2] 《维摩诘所说经》，《大正藏》第 14 册，第 547 页下—548 页上。

而答言：我今不知何转而变为女身？天曰：舍利弗！若能转此女身，则一切女人亦当能转。如舍利弗非女而现女身，一切女人亦复如是，虽现女身，而非女也。是故佛说一切诸法非男、非女。[1]

在万法皆空的佛教究竟义上，女身与男身皆是幻化缘起，本没有什么尊卑优劣之分，一切诸法非男非女，女身与男身，平等一如，空无自性。

从佛性上来讲，佛教主张众生本具佛性。如《大般涅槃经》云："凡有心者，定当得成阿耨多罗三藐三菩提，以是义故，我常宣说一切众生悉有佛性。"[2] 又如《大方等无想经》云："一切众生，悉有佛性，得菩提心。"[3] 佛性为众生本有，女性作为世间众生相之一，自然具备完满佛性。而且，从体用来讲，佛性作为本体，是众生本具的，且无有差别的，既然性体无差别，那么世间万法作为佛性本体的显用，又怎么会有什么高低贵贱的区别呢？正如《起信论疏笔削记》所讲，"性是佛体，佛体所起之用，宜名佛悲愿也。犹如一物本属大家，男女各用皆称己有。性起者，性无彼此，用何成二耶"[4]。关于佛性与女性之间的关系，《大般涅槃经》中有最直接的论述：

所谓佛性，若人不知是佛性者，则无男相。所以者何？不能自知有佛性故。若有不能知佛性者，我说是等名为女人。若能自知有佛性者，我说是人为丈夫相。若有女人能知自身定有佛性，当知是等即为男子。[5]

在这里，"女人""男子"非性别表相上的女性与男性，而是众生能否觉悟自

1　《维摩诘所说经》，《大正藏》第14册，第548页中—下。
2　《大般涅槃经》，《大正藏》第12册，第524页下。
3　《大方等无想经》，《大正藏》第12册，第1099页上。
4　子璿：《起信论疏笔削记》，《大正藏》第44册，第378页中。
5　《大般涅槃经》，《大正藏》第12册，第422页中。

身本具佛性的一个标准。无论女性还是男性，证悟到本具佛性即是佛。在众生本具佛性上，女性摆脱了现实中女相带来的各种压迫和桎梏，拥有了与男性同样成佛得解脱的概率，这是佛教对于女性宗教地位和尊严的肯定。

法性平等究竟义上对女性的肯定，还表现在果上对女性修证能力的认同。如胜鬘夫人于佛前，作无行说、无畏说、决定说，对诸广大胜众，发挥无碍辩才，直面闻法众的质难，"说一乘道，如来四无畏成就师子吼说"[1]，演绎一乘大法，破邪显正，犹如狮子吼一般，发挥极大力量。又如《佛说长者女庵提遮师子吼了义经》，叙述一婆罗门长者女庵提遮与文殊师利、舍利弗辩论空义，佛陀赞叹庵提遮所说法为狮子吼：

> 是女人非是凡也，已值无量诸佛，常能说如是师子吼了义经，利益无量众生。我亦自与是女人同事无量诸佛已。是女人不久当成正觉，是诸众中，于是女人所说法要，即能生实信者，皆已久闻是女人所说法故，今则能正信。是故应当谛受师子吼了义经勿疑。[2]

其他记载女性做狮子吼大转法论的经典还有：《大宝积经》卷第九十九《无畏德菩萨会第三十二》、《顺权方便经》、《乐璎珞庄严方便品经》。女性做狮子吼，阐扬无上微妙佛法，彰显了女性殊胜佛法修悟能力，亦是佛教平等性的示现。

传统佛教典籍中关于女性的记载，还包括了另外一种内容，即针对女性而存在的观念、戒律。首先，有为针对女性而制定的八敬法（又被译作八重法、八尊师法、八不可过法、八不可越法），包括：1. 比丘尼半月应从比丘众乞教诫人；2. 比丘尼不应于无比丘处夏安居；3. 比丘尼自恣时，应从比丘众请三事见闻疑罪；4. 式叉摩那学二岁戒已，应在二部僧中受具足戒；5. 比

---

[1] 《胜鬘师子吼一乘大方便方广经》，《大正藏》第12册，第221页上。
[2] 《佛说长者女庵提遮师子吼了义经》，《大正藏》第14册，第964页下。

丘尼不得骂比丘，不得于白衣家说比丘破戒、破威仪、破见；6. 比丘尼不得举比丘罪，而比丘得呵比丘尼；7. 比丘尼犯粗恶罪，应在二部僧中半月行摩那埵，半月行摩那埵已，应各二十僧中求出罪忏悔；8. 比丘尼虽受戒百岁，故应礼拜、起迎新受戒比丘。[1] 依佛说，女性唯有遵守八敬法，方可受具足戒出家。然佛陀之所以制定八敬法，作为女性出家的先决条件，是有着种种考虑的。例如：其一，因为最初请求出家的大爱道等，为出身贵族的释女，佛陀唯恐诸释女恃贵而骄，影响僧团和合[2]；其二，当时印度社会男尊女卑十分严重，为了避免来自外道的诘难和社会讥谤，佛陀不得不在适应社会现实情况下，使女性出家而不致障碍佛法的弘通[3]。

其次，有女身五障（亦称五碍、五漏、不得行五事、五处不能得作等）说。《妙法莲华经》中舍利弗质疑龙女成佛，认为"又女人身犹有五障：一者不得作梵天王；二者帝释；三者魔王；四者转轮圣王；五者佛身。云何女身速得成佛？"[4] 那么为什么女身会有五障呢？《佛说超日明三昧经》对此有专门的解释：

何谓五碍？一曰、女人不得作帝释。所以者何？勇猛少欲乃得为男，杂恶多态故为女人，不得作天帝释。二曰、不得作梵天。所以者何？奉清净行无有垢秽，修四等心，若遵四禅乃升梵天；淫恣无节故为女人，不得作梵天。三曰、不得作魔天。所以者何？十善具足尊敬三宝，孝事二亲谦顺长老，乃得魔天；轻慢不顺毁疾正教故为女人，不得作魔天。四曰、不得作转轮圣王。所以者何？行菩萨道慈愍群萌，奉养三尊先圣师父，乃得转轮王主四天下，教化人民普行十善，遵崇道德为法王教；

---

[1] 《五分律》，《大正藏》第22册，第185页下。另，印顺法师在《原始佛教圣典之集成》中对各版本的八敬法进行了归纳整理，详见印顺《原始佛教圣典之集成》（上），中华书局，2011，第327页。
[2] 永明：《佛教的女性观》，东方出版社，2016，第83页。
[3] 杨孝容：《佛教女性观源流辨析》，博士学位论文，四川大学，2004，第31页。
[4] 《妙法莲华经》，《大正藏》第9册，第35页下。

匿态有八十四，无有清净行故为女人，不得作圣帝。五曰、女人不得作佛。所以者何？行菩萨心愍念一切，大慈大悲被大乘铠，消五阴化六衰，广六度，了深慧，行空无相愿，越三脱门，解无我人无寿无命，晓了本无不起法忍，分别一切如幻如化、如梦如影芭蕉聚沫，野马电焰水中之月，五处本无无三趣想，乃得成佛。而着色欲淖情匿态，身口意异故为女人，不得作佛。[1]

杂恶多态、淫恣无节、轻慢不顺毁失正教等，实质上更偏向人格缺陷方面。况且这些缺陷不但女性具有，男性也具有，为何仅仅成为女性成佛得解脱的障碍。这或许跟古印度男尊女卑，女性地位低下的社会文化环境相关。

最后，有转女身成佛说。《佛说转女身经》对如何转女身作了详尽的论述。后世关于转女身最广为认知的当属龙女转女身一事。《妙法莲华经》中，八岁龙女为回应舍利弗"女身垢秽，非是法器，云何能得无上菩提"的疑惑时，当场转女身为男，坐宝莲华，成等正觉：

尔时龙女有一宝珠，价值三千大千世界，持以上佛。佛即受之。龙女谓智积菩萨、尊者舍利弗言：我献宝珠，世尊受纳，是事疾不？答言：甚疾。女言：以汝神力，观我成佛，复速于此。当时众会，皆见龙女忽然之间变成男子，具菩萨行，即往南方无垢世界，坐宝莲华，成等正觉，三十二相，八十种好，普为十方一切众生演说妙法。[2]

《妙法莲华经》阐释的是大乘佛教的一乘思想，宣扬众生皆具佛性，皆可成佛，龙女亦能成佛。问题的关键在于如何理解转身。佛教中的转女身包含三

---

[1] 《佛说超日明三昧经》，《大正藏》第15册，第541页中。
[2] 《妙法莲华经》，《大正藏》第9册，第35页下。

层意思,其一,从佛教修持上来讲,转女身意味着作为男性修行者最大障碍女性肉体问题的解决,有利于僧团清净梵行;其二,从女性自身来讲,转女身为女性走出性别造成的悲剧,从现实被压迫的困境和绝望中解放提供了道路;其三,从众生本具佛性来讲,转女成男并非一定是生理性别的转换,深层意蕴在于转迷为觉,了知并显发自身隐含的佛性[1]。

由上述内容可知,女性问题一直存在于佛教发展的历史脉络中,且包含着两种面向,一方面,在究竟义上,佛教在缘起性空、佛性一如层面上展现了女性与男性法性平等的一面,承认女性能够成佛得解脱,甚至可以做狮子吼,转大法轮,肯定女性在佛法弘传中的重要地位;另一方面,在实际修行上,佛教专门针对女性的八敬法、女身五障说、转女身说,是佛教在当时印度社会文化环境下的一种随顺世俗的方便说教,根本目的是在维持僧团和合的长远发展下,让女性能够更好地学习佛法,融入僧团组织中,应该说这也是出于对女性的关心与爱护。但是,这种"特殊照顾"也暗示了女性在修持佛法过程中面临的巨大困难与阻碍,这与女性在佛教究竟义上的重要宗教地位与宗教作用甚相出入。这两种面向显现出佛教有关女性问题在究竟义与现实义上的矛盾性,针对这种矛盾性,尽管有学者认为,这些都是权宜的方便法门,佛法根本上是究竟平等的[2]。但这种矛盾性也暗含了佛教在女性问题上的不平等倾向,有导致认为佛教歧视女性的趋向,这就为近代中国佛教女性问题的种种解读埋下了历史性内因。

二 清末佛教女众的衰落现实

佛教传入中国之后,在其不断中国化的过程中,融摄了大量的本土文化,

---

1 杨孝容:《女性视野下"唯一佛乘、即凡证圣"的佛教成佛观》,《宗教学研究》2015年第3期。
2 永明:《佛教的女性观》,东方出版社,2016,第147页。

尤其是一直作为传统意识形态主流的儒家思想。援儒入佛，使得佛教在中国得以扎根并长久地生存下来，最终成为中国传统文化的重要组成部分。佛教对于儒家思想的融摄，不仅包含孝道伦理等价值观，儒家思想中的"男尊女卑""三从四德"等纲常伦理内容也逐渐影响到佛教对于女性的价值取向。"至南宋以降理学思想兴起后愈演愈烈，佛教出家女性地位低下遂成历史文化必然"[1]，"自魏晋以讫清中叶，中国名尼不绝于闻，而清末却几成绝响"[2]。尽管在佛教传录中，仍不乏有成就的尼僧存在，但及至近代初期，佛教女众尤其比丘尼众的衰落，已成为一个不争的事实。

一方面，在信佛缘由上，缺乏纯粹的宗教信仰。有学者对宋元明清时期比丘尼出家的原因进行了总结，指出"宋元明清时期越来越多的女性因家贫为求生存削发为尼，另有数量较多的比丘尼系生活受挫、丧失了希望才出家，较少出于内在信仰。特别是因婚姻受挫以出家为守节或维生方式的比丘尼占绝对优势"[3]，并将造成此一现象的原因归诸理学思想与祸患无穷的时代环境。

有关清代比丘尼出家状况，可以从佛教发展最为繁荣的江浙地区管窥一二。有学者对浙江的比丘尼出家原因进行分析，指出"天下尼僧，惟浙中最盛。即杭嘉湖三府，已不下数十万人，其系本人自愿出家者无十分之一也。皆因少时，父母贫寒，为老尼所惑，鬻与为徒，洎乎长大，不能自脱。而凡为尼者，又多购置闺女，欲使教门兴旺，长养禁锢，终其身无婚姻之日"[4]。《中国香艳全书》以女性为主角，收录了大量与女性生活相关的文学作品，特别是与明清时期相关而较少流传的一些与女性有关的作品，为开展这一时

1　杨孝容：《略论佛教女性观及其与社会历史的共相嬗变》，《求索》2003年第6期。
2　陈兵、邓子美：《二十世纪中国佛教》，民族出版社，2000，第146页。
3　杨孝容：《男女同尊：佛教女性观》，宗教文化出版社，2004，第113页。
4　蓝鼎元：《与友人论浙尼书》，《鹿洲初集》卷1，转引自蔡鸿生《尼姑谭》，中山大学出版社，1996，第339页。

第十四章　入世转型中近代中国佛教对男女平等思潮的调适　937

期的女性研究提供了有一定参考价值的文献资料。比丘尼作为女性之一，也被该书收录其中。由书中记载的清末江苏一带的比丘尼出家经历可知，她们多因家庭变故，无所依靠，才被尼庵中的住持尼姑收养，如以下几例：一为苏州府吴县洞庭东山湘公庵的阿巧，本为农家女，七岁丧母。湘公庵某尼，与其母为姊妹行，怜悯阿巧幼无依靠，就将她留养于庵中；二为洞庭东山湘公庵尼姑妙云，本为常州小家之女，家有姊妹五人，妙云年最幼，其母因为无力照顾提挈，于是在妙云二三岁时，将她寄养在常州一座尼庵，后转辗流入湘公庵，当时年仅八九岁；三为苏州府吴江县盛泽镇净明庵尼姑小金，黎里镇人，父母很早就已亡故，无所依靠，在年幼时就入里中西庵为尼；四为苏州净莲庵一位尼姑，为某位乡绅之妾，当乡绅亡故后，就携带剩余家赀，投净莲庵出家为尼。[1] 上述作品以文学的形式反映了清代时期，江浙一带比丘尼出家多因外部因素所致，多为生存所迫，虔诚的佛教信仰不是这一时期女性出家的主导因素。浙江与江苏作为佛教圣地，历来出家僧尼众多，此一区域尚且如此，其他地区情况可以想见。

　　生存所迫成为清代女性出家的主要原因，这标志着这一时期佛教女众组织成员平民化的发展趋向。至清末，这一趋向愈发明显，依照学者研究，清末佛教女众大致分为三类：一为比丘尼，俗称尼姑。她们大多由贫苦农家女出家，间亦有富家女因人生挫折而削发者，多为厌世而出家，以躲进深山荒庵，隐匿不出为上。二为信仰净土的老年妇女，俗称念佛老太。她们中不少系乡绅或富裕农民的家属，生计无虞，家务无多，有较丰裕的时间修持弥陀净土。她们的价值取向大体上为祈求来世或子孙福报。三是以劳动谋生的贫苦妇女，她们大多对佛教认识不清，在勤苦劳作仍不能改善自身命运的社会条件下，佛教特别是净土信仰为她们的来生悬着一线希望，支撑着她们勉力

---

[1]《洞庭山湘公庵阿巧》《洞庭山湘公庵妙云爱宝》《盛泽净明庵小金》《苏州净莲庵某故绅妾》，见虫天子编，董乃斌等校点《中国香艳全书》，团结出版社，2005，第678、679、687、770页。

挣扎下去。[1] 这三类成员多来自社会的中下层，她们信仰佛教多是希望借助佛教摆脱自身的现实困境，获得某种实际的利益，缺乏真诚的佛教信仰。在这种利益化的信仰目的下，佛教女众根本没有意识到自身所承担的弘法利生的宗教责任，自身消沉的同时也加剧了整个佛教日渐衰落。

另一方面，比丘尼社会形象一落千丈。明清以来，随着佛教的世俗化，比丘尼与俗世社会关联日益密切，不少尼姑与世俗妇女结交，以其特殊的女性身份往返于深闺内院与世俗社会之间，"明清时期，尼姑的活动范围不仅限于庵堂，而是扩大到私人宅院之内，同民间妇女的密切来往"[2]，一改其默默无闻、清净修持的佛教徒形象。不可否认，比丘尼与世俗社会的交往，利于推动佛教在普通信众尤其是女众中的弘传，但其中亦有动机不纯者，借尼姑之表相，破坏社会伦理秩序：

> 窃卑邑境内，素来尼庵最多，一自兵燹之后，江南妇女缺少，媒贩到此觅买，往往借尼妇为引线，骗诱拐卖。卑职自去冬回任之后，因此控案不一而足，并且此地恶俗尼庵与寺僧公然发帖请酒，互相配偶，狼狈为引，奸诱良家，藏垢纳污，实为风俗人心之大蠹。
>
> ……释之于儒，已为圣门所不耻，而僧之有尼，尤为王化所难容。盖今日之僧不过以讽经为糊口之谋，故其为害尤小，若尼，则假清净之名，济贪淫之实，诱人子弟，污人闺阁，甚至缙绅之族佳儿或被其所诱，诗礼之家闺秀不免为所惑，此诚风俗之大尤，允为王政所必除。[3]

在这里，尼姑成为拐卖人口、伤风败俗的罪魁祸首，不能为儒家伦理道德秩

---

1 陈兵、邓子美：《二十世纪中国佛教》，民族出版社，2000，第146—147页。
2 罗慧兰：《中国妇女史》，当代中国出版社，2016，第248页。
3 《查禁尼庵禀》，《万国公报》1879年第523期。

序所接受，尼姑与尼庵自然成为被取缔和查禁的对象。比丘尼与世俗社会交往过密所产生的不良效果，使其遭受更多的非议，时人更是将其与卦姑、媒婆等受社会鄙视的市井群体统称为"三姑六婆"，这无疑大大损害了比丘尼清贫乐道的良好社会形象。

另外，清代兴盛的娼尼进一步加剧了比丘尼群体的衰落。娼尼在清代文献资料中又被称作"秃娼"，可以追溯到南宋时期的"尼站"[1]。清代的娼尼，在地域分布上，首推江浙两地，其次为泰山姑子，再次为广东。此外，苏北的徐州、湖广的黄州府，亦有零星出现娼尼的例子。其中最具地标性的当为江浙之尼与泰山姑子。

随着明清市民经济的勃兴，江浙一带作为全国的经济重镇，富甲一方，生活上奢靡成风，尼寺遭到进一步腐蚀，"光、宣间，冶游好奇之士，辄啧啧称江、浙尼庵，盖于山东泰山尼庵之外，别树一帜者也"[2]，娼尼现象显著。代表性的有以下几处：

> 吴江震泽之女僧，妆束与苏杭异，略如嘉兴。虽亦号称剃度，惟于顶心剃发一圈，而前后有发覆于四周。其在后者，适与颈齐，自垂髫时至三十许，莫不如此。衣裙裤襟，固犹俗家装束，缘饰甚华，惟襟领非圆而为直耳。至若荤素肴馔，亦有烹饪至精者，颇类吴中之船菜，一席之费，约四五金。以素餐言之，有以豆豉、面筋幻成鱼肉鸡鸭形者，惟妙惟肖，味亦绝佳，香积风味，固著称于世也。

> 嘉兴女尼，自昔著称，效摩登伽摄阿难故事者不少。元之慧秀，明

---

[1] 临平（浙江仁和县）明因寺，尼大刹也，往来僧官，每至必呼尼之少艾者供寝。寺中苦之，于是专供一寮，贮尼之尝有违滥者，以供不时之需，名曰："尼站"。参见周密《癸辛杂识别集》上《尼站》，收入《宋元笔记小说大观》第6册，上海古籍出版社，2007，第5863—5864页。

[2] 徐珂：《清稗类钞》，中华书局，1984，第4866页。

之娟娘、惠容，皆以能诗善书闻。五百年来，流风未沫。鸳鸯湖畔，禅宇颇多，禾俗七夕，烟雨栖游人，挟妓之外，有挈尼而游者。其著称于城中者，曰观音堂，曰送子庵。

乌程县治之南浔镇，多富室，有九牛、十二虎、百二十阄狗之谚，喻富人之多也。其致富者，或一贸丝，或以业韉，有拥资逾千万者。纨绔子弟，所恣为嬉游之地者，尼庵亦其一也。尼庵院宇深邃，陈设华丽。幼尼梳拢，须数千金，费亦巨矣。名流雅集，饮博皆宜。善治馔，饼饵尤精美适口。若其酬应周至，即上海房老亦不及也。[1]

剃发，为女性舍弃世俗生活，成为佛门弟子坚定决心的重要外相特征。江浙女尼"惟于顶心剃发一圈，而前后有发覆于四周。其在后者，适与颈齐，自垂髫时至三十许，莫不如此"，在外在形相上已与一般世俗女子无异。而其衣着华丽，香积风味，穷奢极侈，早已脱离比丘尼青灯古佛的清贫形象。更有甚者，纨绔子弟竟"挟妓之外，有挈尼而游者"。娼尼已完全沦落成娼妓，尼庵顿成青楼面目，且已化为伤风败俗的污秽之地。[2]

清末娼尼的另一代表为泰山姑子："泰山姑子，著称于同、光间。姑子者，尼也，亦天足，而好自修饰，冶游者争趋之。顶礼泰山之人，下山时亦必一往，谓之开荤。盖朝山时皆持斋，至此，则享山珍海错之奉。客至，主庵之老尼先出，妙龄者以次入侍，酒阑，亦可择一以下榻。光绪末叶，泰安令某饬役查禁，逐其人，使他徙，封其庐为横舍。久之，学校亦废，仅有一老尼肃然独处矣。"[3]

---

[1] 徐珂：《清稗类钞》，中华书局，1984，第4866、4867、4867—4868页。
[2] 陈宝良：《花禅娼尼：清代尼姑的恋世情结与佛教的世俗化》，《福建论坛》2014年第1期。
[3] 徐珂：《清稗类钞》，中华书局，1984，第4865页。

姑子即尼姑，泰山姑子集中于龙泉峰下的斗母宫。道光之后，此处逐渐成为达官贵人、文人墨客冶游之地。据斗母宫比丘尼正品回忆，光绪年间，斗母宫"年轻的尼姑不削发，留着大辫子，穿红戴绿，涂脂抹粉，致使一些城乡纨绔子弟入庙留连忘返"[1]。晚清著名思想家王韬曾对泰山姑子点评，"瑶光夺婿，天女散花，虽尼而实妓焉"[2]，一语道破斗母宫尼姑从妓的实质。

综上所述，近代之前，佛教女众生存状态十分严峻。一方面，清末佛教女众或为了维持生存而出家，或为了获得实际的个人利益而学佛，甚少因为纯粹的宗教信仰而皈依佛教。宗教信仰的缺失，致使其很难自觉到本身作为佛教徒所具有的续佛慧命的宗教责任，这必然导致佛教女众在僧团中话语权日渐消失。另一方面，清末比丘尼与世俗社会交往过密招来的各种非议，以及娼尼的兴盛，严重损害了比丘尼的社会形象，三姑六婆的划分，统治者的查禁，更是加剧了比丘尼的社会边缘化。总而言之，无论在佛教僧团内部，还是在社会文化中，清末佛教女众尤其是比丘尼，难寻立锥之地。当面对近代西方先进文化的冲击，以及佛教改革势在必行的形势，清末佛教女众的衰落，几成阻碍佛教近代化的掣肘，太虚法师曾云，汉地佛教不如中国藏地、缅甸等地纯盛，出现衰乱的现状，正是因为有尼[3]。如此一来，佛教女众若要在近代社会文化剧变的环境中生存下来，改变在佛教中的衰落地位，重新荷担释家家业，便成为一个迫切需要解决的现实问题。

三 男女平等思潮的时代机缘

近代各种社会文化思潮中，与女性最为直接相关的，当属男女平等思潮，

---

[1] 正品：《五十八年的尼姑生活》，山东省政协文史资料委员会编《山东文史集萃》（修订本）上集，中国文史出版社，1998，第632页。转引自李俊领：《俗化与守旧：近代泰山比丘尼生活方式的变迁》，《福建论坛》2012年第1期。

[2] 王韬：《淞隐漫录》，人民文学出版社，1983，第512页。

[3] 太虚：《复香港女众书（二）》，《太虚大师全书》第29卷，宗教文化出版社，2005，第280页。

其为佛教女性问题在近代的由隐而显，创造了良好的时代机缘。男女平等思潮的形成与发展非一蹴而就，其主要内容伴随着近代社会政治文化环境的变化而呈现出阶段性，大致可以分为近代初期、维新时期与五四时期。

1. 西风东渐与近代初期男女平等思想的萌发

1840年后，伴随着坚船利炮打开中国的大门，各种西方文化思想随之而来，对近代中国社会文化思想的发展产生了重要影响。近代初期（甲午战争之前）中国社会文化对女性的关注与重视，便是西风东渐的产物之一。具体来讲，西方文化对近代初期男女平等思想的影响，主要包括两种路径，一是西方基督教传教士创办教会女校；二是近代中国知识分子对西方男女平等思想的主动引进。

圣玛利亚女塾[1]与上海中西女塾为近代西方教会在中国创办的教会女校的典型代表。在具体的教育方针与管理上，圣玛利亚女塾具有以下特色：（一）以当时美国妇女主流思潮"纯正妇女意识"为教育方针，希望将学生培养为具备"虔诚、纯洁、爱家、服从"四种品性的贤妻良母型女性。（二）招生来源由过去的贫困家庭扩大到中上层家庭。（三）施行中西并重的课程安排，并开始使用双语教学。学校提倡尊儒精神，具体课程包括《女四书》《列女传》《礼记》和《论语》等。此外还开设社会、自然科学、音乐、体育课，期许学生德智体全面发展。（四）中西妇女共同管理，黄素娥曾作为校长与美国传教士孙罗共同管理圣玛利亚女塾的一切事务。总体上来讲，圣玛利亚女塾输入的是美国纯正的妇女意识，强调女性"纯洁的形象，服从父权的领导和爱护家庭"[2]。这与中国传统三从四德的女性观不谋而合，这也许是

---

[1] 圣玛利亚女塾，其前身为美国基督教会女传教士钟爱玛（Emma. G. Jones，又译为琼司）所管理的一所寄宿女校。这所女校曾一度停办，1876年美国圣公会将其恢复，并命名为钟爱玛女校（Emma. G. Jones Memorial School for Girls，又译为文记女校，或琼司女校）。后1881年，钟爱玛女校与早年俾治文夫人创办的俾文女校合并，成立了圣玛利亚女塾。

[2] 林美玫：《妇女与差传：19世纪美国圣公会女传教士在华差传研究》，社会科学文献出版社，2011，第22页。

近代教会学校融合中国传统文化而本土化的一种体现。但圣玛利亚女塾的学生离开自己的家庭到女塾寄宿并学习文化知识的行为,冲破了"男女有别""足不出户""女子无才便是德"等传统女性观的压制与束缚。因此,圣玛利亚女塾培养的是一种新型的、相夫教子贤妻良母型的妇女[1]。

1840年后,近代中国知识分子成为走出国门看世界的代表性群体,他们通过出使和游历欧美各国,并将所见所闻著书立说,向国内输入西方文明,其中对于西方女性生存状态的介绍,对近代中国男女平等思想的萌发具有一定的启蒙意义。张德彝、王韬、李圭作为最早向国内介绍西方文明的知识分子,著作中都涉及了西方妇女的发展状况,成为近代男女平等思想受西方女性文化影响的重要途径。他们对于近代西方女性文化思想的介绍主要包括婚姻和女学两个方面。就婚姻方面来讲,张德彝在欧美经过实地考察,指出"外国男女婚娶,专主情爱"[2],且往往"自寻匹配";王韬介绍了英国的婚俗,"国中风俗,女贵于男,婚嫁皆自择配,夫妇偕老,无妾媵"[3]。这与必须经父母之命媒妁之言的中国传统婚姻观大相径庭。而专主情爱,婚嫁自择配,已不自觉地向国人宣扬,男女恋爱自由,婚姻自主。

另外,西方女学的发展情况,成为近代早期知识分子向国内介绍西方女性文化的最为主要的内容。王韬不仅介绍了欧洲的女校,而且期许中国也能创办西方那样的女学校:"西国重女教,立女书院,中国宜仿其意。……各省立女学校,延女师教之六经六学。女子之才者,贱得为贵,妻妇得为夫师。立女学校教之,女才出矣。"[4] 李圭则进一步以欧洲女学的兴盛反思中国女学的衰败,"若中国则反是矣,有轻视女子者,有沉溺女子者,劝之不胜劝,禁

---

[1] 方祖猷:《晚清女权史》,浙江大学出版社,2017,第49页。
[2] 张德彝:《欧美环游记〔再述奇〕》,湖南人民出版社,1981,第137页。
[3] 王韬:《漫游随录·扶桑游记》,湖南人民出版社,1982,第111页。
[4] 张海林:《王韬评传》,南京大学出版社,1993,第348页。

之不胜禁，究何故欤？答曰无他，亦由女学坠废所致耳"[1]，借以激发国人对女学的重视。可见，近代初期知识分子在向国内介绍西方女校的发展状况的同时，也表达了对中国传统男尊女卑女性观的质疑与抨击。这无疑为近代男女平等思潮的形成奠定了基础。

由上述内容可知，西风东渐过程中吹来的近代西方女性文化，在具体内容上，以家庭婚姻和女学为主。这对于近代中国强调男女平等的兴女学运动以及新型婚姻家庭观，无疑起到了很好的引导和推动作用。然而，因缺乏合适的文化环境土壤，近代初期的男女平等思想并未真正渗透到整个社会文化当中，仍处于萌发状态。随着1895年甲午战败后引发的民族存亡危机，近代中国的男女平等思想才逐渐形成并不断走向成熟。

2. 维新变法与晚清男女平等思潮的国族化

随着甲午中日战争失败，马关条约的签订，整个近代中国社会政治文化环境发生了巨大的变化。正如梁启超在《戊戌政变记》里所说，"唤起吾国四千年之大梦，实则甲午一役始也"[2]，也正如何启、胡礼垣《新政始基》中所说的，甲午一战实际上是分界线，"未之战也，千人醉而一人醒，则其醒者亦将哺糟啜醨，宜其醉无醒时也"，但是"一战而人皆醒，一战而人皆明矣"[3]。亡国灭种的国族危机彻底毁灭了近代国人尤其是知识分子群体对天朝大国的最后一点幻想，开始真正从精神层面意识到中国的落后与积贫积弱。救亡图存成为甲午战争后，中国社会文化发展的一个大背景。在这样的背景下，包括男女平等在内的种种思潮都浸染上了国族主义色彩。

康有为、梁启超领导的维新变法运动，期望把中国从亡国灭种的危机中解放出来。带着这份期望，维新人士不仅"唯泰西是效"[4]，视西学为"国家

---

[1] 李圭：《环游地球新录》，湖南人民出版社，1980，第42页。
[2] 丁文江、赵丰田：《梁启超年谱长编》，上海人民出版社，1983，第38页。
[3] 郑大华点校：《新政真诠——何启、胡礼垣集》，辽宁人民出版社，1994，第183页。
[4] 参见《湘报类纂》甲集，上卷，1902，第38页。

民族求富求强的万灵丹"[1],更从内在反省上,试图找寻导致中国衰败的一切原因。与西方男女平等、女性拥有较高的地位相比,中国传统社会中男尊女卑,女子无才便是德导致的女性低下的社会地位与生存状态,成为晚清维新人士眼中致使国家危亡的内在根源之一。

为此,维新人士纷纷采取各种方式,以期改变女性的卑弱地位,实现男女并重,兴女学与废缠足成为其采取的主要举措。作为维新时期兴女学运动的典型代表,梁启超在《变法通议》中强烈呼吁"欲强国,必由女学",并在书中专立"论女学"一节,全面论述他的女学思想。梁启超从各个方面强调兴女学的重要性。首先,从社会财富的生产与分派上,"女子二万万,全属分利,而无一生利者。惟其不能自养,而待养于他人也",故而,唯有兴女学,使女性从分利者变为生利者,方能"使人人足以自养,而不必以一人养数人"[2]。其次,从胎教是种族优化的第一义来讲,"今之前识之士,忧天下者,则有三大事:曰保国、曰保种、曰保教。国乌乎保?必使其国强,而后能保也;种乌乎保?必使其种进,而后能保也。……教男子居其半,教妇人居其半,而男子之半,其导原亦出于妇人,故妇学为保种之权舆也"[3],女学兴盛,女子具备良好的知识素养、身体素质,所生之子方能肤革充盈、筋力强壮,如此才能成为国家强盛所需人才。最后,梁启超将女学与国家强弱直接关联,"是故女学最盛者,其国最强,不战而屈人之兵,美是也;女学次盛者,其国次强,英、法、德、日本是也。女学衰,母教失,无业众,智民少,国之所存者幸矣,印度、波斯、土耳其是也"[4]。在梁启超看来,兴女学也是社会文明国家富强的重要标志。

---

1 李国祁:《满清的认同与否定——中国近代汉民族主义思想的演变》,台湾"中研院"近代史研究所编《认同与国家》,台湾"中研院"近代史研究所,1994,第105页。
2 梁启超:《变法通议·论女学》,《饮冰室合集》第1册《文集之一》,中华书局,1989,第38、39页。
3 梁启超:《变法通议·论女学》,《饮冰室合集》第1册《文集之一》,中华书局,1989,第41页。
4 梁启超:《变法通议·论女学》,《饮冰室合集》第1册《文集之一》,中华书局,1989,第43页。

兴女学运动是对女性精神的解放，而废缠足运动则是对女性身体的解放。近代的废缠足运动最早由来华传教士为传播基督教而推行，维新之后其成为国人拯救民族危亡的途径。晚清维新人士废缠足运动的代表人物要数康有为。康有为在晚清废缠足运动中的重要作用主要体现在两件事情。其一，康有为认为缠足"折骨伤筋，害人生理"[1]，于1883年在家乡南海设立"戒缠足会"。在《戒缠足会启》中，康有为痛斥缠足"专伤生人之肌，坏骨肉之恩，损天性之亲，天下之悖理伤道，莫此为甚"[2]。戒缠足会成立不久，终因民间立会违反禁令而解散，但戒缠足会作为独立性的组织，将晚清废缠足运动由言论倡导转变为切实的实践行为，则推动了废缠足在现实当中的开展与实施。此后，不缠足会在全国各地纷纷而起。

其二，康有为在光绪二十四年（1898）八月十三日，向光绪帝上《请禁妇女裹足折》，试图通过帝王的一纸诏令，在全国各处废除这一不符合公理公法的残酷陋习。康有为指出，女性缠足"以国之政法论，则滥无辜之非刑；以家之慈恩论，则伤父母之仁爱；以人之卫生论，则折骨无用之致疾；以兵之竞强论，则弱种展转之谬传；以俗之美观论，则野蛮贻诮于邻国"。因此，他请求光绪下诏"严禁妇女裹足。其已裹者一律宽解。若有违抗，其夫若子有官不得受封，无官者其夫亦得科镣罚。其十二岁以下幼女，若有裹足者，重罚其父母"[3]。《请禁妇女裹足折》得到光绪帝批准下诏各省督抚执行，据说各地参加不缠足会的人数达30万人之多[4]。康有为的这一奏折是近代废缠足运动的一个重要节点。它将长久以来维新人士寄希望于从上到下由君主推行的废缠足运动，由个人私言变成了国家公言，将此一运动最终提升到了依

1　康有为：《康南海自编年谱·光绪九年》，见中国史学会主编《戊戌变法》（四），上海神州国光社，1953，第116页。
2　康有为：《戒缠足会启》，《康有为全集》第1集，中国人民大学出版社，2007，第4页。
3　康有为：《请禁妇女裹足折》，汤志钧编《康有为政论集》上，中华书局，1981，第336页。
4　刘巨才：《中国近代妇女运动史》，中国妇女出版社，1989，第135页。

靠君主解决的层面，而光绪帝下诏批准推行，彻底改变了废缠足运动的性质，其已不再像"南海戒缠足会"那样的民间活动，而是一项公共社会活动，一项社会制度，一件国家公器。

综上所述，甲午之后，在国族危亡的时代环境下，维新人士发起的兴女学、废缠足运动，意图通过精神与身体的双重解放，实现男女平等，进而在根源上找到解决国族危机的途径。晚清国族危亡的社会环境，为近代初期西风吹来的西方男女平等思想，提供了在中国落地生根的本土生长契机，此后近代中国的男女平等思想才真正发展壮大起来。晚清时期的兴女学、废缠足运动，推动了女性的进一步解放，比如女性受教育群体扩大，知识女性群体兴起等，女性逐渐成为维护自身权利的重要力量。但是在家国利益面前，晚清女性的崛起并不是自发形成的，毕竟康梁等维新人士种种倡导女性解放的行为，最终目的是将当时的中国从亡国灭种的生存危机中拯救出来。这意味着国族化成为晚清兴女学、废缠足运动所表现出来的男女平等思想中最典型的特征。国族化使得晚清时期女性的解放以及对女性权利的发现与维护淹没在拯救民族危亡的大潮中，仅作为一种暗流存在着。这一状况，直到五四之后才有所改变。

3. 五四运动与民国男女平等思潮的人格化

五四新文化运动时期，随着反抗传统礼教声音的高涨，女性问题引发了社会热烈的关注与讨论。此时有关女性的议题，涵盖了女子人格、教育、经济、婚姻、政治等内容。深入分析这些议题，不难发现民国以后尤其五四新文化运动之后，女性问题的核心在于女性应该具备当"人"的资格，即女性人格的重要性。

在民主、科学的洗礼下，五四新文化知识分子群体尤其重视女性人格的独立。陈独秀作为五四新文化运动的先锋人物，指出男女平等最重要的是承认女子是"自主而非奴隶的、进步的而非保守的、进取的而非隐退的、世界的而非锁国的、实利的而非虚文的、科学的而非想象的"[1]，具备独立的人格，拥有与男子平等的社会地位和权利。另一方面，"应以自力造之，不可依赖他人"，自力指的是女性应拥有经济能力，因为在陈独秀看来，女子丧失人格，完全是经济的问题，如果女子能够经济独立，那么必不受父、夫的压迫[2]。陈独秀敏锐地把女性问题归结为女性的人格独立，并从思想自由与经济自由两个方面为当时的女性实现人格独立提供了解决方案。

伴随着五四新文化运动的不断深入，女性的人格意识在婚姻、经济、教育等各个领域不断觉醒，并开始由自发向自觉进行转变。其中，最为激烈的当为女性在婚姻领域表现出的人格意识觉醒。传统婚姻往往遵从"父母之命，媒妁之言"，且以"从一而终"将女性束缚在家庭牢笼之中，女性既没有自己选择婚姻的自由，其内心真实的情感更是处于被压抑和忽视的状态。在五四新文化运动的思想启蒙下，越来越多的女性对传统婚姻制度表示不满，纷纷用实际行动争取婚姻自主，实现婚恋自由。这在知识女性和普通女性中皆有所呈现。积极参加五四学生运动的向警予作为近代的知识女性，不顾父母的反对，拒绝地方官周则范的求婚，后来与志同道合的蔡和森结为伴侣，留下"向蔡同盟"的佳话。与之相类似的还有蒋碧薇、郭隆真、刘清扬等，她们都通过实际行动，与违背自己意愿的婚姻决裂，最终争取了自己的婚姻自主。知识女性抵制包办婚姻的方式相对来讲比较温和，而普通女性为争取婚姻自主更多采取了比较激烈的手段。1919年11月，长沙女青年赵五贞为反抗父母包办婚姻，在迎亲花轿中割喉自杀。周南女校《女界钟》特意为赵五贞出版专刊，称赞她为"改革婚制的牺牲人"。知识女性与普通女性对传统婚姻的反抗，充分体现了近代女性在婚姻观上的人格意识觉醒，而普通女性以死明志的方式，也在一定程度上说明其受到传统婚姻制度的毒害更深，更

1　任建树主编：《陈独秀著作选编》第1卷，上海人民出版社，2009，第158页。
2　任建树主编：《陈独秀著作选编》第2卷，上海人民出版社，2009，第359页。

深切地希望摆脱封建包办婚姻的桎梏。

五四新文化运动之后，国人逐渐意识到文化的衰败是中国落后于世界的重要根源，拯救民族危亡遂由政治救国转向文化救国。男女平等思潮在这一转向下，开始反思和抵抗传统文化对女性的压制。通过五四新文化运动的洗礼，妇女解放运动逐渐获得了新生。这种新生，更多是将女性从传统封建的婚姻、伦理等压抑的文化中解脱出来，还原为一个"人"、一个"女人"。五四新文化运动之后，女性作为"人"的发现，凸显了民国时期男女平等思潮的人格化的发展倾向。这一发展倾向不仅影响了民国尤其五四以后男性对于女性的认识，更对女性自身的性别意识觉醒产生了重要的启蒙作用。

由此可知，近代中国的男女平等思潮，随着时代环境变化，在不同阶段，呈现出不同的发展趋向。初期受西方传教士兴女学影响而萌发，甲午战争后，国族危机为男女平等思潮提供了本土生长土壤，国族化成为这一时期男女平等思潮的主要特色，五四新文化运动之后，文化救国的时代潮流，引导国人反思女性所深受的传统封建文化压制，在反传统的过程中极为关注女性人格的独立自主，人格化成为五四新文化运动之后民国时期男女平等思潮新的发展趋势。

中国近代知识界流行的男女平等思潮，也逐渐渗透到佛教内部。"分利"说被用来解析佛教女众的现实生存状态，呼吁佛教女众的教育平等权，倡导佛教女众作为国民的责任与义务等话题，在近代中国佛教界纷纷讨论起来。毋庸置疑，男女平等思潮为近代中国佛教围绕女性问题的多种阐释提供了一个良好的时代机缘。

综上所述，在历史根源、现实景况、时代机缘多重因素互相作用之下，女性问题逐渐成为近代中国佛教发展中的显性且不可忽视的问题。其中，近代男女平等思潮，为近代中国佛教女性问题的各种讨论，提供了历史舞台和契机。一方面，近代中国佛教在回应男女平等思潮的冲击时，传统佛教大量的女性文献，得到充分的发掘，传统佛教女性观究竟义与现实义上的矛盾性，作为一个问题得以显现，这无疑推动了传统佛教女性观的传承与发展；另一方面，近代中国佛教通过对男女平等思潮的吸收与融合，为解决清末佛教女众的衰落问题找到了切实可行的途径，促进了佛教女众思想的近代化转变。无可否认，追求两性平等的男女平等思潮，成为近代中国佛教女性问题兴起过程中最为重要的因素。

第二节　近代中国佛教对男女平等思潮的顺应

近代中国佛教对男女平等思潮的调适，既有因认同而兴起的顺应，也有因异议而做出的辩解和反思。就近代中国佛教对男女平等思潮顺应的一面来讲，又主要表现在两个方面：一是传统佛教思想的应世解读，二是近代佛教女众的性别意识觉醒。

一　传统佛教思想的应世解读

近代中国佛教对传统佛教思想的应世解读，既表现在试图着眼于传统佛教义理，从法性平等层面论证佛教男女平等义，同时又通过对传统佛教中有关女性的内容如转女成男作顺应男女平等时代思潮的解读。

1. 从法性平等论证佛教男女平等

近代中国佛教从法性层面论证佛教的男女平等义，呈现出空性与佛性两种理路。一方面，从诸法性空的角度，破斥男女相的差异性，从佛法空性的视角说明男女平等无差；另一方面，从佛性平等的角度来论证男女平等。

众所周知，佛教强调因缘法，主张世间一切皆是因缘和合而成，本性空寂，平等一如。因此，释永学对佛教平等主义做了这样的诠释：

第十四章　入世转型中近代中国佛教对男女平等思潮的调适　951

何者是我？佛教是说四大五蕴假合而成。本来是无我之可言，不过假名曰"我"，但吾人迷而不觉，妄执此身以为实我，是错误的，佛教叫做"迷"。其实我们的身，是无常的，幻化的，苦空不净的，好像是虚草泡影样的了不可得，金刚经上说："无我相，无人相，无一切相。"又云："一切有为法，如梦幻泡影，如雾亦如电，应作如是观！"若能了达此身无我无常的，那末"我执"自然会断了，我执一断，则世界上一切不平等的事情都化作乌有，而清净国土不难实现了。[1]

世间一切皆是四大五蕴假合而成，根本就没有我相存在，诸法无常，一切有为法，皆如梦幻泡影，虚妄不真，万法在缘起性空的佛教究竟义上都是平等一如的。既然我相假合不真，那么作为其具体呈现形式之一的男女相，在佛教空义上，自然也是平等一如。正如菩提精舍创办者比丘尼恒宝借助《维摩经》对男女两性在空性上的平等所做的论述："因为我们无始以来，为贪着爱的空花，妄结了许多的空果，究实法而的真如，那有什么男女呢！所以《维摩经》中的天女，她十二年，求女相了不可得，譬如幻师，化作幻女，岂真有女性的存在么？以是之故，佛说一切诸法，非男又非女，你看佛教的男女性，何等的平等呀！"[2] 菩提精舍的学员比丘尼海莲、法证亦认为，"大乘佛教，是诸法平等，本性空寂，也没有什么男女相的区别。佛教女子哲学，亦由此平等真如而产生了"[3]。她们并借助大乘经典相关内容对男女相进行破斥："《善女人传》曰：'我观诸世间，常自寂灭相，云何幻化中，乃生男女根？譬如太虚空，捏目出狂华，是华不可取，从汝妄想生，妄想入轮回，劫

---

[1] 永学：《佛教的平等主义》，见黄夏年主编《民国佛教期刊文献集成》第69卷，全国图书馆文献缩微复制中心，2006，第207页。

[2] 恒宝：《佛教女性观》，见黄夏年主编《民国佛教期刊文献集成》第87卷，全国图书馆文献缩微复制中心，2006，第24页。

[3] 海莲、法证：《佛教女子哲学》，见黄夏年主编《民国佛教期刊文献集成》第87卷，全国图书馆文献缩微复制中心，2006，第47页。

劫自系缚，一念忽自觉，了妄本无从，虚空亦强名，狂华竟何有？'由此可知道男女相的分别了。不但男女如此，就是宇宙间的万事万物，无非捏目生花，幻化之中，本无自性，虚空尚是假名。"[1] 在海莲、法证看来，男女相皆是妄想幻化而生，本无自性，故而，从诸法性空之本质来讲，男女自然是平等的。

另一方面，近代中国佛教也引经据典从佛性平等的角度来论证男女平等，众生皆本具真如佛性，无欠无殊，平等无差：

> 只要我们打开佛经，便可以看见一切众生皆有佛性的言论，"佛性"是人人具备的，并不是佛独有的。《如来藏经》说："如是善男子！我以佛眼观一切众生，贪欲恚诸烦恼中，有如来智、如来眼、有如来身、结跏趺坐，俨如不动。善男子！一切众生，虽在诸趣，烦恼身中，有如来藏，常无染污，德相备足，如我无异。"又云："善男子！诸佛法尔！若佛出世若不出世，一切众生，如来之藏，常住不变，但形众生烦恼覆故，如来出世，广为起法，除灭尘劳，净一切智。"《华严原人论》云："无始以来，常住清净，昭昭不昧，了了常住，亦名如来藏，"在《梵网经》上说："我是已成佛，汝是当成佛。"《法华经》云："十方佛土中，唯有一乘法；无二亦无三，除佛方便说。"《涅槃经》七卷二十五："众生佛性不一不异，诸佛平等犹虚空，一切众生同共有之。"这是各经典上说明一切众生皆有佛性。[2]

在佛性上，众生与佛一样，具备完满佛性，无有差别。如此，在本性上，男女同具佛性，至于性别等世俗的差别，只是身相不同，"盖以吾人性体，本无

---

[1] 海莲、法证：《佛教女子哲学》，见黄夏年主编《民国佛教期刊文献集成》第87卷，全国图书馆文献缩微复制中心，2006，第47页。

[2] 永学：《佛教的平等主义》，见黄夏年主编《民国佛教期刊文献集成》第69卷，全国图书馆文献缩微复制中心，2006，第207页。

男女区分，只身相差殊耳，但此差殊身相，实因无差别之性体德用感现，凭此德相业用之力，以致感报中有身，投托母胎之时，种种异见，遂分差别身相焉。然虽感受女相，本性仍然无欠无殊也"[1]。

众生本具佛性，成佛证悟的关键在于自心能否觉悟，因而从自心觉悟的角度来讲，也没有男女相的差别。以此为据，亦可以破男女之分别：

> 综观大乘经教内所说的玄义，人心本是平等，男女更无形相可分。迷了真心就是众生，悟了真心就是佛心，并没有什么分限。《金刚经》云："若见诸相非相，即见如来！"所以我们要学佛法，自然也要见诸相非相，方能彻见佛心。若还要在第一义谛中去找寻男女相，岂不是成为笑话了么？[2]

菩提精舍学员比丘尼常超，亦根据《华严经》等佛经内容，强调众生皆具佛性，本无差别，只有自心的迷悟之分，迷是众生悟是佛：

> 佛经上说："一切众生本无差别，因凡夫妄想执著，故有男女的分别。"所以《华严经》说："奇哉！奇哉！大地众生皆具如来智慧德相。"所以我们不要在形体上作相，一切都是惟心的，要常念十法界，四圣六凡，共是一心，迷了真心，即是众生，悟了真心，即是如来。[3]

综上所述，无论从因缘和合的诸法空性上，还是从众生本具佛性上，佛教都是倡导男女平等。故而，在近代中国佛教看来，佛教是与男女平等思潮时代

---

[1] 林朗真：《女众学佛之应有的观念》，见黄夏年主编《民国佛教期刊文献集成·补编》第50卷，中国书店，2008，第91页。

[2] 张汝钊：《佛教关于女性之意义》，见方祖猷、王介堂编著《张汝钊居士集》，宗教文化出版社，2017，第93页。

[3] 常超：《现代女子佛教》，见黄夏年主编《民国佛教期刊文献集成》第87卷，全国图书馆文献缩微复制中心，2006，第58页。

文化趋势相契合的。然而，近代中国佛教在空性与佛性上对佛教男女平等的论证，是站在佛教法性的终极意义层面，呈现了佛教出世间法的一面。近代男女平等思潮则是以人权为基础的男女两性的性别平等，是对世间性别不平等的反抗与抵制，彰显了现实世俗社会性别价值观念的改变与诉求。近代中国佛教在义理上论证男女平等，以表明其对男女平等的顺应，实际上是将佛教法性的平等与人权基础上的性别平等相等同，体现了佛教出世间法对世间法的随顺与融合。

2.《药师经》"转女成男"的顺世诠释——以戴季陶为中心的考察

近代中国佛教对传统佛教思想的应世解读，亦表现在通过融会男女平等思潮，对传统佛教中有关女性的内容做顺应时代的诠释。戴季陶对《药师经》第八大愿"转女成男"的顺世阐释，便是一典型案例。

戴季陶笃信佛法，"他表现在理论和行动方面，即政治佛教及广大社会方面，曾发生重大影响。北伐以后，力阻横流，护持正法，使佛教于狂风暴雨中（庙产兴学）安然度过。九一八事变后，悲心救国，运用佛法广大方便法门，会同蒙藏佛教领袖，修建法会，促其内向"[1]。由此可知，戴季陶的佛学思想始终是面向现实的，寓佛法于近代社会环境中，以佛法作为解决近代战乱频仍的社会政治问题的一种途径，展现佛法契应时代的一面。

在戴季陶一系列弘扬佛法的行为中，举办祈福消灾法会，是其融佛法入时代，发挥佛法救国救民应世作用的重要举措。九一八事变后，日本占领中国东北，随后日军进攻上海，国难当前，时任考试院长的戴季陶与王一亭等一干政商名流，于1933年元月，礼请九世班禅土丹·曲吉尼玛在南京宝华山慧居寺主持药师七佛大法会，期望通过佛教力量，护国消灾，拯救时局。此次法会上，戴季陶撰写了《药师七佛法会发愿文》，与大众共同发愿，祷祝

---

[1] 东初:《中国佛教近代史》上册，台湾中华佛教文化馆，1974，第482页。

第十四章　入世转型中近代中国佛教对男女平等思潮的调适　955

和平。《发愿文》的内容大致可以分为两个层次，第一个层次的十二大愿是期许建立尽善尽美的社会国家，最后一愿，归至药师佛之加持，让世界成为琉璃净土。第二层次则是依第一层次的最后一愿即第十二愿之药师佛加持来展开，其中有对《药师经》"转女成男"的新诠释，为我们探索近代中国佛教如何对男女平等思潮进行顺应与融合打开了一个窗口。

《发愿文》对《药师经》"转女成男"的新诠释是在第二层次的大愿，我们这里将发愿文中第二层次的十二大愿与传统玄奘译本《药师琉璃光如来本愿功德经》[1] 中的十二大愿作一对比，以此发现近代中国佛教对传统佛教理论所作的融会男女平等思潮的顺世诠释。两者文本内容详见下表。[2]

愿次	玄奘译本《药师琉璃光如来本愿功德经》	戴季陶《药师七佛法会发愿文》第二层次十二大愿
一	愿我来世得阿耨多罗三藐三菩提时，自身光明，炽然照耀无量无数无边世界，以三十二大丈夫相，八十随形好，庄严其身；令一切有情，如我无异。	第一遵行世尊本愿：政本优生，教重安养，使一切人民身心美善、相好端严。世尊第一本愿，如实成就。
二	愿我来世得菩提时，身如琉璃，内外明彻，净无瑕秽，光明广大，功德巍巍。身善安住，焰网庄严，过于日月；幽冥众生，悉蒙开晓，随意所趣，作诸事业。	第二遵行世尊本愿，培植德本，发扬慧力，使一切人民本力充实，光辉普耀。世尊第二本愿，如实成就。
三	愿我来世得菩提时，以无量无边智慧方便，令诸有情，皆得无尽所受用物，莫令众生有所乏少。	第三遵行世尊本愿，广行四摄，勤修六度，使一切人民，自他方便，万事咸宜。世尊第三本愿，如实成就。
四	愿我来世得菩提时，若诸有情行邪道者，悉令安住菩提道中；若行声闻独觉乘者，皆以大乘而安立之。	第四遵行世尊本愿，服务社会，尽瘁人群，使一切人民咸归大乘，舍身救世。世尊第四本愿，如实成就。

---

[1]《药师经》传入中国，共有五次翻译。有关《药师经》五个版本的介绍，详见印顺法师《药师经讲记》，中华书局，2010，第13—14页。

[2] 表中涉及的文本出处，分别为：《药师琉璃光如来本愿功德经》，《大正藏》第14册，第405页上—中；陈天锡：《戴季陶先生文存》第3册，台湾"中央文物供应社"，1959，第1178—1182页。

续表

愿次	玄奘译本《药师琉璃光如来本愿功德经》	戴季陶《药师七佛法会发愿文》第二层次十二大愿
五	愿我来世得菩提时，若有无量无边有情，于我法中修行梵行，一切皆令得不缺戒，具三聚戒。设有毁犯，闻我名已，还得清净，不堕恶趣。	第五遵行世尊本愿，精研戒律，调伏身心，使一切人民身口意业，咸归清净。世尊第五本愿，如实成就。
六	愿我来世得菩提时，若诸有情，其身下劣，诸根不具，丑陋、顽愚、盲、聋、暗、哑、挛、躄、背偻、白癞、癫狂、种种病苦，闻我名已，一切皆得端正黠慧，诸根完具，无诸疾苦。	第六遵行世尊本愿，政重卫生，业励医药，使一切人民，凡有疾苦，悉得救治。世尊第六本愿，如实成就。
七	愿我来世得菩提时，若诸有情，众病逼切，无救无归，无医无药，无亲无家，贫穷多苦，我之名号，一经其耳，病悉得除，身心安乐，家属资具，悉皆丰足，乃至证得无上菩提。	第七遵行世尊本愿，普设医院，广施药品，使一切人民，孤苦贫穷，悉离病厄。世尊第七本愿，如实成就。
八	愿我来世得菩提时，若有女人，为女百恶之所逼恼，极生厌离，愿舍女身；闻我名已，一切皆得转女成男，具丈夫相，乃至证得无上菩提。	第八遵行世尊本愿，立法施政，尊重女性，使一切女子受平等福，离百恶恼。世尊第八本愿，如实成就。
九	愿我来世得菩提时，令诸有情，出魔羂网，解脱一切外道缠缚；若堕种种恶见稠林，皆当引摄置于正见，渐令修习诸菩萨行，速证无上正等菩提。	第九遵行世尊本愿，树立正法，降伏邪见，使一切正法并育并行，永难缠缚，世尊第九本愿，如实成就。
十	愿我来世得菩提时，若诸有情，王法所录，缧缚鞭挞，系闭牢狱，或当刑戮，及余无量灾难凌辱，悲愁煎迫，身心受苦；若闻我名，以我福德威神力故，皆得解脱一切忧苦。	第十遵行世尊本愿，改良刑政，实施感化，使一切人民不触法网，即有犯者，在狱获救，出狱护养。世尊第十本愿，如实成就。
十一	愿我来世得菩提时，若诸有情，饥渴所恼，为求食故造诸恶业；得闻我名，专念受持，我当先以上妙饮食，饱足其身；后以法味，毕竟安乐而建立之。	第十一遵行世尊本愿，政重民生，普济民食，使一切人民，饮食供给，无有乏少，更施教育，培其智德，令住安乐，不遭苦难。世尊第十一本愿，如实成就。
十二	愿我来世得菩提时，若诸有情，贫无衣服，蚊虻寒热，昼夜逼恼；若闻我名，专念受持，如其所好，即得种种上妙衣服，亦得一切宝庄严具，华鬘涂香，鼓乐众伎，随心所玩，皆令满足。	第十二遵行世尊本愿，衣住行等，一切施为，决依总理遗教，尽力推行，生产分配，咸令得宜，使人民生活所需，无有不足，节之以礼，和之以乐，五福俱全，文明鼎盛。世尊第十二本愿，如实成就。

通过上表可知，戴季陶发愿文中第二层次的十二大愿，紧扣传统《药师经》十二大愿，其原文内容"依著药师佛本愿的精神，以自身为药师佛，与药师佛同愿，将十二大愿的愿文精神各各转为相应与当代的时局内容与语言，展现救国济民济世的实践，成为十二大愿的现代版"[1]。也就说，戴氏基于传统《药师经》十二大愿所发新十二大愿，将传统《药师经》与近代社会政治文化相融会，是传统药师思想经过时代文化洗礼的新呈现。

其中，戴季陶基于《药师经》中第八大愿"转女成男"而阐发的新"转女成男"大愿，即可以理解为其在融摄近代男女平等思潮前提下，对传统"转女成男"佛教思想做出的顺世诠释。罗奉僧居士曾对戴季陶《药师七佛法会发愿文》第二层次十二大愿加以衍义，其中亦对戴氏新"转女成男"大愿的意义做了专门的解析，指出："从上面第六愿以下，是逐层的为救脱众生现在所受之苦，而人类众生中，生有罪垢恼苦的，要算女子最甚哪！涅槃经云：'一切女人，皆是众恶之所住处'，非谓女人优于为恶，而是有许多可恶之事，缠绕女身，所谓'百恶之所逼恼'。……学佛人明理应机，是要努力打破历来人类错误观念，我们要从立法施政上，矫正重男轻女的恶习，使一切女子与男子受平等的幸福，离百恶的逼恼，这就是如实成就世尊的第八大愿。"[2] 这就是说，戴季陶的新"转女成男"说中包含了融会男女平等时代思潮的"立法施政，尊重女性，使一切女子受平等福"的内容，而这又体现了《药师经》"转女成男"救助女性脱离沉沦苦海的佛教本怀。由此可知，戴季陶的新"转女成男"大愿，既契应了《药师经》拯救女性的佛法核心精神，又顺应男女平等思潮，做到了契理与契机的新诠释。

---

[1] 苏美文：《论大陆民国时期药师佛法门之新诠释与弘扬》，（台湾）《中华科技大学学报》2015年第63期。

[2] 罗奉僧：《护国济民宏法利生药师七佛法会发愿文衍义（续）》，见黄夏年主编《民国佛教期刊文献集成·补编》第43卷，中国书店，2008，第320—321页。

二　佛教女众性别意识的觉醒

因性别共情，加之自身的衰落现状，男女平等思潮给近代佛教女众带来的冲击和影响，更为炽烈。当世俗社会中的女性在男女平等思潮中获得更多的自由、平等权利时，近代佛教中一些女众也开始反思："现在社会改良了，女子在法律上，经济上，教育上，社会上，确认男女有平等的地位，何以出家女众，依旧长夜漫漫，作从前专制时代下甘居卑下而不自奋发呢？岂不成为封故步而昧大势吗？"[1] 并逐渐通过融合男女平等思潮，觉醒自身担负的弘扬佛法责任和在佛教中的重要地位。因此，近代佛教女众在融合男女平等思潮的过程中，自身的性别意识不断觉醒。

近代佛教女众性别意识的觉醒，首先表现在女众随顺男女平等思潮的自觉性。比丘尼常超从人与社会环境之间的密切关系，意识到佛教女子不可能从时代洪流中脱离，必然会受到近代男女平等思潮影响，如其所说："人生世界上，是终不能脱离此世间上一切的环境和潮流，而另创造一世界来给我们住，那是不是容易的事，所以世间上女子怎样，而我佛教女子不得不受其影响，随着同化了！"[2] 故而，她强调，佛教女众要顺应时代的改变，要向世俗女性一样努力争取女众的平等权利：

女众们啊！现在世运改变了，你可不要故步自封，不要思想下劣，不要怯弱，不要因着一般人士对女子有抱消极不肯去努力了！我们要自信自己，有智慧才能，要晓得呀！天定固能胜人，人定亦能胜天，……

---

[1] 恒宝：《佛教女性观》，见黄夏年主编《民国佛教期刊文献集成》第87卷，全国图书馆文献缩微复制中心，2006，第30页。

[2] 常超：《现代女子佛教》，见黄夏年主编《民国佛教期刊文献集成》第87卷，全国图书馆文献缩微复制中心，2006，第56页。

不是我们女子无智慧、无毅力，实是被种种法律所裁制了，虽有奇材异能的，也隐没了，现代女众们！现在可明白我们自己，所以我们要发心，现在是解放的时代，我们也要随着不停的在演进着的时代并进，男女本来是一样的，为什么女子偏偏该落伍呢？[1]

据此，近代一些佛教女众逐渐意识到其在佛教与社会中的重要地位以及作为佛教弟子所担负的弘法责任，积极诉求女众的平等权利。

例如女居士智严从佛教历史的角度，通过梳理佛教在印度的灭亡与当前中国佛教的衰落以及女性在人类进化史上中心时代、被征服时代、解放时代的蜕变，指出佛法愈宏愈晦的真正原因，不在于佛教义理过于深奥不合于一般民众的要求，而在于"实亦学佛者拘于小乘不了义之教轻视女性，厥为救世佛法不能推行之惟一障碍，而亦佛法愈宏愈晦之惟一真因也"[2]。她认为，在当今女子解放的时代，"吾国女权运动，亦大有春笋怒发勃不可遏之势，此诚女性前途之福音，而亦人群应行之光明道也"[3]，因此，必须要改变以往对于女性的轻视，意识到女性对于转变佛教衰败状态，实现佛法广大弘扬的重要作用。

与智严的反思不同，比丘尼恒宝与天童则从正面的视角，论述佛教女众在佛教与社会中的重要地位和责任。恒宝指出："无论在人类的平等上，宗教的信仰上，女众皆占多数势力，佛教女众人材，岂可忽略而不造就乎？"[4] 对于佛教女众在佛教与社会中的重要地位，天童在恒宝观点上做了进一步的论

---

[1] 常超：《现代女子佛教》，见黄夏年主编《民国佛教期刊文献集成》第87卷，全国图书馆文献缩微复制中心，2006，第58—59页。

[2] 智严：《女子在佛法中之地位》，见黄夏年主编《民国佛教期刊文献集成》第46卷，全国图书馆文献缩微复制中心，2006，第233页。

[3] 智严：《女子在佛法中之地位》，见黄夏年主编《民国佛教期刊文献集成》第46卷，全国图书馆文献缩微复制中心，2006，第234页。

[4] 恒宝：《创刊词》，见黄夏年主编《民国佛教期刊文献集成》第87卷，全国图书馆文献缩微复制中心，2006，第7页。

述，她认为要想明确比丘尼在今后应具的学行，必须先明了其在佛教与社会中的地位和责任。一方面，作为佛教四众弟子之一，比丘尼"在佛教里的地位与比丘是平驾齐驱，是负有宏法利生，住持佛教，化导社会，利乐有情，续佛慧灯之责任，在四众弟子中比丘尼是真正的佛子之一"；另一方面，作为国民来讲，比丘尼作为女子，"女子无论是在法律上经济上政治上教育职业上，都与男子站在同一的水线上，平等平等，无有分别。而女子在职责上同负有能造社会，为人类谋福利，为国家求利益，教育子弟，培养国民的责任"[1]。在恒宝、天童看来，比丘尼无论是作为佛教徒的宗教身份还是作为国民的社会身份，在佛教与国家里都是重要的参与者，皆具有重要的地位和重大的责任。

除了自觉自身的佛教与社会地位和责任外，近代一些佛教女众将男女平等思潮导引至佛教，呼吁女众平等的受教育权利以及弘扬佛法的宗教责任。

就女众应平等地接受教育来讲，菩提精舍的学员比丘尼锦云激励佛教女众着眼于男女平等受教育的时代大势，努力争取受教育机会："试观当今之世，女权蓬勃之时，男女教育平等，女子有读书之机会，有求学之学校，佛教女众，岂永趋堕落，默守成法，求学无地。"[2] 菩提精舍的另一学员比丘尼如理则进一步就比丘尼在男女平等的时代文化下，如何求学增长知识提出具体的建议："现在社会既是提高女权，男女一律教育平等，我们女众在今日正是求法不暇，还说宏法？自救不暇，还说得上救人么？我们从此要发愤修学，研究教理，最低限度对于中国佛教宗派，弄明白她的大纲选择一经一论作专门之研究，才可以继承佛陀家业，去宏法利生。"[3] 在她看来，佛教女众抓住

---

1 天童：《比丘尼应具的学行》，见黄夏年主编《民国佛教期刊文献集成》第 87 卷，全国图书馆文献缩微复制中心，2006，第 77 页。

2 锦云：《菩提精舍创始记》，见黄夏年主编《民国佛教期刊文献集成》第 87 卷，全国图书馆文献缩微复制中心，2006，第 9 页。

3 如理：《今后佛教尼众应具之学行》，见黄夏年主编《民国佛教期刊文献集成》第 61 卷，全国图书馆文献缩微复制中心，2006，第 245 页。

男女平等思潮的时代机缘，发愤求学，学习教理，改变衰落状态，实现自救的同时要有能力承继佛陀家业，弘法利生。

常超则希望借助男女平等思潮，建构佛教女众佛学院，培养女众人才。她呼吁："我们快快的要努力，来真正实行解放女子一切束缚，同负男子一样的责任，并且要打破男女的分别，来一起合作，去宏法利生，我们要知道，女众是重不可少的优秀份子，就目下看，女界信佛实在多于男子，而且女子易于感化，然无良好模范的女佛学院，及有智尼女不为功，因此我们要创办良好的女佛学院，养成有智能的人材，求合于现代世界潮流之趋势，使我一般青年的女子，放大眼光，明了世界各科学哲学等等情形，以及现代社会各种学术的思潮，同时亦须要明白现代女僧之职志，宏法利生的重要，如此自有大放光明的一天，希望我女界们来打破从前的陋习，尽量发展女众的天才，集中人力财力，共同计划，办有系统具体的女佛学院，一致向前，负起宏扬佛化的担子，化导一般妇女，由一县推之一省，由一省推之一国，由一国推之全球，这才是我们女界佛教真正发扬光大。"[1]

如理顺应男女平等的思潮提倡发展女众教育，是从女众个体来讲的，常超则将其扩展到整体女众层面，两者分别从个体深度与群体广度上，希望将男女平等的观念惠及佛教女众群体，培养出更多的女众人才，使得佛教女众真正担负起弘法利生的责任。

就女众应担负弘扬佛法的责任来讲，一方面是指比丘尼要担负起向一般女性宣传佛法的责任，如天童所讲："住持佛教虽以比丘为中坚份子，而我辈尼众亦不得袖手旁观，隔岸观火，毫不介怀"，"我们尼众今后务须要担起宏法利生的担子，向女界同胞去宣传佛法，劝其信仰三宝，茹素放生，不杀生，持五戒，修十善，孝敬父母公婆，夫妇敦睦，姑嫂和合，教育子弟孝悌礼义

---

[1] 常超：《现代女子佛教》，见黄夏年主编《民国佛教期刊文献集成》第 87 卷，全国图书馆文献缩微复制中心，2006，第 58—59 页。

忠信，造成一团和气佛化的家庭，推而广之，造成清净庄严生气勃勃之少年中国，这是我们的责任！"[1] 另一方面，则是要做到护国卫教，在近代中华民族遭受外敌入侵时，佛教女众同样要担负起保卫国家，护持佛教的责任。例如比丘尼摩尼在《全国佛教的女众们起来吧》中呼吁，在抗敌、拯救民族危亡的战争中，"佛教女众也是一样，决不依赖，决不以少数僧众护国卫教而自安。佛教女众和僧众是平等的，都有着分担教务的使命，毫不逃避自己应有的责任。国危了，女众应该起来共同扶助"[2]。

由上述可知，世间愈演愈烈的男女平等思潮已通过各种方式渐渐渗透到佛教内部，在融合男女平等思潮的过程中，近代佛教中的一部分佛教女众的性别意识不断觉醒。她们逐渐意识到女众在佛教与社会中的价值和重要地位，并开始在教育权、弘法责任、护教卫国等具体方面诉求平等的权利和责任。近代中国佛教中部分女众的性别觉醒，使得她们成为维护自身权利和改变女众现状的重要力量。佛教女众为自己代言，为自己发声，这意味着传统佛教中性别力量之间的失衡在近代时期可能会发生新的改变。在这其中，男女平等思潮的作用不可忽视。

第三节　近代中国佛教对男女平等思潮的反思

近代中国佛教对男女平等思潮的调适，不仅展现出顺应的一面，也呈现出自我辩解和反思的一面。近代中国佛教面对男女平等思潮所做出的自我辩解和反思，一方面表现在如何回应男女平等思潮下对传统佛教女性观中八敬法、女身五障等内容的质疑，另一方面则体现在近代中国佛教对男女平等思

---

[1] 天童：《比丘尼应具的学行》，见黄夏年主编《民国佛教期刊文献集成》第87卷，全国图书馆文献缩微复制中心，2006，第78页。

[2] 摩尼：《全国佛教的女众们起来吧》，见黄夏年主编《民国佛教期刊文献集成·补编》第45卷，中国书店，2008，第22页。

潮所带来的女性新变化的反思，并且提出佛教关于女权的新阐释。

一　对八敬法等传统佛教女性观的辩解

佛教中有大量关于女性恶习、女身五障等内容存在，女性出家要遵守八敬法，其所持守的戒律往往要比男性更加严苛。在近代男女平等思潮的冲击下，这些内容常成为时人质疑佛教性别歧视的依据。面对这些质疑声，近代中国佛教立足佛教本位，力证八敬法等内容并非是对女性的轻视，佛教对男女平等有其独特的见解与表达。而且，伴随男女平等思潮在佛教内部的深入影响，佛教界自身试图解读女性在佛教中的本来意义，使佛教脱离歧视女性的嫌疑，证明其男女平等义。

1. 回归佛陀本怀

据《大爱道比丘尼经》等佛教典籍的记载，女性出家往往以遵守八敬法为先决条件。近代一些观点以此为依据，认为"佛陀轻视女性，以女子不能住持佛法，应为男子附属品"[1]。那么应当如何看待八敬法，它是否包含佛陀对女性的歧视？智严与恒宝两位学佛女性给出了她们的解释。

智严提出："吾人详考印度当时社会情形，女性已陷于被征服地位，知识学养，皆不及男性，此则环境为之，佛陀顺世说法，无可如何者也。若谓佛陀果有轻视女性之意，则维摩经中天女云：我从十二年来，求女人相，了不可得，当何所转？又云：如舍利弗，非女而现女身，一切女人，亦复如是，虽现女身，而非女也，是故佛说一切诸法，非男非女。……此等男女绝对平等之言，佛当不于庵罗树园中印可其说，并不能任其在百万人天中，宣示法要，而必令舍利弗等为之教授教诫矣。彼既不尔，此云何然？……夫以般若

---

[1] 智严：《女子在佛法中之地位》，见黄夏年主编《民国佛教期刊文献集成》第46卷，全国图书馆文献缩微复制中心，2006，第235页。

上首大智文殊师利,不能起离意女人之定,惟佛乃能,则女性地位,果在男性之下必须依僧而住耶?吾故谓佛陀说八敬法,乃为住持小乘正法使僧团和合起见,并有社会环境关系,不得已而出此主张,非佛陀以身为男子,即有此主奴之偏。"[1] 在智严看来,佛陀说八敬法,与社会环境等有关,是顺世的方便说法,并没有轻视女性之意。恒宝也指出:"因为印度的风俗习惯,女人是最下级而且最秽污的东西,佛在这种形势下,为着世人的讥嫌,不得不如是也。"[2]

在智严、恒宝看来,八敬法是佛陀于特定环境下的应病与药。一方面,佛陀为了保障以男性为主的僧众,能够在修行中断离爱欲,保证僧团戒律清净,和合无诤;另一方面,佛陀的本怀就是普度众生,面对印度当时女性痛苦不堪的卑劣生存状态,佛陀制定八敬法,随顺世法的同时为苦海中沉沦的女性提供出离法门。因此,八敬法不是佛教轻视女性,对女性的贬低,实际上它是佛陀在既确保整个僧团组织有序发展又能帮助女性脱离世间困苦情况下的综合考量。这一考量为女性学佛得解脱提供了一条光明大道,展现了佛教关爱女性的良苦用心。

除了八敬法,佛教中还有一些与女性相关的内容,也引发了佛教歧视女性的质疑与争论。20世纪40年代,港澳与大陆之间曾兴起一场围绕大小乘经典是否歧视女性的讨论。事情起因于竺摩法师受邀为澳门功德林"佛学研究班"开讲佛法,在讲授《解深密经》时,班上的女性学员对经中"女性暗弱,是故律明为女人说法过五六语,犯波逸提"的话表示不理解,认为这分明是在歧视女性,并以此向竺摩法师询问。同时,《大风半月刊》上一篇文章《史学权威陈寅恪》,引起来澳门佛教功德林学员江之萍的注意,她认为

---

[1] 智严:《女子在佛法中之地位》,见黄夏年主编《民国佛教期刊文献集成》第46卷,全国图书馆文献缩微复制中心,2006,第235—236页。

[2] 恒宝:《佛教女性观》,见黄夏年主编《民国佛教期刊文献集成》第87卷,全国图书馆文献缩微复制中心,2006,第25页。

文章中转引的陈寅恪"考佛原始教义本亦轻贱女身，如大爱道比丘尼经下列举女人之八十四态，即其例，后来演变渐易初旨，末流至于大乘急进派之经典，其中乃有一女身受托为转轮圣王，成佛教义。此诚所谓非常异义可怪之论也"的观点"未免有些过当了"[1]，故向竺摩法师询问。竺摩法师对佛学研究班女学员与江之萍的疑惑分别给予了答复，同时考虑到佛教中有关女性负面记载的普遍性，便将此问题分别向太虚、弘一两位大德寄函咨询。此后，江之萍将此争论过程发表在大陆发行的《觉有情》期刊上，比丘尼观愿看到文章后，也参与其中，发表了《何故轻尼》一文，表达了其对佛教经典是否歧视女性的观点。

结合争论中各方的具体观点，可以得知，对于如何看待大小乘经典是否歧视女性的问题，主要有以下两种面向。

一是认为大小乘经典中有关轻视女性的内容，是为僧众清净梵行所作的方便说法。竺摩明确说："在大爱道比丘尼经说到女身有八十四态，那也决不是故意轻视女性，那只是对当时的环境与机宜，作一种方便的说法，因为当时常侍于佛教的都是一班小乘比丘，小乘比丘要了脱生死的初步工夫必须要离欲，所以要说明女性的丑怪而使他们厌离……便可探悉佛呵厌女身的意旨。"[2] 太虚亦指出："以深密佛告善现，因论生论，展转谈及不为女人说过五六语等律文。佛于声闻乘专为比丘，初步即超欲界，故经律呵厌女，令女自厌，其处非一；大乘则胜鬘、月上等全异此。深密之告善现，乃以其深解空义，绝不须牵及此问题。"[3] 认为在佛教小乘时期，佛教修持的主要目的是脱离欲界，且当时佛教僧团中以男性为主，因而日常修行中摆脱来自女性的

---

[1] 江之萍：《一个与学佛妇女有关的问题》，见黄夏年主编《民国佛教期刊文献集成》第92卷，全国图书馆文献缩微复制中心，2006，第493页。

[2] 江之萍：《一个与学佛妇女有关的问题》，见黄夏年主编《民国佛教期刊文献集成》第92卷，全国图书馆文献缩微复制中心，2006，第493—494页。

[3] 太虚：《复香港女众书（二通）》，《太虚大师全书》第29卷，宗教文化出版社，2005，第279页。

欲望，成为最根本也是最重要的修持。所以佛陀为了保障僧众的清净梵行，而说女性有八十四丑态，这是一种方便说法。

二是认为大小乘经典中有关轻视女性的内容，乃是随顺当时女性现实的生存状态，激励女性学佛的方便法门。例如弘一法师指出，大小乘经典中这些说法，"乃佛指其时印度之女性而言，现代之女众不应于此介怀。又佛之所以出此等语者，实于大慈悲心，以诫悔勖励，冀其改过迁善；决无丝毫轻贱之心也"[1]。比丘尼观愿亦表达了与此相同的观点，认为"本师释迦牟尼佛详说女人有八十四态，也并非轻贱女身，佛实欲使女性学佛，故曰：'能除此八十四态者，无不得度，无不得道，无不得佛也'"[2]。

总之，在近代中国佛教看来，无论是八敬法，还是女性八十四丑态等，都是佛陀在一定条件下的随缘说法，在佛陀本怀上，都并非是专门针对女性的歧视："原来佛教之目的，是为转迷开悟，离苦得乐，止恶行善，所以要观察众生的机根和时代的推移，来随机说法，不得千年一律，有时说妇女是恶人、邪见的人，或说'女人不得成佛'，以为女人没有成佛的资格，可是这样的话，完全是由大慈悲所发出，要使女人感觉自己的弱点，热心修养，然后证入菩提佛果。从古以来，很多女人，持有贤良之德，贞女烈妇，忠信孝悌的女人等等。有时辈出才媛女杰，压倒堂堂的大丈夫。可是释迦佛祖在世时代的佛教妇女们，还没有什么进步，她们女性最要紧的和顺贞洁之德行，还没有阐发，所以诸经论的论说，都表现了当时的实情。"[3]因此，对于八敬法等，必须要将其置于佛教当时所处的社会环境与佛教境遇来看待，不可以现时代男女平等价值观做任意主观评判，"昧者不当据此

---

1 弘一：《致竺摩法师》，《弘一法师全集》03 书信，新世界出版社，2013，第 206—207 页。
2 释观愿：《何故轻尼》，见黄夏年主编《民国佛教期刊文献集成·补编》第 61 卷，中国书店，2008，第 484 页。
3 心源：《佛教家庭的妇女应取的态度》，见黄夏年主编《民国佛教期刊文献集成》第 133 卷，全国图书馆文献缩微复制中心，2006，第 277 页。

为轻视女性之铁案也"[1]。

2. 因果业报的必然差别——以太虚法师为中心的考察

除了从回归佛陀本怀的角度来说明八敬法等内容是佛陀随缘说法的一种方便法门，近代中国佛教亦从因果业报的立场，试图阐明男女是业报果相的必然差别，这种差别不包含性别歧视的倾向。持此观点者，以太虚法师为著。

太虚在地藏庵尼僧学校演讲时，将佛法分为自心证得之法与世间建立之法。在自心证得之法上，世间万法本无差别，"至能证到究竟时即佛，未证到以前即为众生；虽未证得，而此法性仍然平等"。但是从世间建立之法来讲，则有种种差别与不同，"如法之现相有凡圣、因果之差别，法之类性有染净、善恶之差别。若从修学上，则有四众第子之差别，如出家之比丘、比丘尼二众，对于世间别种事业既全舍离，则应专从佛法上去修证，专宏佛法以度凡情；在家之优婆塞、优婆夷二众，则因尚有世间许多应作之俗事，不克如出家众之专行"[2]。在太虚看来，万法世间相的种种差别，是佛法在世间的种种呈现。而造成这些差别行的主要原因在于因果业报，正如其给澳门功德林"佛学研究班"女学员回复中所说："转变的空性是平等的，转变业果行相齐是平等的；业报的当相，人是人，畜是畜，男是男，女是女，凡是凡，圣是圣，如何妄执平等！"[3] 那么从因果业报角度，应如何看待佛教中关于男女相差别行的记载，这些内容是否就意味着佛教男女不平等？

对于男女身相之间的差别，太虚在答复觉非居士疑问时做了初步的解释。觉非居士曾以佛教中存在一些男女不平等的内容向太虚提出疑问："佛教无阶级重平等，然世人常有势利和尚之言，何哉？又佛教男女平等亦不尽然，如

---

[1] 智严：《女子在佛法中之地位》，见黄夏年主编《民国佛教期刊文献集成》第46卷，全国图书馆文献缩微复制中心，2006，第236页。
[2] 太虚：《比丘尼之责任——十九年冬在地藏庵尼僧学讲》，《太虚大师全书》第26卷，宗教文化出版社，2005，第299页。
[3] 太虚：《复香港女众书（二通）》，《太虚大师全书》第29卷，宗教文化出版社，2005，第279页。

佛初不许女子剃度，后又定五百戒，较倍于男僧。非意女子心静于男子，出家实较宜于男子也。且又有女子身污浊不能成佛之说，非意同是人身，自天生之，何有清浊之别耶？"[1] 太虚的答复是："同是人身，自天生之，此语不然。佛法不许言天生，但言业报。同在人中，先业善者报为男身，先业恶者报为女身，故有清浊；然造业由心，皆可自主，故复平等。"[2]

觉非认为肉身之男女都是天生的，在同属人身层面上，男女没有清浊之分，是平等的。太虚则从因果业报的佛教轮回角度指出，男女之肉身不是天生的，而是由先业所造成，是一定业所带来的必然之果。因为造业之不同，所以产生了男女身相的差别。所以，从业报果相来讲，男身女身是有清浊之分的。然而，果相不可执着，业皆由自心自造，因此，从自心造因果的业报轮回的源头来讲，男女是平等的。

此外，太虚在回应朱中翰质疑佛教歧视女性时，对男女身之间的关系做了更为详细的解读。朱中翰认为佛教中女子不能成转轮圣王、大梵天王、帝释、魔王、佛身的内容，代表着佛教对女性的轻蔑，佛教的女性观甚为压抑，并提出："若以此为伦理学原理，推而致之，必致偏重于男性的一方面。夫既同为世界上之人类，果可助男而抑女耶？然则佛之伦理将为局部底也。"[3] 太虚对此给予了回复：

佛法说俗谛，不外乎因缘业果报应之理。从业果论，现前之果相中，既已分明有男女之区别，则其德用势不能等，又安能不如男女之实以为说，而抑男扬女为平等之空谈乎？然果由业致，业由自造，但谓女身不能作转轮圣王等等，而未尝谓女身不能转生为男身，女身男身不过一时

---

[1] 觉非：《觉非居士来函》，见黄夏年主编《民国佛教期刊文献集成》第153卷，全国图书馆文献缩微复制中心，2006，第197页。

[2] 太虚：《答觉非问（十三则）》，《太虚大师全书》第29卷，宗教文化出版社，2005，第358页。

[3] 太虚：《答朱中翰问（三次十则）》，《太虚大师全书》第29卷，宗教文化出版社，2005，第331页。

业报相之区别。佛法当依同一真如、同具佛性而观平等，若业果相则自万有不同等也。……从不平等之业果执平等，而不明其真平等之所在，复昧佛说此之所因，洵乎其难通也。[1]

太虚在这里明确表明了男女在业果相上的区别，而且因其德用势不能等，现前果相中的男女之区别在虚妄世间中也是一种切实存在，对此，我们应该承认之。但是果由业致，业由自造，男女身不过是业报相的虚妄区别，本无实性，不可执着。因此，从因果业报的角度来看，一方面，应明晓男女之身相差别与不平等，是业报的结果，而不是对女性的歧视，不可以此认为佛教的女性观是男女不平等的；另一方面，应洞悉男女身相不平等的虚妄性，从同一真如、同具佛性的佛法真谛上看待佛教中的男女平等义，并以此指导佛法修持，改变业报果相上男女相之不平等，实现佛法究竟义上的平等。

从上可知，如何看待佛教中一些与近代男女平等性别价值观不一致的佛教女性内容，太虚着眼于因果业报的佛教思想，指出男女相的差别，是业报果相的一种必然结果，这种差别所带有的不平等特征，也是业报果相的显现，本质上虚妄不实，不可作为判断佛教歧视女性，男女不平等的依据。太虚从因果业报出发，对佛教中一些带有歧视女性内容的解读，以回应时人对佛教男女不平等的质疑，试图说明佛教的男女平等观自有其独特的内容与逻辑演进，不可以近代男女平等思潮为标准随意评判。

3. 何为"女性"——女性在佛教中的象征义

如何看待佛教中歧视女性的内容，除了从回归佛陀本怀与因果业报的必然差别两个层面进行解读，近代中国佛教界还试图从形而上的层面，阐释女性在佛教中的象征义，以证明佛教中与女性有关的负面内容，并非是对女性

---

[1] 太虚：《答朱中翰问（三次十则）》，《太虚大师全书》第29卷，宗教文化出版社，2005，第332页。

的歧视，佛教是男女平等的。

菩提精舍的恒宝曾围绕佛经中女性欲情多等内容来说明何为女性，赋予了"女性"以新的含义。她说：

> 我以为同是世间上做人，为什么有男女的名字存在呢？到底女性的定义，是个什么呢？在《增一阿含经》上说："欲情多者，便成女人。"又《净心观法》上说："女人有十种的罪恶：一是贪淫无厌；二是嫉妒心；三是谄曲诈亲；四是放逸；五是口多恶业；六是厌背心夫主；七是实情难得；八是贪财不顾恩义；九是欲心不耻；十是女身臭恶不净。"具上十种，方名女人。那末，反句话说，倘是男人，欲情多者，具上十种，何尝不是女人呢？何故一定指着女性哩？《涅槃经》说："见了佛性，方为男子，否则，都是女人。"试问名为男子的，到底那个是见了佛性呢？若是没有佛性的话，我胆敢的说，所有世间的人，都是女性；并没有一个是男子。既没有一个是男子，还要讲什么女性的问题呢？[1]

这里，恒宝用反问的方式，从两个方面对佛经涉及歧视女性的内容提出自己的见解。一方面，关于女人欲情多以及具有十种罪恶，恒宝指出，若是男人如此，也是女人。也就是说，欲情多与十种罪恶作为一种人格品质，是男女共有的，非是女性专属。另一方面，关于《涅槃经》中的"见了佛性方为男子，否则都是女人"，在恒宝看来，在见佛性上，男女都是一样的。尽管恒宝并没有明确说明女性在佛教中到底是什么，但从其一系列反问中我们可以得知，在她的理解中，佛典中关于女性的记载，是将女性作为一种人格品质或未见佛性一种状态来讲的，是面向佛法修持中的众生的。在她看来，女性在

---

[1] 恒宝：《佛教女性观》，见黄夏年主编《民国佛教期刊文献集成》第87卷，全国图书馆文献缩微复制中心，2006，第23—24页。

佛教中是一种象征，并不与现实中存在的女性等同。

与此类似，在《可异之佛教中女性观》一文中，作者明确提出，"女性"这个名词在佛教中只是"恶劣"的代表而已，并不具有对现实中女性的歧视：

> 佛教的经论里面，虽说女性恶劣，然而这恶劣的女性，并不一定只有女人具有，男人也有具有着的。反之，那优美的男性，也不一定只有男人具有，女人也有具有着的。涅槃经云："诸善男子善女人等，听是大乘大涅槃经，常应呵责女人之相，求于男子，何以故？是大经典，有丈夫相，所谓佛性，若人不知是佛性者，则无男相。所以者何？不能自知有佛性故。若有不能知佛性者，我说是等名为女人，若能自知有佛性者，我说是人为丈夫相。若有女人能知自身定有佛性，当知是等即为男子。"大毗婆沙论云："诸果与向皆名丈夫，无有女人行向住果。当知亦以能离染故，说为丈夫……汝等谛听，一切女人，其性轻薄，多诸嫉妒谄媚悭贪，唯大生主（人名）虽是女人，而离一切女人过失，作丈夫所作，得丈夫所得，我说是辈名为丈夫。"据此，女性这个名词，只是"恶劣"的代表，如"阴"与"阳"，既以"阳"代表光明美德，便以"阴"代表诡诈恶德，实则阴与阳的本体，并没有什么美恶。……现在这个女性代表恶劣，也是如此。[1]

这里，作者以《涅槃经》中能自知佛性即是丈夫相以及《大毗婆娑论》中能离染即名为丈夫为依据，一方面说明女性在佛教中是"恶劣"的象征及具体体现，如其性轻薄，多嫉妒谄媚；另一方面，说明女性在佛教中的"恶劣"的象征与现实中性别个体女人之间的不同，鼓励现实中的女性精进修持，自

---

[1] 《可异之佛教中女性观》，见黄夏年主编《民国佛教期刊文献集成》第34卷，全国图书馆文献缩微复制中心，2006，第265—266页。

觉本具佛性，离恶染，而最终具丈夫性。

近代中国佛教从女性在佛教中或代表着人格品质，或代表未证悟佛性的状态，或作为恶劣的象征义，对佛教中关于歧视女性内容的解读，将女性在佛教中的意涵从性别属性中剥离出来，使其成为一种中性的、普遍性的存在方式。如此一来，从形而上的女性佛教象征义来讲，佛教关于女性差别相上的或褒或贬的内容，都不包含对现实中的女性的歧视，佛教无疑是男女平等的。

综上所述，近代中国佛教从回归佛陀本怀、因果业报、女性在佛教中的象征义等方面对佛教中会引起女性歧视的内容的解读，分别着眼于情感、思想与逻辑、形而上三个层面，尝试论证八敬法等内容，并不代表着佛教对女性的歧视，力在表明这些内容都不能成为佛教歧视女性的依据，佛教本质上是男女平等的。

二 对世俗男女平等思潮的反思及应对

近代男女平等思潮中一个重要方面，即是对女性权利的种种诉求。在这一诉求下，近代社会文化中产生了各种新变化，诸如女性参政、做学问、自由恋爱等。如何看待这些新的女性现象，近代中国佛教中一些观点认为这些现象对社会风气、女性德性修养等方面，产生了不利影响，应对其进行深刻的反思。同时近代佛教界也试图阐明自己的女性观点，以应对男女平等思潮诸种问题，如印光法师在批判近代新女性行为的基础上提出新的"女权"观。这些反思及应对在一定程度上反映了近代中国佛教对男女平等思潮进行调适的曲折与复杂。

1. 男女平等思潮对社会及女性的不利影响

随着近代男女平等思潮的不断发展，女性在政治、经济、婚姻、恋爱等方面拥有了更多的自由及权利，同时在具体实践行为上各种问题也日益暴露出来，近代中国佛教对这些新女性现象以及产生的诸种问题进行了深刻的批判与反思。

首先，认为男女平等思潮下的新女性行为不利于社会国家的安定与发展。参政权是近代男女平等思潮一直致力追求的重要的女性权利之一，是女性政治地位与社会地位的重要标志。印光法师则对近代女性的参政行为持否定态度，因为在他看来，女性参政与传统的相夫教子的女性伦理观相悖，致使国无贤人，无益于国家发展。他在给信众的回信中，多次提及其对女性参政的消极性观点。例如在《复永嘉某居士书四》中说："现今学堂中妇女多妄生异图，拟操政权，不知各守本分，相夫教子，乃天下太平之根本，以故周之王业基于三太，彼太姜、太任、太姒，乃女中圣人。但以阴相其夫，胎教其子为事。今人不此是学，其所计虑，皆为乱天下之媒蘖，可胜道哉？"[1] 在《复陈士牧居士书八》中也说："世人不知在此处讲究，妄欲女人作男子政治之事，其不知事务，一至如此。以故世乱日甚，而贤人日稀也。"[2] 在印光法师看来，女性参政是妄生异图、不知事务，将会导致国家衰乱。女居士中亦不乏持此种观点者，例如不轻认为，男女平等带来的种种自由并非有益无害，如缺乏限制的任意自由，反而会损害女性个体、家庭荣誉以及国家发展，她说："今人动谓男女可以平权，男女不妨合校，一若高视女子，身体尽可自由，言论尽可自由，有无庸绳以礼法，限以范围者。呜呼，女子智识初开，得如斯之放纵，在女子诚自得，其如情实一决遂不可收拾何。综计其害，小之戕生命，坏名誉，辱父母，兴讼狱，大之毁道德，玷民性，害国家，皆势所必至也。"[3]

其次，认为男女自由恋爱等行为有违传统社会伦理道德。印光法师严厉

---

[1] 张育英校注：《印光法师文钞》上册，宗教文化出版社，2000，第160页。
[2] 张育英校注：《印光法师文钞》中册，宗教文化出版社，2000，第753页。
[3] 不轻：《劝吾国妇女宜自重》，见黄夏年主编《民国佛教期刊文献集成》第89卷，全国图书馆文献缩微复制中心，2006，第82页。

批评了近代女权思潮带来的女性恋爱自由等行为,在《复胡奉尘居士书》中,他斥责了近代男女自由恋爱,尤其突出地对自由恋爱中的女性进行批评:"近来人心坏极,男女自由恋爱,几成公开。以一少年女子独居于数百里外,此女不生外事即是大贤,恐百千人中,也难有几个。况此一女乃自成一家,尚须用人,其费用颇可观。今之打倒父子夫妇之伦,以自由恋爱,男女裸而抱之跳舞者,非其父母所生之儿女乎?此种儿女还是无有为好。"[1] 另外,在《复周伯遒居士书十》中,印光法师再次强调,近代以来新出现的男女自由恋爱、女子裸体现象,违背传统的礼仪伦理道德,不利于世道人心:"彼只知旧的坏,新的男女自由恋爱,打倒伦常,打倒廉耻,子弑其父,尚得奖誉。美术学校,使数女人裸体,数十男学生在周围,以所见之何方面各各描画,当作一种功课。此无廉耻之女人尚属教员之职,月得薪若干。新的又何尝有益于世道人心?欲挽回世道人心,何可登此种言论?"[2] 近代男女平等思潮下形成的女性自由恋爱、社交礼仪中的跳舞、现代美术中的女子裸体绘画等现象,在印光看来,无疑是违背传统伦理道德的乱象,应严加制止。

最后,认为男女平等思潮的负面影响对女性身心以及德性修养有损害。近代的男女平等思潮推动了女性的解放,但也存在诸多问题。如女居士杨正英指出:"自推翻了满清,民权也有些膨胀了,一般抱人道主义的,遂提倡女子的人格,在他们的意思,大都以从前的女子,被绳索缚了,现在应该把他们解放一下,但是我们看一般谈女子解放的,只在形式方面讲,大都是不彻底的,以致近年一般男女青年,大多走入危险境界。"[3] 杨正英肯定了男女平等思潮对女性解放的重大贡献,但她同时也看到了近代男女平等思潮的不足,即世俗社会中倡导的男女平等只是形式上的,具有不彻底性。

---

[1] 张育英校注:《印光法师文钞》上册,宗教文化出版社,2000,第303—304页。
[2] 张育英校注:《印光法师文钞》中册,宗教文化出版社,2000,第655页。
[3] 杨正英:《今后女子要有怎样的志向和资格才可以出家》,见黄夏年主编《民国佛教期刊文献集成》第61卷,全国图书馆文献缩微复制中心,2006,第259页。

男女平等思潮带来的社会风气的开放，造成一些消极影响，尤其是自由恋爱的开放、奢靡的消费观念，在一些佛教人士看来，将会对女性的道德品性造成损害。女居士佛心在《现代妇女应守贞德及自治六事》中谈到了近代恋爱社交对女性德性带来的不利影响：

> 现今异说流行，每藉口恋爱自由，社交公开，纵情任意，以为解放，结果多以欲事而败其节操，损其名誉，甚则恶疾缠身，苦痛谁诉。夫男女之欲，本为延嗣。家庭夫妇，尚宜节抑，而况非其人非其时非其地，岂可以纵欲哉。……自社交公开，品人论物，无所顾忌，相争交恶，排挤倾轧，由是而生。[1]

女居士不轻对近代女性开放风气更是痛斥，认为时下女性之服饰"袒胸露腿"，"相率以示人色相为快"，"放荡极矣"[2]。

另外，无论是职业女性还是家庭妇女，近代男女平等思潮在为她们提供更多的自由平等机会的同时，也使她们面临更多的诱惑，导致德行修养有所欠缺。何碧珍曾专门对此做了分析，她说："近代科学昌明，享受的物质日新月异，若贵的化装品，高价的衣饰，都是为妇女而制造贩卖。设若没有雄厚的金钱，即不能厌足趋时的要求。然而女子职业的薪金，在在比男子为低廉，贪慕荣华的，就会不知不觉间重复走入男子金钱魔力的圈套。……这种虚荣的妇女，涌到社会上，间接影响一般家庭主妇的幸福，而有离婚、遗弃、自杀的种种不幸事件。……妇女解放的目的，正因为男女同是有机体，应该使她们成为人类社会的有用人员，充分发展她们的能力，在平等自由的原则下，

---

[1] 佛心：《现代妇女应守贞德及自治六事》，见黄夏年主编《民国佛教期刊文献集成·补编》第61卷，中国书店，2008，第505页。
[2] 不轻：《劝吾国妇女宜自重》，见黄夏年主编《民国佛教期刊文献集成》第89卷，全国图书馆文献缩微复制中心，2006，第82页。

为种族谋幸福，所以女子德性修养不良，显然妨碍女权运动的进步。"[1] 可见，男女平等思潮对女性也带来了一定的危害，而这些危害皆是因为女性在融入社会时无法很好地抵御各种诱惑，致使自己德性修养欠缺所导致。这与男女平等思潮最初实现女性独立、男女平等的追求相脱离，从长久来看，最终会妨碍妇女解放运动的进步。

近代中国佛教在国家安定与发展、社会伦理道德、女性身心及德性品质等方面对男女平等思潮的反思，在展现这一文化思潮并非完美无缺的同时，也体现了近代佛教对男女平等思潮某种程度上的抵制和排斥。通过对男女平等思潮产生的种种问题的批判和反思，近代中国佛教中有观点认为，唯有佛教的男女平等才是最彻底的，"这个地球上首先打起旗帜唱着'平等主义'的，就是天上天下唯我独尊的佛陀！……打破印度原有的四种阶级底封建制度，而倡无国家，无种族，无阶级，无性别，无我，无人，男女平等的佛教。由此看来佛教里的平等主义，是最彻底的最究竟的，老实说一句，今日所谓自由平等的什么主义等，都是望尘莫及哩！"[2] 而且佛教中女性的解放，"非是要与世俗女子那种解放一样，是要全女子佛性的解放"，是以实现全女性佛性的解放为目标，而非男女平等思潮偏重女性个体的解放。因此，只有佛教的男女平等最究竟，可以解决世间的一切男女不平等问题。可见，他们开始尝试论述自己对女性的理解，建构与世俗社会男女平等不同的新的女性观。

2. 相夫教子的"女权"观——以印光法师为例

印光法师否定了近代男女平等思潮影响下女性参政、自由恋爱等新女性行为，明确提出以佛教对治近代女界种种行为："现今女界，范围放弛，若不

---

[1] 何碧珍：《愿女同胞快来入佛教园地》，见黄夏年主编《民国佛教期刊文献集成》第 202 卷，全国图书馆文献缩微复制中心，2006，第 506—507 页。

[2] 永学：《佛教的平等主义》，见黄夏年主编《民国佛教期刊文献集成》第 69 卷，全国图书馆文献缩微复制中心，2006，第 206 页。

以佛法维持，则后来之变，不知成何景象也。"[1] 然而，印光法师并未贬低女性的地位与价值，相反，他十分强调女性对家庭国家社会的重要性，并提出了自己的"女权"观。他说：

> 现在大家提倡男女平权，谓为抬高女人的人格。不知男女之身体既不同，则责任亦各异。圣人所谓男正位乎外，女正位乎内。正位乎内者，即实行烹饪纺织，相夫教子之事也。今令女人任男人之事，则女人正位之事荒废矣。名虽为抬高女人的人格，实则为推倒女人的人格。愿女界英贤，各各认清自己的人格所在，则家庭子女，皆成贤善，天下岂有不太平之理乎？[2]

> 彼学堂提倡男女平权，直是不知世务。须知男有男之权，女有女之权。相夫教子，乃女人之天职，其权极大。[3]

印光法师依照男女正乎位的传统性别观念，指出男女责任各异，烹饪纺织、相夫教子才是女性人格所在，才是真正的女权。近代男女平等思潮中，女性参政、恋爱自由等行为显然与"女正乎内"的观念背道而驰，因此无法得到印光的青睐。同时，印光法师将相夫教子视作女性的天职，赋予了其女权观以神圣性与至上性。

印光法师相夫教子的"女权"观，对于近代纷乱的社会具有一定的针对意义。他在《复焦义堂居士书》中明确指出女权对于国家兴亡的重要作用："今之讲男女平权者，多多皆不知女人之权大于男子多难称喻。世道之乱，亦

---

[1] 张育英校注：《印光法师文钞》上册，宗教文化出版社，2000，第258页。
[2] 张育英校注：《印光法师文钞》下册，宗教文化出版社，2000，第1707页。
[3] 张育英校注：《印光法师文钞》上册，宗教文化出版社，2000，第138—139页。

由女权不振所致。世道欲治,当急令女子无负天职,各各恪守其权。光常谓'治国平天下之权,女人家操得一大半。'以其克尽妇道,相夫教子,于家于国,利在不知不觉中。"[1] 印光法师将世道的动乱归因于女权的不振,"治国平天下之权,女人家操得一大半",这无疑是对女性在拯救国家危亡中的地位给予了最充分的肯定。在《复万梁居士书一》中,印光法师认为,近代国家纷乱是因为缺少贤妻贤母而导致的国家栋梁之材的缺乏。他说:"天下不治,匹夫有责。人之初生,资于母者独厚,故须有贤母方有贤人。而贤母必从贤女始。是以欲天下太平,必由教儿女始。而教女比教子更为要紧。以女人有相夫教子之天职,自古圣贤,均资于贤母,况碌碌庸人乎?若无贤女,则无贤妻贤母矣。既非贤妻贤母,则相者教者,皆成就其恶,皆阻止其善也。此吾国所以弄得国不成国、民不成民之根源。"[2] 把国不成国、民不成民之根源归之于女子没有尽好相夫教子之天职,这显然失之偏颇,但他对女子在国家兴亡中重要作用的肯定,则是有积极意义的。

既然女性恪守相夫教子的职分对于解决近代动乱社会状况如此重要,那么女性应该怎样更好地做到相夫教子,成为贤妻贤母呢?在印光法师看来,一是要重视家庭教育中对女性的教育:"今之世道,乱至极点,皆因举世不知教女之所致也。以人之性情及与习染,资于母者最深。幼时若有贤母,长时再有贤妻,其人有不为贤人乎?是知教女乃治国平天下之根本法轮也"[3];二是要女性懂得佛教的因果报应之法。具体内容体现在以下四个方面:

首先,要具备妇德、妇言、妇容、妇红四德。印光在《复王悟尘居士书一》中强调王居士应以此四德教育两个女儿,认为只要具有这四种品德,"而后再加以知因识果,信愿念佛,则将来出嫁后,必能仪型闺阃,师范女

---

[1] 张育英校注:《印光法师文钞》上册,宗教文化出版社,2000,第540页。
[2] 张育英校注:《印光法师文钞》上册,宗教文化出版社,2000,第564页。
[3] 张育英校注:《印光法师文钞》中册,宗教文化出版社,2000,第862页。

流,相夫教子,俱成贤善"[1]。印光也以此劝导温嵇德正居士,"又须恪尽己分,所谓孝顺父母翁姑,和睦兄弟姊妹妯娌,夫妻相敬如宾,劝善规过,善教儿女,宽待下人。能如是即是贤人"[2]。

其次,需性情柔和,具有三太之德,阴相其夫,教养其子。印光法师认为,女子性情柔和,不仅利己,更对于子女多有裨益,甚至成为立家立国之本。他说:"女子从小,须令性情柔和,不生气。习久则成天性。其利益说不能尽。……女子性情柔和,则家道亦可和睦,所生儿女性情亦悉慈善柔和。"[3] "女子从小,就要习其柔和,则终身受福多矣。否则不但自己多病,儿女多死多病,家道不合,以致衰祸日现,此实立家立国之基本也。"[4] 他还对近代以来流行的太太一词进行了新的阐释:"世俗皆称妇人曰太太,须知太太二字之意义甚尊大。查太太二字之渊源,远起周代,以太姜、太任、太姒皆是女中圣人,皆能相夫教子,太姜生泰伯、仲雍、季历三圣人。太任生文王。太姒生武王、周公。此祖孙三代女圣人,生祖孙三代数圣人,为千古最盛之治。后世称女人为太太者,盖以其人比三太焉。"[5] 他希望现代女子也能够效仿三太之德,育子女为贤德之人。

再次,应识字,通文理。"为今之计,子女当能言语知人事时,即于家庭先令认字块。(女子虽不必令其造大学问,断不可不识字、不通文理,母尚宜胎教。若识字通文理,则所生子女,便为易学矣。)"[6] 在印光法师看来,女性识字不是为了做学问,而是为了更好地发挥母职对于儿女的教育作用。而所要学习的知识,仍是传统的儒家女性的典籍,如《闺范》《女子二十四孝》《女四书》《列女传》等。

---

[1] 张育英校注:《印光法师文钞》中册,宗教文化出版社,2000,第862页。
[2] 张育英校注:《印光法师文钞》中册,宗教文化出版社,2000,第911页。
[3] 张育英校注:《印光法师文钞》上册,宗教文化出版社,2000,第567页。
[4] 张育英校注:《印光法师文钞》上册,宗教文化出版社,2000,第606页。
[5] 张育英校注:《印光法师文钞》下册,宗教文化出版社,2000,第1707页。
[6] 张育英校注:《印光法师文钞》上册,宗教文化出版社,2000,第99页。

最后，须懂得因果报应。在印光法师看来，世道混乱主要有两种原因，一是家庭教育不善，二是不注重因果报应。在他看来，因果报应不仅是"世出世间圣人平治天下，度脱众生之大权"[1]，也是女性能够成为贤妻贤母所必须具备的条件："因果报应，为制心之法。家庭母教为要。果有贤母，又于儿女幼时常为讲谈因果，其儿女长大，决定不至作伤天损德等事。"[2] 因此，"家庭教育，尤须注重因果报应，而又以教女为至切要。以无贤女则无贤母，无贤母何能有贤子女？此系根本法轮。今人所说者，皆是枝末。以幼未知为人之道，及因果报应之事理，一被邪人所诱，则任意妄为。彼废伦、免耻、杀父、奸母者，皆由最初无贤母以钧陶之所致也"[3]。

印光法师认为，女性唯有做到以上四点，才能真正宜室宜家。因为"以女若得其善教，则成就四德，相夫教子。俾有天资者，成就圣贤学问品格。即无天资者，亦必为一循分良民。女若失教，不但不能相夫教子，于义于道，且将诱子为非，教其作恶。凡古今之大奸大恶皆非贤母所生。欲家之兴，国之治，当从教养子女起，此根本解决之道也"[4]。因此，女性具备四德，切实恪守相夫教子的己分，不仅能够为国家兴盛培养优秀的人才，更能为社会安定尽一份责任。

从上可知，印光法师在否定近代以人权为基础的性别平等价值观带来的各种新女性现象的同时，提出了其对"女权"的理解。印光法师以女性应该恪守相夫教子的本分作为其女权观的核心内容，认为女性唯有做到相夫教子，发挥贤妻贤母的作用，才能为家国兴盛培养人才，从而能够改变近代国家动乱的现状。印光法师强调女性对于国家社会兴衰的重要作用，希望女性恪守相夫教子的职分，最终目的也是希望以此为近代中国衰落的

---

1 张育英校注：《印光法师文钞》上册，宗教文化出版社，2000，第628页。
2 张育英校注：《印光法师文钞》中册，宗教文化出版社，2000，第923页。
3 张育英校注：《印光法师文钞》中册，宗教文化出版社，2000，第977页。
4 张育英校注：《印光法师文钞》中册，宗教文化出版社，2000，第1109页。

现状提供一种解决途径。如此，印光法师女权观期许下的女性虽据守家庭，却担负了国家兴亡的责任，这是对女性价值与地位的肯定，女性不再是无价值的分利者。

概括而言，近代中国佛教对男女平等思潮的反思与应对，是以中国传统的女性伦理观为出发点，认为女性应守贞节，依循男外女内的分工，以家庭为重，以相夫教子为职，故而对男女平等思潮视域下女性参政、自由恋爱等走出家庭融入社会的行为多持排斥、批评的态度，甚至如印光法师一样，以传统相夫教子女性观为基础提出与倡导两性权利平等自由的男女平等思潮相抗衡的新"女权"观。这种排斥也是近代中国佛教对男女平等思潮进行调适的一种趋向，反映出除了积极顺应和融合，近代中国佛教也对两性平等的社会潮流给出了一定的不同意见。近代中国佛教对男女平等思潮发展过程中出现的诸种问题的揭露，并非是空穴来风，这些问题切实与女性个体身心相关，与社会风气相联，甚至关系到国家社会的安定发展，这与那些极力鼓吹男女平等而忽视其弊端的观念相比，表现出了一种相对冷静的态度，这也是非常有意义有价值的。

结语　近代佛教对男女平等思潮调适的多元影响

近代中国佛教对男女平等思潮的调适，表现出顺应融合与反思应对的双面性。这种双面性显露了近代中国佛教入世转型中多种力量之间的博弈和抉择，也带来了复杂多元的影响。

从近代佛教对八敬法等传统佛教女性观的辩解以及对世俗男女平等思潮的反思和应对，可以看出传统女性观在佛教中的影响根深蒂固。这里讲的传统女性观，包括传统佛教女性观和中国传统的女性伦理观。当八敬法等传统佛教女性观，被近代受到男女平等思潮影响的一些人士视作佛教歧视女性时，近代中国佛教界虽然从佛陀本怀、佛教义理等方面给出了诠解,表明八敬法等并非意味着佛教对女性的轻视,佛教对于男女平等有其特有的理解,以此来回应各种质疑声。但这样的诠解忽略了八敬法等实际造成的佛教女众不平等境遇的现实,从根本上讲,近代中国佛教界对八敬法等传统佛教女性观内容仍持一种默允态度。同时,以女性应守贞节,恪守相夫教子的本分为依据,对女性参政、自由恋爱等新女性行为的批评和排斥,表明了中国传统的女性伦理观在近代中国佛教界的巨大影响。

但近代中国佛教对男女平等思潮的调适,毕竟为佛教女性议题的发掘开创了良好的环境。伴随近代中国佛教对男女平等问题讨论的展开,越来越多涉及男女平等的议题受到了佛教的重视,女众平等的受教育权、比丘尼制度改革等话题在近代中国佛教内部得到了广泛的关注和讨论。同时,这也推动了佛教女性事业的积极开展。近代中国佛教对男女平等思潮的调适,不仅在观念上提升了佛教界对男女平等思想的认可,同时也落实到具体的实践中,如女众佛学院在各地纷纷成立,其中代表性的有武昌女众佛学院、菩提精舍、八敬学院、东莲觉苑等。另外,各种佛教女众典籍得到广泛的出版和流通,《尼戒律》《善女人传》《比丘尼传》《宝女所问经》《法华龙女成佛经》等典籍成为上海有正书局、常州天宁寺刻经处等出版刻经机构长年的流通书目,20 世纪 20 年代以后,新编纂的佛教女众书籍大量出现,如智光著《妇女学佛初步》、愿西编《佛化结婚纪念特刊》、震华撰《续比丘尼传》六卷、菩提精舍出版近代第一份专门性佛教女众期刊——《佛教女众》等。

从总体上看,近代中国佛教对男女平等思潮的调适,一方面展现出其适应男女平等潮流的诸种努力以及带来的时代性新变化,这与近代中国佛教的入世化趋势相契应,而且,调适过程中两者之间融合的一面,在思想观念等方面推动了佛教在近代的入世化进程。另一方面,包括八敬法在内的传统佛教女性观以及中国传统相夫教子的女性伦理观的影响力量仍然巨大，如何协调好传统女性观与时代文化潮流之间的关系仍是近代中国佛教入世过程中需要面对的重要问题，这意味着近代中国佛教的入世转型依然有着很长的一段路要走，绝非朝夕之事。

第十五章
支那内学院与近现代佛教入世转型

近现代佛教入世转型是一个非常复杂的课题，中国佛教的学院化发展只是其中一个维度，从某种意义上说，这是一个相对精英化的方面。支那内学院是20世纪前期中国知识精英而非寺院僧伽主动承担佛教文化事业的重要探索，这一重要探索试图重建被长期中断的汉语佛教知识传统（"佛学"），创造新的佛教知识形态和知识社群（"学院"），试图将佛教文化资源（"佛典"）有效注入现代中国文化建设过程，这一探索过程从根本上决定了近现代佛教转型的学院化方案不是寺院僧侣为主体的世俗化过程，而是佛教文化资源被世俗知识阶层以各自特有的方式不断征用或重新编码的过程。本章尝试从佛教知识形态和知识社群的形成和发展机制等角度考察佛教文化资源如何与现代中国社会变革相结合的近现代佛教入世转型经验。

支那内学院在现代中国也许是最早以创造新佛学作为根本旨趣的社会组织，我们基本可以用"一所学院、一部藏经、一种佛学"的三个"一"来概括其事业。在近代社会，为将一种传统文化资源转换为具备客观尺度的现代符号体系、意识形态、学术规范、组织方式以及经济来源等均属于内在因素[1]。与太虚一系"人间佛教"行者侧重改革传统寺院僧伽，力图使之嵌入现代社会转型的实践理性路线不同，欧阳竟无及其"支那内学院"开启的是

---

[1] 〔美〕康豹、〔法〕高万桑编：《改变中国宗教的五十年（1898—1948）》，台湾"中研院"近代史研究所，2015，"导论"第2页。

20世纪中国佛教入世转型的理论理性路线,以至于有学者甚至认为内学院主要是为中国佛教入世转向提供理论资源[1]。实际上,支那内学院在经济来源、组织结构、学术规范和意识形态等方面均属于创新。在经济来源方面,支那内学院独立于寺院经济之外,主要依托于世俗社会的经济支持(包括国家财政补贴);在组织结构方面,支那内学院不再依循传统僧伽组织的僧徒伦理体系,其组织方式与现代教育形态基本一致,既属于现代知识分子的自由结社传统,又与国家教育体系紧密联系;在知识传递方面,支那内学院以办学治学、出版期刊或著作为主要传播方式,既吸收现代学术规范,又不放弃宋元以来的刻经讲经传统;在意识形态方面,支那内学院始终以建构某种佛学纲领为理念,试图独立担当佛法的在世言说。从欧阳竟无到王恩洋,从吕澂到巨赞,支那内学院在20世纪中国思想界始终保持着相当的思想活力。这种"一所学院、一部藏经、一种佛学"的三位一体格局成为中国佛教学院化发展的早期典范,在中国近现代思想建设中,佛学的始终在场离不开内院学人的持续不断的努力。

我们对内学院的研究主要采取哲学与社会历史分析相结合的进路。必须看到,在支那内学院的实践中,中国佛教文化资源与现代知识生产的制度性结合仍比较脆弱,二者未能实现高度融合。时至今日,中国佛教文化资源与现代知识生产的制度性融合也并未完全摆脱这一状态。

第一节 支那内学院的起源与性质

支那内学院是近现代"居士佛学"或"居士佛教"重镇[2]。尽管其本身规模极其狭小,前后参与者亦不过百数十人[3],但在激烈程度和影响力方面,

---

[1] 刘成有:《近现代居士佛学研究》,巴蜀书社,2002,第50页。
[2] 洪修平:《中国佛教文化历程》(增订版),江苏教育出版社,2005,第274—290页;麻天祥:《中华佛教史·近代佛教史卷》,陕西教育出版社,2014,第1—12页。
[3] 肖平:《支那内学院研究》,博士后出站报告,复旦大学,2002,第20页。

支那内学院批判"中国佛学"之与"新文化运动"批判儒家伦理颇有近似之处，都应被视为中国近现代思想史上的"大事"。然而，关于"新文化运动"的研究早已汗牛充栋，此项研究甚至曾经"有着近乎宗教性质的顶礼膜拜"[1]，而关于支那内学院及其佛学事业的研究却只在近三十年才取得初步开展的条件[2]。支那内学院作为近现代佛教文化中的独特个案不仅在于其为中国佛教入世转向提供理论资源，更在于这一知识社群（community）在学术领域成就突出。从起源看，支那内学院的形成和发展既离不开清末金陵刻经处佛教居士群体的文化资本积累，离不开民初欧阳竟无佛学思想的突破，更离不开民国早期青年知识精英的积极参与[3]。遗憾的是，支那内学院生存发展的空间始终受到严重制约，作为教育机构的存续时期十分短暂（1923—1927），其组织架构屡次变动，长期只是作为一小型学术社团存在。当代学者对与支那内学院相关的诸人如杨文会、沈曾植、章太炎、欧阳竟无、王恩洋、陈铭枢、吕澂、巨赞等多有个别考察和研究[4]，本节以已有研究为基础，注

1　陈万雄：《五四新文化的源流》，生活·读书·新知三联书店，1997，第1页。

2　黄夏年：《20世纪中国佛学研究》，《中华文化论坛》1997年第4期；John Makeham, *Transforming Consciousness: Yogācāra Thought in Modern China*, Oxford University Press, 2014.

3　芮沃寿认为近现代中国佛教的知性魅力只吸引了新的社会和政治领袖中的极少数人。参见〔美〕芮沃寿《中国历史中的佛教》，常蕾译，北京大学出版社，2009，第116页。邵佳德称支那内学院为高度知识化、精英化的佛教。参见邵佳德《近代佛教改革的地方性实践：以民国南京为中心》，台湾法鼓文化，2017，第58页。

4　与支那内学院相关的研究成果主要存在于近现代佛教史综合研究，而且思想研究比重较大，实证研究较为缺乏，如郭朋、廖自力、张新鹰：《中国近代佛学思想史稿》，巴蜀书社，1989；麻天祥：《晚清佛学与近代社会思潮》，台北文津出版社，1990；李向平：《救世与救心——中国近代佛教复兴思潮研究》，上海人民出版社，1993；何建明：《佛法观念的近代调适》，广东人民出版社，1998；江灿腾：《中国近代佛教思想的诤辩与发展》，台北南天书局，1998；陈兵、邓子美：《二十世纪中国佛教》，民族出版社，2000；刘成有：《近现代居士佛学研究》，巴蜀书社，2002；程恭让：《华梵之间》，中国社会科学出版社，2007；肖平：《近代中国佛教的复兴——与日本佛教界的交往录》，广东人民出版社，2003；蒋海怒：《晚清政治与佛学》，上海古籍出版社，2012；学愚：《佛教、暴力与民族主义：抗日战争时期的中国佛教》，香港中文大学出版社，2011；唐忠毛：《中国佛教转型的社会之维：民国上海居士佛教组织与慈善研究》，广西师范大学出版社，2011；姚彬彬：《现代文化思潮与中国佛学的转型》，宗教文化出版社，2015；邵佳德：《近代佛教改革的地方性实践：以民国南京为中心》，台湾法鼓文化，2017。公开出版的与支那内学院直接相关的个案研究为数更少，成绩较突出的是程恭让：《抉择于真伪之间——欧阳竟无佛学思想探微》，华东师范大学出版社，2000；陈继东：《清末佛教研究——以杨文会为中心》，东京山喜房佛书林，2003；张华：《杨文会与中国近代佛教思想转型》，宗教文化出版社，2004。

重原始文献调查，侧重从社会性维度阐明支那内学院的起源与性质。我们既坚持历史唯物论和辩证唯物论的思想指导，也注意吸收若干知识社会学的理论模型，以阐明近现代佛教入世转型的学院化路径。

一　支那内学院与"金陵刻经处"

一般认为支那内学院起源于金陵刻经处，是金陵刻经处的一个发展阶段[1]。清末杨文会等人历经数十年努力，使金陵刻经处从一家江南地区的刻经作坊发展成为具有全国甚至世界影响力的近现代佛教文化重镇，其中杨文会从日本搜集购买并刊刻的中土早期佚失的大量汉译典籍，为支那内学院学人深入经藏建立新的佛教知识体系提供了新的文献学基础。欧阳竟无的《支那内学院叙》[2] 和章太炎的《支那内学院缘起》[3] 对此都有所揭示，吕澂晚年也曾将支那内学院溯源至杨文会及金陵刻经处[4]。这一看法忽略了内学院创建的现实基础，凸显了其历史渊源。实际上，19世纪后期的金陵刻经处和20世纪前期的支那内学院均是在近现代佛教入世转型过程中出现的新事物，二者之间确实存在紧密联系[5]，内学院建立以前，杨文会在金陵刻经处创办的"祇洹精舍"预示了内学院这一新阶段的来临，金陵刻经处的长期存续和发展为内学院积累了文化资本和思想基础，但支那内学院并不是对金陵刻经处的直接继承和发展。下面分三点加以说明。

第一，金陵刻经处为支那内学院积累了最初的文化资本。

自宋元以来，科举制和理学的紧密结合在士绅阶层思想意识中的重要性

1　罗琤：《金陵刻经处研究》，上海社会科学院出版社，2010，第2—3页。
2　欧阳竟无：《支那内学院叙》，《觉书》1919年第5期。
3　章太炎：《支那内学院缘起》，《中国哲学》第六辑，生活·读书·新知三联书店，1981，第311页。
4　吕澂：《佛学研究和支那内学院》，《文史资料选辑》第92辑，文史资料出版社，1984，第167页。
5　东初：《中国佛教近代史》上册，台湾中华佛教文化馆，1974，第7页。

远远超过参禅、拜忏以及诵经刻经活动，但士绅阶层的宗教文化生活需求仍然是客观存在且有增无减。明清士绅在自己家中设立经房刻印佛道经典，首先是为了满足自己的宗教生活需要[1]，传统经坊也称"经房""经铺"，在中国印刷史上属于书坊的一种，专门从事宗教文献及其相关典籍的写刻、印行、流通。据学者研究，经坊源始于唐代，兴盛于明清时期，在现存宗教印刷品中，有不少关于"杭州众安桥杨家经坊""杭州玛瑙寺明台经房""杭州昭庆寺慧空经房""姑苏陈子衡经坊"等名目，这些经坊对佛道文献和民间宝卷的收集传播起着重要作用[2]。太平天国运动在江南兴起以前，江南坊刻十分兴盛，南京、苏州以及杭州，自清初以来即是传统坊刻的中心地带，明清时期这一地区甚至有部分儒生转向刻书业[3]。太平天国被镇压后，曾国藩等新兴政治社会力量着力恢复江南文教事业[4]，配合恢复科举需要，包括佛典在内的出版业出现再次兴盛的局面具有某种历史必然性[5]。金陵刻经处作为以佛典印刷流通为中心的独立的文化产业正是在上述背景下出现的。

以佛典印刷流通为中心的金陵刻经处起初只是明清社会宗教活动传统的直接延伸，却最终为支那内学院的形成积累了文化资本。与一般刻经作坊不同，尽管金陵刻经处最初只是由一小群江南士绅合作经营的小型印刷作坊，其活动属于"私营工商业"范畴[6]，但参与者却多是与晚清社会改革联系紧密的江南士绅精英，与主流社会意识形态（理学）关系极为密切。众所周知，近现代中国第一批革新力量的主体即是从科举制度产生出来的士绅官僚阶层，如以曾国藩为首的湘军集团，尽管不少人靠军功取得出身，其主体仍

---

1 〔日〕冲本克己：《中国文化中的佛教》，辛如意译，台湾法鼓文化，2015，第191页。
2 刘正平：《经坊与宗教文献的流刊》，《杭州师范大学学报》2017年第5期。
3 博枚、文革红：《试析明清时期江西金溪部分儒生向刻书业的身份转型》，《南昌航空大学学报》2009年第3期；来新夏：《中国近代图书事业史》，上海人民出版社，2000，第32页。
4 朱东安：《曾国藩传》，百花文艺出版社，2001，第247页。
5 汪家熔：《中国出版通史》（清代卷下），中国书籍出版社，2008，第70页。
6 金陵刻经处首先是晚清士绅阶层的私营工商业组织，所以杨文会晚年被"南洋劝业会"请去作演讲，吕澂在新中国成立初期在政协学习班也被编入"工商业组"参加学习。

以科举出身为主（否则即便获得"保举"也很难被朝廷授职），其意识形态主体部分是以儒家伦理为中心的理学或心学，佛教在主流意识形态层面完全处于边缘状态。随着清末政治社会危机的产生，全面改造中国社会的要求逐渐被提了出来，社会各阶层及相关文化资源不得不在新的历史条件下进行重新编码或重构[1]，由此催生佛教在意识形态层面觉醒也具有某种必然性。杨文会、赵烈文（字惠甫，1832—1893）[2] 等金陵刻经处早期创始人都是深深卷入曾国藩集团的江南士绅精英[3]，这批人和清末洋务派、维新派、立宪派甚至革命派之间都存在着千丝万缕的联系，后者最初支持金陵刻经处的主观动机尽管各不相同，但随着社会变革的转进和深化，作为其文化生活一部分的佛教从意识形态边缘或沉默状态走向中心或觉醒具备了极大的可能性。

金陵刻经处真正从私营刻经坊向独立的佛教文化机构转变发生在中日甲午战争之后。值得注意的是，尽管助印佛道经典以庇佑祖先或子孙等个人宗教活动作为社会精英和普通民众对佛教资源的征用方式在中国社会长期存在，但士绅精英对佛教资源的征用还存在一个相对较高的维度，即审美的或知性的维度[4]。清代乾嘉朴学的发展改变了知识精英对经典本身和经典生产问题的关注方式，从方法论层面为近现代中国社会征用佛教文化资源模式进一步向知性层面转移铺平了道路。如果金陵刻经处创办之初还只是明清士绅日常宗教生活传统的延伸，那么从19世纪90年代以后，新一代知识精英对佛教文化资源的征用就发生了明显变化，夏曾佑、沈曾植可说是这一时期最有代表性的两位知识精英，沈曾植本人深谙佛典，"所有梵

---

1 〔美〕康豹、〔法〕高万桑编：《改变中国宗教的五十年（1898—1948）》，台湾"中研院"近代史研究所，2015，"导论"第2页。
2 赵烈文捐刻经款记录有同治九年（1870）刻《楞伽经》，同治十一年（1872）刻《万善同归集》，同治十三年（1874）刻《梵网经》，光绪二年（1876）刻《智证传》，光绪四年（1878）刻《佛说如来智印经》，光绪十年（1884）刻《高僧传初集》。
3 王兴国：《湘军与中国近代佛教复兴》，《世界宗教研究》2014年第3期。
4 王佩诤：《龚自珍全集》，上海古籍出版社，1956，第512、517页。

经跋皆在戊戌、丁未间"[1]，夏曾佑则明确提出了"移士夫治经学、小学之心以治此事"的要求[2]。19世纪末20世纪初，随着中国初次工业化路线受挫和政治革新运动蓬勃开展，特别是科举制被废除后，创办学校、改革教育成为中国社会变革的基本环节，佛教僧侣阶层受到不同社会变革力量的共同驱动，也逐渐走上这条社会改革之路[3]。在这一背景下，杨文会以金陵刻经处为基础创办新型佛教文化机构"祇洹精舍"，为支那内学院积累了最初的文化资本。

第二，金陵刻经处为支那内学院开辟了发展方向。

洋务运动本以"自强"为旗帜，代表了19世纪后期中国社会主动变革的基本方向。金陵刻经处既创建于洋务运动初期，其创始人与洋务派即颇多关联。1868年6月22日，曾国藩亲信幕僚赵烈文曾应杨文会和郑学川（后出家法号"妙空"，1826—1880）[4]之邀撰写《募刻全藏疏》[5]，杨文会负责拟定《募刻全藏章程》和《金陵刻经处章程》，这几个文件被后世学者视为金陵刻经处成立的标志，而金陵刻经处最初的目标则是刊刻一部汉文大藏经——"径山藏"[6]。把金陵刻经处仅仅看作是杨文会个人信仰实践的简单延伸，显然不符合历史的本来面目，这一点早为研究者所指出[7]。需要进一步指出的是，金陵刻经处最初的创办者后来大都成为19世纪70、80年代洋务新政的直接参与者，他们的变革意识强烈而敏锐。从金陵刻经处这一时期所

1　钱仲联辑：《海日楼札丛（外一种）》，上海古籍出版社，2009，"前言"第5页；钱仲联：《沈曾植集校注》（上册），中华书局，2001，第92页。

2　杨琥：《夏曾佑集》上册，上海古籍出版社，2011，第493页。

3　江灿腾：《明清民国佛教思想史论》，中国社会科学出版社，1996，第247页。

4　武延康：《于凌波〈杨仁山居士评传〉补正》，《佛学研究》第13期，2004年。

5　赵烈文撰，廖承良标点整理：《能静居日记》二，岳麓书社，2013，第1200—1201页。1994年，武延康《杨仁山居士年谱初稿》称此文后署"同治七年秋八月望日，金陵刻经处比丘妙空稽首"，2004年，武延康《于凌波〈杨仁山居士评传〉补正》则称"文后署：同治七年八月望日刻经比丘妙空，护经居士杨文会"。

6　杨文会：《金陵刻经处章程》（1868），《杨仁山居士全集》第3册，第285—287页。《嘉兴藏》的刊刻本身就是一部佛教文献的传奇。参见章宏伟《〈汲古阁刻经考略〉指误》，《图书馆学》2010年第9期。

7　《杨文会全集》，周继旨点校，黄山书社，2000，第582页。此文原载《佛学丛报》第1号，1912年，据考出自濮一乘，参见武延康《于凌波〈杨仁山居士评传〉补正》，《佛学研究》第13期，2004年。

刻经版中仍能看到早年与杨文会共同支持金陵刻经处的江南士绅的捐款记录[1]，尽管这些人在19世纪90年代之前先后离开南京，杨文会本人也经历了"内而吴、楚，外而英、法"，四处奔走以谋衣食的中年时代，但对刻经之事未之或忘，表现出近代早期知识精英强烈的文化担当意识。易言之，金陵刻经处诸人的活动已超出纯粹商业行为和个人宗教修持的界限，它是近现代佛教文化社会化发展的萌芽。

作为金陵刻经处主要创始人之一，杨文会本身是洋务派之一员，其19世纪70年代已在曾国藩幕僚中享有"佛法第一"之盛誉[2]。19世纪80年代初，杨文会出使英、法等国又把自己的刻经理想和实践向日本学者进行宣传[3]。从今本《等不等观杂录》及《曾纪泽日记》可知，杨文会最初作为清廷驻英法使节曾纪泽的"随员"出使英国，其后不久得以结识日本净土真宗留学僧人南条文雄（Nanjio, 1849—1927），此人时在牛津大学跟随近代西方宗教学创始人马克斯·缪勒（Max Müller, 1823—1900）研习梵文佛教文献。杨文会在1881年给南条文雄的信中写道："弟募刻全部藏经之举，系与一僧妙空者同发是愿，至今十又三年。"[4] 1884年，杨文会回国后给南条的信中再次提到："愧募刻藏经，至今尚未完成。"[5] 1885年，杨文会又提到："弟与同志诸友募刻藏经，将及一半，再过十余年，或可完成也。"[6] 杨文会对刻经事业的坚定执着已经超出个人宗教生活界限，由于其坚持不懈的"刻经"实践，终于在19世纪末20世纪初对清末社会精英发生广泛影响。19世纪90年代，杨文会把自己花重金从日本购回的中古佛教佚籍择要出版，在知识精英阶层

1　王孺童：《金陵刻经处刻经题记汇编》，中西书局，2017，第28页。
2　王闿运：《湘绮楼日记》1876年4月2日，岳麓书社，1997，第469页。
3　在此之前，日本僧人受到现代社会变革影响，已经提出以中国为中心的亚洲佛教改革思想。高西贤正：《东本愿寺上海开教六十年史》，东本愿寺上海别院，1937，第6页；参见刘成有《近现代居士佛学研究》，巴蜀书社，2002，第25页。
4　武延康、纯一：《杨仁山居士年谱（初稿）》，金陵刻经处，1994，第54页。
5　杨文会：《与南条文雄书三》（1884），《杨仁山居士全集》第3册，金陵刻经处，2016，第189页。
6　杨文会：《与南条文雄书一》（1885），《杨仁山居士全集》第3册，金陵刻经处，2016，第300页。

引起轰动，夏曾佑、梁启超、谭嗣同、宋恕、章太炎甚至严复等一大批清末知识精英都曾深受其影响[1]。杨文会对中国近代佛教文化事业的贡献首在"刻经"即佛典出版主要也是在这个层面，因为这一批社会精英不但是金陵刻经处的重要支持者，而且也是近现代佛教入世转型的最初启蒙者和积极参与者。

对支那内学院来说，杨文会和金陵刻经处的意义并不只是流通作为文化产品的新刊佛典，更在于其传播新的佛教文化理念、探索创办不同于寺院的新型佛教文化团体的实践。办医院和学堂本是西方传教士在中国传教的辅助方式，创办学堂最后却成为清末社会变革的重要内容。杨文会的新型佛教文化理念和创办新型佛教文化实体的思想与清末社会变革之间存在明显的同步性，其中最突出的表现就是提出办佛教学堂振兴中国佛教。有学者认为，杨文会晚年办学理念的产生，最初除受清末"庙产兴学"政策刺激之外，"还跟他和达摩波罗（Dharmāpla，1864—1933）会晤以及阿尔格特（Henry Steele Olcott，1832—1907）复兴锡兰佛教的实践有关"，即杨文会为响应达摩波罗在全球传播佛教以及阿尔格特的佛教复兴事业，并结合国内形势写下了第一篇"支那佛教振兴策"，"准备创办学校，培养弘法人才，他为此所做的第一件事，是想编辑一册'初学课本'"[2]。把杨文会晚年著述动机与其创办佛教学校的思想联系起来确实富有洞见，上述有关《佛教初学课本》的分析也能够得到张尔田、沈彭龄等人有关杨文会传记文献的支持[3]，似乎杨文会在甲午战争前已经产生了创办独立的佛教教育机构的意识。这不是没有可能的。杨文会《支那佛教振兴策一》写作时间较早，当在19世纪90年代末，从此文中可以看到，杨文会佛教振兴思想是对清末"庙产兴学"政策（1898）和

---

[1] Hao Chang, *Chinese Intellectuals in Crisis：Search for Order and Meaning（1890-1911）*, Berkeley：University of California Press, 1987, pp. 13-15.

[2] 李四龙：《"阿尔格尔"考：杨文会的弘法理念和国际视野》，《世界宗教研究》2010 年第 3 期。

[3] 沈彭龄：《杨仁山先生年谱》，见周继旨点校《杨仁山全集》，黄山书店，2000，第 576 页。

日本净土真宗在华传教活动（1899）两个方面刺激的反应。在撰写《支那佛教振兴策一》时[1]，杨文会提出的是"以彼教兴彼学"的思路，这一思路的实质是要求佛教界改善僧伽知识状态，而不是要建立新佛学。

1906年7月，杨文会在写给日本藏经书院的信中提到："敝邦新开僧学堂，相继而起者已有四处，苦于启蒙无书，因作《初学课本》"，"并作注解以申其义"[2]，可知《佛教初学课本》实际"作"于1906年，目的是配合当时寺院办学之用。此时，杨文会还就创办佛教教育制度向清廷学部提出建议[3]，可知随着科举制度废除，在全国教育改革大背景下，杨文会的佛教思想亦随着时代发展，而不是独立于时代变革之外。从《支那佛教振兴策一》到《佛教初学课本》和《释氏学堂内班课程》，最后到"祇洹精舍"办学，既是杨文会晚年从佛教出版转向佛教教育实践的过程，也是杨文会最后十年的思想发展历程。随着"祇洹精舍"在1908年正式开学，金陵刻经处从一家传统的民间出版机构转身成为独立于寺院体系之外的佛教文化机构，这是杨文会等人在清末文化史上的创举。尽管由于种种原因，"祇洹精舍"仅仅维持一年即告解体，但其历史意义却不容低估，欧阳竟无最初创办支那内学院时即明确以"祇洹精舍"的继承者自居。

第三，支那内学院和金陵刻经处的联系与区别。

支那内学院渊源于金陵刻经处，但不是对金陵刻经处的直接继承和发展。支那内学院在杨文会逝世十余年后才真正建立起来，距离其创始人欧阳竟无在好友桂伯华引导下拜见杨文会已过去二十年。桂伯华系清末著名经学家皮

---

[1] 印顺：《太虚法师年谱》，宗教文化出版社，1995，第11页。

[2] 杨文会：《与日本藏经书院一》，见武延康编《杨仁山居士全集》第3卷，金陵刻经处，2016，第219页。关于此信写作时间，参阅龚隽、陈继东《作为"知识"的近代中国佛学史论》，商务印书馆，2019，第175页。

[3] 杨文会在清末曾委托郑孝胥向两江总督端方向学部上《普通僧学堂章程》。劳祖德整理：《郑孝胥日记》第2册，中华书局，1993，第1092页。

锡瑞门下,曾积极参与戊戌变法[1],变法失败后向杨文会问学,"戊戌变政事败,株治康党。伯华感人情冷暖、成败无常,遂学佛于金陵"[2]。当时欧阳竟无正醉心科举,希望由此进入体制内以反哺其家族,因此明确拒绝"谈佛"。据欧阳竟无自述,其甲午(1894)以前习程朱理学,甲午以后转向陆王心学,戊戌以后,"桂伯华导看《起信》、《楞严》","予时治阳明学,伯华不能屈,然强聒不舍,导拜杨门"[3]。吕澂曾指称欧阳竟无接触"佛学"的开端是"友人桂伯华自宁归,劝师向佛,始知有究竟学"[4]。欧阳竟无最初不愿"谈佛",主要是因为他把希望寄托在举业上,认为"科举时谈佛,大忌也"[5]。后或由于科场失利,他从北京参加朝考南返途中拜见了杨文会[6]。一年后,科举制本身被废除,身为"教谕"的欧阳竟无只能回乡办"学堂",因母亲病逝"哀痛逾恒","即于母逝日,断肉食,绝色欲,杜仕进,归心佛法",但此后一段时期,欧阳竟无一则入"两广优级师范学校",再则"与友李证刚谋住九峰山营农业",并未离世绝俗。欧阳竟无年四十而一事无成,遂携家眷至南京投靠杨文会,似为无可奈何之举,客观上则是"移士夫治经学、小学之法以治此学"的契机。

杨文会在金陵刻经处创办"祇洹精舍"讲佛学时,欧阳竟无尚未参与其事。此后,梅光羲、蒯若木等人在"祇洹精舍"解散之后创建"佛学研究会",欧阳竟无适逢其会,得以加入其中。这一"佛学研究会"囊括狄楚青、欧阳柱、梅光羲、梅光远、蒯寿枢、李翊灼、余同伯、陈宜甫、陈樨庵、沈

---

1 《皮锡瑞日记》第二册,中华书局,2020,第705页。
2 欧阳竟无:《竟无小品》,《欧阳竟无内外学》第3册,上海社会科学院出版社,2014,第1738—1739页。
3 欧阳竟无:《竟无小品》,《欧阳竟无内外学》第3册,上海社会科学院出版社,2014,第1739页。
4 吕澂:《亲教师欧阳先生事略》,《中国佛教思想资料选编》第3卷第4册,中华书局,1990,第354页。
5 欧阳竟无:《竟无诗文》,《欧阳竟无内外学》第3册,上海社会科学院出版社,2014,第1650页。
6 吕澂:《亲教师欧阳先生事略》,《中国佛教思想资料选编》第3卷第4册,中华书局,1990,第354页。

曾植、夏曾佑、陈正有、陈三立、邓伯诚、张尔田等十余人，皆系一时精英，这些人后来又大都成了"支那内学院发起人"[1]。在这个意义上，支那内学院是和"佛学研究会"而不是和"金陵刻经处"同根同源，欧阳竟无也并不是杨文会"金陵刻经处"的真正接班人。杨文会去世时，"佛学研究会"成员曾在蒯若木家中开会，商讨建立"金陵刻经处董事会"，当时推梅光羲、吴康伯、欧阳柱、狄楚青、叶子贞、梅斐漪、李翊灼、王雷夏、李晓暾、蒯寿枢、濮伯欣等十一人为董事，并制定"金陵刻经处章程"。董事会决定陈镜清（樨庵）负责印刷流通，欧阳竟无负责经典编校，陈宜甫负责对外交涉，此后实际由陈镜清全面负责金陵刻经处事务，欧阳竟无作为杨文会遗嘱的执行人之一，仅负责经典编校而已，金陵刻经处的人、财、物均不在其支配范围内[2]。总之，支那内学院虽与金陵刻经处有渊源，但并不是金陵刻经处的直接延伸。

支那内学院与金陵刻经处的关系是相当复杂的。一方面，双方存在交集，另一方面也存在矛盾，沈曾植曾支持欧阳竟无"学足自植，当本其所学，另创规模，不必争刻经处"[3]，这表明金陵刻经处确实是支那内学院发展的重要基础，欧阳竟无参加"佛学研究会"并在金陵刻经处主持编校工作，使其对刻经与讲学并重的这一佛教文化模式获得了解。加之欧阳竟无本人又是从传统科举制度中走出的士夫，接受过良好的书院教育[4]，有办书院和新学堂的经验，比起外交出身的杨文会，欧阳竟无在办学方面确实有更加明显的优势。事实上，继金陵刻经处而起的支那内学院的中心是学术教育，这与金陵刻经处以出版流通为中心之间存在明显差异。作为中国佛教文化现代转型的两个

1　欧阳竟无：《支那内学院缘起、叙、书后、一览表、简章》，1919年1版，上海图书馆藏。
2　武延康、纯一：《杨仁山居士年谱（初稿）》，金陵刻经处，1994，第71页；武延康：《于凌波〈杨仁山居士评传〉补正》，《佛学研究》第13期，2004年。
3　程恭让：《欧阳竟无先生的生平、事业及其佛教思想的特质》，《华梵之间》，中国社会科学出版社，2007，第79页。
4　据说其在南昌书院曾师从皮锡瑞，待考。

类型，我们既要看到二者的联系，也不应忽略其本质差别。

二 支那内学院与"刻经处研究部"

支那内学院实际起源于"金陵刻经处研究部"（一般简称"刻经处研究部"或"研究部"），黄忏华早年曾指认"刻经处研究部"是"内学院之先河"[1]。吕澂晚年曾指出，"内学院成立之日起即迁出刻经处"[2]，明确二者确是两个独立系统。有学者研究认为，欧阳竟无创建内学院是"不得不抛开刻经处，另谋出路"的结果[3]。近来有学者注意到内学院与现代中国学术机构的兴起存在着隐秘联系，如有文献表明欧阳竟无曾派弟子黄树因到北京大学随欧洲汉学家钢和泰（Staël-Holstein，1877—1937）学习梵藏文字，为支那内学院的佛学研究发掘了全新学术资源，同为欧阳竟无早期弟子的吕澂则自费留学日本，先任教于上海美术专科学校，后转到支那内学院任职，先后译出日本学界不少最新佛学研究成果，为内学院创造了极高的学术起点。此外，李石岑、汤用彤、梁漱溟等年轻学人对支那内学院的迅速崛起也贡献了各自的力量[4]。目前关于这一方面的研究还相对比较缺乏。无论如何，支那内学院虽然渊源于金陵刻经处，但并不是在金陵刻经处基础上直接建立起来，其直接起点是欧阳竟无主持刻经处编校工作期间创办的"金陵刻经处研究部"[5]。欧阳竟无后来虽以杨文会事业接班人自居，实际只承担金陵刻经处的编校工作。欧阳竟无和杨文会在思想上存在很大差异，"金陵刻经处研究部"和"金陵刻经处"在现实运营过程中也不是一回事，二者无论是动产与不动

---

1 黄忏华：《记金陵刻经处研究部——内学院之先河》（《欧阳大师纪念刊》，1943 年），见郑晓江主编《融通孔佛——一代佛学大师欧阳竟无》，宗教文化出版社，2004，第 228 页。
2 《吕澂自传》，南京市档案馆藏件，第 4 页。
3 程恭让：《华梵之间》，中国社会科学出版社，2007，第 79 页。
4 高山杉：《外国哲学家和宗教学家笔下的支那内学院》，《世界哲学》2006 年第 3 期。
5 支那内学院：《金陵刻经处研究部支那内学院刻经办学收支报告》，《内学》第 1 辑附录，1924 年。

产,还是工作方式、社会基础以及发展方向都不一样。下面我们从三个方面来略做说明。

第一,欧阳竟无在研究部时期突破了杨文会的佛学路线,为后来的支那内学院奠定了最初的学术基础。

欧阳竟无办"刻经处研究部"始于1914年冬,吕澂是最早进入研究部学习的四人之一,据吕澂回忆:"1914年冬间,欧阳先生办成'金陵刻经处研究部',供给部员伙食零用,兼点校刻稿。"[1] 欧阳竟无"研究部"最初的招牌还是"金陵刻经处",走的也是杨文会晚年讲学与刻经相结合的路线。据稍后入学的黄忏华回忆:研究部学员在欧阳竟无指导下主要从事经论研究,以余力参与点校,"唐人著述注疏多与经论分行,阅读至不便,则为合之。字句有脱误,则对校宋、元、明、丽诸藏以刊定之。合若干人之力,成绩斐然"。"师以刻经处拟刻之经目未备,同时由研究部补充刊印,数年间出书达数十种,多唐末五代以来久佚之古本。"[2] 搜集整理唐末五代以来佚失的汉译佛教典籍加以出版,是杨文会晚年的重要思路之一。欧阳竟无试图把编校和办学加以有机结合,这表明欧阳竟无对杨文会佛学路线既有继承也有发展。

1918年,欧阳竟无在《支那内学院叙》中写道:

> 先师石埭先生,……四十余年经营惨淡,建立"金陵刻经处",次第有基。《大藏辑要》不久蒇事,流通风行,渐披海外。当时沈乙盦、陈散原、蒯礼卿诸长者,梅撷芸、魏允恭、狄楚青诸居士,布金兴学曰"祇洹精舍",微风虽渺,此意犹存。先师最后答渐:"刻经流通抑宜遵守还当充扩?"乃曰:"吾时法事方诸尔时比于后时,百分不及一,千万亿分

---

[1] 《吕澂自传》,南京市档案馆藏件,第4页。
[2] 黄忏华:《记金陵刻经处研究部——内学院之先河》(《欧阳大师纪念刊》,1943年),见郑晓江主编《融通孔佛——一代佛学大师欧阳竟无》,宗教文化出版社,2004,第229页。

不及一，算数计喻邬波尼杀昙分不及一。"授记如此。渐窃不自揆，慨然有志，而沈、陈诸长者、梅撷芸诸居士，肖然尚存。近兴"研究部"，以蒯若木、梅撷芸、叶玉甫诸君之力。友人符九铭适以机缘办学兹地。渐尝苦来学中途思返、欲得方便，维絜陶成，而地藏慈悲答我占繇曰："求佛事当得获"。由是距踊、感激涕零。渐自思惟，历劫孤露，萍飘蓬转，以迄于今，乃有胜缘，得与诸上善人长者居士俱在一处宏无上法，福之所算，可谓无涯。[1]

这一极具宣传性的文本表明欧阳竟无"研究部"不但部分继承了金陵刻经处的社会资源，而且自觉以"充扩""刻经流通"事业作为自己的目标。

欧阳竟无更加重视办学，这是"研究部"不同于"刻经处"的最大特点。"金陵刻经处研究部"1914年创办，1918年更名为"支那内学院筹备处"，1922年，支那内学院正式开办，先后历时八年，这是欧阳竟无佛学事业的奠基阶段。黄忏华曾指出，欧阳竟无"在此时期之最初，又尝教门人治《释摩诃衍论》、《大宗地玄文本论》及《中观论疏》三书，尝谓'圆顿未精，遽治分析（指小乘阿毗昙学），伏害匪浅'"[2]。《大宗地玄文本论》是杨文会晚年思想归宿[3]，黄忏华的回忆表明欧阳竟无创办研究部之初延续杨文会佛学路线，但"未几即绝口不提"[4]，这说明从杨文会逝世到研究部初期（1914/1915），欧阳竟无是杨文会佛学思想的忠实继承者，但1916年以后发生重要转向。欧阳竟无早期学术转向发生的动因尚待进一步研究。但自1916年起，欧阳竟无

1　欧阳竟无：《支那内学院叙》，《觉书》1919年第5期。引文标点系笔者所加。此文在《竟无内外学》等各类文集中均未见收，笔者在上海图书馆曾找到略有差异的两种单行本，与《觉书》属于同一时期的文件。

2　黄忏华：《记金陵刻经处研究部——内学院之先河》（《欧阳大师纪念刊》，1943年），见郑晓江主编《融通孔佛——一代佛学大师欧阳竟无》，宗教文化出版社，2004，第229页。

3　张华：《杨文会与中国近代佛教思想转型》，宗教文化出版社，2004，第266页。

4　黄忏华：《记金陵刻经处研究部——内学院之先河》（《欧阳大师纪念刊》，1943年），见郑晓江主编《融通孔佛——一代佛学大师欧阳竟无》，宗教文化出版社，2004，第229页。

确实把主要关注点放在唯识研究上。吕澂也指出，这一时期是欧阳竟无弘扬唯识法相学的阶段，欧阳竟无的《法相诸论叙》《瑜伽师地论叙》等第一批唯识研究成果正是在这一时期由金陵刻经处刊印流通并产生重大影响，其"体用简别"和"唯识法相分宗"等早期佛学思想即是在这一时期提出来的，它们是欧阳竟无佛学思想独立的标志[1]，为支那内学院奠定了初期学术基础。

第二，欧阳竟无在研究部吸引了一批年轻知识分子，为支那内学院培养了第一批骨干力量。据黄忏华回忆称：

> 辛、癸之际，金陵扰攘，师闭户珂里宜黄，治梵经者二载。民国三年春、夏之间，舍家至金陵，主刻经处勘印事，同时讲学于刻经处侧龚家桥程氏空屋。听讲者有盐城姚妙明、丹阳吕秋逸、顺德黄树因、泰州徐克明及昆明苏心田等。……翌年，师以来学者渐众，进而求极深研究者亦多，乃于刻经处后双塘巷，赁屋庋大藏，集息心贞信之士而讲习焉。名之曰"金陵刻经处研究部"，示本于深柳大师之付嘱也。是即支那内学院之先河。时列门墙者，姚妙明、吕秋逸、黄树因而外，有南昌刘抱一、宜黄黄子山，真如及不慧亦返国及门，其常相过从者又若干人。[2]

可见，在"金陵刻经处研究部"，除了老一辈的支持者，还逐渐聚集了一批年轻的知识分子，包括吕澂、黄树因、黄忏华、陈铭枢（真如）、姚妙明、徐克明、苏心田、刘抱一、黄子山等，实际并不止于此数。吕澂、陈铭枢等人后来成为支那内学院发展的内外支柱。

---

[1] 张志强：《"法相"与"唯识"何以分宗？——试论"法相唯识分宗说"在欧阳竟无佛学思想中的奠基地位》，《朱陆·孔佛·现代思想——佛学与晚明以来中国思想的现代转换》，中国社会科学出版社，2012，第247页。

[2] 黄忏华：《记金陵刻经处研究部——内学院之先河》（《欧阳大师纪念刊》，1943年），见郑晓江主编《融通孔佛——一代佛学大师欧阳竟无》，宗教文化出版社，2004，第228页。

民国初年，蔡元培即指出现代中国佛学研究的两种趋势，一是北京钢和泰、陈寅恪等人，以梵藏巴利文佛典与汉文佛典译本对校比勘，分析研究；二是南京支那内学院，与欧洲中古时代经院哲学相似，"专以提倡相宗为主"，"以求最后之结论"[1]。事实上，上述两条线索之间存在一定的交集，正是在金陵刻经处研究部时期，年轻的黄树因（1898—1923）就被派到北京跟随钢和泰等人学习梵、藏文字，使支那内学院对欧洲佛教学术传统获得了直接传承和了解。黄树因英年早逝，未能尽其所长，继之而起的吕澂（1896—1989）正是在黄树因启发下重新走上了梵巴藏汉文献比较研究的佛学实证研究之路[2]。吕澂是最早在"金陵刻经处研究部"向欧阳竟无问学的四人之一，1917年曾自费去日本留学，1918年回国后主要从事艺术教育工作，他在20世纪20年代初曾写过不少美学方面的著作，其中很重要的一点是批评蔡元培"以美育代宗教"的观念，吕澂认为宗教有其独立性，不是美育或艺术教育可以取代的[3]。吕澂对唯识学更是情有独钟，其第一部美学著作便提出要建立所谓"唯识学的美学"，与梁漱溟提出所谓"唯识哲学"几乎同时[4]。吕澂不但批评蔡元培的"以美育代宗教"说，而且在《民铎》（1921）上发表《质太炎先生》，指摘章太炎在唯识学知识方面的错漏，其批判空前凌厉[5]。吕澂后来一直在支那内学院任教，取得了一系列杰出成就，并最终成长为支那内学院第二代大师[6]。另外，早年参加同盟会的陈铭枢（1889—1965）也曾在"研究部"学习佛学，20世纪20年代中后期，在支那内学院遭遇挫折

---

[1] 蔡元培：《新唯识论序》（1932），《玄圃论学集：熊十力生平与学术》，生活·读书·新知三联书店，1990，第11页。

[2] 吕澂：《吕秋逸先生演说》，《内学》第3辑，1926，第177页。

[3] 吕澂：《论美育书》，1921年11月20日，教育杂志社编《美育之原理》，上海商务印书馆，1925，第89页。

[4] 吕澂：《美学概论》，商务印书馆，1923，"述例"第1页。

[5] 吕澂：《质太炎先生》，《时事新报·学灯》，1921年1月25日。

[6] 郭金海：《1957年中国科学院学部委员的增聘》，《中国科技史杂志》2013年第32卷第4期。

时陈铭枢保护了学院[1]。据欧阳竟无所述，章太炎还曾向其推荐王心三，此人也为支那内学院发展做出了贡献[2]。总之，欧阳竟无在"金陵刻经处研究部"时期培养了一批骨干，奠定了支那内学院发展最初的人事基础。

此外，一批曾经在研究部后期向欧阳竟无问学的年轻人在支那内学院的形成发展过程中的作用同样不容忽视，尽管他们后来并未直接任教于支那内学院，却一直是支那内学院的忠实拥护者。如1917年起即在北京大学任教的年轻教师梁漱溟，1918年后在《东方杂志》《时事新报》等期刊担任编辑的年轻留学生李石岑，便是两个典型。梁漱溟在1920年初的《唯识述义》中写道：

> 谁讲唯识不是乱猜入手，你猜错了我来辩正，我猜错了你来辩正，很不算什么，也非如此不能把唯识学寻出来。我生平作事总是一意孤行，从不与人商量，无论读哪一项学问的书，总是关起房门来自己摸索，一生乱猜不知说错了多少话，只有希望大家辩正。[3]

梁漱溟最初认为当代唯识学都是"乱猜"，及问学于"金陵刻经处研究部"，其1921年出版的《东西文化及其哲学》中则写道：

> 我请大家若求真佛教、真唯实，不必以我的话为准据，最好去问南京的欧阳竟无先生。我只承认欧阳竟无先生的佛教是佛教，欧阳先生的佛学是佛学，别的人我都不承认，还有欧阳先生的弟子吕秋逸先生，欧

---

[1] 王恩洋：《五十自述》，《王恩洋先生论著集》第10卷，四川人民出版社，2001，第500页；吕澂：《吕澂自传》，南京市档案馆藏件，第5页。

[2] 欧阳竟无：《竟无小品·纪王心三事》，《欧阳竟无内外学》第3册，上海社会科学院出版社，2014，第1702—1703页。

[3] 梁漱溟：《唯识述义》，《梁漱溟全集》第1卷，山东人民出版社，2006，第200页。

阳先生的朋友梅撷芸先生也都比我可靠。[1]

在梁漱溟心中，欧阳竟无此时已经成为"真佛教、真唯实"的化身。据王恩洋回忆，1921年，梁漱溟讲《唯识述义》及《印度哲学概论》，曾在教室中对全班学生言："今之佛学家，以南京欧阳竟无先生为第一，吾将从之学焉。诸君有志，往彼处为善。"[2] 王恩洋即是在梁漱溟的推荐下前往南京求学于"金陵刻经处研究部"的，熊十力也是如此。

李石岑先后主编《东方杂志》和《时事新报》副刊，他在上海等地演讲时也常常提及"吾师欧阳竟无先生，吾友吕秋逸先生"以及"由欧阳先生得来的真佛法"[3]。遗憾的是李石岑和黄树因一样，英年早逝，未能在佛学方面一展才华，但他宣传和鼓吹支那内学院的功绩不应该被忽略。

第三，欧阳竟无继承了金陵刻经处的部分社会资源并得到迅速扩展，为支那内学院的建立创造了条件。

金陵刻经处最初成立时在南京城内北极阁租房存放经板及图书，后移往常府街，再后租借花牌楼周家房屋，杨文会曾一度打算将刻经处迁往苏州香雪海。光绪二十三年（1897），杨文会在延龄巷建成"金陵刻经处"新址，占地六亩多（4000多平米）[4]，"房屋一百三十二间"，有池塘，有菜园，还有养马房[5]，相当阔绰。可杨文会逝世后，欧阳竟无在刻经处负责编校时创办的"金陵刻经处研究部"却并不设在刻经处内。有人说支那内学院甚至"法相大学"都是设在延龄巷金陵刻经处院内，这是没有根据的。不但内学院、法相大学，即便是最初的"金陵刻经处研究部"，也并不设在金陵刻经

---

[1] 梁漱溟：《东西文化及其哲学》，商务印书馆，2006，第221页。
[2] 王恩洋：《五十自述》，《王恩洋先生著作集》第10卷，四川人民出版社，2001，第475页。
[3] 李石岑：《李石岑讲演集》，广西师范大学出版社，2004，第11、86页。
[4] 武延康：《于凌波〈杨仁山居士评传〉补正》，《佛学研究》第13期，2004年；于凌波称金陵刻经处占地21亩，不知何所据而云然。见氏著《中国近现代佛教人物志》，宗教文化出版社，1995，第312页。
[5] 杨步伟：《一个女人的自传》，岳麓书社，1987，第87页。

处原址内[1]。研究部地址先在耕稼桥（龚家桥，今淮海路刻经处南面围墙外），后迁双塘巷（刻经处西面围墙外），其房产均系租赁。由此可知"金陵刻经处研究部"属于独立运行，并未借力于金陵刻经处之不动产。欧阳竟无早年致黄宗仰的书信曾提及此事[2]。黄忏华回忆录中对"金陵刻经处研究部"最初租借龚家桥程氏空屋讲学也明确说及。

尽管欧阳竟无未能取得金陵刻经处不动产作为研究部的基础，但是金陵刻经处董事会在杨文会逝世后曾经建立"大藏辑要"基金24900元[3]，这笔资金对于维持金陵刻经处的编校工作不能说无足轻重，尽管这笔基金入不敷出。欧阳竟无在研究部建立初期即不得不远赴陕西募款（及其回宁而爱女竟不幸离世），甚至支那内学院筹备处建立后，仍需远赴云南讲学以募款[4]，其创业艰辛，非同一般。虽然如此，当初支持杨文会办"祇洹精舍"的沈曾植、陈三立、蒯氏父子、梅氏兄弟、魏允恭、狄楚青等人终于纷纷表示支持欧阳竟无办支那内学院。最初列名《支那内学院发起人》的共有三十三人：沈曾植、陈三立、熊希龄、庄蕴宽、蔡元培、章炳麟、蔡儒楷、夏继泉、蒋维乔、张尔田、金容镜、张伯良、王憼宪、丁传绅、龚积炳、吴勇、徐文蔚、徐鸿宝、濮一乘、李世由、易焕鼎、陈义、吴璆、梅光远、蒯寿枢、欧阳柱、狄葆贤、符鼎升、曾朴、欧阳沂、欧阳竟无、梅光羲、周扬烈。[5] 这一群体中，除了金陵刻经处原有职员外，相当部分是当初"佛学研究会"的支持者和参与者以及少数立宪党人、革命党人转化而来的民国要人如熊希龄、叶公绰、蔡元培、章太炎等。

支持祇洹精舍和支那内学院的人并不是时代的落伍者或失败者，这些人

---

1 武延康：《于凌波〈杨仁山居士评传〉补正》，《佛学研究》第13期，2004年。
2 于凌波：《中国近现代佛教人物志》，宗教文化出版社，1995，第367页。
3 武延康：《于凌波〈杨仁山居士评传〉补正》，《佛学研究》第13期，2004年。
4 江灿腾：《明清民国佛教思想史论》，中国社会科学出版社，1996，第320页。
5 章太炎：《支那内学院缘起》，《中国哲学》第6辑，生活·读书·新知三联书店，1981，第311页。

大都是清末民初处于社会中心的社会精英或知识精英。例如沈曾植（1850—1922），字子培，号乙盦，清光绪年间进士，官至安徽提学使，署安徽布政使，其前期的活动基本上可归入"晚清经世派"学者行列[1]。戊戌变法时期，作为"帝党"一员，沈曾植在政治上一度倾向维新派。自1890年起，沈曾植长期在总理衙门兼职，不仅对外交事务多所接触，对国外学术信息的了解也较常人为多，对外部世界的了解，即使与康、梁不属同一层次，至少也是接近后者[2]。宣统年间沈曾植已经退休，但辛亥革命以后，他又重新介入到政治领域，成为民国前期清室复辟的关键人物之一。在学术上，沈曾植一向关注西北史地之学，从蒙元史地研究到西北边疆史地及民族史乃至中西交通史（包括西北、西南陆路和南海交通史）以及中亚西亚古地理、民族和语言等研究，其学术关切既与其对近代以来国家边防和外交危机的认识有关，也与对日趋兴盛的国际汉学和东方学发展的了解有关。沈曾植对欧阳竟无、王国维的学术思想均有较大影响，王国维称："至于综览百家，旁及二氏，一以治经史之法治之，则又为自来学者所未及。"[3] 欧阳竟无也认为自己的学问得益于沈曾植之栽培。沈曾植对佛教的学术热忱虽然主要在戊戌前后到光绪朝末期[4]，但在长期学术研究中养成的开放胸襟和开阔视野，使其对学术发展新趋势保持着相当的敏感和洞见。又如陈三立（1853—1937），字伯严，号散原，清末湖南巡抚陈宝箴之子，戊戌变法的重要参与者之一，清末享有巨大的社会声望。陈三立当年支持杨文会办"祇洹精舍"的款项即其办"南浔铁路"之薪水[5]。沈曾植、陈三立作为清末民初政学两界的重量级人物，他们

---

[1] 王蘧常："初，公论学尚实用，于人心世道之隆污，政治之利病，必穷其原委。"（《清末沈寐叟先生曾植年谱》，台湾商务印书馆，1982，第33页）
[2] 胡逢祥：《沈曾植与晚清西北史地学》，《史学史研究》2014年第1期。
[3] 王国维：《沈乙庵先生七十寿序》，见周锡山编校《王国维集》第2册，中国社会科学出版社，2008，第348页。
[4] 张煜：《沈曾植与佛教》，《上海大学学报》2011年第11期。
[5] 参见李开军《最后的事功：陈三立与南浔铁路之修筑》，《中国文化》2015年第1期（1995年第1期）。

对欧阳竟无的支持既有学术方面的（如沈曾植之于佛学），更有政治上的考量。至于蔡元培、章太炎，更是清末民初名声显赫的重要人物。章氏对于佛学原就有一番抱负[1]，蔡氏执掌北大，提倡研究高深学问，主张"教育救国"，砥砺德性，对于创办学术机构尤其表示支持[2]。上述诸人从各自角度对支那内学院继承杨文会"祇洹精舍"的做法均表示认可。无论动机如何，上述各界人士的支持表明以欧阳竟无为中心的"研究部"社会影响在迅速扩大。

诚然，"研究部"最初的社会资源主要来自杨文会和金陵刻经处，但经过数年发展，"研究部"的社会基础已经大大超越了金陵刻经处，成长为一个复杂的新型知识社群。这其中既有前清遗老如沈曾植、陈三立，也有革命元勋如章太炎、蔡元培，还有民国政府要人如熊希龄、叶恭绰、唐继尧、岑春煊、陈炯明、齐燮元、陈铭枢，以及在新文化运动时期暴得大名的梁漱溟等年轻知识分子。这一知识社群的影响力在迅速扩大，支那内学院显然不再是凭欧阳竟无一个人的意志在运作[3]，欧阳竟无所谓"乃有胜缘得与诸上善人长者居士俱在一处宏无上法"并非空话。1920年发布的《支那内学院发起人》名单已达九十一人，比1919年增长近200%。除上述列名三十三人外，还有五十八人，包括叶恭绰、唐继尧、岑春煊、陈炯明、李根源、梁漱溟等不少在中国现代政治史上留下名字的人物。据支那内学院1923年底公布的财务报告，综计刻经和办学两方面款项，叶恭绰捐款最多，数目高达一万四千元，陈炯明一万三千元（粤币）、唐继尧捐款一万元（滇银），蒯若木捐款三千元以上，梅光羲捐款一千四百多元，江苏军务督办齐燮元（字抚万）赠给

---

[1] 章太炎：《菿汉微言》，《章氏丛书》下册，世界书局，1982，第961页。
[2] 唐振常：《蔡元培传》，上海人民出版社，1985，第123页；陈以爱：《中国现代学术机构的兴起——以北大研究所国学门为中心的探讨》，江西教育出版社，2002，第69—70页。
[3] 于凌波《中国近现代佛教人物志》曾收录其《支那内学院始末》，其中提到欧阳竟无致宗仰上人的一封信，对支那内学院早期筹措经费的难题有所披露。

支那内学院前两江督练公所遗地八十余亩充作学院院址[1]。最后，支那内学院甚至还获得教育部和内务部备案，据说它是近代中国"第一家官方认可的佛教教育机构"[2]，这表明支那内学院最终取得了中央政府的支持。这是当年杨文会梦寐以求，而始终未能实现的目标。从1914年到1921年，欧阳竟无及其研究部在学术研究、师资力量和社会支持方面已经创造了一系列条件，建立支那内学院已经指日可待。

1921年，欧阳竟无应邀到南京高等师范学校讲演"佛法"，其演讲题目是"佛法非宗教非哲学"，公开主张佛学独立，认为佛学不同于其他宗教和哲学，与其他宗教相比，佛学至少有四大优势：平等无二致；理性极其自由；宏阔而真证；勇往以从己。与其他哲学相比，佛学至高无上，"真欲斥佛法之谜妄者，亦非不可，但必先读其书，先达其旨，而后始可从事"[3]。欧阳竟无关于佛学独立一学的论证与其1918年《支那内学院叙》前后一致，但他不再强调学佛之"难"与"苦"[4]。一年以后，支那内学院在南京正式开学。

三　支那内学院与"居士佛教"

支那内学院成立三年之后，欧阳竟无致信民国政府教育部长章士钊称："支那内学院非宗教性质，是讲学机关"，"讲学育才，将以移易乎天下万世，此支那内学院之由来也"。"阳明而后，谁其继者？以故须复宋明讲学精神之教育，捣虚以实，去嚣以朴，专门之学愈简愈精，一艺一材必充其量。苟能分门别类，无学而不践其实，而所谓虚矫夸诞之士气，能长存而不变者，未

1　支那内学院：《金陵刻经处研究部、支那内学院刻经办学收支报告（民国四年一月起至十二年十二月止）》，《内学》第1辑附录。
2　肖平：《支那内学院研究》，博士后出站报告，复旦大学，2002，第27页。
3　欧阳竟无：《佛法非宗教非哲学》，《欧阳竟无内外学》，商务印书馆，2015，第575页。
4　欧阳竟无：《支那内学院叙》，《觉书》1919年第5期。

之有也。以故，须趋重学术团体之教育。"[1] 在欧阳竟无看来，支那内学院是把佛教思想与社会变革紧密联系起来的伟大事业，某种佛学救世的内心冲动依然存在，只是方式与章太炎等早期革命者已经不同，现在的救世要通过"学术团体之教育"来实现，这是欧阳竟无对支那内学院性质的公开宣说。但是，当代学界一般用"居士佛教"或"居士佛学"来指称支那内学院，这是因为不久之后，欧阳竟无又提出支那内学院为"居士道场"[2]。究竟是"居士道场"还是"讲学机关"？无论如何定位，称支那内学院为"居士佛教"或"居士佛学"都不甚妥当，因为这既不能揭示其社会性质，亦难以对其起源与终结做出合理解释[3]。内学院显然绝非一般居士群体，由于其高度精英化，其佛学话语既不以居士（即"在家佛弟子"）自限，亦不以中国为界（其自称为"支那"即表达从他者视角看"中国"），其自觉的文化担当是整个佛教传统。因此我们认为，支那内学院本质上是现代中国知识群体的自由结社，是中国佛教学院化发展的早期形式。

在社会渊源上，支那内学院渊源于晚清改革派知识精英（相对保守的改革派[4]），他们中的一些人试图避开寺院僧团而独立建设新的佛教文化社群和佛教知识体系，由此凸显近现代佛教社会化发展的两大历史性课题：一是新兴佛教文化社群与寺院僧伽的关系如何处理，这就是支那内学院创始人欧阳竟无早年所提出的"居士可以住持佛法"是否可能，由此引发佛教内部组织关系紧张；二是新型佛教知识体系的真理性如何得到保证，即佛学话语体系创新如何保证自身的真理性或可靠性，由此必然面对如何处理传统佛教意识形态的真理性问题。这两大历史性课题是以传统文化为基础形成的现代知识

---

[1] 欧阳竟无：《与章行严书》，《欧阳竟无内外学》，商务印书馆，2015，第460、463页。
[2] 吕澂：《支那内学院简史》，南京市档案馆：1003-17-10。
[3] 学愚：《佛教、暴力与民族主义：抗日战争时期的中国佛教》，香港中文大学出版社，2011，第48页。
[4] 太虚所代表的则是激进的一系。Holmes Welch，*The Buddhist Revival in China*，Harvard University Press，1968，p. 222。

社群普遍必须面对的组织和思想问题，欧阳竟无似乎很早就给出了自己的答案，如其1918年公布《支那内学院章程》"总纲"时明确提出："第一条　本内学院以阐扬佛法养成利世之才非养成出家自利之士为宗旨。第二条　本内学院由同志之士组织之，呈报内务部、教育部备案。"[1] 这两条文字极其简略，精神则异常清晰，即在组织制度上与寺院僧伽划清界限，绕开寺院体系而进入国民教育体系，尽管目标是培养佛教文化新主体。佛教作为普世宗教所承载的本是超验价值及其独立的神圣空间，其真理性的保障是修行者的信仰及其实践体系，这与近代以来世俗的公共教育体系在本质上不在一个层面，如果一方面试图在世俗性国家教育体系内寻找自身生存的制度性根基，另一方面又强调自己的功能是为世俗性国家教育体系之外的佛教文化体系服务，则很难自圆其说。

与《支那内学院章程》同时公布的《支那内学院叙》是欧阳竟无关于建立支那内学院最初的系统思考。在后一文件中，更能看出支那内学院的自我定位相当模糊。内学院以建立新的佛教知识体系承担者为目标与《章程》一致，而对传统僧伽制度和寺院经济则完全报以历史虚无主义的态度，用"拔一切苦得究竟乐"为其创建学院的合理性进行辩护，提出佛教以拔苦与乐为宗旨，中国有"无教无学"之苦：

无教之苦即无学之苦，曰所学之苦有四、能学之苦有四。

所学四者。一无门苦：法相无门，支难破碎劳而无归苦。般若无门，但恶取空易而无得苦。秘密无门，小应小验沉滞不拔苦。华严无门，果

---

[1] 欧阳竟无：《支那内学院章程》，《中国哲学》第6辑，生活·读书·新知三联书店，1981，第324页。今本"章程"第一条"出家"二字被删除，因遭到太虚法师批评。欧阳竟无似乎有意遮掩自己的立场。据印顺记载：1919年，太虚来到支那内学院筹备处见到了《支那内学院章程》有"非养成出家自利为宗旨"语，殊觉蔑视僧伽，乃作"支那内学院文件摘疑"，其后内学院丘檗（希ល）致信太虚曰："以措辞未圆易启疑虑，则改为'非养成趣寂自利之士'亦无不可。要之，非简出家，乃简出家唯知自利者"云云，此一解释真是欲盖弥彰。印顺：《太虚法师年谱》，宗教文化出版社，1995，第59页。

不知因大不知细苦。天台无门，终身教纲莫达止观苦。禅学无门，盲参大慢自欺无救苦。净学无门，拨去菩提临终无力苦。律学无门，无疮而伤惟缚无脱苦。小乘无门，逐流忘源故自食唾苦。得人身难，信佛法难，知读书难，然犹如是。吁其悲已。二缺籍苦：瑜伽言境缺阿毗达磨经，瑜伽言行缺分别瑜伽论，瑜伽言果缺如来出现功德经，华严法华天亲论外必犹有论，空宗智光莫披其籍，密典事相都无由考，大乘律学西典必多，由小入大迦叶维学广律未来，小乘经部室利逻多毗婆沙论卒亦未至。戒定慧三，依稀仿佛。澄源彻底，文献无征。闻道难能，况闻而思，思已而修。吁其悲已。三不善文字苦：习尚薄文，遂无能役，名相句读，淆然淄渑，籀古不易，安事阐微。吁其悲已。四不闲他国文字苦：泾以渭浊，晋以秦兴，乃兹玄游，困于一椑，一意孤行。吁其悲已。

能学四者。一比丘难，不求文字故。二居士难，奔走衣食故。三宰官难，心杂无时故。四子弟有十难：一超悟起信难，根种未显故。二根钝得入难，信浅入深故。三少年坚持难、久无忍力故。四失时求学难，欲深机浅故。五真因实行难，名利恭敬故。六受持戒本难，家庭不乐故。七家庭许学难，习尚蔽塞故。八亲友饮助难，不知利益故。九仰事俯畜难，不供世用故。十国家提倡难，无此学校不津留学故。前五内因后五外缘，因缘具足乃得成办。

欧阳竟无的论述表明其本人此时虽然触及却尚未深入思考学院社群与寺院僧伽的关系、新佛学与中国佛教既有知识体系的关系等根本问题[1]。内学院最初并不想为其佛学形态提供真理担保，它仅仅致力于一般意义的佛教知识传

---

[1] 对于本句这样的评价，本课题申请结项时一位匿名评审专家发表了不同的看法，他认为："其实此段文字分别从学习对象、学习主题分析当时佛法修学之困顿局面，遍涉各宗宗义、文献、不习文字、不知梵巴等义理、文献、语言等方面的缺陷，及僧俗等众之求学困局，所引文字立论极高，陈述弊端极痛切。"非常感谢这位专家提出的富有启发性的评价意见。

承。中国佛教在近代的学院化转型缺乏欧洲中世纪后期基督教的学院化背景[1]，欧阳竟无对中国佛教的历史虚无主义论述（无知识、无师资、无学校）表明中国佛教学院化发展尚处于初级阶段。

从理论上看，毫无实用价值的知识被世俗社会容许其存在并且被视为有用而被实体化，掌握这些知识的人被给予较高的社会地位何以可能，本身是一知识社会学问题。由于这一类知识并不像实用技术知识那样容易接受感性经验检验，因此这种并无实用价值的知识体系也不那么容易失败，而这一类知识一旦遭遇失败，要么被认为是人类误用，要么被归咎于个人错觉，这其中隐含的经验世界和超验真理之区分的逻辑表明它是超出人类理性能力范围的超验之知，这种超越感性经验检验的知识被有些知识社会学家称为"宗教知识"或"神学知识"，认为其社会基础是一个神圣群体，这一群体被称为"神学院"："学院保证真理的神性来源及其真实的传播，学院是它的承担者与卫道士"，"随着文字使用的扩展，宗教著作成了传统不可动摇的证据，并且成了学院权威的又一基础，最初宗教著作并没有降低权威的神秘性"，"即使在现代，印刷术使每一个人都能接触到大部分宗教群体的圣书，但仍然有一些秘密的社团，他们划分等级层次，最高级的神秘会员是神秘的秘传知识的携带者，他们主要以口述方式向别人解释圣书（印刷或手抄）深藏不露的意义"，"随着岁月的流逝，日积月累，它们（圣书——引者注）的知识可能变得卷帙浩繁、深奥难解、精致入微，以至于不花几年时间，几经名家指点，就无法理解"[2]。中国社会从汉代开始已经出现过类似情形，明清以来从主要限于儒家经典研究逐渐向其他文献扩展，梁启超的《清代学术概论》对这一过程有所梳理，极具代表性。

---

1 〔美〕G. F. 穆尔：《基督教简史》，郭舜平等译，商务印书馆，2003，第183页。
2 〔波〕弗洛里安·兹那涅茨基：《知识人的社会角色》，郏斌祥译，郑也夫校，译林出版社，2000，第68—69页。

值得注意的是，自明清以来儒家学者多在书院讲学，书院承担了上述所谓"宗教知识"传播的组织功能，明清书院已经十分接近欧洲中世纪后期的"大学"。可是20世纪初，当中国社会开始大规模仿西欧已经成熟的世俗教育体制，尝试建立传播实用知识的学校时，儒家书院模式迅速丧失地位，随着科举制度被废止，儒学的神圣性也丧失了现实根基，成为幽灵般的存在，省县各级书院则被改造为新式学堂[1]。这一转型似乎非常顺利。与儒学书院化不同，明清佛教似乎始终局限于寺院而未能分化出独立的学院传统，甚至寺院本身也没有形成像儒学书院那样的全国性网络。佛教在明清时期本已被与科举紧密结合的儒学排斥到知识体系和社会体系的边缘，即使寺院也缺乏真正独立的知识传承系统。晚清以来，由于社会结构重组，佛教虽然与儒学传统一样在新的社会重构过程中获得了自由生长的空间，但由于自身缺乏相对独立的学院体系，其学院化转型就变得相当曲折[2]。欧阳竟无创办支那内学院几乎是在完全割断与当时寺院系统联系的条件下，在转向从经典注疏本身寻找宗教知识的过程中，同时尝试建构佛教本身的学院传统。在近代中国特殊的历史文化环境下，欧阳竟无一方面主动担当佛教学统，另一方面还试图以佛摄儒，试图承担起拯救儒学的重任，与其说支那内学院的建立是在顺应20世纪初的宗教世俗化趋势，不如说是儒家人本学在近现代佛教发展过程中发挥了某种原理性作用。易言之，支那内学院是佛教在近现代特殊历史境遇下的"再中国化"的尝试，而这一尝试的核心内容是建立佛教的学院传统，其现实基础则是近现代中国社会产生的知识精英。

作为近现代中国佛教学院化萌芽阶段的支那内学院，其发展必然在体制建构和指导思想方面不断进行调适，其具体动因主要来自内外两个方面。自

---

[1] 应星：《新教育场域的兴起 1895—1926》，生活·读书·新知三联书店，2017，第28—29页。
[2] 杨琥编：《夏曾佑集》下册，上海古籍出版社，2011，第203页。

内部言之，学院必须面对"居士能否作师"领导佛教的质疑；自外部言之，则必须面对现代儒生对佛教伦理性质的质疑。在深受儒学影响的中国社会中，佛教被视为家族伦理的破坏性力量，这与其说是一种思想不如说是内学院诸公的切身体会。吕澂作为内学院第二人，其早年即跟随金陵刻经处主持编校的欧阳竟无研究佛典，但却因家人反对而不得不一度离开欧阳竟无[1]。王恩洋是欧阳竟无非常器重的弟子，最初从儒家伦理角度接受佛学，但最终未能在支那内学院坚持下去，主要原因也是家人反对其学佛[2]。欧阳竟无1925年在写给当时教育部长章士钊的信中抱怨说"宗教则屏为世学，世学又屏为宗教，舂粮且不能宿，盖垂青者寡"[3]，这是"内学"和"内学院"必须直面的现实尴尬。欧阳竟无希望章士钊作为教育界领导人能够代为昭告天下"内学院"是学术教育机构，而不是宗教膜拜团体。吕澂曾指出：内学院1925年秋"改组为问学、研究及法相大学三部，辟第二院，招大学特科生一班。立院训：师、悲、教、戒，揭明在家众可以主持佛法之义，以奠居士道场之基"[4]。1927年，欧阳竟无完成《释师》和《释悲》篇，延续《支那内学院叙》的基本理路而进一步发展，其主导概念却是阐释支那内学院为"居士道场"。由此可见，在"居士道场"与"学术团体"之间，欧阳竟无始终处于徘徊状态。章太炎1907年对佛教世俗化或居士化的批评已过去20年，章太炎早年认为佛教世俗化或居士化等于佛教自我否定[5]，欧阳竟无却试图从学理上为佛教居士化发展辩护，但他不是从现实而是从"圣言量"角度对僧伽群体所谓"居士非僧类、非三乘、非福田、非师范、不应说法、不应阅戒，乃至不可入比丘中行坐叙次，但应奉事唯谨，一如奴仆之事主人，压迫不平

---

1 《吕澂自传》，南京市档案馆藏件，第4页。
2 王恩洋：《五十自述》，《王恩洋先生论著集》第10册，四川人民出版社，2001，第481页。
3 欧阳竟无：《与章行严书》，《欧阳竟无内外学》，商务印书馆，2015，第460页。
4 吕澂：《支那内学院简史》，南京市档案馆：1003-17-10。
5 章太炎：《建立宗教论》，《章太炎全集》（四），上海人民出版社，1985，第417页。

等，乃至波及慧命"[1] 进行批评。这是近现代知识精英基于现代社会条件为佛教学院化发展进行的某种理论辩护。

欧阳竟无上述辩护最终以"居士住持佛法"的组织路线与"佛法别为一学"的思想路线共同成为支那内学院密切配合的两大基本观念。在欧阳竟无看来，出家僧侣受到戒律限制，无法担当佛教别为一学的知识独立传承重任，因此只能由在家居士来担当，他完全忽略了居士身份即使在担当佛教之学的独立方面同样面临种种困境。在相当长时期内，支那内学院对自身性质的定位是不清晰的。这并不是主观认识能力的问题，而是历史实践使然。1922年7月，支那内学院在南京正式成立，欧阳竟无讲"唯识抉择谈"，学者往来不绝，一时称盛。吕澂、汤用彤、王恩洋、陈铭枢、梁漱溟、聂耦耕、冯超如乃至梁启超也来内学院参学[2]，欧阳竟无佛学大师身份似乎由此获得举世公认。此后三十年，内院形成三个历史阶段[3]：第一阶段从支那内学院正式在北洋政府备案到南京国民政府成立前（1922—1927）；第二阶段自南京国民政府成立至抗日战争全面爆发（1928—1937）；第三阶段自前往四川江津重建内学院至抗战胜利，策划南京复员（1938— ）。上述三个发展阶段对应于北洋政府时期支那内学院获准建立，正式办学，南京国民政府时期遭遇第一次打击，无法继续办学，抗日战争爆发，支那内学院侥幸逃脱至四川江津，学院基本设施和学术资料被严重破坏，元气大伤，仍坚持刻经讲学，但规模更小。抗日战争结束时，支那内学院原计划回到南京复员，又遭遇内战，终于未能实现复员计划。中华人民共和国成立后，为配合新中国工业化建设和社会主义改造，内学院主动停办。中国佛教早期学院化发展遂告一段落。

---

[1] 欧阳竟无：《支那内学院院训释》，《欧阳竟无内外学》，商务印书馆，2015，第14页。
[2] 王恩洋：《五十自述》，《王恩洋先生论著集》第10卷，四川人民出版社，2001，第477页；朱宗震、汪朝光：《陈铭枢传》，兰州大学出版社，1996，第37页。
[3] 参见吕澂《支那内学院简史》，南京市档案馆：1003-17-10。

中国佛教的学院化传统明清以来即不曾真正建立过，明清以来的中国佛教在主流社会更趋于边缘化，"直到19世纪末20世纪初，才使得少数中国人探索着将佛教作为一个独立而完整的传统来复兴和重建"[1]，其实际起点只能追溯到创办于19世纪后期金陵刻经处以及围绕在金陵刻经处周围的少数知识精英有关中国佛教复兴的微弱主张。支那内学院本质上只是从属于这一整体历史过程的一个片段，其生灭起伏均不能自主，面对20世纪前期风雨飘摇的中国社会，支那内学院能够存在三十年已经是一个奇迹。

附录1　吕澂：《支那内学院简史》[2]

支那内学院为欧阳竟无先生所创，以育通才、宏至教为主旨。民国七年，就南京双塘巷"金陵刻经处研究部"设"筹备处"，刊布《缘起》《章程》。越四载，始在南京公园路开办，时民国十一年七月十七日也。院务分学、事两科，设学务、事务、编校流通三处以理之。自开办迄今已历22年，随世事之推移，院况进展自成段落，而分三期。

第一期自民国十一年迄十六年，凡六年，注重办学及刊布唐人著述。十一年秋，始公开讲学。翌年，设研究部试学班，用导师制，通习法相唯识要典，间月开研究会一次，发表研究，年终则编印《年刊》及《杂刊》。十四年秋，改组为问学、研究及法相大学三部，辟第二院，招大学特科生一班。立院训："师、悲、教、戒"，揭明在家众可以主持佛法之义，以奠居士道场之基。同时校刻法相唯识要籍，如《瑜伽伦记》《唯识述记义演》

---

[1] 〔美〕芮沃寿：《中国历史中的佛教》，常蕾译，北京大学出版社，2009，第110页。
[2] 南京市档案馆：1003-17-10；孟国祥：《南京文化的劫难（1937—1945）》，南京出版社，2007，第335—337页。本文标点略有改动。

《抄秘蕴》《俱舍光记》等，皆唐人著述百卷以上之大部也。迄十六年夏，国府奠都，驻兵二院，乃停办特科，并缩小一院规模。第一期发展至此告一段落。

第二期自十七年迄二十六年，凡十年，注重整理藏教并组织道场。此十年间除续刻普通经籍外，又集中人力，搜集图书，编印《藏要》。校文叙义，一以精粹为归。前后因成3辑50余种，300余卷。全藏精华，撷取殆尽，可谓此方有藏教以来之初次整理。二十一年，更决定内院根本改组，立四信条，曰："为真是真非之所寄，为法事广大，为居士道场，为精神所系"。由是每年4月、10月开道场大会两次，集众讲学。至二十六年夏，欧阳先生讲"晚年定论"，乃立涅槃义，以明佛学究竟，兼摄儒宗焉。讲毕，倭患日深，院舍及图书30万卷悉付兵燹，第二期发展遂结束于此。

第三期自二十七年至今，已历六年，注重建立院学并精刻全藏。二十六年冬，欧阳先生率众徒蜀，息影江津。翌年人日，举行大会，蜀中及门者皆集。乃成立"蜀院"，自建院舍，恢复"讲学以刻经"之旧规，设流通处及刻经作坊。自是年，每年皆以人日会友论道。二十八年，建立院学，分"毗昙、戒律、瑜伽、般若、涅槃"五科，由言教变迁之实以观行践之真，其略见于《院训·释教》，亟待阐明。二十九年，又发起"精刻大藏"，选目5000余卷，拟以结集之精神彻底整理，永为典范，是亦千百年未有之大观也。

本年二月，院长欧阳先生逝世，院内同人组织院友会，公推继任人选，一本先生遗志进行，故此一期今尚在开展中。

溯自内院成立以来，22年间，在院研学者前后凡200余人。刻经总数，在宁刻成110部，1055卷，入蜀又刻成30余部，50余卷，皆藏版蜀院，广事流通。至于讲学发明，义理繁荣，俱见于院中各种著述，兹不详举。

附录2 金陵刻经处研究部支那内学院刻经办学收支统计表[1]

金陵刻经处研究部支那内学院刻经办学收支（1915—1923）

收入/金额（元）	捐款人	明细（元）	支出/金额（元）	经名	（元）	经名	（元）
刻经项下收入捐款 20332.84	叶玉甫	14000	刻经项下支出 15254.076	瑜伽论释	20.23	神州三宝	193.098
	蒯若木	2000		杂集述记	831.595	劝发菩提	280.007
	陈以丰	100		理趣分	168.285	金刚论释	79.658
	梅撷芸	431		菩萨地科	31.033	般若经论	88.588
	夏淑君	100		解深密注	319	华手经	443.406
	夏传声	50		宝鬘三种	47.635	唯识所变	137.753
	吴渔川	300		摄论本	70.028	瑜伽真实	150
	桂伯华	19		涅槃三种	89.317	慈恩传	849.727
	盛庄德华	1000		胜思惟论	110.9	龙树传	37.718
	吴盛翰玉	40		宝积经释	134.328	马鸣传	16.332
	吴施倩芗	20		杂心论	553.12	理趣六波	324
	吴胡明㵆	100		明了论	50.525	药师古迹	41.161
	欧阳竟无	9.59		止观习定	16.194	转识显识	50
	欧阳兰贞	5		解深密疏	1300.868	金刚般若	100
	金陵刻经处十七人	16.25		无性摄论	268.92	集诸法宝	16.25
	雷兴	65		门论补疏	75	法集名数	7
	吴堪	100		弥勒像	2		
	李观	200		出生菩提	22.06		
	吕澂	7		不坏假名	68.068		
	邱檗			说无垢称	179.71		
	周遥	50		瑜伽论记	3903.86		
	周明泰	50		俱舍光记	3344.711		
	孙多焌	50		弥勒论	158.969		
	袁树五	50		金刚针论	9.59		
	沈子培	100		无上依经	37.313		
	黄菊英	100		梵网古迹	190		
	吴鸿儒	100		缘起论、集相论	50		
	欧阳东	115		胜鬘述记	122.591		
	黄周氏	100		地论序	71.591		
	黄君淑	30		百法义记	150		
	黄通如等六人	1025		苏注道德	103.936		

1　数据来源：《金陵刻经处研究部支那内学院刻经办学收支报告（民国四年一月起至十二年十二月止）》，《内学》第1辑，1924年12月。

续表

收入/金额（元）	捐款人	明细（元）	支出/金额（元）		（元）	（元）
办学项下收入捐款 31860	蒯若木	1150	办学项下支出 45196.249	新津工食	16120.602	
	梅撷芸	1000		印刷流通	3312.394	
	简玉阶	500		购置修缮	14276.727	
	陈竞存（陈炯明）	粤币13000		邮电汇报	4179.237	
	唐蓂赓（唐敬尧）	滇币10000		川资旅费	1207.52	
	李晓暾	100		租金杂耗	6099.769	
	吴渔川	200				
	陈真如（陈铭枢）	30				
	黄依仁	60				
	黄通如	50				
	狄楚青	110				
	欧阳石芝	150				
	梁漱溟	50				
	释仁山	20				
	邵毅甫	40				
	梅斐漪	350				
	庄士敦	50				
	欧阳竟无	3000				
	欧阳淑贞	2000				
其他项下收入活款 9534.043	刻经处编校费	2950				
	学生膳宿杂费	389				
	流通处售书费	1355.693				
	产业升值变更	3424.374				
	历年存款息金	1414.976				

续表

收入/金额（元）	捐款人	明细（元）	支出/金额（元）	（元）		（元）
前两江督练公所（80亩）	齐抚万（齐燮元）					
收入共计 61726.883			支出共计 60450.325			
收支两抵结存（收入—支出）共计 1276.558						

附录3　支那内学院刻经办学收支统计表（1924—1925）[1]

支那内学院刻经办学收支（1924—1925）

收入/金额（元）	捐款人	明细（元）	支出/金额（元）	经名	明细（元）	经名	明细（元）
刻经项下收入捐款 7796.34	叶玉甫（叶恭绰）	6000	刻经项下支出 4033.856	瑜伽略纂	1386.696	理门述记	100
	任梅屿辉	650		七识义演	421.588	中边分别论	74.972
	梅刘珍辉	400		俱舍序	321.222	解节经真谛记	69.002
	梅撷芸	300		楞伽疏决	295.388	心经赞	61.144
	潘馨航	150		义林补缺	254.456	纂论对读	46.888
	马惟尧	150		三性义演	233.904	心经疏	40
	王揖唐	103.78		苏悉地经	189.198	不空心要	32.556
	内院	17.56		南海寄归传	179.928	金刚经	22.432
	黄通如	15		释迦方志	173.260	唯识研究次第	20.954
	黄翁氏	10		金七十论	110.268		

---

[1] 本表数据来源：《支那内学院刻经办学收支第二次报告（民国十三年阳历一月一日至十五年阳历二月十二日（阴历年终）止），《内学》第2辑，1925年12月。

续表

收入/金额（元）	捐款人	明细（元）	支出/金额（元）		明细（元）		明细（元）
办学项下收入捐款 19824.33	叶玉甫	4000	办学项下支出 35264.529	薪工	8522.82		
	段芝泉	3000		伙食	3605.811		
	唐冀赓（唐敬尧）	3000		办公	1205.544		
	陈证如（陈铭枢）	2418.33		购置	141.95		
	金城银行	2000		图书	273.855		
	王竹邨	1000		流通	2466.074		
	欧阳沧生	806		种植	230.035		
	李任潮	740		杂项	3283.025		
	梅撷芸	700		建筑	14884.448		
	李南溟	500		开办大学	650.967		
	沈惺叔	500					
	梅斐予	240					
	无名氏（蒋竹庄手）	200					
	四岸运商事务所	200					
	包竹峰	100					
	淮南食岸	100					
	场盐商会汪鲁门	100					
	王一亭	100					
	殷太如	100					
	释能源果瑶	20					
其他项下活款 11061.15	产业生殖变更	3809.32					
	流通售书费	3389.06					
	学生膳宿杂费	2187.36					
	刻经编校费	1042.9					
	苏拨国税	500					
	存款息金	132.51					
	收入共计 38681.82			支出共计 39298.385			
	期初+期末收入−期末支出 = 1276.558+38681.82−39298.385 = 659.993						

附录4　支那内学院概览（1924）[1]

一、沿革

本院发起于民国七年，为欧阳竟无居士所创办，居士江西宜黄人，师杨仁山居士，研究内典垂二十年。辛亥秋，杨居士示寂，竟无居士遂至宁继其事兴研究部，迩后六七年间，日夕校印法相唯识经论。七年戊午，居士发起支那内学院设筹备处，十年春迁筹备处入半边街今地，翌年遂正式宣告成立，呈内务部教育部备案，时十一年七月十七日也。至今已二年余矣。

二、现在组织

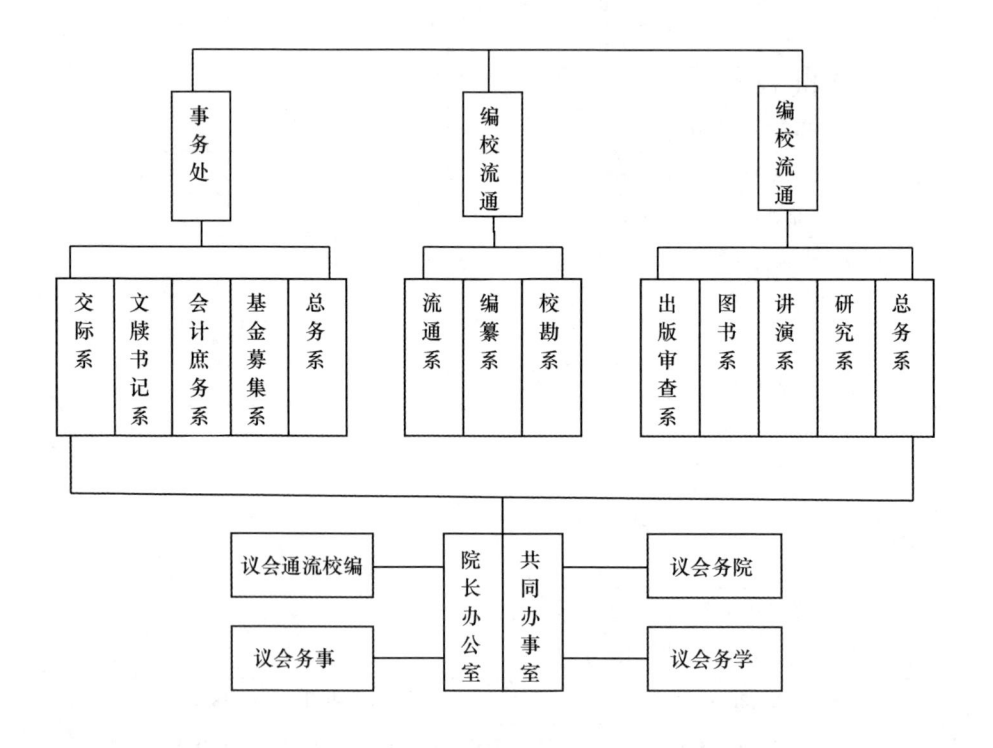

```
                    ┌─────────────┬─────────────┐
                 事务处         编校流通       编校流通
          ┌──┬──┬──┬──┬──┐  ┌──┬──┬──┐  ┌──┬──┬──┬──┬──┐
         交 文 会 基 总    流 编 校    出 图 讲 研 总
         际 牍 计 金 务    通 纂 勘    版 书 演 究 务
         系 书 庶 募 系    系 系 系    审 系 系 系 系
            记 务 集          　　　　 查
            系 系 系                 系
                    └─────────────┬─────────────┘
          ┌──────────┐  ┌────┬────┐  ┌──────────┐
          议会通流校编  院长  共同  议会务院
                      办公  办事
          ┌──────────┐  室    室    ┌──────────┐
          议会务事                  议会务学
```

---

[1] 参见《内学》第1辑，1924年，第293—298页。

三、近期事业一斑

（一）学科

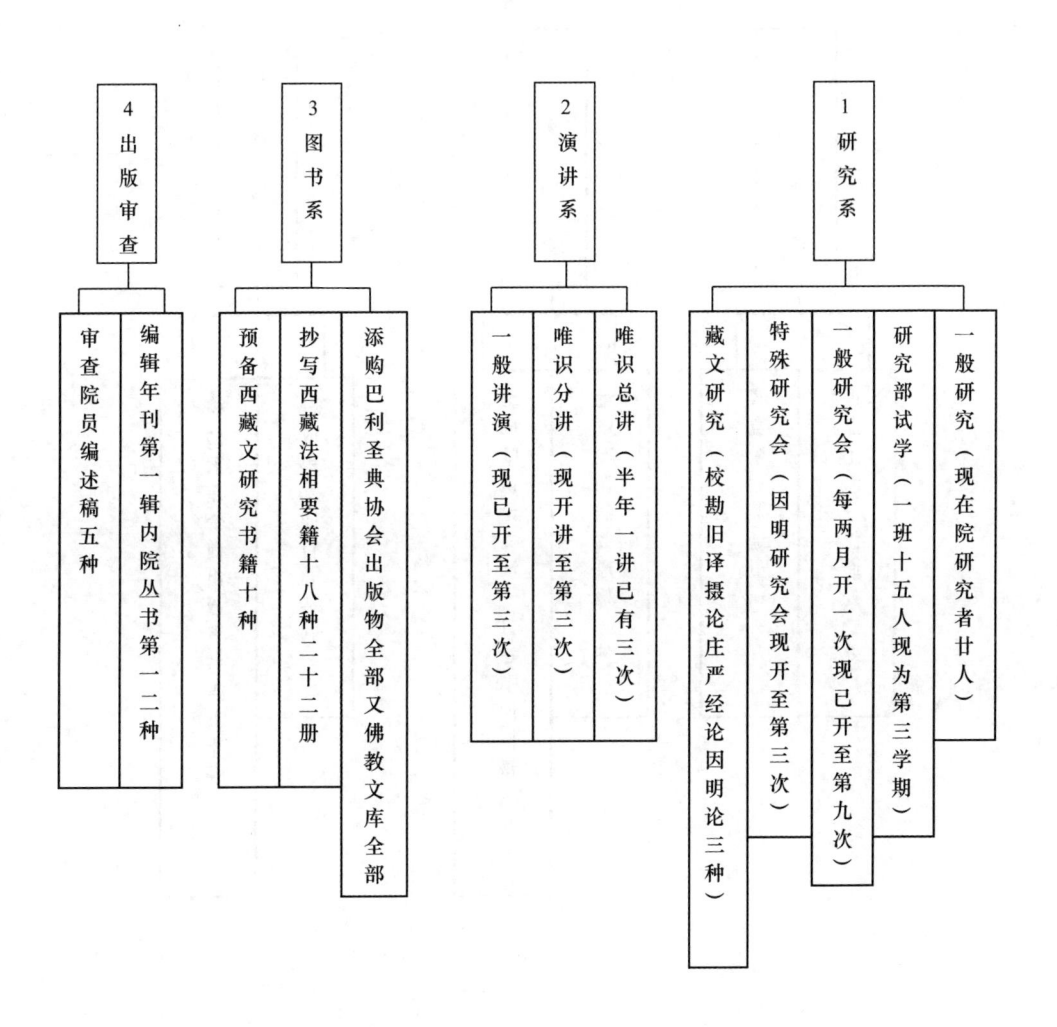

```
┌─────────────────┬─────────────────┬─────────────────┬─────────────────┐
│   4 出版审查    │   3 图书系      │   2 演讲系      │   1 研究系      │
└─────────────────┴─────────────────┴─────────────────┴─────────────────┘
```

4 出版审查：
- 审查院员编述稿五种
- 编辑年刊第一辑内院丛书第一二种

3 图书系：
- 预备西藏文研究书籍十种
- 抄写西藏法相要籍十八种二十二册
- 添购巴利圣典协会出版物全部又佛教文库全部

2 演讲系：
- 一般讲演（现已开至第三次）
- 唯识分讲（现开讲至第三次）
- 唯识总讲（半年一讲已有三次）

1 研究系：
- 藏文研究（校勘旧译摄论庄严经论因明论三种）
- 特殊研究会（因明研究会现开至第三次）
- 一般研究会（每两月开一次现已开至第九次）
- 研究部试学（一班十五人现为第三学期）
- 一般研究（现在院研究者廿人）

（二）编校流通科

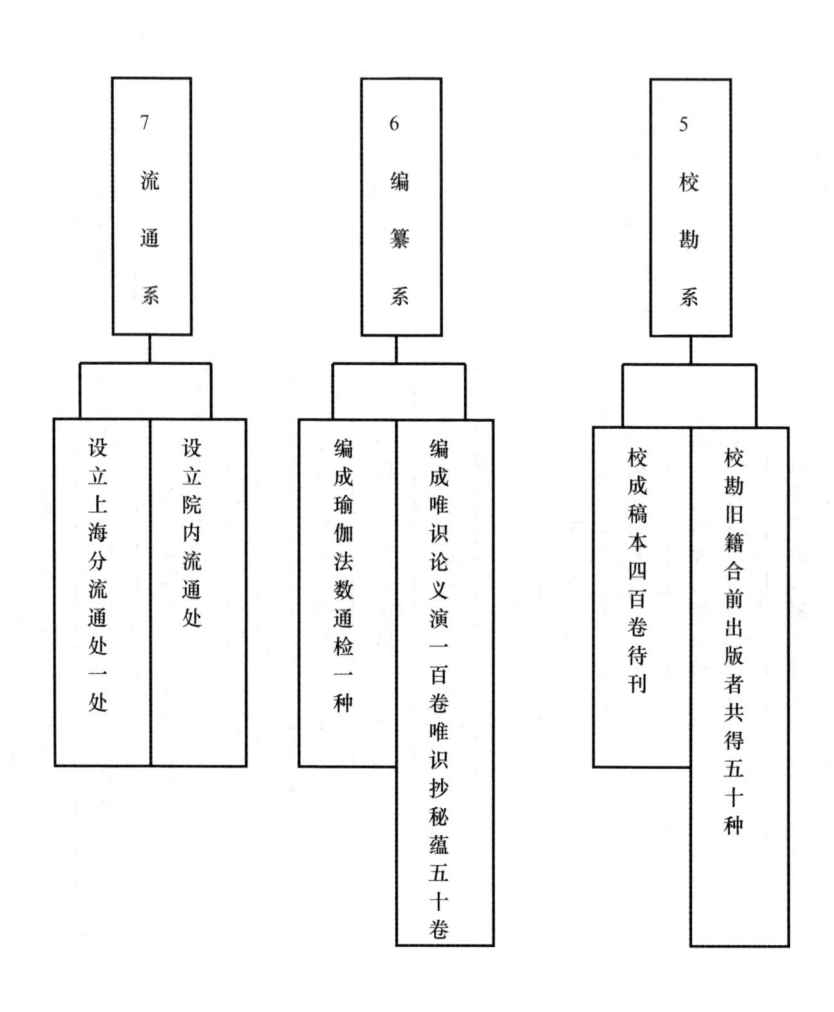

```
┌─────────────┬─────────────┬─────────────┐
│   5 校勘系   │   6 编纂系   │   7 流通系   │
├──────┬──────┼──────┬──────┼──────┬──────┤
│校勘旧│校成稿│编成唯│编成瑜│设立院│设立上│
│籍合前│本四百│识论义│伽法数│内流通│海分流│
│出版者│卷待刊│演一百│通检一│处    │通处一│
│共得五│      │卷唯识│种    │      │处    │
│十种  │      │抄秘蕴│      │      │      │
│      │      │五十卷│      │      │      │
└──────┴──────┴──────┴──────┴──────┴──────┘
```

(三) 事科

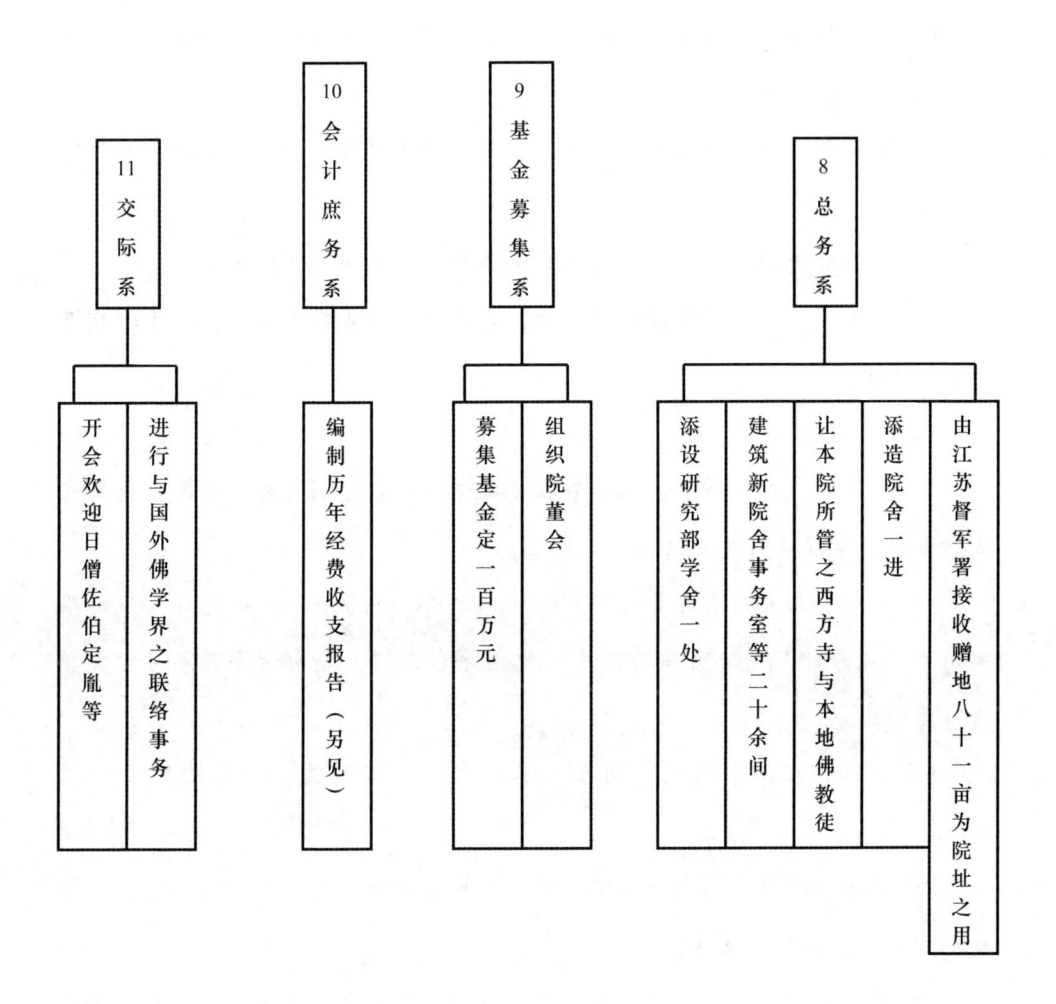

11 交际系	10 会计庶务系	9 基金募集系	8 总务系
进行与国外佛学界之联络事务 / 开会欢迎日僧佐伯定胤等	编制历年经费收支报告（另见）	组织院董会 / 募集基金定一百万元	添设研究部学舍一处 / 建筑新院舍事务室等二十余间 / 让本院所管之西方寺与本地佛教徒 / 添造院舍一进 / 由江苏督军署接收赠地八十一亩为院址之用

四、研究部试学办法（民国十三年一月重定）

甲、入学

（一）在本院大学部未开以前，凡有志来院研学者，概入研究部试学为学员，免收学费。

（二）来学者须具下列资格之一种：

（1）文学确有根柢并于内典素行研究者。

（2）曾受中等教育并曾研究内典者。

（三）来学者须年在十六岁以上四十岁以下，身体健全，品行端正，且确实有志于此学。

（四）研究部研学以每半年为一期，来学者于每期开始两个月内，皆可报名入学。

（五）来学者报名须照填报名单，并得确实之介绍人详为介绍。

（六）来学者概住于本院指定之地，每期收膳宿费四十二元，各于学期开始时一次缴清。

乙、在学

（七）在研究部试学者，依各期指定之学程科目分别研究，每期不论研究成绩如何，皆须各自为一结束。

（八）每种科目各有指导者任解说指示之责，关于一科之研究方法及疑难剖析等可在每日下午（除星期日外）就指导者请问，或由指导者随时召集学者详讲之。

（九）各科应用书籍概归自备，参考书中有难得者，由本院图书室供给之。

（十）各科研究者须勤为札记，于每学期结束时全交于本院办事室，待学务会议审查其成绩后发还。

（十一）遇有裨于研学之勘录事务，应由各在学者分任时，由各科指导者酌量支配之（其时间以每人每日一小时为度）。

（十二）在研究期中须请假他去者，应向本院办事室说明事由以便稽考。若请退学，则由原介绍人向本院办事室接洽。

丙、学程

（十三）研究部试学不定卒业年限，各期学程皆由学务会议先期议决宣布。最初数年以通一本十支为主，以后再及大小各宗。

丁、附则

（十四）本办法有未尽善之处，随时改定宣布。

第二节　支那内学院与佛学研究

支那内学院是近现代佛教入世转型过程中一批深刻意识到近现代历史状况的知识精英所从事的佛教文化事业，其主要特色在于立足佛教文献整理，既继承清代汉学实证方法，又对接现代意义上的教育和学术研究，开展创新佛教知识体系的学术活动[1]。我们把支那内学院的事业概括为"一所学院、一部藏经、一种佛学"三个方面，其具体实践除了创建学院实体之外主要是两个方面的内容，一是整理藏经，二是重建佛学。学院创始人欧阳竟无在创院伊始即对上述两个方面有明确宣示[2]，吕澂作为学院第二任院长，后期主持学院工作时曾将学院历史分为三个阶段，并分别指出其阶段性特征：最初阶段（1922—1927）"注重办学及刊布唐人著述"，第二阶段（1928—1937）"注重整理藏教并组织道场"，第三阶段（1938—　）"注重建立院学并精刻全藏"[3]。从"刊布唐人著述"到"整理藏教"再到提出"精刻全藏"，反映出内学院整理文献的阶段性和一贯性，从"注重办学"到"组织道场"和"建立院学"则表达了重视理论建设的阶段性发展历程。此外，吕澂还把内学院的理论建设进一步区分为"贯通"和"料简"两面[4]。本节从重建佛学方面考察支那内学院，主要涉及唯识研究、佛教知识论和《起信》辨伪等三方面，这三个方面从不同侧面表现了支那内学院实证化的知识论和理想主义

---

[1] 关于清末佛教知识创新问题的研究新进展，参见康豹、高万桑《改变中国宗教的五十年（1898—1948）》，台湾"中研院"近代史研究所，2015，"导论"第2页。

[2] 《内学》第1辑，支那内学院，1924年，第3页。

[3] 吕澂：《支那内学院简史》，南京市档案馆：1003-17-10。

[4] 《吕澂佛学论著选集》第2卷，齐鲁书社，1991，第606页。

的佛学理念。

一 "唯识、法相分宗"与欧阳竟无法相理念嬗变

支那内学院以唯识研究创始，创办人欧阳竟无与民国时期另一位创建"三时学会"的唯识学大家韩清净并称"南欧北韩"。在唯识研究上，内学院尤其新意迭出[1]，择要言之，除了整理文献（详见下节），主要是提出两个著名命题：一是"唯识法相分宗"（有称"法相唯识分宗"者，似非欧阳竟无原说）或"唯识、法相是两种学"；二是"唯识古、今学"，即唯识学有古今差别。一般认为前者是欧阳竟无说，后者是吕澂说。实际上，二说均源自欧阳竟无，吕澂对唯识古今传承差别辨析较多，欧阳竟无对唯识法相学理差别的辨析较多，但都以重建"佛学"为目标。据我们所见，对佛教与汉学方法相结合的提倡，较早见于清末学人夏曾佑（1863—1924），稍后见于民初"国学大师"章太炎等人的相关论述，前者提倡"移士夫治经学、小学之心以治此事"[2]，后者则以"实事求是"之"汉学"方法从事"法相"研究，并取得一定成就[3]，而真正把汉学方法落实于佛学研究并取得重大成果的则是支那内学院，尤其是欧阳竟无和吕澂等人，他们不但把汉学的"实事求是""分析条理"引入佛教文献研究，而且把这种方法和佛理加以结合，吕澂最后甚至把内学院精神概括为"求真存是"[4]，实际上，内院佛学研究始终

---

[1] 程恭让：《抉择于真伪之间——欧阳竟无佛学思想探微》，华东师范大学出版社，1999，第256页。

[2] 夏曾佑：《致杨仁山居士书》（1895/1896），杨琥编《夏曾佑集》上册，上海古籍出版社，2011，第493页。

[3] 在章太炎阶段，汉学的实事求是和佛学的理论思辨之间尚处于完全分裂状态。当谈论佛学理论时，章氏拒绝实事求是的经验主义路线，当章氏从事佛学文献考证时，他完全拒斥理论思辨。参阅章太炎《答铁铮》，《章太炎全集》（四），上海人民出版社，1985，第370页；龚隽、陈继东《作为"知识"的近代中国佛学史论》，商务印书馆，2019，第436页。

[4] 吕澂、熊十力：《辩佛学根本问题》，《中国哲学》第11辑，人民出版社，1984，第172页。

贯穿着乾嘉以来流行于中国学术界的汉学实证方法[1]，而作为内院佛学研究的方法，它首先体现在欧阳竟无的唯识研究中。

支那内学院唯识研究的第一个重要论断是欧阳竟无的"唯识法相分宗"说。从现存文献看，欧阳竟无最初完整提出"唯识法相分宗"说是1916年中秋之作《百法五蕴论叙》，该叙提出把相宗"六经十一论"划分为唯识、法相二宗。有研究者认为欧阳竟无这一论断突破了宋元以来所谓"法相唯识宗"的成说。欧阳竟无是否注意宋元以来之成说，无从判断，而此《叙》具体分疏则仍局限于相宗固有话语体系，所谓"一本十支摄相宗尽"之说原本于玄奘、窥基说[2]。欧阳竟无所谓唯识法相分宗以《瑜伽》为本，其所谓"唯识宗"，源于《百法明门论》，由《分别瑜伽论》奠基，通过《摄论》建立，在《二十唯识》和《三十唯识》得到进一步发展，理论要点为缘起说、以根本智摄后得智，以唯有识为观行，"以四寻思为入道"，等等。其所谓"法相宗"，孕育于《大乘五蕴论》，而奠基于《辨中边论》，成熟于《集论》，发展于《杂集》，"《杂集》者，糅《集论》为一论，不别立《集论》支"，此宗要点在缘生说，以后得智摄根本智，以如幻有为入道，等等。以上八支之外，"无著括《瑜伽》五分而别出己意以《显扬圣教》，则《显扬》者，一略本《瑜伽》也。括'菩萨地'而别出己意以庄严大乘，则《庄严》者又一地持善戒也"[3]。总之，欧阳竟无最初提出的"唯识法相分宗"之命题系对相宗传统文献体系的分疏，而且尚未穷源竟委，尤其对《瑜伽论》之认识，其实相当表面，最重要的是，欧阳竟无一开始并没有提出所谓"唯识法相是两种学"的观念。虽然如此，欧阳竟无佛学思想中理论辩证与文献考证密切配合的新方法论已经形成。对于这一方法，吕澂后来曾指出其特点是

---

[1] 罗检秋：《嘉庆以来汉学传统的衍变与传承》，中国人民大学出版社，2006，第364—365页。
[2] 参见窥基《成唯识论述记》卷1，载《大正藏》第43册。
[3] 欧阳竟无：《欧阳竟无内外学》，商务印书馆，2015，第338页。

"考据与义理相联系"，这一学术方法对欧阳竟无法相理念嬗变有深刻制约作用。具体言之，欧阳竟无前期佛学思想的法相理念侧重在超越宗派的"法相学"，其后期佛学思想中法相理念则转变为"弥勒学"中之"法相门"，其先后消长之根源即是由于实证方法的扩大化。

欧阳竟无早期佛学研究遵守文献考证与理论辩证相结合的路数，其《世亲摄论释叙》（1916）致力于分疏唯识法相二宗的文本谱系和义理系统云："世尊说菩萨藏中之论藏曰《阿毗达磨经》。弥勒说论中之大乘毗婆沙曰《瑜伽师地论》。无著括《瑜伽师地论》法门诠《阿毗达磨经》宗要。开法相、唯识二大宗。"[1] 完全从文献关系着眼分别唯识法相二宗，《百法五蕴论叙》把唯识法相二宗的经典基础更溯及《瑜伽师地论》，《世亲摄论释叙》则进一步溯及《阿毗达磨经》，并在此基础上分疏唯识法相二宗之义理差别与文本系统：

> 《集论》括诠经论全体，《摄论》则抉择而括诠之。……《集论》宗法相，则以蕴、处、界三科，等叙一切法故。识虽尊特，与色受想行并开蕴故。《摄论》宗唯识，则以一切法唯有识以立言。所谓一切显现虚妄分别，唯识为性故，摄三性以归一识故。……《集论》宗法相，导小以归大，五姓齐被，三根普摄。《摄论》宗唯识，诠大而简小。姓唯被二，乘亦摄一。[2]

欧阳竟无《世亲摄论释叙》比《百法五蕴论叙》更进一步，改变了唯识法相的平行关系，强调法相大于唯识，突破了相宗固有话语体系开始重建"法相"的理念功能，这就和章太炎早年的法相理念拉开了距离，这一法相理念

---

[1] 欧阳竟无：《欧阳竟无内外学》，商务印书馆，2015，第346页。标点略有改动。
[2] 欧阳竟无：《欧阳竟无内外学》，商务印书馆，2015，第338页。标点略有改动。

试图包含一般佛学理论中的大乘一乘关系，并试图以此为基础重建"三根普摄、五性齐被"的"法相学"。从起源上看，欧阳竟无是在接续杨文会晚年《大宗地玄文本论略注》重构佛学的思想路线，但是思想基础发生了变化，即从《大乘起信论》转到《成唯识论》。这一变化本身很有可能是以章太炎为中介受到20世纪初中日学界关于《大乘起信论》辩论的影响[1]。当然，欧阳竟无早年转向唯识学的契机仍有待作进一步研究。

欧阳竟无《瑜伽师地论叙》（1918）的法相理念较之以前更加清晰明确，该叙"十要章"讨论唯识法相二宗义理差别的纲领是："一唯识义，二法相义，三平等殊胜义。"[2] 其中关于唯识法相二宗的具体差别有十条：

一者，对治外小心外有境义，建立唯识义；对治初大恶取空义，建立法相义。

二者，若欲造大乘法释，应由三相而造，一由说缘起，二由说从缘所生法相，三由说语义。是故由缘起义建立唯识义，由缘生义建立法相义。

三者，观行瑜伽归无所得，境事瑜伽广论性相，是故约观心门建立唯识义，约教相门建立法相义。

四者，八识能变，三性所变，是故能变义是唯识义，所变义是法相义。

五者，有为无为一切诸法约归一识，所谓识自性故，识所缘故，识助伴故，识分位故，识清净故。又复以一识心开为万法，所谓五蕴十二处十八界二十二根四谛等，是故约义是唯识义，开义是法相义。

六者，精察唯识，才一识生，而自性、所依、所缘、助伴、作业五

---

[1] 龚隽、陈继东：《作为"知识"的近代中国佛学史论》，商务印书馆，2019，第436页。
[2] 欧阳竟无：《欧阳竟无内外学》，商务印书馆，2015，第141页。

相，因果交相系属，才一识生，四识互发；又复精察法相，虽万法生而各称其位，法尔如幻，就彼如幻任运善巧宛若为一。是故开义是唯识义，约义是法相义。

七者，了别义是唯识义，如如义是法相义。

八者，理义是唯识义，事义是法相义。

九者，流转真如、实相真如、唯识真如义是唯识义，安立真如、邪行真如、清净真如是法相义。

十者，古阿毗达磨言境多标三法，今论言境独标五识身地意地，是故今义是唯识义，古义是法相义。

是为略说二宗互相为对义。[1]

有学者认为上述十条之一、三条是欧阳竟无"唯识法相分宗"命题的依据，其五、六条强调唯识法相之联系，其余各条主要关注唯识法相二宗各自的理论内涵，特别值得注意的是第二条，即欧阳竟无首次根据《摄论》"若欲造大乘法释，略由三相应造其释"提出唯识法相分宗的文本依据，即"唯识法相之所以各自成宗的旨趣，都可以从其各自论书之体例形式中推导而出。也就是说，唯识法相两宗各自之旨趣、内容，实质上都有体例形式上的相应表现"[2]。此说注意到欧阳竟无"唯识法相分宗"命题始终紧贴文献展开的特点，颇富洞见，但《瑜伽师地论叙》提出的"唯识法相分宗"的依据是否可以理解为唯识经典文献的"体例形式"，证据似并不充分。从上述"十义"来看，欧阳竟无"唯识法相分宗"之说主要阐述的并不是文献"体例形式"，而是唯识法相二宗的概念体系差别，如境、行、果三维，如唯识义理以"八

---

[1] 欧阳竟无：《欧阳竟无内外学》，商务印书馆，2015，第142—143页。
[2] 张志强：《"法相"与"唯识"何以分宗？——试论"法相、唯识分宗说"在欧阳竟无佛学思想中的奠基地位》，《朱陆·孔佛·现代思想——佛学与晚明以来中国思想的现代转换》，中国社会科学出版社，2012，第198页。

识"为中心，法相义理以"三性"为纲骨等，前者实是传统唯识观心法门，后者则重在全体教相，意在建立整体佛学的概念体系，这是欧阳竟无前期法相理念的基本定向。

我们认为，在欧阳竟无早期佛学思想中，真正把上述法相理念明确下来的是《杂集论述记叙》（1919），此叙不同于《瑜伽师地论叙》，作为一部唐疏提要，它是欧阳竟无"唯识法相分宗"命题形成过程中的自反性论述，该叙明确"唯识简声闻藏，法相则摄方广十事门、菩萨别藏，更摄十二部声闻通藏"[1]，法相理念实际成为欧阳竟无早期佛学整体性理念的表达方式。据欧阳竟无自述，《杂集论述记叙》时间跨度大（从1915年到1919年），这段时间正是欧阳竟无沉浸于整理相宗佛教典籍的重要时期，且后来成为内学院重要学人的吕澂、黄忏华等人都不同程度曾参与了这一过程，而这一文本表现出的文献实证主义倾向尤为明显，如该文开篇说：

> 经藏之为般若、华严，律藏之为瞿沙、鼻奈耶。论藏之为解深密、阿毗达磨。此阿毗达磨经与瞿沙鼻奈耶未俱来。而三藏之论藏缺经。
>
> 境之为阿毗达磨，行之为华严，果之为如来出现功德庄严，此阿毗达磨经与如来出现功德庄严未俱来。而三相之境缺经。
>
> 三学资经，戒定资律，慧资论藏，论缺其经，如瞽无相，狂慧焉往？依境起行，由性得果，境且无经，威力踔空，非凡足事，然则奈何？[2]

由此可见，欧阳竟无《杂集论述记叙》试图把"唯识法相分宗"的依据从《瑜伽师地论》上溯至《阿毗达磨经》，但《阿毗达磨经》本身并不是一部实际存世的佛教经典，因此欧阳竟无在1921年《瑜伽真实品叙》中又把"唯

---

[1] 欧阳竟无：《欧阳竟无内外学》，商务印书馆，2015，第350页。
[2] 欧阳竟无：《欧阳竟无内外学》，商务印书馆，2015，第348页。

识法相分宗"的依据转移到《楞伽经》，晚年则更以《大乘密严经》取代《楞伽经》作为其"唯识法相分宗"的文本依据。从唯识法相分宗命题这一演变过程来看，欧阳竟无早期佛学研究中的文献实证主义倾向非常明显，实际上，在欧阳竟无"唯识法相分宗"命题中，不但二宗不同发展阶段与具体经典文献直接对应，而且连唯识法相分宗这一思想都要找到相应经典作依据，这是内院佛学路线的实证化倾向最直接的反映。

与早期佛学研究中的"实事求是""分析条理"相应，欧阳竟无前期法相理念具有明显的"假说"功能，而随着内院佛学研究的不断展开，这一"假说"遂不断发生变化或进行调整，这就是"法相学"的提出。如欧阳竟无《唯识抉择谈》（1922）称"法相赅广，五姓齐被；唯识精玄，唯被后二"，"法相摄《阿毗达磨》全经，唯识摄《摄大乘》一品；法相摄十二部经全部，唯识摄方广一部"[1]，等等。总之，20世纪20年代初的法相理念作为某种整体性佛学理念的意趣十分明显。1925年6月，欧阳竟无更明确提出所谓"法相、法性是一种学"和"龙树法相学"等命题和概念[2]，"法相学"取代"法相宗"，作为其总体性佛学理念不断得到延伸和扩展。但是，随着欧阳竟无后期佛学研究持续展开，特别是般若学研究、涅槃学研究的完成，其法相理念反而逐渐丧失了早期作为整体性佛学理念的功能，如1935年《大乘密严经叙》中，欧阳竟无即把"法相"与"般若""瑜伽""涅槃"三学并列，而对自己曾把瑜伽、法相一分为二的解说则解释为"一物二用"，从而在一定程度上取消了作为其总体佛学理念的"法相学"概念，尽管其1938年《辨唯识法相》仍强调"唯识、法相必分为二"[3]，但此时欧阳竟无已明确"唯识、法相必分为二"的前提是"弥勒学"，认为"世尊于《楞伽》、《密

---

1 欧阳竟无：《欧阳竟无内外学》，商务印书馆，2015，第417页。
2 《内学》第2辑，1925年，第15、18页。
3 欧阳竟无：《欧阳竟无内外学》，商务印书馆，2015，第456页。

严》即立五法、三性之法相，而又立八识、二无我之唯识"。此时欧阳竟无区别唯识法相的主要依据仍是所谓"作论格式"，如谓《摄大乘论》是唯识边论，"于境则所知所依，立阿赖耶识，由诸声闻不于一切境智处转故；于行则彼入因果立六度行，由诸声闻但于三十七菩提分转故；于果则彼果断立无住涅槃、彼果智立法身，由诸声闻但而涅槃解脱身故"。《辨中边论》是法相边论，三乘莫不皆法。"非各局于一边谈法相事义。"[1] 总之，欧阳竟无这一阶段不再强调"法相学"的整体性功能。

造成欧阳竟无后期法相理念嬗变的根源首先是其对般若经、涅槃经的进一步研究。除此之外，欧阳竟无法相理念的嬗变应该也受到吕澂早期唯识学研究结论的影响。欧阳竟无晚年《释教》以唯识、法相二门系于瑜伽一科，称瑜伽学"应分二门：唯识、法相。法相糅古，唯识创今。法相广大，唯识精纯"，至此，唯识、法相已然被转换为某种历时性关系，"法相终局亦必精微而归诸唯识"[2]。这一法相理念已经十分接近吕澂的"唯识古学"概念，"法相门者，略于《杂集》，广于《瑜伽师地》，中间《五蕴》、《庄严》，是其将伯"[3]。欧阳竟无后期法相理念与前期法相理念产生巨大差别，强调《瑜伽师地论》和《大乘庄严经论》为"糅古"似受到吕澂唯识研究的深刻影响。如所周知，《瑜伽师地论》引《解深密经》全文，而其"摄事分"之引"杂阿含经本母"早在1923年即由吕澂所证实，与此同时，吕澂还从文献实证角度证实《大乘庄严经论》属于"唯识古学"系统。实际上，作为内学院重要学术骨干的吕澂并未真正接受欧阳竟无的"唯识法相分宗"命题，但他深知欧阳竟无法相理念的真实意趣而加以接受。吕澂在1925年支那内学院法相大学开学讲演时即明确宣告：所谓法相宗乃至一切宗派皆属过去之事，法

---

[1] 欧阳竟无：《欧阳竟无内外学》，商务印书馆，2015，第457页。
[2] 欧阳竟无：《欧阳竟无内外学》，商务印书馆，2015，第63页。
[3] 欧阳竟无：《欧阳竟无内外学》，商务印书馆，2015，第64页。

相宗在印度佛教史上也无明确依据，至于"国人一向误会以为大乘佛法有法性法相两大宗之对峙"属无稽之言，龙树提婆与无著世亲"所说各有疏密详略之殊，而根本毫末不异"。吕澂接受欧阳竟无法相学由以建立的佛学总体性理念，因此强调外间一向视支那内学院为"法相宗根本道场"是有所误解，现在所以标举"法相大学"，"反面观之，并不局限于一宗，正面观之，直指纯真佛法之全体"[1]。可见吕澂对欧阳竟无法相理念的真实旨趣完全了解，而此时"法性、法相为一种学"的命题本身亦见于欧阳竟无有关般若经研究的著作中。

在抽象的法相学理念和具体的唯识学经典之间，吕澂选择文献实证研究，接续欧阳竟无唯识研究继续前行，而且对唯识经典作了更加实证化的分析，其指导思想则是欧阳竟无早年提出的"唯识古今学"，而不是"唯识法相分宗"说，并把论断改写为唯识"古今学异文说"，此说之实质是解明唯识传承的历史性差别，而不是辨证唯识理论内部的思想差异。如前所述，欧阳竟无晚年虽未完全放弃早期形成的唯识法相分宗命题，但其法相理念作为总体性佛学理念的功能则丧失殆尽，其法相概念演变为唯识古学概念，这是内院佛学研究的实证方法消解佛学理念的一个例证。

二 "唯识古、今学"与吕澂早期唯识研究转向

内院佛学研究的实证方法对其佛学理论命题的消解更直接表现在吕澂早期唯识研究过程中。作为支那内学院的佛学研究的中坚力量，吕澂早期唯识研究虽然是在欧阳竟无"唯识古今学"思想指导下展开，但吕澂几乎从一开始就搁置了对唯识古学和唯识今学的理论辩证，而转向纯粹的文献考证，并

---

[1] 《内学》第2辑，1925年，第222页。

形成所谓"唯识古、今学异文"说。

欧阳竟无唯识法相分宗命题形成的同时即提出了唯识古学和唯识今学的观念。欧阳竟无最初以《瑜伽师地论》为"一本",其余"十支"分为唯识法相二宗,其中《百法明门论》《摄大乘论》《分别瑜伽论》《二十唯识颂》《三十唯识颂》五支归"唯识",《大乘五蕴论》《杂集论》《辨中边论》三支归"法相",其中《摄大乘论》《大乘阿毗达摩集论》为"古学",《显扬圣教论》《大乘庄严经论》为"今学"[1]。在欧阳竟无早期佛学思想中,唯识与法相各有古学今学,如《大乘庄严经论》是法相今学,《大乘阿毗达摩集论》是法相古学,《显扬圣教论》是唯识今学,《摄大乘论》是唯识古学。早年曾有学者批评欧阳竟无没有历史性观念,不知据何为言。

应该指出的是,支那内学院1922年开办后,欧阳竟无先讲《唯识抉择谈》,后讲"八识八段十义",吕澂等人特编为《唯识讲义》(三卷)于1923年由内学院出版发行。吕澂编订《唯识讲义》第一卷在经典归属问题上曾发生了一个也是唯一一个变动,即《大乘庄严经论》由法相宗改属归唯识宗。考虑到《唯识讲义》由吕澂整理校订,则改订未必是欧阳竟无本意。除此之外,欧阳竟无《唯识讲义》还两度提及"古学今学"观念:

> 论中《瑜伽师地论》以五分明。一曰本地分,以三相摄十七地。三相者,境、行、果也。境摄九地,由五识及意而至有心无心。行摄六地,三通三别。果摄二地,即有余无余之二通果。方便善巧恰如其分曰瑜伽,盖相应之义也。能生成住持有类于地,故曰地论。本地之地亦同一取譬。详谈法相,五姓齐被,无一法不摄,是为本地分。
>
> 二曰抉择分,抉择本地中不尽要义,而发挥唯识道理,故于境则谈

---

[1] 欧阳竟无:《百法五蕴论叙》,《欧阳竟无内外学》,商务印书馆,2015,第338页。

八识，于行独详菩萨，于果则讲无住涅槃。又抉择二经，以畀学者，一曰《解深密经》，二曰《宝积经》。斯二经者，唯识之开基，学者所必究。是为抉择分。

三曰释分。释地中诸经解说仪则，学者详参，而后得立论之方法也。

四曰异门分，释地中诸经名义别异，所以明学派之不同也。

五曰事分，释地中三藏众要事义。

前之四分是弥勒今学，此之一分则删繁以明古学。……《瑜伽》法门是今学，《对法》宗要是古学。[1]

欧阳竟无分别唯识法相两大理论系统的过程中提出的古学今学概念在这里又分别对应于法相和唯识，因此说"今义是唯识义，古义是法相义"[2]。如果这一论述归于吕澂，则欧阳竟无早期佛学思想中的古学今学概念才能够避免某种程度的混乱。

吕澂显然注意到了这一点。在第一篇正式的佛学论文《论〈庄严经论〉与唯识古学》（1923）[3] 中，吕澂即明确提出辨别唯识古今学差别的标准问题："言古今学，非以先后判也。以先后判则应无著古学，而世亲今学，又应世亲古学而陈那今学，此将淆乱不得定称。"吕澂虽然意识到了欧阳竟无早期思想中的某种问题，但他仍然遵循欧阳竟无"无著世亲唯识之学先后一贯"之说，并在此基础上重新界定了"唯识古今学"观念："后人有直述二家学说而推阐之者，是为古学，有曲变二家学说而推阐之者，是为今学。古谓顺从旧说，今谓改变新说。此其大校也。"[4] 这样看来，唯识古学和唯识今学的

---

[1] 欧阳竟无：《唯识讲义》第1卷，支那内学院，1923年，第22—23页。

[2] 欧阳竟无《释教》云："法相糅古，唯识创今。法相广大，唯识精纯。故法相结局，亦必精微而归诸唯识，故总曰唯识学。"（《欧阳竟无内外学》，商务印书馆，2015，第63页）

[3] 《内学》第1辑，支那内学院，1924年。

[4] 《吕澂佛学论著选集》将"今谓改变新说"改为"今谓推衍新说"（《吕澂佛学论著选集》第1卷，齐鲁书社，1991，第73页）。

辨析仍然遵循理论辩证和文献考证相统一的观念，尽管理论辩证已经被严重弱化甚至被文献考证所取代。因为按照吕澂这一新标准，在印度佛教史上，亲胜、火辩、难陀三家为古学，护法为今学，安慧折中于古今之间，而在中国佛教史上，真谛为古学，玄奘为今学。由于亲胜等三家之学缺乏文献资料，难以进行具体分析，真谛学因奘门斥为谬误，又不能轻易做出判断，因此唯识古学难以由上述文献获得真相，从而也就悬置了不少汉译文献包括玄奘、窥基等人在其注疏中提出的关于真谛、安慧等人的论断。在吕澂看来，"《庄严》一论无异译之争，无异宗之执，独能存无著世亲立说之本真，堪为唯识古、今学之衡量"[1]。吕澂对《大乘庄严经论》的定位表明其唯识古学今学辨析完全从文献考证着眼，其预设有二：一是"无著世亲唯识之学先后一贯"，这一点借自欧阳竟无；二是"《庄严》一论无异译之争，无异宗之执"，"能存无著世亲立说之本真"，由此汉译《大乘庄严经论》成为吕澂最初辨析唯识古学今学的文献基础，从而唯识古学今学的异义辨析被还原为文献异同之考证。

吕澂后来进一步强调："文义相涉，非见古本亦不得古义也。"[2] 这是从实证方法层面对欧阳竟无佛学思想的进一步补充。在20世纪20年代，受钢和泰等欧洲近代佛学实证研究方法启发[3]，吕澂显然已经不能满足仅以汉译《大乘庄严经论》来确定唯识古学今学的差别，而是要进一步去做"以西藏异译勘无著世亲原文"的工作，以最终确立唯识古学今学的差别之所在，从某种意义上说，吕澂早期唯识研究首先是对欧阳竟无唯识研究的实证化改造，其直接表现就是以实证化的"古今学异文"说取代了思辨化的"唯识古、今学"观念。1925年，吕澂译出《西藏传本摄大乘论》（第一分），其新译

---

[1] 吕澂：《论庄严经论与唯识古学》，《内学》第1辑，支那内学院，1924年，第212页。
[2] 吕澂：《安慧三十唯识释略抄》，《内学》第2辑，1925年，第188页。
[3] 吕澂：《吕秋逸先生演说》，《内学》第3辑，1926年，第177页。

"解题"即提出"西土之传无著学说有以章句分判"的命题,此即"古今学异文说"之张本。所谓"学说以章句分判",吕澂晚年曾举菩提流支译《十地经论》的例证加以说明。《十地经论》所释经文现存有藏译本也有梵本,一本为德国学者校印,一本为日本学者校印,汉译则有竺法护、罗什、晋、唐、尸罗达摩等五种。《十地经论》第二卷有一颂,其中两句是"自体本来空,有不二不尽",世亲解释说:"有二种颂(诵),一、有不二不尽,二、定不二不尽。此颂(诵)虽异,同明实有。"[1] 据诸本对照,吕澂推论"世亲时已经有两种本子流行:一是世亲采用的'有不二不尽'本,一是另一'定不二不尽'本。所谓'定'就是'寂'的意思。世亲的解释是,这两个本子虽然诵出不同,但意思还是一样。因为'寂'就是灭诸烦恼,有寂的用,即应有用的体,可见体应为'有'。世亲所说的'二种颂'的'颂',就是诵读的'诵',指的两种读法,没有另外什么含义。由此看来,这'一字之异',并非翻译上的差别,而是世亲对两种传本中不同诵读法的会释"[2]。吕澂认为佛典异本关系是佛学重大理论问题,通过文本异同可以考证学说异同,"考各本之同异关系,则唐译二释灭定段、共相段,皆二诵合本,其源流自极相近。陈、隋两译灭定段皆不举一因,又相类似,而具属先出者。至于魏译本与西藏本共相段,皆无第二颂,灭定段或无多因或有而不全,又大致相类也。至于立名释义,则藏本与隋、陈诸译,又时见一致焉。以藏本之最晚出,乃与数百年前魏陈等本有相同处,此正可证西土之传无著学说有以章句分判者"[3]。所谓"学说以章句分判"即是吕澂早期唯识研究方法,它的形成标志着内院早期佛学研究的更彻底的实证化转向。

表面上,"学说以章句分判"的命题将佛学研究的文献实证与理论辩证两

---

1 《十地经论》卷2,《大正藏》第26册,第132页上。
2 吕澂:《中国佛学源流略讲》,中华书局,1979,第141页。
3 吕澂:《西藏传本摄大乘论》,《内学》第2辑,1925年,第101页。

个方面更紧密地统一起来，实际上是理论辩证被文献实证取代了。吕澂说："凡古学之特异，皆可于藏本《摄论》得其确诂。而见其不必一一与今学家言同也。"[1] 尽管如此说，吕澂却并未对唯识古学今学的理论系统异同进行任何辨析和举证。相反，从其翻译《西藏传本摄大乘论》（第一分）等文献起，吕澂转而批评被乃师视为"得今学之传本之精"的玄奘汉译唯识文献，指斥其"多有疏漏"。以《摄大乘论》为例，吕澂指出藏译本专名除少部分外，皆用意译，意义相近的词汇皆注意区别，以免相混，"盖即各当原文不可移易也"，而对勘玄奘汉译文本，"自来推许为精严者，其实乃多疏漏焉"。例如薄伽梵、世尊等名字，每一段文中前后两异，藏译本即一"师"字，依玄奘"六不翻"例，此薄伽梵、世尊等名本不应译，而玄奘译为"世尊"实自破其例，何况一句之中还存在音译杂出的情形。在藏译本中，意义相近的字都有分别，而奘译却往往无差别，如"依"、如"摄"、如"含"，皆以一"藏"字译之，按诸藏文，则"Kun-gshi" "Sbyor-ba" "Khyud-pa" 有别；如"起"、如"变"、如"转"、如"入"，皆以一"转"字译之，按诸藏文，则"Hbyun-ba" "Gyur-ba" "hjug-pa" 字又有别；又如"差别" "分别" "了别"，皆以"分别"译之，而按诸藏文，则"Hbyed-ba" "Rdog-pa" "Reg-pa" 等字不同。至于"成句之文"，如"不成就" "不应理" "非道理" 等，奘译本每每杂用不分，但在藏译本皆一一有所区别，"至于唐译文句，限于四言，时有游词损字曲就轨式以致害意费解，则又远逊藏译之造句自然能尽原意也"[2]。从吕澂对玄奘汉译唯识经典的批评可以看出，他主要是从文本差别判断唯识古学今学差别之所在，这和欧阳竟无从玄奘汉译唯识文献出发着重于唯识法相义理系统差别的分析显然不同。从某种意义上说，吕澂早期唯识研究完全转向了文献实证，以文献校勘取代了理论辩证，在方法论上不是拓

---

[1] 吕澂：《西藏传本摄大乘论》，《内学》第2辑，1925年，第101页。
[2] 吕澂：《西藏传本摄大乘论》，《内学》第2辑，1925年，第102页。

展了内学院的佛学道路，而是相反。

吕澂早期唯识研究的实证转向与其对梵藏文献的掌握存在直接联系。历史不无巧合，法国学者 Sylvain Lévi 1922 年游历尼泊尔，在尼泊尔皇家藏书中获得《三十唯识颂释》安慧梵文写本，携回法国研究并于 1925 年校订出版，他将此本与世亲《二十唯识论》合并题名《成唯识论》[1]。1926 年，吕澂即将梵文本《安慧三十唯识释》翻译为中文发表并作《安慧三十唯识释略抄序》加以介绍，他认为："唯识有古今学，非徒立说先后精粗之不同已也，传习根本诸论又各异文焉，此说证之我国新旧诸译而信，证之西藏新译亦信，今得亲按梵本乃犹信。"[2] 于是唯识"古今学异文之说，于此乃定谳焉"[3]。可见，吕澂早期唯识学研究既是近代中国佛学研究成果的延续（如欧阳竟无对新旧唯识译籍的比较），同时吸取了国际佛学研究最新成果，其唯识"古今学异文说"的最终确立是建立在汉、藏、梵诸本比较对勘基础之上。虽然如此，吕澂早期唯识研究方法也存在着弱点，即完全走向外部性的文献考证而忽略了理论辩证的内部性，这一研究推进了欧阳竟无早期佛学研究的实证性方面，而遮蔽了其内在理论性维度，因此吕澂早期唯识研究在理论上存在很大盲区。吕澂本人对此似乎有所警觉。尽管通过不同文本的对勘改变了前人可能也包括其本人对玄奘译唯识典籍的绝对或过度信任态度，却并没有因此完全否定玄奘汉译唯识经典的可靠性。从吕澂早期研究著述看，其对玄奘一系唯识理论始终缺乏系统分析和阐述。从现存文献来看，直至 1945 年，吕澂亦无系统讨论玄奘一系唯识理论的文字发表，甚至直到 1950 年，吕澂在总结支那内学院三十年学术成果时强调的依然是文本校勘成绩，对于理论系统方面几乎没有多少辩证。实际上，从 20 世纪 20 年代末到 30 年代中后期，吕澂

1　高楠顺次郎以《雪山取经》为题介绍 Lévi 发现和研究安慧本《唯识三十颂释》梵文本的经历。参阅山田龙城《梵语佛典导论》，许洋主译，台湾华宇出版社，1988，第 349—350 页。
2　吕澂：《安慧三十唯识释略抄》，《内学》第 3 辑，1926 年，第 116 页。
3　吕澂：《安慧三十唯识释略抄》，《内学》第 3 辑，1926 年，第 116 页。

用了更多的时间和精力对玄奘译本做了广泛深入的文献实证研究，这就是校勘《藏要》的十年（1928—1938）。一般学者把《藏要》视为整理藏经的实践活动，其实对吕澂而言，校勘《藏要》也是其早期唯识研究实证化路线进一步扩展的十年，是其佛学研究的一个阶段或一种方式。

内院组织编校《藏要》始于1928年。在时间节点上，与吕澂发表《论奘译本〈观所缘缘论〉之特征》《因明正理门论证文》等著作正好衔接。吕澂对玄奘唯识译本和注疏文本的细读进一步证实了其早期唯识研究中某些论断，如玄奘汉译《瑜伽菩萨地》校注中多次出现的"今译增文""今译文略""今译文倒"乃至"今译疑误"等。如果《瑜伽菩萨地》校注还仅仅限于比对文句，至奘译《辨中边论》《摄大乘论》《唯识二十论》《唯识三十论》(《成唯识论》) 等经典校勘时，则进一步对原典用语进行了深入考辨。如关于"唯识"一词，吕澂即指出玄奘汉译本"唯识"（vijñāna）在梵、藏系文本中作"唯了别"（vijñapti），"识"与"了别"有所区分[1]。奘译《辨中边论》卷一"颂曰：识生变似义，有情我及了，此境实非有，境无故识无。论曰：变似义者，谓似色等诸境性现；变似有情者，谓似自他身五根性现；变似我者，谓染末那，与我痴等恒相应故；变似了者，谓余六识，了相粗故；此境实非有者，谓似义似根无行相故，似我似了非真现故，皆非实有；境无故识无者，谓所取义等四境无故，能取诸识亦非实有"。吕澂云："勘藏本，此二句意云：现似义、有情、我及了别之识生起，悉指识言，与下释文相顺。"[2] 从西藏本可看出"识"与"了别"确实不同，因而有"了别之识"的译法，玄奘

---

[1] 吕澂晚年进一步指出："Vijñapti 这个字是由'识'（Vijñāna）变化而来，是识的过去分词，不但是识义，且有'识所表现出来的'意义。龙树第一次提出假名这一范畴，'假'用语言表示谓之'假名'，而在思想上的表现则谓之'了'，即'识'。后来就说成缘起法是空，但另一方面是'唯假'。向后发展，就说缘起法但有思想上的表现，谓之'唯表'，也就是'唯了'。由'唯假'到'唯了'（唯识）的思想变化，是很值得注意的。初期把'假'与'表'两个字看成一个字，曾经通用，后来才分清界限，表示两个不同的意思。"（吕澂：《印度佛学源流略讲》，上海人民出版社，1979，第112页）

[2] 《辨中边论》卷1，《藏要》第1辑，支那内学院，1929，第1页。

译本则无此差别。玄奘译《摄大乘论》卷一有"此亦名心,如世尊说心、意、识。此中意有二种,第一与作等无间缘所依止性无间灭识,能与意识作生依止。第二染污意,与四烦恼恒共相应,一者萨迦耶见、二者我慢、三者我爱、四者无明,此即是识,杂染所依"。吕澂对勘藏本,指出此二句藏文本作"由作无间缘而为依止故,识灭无间名意,为识生起之所依,与下文相顺,陈、隋本均同。今译以意识连缀为文,则似专为第六意识而发,有误"。这就指出奘译本的失误,又"识复由彼第一依生,第二杂染,了别境义故、等无间义故、思量义故,意成二种"。吕澂认为"此段依藏本句读,盖依上所引经释成识之名义也,意云,识者复由彼第一依生,由第二依而成杂染,以了别境义故为识,此与无性合"[1]。总之,"了别"与"识"不是完全同一的关系。玄奘译《摄大乘论》卷二有"已说所知依,所知相复云何应见。此略有三种,一依他起相,二遍计所执相,三圆成实相。此中何者依他起相,谓阿赖耶识为种子,虚妄分别所摄诸识"。此中"虚妄分别所摄诸识"之"识"字,吕澂对勘藏本指出:"此字作了别（rnam-par rig-pa）,并不作识（rnam-par ces-pa）,今译未加简别。"[2] 说明玄奘译本与西藏译本存在较大差别。又如《解深密经》成立"一切唯识"段,吕澂对勘汉藏"此中眼识等识"句,指出藏本"眼识之识亦作识,下等识之识则作了别,后文眼识识、身识识等,均同此例"[3]。毫无疑问,了别与识确有异同,藏文均作区别而玄奘则未作区分。又如吕澂校勘《唯识二十论》"安立大乘三界唯识,以契经说三界唯心,心、意、识、了,名之差别。此中说心,意兼心所,唯遮外境不遣相应。内识生时似外境现,如有眩翳见发蝇等,此中都无少分实义"句,指出"藏本首句云'依于大乘安立三界唯是了别'","唯识之识作了别（rnam-par rig-

---

[1]《摄大乘论》卷1,《藏要》第1辑,支那内学院,1929,第2页。
[2]《摄大乘论》卷2,《藏要》第1辑,支那内学院,1929,第10页。
[3]《摄大乘论》卷2,《藏要》第1辑,支那内学院,1929,第11页。

pa）与梵本下文 vijñapti 及宝本释文合。次后均同"[1]。

通过唯识汉藏译本对勘的校注文本，我们发现吕澂以实证方式指出唯识之识从实体向功能转变的思想史脉络，但吕澂并未将这种结论变成系统论述向学术界呈现。在如何解释上述异同方面，吕澂再次回到唯识古学今学传本差异的解释上来。吕澂早年未对玄奘唯识译本的"识"在梵藏文本中被区别为"了别"与"识"这一语文学层面差异所包含的理论意义作进一步分疏[2]，表明吕澂早期唯识研究始终停留在文献实证层面，局限于唯识"古今学异文说"，而唯识古今学的义理差别则未被澄清，同时，其早年对唯识古学和今学进行理论综合的学术理想则被完全放弃。值得注意的是，吕澂尽管发现梵藏系唯识典籍与玄奘汉译唯识典籍存在一些重大差别，却并没有因此走向另一个极端，即否定玄奘译籍的真实性与可靠性，这与同时代日本学者宇井伯寿后来的走向完全不同，后者完全转向肯定真谛而否定玄奘，吕澂则始终认为："奘师留印十七年，……有志向学，学亦鸿富，故其所传均属真实之佛学。"[3]这也表明吕澂早期唯识研究的学术边界所在，即吕澂早期唯识研究的重心不是思想差别，而是文献差别，所谓"立说先后精粗不同"，前后一贯，唯识古学今学的差别只是历史时代的差别，而不是理论性质的差别。因此，吕澂早期唯识研究并不是对欧阳竟无早期唯识法相分宗命题的否定，而只是对欧阳竟无早期唯识研究的实证化修正，所以吕澂早期唯识研究完全局限在实证方法之内而难以进一步突破。

陈那、护法等中印佛教史上的重要人物是吕澂早期唯识研究的重要课题。吕澂对陈那思想的研究很早也较有系统，但主要是研究因明。1928 年 12 月，支那内学院出版了《内学》第四辑（1927/1928 年支那内学院年刊合刊），刊

1　《唯识二十论》，《藏要》第 1 辑，支那内学院，1929，第 1 页。
2　周贵华：《唯心与了别——根本唯识思想研究》，中国社会科学出版社，2004，第 392 页。
3　吕澂：《佛学分科及其传承》，《法音》2005 年第 3 期。

载论文作者仅四位：欧阳竟无、汤用彤、吕澂以及吕澂的合作者释印沧，其中欧阳竟无一篇叙文《大般若叙》，汤用彤一篇译文《南传念安般经》，吕澂一人独占四篇（《内学》第四辑一半以上篇幅）：（1）《观所缘释论会译》（含《附论奘译本之特征》）（与释印沧合作）；（2）《集量论释略抄》（含《附录集量所破义》）；（3）《因明正理门论本证文》（与释印沧合作）；（4）《因轮论图解》。吕澂此时佛学研究集中于陈那（梵文为 Dignaga，或作域龙、大域龙，Mahadignaga），与其早期关注因明研究关系较大。

据宇井伯寿，陈那著作汉译本有《因明正理门论》一卷，《观所缘缘论》一卷，《观总相论颂》一卷，《掌中论》一卷，《取因假设论》一卷，《无相思尘论》一卷，《解卷论》一卷，据说戏剧 Kundamala 也是陈那所作。据玄奘《大唐西域记》载，陈那学兼因明和唯识[1]。据义净《南海寄归内法传》载："瑜伽毕学，体穷无著之八支；因明著功，镜彻陈那之八论。"所谓"陈那八论"是指：（1）《观三世论》，（2）《观总相论》，（3）《观境论》，（4）《因门论》，（5）《似因门论》，（6）《理门论》，（7）《取事施设论》，（8）《因明论》。[2] 吕澂著述三属因明，唯《观所缘缘论》一篇系唯识经典，其探讨焦点集中在文献问题，与唯识理论殊少瓜葛。尽管如此，吕澂后期讨论陈那唯识说用到的基本资料除《集量论》外，主要依据的正是《观所缘缘论》[3]。

护法是陈那之后又一唯识学大家，吕澂自称真正搞清护法学真面目是1936年出版的《成唯识宝生论》"护法说标目"。据"藏要"本《成唯识宝生论》所附"旁论条目"共计五十四条，仅第四十三条"最初领受自证无境"和第四十四条"不离自证而有现量"两条直接与护法唯识学有关，护法

---

[1] 季羡林：《大唐西域记校注》，中华书局，1985，第838页。
[2] 王邦维：《南海寄归内法传校注》，中华书局，1995，第211—212页。
[3] 吕澂：《印度佛学源流略讲》，上海人民出版社，1979，第203页。

主张有"自证分"，因此至少是"三分说"。1943年，吕澂《内院佛学五科讲习纲要讲记》又提出"以《成唯识宝生论》见护法学之精神"，"以《成唯识论》见护法学之规模"，《成唯识论》本杂糅多家，吕澂又说"抉择护法说须凭依《大乘密严经》，护法说是据《密严》立说"。此时吕澂所举四义有二义涉及识结构："（一）二分、二取义。二分谓见、相，是依他相。二取为能、所，是计所执。前人于此浑然不别，护法区分，条然不紊。（二）自证义。一心之起，有二功能，如灯自照照他，即自证（内）证境（外）也。前属现量，后多比、非量（亦有现量），前是而后非。"[1] 吕澂虽然没有明确指出护法是三分说或四分说，但指出相分是依他起性，就是承认护法说亦是"有相唯识说"或"实相唯识说"。吕澂后来总结说：护法唯识学是在陈那三分说基础上结合《大乘密严经》形成的"四分说"，见、相二分是一重关系，但对于心的全体来说，这还是比较外围的部分，到了"自证"才属于心的核心部分，属于内缘，而内缘复有能、所，"能"就是"证自证"，"所"就是"自证"，这是另一重结构，这样两重能所关系构成所谓"四分说"[2]。吕澂早期唯识理论辨析除了关注心分问题，还提到种子理论和心性理论，但对种子说方面未多置意，对心性问题最为关注，可后者已经不仅是唯识研究。

总之，吕澂早期唯识研究在理论辩证方面着力不多，基本是以文献实证取代理论辩证，系统的理论意识并不强。

吕澂早期实证方法在20世纪30年代的《藏要》《西藏佛学原论》以及20世纪40年代的《汉藏佛学关系史料集》中得到进一步展开，其缺乏佛学理论创造力的学术弱点也随之被遮蔽起来。由此带来的后果是，吕澂在欧阳竟无之后无力建构新的符合时代特点的理论话语体系，只能就文献谈文献。

---

[1] 吕澂：《内院佛学五科讲习纲要讲记》，《吕澂佛学论著选集》第2卷，齐鲁书社，1991，第635—636页。

[2] 吕澂：《印度佛学源流略讲》，上海人民出版社，1979，第205—206页。

吕澂后期关于唯识研究的一段文字十分值得玩味：

> 有相唯识说和无相唯识说的观点，有很多不同，而且牵涉到一个根本的三性问题。特别是三性中的依他起究竟何所指？在实践中究竟断不断？说法有分歧。这些分歧的说法，先后都传译到中国，后来学者们不明白其原因，因而产生许多误会。例如，在玄奘时期即有新译旧译异义之争，玄奘译传的是有相唯识学，因其译文风格特殊，名曰新译，他之前所译传的是无相唯识说，属于旧译，二者所宗各别，说法当然不会一致，于是互相是非，发生了许多争论。现在，这些资料都能找到，可以说明其争论的真相了。[1]

细按此一段文字，开端是要引起关于"有相唯识"与"无相唯识"在"三性"这一根本理论问题上基本差异的论述，但到了中间一段却转到唯识文献"新译""旧译"上去，最后提出新旧译本异义的真相可以得到说明，而关于"三性"的理论问题却就此不了了之，至于有相唯识无相唯识的义理系统差别，最终亦未见其真正有所总结。

综上所述，尽管吕澂早年《论〈庄严经论〉与唯识古学》曾有综合唯识古学今学以重建唯识理论的某种构想，但自其《安慧三十唯识释略抄序》（1926）指出安慧《唯识三十颂释》是更接近世亲原本的唯识古学传本，又说安慧坚守家法解释识变从《辨中边论》，解释"心所"从《集论》《五蕴论》，解释"三性"又从《摄论》，"分别所取二取遍计，不说见、相也"，"如种子、如四分、如三依、如四缘，安慧论不一言"等[2]，这就完全无从判断安慧在唯识学中究竟是古学还是今学。吕澂后期曾用相分有体无体来区别

---

[1] 吕澂：《印度佛学源流略讲》，上海人民出版社，1979，第206—207页。
[2] 吕澂：《安慧三十唯识释略抄》，《内学》第3辑，支那内学院，1926，第120页。

唯识今学和唯识古学，试图把唯识古今学的辨析从文献考证层面带到理论辩证层面，却始终缺乏系统分析和理论论证，造成这种状况的根源是其唯识研究过于实证化，理论辩证不足。

三 "内院佛学"与近现代佛教的知识论反思

如前所述，内院佛学话语呈现出高度的实证化风格，其背后的动力除了清代汉学实证学风之影响外[1]，更主要的推动力来自中国近代佛教的知识论反思，即对建立客观有效的佛教知识体系的持续考量。从20世纪初到20世纪50年代，不但夏曾佑、章太炎、欧阳竟无，而且熊十力、吕澂、梁漱溟、汤用彤、陈寅恪等，都曾有过佛教知识论方面的思考。但在近代学术史上真正成系统的佛教知识论来自支那内学院的欧阳竟无和吕澂。吕澂1943年《内院佛学五科讲习纲要讲记》将"内学"拆分为"内院"和"佛学"，直接呼应欧阳竟无1918年的《支那内学院叙》对"学院"和"佛学"的划分。建立普遍有效的佛教知识体系是支那内学院的学术方向，吕澂即明确提出"非如是组织不足以称佛学"，"内院佛学"非内院一家之学。从欧阳竟无到吕澂，从《佛教研究法》到《释教》再到《辩佛学根本问题》等一系列文本，支那内学院为近现代佛教至少确立了三个知识论原理：一是客观性，即要求现代佛教知识体系必须具备普遍有效性至少是经验的实在性，遵守客观性原则创新中国佛教知识体系，应建立作为客观知识的"佛学"；二是宗教性，即要求现代佛教知识体系必须基于基本宗教事实，建立基于佛陀言教的"佛学"；三是历史性，即明确佛教知识体系的历史性、开放性，拒绝自我圣化的

---

[1] 罗检秋检讨"清季民初实证学风的传承"，先后提到国粹派、章门弟子、古史辨派以及清华国学研究院、学衡派等学术群体，却并未注意到内院佛学研究对汉学实证学风的传承。参见罗检秋《嘉庆以来汉学传统的衍变与传承》，中国人民大学出版社，2006，第445—475页。

"判教"，建立自我批判的"佛学"。

上述佛教知识论在内院佛学实践中除了表现为唯识研究的实证方法外，还主要表现为佛教的经典真伪之辨和学说源流之辨。为建构现代佛教知识体系，支那内学院既强调佛陀言教的本源性真实，又强调佛学演变的历史性真实，有违于前者则非佛家之学，有违于后者则非客观知识，二者的统一才可以称为"纯真完美之学"。但是，按照这一标准，"纯真完美"的佛学就不是现实存在，而只能作为理念存在。事实上，相当长时间内，内院佛学都只是作为理念而存在，只是最初的表述比较粗疏。如1918年，欧阳竟无作《支那内学院叙》将"学院""佛学"与"佛教"加以区分，提出"拔一切苦得究竟乐曰佛教、曰佛学、曰支那内学院"。"佛学""佛学院"能承担"拔一切苦得究竟乐"的使命么？欧阳竟无虽然试图区分"佛教""佛学"和"学院"，却并未真正将它们在思想上区分开来。

尽管如此，欧阳竟无的论述已经蕴含着近现代中国佛教入世转型的两大知性主题，即佛教的知识形态和社会化发展。在欧阳竟无看来，"佛学"是一无所不包的知识体系，"菩萨于何求？当于五明求"。佛学和非佛学的界限在哪里，欧阳竟无并没有理清楚，他认为佛学与非佛学以"无我"和"有我"为界线，是过于简单化的处理方式，其佛教知识有多少可靠性也很难不令人怀疑。例如，欧阳竟无很早就主张小乘三段论和大乘三宗说："有我近外（道），离蕴近内（学），如是中间犊子义立人我尽空、惟法是实。有宗树义实蕴处界，小乘根本，是称毗昙。空宗树义，惟界法实，蕴、处皆假，小乘胜进，是称经部。"大乘空宗之后，毗昙发展有部和经部，后进一步发展为俱舍、成实等派，"由毗昙有入瑜伽有者，展转破立，中间树义，蕴法是假，惟界处实，是称《俱舍》。由经部空入般若空者，展转破立，中间树义，界处是假，惟蕴是实，是称《成实》"。大小乘各自独立，"如是破立，经无量级，最后瑜伽三法假义，般若一切空义，金刚决定坚立不摇，以是因缘研小乘学。人我尽空、法我尽空、二空所显常乐我净、学乃造极，三宗如一，以是因缘，研大乘学"[1]。值得注意的是，上述理念欧阳竟无一直坚持到晚年，《释教》中仍有遗存。但首先，欧阳竟无上述论述缺乏充分证据；其次，即便欧阳竟无上述论断属实，如此"佛学"也难以找到自己的学科边界，以此为基础建立学院必然没有现实性。

支那内学院的佛学理念存在一个逐渐向现实社会靠拢的过程。1921年，欧阳竟无受邀到南京高等师范学校演讲，得以进一步阐述其佛学理念，这就是著名的《佛法非宗教非哲学》演讲[2]。概括言之，这次演讲的主题是佛学非宗教非科学（哲学）而别为一学，欧阳竟无试图在"佛法"与所谓"宗教"和"科学"或"哲学"的关系中阐明佛学自为的理念。欧阳竟无认为，佛门有所谓"佛""法""僧"三宝之说，其"法"范围最广，故论佛学独取"佛法"说，所谓"佛法"超越宗教、科学以及哲学，这是"非宗教非哲学"说的第一重含义，强调的是"佛法"可以独立一学。

值得注意的是，尽管欧阳竟无强调"佛法非宗教非哲学"的特殊性，却处处用西方宗教、近代科学和哲学方面的知识来阐明其特殊性，这与佛教在中国早期发展过程中依赖道家道教以及儒学的状况形成某种有趣的对比[3]，反映出近现代佛教转型时期中国社会面临的独特的历史处境。

简言之，欧阳竟无早期佛学理念是对近现代以来逐渐在中国社会占据支配地位的西方基督宗教和近代科学以及哲学意识形态的某种回应，其所谓"宗教"就是指基督宗教，如谓"譬如宗教家人说有上帝，这些庸人便承认以为有上帝，牧师教人崇拜耶稣，这些人便崇拜耶稣"，又如说"翻开一部西洋哲学史，中间大名鼎鼎的哲学家，如像破除有人格的上帝过后，便迷信

---

[1] 欧阳竟无：《支那内学院叙》，《觉书》1919年第5期。
[2] 关于这篇演讲的具体时间，参见王恩洋《五十自述》，《王恩洋先生论著集》第10卷，四川人民出版社，2001，第483页。
[3] 洪修平：《中国佛教文化历程》（增订版），江苏教育出版社，2005，第39页。

一个无人格的上帝，破除独神论过后，便执迷一种泛神论"[1]，这里所指的"宗教"显然就是指西方基督宗教。在谈到"佛法"与"宗教"的区别时，欧阳竟无往往又强调所谓"科学"，如其回应"佛法既不同于宗教云何复有圣言量"的质疑时，他说佛教所谓"圣言量""如几何中之定义公理"，甚至说"因明""固纯以科学证实之方法以立理破邪"[2]，"哲学家之所探讨为对于宇宙之说明，昔有唯心、唯物、一元、二元论，后复有原子论、电子论；今科学进步，相对论出，始知宇宙非实物，不但昔者玄学家之唯心论一元论无存在之理由，即物质实在论亦复难以成立"[3]，等等。为了证明"佛法"超越科学，欧阳竟无又强调"佛法"的宗教性："彼哲学家者所见所知，于地不过此世界，于时不过数十年间，不求多闻，故隘其量，故局其慧。若夫佛法则异乎此。彼诸佛菩萨，自发起无上菩提心、广大心、无边心以来，其时则以一阿僧祇劫明决此事，二劫见之，三劫修满而证之，然后随身现化，普度有情，以彼真知，觉诸后起。其说谓三世诸佛所共证而莫或异，其地则自一世界至无量无边世界而不可离。"[4]

总之，欧阳竟无早期佛学理念深受近代以来在中国广泛传播的西方基督宗教和近代科学以及哲学的深刻影响，他试图通过反思西方基督宗教和近代科学以及哲学的局限性为其佛学独立理念奠定基础的意图清晰可见。

欧阳竟无早期佛学理念具有强烈的意识形态性，但其对西方基督宗教神学及近代科学与哲学的了解都还较浅，这反而造成其早期佛学理念内部难以自洽。如按欧阳竟无批判"宗教"时所说，"佛法"无上圣智由"自证"得来，那欧阳竟无本人是否已经证得此无上智？若未亲证得，其所述是否也属

---

1 欧阳竟无：《欧阳竟无内外学》，商务印书馆，2015，第575页。
2 欧阳竟无：《欧阳竟无内外学》，商务印书馆，2015，第573页。
3 欧阳竟无：《欧阳竟无内外学》，商务印书馆，2015，第581页。
4 欧阳竟无：《欧阳竟无内外学》，商务印书馆，2015，第583页。

于"盲从迷信"[1]？若已亲证，如何证明？其所谓的"佛法"是需要"共同研究"还是供众人"信仰"[2]？特别值得指出的是，上述《佛法非宗教非哲学》的演讲，曾直接谈到"知识的起源、效力和本质"等知识论问题，但欧阳竟无对此缺乏基本了解。关于知识效力问题，欧阳竟无拒绝独断论、实证论和怀疑论而没有形成独立论断，关于知识本质问题，欧阳竟无拒绝观念论、唯物论以及现象论，但也未形成独立论断，在知识起源问题上，欧阳竟无拒绝经验论，也批判唯理论和先验论，提出所谓阿赖耶识种子论，实际是以唯识学为知识论，显然存在严重误读。对一般知识的效力和本质问题，欧阳竟无无力做出真正有价值的回应，却强调唯识学超越知识论，但又缺乏具体深入的论证。欧阳竟无甚至认为"哲学之所探讨即知识问题，所谓知识之起源，知识之效力，知识本质"，"认识论中种种主张皆不出计度分别"[3]。既然知识论"皆不出计度分别"，其唯识学又"依智不依识"，因此要"建立法相学、建立唯识学、建立一切方便学"，也就放弃了从知识论角度思考普遍有效的佛教知识的可能性。

除了对西方宗教神学及现代科学和哲学缺乏深入了解外，欧阳竟无早期佛学理念在起源上也制约了其对佛教的知识论反思。欧阳竟无曾回顾其佛学思想形成历程及其偶然性：一、母亲病魔生死是其转向佛学的最初因缘，"我母艰苦"，"病魔生死，儒既无术以应我推求"，"三十年读书，求诸西方古人，乃沛然有以启我"。二、子女不幸夭亡是其深入佛法的后续推动力："女兰十七，从予学于金陵，予以刻经事入陇，归则夭殁。中夜嚎恸，既已无可奈何，乃发奋读书，数数达旦，于是《瑜伽》明，唯识学豁然"；"子震元"，"又游泳毙"，于是"发愤读《般若》、读《华严》、读《涅槃》，次第洞然"，

---

[1] 欧阳竟无：《欧阳竟无内外学》，商务印书馆，2015，第574页。
[2] 欧阳竟无：《欧阳竟无内外学》，商务印书馆，2015，第572页。
[3] 欧阳竟无：《欧阳竟无内外学》，商务印书馆，2015，第578页。

"融会贯通，初无疑义，乃有论定学说"，此即《大乘密严经叙》之作[1]。由此可见，欧阳竟无早期佛学思想的形成首先是基于个体解脱诉求而形成的高度个体化言述，缺乏普遍有效性或真理性的基础。1939年，欧阳竟无《再答陈真如书》曾补充其佛学思想形成的客观学术史背景[2]，但他高度个体化的佛学言述及其貌似客观的学术史追溯均不足以证成其佛学具有佛陀言教的有效性或本源真实。

实际上，要论证现代佛教知识体系的可靠性和真理性，只能回到杨文会早年所确立的"以佛语为宗"的客观性尺度[3]，即回到佛教经典本身的真实性或真理性。但在现代历史条件下，佛教知识体系的形成还必须直面佛教经典的历史性批判，经典历史批判首先是文献考证，即经典的客观真实，同时也包括理论系统的内在统一[4]。20世纪初，杨文会编撰《佛教初学课本》就是首次回应这一基本需求的尝试。只有在杨文会确立的"以佛语为宗"的尺度之上，进一步完成佛教经典的历史性批判，内学院真正客观有效的佛教知识体系，"纯真完美之学"才有出现的可能。

欧阳竟无最初选择唯识学作为这种客观有效的佛教知识体系的基础首先就是在回应杨文会之后中国近代佛教知识体系转型的上述内在需求。问题在于，唯识经典的真实性无法同时保障佛教理论系统的内在统一。这是欧阳竟无早期唯识研究中出现法相学概念的重要原因。建立客观有效的知识体系是近现代佛教学院化发展的内在要求，而建立内在统一的理论体系则是在建立现代佛教知识体系过程中提出的更深刻的理论诉求。

1　欧阳竟无：《欧阳竟无内外学》，商务印书馆，2015，第466—467页。
2　欧阳竟无：《欧阳竟无内外学》，商务印书馆，2015，第482页。
3　杨文会《与后藤葆真书》（1899）写道："弟所学处，总以圣言格量。合者遵之，否者置之，虽晋宋以来诸大名家，间有出入，亦必指摘。如弥勒、马鸣、龙树、天亲等诸大菩萨，造论弘经，何等严谨，处处以佛为宗，故能作万古法式也。"（《等不等观杂录》卷8，《杨仁山居士全集》第3册，第224页）杨文会《阐教刍言》（1898）亦明确提出："古来阐教大士莫不以佛经为宗，横说竖说，皆不违经意。"（《等不等观杂录》卷8，《杨仁山居士全集》第3册，第231页）
4　欧阳竟无：《欧阳竟无内外学》，商务印书馆，2015，第477页。

如前所述，欧阳竟无在早期唯识研究基础上提出的"法相"概念显然无法真正完成这一任务。20世纪30年代以后，欧阳竟无放弃"法相学"转向"无余涅槃"说作为根本佛学理念，其目标仍在于寻求佛学的内部统一性。欧阳竟无这一尝试首先见于《大乘密严经叙》（1936），该叙试图以唯识转依理论即涅槃论为中心重建佛学的理论统一性："法门无量，区别于境行果三，果之为《大涅槃经》，行之为《大般若经》《佛华严经》，而境之为《大乘密严经》"，迷悟依于真如，密严刹土即涅槃定窟，染净依于藏识，赖耶生身即菩提慧命，故曰《密严经》者，二转依之要轨也。[1] 二涅槃即二转依，一从依他起（诸识），一从圆成实（真如），欧阳竟无把二者区分为能、所二边，"无明为迷，正智为悟。迷悟皆变动不居，是故为能，真如周遍常住，是故为所。藏识受熏持种，是故为能，净为法界，染是世间，染净皆真幻可相，是故为所"。欧阳竟无后期佛学思想的要点仍是区别体用能所，强调以"所"为体、以"能"为用，体用差别即能所差别，故有所谓"四涅槃、四体用"说云：自性涅槃是体中之体，无余涅槃是体中之用，有余涅槃是无余涅槃之从属，无住涅槃是用中之体，菩提是用中之用。按欧阳竟无之说，无余涅槃是根本，无住涅槃是增上。欧阳竟无以无余涅槃说为其佛学根本原理：以菩提之果，显涅槃之果，最后之归果，是涅槃之果也。为了论证无余涅槃说，欧阳竟无不但强调无余涅槃说是"佛陀言教"，而且强调作为二转依说基础的唯识"五法三自性，八识二无我，是诸佛至教，亦释迦如来一代之圣教"[2]。无余涅槃说的真实性论证和统一性论证仍奠基于其唯识研究之上。

建立知识的真实性和理论的统一性的努力不但使内院佛学家面临知识与理论分离的难题，而且还要遭遇和佛教在中古时期所取得的一系列思想成就即天台和华严等理论体系之间的冲突问题，前者寻求佛教经典内部的"融会

---

[1] 欧阳竟无：《欧阳竟无内外学》，商务印书馆，2015，第265页。
[2] 欧阳竟无：《欧阳竟无内外学》，商务印书馆，2015，第270页。

贯通"，后者则要求对固有体系的"料简抉择"。吕澂曾指出，欧阳竟无晚年偏于"贯通"而疏于"料简"[1]，这是非常准确的观察。

欧阳竟无从佛陀言教的真实性出发，对中古佛学表现出强烈的批判性和革命性，他指斥天台教法"羌无圣言"，是"九州铁错"，华严五教是"标窃天台"，是"过中有过"，但他很少有什么具体论证。与此相应，欧阳竟无本人从《大乘密严经叙》（1936）到《释教》（1942），一直致力于论证无余涅槃说本源真实且彻始彻终。《密严经叙》强调无余涅槃在《楞伽》与《瑜伽》《深密》《般若》《阿含》等经典内贯彻始终，欧阳竟无以五法摄九事说明这种内在一致性。不过，《密严经叙》只是初步展开这一论证，如该叙"第四"论如来藏阿赖耶识性是无余涅槃，"第五"论法身是无余涅槃，"第六"从无余涅槃论唯识学与唯智学之统一，"第七"至"第九"论禅定、净土、解脱，而无不以唯识转依论为基础。在《再答陈真如书》（1939）中，欧阳竟无对无余涅槃说的真实性和彻底性作了进一步论证，如说"无始时来，恒河沙数诸佛世尊最崇最上，曰无余涅槃。释迦说法四十九年，最终归趣，亦大演涅槃"。又说"无余涅槃，寂灭之谓也。《瑜伽》说有二种寂灭：一者寂静寂灭。有《涅槃》说四寂静：当来不生，而苦寂静；三毒永断，而烦恼寂静；背恶习善，而不损人寂静；见闻觉知，不忧不喜，而舍寂静。……二者，无损恼寂灭"[2]。以无损恼寂灭为圆成实境界，以寂静寂灭为依他感尽境界，又以唯识学的三性说为基础论此二涅槃之关系，所谓依他起上无遍计执便是圆成，依他圆成皆是寂灭等，其说均依唯识法相。

作为欧阳竟无晚年定论的《释教》，仍然不能不面对佛教知识体系与理论体系统一的难题。欧阳竟无坚持建立一普遍有效的现代佛教知识体系的根本方向没有改变，他首先追求的是内部统一的佛教理论体系，"唯有一乘道，无

---

[1] 吕澂：《内院佛学五科讲习纲要讲记》，《吕澂佛学论著选集》第2卷，齐鲁书社，1991，第606页。
[2] 欧阳竟无：《欧阳竟无内外学》，商务印书馆，2015，第482—483页。

二亦无三",但思想重心从早期以体用简别为中心的法相学转为以无余涅槃或一真法界为中心的涅槃学或法界学。《释教》所遵循的理论路线仍是一本万殊、万殊归一的思辨逻辑:"万派千流汇归瀛渤,无不同此法界流,无不同归一法界。若其发虑,则所向有殊,所施各异,说相说性,说常无常,释迦说法四十九年,何尝自语相违?实则相反无不相成,是则汇流无如趣一。"[1]《释教》比《密严叙》更进一步的地方在于,它对一本与万殊关系的阐述更富于思辨性,《释教》从空观、智观、涅槃、谛及乘等不同角度阐述佛学的真实性与历史性的辩证关系。其次,《释教》在佛教知识体系方面较之以前也有更多发挥,如区别"义""法"及"学"延续了《密严经叙》之说,其中"唯识学"(瑜伽)、"唯智学"(般若)及"涅槃学"等大乘三学在《密严经叙》已经提出,《释教》则进一步列出"俱舍""般若""瑜伽""涅槃"四科文献,更加具体而系统。《释教》是欧阳竟无最后建立的"佛学",它包含了知识的真实性和理论的统一性两个方面,这两个方面的统一其实并未真正实现。从这个角度来说,欧阳竟无在佛学上并未真正完成其历史使命。吕澂则是在欧阳竟无确立的佛教知识论和佛教知识体系基础上继续前行。

吕澂在20世纪前期佛学研究方面成绩相当突出,很早就被认为是支那内学院的接班人[2]。如前所述,吕澂早期佛学研究即转向文献实证路线,强调知识体系建设,但缺乏理论意识。1933年,吕澂出版的早期代表作《西藏佛学原论》被后来一些研究者认为是"一本纯以学术立场写成的好书"[3]。三十年后,一些日本学者甚至罕见地将该书作为唯一一种中文参考文献列入其《印度佛教史》著作[4]。虽然如此,吕澂对欧阳竟无早期法相学概念内涵的理

---

[1] 欧阳竟无:《欧阳竟无内外学》,商务印书馆,2015,第39页。
[2] 此说并非秘密,参见1929年出版的小说《龙套人语》第17回。龙公:《江左十年目睹记》,文化艺术出版社,1984,第200页。
[3] 欧阳无畏:《西藏的喇嘛教》,张曼涛主编《现代佛教学术丛刊》第75册,台湾大乘文化出版社,1979,第151页。
[4] 〔日〕佐佐木教悟等:《印度佛教史概说》,杨曾文、姚长寿译,复旦大学出版社,1989,第150页。

解非常透彻，对"纯正完整佛法"的追求是吕澂与乃师欧阳竟无的共识。这一共识始终存在，如《西藏佛学原论》明确主张："今世治佛学者颇重视西藏佛学之趋势，其甚者以为唯西藏乃有纯正完美之学堪依修证，其次以为藏传各说富有精粹挹取不穷，又其次亦以为藏译典籍文义精严足称准范。此数者之是非盖未可以遽断，然西藏佛学自有其流布因缘与独造之点，吾人于信奉资取其说之先，亦不容不详为审辨也。"[1]吕澂对历史中是否存在"纯正完整之学"并未直接表态，但其佛学研究一直遵守客观性原则，此"纯正完美之学"始终作为一种批判性理念存在则毫无疑问。这不但在《西藏佛学原论》时如此，《藏要》校勘时亦如此，十年之后《汉藏佛教关系史料集》（1942）仍是如此。

吕澂编校《汉藏佛教关系史料集》主要校刊两种藏文佛教原始文献，一为工布查《汉区佛教源流》（吕译作《藏传汉土佛法源流》），一为八思巴《大乘要道密集》（吕译为《汉译藏密三书》）。在《藏传中土佛法源流·导言》中，吕澂批评了西藏学者对中国佛教历史的错误认识。作为《大乘要道密集》20世纪最早的研究者[2]，吕澂曾指出《大乘要道密集》"皆元代所译西藏密典，不避猥亵，尽量宣扬，与唐宋剪裁之制迥异。此不仅可以窥见当时输入藏密之真相，并可以了解译而不传之缘由"，吕澂"用西藏原文对照校订"，对《大乘要道密集》的"全体结构"和所选文献特点做出分析，指出《道果金刚句》的"组织基础于阿赖耶识，又藉五位三十七菩提分以判修次，皆融摄显教而成其说"[3]，《大手印金璎珞》属于金刚乘，"金刚乘学说颇有与中土道家近似之点，'大手印'法门以本觉为宗，明心为道，乃至传法

---

[1] 吕澂：《西藏佛学原论》，商务印书馆，1933，第1页。
[2] 〔美〕白桂滋：《迄今无解而归于八思巴名下的元代文献集》，《西藏与佛教研究——纪念乔玛诞生200年》，方骏译，《国外藏学动态》1987年第2期；王启龙、邓小咏等译，《国外藏学研究译文集》第13辑，西藏人民出版社，1997；陈庆英：《〈大乘要道密集〉与西夏王朝的藏传佛教》，《西藏大学学报》2003年第3期。
[3] 吕澂：《汉藏佛教关系史料集：汉译藏密三书》，华西协合大学中国文化研究所，1942，"导言"第10页。

有偈,证道有歌,又大同于中土禅宗"[1]。尽管以上关于汉藏佛学历史及思想的判断成为此后批判中国佛教理论的基础,但就其本质来说,仍然都属于客观知识范围。

对吕澂来说,要接续欧阳竟无《释教》继续前进,主要的问题不是佛教知识体系的外部真实性问题,而是佛学的内部统一性问题。吕澂接续欧阳竟无之后重建"纯真完美之佛学"的努力首见于1943—1946年"内院佛学五科讲习纲要",这一"内院佛学"声称其并非内院之学,而是作为佛学的佛学,它首先根据文献和历史的客观性原则把佛学分为毗昙、般若、瑜伽、涅槃、戒律等各科(禅定和因明作为附属学科),然后又把每科分为若干历史时期,不再限于欧阳竟无的三段论,这一"佛学"不但完全摆脱了欧阳竟无的个体化言说,而且与某一具体个人的解脱诉求全然无关,俨然转身为某种纯粹的"佛学科学"[2]。这一"佛学"回响着某种"时代精神":

> 盖印度思想,高深玄远;中土学术,侧重实在,以致对佛学认识不真,遂有似是而非之论。中土之学,以孔孟为精萃,二氏均阐明人学,以尧舜为人伦之极则。佛学则超于人群,充其量为有情学,而以佛为有情之准依。凡此皆为胜进一层之远见。向来于佛学未加切实认识者,谬谓与孔孟相违,不知实是涵盖孔孟之学而为人生之真正学问。今此讲习,即欲发挥此义,俾真正佛学与世人发生纯正影响也。[3]

在讲座中,吕澂有时把上述"佛学"称为"心学",在他看来,"佛学"之根

---

[1] 按《土官宗派源流》即有此说,参阅土观·罗桑却吉尼玛著,刘立千译注《土官宗派源流》,民族出版社,2000,第80页。
[2] 黄夏年:《吕澂集》,中国社会科学出版社,1995,"序言"。
[3] 吕澂:《内院佛学五科讲习纲要讲记》,《吕澂佛学论著选集》第2卷,齐鲁书社,1991,第608页。

本即在"一切众生当下之心"[1]，此众生本寂之心即与烦恼不相应之心是此学根本，"此心存而后此学存"，[2] 由此心出发，以法界圆净为目标，通过心转依，实现世界转依，佛法与世间在转依的过程中走向历史的辩证的同一[3]。

吕澂在欧阳竟无之后建立的"佛学"看起来颇为激进，它宣称以"心性本寂"为思想基础，"鹄悬法界，穷际追求。而一转捩间，无住生涯，无穷开展。庶几位育，匪托空谈"。而以"心性本觉"为核心的中古佛学体系则始终作为理论对手在场[4]，"才起具足于己之心，便已毕生委身情性。纵有安排，无非节文损益而已。等而下之，至于禅悦飘零，暗滋鄙吝，则其道亦既穷矣"[5]。吕澂仿佛在宣告旧佛学的终结和新佛学的来临。在一次讲座中，吕澂提到："佛学之为学，其方法重在对治，而专以治心为主。治心如治世，治世之道，所谓举直错诸枉，能使枉者直。如举皋陶伊尹，则不仁者远矣。治心亦然，先立正解，继之实证，则惑倒自然息矣，是谓对治。"[6] 遗憾的是，吕澂这一"先立正解，继之实证"的"佛学"并没有发生实际影响。

四 内学院《起信论》辨伪的起源与转向

内学院早期对《起信论》的批判是基于"正解"的立场观念（从欧阳竟无到王恩洋都是如此），而到了吕澂的《大乘起信论》辨伪，则出现了从理论立场向文本考证的实证化转向。从吕澂《起信》辨伪过程可以看出实证原则构成内院佛学的本质性环节。

1　吕澂：《内院佛学五科讲习纲要讲记》，《吕澂佛学论著选集》第2卷，齐鲁书社，1991，第609页。

2　吕澂：《内院佛学五科讲习纲要讲记》，《吕澂佛学论著选集》第2卷，齐鲁书社，1991，第610页。

3　吕澂：《佛法与世间》，《中国佛教思想资料选编》第3卷第4册，中华书局，1990，第313页。

4　吕澂：《大乘法界无差别论讲要》，《吕澂佛学论著选集》第2卷，齐鲁书社，1991，第946、962、977—978页。

5　吕澂、熊十力：《辩佛学根本问题》，《中国哲学》第11辑，人民出版社，1984，第173页。

6　吕澂：《内院佛学五科讲习纲要讲记》，《吕澂佛学论著选集》第2卷，齐鲁书社，1991，第1264页。

内院佛学命题大都可以追溯到其创始人欧阳竟无,《起信论》批判也是如此。质疑《大乘起信论》始于欧阳竟无《唯识抉择谈》(1922),通过王恩洋《大乘起信论料简》(1923)而成为内学院早期共识之一。欧阳竟无最初对《大乘起信论》和《楞严经》均有诸多质疑,首先通过《唯识抉择谈》予以发表。不过欧阳竟无最初承许《起信论》为马鸣作,只是认为它立论粗疏,如有所谓"真如缘起论"。他甚至为《起信论》辩护:"《起信》作者马鸣学出小宗,首宏大乘;过渡时论,义不两牵,谁能信会,故立说粗疏,远逊后世,时为之也。此证以佛教史,实无可讳言者。"[1] 根据欧阳竟无早期佛教史观,马鸣反对有部《大毗婆沙论》,而受小乘分别论者之影响。《唯识抉择谈》把《大乘起信论》与分别论者的相同点归纳为三个方面,认为《大乘起信论》与小乘分别论者有三种义理相同,而与大乘经教则有以下二种相违:(一)《大乘起信论》不立染净种子,不止熏习义难以成立,其不立正智无漏种子,于理失用义,于教违《楞伽》,"《楞伽》五法真如正智并举而谈",《起信》无漏无种,真如自能离染成净,乃合正智真如为一,"失体亦复失用"。(二)《大乘起信论》以三细六粗连贯而说,于理失差别,于教违《深密》。"《深密》平说八识,故八识可以同时而转,以是俱有依故;又识各有种,种生现行,不妨相并故,因缘增上二用俱有。《起信论》竖说八识,三细六粗次第而起,几似一类意识,八种差别遂不可立。"[2] 显然,欧阳竟无只是从唯识学立场否定《起信论》学说,其结论是:

> 从史实与理论观之,《起信》与分别论大体相同也如彼;以至教正理勘之,《起信》立说之不尽当也又如此;凡善求佛法者,自宜慎加拣择,明其是非。然而千余年来,奉为至宝,末流议论,鱼目混珠,惑人已久,

---

[1] 欧阳竟无:《欧阳竟无内外学》,商务印书馆,2015,第402页。
[2] 欧阳竟无:《欧阳竟无内外学》,商务印书馆,2015,第405—406页。

此诚不可不一辩也。[1]

尽管欧阳竟无《唯识抉择谈》尚未判《起信论》为"伪书似说",但已经颠覆了主流认识,把《大乘起信论》从义学高峰打入到小乘分别论者之行列,这一认识对于乃师杨文会来说也是颠覆性的。

王恩洋进一步发展了欧阳竟无这一早期佛学思想。1923年,从欧阳竟无学习不久的王恩洋撰写《大乘起信论料简》(1923),明确提出:"自来相似正教诸伪经论虽无量种,而流行最广、立义最乖者,《大乘起信论》一书为最。"[2]《大乘起信论料简》发挥欧阳竟无《唯识抉择谈》论断而更进一步:"《起信论》非佛教论,背法性故,坏缘生故,违唯识故,如《金七十论》等。"[3] 王恩洋从三个方面否定了《大乘起信论》的佛教性质:(一)真如有为违法性义,即《起信论》之真如缘起有悖经论之法性义,王恩洋认为佛教所说真如非实体,乃诸法空性,《起信论》以真如为万法本质,不但是实体而且能生万法,混淆有为无为的界限。(二)真如能生万法违缘生义。(三)真如无明互熏违唯识义。比较欧阳竟无《唯识抉择谈》和王恩洋《大乘起信论料简》,后者并未超出乃师论据范围,而结论却远比乃师为激进:"此论而可存,将三藏十二部经空有两宗一切论义并皆可废矣!夫斯论之作,固出于梁陈小儿","特当有唐之世,大法盛行,唯识法相因明之理广博精严,甚深抉择,而此论者乃无人料简,灵泰、智周诸师虽略斥责,而不深讨,贻诸后世,习尚风行,遂致肤浅模棱,划尽慧命。似教既兴,正法以坠,而

---

[1] 欧阳竟无:《欧阳竟无内外学》,商务印书馆,2015,第406页。
[2] 张曼涛主编:《现代佛教学术丛刊》第35册《大乘起信论与楞严经考辨》,台湾大乘文化出版社,1978,第105页。
[3] 张曼涛主编:《现代佛教学术丛刊》第35册《大乘起信论与楞严经考辨》,台湾大乘文化出版社,1978,第115—116页。

法相唯识千余年来遂鲜人道及矣！"[1] 王恩洋甚至把唯识衰亡之责任推给《大乘起信论》。王恩洋的《大乘起信论料简》引起轰动，当时武昌佛学院群起而攻之，形成20世纪中国佛教史上一次巨大争论。王恩洋晚年说，此次争论"打破千年之沉寂，真为佛学界三十年来之一大事"[2]。其实这不过是公开了支那内学院早期关于中土佛教学说的某种否定性共识，即早在20世纪20年代初期，《大乘起信论》和《楞严经》之为"伪书似说"已成为支那内学院之共识，同一时期的吕澂对此并无异议，其编译《印度佛教史略》（1925）即将日文原著中有关《起信论》部分完全删去不译[3]；其《佛教研究法》（1925）推荐教理书亦拒斥《起信论》，而易以《摄大乘论》和《瑜伽真实品》[4]。

1921年初，吕澂在《质太炎先生》等文章中公开表述的论断与其师《唯识抉择谈》亦完全一致：

> 心体之言当目真如，藏识不过从相用立言，故依《摄论》家言可以无漏种子对治净尽，既有消长，明知非体。自来研求佛学者，于此辨别不清，混言体用，遂多隔膜。此在西方先哲，亦所不免，有如马鸣者之著《起信》，初以体目真如，后复有真如无明互相熏习之说，实为语病。[5]

此时吕澂和欧阳竟无同视《起信论》为"马鸣著"，认其为"西方先哲"，还只是认为真如无明互熏"实为语病"。初到支那内学院的王恩洋则直接将《大乘起信论》判为"伪书似说"，支那内学院关于《起信》"伪书似说"的

---

[1] 张曼涛主编：《现代佛教学术丛刊》第35册《大乘起信论与楞严经考辨》，台湾大乘文化出版社，1978，第115页。
[2] 王恩洋：《念太虚法师》，《王恩洋先生论著集》第10卷，四川人民出版社，2001，第651页。
[3] 比较荻原云来《印度の佛教》与吕澂《印度佛教史略》即可知。
[4] 吕澂：《佛教研究法》，江苏广陵古籍刻印社，1991，第136页。
[5] 吕澂：《质太炎先生》，《时事新报·学灯》1921年1月25日。

论断得以完全澄清，王恩洋对内学院的《起信论》批判应该说是有重要贡献的。

吕澂《起信论》辨伪从20世纪30年代末才开始，并且逐渐把《起信》辨伪转换成所谓"本觉"批判，其实已经把内学院早期《起信论》批判从思辨转为实证化形态。其《楞严百伪》《起信与楞伽》即是对欧阳竟无《唯识抉择谈》和王恩洋《大乘起信论料简》有关《起信》和《楞严》的理论批判进行实证化补充。有学者认为吕澂《楞严百伪》"石破天惊"，"此文发表之后，除了笼统或者漫骂之外，并没有严肃的系统反驳出现，直到20世纪下半叶，香港释愍生作《辩破楞严百伪》以辟之。不过，观其所著，虽发心甚大，亦有可观，但多有误读，尤其在关键之处，故并非有力之辩驳"[1]。此评论表明，对现代人而言，吕澂的实证化批判在佛教批判方面比之欧阳竟无和王恩洋的理论辩证要更加有力、更具有颠覆性。其《楞严百伪》第一节即写道：

> 唐代佛典之翻译最盛，伪经之流布亦最盛。《仁王》伪也，《梵网》伪也，《起信》伪也，《圆觉》伪也，《占察》伪也；实叉重翻《起信》，不空再译《仁王》，又伪中之伪也，而皆盛行于唐。至于《楞严》一经，集伪说之大成。盖以文辞纤巧，释义模棱，与此土民性喜鹜虚浮者适合，故其流行尤遍。贤家据以解缘起，台家引以说止观，禅者援以证顿超，密宗又取以通显教。宋明以来，释子谈玄，儒者辟佛，盖无不涉及《楞严》也。一门超出，万行俱废，此笼统颟顸之病深入膏肓，遂使佛法奄奄欲息，以迄于今，迷惘愚夫坚执不化者犹大有人在。邪说不除，则正法不显，辞以辟之，亦不容已也。[2]

1　周贵华：《"批判佛教"与佛教批判》，中国社会科学出版社，2018，第57、61页。
2　《吕澂佛学论著选集》第1卷，齐鲁书社，1991，第370页。

观此序分文字，吕澂《楞严百伪》的关注早已超出《楞严》自身，而指向包括"台禅贤密"在内的整个中国佛教，甚至还指向了中国佛教背后所隐藏的国民性问题（"此土民性"）。虽然如此，吕澂《楞严百伪》的原文内容主要是考证经文伪谬，并没有过多理论分析。

吕澂《楞严百伪》共一百零一条，主要是文献考证，其所指摘之核心理论为《楞严经》之"真心说"。《楞严百伪》对《楞严经》之真心说多所指摘，但还未用"本觉"一语进行概括，其批判《楞严经》"真心说"主要依据的经典和理论仍是唯识学，如《大乘庄严经论》和《辨中边论》等论，以及"佛法有自性涅槃，无自性菩提"等说。从《楞严百伪》来看，吕澂与欧阳竟无、王恩洋的区别在于其实证化方法，其中包括佛教文献、名词、历史、地理、风俗、制度等各个方面，如其第二十六条：

> 经云："坐祇陀林，遍观林渠，前对恒河。"按祇陀之距恒河，在三百里以外，坐于林中云何观见？此由不明印度山川形势，妄为之说。[1]

第二十八条：

> 经云："阎浮提州大国，二千三百。"按印度旧说阎浮以其本土为准，故通说大国十六或三十六，至于小国，乃二千余（见《十二游经》《楼炭经》等），今误读旧典，颠倒大小。[2]

第四十二条：

---

[1] 《吕澂佛学论著选集》第1卷，齐鲁书社，1991，第377页。
[2] 《吕澂佛学论著选集》第1卷，齐鲁书社，1991，第377页。

经说眼体如蒲萄朵等，此窃取《俱舍》而改之。《俱舍》本说根极微之形，今乃以扶尘臆改（如眼微本云香菱花，臆改为蒲萄朵）。至于身根，本云如身，其中女根乃如鼓颡。今经作者误读文句，竟以身根全作鼓颡，岂人以女根成身耶？又意根本属心法，而亦言有浮根四尘，种种乖违。[1]

第五十七条：

> 安立道场，先说四戒，全同小乘，固无论矣。杀戒之中，佛本说三净肉，而撰为五比丘食有五，嚼食根茎叶花果，其类繁多，此即蔬菜而撰为婆罗门地草菜不生。至说比丘不服乳酪醍醐，《涅槃》卷七明言此是魔说，今乃诬为佛说。[2]

吕澂《楞严百伪》真正有力的批判是佛教文献和印度历史、地理、风俗、制度辨析，而不是理论辩证，其一百零一条辨伪中涉及印度佛教史地人物十六条，印度佛教名物制度三十三条，佛教教理五十二条，真正涉及"真心说"的并不多。总之，吕澂《楞严百伪》是把理论辩证与文本考证深度结合起来的一次重要尝试，是吕澂以实证化方式推进欧阳竟无佛学思想的重要尝试，它表明《大乘起信论》批判的实证化方案正在形成。

吕澂作于1940年的《起信与楞伽》实现了《大乘起信论》批判的文本考证与理论辩证的深度结合，堪称现代学术史上文本考证与理论辩证相统一的典型案例。1950年前后，吕澂曾在《大乘起信论考证》[3] 中写道：

---

[1] 《吕澂佛学论著选集》第1卷，齐鲁书社，1991，第380—381页。
[2] 《吕澂佛学论著选集》第1卷，齐鲁书社，1991，第384页。
[3] 《大乘起信论考证》的写作时间，可参见《吕澂佛学论著选集》第1卷，齐鲁书社，1991，第303、305页。

今天，如果要认识我国过去佛学的实质，判明它的价值，并撇开蔽障去辨别佛学的真面目，都非先了解《起信论》思想的错误不可。我们用考证方法，揭露了《起信论》的伪书似说，并始终坚持这样的论断，其用意就在于此。[1]

如果王恩洋《大乘起信论料简》主要限于理论辩证或有违所谓近代学术客观性原则，那么吕澂《楞严百伪》实现了文本批判与理论辨析的初步结合，其《起信与楞伽》则是文本考证与理论辩证的深度结合。吕澂说："在考证上，真伪与是非也可一石两鸟，一举并获的。"[2] 以文本考证方式证《大乘起信论》为"伪书似说"，其实是有效规避了对其有违所谓学术客观性的指控。吕澂的方法论自觉在《起信与楞伽》开端处即明确宣示：

隋代经录家，即疑其非真谛所译；唐世义解家，亦不信为马鸣所撰；奘门基师一系，更力斥其立义之非；但实际影响不著。晚近颇有人，以考证方法辨此问题，结果所得：历史上，仍只证其与马鸣真谛无涉而止，终不能揭穿译籍之伪幕，而确断为中国人之手笔；学理上，类以一派学说相批评，而不得定论。……故考证结果，仍不足撼动其立说。此虽千年流毒，非一旦所能涤荡，然方法未善，要亦有以致之。今别取途径，先寻其义理之根据，从而分析，再与以刊定，务使其伪迹表著，无所遁形而已，此法姑名之曰：义据批评法。[3]

所谓"义据批评"，本质上是以文本考证与理论辩证的深度融合为前提，吕

---

1 《吕澂佛学论著选集》第1卷，齐鲁书社，1991，第369页。
2 《吕澂佛学论著选集》第1卷，齐鲁书社，1991，第333页。
3 《吕澂佛学论著选集》第1卷，齐鲁书社，1991，第292—293页。

澂认为这种方法既可以有效避免"以一类学说相批评"的主观性陷阱，又可以避免客观的文本考证造成的"隔靴搔痒"，但他忽略了这一新方案的适用限度。在吕澂看来，《大乘起信论》适用于这种方法，因为《大乘起信论》依据了《楞伽经》这乃是佛教史上的共识[1]。吕澂的逻辑是，既然《起信》据《楞伽》而造，那么，《起信》所据之《楞伽》的真伪一定程度上决定了《起信》的真伪。若《起信》所依据《楞伽》有问题，那么《起信》必然有问题。易言之，吕澂"义据批评法"其实是通过文本的系统性证伪来实现理论的系统性证伪。这一方法之精巧，近代盖无出其右者，但这一方法之局限也是空前的。《大乘起信论》竟然碰巧适用此法，不禁令人怀疑这一方法是不是专门为《大乘起信论》"量身定作"？

吕澂主张《大乘起信论》"伪书似说"的逻辑非常直接：

> 考《起信》流行以前，《楞伽》有宋求那跋陀罗译本，有魏菩提流支译本（旧传有凉译，无本可详），文义颇殊，然取梵筴及藏译勘之，则此经文句原有定本，宋译较合，魏译则错谬百出。今观《起信》之于《楞伽》，并不根据原来定本，却处处以魏代错译为依，且以意敷衍其义。是则唯有中国人撰述，乃获如是耳。岂有马鸣原著能悬知中土魏译《楞伽》有错而预为之说哉。[2]

如上所述，吕澂对《大乘起信论》的辨伪是以《起信》与《楞伽》的特殊关系的共许为前提展开，即通过二者同谬来证明前者之伪。具体言之，吕澂认为《楞伽》唐译、藏译及刘宋译本主体部分与现存梵本相当一致，魏译则独独不同，且变化较大，从现存文献出发判断魏译存在问题。正如钢和泰曾经

---

[1] 《吕澂佛学论著选集》第1卷，齐鲁书社，1991，第293页。
[2] 《吕澂佛学论著选集》第1卷，齐鲁书社，1991，第293页。

指出菩提流支《宝积经论》的各种问题，吕澂根据对魏译种种错解误译的分析，指出《起信》就是建立在上述错译误译之上，由此断定《起信》是"伪书似说"[1]。吕澂后来在《大乘起信论考证》对此说得更加细致明白，而《起信与楞伽》则举出七条论据，其中指向佛学理论的有三条：（1）真如本心混淆。（2）真如正智不分。（3）真如无明互熏。这些命题仍是当年欧阳竟无和王恩洋明确下来的。吕澂未对《大乘起信论》的理论形态形成独立的概括，只是在延续欧阳竟无《唯识抉择谈》和王恩洋《大乘起信论料简》中的论断。吕澂未用"本觉"去概括《起信论》思想，这是值得注意的。后来的《大乘起信论考证》文献证据基本相同，而第一条论据被独立出来加以详细论证和发挥[2]，其余五条文献证据与《起信与楞伽》一致[3]。《大乘起信论考证》明确"本觉之说"是《起信论》根本主张，"推究《起信》从这里来成立它的根本主张，所谓'觉'是'本觉'之说"；"照《起信》依据魏译反说心体离念成功本觉"云云[4]。这在《起信与楞伽》《楞严百伪》中均未出现。总之，《起信与楞伽》和《楞严百伪》一样，是吕澂从客观的文本考证出发展开的《大乘起信论》批判。有学者认为吕澂的《大乘起信论》批判有违近代学术的客观性原则，实际上，吕澂的《起信》辨伪恰恰完全立足于近代学术的客观性原则，直到1943年的《辩佛学根本问题》，吕澂依然坚守这一基本原则，甚至把它提高到学院精神的高度。

吕澂用"本觉"来指称某种佛学思想类型首次出现在其为《藏传中土佛法源流》一书所撰的"导言"中，他写道："金刚乘学说颇有与中土道家近似之点，'大手印'法门以本觉为宗，明心为道，乃至传法有偈，证道有歌，

---

[1] 《吕澂佛学论著选集》第1卷，齐鲁书社，1991，第366页。
[2] 《吕澂佛学论著选集》第1卷，齐鲁书社，1991，第335—346页。
[3] 《吕澂佛学论著选集》第1卷，齐鲁书社，1991，第347—355页。
[4] 《吕澂佛学论著选集》第1卷，齐鲁书社，1991，第350页。

又大同于中土禅宗。"[1] 这是 1941 年前后,吕澂用《起信》的"本觉"一词来概括禅宗、"大手印"(噶举)等汉藏佛学的理论形态,这是吕澂本觉批判的思想史起点。1943 年 4 月 12 日,吕澂在致熊十力的信中对其佛学基本思想即心性差别说作了进一步澄清,以心性论取代了乃师的体用论,初步实现佛学思想独立:

> 前函揭橥性寂与性觉两词,乃直截指出西方佛说与中土伪说不同之辨。一在根据自性涅槃(即性寂),一在根据自性菩提(即性觉)。由前立论,乃重视所缘境界依;由后立论,乃重视因缘种子依。能所异位,功行全殊。一则革新,一则返本,故谓之相反也。说相反而独以性觉为伪者,由西方教义证之:心性本净一义,为佛学本源,性寂乃心性本净之正解(虚妄分别之内证离言性,原非二取,故云寂也)。性觉亦从心性本净来,而望文生义,圣教无征,讹传而已。讹传之说而谓能巧合于真理,则盲龟木孔应为世间最相契者矣。中土伪书由《起信》而《占察》,而《金刚三昧》,而《圆觉》而《楞严》,一脉相承,无不从此讹传而出。流毒所至,混同能所,致趋净而无门;不辨转依,遂终安于堕落。慧命为之芟夷,圣言因而晦塞,是欲沉沦此世于黑暗深渊万劫不复者也。[2]

吕澂辨析性觉与性寂吸取了此前《起信与楞伽》《楞严百伪》以及《藏传中土佛法源流·导言》等论文中的论断,其性觉是心性本净之"讹传"则是一全新判断。

---

1 吕澂:《藏译中土佛法源流·导言》,《汉藏佛教关系史料集》,华西协合大学中国文化研究所,1942,第 13 页。
2 吕澂、熊十力:《辩佛学根本问题》,《中国哲学》第 11 辑,人民出版社,1984,第 171 页。

吕澂的《辩佛学根本问题》将其"心性本觉"及其相关"伪经伪论"的批判提高到佛教慧命之存亡、世界沉沦与拯救的高度的同时，并把其关于心性本觉的批判上升到学院精神的高度："卅载经营，自觉最可珍贵者，即在保育一点'求真存是'之精神。"[1] 但其实际方法仍是文本考证。例如，针对熊十力所谓法性是本体之说，吕澂指出，法性是共相而不是本质（＝本体?），并举小乘说与《成唯识论》为证。按《成唯识论》卷八"法与法性非一非异"亦指共相，自《阿毗达磨经》以下意更显然，小乘则用为通则、习惯及自然规律等义，皆详见巴利圣典协会所编《巴利文字典》。吕澂认为，《巴利文字典》钩稽三藏，历时十年而后编成，训诂可信，总之，法性不应视为本体，至于实相、实性，皆就相言，亦非本体。又如，吕澂从熊十力信中取出一段加以分析，列出所谓"十不可"[2]，这仅是针对熊十力信中一段文字的文本考证。在吕澂看来，熊十力的佛教知识是经不起严格推敲的，其理论见解更是靠不住。

吕澂致熊十力的信中还针对熊"自信谨严"的《新唯识论》，"寻所谓谨严处观之"，发现存在许多问题。例如熊十力批评无著三性说而引据《大般若经》认为"三性始于空宗而无著更张原意"，吕澂即指其说无据，因为《新唯识论》所引《般若》与空宗根本无关。吕澂指出，熊十力《新唯识论》所引的《般若》为"慈氏问品"，原系瑜伽所宗，晚出之书取以自成其三性说者，与空宗无关。如罗什《大品般若》即不载此文，今梵本与藏译旧本《般若》亦无此品，乃至奘译无性《摄论》，引用经文者，西藏译本亦不见有，可见其流行甚晚。又据《西藏大藏经目录》谓"龙树于龙宫所得《般若》并无此品"，又可证其非龙树学之所宗。吕澂认为，今存藏译二分《般若》有此品，乃晚世补订所加，题名《般若》经，非空宗所专有，如《般

---

[1] 吕澂、熊十力：《辩佛学根本问题》，《中国哲学》第11辑，人民出版社，1984，第172页。
[2] 吕澂、熊十力：《辩佛学根本问题》，《中国哲学》第11辑，人民出版社，1984，第176—177页。

若》"理趣分",为密宗所依,与空宗无关,故不应一见《般若》,即目为空宗之说。其次,无著并未妄改经文。经文说"色等三法"原为"遍计色、分别色与法性色",瑜伽宗论书乃取以配合三性,《新唯识论》直接改经文为遍计性、依他性与圆成性。吕澂指出:"此经如已有三性名称,则《阿毗达磨经》亦不必费大周折,以幻等异门为《般若》说三性之证矣。又清辨《般若灯论》亦无由破斥瑜伽建立依他之非矣。又经说分别色,云唯有分别(此即《三十颂》解依他为'分别缘所生'之张本),岂可但云'唯有名想施设言说'?又经末下即云:'佛言慈氏,于遍计色等,应观无实。于分别色等,应观有实。以分别有故,但非自然而转。于法性色等,应由胜义观为非有实非无实'。可见瑜伽宗以分别色配合依他,释为幻有,不应说无,正是经文原意,岂可视同无著妄改?"[1]

对于从经典中举证以证实佛学真伪的方法往往被认为是考据方法,吕澂对此很不以为然,他写道:"夫比论学说,犹听讼也。今不辨两边之辞甲乙谁属,又不得其词意之实,甚至不待其词之毕,而遽为是非曲直之判决书,其何以服古人之心,又岂堪向世人而说?"[2] 吕澂认为自己在佛学上心教交参、千锤百炼,绝不是所谓"考据"一语可以尽之,他提出所谓"深契于身心性命"之"西方佛说与中土伪说根本不同"作为内院后期佛学理论的根本命题,并以此分别中印佛学差别:"一在根据自性涅槃(即性寂),一在根据自性菩提(即性觉)。由前立论,乃重视所缘境界依;由后立论,乃重视因缘种子依。能所异位,功行全殊。一则革新,一则返本,故谓之相反也。说相反而独以性觉为伪者,由西方教义证之,心性本净一义,为佛学本源,性寂乃心性本净之正解(虚妄分别之内证离言性,原非二取,故云寂也)。性觉亦从心性本净来,而望文生义,圣教无征,讹传而已。讹传之说而谓能巧合

---

[1] 吕澂、熊十力:《辩佛学根本问题》,《中国哲学》第11辑,人民出版社,1984,第178页。
[2] 吕澂、熊十力:《辩佛学根本问题》,《中国哲学》第11辑,人民出版社,1984,第178页。

于真理，则盲龟木孔应为世间最相契者矣。"[1] 由此可见，"圣教有征"既是吕澂论证其佛学真理性的根本方法，也是其批判所谓"相似佛学"的根本方法。

总之，支那内学院佛学研究不但在唯识研究领域表现出实证化转向，在《大乘起信论》批判方面同样经历了从理论辩证向文献考证的实证化转向。本来，人类的知识活动应该是多种多样的，有人在艺术创作与鉴赏中得到知性的满足而钟情于文艺创造，有人在事实考证中感受知性的兴奋而献身于文献的博搜众采，有人则钟情于抽象的理性思辨和哲理探究都无不可，就人类知性活动的可能性而言，它本质上具有多元性。但也许受到时代精神潜移默化的影响[2]，作为支那内学院后期主要学人的吕澂则似乎没有意识到内院佛学研究实证转向隐藏着的危机。

第三节　支那内学院与佛教文献学

若从"祇洹精舍"算起，支那内学院从起点到终点历时约半个世纪，在此数十年间，中国社会发生了翻天覆地的变化，在这一独特历史条件下，中国知识阶层一小部分人（约200人）以全新的方式承担佛教慧命，尝试创造作为现代知识体系的佛学，一方面孜孜不倦整理佛教历史文献，一方面在佛学理论方面深耕细作，尝试改变中国佛教的知识形态。在这两方面，支那内学院迄今仍具有巨大的影响力。因此，不但从哲学和社会学，而且从学术史方面对支那内学院作深入研究仍有意义，支那内学院在中国现代学术史上的经验和教训值得当代学人认真思考和借鉴。本节主要梳理支那内学院在佛教文献整理方面的工作，以期深化对近现代佛教入世转型的具体路径的认识。

---

[1] 吕澂、熊十力:《辩佛学根本问题》,《中国哲学》第11辑，人民出版社，1984，第171页。
[2] 胡适:《中国哲学里的科学精神与方法》,《胡适全集》第8册，安徽教育出版社，2003，第90—91页。

在佛教文献整理方面，内学院的《藏要》校勘所达到的成就已经相当高，不过仍存在某种局限。但有学者认为《藏要》的刊刻仍是传统的刻经方式[1]，则应是误解。除《藏要》校勘和出版之外，支那内学院早期主要整理汉译唯识文献，其后还参与了一般意义上的佛教文献搜集和保护工作。20 世纪 20 年代，支那内学院建立西藏佛学研究室即致力于搜集和研究《西藏大藏经》[2]，1933 年出版《西藏佛学原论》。1934 年参与发掘和整理《赵城金藏》，出版的调查报告《金藏雕印始末考》至今仍被奉为"最具参考价值的成果"[3]。20 世纪 40 年代，吕澂对汉文大藏经版本和目录系统所作的全面梳理在 20 世纪汉文大藏经学术史上亦有不容忽视的价值。总之，尽管支那内学院以重建佛学为中心任务，但在 20 世纪整理汉译藏经方面的成绩也十分突出。

一　整理汉译唯识文献

在整理和刊刻唐人汉译唯识文献方面，首先应从学院创始人欧阳竟无说起[4]。尽管欧阳竟无在金陵刻经处研究部时期（1915—1918）转向唯识学的动机和背景仍有待继续研究，但其 1917 年完成的现代唯识研究杰作《瑜伽师地论叙》，可以说为支那内学院奠定了第一块学术基石，同一时期的《支那内学院叙》则为支那内学院的建立指明了方向，其 1922 年所讲《唯识抉择谈》则标志着支那内学院在现代中国学术思想界的正式出场，此后其唯识学讲课则为支那内学院早期学术研究定下基本方向[5]。支那内学院在汉译唯识

1　肖平：《近代中国佛教的复兴》，广东人民出版社，2003，第 146 页。
2　佚名：《树因研究室成立记》，《内学》第 3 辑，1926 年，第 172 页。
3　李际宁：《〈金藏〉新资料考》，《藏外佛教文献》第 3 辑，1997 年，第 446 页。
4　吕澂：《支那内学院简史》，南京市档案馆：1003-17-10。
5　1922 年秋，欧阳竟无讲完《唯识抉择谈》后继续讲唯识学，后出版为《唯识讲义》（三卷）。遗憾的是，较少有学者注意到欧阳竟无《唯识讲义》所作的分疏。唯识古学和唯识今学的区分为欧阳竟无在研究部时期首先提出，至《唯识讲义》，有关唯识古学和唯识今学的分疏则最为系统。1923 年以后，吕澂对唯识古学和今学的讨论即以此为基础继续展开。

文献整理方面的工作可以追溯到金陵刻经处研究部时期。支那内学院成立后第一个时期（1922—1927）主要方向就是整理汉译唯识经典文献。就欧阳竟无个人而言，他这一时期真正值得注意的佛学文献整理工作是《楞伽疏决》，该书被列为"支那内学院丛书第一种"在1925年公开出版，该书是支那内学院建院之后整理汉译唯识注疏的第一部代表作。

1. 欧阳竟无与《楞伽疏决》

显而易见，欧阳竟无的早期佛学研究超出一般意义的文献整理范畴。从1912年起，欧阳竟无在"金陵刻经处"负责编校《瑜伽师地论》，据称是执行杨文会的遗嘱，但从1914年起创办"金陵刻经处研究部"，转向唯识法相学不久的欧阳竟无即提出"唯识法相分宗"命题，逐渐告别了杨文会的佛学路线。究竟如何厘定欧阳竟无"唯识法相分宗"命题的真实意图及其内涵，其唯识法相分宗的根据及标准的建立是否适当充分？有学者认为：由于在欧阳竟无多次提出的分宗判准中，"结论与根据之间，不同的判准之间，往往不作逻辑区分，在理解上造成许多困难"[1]。虽然如此，欧阳竟无以汉译唯识注疏为基础，通过文本细读，综合文献系统和义理系统提出唯识法相分宗的命题，其旨趣与方法并不难解，这种旨趣和方法也体现了欧阳竟无在汉译唯识文献整理方面以理论建构支配文献整理的基本特色。在《杂集论述记叙》中，欧阳竟无试图对1914—1918年间个人唯识研究思路进行总结或反思，其中将唯识法相分宗的依据从唐代相宗注疏的"一本十支"论书进一步上溯至"佛经"（修多罗），这既反映出杨文会晚年"以佛语为宗"的理念仍在起作用，同时也表现出欧阳竟无寻找本真佛语的方式已逐渐超越杨文会的外部性视角。由于《阿毗达磨经》毕竟无法被证实其实际存在，欧阳竟无1921年的

---

[1] 张志强：《"法相"与"唯识"何以分宗？——试论"法相、唯识分宗说"在欧阳竟无佛学思想中的奠基地位》，《朱陆·孔佛·现代思想——佛学与晚明以来中国思想的现代转换》，中国社会科学出版社，2012，第189页。

《瑜伽真实品叙》又将唯识法相分宗的依据转到《楞伽经》，这大概是欧阳竟无在支那内学院建立之后不久对《楞伽》加以整理的思想基础。

欧阳竟无在佛学文献整理方面完全服务和服从于其佛学义理重建的需要，而《楞伽疏决》则是在唯识法相分宗思想指导下进行佛学文献整理的重要成果，就支那内学院早期佛典整理而言，它具有一定代表性。作为"支那内学院丛书第一种"的《楞伽疏决》，1925年由支那内学院以木刻方式出版，其第一卷有"十四事"之长篇文字，当代研究者颇多忽略。1930年由上海中华书局出版的《藏要》丛书第一辑第四种收入新整理的《楞伽经》（《楞伽阿跋多罗宝经》简称），欧阳竟无未再作叙。我们认为，《楞伽疏决》第一卷的"十四事"相当于欧阳竟无为《楞伽经》写的"叙"。按《楞伽疏决》"十四事"，分别为"四难""六利""四最"三个方面，分别从文献源流、义理体系和实际价值等不同角度评述《楞伽经》之文献考据、思想体系和佛学价值等问题。其中"百八句诠""文字不便""启胜无钥"及"杂厕无叙"是所谓"四难"，其中一半在谈文献问题，一半在分析《楞伽》理论体系。欧阳竟无把《楞伽》分为"知法义""辨中边""解深密""超一切量""五法三自性""八识二无我"等六个主题（"六聚"），反映出其早期佛学思想以汉译唯识注疏系统为基础的特点，其范围基本是在汉译唯识经典体系内打转。首先是关于《楞伽》译本缺陷及其改善方法，《楞伽疏决》第一条就是所谓"百八句诠"，即如何理解《楞伽》"百八句第一"，欧阳竟无认为"宋、魏、唐译都缺不足，不符百八，不合圣言"，而且"宋译文晦，其义不彰，唐善申文，魏时出义"，各有长短，所以欧阳竟无提出"借唐解文，以魏补义，罄无不宜，今则径取唐文，折衷宋、魏"，显然并未把文献本身作为重心。尽管欧阳竟无认为"唯识绝学，委细谁研"，他关注的重心是义理本身，"故凡不得其解者，都付五法三自性皆空、八识二无我俱遣以了之"，"今为胪举全经，皆空俱遣不如是谈"。欧阳竟无以所谓"六聚"分解《楞伽》云："聚知法义十节","聚解深密十六节","聚超一切量十六节","聚五法三自性十三节","聚八识二无我十二节",等等[1]。总之，欧阳竟无早期佛学文献整理工作完全服从于佛学理论思考，他并不完全在意某一文献的历史原貌，而是根据自己的理论诉求，对文献进行大刀阔斧的解构和重构。在这方面，《楞伽疏决》可为代表。

尽管欧阳竟无早期佛学文献整理工作完全服从于其理论重建，但这并不意味着欧阳竟无完全忽略对文本细节的处理。例如《楞伽疏决》在诠说《楞伽》首卷之"百八句第一"时云：

> 唐译开始有罗婆那王劝请品一卷。其文分二段。初段世尊示自心分别实境事。次段楞伽王用四寻思得四如实智。盖舍法非法即生自证圣智得现观入初地乃是见道边事也。又楞伽王问法非法与大慧问百八句同旨，确是初品相貌，但以二译都无，今不入聚。唐译最后有偈颂品二卷，宋译亦无，亦不入聚。百八句者，先佛事义应入知法义聚。然以今古事异，百八句判为一谈，若云此之"第一"特是诠释古佛之法、古佛之义。"第二"以后乃是今佛五法、今佛一切自心所现义耳。[2]

由此可见，欧阳竟无绝不是无视文本细节的颟顸笼统之徒，如这里区分"百八句第一"为"古"，"第二"以后为"今"。又如其辨析"如来藏名藏识"一语尤为系统：

> 稽考《楞伽》凡称如来藏必曰如来藏藏识。文不一见，略举六条：

---

[1] 欧阳竟无：《楞伽疏决》卷1，支那内学院，1925年，第3页左。本章凡引《楞伽疏决》，标点均为引用者所加，下同。

[2] 欧阳竟无：《楞伽疏决》卷1，支那内学院，1925年，第7页右。

一而未舍如来藏藏识之名；二应净如来藏藏识之名；三若无如来藏名藏识者则无生灭；四如来藏藏识本性清净；五如来藏藏识与七识俱起；六如来藏名藏识与意等习气俱。因是而谈则凡言如来藏者，非独特说无我如来藏也，亦连类说同居阿赖耶识藏也。故曰如来藏是善不善因，能遍兴造一切趣生。是以赖耶为不善因也。若非赖耶，无漏如何能为不善因耶。故曰甚深如来藏而与七识俱。八以七为俱有依也。客尘，七识也，为客尘所染，八七俱有依相依也。现识以不思议熏变为因。赖耶为无明熏变、非如来藏为无明熏变也。七、八异体而能熏变，故称不思议熏也。慧日容光，纤毫难混。《楞伽》不明，相似教兴。长夜迷沦，哀我众人。如何无明能熏真如？如何真如受无明熏？如何心性本净、客尘所染？心性非识，唯是真如。如何不生不灭与生灭和合？《楞伽》：外道有实性相名不生不灭（卷二）。内法但以凡夫虚妄起生灭见不如法性而言诸法离于生灭（卷五）。遮义则是，表义则非。有尘有识有根称三和合，有不生不灭有生灭称不生不灭与生灭和合。是岂如《楞伽》圣言耶？是岂合《胜鬘》如来藏藏识与七识俱起耶？[1]

这样系统地辨析《楞伽经》如来藏与藏识的同一性意在表明其坚定的唯识学立场。尽管如此，无法否认欧阳竟无对佛学文献细节的关注存在较大局限性，即欧阳竟无主要是围绕某一特定理论主题（比如真如与识的关系问题）进行文本梳理，至于文本的原始面貌或历史面貌，则非其所真正关心，如《楞伽疏决》即主要是根据不同的理论主题对《楞伽》三种汉译文本进行混编。

对支那内学院1925年出版的《楞伽疏决》和1930年整理出版的《藏要》丛书之一《楞伽阿跋多罗宝经》略加比较，就会发现后者才更接近现代

---

[1] 欧阳竟无：《楞伽疏决》卷1，支那内学院，1925年，第5页左。

意义的佛教文献整理或佛典整理[1]。

首先，《藏要》本《楞伽经》不但使用了魏、宋、唐译三本，而且使用了南条文雄整理的梵文本《入楞伽经》（1923年版）进行校勘，突破了汉译范围，体现了20世纪中国佛教文献整理的世界性视野。

其次，《藏要》本进行了详细的文本校注和对勘："三、译校凡有四例：（一）各本品目文句歧义者，摘要注出曰某本云云。（二）各本文义较畅者，择要注出曰勘某本云云。（三）因对勘各本而见今译晦涩（文句倒缀省略转声等）或讹略者，则并注按语曰今文云云。（四）又今译名语应行订正者，亦为注出曰勘某本此语应异云云。""四、刻校用南宋刻为底本，对勘丽刻订正文字，附注曰原刻云云，依丽刻云云。""五、今刊颂文悉依梵本厘正，注出序数，分颂排列。其详略互异处，亦附注备考。"[2]《藏要》本《楞伽》校勘所用底本是四卷本即刘宋求那跋陀罗译本，该本第一卷"一切佛语心品第一之一"在《楞伽疏决》卷一中完全被略去，《藏要》本《楞伽》"一切佛语心品第一之一"的校注则是："以下梵本罗婆那王劝请品第一，唐本同，魏本请佛品第。勘多罗那他《印度佛法史》第二十章谓'那烂陀藏《楞伽经》火后仅存如来心品'，则今译但有一品，犹其旧也。"[3] 可见，《藏要》本《楞伽》的校注不但使用了梵文佛学文献，而且还参考了藏文佛学文献。

最后，《藏要》本《楞伽》更加关注文本本身特征的分析，如通过详细对勘宋译与梵、魏、唐三种《楞伽》版本，指出宋译本"脱略""改文""倒缀"等具体特征[4]，而不是将各种《楞伽》加以分类汇编以服从于某种理论体系。换言之，《藏要》本是在尊重历史文献原貌的基础上整理文献，而不

---

[1] 关于佛典整理或佛教文献整理的具体内涵，参见金克木《印度文化余论》，学苑出版社，2002，第33页。
[2] 《楞伽阿跋多罗宝经》，《藏要》第1辑，支那内学院，1930，"校勘说明"。
[3] 《楞伽阿跋多罗宝经》，《藏要》第1辑，支那内学院，1930，第1页右注1。
[4] 《楞伽阿跋多罗宝经》，《藏要》第1辑，支那内学院，1930，第6页注。

是在新的理论框架下对历史文献进行重编。

当然，尽管《藏要》本《楞伽经》校注和《楞伽疏决》在文献处理方式上已经存在很大不同，二者之间也并非毫无联系。比如关于"百八句"问题，《楞伽疏决》已经详细梳理了从"生句""不生句"到"文字句"共"百六句"，欧阳竟无写道："应加'无为句'为百七。或仍'心句'加'边句'得百八。然需对勘梵本。"而《藏要》本《楞伽经》校勘对勘了梵本，其校注写道："勘上列举百六句内，'自性句''相句'二句重出应删"，另依三本（含梵本——引者）增'心句''灭句'。又依唐本别开'无句'增'决定句'，即得百八。与经文合。"[1] 可见《楞伽疏决》限于汉译文献进行整合，《藏要》本《楞伽》对勘梵藏本资料，而在如何理解"百八句"问题上仍然接续上述整合重编倾向，而没有把探究文献的原始面目作为根本原则贯彻下去。尽管这是个案，但由此却引起人们对《藏要》整个校勘工作的某种疑虑，亦在所难免。

2. 吕澂与《〈杂阿含经〉刊定记》

欧阳竟无《楞伽疏决》的文献整理工作表明支那内学院早期对汉译佛学文献的整理本质上是深入研究唯识理论的过程，而非单纯文献整理工作。在深入研究汉译唯识经典及唐疏过程中，内院学人也有一些重大学术发现，虽然这一类发现并不具有学术史的"常规"意义，但也不容忽视。最著名的"事件"当属早年从学于欧阳竟无的吕澂从《瑜伽师地论》后二十卷中发现"杂阿含经本母"。这一重大学术发现是吕澂1923年在内学院研究会上首次公布的，次年底论文在《内学》上首次发表[2]。吕澂20世纪50年代后期主编《中国佛教百科全书》时曾尝试向全世界再次公布这一早年重要学术发现，尽管这一发现仍局限于汉译唯识文献，但其水准不亚于西欧近代梵、汉、藏、

1　《楞伽阿跋多罗宝经》，《藏要》第1辑，支那内学院，1930，第6页左注10、11。

2　《内学》第1辑，支那内学院，1924年，第223—241页。

巴佛教文献的历史语言比较研究。

汉译《杂阿含经》文本序列间有颠倒，古代学者则一向认为本无次第可言，现代学者将《杂阿含经》与南传巴利本《相应部》对勘，发现约有三分之一篇幅相同，其余同于巴利文本《增支部》者约一百二十经，同于《中部》者约二十经，现存汉藏文献中，仍有部分《杂阿含经》零本[1]。20世纪初，日本学者姊崎正治曾对勘巴汉四《阿含》，发表《汉文四阿含》一文（《亚细亚杂志》，1908年，第35卷），认为《杂含》当分八诵六十二部。然而，此说出于假定，缺乏文献根据。20世纪20年代初期，吕澂从奘译《瑜伽师地论》内"探索到本经依佛说九事（有情事、受用事等）而编辑之体例，并用《瑜伽》中大段引释本经的'摩呾理迦'详细对勘"，勘定本经为"四分十诵"结构[2]。据《瑜伽师地论》摄事分大分（卷八十三至卷九十五）所载之"杂阿含经本母"将《杂阿含经》整理为"四分十诵"结构，这一基本思路本身反映出吕澂在佛教文献整理方面不但视野开阔而且手法细腻，既立足汉译唯识经典，又不局限于唐疏系统。

20世纪20年代初内学院发现"杂阿含经本母"时关注者尚少。有学者说，日本学者到60年后才发现吕澂的上述发现，这是夸大其词。其实，至迟到20世纪60年代，日本学者已经关注到吕澂有关"杂阿含经本母"的成果。如山田龙城指出：关于现存《杂阿含经》混乱的形态，已有许多学者查明其原因；姊崎正治、椎尾辨匡、吕澂、花山胜道等改定卷帙的试行方案，虽已发表，但不能说一定完全无漏地复原成功[3]。一些学者盛赞吕澂先生之早慧，

1　田光烈、游侠：《杂阿含经》，《中国佛教》第3辑，知识出版社，1989，第186、195页。
2　吕澂：《杂阿含经刊定记》，《内学》第1辑，支那内学院，1924，第233页；另参田光烈、游侠《杂阿含经》，《中国佛教》第3辑，第186页。
3　参见〔日〕山田龙城：《梵语佛典导论》，许洋主译，台湾华宇出版社，1988，第77页；〔日〕向井亮：《〈瑜伽师地论摄事分〉与〈杂阿含经〉》，《北海道大学文学部研究纪要》33：2, NO.56. 1985；释惠敏：《玄奘所译〈瑜伽论〉之研究今昔》，《佛学研究》1994年卷，第189页；参阅蓝吉富《吕澂的生平与学术成就》，《二十世纪的中日佛教》，台湾新文丰出版公司，1991，第204页。

却忽略了吕澂这一重大发现距其跟随欧阳先生从事汉译佛典研究已长达十年，而这类深入汉译唯识注疏的研究不但不是一般大众所能接受的知识训练，也不是20世纪初期我国高等教育体系所能提供。因此，吕澂"杂阿含经本母"之发现既未能引起海内外学术界之轰动，甚至相当时间内也没有引起国内后学继续跟进研究，这并不令人意外。直到20世纪80年代，印顺法师才在吕澂工作的基础上对《杂阿含经》进行汇编整理[1]，近年则又有国内学者将汉译《杂阿含经》与巴利本作进一步校勘整理[2]。

3. 叶恭绰与《成唯识论述记抄秘蕴》

据吕澂早年报告，支那内学院初期主要整理了四类佛学文献：（一）《瑜伽师地论》（一百卷），奘门两大派代表性注解窥基"略纂"和道伦"论记"分别刊板（共一百三十四卷），20世纪30年代在《赵城金藏》发现《论记》覆宋本，又据以改订刻版一次。（二）《俱舍论记》一百卷，《俱舍论》是总结小乘佛学的重要著作，玄奘新译本更详细订正了以前俱舍宗误传，对于全面了解说一切有部和唯识学说的关系很有价值。（三）《慈恩传》及玄奘印度行迹图等，共得四百余卷。（四）《成唯识论述记抄秘蕴》（一百二十卷），即将灵泰《成唯识论疏抄》、智周《成唯识论演秘》、道邑《成唯识论义蕴》，分别编在《成唯识论述记》本文内，校订刻板；此外，内学院还将圆测《解深密经疏》佚文搜集整编刊板，另将慧沼《成唯识论了义灯》和太贤的《成唯识论学记》，也分别校刻刊板，共二百六十卷。支那内学院最初七年间约整理并刊刻近千卷唐代唯识学文献，是20世纪早期中国学者首次系统整理玄奘系唯识文献的重要成果。不过，上述四类文献中前三类主要是刊刻（略加校勘），后一类则属于合编（等于是集注）。

在中国佛教史上，玄奘译本一向号称精确，但文义艰深，不借助唐人注

1　印顺：《杂阿含经论会编·自序》（1983年），《杂阿含经论会编》（三册），中华书局，2011。
2　王健伟、金晖：《杂阿含经校释·前言》，《杂阿含经校释》（八册），华东师范大学出版社，2014。

疏，难于理解。而且由于玄奘大量著作久已失传，直到19世纪末20世纪初日本学者编印"续藏经"，这些著述才得以重现于世。但由于日本学者编印的"续藏经"底本较差，注解又和本文分别刊行，并且收藏在整部的"藏经"中，所以不便购买。支那内学院建立后，在欧阳竟无领导下，内学院依玄奘译述各部分别取材，详校刊板。吕澂指出："有这些书，便足以窥见唐人唯识学说的全貌。"[1] 根据吕澂1950年的报告，支那内学院在1922—1927年之间系统整理唐代唯识注疏文献。据我们调查，内学院对唯识文献整理和刊刻并不都是在1922—1927年间完成。以《成唯识论述记抄秘蕴》这部卷帙极大的"成唯识论集注"或"集疏"的整理刊刻为例，以下是内学院刊板《成唯识论述记抄秘蕴》各卷尾之记载：

（1）"叶恭绰施资敬刻抄秘蕴，破外明宗十三卷，连圈计字共十五万七千三百八十一个，扣洋六百二十九元五角二分四厘。签条尾页功德书五部。实洋六百零三十六元九角二分四厘。民国十四年季冬月支那内学院识。"（第四册）

（2）"叶恭绰施资敬刻抄秘蕴，八识二十六卷，连圈计字三十二万三千八百四十四个四（原文如此——引者），扣洋一千二百九十九元三角八分四厘，加重刻第二十五卷三十元六角零四厘，因郭作坊失版。签条尾页功德书五部。实洋一千三百三十九元四角一分八厘。民国十四年季冬月支那内学院识。"（第十六册）

（3）"叶恭绰施资敬刻抄秘蕴，七识十卷，连圈计字共十万零九千四百四十字，计银元四百三十七元七角六分一厘。签条尾页功德书。共洋四百四十五元五角一分。民国十五年季冬月支那内学院识。"（第十九册）

[1] 吕澂：《内学院研究工作的总结和计划》，《现代佛学》创刊号（1950年9月）。

（4）"叶恭绰施资敬刻抄秘蕴，小乘十一卷，连圈计字共一十四万六千五百六十一字，扣洋八百六十一元五角四分六厘。签条尾页功德书五部。实八百零六十八元四角二分六厘。民国十九年孟春月支那内学院识。"（第八册）

（5）"叶恭绰施资敬刻抄秘蕴，六识十八卷，连圈计字共二十四万八千四百三十六字，扣洋一千四百九十元六角一分六厘。加签条尾页功德书五部，实共洋一千五百零一元六角六分六厘。民国十九年七月支那内学院识。"（第二十五册）

（6）"叶恭绰施资敬刻唯识所变抄秘蕴两卷，连圈计字其三万四千二百六十五字，支银二百零五元五角九分。签条尾页功德书。共支实银二百零八元五角九分。民国十九年中夏支那内学院识。"（第二十六册）

（7）"叶恭绰施资敬刻抄秘蕴，四缘八卷，连圈计字共一十一万七千七百七十一字，扣洋七百零六元六角二分六厘。签条尾页功德书五部。实七百一十二元三角七分六厘。民国十九年九月支那内学院识。"（第二十九册）

（8）"叶恭绰施资敬刻唯识十二支抄秘蕴八卷，连圈计字共一十二万一千四百一十四字，扣洋七百二十八元四角八分四厘。签条尾页功德书五部。实七百三十四元五角八分四厘。民国十九年孟冬支那内学院识。"（第三十二册）

（9）"叶恭绰施资敬刻抄秘蕴，三性四卷，连圈计字共四万二千二百五十四字，扣洋二百五十三元五角二分四厘。签条尾页功德书。实二百五十八元零八分四厘。民国十九年孟春月支那内学院识。"（第三十四册）

（10）"叶恭绰施资敬刻唯识抄秘蕴，五位二十卷，连圈计字一十九万零一百三十四个，支洋一千一百四十元八角零四厘。签条尾页功德书。共支实洋一千一百四十九元八角四厘。民国十九年中冬月支那内学院

识。"（第四十册）

根据上述资料整理支那内学院《成唯识论述记抄秘蕴》刊刻信息表如下：

	时间 （新旧未分）	主题	总卷数	总字数 （万）	刻资 （银元）	资料出处 （刻本分册）
1	1925.12	破外明宗	13	15.7381	629.524	四
2	1925.12	八识	26	32.3844	1299.384	十六
3	1926.12	七识	10	10.9440	437.761	十九
4	1930.01	小乘	11	14.6561	861.546	八
5	1930.01	三性	4	4.2254	253.524	三十四
6	1930.05	唯识所变	2	3.4265	205.590	二十六
7	1930.07	六识	18	24.8436	1490.616	二十五
8	1930.09	四缘	8	11.7771	706.626	二十九
9	1930.10	唯识十二支	8	12.1414	728.484	三十二
10	1930.11	五位	20	19.0134	1149.804	四十
总计	5	10	120	149.1500	7762.859	40

如上表统计，支那内学院整理刊刻的《成唯识论述记抄秘蕴》（40册，120卷）是一部卷帙极大的"成唯识论集注"或"集疏"，约150万字，最终刊刻成于1930年冬，历时5年，耗资近8000块银元。这里要指出的是，以传统方式整理和刊刻这部唐代唯识学文献成本不菲。据货币实际购买力计算，1911—1919年，1块银元相当于人民币1995年45—50元，2009年80—100元；1920—1925年，1块银元相当于人民币1995年35—40元，2009年70—80元；1926—1930年的8000块银元相当于2009年人民币56—64万元[1]。我国2009年国家社科基金一个一般项目的资助经费仅为10万元，2022年一个

---

[1] 陈明远：《历史上银元的购买力》，《社会科学论坛》2010年第24期。

国家社科基金一般项目或青年项目的资助经费也不过20万元。

综上所述，支那内学院早期整理汉译唯识文献成本很高，非一般知识群体可以问津。整理和刊刻一部《成唯识论述记抄秘蕴》成本既然如此巨大，若用这种方式整理和刊刻全体藏经又如何可能？吕澂后来说，整理汉译唯识文献的经验用于编校《藏要》丛书，这有一定可能性，《藏要》篇幅有限，但如果用这种方式整理全体汉文大藏经，在近代中国则几乎不具有现实性。

二 编校《藏要》丛书

欧阳竟无主持校勘的《藏要》丛书无疑代表着支那内学院乃至20世纪中国学术界在佛学文献整理方面的重要成就。吕澂晚年回忆说："我从1927年起，就着手准备编撰《藏要》三辑。在校勘佛典的过程中，我一反过去仅就汉译佛典做校勘的做法，而是利用梵、巴、藏等几种文字与汉译佛典进行对勘。这是一项十分艰巨而又细致的工作。先要逐一翻译梵文、藏文、巴利文等几种版本，在文字上对版本、原典异译进行校勘，然后在义理方面对各宗派的依据、传录、前后学说的变化等，穷原竟委，丝丝入扣，并要对历史上遗留下来的许多疑难问题作出解答。"[1] 吕澂回忆此事已在暮年，有一些模糊或表述不准确的地方，例如《藏要》原计划是六辑而非三辑，又如对于《藏要》校勘的实际过程和具体方法并没有具体揭示，给后人印象最深的只是《藏要》利用梵、巴、藏等多种文献对汉译佛典进行对勘，这也是今天的人们对《藏要》这部现代佛教文献丛书最直接最重要也是最表面的笼统印象。但需要指出：一、在社会背景方面，内学院转向以文献整理为主要形态的《藏要》是在特定历史条件下不得已的选择；二、从佛学文献整理看，《藏

---

[1] 高振农：《怀念恩师吕澂先生》，《近现代中国佛教论》，中国社会科学出版社，2002，第300页。

要》确实已经突破语种限制，但主要以汉、藏文献对勘为主；三、在佛教思想体系上，《藏要》对小乘、中观、戒律等系文本有所涉及，但主体仍是唯识文献。首先要注意的是，内学院转向《藏要》编校并不单纯出于学术原因。

1. 从《内学》到《藏要》

支那内学院最初几年的重心是在办学和刊刻佛学经典，但从现代中国佛学兴起的角度看，在办学和刻经之外，更值得注意的却是内学院举办的"研究会"和《内学》年刊的编辑出版。

按照学院规定，内学院每两个月召开一次"研究会"并发表研究论文。以吕澂为例，1923年7月内学院研究会第一次开会，吕澂提交《大乘经之比较读法》，介绍日本佛学研究方法；9月第二次会，吕澂提交《小乘所传释迦行化时方表解》，谈佛教史地问题；11月第三次研究会，吕澂提交《论〈庄严经论〉与唯识古学》，首次系统探讨"唯识古学"问题；1924年3月，第五次研究会开会，吕澂提交《唯识难陀学考》；5月，吕澂向第六次研究会提交论文《论三境》，众所周知，这是"唯识今学"的重要理论问题；7月，吕澂向第七次研究会提交《陈那以后之因明》；9月，吕澂向第八次会提交《西藏译摄论第一分解说》；11月，吕澂向第九次研究会提交《中边异义研究》。[1] 从吕澂向研究会提交报告或论文来看，支那内学院早期佛学并不限于文献整理，但确实是紧贴文本的研究路数。

实际上，早在1923年9月第二次研究会上，内学院院长欧阳竟无已经明确提出支那内学院的佛学研究以"整理旧存"与"发展新资"为基本任务。其"整理旧存"指二事，一是"简别真伪"，二是"考订散乱"，"旧存之书，必考校异译，论其短长，为之勘定而后可读"。其"发展新资"亦有二事，一是"借助梵藏文"，二是"广采时贤议论"，"梵藏文中要籍未翻者极夥，

---

[1] 《内学》第1辑，支那内学院，1924年，第192页。

如能参阅其书，多所依据，立论乃确。时贤议论不必尽当，惟读书有由反面而见正面者"[1]。吕澂以及欧阳竟无等人在"研究会"提交的论文和报告，后来基本都发表在《内学》年刊上。随着时间推移，《内学》所刊著述越来越向文献整理集中。例如《内学》第四辑发表了欧阳竟无、汤用彤、吕澂以及吕澂的合作者释印沧等四人的论文，几乎全部属于佛教文献整理。因此，从内学院学术研究发展的趋势看，佛学文献整理是其早期基本方向之一。

从外部来看，内学院从办学转向整理文献主要是政治社会因素的推动。支那内学院的建立主要是得到北京政府的支持，但是，1927年以后，随着北洋军阀系统的解体，支那内学院逐渐失去了官方支持。王恩洋曾指出：1927年，法相大学开学后，孙传芳战败，"［国民］党军入城，秩序颇乱，［法相］大学前后杂驻军队数月。……日以打倒封建思想、帝国主义、宗教迷信为口号，［法相］大学朝夕礼佛静坐，类迷信。支那内学院之名误为与日本有关。而唯识之教，则以为封建思想，时见讥诃，不无骚扰。……又月余，驻军益众，军府来校立电台焉。益不容予辈讲学。（欧阳竟无）师忙急中，嘱耦耕往会陈真如兄，由政府给银三万元与内院而接收大学院址。"[2] 1928年春，南京政局渐趋稳定，内学院"学友渐集，各种讲习，积极进行，研究部颇复旧观"，只是"法相大学特科"因条件限制，仍无力开办[3]。面对如上困境，学院领导层不得不重新考虑学院发展的战略，降低运营成本和政治风险，而非坐以待毙或者关门大吉，这大概是内学院从1927年起完全转向文献整理更深层更现实的原因。

2.《藏要》与唯识研究

内学院早期办学和整理文献的重心在唯识系统。如1930年底，《藏要》

---

1 《内学》第1辑，支那内学院，1924年，第3页。
2 王恩洋：《五十自述》，《王恩洋先生论著集》第10卷，四川人民出版社，2001，第500页。
3 《内学》第4辑，支那内学院，1928年，第2页。

第一辑二十五种文献编校完成，其中详加校注的均是唯识学或与唯识学关系较密切的佛学经典，如《杂阿含经》《楞伽经》《解深密经》《瑜伽师地论》《摄论》《辨中边论》《唯识二十论》《成唯识论》《集论》《因明正理门论》，其他校注稍详者仅龙树《中论》及三种戒本，由此可见《藏要》主体是唯识经典。

支那内学院从1923年起办试学班，前后共四期（截止于1925年7月），时担任此班讲授和指导者是欧阳竟无、邱晞明、王恩洋、吕澂、聂耦庚以及汤用彤[1]。"在学者十六人，蒙尔达（即蒙文通——引注）、韩孟钧（文畦）、刘定权（衡如）、谢质诚、李艺、邱仲（以上四川），释存厚、释蓁觉、黄通（儒）、曹天任（以上江苏），陈经、黄金文（以上浙江），刘志远、阎毅（以上湖南），樊毅远（湖北），释碧存（福建）。"[2] 支那内学院试学班时期的课程以唯识文献研习为主，如第一期两门（1923年9月至12月）是（1）《法苑义林总抉择章》和（2）因明讲要及演习；第二期五门（1924年1月至6月）分别是（1）《三十颂》本义，（2）《唯识论述记》（《成唯识论述记》同《枢要》《演秘》等"二能变"段、"四分"段、"所缘缘"段、"诸习气"段），（3）《异部宗轮论》，（4）因明讲要及演习，（5）西藏文《文典三十颂》演习（实际未开）；第三期五门（1924年9月至12月）分别是（1）《显扬论》对《瑜伽师地论》，（2）《辨中边论》，（3）《因明入论》对《正理一滴》，（4）《因明正理门论》对《集量论》，（5）《佛典泛论》；第四期三门（1925年1月至7月）[3] 分别是（1）《因明正理门论》，（2）毗昙泛论，（3）印度佛学史。[4] 截至1925年7月，十五门课程，均以因明、唯识最多，

---

[1] 汤用彤系支那内学院兼职巴利文导师，其时汤用彤为东南大学哲学系教授。孙尚扬：《汤用彤》，台湾东大图书公司，1996，第302页。

[2] 《内学》第2辑，支那内学院，1925年，第239页；另参阅王恩洋《五十述记》，第489页。

[3] 《内学》第1辑，支那内学院，1924年，第189—191页。

[4] 《内学》第2辑，支那内学院，1925年，第239—240页。肖平仅统计三期，见肖平《支那内学院研究》，博士后出站报告，复旦大学，2002，第31页。

约占 3/5 以上。

1925年春，支那内学院得到梁启超、叶恭绰、熊希龄、齐燮元等人赞助，新获地皮一处，遂决定建设第二院，当时负责其事者为吕澂，建成之后，"先招生，次定校规"。1925年8月，试学班结束，支那内学院以第二院为"法相大学"，任命王恩洋为主任，当时研学部改为问学部、研究部和法相大学三部，在法相大学设特科班，"招收中等以上程度之学子，以养成师范为目的，修业期限定为三年"[1]。"六月十日，大学部特科开始招生，录取三十人，九月十三日在第二院举行开学式，后即用日课制，每日上午授课，下午修持。"[2] 后来"法相大学"办不下去，但学术重心仍是唯识，所以支那内学院从办学转向整理文献，以唯识文献为主体是顺理成章的。

3.《藏要》与汉藏文献对勘

长期以来，学者多以汉藏梵巴对勘盛赞《藏要》，实际上，《藏要》的校勘资料主要是汉藏大藏经。中华书局《中国佛教思想资料选编》"近代"部分出版于1990年，在介绍欧阳竟无的时候，有一节文字专门介绍了《藏要》：

> 在刻经方面，特别值得提出的是，在欧阳渐主持下辑印的《藏要》一书。此书在刊印的两辑中，计收佛教重要经论五十余种，每种均以梵文或巴利文、藏文等多种版本详加校勘，欧阳渐并于每种经论前亲做绪言，叙其源流及要旨，论说精审，堪称迄今最佳之佛教经论选刊本。[3]

这里的评价，与上海书店为1991年影印版《藏要》所做的"出版说明"在

---

[1] 《内学》第2辑，支那内学院，1925年，第240页。

[2] 《内学》第2辑，支那内学院，1925年，第241页。吕澂后来回忆说："一九二五年秋，研究部改组为问学、研究及法相大学三部，辟第二院，招大学特科生一班二十人左右，立院训为'师悲教戒'，揭明'在家众可以住持佛学之义，以奠居士道场之基。'"（吕澂：《佛学研究和支那内学院》，《文史资料选辑》第92辑，文史资料出版社，1984年，第164页）

[3] 石峻等：《中国佛教思想资料选编》第3卷第4册，中华书局，1990，第288页。

校勘、提要方面的介绍几乎完全一致，但没有直接提"三辑"《藏要》。因为他们知道第三辑《藏要》的完整出版要迟至1985年[1]，而《藏要》第一、二辑则是20世纪30年代委托上海中华书局，代为印刷广为流通的。

据我们调查，内学院编校《藏要》规划于1927年。此事既有《内学》第四辑记载可稽[2]，也有当事人欧阳竟无、吕澂、李安等人回忆为佐证。据现存《藏要》诸本版权页，《藏要》第一辑最早出版日期是1929年（4月），最终出版时间是1930年（6月），第二辑系一次性全部出齐，时间在1935年（10月）。其中，第一辑25种（其中大般若第二分两册分别出版），第二辑27种，第一、二辑合计共52种，300余卷。1936年以后，《藏要》继续出第三辑，包括《合部金光明经》等8种，1937年3月印出《大般涅槃经正法分》和《大集大虚空藏菩萨所问经》等2种。这样，抗日战争全面爆发前，《藏要》出版三辑62种。此后，内学院因躲避战事迁往内地，院务基本陷于停顿。即便如此，到1940年初，支那内学院在江津仍刊刻《大般若经第十六分》等11种经论，均系《藏要》原规划内容。截至1940年，《藏要》第三辑已分别刻出21种。因此，从1929年到1940年，支那内学院公开出版《藏要》经论73种，400余卷，负责人是欧阳竟无和吕澂，前者主要负责提要，但并不是每一种经论都有提要，后者主要负责标点校勘整理。关于这一分工合作，欧阳竟无晚年不止一次地明确提及。[3]

金陵刻经处《〈藏要〉重印说明》称："从一九二七年秋开始，支那内学院院长欧阳竟无发起编印《藏要》，拟从佛典中撷取精要"，"本西竺论说，编成一系"；"将异文异译，刊定一尊"；"将凡书文义，提要钩玄"；"原计划编为六辑，后定为三辑，七十余种，四百余卷。欧阳竟无亲自负责对经论做

---

[1] 李安：《重印〈藏要〉后记》，《李安佛学论著选集》，金陵刻经处，2003，第333页；参见《藏要》，金陵刻经处，2002，"前言"。

[2] 《内学》第4辑，本院事纪，1928年，第2—3页。

[3] 欧阳竟无：《欧阳竟无内外学》，商务印书馆，2015，第434、464页。

提要钩玄的工作，而编辑校勘、整理考订方面的工作，则由吕澂负责进行。提要方面，不仅对第一、二辑作了总叙，而且对第一、二、三辑中的经论作了23篇抉择源流、触类旁通的解题；校勘方面，不仅广为搜罗历代不同版本，而且尽可能以存世的梵文、巴利文、藏文等不同文字的版本进行精校细勘，论定异同"[1]。实际上，全部三辑《藏要》成套印行是1985年由金陵刻经处负责，距离支那内学院《藏要》第三辑编校完成已经过去整整45年。中华书局出版的《中国佛教思想资料选编》第4卷第1册90%以上选用"藏要"版，其中包括《法句经》《成实论》《俱舍论》《异部宗轮论》《大般涅槃经》《妙法莲华经》《胜鬘经》《维摩诘所说经》《华严经》等汉译经论共九种。编选者称，上述经论选入时，其《藏要》校勘记全部录存，可以说《藏要》的成果至今仍然深刻影响着当代中国佛学研究者。

有学者认为，支那内学院编校的《藏要》不但是20世纪汉语学界梵、藏、汉佛学比较研究的开创者，而且是当之无愧的"杰作"[2]。但从《藏要》校勘的过程来看，校勘资料中藏文佛典数量远远大于梵文佛典数量，与其称《藏要》是"梵藏汉佛学比较研究"的杰作，也许不如视其为现代中国汉藏梵佛学比较研究的起点更为恰当。

三 重编"汉文大藏经"

有学者提出："整个西方的佛教文献学研究，主要其实是佛教经典语言的研究，以梵、巴、藏以及其他一些包括古代汉语在内的古典佛经语言为载体的佛经的校勘、翻译以及比较研究为核心。"与这种在不同语种之间进行翻译

---

1 《〈藏要〉重印说明》，《藏要》，金陵刻经处，2002，第1页。金陵刻经处，1985年版《藏要》第3辑缺《大集虚空藏所问经抉择分》。

2 Shen Weirong, "Sixty Years of Tibetan Buddhist Studies in China", *China Tibetology*, No. 1, March 2010, p. 94.

和校订的传统不同，我国传统的佛教文献整理则主要包括："佛经的版本学，包括大藏经版本的研究、藏外单刻本的研究；佛教的目录学研究，包括佛教的目录史研究，佛教经目和版本书目的整理出版；佛教的校勘学研究，这包括佛教校勘特殊情况以及处理等；佛经的辨伪研究，包括佛经的真伪鉴别、产生年代、地点以及宗教背景的研究等；佛经的辑佚研究，包括从内外典类书、总集和其他经典中辑出已经佚失了的佛教文献等。"[1] 这种基于清代汉学传统形成的所谓"佛教文献学"定义放在内学院身上便会落空，因为内学院编校《藏要》正是"以梵、巴、藏以及其他一些包括古代汉语在内的古典佛经语言为载体的佛经的校勘、翻译以及比较研究"为基本特征，同时也未放弃为编校新版"汉文大藏经"展开版本、目录以及疑伪问题的研究，内学院在上述两个方面代表了20世纪中国所达到的某种历史性高度。

1. 吕澂：从《宋藏蜀版异本考》到《新编汉文大藏经》

支那内学院对汉文大藏经目录和版本的系统考察可以追溯到吕澂《佛典泛论》（1925）和《藏要》的系列"校勘说明"，但独立意见的发表应该以吕澂1938年的《明初刻南藏考》最有代表性，这篇论文最初发表在欧阳竟无《内学杂著》上册。1943年2月，吕澂在重庆《图书月刊》（第二卷第八期）上又发表了《宋藏蜀版异本考》，对其佛教文献学观点作了进一步系统总结。他写道：

> 宋版释藏始雕于益州，通称蜀版，收《开元录》五千余卷。自后丽、丹、闽、浙诸刻皆导源于此，而部帙文句颇有参差。说者不得其故，辄以诸刻各自校改释之。又晚世盛称丽、丹编勘之精，疑其远胜蜀版。……近年赵城金代崔氏藏经大出，半为蜀版复本，余尝获睹三百余

---

[1]〔英〕肯尼斯·罗伊·诺曼：《佛教文献学十讲》，陈世峰、纪赟译，中西书局，2019，"译者序二"。

卷，底版补订之迹历历可寻。取以对勘诸刻，旁参记载，乃毕见其源流。其间异同之故，优劣之判，亦以了然。[1]

1934年，支那内学院派蒋唯心负责调查《赵城金藏》，蒋唯心的工作即由吕澂指导。蜀藏即《开宝藏》，丽藏即《高丽藏》，闽藏即《崇宁藏》，浙藏即《思溪藏》。吕澂在《宋藏蜀版异本考》中给自己提出两个问题：第一，汉文大藏经刻本始于《开宝藏》（"宋藏蜀版"），此后各种汉文大藏经刻本（包括《高丽藏》《契丹藏》《崇宁藏》《思溪藏》等）均导源于此，但却产生版本差异，其中原因如何解释。第二，近代学者编辑汉文大藏经，以《高丽藏》《契丹藏》校勘优于《崇宁藏》《思溪藏》，此说是否可信。

针对第一个问题，吕澂提出大藏经刻本三系说，试图以此说明宋元以来汉文大藏经各版的异同和源流。吕澂提出宋刻蜀版藏经有三种校本：一、"蜀版初校本"，即"咸平本"，这是咸平初年（998）校勘修订的蜀版藏经，又称印经院本；二、"蜀版再校本"，即"天禧本"，此本是《契丹藏》或称《辽藏》之依据；三、"蜀版校定本"，包括崇宁本、熙宁本两种，前者是《崇宁藏》，后者即《思溪藏》，后者与前者的差别主要是新入藏经籍多少不同，并无重新校勘，此版今天能看到的是《碛砂藏》。吕澂从以上三种蜀版的存在为基础提出大藏经刻本三系说。方广锠20世纪90年代提出的中原、北方、南方三系区分与吕澂20世纪40年代的汉文大藏经刻本三系说似无根本差别[2]。吕澂20世纪50年代为《佛教百科全书》撰写有关汉文大藏经版本的词条时更系统地阐述了上述论断，其中，《宋刻蜀版藏经》几乎完全转述《宋藏蜀版异本考》汉文大藏经三系说，这代表着支那内学院在汉文大藏经版本问题上的最终论断。在汉文大藏经刻本三系说基础上，吕澂对上述第

1　吕澂：《宋藏蜀版异本考》，《图书月刊》第2卷第8期，1943年2月，第3页。
2　方广锠：《汉文大藏经》，《中国佛教》第5册，中国社会科学出版社，2004，第182页。

第十五章　支那内学院与近现代佛教入世转型　1093

二个问题即《高丽藏》《契丹藏》《崇宁藏》以及《思溪藏》的版本优劣提出独立判断。他认为，以"蜀版校定本"为基础的《崇宁藏》《思溪藏》比《高丽藏》《契丹藏》的编校更加精良，因为《高丽藏》《契丹藏》从"蜀版再校本"出，《崇宁藏》《思溪藏》则据"蜀版校定本"。

> 故闽、浙遵用《开元录》写经，丹、丽遵《贞元录》写经，校定文句，终归异趣。……若以校读应用略论诸刻之优劣，则后后胜于前前，闽、浙底本既经校定，编刊之际复多所资取，故考订得当之处，每有过于丽、丹者。……研寻内典，自应据之。[1]

吕澂认为《崇宁藏》《思溪藏》比《高丽藏》《契丹藏》校勘精良，且曾本此种认识校定《藏要》稿本四百余卷。

吕澂后来对《崇宁藏》《思溪藏》等汉文大藏经刻本价值的评价一直很高，如说《福州版藏经》（即《崇宁藏》）："福州版以蜀版校定后的印本为据，因而蜀版初刻的一些错误，大都得到订正，文字也校改了不少；它在大藏经的校勘上有其相当的价值。"[2] 说《思溪版藏经》："思溪版以福州版为底本，而校勘时仍用未经校定的蜀版做参照，所以［在］大藏经各种版本上有他独立的价值。"[3] 吕澂有关汉文大藏经刻本三系说的观点形成后变化甚微，但对各版大藏经校勘的价值评价略有调整。1950年，他的《契丹大藏经略考》坚持契丹藏出自"蜀版再校本"，而评其校勘曰："堪称精当。"[4] 对《金刻藏经》则说："金藏基本上可说是整个宋刻蜀版的翻刻（连同绝大部分

1　吕澂：《宋藏蜀版异本考》，《图书月刊》第2卷第8期，1943年2月，第7页。
2　吕澂：《福州版藏经》，《中国佛教》第5册，中国社会科学出版社，2004，第255页。
3　吕澂：《思溪版藏经》，《中国佛教》第5册，中国社会科学出版社，2004，第259页。该版末句缺"在"字，此据《吕澂佛学论著选集》第3卷校改。
4　吕澂：《契丹大藏经略考》，《现代佛学》第1卷第5期（1951年1月）。

的著述在内），所以它和蜀版的关系最深。它保存着蜀版原来很多的缺点，又有天禧以前未被禁止流行的《频那夜迦经》，可见它依据的蜀版是接近于初印本的。"吕澂坚持《金藏》出自宋藏初印本，而且"缺点"很多，但《金藏》"在版本上、校勘上，实在有其宝贵无比的价值"[1]。这样看来，吕澂对汉文大藏经刻本的价值的认识，似乎越来越趋向于认为汉文大藏经各版都有其独立价值。这正是1982年任继愈主编《中华大藏经》的指导思想：对不同时代的汉文大藏经"只指出他们的异同，而不判断其是非"，相信读者自己的判断力[2]。

据吕澂所说，《藏要》刊刻完成后，内学院原计划进一步去彻底整理全体汉文大藏经，当时"蜀院"设立了"访经科"，"但这工作太艰巨了，只做到编订目录的阶段。历代编纂大藏经都是依据经录机械地堆集上去，内容既杂乱无章，又真伪不辨，要整理，必须从经录着手。内学院先校刻了最重要的《开元释教录》，将录中经目和附属部分详细分开，又编成便于检索的号码，并且比勘各种旧录，改正它的错误二百余处。在《开元录》以后所出的，《续开元录》《续贞元录》等，均刻成新板。《金藏》里发现的《祥符录》《景佑录》等残缺孤本，也都节略补正刻了出来。至于历代经录的最后一部《至元法宝勘同录》，更应用西藏的译本和西藏经目，详细校订，刻成节本，我们从这些经录订正过的记载去对照大藏经里所收一千七百种典籍的个别内容，方才一一清楚他们的真实来源。这样删除了好些本非翻译而无意混入或有意伪托的旧籍，然后依照义理的流类，相承的次第，编成《精刻大藏经目录》"[3]。内学院《精刻大藏经目录》完成于1946年，它是吕澂1963年《新编汉译大藏经目录》的初稿。

1　吕澂：《金刻藏经》，《吕澂佛学论著选集》第3卷，第1446页。此文《中国佛教》第五册收录时将"它保存着蜀版原来很多的缺点"改为"它保存着蜀版原来很多的特点"。
2　任继愈：《中华大藏经总目》，中华书局，2004，"序"第2页。
3　吕澂：《内学院研究工作的总结和计划》，《现代佛学》创刊号（1950年9月）。

综上所述，支那内学院对佛典版本和目录的整理研究并不限于汉文一系，对汉文大藏经的研究并不限于目录、版本和校勘，可以说，支那内学院在佛教文献学方面突破了传统的汉文界限，吸收了现代西方佛教文献学成果，继承并发展了中国的佛教文献学传统。

2. 蒋唯心与《金藏雕印始末考》

任继愈主编的《中华大藏经》（汉文部分）（106 册）以《赵城金藏》为底本。1959 年在西藏萨迦寺发现《赵城金藏》555 卷，除与发现于山西赵城县广胜寺者重复者外，其余部分全部收入《中华大藏经》（汉文部分）中。《赵城金藏》能够为新中国第一部《中华大藏经》作底本，其文献学价值之高，不言而喻[1]。

关于这部汉文大藏经的发现，不能不提到与 20 世纪 30 年代支那内学院学人相关的一段重要学术史。不应否认，最先发现《赵城金藏》的是范成法师。但范成法师发现《赵城金藏》的因缘中，亦不无支那内学院的影子。1931 年冬，朱庆澜、叶恭绰、丁福宝、范成、徐鸿宝等人在陕西省西安市开元寺和卧龙寺发现南宋至元刊本汉文大藏经《碛砂藏》后，曾组成上海影印宋版藏经会，欲将《碛砂藏》影印流通。但因西安发现的《碛砂藏》短缺过多，该会常务理事范成法师访求珍本以补《碛砂藏》缺卷。据范成自述，1933 年春，他在西安见到一位刚从山西朝拜五台山归来的性空老和尚，从性空和尚处得知"晋省赵城县大行山广胜寺有四大橱古版藏经"[2]，于是赴山西至广胜寺得五千余卷经卷。当时范成一面投入整理，一面分函各处报告。范成在广胜寺据其所携《大藏圣教法宝标目》逐一校核整理，检阅工作历时五个多月之久，整理期间，还到附近乡村寻访，购回已散失在民间的 300 多轴

---

[1] 参见童玮《〈赵城金藏〉与〈中华大藏经〉》，见李富华主编《金藏：目录还原及研究》，中西书局，2012，第 282—283 页。

[2] 宿白：《赵城金藏和弘法藏——释藏杂记之一》，《现代佛学》1964 年第 2 期。

散卷。有关范成发现《赵城金藏》前一时期的活动,蒋维乔撰《影印宋碛砂藏经始末记》记述颇详,概括言之,范成主要做了两方面工作:一是组织有关人员在西安拍摄《碛砂藏》,一是根据已经拍摄的藏经,编定缺残目录,并寻找合适的配补本,在这个过程中,触及《赵城金藏》。

范成之后,"影印宋版藏经会"理事徐鸿宝于1934年到赵城,与广胜寺住持和尚明澈上人订立借约[1],以赠送广胜寺影印《碛砂藏》一部和借资300元为条件,选借可印之经运至北平,在北平图书馆展出以供世人摩览,同时把《赵城金藏》中未曾传世的孤本经论典籍共46部249卷由北平图书馆、三时学会和"影印宋版藏经会"分别编为上、中、下三集,缩印成32开线装本120册,题名为《宋藏遗珍》,另一部保存完好的《楞严经》亦由三时学会依原经原大影印400部,仍为卷轴式装分藏各大寺院。对此,当时胡适曾评述说:"这是影印《碛砂藏》的一个副产品,其重要性可能不下于《碛砂藏》的本身。"[2] 胡适颇有预见性,但他并未对此展开研究。范成在《宋藏遗珍·序》中提出:"详察纸色图样,显系后人于装潢时附加。"但"考其所刻字迹,凡印度撰述经律论等版本多数相同,乃金大安时晋南之地太平兴国禅院等处人民施资所雕。其支那撰述一部分则版式繁杂,多由官方收集各地经版而成。"显然,范成并没有真正搞清楚《赵城金藏》的历史面目。不但范成如此,当时学界教界对此珍贵文物均茫无所知。1935年,朱庆澜、蒋维乔、欧阳竟无、袁同礼、叶公绰、徐乃昌、许文霨、周叔迦等学者共同在《海潮音》第16卷第1期刊登《发行宋藏遗珍缘起》,他们在介绍这部汉文大藏经版本时,虽略事辨析,但未能指出其根本性质:

---

[1] 扈石样、扈新红:《〈赵城金藏〉史迹考》,《世界宗教研究》2000年第3期。
[2] 胡适:《记美国普林斯敦大学的葛斯德东方书库藏的〈碛砂藏经〉原本》,见姜义华主编《胡适学术文集:中国佛学史》,中华书局,1997,第550页。

夫此藏名式之矜贵，实未见于前此之公私箸录。今就各卷所附见者推论，如"画"字卷有"大金正隆二年"跋文，"本"字卷有"天下兵马大元帅吴越国主钱俶开此论施"题端，"疑"字卷有"河中府猗氏县刁主"题名，"家"字卷有"太原府文水县刁主"题名，"碑"字卷有"汾州录事司"题名，"尹"字卷有"南宫县宋镇抚伦仓副、冠氏县安僧录、馆陶县、堂邑县、朝县、杨谷县、博州水城水寨等刁主"题名。按《宋史》钱俶本名宏俶，以犯宣祖讳称俶。据此卷所题，是在太平兴国后开雕，其先于正隆近二百年。而"本"字卷次则在"画"卷二百余字之下。顾何以前雕者降阶列后，后雕者反躐等居前？岂当日豫布千文经目？钱俶仅认雕"本"字卷之《摩诃止观》，依经次而然耶？《摩诃止观》为天台智者大师所造，钱俶以浙人施雕浙箸，颇近世情。不然，即故有钱俶旧物，而此藏收入，袭其卷端之题文欤？至刊地可于雕主征之，今雕主多为晋人，此藏必刊成于晋地，集缘近便，其势宜然。然若定为钱俶始刊，似又应隶于吴越，与晋地之说相忤，此则有可以解譬者。钱俶之名，今此藏仅一见耳，其论施不夥，未必雕版定在浙地，或初在浙地开雕，嗣后辇之返晋，如紫柏大师之五台方册藏版终归径山之故事，此说宁不可据？总之，此藏之为山西民间所完成，殆无疑义。其版龄距今多则九百五六十年，至少亦七百八十年以上也。北派刻风，字体朴劲，行款疏密相间，绰有古趣。祇以地处僻左，时际乱离，十方闻见既希，全藏流行遂塞，而其摄收之弘博，甄选之精严，虽当残缺之余，犹令人惊叹不已。[1]

真正完成对《赵城金藏》性质之鉴定的是支那内学院学人蒋唯心。欧阳竟无

---

[1] 叶恭绰等：《发行宋藏遗珍缘起》，《海潮音》第16卷第11期。

《得初刻南藏记》中说："秋一住院垂三十年，善内外明，孜孜以海人。学生蒋唯心就之学，慨然启迈往之志。二十四年，两游晋，初访太原，出雁门，访大同云冈，无所获。后栖赵城，粗粝陋室月余，得识《金藏》原委。承秋一指示，作《金藏始末考》，而后千百年《金藏》之真庐明白于天壤。"[1] 据此可知，吕澂指导蒋唯心完成《赵城金藏》考察报告即《金藏雕印始末考》。

蒋唯心的考察报告《金藏雕印始末考》首先在1934年12月南京《国风》第五卷十二号上发表。1935年1月再由南京支那内学院发行单行本。蒋唯心写道：

> 今秋，余谨衔师命，前往检校。九月二十九日渡江，十月一日抵潼关，阻雨不能前。三日，侵晨微霁，赴河干唤渡，时风势未戢，舟子不敢应。适有临汾洪洞二客，归期急迫，冒险登舟，余即提篋随之。揽既解，浪涌舟横，橹楫失效，拖工罔措，惟禁转侧，听其漂流。东下约二十里，始着浅滩，四顾荒野，无援手者。舟子勉曳舟就岸，余随众缘草蛇行而上。偶失足落水，耳目皆着泥沙，后遂至目疾。[2]

调查期间，蒋唯心忍着目疾，每日请寺内两位僧人协助搬运并舒卷收藏经卷，"前后历四十余日"，终于调查清楚这部大藏经的基本结构和刊刻状况。蒋氏调查所得主要结论如下：（一）刻藏的发起人为金代的崔法珍，特色"即在覆刻北宋官版大藏经"；（二）全藏千字文编号起"天"终"几"，凡680帙，推测全藏应有7000卷；（三）《金藏》之基本版式为每纸23行，行14字。其余著述部分，行款不同，"多由单行本收入藏中，覆刻原版，遂不能一

---

[1] 欧阳竟无：《欧阳竟无内外学》，商务印书馆，2015，第440页。商务印书馆版作"得《金藏》原委"，按金陵刻经处版《内学杂著》（上），原文当作"得识《金藏》原委"。

[2] 蒋唯心：《金藏雕印始末考》，支那内学院，1935年，第1页。

也";(四)大藏刊雕年代,虽"未必适在皇统九年与大定十三年,然据此推测,亦不过远";(五)本部《赵城金藏》为元初太宗与其后听政时期补雕本;(六)定名本部汉文大藏经为"金藏"。蒋唯心调查报告最核心的学术价值反映在这部汉文大藏经的定名上:"此经原刻自皇统八九年至大定十余年,前后约三十载,以晋西南隅为中心,由私人募资,于天宁寺开雕大藏经版会刻成之,固毫无疑义。今正其名为'金藏'可也。"[1] 蒋唯心的贡献功不可没。至今,凡致力于《金藏》的研究者,都不能不重视蒋唯心的《金藏雕印始末考》。蒋唯心是《金藏》的真正发现者,他最早确定了这部藏经真正的学术地位和文物价值。

1935年,蒋唯心又入蜀负责调查《洪武南藏》,因遇土匪绑架而惨遭杀害。欧阳竟无《得初刻南藏记》曰:"然其(蒋唯心——引注)赴赵城也,无端书遗嘱置诸簏,已而涉风陵,果舟覆顶没,救不死。岁杪奔丧入川,窀穸事毕,促之崇庆上古探《南藏》,途次盗掠之。中夜窃遁,盗觉而害之。遗嘱之讖,幸不死于水,而卒死于兵。法未获而身殊,才足器而命乖,赍志不录,吁其痛矣。"[2] 欧阳竟无还给《金藏雕印始末考》写过一篇跋,其文如下:

> 法事才难,年富志强,足以积学,而中道摧折,如我内院英英诸子,每一举念心痛不可自持也。顺德黄树因善梵藏文,东川聂耦庚善四阿含,石屏许一鸣善因明,皆弱冠病死,短折不永年。其最惨者,……璧山蒋唯心丁艰回璧绑匪撕票而亡,之二子者,善考据,皆青年,而蒋生经涉世途,洞悉情伪,能为法事奔走耐劳苦,吾尤所希冀者也。二十三年夏,走山西云冈,有《云中访经礼佛记》,秋走山西赵城,有《金藏雕印始

---

[1] 蒋唯心:《金藏雕印始末考》,支那内学院,1935年,第9页。
[2] 欧阳竟无:《欧阳竟无内外学》,商务印书馆,2015,第440页。

末考》，所留贻于世者，如此而已耳。考《金藏》雕印始末，思想入微，搜剔得间，纠正日本人纰谬尤为切要，于此一文，非好学深思心知其意者流欤。譬彼河海，此惟滥泉耳即涸竭，恸何如哉。即此金藏，犹有莫大研究者也，金藏不下七千余卷，所借出获睹者不过五百余卷，中间有重出之书为两种刻版者，又有后来错杂掺入非全藏原书者，七千余卷，都须详审考别真面。乃法未穷海，人已丧残，偶检遗篇，伤心惕目，嗟乎唯心，吾如之何其勿悲哉。民国二十五年五月朔欧阳渐。[1]

内学院对中国佛教文化事业的贡献，前有黄树因，后有蒋唯心，他们都为此献出了年轻的生命。内学院诸子为中国佛教文化事业的贡献已经远远超出了所谓学术研究的范畴。

结语　支那内学院的佛学研究与近现代佛教入世转型

本章基于一手文献，从支那内学院的起源与性质、佛学研究以及佛典整理等方面初步分析了它在近现代佛教入世转型过程中的特点。总体而言，支那内学院是近现代佛教学院化发展的一个典型案例，它的兴起对近现代佛教入世转型的发展具有重要意义。

首先，就佛教文化团体的兴起而言，支那内学院的崛起具有特殊意义，因为内学院是近现代中国以知识生产为中心建立的第一个真正意义上的佛教学术团体，它不但取得社会方面的支持，而且得到来自官方的支持，此一佛教学术团体的建立对于近现代佛学研究的发展具有重大推动作用。实际上，

---

[1] 欧阳竟无：《〈金藏雕印始末考〉跋》，转引自高山杉《三本书（李际宁〈佛经版本〉、李际宁〈佛教大藏经研究论稿〉、李际宁、陈红彦［选目］〈佛教文献留真〉）的书评》，《中西文化交流学报》第3卷第1期（2011年7月），第134页。

支那内学院在近现代佛教学术研究方面取得巨大成就，离不开支那内学院所创造的学术条件。当然，这一学术团体本身过于精英化，因而也有很大局限性，最大的问题就在于这一学术团体与近代中国的高等教育体系脱节，但它也为后来的佛教学术研究和佛教文化教育事业与社会的联结提供了经验和启示。

其次，就佛教学术研究本身而言，支那内学院为现代学术意义上的佛教研究起到了一定的示范作用，支那内学院从唯识研究出发，逐渐向全部佛教领域拓展，遵守实证化研究路线，在中国近现代学术史上真正把汉学实证方法与佛学研究成功结合起来，初步建立了一套现代佛教知识体系，其成就可谓巨大。当然，也存在着一些不足之处，例如我们已经指出的，过度实证化的研究方案阻碍了支那内学院的佛学理论建设。支那内学院的佛学研究为近现代佛教入世转向提供了一定的理论基础，虽然由于支那内学院的研究更多的还是局限在求知的层面，对现实的宗教和社会问题关注不够，因而其对近现代佛教入世转型直接的推动作用可能有限，但其佛学研究的现代转型发挥的间接作用却影响深远。

最后，支那内学院在学院化建设、佛学研究方面取得了很多成就，但由于社会动荡，支那内学院的很多制度探索和理论建构未能最终完成或有效存续，但其留给世人的对佛教文献的整理，还是弥足珍贵。支那内学院是近现代中国学者首次开展的汉藏梵巴多语种佛教文献校勘实践。其中有成绩，也有教训，很值得认真梳理。尽管我们认为支那内学院佛学研究存在过度实证化倾向，但还是应该指出，支那内学院的文献整理背后是有一个佛学理念在支撑着这种活动的，他们的佛教文献整理并不是纯粹的文献整理，他们是把佛教文献整理和佛学理论研究紧密结合起来进行的，这两个方面构成了支那内学院学术发展的两个基本向度，也为整个20世纪中国佛学研究基本特点的形成奠定了基础。

主要参考文献

蔡鸿生：《尼姑谭》，中山大学出版社，1996。

蔡元培：《蔡元培讲演集》，马燕编，河北人民出版社，2004。

蔡元培：《蔡元培全集》，高平叔编，中华书局，1984。

蔡元培等：《玄圃论学集：熊十力生平与学术》，生活·读书·新知三联书店，1990。

陈兵、邓子美：《二十世纪中国佛教》，民族出版社，2000。

陈怀宇：《近代传教士论中国宗教：以慕维廉〈五教通考〉为中心》，上海人民出版社，2012。

陈金龙：《南京国民政府时期的政教关系：以佛教为中心的考察》，中国社会科学出版社，2011。

陈景磐：《中国近代教育史》，人民教育出版社，1983。

陈庆英等编：《国外藏学研究译文集》第13辑，王启龙、邓小咏等译，西藏人民出版社，1997。

陈天锡：《戴季陶先生文存》第3册，台湾"中央文物供应社"，1959。

陈万雄：《五四新文化的源流》，生活·读书·新知三联书店，1997。

陈训正、马瀛等纂修：《民国定海县志·教育志》，1924年铅印本。

陈以爱：《中国现代学术机构的兴起——以北大研究所国学门为中心的探讨》，江西教育出版社，2002。

《陈寅恪魏晋南北朝史讲演录》，万绳南整理，贵州人民出版社，2007。

《陈寅恪文集·金明馆丛稿二编》，上海古籍出版社，1980。

陈永革：《佛教弘化的现代转型：民国浙江佛教研究》，宗教文化出版社，2003。

陈垣：《中国佛教史籍概论》，上海书店出版社，2005。

程恭让：《华梵之间》，中国社会科学出版社，2007。

程恭让：《抉择于真伪之间——欧阳竟无佛学思想探微》，华东师范大学出版社，2000。

邓莉雅：《佛教传统的价值重估与重建——太虚与印顺判教思想研究》，巴蜀书社，2017。

邓子美、陈卫华、毛勤勇：《当代人间佛教思潮》，甘肃人民出版社，2009。

邓子美：《传统佛教与中国近代化》，华东师范大学出版社，1994。

谛闻：《谛闻尘影集》（重印本），炎黄文化出版社，2008。

丁福保：《佛学大辞典》，文物出版社，1984。

丁建华：《近现代佛教空有之争研究》，社会科学文献出版社，2019。

丁文江、赵丰田：《梁启超年谱长编》，上海人民出版社，1983。

东初：《中国佛教近代史》，台湾中华佛教文化馆，1974。

东初：《中国佛教之重建》，台湾大乘文化出版社，1978。

杜继文、魏道儒：《中国禅宗通史》，江苏人民出版社，2007。

方广锠：《佛教大藏经史》，中国社会科学出版社，1991。

方立天：《佛教哲学》，中国人民大学出版社，2012。

《方立天文集》，中国人民大学出版社，2012。

方立天、学愚主编：《佛教传统与当代文化》，中华书局，2006。

方祖猷：《晚清女权史》，浙江大学出版社，2017。

冯友兰：《三松堂全集》，河南人民出版社，2000。

干春松：《康有为与儒学的"新世"：从儒学分期看儒学的未来发展路

径》，华东师范大学出版社，2015。

高瑞泉主编：《中国近代社会思潮》，华东师范大学出版社，1996。

高振农：《近现代中国佛教论》，中国社会科学出版社，2002。

葛兆光：《西潮又东风：晚清民初思想、宗教与学术十讲》，上海古籍出版社，2006。

葛壮：《宗教和近代上海社会的变迁》，上海书店出版社，1999。

龚隽、陈继东：《作为"知识"的近代中国佛学史论》，商务印书馆，2019。

《龚自珍全集》，上海人民出版社，1975。

郭美华：《熊十力本体论哲学研究》，巴蜀书社，2004。

郭朋等：《中国近代佛学思想史稿》，巴蜀书社，1989。

郭齐勇：《熊十力哲学研究》，人民出版社，2011。

国家宗教事务局政策法规司编：《宗教政策法规文件选编》，宗教文化出版社，2012。

何建明：《佛法观念的近代调适》，广东人民出版社，1998。

何建明：《近代中国宗教文化史研究》，北京师范大学出版社，2015。

何绵山：《福建民族与宗教》，厦门大学出版社，2010。

贺麟：《五十年来的中国哲学》，上海人民出版社，2012。

《弘一大师全集》，福建人民出版社，1991—1993。

《弘一法师全集》，新世界出版社，2013。

弘一：《李叔同全集》，哈尔滨出版社，2014。

洪修平：《禅宗思想的形成与发展》，江苏人民出版社，2011。

洪修平：《中国禅学思想史》，中国人民大学出版社，2007。

洪修平：《中国佛教文化历程》（增订版），江苏教育出版社，2005。

洪修平：《中国佛教与儒道思想》，宗教文化出版社，2004。

洪修平：《中国儒佛道三教关系研究》，中国社会科学出版社，2011。

侯冲：《中国佛教仪式研究——以斋供仪式为中心》，上海古籍出版社，2018。

侯外庐：《中国近代启蒙思想史》，人民出版社，1993。

胡适：《白话文学史》，中国和平出版社，2014。

《胡适全集》，安徽教育出版社，2003。

《胡适自传》，黄山书社，1991。

黄进兴：《从理学到伦理学：清末民初道德意识的转化》，中华书局，2014。

黄夏年主编：《民国佛教期刊文献集成·补编》，中国书店，2008。

黄夏年主编：《民国佛教期刊文献集成》，全国图书馆文献缩微复制中心，2006。

黄夏年主编：《民国佛教期刊文献集成·三编》，中国书店，2013。

惠空主编：《台湾佛教丛书》，台湾太平慈光寺，2006。

汲喆、田水晶、王启元：《二十世纪中国佛教的两次复兴》，复旦大学出版社，2016。

纪华传：《中国近代佛教史》，中国社会科学出版社，2014。

季羡林主编：《虚云老和尚法汇》，黄山书社，2006。

江灿腾：《明清民国佛教思想史论》，中国社会科学出版社，1996。

江灿腾：《太虚大师前传》，台湾新文丰出版公司，1993。

蒋海怒：《晚清政治与佛学》，上海古籍出版社，2012。

蒋维乔：《中国佛教史》，商务印书馆，2015。

金克木：《印度文化余论》，学苑出版社，2002。

觉醒主编：《觉群学术论文集》第二辑，商务印书馆，2002。

觉醒主编：《觉群学术论文集》第一辑，商务印书馆，2001。

《康有为全集》，姜义华、张荣华编校，中国人民大学出版社，2007。

来新夏：《中国近代图书事业史》，上海人民出版社，2000。

蓝吉富：《二十世纪的中日佛教》，台湾新文丰出版公司，1991。

劳祖德整理：《郑孝胥日记》第二册，中华书局，1993。

李安：《李安佛学论著选集》，金陵刻经处，2003。

李广良：《心识的力量：太虚唯识学思想研究》，华东师范大学出版社，2004。

李圭：《环游地球新录》，湖南人民出版社，1980。

李际宁：《〈金藏〉新资料考》，载《藏外佛教文献》第三辑，宋教文化出版社，1997。

《李石岑讲演集》，广西师范大学出版社，2004。

李石岑、吕澂等：《美育之原理》，商务印书馆，1925。

李天纲：《中国礼仪之争：历史·文献和意义》，上海古籍出版社，1998。

李向平：《信仰、革命与权利秩序——中国宗教社会学研究》，上海人民出版社，2006。

李新德：《明清时期西方传教士中国儒道释典籍之翻译与诠释》，商务印书馆，2015。

梁启超：《佛学研究十八篇》，中华书局，1989。

《梁启超论清学史二种》，朱维铮校注，复旦大学出版社，1985。

梁启超：《清代学术概论》，上海古籍出版社，1998。

梁启超：《饮冰室合集》，中华书局，1989。

梁漱溟：《东西文化及其哲学》，商务印书馆，1999。

《梁漱溟全集》，山东人民出版社，2005。

林安梧：《现代儒佛之争》，台湾明文书局，1990。

林煌洲等：《圣严法师思想行谊》，台湾法鼓文化，2004。

林美玫：《妇女与差传：19世纪美国圣公会女传教士在华差传研究》，社会科学文献出版社，2011。

刘长东：《晋唐弥陀净土信仰研究》，巴蜀书社，2000。

刘成有：《近现代居士佛学研究》，巴蜀书社，2002。

刘巨才：《中国近代妇女运动史》，中国妇女出版社，1989。

刘梦溪主编：《中国现代学术经典·汤用彤卷》，河北教育出版社，1996。

龙公：《江左十年目睹记》，文化艺术出版社，1984。

楼宇烈、张志刚主编：《中外宗教交流史》，湖南教育出版社，1998。

楼宇烈整理：《康子内外篇》，中华书局，1988。

《吕澂佛学论著选集》（第1卷至第5卷），齐鲁书社，1991。

吕澂：《汉藏佛教关系史料集》，华西协合大学中国文化研究所，1942。

吕澂：《西藏佛学原论》，商务印书馆，1933。

吕澂：《印度佛学源流略讲》，上海人民出版社，1979。

吕澂：《中国佛学源流略讲》，中华书局，1979。

罗琤：《金陵刻经处研究》，上海社会科学院出版社，2010。

罗慧兰、王向梅编著：《中国妇女史》，当代中国出版社，2016。

罗检秋：《嘉庆以来汉学传统的衍变与传承》，中国人民大学出版社，2006。

麻天祥：《20世纪中国佛学问题》，湖南教育出版社，2001。

蒙默编：《蒙文通全集》（六），巴蜀书社，2015。

妙然主编：《民国佛教大事年纪》，台湾海潮音杂志社，1995。

明成满：《民国时期佛教慈善公益研究》，安徽大学出版社，2018。

明旸主编：《圆瑛大师圆寂四十周年纪念文集》，古吴轩出版社，1993。

明旸主编：《圆瑛法师年谱》，宗教文化出版社，1996。

牟宗三：《佛性与般若》，台湾学生书局，2004。

牟宗三：《中国哲学十九讲》，上海古籍出版社，2005。

牟宗三：《中西哲学之会通十四讲》，吉林出版集团有限责任公司，2010。

欧阳竟无：《百法五蕴论叙》，金陵刻经处，1916。

《欧阳竟无佛学文选》，武汉大学出版社，2009。

欧阳竟无：《竟无小品》，支那内学院蜀院，1941。

欧阳竟无：《楞伽疏决》，支那内学院，1925。

《欧阳竟无内外学》，上海社会科学院出版社，2014；商务印书馆，2015。

欧阳竟无：《内学杂著》（上册），支那内学院，1943。

欧阳竟无：《内学杂著》（下册），支那内学院，1944。

欧阳竟无：《唯识讲义》，支那内学院，1923。

欧阳竟无：《支那内学院缘起、叙、书后、一览表、简章》，上海图书馆藏，1919。

潘桂明、吴忠伟：《中国天台宗通史》，江苏古籍出版社，2001。

潘桂明：《中国居士佛教史》，中国社会科学出版社，2000。

彭秀良、郝文忠：《民国时期社会法规汇编》，河北教育出版社，2014。

钱仲联：《沈曾植集校注》（上册），中华书局，2001。

秦启明：《弘一大师李叔同书信集》，陕西人民出版社，1991。

任建树等：《陈独秀著作选》，上海人民出版社，1984。

阮仁泽、高振农：《上海宗教史》，上海人民出版社，1992。

邵佳德：《近代佛教改革的地方性实践：以民国南京为中心》，台湾法鼓文化，2017。

沈云龙主编：《近代中国史料丛刊》正编第482册，台湾文海出版社有限公司，1973。

沈曾植：《海日楼札丛（外一种）》，钱仲联辑，上海古籍出版社，2009。

圣凯：《佛教现代化与化现代》，金城出版社，2014。

石峻等编：《中国佛教思想资料选编》，中华书局，1983—1990。

宋恕：《宋恕集》（上、下），胡珠生编，中华书局，1993。

宋志明编：《儒家思想的新开展——贺麟新儒学论著辑要》，中国广播电视出版社，1995。

孙宝瑄：《忘山庐日记》，上海古籍出版社，1983。

孙常炜：《蔡元培先生年谱传记》（中册），台北"国史馆"，1986。

《太虚大师全书》，宗教文化出版社，2005。

《太虚集》，黄夏年主编，中国社会科学出版社，1995。

《谭嗣同全集》，蔡尚思编，中华书局，1981。

谭嗣同：《仁学》，中州古籍出版社，1998。

《汤用彤全集》，河北人民出版社，2000。

汤志钧编：《康有为政论集》，中华书局，1981。

汤志钧、陈祖恩编：《中国近代教育史资料汇编·戊戌时期教育》，上海教育出版社，1993。

汤志钧：《章太炎传》，台湾商务印书馆，1996。

唐君毅：《中国哲学原论》，台湾学生书局，1986。

唐振常：《蔡元培传》，上海人民出版社，1985。

唐忠毛：《中国佛教近代转型的社会之维：民国上海居士佛教组织与慈善研究》，广西师范大学出版社，2013。

田光烈：《玄奘哲学研究》，学林出版社，1986。

童玮：《〈赵城金藏〉与〈中华大藏经〉》，中华书局，1989。

土观·罗桑却吉尼玛：《土官宗派源流》，刘立千译注，民族出版社，2000。

汪家熔：《中国出版通史》（清代卷下），中国书籍出版社，2008。

汪树东等编：《苏曼殊作品精选》，长江文艺出版社，2003。

王邦维：《南海寄归内法传校注》，中华书局，1995。

《王恩洋先生论著集》第1、3、4、5、6卷，四川人民出版社，1999。

《王恩洋先生论著集》第2、7卷，四川人民出版社，2000。

《王恩洋先生论著集》第8、9、10卷，四川人民出版社，2001。

王汎森：《权力的毛细管作用：清代的思想、学术与心态》，北京大学出版社，2015。

《王国维文集》，姚淦铭、王燕编，中国文史出版社，1997。

王季同：《佛法与科学之比较研究》，山西人民出版社，2014。

王建光：《中国律宗通史》，江苏人民出版社，2008。

王美秀等：《基督教史》，江苏人民出版社，2008。

王蘧常：《清末沈寐叟先生曾植年谱》，王云五主编，台湾商务印书馆，1982。

王孺童：《金陵刻经处刻经题记汇编》，中西书局，2017。

王韬：《漫游随录·扶桑游记》，湖南人民出版社，1982。

王韬：《淞隐漫录》，人民文学出版社，1983。

王尧主编：《佛教与中国传统文化》，宗教文化出版社，1997。

王鹰：《试析艾香德的耶佛对话观》，宗教文化出版社，2015。

王永会：《中国佛教僧团发展及其管理研究》，巴蜀书社，2003。

王治心：《基督徒之佛学研究》，上海广学会，1924。

王治心：《中国基督教史纲》，徐以骅导读，上海古籍出版社，2011。

魏道儒：《中国华严宗通史》，江苏古籍出版社，2001。

乌力吉陶格套整理校注：《民国〈政府公报〉蒙古资料辑录》（1918.11—1928.5），内蒙古人民出版社，2016。

吴经熊：《超越东西方》，周伟驰译，社会科学文献出版社，2002。

武延康、纯一：《杨仁山居士年谱（初稿）》，金陵刻经处，1994。

夏曾佑：《夏曾佑集》，杨琥编，上海古籍出版社，2011。

肖平：《近代中国佛教的复兴》，广东人民出版社，2003。

谢无量：《佛学大纲》，广陵书社，2009。

谢重光、白文固：《中国僧官制度史》，青海人民出版社，1990。

谢重光：《中古佛教僧官制度和社会生活》，商务印书馆，2009。

心皓：《天台教制史》，厦门大学出版社，2007。

熊十力：《熊十力全集》，萧萐父主编，湖北教育出版社，2001。

《虚云和尚全集》，净慧主编，中州古籍出版社，2009。

徐珂：《清稗类钞》，中华书局，1984。

徐清祥、王国炎：《欧阳竟无评传》，百花洲文艺出版社，2010。

学愚：《佛教、暴力与民族主义：抗日战争时期的中国佛教》，香港中文大学出版社，2011。

学愚：《中国佛教的社会主义改造》，香港中文大学出版社，2014。

《严复集》，王栻编，中华书局，1986。

严耀中：《佛教戒律与中国社会》，上海古籍出版社，2007。

严耀中：《江南佛教史》，上海人民出版社，2000。

杨国荣：《科学的形上之维——中国近代科学主义的形成与衍化》，华东师范大学出版社，2009。

杨文会：《杨仁山居士全集》，金陵刻经处，2016。

杨文会：《杨仁山居士遗著》，金陵刻经处，1982。

杨文会：《杨仁山全集》，周继旨校点，黄山书社，2000。

杨孝容：《男女同尊：佛教女性观》，宗教文化出版社，2004。

杨曾文、方广锠主编：《佛教与历史文化》，宗教文化出版社，2001。

杨曾文：《日本近现代佛教史》，浙江人民出版社，1996。

姚彬彬：《现代文化思潮与中国佛学的转型》，宗教文化出版社，2015。

姚民权、罗伟虹：《中国基督教简史》，宗教文化出版社，2000。

伊沛霞、姚平、张聪主编：《当代西方汉学研究集萃·思想文化卷》，上海古籍出版社，2016。

《印光法师文钞》，张育英主编，宗教文化出版社，2000。

《印顺法师佛学著作全集》，中华书局，2009。

《印顺集》，黄夏年主编，中国社会科学出版社，1995。

印顺：《太虚法师年谱》，宗教文化出版社，1995。

印顺:《中国禅宗史》,江西人民出版社,1999。

永明:《佛教的女性观》,东方出版社,2016。

于海波:《清代净土宗著述研究》,巴蜀书社,2009。

于凌波:《中国近现代佛教人物志》,宗教文化出版社,1995。

余池明:《印光法师年谱》,巴蜀书社,2014。

《圆瑛大师全集》,本性主编,宗教文化出版社,2016。

《圆瑛大师文汇》,王志远主编,华夏出版社,2012。

《圆瑛集》,黄夏年主编,中国社会科学出版社,1995。

《曾纪泽日记》,岳麓书社,1998。

《张岱年全集》,河北人民出版社,2007。

张德彝:《欧美环游记〔再述奇〕》,湖南人民出版社,1981。

张海林:《王韬评传》,南京大学出版社,1993。

张华:《杨文会与中国近代佛教思想转型》,宗教文化出版社,2004。

张践:《简明中国政教关系史》,中国社会科学出版社,2021。

张践:《中国古代政教关系史》,中国社会科学出版社,2012。

张践:《中西政教关系史比较研究》,人民出版社,2021。

张曼涛主编:《现代佛教学术丛刊》(100册),台湾大乘文化出版社,1976—1980。

张西平、卓新平编:《本色之探:20世纪中国基督教文化学术论集》,中国广播电视出版社,1998。

张志强:《朱陆·孔佛·现代思想——佛学与晚明以来中国思想的现代转换》,中国社会科学出版社,2012。

章太炎、杨度:《章太炎集·杨度集》,黄夏年主编,中国社会科学出版社,1995。

章太炎:《章太炎全集》(三)(四)(六),上海人民出版社,1984—1986。

《赵朴初文集》，华文出版社，2007。

赵晓阳、郭荣刚主编：《近现代基督教的中国化》，中国社会科学出版社，2015。

赵轶峰：《明代国家宗教管理制度与政策研究》，中国社会科学出版社，2008。

支那内学院编：《藏要》，金陵刻经处，2002。

中共中央文献研究室综合研究组、国务院宗教事务局政策法规司编：《新时期宗教工作文献选编》，宗教文化出版社，1995。

中国第二历史档案馆编：《中华民国史档案资料汇编（第5辑）文化》，江苏古籍出版社，1994。

中国佛教协会：《中国佛教协会五十年历届全国佛教代表会议文献汇编》（上、下），金陵刻经处，2005。

中国佛教协会主编：《中国佛教》1—4辑，知识出版社，1989。

中国哲学编辑部编：《中国哲学》第11辑，人民出版社，1984。

中国哲学编辑部编：《中国哲学》第13辑，人民出版社，1985。

《中国哲学》第六辑，生活·读书·新知三联书店，1981。

中华佛教总会编：《联合蒙藏事实记》，中华佛教总会，1914。

周贵华：《"批判佛教"与佛教批判》，中国社会科学出版社，2018。

周贵华：《唯心与了别——根本唯识思想研究》，中国社会科学出版社，2004。

周密：《癸辛杂识别集》，上海古籍出版社，2007。

周叔迦：《周叔迦佛学论文全集》（七册），中华书局，2006。

卓新平：《基督教与中国文化处境》，宗教文化出版社，2013。

卓新平主编：《中国基督教基础知识》，宗教文化出版社，2005。

〔波〕弗洛里安·兹那涅茨基：《知识人的社会角色》，郏斌祥译，译林出版社，2000。

〔法〕爱弥尔·涂尔干：《宗教生活的基本形式》，渠敬东、汲喆译，商务印书馆，2018。

〔加〕卜正民：《为权力祈祷——佛教与晚明中国士绅社会的形成》，张华译，江苏人民出版社，2005。

〔加〕查尔斯·泰勒：《世俗时代》，张容南等译，上海三联书店，2016。

〔美〕G. F. 穆尔：《基督教简史》，郭舜平等译，商务印书馆，2003。

〔美〕伯尔曼：《法律与宗教》，梁治平译，中国政法大学出版社，2003。

〔美〕陈荣捷：《现代中国的宗教趋势》，廖世德译，台湾文殊出版社，1987。

〔美〕费正清等编：《剑桥中华民国史（1912—1949年）》，中国社会科学出版社，1994。

〔美〕郭颖颐：《中国现代思想中的唯科学主义》，雷颐译，江苏人民出版社，1998。

〔美〕霍姆斯·维慈：《中国佛教的复兴》，王雷泉、包胜勇、林倩等译，上海古籍出版社，2006。

〔美〕康豹、〔法〕高万桑编：《改变中国宗教的五十年（1898—1948）》，台湾"中研院"近代史研究所，2015。

〔美〕麦尔福·史拜罗：《佛教与社会：一个大传统并其在缅甸的变迁》，台湾香光书乡编译组译，台湾香光书乡出版社，2006。

〔美〕芮沃寿：《中国历史中的佛教》，常蕾译，北京大学出版社，2009。

〔美〕杨庆堃：《中国社会中的宗教》，范丽珠译，四川人民出版社，2016。

〔日〕藏经书院编：《大藏新纂卍续藏经》，台湾白马精舍印经会影印版。

〔日〕冲本克己：《中国文化中的佛教》，辛如意译，台湾法鼓文化，2015。

〔日〕岛田虔次：《中国近代思维的挫折》，甘万萍译，江苏人民出版社，2008。

〔日〕高楠顺次郎、渡边海旭等监制：《大正新修大藏经》，台湾新文丰出版公司，1996。

〔日〕高西贤正：《东本愿寺上海开教六十年史》，东本愿寺上海别院，1937。

〔日〕荒木见悟：《明末清初的思想与佛教》，廖肇亨译，上海古籍出版社，2010。

〔日〕南条文雄：《怀旧录》，日本平凡社，1979。

〔日〕山田龙城：《梵语佛典导论》，许洋主译，台湾华宇出版社，1988。

〔日〕野上俊静等：《中国佛教史概说》，圣严译，台湾商务印书馆，1993。

〔英〕肯尼斯·罗伊·诺曼：《佛教文献学十讲》，陈世峰、纪赟译，中西书局，2019。

〔英〕李提摩太：《亲历晚清四十五年：李提摩太在华回忆录》，李宪堂、侯林莉译，天津人民出版社，2005。

Hans Mol, *Identity and the Sacred: A Sketch for a New Social-Scientific Theory of Religion*, Oxford: Basil Blackwell, 1976.

Hao Chang, *Chinese Intellectuals in Crisis: Search for Order and Meaning (1890-1911)*, Berkeley: University of California Press, 1987.

Holmes Welch, *The Practices of Chinese Buddhism (1900-1950)*, Harvard University Press, 1967.

John Makeham, *Transforming Consciousness: Yogācāra Thought in Modern China*, London: Oxford University Press, 2014.

J. Prip Møller, *Chinese Buddhist Monasteries-Their Plan and Its Function as a Setting for Buddhist Monastic Life*, Hong Kong: Hong Kong University Press, 1991.

后　记

　　本书是2016年立项的国家社科基金重点项目"近现代佛教入世转型研究"的结项成果。从某种意义上说，这也是我前些年主持的教育部哲学社会科学研究重大课题攻关项目"百年佛学研究精华集成"的一个后续研究成果。2010年立项的"百年佛学研究精华集成"项目经过5年时间的集体攻关，于2015年底顺利结项并获"优秀"等级。该项目对近现代佛教的研究资料进行了比较全面系统的搜集和整理，如何借助于这些丰富的材料来进一步展开对近现代佛教的研究，就成为我重点思考的一个问题，"近现代佛教入世转型研究"的选题和研究思路就是在这样的背景下构思出来的。感谢学界同仁的支持，该选题获得了重点项目立项。

　　十多年来，我一直比较注重结合自己所主持的科研项目来培养博士生，参加本课题研究的成员，都是我历年指导培养的博士，如今大都在高校从事教学和科研工作。许多参加者结合了自己博士学位论文的选题参与到本课题的研究中来，为确保本课题的学术质量做出了贡献。在我确定研究思路、拟出研究专题、制订全书体系框架及撰写体例以后，课题组成员根据各自的分工和专长，分别写出了各章的研究思路和撰写提纲，经过多次研讨交流，并根据我提出的修改建议反复修改后，全书的研究和撰写提纲就基本确定下来了。

　　接下来，就由各人展开各自的研究并写出初稿。具体的分工和执笔情况如下：绪论：洪修平；第一章、第二章：陈红兵；第三章：马丽娜；第四章：

杨鸿源；第五章：王川；第六章：胡永辉；第七章：郭文；第八章：丁建华；第九章：许颖、翁后发；第十章：易中亚；第十一章、第十五章：丁徐清；第十二章：王俊杰；第十三章：朱昭平；第十四章：吴艳。

全部初稿完成以后，由我统一通读、增删和修改定稿，最后申请国家项目结项。据全国哲学社会科学工作办公室网站公布，2021年10月参加验收的400多个项目中，获优秀等级的占比不到5%，我们的结项成果很荣幸地获得了"优秀"，非常感谢鉴定专家和学界同仁的鼓励！在交付出版之前，我们又参照鉴定专家的意见对稿子做了进一步修改完善，并增加了部分章节的内容，还对书稿中近2400条引文全部对照原著进行了校对，希望能尽量减少差错。

由于本书是多人合作、分专题研究的成果，因而各个专题的论域或有交叉，对有些人物和事件的分析，以及共同的近现代佛教资料，可能会在不同专题中多次出现，我们尽量避免不必要的重复，但必要的则予以了保留。同时，由于现在文献资源获取渠道多元，不同的文献资料往往有多种不同的版本，而本书的撰写时间又超过五年，所以本书有些相同的资料可能引自不同的版本，这是因撰写过程中不同的撰写者手头所拥有的文献来源不同所导致的，虽然我们在统稿时对有些做了统一，但这种现象仍然有所存在，当然也有一些是为了兼顾各专题引用文献的统一性而未做调整，特在此予以说明。

另外特别需要说明的是，本书所讨论的佛教中国化及近现代佛教的入世转型，均以汉传佛教为主，对藏传佛教和南传佛教的研究，只能以后有机会另外再做专题研究。

本书在由出版社编辑出版期间，很荣幸地入选了2022年度《国家哲学社会科学成果文库》。在此，衷心感谢中国社会科学出版社的大力支持和帮助；并特别要感谢全国哲学社会科学工作办公室的领导和专家给予的鼓励和指导，他们从书稿内容、学术规范乃至英文书名，都严格把关，具体指导，认真审订，其工作之细致，令人感动！我们将以此为动力，为繁荣发展中国哲学社会科学继续努力，做出我们应有的贡献。

最后，感谢中国社会科学出版社古籍分社孙萍博士对本书出版的大力支持和精心编校。

洪修平

2024 年 4 月 18 日于南京大学港龙园枕书阁